ŒUVRES ILLUSTRÉES

DE

GEORGE SAND

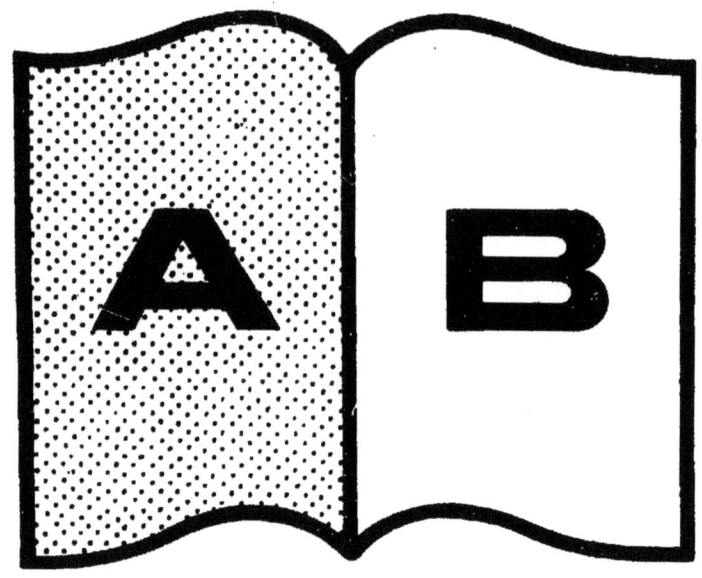

Contraste insuffisant
NF Z 43-120-14

CE VOLUME CONTIENT :

François le Champi — Monsieur Rousset — Les Maîtres Mosaïstes
Les Sauvages de Paris
Indiana — Melchior — Les Mississipiens — Jeanne

* * *

IMPRIMÉ PAR J. CLAYE ET Cᵉ, RUE SAINT-BENOIT, 7

OEUVRES ILLUSTRÉES
DE
GEORGE SAND

PRÉFACES ET NOTICES NOUVELLES PAR L'AUTEUR

DESSINS
DE
TONY JOHANNOT

ÉDITION J. HETZEL

LIBRAIRIE BLANCHARD **1853** LIBRAIRIE MARESCQ ET Cⁱᵉ

RUE RICHELIEU, 78. 5 RUE DU PONT-DE-LODI.

PARIS

FRANÇOIS LE CHAMPI

NOTICE

François le Champi a paru pour la première fois dans le feuilleton du Journal des Débats. Au moment où le roman arrivait à son dénouement, un autre dénouement plus sérieux trouvait sa place dans le premier Paris dudit journal. C'était la catastrophe finale de la monarchie de juillet, aux derniers jours de février 1848.

Ce dénouement fit naturellement beaucoup de tort au mien, dont la publication, interrompue et retardée, ne se compléta, s'il m'en souvient, qu'au bout d'un mois. Pour ceux des lecteurs qui, artistes de profession ou d'instinct, s'intéressent aux procédés de fabrication des œuvres d'art, j'ajouterai à ma préface, que quelques jours avant la causerie dont cette préface est le résumé, je passais par le *chemin aux Napes*. Le mot *nape*, qui dans le langage figuré du pays désigne la belle plante appelée *nénuphar*, *nymphéa*, décrit fort bien ces larges feuilles qui s'étendent sur l'eau comme des nappes sur une table ; mais j'aime mieux croire qu'il faut l'écrire avec un seul p, et le faire dériver de *napée*, ce qui n'altère en rien son origine mythologique.

Le chemin aux napes, où aucun de vous, chers lecteurs, ne passera probablement jamais, car il ne conduit à rien qui vaille la peine de s'y embourber, est un casse-cou bordé d'un fossé, où, dans l'eau vaseuse, croissent les plus beaux nymphéas du monde, plus blancs que les camélias, plus parfumés que les lis, plus purs que des robes de vierge, au milieu des salamandres et des couleuvres qui vivent là dans la fange et dans les fleurs, tandis que le martin-pêcheur, ce vivant éclair des rivages, rase d'un trait de feu l'admirable végétation sauvage du cloaque.

Un enfant de six ou sept ans, monté à poil sur un cheval nu, sauta avec sa monture le buisson qui était derrière moi, se laissa glisser à terre, abandonna le poulain échevelé au pâturage et revint pour sauter lui-même l'obstacle qu'il avait si lestement franchi à cheval un moment auparavant. Ce n'était plus aussi facile pour ses petites jambes ; je l'aidai, et j'eus avec lui une conversation assez semblable à celle rapportée au commencement du *Champi*, entre la meunière et l'enfant trouvé. Quand je l'interrogeai sur son âge, qu'il ne savait pas, il accoucha textuellement de cette belle repartie : *deux ans*. Il ne savait ni son nom, ni celui de ses parents, ni celui de sa demeure ; tout ce qu'il savait c'était se tenir sur un cheval indompté, comme un oiseau sur une branche secouée par l'orage.

J'ai fait élever plusieurs champis des deux sexes qui sont venus à bien au physique et au moral. Il n'en est pas moins certain que ces pauvres enfants sont généralement disposés, par l'absence d'éducation, dans les campagnes, à devenir des bandits. Confiés aux gens les plus pauvres, à cause du secours insuffisant qui leur est attribué, ils servent souvent à exercer, au profit de leurs parents putatifs, le honteux métier de la mendicité. Ne serait-il pas possible d'augmenter ce secours, et d'y mettre pour condition que les champis ne mendieront pas, même à la porte des voisins et des amis ?

J'ai fait aussi cette expérience, que rien n'est plus difficile que d'inspirer le sentiment de la dignité et l'amour du travail aux enfants qui ont commencé par vivre sciemment de l'aumône.

GEORGE SAND.

Nohant, 20 mai 1852.

AVANT-PROPOS.

Nous revenions de la promenade, R*** et moi, au clair de la lune, qui argentait faiblement les sentiers dans la campagne assombrie. C'était une soirée d'automne tiède et doucement voilée ; nous remarquions la sonorité de l'air dans cette saison et ce je ne sais quoi de mystérieux qui règne alors dans la nature. On dirait qu'à l'approche du lourd sommeil de l'hiver chaque être et chaque chose s'arrangent furtivement pour jouir d'un reste de vie et d'animation avant l'engourdissement fatal de la gelée ; et, comme s'ils voulaient tromper la marche du temps, comme s'ils craignaient d'être surpris et interrompus dans les derniers ébats de leur fête, les êtres et les choses de la nature procèdent sans bruit et sans activité apparente à leurs ivresses nocturnes. Les oiseaux font entendre des cris étouffés au lieu des joyeuses fanfares de l'été. L'insecte des sillons laisse échapper parfois une exclamation indiscrète ; mais tout aussitôt il s'interrompt, et va rapidement porter son chant ou sa plainte à un autre point de rappel. Les plantes se hâtent d'exhaler un dernier parfum, d'autant plus suave qu'il est plus subtil et comme contenu. Les feuilles jaunissantes n'osent frémir au souffle de l'air, et les troupeaux paissent en silence sans cris d'amour ou de combat.

Nous-mêmes, mon ami et moi, nous marchions avec une certaine précaution, et un recueillement instinctif nous rendait muets et comme attentifs à la beauté adoucie de la nature, à l'harmonie enchanteresse de ses derniers accords, qui s'éteignaient dans un *pianissimo* insaisissable. L'automne est un *andante* mélancolique et gracieux qui prépare admirablement le solennel *adagio* de l'hiver.

— Tout cela est si calme, me dit enfin mon ami, qui, malgré notre silence, avait suivi mes pensées comme je suivais les siennes ; tout cela paraît absorbé dans une rêverie si étrangère et si indifférente aux travaux, aux prévoyances et aux soucis de l'homme, que je me demande quelle expression, quelle couleur, quelle manifestation d'art et de poésie l'intelligence humaine pourrait donner en ce moment à la physionomie de la nature. Et, pour mieux te définir le but de ma recherche, je compare cette soirée, ce ciel, ce paysage, éteints et cependant harmonieux et complets, à l'âme d'un paysan religieux et sage qui travaille et profite de son labeur, qui jouit de la vie qui lui est propre, sans besoin, sans désir et sans moyen de manifester et d'exprimer sa vie intérieure. J'essaie de me placer au sein de ce mystère de la vie rustique et naturelle, moi civilisé, qui ne sais pas jouir par l'instinct seul, et qui suis toujours tourmenté du désir de rendre compte aux autres et à moi-même de ma contemplation ou de ma méditation.

Et alors, continua mon ami, je cherche avec peine quel rapport peut s'établir entre mon intelligence qui agit trop et celle de ce paysan qui n'agit pas assez ; de même que je me demandais tout à l'heure ce que la peinture, la musique, la description, la traduction de l'art, en un mot, pourrait ajouter à la beauté de cette nuit d'automne qui se révèle à moi par une réticence mystérieuse, et qui me pénètre sans que je sache par quelle magique communication.

— Voyons, répondis-je, si je comprends bien comment la question est posée : Cette nuit d'octobre, ce ciel incolore, cette musique sans mélodie marquée ou suivie, ce calme de la nature, ce paysan qui se trouve plus près de nous, par sa simplicité, pour en jouir et la comprendre sans la décrire, mettons tout cela ensemble, et appelons-le *la vie primitive*, relativement à notre vie développée et compliquée, que j'appellerai *la vie factice*. Tu demandes quel est le rapport possible, le lien direct entre ces deux états opposés de l'existence des choses et des êtres, entre le palais et la chaumière, entre l'artiste et la création, entre le poète et le laboureur.

— Oui, reprit-il, et précisons : entre la langue que parlent cette nature, cette vie primitive, ces instincts, et celle que parlent l'art, la science, la *connaissance*, en un mot ?

— Pour parler le langage que tu adoptes, je te répondrai qu'entre la *connaissance* et la *sensation*, le rapport, c'est le *sentiment*.

— Et c'est sur la définition de ce sentiment que précisément je t'interroge en m'interrogeant moi-même. C'est lui qui est chargé de la manifestation qui m'embarrasse ; c'est lui qui est l'art, l'artiste, si tu veux, chargé de traduire cette candeur, cette grâce, ce charme de la vie primitive, à ceux qui ne vivent que de la vie factice, et qui sont, permets-moi de le dire, en face de la nature et de ses secrets divins, les plus grands crétins du monde.

— Tu ne me demandes rien moins que le secret de l'art : cherche-le dans le sein de Dieu, car aucun artiste ne pourra te le révéler. Il ne sait pas lui-même, et ne pourrait rendre compte des causes de son inspiration ou de son impuissance. Comment faut-il s'y prendre pour exprimer le beau, le simple et le vrai ? Est-ce que je le sais ? Et qui pourrait nous l'apprendre ? les plus grands artistes ne le pourraient pas non plus, parce que s'ils cherchaient à le faire, ils cesseraient d'être artistes, ils deviendraient critiques ; et la critique !...

— Et la critique, reprit mon ami, tourne depuis des siècles autour du mystère sans y rien comprendre. Mais pardonne-moi, ce n'est pas là précisément ce que je demandais. Je suis plus sauvage que cela dans ce moment-ci ; je révoque en doute la puissance de l'art. Je la méprise, je l'anéantis, je prétends que l'art n'est pas né, qu'il n'existe pas, ou bien que, s'il a vécu, son temps est fait. Il est usé, il n'a plus de formes, il n'a plus de souffle, il n'a plus de moyens pour chanter la beauté du vrai. La nature est une œuvre d'art, mais Dieu est le seul artiste qui existe, et l'homme n'est qu'un arrangeur de mauvais goût. La nature est belle, le sentiment s'exhale de tous ses pores ; l'amour, la jeunesse, la beauté, y sont impérissables. Mais l'homme n'a pour les sentir et les exprimer que des moyens absurdes et des facultés misérables. Il vaudrait mieux qu'il ne s'en mêlât pas, qu'il fût muet et se renfermât dans la contemplation. Voyons, qu'en dis-tu ?

— Cela me va, et je ne demanderais pas mieux, répondis-je.

— Ah ! s'écria-t-il, tu vas trop loin, et tu entres trop dans mon paradoxe. Je plaide ; réplique.

— Je répliquerai donc qu'un sonnet de Pétrarque a sa beauté relative, qui équivaut à la beauté de l'eau de Vaucluse ; qu'un beau paysage de Ruysdaël a son charme qui équivaut à celui de la soirée que voici ; que Mozart chante dans la langue des hommes aussi bien que Philomèle dans celle des oiseaux ; que Shakspeare fait passer les passions, les sentiments et les instincts, comme l'homme le plus primitif et le plus vrai peut les ressentir. Voilà l'art, le rapport, le sentiment, en un mot.

— Oui, c'est une œuvre de transformation ! mais si elle ne me satisfait pas ? quand même tu aurais mille fois raison de par les arrêts du goût et de l'esthétique, si je trouve les vers de Pétrarque moins harmonieux que le bruit de la cascade ; et ainsi du reste ? Si je soutiens qu'il y a dans la soirée que voici un charme que personne ne pourrait me révéler si je n'en avais joui par moi-même ; et que toute la passion de Shakspeare est froide au prix de celle que je vois briller dans les yeux du paysan jaloux qui bat sa femme, qu'auras-tu à me répondre ? Il s'agit de persuader mon sentiment. Et s'il échappe à tes exemples, s'il résiste à tes preuves ? L'art n'est donc pas un démonstrateur invincible, et le sentiment n'est pas toujours satisfait par la meilleure des définitions.

— Je n'y vois rien à répondre, en effet, sinon que l'art est une démonstration dont la nature est la preuve ; que le fait préexistant de cette preuve est toujours là pour justifier et contredire la démonstration, et qu'on n'en peut pas faire de bonne si on n'examine pas la preuve avec amour et religion.

— Ainsi la démonstration ne pourrait se passer de la preuve ; mais la preuve ne pourrait-elle se passer de la démonstration ?

— Dieu pourrait s'en passer sans doute ; mais toi qui parles comme si tu n'étais pas des nôtres, je parie bien que tu ne comprendrais rien à la preuve si tu n'avais trouvé dans la tradition de l'art la démonstration sous mille formes, et si tu n'étais toi-même une démonstration toujours agissant sur la preuve.

— Eh ! voilà ce dont je me plains. Je voudrais me débarrasser de cette démonstration éternelle qui m'irrite ; anéantir dans ma mémoire les enseignements et les formes de l'art ; ne jamais penser à la peinture quand je regarde le paysage, à la musique quand j'écoute le vent, à la poésie quand j'admire et goûte l'ensemble. Je voudrais jouir de tout par l'instinct, parce que ce grillon qui chante me paraît plus joyeux et plus enivré que moi.

— Tu te plains d'être homme, en un mot ?

— Non ; je me plains de n'être plus l'homme primitif.

— Reste à savoir si, ne comprenant pas, il jouissait.

— Je ne le suppose pas semblable à la brute. Du moment qu'il fut homme, il comprit et sentit autrement. Mais je ne puis pas me faire une idée nette de ses émotions, et c'est là ce qui me tourmente. Je voudrais être, du moins, ce que la société actuelle permet à un grand nombre d'hommes d'être, du berceau à la tombe, je voudrais être paysan ; le paysan qui ne sait pas lire, celui à qui Dieu a donné de bons instincts, une organisation paisible, une conscience droite ; et je m'imagine que, dans cet engourdissement des facultés inutiles, dans cette ignorance des goûts dépravés, je serais aussi heureux que l'homme primitif rêvé par Jean-Jacques.

— Et moi aussi, je fais souvent ce rêve ; qui ne l'a fait ? Mais il ne donnerait pas la victoire à ton raisonnement, car le paysan le plus simple et le plus naïf est encore artiste ; et moi, je prétends même que leur art est supérieur au nôtre. C'est une autre forme, mais elle parle plus à mon âme que toutes celles de notre civilisation. Les chansons, les récits, les contes rustiques, peignent en peu de mots ce que notre littérature ne sait qu'amplifier et déguiser.

— Donc, je triomphe ? reprit mon ami. Cet art-là est le plus pur et le meilleur, parce qu'il s'inspire davantage de la nature, qu'il est en contact plus direct avec elle. Je veux bien avoir poussé les choses à l'extrême en disant que l'art n'était bon à rien ; mais j'ai dit aussi que je voudrais sentir à la manière du paysan, et je ne m'en dédis pas. Il y a certaines complaintes bretonnes, faites par des mendiants, qui valent tout Goëthe et tout Byron, en trois couplets, et qui prouvent que l'appréciation du vrai et du beau a été plus spontanée et plus complète dans ces âmes simples que dans celles des plus illustres poëtes. Et la musique donc ! N'avons-nous pas dans notre pays des mélodies admirables ? Quant à la peinture, ils n'ont pas cela ; mais ils le possèdent dans leur langage, qui est plus expressif, plus énergique et plus logique cent fois que notre langue littéraire.

— J'en conviens, répondis-je ; et quant à ce dernier point surtout, c'est pour moi une cause de désespoir que d'être forcé d'écrire la langue de l'Académie, quand j'en sais beaucoup mieux une autre qui est si supérieure pour rendre tout un ordre d'émotions, de sentiments et de pensées.

— Oui, oui, le monde naïf ! dit-il, le monde inconnu, fermé à notre art moderne, et que nulle étude ne te fera exprimer à toi-même, paysan de nature, si tu veux l'introduire dans le domaine de l'art civilisé, dans le commerce intellectuel de la vie factice.

— Hélas ! répondis-je, je me suis beaucoup préoccupé de cela. J'ai vu et j'ai senti par moi-même, avec tous les êtres civilisés, que la vie primitive était le rêve, l'idéal de tous les hommes et de tous les temps. Depuis les bergers de Longus jusqu'à ceux de Trianon, la vie pastorale est un Éden parfumé où les âmes tourmentées et lassées du tumulte du monde ont essayé de se réfugier. L'art, ce grand flatteur, ce chercheur complaisant de consolations pour les gens trop heureux, a traversé une suite ininterrompue de *bergeries*. Et sous ce titre : *Histoire des bergeries*, j'ai souvent désiré de faire un livre d'érudition et de critique où j'aurais passé en revue tous ces différents rêves champêtres dont les hautes classes se sont nourries avec passion.

J'aurais suivi leurs modifications toujours en rapport inverse de la dépravation des mœurs, et se faisant pures et sentimentales d'autant plus que la société était corrompue et impudente. Je voudrais pouvoir *commander* ce livre à un écrivain plus capable que moi de le faire, et je le lirais ensuite avec plaisir. Ce serait un traité d'art complet, car la musique, la peinture, l'architecture, la littérature dans toutes ses formes ; théâtre, poëme, roman, églogue, chanson : les modes, les jardins, les costumes même, tout a subi l'engouement du rêve pastoral. Tous ces types de l'âge d'or, ces bergères, qui sont des nymphes et puis des marquises, les bergères de l'*Astrée* qui passent par le Lignon de Florian, qui portent de la poudre et du satin sous Louis XV, et auxquels Sedaine commence, à la fin de la monarchie, à donner des sabots, sont tous plus ou moins faux, et aujourd'hui ils nous paraissent niais et ridicules. Nous en avons fini avec eux, nous n'en voyons plus guère que sous forme de fantômes à l'Opéra, et pourtant ils ont régné sur les cours et ont fait les délices des rois qui leur empruntaient la houlette et la panetière.

Je me suis demandé souvent pourquoi il n'y avait plus de bergers, car nous ne sommes pas tellement passionnés pour le vrai dans ces derniers temps, que nos arts et notre littérature soient en droit de mépriser ces types de convention plutôt que ceux que la mode inaugure. Nous sommes aujourd'hui à l'énergie et à l'atrocité, et nous brodons sur le canevas de ces passions des ornements qui seraient d'un terrible à faire dresser les cheveux sur la tête, si nous pouvions les prendre au sérieux.

— Si nous n'avons plus de bergers, reprit mon ami, si la littérature n'a plus cet idéal faux qui valait bien celui d'aujourd'hui, ne serait-ce pas une tentative que l'art fait, à son insu, pour se niveler, pour se mettre à la portée de toutes les classes d'intelligences ? Le rêve de l'égalité jeté dans la société ne pousse-t-il pas l'art à se faire brutal et fougueux, pour réveiller les instincts et les passions qui sont communs à tous les hommes, de quelque rang qu'ils soient ? On n'arrive pas au vrai encore. Il n'est pas plus dans le réel enlaidi que dans l'idéal pomponné ; mais on le cherche, cela est évident, et, si on le cherche mal, on n'en est que plus avide de le trouver. Voyons : le théâtre, la poésie et le roman ont quitté la houlette pour prendre le poignard, et quand ils mettent en scène la vie rustique, ils lui donnent un certain caractère de réalité qui manquait aux bergeries du temps passé. Mais la poésie n'y est guère, et je m'en plains, et je ne vois pas encore le moyen de relever l'idéal champêtre sans le farder ou le noircir. Tu y as souvent songé, je le sais ; mais peux-tu réussir ?

— Je ne l'espère point, répondis-je, car la forme me manque, et le sentiment que j'ai de la simplicité rustique ne trouve pas de langage pour s'exprimer. Si je fais parler l'homme des champs comme il parle, il faut une traduction en regard pour le lecteur civilisé, et si je le fais parler comme nous parlons, j'en fais un être impossible, auquel il faut supposer un ordre d'idées qu'il n'a pas.

— Et puis quand même tu le ferais parler comme il parle, ton langage à toi ferait à chaque instant un contraste désagréable ; tu n'es pas pour moi à l'abri de ce reproche. Tu peins une fille des champs, tu l'appelles *Jeanne*, et tu mets dans sa bouche des paroles qu'à la rigueur elle peut dire. Mais toi, romancier, qui veux faire partager à tes lecteurs l'attrait que tu éprouves à peindre ce type, tu la compares à une druidesse, à Jeanne-d'Arc, que sais-je ? Ton sentiment et ton langage font avec les siens un effet disparate comme la rencontre de tons criards dans un tableau ; et ce n'est pas ainsi que je peux entrer tout à fait dans la nature, même en l'idéalisant. Tu as fait, depuis, une meilleure étude du vrai dans la *More au Diable*. Mais je ne suis pas encore content ; *l'auteur* y montre encore de temps en temps le bout de l'oreille ; il s'y trouve des *mots d'auteur*, comme dit Henri Monnier, artiste qui a réussi à être *vrai* dans la *charge* et qui, par conséquent a résolu le problème qu'il s'était posé. Je sais que ton problème à toi n'est pas plus facile à résoudre. Mais il faut encore essayer, sauf à ne pas réussir ; les chefs-d'œuvre ne sont jamais que des tentatives heureuses. Console-toi de ne pas faire de chefs-d'œuvre, pourvu que tu fasses des tentatives consciencieuses.

— J'en suis consolé d'avance, répondis-je, et je recommencerai quand tu voudras ; conseille-moi.

— Par exemple, dit-il, nous avons assisté hier à une veillée rustique à la ferme. Le chanvreur a conté des histoires jusqu'à deux heures du matin. La servante du curé l'aidait ou le reprenait ; c'était une paysanne un peu cultivée ; lui, un paysan inculte, mais heureusement doué et fort éloquent à sa manière. A eux deux, ils nous ont raconté une histoire vraie, assez longue, et qui avait l'air d'un roman intime. L'as-tu retenue ?

— Parfaitement, et je pourrais la redire mot à mot dans leur langage.

— Mais leur langage exige une traduction ; il faut écrire en français, et ne pas se permettre un mot qui ne le soit pas, à moins qu'il ne soit si intelligible qu'une note devienne inutile pour le lecteur.

— Je le vois, tu m'imposes un travail à perdre l'esprit, et dans lequel je ne me suis jamais plongé que pour en sortir mécontent de moi-même et pénétré de mon impuissance.

— N'importe ! tu t'y plongeras encore, car je vous connais, vous autres artistes ; vous ne vous passionnez que devant les obstacles, et vous faites mal ce que vous faites sans souffrir. Tiens, commence, raconte-moi l'histoire du *Champi*, non pas telle que je l'ai entendue avec toi. C'était un chef-d'œuvre de narration pour nos esprits et pour nos oreilles du terroir. Mais raconte-la-moi comme si tu avais à ta droite un Parisien parlant la langue moderne, et à ta gauche un paysan devant lequel tu ne voudrais pas dire une phrase, un mot où il ne pourrait pas pénétrer. Ainsi tu dois parler clairement pour le Parisien, naïvement pour le paysan. L'un te reprochera de manquer de couleur, l'autre d'élégance. Mais je serai là aussi ; moi qui cherche par quel rapport l'art, sans cesser d'être l'art pour tous, peut entrer dans le mystère de la simplicité primitive, et communiquer à l'esprit le charme répandu dans la nature.

— C'est donc une *étude* que nous allons faire à nous deux ?

— Oui, car je t'arrêterai où tu broncheras.

— Allons, asseyons-nous sur ce tertre jonché de serpolet. Je commence ; mais auparavant permets que, pour m'éclaircir la voix, je fasse quelques gammes.

— Qu'est-ce à dire ? je ne te savais pas chanteur.

— C'est une métaphore. Avant de commencer un travail d'art, je crois qu'il faut se remettre en mémoire un thème quelconque qui puisse vous servir de type et faire entrer votre esprit dans la disposition voulue. Ainsi, pour me préparer à ce que tu demandes, j'ai besoin de réciter l'histoire du chien de Brisquet, qui est courte, et que je sais par cœur.

— Qu'est-ce que cela ? Je ne m'en souviens pas.

— C'est un trait pour ma voix, écrit par Charles Nodier, qui essayait la sienne sur tous les modes possibles ; un grand artiste, à mon sens, qui n'a pas eu toute la gloire qu'il méritait, parce que, dans le nombre varié de ses tentatives, il en a fait plus de mauvaises que de bonnes : mais quand un homme a fait deux ou trois chefs-d'œuvre, si courts qu'ils soient, on doit le couronner et lui pardonner ses erreurs. Voici le chien de Brisquet. Écoute.

Et je récitai à mon ami l'histoire de la *Bichonne*, qui l'émut jusqu'aux larmes, et qu'il déclara être un chef-d'œuvre de genre.

— Je devrais être découragé de ce que je vais tenter, lui dis-je ; car cette odyssée du *Pauvre chien à Brisquet*, qui n'a pas duré cinq minutes à réciter, n'a pas une tache, pas une ombre ; c'est un pur diamant taillé par le premier lapidaire du monde : car Nodier était essentiellement lapidaire en littérature. Moi, je n'ai pas de science, et il faut que j'invoque le sentiment. Et puis, je ne peux promettre d'être bref, et d'avance je sais que la première des qualités, celle de faire bien et court, manquera à mon étude.

— Va toujours, dit mon ami ennuyé de mes préliminaires.

— C'est donc l'histoire de François *le Champi*, repris-je, et je tâcherai de me rappeler le commencement sans altération. C'était Monique, la vieille servante du curé, qui entra en matière.

— Un instant, dit mon auditeur sévère, je t'arrête au titre. *Champi* n'est pas français.

— Je demande bien pardon, répondis-je. Le dictionnaire le déclare *vieux*, mais Montaigne l'emploie, et je ne prétends pas être plus Français que les grands écrivains qui font la langue. Je n'intitulerai pas mon conte François l'Enfant-Trouvé, François le Bâtard, mais François *le Champi*, c'est-à-dire l'enfant abandonné dans les champs, comme on disait autrefois dans le monde, et comme on dit encore aujourd'hui chez nous.

I.

Un matin que Madeleine Blanchet, la jeune meunière du Cormouer, s'en allait au bout de son pré pour laver à la fontaine, elle trouva un petit enfant assis devant sa planchette, et jouant avec la paille qui sert de coussinet aux genoux des lavandières. Madeleine Blanchet, ayant avisé cet enfant, fut étonnée de ne pas le connaître, car il n'y a pas de route bien achalandée de passants de ce côté-là, et on n'y rencontre que des gens de l'endroit.

— Qui es-tu, mon enfant ? dit-elle au petit garçon, qui la regardait d'un air de confiance, mais qui ne parut pas comprendre sa question. Comment t'appelles-tu ? reprit Madeleine Blanchet en le faisant asseoir à côté d'elle et en s'agenouillant pour laver.

— François, répondit l'enfant.

— François qui ?

— Qui ? dit l'enfant d'un air simple.

— A qui es-tu fils ?

— Je ne sais pas, allez !

— Tu ne sais pas le nom de ton père !

— Je n'en ai pas.

— Il est donc mort ?

— Je ne sais pas.

— Et ta mère ?

— Elle est par là, dit l'enfant en montrant une maisonnette fort pauvre qui était à deux portées de fusil du moulin et dont on voyait le chaume à travers les saules.

— Ah ! je sais, reprit Madeleine, c'est la femme qui est venue demeurer ici, qui est emménagée d'hier soir ?

— Oui, répondit l'enfant.
— Et vous demeuriez à Mers!
— Je ne sais pas.
— Tu es un garçon peu savant. Sais-tu le nom de ta mère, au moins?
— Oui, c'est la Zabelle.
— Isabelle qui? tu ne lui connais pas d'autre nom?
— Ma foi non, allez!
— Ce que tu sais ne te fatiguera pas la cervelle, dit Madeleine en souriant et en commençant à battre son linge.
— Comment dites-vous? reprit le petit François.
Madeleine le regarda encore; c'était un bel enfant, il avait des yeux magnifiques. C'est dommage, pensa-t-elle, qu'il ait l'air si niais. Quel âge as-tu? reprit-elle. Peut-être que tu ne le sais pas non plus.
La vérité est qu'il n'en savait pas plus long là-dessus que sur le reste. Il fit ce qu'il put pour répondre, honteux peut-être de ce que la meunière lui reprochait d'être si borné, et il accoucha de cette belle repartie : Deux ans!
— Oui-da! reprit Madeleine en tordant son linge sans le regarder davantage, tu es un véritable oison, tu n'as guère pris soin de t'instruire, mon pauvre petit. Tu as au moins six ans pour la taille, mais tu n'as pas deux ans pour le raisonnement.
— Peut-être bien! répliqua François. Puis, faisant un autre effort sur lui-même, comme pour secouer l'engourdissement de sa pauvre âme, il dit : Vous demandiez comment je m'appelle? On m'appelle François le Champi.
— Ah! ah! je comprends, dit Madeleine en tournant vers lui un œil de compassion; et Madeleine ne s'étonna plus de voir ce bel enfant si malpropre, si déguenillé et si abandonné à l'hébétement de son âge.
— Tu n'es guère couvert, lui dit-elle, et le temps n'est pas chaud. Je gage que tu as froid.
— Je ne sais pas, répondit le pauvre champi, qui était si habitué à souffrir qu'il ne s'en apercevait plus.
Madeleine soupira. Elle pensa à son petit Jeannie qui n'avait qu'un an et qui dormait bien chaudement dans son berceau, gardé par sa grand'mère, pendant que ce pauvre champi grelottait tout seul au bord de la fontaine, préservé de s'y noyer par la seule bonté de la Providence, car il était assez simple pour ne pas se douter qu'on meurt en tombant dans l'eau.
Madeleine, qui avait le cœur très-charitable, prit le bras de l'enfant et le trouva chaud, quoiqu'il eût par instants le frisson et que sa jolie figure fût très-pâle.
— Tu as la fièvre? lui dit-elle.
— Je ne sais pas, allez! répondit l'enfant qui l'avait toujours.
Madeleine Blanchet détacha le chéret de laine qui lui couvrait les épaules et en enveloppa le champi, qui se laissa faire, et ne témoigna ni étonnement ni contentement. Elle ôta toute la paille qu'elle avait sous ses genoux et lui en fit un lit où il ne chôma pas de s'endormir, et Madeleine acheva de laver les nippes de son petit Jeannie, ce qu'elle fit lestement, car elle le nourrissait, et avait hâte d'aller le retrouver.
Quand tout fut lavé, le linge mouillé était devenu plus lourd de moitié, et elle ne put emporter le tout. Elle laissa son battoir et une partie de sa provision au bord de l'eau, se promettant de réveiller le champi lorsqu'elle reviendrait de la maison, où elle porta de suite tout ce qu'elle put prendre avec elle. Madeleine Blanchet n'était ni grande ni forte. C'était une très-jolie femme, d'un fier courage, et renommée pour sa douceur et son bon sens.
Quand elle ouvrit la porte de sa maison, elle entendit sur le petit pont de l'écluse un bruit de sabots qui courait après elle, et, en se virant, elle vit le champi qui l'avait rattrapée et qui lui apportait son battoir, son savon, le reste de son linge et son chéret de laine.
— Oh! oh! dit-elle en lui mettant la main sur l'épaule, tu n'es pas si bête que je croyais, toi, car tu es serviable, et celui qui a bon cœur n'est jamais sot. Entre, mon enfant, viens te reposer. Voyez ce pauvre petit! il porte plus lourd que lui-même!

— Tenez, mère, dit-elle à la vieille meunière qui lui présentait son enfant bien frais et tout souriant, voilà un pauvre champi qui a l'air malade. Vous qui vous connaissez à la fièvre, il faudrait tâcher de le guérir.
— Ah! c'est la fièvre de misère! répondit la vieille en regardant François; ça se guérirait avec de la bonne soupe; mais ça n'en a pas. C'est le champi à cette femme qui a emménagé d'hier. C'est la locataire à ton homme, Madeleine. Ça paraît bien malheureux, et je crains que ça ne paye pas souvent.
Madeleine ne répondit rien. Elle savait que sa belle-mère et son mari avaient peu de pitié, et qu'ils aimaient l'argent plus que le prochain. Elle allaita son enfant, et, quand la vieille fut sortie pour aller chercher ses oies, elle prit François par la main, Jeannie sur son autre bras, et s'en fut avec eux chez la Zabelle.
La Zabelle, qui se nommait en effet Isabelle Bigot, était une vieille fille de cinquante ans, aussi bonne qu'on peut l'être pour les autres quand on n'a rien à soi et qu'il faut toujours trembler pour sa pauvre vie. Elle avait pris François, au sortir de nourrice, d'une femme qui était morte à ce moment-là, et elle l'avait élevé depuis, pour avoir tous les mois quelques pièces d'argent blanc et pour faire de lui son petit serviteur; mais elle avait perdu ses bêtes et elle devait en acheter d'autres à crédit, dès qu'elle pourrait, car elle ne vivait pas d'autre chose qu'un petit lot de brebiage et d'une douzaine de poules qui, de leur côté, vivaient sur le communal. L'emploi de François, jusqu'à ce qu'il eût gagné l'âge de la première communion, devait être de garder ce pauvre troupeau sur le bord des chemins; après quoi on le louerait comme on pourrait, pour être porcher ou petit valet de charrue, et, s'il avait de bons sentiments, il donnerait à sa mère par adoption une partie de son gage.
On était au lendemain de la Saint-Martin, et la Zabelle avait quitté Mers, laissant sa dernière chèvre en paiement d'un reste dû sur son loyer. Elle venait habiter la petite locature dépendante du moulin du Cormouer, sans autre objet de garantie qu'un grabat, deux chaises, un bahut et quelques vaisseaux de terre. Mais la maison était si mauvaise, si mal close et de si chétive valeur, qu'il fallait la laisser déserte ou courir les risques attachés à la pauvreté des locataires.
Madeleine causa avec la Zabelle, et vit bientôt que ce n'était pas une mauvaise femme, qu'elle ferait en conscience tout son possible pour payer, et qu'elle ne manquait pas d'affection pour son champi. Mais elle avait pris l'habitude de le voir souffrir en souffrant elle-même, et la compassion que la riche meunière témoignait à ce pauvre enfant lui causa d'abord plus d'étonnement que de plaisir.
Enfin, quand elle fut revenue de sa surprise et qu'elle comprit que Madeleine ne venait pas pour lui demander, mais pour lui rendre service, elle prit confiance, lui conta longuement toute son histoire, qui ressemblait à celle de tous les malheureux, et lui fit grand remerciement de son intérêt. Madeleine l'avertit qu'elle ferait tout son possible pour le secourir; mais elle la pria de n'en jamais parler à personne, avouant qu'elle ne pourrait l'assister qu'en cachette, et qu'elle n'était pas sa maîtresse à la maison.
Elle commença par laisser à la Zabelle son chéret de laine, en lui faisant donner promesse de le couper dès le même soir pour en faire un habillement au champi, et de n'en pas montrer les morceaux avant qu'il fût cousu. Elle vit bien que la Zabelle s'y engageait à contre-cœur et qu'elle trouvait le chéret bien bon et bien utile pour elle-même. Elle fut obligée de lui dire qu'elle l'abandonnerait si, dans trois jours, elle ne voyait pas le champi chaudement vêtu. — Croyez-vous donc, ajouta-t-elle, que ma belle-mère, qui a l'œil à tout, ne reconnaîtrait pas mon chéret sur vos épaules? Vous voudriez donc me faire avoir des ennuis? Comptez que je vous assisterai autrement encore, si vous êtes un peu secrète dans ces choses-là. Et puis, écoutez : votre champi a la fièvre, et, si vous ne le soignez pas bien, il mourra.
— Croyez-vous? dit la Zabelle; ça serait une peine pour moi, car cet enfant-là, voyez-vous, est d'un cœur comme

on n'en trouve guère ; ça ne se plaint jamais, et c'est aussi ques effets et sur la quantité de pain qui se mangeait à la chet remarqua, comme elle le faisait tous les soirs, qu'on mangeait trop de pain. Madeleine ne dit mot. Cadet Blanchet voulut la rendre responsable du gaspillage. La vieille déclara qu'elle avait surpris, le matin même, le champi emportant une demi-tourte... Madeleine aurait dû se fâcher et leur tenir tête, mais elle ne sut que pleurer. Blanchet pensa à ce que lui avait dit son compère et n'en fut que plus âcreté; si bien que, de ce jour-là, expliquez comment cela se fit, si vous pouvez, il n'aima plus sa femme et la rendit malheureuse.

II.

Il la rendit malheureuse; et, comme jamais bien heureuse il ne l'avait rendue, elle eut doublement mauvaise chance dans le mariage. Elle s'était laissé marier, à seize ans, à ce rougeot qui n'était pas tendre, qui buvait beaucoup le dimanche, qui était en colère tout le lundi, chagrin le mardi, et qui, les jours suivants, travaillant comme un cheval pour réparer le temps perdu, car il était avare, n'avait pas le loisir de songer à sa femme. Il était moins malgracieux le samedi, parce qu'il avait fait sa besogne et pensait à se divertir le lendemain. Mais un jour par semaine de bonne humeur ce n'est pas assez, et Madeleine n'aimait pas le voir guilleret, parce qu'elle savait que le lendemain soir il rentrerait tout enflammé de colère.

Mais comme elle était jeune et gentille, et si douce qu'il n'y avait pas moyen d'être longtemps fâché contre elle, il avait encore des moments de justice et d'amitié, où il lui prenait les deux mains, en lui disant : — Madeleine, il n'y a pas de meilleure femme que vous, et je crois qu'on vous a faite exprès pour moi. Si j'avais épousé une coquette comme j'en vois tant, je l'aurais tuée, ou je me serais jeté sous la roue de mon moulin. Mais je reconnais que tu es sage, laborieuse, et que tu vaux ton pesant d'or.

Mais quand son amour fut passé, ce qui arriva au bout de quatre ans de ménage, il n'eut plus de bonne parole à lui dire, et il ne fit dépit de ce qu'elle ne répondait rien à ses mauvaisetés. Qu'eût-elle répondu ! Elle sentait que son mari était injuste, et elle ne voulait pas lui en faire de reproches, car elle mettait tout son devoir à respecter le maître qu'elle n'avait jamais pu chérir.

La belle-mère fut contente de voir que son fils redevenait l'homme de chez lui; c'est ainsi qu'elle disait, comme s'il avait jamais oublié de l'être et de le faire sentir ! Elle haïssait sa bru, parce qu'elle la voyait meilleure qu'elle. Ne sachant quoi lui reprocher, elle lui tenait à méfait de n'être pas forte, de tousser tout l'hiver, et de n'avoir encore qu'un enfant? Elle la méprisait pour cela et aussi pour ce qu'elle savait lire et écrire, et que le dimanche elle lisait des prières dans un coin du verger au lieu de venir caqueter et marmotter avec elle et les commères d'alentour.

Madeleine avait remis son âme à Dieu, et, trouvant inutile de se plaindre, elle souffrait comme il lui était dû. Elle avait retiré son cœur de la terre, et rêvait souvent au paradis comme une personne qui serait bien aise de mourir. Pourtant elle soignait sa santé et s'ordonnait le courage, parce qu'elle savait que son enfant ne serait heureux que par elle, et qu'elle acceptait tout en vue de l'amour qu'elle lui portait.

Elle n'avait pas grande amitié pour la Zabelle, mais elle en avait un peu, parce que cette femme, moitié bonne, moitié intéressée, continuait à soigner de son mieux le pauvre champi; et Madeleine, voyant combien deviennent mauvais ceux qui ne songent qu'à eux-mêmes, était portée à n'estimer que ceux qui pensaient un peu aux autres. Mais comme elle était la seule, dans son endroit, qui n'eût pas du tout souci d'elle-même, elle se trouvait bien esseulée et s'ennuyait beaucoup, sans trop connaître la cause de son ennui.

Peu à peu cependant elle remarqua que le champi, qui avait alors dix ans, commençait à penser comme elle. Quand je dis penser, il faut croire qu'elle le jugea à sa manière d'agir; car le pauvre enfant ne montrait guère plus son raisonnement dans ses paroles que le jour où elle l'avait questionné pour la première fois. Il ne savait dire mot, et quand on voulait le faire causer, il était arrêté tout de suite, parce qu'il ne savait rien de rien. Mais s'il fallait courir pour rendre service, il était toujours prêt; et même quand c'était pour le service de Madeleine, il courait avant qu'elle eût parlé. A son air on eût dit qu'il n'avait pas compris de quoi il s'agissait, mais il faisait la chose commandée si vite et si bien qu'elle-même en était émerveillée.

Un jour qu'il portait le petit Jeannie dans ses bras et qu'il se laissait tirer les cheveux par lui pour le faire rire, Madeleine lui reprit l'enfant avec un brin de mécontentement, disant comme malgré elle : — François, si tu commences déjà à tout souffrir des autres, tu ne sais pas où ils s'arrêteront. Et à son grand ébahissement, François lui répondit : — J'aime mieux souffrir le mal que de le rendre.

Madeleine, étonnée, regarda dans les yeux du champi. Il y avait dans les yeux de cet enfant-là quelque chose qu'elle n'avait jamais trouvé, même dans ceux des personnes les plus raisonnables; quelque chose de si bon et de si décidé en même temps qu'elle en fut comme étourdie dans ses esprits; et s'étant assise sur le gazon avec son petit sur ses genoux, elle fit asseoir le champi sur le bord de sa robe, sans oser lui parler. Elle ne pouvait pas s'expliquer à elle-même pourquoi elle avait comme de la crainte et de la honte d'avoir souvent plaisanté cet enfant sur sa simplicité. Elle l'avait toujours fait avec douceur, il est vrai, et peut-être que sa niaiserie le lui avait fait plaindre et aimer d'autant plus. Mais dans ce moment-là elle s'imagina qu'il avait toujours compris ses moqueries et qu'il en avait souffert, sans pouvoir y répondre.

Et puis elle oublia cette petite aventure, car ce fut peu de temps après que son mari, s'étant coiffé d'une drôlesse des environs, se mit à la détester tout à fait et à lui défendre de laisser la Zabelle et son gars remettre les pieds dans le moulin. Alors Madeleine ne songea plus qu'aux moyens de les secourir encore plus secrètement. Elle en avertit la Zabelle, en lui disant que pendant quelque temps elle aurait l'air de l'oublier.

Mais la Zabelle avait grand'peur du meunier, et elle n'était pas femme comme Madeleine à tout souffrir pour l'amour d'autrui. Elle raisonna à part soi, et se dit que le meunier, étant le maître, pouvait bien la mettre à la porte ou augmenter son loyer, ce à quoi Madeleine ne pourrait porter remède. Elle songea aussi qu'en faisant soumission à la mère Blanchet, elle se remettrait bien avec elle, et que sa protection lui serait plus utile que celle de la jeune femme. Elle alla donc trouver la vieille meunière, et s'accusa d'avoir accepté les secours de sa belle-fille, disant que c'était bien malgré elle, et seulement par commisération pour le champi, qu'elle n'avait pas le moyen de nourrir. La vieille haïssait le champi, tant seulement parce que Madeleine s'intéressait à lui. Elle conseilla à la Zabelle de s'en débarrasser, lui promettant, à tel prix, d'obtenir six mois de crédit pour son loyer. On était, encore, cette fois-là, au lendemain de la Saint-Martin, et la Zabelle n'avait pas d'argent, vu que l'année était mauvaise. On surveillait Madeleine de si près depuis quelque temps, qu'elle ne pouvait lui en donner. La Zabelle prit bravement son parti, et promit que dès le lendemain elle reconduirait le champi à l'hospice.

Elle n'eut pas plus tôt fait cette promesse qu'elle s'en repentit, et qu'à la vue du petit François qui dormait sur son pauvre grabat, elle se sentit le cœur aussi gros que si elle allait commettre un péché mortel. Elle ne dormit guère; mais, dès avant le jour, la mère Blanchet entra dans son logis et lui dit :

— Allons, debout, Zabeau ! vous avez promis, il faut tenir. Si vous attendez que ma bru vous ait parlé, je sais que vous n'en ferez rien. Mais dans son intérêt, voyez-vous, tout aussi bien que dans le vôtre, il faut faire partir ce gars. Mon fils l'a pris en malintention à cause de sa bêtise et de sa gourmandise; ma bru l'a trop affriandé, et je suis sûre qu'il est déjà voleur. Tous les champis le sont de naissance, et c'est une folie que de compter sur ces

J'aime mieux souffrir le mal que de le rendre. (Page 7.)

canailles-là. En voilà un qui vous fera chasser d'ici, qui vous donnera mauvaise réputation, qui sera cause que mon fils battra sa femme quelque jour, et qui, en fin de compte, quand il sera grand et fort, deviendra bandit sur les chemins, et vous fera honte. Allons, allons, en route ! Conduisez-le-moi jusqu'à Corlay par les prés. A huit heures, la diligence passe. Vous y monterez avec lui, et sur le midi au plus tard vous serez à Châteauroux. Vous pouvez revenir ce soir, voilà une pistole pour faire le voyage, et vous aurez encore là-dessus de quoi goûter à la ville.

La Zabelle réveilla l'enfant, lui mit ses meilleurs habits, fit un paquet du reste de ses hardes, et, le prenant par la main, elle partit avec lui au clair de lune.

Mais à mesure qu'elle marchait et que le jour montait, le cœur lui manquait; elle ne pouvait aller vite, elle ne pouvait parler, et quand elle arriva au bord de la route, elle s'assit sur la berge du fossé, plus morte que vive. La diligence approchait. Il n'était que temps de se trouver là.

Le champi n'avait coutume de se tourmenter, et jusque-là il avait suivi sa mère sans se douter de rien. Mais quand il vit, pour la première fois de sa vie, rouler vers lui une grosse voiture, il eut peur du bruit qu'elle faisait, et se mit à tirer la Zabelle vers le pré d'où ils venaient de déboucher sur la route. La Zabelle crut qu'il comprenait son sort, et lui dit :

— Allons, mon pauvre François, il le faut !

Ce mot fit encore plus de peur à François. Il crut que la diligence était un gros animal toujours courant qui allait l'avaler et le dévorer. Lui qui était si hardi dans les dangers qu'il connaissait, il perdit la tête et s'enfuit dans le pré en criant. La Zabelle courut après lui ; mais le voyant pâle comme un enfant qui va mourir, le courage lui manqua tout à fait. Elle le suivit jusqu'au bout du pré et laissa passer la diligence.

III.

Ils revinrent par où ils étaient venus, jusqu'à mi-chemin du moulin, et là, de fatigue, ils s'arrêtèrent. La Zabelle était inquiète de voir l'enfant trembler de la tête

Madame Blanchet, madame Blanchet, sauvez-moi! (Page 10.)

aux pieds, et son cœur sauter si fort qu'il soulevait sa pauvre chemise. Elle le fit asseoir et tâcha de le consoler. Mais elle ne savait ce qu'elle disait, et François n'était pas en état de le deviner. Elle tira un morceau de pain de son panier, et voulut lui persuader de manger ; mais il n'en avait nulle envie, et ils restèrent là longtemps sans se rien dire.

Enfin, la Zabeau, qui revenait toujours à ses raisonnements, eut honte de sa faiblesse et se dit que si elle reparaissait au moulin avec l'enfant, elle était perdue. Une autre diligence passait vers le midi ; elle décida de se reposer là jusqu'au moment à propos pour retourner à la route ; mais comme François était épeuré jusqu'à en perdre le peu d'esprit qu'il avait, comme, pour la première fois de sa vie, il était capable de faire de la résistance, elle essaya de le rapprivoiser avec les grelots des chevaux, le bruit des roues et la vitesse de la grosse voiture.

Mais, tout en essayant de lui donner confiance, elle en dit plus qu'elle ne voulait ; peut-être que le repentir la faisait parler malgré elle : ou bien François avait entendu en s'éveillant, le matin, certaines paroles de la mère Blanchet qui lui revenaient à l'esprit ; ou bien encore ses pauvres idées s'éclaircissaient tout d'un coup à l'approche du malheur : tant il y a qu'il se mit à dire, en regardant la Zabelle avec les mêmes yeux qui avaient tant étonné et presque effarouché Madeleine : — Mère, tu veux me renvoyer d'avec toi ! tu veux me conduire bien loin d'ici et me laisser. — Puis le mot d'*hospice*, qu'on avait plus d'une fois lâché devant lui, lui revint à la mémoire. Il ne savait ce que c'était que l'hospice, mais cela lui parut encore plus épouvantant que la diligence, et il s'écria en frissonnant : Tu veux me mettre dans l'hospice !

La Zabelle s'était portée trop avant pour reculer. Elle croyait l'enfant plus instruit de son sort qu'il ne l'était, et, sans songer qu'il n'eût guère été malaisé de le tromper et de se débarrasser de lui par surprise, elle se mit à lui expliquer la vérité et à vouloir lui faire comprendre qu'il serait plus heureux à l'hospice qu'avec elle, qu'on y prendrait plus de soin de lui, qu'on lui enseignerait à travailler, qu'on le placerait pour un temps chez quelque femme moins pauvre qu'elle, qui lui servirait encore de mère.

Ces consolations achevèrent de désoler le champi. L'inconnaissance du temps à venir lui fit plus de peur que tout ce que la Zabelle essayait de lui montrer pour le dégoûter de vivre avec elle. Il aimait d'ailleurs, il aimait de toutes ses forces cette mère ingrate qui ne tenait pas à lui autant qu'à elle-même. Il aimait quelqu'un encore, et presque autant que la Zabelle, c'était Madeleine ; mais il ne savait pas qu'il l'aimait et il n'en parla pas. Seulement il se coucha par terre en sanglotant, en arrachant l'herbe avec ses mains et s'en couvrant la figure, comme s'il fût tombé du gros mal. Et quand la Zabelle, tourmentée et impatientée de le voir ainsi, voulut le relever de force en le menaçant, il se frappa la tête si fort sur les pierres qu'il se mit tout en sang et qu'elle vit l'heure où il allait se tuer.

Le bon Dieu voulut que dans ce moment-là Madeleine Blanchet vînt à passer. Elle ne savait rien du départ de la Zabelle et de l'enfant. Elle avait été chez la bourgeoise de Presles pour lui remettre de la laine qu'on lui avait donnée à filer très-menu, parce qu'elle était la meilleure filandière du pays. Elle en avait touché l'argent, et elle s'en revenait au moulin avec dix écus dans sa poche. Elle allait traverser la rivière sur un de ces petits ponts de planche à fleur d'eau comme il y en a dans les prés de ce côté-là, lorsqu'elle entendit des cris à fendre l'âme et reconnut tout d'un coup la voix du pauvre champi. Elle courut du côté, et vit l'enfant tout sanguifié qui se débattait dans les bras de la Zabelle. Elle ne comprit pas d'abord ; car, à voir cela, on eût dit que la Zabelle l'avait frappé mauvaisement et voulait se défaire de lui. Elle le crut d'autant que François, en l'apercevant, se prit à courir vers elle, se roula autour de ses jambes comme un petit serpent, et s'attacha à ses cotillons en criant : — Madame Blanchet, madame Blanchet, sauvez-moi !

La Zabelle était grande et forte, et Madeleine était petite et mince comme un brin de jonc. Elle n'eut cependant pas peur, et, dans l'idée que cette femme, devenue folle, voulait assassiner l'enfant, elle se mit au-devant de lui, bien déterminée à le défendre ou à se laisser tuer pendant qu'il se sauverait.

Mais il ne fallut pas beaucoup de paroles pour s'expliquer. La Zabelle, qui avait plus de chagrin que de colère, raconta les choses comme elles étaient. Cela fit que François comprit enfin tout le malheur de son état, et, cette fois, il fit son profit de ce qu'il entendait avec plus de raison qu'on ne lui en avait jamais supposé. Quand la Zabelle eut tout dit, il commença à s'attacher aux jambes et aux jupons de la meunière, en disant : — Ne me renvoyez pas, ne me laissez pas renvoyer ! Et il allait de la Zabeau qui pleurait, à la meunière qui pleurait encore plus fort, disant toutes sortes de mots et de prières qui n'avaient pas l'air de sortir de sa bouche, car c'était la première fois qu'il trouvait moyen de dire ce qu'il voulait : — O ma mère, ma mère mignonne ! disait-il à la Zabelle, pourquoi veux-tu me quitter ? Tu veux donc que je meure de chagrin de ne plus te voir ? Qu'est-ce que je t'ai fait pour que tu ne m'aimes plus ? Est-ce que je ne t'ai pas toujours obéi dans tout ce que tu m'as commandé ? Est-ce que j'ai fait du mal ? J'ai toujours eu bien soin de nos bêtes, tu le disais toi-même, tu m'embrassais tous les soirs, tu me disais que j'étais ton enfant, tu ne m'as jamais dit que tu n'étais pas ma mère ? Ma mère, garde-moi, garde-moi, je t'en prie on prie le bon Dieu ! j'aurai toujours soin de toi ; je travaillerai toujours pour toi ; si tu n'es pas contente de moi, tu me battras et je ne dirai rien ; mais attends pour me renvoyer que j'aie fait quelque chose de mal.

Et il allait à Madeleine en lui disant : — Madame la meunière, ayez pitié de moi. Dites à ma mère de me garder. Je n'irai plus jamais chez vous, puisqu'on ne le veut pas, et quand vous voudrez me donner quelque chose, je saurai que je ne dois pas le prendre. J'irai parler à M. Cadet Blanchet, je lui dirai de me battre et de ne pas vous gronder pour moi. Quand vous irez aux champs, j'irai toujours avec vous, je porterai votre petit, je l'amuserai encore toute la journée. Je ferai tout ce que vous me direz, et si je fais quelque chose de mal, vous ne m'aimerez plus ! Mais ne me laissez pas renvoyer, je ne veux pas m'en aller, j'aime mieux me jeter dans la rivière.

Et le pauvre François regardait la rivière en s'approchant si près qu'on voyait bien que sa vie ne tenait qu'à un fil, et qu'il n'eût fallu qu'un mot de refus pour le faire noyer. Madeleine parlait pour l'enfant, et la Zabelle mourait d'envie de l'écouter ; mais elle se voyait près du moulin, et ce n'était plus comme lorsqu'elle était auprès de la route.

— Va, méchant enfant, disait-elle, je te garderai ; mais tu seras cause que demain je serai sur les chemins demandant mon pain. Toi, tu es trop bête pour comprendre que c'est par ta faute que j'en serai réduite là, et voilà à quoi m'aura servi de me mettre sur le corps l'embarras d'un enfant qui ne m'est rien, et qui ne me rapporte pas le pain qu'il mange.

— En voilà assez, Zabelle, dit la meunière en prenant le champi dans ses bras et en l'enlevant de terre pour l'emporter, quoiqu'il fût déjà bien lourd. Tenez, voilà dix écus pour payer votre ferme ou pour emménager ailleurs, si on s'obstine à vous chasser de chez nous. C'est de l'argent à moi, de l'argent que j'ai gagné ; je sais bien qu'on me le redemandera, mais ça m'est égal. On me tuera si l'on veut, j'achète cet enfant-là, il est à moi, il n'est plus à vous. Vous ne méritez pas de garder un enfant d'un aussi grand cœur, et qui vous aimait tant. C'est moi qui serai sa mère, et il faudra bien qu'on me le souffre. On peut tout souffrir pour ses enfants. Je me ferais couper par morceaux pour mon Jeannie ; eh bien ! j'en endurerai autant pour celui-là. Viens, mon pauvre François. Tu n'es plus champi, entends-tu ? Tu as une mère, et tu peux l'aimer à ton aise ; elle te le rendra de tout son cœur.

Madeleine disait ces paroles-là sans trop savoir ce qu'elle disait. Elle qui était la tranquillité même, elle avait dans ce moment la tête tout en feu. Son bon cœur s'était régimbé, et elle était vraiment en colère contre la Zabelle. François avait jeté ses deux bras autour du cou de la meunière, et il la serrait si fort qu'elle en perdit la respiration, en même temps qu'il remplissait de sang sa coiffe et son mouchoir, car il s'était fait plusieurs trous à la tête.

Tout cela fit un tel effet sur Madeleine, elle eut à la fois tant de pitié, tant d'effroi, tant de chagrin et tant de résolution, qu'elle se mit à marcher vers le moulin avec autant de courage qu'un soldat qui va au feu. Et, sans songer que l'enfant était lourd et qu'elle était si faible qu'à peine pouvait-elle porter son petit Jeannie, elle traversa le petit pont qui n'était guère bien assis et qui enfonçait sous ses pieds.

Quand elle fut au milieu, elle s'arrêta. L'enfant devenait si pesant qu'elle fléchissait et que la sueur lui coulait du front. Elle se sentit comme si elle allait tomber en faiblesse, et tout d'un coup il lui revint à l'esprit une belle et merveilleuse histoire qu'elle avait lue, la veille, dans son vieux livre de la *Vie des Saints;* c'était l'histoire de saint Christophe portant l'enfant Jésus pour lui faire traverser la rivière, et le trouvant si lourd, que la crainte l'arrêtait. Elle se retourna pour regarder le champi. Il avait les yeux tout retournés. Il ne le serrait plus avec ses bras ; il avait eu trop de chagrin, ou il avait perdu trop de sang. Le pauvre enfant s'était pâmé.

IV.

Quand la Zabelle le vit ainsi, elle le crut mort. Son amitié lui revint dans le cœur, et, ne songeant plus ni au meunier, ni à la méchante vieille, elle reprit l'enfant à Madeleine et se mit à l'embrasser en criant et en pleurant. Elles le couchèrent sur leurs genoux, au bord de l'eau, lavèrent ses blessures et en arrêtèrent le sang avec leurs mouchoirs ; mais elles n'avaient rien pour le faire revenir. Madeleine, réchauffant sa tête contre son cœur, lui soufflait sur le visage et dans la bouche comme on fait aux noyés. Cela le réconforta, et, dès qu'il ouvrit les yeux et qu'il vit le soin qu'on prenait de lui, il embrassa Madeleine et la Zabelle l'une après l'autre avec tant de cœur, qu'elles furent obligées de l'arrêter, craignant qu'il ne retombât en pâmoison.

— Allons, allons, dit la Zabelle, il faut retourner chez nous. Non, jamais, jamais je ne pourrai quitter cet enfant-là, je le vois bien, et je n'y veux plus songer. Je garde vos dix écus, Madeleine, pour payer ce soir si on m'y force. Mais n'en dites rien ; j'irai trouver demain la bourgeoise de Presles pour qu'elle ne vous démente pas, et elle dira, au besoin, qu'elle ne vous a pas encore payé le prix de votre filage ; ça nous fera gagner du temps, et je ferai si bien, quand je devrais mendier, que je m'acquitterai envers vous pour que vous ne soyez pas molestée à cause de moi. Vous ne pouvez pas prendre cet enfant au moulin, votre mari le tuerait. Laissez-le-moi, je jure d'en avoir autant de soin qu'à l'ordinaire, et si on nous tourmente encore, nous aviserons.

Le sort voulut que la rentrée du champi se fit sans bruit et sans que personne y prit garde ; car il se trouva que la mère Blanchet venait de tomber bien malade d'un coup de sang, avant d'avoir pu avertir son fils de ce qu'elle avait exigé de la Zabelle à l'endroit du champi ; et maître Blanchet n'eut rien de plus pressé que d'appeler cette femme pour venir aider au ménage, pendant que Madeleine et la servante soignaient sa mère. Pendant trois jours on fut sens dessus dessous au moulin. Madeleine ne s'épargna pas, et passa trois nuits debout au chevet de sa belle-mère, qui rendit l'esprit entre ses bras.

Ce coup du sort abattit pendant quelque temps l'humeur malplaisante du meunier. Il aimait sa mère autant qu'il pouvait aimer, et il mit de l'amour-propre à la faire enterrer selon ses moyens. Il oublia sa maîtresse pendant le temps voulu, et il s'avisa même de se faire le généreux, en donnant les vieilles nippes de la défunte aux pauvres voisines. La Zabelle eut sa part dans ces aumônes, et le champi lui-même eut une pièce de vingt sous, parce que Blanchet se souvint que, dans un moment où l'on était fort pressé d'avoir des sangsues pour la malade, tout le monde ayant couru inutilement pour s'en procurer, le champi avait été en pêcher, sans rien dire, dans une mare où il en savait, et en avait rapporté, en moins de temps qu'il n'en avait fallu aux autres pour se mettre en route.

Si bien que Cadet Blanchet avait à peu près oublié son rancœur, et que personne ne sut au moulin l'équipée de la Zabelle pour remettre son champi à l'hospice. L'affaire des dix écus de la Madeleine revint plus tard, car le meunier n'avait pas oublié de faire payer la ferme de sa chétive maison à la Zabelle. Mais Madeleine prétendit les avoir perdus dans les prés en se mettant à courir, à la nouvelle de l'accident de sa belle-mère. Blanchet les chercha longtemps et gronda fort, mais ne sut pas l'emploi de cet argent, et la Zabelle ne fut pas soupçonnée.

A partir de la mort de sa mère, le caractère de Blanchet changea peu à peu, sans pourtant s'amender. Il s'ennuya davantage à la maison, devint moins regardant à ce qui s'y passait et moins avare dans ses dépenses. Il n'en fut que plus étranger aux profits d'argent, et comme il engraissait, qu'il devenait dérangé et n'aimait plus le travail, il chercha son aubaine dans des marchés de peu de foi et dans un petit maquignonnage d'affaires qui l'aurait enrichi s'il ne se fût mis à dépenser d'un côté ce qu'il gagnait de l'autre. Sa concubine prit chaque jour plus de maîtrise sur lui. Elle l'emmenait dans les foires et assemblées pour tripoter dans des trigauderies et mener la vie de cabaret. Il apprit à jouer et fut souvent heureux ; mais il eût mieux valu pour lui perdre toujours, afin de s'en dégoûter ; car ce dérèglement acheva de le faire sortir de son assiette, et, à la moindre perte qu'il essuyait, il devenait furieux contre lui-même et méchant envers tout le monde.

Pendant qu'il menait cette vilaine vie, sa femme, toujours sage et douce, gardait la maison et élevait avec amour leur unique enfant. Mais elle se regardait comme doublement mère, car elle avait pris pour le champi une amitié très-grande et veillait sur lui presque autant que sur son propre fils. A mesure que son mari devenait plus débauché, elle devenait moins servante et moins malheureuse. Dans les premiers temps de son libertinage il se montra encore très-rude, parce qu'il craignait les reproches et voulait tenir sa femme en état de peur et de soumission. Quand il vit que par nature elle haïssait les querelles et qu'elle ne montrait pas de jalousie, il prit le parti de la laisser tranquille. Sa mère n'étant plus là pour l'exciter contre elle, force lui était bien de reconnaître qu'aucune femme n'était plus économe pour elle-même que Madeleine. Il s'accoutuma à passer des semaines entières hors de chez lui, et quand il y revenait un jour, en humeur de faire du train, il y était désencoléré par un silence si patient qu'il s'en étonnait d'abord et finissait par s'endormir. Si bien qu'on ne le revoyait plus que lorsqu'il était fatigué et qu'il avait besoin de se reposer.

Il fallait que Madeleine fût une femme bien chrétienne pour vivre ainsi seule avec une vieille fille et deux enfants. Mais c'est qu'en fait elle était meilleure chrétienne peut-être qu'une religieuse ; Dieu lui avait fait une grande grâce en lui ayant permis d'apprendre à lire et de comprendre ce qu'elle lisait. C'était pourtant toujours la même chose, car elle n'avait possession que de deux livres, le saint Évangile et un accourci de la Vie des Saints. L'Évangile la sanctifiait et la faisait pleurer toute seule lorsqu'elle le lisait le soir auprès du lit de son fils. La Vie des Saints lui faisait un autre effet : c'était, sans comparaison, comme quand les gens qui n'ont rien à faire lisent des contes et se montent la tête pour des rêvasseries et des mensonges. Toutes ces belles histoires lui donnaient des idées de courage et même de gaieté. Et quelquefois, aux champs, le champi la vit sourire et devenir rouge, quand elle avait son livre sur les genoux. Cela l'étonnait beaucoup, et il eut bien du mal à comprendre comment les histoires qu'elle prenait la peine de lui raconter en les arrangeant un peu pour les lui faire entendre (et aussi parce qu'elle ne les entendait peut-être pas toutes très-bien d'un bout jusqu'à l'autre), pouvaient sortir de cette chose qu'elle appelait son livre. L'envie lui vint d'apprendre à lire aussi, et il apprit si vite et si bien avec elle, qu'elle en fut étonnée, et qu'à son tour il fut capable d'enseigner au petit Jeannie. Quand François fut en âge de faire sa première communion, Madeleine l'aida à s'instruire dans le catéchisme, et le curé de leur paroisse fut tout réjoui de l'esprit et de la bonne mémoire de cet enfant, qui pourtant passait toujours pour un nigaud, parce qu'il n'avait point de conversation et n'était hardi avec personne.

Quand il eut communié, comme il était en âge d'être loué, la Zabelle le vit de bon cœur devenir domestique au moulin, et maître Blanchet ne s'y opposa point, car il était devenu clair pour tout le monde que le champi était bon sujet, très-laborieux, très-serviable, plus fort, plus dispos et plus raisonnable que tous les enfants de son âge. Et puis, il se contentait de dix écus de gage, et il y avait toute économie à le prendre. Quand François se vit tout à fait au service de Madeleine et du cher petit Jeannie qu'il aimait tant, il se trouva bien heureux, et quand il comprit qu'avec l'argent qu'il gagnait la Zabelle pourrait payer la ferme et avoir de moins la plus gros de ses soucis, il se trouva aussi riche que le roi.

Malheureusement la pauvre Zabelle ne jouit pas longtemps de cette récompense. A l'entrée de l'hiver, elle fit une grosse maladie, et, malgré tous les soins du champi et de Madeleine, elle mourut le jour de la Chandeleur, après avoir été si mieux qu'on la croyait guérie. Madeleine la regretta et la pleura beaucoup, mais elle tâcha de consoler le pauvre champi, qui, sans elle, n'aurait jamais surmonté son chagrin.

Un an après, il y pensait encore tous les jours et quasi à chaque instant, une fois il dit à sa meunière :

— J'ai comme un repentir quand je prie pour l'âme de ma pauvre mère : c'est de ne l'avoir pas assez aimée. Je suis bien sûr d'avoir toujours fait mon possible pour la contenter, de ne lui avoir jamais dit que de bonnes paroles, et de l'avoir servie en toutes choses comme je vous sers vous-même ; mais il faut, madame Blanchet, que je vous avoue une chose qui me peine et dont je demande pardon à Dieu bien souvent : c'est que depuis le jour où ma pauvre mère a voulu me reconduire à l'hospice, et où vous avez pris mon parti pour l'en empêcher, l'amitié que j'avais pour elle avait, bien malgré moi, diminué dans mon cœur. Je ne lui en voulais pas, je ne me permettais pas même de penser qu'elle avait mal fait en voulant m'abandonner. Elle était dans son droit; je lui faisais du tort, elle avait crainte de votre belle-mère, et enfin elle le faisait bien à contre-cœur; car j'ai bien vu là qu'elle m'aimait grandement. Mais je ne sais comment la chose s'est retournée dans mon esprit, ça été plus fort que moi. Du moment où vous avez dit des paroles que je n'oublierai jamais, je vous ai aimée plus qu'elle, et, j'ai eu beau faire, je pensais à vous plus souvent qu'à elle. Enfin, elle est morte, et je ne suis pas mort de chagrin comme je mourrais si vous mouriez.

— Et quelles paroles est-ce que j'ai dites, mon pauvre enfant, pour que tu m'aies donné comme cela toute ton amitié ? Je ne m'en souviens pas.

— Vous ne vous en souvenez pas? dit le champi en s'asseyant aux pieds de la Madeleine qui filait son rouet en l'écoutant. Eh bien! vous avez dit en donnant des écus à ma mère : « Tenez, je vous achète cet enfant-là ; il est à moi. » Et vous m'avez dit en m'embrassant : « A présent, tu n'es plus champi, tu as une mère qui t'aimera comme si elle t'avait mis au monde. » N'avez-vous pas dit comme cela, madame Blanchet?

— C'est possible, et j'ai dit ce que je pensais, ce que je pense encore. Est-ce que tu trouves que je t'ai manqué de parole?

— Oh non! Seulement...

— Seulement, quoi?

— Non, je ne le dirai pas, car c'est mal de se plaindre, et je ne veux pas faire l'ingrat et le méconnaissant.

— Je sais que tu ne peux pas être ingrat, et je veux que tu dises ce que tu as sur le cœur. Voyons, qu'as-tu qui te manque pour n'être pas mon enfant? Dis, je te le commande comme je commanderais à Jeannie.

— Eh bien, c'est que... c'est que vous embrassez Jeannie bien souvent, et que vous ne m'avez jamais embrassé depuis le jour que nous disions tout à l'heure. J'ai pourtant grand soin d'avoir toujours la figure et les mains bien lavées, parce que je sais que vous n'aimez pas les enfants malpropres et que vous êtes toujours après laver et peigner Jeannie. Mais vous ne m'embrassez pas davantage pour ça, et même Zabelle ne m'embrassait guère non plus. Je vois bien pourtant que toutes les mères caressent leurs enfants, et c'est à quoi je vois que je suis toujours un champi et que vous ne pouvez pas l'oublier.

— Viens m'embrasser, François, dit la meunière en asseyant l'enfant sur ses genoux et en l'embrassant au front avec beaucoup de sentiment. J'ai eu tort, en effet, de ne jamais songer à cela, et tu méritais mieux de moi. Tiens, tu vois, je t'embrasse de grand cœur, et tu es bien sûr à présent que tu n'es plus champi, n'est-ce pas?

L'enfant se jeta au cou de Madeleine, et devint si pâle qu'elle en fut étonnée et l'ôta doucement de dessus ses genoux en essayant de le distraire. Mais il la quitta au bout d'un moment, et s'enfuit tout seul comme pour se cacher, ce qui donna de l'inquiétude à la meunière. Elle le chercha et le trouva à genoux dans un coin de la grange et tout en larmes.

— Allons, allons, François, lui dit-elle en le relevant, je ne sais pas ce que tu as. Si c'est que tu penses à ta pauvre mère Zabelle, il faut faire une prière pour elle et tu te sentiras plus tranquille.

— Non, non, dit l'enfant en tortillant le bord du tablier de Madeleine et en le baisant de toutes ses forces, je ne pensais pas à ma pauvre mère. Est-ce que ce n'est pas vous qui êtes ma mère?

— Et pourquoi pleures-tu donc? Tu me fais de la peine.

— Oh non! oh non! je ne pleure pas, répondit François en essuyant vitement ses yeux et en prenant un air gai ; c'est-à-dire je ne sais pas pourquoi je pleurais. Vrai, je n'en sais rien, car je suis content comme si j'étais en paradis.

V.

Depuis ce jour-là Madeleine embrassa cet enfant matin et soir, ni plus ni moins que s'il eût été à elle, et la seule différence qu'elle fit entre Jeannie et François, c'est que le plus jeune était le plus gâté et le plus cajolé, comme son âge le comportait. Il n'avait que sept ans lorsque le champi en avait douze, et François comprenait fort bien qu'un grand garçon comme lui ne pouvait être amitolé comme un petit. D'ailleurs ils étaient encore plus différents d'apparence que d'âge. François était si grand et si fort, qu'il paraissait un garçon de quinze ans, et Jeannie était mince et petit comme sa mère, dont il avait toute la retirance.

En sorte qu'il arriva qu'un matin qu'elle recevait son bonjour sur le pas de sa porte, et qu'elle l'embrassait comme de coutume, sa servante lui dit :

— M'est avis, sans vous offenser, notre maîtresse, que ce gars est bien grand pour se faire embrasser comme une petite fille.

— Tu crois? répondit Madeleine étonnée. Mais tu ne sais donc pas l'âge qu'il a?

— Si fait; aussi je n'y verrais pas de mal, n'était qu'il est champi, et que moi, qui ne suis que votre servante, je n'embrasserais pas ça pour bien de l'argent.

— Ce que vous dites là est mal, Catherine, reprit madame Blanchet, et surtout vous ne devriez pas le dire devant ce pauvre enfant.

— Qu'elle le dise et que tout le monde le dise, répliqua François avec beaucoup de hardiesse. Je ne m'en fais pas de peine. Pourvu que je ne sois pas champi pour vous, madame Blanchet, je suis très-content.

— Tiens, voyez donc! dit la servante. C'est la première fois que je l'entends causer si longtemps. Tu sais donc mettre trois paroles au bout l'une de l'autre, François? Eh bien! vrai, je croyais que tu ne comprenais pas seulement ce qu'on disait. Si j'avais su que tu m'écoutais, je n'aurais pas dit devant toi ce que j'ai dit, car je n'ai nulle envie de te molester. Tu es un bon garçon, très-tranquille et complaisant. Allons, allons, n'y pense pas; si je trouve drôle que notre maîtresse t'embrasse, c'est parce que tu me parais trop grand pour ça, et que ta câlinerie te fait paraître encore plus sot que tu n'es.

Ayant ainsi raccommodé la chose, la grosse Catherine alla faire sa soupe et n'y pensa plus.

Mais le champi suivit Madeleine au lavoir, et s'asseyant auprès d'elle, il lui parla encore comme il savait parler avec elle et pour elle seule.

— Vous souvenez-vous, madame Blanchet, lui dit-il, d'une fois que j'étais là, il y a bien longtemps, et que vous m'avez fait dormir dans votre chéret?

— Oui, mon enfant, répondit-elle, et c'est même la première fois que nous nous sommes vus.

— C'est donc la première fois? Je n'en étais pas certain, je ne m'en souviens pas bien ; car quand je pense à ce temps-là, c'est comme dans un rêve. Et combien d'années y a-t-il de ça?

— Il y a... attends donc, il y a environ six ans, car mon Jeannie avait quatorze mois.

— Comme cela je n'étais pas si vieux qu'il est à présent? Croyez-vous que quand il aura fait sa première communion, il se souviendra de tout ce qui lui arrive à présent?

— Oh! oui, je m'en souviendrai bien, dit Jeannie.

— Ça dépend, reprit François. Qu'est-ce que tu faisais hier à cette heure-ci?

Jeannie, étonné, ouvrit la bouche pour répondre, et resta court d'un air penaud.

— Eh bien! et toi? je parie que tu n'en sais rien non plus, dit à François la meunière qui avait coutume de s'amuser à les entendre deviser et babiller ensemble.

— Moi, moi? dit le champi embarrassé, attendez donc... J'allais aux champs, et j'ai passé par ici... et j'ai pensé à vous; c'est hier, justement, que je me suis souvenu du jour où vous m'avez plié dans votre chéret.

— Tu as bonne mémoire, et c'est étonnant que tu te souviennes de si loin. Et te souviens-tu que tu avais la fièvre?

— Non, par exemple!

— Et que tu m'as rapporté mon linge à la maison sans que je te le dise?

— Non plus.

— Moi, je m'en suis toujours souvenue, parce que c'est à cela que j'ai connu que tu étais de bon cœur.

— Moi aussi, je suis d'un bon cœur, pas vrai, mère? dit le petit Jeannie en présentant à sa mère une pomme qu'il avait à moitié rongée.

— Certainement, toi aussi, et tout ce que tu vois faire de bien à François, tu le feras aussi plus tard.

— Oui, oui, répliqua l'enfant bien vite; je monterai ce soir sur la pouliche jaune, et j'irai la conduire au pré.

— Oui-da, dit François en riant; et puis tu monteras aussi sur le grand cormier pour dénicher les croquabeilles? Attends, que je vas te laisser faire, petiot! Mais dites-moi donc, madame Blanchet, il y a une chose que je veux vous demander, mais je ne sais pas si vous voudrez me la dire.

— Voyons.

— C'est pourquoi ils croient me fâcher en m'appelant champi. Est-ce que c'est mal d'être champi?

— Mais non, mon enfant, puisque ce n'est pas ta faute.

— Et à qui est-ce la faute?

— C'est la faute aux riches.

— La faute aux riches! comment donc ça?

— Tu m'en demandes bien long aujourd'hui; je te dirai ça plus tard.

— Non, non, tout de suite, madame Blanchet.

— Je ne peux pas t'expliquer... D'abord sais-tu toi-même ce que c'est qu'être champi?

— Oui, c'est d'avoir été mis à l'hospice par ses père et mère, parce qu'ils n'avaient pas le moyen pour vous nourrir et vous élever.

— C'est ça. Tu vois donc bien que s'il y a des gens assez malheureux pour ne pouvoir pas élever leurs enfants eux-mêmes, c'est la faute aux riches qui ne les assistent pas.

— Ah! c'est juste! répondit le champi tout pensif. Pourtant il y a de bons riches, puisque vous l'êtes, vous, madame Blanchet; c'est le tout de se trouver au droit pour les rencontrer.

VI.

Cependant le champi, qui allait toujours rêvassant et cherchant des raisons à tout, depuis qu'il savait lire et qu'il avait fait sa première communion, rumina dans sa tête ce que la Catherine avait dit à madame Blanchet à propos de lui; mais il eut beau y songer, il ne put jamais comprendre pourquoi, de ce qu'il devenait grand, il ne devait plus embrasser Madeleine. C'était le garçon le plus innocent de la terre, et il ne se doutait point de ce que les gars de son âge apprennent bien trop vite à la campagne.

Sa grande honnêteté d'esprit lui venait de ce qu'il n'avait pas été élevé comme les autres. Son état de champi, sans lui faire honte, l'avait toujours rendu malhardi; et, bien qu'il ne prît point ce nom-là pour une injure, il ne s'accoutumait pas à l'étonnement de porter une qualité qui le faisait toujours différent de ceux avec qui il se trouvait. Les autres champis sont presque toujours humiliés de leur sort, et on le leur fait si durement comprendre qu'on leur ôte de bonne heure la fierté du chrétien. Ils s'élèvent en détestant ceux qui les ont mis au monde, sans compter qu'ils n'aiment pas davantage ceux qui les y ont fait rester. Mais il se trouva que François était tombé dans les mains de la Zabelle qui l'avait aimé et qui ne le maltraitait point, et ensuite qu'il avait rencontré Madeleine dont la charité était plus grande et les idées plus humaines que celles de tout le monde. Elle avait été pour lui ni plus ni moins qu'une bonne mère, et un champi qui rencontre de l'amitié est meilleur qu'un autre enfant, de même qu'il est pire quand il se voit molesté et avili.

Aussi François n'avait-il jamais eu d'amusement et de contentement parfait que dans la compagnie de Madeleine, et au lieu de rechercher les autres pastours pour se divertir, il s'était élevé tout seul, ou pendu aux jupons des deux femmes qui l'aimaient. Quand il était avec Madeleine surtout, il se sentait aussi heureux que pouvait l'être Jeannie, et il n'était pas pressé d'aller courir avec ceux qui le traitaient bien vite de champi, puisque avec eux il se trouvait tout d'un coup, et sans savoir pourquoi, comme un étranger.

Il arriva donc en âge de quinze ans sans connaître la moindre malice, sans avoir l'idée du mal, sans que sa bouche eût jamais répété un vilain mot, et sans que ses oreilles l'eussent compris. Et pourtant depuis le jour où Catherine avait critiqué sa maîtresse sur l'amitié qu'elle lui montrait, cet enfant eut le grand sens et le grand jugement de ne plus se faire embrasser par Madeleine. Il eut l'air de ne pas y penser, et peut-être d'avoir honte de faire la petite fille et le câlin, comme disait Catherine. Mais, au fond, ce n'était pas cette honte-là qui le tenait. Il s'en serait moqué, s'il n'eût comme deviné qu'on pouvait faire un reproche à cette chère femme de l'aimer. Pourquoi un reproche? Il ne se l'expliquait point; et voyant qu'il ne le trouverait pas de lui-même, il ne voulut pas se le faire expliquer par Madeleine. Il savait qu'elle était capable de supporter la critique par amitié et par bon cœur; car il avait bonne mémoire, et il se souvenait bien que Madeleine avait été tancée et en danger d'être battue dans le temps, pour lui avoir fait du bien.

En sorte que, par son bon instinct, il lui épargna l'ennui d'être reprise et moquée à cause de lui. Il comprit, et c'est merveille! comprit, ce pauvre enfant, qu'un champi ne devait pas être aimé autrement qu'en secret, et plutôt que de causer un désagrément à Madeleine, il eût consenti à ne plus être aimé du tout.

Il était attentif à son ouvrage, et comme, à mesure qu'il devenait grand, il avait plus de travail sur les bras, il advint que peu à peu il fut moins souvent avec Madeleine. Mais il ne s'en faisait pas de chagrin, parce qu'en travaillant il se disait que c'était pour elle, et qu'il serait bien récompensé par le plaisir de la voir aux repas. Le soir, quand Jeannie était endormi, Catherine allait se coucher, et François restait encore, dans les temps de veillée, pendant une heure ou deux avec Madeleine. Il lui faisait lecture de livres ou causait avec elle pendant qu'elle travaillait. Les gens de campagne ne lisent pas vite; si bien que les deux livres qu'ils avaient suffisaient pour les contenter. Quand ils avaient lu trois pages dans la soirée, c'était beaucoup, et quand le livre était fini, il s'était passé assez de temps depuis le commencement, pour qu'on pût reprendre la première page dont on ne se souvenait pas trop. Et puis il y a deux manières de lire, et il serait bon de dire cela aux gens qui se croient bien instruits. Ceux qui ont beaucoup de temps à eux, et beaucoup de livres, en avalent tant qu'ils peuvent et se mettent tant de sortes de choses dans la tête, que le bon Dieu n'y connaît plus goutte. Ceux qui n'ont pas le temps et les livres sont heureux quand ils tombent sur le bon morceau, et ils le recommencent cent fois sans se lasser, et chaque fois, quelque chose qu'ils n'avaient pas bien remarqué leur fait venir une nouvelle idée. Au fond, c'est toujours la même idée, mais elle est si retournée, si bien goûtée et digérée, que l'esprit qui la tient est mieux nourri et mieux portant, à lui tout seul, que trente mille cervelles remplies de vent et de fadaises. Ce que je vous dis là, mes enfants, je le tiens de M. le curé, qui s'y connaît.

Or donc, ces deux personnes-là vivaient contentes de ce qu'elles avaient à consommer en fait de savoir, et elles le consommaient tout doucement, s'aidant l'une l'autre à comprendre et à aimer ce qui fait qu'on est juste et bon.

Il leur venait par là une grande religion et un grand courage, et il n'y avait pas de plus grand bonheur pour elles que de se sentir bien disposées pour tout le monde, et d'être d'accord en tout temps et en tout lieu, sur l'article de la vérité et la volonté de bien agir.

VII.

M. Blanchet ne regardait plus trop à la dépense qui se faisait chez lui, parce qu'il avait réglé le compte de l'argent qu'il donnait chaque mois à sa femme pour l'entretien de la maison, et que c'était aussi peu que possible. Madeleine pouvait, sans le fâcher, se priver de ses propres aises, et donner à ceux qu'elle savait malheureux autour d'elle, un jour un peu de bois, un autre jour une partie de son repas, et un autre jour encore quelques légumes, du linge, des œufs, que sais-je? Elle venait à bout d'assister son prochain, et quand les moyens lui manquaient, elle faisait de ses mains l'ouvrage des pauvres gens, et empêchait que la maladie ou la fatigue ne les fît mourir. Elle avait tant d'économie, elle raccommodait si soigneusement ses hardes, qu'on eût dit qu'elle vivait bien; et pourtant, comme elle voulait que son monde ne souffrît pas de sa charité, elle s'accoutumait à ne manger presque rien, à ne jamais se reposer, et à dormir le moins possible. Le champi voyait tout cela, et le trouvait tout simple; car, par son naturel aussi bien que par l'éducation qu'il recevait de Madeleine, il se sentait porté au même goût et au même devoir. Seulement quelquefois il s'inquiétait de la fatigue que se donnait la meunière, et se reprochait de trop dormir et de trop manger. Il aurait voulu pouvoir passer la nuit à coudre et à filer à sa place, et quand elle voulait lui payer son gage qui était monté à peu près à vingt écus, il se fâchait et l'obligeait de le garder en cachette du meunier.

— Si ma mère Zabelle n'était pas morte, disait-il, cet argent-là aurait été pour elle. Qu'est-ce que vous voulez que je fasse avec de l'argent? Je n'en ai pas besoin, puisque vous prenez soin de mes hardes et que vous me fournissez les sabots. Gardez-le donc pour de plus malheureux que moi. Vous travaillez déjà tant pour le pauvre monde! Eh bien, si vous me donnez de l'argent, il faudra donc que vous travailliez encore plus, et si vous veniez à tomber malade et à mourir comme ma pauvre Zabelle, je demande un peu à quoi me servirait d'avoir de l'argent dans mon coffre? ça vous ferait-il revenir, et ça m'empêcherait-il de me jeter dans la rivière?

— Tu n'y songes pas, mon enfant, lui dit Madeleine, un jour qu'il revenait à cette idée-là, comme il lui arrivait de temps en temps: se donner la mort n'est pas d'un chrétien, et si je mourais, ton devoir serait de me survivre pour consoler et soutenir mon Jeannie. Est-ce que tu ne le ferais pas, voyons?

— Oui, tant que Jeannie serait enfant et aurait besoin de mon amitié. Mais après!... Ne parlons pas de ça, madame Blanchet. Je ne peux pas être bon chrétien sur cet article-là. Ne vous fatiguez pas tant, ne mourez pas, si vous voulez que je vive sur la terre.

— Sois donc tranquille, je n'ai pas envie de mourir. Je me porte bien. Je suis faite au travail, et même je suis plus forte à présent que je ne l'étais dans ma jeunesse.

— Dans votre jeunesse! dit François étonné; vous n'êtes donc pas jeune?

Et il avait peur qu'elle ne fût en âge de mourir.

— Je crois que je n'ai pas eu le temps de l'être, répondit Madeleine en riant comme une personne qui fait contre mauvaise fortune bon cœur; et à présent j'ai vingt-cinq ans, ce qui commence à compter pour une femme de mon étoffe; car je ne suis pas née solide comme toi, petit, et j'ai eu des peines qui m'ont avancée plus que l'âge.

— Des peines! oui, mon Dieu! Dans le temps que M. Blanchet vous parlait si durement, je m'en suis bien aperçu. Ah! que le bon Dieu me le pardonne! je ne suis pourtant pas méchant; mais un jour qu'il avait levé la main sur vous, comme s'il voulait vous frapper... Ah! il a bien fait de s'en priver, car j'avais empoigné un fléau, — personne n'y avait fait attention, — et j'allais tomber dessus... Mais il y a déjà longtemps de ça, madame Blanchet, car je me souviens que je n'étais pas si grand que lui de toute la tête, et à présent je vois le dessus de ses cheveux. Et à cette heure, madame Blanchet, il ne vous dit quasiment plus rien, vous n'êtes plus malheureuse?

— Je ne le suis plus! tu crois? dit Madeleine un peu vivement, en songeant qu'elle n'avait jamais eu d'amour dans son mariage. Mais elle se reprit, car cela ne regardait pas le champi, et elle ne devait pas faire entendre ces idées-là à un enfant. A cette heure, dit-elle, tu as raison, je ne suis plus malheureuse; je vis comme je l'entends. Mon mari est beaucoup plus honnête avec moi; mon fils profite bien, et je n'ai à me plaindre d'aucune chose.

— Et moi, vous ne me faites pas entrer en ligne de compte? moi... je...

— Eh bien! toi aussi tu profites bien, et ça me donne du contentement.

— Mais je vous en donne peut-être encore autrement?

— Oui, tu te conduis bien, tu as bonne idée en toutes choses, et je suis contente de toi.

— Oh! si vous n'étiez pas contente de moi, quel mauvais drôle, quel rien du tout je serais, après la manière dont vous m'avez traité! Mais il y a encore autre chose qui devrait vous rendre heureuse, si vous pensiez comme moi.

— Eh bien, dis-le, car je ne sais pas quelle finesse tu arranges pour me surprendre.

— Il n'y a pas de finesse, madame Blanchet, je n'ai qu'à regarder en moi, et j'y vois une chose; c'est que, quand même je souffrirais la faim, la soif, le chaud et le froid, et que par-dessus le marché je serais battu à mort tous les jours, et qu'ensuite je n'eusse pour me reposer qu'un fagot d'épines ou un tas de pierres, eh bien!... comprenez-vous?

— Je crois que oui, mon François; tu ne te trouverais pas malheureux de tout ce mal-là, pourvu que ton cœur fût en paix avec le bon Dieu?

— Il y a ça d'abord, et ça va sans dire. Mais moi je voulais dire autre chose.

— Je n'y suis point, et je vois que tu es devenu plus malin que moi.

— Non, je ne suis pas malin. Je dis que je souffrirais toutes les peines que peut avoir un homme vivant vie mortelle, et que je serais encore content en pensant que Madeleine Blanchet a de l'amitié pour moi. Et c'est pour ça que je disais tout à l'heure que si vous pensiez de même, vous diriez: François m'aime tant que je suis contente d'être au monde.

— Tiens! tu as raison, mon pauvre cher enfant, répondit Madeleine, et les choses que tu me dis me donnent des fois comme une envie de pleurer. Oui, de vrai, ton amitié pour moi est un des biens de ma vie, et le meilleur peut-être, après... non, je veux dire *avec* celui de mon Jeannie. Comme tu es plus avancé en âge, tu comprends mieux ce que je te dis, et tu sais mieux me dire aussi ce que tu penses. Je te certifie que je ne m'ennuie jamais avec vous deux, et que je ne demande au bon Dieu qu'une chose à présent, c'est de pouvoir rester longtemps comme nous voilà, en famille, sans nous séparer.

— Sans nous séparer, je crois bien! dit François; j'aimerais mieux être coupé par morceaux que de vous quitter. Qui est-ce qui m'aimerait comme vous m'avez aimé? Qui est-ce qui se mettrait en danger d'être maltraitée pour un pauvre champi, et qui l'appellerait son enfant, son cher fils? car vous m'appelez bien souvent, presque toujours comme ça. Et mêmement vous me dites souvent, quand nous sommes seuls: Appelle-moi *ma mère*, et non pas toujours madame Blanchet. Et moi je n'ose pas, parce que j'ai trop peur de m'y accoutumer et de lâcher le mot-là devant le monde.

— Eh bien, quand même?

— Oh! quand même! on vous le reprocherait, et moi

je ne veux pas qu'on vous ennuie à cause de moi. Je ne suis pas fier, allez! je n'ai pas besoin qu'on sache que vous m'avez relevé de mon état de champi. Je suis bien assez heureux de savoir, à moi tout seul, que j'ai une mère dont je suis l'enfant! Ah! il ne faut pas que vous mouriez, madame Blanchet, surajouta le pauvre François en la regardant d'un air triste, car il avait depuis quelque temps des idées de malheur : si je vous perdais, je n'aurais plus personne sur la terre, car vous irez pour sûr dans le paradis du bon Dieu, et moi je ne sais pas si je suis assez méritant pour avoir la récompense d'y aller avec vous.

François avait dans tout ce qu'il disait et dans tout ce qu'il pensait comme un avertissement de quelque gros malheur, et, à quelque temps de là, ce malheur tomba sur lui.

Il était devenu le garçon du moulin. C'était lui qui allait chercher le blé des pratiques sur son cheval, et qui le leur reportait en farine. Ça lui faisait faire souvent de longues courses, et mêmement il allait souvent chez la maîtresse de Blanchet, qui demeurait à une petite lieue du moulin. Il n'aimait guère cette commission-là, et il ne s'arrêtait pas une minute dans la maison quand son blé était pesé et mesuré...

. . . .

En cet endroit de l'histoire, la raconteuse s'arrêta.

— Savez-vous qu'il y a longtemps que je parle? dit-elle aux paroissiens qui l'écoutaient. Je n'ai plus le poumon comme à quinze ans, et m'est avis que le chanvreur, qui connaît l'affaire mieux que moi-même, pourrait bien me relayer. D'autant mieux que nous arrivons à un endroit où je ne me souviens plus si bien.

— Et moi, répondit le chanvreur, je sais bien pourquoi vous n'êtes plus mémorieuse au milieu comme vous l'étiez au commencement; c'est que ça commence à mal tourner pour le champi, et que ça vous fait peine, parce que vous avez un cœur de poulet, comme toutes les dévotes, aux histoires d'amour.

— Ça va donc tourner en histoire d'amour? dit Sylvine Courtioux qui se trouvait là.

— Ah! bon! repartit le chanvreur, je savais bien que je ferais dresser l'oreille aux jeunes filles en lâchant ce mot-là. Mais patience, l'endroit où je vas reprendre, avec charge de mener l'histoire à bonne fin, n'est pas encore ce que vous voudriez savoir. Où en êtes-vous restée, mère Monique?

— J'en étais sur la maîtresse à Blanchet.

— C'est ça, dit le chanvreur. Cette femme-là s'appelait Sévère, et son nom n'était pas bien ajusté sur elle, car elle n'avait rien de pareil dans son idée. Elle en savait long pour endormir les gens dont elle voulait voir reluire les écus au soleil. On ne peut pas dire qu'elle fût méchante, car elle était d'humeur réjouissante et sans souci; mais elle rapportait tout à elle, et ne se mettait guère en peine du dommage des autres, pourvu qu'elle fût brave et fêtée. Elle avait été à la mode dans le pays, et, disait-on, elle avait trouvé trop de gens à son goût. Elle était encore très-avenante femme et très-avenante, vive quoique corpulente, et fraîche comme une guigne. Elle ne faisait pas grande attention au champi, et si elle le rencontrait dans son grenier ou dans sa cour, elle lui disait quelque fadaise pour se moquer de lui, mais sans mauvais vouloir, et pour l'amusement de le voir rougir; car il rougissait comme une fille quand cette femme lui parlait, et il se sentait mal à son aise. Il lui trouvait un air hardi, et elle lui faisait l'effet d'être laide et méchante, quoiqu'elle ne fût ni l'une ni l'autre; du moins la méchanceté ne lui venait que quand on la contrariait dans ses intérêts ou dans son contentement d'elle-même; et mêmement il faut dire qu'elle aimait à donner presque autant qu'à recevoir. Elle était généreuse par braverie, et se plaisait aux remerciements. Mais, dans l'idée du champi, ce n'était qu'une diablesse qui réduisait madame Blanchet à vivre de peu et à travailler au-dessus de ses forces.

Pourtant il se trouva que le champi entrait dans ses dix-sept ans, et que madame Sévère trouva qu'il était diablement beau garçon. Il ne ressemblait pas aux autres enfants de campagne, qui sont trapus et comme tassés à cet âge-là, et qui ne font mine de se dénouer et de devenir quelque chose que deux ou trois ans plus tard. Lui, il était déjà grand, bien bâti; il avait la peau blanche, même en temps de moisson, et des cheveux tout frisés qui étaient comme brunets à la racine et finissaient en couleur d'or.

Est-ce comme ça que vous les aimez, dame Monique? les cheveux, je dis, sans aucunement parler des garçons.

— Ça ne vous regarde pas, répondit la servante du curé. Dites votre histoire.

— Il était toujours pauvrement habillé, mais il aimait la propreté, comme Madeleine Blanchet le lui avait appris; et tel qu'il était, il avait un air qu'on ne trouvait point aux autres. La Sévère vit tout cela petit à petit, et enfin elle le vit si bien, qu'elle se mit en tête de le dégourdir un peu. Elle n'avait point de préjugés, et quand elle entendait dire : « C'est dommage qu'un si beau gars soit un champi, » elle répondait : « Les champis ont moyen d'être beaux, puisque c'est l'amour qui les a mis dans le monde. »

Voilà ce qu'elle inventa pour se trouver avec lui. Elle fit boire Blanchet plus que de raison à la foire de Saint-Denis-de-Jouhet, et quand elle vit qu'il n'était plus capable de mettre un pied devant l'autre, elle le recommanda à ses amis de l'endroit pour qu'on le fît coucher. Et alors elle dit à François, qui était venu là avec son maître pour conduire des bêtes en foire :

— Petit, je laisse ma jument à ton maître pour revenir demain matin : toi, tu vas monter sur la sienne et me prendre en croupe pour me ramener chez moi.

L'arrangement n'était point du goût de François. Il dit que la jument du moulin n'était pas forte assez pour porter deux personnes, et qu'il s'offrait à reconduire la Sévère, elle montée sur sa bête, lui sur celle de Blanchet; qu'il s'en retournerait aussitôt chercher son maître avec une autre monture, et qu'il se portait caution d'être de grand matin à Saint-Denis-de-Jouhet : mais la Sévère ne l'écouta non plus que le tondeur de mouton, et lui commanda d'obéir. François avait peur d'elle, parce que comme Blanchet ne voyait que par ses yeux, elle pouvait le faire renvoyer du moulin s'il la mécontentait, d'autant qu'on était à la Saint-Jean. Il la prit donc en croupe, sans se douter, le pauvre gars, que ce n'était pas un meilleur moyen pour échapper à son mauvais sort.

VIII.

Quand ils se mirent en chemin, c'était à la brune, et quand ils passèrent sur la pelle de l'étang de Rochefolle, il faisait nuit grande. La lune n'était pas encore sortie du bois, et les chemins qui sont, de ce côté-là, tout ravinés par les eaux de source, n'avaient rien de bon. Et si, François talonnait la jument et allait vite, car il s'ennuyait tout à fait avec la Sévère, et il aurait déjà voulu être auprès de madame Blanchet.

Mais la Sévère, qui n'était pas si pressée d'arriver à son logis, qu'il avait à faire la dame et à dire qu'elle avait peur, qu'il fallait marcher le pas, parce que la jument ne relevait pas bien ses pieds et qu'elle risquait de s'abattre.

— Bah! dit François sans l'écouter, ce serait donc la première fois qu'elle prierait le bon Dieu; car, sans comparaison du saint baptême, jamais je ne vis jument si peu dévote!

— Tu as de l'esprit, François, dit la Sévère en ricanant, comme si François avait dit quelque chose de bien drôle et de bien nouveau.

— Ah! pas du tout, ma foi, répondit le champi, qui pensa qu'elle se moquait de lui.

— Allons, tu ne vas pas trotter à la descente, que je compte?

— N'ayez pas peur, nous trotterons bien tout de même.

L'enfant se jeta au cou de Madeleine. (Page 12.)

Le trot, en descendant, coupait le respire à la grosse Sévère et l'empêchait de causer, ce dont elle fut contrariée, car elle comptait enjôler le jeune homme avec ses paroles. Mais elle ne voulut pas faire voir qu'elle n'était plus assez jeune ni assez mignonne pour endurer la fatigue, et elle ne dit mot pendant un bout de chemin.

Quand ça fut dans le bois de châtaigniers, elle s'avisa de dire :

— Attends, François, il faut t'arrêter, mon ami François : la jument vient de perdre un fer.

— Quand même elle serait déferrée, dit François, je n'ai là ni clous ni marteau pour la rechausser.

— Mais il ne faut pas perdre le fer. Ça coûte ! Descends, je te dis, et cherche-le.

— Pardine, je le chercherais bien deux heures sans le trouver, dans ces fougères ! Et mes yeux ne sont pas des lanternes.

— Si fait, François, dit la Sévère d'un ton moitié sornette, moitié amitié ; tes yeux brillent comme des vers luisants.

— C'est donc que vous les voyez derrière mon chapeau ? répondit François pas du tout content de ce qu'il prenait pour des moqueries.

— Je ne les vois pas à cette heure, dit la Sévère avec un soupir aussi gros qu'elle ; mais je les ai vus d'autres fois !

— Ils ne vous ont jamais rien dit, reprit l'innocent champi. Vous pourriez bien les laisser tranquilles, car ils ne vous ont pas fait d'insolence, et ne vous en feront mie.

— Je crois, dit en cet endroit la servante du curé, que vous pourriez passer un bout de l'histoire. Ce n'est pas bien intéressant de savoir toutes les mauvaises raisons que chercha cette mauvaise femme pour surprendre la religion de notre champi.

— Soyez tranquille, mère Monique, répondit le chanvreur, j'en passerai tout ce qu'il faudra. Je sais que je parle devant des jeunesses, et je ne dirai parole de trop.

Nous en étions restés aux yeux de François, que la Sévère aurait voulu rendre moins honnêtes qu'il ne se vantait de les avoir avec elle. — Quel âge avez-vous donc, François ? qu'elle lui dit, essayant de lui donner du *vous*,

Oui-da, Labriche, tu m'as reconnu ? (Page 27.)

pour lui faire comprendre qu'elle ne voulait plus le traiter comme un gamin.

— Oh ! ma foi ! je n'en sais rien au juste, répondit le champi qui commençait à la voir venir avec ses gros sabots. Je ne m'amuse pas souvent à faire le compte de mes jours.

— On dit que vous n'avez que dix-sept ans, reprit-elle ; mais moi, je gage que vous en avez vingt, car vous voilà grand, et bientôt vous aurez de la barbe.

— Ça m'est très-égal, dit François en bâillant.

— Oui-da ! vous allez trop vite, mon garçon. Voilà que j'ai perdu ma bourse !

— Diantre ! dit François, qui ne la supposait pas encore si madrée qu'elle était, il faut donc que vous descendiez pour la chercher, car c'est peut-être de conséquence ?

Il descendit et l'aida à dévaler ; elle ne se fit point faute de s'appuyer sur lui, et il la trouva plus lourde qu'un sac de blé.

Elle fit mine de chercher sa bourse, qu'elle avait dans sa poche, et elle s'en alla à cinq ou six pas d'elle, tenant la jument par la bride.

— Eh ! vous ne m'aidez point à chercher ? fit-elle.

— Il faut bien que je tienne la jument, fit-il, car elle pense à son poulain, et elle se sauverait si on la lâchait.

La Sévère chercha sous les pieds de la jument, tout à côté de François, et à cela il vit bien qu'elle n'avait rien perdu, si ce n'est l'esprit.

— Nous n'étions pas encore là, dit-il, quand vous avez crié après votre boursicot. Il ne se peut donc guère que vous le retrouviez par ici.

— Tu crois donc que c'est une frime, malin ? répondit-elle en voulant lui tirer l'oreille ; car je crois que tu fais le malin...

Mais François se recula et ne voulut point batifoler.

— Non, non, dit-il, si vous avez retrouvé vos écus, partons, car j'ai plus envie de dormir que de plaisanter.

— Alors nous deviserons, dit la Sévère quand elle fut rejuchée derrière lui ; ça charme, comme on dit, l'ennui du chemin.

— Je n'ai pas besoin de charme, répliqua le champi ; je n'ai point d'ennuis.

— Voilà la première parole aimable que tu me dis, François !

— Si c'est une jolie parole, elle m'est donc venue malgré moi, car je n'en sais pas dire.

La Sévère commença d'enrager ; mais elle ne se rendit pas encore à la vérité. Il faut que ce garçon soit aussi simple qu'un linot, se dit-elle. Si je lui faisais perdre son chemin, il faudrait bien qu'il s'attardât un peu avec moi.

Et la voilà d'essayer de le tromper, et de le pousser sur la gauche quand il voulait prendre sur la droite. — Vous nous égarez, lui disait-elle ; c'est la première fois que vous passez par ces endroits-là. Je les connais mieux que vous. Écoutez-moi donc, ou vous me ferez passer la nuit dans les bois, jeune homme !

Mais François, quand il avait passé seulement une petite fois par un chemin, il en avait si bonne connaissance qu'il s'y serait retrouvé au bout d'un an.

— Non pas, non pas, fit-il, c'est par là, et je ne suis pas toqué, moi. La jument le reconnaît bien aussi, et je n'ai pas envie de passer la nuit à trimer dans les bois.

Si bien qu'il arriva au domaine des Dollins, où demeurait la Sévère, sans s'être laissé détemper d'un quart d'heure, et sans avoir ouvert l'oreille grand comme un pertuis d'aiguille à ses honnêtetés. Quand ce fut là, elle voulut le retenir, exposant que la nuit était trop noire, que l'eau avait monté, et que les gués étaient couverts. Mais le champi n'avait cure de ces dangers-là, et ennuyé de tant de sottes paroles, il serra les chevilles des pieds, mit la jument au galop sans demander son reste, et s'en revint vitement au moulin, où Madeleine Blanchet l'attendait, chagrinée de le voir si attardé.

IX.

Le champi ne raconta point à Madeleine les choses que la Sévère lui avait donné à entendre ; il n'eût osé et il n'osait y penser lui-même. Je ne dis point que j'eusse été aussi sage que lui dans la rencontre ; mais enfin sagesse ne nuit point, et puis je dis les choses comme elles sont. Ce gars était aussi comme il faut qu'une fille de bien.

Mais, en songeant la nuit, madame Sévère se choqua contre lui, et s'avisa qu'il n'était peut-être pas si benêt que méprisant. Sur ce penser, sa cervelle s'échauffa et sa bile aussi, et grands soucis de revengement lui passèrent par la tête.

A telles enseignes que le lendemain, lorsque Cadet Blanchet fut de retour auprès d'elle, à moitié dégrisé, elle lui fit entendre que son garçon de moulin était un petit insolent, qu'elle avait été obligée de le tenir en bride et de lui essuyer le bec d'un coup de coude, parce qu'il avait eu idée de lui chanter fleurette et de l'embrasser en revenant de nuit par les bois avec elle.

Il n'en fallait pas tant pour déranger les esprits de Blanchet ; mais elle trouva qu'il n'y en avait pas encore assez, et elle se gaussa de lui pour ce qu'il laissait dans sa maison, auprès de sa femme, un valet en âge et en humeur de la désennuyer.

Voilà, d'un coup, Blanchet jaloux de sa maîtresse et de sa femme. Il prend son bâton de courza, enfonce son chapeau sur ses yeux comme un éteignoir sur un cierge, et il court au moulin sans prendre vent.

Par bonheur qu'il n'y trouva pas le champi. Il avait été abattre et débiter un arbre que Blanchet avait acheté à Blanchard de Guérin, et il ne devait rentrer que le soir. Blanchet aurait bien été le trouver à son ouvrage, mais il craignait, s'il montrait du dépit, que les jeunes meuniers de Guérin ne vinssent à se gausser de lui et de sa jalousie, qui n'était guère de saison après l'abandon et le mépris qu'il faisait de sa femme.

Il l'aurait bien attendu à rentrer, n'était qu'il s'ennuyait de passer le reste du jour chez lui, et que la querelle qu'il voulait chercher à sa femme ne serait pas de durée pour l'occuper jusqu'au soir. On ne peut pas se fâcher longtemps quand on se fâche tout seul.

En fin de compte, il aurait bien été au devant des moqueries et au-dessus de l'ennui pour le plaisir d'étriller le pauvre champi ; mais comme, en marchant, il s'était un peu raccoisé, il songea que ce champi de malheur n'était plus un petit enfant, et que puisqu'il était d'âge à se mettre l'amour en tête, il était bien d'âge aussi à se mettre la colère ou la défense au bout des mains. Tout cela fit qu'il tenta de se remettre les sens en buvant chopine sans rien dire, tournant dans sa tête le discours qu'il allait faire à sa femme et ne sachant par quel bout entamer.

Il lui avait dit en entrant, d'un air rèche, qu'il avait à se faire écouter, et elle se tenait là, dans sa manière accoutumée, triste, un peu fière, et ne disant mot.

— Madame Blanchet, fit-il enfin, j'ai un commandement à vous donner, et si vous étiez la femme que vous paraissez pour être, vous n'auriez pas attendu d'en être avertie.

Là-dessus, il s'arrêta, comme pour reprendre son haleine, mais, de fait, il était quasi honteux de ce qu'il allait lui dire, car la vertu était écrite sur la figure de sa femme comme une prière dans un livre d'Heures.

Madeleine ne lui donna point assistance pour s'expliquer. Elle souffla, et attendit la fin, pensant qu'il allait lui reprocher quelque dépense, et ne s'attendant guère à ce dont il retournait.

— Vous faites comme si vous ne m'entendiez pas, madame Blanchet, ramena le meunier, et, si pourtant, la chose est claire. Il s'agit donc de me jeter cela dehors, et plus tôt que plus tard, car j'en ai prou et déjà trop.

— Jeter quoi ? fit Madeleine ébahie.

— Jeter quoi ! vous n'oseriez dire jeter qui ?

— Vrai Dieu ! non ; je n'en sais rien, dit-elle. Parlez, si vous voulez que je vous entende.

— Vous me feriez sortir de mon sang-froid, cria Cadet Blanchet en bramant comme un taureau. Je vous dis que ce champi est de trop chez moi, et que s'il n'est encore demain matin, c'est moi qui lui ferai la conduite à grand renfort de bras, à moins qu'il n'aime mieux passer sous la roue de mon moulin.

— Voilà de vilaines paroles et une mauvaise idée, maître Blanchet, dit Madeleine qui ne put se retenir de devenir blanche comme sa cornette. Vous achèverez de perdre votre métier si vous renvoyez ce garçon ; car vous n'en retrouverez jamais un pareil pour faire votre ouvrage et se contenter de peu. Que vous a donc fait ce pauvre enfant pour que vous le vouliez chasser si durement ?

— Il me fait faire la figure d'un sot, je vous le dis, madame ma femme, et je n'entends pas être la risée du pays. Il est le maître chez moi, et l'ouvrage qu'il y fait mérite d'être payé à coups de trique.

Il fut besoin d'un peu de temps pour que Madeleine entendît ce que son mari voulait dire. Elle n'en avait du tout l'idée, et elle lui présenta toutes les bonnes raisons qu'elle put trouver pour le rapaiser et l'empêcher de s'obstiner dans sa fantaisie.

Mais elle y perdit ses peines ; il ne s'en fâcha que plus fort, et quand il vit qu'elle s'affligeait de perdre son bon serviteur François, il se remit en humeur de jalousie, et lui dit là-dessus des paroles si dures qu'elle ouvrit à la fin l'oreille, et se prit à pleurer de honte, de fierté et de grand chagrin.

La chose n'en alla que plus mal ; Blanchet jura qu'elle était amoureuse de cette marchandise d'hôpital, qu'il en rougissait pour elle, et que si elle ne mettait pas ce champi à la porte sans délibérer, il se promettait de l'assommer de sa main comme grain.

Sur quoi elle lui répondit plus haut qu'elle n'avait coutume, qu'il était bien le maître de renvoyer de chez lui qui bon lui semblait, mais non d'offenser ni d'insulter son honnête femme, et qu'elle s'en plaindrait au bon Dieu et aux saints du paradis comme d'une injustice qui lui faisait trop de tort et trop de peine. Et par ainsi, de mot en mot, elle en vint malgré son propre vouloir, à lui reprocher son mauvais comportement, et à lui pousser cette raison bien vraie, que quand on est mécontent sous son sien bonnet, on voudrait faire tomber celui des autres dans la boue.

La chose se gâta davantage ainsi, et quand Blanchet

commença à voir qu'il était dans son tort, la colère fut son seul remède. Il menaça Madeleine de lui clore la bouche d'un revers de main, et il l'eût fait si Jeannie, attiré par le bruit, ne fût venu se mettre entre eux sans savoir ce qu'ils avaient, mais tout pâle et déconfit d'entendre cette chamaillerie. Blanchet voulut le renvoyer, et il pleura, ce qui donna sujet à son père de dire qu'il était mal élevé, capon, pleurard, et que sa mère n'en ferait rien de bon. Puis il prit cœur et se leva en coupant l'air de son bâton et en jurant qu'il allait tuer le champi.

Quand Madeleine le vit si affolé de fureur, elle se jeta au-devant de lui, et avec tant de hardiesse qu'il en fut démonté et se laissa faire par surprise; elle lui ôta des mains son bâton et le jeta au loin dans la rivière. Puis elle lui dit, sans caller aucunement : — Vous ne ferez point votre perte en écoutant votre mauvaise tête. Songez qu'un malheur est bientôt arrivé quand on ne se connaît plus, et si vous n'avez point d'humanité, pensez à vous-même et aux suites qu'une mauvaise action peut donner à la vie d'un homme. Depuis longtemps, mon mari, vous menez mal la vôtre, et vous allez croissant de train et de galop dans un mauvais chemin. Je vous empêcherai, à tout le moins aujourd'hui, de vous jeter dans un pire mal qui aurait sa punition dans ce bas monde et dans l'autre. Vous ne tuerez personne, vous retournerez plutôt d'où vous venez que de vous buter à chercher revenge d'un affront qu'on ne vous a point fait. Allez-vous-en, c'est moi qui vous le commande dans votre intérêt, et c'est la première fois de ma vie que je vous donne un commandement. Vous l'écouterez, parce que vous allez voir que je ne perds point pour cela le respect que je vous dois. Je vous jure sur ma foi et mon honneur que demain le champi ne sera plus céans, et que vous pourrez y revenir sans danger de le rencontrer.

Cela dit, Madeleine ouvrit la porte de la maison pour faire sortir son mari, et Cadet Blanchet, tout confondu de la voir prendre ces façons-là, content, au fond, de s'en aller et d'avoir obtenu soumission sans exposer sa peau, replanta son chapeau sur son chef, et, sans rien dire de plus, s'en retourna auprès de la Sévère. Il se vanta bien à elle et à d'autres d'avoir fait sentir le bois vert à sa femme et au champi; mais comme de cela il n'était rien, la Sévère goûta son plaisir en fumée.

Quand Madeleine Blanchet fut toute seule, elle envoya ses ouailles et sa chèvre aux champs sous la garde de Jeannie, et elle s'en fut au bout de l'écluse du moulin, dans un recoin de terrain que la course des eaux avait mangé tout autour, et où il avait poussé tant de rejets et de branchages sur les vieilles souches d'arbres, qu'on ne s'y voyait point à deux pas. C'était là qu'elle allait souvent dire ses raisons au bon Dieu, parce qu'elle n'y était pas dérangée et qu'elle pouvait s'y tenir cachée derrière les grandes herbes folles, comme une poule d'eau dans son nid de vertes brindilles.

Sitôt qu'elle y fut, elle se mit à deux genoux pour faire une bonne prière, dont elle avait grand besoin et dont elle espérait grand confort; mais elle ne pouvait songer à autre chose qu'au pauvre champi qu'il fallait renvoyer et qui l'aimait tant qu'il en mourrait de chagrin. Si bien qu'elle ne put rien dire au bon Dieu, sinon qu'elle était trop malheureuse de perdre son seul soutien et de se départir de l'enfant de son cœur. Et alors elle pleura tant et tant, que c'est au miracle qu'elle en revint, car elle fut si suffoquée, qu'elle en chut tout de son long sur l'herbage, et y demeura privée de sens pendant plus d'une heure.

A la tombée de la nuit elle tâcha pourtant de se ravoir; et comme elle entendit Jeannie qui ramenait ses bêtes en chantant, elle se leva comme elle put et alla préparer le souper. Peu après elle entendit venir les bœufs qui rapportaient le chêne acheté par Blanchet, et Jeannie courut bien joyeux au-devant de son ami François qu'il s'ennuyait de n'avoir pas vu de la journée. Ce pauvre petit Jeannie avait eu du chagrin, dans le moment, de voir son père faire de mauvais yeux à sa chère mère, et il avait pleuré aux champs sans pouvoir comprendre ce qu'il y avait entre eux. Mais chagrin d'enfant et rosée du matin n'ont pas de durée, et déjà il ne se souvenait plus de rien. Il prit François par la main, et, sautant comme un petit perdreau, il l'amena auprès de Madeleine.

Il ne fallut pas que le champi regardât la meunière par deux fois pour aviser ses yeux rouges et sa figure toute blêmie. « Mon Dieu, se dit-il, il y a un malheur dans la maison, » et il se mit à blêmir aussi et à trembler, et à regarder Madeleine, pensant qu'elle lui parlerait. Mais elle le fit asseoir et lui servit son repas sans rien dire, et il ne put avaler une bouchée. Jeannie mangeait et devisait tout seul, et il n'avait plus de souci, parce que sa mère l'embrassait de temps en temps et l'encourageait à bien souper.

Quand il fut couché, pendant que la servante rangeait la chambre, Madeleine sortit et fit signe à François d'aller avec elle. Elle descendit le pré et marcha jusqu'à la fontaine. Là, prenant son courage à deux mains : — Mon enfant, lui dit-elle, le malheur est sur toi et sur moi, et le bon Dieu nous frappe d'un rude coup. Tu vois comme j'en souffre; par amitié pour moi, tâche d'avoir le cœur moins faible, car si tu ne me soutiens, je ne sais ce que je deviendrai.

François ne devina rien, bien qu'il supposât tout d'abord que le mal venait de M. Blanchet.

— Qu'est-ce que vous me dites là? dit-il à Madeleine en lui embrassant les mains tout comme si elle eût été sa mère. Comment pouvez-vous penser que je manquerai de cœur pour vous consoler et vous soutenir? Est-ce que je ne suis pas votre serviteur pour tant que j'ai à rester sur terre? Est-ce que je ne suis pas votre enfant qui travaillera pour vous, et qui a bien assez de force à cette heure pour ne vous laisser manquer de rien? Laissez faire M. Blanchet, laissez-le manger son fait, puisque c'est son idée. Moi je vous nourrirai, je vous habillerai, vous et notre Jeannie. S'il faut que je vous quitte pour un temps, j'irai me louer, pas loin d'ici, par exemple afin de pouvoir vous rencontrer tous les jours et venir passer avec vous les dimanches. Mais me voilà assez fort pour labourer et pour gagner l'argent qu'il vous faudra. Vous êtes si raisonnable et vous vivez de si peu! Eh bien! vous ne vous priverez plus tant pour les autres, et vous en serez mieux. Allons, allons, madame Blanchet, ma chère mère, rapaisez-vous et ne pleurez pas tant, car si vous pleurez, je crois que je vas mourir de chagrin.

Madeleine ayant vu qu'il ne devinait pas et qu'il fallait lui dire tout, recommanda son âme à Dieu et se décida à la grande peine qu'elle était obligée de lui faire.

X.

— Allons, allons, François, mon fils, lui dit-elle, il ne s'agit pas de cela. Mon mari n'est pas encore ruiné, autant que je peux savoir l'état de ses affaires; et si ce n'était que la crainte de manquer, tu ne me verrais pas tant de peine. N'a point peur de la misère qui se sent courageux pour travailler. Puisqu'il faut te dire de quoi j'ai le cœur malade, apprends que M. Blanchet s'est monté contre toi, et qu'il ne veut plus te souffrir à la maison.

— Eh bien! est-ce cela? dit François en se levant. Qu'il me tue donc tout de suite, puisque aussi bien je ne peux exister après un coup pareil! Oui, qu'il en finisse de moi, car il y a longtemps que je le gêne, et il en veut à mes jours, je le sais bien. Voyons, où est-il? Je veux aller le trouver, et lui dire : « Signifiez-moi pourquoi vous me chassez. Peut-être que je trouverai de quoi répondre à vos mauvaises raisons. Et si vous vous y entêtez, dites-le, afin que... afin que... » Je ne sais pas ce que je dis, Madeleine; vrai; je ne le sais pas; je ne me connais plus, et je ne vois plus clair; j'ai le cœur transi et la tête me vire; bien sûr, je vas mourir ou devenir fou.

Et le pauvre champi se jeta par terre et se frappa la tête de ses poings, comme le jour où la Zabelle avait voulu le reconduire à l'hospice.

Voyant cela, Madeleine retrouva son grand courage.

Elle lui prit les mains, les bras, et le secouant bien fort, elle l'obligea de l'écouter.

— Si vous n'avez non plus de volonté et de soumission qu'un enfant, lui dit-elle, vous ne méritez pas l'amitié que j'ai pour vous, et vous me ferez honte de vous avoir élevé comme mon fils. Levez-vous. Voilà pourtant que vous êtes en âge d'homme, et il ne convient pas à un homme de se rouler comme vous le faites. Entendez-moi, François, et dites-moi si vous m'aimez assez pour surmonter votre chagrin et passer un peu de temps sans me voir. Vois, mon enfant, c'est à propos pour ma tranquillité et pour mon honneur, puisque, sans cela, mon mari me causera des souffrances et des humiliations. Par ainsi, tu dois me quitter aujourd'hui par amitié, comme je t'ai gardé jusqu'à cette heure par amitié. Car l'amitié se prouve par des moyens différents, selon le temps et les aventures. Et tu dois me quitter tout de suite, parce que, pour empêcher M. Blanchet de faire un mauvais coup de sa tête, j'ai promis que tu serais parti demain matin. C'est demain la Saint-Jean, il faut que tu ailles te louer, et pas trop près d'ici, car si nous étions à même de nous revoir souvent, ce serait pire dans l'idée de M. Blanchet.

— Mais quelle est donc son idée, Madeleine? Quelle plainte fait-il de moi? En quoi me suis-je mal comporté? Il croit donc toujours que vous faites du tort à la maison pour me faire du bien? Ça ne se peut pas, puisque j'en suis, à présent, de la maison! Je n'y mange pas plus que ma faim, et je n'en fais pas sortir un fétu. Peut-être qu'il croit que je touche mon gage, et qu'il le trouve de trop grande coûtance. Eh bien! laissez-moi suivre mon idée d'aller lui parler pour lui expliquer que depuis le décès de ma pauvre mère Zabelle, je n'ai jamais voulu accepter de vous un petit écu; — ou si vous ne voulez pas que je lui dise ça, — et au fait, s'il le savait il voudrait vous faire rendre tout le dû de mes gages que vous avez employé en œuvres de charité, — eh bien, je lui en ferai, pour le terme qui vient, la proposition. Ce lui offrirai de rester à votre service pour rien. De cette manière-là, il ne pourra plus me trouver dommageable, et il me souffrira auprès de vous.

— Non, non, non, François, répliqua vivement Madeleine, ça ne se peut; et si tu lui disais pareille chose, il entrerait contre toi et contre moi dans une colère qui amènerait des malheurs.

— Mais pourquoi donc? dit François; à qui en a-t-il? C'est donc seulement pour le plaisir de nous causer de la peine qu'il fait celui qui se méfie?

— Mon enfant, ne me demande pas la raison de son idée contre toi; je ne peux pas te la dire. J'en aurais trop de honte pour lui, et mieux vaut pour nous tous que tu n'essaies pas de te l'imaginer. Ce que je peux t'affirmer, c'est que c'est remplir ton devoir envers moi que de t'en aller. Te voilà grand et fort, tu peux te passer de moi; et mêmement tu gagneras mieux ta vie ailleurs, puisque tu ne veux rien recevoir de moi. Tous les enfants quittent leur mère pour aller travailler, et beaucoup s'en vont au loin. Tu feras donc comme les autres, et moi j'aurai du chagrin comme en ont toutes les mères, je pleurerai, je penserai à toi, je prierai Dieu matin et soir pour qu'il te préserve du mal...

— Oui! Et vous prendrez un autre valet qui vous servira mal, et qui n'aura nul soin de votre fils et de votre bien, qui vous haïra peut-être, parce que M. Blanchet lui commandera de ne pas vous écouter, et qui ira lui redire tout ce que vous faites de bien en le tournant en mal. Et vous serez malheureuse; et moi je ne serai plus là pour vous défendre et vous consoler! Ah! vous croyez que je n'ai pas de courage, parce que j'ai du chagrin? Vous croyez que je ne pense qu'à moi, et vous me dites que j'aurai profit à être autre part! Moi, je ne songe pas à moi en tout ceci. Qu'est-ce que ça me fait de gagner ou de perdre? Je ne demande pas seulement comment je gouvernerai mon chagrin. Que j'en vive ou que j'en meure, c'est comme il plaira à Dieu, et ça ne m'importe pas, puisqu'on m'empêche d'employer ma vie pour vous. Ce qui m'angoisse et à quoi je ne peux pas me soumettre, c'est que je vois venir vos peines. Vous allez être foulée à votre tour, et si on m'écarte du chemin, c'est pour mieux marcher sur votre droit.

— Quand même le bon Dieu permettrait cela, dit Madeleine, il faut savoir souffrir ce qu'on ne peut empêcher. Il faut surtout ne pas empirer son mauvais sort en regimbant contre. Imagine-toi que je suis bien malheureuse, et demande-toi combien plus je le deviendrai si j'apprends que tu es malade, dégoûté de vivre et ne voulant pas te consoler. Au lieu que si je trouve un peu de soulagement dans mes peines, ce sera de savoir que tu te comportes bien et que tu te maintiens en courage et santé pour l'amour de moi.

Cette dernière bonne raison donna gagné à Madeleine. Le champi s'y rendit, et lui promit à deux genoux, comme on promet en confession, de faire tout son possible pour porter bravement sa peine.

— Allons, dit-il en essuyant ses yeux moites, je partirai de grand matin, et je vous dis adieu, ici, ma mère Madeleine! Adieu pour la vie, peut-être; car vous ne me dites point si je pourrai jamais vous revoir et causer avec vous. Si vous pensez que ce bonheur-là ne doive plus m'arriver, ne m'en dites rien, car je perdrais le courage de vivre. Laissez-moi garder l'espérance de vous retrouver un jour ici à cette claire fontaine, où je vous ai trouvée pour la première fois il y aura tantôt onze ans. Depuis ce jour jusqu'à celui d'aujourd'hui, je n'ai eu que du contentement; et le bonheur que Dieu et vous m'avez donné, je ne dois pas le mettre en oubli, mais en souvenance pour m'aider à prendre, à compter de demain, le temps et le sort comme ils viendront. Je m'en vais avec un cœur tout transpercé et morfondu d'angoisse, en songeant que je ne vous laisse pas heureuse, et que je vous ôte, en m'ôtant d'à côté de vous, le meilleur de vos amis; mais vous m'avez dit que si je n'essayais pas de me consoler, vous seriez plus désolée. Je me consolerai donc comme je pourrai en pensant à vous, et je suis trop ami de votre amitié pour vouloir la perdre en devenant lâche. Adieu, madame Blanchet, laissez-moi un peu ici tout seul; je serai mieux quand j'aurai pleuré tout mon soûl. S'il tombe de mes larmes dans cette fontaine, vous songerez à moi toutes les fois que vous y viendrez laver. Je veux aussi y cueillir de la menthe pour embaumer mon linge, car je vas tout à l'heure faire mon paquet; et tant que je sentirai sur moi cette odeur-là, je me figurerai que je suis ici et que je vous vois. Adieu, adieu, ma chère mère, je ne veux pas retourner à la maison. Je pourrais bien embrasser mon Jeannie sans l'éveiller, mais je ne m'en sens pas le courage. Vous l'embrasserez pour moi, je vous en prie, et pour ne pas qu'il me pleure, vous lui direz demain que dois retourner bientôt. Comme cela, en m'attendant, il m'oubliera un peu; et, par la suite du temps, vous lui parlerez de son pauvre François, afin qu'il ne m'oublie trop. Donnez-moi votre bénédiction, Madeleine, comme vous me l'avez donnée le jour de ma première communion. Il me la faut pour avoir la grâce de Dieu.

Et le pauvre champi se mit à deux genoux en disant à Madeleine que si jamais, contre son gré, il lui avait fait quelque offense, elle eût à la lui pardonner.

Madeleine jura qu'elle n'avait rien à lui pardonner, et qu'elle lui donnait une bénédiction dont elle voudrait pouvoir rendre l'effet aussi propice que de celle de Dieu.

— Eh bien! dit François, à présent que je vas redevenir champi et que personne ne m'aimera plus, ne voulez-vous pas m'embrasser comme vous m'avez embrassé, par faveur, le jour de ma première communion? j'aurai grand besoin de me remémorer tout cela, pour être bien sûr que vous continuez, dans votre cœur, à me servir de mère.

Madeleine embrassa le champi dans le même esprit de religion que quand il était petit enfant. Pourtant si le monde l'eût vu, on aurait donné raison à M. Blanchet de sa fâcherie, et on aurait critiqué cette honnête femme qui ne pensait point à mal, et à qui la vierge Marie ne fit point péché de son action.

— Ni moi non plus, dit la servante de M. le curé.

— Et moi encore moins, repartit le chanvreur. Et continuant :

Elle s'en revint à la maison, dit-il, où de la nuit elle ne dormit miette. Elle entendit bien rentrer François qui vint faire son paquet dans la chambre à côté, et elle l'entendit aussi sortir à la piquette du jour. Elle ne se dérangea qu'il ne fût un peu loin, pour ne point changer son courage en faiblesse, et quand elle l'entendit passer sur le petit pont, elle entre-bâilla subtilement sa porte sans se montrer, afin de le voir de loin encore une fois. Elle le vit s'arrêter et regarder la rivière et le moulin, comme pour leur dire adieu. Et puis il s'en alla bien vite, après avoir cueilli un feuillage de peuplier qu'il mit à son chapeau, comme c'est la coutume quand on va à la loue, pour montrer qu'on cherche une place.

Maître Blanchet arriva sur le midi et ne dit mot, jusqu'à ce que sa femme lui dit :

— Eh bien, il faut aller à la loue pour avoir un autre garçon de moulin, car François est parti, et vous voilà sans serviteur.

— Cela suffit, ma femme, répondit Blanchet, j'y vais aller, et je vous avertis de ne pas compter sur un jeune.

Voilà tout le remerciement qu'il lui fit de sa soumission, et elle se sentit si peinée qu'elle ne put s'empêcher de le montrer.

— Cadet Blanchet, dit-elle, j'ai obéi à votre volonté : j'ai renvoyé un bon sujet sans motif, et à regret, je ne vous le cache pas. Je ne vous demande pas de m'en savoir gré ; mais, à mon tour, je vous donne un commandement : c'est de ne pas me faire d'affront, parce que je n'en mérite pas.

Elle dit cela d'une manière que Blanchet ne lui connaissait point et qui fit de l'effet sur lui.

— Allons, femme, dit-il en lui tendant la main, faisons la paix sur cette chose-là et n'y pensons plus. Peut-être que j'ai été un peu trop précipiteux dans mes paroles ; mais c'est que, voyez-vous, j'avais des raisons pour ne point me fier à ce champi. C'est le diable qui met ces enfants-là dans le monde, et il est toujours après eux. Quand ils sont bons sujets d'un côté, ils sont mauvais garnements sur un autre point. Ainsi je sais bien que je trouverai malaisément un domestique aussi rude au travail que celui-là ; mais le diable, qui est bon père, lui avait soufflé le libertinage dans l'oreille, et je sais une femme qui a eu à s'en plaindre.

— Cette femme-là n'est pas la vôtre, répondit Madeleine, et il se peut qu'elle mente. Quand elle dirait vrai, ce ne serait point de quoi me soupçonner.

— Est-ce que je te soupçonne ? dit Blanchet haussant les épaules ; je n'en avais qu'après lui, et à présent qu'il est parti, je n'y pense plus. Si je t'ai dit quelque chose qui t'ait déplu, prends que je plaisantais.

— Ces plaisanteries-là ne sont pas de mon goût, répliqua Madeleine. Gardez-les pour celles qui les aiment.

XI.

Dans les premiers jours, Madeleine Blanchet porta assez bien son chagrin. Elle apprit de son nouveau domestique, qui avait rencontré François à la loue, que le champi s'était accordé pour dix-huit pistoles par an avec un cultivateur du côté d'Aigurande, qui avait un fort moulin et des terres. Elle fut contente de le savoir bien placé, et elle fit son possible pour se remettre à ses occupations sans trop de regret. Mais, malgré elle, le regret fut grand, et elle en fut longtemps malade d'une petite fièvre qui la consumait tout doucement, sans que personne y fît attention. François avait bien dit qu'en s'en allant il lui emmenait son meilleur ami. L'ennui lui prit de se voir toute seule, et de n'avoir personne à qui causer. Elle en choya d'autant plus son fils Jeannie, qui était, de vrai, un gentil gars, et pas plus méchant qu'un agneau.

Mais outre qu'il était trop jeune pour comprendre tout ce qu'elle aurait pu dire à François, il n'avait pas pour elle les soins et les attentions qu'au même âge le champi avait eus. Jeannie aimait bien sa mère, et plus même que le commun des enfants ne fait, parce qu'elle était une mère comme il ne s'en voit pas tous les jours. Mais il ne s'étonnait et ne s'émeuvait pas tant pour elle que François. Il trouvait tout simple d'être aimé et caressé si fidèlement. Il en profitait comme de son bien, et y comptait comme sur son dû. Au lieu que le champi n'était méconnaissant de la plus petite amitié et en faisait si grand remerciement par sa conduite, sa manière de parler, de regarder, et de rougir, et de pleurer, qu'en se trouvant avec lui, Madeleine oubliait qu'elle n'avait ni repos, ni amour, ni consolation dans son ménage.

Elle resongea à son malheur quand elle retomba dans son désert, et remâcha longuement toutes les peines que cette amitié et cette compagnie avaient tenues en suspens. Elle n'avait plus personne pour lire avec elle, pour s'intéresser à la misère du monde avec elle, pour prier d'un même cœur, et même pour badiner honnêtement quand et quand, en paroles de bonne foi et de bonne humeur. Tout ce qu'elle voyait, tout ce qu'elle faisait n'avait plus de goût pour elle, et lui rappelait le temps où elle avait eu ce bon compagnon si tranquille et si amiteux. Allait-elle à sa vigne, ou à ses arbres fruitiers, ou dans les roseaux du moulin, il n'y avait pas un coin grand comme la main où elle n'eût repassé dix mille fois avec cet enfant pendu à sa robe, ou ce courageux serviteur empressé à son côté. Elle était comme si elle avait perdu un fils de grande valeur et de grand espoir, et elle avait beau aimer celui qui lui restait, il y avait une moitié de son amitié dont elle ne savait plus que faire.

Son mari, la voyant traîner un malaise, et prenant en pitié l'air de tristesse et d'ennui qu'elle avait, craignit qu'elle ne fît une forte maladie, et il n'avait pas envie de la perdre, parce qu'elle tenait son bien en bon ordre et ménageait de son côté ce qu'il mangeait du sien. La Sévère ne voulant pas le souffrir à son moulin, il sentait bien que tout irait mal pour lui dans cette partie de son avoir si Madeleine n'en avait plus la charge, et, tout en la réprimandant à l'habitude, et se plaignant qu'elle n'y mettait pas assez de soin, il n'avait garde d'espérer mieux de la part d'une autre.

Il s'ingénia donc, pour la soigner et la désennuyer, de lui trouver une compagnie, et la chose vint à point que, son oncle étant mort, la plus jeune de ses sœurs, qui était sous sa tutelle, lui tomba sur les bras. Il avait pensé d'abord à la mettre de résidence chez la Sévère, mais ses autres parents lui en firent honte ; et d'ailleurs quand la Sévère eut vu que cette fillette prenait quinze ans et qu'elle s'annonçait pour jolie comme le jour, elle n'eut plus envie d'avoir dans sa maison le bénéfice de cette tutelle, et elle dit à Blanchet que la garde et la veillance d'une jeunesse lui paraissaient trop chanceuses.

En raison de quoi Blanchet, qui voyait du profit à être le tuteur de sa sœur,— car l'oncle qui l'avait élevée l'avait avantagée sur son testament,— et qui n'avait garde de confier son entretien à autre parenté, l'amena à son moulin et enjoignit à sa femme de l'avoir pour sœur et compagne, de lui apprendre à travailler, de s'en faire aider dans le soin du ménage, et de lui rendre la tâche assez douce pourtant pour qu'elle n'eût point envie d'aller vivre autre part.

Madeleine accepta de bonne volonté ledit arrangement de famille. Mariette Blanchet lui plut tout d'abord, pour l'avantage de sa beauté qui avait déplu à la Sévère. Elle pensait qu'un bon esprit et un bon cœur vont toujours de compagnie avec une belle figure, et elle reçut la jeune enfant, non pas tant comme une sœur que comme une fille, qui lui remplacerait peut-être son pauvre François.

Pendant ce temps-là le pauvre François prenait son mal en patience autant qu'il pouvait, et ce n'était guère, car jamais ni homme ni enfant ne fut chargé d'un mal pareil. Il commença par se faire une maladie, et ce fut peut-être un bonheur pour lui, car là il éprouva le bon cœur de ses maîtres, qui ne le firent point porter à l'hôpital et le gardèrent chez eux où il fut bien soigné. Ce meunier-là ne ressemblait guère à Cadet Blanchet, et sa fille, qui avait une trentaine d'années et n'était point encore établie, était en réputation pour sa charité et sa bonne conduite.

Ces gens-là virent bien d'ailleurs que, malgré l'accident, ils avaient fait, au regard du champi, une bonne trouvaille.

Il était si solide et si bien corporé, qu'il se sauva de la maladie plus vite qu'un autre, et mêmement il se mit à travailler avant d'être guéri, ce qui ne le fit point rechuter. Sa conscience le tourmentait pour réparer le temps perdu et récompenser ses maîtres de leur douceur. Pendant plus de deux mois pourtant, il se ressentit de son mal, et, en commençant à travailler les matins, il avait le corps étourdi comme s'il fût tombé de la faîtière d'une maison. Mais peu à peu il s'échauffait, et il n'avait garde de dire le mal qu'il avait à s'y mettre. On fut bientôt si content de lui, qu'on lui confia la gouverne des choses qui étaient au-dessus de son emploi. On se trouvait bien de ce qu'il savait lire et écrire, et on lui fit tenir des comptes, chose qu'on n'avait pu faire encore, et qui avait souvent mis du trouble dans les affaires du moulin. Enfin il fut aussi bien que possible dans son malheur ; et comme, par prudence, il ne s'était point vanté d'être champi, personne ne lui reprocha son origine.

Mais ni les bons traitements, ni l'occupation, ni la maladie ne pouvaient lui faire oublier Madeleine et ce cher moulin du Cormouer, et son petit Jeannie, et le cimetière où gisait la Zabelle. Son cœur était toujours loin de lui, et le dimanche, il ne faisait autre chose que d'y songer, ce qui ne le reposait guère des fatigues de la semaine. Il était si éloigné de son endroit, et à plus de six lieues de pays, qu'il n'en avait jamais de nouvelles. Il pensa d'abord s'y accoutumer, mais l'inquiétude lui mangeait le sang, et il s'inventa des moyens pour savoir au moins deux fois l'an comment vivait Madeleine : il allait dans les foires, cherchant de l'œil quelqu'un de connaissance de son ancien endroit, et quand il l'avait trouvé, il s'enquérait de tout le monde qu'il avait connu, commençant, par prudence, par ceux dont il se souciait le moins, pour arriver à Madeleine qui l'intéressait le plus, et, de cette manière, il eut quelque nouvelle d'elle et de sa famille.

— Mais voilà qu'il se fait tard, messieurs mes amis, et je m'endors sur mon histoire. A demain ; si vous voulez, je vous dirai le reste. Bonsoir la compagnie.

Le chanvreur alla se coucher, et le métayer, allumant sa lanterne, reconduisit la mère Monique au presbytère, car c'était une femme d'âge qui ne voyait pas bien clair à se conduire.

XII.

Au lendemain, nous nous retrouvâmes tous à la ferme, et le chanvreur reprit ainsi son récit :

— Il y avait environ trois ans que François demeurait au pays d'Aigurande, du côté de Villechiron, dans un beau moulin qui s'appelle Haut-Champault, ou Bas-Champault, ou Frechampault, car dans ce pays-là, comme dans le nôtre, Champault est un nom bien répandu. J'ai été par deux fois dans ces endroits-là, et c'est un beau et bon pays. Le monde de campagne y est plus riche, mieux logé, mieux habillé ; on y fait plus de commerce, et quoique la terre y soit plus maigre, elle rapporte davantage. Le terrain y est pourtant mieux cabossé. Les rocs y percent et les rivières y ravinent fort. Mais c'est joli et plaisant tout de même. Les arbres y sont beaux à merveille, et les deux Creuses roulent là-dedans à grand ramages, claires comme eau de roche.

Les moulins y sont de plus de conséquence que chez nous, et celui où résidait François était des plus forts et des meilleurs. Un jour d'hiver, son maître, qui s'appelait Jean Vertaud, lui dit :

— François, mon serviteur et mon ami, j'ai un petit discours à te faire, et je te prie de me donner ton attention :

Il y a déjà un peu de temps que nous nous connaissons, toi et moi, et si j'ai beaucoup gagné dans mes affaires, si mon moulin a prospéré, si j'ai emporté la préférence sur tous mes confrères, si, parfin, j'ai pu augmenter mon avoir, je ne me cache pas que c'est à toi que j'en ai l'obligation. Tu m'as servi, non pas comme un domestique, mais comme un ami et un parent. Tu t'es donné à mes intérêts comme si c'étaient les tiens. Tu as régi mon bien comme jamais je n'aurais su le faire, et tu as en tout montré que tu avais plus de connaissance et d'entendement que moi. Le bon Dieu ne m'a pas fait soupçonneux, et j'aurais été toujours trompé si tu n'avais contrôlé toutes gens et toutes choses autour de moi. Les personnes qui faisaient abus de ma bonté ont un peu crié, et tu as voulu hardiment en porter l'endosse, ce qui t'a exposé, plus d'une fois, à des dangers dont tu es toujours sorti par courage et douceur. Car ce qui me plaît de toi, c'est que tu as le cœur aussi bon que la tête et la main. Tu aimes le rangement et non l'avarice. Tu ne te laisses pas duper comme moi, et pourtant tu aimes comme moi à secourir le prochain. Pour ceux qui étaient de vrai dans la peine, tu as été le premier à me conseiller d'être généreux. Pour ceux qui en faisaient la frime, tu as été prompt à m'empêcher d'être affiné. Et puis tu es savant pour un homme de campagne. Tu as de l'idée et du raisonnement. Tu as des inventions qui te réussissent toujours, et toutes les choses auxquelles tu mets la main tournent à bonne fin.

Je suis donc content de toi et je voudrais te contenter pareillement pour ma part. Dis-moi donc, tout franchement, si tu ne souhaites point quelque chose de moi, car je n'ai rien à te refuser.

— Je ne sais pas pourquoi vous me demandez cette chose-là, répondit François. Il faut donc, mon maître, que je vous aie paru mécontent de vous, et cela n'est point. Je vous prie d'en être certain.

— Mécontent, je ne dis pas. Mais enfin, tu as un air, à l'habitude, qui n'est pas d'un homme heureux. Tu n'as point de gaieté, tu ne ris avec personne, tu ne t'amuses jamais. Tu es si sage qu'on dirait toujours que tu portes un deuil.

— M'en blâmez-vous, mon maître ? En cela je ne pourrais vous contenter, car je n'aime ni la bouteille ni la danse ; je ne fréquente ni le cabaret ni les assemblées ; je ne sais point de chansons et de sornettes pour faire rire. Je ne me plais à rien qui me détourne de mon devoir.

— En quoi tu mérites d'être tenu en grande estime, mon garçon, et ce n'est pas moi qui t'en blâmerai. Si je te parle de cela, c'est parce que j'ai une imagination que tu as quelque souci. Peut-être trouves-tu que tu te donnes ici bien du mal pour les autres, et qu'il ne t'en reviendra jamais rien.

— Vous avez tort de croire cela, maître Vertaud. Je suis aussi bien récompensé que je peux le souhaiter, et en aucun lieu je n'aurais peut-être trouvé le fort gage que, de votre seul gré, et sans que je vous inquiète, vous avez voulu me fixer. Ainsi vous m'avez augmenté chaque année, et la Saint-Jean passé vous m'avez mis à cent écus, ce qui est un prix fort coûtanceux pour vous. Si ça venait à vous gêner, j'y renoncerais volontiers, croyez-moi.

XIII.

— Voyons, voyons, François, nous ne nous entendons guère, repartit maître Jean Vertaud ; et je ne sais plus par quel bout te prendre. Tu n'es pourtant pas sot, et je pensais t'avoir assez mis la parole à la bouche ; mais puisque tu es honteux, je vas t'aider encore. N'es-tu porté d'inclination pour aucune fille du pays ?

— Non, mon maître, répliqua tout droitement le champi.

— Vrai ?

— Je vous en donne ma foi.

— Et tu n'en vois pas une qui te plairait si tu avais les moyens d'y prétendre ?

— Je ne veux pas me marier.

— Voilà une idée! Tu es trop jeune pour en répondre. Mais la raison?

— La raison? dit François. Ça vous importe donc, mon maître?

— Peut-être, puisque j'ai de l'intérêt pour toi.

— Je vas vous la dire; je n'ai pas de raison pour m'en cacher. Je n'ai jamais connu ni père ni mère... Et, tenez, il y a une chose que je ne vous ai jamais dite; je n'y étais pas forcé; mais si vous m'aviez questionné, je ne vous aurais pas fait de mensonge. Je suis champi, je sors de l'hospice.

— Oui-da! s'exclama Jean Vertaud, un peu saboulé par cette confession; je ne l'aurais jamais pensé.

— Pourquoi ne l'auriez-vous jamais pensé?... Vous ne répondez pas, mon maître? Eh bien, moi, je vas répondre pour vous. C'est que, me voyant bon sujet, vous vous seriez étonné qu'un champi pût l'être. C'est donc une vérité que les champis ne donnent point de confiance au monde, et qu'il y a quelque chose contre eux? Ça n'est pas juste, ça n'est pas humain; mais enfin c'est comme ça, et c'est bien force de s'y conformer, puisque les meilleurs cœurs n'en sont pas exempts, et que vous-même...

— Non, non, dit le maître en se ravisant, — car il était un homme juste, et ne demandait pas mieux que de renier une mauvaise pensée; — je ne veux pas être contraire à la justice, et si j'ai eu un moment d'oubliance là-dessus, tu peux m'en absoudre, c'est déjà passé. Donc, tu crois que tu ne pourrais pas te marier, parce que tu es né champi?

— Ce n'est pas ça, mon maître, et je ne m'inquiète point de l'empêchement. Il y a toutes sortes d'idées dans les femmes, et aucunes ont si bon cœur que ça serait une raison de plus.

— Tiens! c'est vrai, dit Jean Vertaud. Les femmes valent mieux que nous pourtant!... Et puis, fit-il en riant, un beau gars comme toi, tout verdissant de jeunesse, et qui n'est écloché ni de son esprit ni de son corps, peut bien donner du réveillon au plaisir de se montrer charitable. Mais voyons ta raison.

— Écoutez, dit François, j'ai été tiré de l'hospice et nourri par une femme que je n'ai point connue. A sa mort, j'ai été recueilli par une autre qui m'a pris pour le mince profit du secours accordé par le gouvernement à ceux de mon espèce; mais elle a été bonne pour moi, et quand j'ai eu le malheur de la perdre, je ne me serais pas consolé, sans le secours d'une autre femme qui a été encore la meilleure des trois, et pour qui j'ai gardé tant d'amitié que je ne veux pas vivre pour une autre que pour elle. Je l'ai quittée pourtant, et peut-être que je ne la reverrai jamais, car elle a du bien, et il se peut qu'elle n'ait jamais besoin de moi. Mais si son mari, qui, m'a-t-on dit, est malade depuis l'automne, et qui a fait beaucoup de dépenses qu'on ne sait pas, meure prochainement et lui laisse plus de dettes que d'avoir. Si la chose arrivait, je ne vous cache point, mon maître, que je m'en retournerais dans le pays où elle est, et que je n'aurais plus d'autre soin et d'autre volonté que de l'assister, elle et son fils, et d'empêcher par mon travail la misère de les grever. Voilà pourquoi je ne veux point prendre d'engagement qui me retienne ailleurs. Je suis chez vous à l'année, et si je faisais le mariage, je serais lié ma vie durant. Ce serait par ailleurs trop de devoirs sur mon dos à la fois. Quand j'aurais femme et enfants, il n'est pas dit que je pourrais gagner le pain de deux ménages; il n'est pas dit non plus, quand même je trouverais, par impossible, une femme qui aurait un peu de bien, que j'aurais le bon droit pour moi en retirant l'aise de ma maison pour le porter dans une autre. Par ainsi, je préfère rester garçon. Je suis jeune, et le temps ne me dure pas encore; mais s'il advenait que j'eusse en tête quelque amourette, je ferais tout pour m'en corriger, parce que de femmes, voyez-vous, il n'y en a qu'une pour moi, et c'est ma mère Madeleine, celle qui ne s'embarrassait pas de mon état de champi et qui m'a élevé comme si elle m'avait mis au monde.

— Eh bien! ce que tu m'apprends là, mon ami, me donne encore plus de considération pour toi, répondit Jean Vertaud. Il n'est rien de si laid que la méconnaissance, rien de si beau que la recordation des services reçus. J'aurais bien quelque bonne raison à te donner, pour te montrer que tu pourrais épouser une jeune femme qui serait du même cœur que toi, et qui t'aiderait à porter assistance à la vieille; mais, pour ces raisons-là, j'ai besoin de me consulter, et j'en veux causer avec quelqu'un.

Il ne fallait pas être bien malin pour deviner que, dans sa bonne âme et dans son bon jugement aussi, Jean Vertaud avait imaginé un mariage entre sa fille et François. Elle n'était point vilaine, sa fille, et, si elle avait un peu plus d'âge que François, elle avait assez d'écus pour parfaire la différence. Elle était fille unique, et c'était un gros parti. Mais son idée jusqu'à l'heure avait été de ne point se marier, dont son père était bien contrarié. Or comme il voyait depuis un tour de temps qu'elle faisait beaucoup d'état de François, il l'avait consultée à son endroit; et comme c'était une fille fort retenue, il avait eu un peu de mal à la confesser. A la fin elle avait, sans dire non ni oui, consenti son père à tâter François sur l'article du mariage, et elle attendait de savoir son idée, un peu plus angoissée qu'elle ne voulait le laisser croire.

Jean Vertaud eût bien souhaité lui porter une meilleure réponse, d'abord pour l'envie qu'il avait de la voir s'établir, ensuite parce qu'il ne pouvait pas désirer un meilleur gendre que François. Outre l'amitié qu'il avait pour lui, il voyait bien clairement que ce garçon, tout pauvre qu'il était venu chez lui, valait de l'or dans une famille pour son entendement, sa vitesse au travail et sa bonne conduite.

L'article du champiage chagrina bien un peu la fille. Elle avait un peu de fierté, mais elle eut vite pris son parti, et le goût lui vint plus éveillé, quand elle ouït que François était récalcitrant sur l'amour. Les femmes se prennent par la contrariété, et si François avait voulu manigancer pour faire oublier l'accroc de sa naissance, il n'aurait pas fait une meilleure finesse que celle de montrer du dégoût pour le mariage.

En sorte que la fille à Jean Vertaud fut décidée ce jour-là pour François, comme elle ne l'avait pas encore été.

— N'est-ce que ça? dit-elle à son père. Il croit donc que nous n'aurions pas le cœur et les moyens d'assister une vieille femme et de placer son garçon? Il faut bien qu'il n'ait pas entendu ce que vous lui glissiez, mon père, car s'il avait su qu'il s'agissait d'entrer dans notre famille, il ne se serait pas mis tourmenté de ça.

Et le soir, à la veillée, Jeannette Vertaud dit à François : — Je faisais grand cas de vous, François ; mais j'en fais encore plus, depuis que mon père m'a raconté votre amitié pour une femme qui vous a élevé et pour qui vous voulez travailler toute votre vie. C'est affaire à vous d'avoir des sentiments... Je voudrais bien connaître cette femme-là, pour être à même de lui rendre service dans l'occasion, parce que vous lui avez conservé tant d'attache : il faut qu'elle soit une femme de bien.

— Oh! oui, dit François, qui avait du plaisir à causer de Madeleine, c'est une femme qui pense bien, une femme qui pense comme vous autres.

Cette parole réjouit la fille à Jean Vertaud, et, se croyant sûre de son fait :

— Je souhaiterais, dit-elle, que si elle devenait malheureuse, comme vous en avez la crainte, elle vînt demeurer par chez nous. Je vous aiderais à la soigner, car elle n'est plus jeune, pas vrai? N'est-elle point infirme?

— Infirme! non, dit François; son âge n'est point pour être infirme.

— Elle est donc encore jeune? dit la Jeannette Vertaud qui commença à dresser l'oreille.

— Oh! non, elle ne l'est guère, répondit François tout simplement. Je n'ai pas souvenance de l'âge qu'elle peut avoir à cette heure. C'était pour moi comme ma mère, et je ne regardais pas à ses ans.

— Est-ce qu'elle a été bien, cette femme? demanda la Jeannette, après avoir barguiné un moment pour faire cette question-là.

— Bien? dit François un peu étonné; vous voulez dire

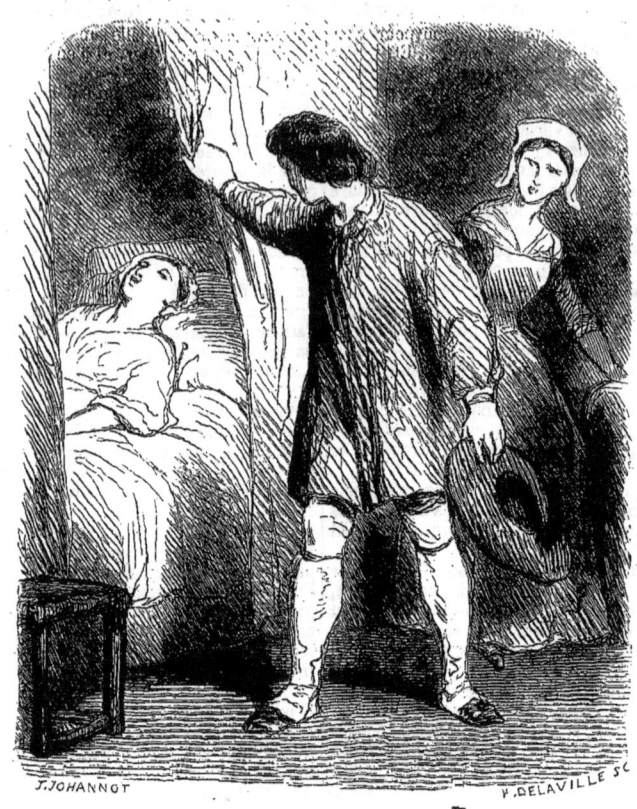

Et là, il vit Madeleine Blanchet tout étendue, toute blême (Page 27.)

jolie femme? Pour moi elle est bien assez jolie comme elle est; mais, à vous dire vrai, je n'ai jamais songé à cela. Qu'est-ce que ça peut faire à mon amitié? Elle serait plus laide que le diable que je n'y aurais jamais fait attention.

— Mais enfin, vous pouvez bien dire environ l'âge qu'elle a?

— Attendez! son garçon avait cinq ans de moins que moi. Eh bien! c'est une femme qui n'est pas vieille, mais qui n'est pas bien jeune, c'est approchant comme...

— Comme moi? dit la Jeannette en se forçant un peu pour rire. En ce cas, si elle devient veuve, il ne sera plus temps pour elle de se remarier, pas vrai?

— Ça dépend, répondit François. Si son mari ne mange pas le tout et qu'il lui reste du bien, elle ne manquera pas d'épouseurs. Il y a des gars qui, pour de l'argent, épouseraient aussi bien leur grand'tante que leur petite-nièce.

— Et vous ne faites pas d'estime de ceux qui se marient pour de l'argent?

— Ça ne serait toujours pas mon idée, répondit François.

Le champi, tout simple de cœur qu'il était, n'était pas si simple d'esprit, qu'il n'eût fini par comprendre ce qu'on lui insinuait, et ce qu'il disait là, il ne le disait pas sans intention. Mais la Jeannette ne se le tint pas pour dit, et elle s'énamoura de lui un peu plus. Elle avait été très-courtisée sans se soucier d'aucun galant. Le premier qui lui convint fut celui qui lui tournait le dos, tant les femmes ont l'esprit bien fait.

François vit bien, par les jours ensuivants, qu'elle avait du souci, qu'elle ne mangeait quasiment point, et que quand il n'avait point l'air de la voir, elle avait toujours les yeux attachés sur lui. Cette fantaisie le chagrina. Il avait du respect pour cette bonne fille, et il voyait bien qu'à faire l'indifférent, il la rendrait plus amoureuse. Mais il n'avait point de goût pour elle, et s'il l'eût prise, c'eût été par raison et par devoir plus que par amitié.

Cela lui fit songer qu'il n'avait pas pour longtemps à rester chez Jean Vertaud, parce que, pour tantôt ou pour plus tard, cette affaire-là amènerait quelque chagrin ou quelque fâcherie.

Mais il lui arriva, dans ce temps-là, une chose bien particulière, et qui faillit à changer toutes ses intentions.

Et le champi d'accourir et de se jeter à deux genoux devant son lit. (Page 29.)

XIV.

Une matinée M. le curé d'Aigurande vint comme pour se promener au moulin de Jean Vertaud, et il tourna un peu de temps dans la demeure, jusqu'à ce qu'il pût agrafer François dans un coin du jardin. Là il prit un air très-secret, et lui demanda s'il était bien François dit la Fraise, nom qu'on lui aurait donné à l'état civil où il avait été présenté comme champi, à cause d'une marque qu'il avait sur le bras gauche. Le curé lui demanda aussi son âge au plus juste, le nom de la femme qui l'avait nourri, les demeurances qu'il avait suivies, et finalement tout ce qu'il pouvait savoir de sa naissance et de sa vie.

François alla quérir ses papiers, et le curé parut fort content.

— Eh bien! lui dit-il, venez demain ou ce soir à la cure, et gardez qu'on ne sache ce que j'aurai à vous faire savoir, car il m'est défendu de l'ébruiter, et c'est une affaire de conscience pour moi.

Quand François fut rendu à la cure, M. le curé, ayant bien fermé les portes de la chambre, tira de son armoire quatre petits bouts de papier fin et dit : François la Fraise, voilà quatre mille francs que votre mère vous envoie. Il m'est défendu de vous dire son nom, ni dans quel pays elle réside, ni si elle est morte ou vivante à l'heure qu'il est. C'est une pensée de religion qui l'a portée à se ressouvenir de vous, et il paraîtrait qu'elle a toujours eu quelque intention de le faire, puisqu'elle a su vous retrouver, quoique vivant au loin. Elle a su que vous étiez bon sujet, et elle vous donne de quoi vous établir, à condition que d'ici à six mois vous ne parlerez point, si ce n'est à la femme que vous voudriez épouser, du don que voici. Elle me charge de me consulter avec vous pour le placement ou pour le dépôt, et me prie de vous prêter mon nom au besoin pour que l'affaire soit tenue secrète. Je ferai là-dessus ce que vous voudrez ; mais il m'est enjoint de ne vous livrer l'argent qu'en échange de votre parole de ne rien dire et de ne rien faire qui puisse éventer le secret. On sait qu'on peut compter sur votre foi ; voulez-vous la donner?

François prêta serment et laissa l'argent à M. le curé, en le priant de le faire valoir comme il l'entendrait ; car il connaissait ce prêtre-là pour un bon, et il en est d'eux comme des femmes, qui sont toute bonté ou toute chétivité.

Le champi s'en vint à la maison plus triste que joyeux. Il pensait à sa mère et il eût bien donné les quatre mille francs pour la voir et l'embrasser. Mais il se disait aussi qu'elle venait peut-être de décéder, et que son présent était une de ces dispositions qu'on prend à l'article de la mort; et cela le rendait encore plus sérieux, d'être privé de porter son deuil et de lui faire dire des messes. Morte ou vivante, il pria le bon Dieu pour elle, afin qu'il lui pardonnât l'abandon qu'elle lui avait fait de son enfant, comme son enfant le lui pardonnait de grand cœur, priant Dieu aussi de lui pardonner les siennes fautes pareillement.

Il tâcha bien de ne rien laisser paraître; mais pour plus d'une quinzaine il fut comme enterré dans des rêvasseries aux heures de son repas, et les Vertaud s'en émerveillèrent.

Ce garçon ne nous dit pas toutes ses pensées, observait le meunier. Il faut qu'il ait l'amour en tête.

— C'est peut-être pour moi, pensait la fille, et il est trop délicat pour s'en confesser. Il a peur qu'on ne le croie affolé de ma richesse plus que de ma personne; et tout ce qu'il fait, c'est pour empêcher qu'on ne devine son souci.

Là-dessus, elle se mit en tête de séduire sa faroucheté, et elle l'amignonna si honnêtement en paroles et en quarts d'œil qu'il en fut un peu secoué au milieu de ses ennuis.

Et par moments, il se disait qu'il était assez riche pour secourir Madeleine en cas de malheur, et qu'il pouvait bien se marier avec une fille qui ne lui réclamait point de fortune. Il ne se sentait point affolé d'aucune femme; mais il voyait les bonnes qualités de Jeannette Vertaud, et il craignait de montrer un mauvais cœur en ne répondant point à ses intentions. Par moments son chagrin lui faisait peine, et il avait quasiment envie de l'en consoler.

Mais voilà que tout d'un coup, à un voyage qu'il fit à Grevant pour les affaires de son maître, il rencontra un cantonnier-piqueur qui était domicilié vers Presles et qui lui apprit la mort de Cadet Blanchet, ajoutant qu'il laissait un grand embrouillas dans ses affaires, et qu'on ne savait si sa veuve s'en tirerait à bien ou à mal.

François n'avait point sujet d'aimer ni de regretter maître Blanchet. Et si, il avait tant de religion dans le cœur, qu'en écoutant la nouvelle de sa mort il en eut les yeux moites et la tête lourde comme s'il allait pleurer; il songeait que Madeleine le pleurait à cette heure, lui pardonnant tout, et ne se souvenant de rien, sinon qu'il était le père de son enfant. Et le regret de Madeleine lui répondait dans l'esprit et le forçait à pleurer aussi pour le chagrin qu'elle devait avoir.

Il eut envie de remonter sur son cheval et de courir auprès d'elle; mais il pensa devoir en demander la permission à son maître.

XV.

— Mon maître, dit-il à Jean Vertaud, il me faut partir pour un bout de temps, court ou long, je n'en saurais rien garantir. J'ai affaire du côté de mon ancien endroit, et je vous semonds de me laisser aller de bonne amitié; car, à vous parler en vérité, si vous me déniez ce permis, il ne me sera pas donné de vous complaire, et je m'en irai malgré vous. Excusez-moi de vous dire la chose comme elle est. Si je vous fâche, j'en aurai grand chagrin, et c'est pourquoi je vous demande, pour tout remerciement des services que j'ai pu vous rendre, de ne pas prendre la chose en mal et de me remettre la faute que je fais à cette heure en quittant votre ouvrage. Faire se peut que je revienne au bout de la semaine, si, où je vais, on n'a pas besoin de moi. Mais faire se peut de même que je ne revienne que tard dans l'an, et même point, car je ne vous veux pas tromper. Cependant de tout mon pouvoir je viendrais dans l'occasion vous donner un coup de main, s'il y avait quelque chose que vous ne pourriez pas débrouiller sans moi. Et devant que de partir, je veux vous trouver un bon ouvrier qui me remplace et à qui, si besoin est pour le décider, j'abandonnerai ce qui m'est dû sur mon gage depuis la Saint-Jean passée. Par ainsi, la chose peut s'arranger sans vous porter nuisance, et vous allez me donner une poignée de main pour me porter bonheur et m'alléger un peu du regret que j'ai de vous dire adieu.

Jean Vertaud savait bien que le champi ne voulait pas souvent se contenter, mais que, quand il le voulait, c'était si bien voulu que ni Dieu ni diable n'y pouvaient mais.

— Contente-toi donc, mon garçon, fit-il en lui donnant la main; je mentirais si je disais que ça ne me fait rien. Mais plutôt que d'avoir différend avec toi, je suis consentant de tout.

François employa la journée qui suivit à se chercher un remplaçant pour le meulage, et il en rencontra un bien courageux et juste, qui revenait de l'armée et qui fut content de trouver de l'ouvrage bien payé chez et un bon maître, car Jean Vertaud était réputé tel et n'avait jamais fait de tort à personne.

Devant que de se mettre en route, comme il en avait l'idée, à la pique du jour ensuivant, François voulut dire adieu à Jeannette Vertaud sur l'heure du souper. Elle était assise sur la porte de la grange, disant qu'elle avait le mal de tête et ne mangerait point. Il connut qu'elle avait pleuré, et il en fut tracassé dans son esprit. Il ne savait par quel bout s'y prendre pour la remercier de son bon cœur et pour lui dire qu'il ne s'en allait pas moins. Il s'assit à côté d'elle sur une souche de vergne qui se trouvait par là, et il s'évertua pour lui parler, sans trouver un pauvre mot. Là-dessus, elle qui le voyait bien sans le regarder, mit son mouchoir devant les yeux. Il leva la main comme pour prendre la sienne et la réconforter, mais il en fut empêché par l'idée qu'il ne pouvait pas lui dire en conscience ce qu'elle aurait aimé d'entendre. Et quand la pauvre Jeannette vit qu'il restait coi, elle eut honte de son chagrin, se leva tout doucement sans montrer de rancune, et s'en alla dans la grange pleurer tout son comptant.

Elle y resta un peu de temps, pensant qu'il y viendrait peut-être bien et qu'il se déciderait à lui dire quelque bonne parole, mais il s'en défendit et s'en alla souper, assez triste et ne sonnant mot.

Il serait faux de dire qu'il n'avait rien senti pour elle en la voyant pleurer. Il avait bien eu le cœur un peu picoté, et il songeait qu'il aurait pu être bien heureux avec une personne aussi bien famée, qui avait tant de goût pour lui, et qu'il n'était point désagréable à caresser. Mais de toutes ces idées-là il se garait, pensant à Madeleine qui pouvait avoir besoin d'un ami, d'un conseil et d'un serviteur, et qui pour lui, lorsqu'il n'était encore qu'un pauvre enfant tout dépouillé, et mangé par les lièvres, avait plus souffert, travaillé et affronté que pas une au monde.

— Allons! se dit-il le matin, en s'éveillant avant jour, il ne s'agit pas d'amourette, de fortune et de tranquillité pour toi. Tu oublierais volontiers que tu es champi, et tu mettrais bien tes jours passés dans l'oreille du lièvre, comme tant d'autres qui prennent le bon temps au passage sans regarder derrière eux. Oui, mais Madeleine Blanchet est là dans ton penser pour te dire: Garde-toi d'être oublieux, et songe à ce que j'ai fait pour toi. En route donc, et Dieu vous assiste, Jeannette, d'un amoureux plus gentil que votre serviteur!

Il songeait ainsi en passant sous la fenêtre de sa brave maîtresse, et il eût voulu, si c'eût été en temps propice, lui laisser contre la vitre une fleur ou un feuillage en signe d'adieu; mais c'était le lendemain des Rois; la terre était couverte de neige, et il n'y avait pas une feuille aux branches, pas une pauvre violette dans l'herbage.

Il s'inventa de nouer dans le coin d'un mouchoir blanc la fève qu'il avait gagnée la veille en tirant le gâteau, et d'attacher ce mouchoir aux barreaux de la fenêtre de Jeannette pour lui signifier qu'il l'aurait prise pour sa reine si elle avait voulu se montrer au souper.

— Une fève, ce n'est pas grand'chose, se disait-il, c'est une petite marque d'honnêteté et d'amitié qui m'excusera de ne lui avoir pas su dire adieu.

Mais il entendit en lui-même comme une parole qui lui déconseillait de faire cette offrande, et qui lui remontrait qu'un homme ne doit point agir comme ces jeunes filles qui veulent qu'on les aime, qu'on pense à elles, et qu'on les regrette quand bien même elles ne se soucient pas d'y correspondre.

— Non, non, François, se dit-il en remettant son gage dans sa poche et en doublant le pas: il faut vouloir ce qu'on veut et se faire oublier quand on est décidé à oublier soi-même.

Et là-dessus il marcha grand train, et il n'était pas à deux portées de fusil du moulin de Jean Vertaud, qu'il voyait Madeleine devant lui, s'imaginait aussi entendre comme une petite voix faible qui l'appelait en aide. Et ce rêve le menait, et il pensait déjà voir le grand cormier, la fontaine, le pré Blanchet, l'écluse, le petit pont, et Jeannie courant à son encontre; et de Jeannette Vertaud dans tout cela, il n'y avait rien qui le retînt par sa blouse pour l'empêcher de courir.

Il alla si vite qu'il ne sentit pas la froidure et ne songea ni à boire, ni à manger, ni à souffler, tant qu'il n'eut pas laissé la grand'route et attrapé, par le dévers du chemin de Presles, la croix du Plessys.

Quand il fut là, il se mit à genoux et embrassa le bois de la croix avec l'amitié d'un bon chrétien qui retrouve une bonne connaissance. Après quoi il se mit à dévaler le grand carrouer qui est en forme de chemin, sauf qu'il est large comme un champ, et qui est bien le plus beau communal du monde, en belle vue, en grand air et en plein ciel, et en aval si courant que, par les temps de glace, on y pourrait bien courir la poste même en carrette à bœufs, et s'en aller piquer une bonne tête dans la rivière qui est en bas et qui n'avertit personne.

François, qui se méfiait de la chose, dégalocha ses sabots à plus d'une fois; il arriva sans culbuto à la passerelle. Il laissa Montipouret sur sa gauche, non sans dire un beau bonjour au gros vieux clocher qui est l'ami à tout le monde, car c'est toujours lui qui se montre le premier à ceux qui reviennent au pays, et qui les tire d'embarras quand ils sont en faux chemin.

Pour ce qui est des chemins, je ne leur veux point de mal tant ils sont riants, verdissants et réjouissants à voir dans le temps chaud. Il y en a où l'on n'attrape pas de coups de soleil. Mais ceux-là sont les plus traîtres, parce qu'ils pourraient bien vous mener à Rome quand on croirait aller à Angibault. Heureusement que le bon clocher de Montipouret n'est pas chiche de se montrer, et qu'il n'y a pas une éclaircie où il ne passe le bout de son chapeau reluisant pour vous dire si vous tournez en bise ou en galerne.

Mais le champi n'avait besoin de vigie pour se conduire. Il connaissait si bien toutes les traînes, tous les bouts de sac, toutes les coursières, toutes les traques et traquettes, et jusqu'aux échaliers des bouchures, qu'en pleine nuit il aurait passé aussi droit qu'un pigeon dans le ciel, par le plus court chemin sur terre.

Il était environ midi quand il vit le toit du moulin Cormouer au travers des branches défeuillées, et il fut content de connaître à une petite fumée bleue qui montait au-dessus de la maison, que le logis n'était point abandonné aux souris.

Il prit en sus du pré Blanchet pour arriver plus vite, ce qui fit qu'il ne passa pas rasibus la fontaine; mais, comme les arbres et les buissons n'avaient pas de feuilles, il vit reluire au soleil l'eau vive qui ne gèle jamais parce qu'elle est de source. Les abords du moulin étaient bien gelés en revanche, et si coulants qu'il ne fallait pas être maladroit pour courir sur les pierres et le talus de la rivière. Il vit la vieille roue du moulin, toute noire à force d'âge et de mouillage, avec des grandes pointes de glace qui pendaient aux alochons, menues comme des aiguilles.

Mais il manquait beaucoup d'arbres à l'entour de la maison, et l'endroit était bien changé. Les dettes du défunt Blanchet avaient joué de la cognée, et on voyait en mainte place, rouge comme sang de chrétien, le pied des grands vergnes fraîchement coupés. La maison paraissait mal entretenue au dehors; le toit n'était guère bien couvert, et le four était moitié égrolé par l'efforce de la gelée.

Et puis, ce qui était encore attristant, c'est qu'on n'entendait remuer dans toute la demeurance ni âme, ni corps, ni bêtes, ni gens; sauf qu'un chien à poil gris emmêlé de noir et de blanc, de ces pauvres chiens de campagne que nous disons guarriots ou marrayés, sortit de l'huisserie et vint pour japer à l'encontre du champi; mais il s'accoisa tout de suite et vint, en se traînant, se coucher dans ses jambes.

— Oui-da, Labriche, tu m'as reconnu? lui dit François, et moi je n'aurais pas pu te remettre, car te voilà si vieux et si gâté que les côtes te sortent et que la barbe est devenue toute blanche.

François devisait ainsi en regardant le chien, parce qu'il était là tout tracassé, comme s'il eût voulu gagner du temps avant que d'entrer dans la maison. Il avait eu tant de hâte jusqu'au dernier moment, et voilà qu'il avait peur, parce qu'il s'imaginait qu'il ne verrait plus Madeleine, qu'elle était absente ou morte à la place de son mari, qu'on lui avait donné une fausse nouvelle en lui annonçant le décès du meunier; enfin il avait toutes les rêveries qu'on se met dans la tête quand on touche à la chose qu'on a le plus souhaitée.

XVI.

François poussa à la fin le barreau de la porte, et voilà qu'il vit devant lui, au lieu de Madeleine, une belle et jolie jeune fille, vermeille comme une aube de printemps et réveillée comme une linotte, qui lui dit d'un air avenant:

— Qu'est-ce que vous demandez, jeune homme?

François ne la regarda pas longtemps, tant bonne fût-elle à regarder, et il jeta ses yeux tout autour de la chambre meunière. Et tout ce qu'il vit, c'est que les courtines de son lit étaient closes, et que, pour sûr, elle était dedans. Il ne pensa du tout répondre à la jolie fille qui était la sœur cadette du défunt meunier et avait nom Mariette Blanchet. Il s'en fut tout droit au lit jaune, et il écarta subtilement la courtine, sans faire noise ni question; et là il vit Madeleine Blanchet tout étendue, toute blême, tout assoupie et écrasée par la fièvre.

Il la regarda et l'examina longtemps sans remuer et sans mot dire: et malgré son chagrin de la trouver malade, malgré sa peur de la voir mourir, il était heureux d'avoir sa figure devant lui et de se dire: Je vois Madeleine.

Mais Mariette Blanchet le poussa tout doucement d'auprès le lit, referma la courtine, et, lui faisant signe d'aller avec elle auprès du foyer:

— Ah ça, le jeune homme, fit-elle, qui êtes-vous et que demandez-vous? Je ne vous connais point et vous n'êtes pas d'ici. Qu'y a-t-il pour vous obliger?

Mais François n'entendit point ce qu'elle lui demandait, et, en lieu de lui donner une réponse, il lui fit des questions: Combien de temps madame Blanchet était malade? si elle était en danger et si on soignait bien sa maladie?

A quoi la Mariette lui répondit qu'elle était malade depuis la mort de son mari, par la trop grande fatigue qu'elle avait eue de le soigner et de l'assister jour et nuit; qu'on n'avait pas fait venir encore le médecin, et qu'on irait le quérir si elle empirait; et que quant à la bien soigner, elle qui parlait ne s'y épargnait point, comme c'était son devoir de le faire.

A cette parole, le champi l'envisagea entre les deux yeux, et il n'eut besoin de lui demander son nom, car, outre qu'il savait que, vers le temps de son départ, M. Blanchet avait mis sa sœur auprès de sa femme, il surprit dans la mignonne figure de cette mignonne jeunesse une retirance assez marquée de la figure chagrinante du défunt meunier. Il se rencontre bien des museaux fins comme cela, qui ressemblent à des museaux fâcheux, sans qu'on puisse dire comment la chose est. Et malgré que Mariette Blanchet fût réjouissante à voir autant que son frère avait eu coutume d'être déplaisant, il lui restait un air de famille qui ne trompe point. Seulement cet air-là avait été bourru et colérique dans la mine du défunt, et l'air de Mariette était plutôt d'une personne qui se moque que d'une qui se fâche, et d'une qui ne craint rien plutôt que d'une qui veut se faire craindre.

Tant il y a que François ne se sentit ni tout à fait en peine, ni tout à fait en repos sur l'assistance que Madeleine pouvait recevoir de cette jeunesse. Sa coiffe était bien fine, bien plissée et bien épinglée ; ses cheveux, qu'elle portait un peu à la mode des artisanes, étaient bien reluisants, bien peignés, bien tirés en alignement ; ses mains étaient bien blanches et son tablier pareillement pour une garde-malade. Parfin elle était beaucoup jeune, pimpante et dégagée pour penser jour et nuit à une personne hors d'état de s'aider elle-même.

Cela fit que François, sans rien plus demander, s'assit dans le quart de la cheminée, bien décidé à ne se point départir de l'endroit qu'il n'eût vu comment tournerait à bien ou à mal l'affliction de sa chère Madeleine.

Et Mariette fut bien étonnée de le voir faire si peu de façon et prendre possession du feu, comme s'il entrait à son propre logis. Il baissa le nez sur les tisons, et comme il ne paraissait pas en humeur de causer, elle n'osa point s'informer plus au long de ce qu'il était et requérait.

Mais au bout d'un moment entra Catherine, la servante de la maison depuis tantôt dix-huit ou vingt ans ; et, sans faire attention à lui, elle approcha du lit de sa maîtresse, l'avisa avec précaution, et vint à la cheminée pour voir comment la Mariette gouvernait la tisane. Elle montrait dans tout son comportement une idée de grand intérêt pour Madeleine, et François qui sentit la vérité de la chose, en une secousse, eut envie de lui dire bonjour d'ami ; mais....

— Mais, dit la servante du curé, interrompant le chanvreur, vous dites un mot qui ne convient pas. Une *secousse* ne dit pas un moment, une minute.

— Et moi je vous dis, repartit le chanvreur, qu'un moment ne veut rien dire, et qu'une minute c'est bien trop long pour qu'une idée nous pousse dans la tête. Je ne sais pas à combien de millions de choses on pourrait songer en une minute. Au lieu que pour voir et entendre une chose qui arrive, il ne faut que le temps d'une secousse. Je dirai une petite secousse, si vous voulez.

— Mais une secousse de temps ! dit la vieille puriste.

— Ah ! une secousse de temps ! Ça vous embarrasse, mère Monique ? Est-ce que tout ne va pas par secousses ? Le soleil quand on le voit monter en bouffées de feu au lever, et vos yeux qui clignent en le regardant ? le sang qui nous saute dans les veines, l'horloge de l'église qui nous épluche le temps miette à miette comme le blutoir le grain, votre chapelet quand vous le dites, votre cœur quand M. le curé tarde à rentrer, la pluie tombant goutte à goutte, et mêmement, à ce qu'on dit, la terre qui tourne comme une roue de moulin ? Vous n'en sentez ni le galop ni moi non plus ; c'est que la machine est bien graissée ; mais il faut bien qu'il y ait de la secousse, puisque nous virons un si grand tour dans les vingt-quatre heures. Et pour cela, nous disons aussi un tour de temps, pour dire un certain temps. Je dis donc une secousse, et je n'en démordrai pas. Ça, ne me coupez plus la parole, si vous ne voulez me la prendre.

— Non, non ; votre machine est trop bien graissée aussi, répondit la vieille. Donnez encore un peu de secousse à votre langue.

XVII.

Je disais donc que François avait une tentation de dire bonjour à la grosse Catherine et de s'en faire reconnaître ; mais comme, par la même secousse de temps, il avait envie de pleurer, il eut honte de faire le sot, et il ne releva pas seulement la tête. Mais la Catherine, qui s'était baissée sur le fouger, avisa ses grand'jambes et se retira tout épeurée.

— Qu'est-ce que c'est que ça ? dit-elle à la Mariette en marmottant dans le coin de la chambre. D'où sort ce chrétien ?

— Demande-le-moi, répondit la fillette, est-ce que je sais ? Je ne l'ai jamais vu. Il est entré céans comme dans une auberge, sans dire bonjour ni bonsoir. Il a demandé des portements de ma belle-sœur, comme s'il en était parent ou héritier ; et le voilà assis au feu, comme tu vois. Parle-lui, moi je ne m'en soucie pas. C'est peut-être un homme qui n'est pas bien.

— Comment ! vous pensez qu'il aurait l'esprit dérangé ? Il n'a pourtant pas l'air méchant, autant que je peux le voir, car on dirait qu'il se cache la figure.

— Et s'il avait mauvaise idée, pourtant ?

— N'ayez peur, Mariette, je suis là pour le tenir. S'il nous ennuie, je lui jette une chaudronnée d'eau bouillante dans les jambes et un landier à la tête.

Du temps qu'elles caquetaient en cette manière, François pensait à Madeleine. « Cette pauvre femme, se disait-il, qui n'a jamais eu que du chagrin et du dommage à endurer de son mari, est là, malade, à force de m'avoir secouru et réconforté jusqu'à l'heure de la mort. Et voilà cette jeunesse qui est la sœur et l'enfant gâté du défunt, à ce que j'ai ouï dire, qui ne montre pas grand souci sur ses joues. Si elle a été fatiguée et si elle a pleuré, il n'y paraît guère, car elle a l'œil serein et clair comme un soleil. »

Il ne pouvait pas s'empêcher de la regarder en dessous de son chapeau, car il n'avait encore jamais vu si fraîche et si gaillarde beauté. Mais si elle lui chatouillait un peu la vue, elle ne lui entrait pas pour cela dans le cœur.

— Allons, allons, dit Catherine en chuchotant toujours avec sa jeune maîtresse, je vais lui parler. Il faut savoir ce qu'il en retourne.

— Parle-lui honnêtement, dit la Mariette. Il ne faudrait point le fâcher : nous sommes seules à la maison, Jeannie est peut-être loin et ne nous entendrait crier.

— Jeannie ? fit François, qui de tout ce qu'elle babillait n'entendit que le nom de son ancien ami. Où est-il donc, Jeannie, que je ne le vois point ? Est-il bien grand, bien beau, bien fort ?

— Tiens, tiens, pensa Catherine, il demande ça parce qu'il a de mauvaises intentions peut-être. Qui, Dieu permis, sera cet homme-là ? Je ne le connais ni à la voix, ni à la taille ; je veux en avoir le cœur net et regarder sa figure.

Et comme elle n'était pas femme à reculer devant le diable, étant corporée comme un laboureur et hardie comme un soldat, elle s'avança tout auprès de lui, décidée qu'elle était à lui faire ôter ou tomber son chapeau pour voir si c'était un loup-garou ou un homme baptisé. Elle allait à l'assaut du champi, bien éloignée de penser que ce fût lui : car, outre qu'il était dans son humeur de ne penser guère à la veille plus qu'au lendemain, et qu'elle avait comme mis le champi depuis longtemps en oubliance entière, il était pour sa part si amendé et de si belle venue qu'elle l'aurait regardé à trois fois avant de le remettre ; mais dans le même temps qu'elle allait le pousser et le tabuster peut-être en paroles, voilà que Madeleine se réveilla et appela Catherine, en disant d'une voix si faible qu'on ne l'entendait quasi point, qu'elle était brûlée de soif.

François se leva si vite qu'il aurait couru le premier auprès d'elle, n'était la crainte de lui causer trop d'émoi. Il se contenta de présenter bien vivement la tisane à Catherine, qui la prit et se hâta de la porter à sa maîtresse, oubliant de s'enquérir pour le moment d'autre chose que de son état.

La Mariette se rendit aussi à son devoir en soulevant Madeleine dans ses bras pour la faire boire, et ce n'était pas malaisé, car Madeleine était devenue si chétive et fluette que c'était pitié. — Et comment vous sentez-vous, ma sœur? lui dit Mariette.

— Bien! bien! mon enfant, répondit Madeleine du ton d'une personne qui va mourir, car elle ne se plaignait jamais, pour ne pas affliger les autres.

— Mais, dit-elle en regardant le champi, ce n'est pas Jeannie qui est là? Qui est, mon enfant, si je ne rêve, ce grand homme auprès de la cheminée?

Et la Catherine répondit:

— Nous ne savons pas, notre maîtresse; il ne parle pas, et il est là comme un essoti.

Et le champi fit un petit mouvement en regardant Madeleine, car il avait toujours peur de la surprendre trop vite, et si, il mourait d'envie de lui parler. La Catherine le vit dans ce moment-là, mais elle ne le connaissait point comme il était venu depuis trois ans, et elle dit, pensant que Madeleine en avait peur : Ne vous en souciez pas, notre maîtresse, j'allais le faire sortir quand vous m'avez appelée.

— Ne le faites point sortir, dit Madeleine avec une voix un peu renforcée, et en écartant davantage son rideau; car je le connais, moi, et il a bien agi en venant me voir. Approche, approche, mon fils; je demandais tous les jours au bon Dieu la grâce de te donner ma bénédiction.

Et le champi d'accourir et de se jeter à deux genoux devant son lit, et de pleurer de peine et de joie qu'il en était comme suffoqué. Madeleine lui prit ses deux mains et puis sa tête, et l'embrassa en disant : — Appelez Jeannie; Catherine, appelle Jeannie, pour qu'il soit bien content aussi. Ah! je remercie le bon Dieu, François, et je veux bien mourir à présent si c'est sa volonté, car voilà tous mes enfants élevés, et j'aurai pu leur dire adieu.

XVIII.

Catherine courut vitement chercher Jeannie, et Mariette était si pressée de savoir ce que tout cela voulait dire, qu'elle la suivit pour la questionner. François demeura seul avec Madeleine qui l'embrassa encore et se prit à pleurer; ensuite de quoi elle ferma les yeux et devint encore plus accablée et abîmée qu'elle n'était avant. Et François ne savait comment la soulager de cette pâmoison; il était comme affolé, et ne pouvait que la tenir dans ses deux bras, en l'appelant sa chère mère, sa chère amie, et en la priant, comme si la chose était en son pouvoir, de ne pas trépasser si vite et sans entendre ce qu'il voulait lui dire.

Et, tant par bonnes paroles que par soins bien avisés et honnêtes caresses, il la ramena de sa faiblesse. Elle recommença à le voir et à l'écouter. Et il lui disait qu'il avait comme deviné qu'elle avait besoin de lui, et qu'il avait tout quitté, qu'il était venu pour ne plus s'en aller, tant qu'elle lui dirait de rester, et que si elle voulait le prendre pour son serviteur, il ne lui demanderait que le plaisir de l'être, et la consolation de passer tous ses jours en son obéissance. Et il disait encore : — Ne me répondez pas, ne me parlez pas, ma chère mère, vous êtes trop faible, ne dites rien. Seulement, regardez-moi si vous avez du plaisir à me revoir, et je comprendrai bien si vous agréez mon amitié et mon service.

Et Madeleine le regardait d'un air si serein, et elle l'écoutait avec tant de consolation, qu'ils se trouvaient heureux et contents malgré le malheur de cette maladie.

Jeannie, que la Catherine avait appelé à beaux cris, vint à son tour prendre sa joie avec eux. Il était devenu un joli garçon entre les quatorze et les quinze ans, pas bien fort, mais vif à plaisir, et si bien éduqué qu'on n'en avait jamais que des paroles d'honnêteté et d'amitié.

— Oh! je suis content de te voir comme te voilà, mon Jeannie, lui disait François. Tu n'es pas bien grand ni bien gros, mais ça me fait plaisir, parce que je m'imagine que tu auras encore besoin de moi pour monter sur les arbres et pour passer la rivière. Tu es toujours délicat, je vois ça, sans être malade, pas vrai? Eh bien! tu seras encore mon enfant pour un peu de temps, si ça ne te fâche pas ; tu auras encore besoin de moi, oui, oui ; et comme par le temps passé, tu me feras faire toutes tes volontés.

— Oui, mes quatre cents volontés, dit Jeannie, comme tu disais dans le temps.

— Oui-da! il a bonne mémoire! Ah! que c'est mignon, Jeannie, de n'avoir pas oublié son François! Mais est-ce que nous avons toujours quatre cents volontés par chaque jour?

— Oh! non, dit Madeleine; il est devenu bien raisonnable, il n'en a plus que deux cents.

— Ni plus ni moins? dit François.

— Oh! je veux bien, répondit Jeannie, puisque ma mère mignonne commence à rire un peu, je suis d'accord de tout ce qu'on voudra. Et mêmement, je dirai que j'ai à présent plus de cinq cents fois le jour la volonté de la voir guérie.

— C'est bien parler, ça, Jeannie, dit François. Voyez-vous comme ça a appris à bien dire? Va, mon garçon, tes cinq cents volontés là-dessus seront écoutées du bon Dieu. Nous allons si bien la soigner, ta mère mignonne, et la réconforter, et la faire rire petit à petit, que sa fatigue s'en ira.

Catherine était sur le pas de la porte, bien curieuse de rentrer pour voir François et lui parler aussi; mais la Mariette la tenait par le bras, et ne lâchait pas de la questionner.

— Comment, disait-elle, c'est un champi? Il a pourtant un air bien honnête!

Et elle le regardait du dehors par le barreau de la porte, qu'elle entre-bâillait un petit.

— Mais comment donc est-il si ami avec Madeleine?

— Mais puisque je vous dis qu'elle l'a élevé, et qu'il était très-bon sujet.

— Mais elle ne m'en a jamais parlé, ni toi, non plus.

— Ah! dame! moi, je n'y ai jamais songé; il n'était plus là, je ne m'en souvenais quasiment plus; et puis je savais que notre maîtresse avait eu des peines par rapport à lui, et je ne voulais pas les lui faire redoubler.

— Des peines? quelles peines donc?

— Dame! parce qu'elle s'y était attachée, et c'était bien force : il était de si bon cœur, cet enfant-là! et votre frère n'a pas voulu le souffrir à la maison ; vous savez bien qu'il n'est pas toujours mignon, votre frère!

— Ne disons pas cela à présent qu'il est mort, Catherine!

— Oui, oui, c'est juste, je n'y pensais plus, ma foi, c'est que j'ai l'idée si courte! Et si, pourtant, il n'y a que quinze jours! Mais laissez-moi donc rentrer, demoiselle ; je veux le faire dîner, ce garçon; m'est avis qu'il doit avoir faim.

Et elle s'échappa pour aller embrasser François; car il était si beau garçon, qu'elle n'avait plus souvenance d'avoir dit, dans le temps, qu'elle aimerait mieux biger son sabot qu'un champi.

— Ah! mon pauvre François, qu'elle lui dit, je suis aise de te voir. Je croyais bien que tu ne retournerais jamais. Mais voyez donc, notre maîtresse, comme il est devenu? Je m'étonne bien comment vous l'avez acconnu tout du coup. Si vous n'aviez pas dit que c'était lui, je compte bien qu'il m'aurait fallu du temps pour le réclamer. Est-il beau! l'est-il! et qu'il commence à avoir de la barbe, oui? Ça ne se voit pas encore beaucoup, mais ça se sent. Dame! ça ne piquait guère quand tu as parti, François, et à présent ça pique un peu. Et le voilà fort, mon ami! quels bras, quelles mains, et des jambes! Un ouvrier comme ça en vaut trois. Combien donc est-ce qu'on te paye là-bas?

Madeleine riait tout doucement de voir Catherine si contente de François, et elle le regardait, contente aussi de le retrouver en si belle jeunesse et santé. Elle aurait voulu voir son Jeannie arrivé en aussi bon état, à la fin de son croît. Et tant qu'à Mariette, elle avait honte de voir Catherine si hardie à regarder un garçon, et elle était toute rouge sans penser à mal. Mais tant plus elle se défendait de regarder François, tant plus elle le voyait et le trouvait comme Catherine le disait, beau à merveille et planté sur ses pieds comme un jeune chêne.

Et voilà que, sans y songer, elle se mit à le servir fort honnêtement, à lui verser du meilleur vin gris de l'année et à le réveiller quand, à force de regarder Madeleine et Jeannie, il oubliait de manger.

— Mangez donc mieux que ça, lui disait-elle. Vous ne vous nourrissez quasi point. Vous devriez avoir plus d'appétit, puisque vous venez de si loin.

— Ne faites pas attention à moi, demoiselle, lui répondit à la fin François; je suis trop content d'être ici pour avoir grande envie de boire et manger.

— Ah ça! voyons, dit-il à Catherine quand la table fut rangée, montre-moi un peu le moulin et la maison, car tout ça m'a paru négligé, et il faut que je cause avec toi.

Et quand il l'eut menée dehors, il la questionna sur l'état des affaires, en homme qui s'y entend et qui veut tout savoir.

— Ah! François, dit Catherine en commençant à pleurer, tout va pour le plus mal, et si personne ne vient en aide à ma pauvre maîtresse, je crois bien que cette méchante femme la mettra dehors et lui fera manger tout son bien en procès.

— Ne pleure pas, car ça me gêne pour entendre, dit François, et tâche de bien expliquer. Quelle méchante femme veux-tu dire? la Sévère?

— Eh oui! pardi! Elle ne s'est pas contentée de faire ruiner notre défunt maître. Elle a maintenant prétention sur tout ce qu'il a laissé. Elle cherche cinquante procédures, elle dit que Cadet Blanchet lui a fait des billets, et que quand elle aura fait vendre tout ce qui nous reste, elle ne sera pas encore payée. Tous les jours elle nous envoie des huissiers, et les frais montent déjà gros. Notre maîtresse, pour la contenter, a déjà payé ce qu'elle a pu, et du tracas que tout ça lui donne, avec la fatigue que la maladie de son homme lui a occasionnée, j'ai bien peur qu'elle ne meure. Avant peu nous serons sans pain ni feu, au train dont on nous mène. Le garçon de moulin nous a quittés, parce qu'on lui devait son gage depuis deux ans, et qu'on ne pouvait pas le payer. Le moulin ne va plus, et si ça dure, nous perdrons nos pratiques. On a saisi la chevaline et la récolte; ça va être vendu aussi; on va abattre tous les arbres. Ah! François, c'est une désolation.

Et elle recommença à pleurer.

— Et toi, Catherine? lui dit François, es-tu créancière aussi? tes gages ont-ils été payés?

— Créancière, moi! dit Catherine en changeant sa voix dolente en une voix de bœuf; jamais! jamais! Que mes gages soient payés ou non, ça ne regarde personne!

— A la belle heure, Catherine, c'est bien parlé! lui dit François. Continue à bien soigner ta maîtresse, et n'aie souci du reste. J'ai gagné un peu d'argent chez mes maîtres, et j'apporte de quoi sauver les chevaux, la récolte et les arbres. Quant au moulin, je m'en vais lui dire deux mots, et s'il y a du désarroi, je n'ai pas besoin de charron pour le remettre en danse. Il faut que Jeannie, qui est preste comme un papillon, coure tout de suite jusqu'à ce soir, et encore demain dès le matin, pour dire à toutes les pratiques que le moulin crie comme dix mille diables, et que le meunier attend la farine.

— Et un médecin pour notre maîtresse?

— J'y ai pensé; mais je veux la voir encore aujourd'hui jusqu'à la nuit pour me décider là-dessus. Les médecins, vois-tu, Catherine, voilà mon idée, sont à propos quand les malades ne peuvent pas s'en passer; mais si la maladie n'est pas forte, on s'en sauve mieux avec l'aide du bon Dieu qu'avec leurs drogues. Sans compter que la figure du médecin, qui guérit les riches, tue souvent les pauvres. Ce qui réjouit et amuse la trop aiseté, angoisse ceux qui ne voient ces figures-là qu'au jour du danger, et ça leur tourne le sang. J'ai dans ma tête que madame Blanchet guérira bientôt en voyant du secours dans ses affaires.

Et avant que nous finissions ce propos, Catherine, dis-moi encore une chose; c'est un mot de vérité que je te demande, et il ne faut pas te faire conscience de me le dire. Ça ne sortira pas de là, et si tu te souviens de moi, qui n'ai point changé, tu dois savoir qu'un secret est bien placé dans le cœur du champi.

— Oui, oui, je le sais, dit Catherine; mais pourquoi est-ce que tu te traites de champi? C'est un nom qu'on ne te donnera plus, car tu ne mérites pas de le porter, François.

— Ne fais pas attention. Je serai toujours ce que je suis, et n'ai point coutume de m'en tabouler l'esprit. Dis-moi donc ce que tu penses de ta jeune maîtresse, Mariette Blanchet.

— Oh da! elle est jolie fille! Auriez-vous pris déjà idée de l'épouser? Elle a du de quoi, elle; son frère n'a pu toucher à son bien, qui est bien de mineur, et à moins que vous n'ayez fait un héritage, maître François...

— Les champis ne font guère d'héritage, dit François, et quant à ce qui est d'épouser, j'ai le temps de penser au mariage comme la châtaigne dans la poêle. Ce que je veux savoir de toi, c'est si cette fille est meilleure que son défunt frère, et si Madeleine aura du contentement d'elle, ou des peines à la conserver dans sa maison.

— Ça, dit Catherine, le bon Dieu pourrait vous le dire, mais non pas moi. Jusqu'à l'heure, c'est sans malice et sans idée de grand'chose. Elle aime la toilette, les coiffes à dentelle et la danse. Ça n'est pas intéressé, et c'est si gâté et si bien traité par Madeleine, que ça n'a pas eu sujet de montrer si ça avait des dents. Ça n'a jamais souffert, nous ne saurions dire ce que ça deviendra.

— Était-elle très-portée pour son frère?

— Pas beaucoup, sinon quand il la menait aux assemblées, et que notre maîtresse voulait lui observer qu'il ne convenait pas de conduire une fille de bien en compagnie de la Sévère. Alors la petite, qui n'avait que le plaisir en tête, faisait des caresses à son frère et la moue à Madeleine, qui était bien obligée de céder. Et de cette manière-là la Mariette n'est pas aussi ennemie de la Sévère que ça me plairait. Mais on ne peut pas dire qu'elle ne soit pas aimable et comme il faut avec sa belle-sœur.

— Ça suffit, Catherine, je ne t'en demande pas plus. Je te défends seulement de rien dire à cette jeunesse du discours que nous venons de faire ensemble.

Les choses que François avait annoncées à la Catherine, il les fit fort bien. Dès le soir, par la diligence de Jeannie, il arriva du blé à moudre, et dès le soir le moulin était en état, la glace cassée et fondue d'autour de la roue, la machine graissée, les morceaux de bois réparés à neuf, là où il y avait de la cassure. Le brave François travailla jusqu'à deux heures du matin, et à quatre il était déjà debout. Il entra à petits pas dans la chambre de la Madeleine, et, trouvant là la bonne Catherine qui veillait, il s'enquit de la malade. Elle avait bien dormi, consolée par l'arrivée de son cher serviteur et par le bon secours qu'il lui apportait. Et comme Catherine refusait de quitter sa maîtresse avant que Mariette fût levée, François lui demanda quelle heure se levait la beauté du Cormouer.

— Pas avant le jour, fit Catherine.

— Comme ça, il te reste plus de deux heures à l'attendre, et tu ne dormiras pas du tout?

— Je dors un peu le jour sur ma chaise, ou dans la grange sur la paille, pendant que je fais manger mes vaches.

— Eh bien! tu vas te coucher à présent, dit François, et j'attendrai ici la demoiselle pour lui montrer qu'il y en a qui se couchent plus tard qu'elle et qui sont levés plus matin. Je m'occuperai à examiner les papiers du défunt et ceux que les huissiers ont apportés depuis sa mort. Où sont-ils?

— Là, dans le coffre à Madeleine, dit Catherine. Je vas vous allumer la lampe, François. Allons, bon courage, et tâchez de nous tirer d'embarras, puisque vous vous connaissez dans les écritures.

Et elle s'en fut coucher, obéissant au champi comme au maître de la maison, tant il est vrai de dire que celui qui a bonne tête et bon cœur commande partout et que c'est son droit.

XIX.

Avant que de se mettre à l'ouvrage, François, dès qu'il fut seul avec Madeleine et Jeannie, car le jeune gars couchait toujours dans la même chambre que sa mère, s'en vint regarder comment dormait la malade, et il trouva qu'elle avait bien meilleure façon qu'à son arrivée. Il fut content de penser qu'elle n'aurait pas besoin de médecin, et que lui tout seul, par la consolation qu'il lui donnerait, il lui sauverait sa santé et son sort.

Il se mit à examiner les papiers, et fut bientôt au fait de ce que prétendait la Sévère, et de ce qu'il restait de bien à Madeleine pour la contenter. En outre de tout ce que la Sévère avait mangé et fait manger à Cadet Blanchet, elle prétendait encore être créancière de deux cents pistoles, et Madeleine n'avait guère plus de son propre bien, réuni à l'héritage laissé à Jeannie par Blanchet, héritage qui se réduisait au moulin et à ses dépendances : c'est comme qui dirait la cour, le pré, les bâtiments, le jardin, la chènevière et la plantation ; car tous les champs et toutes les autres terres avaient fondu comme neige dans les mains de Cadet Blanchet.

Dieu merci ! pensa François, j'ai quatre cents pistoles chez M. le curé d'Aigurande, et en supposant que je ne puisse pas mieux faire, Madeleine conservera du moins sa demeurance, le produit de son moulin et ce qui reste de sa dot. Mais je crois bien qu'on pourra s'en tirer à moins. D'abord, savoir si les billets souscrits par Blanchet à la Sévère n'ont pas été extorqués par ruse et gueuserie, ensuite faire un coup de commerce sur les terres vendues. Je sais bien comment ces affaires-là se conduisent, et, d'après les noms des acquéreurs, je mettrais ma main au feu que je vais trouver par là le nid aux écus.

La chose était que Blanchet, deux ou trois ans avant sa fin, pressé d'argent et affolé de mauvaises dettes envers la Sévère, avait vendu à bas prix et à quiconque s'était présenté, faisant par là passer ses créances à la Sévère et croyant se débarrasser d'elle et des compères qui l'avaient aidée à le ruiner. Mais il était advenu ce qu'on voit souvent dans la vente au détail. Quasi tous ceux qui s'étaient pressés d'acheter alléchés par la bonne senteur de la terre fromentale, n'avaient sou ni maille pour payer, et c'est à grand'peine qu'ils soldaient les intérêts. Ça pouvait durer comme cela dix et vingt ans ; c'était de l'argent placé pour la Sévère et ses compagnons, mais mal placé, et elle en murmurait fort contre la grande hâte de Cadet Blanchet, craignant fort de n'être jamais payée. Du moins voilà comment elle disait ; mais c'était une spéculation comme une autre. Le paysan, serait-il sur la paille, sert toujours l'intérêt, tant il redoute de lâcher le morceau qu'il tient et que le créancier peut reprendre s'il est mal content.

Nous savons bien tous chose, bonnes gens ! et plus d'une fois il nous arrive de nous enrichir à rebours en achetant du beau bien à bas prix. Si bas qu'il soit, c'est trop pour nous. Nous avons les yeux de la convoitise plus grands que notre bourse n'a le ventre gros, et nous nous donnons bien du mal pour cultiver un champ dont le revenu ne couvre pas la moitié de l'intérêt que réclame le vendeur ; et quand nous y avons pioché et sué pendant la moitié de notre pauvre vie, nous sommes ruinés, et il n'y a que la terre qui se soit enrichie de nos peines et labeurs. Elle vaut le double, et c'est le moment pour nous de la vendre. Si nous la vendions bien, nous serions sauvés ; mais il n'en est point ainsi. Les intérêts nous ont mis si bien à sec qu'il faut se presser, vendre à tout prix. Si nous regimbons, les tribunaux nous y forcent, et le premier vendeur, s'il est encore en vie, ou ses ayants-cause et héritiers reprennent leur bien comme ils le trouvent ; c'est-à-dire que pendant longues années ils ont placé leur terre en nos mains à 8 et 10 du 100, et qu'ils en font la recouvrance lorsqu'elle vaut le double par l'effet de nos soins, d'une bonne culture qui ne leur a coûté ni peine ni dépense, et aussi par l'effet du temps qui va toujours donnant de la valeur à la propriété. Ainsi nous allons toujours à être mangées, pauvres ablettes, par les gros poissons qui nous font la chasse, toujours punis de nos convoitises et simples comme devant.

Par ainsi la Sévère avait son argent placé à bonne hypothèque sur sa propre terre, et à beaux intérêts. Mais elle n'en tenait pas moins sous sa griffe la succession de Cadet Blanchet, parce qu'elle l'avait si bien conduit qu'il s'était engagé pour les acquéreurs de ses terres, et qu'il était resté caution pour eux du paiement.

En voyant toute cette manigance, François pourpensait au moyen de ravoir les terres à bon marché sans ruiner personne, et de jouer un bon tour à la Sévère et à sa clique en faisant manquer leur spéculation.

La chose n'était point aisée. Il avait de l'argent en suffisance pour ravoir quasiment le tout au prix de vente. La Sévère ni personne ne pouvaient refuser le remboursement ; ceux qui avaient acheté avaient tous profit à revendre bien vite et à se débarrasser de leur ruine à venir ; car je vous le dis, jeunes et vieux à qui je parle, une terre achetée à crédit, c'est une patente de cherche-pain pour vos vieux jours. Mais j'aurai beau vous le dire, vous n'en aurez pas moins la maladie achetouère. Personne ne peut voir au soleil la fumée d'un sillon labouré sans avoir la chaude fièvre d'en être le seigneur. Et voilà ce que François redoutait fort : c'est cette chaude fièvre du paysan qui ne veut pas se départir de sa glèbe.

Connaissez-vous ça, la glèbe, enfants ? Il a été un temps où l'on en parlait grandement dans nos paroisses. On disait que les anciens seigneurs nous avaient attachés à cela pour nous faire périr à force de suer, mais que la Révolution avait coupé le câble et que nous ne tirions plus comme des bœufs à la charrue du maître ; la vérité est que nous nous sommes liés nous-mêmes à notre propre areau, et que nous n'y suons pas moins, et que nous y périssons tout de même.

Le remède, à ce que prétendent les bourgeois de chez nous, serait de n'avoir jamais besoin ni envie de rien. Et dimanche passé je fis réponse à un qui me prêchait ça très-bien, que si nous pouvions être assez raisonnables, nous autres petites gens, pour ne jamais manger, toujours travailler, point dormir, et boire de la belle eau clairette, encore si les grenouilles ne s'en fâchaient point, nous arriverions à une belle épargne, et on nous trouverait sages et gentils à grand'plantée de compliments.

Suivant la chose comme vous et moi, François le champi se tabustait beaucoup la cervelle pour trouver le moyen par où décider les acheteurs à lui revendre. Et celui qu'il trouva à la parfin, ce fut de leur couler dans l'oreille un beau petit mensonge, comme quoi la Sévère avait l'air, plus que la chanson, d'être riche ; qu'elle avait plus de dettes qu'il n'y a de trous dans un crible, et qu'au premier beau matin ses créanciers allaient faire saisir sur toutes ses créances comme sur tout son avoir. Il leur dirait la chose en confidence, et quand il les aurait bien épeurés, il ferait agir Madeleine Blanchet avec son argent à lui pour ravoir les terres au prix de vente.

Il se fit conscience pourtant de cette menterie, jusqu'à ce qu'il lui vint l'idée de faire à chacun des pauvres acquéreurs un petit avantage pour les compenser des intérêts qu'ils avaient déjà payés. Et de cette manière, il ferait rentrer Madeleine dans ses droits et jouissances, en même temps qu'il sauverait les acquéreurs de toute ruine et dommage. Tant qu'à la Sévère et au discrédit que son propos pourrait lui occasionner, il ne s'en fit conscience aucune. La poule peut bien essayer de tirer une plume à l'oiseau méchant qui lui a plumé ses poussins.

Là-dessus Jeannie s'éveilla et se leva bien doucement pour ne pas déranger le repos de sa mère ; puis, ayant dit bonjour à François, il ne perdit temps pour aller avertir le restant des pratiques que le désarroi du moulin était raccommodé, et qu'il y avait un beau meunier à la meule.

C'est bien parler, ça, Jeannie, dit François. (Page 29.)

XX.

Le jour était déjà grand quand Mariette Blanchet sortit du nid, bien attifée dans son deuil, avec du si beau noir et du si beau blanc qu'on aurait dit d'une petite pie. La pauvrette avait un grand souci. C'est que ce deuil l'empêcherait, pour un temps, d'aller danser dans les assemblées, et que tous ses galants allaient être en peine d'elle; elle avait si bon cœur qu'elle les en plaignait grandement.

— Comment! fit-elle en voyant François ranger des papiers dans la chambre de Madeleine, vous êtes donc à tout ici, monsieur le meunier! vous faites la farine, vous faites les affaires, vous faites la tisane; bientôt on vous verra coudre et filer...

— Et vous, demoiselle, dit François, qui vit bien qu'on le regardait d'un bel œil tout en le taquinant de la langue, je ne vous ai encore vue ni filer ni coudre; m'est avis que bientôt on vous verra dormir jusqu'à midi, et vous ferez bien. Ça conserve le teint frais.

— Oui-da, maître François, voilà déjà que nous nous disons des vérités..... Prenez garde à ce jeu-là : j'en sais dire aussi.

— J'attends votre plaisir, demoiselle.

— Ça viendra; n'ayez peur, beau meunier. Mais où est donc passée la Catherine, que vous êtes là à garder la malade? Vous faudrait-il point une coiffe et un jupon?

— Sans doute que vous demanderez, par suite, une blouse et un bonnet pour aller au moulin? Car, ne faisant point ouvrage de femme, qui serait de veiller un tantinet auprès de votre sœur, vous souhaitez de lever la paille et de tourner la meule. A votre commandement! changeons d'habits.

— On dirait que vous me faites la leçon?

— Non, je l'ai reçue de vous d'abord, et c'est pourquoi, par honnêteté, je vous rends ce que vous m'avez prêté.

— Bon! bon! vous aimez à rire et à lutiner. Mais vous prenez mal votre temps; nous ne sommes point en joie ici. Il n'y a pas longtemps que nous étions au cimetière, et si vous jasez tant, vous ne donnerez guère de repos à ma belle-sœur, qui en aurait grand besoin.

Elle y trouva le champi à cheval sur la planche. (Page 34.)

—C'est pour cela que vous ne devriez pas tant lever la voix, demoiselle, car je vous parle bien doux, et vous ne parlez pas, à cette heure, comme il faudrait dans la chambre d'une malade.
— Assez, s'il vous plaît, maître François, dit la Mariette en baissant le ton, mais en devenant toute rouge de dépit; faites-moi l'amitié de voir si Catherine est par là, et pourquoi elle laisse ma belle-sœur à votre garde.
— Faites excuse, demoiselle, dit François sans s'échauffer autrement; ne pouvant la laisser à votre garde, puisque vous aimez la dormille, il lui était bien force de se fier à la mienne. Et, tant qu'à l'appeler, je ne le ferai point, car cette pauvre fille est esrenée de fatigue. Voilà quinze nuits qu'elle passe, sans vous offenser. Je l'ai envoyée coucher, et jusqu'à midi je prétends faire son ouvrage et le mien, car il est juste qu'un chacun s'entr'aide.
— Écoutez, maître François, fit la petite, changeant de ton subitement, vous avez l'air de vouloir me dire que je ne pense qu'à moi, et que je laisse toute la peine aux autres. Peut-être que, de vrai, j'aurais dû veiller à mon tour, si Catherine m'eût dit qu'elle était fatiguée. Mais elle disait qu'elle ne l'était point, et je ne voyais pas que ma belle-sœur fût en si grand danger. Tant y a que vous me jugez de mauvais cœur, et je ne sais point où vous avez pris cela. Vous ne me connaissez que d'hier, et nous n'avons pas encore assez de familiarité ensemble pour que vous me repreniez comme vous faites. Vous agissez trop comme si vous étiez le chef de famille, et pourtant...
— ... Allons, dites, la belle Mariette, dites ce que vous avez au bout de la langue. Et pourtant, j'y ai été reçu et élevé par charité, pas vrai! et je ne peux pas être de la famille, parce que je n'ai pas de famille; je n'y ai droit, étant champi! Est-ce tout ce que vous aviez envie de dire?

Et en répondant tout droit à la Mariette, François la regardait d'une manière qui la fit rougir jusqu'au blanc des yeux, car elle vit qu'il avait l'air d'un homme sévère et bien sérieux, en même temps qu'il montrait tant de tranquillité et de douceur qu'il n'y aurait moyen de le dépiter et de le faire penser ou parler injustement.

La pauvre jeunesse en ressentit comme un peu de peur, elle pourtant qui ne boudait point de la langue pour l'ordinaire, et cette sorte de peur n'empêchait point une certaine envie de plaire à ce beau gars, qui parlait si ferme et regardait si franchement. Si bien que se trouvant toute confondue et embarrassée, elle eut peine à se retenir de pleurer, et tourna vitement le nez d'un autre côté pour qu'il ne la vît dans cet émoi.

Mais il la vit bien et lui dit en manière amicale :

— Vous ne m'avez point fâché, Mariette, et vous n'avez pas sujet de l'être par votre part. Je ne pense pas mal de vous. Seulement je vois que vous êtes jeune, que la maison est dans le malheur, que vous n'y faites point d'attention, et qu'il faut bien que je vous dise comment je pense.

— Et comment pensez-vous? fit-elle ; dites-le donc tout d'un coup, pour qu'on sache si vous êtes ami ou ennemi.

— Je pense que si vous n'aimez point le souci et le tracas qu'on se donne pour ceux qu'on aime et qui sont dans un mauvais charroi, il faut vous mettre à part, vous moquer du tout, songer à votre toilette, à vos amoureux, à votre futur mariage, et ne pas trouver mauvais qu'on s'emploie ici à votre place. Mais si vous avez du cœur, la belle enfant, si vous aimez votre belle-sœur et votre gentil neveu, et mêmement la pauvre servante fidèle qui est capable de mourir sous le collier comme un bon cheval, il faut vous réveiller un peu plus matin, soigner Madeleine, consoler Jeannie, soulager Catherine, et surtout fermer vos oreilles à l'ennemie de la maison, qui est madame Sévère, une mauvaise âme, croyez-moi. Voilà comment je pense, et rien de plus.

— Je suis contente de le savoir, dit la Mariette un peu sèchement, et à présent vous me direz de quel droit vous me souhaitez penser à votre mode.

— Oh ! c'est ainsi, répondit François, mon droit est le droit du champi, et pour que vous n'en ignoriez, de l'enfant reçu et élevé ici par la charité de madame Blanchet ; ce qui est cause que j'ai le devoir de l'aimer comme ma mère et le droit d'agir à celle fin de la récompenser de son bon cœur.

— Je n'ai rien à blâmer là-dessus, reprit la Mariette, et je vois que je n'ai rien de mieux à faire que de vous prendre en estime à cette heure et en bonne amitié avec le temps.

— Ça me va, dit François, donnez-moi une poignée de main.

Et il s'avança à elle en lui tendant sa grande main, point gauchement du tout. Mais cette enfant de Mariette fut tout à coup piquée de la mouche de la coquetterie, et, retirant sa main, elle lui dit que ce n'était pas convenant à une jeune fille de donner comme cela dans la main à un garçon.

Dont François se mit à rire et la laissa, voyant bien qu'elle n'allait pas franchement, et qu'avant tout elle voulait donner dans l'œil. Or, ma belle, pensa-t-il, vous n'y êtes point, et nous ne serons pas amis comme je l'entendrez.

Il alla vers Madeleine qui venait de s'éveiller, et qui lui dit, en lui prenant ses deux mains : — J'ai bien dormi, mon fils, et le bon Dieu me bénit de me montrer ta figure première à mon éveil. D'où vient que mon Jeannie n'est point avec toi?

Puis, quand la chose lui fut expliquée, elle dit aussi des paroles d'amitié à Mariette, s'inquiétant qu'elle eût passé la nuit à la veiller, et l'assurant qu'elle n'avait pas besoin de tants d'égards pour son mal. Mariette s'attendait que François allait dire qu'elle s'était même levée bien tard ; mais François ne dit rien et la laissa avec Madeleine, qui voulait essayer de se lever, ne sentant plus de fièvre.

Au bout de trois jours, elle se trouva même si bien, qu'elle put causer des affaires avec François.

— Tenez-vous en repos, ma chère mère, lui dit-il. Je me suis un peu déniaisé là-bas et j'entends assez bien les affaires. Je vous tirer de là, et j'en verrai le bout. Laissez-moi faire, ne démentez rien de ce que je dirai, et signez tout ce que je vous présenterai. De ce pas, puisque me voilà tranquillisé sur votre santé, je m'en vas à la ville consulter les hommes de la loi. C'est jour de marché, je trouverai là du monde que je veux voir, et je compte que je ne perdrai pas mon temps.

Il fit comme il disait ; et quand il eut pris conseil et renseignement des hommes de loi, il vit bien que les derniers billets que Blanchet avait souscrits à la Sévère pouvaient être matière à un bon procès ; car il les avait signés ayant la tête à l'envers, de fièvre, de vin et de bêtise. La Sévère s'imaginait que Madeleine n'oserait plaider, crainte des dépens. François ne voulait pas donner à madame Blanchet le conseil de s'en remettre au sort des procès, mais il pensa raisonnablement terminer la chose par un arrangement en lui faisant faire d'abord bonne contenance ; et, comme il lui fallait quelqu'un pour porter la parole à l'ennemi, il s'avisa d'un plan qui réussit au mieux.

Depuis trois jours il avait assez observé la petite Mariette pour voir qu'elle allait tous les jours se promener du côté des Dollins, où résidait la Sévère, et qu'elle était en meilleure amitié qu'il n'eût souhaité avec cette femme, à cause surtout qu'elle y rencontrait du jeune monde de sa connaissance et des bourgeois qui lui contaient fleurette. Ce n'est que François voulût les écouter ; elle était fille innocente encore, et ne croyait pas le loup si près de la bergerie. Mais elle se plaisait aux compliments et en avait soif comme une mouche de lait. Elle se cachait grandement de Madeleine pour faire ses promenades, et comme Madeleine n'était point jaseuse avec les autres femmes et ne quittait pas encore la chambre, elle ne voyait rien et ne soupçonnait point de faute. La grosse Catherine n'était point fille à deviner ni à observer la moindre chose. Si bien que la petite mettait son callot sur l'oreille, et, sous couleur de conduire les ouailles aux champs, elle les laissait sous la garde de quelque petit pastour, et allait faire la belle en mauvaise compagnie.

François, en allant et venant pour les affaires du moulin, vit la chose, n'en sonna mot à la maison, et s'en servit comme je vas vous le faire assavoir.

XXI.

Il s'en alla se planter tout au droit de son chemin, au gué de la rivière, comme elle prenait la passerelle, aux approches des Dollins, elle y trouva le champi à cheval sur la planche, chacune jambe pendante au-dessus de l'eau, et dans la figure d'un homme qui n'est point pressé d'affaires. Elle devint rouge comme une cenelle, et si n'eût manqué de temps pour faire la frime d'être là par hasard, elle aurait viré de côté.

Mais comme l'entrée de la passerelle était toute branchue, elle n'avisa le loup que quand elle fut sous sa dent. Il avait la figure tournée de son côté, et elle ne vit aucun moyen d'avancer ni de reculer sans être observée.

— Ça, monsieur le meunier, fit-elle, payant de hardiesse, ne vous rangeriez-vous pas un brin pour laisser passer le monde?

— Non, demoiselle, répondit François, car c'est moi qui suis le gardien de la passerelle pour à ce soir, et je réclame d'un chacun droit de péage.

— Est-ce que vous devenez fou, François? on ne paie pas dans nos pays, et vous n'avez droit sur passière, passerelle, passerette ou passerotte, comme on dit peut-être dans votre pays d'Aigurande. Mais parlez comme vous voudrez, et ôtez-vous de là un peu vite : ce n'est pas un endroit pour badiner ; vous me feriez tomber dans l'eau.

— Vous croyez donc, dit François sans se déranger et en croisant ses bras sur son estomac, que j'ai envie de rire avec vous, et que mon droit de péage serait de vous conter fleurette? Otez cela de votre idée, demoiselle : je veux vous parler bien raisonnablement, et je vas vous laisser passage, si vous me donnez licence de vous suivre un bout de chemin pour causer avec vous.

— Ça ne convient pas du tout, dit la Mariette un peu échauffée par l'idée qu'elle avait que François voulait lui en conter. Qu'est-ce qu'on dirait de moi dans le pays, si on me rencontrait seule par les chemins avec un garçon qui n'est pas mon prétendu?

— C'est juste, dit François. La Sévère n'étant point là pour vous faire porter respect, il en serait parlé; voilà pourquoi vous allez chez elle, afin de vous promener dans son jardin avec tous vos prétendus. Eh bien ! pour ne pas vous gêner, je n'en vas vous parler ici, et en deux mots, car c'est une affaire qui presse, et voilà ce que c'est : Vous êtes une bonne fille, vous avez donné votre cœur à votre belle-sœur Madeleine ; vous la voyez dans l'embarras, et vous voudriez bien l'en retirer, pas vrai?

— Si c'est de cela que vous voulez me parler, je vous écoute, répondit la Mariette, car ce que vous dites est la vérité.

— Eh bien! ma bonne demoiselle, dit François en se levant et en s'accotant avec elle contre la berge du petit pont, vous pouvez rendre un grand office à madame Blanchet. Puisque pour son bonheur et dans son intérêt, je veux le croire, vous êtes bien avec la Sévère, il vous faut rendre cette femme consente d'un accommodement ; elle veut deux choses qui ne se peuvent point à la fois par le fait : rendre la succession de maître Blanchet caution du paiement des terres qu'il avait vendues pour la payer ; et, en second lieu, exiger paiement de billets souscrits à elle-même. Elle aura beau chicaner et tourmenter cette pauvre succession, elle ne fera point qu'il s'y trouve ce qui s'en manque. Faites-lui entendre que si elle n'exige point que nous garantissions le paiement des terres, nous pourrons payer les billets ; mais que, si elle ne nous permet pas de nous libérer d'une dette, nous n'aurons pas de quoi lui payer l'autre, et qu'à faire des frais qui nous épuisent sans profit pour elle, elle risque de perdre le tout.

— Ça me paraît certain, dit Mariette, quoique je n'entende guère les affaires, mais enfin j'entends cela. Et si, par hasard, je la décidais, François, qu'est-ce qui vaudrait mieux pour ma belle-sœur, payer les billets ou être dégagée de la caution ?

— Payer les billets sera le pire, car ce sera le plus injuste. On peut contester sur ces billets et plaider ; mais pour plaider, il faut de l'argent, et vous savez qu'il n'y en a point à la maison, et qu'il n'y en aura jamais. Ainsi, que ce qui reste à votre belle-sœur s'en aille en procès ou en paiement de la Sévère, c'est tout un pour elle, tandis que pour la Sévère, mieux vaut être payée sans plaider. Ruinée pour ruinée, Madeleine aime mieux laisser saisir tout ce qui lui reste, que de rester encore si longtemps sous le coup d'une dette qui peut durer autant que sa vie, car les acquéreurs de Cadet Blanchet ne sont guère bons pour payer, la Sévère le sait bien, et elle sera forcée un jour de reprendre aux billets les terres, chose dont l'idée ne la fâche point, car c'est une bonne affaire que de les trouver amendées, et d'en avoir tiré gros intérêt pendant du temps. Par ainsi, la Sévère ne risque rien à nous rendre la liberté, et elle s'assure le paiement de ses billets.

— Je ferai comme vous l'enseignez, dit la Mariette, et si j'y manque, n'ayez pas d'estime pour moi.

— Ainsi donc, bonne chance, Mariette, et bon voyage, dit François en se retirant de son chemin.

La petite Mariette s'en alla aux Dollins, bien contente d'avoir une belle excuse pour s'y montrer, et pour y rester longtemps et pour y retourner les jours suivants. La Sévère fit mine de goûter ce qu'elle lui conta ; mais au fond elle se promit de ne pas aller vite. Elle avait toujours détesté Madeleine Blanchet, pour l'estime que malgré lui son mari était obligé d'en faire. Elle croyait la tenir dans ses mains griffues pour tout le temps de sa vie, et elle eût mieux aimé renoncer aux billets qu'elle savait bien ne pas valoir grand'chose, qu'au plaisir de la molester en lui faisant porter l'endosse d'une dette sans fin.

François savait bien la chose, et il voulait l'amener à exiger le paiement de cette dette-là, afin d'avoir l'occasion de racheter les bons biens de Jeannie à ceux qui les avaient eus quasi pour rien. Mais quand Mariette vint lui rapporter la réponse, il vit qu'on l'amusait par des paroles ; que, d'une part, la petite serait contente de faire durer les commissions, et que, de l'autre part, la Sévère n'était pas encore venue au point de vouloir la ruine de Madeleine plus que l'argent de ses billets.

Pour l'y faire arriver d'un coup de collier, il prit Mariette à part deux jours après :

— Il ne faut, dit-il, point aller aujourd'hui aux Dollins, ma bonne demoiselle. Votre belle-sœur a appris, je ne sais comment, que vous y allez un peu plus souvent que tous les jours, et elle dit que ce n'est pas la place d'une fille comme il faut. J'ai essayé de lui faire entendre à quelles fins vous fréquentiez la Sévère dans son intérêt ; mais elle m'a blâmé ainsi que vous. Elle dit qu'elle aime mieux être ruinée que de vous voir perdre l'honneur, que vous êtes sous sa tutelle et qu'elle a autorité sur vous. Vous serez empêchée de force de sortir, si vous ne vous en empêchez vous-même de gré. Elle ne vous en parlera point si vous n'y retournez, car elle ne veut point vous faire de peine, mais elle est grandement fâchée contre vous, et il serait à souhaiter que vous lui demandissiez pardon.

François n'eut pas sitôt lâché le chien, qu'il se mit à japper et à mordre. Il avait bien jugé l'humeur de la petite Mariette, qui était précipiteuse et combustible comme celle de son défunt frère.

— Oui-da et pardi ! s'exclama-t-elle, on va obéir comme une enfant de trois ans à une belle-sœur ! Dirait-on pas qu'elle est ma mère et que je lui dois la soumission ! Et où prend-elle que je perds mon honneur ! Dites-lui, s'il vous plaît, qu'il est aussi bien agrafé que le sien, et peut-être mieux. Et que sait-elle de la Sévère, qui en vaut bien une autre ? Est-on malhonnête parce qu'on n'est pas toute la journée à coudre, à filer et à dire des prières ? Ma belle-sœur est injuste parce qu'elle est en discussion d'intérêts avec elle, et qu'elle se croit permis de la traiter de toutes les manières. C'est imprudent à elle ; car si la Sévère voulait, elle la chasserait de la maison où elle est ; et ce qui vous prouve que la Sévère est moins mauvaise qu'on ne dit, c'est qu'elle ne le fait point et prend patience. Et moi qui ai la complaisance de me mêler de leurs différends qui ne me regardent pas, voilà comme j'en suis remerciée. Allez ! allez ! François, croyez que les plus sages ne sont pas toujours les plus rembarrantes, et qu'en allant chez la Sévère, je n'y fais pas plus de mal qu'ici.

— A savoir ! dit François, qui voulait faire monter toute l'écume de la cuve ; votre belle-sœur n'a peut-être pas tort de penser que vous n'y faites point de bien. Et tenez, Mariette, je vois que vous avez trop de presse d'y aller ! ça n'est pas dans l'ordre. La chose que vous aviez à dire pour les affaires de Madeleine est dite, et si la Sévère n'y répond point, c'est qu'elle ne veut pas y répondre. N'y retournez donc plus, croyez-moi, ou bien je croirai, comme Madeleine, que vous n'y allez à bonnes intentions.

— C'est donc décidé, maître François, fit Mariette tout en feu, que vous allez aussi faire le maître avec moi ? Vous vous croyez l'homme de chez nous, le remplaçant de mon frère. Vous n'avez pas encore assez de barbe autour du bec pour me faire la semonce, et je vous conseille de me laisser en paix. Votre servante, dit-elle encore en rajustant sa coiffe ; si ma belle-sœur me demande, vous lui direz que je suis chez la Sévère, et si elle vous envoie me chercher, vous verrez comment vous y serez reçu.

Là-dessus elle jeta bien fort le barreau de la porte, et s'en fut de son pied léger aux Dollins ; mais comme François avait peur que sa colère ne refroidît en chemin, vu que d'ailleurs le temps était à la gelée, il lui laissa un peu d'avance, et quand elle approcha du logis de la Sévère, il donna du jeu à ses grandes jambes, courut comme un désenfargé, et la rattrapa, pour lui faire accroire qu'il était envoyé par Madeleine à sa poursuite.

Là il la picota en paroles jusqu'à lui faire lever la main. Mais il esquiva les tapes, sachant bien que la colère s'en va avec les coups, et que femme qui frappe est soulagée de son dépit. Il se sauva, et dès qu'elle fut chez la Sévère, elle y fit grand éclat. Ce n'est pas la pauvre enfant eût de mauvaises intentions ; mais dans la première flambée de sa fâcherie, elle ne savait s'en cacher, et elle mit la Sévère dans un si grand courroux, que François, qui s'en allait à petits pas par le chemin creux, les entendait du bout de la chènevière rouffer et siffler comme le feu dans une grange à paille.

XXII.

L'affaire réussit à son souhait, et il en était si acertainé qu'il partit le lendemain pour Aigurande, où il prit son argent chez le curé, et s'en revint à la nuit, rapportant ses quatre petits papiers fins qui valaient gros, et ne faisaient si, pas plus de bruit dans sa poche qu'une miette de pain dans un bonnet. Au bout de huit jours, on entendit nouvelles de la Sévère. Tous les acquéreurs des terres de Blanchet étaient sommés de payer, aucun ne pouvait, et Madeleine était menacée de payer à leur place.

Dès que la connaissance lui en vint, elle entra en grande crainte, car François ne l'avait encore avertie de rien.

— Bon, lui dit-il, se frottant les deux mains, il n'est marchand qui toujours gagne, ni voleur qui toujours pille. Madame Sévère va manquer une belle affaire et vous allez en faire une bonne. C'est égal, ma chère mère, faites comme si vous vous croyiez perdue. Tant plus vous aurez de peine, tant plus elle mettra de joie à faire ce qu'elle croit mauvais pour vous. Mais ce mauvais est votre salut, car vous allez, en payant la Sévère, reprendre tous les héritages de votre fils.

— Et avec quoi veux-tu que je la paye, mon enfant?
— Avec de l'argent qui est dans ma poche et qui est à vous.

Madeleine voulut s'en défendre; mais le champi avait la tête dure, disait-il, et on n'en pouvait arracher ce qu'il y avait serré à clef. Il courut chez le notaire déposer deux cents pistoles au nom de la veuve Blanchet, et la Sévère fut payée bel et bien, bon gré, mal gré, ainsi que les autres créanciers de la succession, qui faisaient cause commune avec elle.

Et quand la chose fut amenée à ce point que François eut même indemnisé les pauvres acquéreurs de leurs souffrances, il lui restait encore de quoi plaider, et il fit assavoir à la Sévère qu'il allait entamer un nouveau procès au sujet des billets qu'elle avait soutirés au défunt par fraude et malice. Il répandit un conte qui fit grand train dans le pays. C'est qu'en fouillant dans un vieux mur du moulin pour y planter une étaie, il avait trouvé la tirelire à la défunte vieille mère Blanchet, toute en beaux louis d'or à l'ancien coin, et que, par ce moyen, Madeleine se trouvait plus riche qu'elle n'avait jamais été. De guerre lasse, la Sévère entra en arrangement, espérant que François s'était mis un peu de ces écus, trouvés si à propos, au bout des doigts, et qu'en l'amadouant on en verrait encore plus qu'il n'en montrait. Mais elle en fut pour sa peine, et il la mena par un chemin si étroit qu'elle rendit les billets en échange de cent écus.

Alors, pour se revenger, elle monta la tête de la petite Mariette, en l'avisant que la tirelire de la vieille Blanchet, sa grand'mère, aurait dû être partagée entre elle et Jeannie, qu'elle y avait droit, et qu'elle devait plaider contre sa belle-sœur.

Force fut alors au champi de dire la vérité sur la source de l'argent qu'il avait fourni, et le curé d'Aigurande lui en envoya les preuves en cas de procès.

Il commença par montrer ces preuves à Mariette, en la priant de n'en rien ébruiter inutilement, et en lui démontrant qu'elle n'avait plus qu'à se tenir tranquille. Mais la Mariette n'était pas tranquille du tout. Sa cervelle avait pris feu dans tout ce désarroi de famille, et la pauvre enfant était tentée du diable. Malgré la bonté dont Madeleine avait toujours usé envers elle, la traitant comme sa fille et lui passant tous ses caprices, elle avait pris une mauvaise idée contre sa belle-sœur et une jalousie dont elle aurait eu bien empêchée, par mauvaise honte, de dire le fin mot. Mais le fin mot, c'est qu'au milieu de ses disputes et de ses enragements contre François, elle s'était coiffée de lui tout doucement et sans se méfier du tour que lui jouait le diable. Tant plus il la tançait de ses caprices et de ses manquements, tant plus elle devenait enragée de lui plaire.

Elle n'était pas fille à se dessécher de chagrin, non plus qu'à se fondre dans les larmes; mais elle n'avait point de repos en songeant que François était si beau garçon, si riche, si honnête, si bon pour tout le monde, si adroit à se conduire, si courageux, qu'il était homme à donner jusqu'à la dernière once de son sang pour la personne qu'il aimerait; et que tout cela n'était point pour elle, qui pouvait pourtant se dire la plus belle et la plus riche de l'endroit, et qui remuait ses amoureux à la pelle.

Un jour elle en ouvrit son cœur à sa mauvaise amie, la Sévère. C'était dans le patural qui est au bout du chemin aux Napes[1]. Il y a par là un vieux pommier qui se trouvait tout en fleur, parce que, depuis que toutes ces affaires duraient, le mois de mai était venu, et la Mariette étant à garder ses ouailles au bord de la rivière, la Sévère vint babiller avec elle sous ce pommier fleuri.

Mais, par la volonté du bon Dieu, François, qui se trouvait aussi par là, entendit leurs paroles; et en voyant la Sévère entrer dans le patural, il se douta bien qu'elle y venait manigancer quelque chose contre Madeleine; et la rivière étant basse, il marcha tout doucement sur le bord; au-dessous des buissons qui sont si hauts dans cet endroit-là, qu'un charroi de foin y passerait à l'abri. Quand il y fut, il s'assit, sans souffler, sur le sable, et ne mit pas ses oreilles dans sa poche.

Et voilà comment travaillaient ces deux bonnes langues de femme. D'abord la Mariette avait confessé que de tous ses galants pas un ne lui plaisait, à cause d'un meunier qui n'était du tout galant avec elle, et qui seul l'empêchait de dormir. Mais la Sévère avait idée de la conjoindre avec un gars de sa connaissance, lequel en tenait fort, à telles enseignes qu'il avait promis un gros cadeau de noces à la Sévère si elle venait à bout de le faire marier avec la petite Blanchet. Il paraît même que la Sévère s'était fait donner par avance un denier à Dieu de celui-là comme de plusieurs autres. Aussi fit-elle tout de son mieux pour dégoûter Mariette de François.

— Foin du champi! lui dit-elle. Comment, Mariette, une fille de votre rang épouserait un champi! Vous auriez donc nom madame la Fraise? car il ne s'appelle pas autrement. J'en aurais honte pour vous, ma pauvre âme. Et puis ce n'est rien; vous seriez donc obligée de le disputer à votre belle-sœur, car il est son bon ami, aussi vrai que nous voilà deux.

— Là-dessus, Sévère, fit la Mariette en se récriant, vous me l'avez donné à entendre plus d'une fois; mais je n'y saurais point croire; ma belle-sœur est d'un âge...

— Non, non, Mariette, votre belle-sœur n'est point d'un âge à s'en passer; elle n'a guère que trente ans, et ce champi n'était encore qu'un galopin que votre frère l'a trouvé en grande accointance avec sa femme. C'est pour cela qu'un jour il l'assomma à bons coups de manche de fouet et le mit dehors de chez lui.

François eut la bonne envie de sauter à travers le buisson et d'aller dire à la Sévère qu'elle en avait menti, mais il s'en défendit et resta coi.

Et là-dessus la Sévère en dit de toutes les couleurs, et débita des menteries si vilaines, que François en avait chaud à la figure et avait peine à se tenir en patience.

— Alors, fit la Mariette, il tente à l'épouser, à présent qu'elle est veuve: il lui a déjà donné bonne part de son argent, et il voudra avoir au moins la jouissance du bien qu'il a racheté.

— Mais il en portera la folle enchère, fit l'autre; car Madeleine en cherchera un plus riche, à présent qu'elle l'a dépouillé, et elle le trouvera. Il faut bien qu'elle prenne un homme pour cultiver son bien, et, en attendant qu'elle trouve son fait, elle gardera ce grand imbécile qui la sert pour rien et qui la désennuie de son veuvage.

1. Nénuphar, Nymphéa, Napée.

— Si c'est là le train qu'elle mène, dit la Mariette toute dépitée, me voilà dans une maison bien honnête, et je ne risque rien de bien me tenir ! Savez-vous, ma pauvre Sévère, que je suis une fille bien mal logée, et qu'on va mal parler de moi ? Tenez, je ne peux pas rester là, et il faut que je m'en retire. Ah bien oui ! voilà bien ces dévotes qui trouvent du mal à tout, parce qu'elles ne sont effrontées que devant Dieu ! Je lui conseille de mal parler de vous et de moi à présent ! Eh bien ! je vas la saluer, moi, et m'en aller demeurer avec vous ; et si elle s'en fâche, je lui répondrai ; et si elle veut me forcer à retourner avec elle, je plaiderai et je la ferai connaître, entendez-vous ?

— Il y a meilleur remède, Mariette, c'est de vous marier au plus tôt. Elle ne vous refusera pas son consentement, car elle est pressée, j'en suis sûre, de se voir débarrassée de vous. Vous gênez son commerce avec le beau champi. Mais vous ne pouvez pas attendre, voyez-vous ; car on dirait qu'il est à vous deux, et personne ne voudrait plus vous épouser. Mariez-vous donc, et prenez celui que je vous conseille.

— C'est dit ! fit la Mariette en cassant son bâton de bergère d'un grand coup contre le vieux pommier. Je vous donne ma parole. Allez le chercher, Sévère, qu'il vienne ce soir à la maison me demander, et que nos bans soient publiés dimanche qui vient.

XXIII.

Jamais François n'avait été plus triste qu'il ne le fut en sortant de la berge de rivière où il s'était caché pour entendre cette jaserie de femelles. Il en avait lourd comme un rocher sur le cœur, et, tout au beau milieu de son chemin en s'en revenant, il perdit quasi le courage de rentrer à la maison, et s'en fut par la traîne aux Napes s'asseoir dans la petite futaie de chênes qui est au bout du pré.

Quand il fut là tout seul, il se prit de pleurer comme un enfant, et son cœur se fendait de chagrin et de honte ; car il était tout à fait honteux de se voir accusé, et de penser que sa pauvre chère amie Madeleine, qu'il avait toute sa vie si honnêtement et si dévotement aimée, ne retirerait de son service et de sa bonne intention que l'injure d'être maltraitée par les mauvaises langues.

— Mon Dieu ! mon Dieu ! disait-il tout seul en se parlant à lui-même en dedans, est-il possible que le monde soit si méchant, et qu'une femme comme la Sévère ait tant d'insolence que de mesurer à son aune l'honneur d'une femme comme ma chère mère ? Et cette jeunesse de Mariette, qui devrait avoir l'esprit porté à l'innocence et à la vérité, un enfant qui ne connaît pas encore le mal, voilà pourtant qu'elle écoute les paroles du diable et qu'elle y croit comme si elle en connaissait la morsure ! En ce cas, d'autres y croiront, et comme la grande partie des gens vivant vie mortelle est coutumière du mal, quasi tout le monde pensera que si j'aime madame Blanchet et si elle m'aime, c'est parce qu'il y a de l'amour sous jeu.

Là-dessus le pauvre François se mit à faire examen de sa conscience et à se demander, en grande rêverie d'esprit, s'il n'y avait pas de sa faute dans les mauvaises idées de la Sévère, au sujet de Madeleine ; s'il avait bien agi en toutes choses, s'il n'avait pas donné à mal penser, contre son vouloir, par manque de prudence et de discrétio Et il avait beau chercher, il ne trouvait pas qu'il eût jamais pu faire le semblant de la chose, n'en ayant pas eu seulement l'idée.

Et puis, voilà qu'en pensant et rêvassant toujours, il se dit encore :

— Eh ! quand bien même que mon amitié se serait tournée en amour, quel mal le bon Dieu y trouverait-il, au jour d'aujourd'hui qu'elle est veuve et maîtresse de se marier ? Je lui ai donné bonne part de mon bien, ainsi qu'à Jeannie. Mais il m'en reste assez pour être encore un bon parti, et elle ne ferait pas de tort à son enfant en me prenant pour son mari. Il n'y aurait donc pas d'ambition de ma part à souhaiter cela, et personne ne pourrait lui faire accroire que je l'aime par intérêt. Je suis champi, mais elle ne regarde point à cela, elle. Elle m'a aimé comme son fils, ce qui est la plus forte de toutes les amitiés, elle pourrait bien m'aimer encore autrement. Je vois que ses ennemis vont m'obliger à la quitter, si je ne l'épouse pas ; et la quitter encore une fois, j'aime autant mourir. D'ailleurs, elle a encore besoin de moi, et ce serait lâche de la laisser tant d'embarras sur ses bras, quand j'ai encore les miens, en outre de mon argent, pour la servir. Oui, tout ce qui est à moi doit être à elle, et comme elle me parle souvent de s'acquitter envers moi à la longue, il faut que je lui ôte l'idée en mettant tout en commun par la permission de Dieu et de la loi. Allons, elle doit conserver sa bonne renommée à cause de son fils, et il n'y a que le mariage qui l'empêchera de la perdre. Comment donc est-ce que je n'y avais pas encore songé, et qu'il a fallu une langue de serpent pour m'en aviser ? J'étais trop simple, je ne me défiais de rien, et ma pauvre mère est si bonne aux autres, qu'elle ne s'inquiète point de souffrir du dommage pour son compte. Voyons, tout est pour le bien dans la volonté du ciel, et madame Sévère, en voulant faire le mal, m'a rendu le service de m'enseigner mon devoir.

Et sans plus s'étonner ni se consulter, François reprit son chemin, décidé à parler tout de suite à madame Blanchet de son idée, et à lui demander à deux genoux de le prendre pour son soutien, au nom du bon Dieu et pour la vie éternelle.

Mais quand il arriva au Cormouer, il vit Madeleine qui filait de la laine sur le pas de sa porte, et, pour la première fois de sa vie, sa figure lui fit un effet à le rendre tout peureux et tout morfondu. Au lieu qu'il avait l'habitude d'aller tout droit à elle en la regardant avec des yeux bien ouverts et en lui demandant si elle se sentait bien, il s'arrêta sur le petit pont comme s'il examinait l'écluse du moulin, et la regardait de côté. Et quand elle se tournait vers lui, il se virait d'autre part, ne sachant pas lui-même ce qu'il avait, et pourquoi une affaire qui lui avait paru tout à l'heure si honnête et si à propos, lui devenait si poisante à confesser.

Alors Madeleine l'appela, lui disant :

— Viens donc auprès de moi, car j'ai à te parler, mon François. Nous voilà tout seuls, viens t'asseoir à mon côté, et donne-moi ton cœur comme un prêtre qui nous confesse, car je veux de toi la vérité.

François ne trouva cela que réconforté par ce discours de Madeleine et, s'étant assis à son côté, il lui dit :

— Soyez assurée, ma chère mère, que je vous ai donné mon cœur comme à Dieu, et que vous aurez de moi vérité de confession.

Et il s'imaginait qu'elle avait peut-être entendu quelque propos qui lui donnait la même idée qu'à lui, de quoi il se réjouissait bien, et il l'attendait à parler.

— François, fit-elle, voilà que tu es dans tes vingt et un ans, et que tu peux songer à t'établir : n'aurais-tu point d'idée contraire ?

— Non, non, je n'ai pas d'idée contraire à la vôtre, répondit François en devenant tout rouge de contentement ; parlez toujours, ma chère Madeleine.

— Bien ! fit-elle, j'en m'attendais à ce que tu me dis, et je crois fort que j'ai deviné ce qui te convenait. Eh bien ! puisque c'est ton idée, c'est la mienne aussi, et j'y aurais peut-être songé avant toi. J'attendais à connaître si elle personne te prendrait en amitié, et je jugerais qu'elle n'en tient pas encore, elle en tiendra bientôt. N'est-ce pas ce que tu crois aussi, et veux-tu me dire où vous en êtes ?... Eh bien donc pourquoi me regardes-tu d'un air confondu ? Est-ce que je ne parle pas assez clair ? Mais je vois que tu as honte, et qu'il faut te venir en aide. Eh bien ! elle a boudé tout le matin, cette pauvre enfant, parce qu'hier soir tu l'as un peu taquinée en paroles, et peut-être qu'elle s'imagine que tu ne l'aimes point. Mais moi j'ai bien vu que tu l'aimes, et que si tu la reprends un peu de ses petites fantaisies, c'est que tu te sens un brin jaloux. Il ne faut pas t'arrêter à cela, François. Elle est jeune et jolie, ce qui est un sujet de danger, mais si elle t'aime bien, elle deviendra raisonnable à ton commandement.

— Je voudrais bien savoir, dit François tout chagriné, de qui vous me parlez, ma chère mère, car pour moi je n'y entends rien.

— Oui, vraiment? dit Madeleine, tu ne sais pas? Est-ce que j'aurais rêvé cela, ou que tu voudrais m'en faire un secret?

— Un secret à vous? dit François en prenant la main de Madeleine; et puis il laissa sa main pour prendre le coin de son tablier qu'il chiffonna comme s'il était un peu en colère, et qu'il approcha de sa bouche comme s'il voulait le baiser, et qu'il laissa enfin comme il avait fait de sa main, car il se sentit comme s'il allait pleurer, comme s'il allait se fâcher, comme s'il allait avoir un vertige, et tout cela coup sur coup.

— Allons, dit Madeleine étonnée, tu as du chagrin, mon enfant, preuve que tu es amoureux et que les choses ne vont point comme tu voudrais. Mais je t'assure que Mariette a un bon cœur, qu'elle a du chagrin aussi, et que si tu lui dis ouvertement ce que tu penses, elle te dira de son côté qu'elle ne pense qu'à toi.

François se leva en pied et sans rien dire, marcha un peu dans la cour; et puis il revint et dit à Madeleine:

— Je m'étonne bien de ce que vous avez dans l'esprit, madame Blanchet; tant qu'à moi, je n'y ai jamais pensé, et je sais fort bien que mademoiselle Mariette n'a ni goût ni estime pour moi.

— Allons! allons! dit Madeleine, voilà comme le dépit vous fait parler, enfant! Est-ce que je n'ai pas vu que tu avais des discours avec elle, que tu lui disais des mots que je n'entendais point, mais qu'elle paraissait bien entendre, puisqu'elle en rougissait comme une braise au four? Est-ce que je ne vois point qu'elle quitte le pâturage tous les jours et laisse son troupeau à la garde du tiers et du quart? Nos blés en souffrent un peu, si ses moutons y gagnent; mais enfin je ne veux point la contrarier, ni lui parler de moutons quand elle a la tête tout en combustion pour l'amour et le mariage. La pauvre enfant est dans l'âge où l'on garde mal ses ouailles, et son cœur encore plus mal. Mais c'est un grand bonheur pour elle, François, qu'au lieu de se coiffer de quelqu'un de ces mauvais sujets dont j'avais crainte qu'elle ne fît la connaissance chez Sévère, elle ait eu le bon jugement de s'attacher à toi. C'est un grand bonheur pour moi aussi de songer que, marié à ma belle-sœur, que je considère presque comme si elle était ma fille, tu vivras et demeureras près de moi, que tu seras dans ma famille, et que je pourrai, en vous logeant, en travaillant avec vous et en élevant vos enfants, m'acquitter envers toi de tout le bien que tu m'as fait. Par ainsi, lui démolis pas le bonheur que je bâtis là-dessus dans ma tête, par des idées d'enfant. Vois clair et guéris-toi de toute jalousie. Si Mariette aime à se faire belle, c'est qu'elle veut te plaire. Si elle est un peu fainéante depuis un tour de temps, c'est qu'elle pense trop à toi; et si quelquefois elle me parle avec un peu de vivacité, c'est qu'elle a de l'humeur de vos picoteries et qu'elle ne sait à qui s'en prendre. Mais la preuve qu'elle est bonne et qu'elle veut être sage, c'est qu'elle a connu ta sagesse et ta bonté, et qu'elle veut l'avoir pour mari.

— Vous êtes bonne, ma chère mère, dit François tout attristé. Oui, c'est vous qui êtes bonne, car vous croyez à la bonté des autres et vous êtes trompée. Mais je vous dis, moi, que si Mariette me souffre, ce que je ne veux pas renier, crainte de lui faire tort auprès de vous, c'est d'une manière qui ne retire pas de la vôtre, et qui, par cette raison, ne me plaît miette. Ne me parlez donc plus d'elle. Je vous jure bien ma foi et ma loi, mon sang et ma vie, que je n'en suis pas plus amoureux que de la vieille Catherine, et que si elle pensait à moi, ce serait un malheur pour elle, car je n'y correspondrais point du tout. Ne tentez donc pas à lui faire dire qu'elle m'aime; votre sagesse serait en faute, et vous m'en feriez une ennemie. Tout au contraire, écoutez ce qu'elle vous dira ce soir, et laissez-la épouser Jean Aubard, pour qui elle s'est décidée. Qu'elle se marie au plus tôt, car elle n'est pas bien dans votre maison. Elle s'y déplaît et ne vous y donnera point de joie.

— Jean Aubard! dit Madeleine; il ne lui convient pas; il est sot, et elle a trop d'esprit pour se soumettre à un homme qui n'en a point.

— Il est riche et elle ne se soumettra point à lui. Elle le fera marcher, et c'est l'homme qui lui convient. Voulez-vous avoir confiance en votre ami, ma chère mère? Vous savez que je ne vous ai point mal conseillée, jusqu'à cette heure. Laissez partir cette jeunesse, qui ne vous aime point comme elle devrait, et qui ne vous connaît pas pour ce que vous valez.

— C'est le chagrin qui te fait parler, François, dit Madeleine en lui mettant la main sur la tête et en la secouant un peu pour en faire saillir la vérité. Mais François, tout fâché de ce qu'elle ne le voulait croire, se retira et lui dit, avec une voix mécontente, et c'était la première fois de sa vie qu'il prenait dispute avec elle: Madame Blanchet, vous n'êtes pas juste pour moi. Je vous dis que cette fille ne vous aime point. Vous m'obligez à vous le dire, contre mon gré; car je ne suis pas venu ici pour y apporter la brouille et la défiance. Mais enfin si je le dis, c'est que j'en suis certain; et vous pensez après cela que je l'aime? Allons, c'est vous qui ne m'aimez plus, puisque vous ne voulez pas me croire.

Et, tout affolé de chagrin, François s'en alla pleurer tout seul auprès de la fontaine.

XXIV.

Madeleine était encore plus confondue que François, et elle aurait voulu aller le questionner encore et le consoler; mais elle en fut empêchée par Mariette, qui s'en vint, d'un air étrange, lui parler de Jean Aubard et lui annoncer sa demande. Madeleine ne pouvant s'ôter de l'idée que tout cela était le produit d'une dispute d'amoureux, s'essaya à lui parler de François; à quoi Mariette répondit, d'un ton qui lui fit bien de la peine, et qu'elle ne put comprendre:

— Que celles qui aiment les champis les gardent pour leur amusement; tant qu'à moi, je suis une honnête fille, et ce n'est pas parce que mon pauvre frère est mort que je laisserai offenser mon honneur. Je ne dépends que de moi, Madeleine, et si la loi me force à vous demander conseil, elle ne me force pas de vous écouter quand vous me conseillez mal. Je vous prie donc de ne pas me contrarier maintenant, car je pourrais vous contrarier plus tard.

— Je ne sais point ce que vous avez, ma pauvre enfant, lui dit Madeleine en grande douceur et tristesse; vous me parlez comme si vous n'aviez pour moi estime ni amitié. Je pense que vous avez une contrariété qui vous embrouille l'esprit à cette heure; je vous prie donc de prendre trois ou quatre jours pour vous décider. Je dirai à Jean Aubard de revenir, et si vous pensez de même après avoir pris un peu de réflexion et de tranquillité, comme il est honnête homme et assez riche, je vous laisserai libre de l'épouser. Mais vous voilà dans un coup de feu qui vous empêche de vous connaître et qui ferme votre jugement à l'amitié que je vous porte. J'en ai du chagrin, mais comme je vois que vous en avez aussi, je vous le pardonne.

La Mariette hocha de la tête pour faire croire qu'elle méprisait ce pardon-là, et elle s'en fut mettre son tablier de soie pour recevoir Jean Aubard, qui arriva une heure après avec la grosse Sévère tout endimanchée.

Madeleine, pour le coup, commença de penser qu'en vérité Mariette était mal portée pour elle, d'amener dans sa maison, pour une affaire de famille, une femme qui était son ennemie et qu'elle ne pouvait voir sans rougir. Elle fut cependant honnête à son encontre et lui servit à rafraîchir sans marquer ni dépit ni rancune. Elle aurait craint de pousser Mariette hors de son bon sens en la contrariant. Elle dit qu'elle ne faisait point d'opposition aux volontés de sa belle-sœur, mais qu'elle demandait trois jours pour donner réponse.

Sur quoi la Sévère lui dit avec insolence que c'était bien long. Et Madeleine répondit tranquillement que c'é-c'était bien court. Et là-dessus Jean Aubard se retira, bête comme souche, et riant comme un nigaud ; car il ne doutait point que la Mariette ne fût folle de lui. Il avait payé pour la croire, et la Sévère lui en donnait pour son argent.

Et en s'en allant, celle-là dit à Mariette qu'elle avait fait faire une galette et des crêpes chez elle pour les accordailles, et que, quand même madame Blanchet retarderait les accords, il fallait manger le ragoût. Madeleine voulut dire qu'il ne convenait point à une jeune fille d'aller avec un garçon qui n'avait point encore reçu parole de sa parenté.

— En ce cas-là je n'irai point, dit la Mariette toute courroucée.

— Si fait, si fait, vous devez venir, fit la Sévère ; n'êtes-vous point maîtresse de vous ?

— Non, non, riposta la Mariette ; vous voyez bien que ma belle-sœur me commande de rester.

Et elle entra dans sa chambre en jetant la porte ; mais elle ne fit qu'y passer, et sortant par l'autre huisserie de la maison, elle s'en alla rejoindre la Sévère et le galant au bout du pré, en riant et en faisant insolence contre Madeleine.

La pauvre meunière ne put se retenir de pleurer en voyant le train des choses.

— François a raison, pensa-t-elle, cette fille ne m'aime point et son cœur est ingrat. Elle ne veut point entendre que j'agis pour son bien, que je souhaite son bonheur et que je veux l'empêcher de faire une chose dont elle aura regret. Elle a écouté les mauvais conseils, et je suis condamnée à voir cette malheureuse Sévère porter le chagrin et la malice dans ma famille. Je n'ai pas mérité toutes ces peines, et je dois me rendre à la volonté de Dieu. Il est heureux pour mon pauvre François qu'il y ait vu plus clair que moi. Il aurait bien souffert avec une pareille femme !

Elle le chercha pour lui dire ce qu'elle en pensait ; mais elle le trouva pleurant auprès de la fontaine, et s'imaginant qu'il avait regret de Mariette, elle lui dit tout ce qu'elle put pour le consoler. Mais tant plus elle s'y efforçait, tant plus elle lui faisait de la peine, parce qu'il voyait là dedans qu'elle ne voulait pas comprendre la vérité et que son cœur ne pourrait pas se tourner pour lui en la manière qu'il l'entendait.

Sur le soir, Jeannie étant couché et endormi dans la chambre, François resta un peu avec Madeleine, essayant de s'expliquer. Et il commença par lui dire que Mariette avait une jalousie contre elle, que la Sévère disait des propos et des menteries abominables.

Mais Madeleine n'y entendait malice aucune.

— Et quel propos peut-on faire sur moi ? dit-elle simplement ; quelle jalousie peut-on mettre dans la tête de cette pauvre petite folle de Mariette ? On t'a trompé, François, il y a autre chose : quelque raison d'intérêt que nous saurons plus tard. Tant qu'à la jalousie, cela ne se peut ; je ne suis plus d'âge à inquiéter une jeune et jolie fille. J'ai quasi trente ans, et pour une femme de campagne qui a eu beaucoup de peine et de fatigue, c'est un âge à être la mère. Le diable seul oserait dire que je te regarde autrement que mon fils, et Mariette doit bien voir que je souhaitais de vous marier ensemble. Non, non, ne crois pas qu'elle ait si mauvaise idée, ou ne me le dis pas, mon enfant. Ce serait trop de honte et de peine pour moi.

— Et cependant, dit François en s'efforçant pour en parler encore, et en baissant la tête sur le foyer pour empêcher Madeleine de voir sa confusion, M. Blanchet avait une mauvaise idée comme ça quand il a voulu que je quitte la maison !

— Tu sais donc cela, à présent, François ? dit Madeleine. Comment le sais-tu ? je ne te l'avais pas dit, et je ne te l'aurais dit jamais. Si Catherine t'en a parlé, elle a mal fait. Une pareille idée doit te choquer et te peiner autant que moi. Mais n'y pensons plus, et pardonnons cela à mon défunt mari. L'abomination en retourne à la Sévère.

Mais à présent la Sévère ne peut plus être jalouse de moi. Je n'ai plus de mari, je suis vieille et laide autant qu'elle pouvait le souhaiter dans ce temps-là, et je n'en suis pas fâchée, car cela me donne le droit d'être respectée, de te traiter comme mon fils, et de te chercher une belle et jeune femme qui soit contente de vivre auprès de moi et qui m'aime comme sa mère. C'est toute mon envie, François, et nous la trouverons bien, sois tranquille. Tant pis pour Mariette si elle méconnaît le bonheur que je lui aurais donné. Allons, va coucher, et prends courage, mon enfant. Si je croyais être un empêchement à ton mariage, je te dirais de me quitter tout de suite. Mais sois assuré que je ne peux pas inquiéter le monde, et qu'on ne supposera jamais l'impossible.

François, écoutant Madeleine, pensait qu'elle avait raison tant il avait l'accoutumance de la croire. Il se leva pour lui dire bonsoir, et s'en alla ; mais en lui prenant la main, voilà que pour la première fois de sa vie il s'avisa de la regarder avec l'idée de savoir si elle était vieille et laide. Vrai est, qu'à force d'être sage et triste, elle se faisait une fausse idée là-dessus, et qu'elle était encore jolie femme autant qu'elle l'avait été.

Et voilà que tout d'un coup François la vit toute jeune et la trouva belle comme la bonne dame, et que le cœur lui sauta comme s'il avait monté au faîte d'un clocher. Et il s'en alla coucher dans son moulin où il avait son lit bien propre dans un carré de planches emmi les sachs de farine. Et quand il fut là tout seul, il se mit à trembler et à étouffer comme de fièvre. Et si, il n'était malade que d'amour, car il venait de se sentir brûlé pour la première fois par une grande bouffée de flamme, ayant toute sa vie chauffé doucement sous la cendre.

XXV.

Depuis ce moment-là le champi fut si triste, que c'était pitié de le voir. Il travaillait comme quatre, mais il n'avait plus ni joie ni repos, et Madeleine ne pouvait pas lui faire dire ce qu'il avait. Il avait beau jurer qu'il n'avait amitié ni regret pour Mariette, Madeleine ne le voulait croire, et ne trouvait nulle autre raison à sa peine. Elle s'affligeait de le voir souffrir et de n'avoir plus sa confiance, et c'était un grand étonnement pour elle de trouver ce jeune homme si obstiné et si fier dans son dépit.

Comme elle n'était point tourmentante dans son naturel, elle prit son parti de ne plus lui en parler. Elle essaya encore un peu de faire revenir Mariette, mais elle en fut si mal reçue qu'elle en perdit courage, et se tint coi, bien angoissée de cœur, mais ne voulant en rien faire paraître, crainte d'augmenter le mal d'autrui.

François la servait et l'assistait toujours avec le même courage et la même honnêteté que devant. Comme au temps passé, il lui tenait compagnie le plus qu'il pouvait, mais il ne lui parlait plus de la même manière. Il était toujours dans une confusion auprès d'elle. Il devenait rouge comme feu et blanc comme neige dans la même minute, si bien qu'elle le croyait malade, et lui prenait le poignet pour voir s'il n'avait pas la fièvre ; mais il se retirait d'elle comme si elle lui avait fait mal en le touchant, et quelquefois il lui disait des paroles de reproche qu'elle ne comprenait pas.

Et tous les jours cette peine augmentait entre eux. Pendant ce temps-là le mariage de Mariette avec Jean Aubard allait grand train, et le jour en fut fixé pour celui qui finissait le deuil de mademoiselle Blanchet. Madeleine avait peur de ce jour-là ; elle pensait que François en deviendrait fou, et elle voulait l'envoyer passer un peu de temps à Aigurande, chez son ancien maître Jean Vertaud, pour se dissiper. Mais François ne voulait point que la Mariette pût croire ce que Madeleine s'obstinait à penser. Il ne montrait nul ennui devant elle. Il parlait de bonne amitié avec son prétendu, et quand il rencontrait la Sévère par les chemins, il plaisantait en paroles avec elle, pour lui montrer qu'il ne la craignait pas. Le jour du mariage, il voulut y assister ; et comme il était tout de bon content de voir cette petite fille quitter la maison

. . . . La grosse Sévère tout endimanchée. (Page 38.)

et débarrasser Madeleine de sa mauvaise amitié, il ne vint à l'idée de personne qu'il s'en fût jamais coiffé. Madeleine mêmement commença à croire la vérité là-dessus, ou à penser tout au moins qu'il était consolé. Elle reçut les adieux de Mariette avec son bon cœur accoutumé, mais comme cette jeunesse avait gardé une pique contre elle à cause du champi, elle vit bien qu'elle en était quittée sans regret ni bonté. Coutumière de chagrin qu'elle était, la bonne Madeleine pleura de sa méchanceté et pria le bon Dieu pour elle.

Et quand ce fut au bout d'une huitaine, François lui dit tout d'un coup qu'il avait affaire à Aigurande, et qu'il s'en allait y passer cinq ou six jours, de quoi elle ne s'étonna point et se réjouit même, pensant que ce changement ferait du bien à sa santé, car elle le jugeait malade pour avoir trop étouffé sa peine.

Tant qu'à François, cette peine dont il paraissait revenu lui augmentait tous les jours dans le cœur. Il ne pouvait penser à autre chose, et qu'il dormît ou qu'il veillât, qu'il fût loin ou près, Madeleine était toujours dans son sang et devant ses yeux. Il est bien vrai que toute sa vie s'était passée à l'aimer et à songer d'elle. Mais jusqu'à ces temps derniers, ce pensement avait été son plaisir et sa consolation au lieu que c'était devenu d'un coup tout malheur et tout désarroi. Tant qu'il s'était contenté d'être son fils et son ami, il n'avait rien souhaité de mieux sur la terre. Mais l'amour changeant son idée, il était malheureux comme une pierre. Il s'imaginait qu'elle ne pourrait jamais changer comme lui. Il se reprochait d'être trop jeune, d'avoir été connu trop malheureux et trop enfant, d'avoir donné trop de peine et d'ennui à cette pauvre femme, de ne lui être point un sujet de fierté, mais de souci et de compassion. Enfin, elle était si belle et si aimable dans son idée, si au-dessus de lui et si à désirer, que, quand elle disait qu'elle était hors d'âge et de beauté, il pensait qu'elle se posait comme cela pour l'empêcher de prétendre à elle.

Cependant la Sévère et la Mariette, avec leur clique, commençaient à la déchirer hautement à cause de lui, et il avait grand'peur que le scandale lui en revenant aux oreilles, elle n'en prît de l'ennui et souhaitât de le voir partir. Il se disait qu'elle avait trop de bonté pour le lui demander, mais qu'elle souffrirait encore pour lui comme elle en avait déjà souffert, et il pensa à aller demander conseil

Car ils y étaient encore à minuit. (Page 43.)

sur tout cela à M. le curé d'Aigurande, qu'il avait reconnu pour un homme juste et craignant Dieu.

Il y alla, mais ne le trouva point. Il s'était absenté pour aller voir son évêque, et François s'en revint coucher au moulin de Jean Vertaud, acceptant d'y passer deux ou trois jours à leur faire visite, en attendant que M. le curé fût de retour.

Il trouva son brave maître toujours aussi galant homme et bon ami qu'il l'avait laissé, et il trouva aussi son honnête fille Jeannette en train de se marier avec un bon sujet qu'elle prenait un peu plus par raison que par folleté, mais pour qui elle avait heureusement plus d'estime que de répugnance. Cela mit François plus à l'aise avec elle qu'il n'avait encore été, et, comme le lendemain était un dimanche, il causa longuement avec elle, et lui marqua la confiance de lui raconter toutes les peines dont il avait eu contentement de sauver madame Blanchet.

Et de fil en aiguille, Jeannette, qui était assez clairvoyante, devina bien que cette amitié-là secouait le champi plus fort qu'il ne le disait. Et tout d'un coup elle lui prit le bras et lui dit : — François, vous ne devez plus rien me cacher. A présent, je suis raisonnable, et vous voyez, je n'ai pas honte de vous dire que j'ai pensé à vous plus que vous n'avez pensé à moi. Vous le saviez et vous n'y avez pas répondu. Mais vous ne m'avez pas voulu tromper, et l'intérêt ne vous a pas fait faire ce que bien d'autres eussent fait en votre place. Pour cette conduite-là, et pour la fidélité que vous avez gardée à une femme que vous aimez mieux que tout, je vous estime, et, au lieu de renier ce que j'ai senti pour vous, je suis contente de m'en ressouvenir. Je compte que vous me considérerez d'autant mieux que je vous le dis et que vous me rendrez cette justice de reconnaître que je n'ai eu dépit ni rancune de votre sagesse. Je veux vous en donner une plus grande marque, et voilà comme je l'entends. Vous aimez Madeleine Blanchet, non pas tout bonnement comme une mère, mais bien bellement comme une femme qui a de la jeunesse et de l'agrément, et dont vous souhaiteriez d'être le mari.

— Oh! dit François, rougissant comme une fille, je l'aime comme ma mère, et j'ai du respect plein le cœur.

— Je n'en fais pas doute, reprit Jeannette ; mais vous l'aimez de deux manières, car votre figure me dit l'une, tandis que votre parole me dit l'autre. Eh bien! François, vous n'osez lui dire, à elle, ce que vous n'osez non plus me confesser, et vous ne savez point si elle peut répondre à vos deux manières de l'aimer.

Jeannette Vertaud parlait avec tant de douceur, de raison, et se tenait devant François d'un air d'amitié véritable, qu'il n'eut point le courage de mentir, et, lui serrant la main, il lui dit qu'il la considérait comme sa sœur et qu'elle était la seule personne au monde à qui il avait le courage de donner ouverture à son secret.

Jeannette alors lui fit plusieurs questions, et il y répondit en toute vérité et assurance. Et elle lui dit :

— Mon ami François, me voilà au fait. Je ne peux pas savoir ce qu'en pensera Madeleine Blanchet ; mais je vois fort bien que vous resteriez dix ans auprès d'elle sans avoir la hardiesse de lui dire votre peine. Eh bien, je le saurai pour vous et je vous le dirai. Nous partirons demain, mon père, vous et moi, et nous irons comme pour faire connaissance et visite d'amitié à l'honnête personne qui a élevé notre ami François ; vous promènerez mon père dans la propriété, comme pour lui demander conseil, et je causerai durant ce temps-là avec Madeleine. J'irai bien doucement, et je ne dirai votre idée que quand je serai en confiance sur la sienne.

François se mit quasiment à genoux devant Jeannette pour la remercier de son bon cœur, et l'accord en fut fait avec Jean Vertaud, que sa fille instruisit du tout avec la permission du champi. Ils se mirent en route le lendemain, Jeannette en croupe derrière son père, et François alla une heure en avant pour prévenir Madeleine de la visite qui lui arrivait.

Ce fut à soleil couchant que François revint au Cormouer. Il attrapa en route toute la pluie d'un orage ; mais il ne s'en plaignit pas, car il avait bon espoir dans l'amitié de Jeannette, et son cœur était plus aise qu'au départ. La nuée s'égouttait sur les buissons, et les merles chantaient comme des fous pour une risée que le soleil leur envoyait avant de se cacher derrière la côte du Grand Corlay. Les oisillons, par grand bandes, voletaient devant François de branche en branche, et le piaulis qu'ils faisaient lui réjouissait l'esprit. Il pensait au temps où il était tout petit enfant et où il s'en allait rêvant et baguenaudant par les prés, et sifflant pour attirer les oiseaux. Et là-dessus il vit une belle pive, que dans d'autres endroits on appelle bouvreuil, et qui frétillait à l'entour de sa tête comme pour lui annoncer bonne chance et bonne nouvelle. Et cela le fit ressouvenir d'une chanson bien ancienne que lui disait sa mère Zabelle pour l'endormir, dans le parlage du vieux temps de notre pays :

> Une pive
> Cortive,
> Auc ses pivots,
> Cortiviots,
> Livardiots,
> S'en va pivant
> Livardiant,
> Cortiviant.

Madeleine ne l'attendait pas si tôt à revenir. Elle avait même eu crainte qu'il ne revînt plus du tout, et, en le voyant, elle ne put se tenir de courir à lui et de l'embrasser, ce qui fit tant rougir le champi qu'elle s'en étonna. Il l'avertit de la visite qui venait, et pour qu'elle n'en prît pas d'ombrage, car on eût dit qu'il avait autant de peur de se faire deviner qu'il avait de chagrin de ne l'être point, il lui fit entendre que Jean Vertaud avait quelque idée d'acheter du bien dans le pays.

Alors Madeleine se mit en besogne de tout préparer pour fêter de son mieux les amis de François.

Jeannette entra la première dans la maison, pendant que son père mettait leur cheval à l'étable ; et dès le moment qu'elle vit Madeleine, elle l'aima de grande amitié, ce qui fut réciproque ; et, commençant par une poignée de main, elles se mirent quasi tout aussitôt à s'embrasser comme pour l'amour de François, et à se parler sans embarras, comme si de longtemps elles se connaissaient. La vérité est que c'étaient deux bons naturels de femme et que la paire valait gros. Jeannette ne se défendait point d'un reste de chagrin en voyant Madeleine tant chérie de l'homme qu'elle aimait peut-être encore un brin ; mais il ne lui en venait point de jalousie, et elle voulait s'en reconsoler par la bonne action qu'elle faisait. De son côté, Madeleine, voyant cette fille bien faite et de figure avenante, s'imagina que c'était pour elle que François avait eu de l'amour et du regret, qu'elle lui était accordée et qu'elle venait lui en faire part elle-même ; et pour son compte elle n'en prit point de jalousie non plus, car elle n'avait jamais songé à François que comme à l'enfant qu'elle aurait mis au monde.

Mais dès le soir, après souper, pendant que le père Vertaud, un peu fatigué de la route, allait se mettre au lit, Jeannette emmena Madeleine dehors, faisant entendre à François de se tenir à un peu d'éloignement avec Jeannie, de manière à venir quand il la verrait de loin rabattre son tablier, qui était relevé sur le côté ; et alors elle fit sa commission en conscience, et si adroitement, que Madeleine n'eut pas le loisir de se récrier. Et si, elle fut beaucoup étonnée à mesure que la chose s'expliquait. D'abord elle crut voir que c'était encore une marque du bon cœur de François, qui voulait empêcher les mauvais propos et se rendre utile à elle pour toute sa vie. Et elle voulait refuser, pensant que c'était trop de religion pour un si jeune homme de vouloir épouser une femme plus âgée que lui ; qu'il s'en repentirait plus tard et ne pourrait lui garder longtemps sa fidélité sans avoir de l'ennui et du regret. Mais Jeannette lui fit connaître que le champi était amoureux d'elle, si fort et si rude, qu'il en perdait le repos et la santé.

Ce que Madeleine ne pouvait s'imaginer, car elle avait vécu si grande sagesse et retenue, ne se faisant jamais belle, ne se montrant point hors de son logis et n'écoutant aucun compliment, qu'elle n'avait plus idée de ce qu'elle pouvait paraître aux yeux d'un homme.

— Et enfin, lui dit Jeannette, puisqu'il vous trouve tant à son gré, et qu'il mourra de chagrin si vous le refusez, voulez-vous vous obstiner à ne point voir et à ne point croire ce qu'on vous dit ? Si vous le faites, c'est que ce pauvre enfant vous déplaît et que vous seriez fâchée de le rendre heureux.

— Ne dites point cela, Jeannette, répondit Madeleine ; je l'aime presque autant, si ce n'est autant que mon Jeannie, et si j'avais deviné qu'il m'eût dans son idée d'une autre manière, il est bien à croire que je n'aurais pas été tranquille dans mon amitié. Mais, que voulez-vous ? je ne m'imaginais rien comme cela, et j'en suis encore si étourdie dans mes esprits, que je ne sais comment vous répondre. Je vous en prie de me donner le temps d'y penser et d'en parler avec lui, pour que je puisse connaître si ce n'est point une rêvasserie ou un dépit d'autre chose qui le pousse, ou encore un devoir qu'il veut me rendre ; car j'ai peur de cela surtout, et je trouve qu'il m'a bien assez récompensée du soin que j'ai pris de lui, et que me donner sa liberté et sa personne encore, ce serait trop, à moins qu'il ne m'aime comme vous croyez.

Jeannette, entendant cela, rabattit son tablier, et François, qui ne se tenait pas loin et qui avait les yeux sur elle, vint à leur côté. Jeannette adroitement demanda à Jeannie de lui montrer la fontaine, et ils s'en allèrent, laissant ensemble Madeleine et François.

Mais Madeleine, qui s'était imaginé pouvoir questionner tout tranquillement le champi, se trouva d'un coup interdite et honteuse comme une fille de quinze ans ; car ce n'est pas l'âge, c'est l'innocence de l'esprit et de la conduite qui fait cette honte-là, si agréable et si bonnête à voir ; et François, voyant sa chère mère devenir rouge comme lui et trembler comme lui, devina que cela valait encore mieux pour lui que son air tranquille de tous les jours. Il lui prit la main et le bras, et il ne put lui rien dire du tout. Mais comme tout en tremblant elle voulait aller du côté où étaient Jeannie et Jeannette, il la retint comme de force et la fit retourner avec lui. Et Madeleine, sentant comme sa volonté la rendait hardi de résister à la sienne, comprit mieux que par des paroles que ce n'était plus son enfant le champi, mais son amoureux François qui se promenait à son côté.

Et quand ils eurent marché un peu de temps sans se

parler, mais en se tenant par le bras, aussi serrés que la vigne à la vigne, François lui dit :

— Allons à la fontaine, peut-être y trouverai-je ma langue.

Et à la fontaine, ils ne trouvèrent plus ni Jeannette ni Jeannie qui étaient rentrés. Mais François retrouva le courage de parler, en se souvenant que c'était là qu'il avait vu Madeleine pour la première fois, et là aussi qu'il lui avait fait ses adieux onze ans plus tard. Il faut croire qu'il parla très-bien et que Madeleine n'y trouva rien à répondre, car ils y étaient encore à minuit, et elle pleurait de joie, et il la remerciait à deux genoux de ce qu'elle l'acceptait pour son mari.

— Là finit l'histoire, dit le chanvreur, car des noces j'en aurais trop long à vous dire ; j'y étais, et le même jour que le champi épousa Madeleine, à la paroisse de Mers, Jeannette se mariait aussi à la paroisse d'Aigurande. Et Jean Vertaud voulut que François et sa femme, et Jeannie, qui était bien content de tout cela, avec tous leurs amis, parents et connaissances, vinssent faire chez lui comme un retour de noces, qui fut des plus beaux, honnête et divertissant comme jamais je n'en vis depuis.

— L'histoire est donc vraie de tous points ? demanda Sylvine Courtioux

— Si elle ne l'est pas, elle le pourrait être, répondit le chanvreur, et si vous ne me croyez, allez-y voir.

FIN DE FRANÇOIS LE CHAMPI.

MONSIEUR ROUSSET

(FRAGMENT D'UN ROMAN INÉDIT.)

— Vous riez de ces choses? dit à son tour M. Guigne, dont l'air était devenu fort sérieux, et voilà que vous riez plus fort parce que je n'en ris point. Mes amis, j'ai été comme vous incrédule, esprit fort, mais l'aventure qui m'est arrivée en ce genre dans ma jeunesse a fait sur moi une telle impression, que je n'aime pas à entendre plaisanter sur un pareil sujet...............
....

Enfin, après s'être longtemps fait prier, il parla ainsi :
C'était en 1730, j'avais alors une vingtaine d'années, j'étais assez joli garçon, quoiqu'il n'y paraisse guère aujourd'hui. Je n'avais pas ce crâne dégarni, ce gros nez, ces petits yeux éraillés, ces joues flétries; j'avais le teint frais, l'œil vif, le nez vierge de tabac, la taille élégante dans sa petitesse, le jarret tendu, la jambe admirable comme cela peut se voir encore. En somme, j'étais un joli petit cavalier, point gauche, nullement timide, et déjà stylé à prendre toutes les manières, soit bonnes, soit mauvaises, des gens avec qui je me trouvais; faisant des madrigaux avec les belles dames, jurant avec les soudards, philosophant avec les beaux esprits, raisonnant avec les ecclésiastiques, et déraisonnant avec les marquis. Enfin je plaisais et je réussissais partout, et ma profession de comédien homme de lettres était un passe-port qui me faisait également bien accueillir dans la bonne comme dans la mauvaise compagnie. Je me rendais de Lyon à Dijon par le coche, pour rejoindre la troupe de campagne dont je faisais partie..... C'était vers le milieu de l'automne, le temps était brumeux et déjà assez frais. Je me trouvai faire une dizaine de lieues avec un certain baron de Guernay qu'une affaire avait appelé dans les environs, et qui retournait coucher à son château situé dans une petite vallée de Bourgogne, à cent pas de la grand'route. Il était grand causeur, grand questionneur, grand amateur de vers et de romans. Je le charmai par ma conversation, et il ne sut pas plus tôt que j'étais auteur et acteur, qu'il ne voulut plus se séparer de moi. C'était un de ces *dilettanti* qui ont toujours en poche quelque petite drôlerie dramatique et qui espèrent vous la faire trouver excellente et vous en faire cadeau, pour avoir le plaisir de la voir représentée au prochain chef-lieu de bailliage sans bourse délier. Je ne m'y laissai point prendre, mais j'acceptai l'offre qu'il me fit de passer la nuit dans son manoir. Le coche s'arrêtait fort peu plus loin, et la tenue de mon baron m'annonçait un meilleur gîte et un meilleur souper que l'hôtellerie où j'aurais été forcé de passer douze ou quinze heures en attendant de pouvoir repartir.

Nous fîmes donc arrêter le coche à l'entrée de l'avenue qui aboutissait à la grand'route. Deux domestiques en petite livrée nous attendaient pour porter la canne et le portefeuille de Monsieur. Ils prirent ma valise, et nous acheminâmes vers le castel de Guernay qui était, par ma foi, de fort belle apparence, au soleil couchant.

— Par bleu! me dit le baron chemin faisant, la baronne va être bien étonnée de me voir arriver avec un inconnu!

— Et peut-être plus fâchée encore que surprise, ajoutai-je, lorsque monsieur le baron lui dira que cet inconnu est un comédien.

— Non, répondit-il, ma femme est sans préjugés. C'est une personne de beaucoup d'esprit que la baronne, vous verrez! C'est une vraie Parisienne, et même un peu trop, car elle ne peut pas souffrir la campagne, et depuis trois jours qu'elle y est, elle prétend que je veux l'enterrer et la faire mourir d'ennui. Elle sera donc charmée d'avoir à souper un aimable convive comme vous, et si vous n'étiez pas trop fatigué pour lui réciter ensuite quelques tirades, ou lui faire lecture de ma pièce de théâtre qu'elle n'a jamais voulu écouter avec attention, comme vous la lirez comme un ange, j'en suis certain...

Je vis bien qu'il me faudrait payer mon écot, et je m'y résignai tout de suite de bonne grâce en promettant au baron de lire et de réciter tout ce qu'il voudrait.

— Vous êtes un aimable homme! s'écria-t-il, et je suis si content de vous, que je complote déjà de vous faire manquer le coche demain et de vous garder quarante-huit heures au château de Guernay.

— Certes, lui dis-je, l'offre serait bien tentante si...

— Pas de si, reprit-il. Vous verrez, mon cher ami, que c'est une demeure agréable et aussi bien tenue que si elle avait toujours été habitée. Et pourtant il y a trois ans que je n'y suis point venu, sinon en passant; trois ans que je suis marié, Monsieur, et que madame la baronne n'a pas voulu seulement venir voir si c'était un pigeonnier ou un château. C'est avec les plus grandes peines du monde que je l'ai décidée enfin à y venir passer un mois, car il me faudra bien un mois pour installer mon nouvel intendant, et le mettre au courant de mes affaires. Or, vous comprenez, mon cher... Comment vous appelle-t-on?

— Rosidor, Monsieur, répondis-je. (C'était mon nom de guerre en ce temps-là.)

— Oui, oui, Rosidor; vous me l'avez déjà dit, je vous demande pardon. Donc, mon cher Rosidor, vous comprenez que je ne pouvais pas laisser à Paris, pendant un mois, une jeune femme comme la mienne, qui venait justement de perdre la tante qui lui servait de chaperon...

— Monsieur le baron ne voudrait pas me faire croire, repris-je en souriant, qu'il a le gothique malheur d'être jaloux.

— Jaloux, non, mais prudent; il faut toujours l'être. Il n'y a que les fats qui soient toujours tranquilles.

Vous voyez que M. le baron parlait quelquefois comme un homme d'esprit, mais il n'agissait pas toujours de même, comme vous le verrez bientôt, tant il est vrai que faire et dire sont deux.

— Jusqu'à présent, dit Florville, l'histoire est agréable, mais je n'y vois pas l'ombre d'un revenant.

— Patience, dit M. Guigne. Écoutez-moi avec quelque attention, bien parce que ce que je vais vous dire ne soit d'abord qu'un détail insignifiant en apparence.

Le baron me devança de quelques instants pour m'annoncer à sa femme. En apprenant qu'elle aurait un homme à souper, elle sonna sa fille de chambre pour se faire un peu accommoder. Puis, en apprenant que ce convive était un comédien, elle la congédia, pensant qu'un comédien n'était pas plus un homme qu'un mari. Et enfin, quand je fus présenté, elle s'avisa, à ma figure et à ma jeunesse, de penser que je pourrais bien être une espèce d'homme, et elle sortit du salon un moment avant le souper. Lorsqu'elle revint se mettre à table, j'observai fort bien qu'elle avait un œil de poudre et un ruban de plus.

La baronne de Guernay était plus piquante que jolie, plus coquette que spirituelle; mais on n'y regarde pas de si près à vingt ans. Je la trouvai charmante, et je ne tardai pas à le lui faire comprendre. Elle me fit comprendre, de son côté, qu'elle ne s'offensait point de mon jugement, mais qu'elle ne verrait en moi qu'un artiste, du moins jusqu'à la fin du souper.

Il y eut entre son mari et elle une petite altercation domestique qu'on ne se fût pas permise devant un étranger de meilleure condition que moi, mais qui me prouva, malgré ma petite vanité, que l'on me regardait comme un personnage sans conséquence. Je résolus de me rendre un peu plus important, du moins aux yeux de la baronne. J'étais encore assez niais pour croire qu'une aventure avec une femme de qualité pouvait changer l'état de la question.

Je ne pris, du reste, pas grand intérêt au sujet de leur querelle. Je dois pourtant appeler votre attention sur ce détail, qui est tout le nœud de mon histoire.

— Vous m'avez tout l'air de nous improviser un roman, dit Florimond en bâillant sans la moindre politesse.

— Vous allez voir, reprit M. Guigne, combien il serait prosaïque et mal combiné pour faire de l'effet. La querelle du baron et de la baronne roula pendant un quart d'heure sur les deux intendants dont l'un était mort avant l'arrivée de madame au château, et dont l'autre, destiné à remplacer le défunt, ne se pressait point d'arriver. Comme madame s'ennuyait à la campagne, et souhaitait d'y laisser monsieur faire les affaires et installer le nouvel intendant, elle trouvait que M. Rousset était un sot de s'être laissé mourir au moment où le beau monde revient à Paris, et où personne ne va s'installer dans ses terres. Elle trouvait que M. Buisson était un autre sot de se faire désirer, et elle faisait entendre que M. le baron de Guernay avait été trop sot d'être accouru et de l'avoir fait accourir elle-même au-devant d'un homme d'affaires dont le métier était d'attendre et non pas d'être attendu.

— D'abord, ma chère baronne, répondait le baron, ce pauvre Rousset est mort le plus tard qu'il a pu, car il avait quatre-vingt-deux ans, et il a maintenu un ordre admirable dans mes affaires et dans ma maison pendant trente ou quarante ans qu'il a gouverné les biens de ma famille. C'était un homme précieux et que je dois regretter. Vous voyez dans quelle belle tenue il a laissé cette demeure et quel ordre il y avait établi.

— Tout cela m'est bien égal, dit la baronne; je ne l'ai pas connu, et je ne peux pas partager vos regrets. D'ailleurs, vous exagérez cela, baron. Ma femme de chambre, qui a causé avec les domestiques d'ici, m'a dit que ce vieillard était avare comme Harpagon, et que depuis longtemps il avait perdu la tête.

— Sans doute, ses facultés avaient baissé avec l'âge. Pourtant il n'y paraît point à mes affaires, et quant à son économie, puisqu'elle était à mon profit, je ne vois pas comment je pourrais m'en plaindre.

— Allons, je vous passe votre Rousset, puisqu'il est mort, dit la baronne; mais je ne vous pardonne pas votre Buisson. Je ne le connais pas plus que l'autre; mais je lui en veux encore plus pour son impertinence de n'être pas encore ici. Il n'y a que vous, baron, pour prendre des serviteurs de cette espèce-là; des gens qui ont l'air de se faire prier pour entrer chez vous. Un monsieur Buisson qui vous tient le bec dans l'eau, ici, à ne rien commencer et à ne rien finir par conséquent! Enfin, je vous déclare, mon ami, que si votre M. Buisson n'est pas ici demain, comme il n'y a pas de raison pour qu'il se décide, je m'en vais, moi, et je vous laisse me suivre ou rester, comme il vous plaira.

— Mais patience donc! chère amie; vous me ferez perdre l'esprit, s'écria le baron. M. Buisson sera ici demain matin, ce soir peut-être. J'ai encore reçu de lui ce matin une lettre qui me l'annonce. Que diable! un homme d'affaires n'est pas un valet, et tant qu'il n'est pas entré en fonctions, on n'a pas d'ordres à lui donner.

— Il fallait lui écrire que c'était à prendre ou à laisser...

— J'en aurais eu bien de garde! c'est un homme qui m'est trop bien recommandé, un homme aussi précieux que le pauvre Rousset dans son genre.

— Pourvu qu'il ne soit pas fou aussi, celui-là! dit la baronne avec dépit; car je crois que vous avez juré de les prendre aux petites maisons!

Le baron ne put se défendre de hausser les épaules d'impatience, et comme on se levait de table, il dit à un valet :

— Lapierre, vous direz au concierge de se tenir éveillé jusqu'à minuit, car M. Buisson, mon nouvel intendant, voyageant à cheval, peut arriver tard dans la soirée.

— Oui, monsieur le baron, répondit Lapierre; j'y veillerai moi-même. L'appartement de feu M. Rousset est tout préparé pour recevoir M. Buisson.

Là-dessus nous passâmes au salon, et il ne fut plus question ni de Buisson ni de Rousset. Madame la baronne voulut bien se souvenir que j'étais là, et on me demanda de réciter des vers. J'offris de lire la pièce du baron; mais madame dit qu'elle l'avait entendue six fois, qu'elle la savait par cœur, et qu'elle préférait le Corneille ou le Racine. Pour me venger de ses petits grands airs, je m'obstinais avec le baron. Il fallut transiger; on convint que je lirais les plus beaux morceaux de M. le baron. Ah! les beaux morceaux que c'était! Après quoi, je fus libre de choisir ce qu'il me plairait de déclamer.

J'avais remarqué que le baron était extrêmement fatigué, et qu'il lui avait fallu tout l'amour qu'il portait à son œuvre pour le tenir éveillé jusqu'au bout. J'achevai de l'endormir en récitant d'un ton monotone de lourdes tirades de nos vieux auteurs. Je lui débitai avec emphase du Pradon, du Mairet et du Campistron, et il lui arriva enfin de ronfler tout haut. Madame bâillait, elle me trouvait froid ; mon débit et le choix de mes vers lui faisaient penser que je n'étais ni bon acteur ni homme de goût. Elle prit le parti de taquiner la somnolence de son mari. Il en eut du dépit, et alla se coucher, me laissant avec elle et une sorte de demoiselle de compagnie qui cousait au bout du salon, et qui ne tarda pas à s'éclipser, soit qu'elle fût assoupie aussi par ma voix, soit qu'elle eût, d'un côté, la consigne de rester auprès de madame, de l'autre, celle de n'y pas rester aussitôt que monsieur aurait tourné les talons.

Me voilà donc enfin en tête à tête avec la petite baronne, qui ne me paraissait y consentir que faute de mieux ou par un reste de curiosité. Aussitôt je change de visage, d'attitude, de voix et de sujets. De plat comédien de province, je redeviens l'acteur que vous connaissez et que j'étais déjà. Je laisse les rôles d'Agamemnon et d'Auguste, je m'empare des rôles de jeunesse et de passion; je suis le Cid aux pieds de Chimène, Titus soupirant pour Bérénice; puis je m'assure que la baronne entend bien l'italien, et, sur sa demande, j'improvise une scène à l'italienne. Déjà ma jeune châtelaine était émue; je lui apparaissais sous un nouveau jour. Ses yeux bleus avaient fait semblant de verser quelques larmes et son sein d'être oppressé; mais je remarquais, moi, qu'elle avait l'œil brillant et la main brûlante, car j'avais réussi à effleurer cette main en gesticulant à propos. Lorsqu'elle me demanda comment, dans les canevas italiens, le dialogue nous venait si facilement que le public croyait entendre une pièce apprise par cœur, j'eus l'adresse de lui répondre que cela dépendait bien plus des acteurs qui nous donnaient la réplique que du sujet même de la pièce, et que tel personnage nous rendait éloquent par ses regards ou par l'inspiration qu'il nous communiquait. Par exemple, lui dis-je, dans une scène d'amour, il peut arriver qu'on exprime au naturel le sentiment que vous inspire votre interlocutrice. Cela s'est vu, et je suis certain que j'aurais été sublime dans certaines pièces, si j'avais eu devant les yeux un objet aussi accompli que je le rêvais en méditant mon rôle.

La baronne devint pensive.

— Je voudrais bien vous entendre et vous voir, dit-elle,

dans un de ces moments d'inspiration. Je n'ai vu jouer par les Italiens que des farces.

— Il ne tiendrait qu'à vous, Madame, répondis-je, de voir traiter un sujet sérieux.

— Comment cela? fit-elle d'un ton de naïveté raffinée.

— Il faudrait que vous eussiez la bonté de vous prêter pour un instant à une supposition scénique. Par exemple, je suis Linval ou Valère, je suis amoureux de Céliante, ou de Chloé. Je me plains de sa rigueur dans un monologue. Daignez faire attention, je vais commencer. Je serai peut-être un peu froid, un peu gêné au début ; mais vous daignerez vous lever et vous placer derrière moi, comme si vous surpreniez le secret de ma passion. Je vous verrai dans la glace, et vos regards daigneront m'encourager. Dans mon rôle, pourtant, je serai censé ne pas vous voir, et j'aurai si peu d'espoir, que je tirerai mon épée pour me percer le sein. Vous m'arrêterez en me disant : *Je t'aime*...

— Vraiment, je vous dirai cela?

— Oui, Madame, ce n'est pas long à retenir ; mais il faudra que vous ayez la bonté de me le dire avec assez d'âme pour produire sur moi une certaine illusion. Alors je me précipiterai à vos genoux, et je vous exprimerai ma reconnaissance. Je suis certain qu'alors je trouverai les expressions les plus passionnées et que mon jeu approchera tellement de la vérité, que vous y serez trompée vous-même.

— Tout de bon, je suis curieuse de voir cela, dit la baronne, et je vais essayer de faire ma partie dans ce dialogue. Commencez donc, je me place derrière vous, et je vous regarde.

— Oh ! Madame, pas comme cela ! Il faut jouer un peu, il faut mettre une certaine tendresse dans votre pantomime !

— Mais pas avant que vous ayez parlé. Je ne peux pas savoir que vous m'aimez avant que vous l'ayez dit.

— O Aminte ! m'écriai-je. (J'avais entendu le baron lui donner ce nom, qui était le sien.)

Et là-dessus je divaguai assez abondamment pendant quelques instants, puis je fis mine de me poignarder, et ma princesse m'arrêta en s'écriant : *Je t'aime*! avec beaucoup plus de feu que je ne l'aurais espéré. Je me plaignis pourtant de la sécheresse de son accent, et je la fis recommencer plusieurs fois, lui recommandant surtout de me prendre les mains pour m'empêcher de consommer mon suicide. Que ce fût instinct de comédienne ou émotion véritable, elle s'acquitta si bien de son rôle, que mon imagination se monta. Je me jetai à ses genoux, et je lui dis de si belles choses tout en lui baisant les mains avec passion, qu'elle parut oublier que c'était un jeu ; je ne demandais pas mieux que de l'oublier moi-même, et j'étais sur le point de m'enhardir jusqu'à parler pour mon propre compte, lorsque je m'aperçus que la chaleur de notre déclamation et de notre pantomime nous avait empêchés de voir que nous n'étions plus seuls. Je fis un mouvement brusque pour me donner une contenance raisonnable, et la baronne, en se retournant pour voir la cause de ma surprise, laissa échapper un cri de frayeur. Mais nous restâmes stupéfaits en voyant que cet intrus n'était ni le baron, ni la duègne, ni aucune des personnes de la maison par lesquelles nous pouvions être surpris, mais bien un inconnu pour la baronne comme pour moi.

C'était un petit vieillard, très-jaune, très-sec, et assez propre quoiqu'un peu râpé ; il avait un habit et une veste olive, avec un petit galon d'argent fané ; des bas chinés, une perruque très-ancienne, des besicles et une grande canne d'ébène dont le pommeau représentait une tête de nègre surmontée d'une grosse plaque de cornaline figurant un turban. Un vilain caniche noir était entre ses jambes, car il s'était déjà assis au coin du feu, et il paraissait si pressé et si occupé de se chauffer, qu'il ne faisait aucune attention à l'étrange scène dont il avait pu être témoin.

La baronne se remit plus vite que moi, et, lui adressant la parole avec un mélange d'embarras et de hauteur, elle lui demanda qui il était et ce qu'il voulait.

Mais il ne parut pas l'entendre, car il était sourd ou feignait de l'être, et il se mit à parler comme s'il croyait continuer une conversation déjà entamée.

— Oui, oui, dit-il d'une petite voix sèche et brève, il fait froid, très-froid, cette nuit. (La pendule marquait minuit.) Il va geler ; il gèle déjà ; la terre est dure comme tous les diables, et la lune est très-claire, très-claire, tout à fait claire.

— Qu'est-ce là? me dit la baronne en se retournant vers moi avec surprise. Un sourd, un fou? Comment est-il entré?

J'étais aussi étonné qu'elle. J'interrogeai à mon tour le petit vieillard, et il ne me répondit pas davantage.

— Les affaires de M. le baron? dit-il, elles sont en ordre, en ordre, en bon ordre. M. le baron sera content de son intendant. Il n'y a que le procès avec le prieur de Sainte-Marthe qui puisse le tourmenter ; mais ce n'est rien, ce n'est rien, rien du tout.

— Ah! j'y suis, dit la baronne, c'est le nouvel intendant, c'est M. Buisson. Enfin, le voilà arrivé, c'est bien heureux! Mais il est sourd comme un pot, n'est-ce pas?

— Monsieur, dis-je en élevant la voix, est-ce que vous n'entendez pas que madame la baronne vous demande des nouvelles de votre voyage?

Le bonhomme ne répondit rien. Il caressait son vilain caniche.

— Voilà une affreuse bête, dit la baronne, et cela ne laisse pas que d'être agréable d'avoir une pareille société! mais voyez donc où le baron a l'esprit de prendre de pareils intendants! Quand je disais tantôt qu'il les faisait faire exprès pour être insupportables!

— Le fait est, répondis-je, que celui-ci est fort étrange. Je ne comprends pas comment M. le baron pourra causer de ses affaires avec lui, puisqu'il n'entendrait pas le canon.

— Et puis, il a au moins cent ans ! reprit la baronne. Sans doute, il trouvait l'autre trop jeune. Oh ! voyez-vous, ce sont là des idées de mon mari, des idées qui ne viennent qu'à lui ! Voyons, essayons donc de l'envoyer coucher : Monsieur ! monsieur Buisson ! monsieur l'intendant !

La baronne criait à tue-tête, et, quand elle vit que le petit homme ne s'en apercevait pas le moins du monde, elle prit le parti de trouver la chose plaisante, et s'abandonna à un fou rire. J'essayai d'en faire autant, mais ce ne fut pas de bon cœur. Ce damné vieillard m'avait dérangé au moment où mes affaires étaient en bon train ; il paraissait ne pas se douter qu'il fût fort incommode ; il ne bougeait de son fauteuil, il chauffait ses vieilles jambes sèches avec une sorte de rage, et son abominable chien, à qui j'essayai de marcher sur la queue sans pouvoir l'atteindre, me montra les dents d'un air de menace.

— Ce procès ! dit alors l'intendant, il est embrouillé, embrouillé, très-embrouillé ; il n'y a que moi qui le comprenne. Je défie qu'un autre que moi le termine ; le prieur prétend que...

Et alors il se mit à parler avec une étonnante volubilité et une animation tout à fait bizarre. N'attendez pas que je vous répète son discours ; car le diable seul, ou un vieux procureur rompu à la chicane, aurait pu le comprendre. C'était de l'hébreu pour moi, et encore plus pour la baronne. D'ailleurs, à mesure qu'il parlait, il se passait en moi et en elle, comme elle me l'a dit ensuite, un phénomène fort singulier. Ce qu'il disait frappait nos oreilles et ne laissait en nous aucun souvenir. Il nous eût été impossible de répéter aucune des phrases qu'il venait de dire, et elles n'offraient aucun sens à notre esprit. Nous remarquâmes qu'il n'avait même pas l'air de s'entendre et de se comprendre lui-même ; il parlait comme dans le vide, et il nous sembla que tantôt il passait d'un sujet à un autre, sans rime ni raison, et que tantôt il répétait à satiété la même chose. Mais nous n'avions réellement pas conscience de ses paroles. Le son de sa voix nous agaçait l'oreille et ne la remplissait pas. Il semblait que l'appartement fût devenu sourd comme une boîte. Sa figure et son apparence avaient beaucoup changé, et changeaient toujours à mesure qu'il parlait. Il paraissait vieillir de minute en minute. Je ne sais pas comment on est fait quand on a deux cents ans, mais il est certain qu'il nous parut d'abord centenaire, et qu'ensuite son âge nous sembla doublé et triplé. Sa peau se collait à ses os. Ses yeux, qui furent un instant brillants et comme enflammés par la fureur de la chicane, devinrent hagards, flottants, puis vitreux, puis ternes et fixes, et enfin s'éteignirent dans leurs orbites. Sa voix s'éteignit aussi par degrés, ses traits se contractèrent. Son habit tomba flasque et comme humide sur ses membres étiques. Son linge, qui nous avait paru blanc, prit une couleur terreuse, et il nous sembla qu'il s'exhalait de lui une odeur de moisi; son chien se leva et se mit à hurler, répondant au vent qui mugissait au dehors. Les bougies, qui brûlaient dans les candélabres, s'étaient consumées peu à peu sans que nous y fissions attention, et la dernière s'éteignit. La baronne fit un cri et sonna avec anxiété. Personne ne vint, mais je parvins à trouver une bougie entière dans un autre candélabre et à la rallumer. Nous nous trouvâmes seuls alors. Le petit vieillard était sorti avec aussi peu de bruit qu'il était entré.

— Dieu soit loué ! s'écria la baronne ; je ne sais ce que c'est, mais j'ai failli avoir une attaque de nerfs. Je ne connais rien de plus irritant que ce petit spectre-là ; car c'est absolument comme un spectre, n'est-ce pas, Monsieur ? Concevez-vous mon mari de s'embarrasser d'une pareille momie ? Un sourd, un centenaire, un fou, car, en vérité, il est fou par-dessus le marché, n'est-il pas vrai ? Que nous a-t-il dit ? Je n'ai rien compris, n'est-ce pas... c'était comme une vieille crécelle. D'abord cela m'a fait rire, et puis cela m'a ennuyée, et puis impatientée, et puis effrayée, mais effrayée au point que j'étais étouffée, oppressée, que j'avais envie de bâiller, de tousser, de pleurer et de crier... je crois même que j'ai crié un peu à la fin. J'ai une peur affreuse des fous et des idiots ! Ah ! je ne veux pas que cet homme-là reste vingt-quatre heures ici, je deviendrais folle moi-même.

— Monsieur le baron a été trompé sur l'âge et les facultés de ce brave homme, répondis-je. Certainement il est en enfance.

— Il soutiendra que non. Vous verrez qu'il me dira qu'il est jeune et agréable... Mais il faudra qu'il le chasse ou je partirai... Ah ! mon Dieu ! s'écria-t-elle, savez-vous quelle heure il est ?

Je regardai la pendule. Elle marquait trois heures du matin.

Je n'en pouvais croire mes yeux, je regardai ma montre, il était trois heures du matin.

— Comment, cet homme nous a parlé ainsi pendant trois heures ? Il avait la fièvre chaude, c'est évident...

Nous gardâmes le silence un instant. Nous ne pouvions nous expliquer ni l'un ni l'autre comment nous avions subi cet assommant bavardage pendant trois heures sans pouvoir nous y soustraire, et sans nous apercevoir de la durée du temps, malgré l'ennui et l'impatience qu'il nous avait causés. Tout à coup la baronne prit de l'humeur contre moi.

— Je ne conçois pas, dit-elle, que vous ne l'ayez pas interrompu et que vous n'ayez pas su trouver un moyen honnête ou non de me délivrer d'un pareil supplice. Car c'était à vous de le faire.

— Il me semble, Madame, que je n'avais pas d'ordre à donner chez vous, répondis-je, à moins que vous ne m'en eussiez donné vous-même...

— Je crois tout bonnement que je dormais, et vous aussi probablement.

— Je vous jure que non, m'écriai-je, car j'ai horriblement souffert.

— Et moi aussi, reprit-elle, j'avais peur, j'étais paralysée. J'ai peur des fous et des idiots, je vous le disais. Mais vous, vous avez donc eu peur aussi ?

— Je ne crois pas, Madame, mais j'ai été glacé par je ne sais quelle stupeur, quel dégoût...

J'essayai de faire entendre que cette interruption fâcheuse au milieu d'une scène que je jouais avec tant d'ardeur et de conviction m'avait rendu malade.

— Bah ! vous avez eu peur aussi ! dit la baronne d'un ton de dédain mortel. Allons ! voilà une belle veillée, en vérité ! J'aurai la migraine demain. Faites-moi donc le plaisir d'aller voir dans la maison, à l'office, à la cuisine, s'il y a encore quelqu'un de levé, car j'ai beau casser les sonnettes, personne ne vient. C'est fort étrange. Il faut que ma femme de chambre et tous mes gens soient en léthargie.

Cela était très-facile à dire. Il n'y avait qu'une seule bougie. Je ne pouvais décemment l'emporter, et je ne connaissais pas du tout les êtres. Je n'avais plus du tout la tête ni le cœur disposés à l'amour. La baronne me paraissait aigre, impérieuse et sotte. Il faisait froid et sombre dans ce grand salon. Je me sentais fatigué de mon voyage et dégoûté au dernier point de mon gîte. Je sortis à tout hasard ; je tâtonnai dans l'antichambre, dans les corridors, et, me heurtant partout, j'appelai, je frappai à plusieurs portes. Si je réveille le baron, pensais-je, il trouvera fort étrange que je ne sois pas couché, ni sa femme non plus, à trois heures du matin. Ma foi, ils s'expliqueront, peu m'importe.

Enfin, je pousse une dernière porte ; je pénètre dans une grande cuisine qu'éclairait faiblement une vieille lampe, et je trouve le petit vieillard assis sur une chaise de paille auprès d'un feu presque éteint. Son caniche me montre les dents. Voilà un pauvre diable bien mal hébergé et qui me fait pitié ! Je veux l'éveiller, car il me semblait endormi. Mais il me dit : « Il fait froid, froid, très-froid. » Impossible de lui faire entendre un mot, pas moyen de trouver une âme à qui parler. J'allume un flambeau, je parcours la maison du bas en haut Pas de domestiques, pas de soubrettes : aucun ne couchait dans ce corps de logis. Je reviens au salon pour demander à madame, au risque de passer pour un sot, dans quelle partie de son manoir on peut déterrer ses valets. La baronne, impatientée, avait été se coucher en emportant sa bougie, et le misérable bout de chandelle que j'avais trouvé dans la cuisine s'éteignit dans mes mains. Où trouver ma chambre dans ce dédale de corridors et d'escaliers qu'il me fallait encore parcourir à tâtons ? Il n'y a rien de si sot qu'un homme qui a laissé passer l'heure d'aller décemment se coucher. J'y renonce, que la baronne aille au diable et couche sans le secours de ses suivantes. Que le vieux intendant et son chien gèlent dans la cuisine, peu m'importe. Je me passerai de chambre, et de lit, et de domestique, mais je ne me laisserai pas geler.

En devisant ainsi, je fourre trois énormes bûches dans la cheminée ; je tire un grand sofa devant le feu ; je m'enveloppe d'un vaste tapis de table, et je m'endors profondément.

Les valets, pour se coucher de bonne heure, ne s'en levaient pas plus tôt. Il était temps que l'intendant arrivât, car tout allait à la diable dans le château de Guernay. J'eus le temps, dès que le jour fut levé, de retrouver ma chambre, que je reconnus à ma valise posée à l'entrée, de défaire mon lit comme si je m'étais couché, et de faire ma toilette, avant que personne se fût aperçu de l'étrange bivouac que j'avais établi au salon. Lorsque la cloche m'appela pour déjeuner, je trouvai le baron et la baronne en querelle ouverte. Le baron se réjouissait de l'arrivée de M. Buisson, et commandait aux domestiques d'aller l'avertir afin qu'il eût le plaisir de le présenter à madame. Madame était furieuse et disait qu'elle allait le mettre à la porte s'il paraissait devant elle.

— Ah çà ! à qui en avez-vous, mon cœur, avec vos folies ? dit enfin le baron impatienté. M. Buisson centenaire, M. Buisson fou, idiot, sourd ? où avez-vous pris cela, vous qui ne l'avez jamais vu ?

— Je l'ai vu et trop vu, Monsieur, de minuit à trois heures du matin, sans pouvoir m'en débarrasser.

— Vous avez rêvé ! il n'est arrivé que depuis deux heures !

— Non, vous dis-je, il est arrivé à minuit ; demandez à Lapierre, qui sans doute l'a reçu à la grille ; mais qui, par parenthèse, ne s'est pas donné la peine de me l'annoncer.

— Mais quand je vous dis que je l'ai reçu moi-même, au grand jour, à neuf heures, et que j'ai été au-devant de lui à plus d'une lieue d'ici !

— Vous rêvez !
— Non, c'est vous.
— Mais où est donc Lapierre, qu'il s'explique ? Et vous, monsieur Rosidor, parlez donc !

J'étais hébété, je me rappelais confusément les événements de la nuit. Je ne pouvais, je n'osais rien rappeler, rien expliquer. La porte s'ouvre, et M. Buisson paraît. C'est un homme de quarante ans tout au plus, gras, coloré, vêtu de noir, l'œil frais, l'air ouvert. Le baron le présente à sa femme. M. Buisson n'est pas plus sourd que vous et moi. Il s'exprime bien, répond à propos, ne parle point procédure, et assure madame la baronne qu'il a couché à Saint-Meinen, et qu'il en est parti à cinq heures du matin sur son cheval, pour arriver à neuf. L'explication était fort inutile. Il n'y avait pas à confondre cet intendant-là avec celui qui était venu dans la nuit. La baronne interroge Lapierre ; Lapierre n'a vu personne. Il a attendu en vain M. Buisson jusqu'à minuit au bout de l'avenue. Il est rentré se coucher. Aucun domestique n'a fait ni vu entrer personne. Tous ont dormi parfaitement. La femme de chambre a attendu madame dans son appartement, où elle a dû la trouver en y rentrant à trois heures du matin.

— A trois heures du matin, s'écrie le baron en me lançant un regard terrible. Vraiment, voilà une singulière fantaisie de se coucher à pareille heure ! Et cet intendant qui vous tenait compagnie n'a pas tout à fait l'âge que vous lui supposez !

La baronne entre dans une fureur épouvantable.
— Mais parlez donc, Monsieur, s'écrie-t-elle en s'adressant à moi, car je passe ici pour visionnaire et vous êtes là que ne dites-vous.

Enfin mes idées se débrouillent, et je prends la parole :

— Monsieur le baron, je vous jure sur l'honneur, sur mon âme, sur tout ce qu'il y a de plus sacré, qu'à minuit est entré dans le salon où j'étais en train de prendre congé de madame la baronne, un petit homme qui avait au moins quatre-vingts ans, et qu'il est resté à battre la campagne jusqu'à trois heures, sans qu'il ait été possible de lui faire entendre un mot, tant il est sourd ou détraqué.

L'accent de vérité avec lequel je fis cette assertion ébranla le baron.
— Comment était-il fait, ce petit homme ? dit-il.
— Il était maigre, plus petit encore que moi. Il avait le nez pointu, une grosse verrue au-dessous de l'œil, les lèvres minces, des yeux pâles et hagards, la voix sèche et creuse.
— Comment était-il habillé ?
— Habit, veste et culotte vert olive, des bas chinés blanc et bleu ; il tenait une canne d'ébène terminée par une tête de nègre coiffée d'une cornaline ; il était accompagné d'un vilain barbet tout noir et fort grognon.

— Tout cela est exact, dit la baronne, et monsieur oublie qu'il avait un galon d'argent autour de son habit, et qu'il portait des besicles d'écaille. En outre, il a l'habitude de répéter souvent trois fois le même mot. *Il fait froid, froid, très-froid. C'est une affaire embrouillée, bien embrouillée, très-embrouillée.*

En ce moment, Lapierre, qui portait une assiette, la laissa tomber, et devint pâle comme la mort. Le baron pâlit aussi un peu, et dit : « C'est fort étrange ! on me l'avait dit ; je ne le croyais pas. »

— Quand je vous le disais, Monsieur, dit Lapierre tout tremblant ; je l'ai vu le soir de notre arrivée comme je vous vois à cette heure, et habillé absolument comme il est dans son portrait.

— Allez me chercher le portrait de M. Rousset tout de suite, dit le baron fort agité.

On apporta un petit portrait au pastel. — Il n'est pas bien bon, dit le baron ; c'est un artiste ambulant qui l'a fait deux mois avant la mort du pauvre Rousset ; mais il ressemble d'une manière effrayante. La baronne jeta les yeux sur le portrait, fit un grand cri et s'évanouit.

Je fus plus maître de moi ; mais, en reconnaissant à ne pouvoir en douter un seul instant l'hôte de la nuit, je sentis une sueur froide me gagner.

On secourut la baronne. — Expliquez-moi cette affreuse plaisanterie, Monsieur, dit-elle à son mari aussitôt qu'elle fut revenue à elle-même ; M. Rousset n'est donc pas mort ?

— Hélas ! le pauvre homme ! dit Lapierre ; il est mort et enterré huit jours avant l'arrivée de madame la baronne. Je lui ai fermé les yeux, et si madame veut voir son chien, son pauvre caniche noir, qui va toutes les nuits gratter sa tombe…

— Jamais, jamais ! s'écria la baronne. Vite, vite, qu'on fasse mes paquets, qu'on m'amène des chevaux de poste ; je ne passerai pas la nuit ici.

Soit qu'elle fût réellement terrifiée, soit qu'elle fût bien aise d'avoir ce prétexte, elle insista si bien que deux heures après elle était en route pour Paris avec le baron, qui laissait à son nouvel intendant le soin de se débrouiller avec le défunt. J'ignore s'ils eurent maille à partir ensemble. Je n'avais nulle envie de passer une nouvelle nuit à entendre parler de procédure par un spectre fou. La baronne me fit des adieux très-froids ; le baron essaya d'être plus aimable, et il me fit conduire jusqu'à la ville voisine ; mais je ne partageai point le regret qu'il m'exprima de ne pouvoir me retenir plus longtemps au château de Guernay.

GEORGE SAND.

FIN DE MONSIEUR ROUSSET.

LIBRAIRIE BLANCHARD — ÉDITION J. HETZEL — LIBRAIRIE MARESCQ ET Cᵉ

LES MAITRES MOSAISTES

NOTICE

J'ai écrit les *Mosaïstes* en 1837, pour mon fils, qui n'avait encore lu qu'un roman, *Paul et Virginie*. Cette lecture était trop forte pour les nerfs d'un pauvre enfant. Il avait tant pleuré, que je lui avais promis de lui faire un roman où il n'y aurait pas d'amour et où toutes choses finiraient pour le mieux. Pour joindre un peu d'instruction à son amusement, je pris un fait réel dans l'histoire de l'art. Les aventures des mosaïstes de Saint-Marc sont vraies en grande partie. Je n'y ai cousu que quelques ornements, et j'ai développé des caractères que le fait même indique d'une manière assez certaine.

Je ne sais pourquoi j'ai écrit peu de livres avec autant de plaisir que celui-là. C'était à la campagne, par un été aussi chaud que le climat de l'Italie que je venais de quitter. Jamais je n'ai vu autant de fleurs et d'oiseaux dans mon jardin. Liszt jouait du piano au rez-de-chaussée, et les rossignols, enivrés de musique et de soleil, s'égosillaient avec rage sur les lilas environnants.

GEORGE SAND.

Nohant, mai 1852.

A MAURICE D.....

Tu me reproches, enfant, de te faire toujours des contes qui finissent mal et te rendent triste, ou bien des histoires si longues, si longues, que tu t'endors au beau milieu. Crois-tu donc, petit, que ton vieux père puisse avoir des idées riantes après un hiver si rude, après un printemps si pâle, si froid, si rhumatismal? Quand le triste vent du nord gémit autour de nos vieux sapins, quand la grue jette son cri de détresse au son de l'*Angelus* qui salue l'aube terne et glacée, je ne puis rêver que de sang et de deuil. Les grands spectres verts dansent autour de ma lampe pâlissante, et je me lève, inquiet, pour les écarter de ton lit. Mais le temps n'est plus où les enfants croyaient aux spectres. Vous souriez quand nous vous racontons les superstitions et les terreurs qui ont environné notre enfance; les contes de revenants, qui nous tenaient éveillés et tremblants dans nos lits jusqu'au lugubre coup de *Matines*, vous font sourire et vous endorment dans vos berceaux. C'est donc une histoire toute simple et toute naturelle que tu demandes, jeune esprit-fort? Je vais essayer de me rappeler une de celles que l'abbé Panorio racontait à Beppa, du temps que j'étais à Venise. L'abbé Panorio était de ton avis, quant aux histoires. Il était rassasié de fantastique; la confession des vieilles dévotes lui avait fait prendre les sorciers et les visions en horreur. D'autre part, il donnait peu dans le genre sentimental. Les amours de roman lui semblaient d'une fadeur extrême; mais comme toi il s'intéressait aux rêveries des amants de la nature, aux travaux et aux tribulations des artistes. Ses récits avaient toujours un fond de réalité historique; et si quelquefois ils nous attristaient, ils finissaient toujours par une vérité consolante ou par un enseignement utile.

C'était durant les belles nuits d'été, à la clarté pleine et suave de la lune des mers orientales, qu'assis sous une treille en fleur, abreuvés du doux parfum de la vigne et du jasmin, nous soupions gaiement de minuit à deux heures dans les jardins de Santa-Margarita. Nos convives étaient Assem Zuzuf, honnête négociant de Corcyre; le signor Lélio, premier chanteur du théâtre de la Fenice; le docteur Acrocéronius, la charmante Beppa et le bel abbé Panorio. Un rossignol chantait dans sa cage verte, suspendue au treillage qui abritait la table. Au sorbet, Beppa accordait un luth et chantait d'une voix plus mélodieuse encore que celle du rossignol. L'oiseau jaloux l'interrompait souvent par des roulades précipitées, par des assauts furieux de mélodie ou de déclamation lyrique; puis on éteignait les bougies, le rossignol se taisait, la lune répandait de pâles saphirs et des diamants bleuâtres sur les cristaux et les flacons d'argent épars devant nous. La mer brisait au loin avec un bruit voluptueux sur les plages fleuries, et le vent nous apportait quelquefois le récitatif lent et monotone du gondolier:

Intanto la bella Erminia fugge, etc.

Alors l'abbé racontait les beaux jours de la république et les *grandes mœurs* des temps de force et de gloire de sa patrie. D'autres fois aussi il se complaisait à en rappeler les jours de faste et d'éclat. Quoique jeune, l'abbé connaissait mieux l'histoire de Venise que les plus vieux citoyens. Il l'avait étudiée avec amour dans ses monuments et dans ses chartes. Il s'était plu aussi à chercher, dans les traditions populaires, des détails sur la vie des grands artistes. Un jour, à propos du Tintoret et du Titien, il nous raconta l'anecdote que je vais essayer de me rappeler, si la brise chaude qui fait onduler nos tilleuls, et l'alouette qui poursuit dans la nue son chant d'extase, ne sont pas interrompues par le vent d'orage, si la bouffée printanière qui entr'ouvre le calice de nos roses paresseuses, et qui me prend au cœur, daigne souffler sur nous jusqu'à demain matin.

I.

« Croyez-moi, *messer Jacopo*, je suis un père bien malheureux. Je ne me consolerai jamais de cette honte. Nous vivons dans un siècle de décadence, c'est moi qui vous le dis; les races dégénèrent, l'esprit de conduite se perd dans les familles. De mon temps, chacun cherchait à égaler, sinon à surpasser ses parents. Aujourd'hui, pourvu qu'on fasse fortune, on ne regarde pas aux moyens, on ne craint pas de déroger. De noble, on se fait trafiquant; de maître, manœuvre; d'architecte, maçon; de maçon, goujat. Où s'arrêtera-t-on, bonne sainte mère de Dieu? »

Ainsi parlait messire Sébastien Zuccato, peintre oublié aujourd'hui, mais assez estimé dans son temps comme chef d'école, à l'illustre maître Jacques Robusti, que nous connaissons davantage sous le nom du Tintoret.

« Ah! ah! répondit le maître, qui par préoccupation habituelle était souvent d'une sincérité excessive; il vaut mieux être un bon ouvrier qu'un maître médiocre, un grand artisan qu'un artiste vulgaire, un...

— Eh! eh! mon cher maître, s'écria le vieux Zuccato un peu piqué, appelez-vous artiste vulgaire, peintre médiocre, le syndic des peintres, le maître de tant de maîtres qui font la gloire de Venise et forment une constellation sublime, où vous êtes enchâssé comme un astre aux rayons éblouissants, mais où mon élève Tiziano Vecelli ne brille pas d'un moindre éclat?

— Oh! oh! maître Sébastien, reprit tranquillement le Tintoret, si de tels astres et de telles constellations dardent leurs feux sur la république, si de votre atelier sont sortis tant de grands maîtres, à commencer par le sublime Titien, devant lequel je m'incline sans jalousie et sans ressentiment, nous ne vivons donc pas dans un siècle de décadence, comme vous le disiez à l'instant même.

— Eh bien! sans doute, dit le triste vieillard avec impatience, c'est un grand siècle, un beau siècle pour les arts. Je ne puis me consoler d'avoir contribué à sa grandeur et d'être le dernier à en jouir. Que m'importe d'avoir produit le Titien, si personne ne s'en souvient et ne s'en soucie? Qui le saura dans cent ans? Encore aujourd'hui ne le sait-on que grâce à la reconnaissance de ce grand homme, qui va partout faisant mon éloge, et m'appelant son cher *compère*. Mais qu'est-ce que cela? Ah! pourquoi le ciel n'a-t-il pas permis que je fusse le père du Titien! qu'il s'appelât Zuccato, ou que je m'appelasse Vecelli! Au moins mon nom vivrait d'âge en âge, et dans mille ans on dirait : « Le premier de cette race fut un bon maître »; tandis que j'ai deux fils parjures à mon honneur, infidèles aux nobles muses, deux fils remplis de brillantes dispositions qui auraient fait ma gloire, qui auraient surpassé peut-être et le Giorgione, et le Schiavone, et les Bellini, et le Veronèse, et Titien, et Tintoret lui-même... Oui, j'ose le dire, avec leurs talents naturels, et les conseils que, malgré mon âge, je me fais encore fort de leur donner, ils peuvent effacer leur souillure, quitter l'échelle du manœuvre, et monter à l'échafaudage du peintre. Il faut donc, mon cher maître, que vous me donniez une nouvelle preuve de l'amitié dont vous m'honorez en vous joignant à messer Tiziano pour tenter un dernier effort sur l'esprit égaré de ces malheureux enfants. Si vous pouvez ramener Francesco, il se chargera d'entraîner son frère, car Valerio est un jeune homme sans cervelle, je dirais presque sans moyens, s'il n'était mon fils, et s'il n'avait fait parfois preuve d'intelligence en traçant des frises à fresque sur les murs de son atelier. Mon Checo[1] est un tout autre homme : il sait manier le pinceau comme un maître, et communiquer aux peintres les hautes conceptions que ceux-ci, qui vous-même, comme vous me l'avez dit souvent, messer Jacopo, ne faites qu'exécuter. Avec cela il est fin, actif, persévérant, inquiet, jaloux... il a toutes les qualités d'un grand artiste; hélas! je ne concevrai jamais qu'il ait pu se fourvoyer dans une si méchante voie.

— Je ferai tout ce que vous voudrez, répondit le Tintoret; mais auparavant je vous dirai en conscience ce que je pense de votre colère contre la profession qu'ont embrassée vos fils. La mosaïque n'est point, comme vous le dites, un vil métier; c'est un art véritable, apporté de Grèce par des maîtres habiles, et dont nous ne devrions parler qu'avec un profond respect; car lui seul nous a conservé, encore plus que la peinture sur métaux, les traditions perdues du dessin au Bas-Empire. S'il nous les a transmises altérées et méconnaissables, il n'en est pas moins vrai que, sans lui, nous les eussions perdues entièrement. La toile ne survit pas aux outrages du temps. Apelle et Zeuxis n'ont laissé que des noms. Quelle reconnaissance n'aurions-nous pas aujourd'hui pour des artistes généreux qui auraient éternisé leurs chefs-d'œuvre à l'aide du cristal et du marbre? D'ailleurs la mosaïque nous a conservé intactes les traditions de la couleur, et en cela, loin d'être inférieure à la peinture, elle a sur elle un avantage que l'on ne peut nier : elle résiste à la barbarie des temps, comme aux outrages de l'air....

— Et pourquoi, puisqu'elle résiste si bien, interrompit le vieux Zuccato avec humeur, *la seigneurie* fait-elle donc réparer toutes les voûtes de Saint-Marc, qui sont aujourd'hui aussi nues que mon crâne?

— Parce qu'à l'époque où elles furent revêtues de mo-

[1] Abréviation de Francesco; se prononce *Keco*.

saïques, les artistes grecs étaient rares à Venise, venaient de loin, restaient peu, formaient à la hâte des apprentis qui exécutaient les travaux indiqués, sans savoir le métier et sans pouvoir donner à ces travaux la solidité nécessaire. Depuis que cet art a été cultivé, de siècle en siècle, à Venise, nous sommes devenus aussi habiles que les Grecs l'ont jamais été, et les ouvrages de votre fils Francesco passeront à la postérité ; on le bénira d'avoir tracé sur les parois de notre basilique des fresques inaltérables. La toile où Titien et Véronèse ont jeté leurs chefs-d'œuvre tombera en poussière ; un jour viendra où l'on ne connaîtra plus nos grands maîtres que par les mosaïques des Zuccati.

— Fort bien, dit l'obstiné vieillard. De cette manière, Scarpone, mon cordonnier, est un plus grand maître que Dieu ; car mon pied, qui est l'œuvre de la Divinité, tombera en poussière, tandis que ma chaussure pourra garder pendant des siècles la forme et l'empreinte de mon pied !

— Et la couleur ! messer Sébastiano, et la couleur ! Votre comparaison ne vaut rien. Quelle substance travaillée de main d'homme pourra garder la couleur exacte de votre chair pendant un temps illimité? tandis que la pierre et le métal, substances primitives et inaltérables, garderont, jusqu'à leur dernier grain de poussière, la couleur vénitienne, la plus belle du monde, et devant laquelle Buonarotti et toute son école florentine sont forcés de baisser pavillon. Non, non, vous êtes dans l'erreur, maître Sébastien ! Vous êtes injuste, si vous ne dites pas : « Honneur au graveur, dépositaire et propagateur de la ligne pure ! Honneur au *mosaïste*, gardien et conservateur de la couleur ! »

— Je suis votre *esclave*[1], répondit le vieillard. Merci de vos bons avis, messer ; il ne me reste plus qu'à vous prier de veiller à ce que l'on n'oublie pas de graver mon nom sur ma tombe, avec le titre *pictor*, afin qu'on sache, l'année prochaine, qu'il y avait à Venise un homme de mon nom qui maniait le pinceau et non pas la truelle.

— Dites-moi donc, messer Sebastiano, reprit le bon maître en le retenant, est-ce que vous n'avez point vu les derniers travaux que vos fils ont exécutés dans l'intérieur de la basilique?

— Dieu me préserve de voir jamais Francesco et Valerio Zuccato hissés par une corde comme des couvreurs, coupant l'émail et maniant le mastic.

— Mais vous savez, mon bon Sébastien, que ces ouvrages ont obtenu les plus beaux éloges du sénat et les plus belles récompenses de la république?

— Je sais, Messer, répondit Zuccato avec hauteur, qu'il y a sur les échelles de la basilique de Saint-Marc un jeune homme qui est mon fils aîné, et qui, pour cent ducats par an, abandonne la noble profession de ses pères, malgré les reproches de sa conscience et les souffrances de son orgueil. Je sais qu'il y a sur le pavé de Venise un jeune homme qui est mon second fils, et qui, pour payer ses vains plaisirs et ses folles dépenses, consent à sacrifier toute sa fierté, à se mettre aux gages de son frère, à quitter les habits beaucoup trop riches du débauché pour les habits beaucoup trop humbles du manœuvre, à trancher du patricien le soir dans les gondoles et à supporter tout le jour le rôle de maçon pour payer le souper et la sérénade de la veille. Voilà ce que je sais, Messer, et rien autre chose.

— Et moi, vous dis, maître Sébastien, reprit Tintoret, que vous avez deux bons et nobles enfants, deux excellents artistes, dont l'un est laborieux, patient, ingénieux, exact, passé maître dans son art ; tandis que l'autre, aimable, brave, jovial, plein d'esprit et de feu, moins assidu au travail, mais plus fécond peut-être en idées larges et en conceptions sublimes...

— Oui, répartit le vieillard, fécond en idées et en paroles encore plus ! J'ai beaucoup connu ces théoriciens qui *sentent l'art*, comme ils disent, qui l'expliquent, le définissent, l'exaltent, et ne le servent point : c'est la lèpre des ateliers ; à eux le bruit, aux autres la besogne.

Ils sont de trop noble race pour travailler, ou bien ils ont tant d'esprit qu'ils ne savent qu'en faire ; l'inspiration les tue. Aussi, pour n'être point trop inspirés, ils babillent ou battent le pavé du matin au soir. C'est apparemment dans la crainte que les émotions de l'art et le travail des mains ne nuisent à sa santé que messer Valerio, mon fils, ne fait œuvre de ses dix doigts, et laisse son cerveau s'en aller par les lèvres. Ce garçon m'a toujours fait l'effet d'une toile sur laquelle on tracerait tous les jours les premières lignes d'une esquisse, sans se donner la peine d'effacer les précédentes, et qui présenterait ainsi, au bout de peu de temps, le spectacle bizarre d'une multitude de lignes incohérentes, dont chacune pourtant aurait eu une intention et un but, mais où l'artiste, plongé dans le chaos, ne pourrait jamais en ressaisir et en suivre une seule.

— J'avoue que Valerio est un peu dissipé et passablement paresseux, repartit le maître. Je me chargerai donc de l'en reprendre encore une fois, usant en ceci du droit paternel qu'il m'a accordé lui-même en se fiançant volontairement à ma petite Maria.

— Et vous souffrez cette plaisanterie ! dit le vieux peintre en déguisant mal le secret plaisir que lui causait cette circonstance, confirmée par la bouche de Robusti lui-même ; vous permettez qu'un artisan, pas même un artisan, un apprenti, ose aspirer, même en riant, à la main de votre fille? Messer Jacopo, je vous déclare que si j'avais une fille, et que Valerio Zuccato, au lieu d'être mon fils, se trouvât être mon neveu, je ne souffrirais pas qu'il se mît sur les rangs pour l'épouser.

— Oh ! cela regarde ma femme ! répondit Robusti. Cela regardera ma fille, quand elle sera en âge d'être épousée. Maria aura du talent, beaucoup de talent ; j'espère que bientôt elle fera des portraits que j'oserai signer, et que la postérité n'hésitera point à m'attribuer ; j'espère qu'elle se fera un nom illustre, par conséquent une position élevée. L'héritage d'une fortune indépendante lui est assuré par mon travail. Qu'elle épouse donc Valerio, l'apprenti, ou même Bartolomeo Bozza, apprenti de l'apprenti, si bon lui semble : elle sera toujours Maria Robusti, fille, élève et continuateur du Tintoret. Il y a des filles qui peuvent se marier pour leur plaisir et non pour leur avantage. Les jeunes patriciennes ne sont plus portées pour leurs pages que vers les illustres fiancés qu'on leur offre. Maria est une patricienne aussi dans son genre. Qu'elle agisse donc en patricienne. Savez-vous que l'enfant a du goût pour Valerio. »

Le vieux Zuccato hocha la tête, et ne répondit pas, afin de ne pas laisser percer sa reconnaissance et sa joie. Cependant le maître put s'apercevoir d'un grand adoucissement dans son humeur ; et, après une assez longue discussion, où Sébastien se défendit pied à pied, mais avec moins d'âcreté qu'au commencement, il finit par se laisser emmener à la basilique de Saint-Marc, où les frères Zuccati achevaient alors la grande mosaïque de la voûte, au-dessus de la porte majeure interne. Les figures, tirées des visions de l'Apocalypse, étaient exécutées sur les cartons du Titien et du Tintoret lui-même.

II.

Lorsque le vieux Zuccato entra sous cette coupole orientale, où d'un fond d'or étincelant s'élançaient comme de terribles apparitions, les colossales figures des prophètes et des fantômes apocalyptiques évoqués dans leurs songes, il fut saisi, malgré lui, d'une frayeur superstitieuse, et le sentiment de l'artiste faisant place un instant au sentiment religieux, il se signa, salua l'autel dont les lames d'or brillaient faiblement au fond du sanctuaire, et, déposant sa barrette sur le pavé, il récita tout bas une courte prière.

Quand il eut fini, il releva péniblement les genoux raidis par l'âge, et se hasarda à jeter les yeux sur les figures des quatre évangélistes, qui étaient les plus rap-

---

[1]. *Schiavo.* Comme nous disons : Votre serviteur.

prochées de lui. Mais comme sa vue était affaiblie, il n'en put saisir que l'ensemble, et dit en se retournant vers le Tintoret : « On ne peut nier que ces grandes masses ne fassent de l'effet. Pur charlatanisme, après tout!... Oh! oh! Monsieur, vous voilà? » Ces dernières paroles furent adressées à un grand jeune homme pâle, qui, en entendant les échos de la coupole répéter les sons aigus et cassés de la voix de son père, était descendu précipitamment de son échafaudage pour aller le recevoir. Francesco Zuccato, ayant lutté avec douceur et persévérance contre la volonté paternelle, avait fini par suivre sa vocation et s'abstenir des fréquentes entrevues qui eussent pu réveiller ce sujet de discorde; mais il était en toute occasion humble et respectueux envers l'auteur de ses jours. Pour lui faire un accueil plus convenable, il avait essuyé à la hâte ses mains et sa figure, il avait jeté son tablier, et endossé sa robe de soie garnie d'argent, que lui présenta un de ses jeunes apprentis. En cet équipage, il était aussi beau et aussi élégant que le patricien le plus à la mode. Mais son front mélancolique et la gravité de son sourire portaient l'empreinte des nobles soucis et du saint orgueil de l'artiste.

Le vieux Zuccato le toisa de la tête aux pieds, et, résistant à l'émotion qu'il éprouvait, lui dit avec ironie :

« Eh bien! Monsieur, comment ferons-nous pour admirer vos chefs-d'œuvre? S'ils n'étaient liés à la muraille, *corpore et animo*, on vous prierait d'en décrocher quelques-uns ; mais vous avez mieux entendu les intérêts de votre gloire, en plaçant tout cela si haut, que nul regard ne peut y atteindre.

— Mon père, répondit modestement le jeune homme, le plus beau jour de ma vie serait celui où ces faibles productions obtiendraient de vous un regard d'indulgence ; mais votre volonté sévère est un obstacle bien plus grand que la distance qui vous sépare de cette voûte. S'il était en mon pouvoir de fléchir votre répugnance, je ne doute pas qu'avec l'aide de mon frère je ne parvinsse à vous conduire au haut de ces planches, d'où vous pourriez embrasser d'un coup d'œil tout l'ensemble des figures qu'elles vous masquent en ce moment.

— Votre frère! répondit le vieux grondeur, et où est-il, votre frère? Ne daignera-t-il pas descendre de son empyrée de verroterie, pour venir me saluer à son tour?

— Mon frère est sorti, dit Francesco ; sans quoi se fût empressé, comme moi, de passer sa robe et de venir vous baiser la main ; je l'attends d'un instant à l'autre, et il sera bien heureux de vous trouver ici.

— D'autant plus qu'il arrivera joyeux et chantant comme de coutume, n'est-ce pas, la barrette sur l'oreille, l'œil trouble et les jambes avinées? Un ouvrier qui s'absente à l'heure du travail pour aller au cabaret sera un guide fort sûr, en effet, pour m'aider à grimper toutes vos échelles.

— Mon père, Valerio n'est point au cabaret. Il s'est absenté pour les fournitures de notre métier. Je l'ai envoyé à la fabrique me chercher quelques échantillons d'émail qu'on a été obligé de cuire exprès pour moi, et dont la nuance exacte est très-difficile à obtenir.

— En ce cas, vous pourrez lui souhaiter le bonjour de ma part ; car il y a deux lieues d'ici à Murano, et il a l'eau contraire[1], ce qui peut s'entendre de deux façons. C'est pourquoi il aura bu beaucoup de vin en compagnie de ses bateliers, et la rame ne fera pas mieux son métier aujourd'hui que la truelle.

— Mon père, on vous a fait de faux rapports sur le compte de Valerio, répondit le jeune homme en s'animant. Il aime le plaisir et le vin de Chypre, j'en conviens ; mais il n'en est pas moins diligent. C'est un excellent ouvrier, et, quand je le charge d'une commission, il s'en acquitte avec une exactitude et une intelligence qui ne laissent rien à désirer.

— Valerio! voilà messer Valerio! » cria du haut des planches l'apprenti Bartolomeo, qui voyait par un des

[1] *Acqua contraria*, le reflux qui se fait sentir sur les lagunes et rend la navigation très-difficile à certaines heures.

jours de la coupole le débarquement des gondoles aux degrés de la Piazzetta.

Peu d'instants après, Valerio, suivi de ses ouvriers portant un grand panier de verroterie, entra dans la basilique d'un air dégagé, et chantant d'une voix fraîche et sonore, sans trop de respect pour le lieu saint, le refrain d'une chanson d'amour.

Mais aussitôt qu'il eut aperçu son père, il se découvrit et cessa de chanter ; puis il s'approcha sans trouble et l'embrassa avec l'assurance et la candeur d'une âme droite.

Zuccato fut frappé de sa bonne tenue, de son air riant et ouvert. Valerio était le plus beau garçon de Venise.

Il était moins grand, mais mieux découplé et plus robuste que son frère. L'expression de son admirable visage n'offrait, au premier abord, qu'enjouement, courage et franchise. Il fallait de l'attention pour découvrir dans ses grands yeux bleus le feu sacré qui sommeillait souvent à l'ombre d'une douce insouciance, et dont un peu de fatigue avait, sinon altéré, du moins voilé l'éclat. Cette demi-pâleur ennoblissait sa beauté et tempérait l'audacieuse sérénité de son regard. Il était toujours d'une grande coquetterie dans sa toilette, et donnait le ton aux plus brillants seigneurs de la république. Il était recherché par eux et par les dames à cause du talent qu'il avait pour composer et dessiner des ornements que l'on faisait ensuite exécuter, sous sa direction, en broderie d'or et d'argent, sur les plus riches étoffes. Une toque de velours entourée d'une grecque de la façon de Valerio Zuccato, une frange de robe taillée sur ses modèles, une bordure de manteau en drap d'or brodé de soies nuancées avec des enroulements de chaînes, de fleurs ou de feuillages dans le goût de ses mosaïques byzantines, étaient, aux yeux d'une dame de bonne maison ou d'un seigneur de mœurs élégantes, des objets de première nécessité. Valerio gagnait donc beaucoup d'argent à cette industrie qui le délassait de ses travaux et de ses plaisirs, et qu'il exerçait dans son petit atelier à *Santi-Filippo-e-Giacomo*, à l'ombre d'un certain mystère auquel tout le monde était initié bénévolement. Sa bonne mine, sa belle humeur, ses relations avec les magnifiques patriciens et les joyeux ouvriers qui remplissaient son atelier à toute heure, l'avaient entraîné nécessairement à la vie de plaisir ; mais son activité naturelle et sa fidélité à remplir tous les engagements d'un travail quelconque le préservaient de tomber dans l'excès d'un désordre qui eût ruiné son génie.

Une tendre et inaltérable amitié unissait les deux frères ; ils réussirent à vaincre la feinte résistance du vieux Zuccato, et, faisant dresser deux échelles latérales près de celle où il se risqua, ils le soutinrent et l'enlevèrent presque jusqu'au dernier étage de leurs échafauds. Le Tintoret, déjà vieux, mais encore ferme et habitué à faire son atelier des vastes coupoles de la basilique, les y suivit afin d'être témoin de la surprise de Sébastien.

Le sentiment de terreur religieuse que le vieillard avait éprouvé d'abord fit place à un ravissement involontaire, lorsque, parvenu au niveau des grandes figures d'évangélistes et de prophètes qui occupaient les premiers plans, il vit toutes les parties terminées de cette vaste et merveilleuse composition. Ici le *transito* de la Vierge, traité d'après le Salviati ; plus loin la résurrection de Lazare, scène effrayante, où le cadavre, revêtu des tons clairs du linceul, semble flotter avec incertitude sur le fond brillant de la muraille, le saint Marc du Titien, personnage grandiose, qui est porté par le croissant de la lune, comme par une nacelle, et semble enlevé dans les cieux resplendissants par un mouvement d'ascension appréciable à la vue ; le grand feston du cintre soutenu par de beaux enfants ailés, et, au-dessus de ces nombreux chefs-d'œuvre, la vision de saint Jean, où les damnés sont précipités dans les enfers, tandis que les élus du Seigneur, vêtus de blanc et montés sur de blancs coursiers, se perdent dans l'éclat adouci et dans le rayonnement vague de la coupole, comme une nuée de cygnes dans la vapeur embrasée du matin.

Zuccato essaya bien encore de lutter contre l'admiration qu'il éprouvait, en attribuant l'effet de son saisissement à la magie de la lumière jouant sur les objets, à la situation favorable et à la dimension imposante des figures. Mais, quand le Tintoret le contraignit à s'approcher du feston afin d'en apprécier les détails, il fut forcé d'avouer qu'il n'aurait jamais cru l'art de la mosaïque susceptible d'une telle perfection, et que les angelots voltigeant parmi ces guirlandes pouvaient rivaliser, pour la couleur et pour la forme, avec la peinture des plus grands maîtres.

Mais toujours avare de louanges et rebelle à sa secrète satisfaction, le vieillard prétendit que ce n'était là qu'un mérite d'exactitude et un travail de patience. « Tout l'honneur, dit-il, revient au maître qui a tracé les modèles de ces groupes et dessiné le détail de ces ornements.

— Mon père, repartit Francesco avec une fierté modeste, si vous daignez me permettre de vous montrer les cartons des maîtres, vous nous accorderez peut-être le mérite d'avoir, sinon créé, du moins compris nos modèles avec quelque intelligence.

— Je le veux, dit Tintoret; je veux que mes cartons de l'Apocalypse fassent preuve du talent de peintre qui distingue Francesco et Valerio Zuccato de tous les artistes de leur classe. »

Plusieurs modèles furent exhibés, et Sébastien put se convaincre de la science avec laquelle les Zuccati travaillaient en maîtres d'après les maîtres, traçaient eux-mêmes le dessin élégant et pur de leurs sujets, et créaient leur merveilleuse couleur, d'après la simple indication du peintre. Valerio, après s'être un peu fait prier par son frère, avoua même qu'il était l'auteur de plusieurs figurines, et, à son tour, dévoilant le secret de Francesco, il indiqua à son père deux beaux archanges volant l'un vers l'autre; l'un, enveloppé d'une draperie verte, était son propre ouvrage; l'autre, vêtu de bleu turquin, était l'ouvrage de Francesco, composé et exécuté de même sans l'aide d'aucun peintre.

Zuccato se laissa conduire vers ces figures, qui étaient réellement aussi belles qu'aucune de celles dont le modèle avait été fourni. Francesco avait donné à son jeune archange les traits de son frère Valerio, et réciproquement l'archange de Valerio était le portrait de Francesco. Ils avaient employé des compartiments d'une finesse extrême pour exécuter cette œuvre chérie, et l'avaient placée modestement dans un angle obscur, où les regards de la foule ne pouvaient atteindre. Le vieux Zuccato resta longtemps immobile et muet devant ce couple ailé, et, confus de voir l'erreur orgueilleuse dont sa vie si glorieusement réfutée, il fut pris d'un terrible accès d'humeur. Il descendit l'échelle et reprit son manteau des mains de Valerio avec beaucoup de sécheresse, sans daigner lui adresser un mot d'encouragement, non plus qu'à son frère; et, saluant à peine le Tintoret, il franchit, d'un pas plus ferme qu'on ne s'y serait attendu de sa part, le seuil de la basilique. Mais il n'eut pas descendu la première marche que, cédant au besoin impérieux de son âme, il se retourna, et, ouvrant ses bras à ses deux fils qui s'y précipitèrent, il les pressa longtemps contre sa poitrine en arrosant de larmes leurs belles chevelures.

III.

« Allons, vive la joie! par le corps du diable! l'ouvrage avance! Ici du mastic! petit singe noir! Maso! m'entendez-vous?... Vincent, mon frère, de par le diable! n'accaparez pas tous les apprentis. Faites descendre moi un de vos séraphins barbouillés, afin que je ne sois pas retardé. Ah! sang de Bacchus! si je lance mon battoir à la tête de ce marsouin de Maso, il est à craindre que la république ne revoie de longtemps une aussi laide figure. »

Ainsi criait du haut de son échafaudage, un géant à barbe rousse qui dirigeait les travaux de la chapelle de Saint-Isidore, cette partie de la basilique de Saint-Marc ayant été confiée à Dominique Bianchini, dit le Rouge, et à ses deux frères, émules et rivaux des frères Zuccati dans l'art de la mosaïque.

« Vous tairez-vous, grosse cloche? Prendrez-vous patience, minaret de cuivre rouge? cria de son côté le hargneux Vincent Bianchini, l'aîné des trois frères; n'avez-vous pas vos apprentis? Faites-les marcher, et laissez les miens faire leur devoir. N'avez-vous pas Jean Viscentin, ce joli fromage, minaret blanc des Alpes? Où avez-vous envoyé Reazo, votre bœuf enrhumé, qui chante si bien au lutrin le dimanche? Je gage que tous vos garçons courent les cabarets à cette heure pour trouver une bouteille de vin à crédit sous votre nom. S'il en est ainsi, ils ne rentreront pas de si tôt.

— Vincent, répondit Dominique, bien vous prend d'être mon frère et mon associé; car je pourrais d'un coup de pied faire crouler votre échafaudage et envoyer votre illustre personne et tous vos jolis apprentis étudier la mosaïque sur le pavé.

— Si tu en avais seulement la pensée, cria d'une voix aigre Gian-Antonio Bianchini, le plus jeune des trois frères, en secouant le pied de l'échelle sur laquelle travaillait Dominique, je te ferais voir que les plus haut perchés ne sont pas les plus solides. Ce n'est pas que je me soucie de la peau de Vincent plus que de la tienne; mais je n'aime pas les fanfaronnades, vois-tu, et, depuis quelques jours, je trouve que tu prends tantôt avec lui, tantôt avec moi, un ton qu'on ne peut souffrir.

Le farouche Dominique jeta sur le jeune Antonio un regard sombre, et se laissa balancer sur l'échelle pendant quelques instants, sans dire un seul mot. Puis, aussitôt qu'Antonio se fut remis à broyer son ciment sous le portique, il descendit, jeta son tablier et sa toque, retroussa ses manches et s'apprêta à lui infliger une rude correction.

Le prêtre Alberto Zio, qui était aussi un mosaïste distingué, et qui, monté sur une échelle, réparait en cet instant un des tympans de la porte extérieure, se hâta de descendre afin de séparer les combattants; et Vincent Bianchini, accourant à grands pas du fond de la chapelle, son battoir à la main, s'apprêta à entrer dans la lice, plus par ressentiment contre Dominique que par intérêt pour Antonio.

Le prêtre, ayant vainement essayé de les ramener à des sentiments plus chrétiens, se servit, pour les apaiser, d'un argument qui manquait rarement son effet.

« Si les Zuccati vous entendent, leur dit-il, ils vont triompher de vos discordes, et s'imaginer que, grâce à leur douceur et à leur bonne intelligence, ils travaillent mieux que vous.

— C'est juste, dit Dominique le Rouge en reprenant son tablier; nous viderons la querelle, ce soir, au cabaret. Pour le moment, il ne faut pas donner d'armes contre nous à nos ennemis. »

Les deux autres Bianchini se rangèrent à cet avis, et, tandis que chacun d'eux chargeait sa raclette du ciment nouvellement préparé, le père Alberto, entrant en conversation, leur dit:

« Vous avez tort, mes enfants, de regarder les Zuccati comme vos ennemis. Ils sont vos émules, voilà tout. S'ils travaillent d'après d'autres procédés que les vôtres, ils n'en reconnaissent pas moins le mérite de votre ouvrage. J'ai même entendu souvent leur premier apprenti, Bartolomeo Bozza, dire que votre *cimentation* était d'une qualité supérieure à la leur, et que les Zuccati le reconnaissaient de bonne foi.

— Quant à Bartolomeo Bozza, répondit Vincent Bianchini, je ne dis pas le contraire; c'est un bon ouvrier et un robuste compagnon. Je ne suis pas éloigné de lui faire un avantage pour l'embaucher à mon service; mais ne me parlez pas de ces Zuccati. Il n'y a pas de pires intrigants dans le monde, et, si leur talent répondait à leur ambition, ils s'évinceraient tous leurs rivaux. Heureusement la paresse les ronge; l'aîné perd son temps à imaginer des sujets inexécutables, et le plus jeune fait un travail de contrebande à *San-Filippo*, dont il mange le fruit avec des gens au-dessus de sa condition.

— L'astre des Zuccati pourrait bien tomber des nuées, malgré toutes les protections des peintres, dit l'envieux Dominique, si on voulait s'en donner la peine.

— Comment cela? s'écrièrent les deux autres; si tu sais un moyen de les humilier, dis-le, et que tes torts envers nous te soient remis.

— Je ne me soucie pas plus de vous que d'eux, répliqua Dominique ; seulement, je dis qu'il n'est pas impossible de prouver qu'ils abusent de leur salaire, en faisant de mauvaise besogne, et que par conséquent ils volent les deniers de la république.

— Vous êtes méchant, messer Dominique, dit le prêtre avec sévérité. Ne parlez pas ainsi de deux hommes qui jouissent de l'estime générale ; vous donneriez à penser que vous êtes jaloux de leurs avantages.

— Oui, j'en suis jaloux ! s'écria Dominique en frappant du pied. Et pourquoi n'en serais-je pas jaloux ? N'est-ce pas une injustice, de la part des procurateurs, de leur donner cent ducats d'or par an, tandis que nous n'en avons que trente, nous qui travaillons depuis bientôt dix ans à l'arbre généalogique de la Vierge ? J'ose dire que ce travail énorme n'eût pu être mené à moitié, quand même les Zuccati y auraient consacré toute leur vie. Combien de mois leur faut-il pour seulement un pan de robe ou une main d'enfant? Qu'on les observe un peu, et on verra ce que leur beau talent coûte à la république.

— Ils vont moins vite que vous, il est vrai, répondit le prêtre ; mais quelle perfection de dessin, quelle richesse de couleur !

— Si vous n'étiez pas un prêtre, répliqua Vincent en haussant les épaules, on vous apprendrait à parler. Vous feriez mieux de retourner à votre confessionnal et à votre encensoir, que de juger des choses auxquelles vous n'entendez rien.

— Messer ! qu'osez-vous dire là ? s'écria Alberto un peu offensé. Vous oubliez que je savais le métier avant que vous en eussiez les premières notions, et que je suis le meilleur disciple de notre maître à tous, de l'ingénieux Rizzo, le digne successeur de nos vieux maîtres gypsoplastes.

— Ingénieux tant que vous voudrez ; il ne faut pas tant d'imagination, par le corps du Christ ! pour travailler la mosaïque. Il faut ce qui vous manque, à vous autres prêtres, et à ces fainéants de Zuccatti ; il faut des bras infatigables, des reins de fer, de la précision et de l'activité. Dites la messe, père Alberto, et laissez-nous tranquilles.

— Pas de bruit ! dit Antonio, voilà ce vieux sournois de Sébastien Zuccato qui passe. Comme ses fils le reconduisent avec des coups de barrette et des baisements de mains ! Ne dirait-on pas d'un doge escorté de ses sénateurs? Cela tranche de l'illustrissime, et cela ne sait pas tenir le tampon !

— Silence ! dit Vincent, voilà messer Robusti qui vient regarder notre ouvrage. »

Ils se découvrirent tous les trois, plus par crainte du crédit du maître que par respect pour son génie, qu'ils n'étaient pas capables d'apprécier. Le père Alberto marcha à sa rencontre et le promena dans la chapelle de Saint-Isidore. Le Tintoret donna un coup d'œil aux panneaux incrustés, accorda des éloges aux réparations de l'antique mosaïque grecque, confiées au prêtre, et se retira en saluant profondément les Bianchini, sans leur adresser la parole ; car il n'estimait ni leurs ouvrages ni leurs personnes.

IV.

Quand la journée de travail fut finie, les Zuccati ayant soupé avec leurs principaux apprentis, Bozza, Marini et Ceccato (qui tous plus tard furent d'excellents artistes), dans une petite *bottega* où ils avaient coutume de se rassembler sous les Procuraties, Valerio s'apprêtant à courir à ses affaires ou à ses plaisirs, son frère le retint et lui dit :

« Pour aujourd'hui, mon cher Valerio, il faut que tu me fasses le sacrifice d'une partie de ta soirée. Je me retire de bonne heure, tu le sais ; tu auras donc encore du temps de reste quand nous aurons causé.

— J'y consens, répondit Valerio ; mais c'est à condition que nous allons prendre une barque de régate, et courir un peu le flot ; car je me sens brisé par le travail de la journée, et je ne puis me reposer d'une fatigue que par une autre.

— Je ne saurais t'aider à la rame, répondit Francesco ; je n'ai pas la santé robuste, mon cher Valerio, et comme je ne veux pas manquer à mon travail de demain, il ne faut pas que je me fatigue ce soir ; mais comme, si je te refuse ce divertissement, je vois bien que je ne pourrai obtenir de toi que tu me consacres ces deux ou trois heures, je vais prier Bozza d'être de la partie ; c'est un digne garçon, il ne sera pas de trop dans l'entretien que je veux avoir avec toi. »

Bartolomeo Bozza accepta cette offre avec empressement, fit avancer une des barques les mieux décorées, et saisit une rame, tandis que Valerio s'empara de l'autre. Chacun, debout à une extrémité de la barquette, l'enleva d'un bras vigoureux et la fit bondir sur les ondes écumantes. C'était l'heure où le beau monde allait jouir, sur le grand canal, de la fraîcheur du soir. L'étroite nacelle se glissa rapide et furtive parmi les gondoles, comme un oiseau des mers qui fuit le chasseur en volant au ras des herbes marines. Mais, malgré l'agilité et le silence des rameurs, tous les regards s'attachèrent sur eux, et toutes les dames se penchèrent sur leurs coussins pour voir plus longtemps le beau Valerio, dont la grâce et la force faisaient envie aux patriciens comme aux gondoliers, et dont les regards offraient un mélange singulier d'audace et de candeur. Le Bozza était aussi un garçon robuste, bien fait, quoique maigre et pâle. Un feu sombre brillait dans ses yeux noirs, une barbe épaisse couvrait la moitié de ses joues, et, quoique ses traits manquassent de régularité, il fixait l'attention par leur expression triste et dédaigneuse. Maigre et pâle aussi, mais noble et non arrogant, mélancolique et non chagrin, Francesco Zuccato, couché au fond de la barque, sur un tapis de velours noir, appuyé nonchalamment sur un de ses coudes, et plongé dans une rêverie qui ne lui permettait guère de s'occuper de la foule, partageait avec Valerio les suffrages des dames et ne s'en apercevait pas.

Quand ces trois jeunes gens eurent remonté tout le canal, ils errèrent doucement sur les lagunes, bien loin des endroits fréquentés ; puis, se laissant aller à la dérive, couchés dans la barque, sous un beau ciel semé d'innombrables étoiles, ils causèrent sans contrainte.

« Mon cher Valerio, dit l'aîné des Zuccati, je vais encore vous obséder de mes représentations : mais il faut absolument que vous me promettiez de mener une vie plus sage.

— Tu ne pourras jamais m'obséder, mon frère bien-aimé, répondit Valerio, et ta sollicitude me trouvera toujours reconnaissant. Mais je ne puis te promettre de changer. Je me trouve si bien de cette vie que je mène ! je suis heureux autant qu'un homme peut l'être. Pourquoi veux-tu que je m'abstienne de bonheur, toi qui m'aimes tant?

— Cette vie te tuera, s'écria Francesco ; il est impossible de mener de front, comme tu le fais, le plaisir et la fatigue, la dissipation et le travail.

— Cette vie m'anime et me soutient, au contraire ! reprit Valerio. Qu'est-ce que la vie dans les desseins de Dieu, sinon une continuelle alternative de jouissances et de privations, de fatigue et d'activité? Laisse-moi faire, Francesco, et ne juge pas mes forces d'après les tiennes. La nature a été certainement inconséquente, en ne donnant pas au meilleur et au plus estimable de nous deux la santé la plus forte et le caractère le plus enjoué. Mais tant d'autres dons te sont échus, que tu peux bien, cher Francesco, ne pas m'envier ceux-là.

— Je ne te les envie pas, dit Francesco, quoique ce soient les plus précieux de tous, et qu'eux seuls nous rendent propres à sentir le bonheur. Il m'est doux de penser qu'un frère que j'aime plus que moi-même ne souffre pas dans son corps et dans son âme les maux et les ennuis qui me rongent. Mais il n'est pas question de cela seulement, Valerio ; vous tenez certainement à votre état, à l'amitié des maîtres illustres, à la protection du sénat, aux bonnes grâces des procurateurs...

— Moi, mon frère, s'écria l'insouciant jeune homme, sauf l'amitié de notre cher compère Tiziano et la bienveillance de Robusti (deux hommes que je vénère), sauf la tendresse de mon père et celle de mon frère, que je préfère à tout au monde, tout le reste à mes yeux est de peu d'importance, et il ne me faudrait pas deux bouteilles de Scyros pour me consoler de la perte de mon emploi et de la disgrâce du sénat.

— Vous tenez au moins à l'honneur, dit Francesco avec gravité, à l'honneur du nom de votre père, au vôtre, dont je me suis porté garant, et dont le mien répond.

— Certes ! s'écria Valerio en se relevant sur un de ses coudes avec vivacité ; où veux-tu en venir ?

— A te dire que les Bianchini conspirent contre nous, et qu'ils peuvent nous faire perdre, je ne dis pas seulement la position avantageuse et le riche salaire auxquels tu as la philosophie de préférer le vin de Scyros et les parties de plaisir, mais la confiance du sénat, et partant l'estime des citoyens.

— Evohe ! dit Valerio, je voudrais bien voir cela ! Allons trouver ces Bianchini, s'il en est ainsi, et proposons-leur un cartel. Ils sont trois ; notre ami Bozza sera notre troisième. Le bon droit est pour nous, nous ferons un vœu à la Madone, et nous serons délivrés de ces traîtres.

— Folie que tout cela ! dit Francesco ; les puissances divines ne se déclarent point en faveur des provocateurs, et nous le serions si nous appelions au combat des hommes contre lesquels nous n'avons encore aucun grief prouvé. D'ailleurs les Bianchini répondraient à l'offre de croiser la dague, comme ils ont coutume de le faire, en aiguisant le stylet, afin de nous frapper dans l'ombre. Ce sont des adversaires insaisissables. Ils ne nous offenseront jamais ouvertement, tant que nous serons sous la protection des puissants ; et quand ils nous feront savoir qu'ils nous haïssent, nous serons déjà perdus. Au reste, c'est ce que je crains un peu. Vincent, toujours si poli envers moi, commence à ne plus me saluer quand il passe devant ses échafauds. Ce matin, tandis que nous reconduisions notre père au bas des marches de la basilique, il m'a semblé voir, sous le portique, les trois Bianchini qui nous observaient malignement et nous tournaient en dérision. La haine, concentrée depuis longtemps au fond de leurs âmes, commence à briller dans leurs yeux. Bozza peut te dire, d'ailleurs, que mainte fois, après la journée close, ou le matin, lorsqu'il arrivait au travail le premier, il a surpris Vincent ou Dominique Bianchini sur nos échafauds, observant avec une attention scrupuleuse les moindres détails de notre ouvrage.

— Bah ! tout cela ne prouve pas grand'chose ! S'ils ne vous saluent pas, c'est qu'ils sont naturellement grossiers ; s'ils nous ont regardés de travers ce matin, c'est qu'ils nous enviaient le bonheur d'avoir un bon père ; s'ils examinent notre travail, c'est qu'ils voudraient étudier les causes de notre supériorité. Sont-ce là des motifs d'inquiétude ?

— Pourquoi donc, au lieu de causer naturellement avec le Bozza lorsqu'il les rencontre sur nos planches, se retirent-ils lestement par les échelles opposées, comme des gens qui viennent de faire un mauvais coup ?

— Si je les y rencontre, moi, s'écria Valerio en serrant le poing, il faudra bien qu'ils s'expliquent, ou, par Bacchus ! je les en ferai descendre plus vite qu'ils n'y seront montés.

— Ce sera envenimer le mal. Pour venger celui que vous aurez maltraité, ils se ligueront contre vous jusqu'à la mort. Croyez-moi, les moyens les plus honnêtes sont toujours les plus sages. Soyons modérés, et gardons la noble attitude qui convient à des gens de cœur. De généreux procédés les ramèneront peut-être ; du moins ils donneront tort à leur animosité ; et , s'ils nous persécutent, nous obtiendrons justice.

— Mais enfin, frère, quelle persécution peuvent-ils donc nous susciter ? Quel pouvoir ont-ils pour nous nuire ? Prouveront ils que nous ne travaillons pas aussi bien qu'eux ?

— Ils diront que nous ne travaillons pas aussi vite, et il leur sera aisé de le prouver.

— Nous prouverons qu'il est aisé de travailler vite quand on travaille mal, et que la perfection du travail ne souffre pas la précipitation.

— Cela n'est pas bien facile à prouver. Entre nous soit dit, le procurateur-caissier, commis à l'examen des travaux, n'est point un artiste. Il ne voit dans la mosaïque qu'une application de parcelles coloriées plus ou moins brillantes. La vérité des tons , la beauté du dessin , l'entente de la composition, ne sont rien pour lui. Il ne voit que ce qui frappe le public grossier, l'éclat et la promptitude du travail. N'ai-je pas vainement essayé l'autre jour de lui faire comprendre que les anciens morceaux de cristal dorés, employés par nos ancêtres et un peu ternis par le temps, étaient plus favorables à la couleur que ceux que la fabrique nous fournit aujourd'hui ? « Vous vous êtes fait tort, messer Francesco, m'a-t-il dit, en abandonnant aux Bianchini tous les ors de fabrique moderne. La commission avait décidé que les anciens serviraient mêlés avec les nouveaux. Je ne conçois pas pourquoi vous vous êtes réservé les premiers. Pensez-vous donc que ce mélange de vieux or et d'or moderne eût fait un mauvais effet ? En cela vous sembleriez vouloir être meilleur juge que les procurateurs de la commission. »

— Et vous m'avez donné grande envie de rire, interrompit Valerio , lorsque vous lui avez répondu de l'air le plus sérieux : « Monseigneur, je n'ai pas cette insolente prétention. »

— Mais n'ai-je pas vainement essayé de lui démontrer, reprit Francesco, que cet or éclatant nuisait aux figures et écrasait complètement l'effet des couleurs ? que mes étoffes ne peuvent ressortir que sur de l'or d'un peu rougeâtre , et que, si j'avais adopté les fonds étincelants, j'aurais été forcé de sacrifier toutes les nuances et de faire des chairs violacées et sans contours, des étoffes sans plis et sans reflets ?

— Il vous a donné, reprit Valerio en riant, une raison sans réplique et d'un ton fort sec. « Les Bianchini ne se gênent pas pour le faire, a-t-il dit, et leurs mosaïques plaisent beaucoup mieux à l'œil que les vôtres. » De quoi vous inquiétez-vous après une pareille solution ? Supprimez les nuances, taillez-moi des pans d'étoffe dans une grande lame d'émail, et appliquez-la sur le ventre de saint Nicaise ; faites à sainte Cécile une belle chevelure avec une tuile mal cuite, à saint Jean-Baptiste un joli agneau avec une poignée de chaux vive, et la commission doublera votre salaire, et le public battra des mains. Pardieu ! mon frère, vous qui rêvez la gloire, je ne conçois pas que vous vous obstiniez au culte de l'art.

— Je rêve la gloire, il est vrai, répondit Francesco, mais une gloire durable , et non la vaine popularité d'un jour. Je voudrais laisser un nom honoré, sinon illustre, et faire dire à ceux qui examineront les coupoles de Saint-Marc dans cinq cents ans : « Ceci fut l'ouvrage d'un artiste consciencieux. »

— Et qui vous dit que, dans cinq cents ans, le public sera plus éclairé qu'aujourd'hui ! dit le Bozza d'une voix creuse, et rompant le silence pour la première fois.

— Il y aura du moins toujours des connaisseurs pour réviser les jugements du public, et c'est aux connaisseurs de tous les temps que j'ai l'ambition d'agréer. Est-ce une ambition condamnable, Valerio ?

— C'est une ambition noble, mais c'est une ambition, et toute ambition est une maladie de l'âme, répondit le jeune Zuccato.

— Une maladie, reprit Francesco, sans laquelle pourtant l'intelligence ne saurait vivre et languirait dans l'ombre sans éclairer le monde. C'est le vent qui tire l'étincelle du charbon, qui agite la flamme et l'étend au

Le Tintoret et le vieux Zuccato.

loin. Sans cette brise céleste, point de chaleur, point de lumière, point de vie.

— J'ai la prétention de n'être pas mort, s'écria Valerio, et pourtant ce vent d'orage n'a jamais soufflé sur moi. Je sens que l'étincelle de la vie jaillit à toute heure de ma poitrine et de mon cerveau. Mais pourvu que je sois échauffé par la flamme divine, et que je me sente vivre, peu m'importe que la lumière émane de moi ou d'autre chose. Toute lumière vient du foyer divin; qu'est-ce que l'auréole d'une tête humaine? Gloire au génie incréé! La gloire de l'homme n'est pas plus en lui-même que le soleil n'est dans les eaux qui répètent son image.

— Peut-être! dit Francesco en levant au ciel ses grands yeux bruns humides de larmes. Peut-être est-ce une folie et une vanité que de se croire quelque chose, parce qu'à force de se rapprocher de l'idéal par la pensée, on en est venu à concevoir le beau un peu mieux que les autres hommes. Et pourtant de quoi l'homme se glorifiera-t-il, si ce n'est de cela?

— Pourquoi faut-il que l'homme se glorifie? Pourvu qu'il jouisse, n'est-il pas assez heureux?

— La gloire n'est-elle pas la plus sensible, la plus âpre, la plus ardente de ses jouissances! » dit le Bozza d'un ton incisif en tournant ses regards vers Venise.

C'était l'heure où la reine de l'Adriatique, semblable à une beauté qui se couvre de diamants pour le bal, commençait à s'illuminer, et les guirlandes de feu se répétaient dans les ondes calmes et muettes, comme dans un miroir habitué à l'admirer.

« Tu fais abus des mots, ami Bartolomeo, s'écria le jeune Valerio en donnant un grand coup de rame dans l'eau phosphorescente, et en faisant jaillir un pâle éclair autour des flancs noirs de la barque. La plus ardente des jouissances humaines, c'est l'amour; la plus sensible, c'est l'amitié; la plus âpre, c'est en effet la gloire. Mais qui dit âpre dit poignant, terrible et dangereux.

— Mais ne peut-on dire aussi que cette âpre jouissance est la plus élevée de toutes? reprit Francesco avec douceur.

— Je ne saurais le penser, répondit Valerio. Ce qu'il y a de plus doux, de plus noble et de plus bienfaisant dans la vie, c'est d'aimer, c'est de sentir et de concevoir le beau idéal. Voilà pourquoi il faut aimer tout ce qui s'en

Le Bozza.

rapproche, le rêver sans cesse, le chercher partout, et le prendre tel qu'on le trouve.

— C'est-à-dire, répliqua Francesco, embrasser de vains fantômes, saisir de pâles reflets, fixer une ombre incertaine, adorer le spectre de ses propres illusions; cela s'appelle-t-il jouir et posséder?

— Mon frère, si tu n'étais pas un peu malade, dit Valerio, tu ne parlerais pas ainsi. L'homme qui désire en cette vie mieux que cette vie est un orgueilleux qui blasphème ou un ingrat qui souffre. Il y a d'assez grandes jouissances pour quiconque sait aimer. N'y eût-il que l'amitié sur la terre, l'homme n'aurait pas le droit de se plaindre. N'eussé-je que toi au monde, je bénirais encore le ciel. Je n'ai jamais imaginé rien de meilleur, et, si Dieu m'eût permis de me créer un frère, je n'aurais pu rien créer d'aussi parfait que Francesco. Va, Dieu seul est un grand artiste! et ce que nous lui demandons dans nos jours de folie ne vaut pas ce qu'il nous donne dans son immuable sagesse.

— Ah! mon cher Valerio, s'écria Francesco en serrant son frère dans ses bras, tu as bien raison, je suis un orgueilleux et un ingrat. Tu vaux mieux que nous tous, et tu es bien la preuve vivante de ce que tu dis. Oui, en effet, mon âme est malade! Guéris-moi par ta tendresse, toi dont l'âme est si saine et si forte. Sainte Vierge! priez pour moi; car j'ai été bien coupable, ayant un si bon frère, en commettant le péché de tristesse.

— Et pourtant, reprit Valerio en souriant, le proverbe dit : « Point de grand artiste sans beaucoup de tristesse. »

— Et sans un peu de haine, ajouta le Bozza d'un air sombre.

— Oh! les proverbes mentent toujours à moitié, répondit Valerio, par la raison que tout proverbe, ayant sa contre-partie, dit le faux et le vrai en même temps. Francesco est un grand artiste, et je gagerais mon corps et mon âme qu'il n'a jamais connu la haine.

— Jamais envers les autres, dit Francesco; envers moi-même fort souvent, et c'est là le crime de mon orgueil. Je voudrais toujours être meilleur et plus habile que je ne le suis en effet. Je voudrais qu'on m'aimât à cause de mon mérite, et non à cause de ma souffrance.

— On t'aime à cause de l'un et de l'autre, s'écria Valerio; mais peut-être que tous les hommes ne sont pas propres à se contenter de l'affection. Peut-être, sans le besoin d'être admiré, n'y aurait il ni grands artistes ni chefs-d'œuvre. L'admiration des indifférents est une amitié dont on n'a que faire. On la trouve indispensable pourtant. Ce besoin est si étrange, qu'il faut bien qu'il serve à quelque chose dans les desseins de Dieu.

— Il sert à nous faire souffrir, et Dieu est souverainement injuste, dit Bartolomeo Bozza en se recouchant dans la barque avec une sorte de désespoir.

— Ne parle pas ainsi! s'écria Valerio. Vois, mon pauvre camarade, comme la mer est belle là-bas sous l'horizon! Écoute comme cette guitare qui passe soupire de doux accords! Est-ce que tu n'as pas une maîtresse, Bartolomeo? est-ce que nous ne sommes pas tes amis?

— Vous êtes des artistes, répondit Bozza, et je ne suis qu'un apprenti.

— Cela nous empêche-t-il de t'aimer?

— Cela ne doit pas vous empêcher de m'aimer; mais, moi, cela m'empêche de vous aimer autant que je le ferais si j'étais votre égal.

— Pardieu! à ce compte, je n'aimerais pas grand monde, dit Valerio; car je n'ai d'artiste que le titre, et je ne suis, à vrai dire, qu'un artisan. Tous ceux qui me chérit sont au-dessus de moi, à commencer par mon frère, qui est mon maître. Mon père était un bon peintre; Vicelli et Robusti sont des colosses devant lesquels je ne suis rien; et pourtant ils me aiment, et je n'ai jamais songé à souffrir de mon infériorité. Artistes! artistes! vous êtes tous les enfants de la même mère; elle s'appelait *Convoitise!* et vous tenez d'elle tous plus ou moins. C'est ce qui me console de n'être qu'un écervelé.

— Ne dites pas cela, Valerio, repartit le frère aîné. Si vous daigniez vous en donner la peine, vous seriez le premier mosaïste de votre temps; votre nom effacerait celui du Rizzo, et le mien ne viendrait qu'à la suite du vôtre.

— J'en serais bien fâché. Par saint Théodose! sois toujours le premier. Sainte fainéantise! préserve-moi d'un si fâcheux honneur!

— Ne prononce pas ce blasphème, Valerio; l'art est au-dessus de toutes les affections.

— Quiconque aime l'art aime la gloire, ajouta Bozza, toujours triste et lugubre comme une grosse note de cuivre au milieu d'un chant joyeux et tendre; quiconque aime la gloire est prêt à lui tout sacrifier.

— Grand merci! s'écria Valerio; quant à moi, je ne lui sacrifierai jamais rien. Foin de la prostituée! Et pourtant j'aime l'art, vous le savez, vous autres, bien qu'on m'accuse de n'aimer que le vin et les femmes. Il faut que je l'aime bien, puisque je lui sacrifie la moitié d'une vie que je me sens de force à consacrer tout entière au plaisir. Jamais je ne suis si heureux que quand je travaille. Quand je réussis, je ferais sauter mon bonnet par-dessus la grande tour de Saint-Marc. Si j'échoue, rien ne me décourage, et l'espèce de colère que j'éprouve contre moi est encore un plaisir du genre de celui que procurent un cheval rétif, une mer houleuse, un vin brûlant. Mais l'approbation d'autrui ne me stimule pas plus que ne le ferait un coup de bonnet des seigneurs Bianchini. Quand Francesco, ou moi-même, m'a dit : « Cela va bien », je suis satisfait. Quand mon père, en regardant mon archange, souriait malgré lui ce matin, tout en fronçant le sourcil, j'étais heureux. A présent, que le procurateur-caissier dise que Dominique le Rouge fait mieux que moi, tant pis pour le procurateur-caissier; je ne pousserai pas la compassion jusqu'aux larmes. Que le bon peuple de Venise trouve que je n'ai pas mis assez de brique dans mes chairs et assez d'ocre dans mes draperies, *evviva giumento!* Si tu n'étais pas si sot, tu ne me ferais pas tant rire, et ce serait dommage; car je ris de bon cœur!

— Heureuse, trois fois heureuse insouciance! » s'écria Francesco.

En devisant ainsi, ils se rapprochaient de la ville. Quand ils furent près de la rive : « Avant que je vous quitte, dit Valerio, il faut conclure. De quoi vous plaignez-vous? qu'exigez-vous de moi? Que je cesse de me divertir? autant vaudrait empêcher l'eau de couler.

— Que tu te divertisses moins publiquement, répondit Francesco, et que tu renonces, pour quelque temps du moins, à ton atelier de San Filippo. Tout cela peut être mal interprété. On demande déjà comment cette prodigieuse quantité d'arabesques que tu dessines, et de menus travaux auxquels tu te prêtes, peut se concilier avec le travail de la basilique. Si je ne connaissais ton activité infatigable, je n'y comprendrais rien moi-même; et si je ne voyais par mes yeux avancer ta besogne, je ne croirais pas que deux ou trois heures de sommeil, après des nuits de plaisir et de bruit, pussent suffire à un ouvrier attaché tout le jour à un travail pénible. Empêche tes nombreuses connaissances, et surtout ces jeunes patriciens si babillards, de venir te rendre à la basilique de si longues visites continuelles. Un tel honneur blesse l'amour-propre des Bianchini : ils disent que ces jeunes gens te font perdre ton temps, qu'ils te détournent du travail pour t'occuper de choses futiles; par exemple, cette joyeuse confrérie que vous venez d'instituer, et qui met en rumeur tous les fournisseurs de la ville...

— Oimé! s'écria Valerio, c'est précisément pour cela que je suis si pressé de vous quitter ce soir : on m'attend pour régler le costume. Il n'y a pas à reculer, et tu es engagé sur l'honneur, Francesco, à en faire partie.

— Je m'y suis engagé, à condition que l'affaire ne commencerait qu'après la Saint-Marc, parce que d'alors j'espère avoir terminé ma coupole.

— J'ai dit cela et pour ton compte et pour le mien; mais tu penses bien que deux ou trois cents jeunes gens avides de plaisir n'entendent pas facilement les raisons d'un seul qui est avide de travail. Ils ont juré que si nous nous refusions à être des leurs sur-le-champ, l'association était manquée, que rien n'était possible sans moi; et là-dessus ils m'ont fait de grands reproches, prétendant que je les avais lancés, que les dépenses étaient faites, la fête ordonnée, et qu'un aussi long retard donnerait un triomphe aux autres *compagnies*. Bref, ils ont tant fait que je me suis engagé, et pour toi et pour moi, à inaugurer la bannière des compagnons du Lézard dans quinze jours. On débutera par un grand jeu de bagues et par un repas magnifique, où chaque compagnon sera tenu d'amener une dame jeune et belle.

— Ne penses-tu pas que ces folies vont retarder ton travail?

— Vive la folie! mais je te défie bien de m'empêcher de travailler quand l'heure du travail sonne. Il y a temps pour tout, frère. Ainsi, je puis compter sur toi?

— Tu peux m'inscrire, et, par tes mains, je déposerai ma cotisation; mais je ne paraîtrai point à cette fête : je ne veux pas qu'on dise que les deux Zuccati s'amusent à la fois. Il faut que l'on sache que, quand l'un se divertit, l'autre travaille pour deux.

— Cher frère! s'écria Valerio en l'embrassant, je travaillerai pour quatre la veille, et tu viendras à la fête. Va, ce sera une fête superbe et dont le but est noble, une fête toute plébéienne et toute fraternelle. Il ne sera pas dit que les patriciens seuls ont le droit de s'amuser, et que les ouvriers n'ont que des confréries dévotes. Non, non! l'artisan n'est pas réservé à faire toujours pénitence! les riches s'imagineraient que nous sommes faits pour expier leurs péchés. Allons, Bartolomeo, tu en seras aussi, je vais te faire inscrire; cela t'occasionnera un peu de dépense. Si tu n'as pas d'argent, j'en ai, moi, et je prends tout sur mon compte. Au revoir, chers amis, à demain. Frère bien-aimé, tu ne diras pas que je n'écoute pas les conseils avec le respect qu'on doit à son aîné. Allons, avoue que tu es content de moi! »

En parlant ainsi, Valerio sauta légèrement sur la rive du palais ducal, et disparut sous les ombres fuyantes de la colonnade.

V.

Ce même soir, vers minuit, le Bozza revenant de chez sa maîtresse, triste et soucieux plus que jamais, ennuyé de l'amour, ennuyé du travail, ennuyé de la vie, marchait à grands pas sur la rive solitaire. Un vent d'orage s'était élevé, le flot battait les quais de marbre, et des voix mystérieuses semblaient murmurer des paroles de haine et de malédiction sous les noires arcades des vieux palais.

Il se trouva tout à coup en face d'un homme dont le pas lourd et retentissant n'avait pu le distraire de sa rêverie. A la lueur d'un fanal attaché à un pieu d'amarrage, le Bozza et l'autre promeneur nocturne se reconnurent, et, s'arrêtant en face l'un de l'autre, se toisèrent de la tête aux pieds. Bartolomeo, pensant que cet homme pouvait bien avoir quelque mauvais dessein, mit la main sur son stylet; mais, contre son attente, Vincent Bianchini (car c'était lui) porta la sienne à son bonnet et l'accosta avec courtoisie.

Vincent était, comme son frère Dominique, un rude compagnon et un méchant homme. Moins brutal en apparence, et capable, malgré son peu d'éducation, d'affecter d'assez bonnes manières, profondément rusé, rompu au mensonge par suite de ses luttes contre les accusations infamantes qu'il avait soutenues devant le conseil des Dix, il était certainement le plus dangereux des trois Bianchini.

« Messer Bartolomeo, dit-il, je viens d'un endroit où je croyais vous rencontrer, et où je suis fort aise que vous n'ayez pas eu, comme moi, la curiosité de vous glisser furtivement.

— Je ne sais pas ce que vous voulez dire, messer Vincenzo », répondit le Bozza en s'inclinant et en essayant de passer outre.

Vincent mesura son pas sur celui de Bozza, sans paraître s'apercevoir du désir qu'il avait de l'éviter.

« Vous savez sans doute, dit-il, que les principaux membres de la nouvelle Compagnie viennent de s'assembler pour délibérer sur les statuts et sur les admissions.

— C'est possible, répondit Bartolomeo; cela m'importe assez peu, messer Bianchini : je ne suis pas un homme de plaisir.

— Mais vous êtes un homme d'honneur, et c'est pour cela que je me réjouis de ne vous avoir point vu au nombre des auditeurs de cette belle délibération.

— Que voulez-vous dire? s'écria le Bozza en s'arrêtant.

— Je veux dire, brave Bartolomeo, reprit Vincent, que si vous eussiez été là, les choses se seraient passées autrement, et qu'il y aurait eu peut-être un peu de bruit. Il vaut mieux, au reste, que tout se soit arrangé; car une affaire si puérile ne mérite pas...

— Allons, parlez, Messer, je vous prie, dit Bozza avec impatience; s'est-il passé là quelque chose qui intéresse mon honneur?

— Eh! eh! non pas personnellement, peut-être; mais c'est un affront collectif que vous avez reçu. Voici ce qui est arrivé : vous savez que la nouvelle Compagnie doit se former, à l'instar des autres joyeuses associations, de membres choisis dans diverses corporations, émules les unes des autres pour la richesse et le talent. Ainsi, dans celle-ci, on s'était promis de recevoir tous ceux de la corporation des verrotiers qui seraient assez riches et assez amis du plaisir pour vouloir être admis. Celle des architectes et celle des vitriers, celle des fondeurs et celle des travailleurs en mosaïque, enfin tous les états qui concourent aux travaux de la basilique devaient fournir leurs candidats. Cela posé, il ne s'agissait plus que d'enregistrer les noms de ces candidats, et les fondateurs, ayant à leur tête messer Valerio Zuccato, votre maître, se sont réunis tantôt à cet effet. Mais croiriez-vous que cet artiste, si renommé pour son agréable humeur et sa popularité, s'est montré plein de hauteur et de dédain pour la plupart des admissions proposées? Oui vraiment, il s'est mis à trancher du gentilhomme et du sénateur; il a déclaré que quiconque ne serait pas reçu maître dans une profession quelconque n'était pas digne de se réjouir en sa compagnie. On lui a fait beaucoup d'objections, et plusieurs se sont hasardés à dire que certains apprentis avaient plus d'économie et de talent, par conséquent plus d'argent et de mérite que leurs maîtres; c'est ce qu'il n'a jamais voulu entendre, et il s'est exprimé en termes si vains et si durs, qu'il a blessé tout le monde. En ce moment je me trouvais près de lui sans qu'il me vît, et quelqu'un lui dit : « Si vous l'emportiez, n'auriez-vous pas regret au Bozza, ce brave compagnon qui travaille si bien, qui a une si bonne conduite et tant d'attachement pour vous et votre frère? — Si mon apprenti, a répondu messer Valerio, est admis dans la Compagnie, je me retire. » Malgré cela, l'avis de la majorité l'a emporté, et les compagnons seront admis, pourvu toutefois qu'ils soient jugés par l'assemblée dignes d'être portés prochainement à la maîtrise dans leurs professions respectives. »

Le Bozza ne répondit rien à ce discours; mais Vincent Bianchini, qui l'observait de près, vit, à la sécheresse de son pas sur le pavé et au mouvement de contraction de son bras sous le manteau, qu'il éprouvait un violent dépit.

Cependant Bartolomeo se contenait, car il n'ajoutait pas une foi absolue aux paroles de Bianchini. Celui-ci, voyant qu'il ne fallait pas laisser refroidir la blessure, ajouta d'un ton dégagé : « C'est bien dommage, après tout, qu'un garçon si bien tourné et si aimable se soit laissé gonfler par la vanité! Le commerce des patriciens devait amener ce malheureux travers. Il est fâcheux pour un artiste de voir des gens au-dessus de sa classe.

— Il n'est point de classe au-dessus de l'artiste, répondit avec humeur le jeune apprenti : si Valerio estime quelque chose plus que son art, il n'est pas digne du titre qu'il porte.

— Cette sotte vanité, reprit tranquillement Bianchini, est une maladie de famille. Sébastien Zuccato méprise ses enfants, parce qu'il est peintre et qu'ils sont mosaïstes. François, le fils aîné, qui est premier maître dans son art, méprise son frère parce que celui-ci n'est que maître en second, et ce dernier méprise son apprenti...

— Ne dites pas qu'il me méprise, Messer, dit Bozza d'une voix sourde. Il n'oserait! Ne dites pas que je suis un homme méprisé; car, par le sang du Christ! je vous apprendrai le contraire.

— Si vous étiez méprisé par un sot, répondit Bianchini avec le calme de l'hypocrisie, ce mépris tournerait à votre gloire. Il est des gens dont l'estime est une injure.

— Valerio n'en est pas là avec moi, reprit Bozza, essayant de lutter contre les vipères qui lui rongeaient le cœur.

— J'espère que non, dit Vincent; pourtant je ne conçois pas ce qu'il a pu dire de vous à la personne qui avait prononcé votre nom; car il lui a parlé à l'oreille, et j'ai vu seulement de qui il était question, à la manière dont il a enfoncé sa barrette jusque sur ses yeux et relevé le collet de son manteau jusqu'aux oreilles pour vous contrefaire et vous ridiculiser. En faisant cela, il fronçait le sourcil et imitait votre geste, ce qui faisait rire aux éclats le confident de ces sottes plaisanteries.

— Et qui était celui qui se permettait de rire? s'écria le Bozza en enfonçant malgré lui son bonnet sur ses yeux, serrant le poing et le ramenant sur la poitrine, geste que, selon Bianchini, Valerio avait tourné en dérision.

— Ma foi, je ne saurais vous le dire, répondit Vincent; je ne pouvais voir sa figure, parce que, selon sa coutume, Valerio rassemblait autour de lui un auditoire nombreux, avide de ses saillies. Quand j'ai réussi à fendre la presse, Valerio avait changé d'interlocuteur et parlait d'autre chose; mais on riait encore à la place qu'il venait de quitter.

— C'est bien, messer Vincent, répliqua le jeune homme désespéré. Je vous remercie de m'avoir dit cela; peut-être trouverai-je l'occasion de vous en récompenser. »

En parlant ainsi, le Bozza doubla le pas, et le Bianchini suivit des yeux, pendant quelque temps, sa plume noire agitée par le vent d'orage. Puis il le perdit de vue, et, s'applaudissant d'avoir entamé la cuirasse du premier coup, il resta longtemps immobile sur la rive écumante, absorbé dans ses pensées de haine et dans ses desseins pervers.

VI.

Le soleil commençait à peine à dorer le faîte des blanches coupoles de Saint-Marc, et les gondoliers du grand canal dormaient encore étendus sur la rive, autour de la colonne Léonine, lorsque la basilique se remplit d'ouvriers. Arrivés les premiers, les apprentis dressèrent les échelles, trièrent les émaux, broyèrent le ciment, le tout en chantant, en sifflant et en causant à haute voix, malgré la douleur et l'indignation du bon père Alberto, qui s'efforçait en vain de rappeler à ces jeunes étourdis la majesté du saint lieu et la présence du Seigneur.

Si les exhortations du prêtre mosaïste ne produisaient pas beaucoup d'effet sous la grande coupole où travaillait l'école des Zuccati, du moins il pouvait y satisfaire son zèle et soulager sa conscience par des réprimandes longues et sévères. Jamais il n'était interrompu par un propos grossier ou par un rire insultant; car si ces élèves avaient la gaieté, l'ardeur et la vivacité de leur maître Valerio, ils avaient aussi sa douceur, sa bonté et son pieux respect pour la vieillesse et la vertu. Mais les choses se passaient tout autrement dans la chapelle de Saint-Isidore, où la famille Bianchini, environnée d'apprentis farouches et indisciplinés, ne pouvait maintenir l'ordre qu'avec des rugissements furieux et des menaces épouvantables. Quand une chanson obscène venait frapper l'oreille d'Alberto, il était réduit à se signer, et sa douleur s'exhalait en exclamations étouffées ou en profonds soupirs. Mais lorsque, au-dessus de tous les propos grossiers et de toutes les invectives brutales que se renvoyaient les compagnons, la voix terrible de Dominique le Rouge venait à tonner sous les cintres sonores de la basilique, le pauvre prêtre était forcé de se boucher l'oreille d'une main, et de se tenir de l'autre aux barreaux de son échelle pour ne pas tomber.

Ce jour-là les maîtres mosaïstes arrivèrent de bonne heure et se mirent à la besogne presque aussitôt que leurs apprentis. La Saint-Marc approchait; on devait faire en ce jour solennel l'inauguration de la basilique, restaurée en entier et décorée des nouveaux tableaux des plus grands maîtres de l'époque. On allait enfin, après dix, quinze et vingt ans de travail assidu, être jugé publiquement, sans égard, disait-on, aux protections des uns ni à la haine des autres. Ce devait être un grand jour pour tous les travailleurs, depuis le premier des peintres illustres jusqu'au dernier des barbouilleurs, depuis l'architecte aux calculs sublimes jusqu'au manœuvre docile qui fend la pierre et pétrit le mortier. L'émulation, la jalousie, la joyeuse attente ou la crainte sinistre, toutes les bonnes et les mauvaises passions que, sur tous les échelons de l'art et du métier, la soif de la gloire et la cupidité inspirent aux hommes, s'agitaient donc sans relâche sous ces dômes retentissants de mille bruits. Ici l'injure, là le chant joyeux, plus loin le quolibet; en haut le marteau, en bas la truelle; tantôt le bruit sourd et continu du tampon sur la mosaïque, et tantôt le clapotement clair et cristallin de la verroterie ruisselant des paniers sur le pavé en flots de rubis et d'émeraudes; puis le grincement affreux du grattoir sur la corniche; puis enfin le cri aigre et déchirant de la scie dans le marbre, sans parler du nasillement des messes basses qui se disaient, en dépit du vacarme, au fond des chapelles, du tintement impassible de l'horloge, de la pesante vibration des cloches, et du cri de mille animaux domestiques, imité avec une rare perfection par les petits apprentis, afin de forcer le père Alberto, toujours dupe de cette ruse, à tourner la tête brusquement et à se laisser distraire de son travail, qu'il ne reprenait jamais qu'après un signe de croix, en expiation de ce qu'il lui plaisait d'appeler sa *légèreté d'esprit*.

Si les écoliers des Zuccati avaient plus de douceur et d'innocence dans leurs ébats que ceux des Bianchini, ils n'étaient guère moins bruyants. Francesco leur imposait rarement silence. Absorbé par son travail, le patient et mélancolique artiste était complètement sourd à toutes les rumeurs de son orageux atelier; et d'ailleurs, pourvu que la besogne allât son train, il ne s'opposait point à une gaieté qui plaisait à Valerio et stimulait son ardeur. Celui-ci était vraiment le dieu de ses apprentis. S'il les excitait sans relâche et s'il s'emportait souvent contre eux en critiques facétieuses, au fond il les aimait comme ses enfants et charmait leurs fatigues par son enjouement continuel. Tous les jours il avait de nouvelles histoires grotesques à leur raconter; tous les jours il leur chantait une chanson plus folle que celle de la veille. S'il voyait un étourdi faire une faute et la nier par amour-propre, ou s'y obstiner par ignorance, il égayait à ses dépens toute l'école et lui barbouillait le visage de son pinceau. Mais si un bon élève s'affligeait sincèrement ou rougissait en secret d'une erreur involontaire, il allait à lui, prenait ses outils, et en peu d'instants réparait le dommage, en l'encourageant par de douces paroles ou en gardant le silence, pour ne pas attirer sur l'apprenti mortifié l'attention de ses camarades. Aussi il est vrai de dire que si Francesco Zuccato était aimé et respecté, Valerio était adoré dans son école, et que ses apprentis se fussent jetés, pour lui plaire, du haut de la grande coupole sur le pavé de la place Saint-Marc.

Le seul Bartolomeo Bozza, toujours froid et silencieux, ne partageait ni cet enjouement ni cet enthousiasme. Francesco faisait grand cas de son travail régulièrement net et solide et de l'austérité de ses mœurs. Sa mélancolie lui semblait un motif de sympathie, et il se plaisait à dire que cette jeunesse sombre et mystérieuse recélait un grand avenir d'artiste. Quant à Valerio, quoiqu'il trouvât peu d'agréments dans le commerce de Bartolomeo, sa propre humeur était trop bienveillante pour qu'il ne lui prêtât pas toutes les qualités qu'il avait en lui-même.

Ce jour-là, le Bozza, qui d'ordinaire était à l'ouvrage avant tous les apprentis, arriva plus d'une heure après le lever du soleil. Il était plus pâle et plus défait que jamais, plus muet et plus sinistre qu'on ne l'avait encore vu. Il n'avait pas goûté un instant de repos. Toute la nuit il avait erré, comme une ombre infortunée, dans les rues anguleuses et profondes; ses cheveux pendaient plats sur ses joues creuses; sa barbe était en désordre et comme hérissée; sa plume noire avait été brisée par l'orage. Il prit en silence son tablier et ses outils, et alla se placer tout près de Valerio, qui travaillait à son feston du cintre.

Francesco remarqua fort bien la tardive arrivée de son apprenti; mais Bozza était toujours si exact, que le maître se garda bien de lui faire une observation sur cette faute, la première qu'il eût commise depuis les trois ans de son apprentissage.

Valerio, toujours expansif et poussé par une douce sollicitude, ne craignit pas de l'interroger.

« Qu'as-tu donc, mon camarade? lui dit-il en le toisant de la tête aux pieds avec étonnement; tu as l'air d'avoir été enterré hier soir. Laisse-moi te toucher la main pour savoir si tu n'es point ton spectre. »

Le Bozza feignit de ne pas entendre, et ne répondit pas à l'appel de cette main amie.

« Tu as été au jeu, Bartolomeo? Tu as perdu ton argent cette nuit? Est-ce là ce qui t'attriste? Allons donc! est-ce que tu prends le jeu à cœur? Pour l'argent, il ne faut pas y penser; tu sais que ma bourse t'appartient. »

Le Bozza ne répondit pas.

« Oh! ce n'est pas cela peut-être? Ta maîtresse te trompe, ou tu ne l'aimes plus, ce qui est bien pire? Allons! tu feras une belle madone qui lui ressemblera, et dont le doux regard restera éternellement attaché sur le tien! As-tu un ennemi, par hasard! Veux-tu que je te serve de second pour un défi? marchons!

— Voilà bien des questions, messer Valerio, répondit Bozza d'une voix éteinte, mais d'un ton acerbe. En êtes-vous donc venu à ce point, que, pour une heure de retard, vos compagnons soient forcés de subir un interrogatoire et de rendre compte de leur conduite?
— Oh! oh! s'écria Valerio étonné, tu es de bien mauvaise humeur, mon pauvre ami. Il faut espérer que tout à l'heure, quand l'accès sera passé, tu rendras meilleure justice à mes intentions. »

Il se remit aussitôt à son travail en sifflant, et le Bozza commença le sien avec une lenteur et une affectation de nonchalance et de maladresse dont Valerio ne voulut point lui donner la satisfaction de s'apercevoir.

Au bout de deux heures environ, le Bozza, voyant qu'il ne réussissait pas à irriter Valerio, changea de méthode, et se mit tout d'un coup à travailler avec rapidité, sans faire attention aux matériaux qu'il employait, et mêlant les couleurs de la manière la plus disparate et la plus bizarre.

Valerio lui jeta un regard de côté et l'examina pendant quelques instants. Il s'étonna de cette obstination; mais, comme c'était la première fois qu'une pareille chose arrivait, il résista au désir qu'il éprouvait de s'emporter, et se promit de refaire l'ouvrage de son apprenti, en se disant à lui-même : « Après tout, ce n'est qu'une journée perdue pour lui et pour moi. »

Mais malgré cette généreuse résolution, et malgré les efforts que le bon Valerio faisait sur lui-même pour ne pas jeter les yeux sur l'exécrable besogne à laquelle le Bozza travaillait avec âpreté, le seul bruit de son tampon sec et saccadé avait quelque chose de fébrile et d'irritant auquel le jeune maître sentait qu'il était temps de se soustraire, s'il ne voulait céder aux provocations de son apprenti. Valerio se sentait la conscience tranquille; l'état du Bozza lui semblait maladif, et lui causait encore plus de compassion que de colère. Brave comme le lion, mais comme lui généreux et patient, il quitta son échafaud, endossa son pourpoint de soie noire, et alla respirer l'air un instant dans la cour de la basilique, attenante au palais ducal, un des plus beaux morceaux d'architecture qu'il y ait dans le monde.

Après avoir fait quelques tours sous les galeries, et, comme il se crut assez calme pour retourner à l'atelier, et, comme il redescendait l'escalier des Géants, il se trouva tout à coup face à face avec le Bozza. Le même sentiment d'angoisse qui avait dévoré Valerio, tandis qu'il renfermait sa colère, avait rongé le sein de Bartolomeo, tandis qu'il s'efforçait en vain d'allumer celle de son rival. Quand Valerio s'était soustrait à cette muette torture, la sienne était devenue si vive, qu'il n'avait pu y résister. Les minutes lui semblaient des siècles, et tout d'un coup, emporté par un instinct de haine irrésistible, il s'élança sur ses traces et le rejoignit à l'endroit où, deux cents ans auparavant, la tête de Marino Faliero avait roulé sous la hache. Toute la colère de Valerio se ralluma, et les deux jeunes artistes, immobiles et le regard étincelant, restèrent quelques instants incertains, chacun attendant avec impatience la provocation de son adversaire; semblables à deux dogues furieux qui rugissent sourdement, l'œil sanglant et l'échine hérissée, avant de se précipiter l'un sur l'autre.

VII.

Quelque grossiers que fussent les artifices de Vincent Bianchini, l'esprit d'observation dont l'avait doué la nature, et la parfaite connaissance qu'il avait des faiblesses et des travers d'autrui, le servaient mieux que la supériorité des autres. Il avait un profond et irrévocable mépris pour l'espèce humaine. Niant la conscience, il détestait tous ses semblables; il ne reculait devant aucun moyen de corruption, et ne faisait jamais entrer en ligne de compte la possibilité des bons mouvements. Ses noires prévisions se trouvaient presque toujours justifiées; mais il est vrai de dire que, comme le vent d'orage ne brise que les arbres où la sève commence à tarir et dont la tige a perdu sa vigueur élastique, les méchantes inspirations de Bianchini ne triomphaient que des cœurs où le sentiment de l'amour, sève de la vie, coulait avec parcimonie et se trouvait étouffé à chaque effort par la violence des passions contraires. Un instinct de lâcheté l'empêchait de s'attaquer directement aux âmes fortes et généreuses. Il ne connaissait donc que le mauvais côté de la vie, et cette triste science le rendait téméraire dans l'exercice de la duplicité.

S'il avait osé improviser un mensonge aussi grossier devant le Bozza, c'est qu'il prévoyait que celui-ci, étant d'une nature méfiante et concentrée, n'en chercherait jamais l'éclaircissement. Le Bozza, sans aimer précisément l'imposture, haïssait la franchise. Sa grande plaie était un amour-propre immense, éternellement froissé, éternellement souffrant. Bianchini savait aussi que tout l'effort de sa volonté consistait à cacher cette blessure, et que la crainte de la trahir par ses paroles le rendait taciturne, incapable de toute expansion, ennemi de toute explication qui l'eût forcé de mettre à nu le fond de son âme. Si quelquefois Bartolomeo s'expliquait à demi avec Francesco, c'est que, voyant la mélancolie de celui-ci, et le croyant atteint du même mal, il le craignait moins que les autres; mais il se trompait : la maladie de Francesco, avec des mêmes symptômes, avait un tout autre caractère que la sienne. Quant à Valerio, le Bozza, ne le comprenant nullement, prenait le parti de le nier. Il était persuadé que toute cette naïve insouciance était une affectation perpétuelle pour avoir des amis, des partisans, et faire son chemin par la faveur des grands; c'est à cause de cette erreur que la ruse de Bianchini avait réussi.

Quand le Bozza se vit en présence de Valerio, quoiqu'il ne fût pas lâche le moins du monde, son courage s'évanouit. L'envie qu'il avait de lui reprocher sa prétendue conduite de la veille céda devant la crainte de montrer combien son orgueil avait saigné de cette offense puérile. Il sentit bien que la dignité véritable exigeait qu'il la méprisât, ou qu'il eût l'air de la mépriser, et tout à coup, refoulant sa colère dans le fond de ses entrailles, reprit son air froid et dédaigneux.

Valerio, étonné du changement subit de son attitude et de sa physionomie rompit le silence le premier, en lui demandant ce qu'il avait à lui dire.

« J'ai à vous dire, Messer, répondit Bozza, qu'il vous faut choisir un autre apprenti; je quitte votre école.
— Parce que...? s'écria Valerio avec l'impatience de la franchise.
— Parce que je sens le besoin de la quitter, répondit Bozza; ne m'en demandez pas davantage.
— Et en me l'annonçant aussi brusquement, reprit Valerio, avez-vous l'intention de me blesser?
— Nullement, Messer, répondit Bozza d'un ton glacial.
— En ce cas, dit Valerio, faisant un grand effort pour vaincre sa colère, vous devez à l'amitié que je vous ai toujours témoignée, de me confier les raisons de votre abandon.
— Il n'est pas question d'amitié ici, Messer, reprit le Bozza avec un sourire amer; c'est un mot qu'il ne faut pas prodiguer, et un sentiment qui ne peut guère exister entre vous et moi.
— Il se peut que vous ne l'ayez jamais connu pour personne, dit Valerio blessé; mais chez moi ce sentiment était sincère, et je vous en ai donné trop de preuves pour que vous ayez bonne grâce à le nier.
— Vous m'en avez donné en effet, dit le Bozza avec ironie, des preuves qu'il me serait difficile d'oublier. »

Valerio, étonné, le regarda fixement. Il ne pouvait croire à tant d'amertume; il ne voulait pas se décider à comprendre le langage de la haine.

« Bartolomeo, lui dit-il en lui saisissant le bras et en l'entraînant sous les galeries, tu as quelque chose sur le cœur. Il faut que je t'aie offensé involontairement; quoi que ce soit, je te jure sur l'honneur que mon intention n'y a été pour rien. Pour que je puisse te le prouver, dis-moi ce que c'est. »

Il y avait tant de franchise dans l'accent du jeune

maître, que l'apprenti pensa que Bianchini pouvait bien s'être joué de sa crédulité; mais, en même temps, il sentit plus que jamais le besoin de cacher son extravagante susceptibilité, et le sentiment de sa propre faiblesse lui rendit plus humiliante la généreuse sincérité de Valerio. Son cœur, fermé à l'affection, ne sentait pas le besoin de répondre à ces avances. « Si Bianchini a menti, se dit-il, si Valerio ne m'a pas méprisé cette fois, il m'a méprisé tous les jours de sa vie, et il me méprise encore à cette heure en m'offrant une amitié protectrice et le pardon d'une faute. Puisque j'ai tant fait que de me prononcer, il faut persister. » Il y avait longtemps déjà que le Bozza souffrait de son association avec les Zuccati, et qu'il aspirait à la rompre.

« Vous ne m'avez jamais offensé, Messer, répondit-il avec froideur. Si vous l'aviez fait, je ne me bornerais pas à vous quitter, je vous en demanderais réparation.

— Et je suis, pardieu! prêt à te la donner, si tu persistes à le croire, repartit Valerio, qui sentait bien la dissimulation de son apprenti.

— Il ne s'agit pas de cela, Messer; et pour vous prouver que, si je ne cherche pas une querelle, du moins ce n'est point par timidité que je l'évite, je vais vous dire une raison de mon abandon qui pourra bien vous déplaire un peu.

— Dis toujours, répondit Valerio; il faut toujours dire la vérité.

— Je vous dirai donc, maître, reprit le Bozza du ton le plus pédant et le plus blessant qu'il put affecter, que ceci est une question d'art et rien de plus. Il se peut que cela vous fasse sourire, vous qui méprisez l'art; mais, moi qui ne prise rien autre chose au monde, je suis forcé de vous avouer que je suis homme à sacrifier les relations les plus agréables au désir de faire des progrès et de passer bientôt maître.

— Je ne blâme pas cela, dit Valerio; mais en quoi tes progrès sont-ils gênés par moi? Ai-je négligé de t'instruire? et, au lieu de t'employer, comme ont coutume de faire les maîtres, au travail matériel de l'école, ne t'ai-je pas traité en artiste? Ne t'ai-je pas offert toutes les occasions possibles de progresser, en te confiant des travaux intéressants, difficiles, et en t'indiquant la meilleure manière avec autant de zèle que si tu eusses été mon propre frère?

— Je ne nie pas votre obligeance, répondit le Bozza; mais, dussé-je vous sembler un peu vain, je suis contraint de vous avouer, maître, que cette manière, qui vous paraît la meilleure, ne me satisfait point. Je n'aspire pas seulement à être le premier dans mon art, mais encore à faire faire à cet art, imparfait dans nos mains, un progrès dont je sens en moi la révélation. Ainsi donc, permettez que je m'affranchisse de votre système, et que je suive le mien. Une voix intérieure me le commande. Il me semble que je suis destiné à quelque chose de mieux qu'à suivre les traces d'autrui. Si j'échoue, ne me regrettez pas; si je réussis, comptez qu'à mon tour je ne vous refuserai ni mon aide, ni mes conseils. »

Valerio ne devinant pas (tant il était dépourvu de vanité) que ce discours était inventé dans l'unique dessein de le piquer profondément, réprima une forte envie de rire. Il s'était souvent aperçu de l'amour-propre exagéré du Bozza, et en ce moment il le croyait en proie à un accès de fatuité délirante. C'est ainsi qu'il s'expliqua le trouble où il l'avait vu toute la matinée, et, en songeant combien c'était une passion funeste et féconde en souffrances, il eut la douceur de ne pas l'en railler trop ouvertement.

« S'il en est ainsi, mon cher Bartolomeo, lui dit-il en souriant, il me semble qu'en restant avec nous tu serais beaucoup plus à même de nous donner des conseils, et nous de les recevoir. Comme jamais tu n'es contrarié dans ton travail, rien ne t'empêchera de perfectionner et d'innover à ton aise. Si tu fais faire des progrès à notre art, et puis te promettre que, loin de les entraver, je serai heureux d'en profiter pour mon compte. »

Le Bozza sentit que, malgré sa complaisance, Valerio se moquait un peu de lui. Désespéré d'avoir voulu en vain être méchant et de n'avoir été que ridicule, il ne put se contenir davantage, et répondit d'un ton si aigre à plusieurs reprises, que Valerio perdit patience, et finit par lui dire :

« En vérité, mon cher ami, si c'est une révélation de ton génie que la besogne extravagante et pitoyable que tu faisais tout à l'heure quand j'ai quitté la basilique, je désire beaucoup que l'art rétrograde dans mes mains plutôt que de faire de semblables progrès dans les tiennes.

— Je vois bien, Messer, répliqua le Bozza, outré de ce que toutes ses petites vengeances tournaient contre lui, vous n'êtes pas dupe des prétextes que j'invente depuis ce matin pour me séparer de vous. J'aurais désiré vous déplaire, afin de me faire renvoyer, et de vous épargner par là la mortification de m'avoir quitté. Je suis fâché que vous n'ayez pas compris la générosité de ce procédé, et que vous me forciez à vous dire que je ne veux pas rester une heure de plus à votre école.

— Et la raison de ton départ reste impénétrable? dit Valerio.

— Personne n'a le droit de me la demander, répondit le Bozza.

— Je pourrais vous forcer de remplir votre engagement, reprit Valerio; car vous avez signé celui de travailler sous ma direction jusqu'à la Saint-Marc prochaine, mais il ne me convient pas d'être aidé par contrainte. Soyez donc libre.

— Je suis prêt, Messer, répondit le Bozza, à vous offrir toutes les indemnités que vous pourrez exiger, et je ne crains rien tant que de rester votre obligé.

— C'est à quoi pourtant il faudra vous résigner, dit Valerio en lui rendant son salut; car je suis résolu à ne rien accepter de votre part. »

Ainsi se séparèrent le maître et l'apprenti. Valerio le regarda s'éloigner, et se promena avec agitation sous les arcades; puis, saisi tout à coup de douleur à la vue de tant d'ingratitude et de dureté, il retourna à ses travaux, et sentit son visage inondé de larmes.

Le Bozza, au contraire, alla trouver sa maîtresse, et la traita mieux ce jour-là qu'à l'ordinaire. Il se sentait léger, presque gai. Sa poitrine lui semblait soulagée d'un poids énorme : c'était le poids de la reconnaissance, insupportable aux orgueilleux. Il s'imagina qu'il venait de triompher de tout son passé, et d'entrer à pleines voiles dans l'indépendance glorieuse de son avenir.

VIII.

Le Bozza n'était point un artiste sans mérite. Bien supérieur aux Bianchini, qui n'étaient que des ouvriers diligents et soigneux, il avait reçu des Zuccati les notions élevées du dessin et de la couleur. Ses lignes étaient élégantes et correctes, ses tons ne manquaient pas de vérité, et, pour rendre le brillant et la richesse d'une étoffe, il surpassait peut-être Valerio lui-même. Mais si, à force d'études et de persévérance, il était arrivé à rendre avec succès les effets matériels de l'art, il était loin d'avoir dérobé au ciel le feu sacré qui donne la vie aux productions de l'art, et qui constitue la supériorité du génie sur le talent. Le Bozza avait trop d'intelligence, il cherchait d'ailleurs avec trop d'anxiété le secret de cette supériorité dans les autres, pour ne pas comprendre ce qui lui manquait et pour ne pas chercher ardemment à l'acquérir. Mais c'était en vain qu'il essayait de communiquer à ses figures la grâce touchante ou l'enthousiasme sublime qui animaient celles des Zuccati. Il ne réussissait qu'à peindre les émotions physiques. Dans la scène de l'Apocalypse, ses figures de démons et de damnés étaient fort bien traitées; mais, quoi que ce fût-là son triomphe, il n'avait pas su donner à ces emblèmes de la haine et de la douleur le sentiment intellectuel qui devait caractériser des images religieuses. Ses maudits ne semblaient tourmentés que par l'ardeur des flammes qui les dévoraient; nul sentiment de honte ou de désespoir ne se peignait dans leurs traits contractés par la fureur. Les anges rebelles ne gardaient rien de leur céleste origine. Le regret de leur grandeur première était étouffé par une affreuse ironie, et, en contemplant ces traits immondes, ces rires féroces, ces tortures qui rappelaient l'inquisition plus que le jugement de Dieu, on éprouvait moins d'émotion que d'étonnement, moins de terreur que de dégoût.

Malgré ces défauts, appréciables seulement aux organisations élevées, le travail du Bozza avait des qualités éminentes, et les Zuccati avaient bien connu ses forces en le lui confiant. Mais, lorsqu'il avait voulu s'essayer dans des sujets plus nobles, il avait complètement échoué. Ses mouvements majestueux étaient raides, ses figures inspirées grimaçaient; ses anges agitaient en vain des ailes fortes et brillantes; leurs pieds semblaient invinciblement liés dans le ciment, et leurs regards n'avaient d'autre éclat que celui de l'émail et du marbre.

Les peintres, mécontents, ne retrouvaient plus leur pensée dans l'exécution cependant fidèle de leurs dessins, et les Zuccati étaient forcés de retoucher péniblement tout ce qui constituait dans ces figures le sentiment et la représentation de la vie morale. Depuis que la scène de l'Apocalypse était achevée, le Bozza avait donc été employé au grand feston du cintre; et, comme il trouvait indigne de lui de copier servilement des ornements, il avait subi intérieurement toutes les tortures de l'orgueil humilié. C'était pourtant avec une douceur et une délicatesse extrême que les Zuccati lui avaient fait sentir la nécessité de laisser les sujets sacrés à des mains plus habiles, et de terminer les détails de la voûte en attendant que des sujets appropriés au genre de son talent fussent confiés à leur école. Bozza ne tenait pas compte des leçons particulières de dessin et de peinture que les Zuccati lui donnaient aux heures de leur loisir. Il ne concevait pas de plus grande affaire au monde que le soin de sa gloire future, et reprochait secrètement à Valerio d'avoir des goûts de plaisir qui l'empêchaient de lui consacrer tous ses moments de liberté; à Francesco, de faire pour son propre compte des études sérieuses qui le forçaient quelquefois d'abréger sa leçon ou de la remettre au lendemain. Il se persuadait que ces maîtres craignaient d'être dépassés par lui et le privaient des moyens de s'instruire rapidement, afin d'exploiter plus longtemps son travail à leur profit. Il se livrait alors, dans le secret de son âme, à toutes les misères de la défiance et du ressentiment.

D'autres fois (et ces instants étaient encore plus cruels), il ouvrait les yeux à l'évidence, et s'apercevait que, malgré les excellentes leçons et les conseils désintéressés qu'on lui donnait, il ne faisait pas les progrès qu'il aurait dû faire. Il sentait amèrement tous les défauts de son œuvre, et se demandait avec effroi si, hors d'une certaine portée de talent, il n'était pas à jamais frappé d'impuissance. Il voyait ce qui lui manquait, et ne pouvait le réaliser; sa main semblait traduire en langue vulgaire les poétiques élans de son cerveau, et il n'était pas loin de croire à l'action jalouse des puissances infernales sur sa destinée. Souvent Valerio lui avait dit : « Bartolomeo, le plus grand obstacle au développement de tes facultés, c'est l'inquiétude où tu te consumes. Rien de beau et de grand ne peut éclore sans le souffle fécond d'un cœur chaud et d'un esprit libre. Il faut toute la santé du corps et de l'âme pour produire une œuvre saine; et ce qui sort d'un cerveau malade n'a pas les conditions de la vie. Si, au lieu de passer les nuits à rêver les honneurs de la célébrité, tu t'endormais joyeux auprès de ta maîtresse; si, au lieu de verser les larmes desséchantes de l'ennui, tu pleurais de tendresse et de sympathie dans le sein d'un ami; si enfin, aux heures où la lassitude ne te permet plus de soutenir les outils et de discerner les nuances, plutôt que de fatiguer ta vue et d'épuiser ta volonté, tu cherchais dans les distractions de ton âge, dans les innocentes passions de la jeunesse, un moyen de retremper les forces de l'artiste, en leur donnant pour quelques instants un autre aliment, je crois que tu serais surpris, en retournant au travail, de sentir ton cœur battre avec force, tout ton être transporté d'une joie inconnue et d'une espérance victorieuse. Mais tu l'arranges de manière à être toujours triste, à défaillir à toute heure sous le poids de la vie; comment veux-tu donner à ton œuvre cette vie qui n'est pas en toi-même? Si tu continues ainsi, tous les ressorts de ton génie seront usés avant que tu aies pu les faire servir. A force de contempler le but et de t'exagérer le prix de la victoire, tu oublieras de connaître les douces émotions et les joies pures de la production. L'art, pour se venger de n'avoir pas été aimé pour lui-même, ne se révélera que de loin à tes yeux éblouis et trompés; et si tu arrives par des moyens bizarres à obtenir les vains applaudissements de la foule, tu ne sentiras pas en toi-même cette satisfaction généreuse de l'artiste consciencieux qui contemple en souriant l'ignorance des juges grossiers, et qui se console de sa misère, pourvu qu'il puisse s'enfermer dans un taudis ou dans un cachot avec sa muse, et goûter dans ses bras des ravissements inconnus au vulgaire. »

Le malheureux artiste sentait bien la vérité de ces observations; mais, au lieu de voir que Valerio les lui adressait dans la simplicité de son âme, et avec le désir sincère de le mettre dans la bonne voie, il lui attribuait le sentiment impie d'une joie secrète et d'un mépris cruel à la vue de ses souffrances. Découragé et désespéré, il s'écriait alors : « Oui, cela est trop vrai, Valerio! je suis perdu. Je suis consumé comme une torche tourmentée par le vent, avant d'avoir jeté mon éclat et fourni ma lumière. Vous le savez bien, et vous mettez le doigt dans la plaie. Vous connaissez le secret de votre force et celui de ma faiblesse. Triomphez donc, humiliez-moi, méprisez mes rêves, déjouez mes espérances, raillez jusqu'à mes désirs. Vous avez su employer votre énergie, vous avez gouverné le coursier, vous l'avez dompté; moi je l'excite sans cesse, et, emporté par lui, je vais me briser au premier obstacle. »

C'était en vain alors que les deux Zuccati cherchaient à l'apaiser et à lui rendre l'espérance; il repoussait leur sollicitude, et, blessé de leur compassion, il allait cacher sa misère loin de tous les regards et de toutes les consolations.

Voyant que leurs conseils affectueux ne servaient qu'à irriter la souffrance de cette âme froissée, les deux jeunes maîtres avaient donc peu à peu cessé de lui parler de lui-même; le Bozza en avait conclu qu'ils ne l'aimaient point, et qu'ils avaient peur de le voir profiter trop bien de leurs conseils. La malheureuse nécessité d'abandonner un travail noble et intéressant, pour terminer à époque fixe des ornements fastidieux, avait achevé de l'aigrir. Il avait donc pris la résolution de les quitter aussitôt que son engagement serait expiré; car il n'espérait pas qu'ils le proposeraient à la maîtrise, comme ils en avaient le droit, aux termes de leur engagement avec les procurateurs. Ce droit ne s'étendait qu'à un seul élève par année, et Ceccato et Marini, ses jeunes confrères, lui semblaient être beaucoup mieux que lui dans l'esprit des Zuccati. Il avait l'intention d'aller à Ferrare ou à Bologne se faire agréer comme maître, et former une école; car, s'il était un des derniers à Venise, il pouvait espérer d'être un des premiers dans une ville moins riche et moins illustre. Sa querelle avec Valerio avait à ses yeux le double avantage de lui rendre la liberté et de lui fournir l'occasion d'une vengeance. Les travaux n'étaient pas terminés, la Saint-Marc approchait, les instants étaient comptés. Dans les deux écoles on redoublait d'ardeur pour ne point rester en arrière des engagements contractés. L'absence ou le départ d'un apprenti était donc dans ce moment un véritable échec, et compromettait sérieusement le succès des efforts inouïs qu'on avait faits jusqu'à ce jour pour n'être point dépassé par l'école rivale.

IX.

Les Bianchini ne furent pas longtemps à s'apercevoir de l'absence du Bozza et de la tristesse de Valerio. Vincent raconta avec un sourire brutal son artifice de la veille à ses deux frères; et tous trois, encouragés par ce premier succès, résolurent de tout mettre en œuvre pour

Semblables à deux dogues furieux qui rugissent sourdement. (Page 13.)

nuire aux travaux de la grande coupole et pour perdre les Zuccati. Après qu'ils eurent tenu conseil au cabaret, Vincent se remit sur la piste du Bozza, et le découvrit, à l'entrée de la nuit, dans les grands vergers qui s'étendent le long des lagunes, au faubourg de Santa-Chiara. Le Bozza côtoyait lentement une haie verdoyante entrecoupée de beaux arbres fruitiers qui se penchaient avec amour sur les ondes paisibles. Un silence profond régnait sur cette cité bocagère, et les dernières rougeurs du couchant s'éteignaient au loin sur le clocher rustique de l'île de la Certosa. De ce côté, Venise a la physionomie aussi naïve et aussi pastorale qu'elle l'a coquette, fière ou terrible en d'autres sites. On n'y voit aborder que des barques pleines d'herbes ou de fruits : on n'y entend d'autre bruit que celui du râteau dans les allées ou du rouet des femmes assises au milieu de leurs enfants sur le seuil des serres; les horloges des couvents y sonnent les heures d'une voix claire et quasi féminine, dont rien n'interrompt la longue vibration mélancolique. C'est là qu'en d'autres jours le chantre de *Childe-Harold* vint souvent chercher le sens de certains secrets de la nature: grâce, douceur, charme, repos, mots mystérieux que la nature, impuissante ou impitoyable à son égard, lui renvoyait traduits par ceux de langueur, tristesse, ennui, désespoir. Là le Bozza, insensible aux bénignes influences d'une soirée délicieuse, était absorbé par le vol rapide et les combats acharnés des grands oiseaux de mer, qui, à l'heure du soir, se disputaient leur dernière proie, ou se pressaient de rejoindre leurs retraites mystérieuses. Ces spectacles de lutte et d'inquiétude étaient les seuls qui lui fussent sympathiques. Partout le vaincu lui semblait une personnification de ses rivaux ; et, quand le vainqueur poussait dans les airs son cri de rage et de triomphe, le Bozza croyait se sentir monter sur ses larges ailes vers le but de ses insatiables désirs.

Le Bianchini l'aborda en jouant la franchise, et, après lui avoir dit qu'il s'apercevait depuis longtemps des mauvais procédés des Zucatti à son égard, il le pria de lui dire, fût-ce sous le sceau du secret, s'il était résolu définitivement à quitter leur école.

« Il n'y a point là de secret à garder, répondit Bartolomeo ; car non-seulement c'est une chose résolue, mais encore c'est une chose faite. »

Bianchini exprima sa joie avec réserve, assura le

Francesco et Valerio.

Bozza qu'il eût pu rester dix ans avec les Zuccati sans faire un pas vers la maîtrise, et lui cita l'exemple du Marini, qui était un garçon de talent, et qui travaillait avec eux depuis six ans sans autre récompense qu'un salaire modeste et le titre de compagnon. « Le Marini se flatte, ajouta-t-il, de passer maître à la Saint-Marc, d'après la promesse de messer Francesco Zuccato; mais...

— Il le lui a promis? positivement? dit le Bozza dont les yeux étincelèrent.

— En ma présence, répondit Vincent. Il vous l'a peut-être promis à vous-même! Oh! il n'en coûte rien aux Zuccati de promettre; ils traitent leurs apprentis comme ils traitent les procurateurs, en faisant plus de discours que de besogne. Ils ont de belles paroles pour expliquer à leurs dupes que l'art demande un long noviciat, qu'on tue un artiste dans sa fleur en le livrant trop tôt aux caprices de son imagination; que les plus grands talents ont échoué pour s'être trop vite affranchis de l'étude servile des modèles, etc. Que ne disent-ils pas? Ils ont appris par cœur, dans l'atelier de leur père (lorsque leur père avait un atelier), cinq ou six grands mots qu'ils ont entendu dire au Titien ou à Giorgione, et mainte-nant ils se croient maîtres en peinture, et parlent comme des arbitres. Vraiment, c'est si ridicule que je ne conçois pas que votre grand diable de l'Apocalypse, ce morceau si parfait, si comiquement traité, si bien encorné et de si belle humeur que je n'ai jamais pu le regarder sans rire, ne se détache pas de la muraille, et ne vienne pas, de sa queue de lion, leur donner sur les oreilles, quand ils disent des choses si ridicules et si déplacées dans leur bouche. »

Quoique le Bozza fût blessé de ces éloges grossiers donnés à son morceau capital, à une figure qu'il avait eu le dessein de rendre terrible et non grotesque, il éprouvait une joie secrète à entendre railler et déprécier les Zuccati. Quand le Bianchini crut avoir gagné sa confiance en caressant sa blessure, il lui fit l'offre de le prendre dans son école, et lui promit même un salaire très-supérieur à celui qu'il recevait des Zuccati; mais il fut surpris de recevoir un refus pour toute réponse, et de ne pas voir la moindre satisfaction percer dans la contenance du Bozza. Il crut que le jeune compagnon voulait se faire marchander, afin d'obtenir de plus grands avantages pécuniaires. Les Bianchini ne concevaient pas, dans la vie d'artiste, un autre but, une autre espérance, une autre gloire, que l'argent.

Après avoir essayé vainement de le tenter par des offres encore plus brillantes, Vincent renonça à se l'associer, et, prenant l'air calme d'un homme tout à fait désintéressé, il chercha, en le flattant et en conversant avec lui, à pénétrer les causes de ce refus et les désirs cachés de son ambition. Cela ne fut pas difficile. Le Bozza, cet homme si défiant et si réservé, que l'amitié la plus sincère ne pouvait lui arracher l'aveu de ses faiblesses, cédait, comme un enfant, aux séductions de la plus grossière flatterie; la louange était à ses poumons comme l'air vital, sans lequel il ne faisait que souffrir et s'éteindre. Quand le Bianchini vit que sa seule pensée était de passer maître, et d'avoir les glorioles du métier, l'autorité, l'indépendance, le titre, sauf à ne tirer aucun profit de sa peine, et à souffrir longtemps encore toutes les privations, il conçut un profond mépris pour cette ambition, moins vile que la sienne; et il s'en fût moqué ouvertement, s'il n'eût compris qu'il pouvait encore l'exploiter au détriment des Zuccati.

« Ah! mon jeune maître, lui dit-il, vous voulez commander et ne plus servir! C'est tout simple, je le conçois bien, de la part d'un homme de talent comme vous. Eh bien! *viva*! il faut passer maître; mais non pas dans une misérable ville de province où vous suerez nuit et jour pendant vingt ans sans faire parler de vous. Il faut passer maître à Venise même, à Saint-Marc, supplanter et remplacer les Zuccati.

— Voilà ce qui est plus facile à dire qu'à faire, répondit le Bozza; les Zuccati sont tout-puissants.

— Peut-être pas tant que vous croyez, répliqua le Bianchini. Voulez-vous m'engager votre parole de vous fier à moi et de m'aider dans tous mes desseins? Je vous engagerai la mienne qu'avant six mois les Zuccati seront chassés de Venise, et nous deux, vous et moi, maîtres absolus dans la basilique. »

Vincent parlait avec tant d'assurance, et il était connu pour un homme si persévérant, si habile et si heureux dans toutes ses entreprises, il avait échappé à tant de périls, et réparé tant de désastres, où tout autre se fût brisé, que le Bozza ému sentit un frisson de plaisir courir dans ses veines, et la sueur lui coula du front comme si le soleil sortant de la mer, où il venait de s'éteindre, eût fait tomber sur lui les plus chauds rayons de la vie.

Bianchini, le voyant vaincu, lui prit le bras, et l'entraînant avec lui :

« Venez, lui dit-il, je veux vous faire voir avec les yeux de votre tête un moyen infaillible de perdre nos ennemis; mais auparavant vous allez vous engager par serment à ne pas être pris d'un mouvement de sensibilité imbécile, et à ne pas faire échouer mes projets. Votre témoignage m'est absolument nécessaire. Êtes-vous sûr de ne reculer devant aucune des conséquences de la vérité, quelque dures qu'elles puissent être à vos anciens maîtres?

— Et où donc s'arrêteront ces conséquences? demanda le Bozza étonné.

— A la vie seulement, répondit Bianchini. Elles entraîneront le bannissement, le déshonneur, la misère.

— Je ne m'y prêterai pas, dit sèchement le Bozza en s'éloignant du tentateur. Les Zuccati sont d'honnêtes gens après tout, et je ne sais pas pousser le dépit jusqu'à la haine; laissez-moi, messer Vincent, vous êtes un méchant homme.

— Cela vous paraît ainsi, répondit Vincent sans s'émouvoir d'une qualification dont il avait depuis longtemps cessé de rougir; cela vous effraie, parce que vous croyez à l'honneur des frères Zuccati. C'est très-joli et très-naïf de votre part. Mais si on vous faisait voir (et je dis voir par vos yeux) que ce sont des gens de mauvaise foi, qui trompent la république, abusent de ses deniers en volant leur salaire et en frelatant l'ouvrage; si je vous le fais voir, que direz-vous? Et si, vous l'ayant fait voir, je vous somme en temps et lieu de rendre témoignage de la vérité, que ferez-vous?

— Si je le vois par mes yeux, je dirai que les Zuccati sont les plus grands hypocrites et les plus insignes menteurs que j'aie jamais rencontrés; et si, dans ce cas, je suis sommé de rendre témoignage, je le ferai, parce qu'ils m'auront indignement joué, et que je hais trop les hommes qui ont le droit de marcher sur les autres pour ne pas abhorrer ceux qui s'arrogent ce droit au prix du mensonge. Eux, des voleurs et des infâmes! je ne le crois pas; mais je le voudrais bien, ne fût-ce que pour avoir le plaisir de leur dire en face : « Non! vous n'aviez pas le droit de me mépriser! »

— Suivez-moi, dit le Bianchini avec un affreux sourire; la nuit est close, et nous pouvons d'ailleurs pénétrer dans la basilique à toute heure sans exciter les soupçons de personne. Venez, et si vous ne manquez pas de cœur, avant six mois vous serez au plus haut du plafond de la basilique un grand diable jaune qui rira plus haut que tous les autres et qui vous vaudra cent ducats d'or. »

En parlant ainsi, il se glissa parmi les arbres embaumés; et le Bozza, foulant d'un pas mal assuré les bordures de thym et de fenouil, le suivit tout tremblant, comme s'il se fût agi de commettre un crime.

X.

Le lendemain, on vit le Bozza dans l'école des Bianchini, travaillant avec ardeur à la chapelle de Saint-Isidore. Francesco, à qui son frère avait raconté avec exactitude la scène de la veille, fut si profondément blessé de cette conduite, qu'il pria Valerio de ne faire aucune nouvelle tentative pour en connaître les motifs. Il en souffrit en silence, et ressentant plus vivement une injure faite à son frère bien-aimé que si elle se fût adressée à lui seul, ne concevant pas qu'on pût résister à la franchise et à la bonté d'une explication donnée par Valerio, il feignit de ne pas voir le Bozza, et passa près de lui, à dater de ce jour, comme s'il ne l'eût jamais connu. Valerio, qui savait combien son frère avait à cœur de terminer sa coupole, et qui voyait en lui l'inquiétude causée par l'abandon du Bozza, résolut de mourir à la peine plutôt que de ne pas surmonter cette difficulté. Francesco était d'une santé délicate; son âme fière et sensible était obsédée de la crainte de manquer à ses engagements. Il ne s'agissait plus ici seulement de sa gloire d'artiste, gloire à laquelle il se reprochait d'avoir trop songé, puisqu'il se trouvait en retard pour le travail matériel; il s'agissait de l'honneur. Il n'ignorait pas les intrigues déjà tentées par les Bianchini pour noircir sa réputation. Lorsqu'il avait accepté cette énorme tâche, son père, la jugeant trop considérable pour les trois années auxquelles elle était limitée, avait essayé de l'en détourner. Le Titien, jugeant que la vie dissipée de Valerio et la mauvaise santé de l'autre rendaient cette exécution impossible, leur avait conseillé plusieurs fois de se réconcilier avec les Bianchini et de demander aux procurateurs un nouvel arrangement. Mais les Bianchini, qui dans le principe avaient fait partie de l'école de Francesco, avaient peu de talent et un insupportable orgueil. Pour rien au monde, Francesco n'eût voulu leur confier un travail entrepris et conduit avec tant de soin et d'amour.

Pour s'expliquer l'importance que ce maître attachait à ne pas être en retard d'un seul jour, il est nécessaire de remonter un peu plus haut, et de dire que la basilique de Saint Marc avait été, durant les années précédentes, exploitée par des ouvriers malhabiles et de mauvaise foi. Des dépenses considérables n'avaient servi qu'à entretenir une troupe d'artisans débauchés, dont il avait fallu refaire à grands frais les ouvrages. Le père Alberto et le Rizzo, premiers maîtres mosaïstes, avaient montré aux procurateurs la nécessité de mettre de l'ordre dans les dépenses et dans les travaux. Après plusieurs épreuves, on avait agréé Francesco Zuccato pour chef de l'atelier de mosaïque, et, Vincent Bianchini, bien que banni pendant quatorze ans pour accusation de crime de fausse monnaie et pour avoir commis plusieurs assassinats, notamment un sur la personne de son barbier, avait, grâce à la vigueur de son travail et de celui de ses frères, trouvé protection auprès du procurateur-caissier, qui l'avait placé sous les ordres des Zuccati. Mais toute relation étant impossible entre ces deux familles, Francesco avait demandé la liberté de choisir d'autres élèves, et il l'avait obtenue. Pour mettre fin aux querelles qui s'élevèrent à cet égard, et pour contenter le procurateur qui s'intéressait aux Bianchini, la commission s'était décidée à croire sur parole ces derniers capables de travailler sans direction pour leur propre compte. On leur avait confié un emplacement moins favorable et une tâche plus longue qu'aux Zuccati ; ils avaient eux-mêmes réglé ces conditions et demandé cette épreuve de leurs talents. Depuis ce jour, ils n'avaient pas cessé de se faire valoir auprès de la commission, qui n'était, du reste, rien moins qu'éclairée sur la matière, et de déprécier l'école de Francesco, dont la modestie et la candeur ne savaient pas lutter contre eux. La commission tenait à honneur de faire faire à moins de frais que par le passé des travaux plus considérables et mieux exécutés. Elle voulait, par l'inauguration de l'église restaurée, mériter les éloges et les récompenses du sénat.

Francesco voyait arriver ce jour fatal, et c'était en vain qu'il épuisait ses forces ; l'espérance commençait à l'abandonner. Il voyait aussi Valerio, inaccessible aux soucis de l'inquiétude, persister à célébrer le même jour l'institution d'une compagnie d'hommes de plaisir. Le départ du Bozza dans un moment si critique acheva de le consterner. Quand même, se dit-il, Valerio se donnerait tout entier à son labeur, cela ne servirait pas à grand'chose. Qu'il s'amuse donc, puisqu'il a le bonheur d'être insensible à la honte d'une défaite.

Mais Valerio ne l'entendait pas ainsi. Il connaissait trop la susceptibilité chevaleresque de son frère pour ne pas savoir qu'il serait inconsolable d'une telle mortification. Il assembla donc ses élèves favoris, Marini, Ceccato et deux autres ; il leur peignit la situation d'esprit de Francesco, et celle de toute l'école, en face de l'opinion publique. Il les supplia de faire comme lui, de ne pas désespérer, de ne renoncer ni au travail ni au plaisir, et de rester debout jusqu'à ce que tout fût mené à bien, fallût-il périr le lendemain de la Saint-Marc. Tous firent serment avec enthousiasme de le seconder sans relâche, et ils tinrent parole. Pour ne pas inquiéter Francesco, qui s'affligeait toujours du peu de soin que Valerio prenait de sa santé, on masquait par des planches la partie à laquelle il renonçait à mettre la dernière main, et on y travailla toutes les nuits. Un léger matelas fut jeté sur l'échafaud, et lorsqu'un des travailleurs cédait à la fatigue, il s'étendait dessus et goûtait quelques instants de sommeil, interrompu par les chants joyeux des autres et le craquement des planches sous leurs pieds. Ils prenaient tous leur peine en gaieté, et prétendaient n'avoir jamais mieux dormi qu'au bercement de l'échafaudage et au bruit du battoir. L'inaltérable gaieté de Valerio, ses belles histoires, ses folles chansons, et la grande cruche de vin de Chypre qui circulait à la ronde, entretenaient une merveilleuse ardeur. Cette ardeur fut couronnée de succès. La veille de la Saint-Marc, comme la journée finissait, et que Francesco, pour ne pas avoir l'air d'adresser un reproche muet à son frère, affectait une résignation qui était loin de son âme, Valerio donna le signal. Les élèves enlevèrent les planches, et le maître vit le feston et les beaux angelots qui le soutiennent terminés comme par enchantement.

« O mon cher Valerio ! s'écria Francesco, transporté de joie et de reconnaissance, n'ai-je pas été bien inspiré de donner des ailes à ton portrait ? N'es-tu pas mon ange gardien, mon archange libérateur ?

— Je tenais beaucoup, lui dit Valerio en lui rendant ses caresses, à te prouver que je pouvais mener de front les affaires et le plaisir. Maintenant, si tu es content de moi, je suis payé de ma peine ; mais il faut embrasser aussi ces braves compagnons qui m'ont si bien secondé, et qui, par là, se sont tous rendus dignes de la maîtrise ; c'est à toi de choisir, je ne dis pas le plus habile, ils le sont tous également, mais le plus ancien en titre.

— Mes bons et chers enfants, leur dit Francesco après les avoir tous cordialement embrassés, vous aviez tous fait naguère le généreux sacrifice de vos droits et de vos désirs en faveur d'un jeune homme malade d'ambition, dont le talent et la souffrance vous semblaient devoir mériter de l'intérêt et de la compassion. Vous vous étiez promis de lui prouver qu'il vous accusait à tort d'être ses rivaux et ses ennemis. Plus attachés à mes leçons qu'à la vaine gloire dont il était avide, vous étiez sur le point de lui donner un grand exemple de vertu et de désintéressement, en le portant à la maîtrise volontairement et contre son attente. L'ingrat n'a pas su attendre cet heureux jour, où il eût été forcé de vous chérir et de vous admirer. Il s'est éloigné lâchement de maîtres qu'il n'a pas su comprendre, et de compagnons qu'il n'a pas su apprécier. Oubliez-le ; celui qui vous perd est assez puni : où retrouvera-t-il des amitiés plus sincères, des services plus désintéressés ? Maintenant une place de maître est à votre disposition, car elle est à la mienne, et je n'ai pas d'autre volonté que la vôtre. Dieu me garde de faire un choix parmi des élèves que j'estime et que j'aime tous si tendrement ! Faites donc vous-mêmes son élection. Celui de vous qui réunira le plus de voix aura la mienne.

— Le choix ne sera pas long, dit Marini. Nous avions prévu, cher maître, que tu ferais cette année-ci comme les années précédentes, et nous avons procédé à l'élection. C'est sur moi qu'est tombée la majeure partie des suffrages de l'école, Ceccato m'a donné sa voix, et je suis élu. Mais tout cela est l'effet d'une injustice ou d'une erreur. Ceccato travaille mieux que moi, Ceccato a une femme et deux petits enfants ; il a besoin de la maîtrise, et il y a droit. Moi, je ne suis pas pressé, je n'ai pas de famille. Je suis heureux sous tes ordres ; j'ai encore beaucoup à apprendre. J'abandonne à Ceccato tous mes suffrages, et je lui donne ma voix, à laquelle je te prie, maître, de joindre la tienne.

— Embrasse-moi, mon frère ! s'écria Francesco en serrant Marini dans ses bras. Cette belle action guérit la plaie que l'ingratitude de Bartolomeo m'a faite au cœur. Oui, il y a encore parmi les artistes de grandes âmes et de nobles dévouements. Ne rougis pas, Ceccato, d'accepter ce généreux sacrifice ; à la place de Marini, nous savons tous que tu eusses agi comme il vient de le faire. Sois fier comme si tu étais le héros de cette soirée. Celui qui inspire une telle amitié est l'égal de celui qui l'éprouve. »

Ceccato, tout en larmes, se jeta dans les bras de Marini, et Francesco se mit en devoir d'aller sur-le-champ trouver les procurateurs, afin de leur faire ratifier la promotion de maîtrise due annuellement à un des élèves, aux termes du traité qu'il avait passé avec ces magistrats.

« Nous allons t'attendre à table, lui dit Valerio ; car après tant de fatigues nous avons besoin de nous restaurer. Hâte-toi de venir nous rejoindre, frère, parce que je suis forcé d'aller passer la moitié de la nuit à San-Filippo pour les joyeuses affaires de demain, et que je ne veux pas quitter le souper sans avoir choqué mon verre avec le tien. »

XI.

Au moment où Francesco montait le grand escalier du palais des Procuraties, il rencontra le Bozza qui descendait, pâle et absorbé dans ses pensées. En se trouvant en face de son ancien maître, Bartolomeo tressaillit et se troubla visiblement. Comme Francesco le regardait avec la sévérité qui lui convenait en cette rencontre, son visage se décomposa tout à fait, ses lèvres blêmes s'agitèrent comme s'il eût vainement essayé de parler. Il fit un pas pour se rapprocher du maître et un mouvement comme pour le saluer. Dévoré de remords, le Bozza eût donné sa vie en cet instant pour se jeter aux pieds de Francesco et lui tout confesser ; mais l'accueil glacé de celui-ci, le regard écrasant qu'il jeta sur lui, et le soin qu'il prit d'éviter son salut en détournant la tête dès qu'il lui vit porter la main à sa barrette, ne lui permirent pas de trouver en lui-même la force d'un repentir opportun. Il s'arrêta, incertain, attendant toujours que Francesco se retournât et l'encourageât d'un regard plus indulgent; puis, quand il vit qu'il était décidément condamné et abandonné : « Va donc! » dit-il en serrant le poing avec rage et désespoir. Puis il s'enfuit à grands pas et alla s'enfermer chez sa maîtresse, qui ne put obtenir de lui une seule parole ni un seul regard durant toute cette nuit-là.

Francesco commença par se rendre chez le procurateur-caissier, qui était le chef de la commission ; il fut fort surpris d'y trouver Vincent Bianchini assis dans une attitude familière et pérorant à haute voix. Mais celui-ci se tut aussitôt qu'il le vit paraître, et passa dans une autre pièce qui faisait partie des appartements intérieurs de la procuratie. Le procurateur-caissier Melchiore avait le sourcil froncé, et affectait un air austère auquel sa physionomie courte et large, son ventre rebondi et son parler nasillard donnaient un caractère plus bizarre qu'imposant. Francesco n'était pas homme, d'ailleurs, à se laisser imposer par cette ineptie doctorale ; il le salua et lui dit qu'il était heureux de pouvoir lui annoncer l'achèvement complet de la coupole, en conséquence de quoi... Mais le procurateur-caissier ne lui laissa pas le temps de terminer son discours.

« Eh bien! nous y voilà, dit-il en le regardant dans le blanc des yeux avec l'intention visible de l'intimider; c'est à merveille, messer Zuccato ; c'est bien cela... Auriez-vous la bonté de m'expliquer comment cela s'est trouvé si vite terminé?

— Si vite, Monseigneur? Cela a été bien lentement à mon gré; car nous voici à la veille du jour marqué, et ce matin encore je craignais beaucoup de n'avoir pas fini à temps.

— Et vous le craigniez avec raison; car hier il vous restait à faire un grand quart de votre feston, la besogne d'environ un mois de travail ordinaire.

— Cela est vrai, répondit Francesco ; je vois que Votre Seigneurie est au courant des moindres détails...

— Un homme comme moi, Messer, dit le procurateur avec emphase, connaît les devoirs de sa charge et ne s'en laisse point imposer par un homme comme vous.

— Un homme comme Votre Seigneurie, répondit Francesco surpris de cette boutade, doit savoir qu'un homme comme moi est incapable d'en imposer à personne.

— Baissez le ton, Monsieur, baissez le ton! s'écria le procurateur, ou, par la corne ducale! je vous ferai taire pour longtemps. »

Le procurateur Melchiore avait l'honneur de compter parmi ses grands-oncles un doge de Venise ; aussi avait-il pris l'habitude de se croire tant soit peu doge lui-même, et de jurer toujours par la coiffure, en forme de bonnet phrygien ou de corne d'abondance, qui était l'insigne auguste de la dignité ducale.

« Je crois voir que Votre Seigneurie est mal disposée à m'entendre, répondit Francesco avec une douceur un peu méprisante; je me retirerai dans la crainte de lui déplaire davantage, et j'attendrai un moment plus favorable pour...

— Pour demander le salaire de votre paresse et de votre mauvaise foi? s'écria le procurateur. Le salaire des gens qui volent la république est sous les plombs, Messer, et prenez garde qu'on ne vous récompense selon vos mérites.

— J'ignore la cause d'une semblable menace, répondit Francesco, et je pense que Votre Seigneurie a trop de sagesse et d'expérience pour vouloir abuser de l'impossibilité où je suis de repousser une injure de sa part. Le respect que je dois à son âge et à sa dignité me ferme la bouche; mais je ne serai pas aussi patient avec les lâches qui m'ont noirci dans son esprit.

— Par la corne! ce n'est pas ici le lieu de faire le spadassin, Messer. Songez à vous justifier avant d'accuser les autres.

— Je me justifierai devant Votre Seigneurie, et de manière à la satisfaire, quand elle daignera me dire de quoi je suis accusé.

— Vous êtes accusé, Messer, de vous être indignement joué des procurateurs en vous donnant pour un mosaïste. Vous êtes un peintre, Messer, et rien autre chose. Eh! vous avez là un beau talent, par la corne de mon grand-oncle! Je vous en fais mon compliment. Mais vous n'avez pas été payé pour faire des fresques, et on verra ce que valent les vôtres.

— Je jure sur mon honneur que je n'ai pas le bonheur de comprendre les paroles de Votre Seigneurie.

— Mordieu! on vous les fera comprendre, et jusque-là n'espérez pas recevoir d'argent. Ah! ah! monsieur le peintre, vous aviez bien raison de dire : « Monsignor Melchiore n'entend rien au travail que nous faisons. C'est un bon homme qui ferait mieux de boire que de diriger les beaux arts de la république. » C'est bien, c'est bien, Messer; on sait les plaisanteries de votre frère et les vôtres sur notre compte et sur le corps respectable des magistrats. Mais rira bien qui rira le dernier! Nous verrons quelle figure vous ferez quand nous examinerons en personne cette belle besogne ; et vous verrez que nous nous y connaissons assez pour distinguer l'émail du pinceau, le carton de la pierre. »

Francesco ne put réprimer un sourire de mépris.

« Si je comprends bien l'accusation portée contre moi, dit-il, je suis coupable d'avoir remplacé quelque part la mosaïque de pierre par le carton peint. Il est vrai, j'ai fait quelque chose de semblable pour l'inscription latine que Votre Seigneurie m'avait ordonné de placer au-dessus de la porte extérieure. J'ai pensé que Votre Seigneurie, ne s'étant pas donné la peine de rédiger elle-même cette inscription trop flatteuse pour nous, l'avait confiée à une personne qui s'en était acquittée à la hâte. Je me suis donc permis de corriger le mot *Saxibus*. Mais, fidèle à l'obéissance que je dois aux respectables procurateurs, j'ai tracé en pierres le mot tel qu'il m'a été donné par écrit de leurs mains, et n'ai permis à mon frère de placer la correction que sur un morceau de carton collé sur la pierre. Si Votre Seigneurie pense que j'ai fait une faute, il ne s'agit que d'enlever le carton, et le texte paraîtra dessous, exécuté servilement, comme il ne tiendra qu'à elle de s'en assurer par ses yeux.

— A merveille, Messer! s'écria le procurateur outré de colère. Vous vous dévoilez vous-même, et voilà une nouvelle preuve dont je prendrai note. Holà! mon secrétaire, prenez acte de cet aveu... Par la corne ducale! Messer, nous ferons baisser votre crête insolente. Ah! vous prétendez corriger les procurateurs! Ils savent le latin mieux que vous. Voyez un peu, quel savant! Qui se serait douté d'une telle variété de connaissances? Je vais réclamer pour vous une chaire de professeur de langue latine à l'Université de Padoue, car, à coup sûr, vous êtes un trop grand génie pour faire de la mosaïque.

— Si Votre Seigneurie tient à son babarisme, répliqua Francesco impatienté, je vais de ce pas enlever mon morceau de carton. Toute la république saura demain que les procurateurs ne se piquent pas de bonne latinité; mais que m'importe à moi? »

En parlant ainsi, il se dirigea vers la porte, tandis que le procurateur lui criait d'une voix impérieuse de sortir de sa présence, ce qu'il ne se fit pas répéter; car il sentait qu'il n'était plus maître de lui-même.

A peine était-il sorti du cabinet, que Vincent Bianchini, qui avait tout écouté de la chambre voisine, rentra précipitamment.

« Eh! Monseigneur, que faites-vous? s'écria-t-il. Vous lui faites savoir que sa fraude est découverte, et vous le laissez partir?

— Que voulais-tu que je fisse? répondit le procurateur. Je lui ai refusé son salaire et je l'ai humilié. Il est assez puni pour aujourd'hui. Après-demain, on instruira son procès.

— Et pendant ces deux nuits, répliqua Bianchini avec empressement, il s'introduira dans la basilique, et remplacera toutes les parties de sa mosaïque de carton par des morceaux d'émail ; si bien que j'aurai l'air d'avoir fait

une fausse déposition, et que mon dévouement à la république tournera contre moi!
— Et comment veux-tu donc que je prévienne ses mauvais desseins? dit le procurateur consterné. Je vais faire fermer l'église.
— Vous ne le pouvez pas; à cause de la Saint-Marc, l'église sera pleine de monde, et qui sait par quels moyens on peut s'introduire dans le bâtiment le mieux fermé? Et puis il va rejoindre ses compagnons, s'entendre avec eux, imaginer des excuses... Tout est manqué, et je suis perdu si vous ne sévissez sur-le-champ.
— Tu as raison, Bianchini, il faut sévir sur-le-champ; mais de quelle manière?
— Dites un mot, envoyez deux sbires après lui, il n'est pas au bas de l'escalier; faites-le jeter en prison.
— Par la corne ducale! cette idée ne m'était pas venue... Mais, Vincent, c'est pourtant bien sévère, un pareil acte d'autorité!...
— Mais, Monseigneur, si vous le laissez échapper, il se moquera de vous toute sa vie; et son frère, le bel esprit, qui est le favori de tous ces jeunes patriciens jaloux de votre puissance et de votre sagesse, ne vous épargnera pas les quolibets...
— Tu dis bien, cher Vincent! s'écria le procurateur en secouant avec force la clochette placée sur son bureau. Il faut faire respecter la majesté ducale... car je suis de famille ducale, tu le sais?...
— Et vous serez doge un jour, je l'espère, répliqua le Bianchini. Tout Venise compte vous saluer la corne au front... »
Les sbires furent dépêchés. Cinq minutes après, le triste Francesco, sans savoir en vertu de quel pouvoir et en châtiment de quelle faute, fut conduit les yeux bandés, à travers un dédale de galeries, de cours et d'escaliers, vers le cachot qui lui était destiné. Il s'arrêta un instant durant ce mystérieux voyage, et, au bruit de l'eau qui murmurait au-dessous de lui, il comprit qu'il traversait le Pont des Soupirs. Son cœur se serra, et le nom de Valerio erra sur ses lèvres comme un éternel adieu.

XII.

Valerio attendit son frère à la taverne jusqu'au moment où, pressé par les jeunes gens qui étaient venus l'y chercher, il lui fallut renoncer à l'espoir de trinquer ce soir-là avec lui et avec le nouveau maître Ceccato. Chargé de mille soins, accablé de mille demandes pour la fête du lendemain, il passa la moitié de la nuit à courir de son atelier de San-Filippo à la place Saint-Marc, où se faisaient les dispositions du jeu de bagues, et de là chez les différents ouvriers et fournisseurs qu'il employait à cet effet. Dans toutes ces courses, il fut accompagné de ses braves apprentis et de plusieurs autres garçons de différents métiers qui lui étaient tout dévoués, et qu'il employait aussi à porter des avertissements d'un lieu à un autre. Lorsque la bande folâtre se remettait en marche, c'était au bruit des chansons et des rires, joyeux préludes des plaisirs du lendemain.

Valerio ne rentra à son logis que vers trois heures du matin. Il fut surpris de n'y pas trouver son frère, et cependant il ne s'en inquiéta pas plus que de raison. Francesco avait une petite affaire de cœur, qu'il négligeait tant que l'art, sa passion dominante, revendiquait tous ses instants, mais pour laquelle il s'absentait assez ordinairement quand les travaux lui laissaient un peu de répit. Valerio n'était d'ailleurs guère porté par nature à prévoir les maux dont la seule appréhension use le courage de la plupart des hommes. Il s'endormit, comptant retrouver son frère le lendemain à San-Filippo ou au premier lieu de réunion des joyeux compagnons du Lézard.

Tout le monde sait que, dans les beaux jours de sa splendeur, la république de Venise, outre les nombreux corps constitués qui maintenaient ses lois, comptait dans son sein une foule de corporations privées approuvées par le sénat, d'associations dévotes encouragées par le clergé, et de joyeuses compagnies tolérées et même flattées en secret par un gouvernement jaloux de maintenir avec le goût du luxe l'activité des classes ouvrières. Les confréries dévotes étaient souvent composées d'une seule corporation, lorsqu'elle était assez considérable pour fournir aux dépenses, comme celle des marchands, celle des tailleurs, celle des bombardiers, etc. D'autres se composaient des divers artisans ou commerçants de toute une paroisse, et en prenaient le nom, comme celle de Saint-Jean-Éléemosinaire, celle de la Madone du Jardin, celle de Saint-George dans l'Algue, celle de Saint-François de la Vigne, etc. Chaque confrérie avait un bâtiment qu'elle appelait son atelier (*scuola*), et qu'elle faisait décorer à frais communs des œuvres des plus grands maîtres en peinture, en sculpture et en architecture. Ces ateliers se composaient ordinairement d'une salle basse, appelée l'*albergo*, où s'assemblaient les confrères, d'un riche escalier, qui était lui-même une sorte de musée, et d'une vaste salle où l'on disait la messe et où se tenaient les conférences. On voit encore à Venise plusieurs *scuole*, que le gouvernement a fait conserver comme des monuments d'art, ou qui sont devenues la propriété de quelques particuliers. Celle de Saint-Marc est aujourd'hui le musée de peinture de la ville; celle de Saint-Roch renferme plusieurs chefs-d'œuvre du Tintoret ou d'autres maîtres illustres. Les pavés de mosaïque, les plafonds chargés de dorures ou ornés de fresques du Véronèse ou du Pordenone; les lambris sculptés en bois ou ciselés en bronze, les minutieux et coquets bas-reliefs où l'histoire entière du Christ ou de quelque saint de prédilection est exécutée en marbre blanc avec un fini et un détail inconcevables, sont les vestiges de cette puissance et de cette richesse à laquelle peuvent atteindre les républiques aristocratiques, mais sous lesquelles elles sont infailliblement condamnées à périr.

Outre que chaque corporation ou confrérie avait sa fête patronale, appelée *sagra*, où elle déployait toutes ses splendeurs, elle avait le droit de paraître à toutes les fêtes et solennités de la république, revêtue des insignes de son association. A la procession de la Saint-Marc, elles avaient rang de paroisse, c'est-à-dire qu'elles marchaient à la suite du clergé de leur église, portant leurs châsses, croix et bannières, et se plaçant dans des chapelles réservées durant les offices. Les joyeuses compagnies n'avaient pas les mêmes privilèges, mais on leur permettait de s'emparer de la grande place, d'y dresser leurs tentes, d'y établir leurs joutes et banquets. Chaque compagnie prenait son titre et son emblème à sa fantaisie, et se recrutait là où bon lui semblait; quelques-unes n'étaient formées que de patriciens, d'autres admettaient indistinctement patriciens et plébéiens, grâce à cette fusion apparente des classes qu'on remarque encore aujourd'hui à Venise. Les anciennes peintures nous ont conservé les costumes élégants et bizarres des *compagni de la Calza*, qui portaient un bas rouge et un bas blanc, et le reste de l'habillement varié des plus brillantes couleurs. Ceux de Saint-Marc avaient un lion d'or sur la poitrine; ceux de Saint-Théodose un crocodile d'argent sur le bras, etc.

Valerio Zuccato, célèbre par son goût exquis et son adresse diligente à inventer et à exécuter ces sortes de choses, avait lui-même ordonné et dirigé tout ce qui avait rapport aux ornements extérieurs, et on peut dire qu'en ce genre la compagnie du Lézard éclipsa toutes les autres. Il avait pris pour emblème cet animal grimpant, parce que toutes les classes d'artistes et d'artisans qui lui avaient fourni leurs membres d'élite, architectes, sculpteurs, vitriers et peintres sur verre, mosaïstes et peintres de fresque, étaient, par la nature de leurs travaux, habitués à gravir et à exister, en quelque sorte, suspendus aux parois des murailles et des voûtes.

Le jour de Saint-Marc 1570, selon Stringa, et 1571, selon d'autres auteurs, l'immense procession fit le tour de la place Saint-Marc sous les tentes en arcades dressées à cet effet en dehors des arcades des Procuraties, trop basses pour donner passage aux énormes croix d'or massif, aux gigantesques chandeliers, aux châsses de lapis-lazuli surmontées de lis d'argent ciselés, aux reliquaires terminés en pyramides de pierres précieuses, en un mot à tout l'attirail ruineux dont les prêtres sont si jaloux et les bourgeois des corporations si vains. Aussitôt que les chants religieux se furent engouffrés sous les portiques béants de la basilique, tandis que les enfants et les pauvres recueillaient les nombreuses gouttes de cire parfumée répandues sur le pavé par des milliers de cierges, et cherchaient avidement quelque pierrerie, quelque perle échappée aux joyaux sacrés, on vit se découvrir comme par enchantement, au milieu de la place, un vaste cirque entouré de tribunes en bois, gracieusement décorées de festons bariolés et de draperies de soie, sous lesquelles les dames pouvaient s'asseoir à l'abri du soleil et contempler la joute. Les piliers qui soutenaient ces tribunes étaient couverts de banderoles flottantes, sur lesquelles on lisait des devises galantes, dans le naïf et spirituel dialecte de Venise. Au milieu s'élevait un pilier colossal, en forme de palmier, sur la tige duquel grimpaient une foule de charmants lézards dorés, argentés, verts, bleus, rayés, variés à l'infini ; de la cime de l'arbre, un beau génie aux ailes blanches se penchait vers cette troupe agile, et lui tendait de chaque main une couronne. Au bas de la tige, sur une estrade de velours cramoisi, sous un dais de brocart orné des plus ingénieuses arabesques, siégeait la reine de la fête, la donneuse de prix, la petite Maria Robusti, fille du Tintoret, belle enfant de dix à douze ans, que Valerio se plaisait à appeler la dame de ses pensées, et pour laquelle il avait les plus tendres soins et les plus complaisantes attentions. Lorsque les tribunes furent remplies, elle parut habillée à la manière des anges de Giambellino, avec une tunique blanche, une légère draperie bleu de ciel et un délicat feston de jeune vigne sur ses beaux cheveux blonds, qui formaient un épais rouleau d'or autour de son cou d'albâtre. Messer Orazio Vecelli, fils du Titien, lui donnait la main ; il était vêtu à l'orientale, car il arrivait de Byzance avec son père. Il s'assit auprès d'elle, ainsi qu'un nombreux groupe de jeunes gens distingués par leur talent ou par leur naissance, à qui l'on avait réservé des places d'honneur sur les gradins de l'estrade. Les tribunes étaient remplies des dames les plus brillantes, escortées de galants cavaliers. Dans une vaste enceinte réservée, plusieurs personnages importants ne dédaignèrent pas de prendre place. Le doge leur en donna l'exemple : il accompagnait le jeune duc d'Anjou, qui allait devenir Henri III, roi de France, et qui était alors de passage à Venise. Luigi Mocenigo (le doge) avait à cœur de lui faire pour ainsi dire les honneurs de la ville, et de déployer à ses yeux, habitués à la joie plus austère et aux fêtes plus sauvages des Sarmates, le luxe éblouissant et la gaieté pleine de charmes de la belle jeunesse de Venise.

Quand tous furent installés, un rideau de pourpre se leva, et les brillants compagnons du Lézard, sortant d'une tente fermée jusque-là, parurent en phalange carrée, ayant en tête les musiciens vêtus des costumes grotesques des anciens temps, et au centre leur chef Valerio. Ils s'avancèrent en bon ordre jusqu'en face du doge et des sénateurs. Là, les rangs s'ouvrirent, et Valerio, prenant des mains du porte-étendard la bannière de satin rouge sur laquelle étincelait le lézard d'argent, se détacha de la troupe, et vint saluer, un genou en terre, le chef de la république. Il y eut un murmure d'admiration à la vue de ce beau jeune homme, dont le costume, étrange et magnifique, faisait ressortir la taille élégante et gracieuse. Il était serré dans un justaucorps de velours vert à larges manches taillades, et ouvert sur la poitrine pour laisser voir un corselet d'étoffe de Smyrne à fond d'or, semé de fleurs de soie admirablement nuancées ; il portait sur la cuisse gauche l'écusson de la compagnie, représentant le lézard brodé en perles fines sur un fond de velours cramoisi ; son baudrier était un chef-d'œuvre d'arabesques, et son poignard, enrichi de pierreries, était un don de messer Tiziano, qui le lui avait rapporté d'Orient ; une superbe plume blanche, attachée par une agrafe de diamants à sa barrette, pendait en arrière jusque sur sa ceinture, et se balançait avec souplesse à chacun de ses mouvements, comme l'aigrette majestueuse que le faisan de Chine couche et relève avec grâce à chaque pas.

Un instant, la joie d'un tel succès et le naïf orgueil de la jeunesse brillèrent sur le front animé du jeune homme, et ses regards étincelants errèrent sur les tribunes et surprirent tous les regards attachés sur lui. Mais bientôt cette joie fugitive fit place à une sombre inquiétude ; ses yeux cherchèrent de nouveau avec anxiété quelqu'un dans la foule, et ne l'y trouvèrent pas. Valerio étouffa un soupir et rentra dans sa phalange, où il demeura préoccupé, insensible à la gaieté des autres, sourd au bruit de la fête, et le front chargé d'un épais nuage : Francesco, malgré la parole qu'il avait donnée de présenter lui-même l'étendard au doge, n'avait pas paru.

XIII.

La brillante phalange des compagnons du Lézard fit trois fois le tour du cirque aux grands applaudissements du public, qui s'émerveilla, non sans raison, de la belle tenue et de la bonne mine de tous ces jeunes champions. Selon les statuts de la compagnie, il fallait, pour être admis, avoir une certaine taille, n'avoir aucune difformité, n'être pas âgé de plus de quarante ans, appartenir à une famille honnête, par conséquent ne porter au front aucun de ces signes de dégradation héréditaire qui perpétuent, de génération en génération, les stigmates du vice originel sous forme de laideur physique. Chaque récipiendaire avait été tenu de faire ses preuves de bonne santé, de franchise et de loyauté, en buvant abondamment le jour de l'épreuve. Valerio avait pour système qu'un bon artisan doit supporter le vin sans être incommodé, et qu'un honnête homme n'a rien à craindre pour sa réputation, ni pour celle de ses proches, de la sincérité forcée de l'ivresse. Il est même assez curieux de rapporter ici certains statuts de cette constitution bachique.

« Ne sera point admis quiconque, ayant bu six mesures de vin de Chypre, tombera dans l'idiotisme.

« Ne sera point admis quiconque, à la septième mesure, babillera au détriment d'un ami ou d'un compagnon.

« Ne sera point admis quiconque, à la huitième mesure, trahira le secret de ses amours et dira le nom de sa maîtresse.

« Ne sera point admis quiconque, à la neuvième mesure, livrera les confidences d'un ami.

« Ne sera point admis quiconque, à la dixième mesure, ne saura pas s'arrêter et refuser de boire. »

Il serait difficile aujourd'hui de déterminer quelle était cette mesure de vin de Chypre ; mais si nous en jugeons par le poids des armures qu'ils portaient au combat, et dont les échantillons formidables sont restés dans nos musées, il est à croire qu'elle ferait reculer aujourd'hui les plus intrépides buveurs.

Les compagnons du Lézard portaient, comme leur chef, le pourpoint vert et le reste de l'habillement blanc, collant ; mais ils avaient le pourpoint de dessous en soie jaune, la plume écarlate, et l'écusson noir et argent.

Quand la compagnie eut promené et montré suffisamment ses costumes et ses bannières, elle rentra sous sa tente, et vingt paires de chevaux parurent dans l'arène. C'était un luxe fort goûté à Venise que d'introduire ces nobles animaux dans les fêtes ; et, comme si l'idée que s'en formait un peuple peu habitué à en voir ne pouvait pas être satisfaite par la réalité, on les métamorphosait, à l'aide de parures fort bizarres, en animaux fantastiques. On peignait leur robe, on leur adaptait des queues de renard, de taureau ou de lion ; on leur mettait sur la tête, soit des aigrettes d'oiseaux, soit des cornes dorées, soit des masques d'animaux chimériques. Ceux que la compagnie du Lézard fit paraître étaient plus beaux et par conséquent moins follement travestis qu'il n'était d'usage à cette époque. Néanmoins quelques-uns étaient déguisés en licornes par une longue corne d'argent adaptée au frontal de leur bride ; d'autres avaient des dragons étincelants ou des oiseaux empaillés sur la tête ; tous étaient peints soit en rose, soit en bleu turquin, soit en vert pomme, en rouge écarlate ; d'autres étaient rayés comme des zèbres ou tachetés comme des panthères ; à d'autres, on avait simulé les écailles dorées des grands poissons de mer. Chaque paire de chevaux, pareillement harnachés, entra dans la lice, conduite par un *Moretto* ou petit esclave noir, bizarrement vêtu, et marchant entre les deux quadrupèdes, qui caracolaient agréablement, au bruit des fanfares et des cris d'enthousiasme.

Le seul Valerio, soumis aux lois d'un goût plus pur, parut sur un cheval turc, blanc comme la neige, et d'une beauté remarquable. Il n'avait qu'une simple housse de peau de tigre, et de grandes bandelettes d'argent lui servaient de rênes ; ses crins, longs et soyeux, mêlés à des fils d'argent, étaient tressés, et chaque tresse se terminait par une belle fleur de grenade en argent ciselé, d'un travail exquis. Ses sabots étaient argentés, et sa queue abondante et magnifique battait librement ses flancs généreux. Il avait, comme son maître, l'enseigne de la compagnie, le lézard d'argent sur fond cramoisi, peint avec un soin extrême sur la cuisse gauche ; et comme il avait l'honneur de porter le chef, il était le seul cheval décoré de l'écusson.

Valerio fit découpler les chevaux, et, se plaçant au pied de l'estrade où était la petite Maria Robusti, il agréa dix de ses joyeux compagnons qui s'offrirent pour soutenir les défis, et, qui, montant sur dix chevaux, se placèrent à ses côtés, cinq à sa droite, cinq à sa gauche. Puis les jeunes Maures promenèrent encore les dix autres chevaux dépareillés autour de l'arène, en attendant que dix champions, pris dans le public, se présentassent pour la course. Ils ne se firent pas longtemps attendre, et les jeux commencèrent.

Après avoir couru la bague, gagné et perdu alternativement les prix, d'autres jeunes gens sortirent des tribunes et se présentèrent pour remplacer les battus, tandis que d'autres compagnons du Lézard remplacèrent ceux de leur camp qui avaient été vaincus. Les jeux se prolongèrent ainsi quelque temps ; le chef resta toujours à cheval, présidant aux jeux, allant, venant, et s'entretenant le plus souvent avec sa chère petite Maria, qui le suppliait vainement d'y prendre part, car c'était à lui seul, disait-elle, qu'elle eût voulu décerner le grand prix. Valerio avait, dans tous ces exercices, une supériorité dont il dédaignait de faire parade ; il aimait mieux protéger et ranimer les plaisirs de ses compagnons. D'ailleurs il était triste et distrait ; il ne concevait pas qu'après le dévouement dont il avait fait preuve en terminant le travail de son frère, celui-ci poussât la rigidité au point de ne pas même assister à la fête comme spectateur.

Mais Valerio sortit de sa rêverie lorsque les trois Bianchini descendirent dans l'arène et demandèrent à se mesurer avec les plus habiles coureurs de la compagnie. Dominique Bianchini, dit le Rossetto, était très-bon cavalier. Il avait habité longtemps d'autres pays que Venise, où le talent de l'équitation était fort peu répandu. Les compagnons du Lézard n'étaient pas tous capables de se tenir sur les étriers ; ceux-là seuls qui avaient été élevés à la campagne ou qui étaient étrangers à la ville, savaient manier la bride et rester d'aplomb sur cette monture moins paisible que la gondole vénitienne. Trois des plus exercés se présentèrent pour faire tête aux Bianchini, et furent vaincus au premier tour ; trois autres leur succédèrent et eurent le même sort. L'honneur de la compagnie était compromis. Valerio commençait à en souffrir ; car jusque-là ses cavaliers avaient eu l'avantage sur tous les jeunes gens de la ville, et même sur de nobles seigneurs qui n'avaient pas dédaigné de se mesurer avec eux. Cependant il avait le cœur si triste, qu'il ne se souciait point de relever le gant et de rabaisser l'orgueil des Bianchini. Vincent voyant son indifférence, et l'at-

tribuant à la crainte d'être vaincu, lui cria de sa voix de maçon :

« Holà ! eh ! monseigneur le prince des Lézards, êtes-vous changé en tortue, et ne trouverez-vous plus de champions à nous opposer ? »

Valerio fit un signe, Ceccato et Marini s'avancèrent.

« Et vous, seigneur Valerio, royauté lézardée, s'écria de son côté Dominique le Rouge, ne daignerez-vous pas vous risquer avec un antagoniste d'aussi mince qualité que moi ?

— Tout à l'heure, s'il le faut, répondit Valerio. Laissez vos frères s'essayer d'abord avec mes deux compagnons, et, si vous êtes battus, je vous donnerai revanche. »

Les deux Bianchini eurent encore la victoire, et Valerio, résolu à ne pas leur laisser l'avantage, piqua enfin son cheval et le lança au galop. Les fanfares éclatèrent en sons plus fiers et plus joyeux lorsqu'on le vit, rapide comme l'éclair, faire trois fois le tour de l'arène sans daigner lever le bras ni regarder le but, et, tout à coup, lorsqu'il semblait penser à autre chose et agir comme par distraction, emporter les cinq bagues d'un air nonchalant et dédaigneux. Les Bianchini n'en avaient encore pris que quatre ; ils étaient fatigués d'ailleurs, et, comme ils avaient toujours gagné jusque-là, leur défaite n'était pas propre à leur causer beaucoup de honte. Mais le Rossetto, qui n'avait pas pris part à cette dernière épreuve et qui se reposait depuis quelques instants, brûlait du désir d'humilier Valerio. Il le haïssait particulièrement, surtout depuis que Valerio l'avait empêché d'être reçu dans la compagnie du Lézard, pour cause de laideur repoussante. Vincent, son frère aîné, avait été repoussé aussi pour avoir forfait à l'honneur et subi un procès infamant. Gian Antonio avait été seul admis à l'épreuve ; mais il n'avait pas pu boire trois mesures de vin sans perdre la tête et sans insulter par ses paroles plusieurs personnes respectables. Tous trois se trouvaient donc exclus de la compagnie d'une manière très-mortifiante, et, pour s'en venger, ils avaient fait accroire au Bozza qu'il était rejeté d'avance, parce qu'il était bâtard, et l'avaient ainsi empêché de se mettre sur les rangs.

Dominique s'élança donc au-devant de Valerio, qui voulait retourner à sa place et laisser la partie à un autre.

« Vous m'avez promis revanche, don Lézard, lui dit-il ; retirez-vous déjà votre épingle du jeu ? »

Valerio se retourna, regarda Dominique avec un sourire de mépris, et rentra dans l'arène avec lui sans l'honorer d'une autre réponse.

« Commencez, puisque vous êtes gagnant, dit Dominique d'un air d'ironie ; à tout seigneur tout honneur. »

Valerio s'élança et fit quatre bagues ; mais ce qui ne lui arrivait pas une fois sur cent lui arriva pour la cinquième bague : il la fit tomber par terre. Il avait été troublé par la figure de son père, qui venait tout à coup de se montrer à une des tribunes voisines. Le vieux Zuccato semblait soucieux ; il cherchait des yeux Francesco, et le regard sévère qu'il jeta à Valerio semblait lui demander, comme autrefois la voix mystérieuse à Caïn : — Qu'as-tu fait de ton frère ?

Les Bianchini avaient laissé échapper un cri de joie. Ils se croyaient sûrs d'être vengés par Dominique ; mais la précipitation orgueilleuse avec laquelle celui-ci fournit sa carrière le trahit. Il manqua la quatrième bague : Valerio était vainqueur. Dans toute autre circonstance, cette victoire n'eût pas satisfait son amour-propre ; mais il était si pressé de clore les jeux et d'aller à la recherche de son frère, qu'il respira en se voyant enfin autorisé à aller recevoir le prix. Déjà les petites mains de Maria lui tendaient l'écharpe brodée, et il s'apprêtait à mettre pied à terre, au bruit des acclamations, lorsque Bartolomeo Bozza, vêtu de noir de la tête aux pieds et la berrette ornée d'une plume d'aigle, parut dans l'arène et brusquement, qu'il sembla sortir de dessous terre. Il demandait à soutenir la partie des Bianchini.

« J'en ai assez, le jeu est fini, dit Valerio avec humeur.

— Et depuis quand, s'écria le Bozza d'une voix âcre et mordante, un chef de course recule-t-il, au dernier

Il comprit qu'il traversait le Pont des Soupirs (Page 21.)

moment, devant la crainte de perdre un prix mal acquis! Aux termes du franc jeu, vous deviez une revanche à messer Dominique ; car il a été visiblement distrait à son dernier tour. D'ailleurs il est extrêmement fatigué, et vous ne devez pas l'être. Voyons ! si vous n'êtes pas aussi craintif et aussi fugace que le lézard, votre emblème, vous devez me donner partie.

— Je vous donnerai cette partie, répondit Valerio irrité ; mais ce soir ou demain vous m'en donnerez une d'un genre plus sérieux pour la manière dont vous osez me parler. Allez, commencez. Je vous cède la main et vous rends trois points.

— Je n'en veux pas un seul, s'écria le Bozza. Vite, un cheval !... Quoi ! cette pitoyable rosse ? dit-il en se retournant vers le Maure qui lui présentait un cheval fougueux. N'en avez-vous pas une moins éreintée ?

En parlant ainsi, il s'élança sur le coursier avec une légèreté surprenante, sans mettre le pied à l'étrier, et il le fit cabrer et caracoler avec une audace qui prévint tout le monde en sa faveur ; puis s'élançant comme la foudre dans la carrière :

« Je ne joue jamais moins de dix bagues ! cria-t-il d'un ton arrogant.

— Soit, dix bagues ! » répondit Valerio, dont l'air soucieux commençait à ébranler la confiance de ses partisans.

Le Bozza enleva les dix bagues en un seul tour ; puis, arrêtant brusquement son cheval lancé au galop, à la manière intrépide et vigoureuse des Arabes, il sauta par terre tandis que l'animal se cabrait encore, jeta sa dague de jeu au milieu de l'arène, et alla se coucher nonchalamment aux pieds de Marietta Robusti, en regardant son adversaire d'un air froidement ironique.

Valerio, blessé au vif, sentit son courage renaître ; il avait onze bagues à prendre pour gagner. C'était bien ce qu'il était capable de faire, mais non ce qu'il avait précisément coutume de faire ; car les parties étaient rarement de plus de cinq, et il fallait que Bozza se fût beaucoup exercé pour obtenir d'emblée un tel succès. Néanmoins le mépris et le ressentiment donnaient des forces au jeune maître. Il partit et fit neuf bagues avec bonheur ; mais, au moment de toucher la dixième, il

En parlant ainsi, il ôta sa riche chaîne d'or et la lui passa au cou. (Page 27.)

sentit qu'il tremblait, et donna un coup d'éperon à son cheval, afin de le faire dérober et d'avoir un prétexte pour se reprendre.

« *Eh bien!* » dit une voix dans la tribune voisine.

C'était la voix du vieux Zuccato; elle semblait dire : « Vous perdez du temps, Valerio, et votre frère est en danger. » Du moins Valerio se l'imagina, car il avait l'esprit frappé. Il ramena son cheval, et fit la dixième bague.

Le Bozza pâlit. Une seule bague restait à faire pour qu'il fût vaincu; mais elle était décisive, et Valerio était visiblement ému. Cependant l'orgueil combattait cette terreur secrète, et il eût gagné infailliblement si Vincent Bianchini, voyant son triomphe imminent, et se trouvant à portée de se faire entendre de lui, ne lui eût dit en lui lançant un regard de malédiction :

« Oui, joue, gagne, réjouis-toi, animal rampant; tu ne tarderas pas à ramper sous les plombs avec ton frère! »

Au moment où il prononçait ce dernier mot, Valerio enfilait la bague; il devint pâle comme la mort, et la laissa tomber. Des huées partirent de tous côtés; les compagnons et tous les partisans des Bianchini firent éclater une joie insolente et furieuse.

« Mon frère! s'écria Valerio, mon frère sous les plombs! Où est le misérable qui a dit cela? Qui a vu mon frère, qui peut me dire où est mon frère? »

Mais ses cris se perdirent dans le tumulte; l'ordre était rompu; le Bozza recevait le prix, et s'en allait porté en triomphe par l'école des Bianchini, à laquelle se joignirent en cortége tous les mécontents qu'avaient faits les refus d'admission dans la compagnie du Lézard. Mille grossiers quolibets, mille lazzi sanglants partaient de cette horde bruyante. Les dames effrayées se pressaient contre les échafauds pour laisser passer cette bacchanale. Les compagnons du Lézard voulaient tirer l'épée et courir sus. Les sbires et les hallebardiers avaient grand'peine à les retenir. La foule s'écoulait en plaignant le beau Valerio, auquel presque tout le monde, et l'on peut dire toutes les femmes, s'intéressaient vivement. La petite Maria pleurait, et de dépit jeta sa couronne sous les pieds des chevaux. Dans ce pêle-mêle bruyant, Valerio, insensible à sa défaite et torturé d'inquiétude pour son frère, se mit à courir au hasard, la figure renversée, demandant son frère à tous ceux qu'il rencontrait.

XIV.

« A quoi songes-tu, maître ? lui dit Ceccato en le joignant au milieu de la foule et en lui saisissant le bras. Comment est-il possible que tu te laisses troubler à ce point par une parole lâche et insolente ! Ne vois-tu pas que Bianchini a imaginé cette méchante ruse pour te faire manquer la bague ? Il mérite d'être châtié. Mais si tu abandonnes tes compagnons, si tu attristes la fête par ton absence, les Bianchini vont triompher. Il est aisé de comprendre qu'ils ont tout fait pour cela, afin de se venger de leur expulsion. Allons, maître, viens reconduire la petite reine et faire le tour des quais avec la musique; la compagnie ne peut se promener sans son chef. A l'heure des vêpres, nous chercherons messer Francesco.

— Mais où peut-il être ? dit Valerio en joignant les mains. Qui sait ce qu'on peut avoir imaginé pour le faire jeter en prison !

— En prison ! c'est impossible, maître ! de quel droit et sous quel prétexte ? Jette-t-on un homme en prison sur le premier propos venu ?

— Et cependant il n'est pas ici. Il faut qu'une raison bien grave le retienne. Il sait que je ne puis être heureux à cette fête sans lui; et quoiqu'il n'aime pas les fêtes, il me devait cette marque de complaisance, cette récompense de mon travail. Il faut que nos ennemis l'aient attiré dans une embûche, assassiné peut-être ! Vincent Bianchini est capable de tout.

— Maître, ta raison est malade; pour l'amour du ciel ! reviens parmi nous. Vois, notre phalange découragée se disperse, et, si nous ne prenons notre revanche à la régate de ce soir, les Bianchini crieront si haut, qu'il ne sera question demain dans tout Venise que du grand *fiasco* de la compagnie du Lézard. »

Valerio se laissa un peu rassurer par la pensée que Francesco avait pu aller voir son père et être retenu par lui. La bizarrerie et la sévérité du vieux Zuccato autorisaient jusqu'à un certain point cette supposition, et le regard mécontent qu'il avait jeté sur Valerio pouvait faire croire à celui-ci qu'il était venu pour le blâmer. Il tenta donc de rejoindre son père dans la foule, sauf à essuyer les amers quolibets, dont, malgré sa tendresse pour ses fils, le vieillard était prodigue. Mais il ne put parvenir à le trouver. D'ailleurs, entouré par ses compagnons mécontents, il fut forcé, pour ne pas les voir tout à fait se débander et renoncer à leur joyeuse journée, de marcher à leur tête sur la grande rive du canal Saint-George, aujourd'hui le quai des Esclavons.

Le son animé des instruments, la gaieté un peu fière et maligne de la petite Marietta, que quatre compagnons portaient dans une sorte de palanquin élégamment décoré de fleurs, de banderoles et d'arabesques arrangées par Valerio, l'admiration de tout le peuple des lagunes et de tous les matelots du port attroupés sur la rive et à bord des bâtiments à l'ancre, le bruit et le mouvement, ranimèrent un peu Valerio. Il renaissait à l'espérance de retrouver son frère pendant les offices, dont on sonnait les premiers coups, et qui allaient suspendre les divertissements, lorsqu'une gaîne de poignard tomba des combles du palais ducal à ses pieds. Frappé d'une subite révélation, il la saisit, et en tira un billet écrit avec un bout de fusain qui s'était trouvé par bonheur dans la poche de Francesco.

« Compagnons qui passez dans la joie, au son des fanfares, dites à Valerio Zuccato que son frère est sous les plombs, et qu'il attend de lui... » Le billet n'en contenait pas davantage. Entendant la musique se rapprocher, et craignant de la laisser passer, Francesco, qui ne pouvait rien voir, mais qui connaissait la marche favorite de Valerio jouée par les hautbois, ne s'était pas donné le temps d'achever sa pensée, et il avait lancé son avertissement par la fente ménagée au haut des fenêtres murées qu'on appelle avec raison *jour de souffrance* en style de maçonnerie.

Un cri terrible sortit de la poitrine de Valerio, et Francesco, malgré le bruit des instruments et celui de la foule, entendit sa voix de tonnerre prononcer ces mots :

« Mon frère sous les plombs ! Malheur ! malheur à ceux qui l'y ont fait monter ! »

Valerio s'arrêta par un mouvement si énergique, qu'une armée entière ne l'eût pas entraîné. Toute la compagnie s'arrêta spontanément avec lui; la fatale nouvelle fut répandue en un instant dans tous les rangs, et l'on se dispersa, les uns pour suivre Valerio, qui s'élança comme la foudre sous les arcades du palais, les autres pour chercher les Bianchini et leur arracher de force le secret de leurs machinations.

Valerio courait, transporté de rage et de douleur, sans trop savoir où il allait. Mais, obéissant à je ne sais quel instinct, il entra dans la cour du palais ducal. Le doge remontait en cet instant l'escalier des Géants avec le duc d'Anjou, les procurateurs et une partie du sénat. Valerio s'élança audacieusement au milieu de tous ces magnifiques seigneurs, et, se faisant jour par la force, il alla se jeter aux pieds du doge, et le saisit même par son manteau d'hermine.

— Qu'as-tu, mon enfant ? dit Mocenigo en se retournant vers lui avec bonté. D'où vient que ton beau visage porte l'empreinte du désespoir ? As-tu subi une injustice ? puis-je la réparer ?

— Altesse, s'écria Valerio en portant à ses lèvres le pan du manteau ducal, oui, j'ai subi une grande injustice, et mon âme est brisée par la douleur. Mon frère aîné, Francesco Zuccato, le meilleur artiste en mosaïque qu'il y ait dans toute l'Italie, le plus brave champion et le plus honnête citoyen de la république, a été conduit aux plombs, sans ton ordre, sans ta permission, et je viens te demander justice.

— Aux plombs ! Francesco Zuccato ! s'écria le doge. Qui peut avoir infligé un châtiment si sévère à un si brave jeune homme, à un si vaillant artiste ? et s'il a commis une faute qui mérite châtiment, comment n'en suis-je pas informé ? qui a donné cet ordre ? lequel de vous, Messieurs, m'en rendra compte ? »

Personne ne répondit. Valerio reprit la parole. « Altesse, dit-il, les procurateurs chargés des travaux de la basilique doivent le savoir; monsignor Melchiore le caissier doit bien le savoir.

— Je le saurai, Valerio, répondit le doge. Rassure-toi, justice sera rendue. Laisse-nous passer.

— Altesse, frappe-moi du pommeau de ton épée si mon audace t'offense, dit Valerio sans abandonner le manteau du doge; mais écoute la plainte du plus fidèle de tes concitoyens. Francesco Zuccato n'a pu commettre aucune faute. C'est un homme qui n'a jamais eu seulement la pensée du mal. Le mettre aux plombs, c'est lui faire une injure dont il ne se consolera jamais, et dont toute la ville sera informée dans une heure, si tu ne lui fais rendre la liberté, si tu ne permets qu'il se montre avec ses compagnons à tout ce public qui s'étonne de ne pas l'avoir vu paraître à leur tête. Et puis, Altesse, écoute-moi : Francesco est frêle de corps comme un roseau des lagunes. S'il passe un jour de plus sous les plombs, c'est assez pour qu'il n'en sorte jamais, et tu auras perdu le meilleur artiste et le meilleur citoyen de la république; et il en résultera des malheurs, car je le jure par le sang du Christ...

— Tais-toi, enfant, interrompit le doge avec gravité. Ne fais pas de menaces insensées. Je ne puis faire mettre un prisonnier en liberté sans l'agrément du sénat, et le sénat ne le fera pas sans avoir examiné pour quelle faute il subit ce châtiment; car il faut qu'un soupçon grave pèse sur la tête d'un homme pour qu'on le mette aux plombs. Je t'ai promis justice, ne doute pas du père de la république; mais rends-toi digne de sa protection par une conduite sage et prudente. Tout ce que je puis faire pour adoucir ton inquiétude et l'ennui de ton frère, c'est de te permettre d'aller le trouver, afin de lui donner tes soins si sa santé les réclame.

— Merci, Altesse; sois bénie pour cette permission, » dit Valerio en baissant la tête et en abandonnant le manteau du doge, qui reprit sa marche. Le duc d'Anjou s'arrêta devant Valerio, et lui dit avec un gracieux sourire : « Jeune homme, prends courage ; je te promets de rappeler au doge qu'il s'est engagé à faire prompte justice ; et si ton frère te ressemble, je ne doute pas qu'il ne soit un vaillant cavalier et un loyal sujet. Sache que, malgré ta défaite, je te regarde comme le héros de la joute, et que je m'intéresse tellement à ta bonne mine et à tes grands talents, que je veux t'attirer à la cour de France quand la noble république de Venise n'aura plus besoin de tes services. »

En parlant ainsi, il ôta sa riche chaîne d'or et la lui passa au cou en le priant de la garder en souvenir de lui.

XV.

Valerio fut conduit par deux hallebardiers à la prison de son frère.

« Et toi aussi ! s'écria Francesco ; les méchants l'emportent aussi sur toi, mon pauvre enfant? A quoi t'a servi d'être sans ambition et sans vanité? Sainte modestie, ils ne t'ont pas respectée non plus!

— Je ne suis pas prisonnier par la volonté des méchants, répondit Valerio en le serrant dans ses bras, je le suis par la mienne propre. Je ne te quitte plus. Je viens partager ton lit de paille et ton pain noir. Mais dis-moi qui t'a conduit ici, et sous quel prétexte ?

— Je l'ignore, répondit Francesco ; mais je n'en suis pas étonné : ne sommes-nous pas à Venise ? »

Valerio essaya de consoler son frère et de lui persuader qu'il n'avait pu être arrêté que par suite d'un malentendu, et qu'il serait mis en liberté au premier moment. Mais Francesco lui répondit avec un profond abattement :

« Il est trop tard maintenant ; ils m'ont fait tout le mal qu'ils pouvaient me faire ; ils m'ont fait un affront que rien ne peut laver. Que m'importe désormais de rester un an ou un jour dans cette affreuse prison ? Crois-tu que j'aie senti la chaleur, crois-tu que j'aie connu les peines du corps durant cette interminable journée ? Non ; mais j'ai souffert toutes les tortures de l'âme. Moi, au rang des fripons et des imposteurs ! Moi qui, après tant de veilles assidues, tant de travail consciencieux, tant de zèle et de dévouement à la gloire de ma patrie, devrais être aujourd'hui couronné et porté en triomphe par mon école, aux applaudissements du peuple reconnaissant, me voici au cachot, comme Vincent Bianchini y a été pour un assassinat et pour émission de fausse monnaie ! Voilà le fruit de mes labeurs, voilà la récompense de mon courage ! Soyez donc artiste consciencieux ; usez dans les soucis rongeurs et dans les études exténuantes les restes d'une vie souffrante et menacée ; renoncez aux séductions de l'amour, aux enivrements du plaisir, au repos voluptueux des nuits de printemps ; et, le jour où vous croirez avoir mérité une couronne, on vous chargera de fers, on vous couvrira de honte! et ce public aveugle et léger, qui a tant de peine à saluer la vérité, toujours il ouvre les bras à la calomnie ! Sois-en sûr, Valerio, à l'heure qu'il est, ce peuple qui m'a vu, depuis le jour de ma naissance, grandir et vivre dans l'amour du travail, dans la haine de l'injustice et dans le respect des lois, ce peuple, qui ne juge des consciences humaines que par les revers ou les succès de la fortune, sois-en sûr, il m'accuse déjà depuis dix minutes qu'il me sait en prison. Il lui suffit d'apprendre que je suis malheureux pour me croire coupable. Déjà il ne distingue plus mon nom de celui de Vincent Bianchini ; tous deux nous avons été accusés, tous deux nous avons courbé la tête sous les plombs. Je serai peut-être mis en liberté, parce que je suis innocent; mais n'a-t-il pas été mis en liberté, lui qui était coupable? Qui sait si, comme lui, je ne serai pas banni! Venise ne bannit-elle pas tous ceux qu'elle soupçonne ? et ne soupçonne-t-elle pas tous ceux qu'on lui dénonce? »

Valerio sentait que la douleur de son frère n'était que trop fondée, et qu'en essayant de le réconcilier avec sa situation il ne l'amenait qu'à en apprécier de plus en plus la rigueur et le danger. Il se mit en devoir de sortir vers le soir pour lui aller chercher des aliments et un manteau ; mais lorsqu'il appela le geôlier par le guichet de la porte, celui-ci vint lui dire qu'il avait reçu l'ordre de ne plus le laisser sortir, et lui montra même un papier revêtu du sceau des inquisiteurs d'État, qui ordonnait l'arrestation des deux frères Zuccati, sans exprimer en vertu de quelle prévention. Un cri de douleur s'échappa de la poitrine de Francesco en écoutant cet arrêt.

« Voici, dit-il, qui achève de me tuer. Les bourreaux ! ne pouvaient-ils se défaire de moi sans m'infliger la torture de voir souffrir mon frère ?

— Ne me plains pas, répondit Valerio, ils ne m'eussent peut-être pas permis de passer les jours et les nuits près de toi ; maintenant je les remercie, je ne te quitterai plus. »

Bien des jours et bien des nuits s'écoulèrent sans que les frères Zuccati reçussent aucun éclaircissement sur leur position, aucun soulagement à leur douleur et à leur inquiétude. La chaleur était accablante, la peste éclatait dans Venise, l'air des prisons était infect. Francesco, couché sur un reste de paille brisée et poudreuse, semblait n'avoir plus le sentiment de ses maux ; de temps en temps il étendait le bras pour porter à ses lèvres quelques gouttes d'une eau saumâtre dans un gobelet d'étain. Épuisé de sueurs continuelles, il essuyait son visage cuisant avec des lambeaux de toile que Valerio lui gardait avec un soin extrême, et prenait la peine de laver, en mettant de côté chaque jour la moitié de sa misérable provision d'eau. C'était à peu près le seul service qu'il pût rendre à son infortuné frère. Tout lui manquait. Il avait employé tout son riche vêtement à lui faire avec des brins de paille une sorte d'oreiller et de parasol ; il n'avait gardé pour se vêtir lui-même que quelques haillons où brillait encore un reste d'or et de broderie. Valerio avait en vain essayé d'offrir ses perles, son poignard et sa chaîne d'or aux guichetiers, afin qu'ils procurassent à Francesco quelque adoucissement au régime affreux du *carcere duro* ; les guichetiers de l'inquisition étaient incorruptibles.

Malgré l'impossibilité où il était de soutenir son frère, Valerio restait assidûment penché sur lui. Plus robuste, et trop absorbé par la souffrance de Francesco pour sentir la sienne propre, il n'était occupé qu'à le retourner sur sa misérable couche, à l'éventer avec la grande plume de sa barrette, à consulter ses mains brûlantes et son regard éteint. Francesco ne se plaignait plus, il avait perdu l'espérance. Quand il sortait un instant de son accablement, il s'efforçait de sourire à son frère, de lui adresser de douces paroles, et aussitôt il retombait dans une effrayante stupeur.

Un soir Valerio était assis comme de coutume, sur le carreau brûlant. La tête appesantie de Francesco reposait sur ses genoux. Le soleil inexorable se couchait dans une mer de feu, et teignait d'un reflet sinistre ces murs peints en rouge, qui semblent absorber et conserver sans relâche l'ardeur de l'incendie. La peste étendait de plus en plus ses ravages. Tous les bruits animés et joyeux de la brillante Venise avaient fait place à un silence de mort, interrompu seulement par les lugubres sons de la cloche des agonisants, et par les lointaines psalmodies de quelque moine pieux qui passait sur le canal, conduisant au cimetière une barque pleine de cadavres. Un martinet vint se poser sur la fente de plomb qui donnait un air rare et desséchant à la logette des Zuccati. Cette hirondelle noire, au poitrail couleur de sang, à la voix aigre et forte, à l'attitude fière et sauvage, fit à Valerio l'effet d'un mauvais augure. Elle semblait inquiète, et, après avoir appelé, à sa manière, pour ramener quelque compagne en retard, elle s'éleva dans les airs en poussant un certain cri que les Vénitiens connaissent bien, et qu'ils n'entendent jamais sans une sorte de consternation. C'est le cri auquel ces oiseaux nomades se rassemblent, quand le moment de changer d'hémisphère est venu pour eux. Ils partent tous ensemble par bandes nombreuses, le ciel en est obscurci, et le même jour les voit tous disparaître jusqu'au dernier. Leur départ est le signal d'un fléau véritable. Les mozelins, insectes imperceptibles dont le mince et le continuel bourdonnement est irritant jusqu'à la fièvre et dont la piqûre est insupportable, remplissent l'atmosphère, et, n'étant plus poursuivis dans les hautes régions de l'air par l'hirondelle chasseresse, se rabattent sur les habitations, les infestent, et ravissent le sommeil à tous les Vénitiens que les soins du luxe ne préservent pas de leurs atteintes.

Sous les plombs et dans un temps où l'air chargé d'exhalaisons pestilentielles entrait en aiguillons venimeux dans tous les pores, l'arrivée des mozelins, que devait bientôt suivre celle des scorpions, était comme un signal de mort pour Francesco. Déjà dévoré d'une fièvre ardente, il goûtait cependant la nuit un peu de repos pendant les courtes heures où la brise rafraîchissante parvenait jusqu'à lui ; mais ce repos allait lui être ravi. C'est la nuit que les cousins pénètrent dans toutes les demeures, et surtout dans celles où l'haleine chaude de l'homme les attire. Valerio prêta l'oreille avec anxiété. Il entendit mille cris aigus, mille gazouillements inquiets et empressés s'appeler, se répondre, s'éloigner, se rapprocher, se réunir, s'établir comme pour délibérer sur les combles, et s'envoler en jetant leur adieu perçant, comme une dernière malédiction à la cité dolente. Valerio se plaça dans la lucarne d'où il ne pouvait voir que l'éther. Il vit des points noirs se mouvoir dans le ciel, à une hauteur incommensurable, non plus en décrivant les grands cercles réguliers de la chasse, mais en fuyant tous en ligne droite vers l'orient. C'étaient les martinets qui étaient déjà en route. Francesco avait entendu le cri de départ ; il avait lu sur le visage de Valerio l'effroi de cette découverte. Quand la souffrance accable l'homme, il ne saurait prévoir un surcroît de souffrance, imminent, inévitable cependant ; il n'a pas la force d'ajouter par la pensée le mal futur au mal présent. Quand ce mal arrive, il est comme écrasé sous une catastrophe imprévue. La mort elle-même, ce dénoûment si fatal, si nécessaire de la vie, surprend presque tous les hommes comme une injustice du ciel, comme un caprice de la destinée.

« A compter de demain, dit Francesco à son frère d'une voix éteinte, je ne dormirai plus. » C'était prononcer l'arrêt de sa propre mort. Valerio le comprit, et laissa tomber sa tête sur son sein. Des larmes amères, que jusque-là il avait eu le stoïcisme de retenir, ruisselèrent en flots cuisants sur ses joues pâles et amaigries.

XVI.

L'inquisition était un pouvoir si mystérieux, si absolu, il y avait tant de danger à vouloir pénétrer ses secrets, et cela était si difficile, que trois jours après la Saint-Marc personne ne parlait plus des Zuccati. Le bruit de l'arrestation de Francesco s'était vite répandu, et ce bruit tombé comme le flot qui meurt sur une grève déserte et silencieuse. Le plus faible rocher le repousserait et l'exciterait ; mais une arène de sable, dès longtemps aplanie et dévastée par les orages, reçoit la vague sans s'émouvoir, et là toute force s'anéantit faute d'aliment : telle était Venise. L'effervescence inquiète, la curiosité naturelle de son peuple, se brisaient comme la vaine écume des flots sur les marches du palais ducal, et les eaux sombres qui en baignent les caves emportaient à toute heure un suintement de sang dont la source inconnue gisait aux entrailles profondes de cet antre discret.

La peste était venue d'ailleurs jeter dans toutes les âmes la consternation et le découragement. Tous les travaux étaient suspendus, toutes les écoles dispersées. Marini avait été frappé un des premiers, et se débattait contre une lente et pénible convalescence. Ceccato avait perdu un de ses enfants et soignait sa femme agonisante. La rage des Bianchini avait été étouffée momentanément par la terreur de la mort ; le Bozza avait disparu.

Le vieux Sébastien Zuccato s'était retiré à la campagne le jour même de la Saint-Marc, à la sortie des jeux, par mauvaise humeur de ce qu'il appelait les extravagances et la fausse gloire de ses fils. Il ignorait complètement leur infortune, et s'indignait de ne point les voir comme à l'ordinaire fléchir sa colère par de respectueux empressements.

La peste ayant perdu un peu de sa malignité, le vieux Zuccato craignit enfin que ses fils n'y eussent succombé. Il vint à Venise, toujours décidé à les rudoyer, mais plein d'anxiété, et d'autant plus mal disposé pour eux, qu'il sentait combien il lui était impossible de ne pas les aimer. Il ne faut pas croire qu'après la scène de la basilique, Sébastien se fût réconcilié avec la mosaïque. Il était toujours acharné contre ce genre de travail et contre ceux qui s'y adonnaient. S'il avait subi, malgré lui, la puissance que les grandes choses exercent sur les âmes d'artiste, s'il avait pressé ses enfants sur sa poitrine et versé des larmes d'attendrissement, il n'avait pour cela renoncé à aucun de ses préjugés sur la prééminence de certaines branches de l'art ; l'eût-il voulu, il n'eût pas été le maître d'abandonner, à la veille de mourir, les idées obstinées de toute sa vie. La seule chose qui le consolât était l'espoir de voir Francesco renoncer un jour à ce vil métier et retourner à son chevalet. Dans le dessein de l'y exhorter de nouveau, il se rendit à la basilique, croyant l'y trouver occupé à quelque autre coupole. Mais il trouva la basilique tendue de noir ; des chants lugubres faisaient retentir les voûtes assombries ; les cierges, luttant avec les derniers rayons du jour, jetaient une lueur mate et rouge plus affreuse que les ténèbres. On rendait les derniers honneurs à deux sénateurs morts de la peste. Leurs catafalques étaient sous le portique ; on se hâtait, et il était aisé de voir que les prêtres remplissaient leur saint office avec terreur et précipitation. Le vieux Zuccato frémit de la tête aux pieds en voyant ces deux cercueils. Il ne se rassura qu'en apprenant les noms des magistrats défunts. Alors il sortit de l'église, et courut à l'atelier de Valerio, à San-Filippo. Mais là on lui dit que ni Valerio ni Francesco n'avaient paru depuis le jour de la Saint-Marc, et il chercha, sans plus de succès, dans tous les endroits où ils avaient coutume de se rendre. Enfin, dévoré d'inquiétude, il parvint à trouver le triste Ceccato, et, d'après les sombres conjectures de celui-ci, il pensa que ses fils étaient morts aux plombs, de chagrin ou de maladie. Il resta quelques instants immobile, absorbé, pâle comme un linceul. Enfin il prit son parti, et, sans adresser un mot à Ceccato ni à sa famille désolée, il se rendit chez le procurateur-caissier. Il était loin d'accuser ce magistrat de l'injuste arrestation de ses fils. Naturellement patient, il aurait cru manquer au respect et à l'amour des lois, en soupçonnant un magistrat d'erreur ou de prévention. Mécontent de ses fils et prêt à les accuser de paresse ou d'insolence, selon la décision du procurateur, il voulait savoir à tout prix du moins ce qu'ils étaient devenus. Il aborda donc humblement le gros caissier, qui, sans doute pour se préserver de la peste, était plus que jamais occupé de son propre bien-être. Il le trouva entouré de flacons et d'aromates de toute espèce, propres à purifier l'air qu'il respirait. Néanmoins les cérémonieuses salutations de Sébastien le rendirent un peu plus traitable qu'il ne l'était d'ordinaire.

« C'est bon, c'est bon, lui dit-il en lui faisant signe de se tenir à distance et en collant sous un nez un large mouchoir imbibé d'essence de genévrier ; en voilà assez, brave homme. Ne vous approchez pas tant de moi et retenez un peu votre haleine. Par la corne ! ce temps maudit on ne sait pas à qui l'on parle. N'êtes-vous pas malade ! Voyons, dépêchez-vous, qu'y a-t-il ?

— Votre respectable Seigneurie, répondit le vieillard un peu mortifié secrètement de cet accueil cavalier, voit devant elle le syndic des peintres, maître Sebastiano Zuccato, son très-humble *esclave*, père de...

— Ah ! c'est vrai, reprit Melchiore sans se déranger, et en faisant mine seulement de vouloir porter une main languissante à la coiffe de soie noire qui serrait sa grosse tête plate. Je ne vous remettais pas, messer Zuccato. Vous êtes un honnête homme, mais vous avez pour fils deux enragés coquins.

— Excellence, le mot est un peu sévère ; mais je ne disconviens pas que mes fils ne soient d'assez mauvais sujets, très-dissipés, très-obstinés dans leurs résistances, et voués à un très-sot et très-méchant métier. Je sais qu'ils ont encouru la disgrâce de nos seigneurs les magistrats et la vôtre en particulier. Je suis certain qu'ils doivent avoir commis une grande faute, puisque vos bontés pour eux se sont changées en sévérité ; et je ne viens pas pour les justifier, mais pour obtenir que votre mécontentement s'apaise, et que votre miséricorde prenne en considération la malignité de l'air, la rudesse de la saison et la faible santé de mon aîné, que le régime des prisons a dû compromettre assez gravement pour qu'il se souvienne de cette punition et ne s'y expose plus.

— Votre fils est malade en effet, à ce qu'on m'a dit, répliqua le procurateur. Mais qui n'est pas malade durant cette maligne influence ? Moi-même je suis fort souffrant, et sans les soins assidus de mon médecin j'aurais péri, je n'en doute pas. Mais il faut prendre des précautions, beaucoup de précautions. Par la corne ducale ! je vous conseille, maître Sébastien, de prendre aussi des précautions.

— Votre Excellence dit que mon fils Francesco est malade ? reprit Sébastien effrayé.

— Oh ! que cela ne vous inquiète pas : on n'est pas plus malade en prison qu'ailleurs. Nous savons, par des calculs exacts, qu'il en meurt pas plus de prisonniers sous les plombs que dans les autres prisons de la république.

— Sous les plombs, Excellence ! s'écria le vieux Zuccato : Votre Seigneurie a dit sous les plombs ! Est-ce que mes fils seraient aux plombs ?

— Par la corne ! ils y sont, et ils n'ont pas mérité moins par leurs concussions et leurs escroqueries.

— Par le Christ ! Monseigneur, vous voulez m'effrayer, dit Zuccato d'une voix forte, en reculant d'un pas, mes enfants ne sont pas aux plombs !

— Ils y sont, vous dis-je, répondit le procurateur, et je ne puis les en tirer avant que leur procès soit instruit et jugé. Aussitôt que le fléau permettra qu'on s'occupe de leur affaire, on s'en occupera ; mais, par la corne ducale ! je crains bien que leur sort ne soit pire : car ils sont coupables, et il y a peine de bannissement à perpétuité contre les détenteurs des deniers publics.

— Par le corps du diable ! Messer, s'écria le vieillard en se rapprochant du procurateur, ceux qui disent cela ont menti par la gorge, et ceux qui ont mis mes fils aux plombs s'en repentiront, tant qu'il me sera permis de remuer un doigt.

— N'approchez pas ! s'écria à son tour Melchiore en se levant avec vivacité et en reculant son fauteuil, ne me mettez pas ainsi votre haleine sous le visage. Si vous avez la peste, gardez-la, et allez à tous les diables avec vos coquins de fils. Je vous dis qu'ils seront pendus si vous aggravez leur affaire en faisant du bruit. Tous ces Zuccati sont d'enragés scélérats, sur ma parole. Vous empoisonnez l'air, Monsieur ; sortez. »

En parlant ainsi, Melchiore reculait toujours ; et le vieux Zuccato, immobile à sa place, jetait sur lui des regards qui le glaçaient d'épouvante.

« Si j'avais la peste, répondit-il enfin d'un air sombre, je voudrais serrer dans mes bras tous ceux qui osent dire que les Zuccati sont des voleurs. J'espère que jamais cette idée n'est venue à personne, et que le magistrat auquel j'ai l'honneur de parler est pris lui-même de fièvre et de délire à l'heure qu'il est. Oui, oui, Monseigneur, c'est la peste qui parle en vous, quand vous dites que les Zuccati ont détourné les deniers publics. Sachez que les Zuccati sont de noble race, et que le sang qui coule dans leurs veines est plus pur que celui des familles ducales. Sachez que Francesco et Valerio sont deux hommes que l'on peut faire périr dans les tortures, mais non déshonorer. Votre Seigneurie fera bien d'appeler son médecin, car un venin mortel est répandu dans ses veines. »

En achevant ces paroles terribles, Sébastien s'élança hors des Procuraties et courut au palais ducal. Melchiore agita sa sonnette avec angoisse, demanda son médecin, se fit saigner, frictionner et médicamenter toute la nuit, croyant que le vieux Zuccato venait de lui donner la peste par sortilège. Il s'évanouit plusieurs fois et faillit mourir de peur.

XVII.

Sébastien Zuccato courut se jeter aux pieds du doge et lui demanda justice avec toute l'éloquence de l'amour paternel et de l'honneur outragé. Mocenigo l'écouta avec bonté et lui donna des marques de la plus haute estime. Il s'affligea de la longue torture qu'avaient subie ses fils, et prit sur lui de les faire transférer dans une prison moins affreuse. Il permit même au vieux Sébastien de les voir tous les jours et de leur donner les soins que lui suggérerait sa tendresse ; mais il ne lui cacha pas que les charges les plus graves pesaient sur eux, et que leur procès serait une affaire longue et sérieuse.

Cependant, grâce à l'ardente obsession du vieux Zuccato, à l'influence du Titien, du Tintoret, et de plusieurs autres grands maîtres, tous amis des Zuccati, grâce aussi à la bienveillante protection du doge, le conseil des Dix, dont la peste avait suspendu les fonctions depuis plusieurs mois, s'assembla enfin, et la première affaire dont fut saisi ce tribunal austère fut le procès des Zuccati, accusés :

1° D'avoir volé leur salaire en faisant à la hâte des travaux sans solidité ; par exemple, en travaillant hors de saison (*fuor di stagione*), c'est-à-dire dans les temps de gelée, où les ouvrages de mastic ne tiennent pas, afin de réparer le temps perdu, durant la belle saison, en promenades, en dissipations et en débauches de toute espèce ;

2° D'avoir fait des figures mal dessinées et bizarrement coloriées, en s'obstinant au travail une grande partie des nuits, toujours à l'effet de réparer leur précédente paresse (*ingordigia*) ;

3° D'avoir fait cette détestable besogne par ignorance complète du métier, ignorance qui rendait Valerio Zuccato incapable de faire autre chose que des ouvrages frivoles pour la toilette des femmes et des jeunes gens (*cuffie, frastagli, vesture*, etc.), lesquels travaux puérils l'occupaient incessamment et le mettaient à même d'exercer une profession lucrative à San-Filippo, pendant que la république lui payait chèrement un travail qu'il ne faisait pas, et qu'il ne pouvait pas faire ;

4° D'avoir, par une détestable friponnerie, remplacé en beaucoup d'endroits les compartiments d'émail et de pierre (*i pezzi*) par le bois et le carton peints au pinceau, afin de montrer des finesses de la mosaïque dont les matériaux ne sont pas susceptibles, et de se donner un grand mérite d'artiste durant leur vie, sauf à laisser des ouvrages qui n'auraient pas une plus longue durée.

Les pièces de cet étrange procès se trouvent encore dans les archives du palais ducal, et le signor Quadri en a extrait la fidèle relation qu'on peut lire dans un article intitulé *dei Musaici*, placé à la fin de son excellent ouvrage sur la peinture vénitienne.

Les accusateurs étaient le procurateur caissier Melchiore, Bartolomeo Bozza, les trois Bianchini, Jean Visentin, et plusieurs autres élèves de leur école, enfin Claude de Corrège, organiste de Saint-Marc, qui détestait le bruit des ouvriers, et qui eût également témoigné en faveur des Zuccati contre les Bianchini, espérant qu'ennuyé de ces querelles et de ces dilapidations, le gouvernement renoncerait à des réparations ruineuses, dont le principal inconvénient aux yeux de l'organiste était de déranger par un bruit continuel l'école de plainchant qu'il tenait dans la tribune de l'orgue.

Les témoins en faveur des Zuccati étaient le Titien et son fils Orazio, le Tintoret, Paul Véronèse, Marini Ceccato, et le bon prêtre Alberto Zio. Tous comparurent devant le conseil des dix et soutinrent le grand talent, le beau travail, l'honnête conduite, l'humeur laborieuse, et l'exacte probité des frères Zuccati et de leur école.

A leur tour, les frères Zuccati furent amenés devant les juges; Valerio soutenait dans ses bras son frère chéri, à peine rétabli de longue et cruelle maladie, languissant, accablé, indifférent en apparence à l'issue d'une épreuve qu'il n'avait plus la force de supporter. Valerio était pâle et défait. On lui avait procuré des vêtements; mais sa longue barbe, sa chevelure mal soignée, sa démarche brisée, un certain tremblement convulsif, attestaient ses souffrances et ses douleurs. Indifférent à ses propres maux, mais indigné de l'injustice faite à son frère, il avait enfin pris la vie au sérieux. La colère et la vengeance étincelaient dans son regard. Un feu sombre jaillissait de ses orbites creusés par la faim, la fatigue et l'inquiétude. En passant devant Bartolomeo Bozza pour aller s'asseoir sur le banc des accusés, il leva ses deux bras chargés de fers, comme s'il eût voulu l'écraser, et son visage rayonnant de fureur sembla vouloir le faire rentrer sous terre. Les gardes l'entraînèrent, et il s'assit, tenant toujours la main de Francesco dans sa main froide et tremblante.

« Francesco Zuccato, dit un juge, vous êtes accusé de dol et de fraude envers la république; qu'avez-vous à répondre?

— Je répondrai, dit Francesco, que je pourrais tout aussi bien être accusé de meurtre et de parricide, si c'était le bon plaisir de ceux qui me persécutent.

— Et moi, dit impétueusement Valerio en se levant, je réponds que nous sommes sous le poids d'une accusation infâme, et que nous languissons depuis trois mois sous les plombs, d'où mon frère est sorti mourant, le tout parce que les Bianchini nous haïssent, et que Bozza, notre élève, est un misérable; mais surtout parce que le procurateur monsignor Melchiore a fait une faute de latinité que nous nous sommes permis de corriger. C'est la première fois que deux citoyens vont aux plombs pour n'avoir pas voulu faire un barbarisme. »

L'emportement du jeune Zuccato n'était pas fait pour lui concilier la bienveillance des magistrats. Le vieux Sébastien, voyant le mauvais effet de sa harangue, se leva et dit :

« Taisez-vous, mon fils, vous parlez comme un fou et comme un insolent. Ce n'est pas ainsi qu'un honnête citoyen doit se défendre devant les pères de la patrie. Messeigneurs, excusez son égarement. Ces pauvres jeunes gens sont troublés par la fièvre. Examinez leur cause selon votre impassible équité; s'ils sont coupables, châtiez-les sans pitié : leur père sera le premier à vous louer de cet acte de justice et à bénir les lois sévères qui répriment la fraude. Oui, oui, fallût-il verser leur sang moi-même, je le ferais, mes pères, plutôt que de voir tomber en discrédit le pouvoir auguste de la république. Mais s'ils sont innocents, j'en ai la conviction et la certitude, faites-leur prompte et généreuse merci; car voici mon aîné qui n'a plus qu'un souffle de vie; et, quant au plus jeune, vous voyez qu'il est sous l'influence du délire. »

En parlant ainsi d'une voix forte, le vieillard tomba sur ses genoux, et deux ruisseaux de larmes coulèrent sur sa longue barbe blanche.

« Sébastien Zuccato, répondit le juge, la république connaît ta probité et ton dévouement; tu as parlé comme un père et comme un bon citoyen; mais si tu n'as pas autre chose à dire pour la défense de tes fils, il faut te retirer. »

A un signe du magistrat, le familier qui avait amené Sébastien l'emmena. Le vieillard, en se retirant, jeta un regard de désespoir sur ses fils; puis, se retournant une dernière fois vers les juges, il joignit les mains en levant les yeux au ciel avec une expression si déchirante, qu'elle eût attendri les piliers de marbre de la grande salle; mais le tribunal des Dix était plus froid et plus inflexible encore.

Après que les trois Bianchini eurent affirmé par serment leur accusation, Bartolomeo Bozza, sommé à son tour de rendre témoignage, leva la main sur le crucifix qu'on lui présentait, et dit :

« Je jure sur le Christ que j'ai passé trois mois aux plombs pour n'avoir pas voulu faire un faux témoignage. »

Un tressaillement de surprise passa dans l'assemblée; Melchiore fronça le sourcil, Bianchini le Rouge grinça des dents, et le jeune Valerio, se levant avec impétuosité, s'écria :

« Serait-il vrai, ô mon pauvre élève! puis-je encore te plaindre et t'estimer? Ah! cette pensée allège tous mes maux.

— Tais-toi, Valerio Zuccato, dit le juge, et laisse parler le témoin. »

Bartolomeo était aussi accablé, aussi malade que les Zuccati. Lui aussi avait subi les lentes tortures de la captivité. Il déclara que quelques jours avant la Saint-Marc, Vincent Bianchini l'avait mené sur les planches des Zuccati pour lui faire voir de près et toucher plusieurs endroits de leur travail où le carton peint remplaçait évidemment la pierre, et que de là il l'avait mené chez le procurateur-caissier pour qu'il en déposât, ce qu'il avait fait dans l'indignation et dans la sincérité de son cœur. Depuis ce jour, convaincu de la mauvaise foi des Zuccati, il n'avait pas voulu être complice d'un travail qui ne pouvait pas manquer d'être condamné, et il avait travaillé dans l'école des Bianchini. Mais la veille de la Saint-Marc, Vincent, l'ayant encore conduit chez le procurateur, avait voulu l'engager à déposer qu'il avait été témoin oculaire du fait de l'accusation, ce à quoi il s'était refusé, parce que, s'il avait vu les preuves de la fraude, du moins il n'avait pas vu commettre cette fraude. « Si je l'avais vu, dit-il, je n'aurais pas attendu l'avertissement des Bianchini pour quitter l'école des Zuccati; mais je n'avais jamais rien vu de semblable. Il n'existait même pas dans la conduite de mes maîtres le plus petit fait qui jusque-là eût pu rendre vraisemblable la découverte qu'on venait de me faire faire. Il m'était donc impossible de jurer par le Christ que je les avais vus employer le carton et le pinceau. Quand Vincent Bianchini vit que je ne servais pas ses desseins à son gré, il s'emporta contre moi et m'accusa de complicité avec les Zuccati. Monsignor Melchiore me fit beaucoup de menaces qui m'irritèrent au point que je lui dis de se méfier des Bianchini. Le soir même je fus arrêté et conduit aux plombs. Depuis ce jour, j'ai pensé que mes anciens maîtres étaient innocents, et que l'homme capable de me demander un faux serment était bien capable aussi d'avoir, pendant la nuit, à l'insu des Zuccati et de tout le monde, détruit une partie de la mosaïque, et remplacé la pierre par le bois et le carton, afin d'avoir un moyen de les perdre. Je dois déclarer que cette substitution est faite avec tant d'art, qu'à moins de gratter les fragments (*i pezzi*) il est impossible de s'en apercevoir. »

Ainsi parla le Bozza d'une voix ferme et avec une prononciation bolonaise très-lente et très-distincte. Sommé de s'expliquer sur les divertissements continuels auxquels Valerio se livrait, il avoua que souvent ce jeune maître avait été repris de paresse et de dissipation par son frère aîné, et qu'il réparait ensuite le temps perdu en travaillant de nuit, ce qui pouvait confirmer le reproche que lui adressait l'accusation d'avoir fait (*fuor di stagione*) des travaux sans solidité. Il déclara aussi que Valerio connaissait le métier moins bien que son frère, et faisait beaucoup d'objets de parure pour son compte particulier. En un mot, il fut aisé de voir dans sa déposition qu'il n'était pas porté à la bienveillance pour les Zuccati, et qu'il n'eût pas été fâché de leur nuire en disant la vérité; mais qu'il avait horreur du mensonge dans lequel on avait voulu l'attirer, et qu'il ne pardonnerait jamais aux Bianchini de l'avoir fait mettre aux plombs.

Le conseil ferma la séance de ce jour en nommant une commission de peintres chargée d'examiner sous les yeux des procurateurs la besogne des deux écoles rivales. Cette commission fut composée du Titien, du Tintoret, de Paul Véronèse, de Jacopo Pistoja et d'Andrea Schiavone, qui, depuis ce temps, fut surnommé *Medola*, par allusion au soin qu'il avait pris d'analyser la mosaïque jusqu'à la moelle.

XVIII.

Le lendemain, ces maîtres illustres, accompagnés de leurs ouvriers, des procurateurs et des familiers du saint-office, se rendirent à Saint-Marc, et procédèrent à l'examen des travaux de mosaïque. A la requête des Bianchini, on commença par leur arbre généalogique de la Vierge, ouvrage immense accompli en très-peu de temps. Vincent joignait à tous ses vices une insupportable vanité. Avide de louanges, il suivait pas à pas le Titien, attendant toujours l'explosion de son admiration. A côté de lui marchait Dominico Rossetto, l'œil brillant de toute la confiance d'une inébranlable sottise. Cependant, le Titien ne s'expliquait pas. Toujours spirituel et courtois, il trouvait à leur adresser de ces mots qui marquent l'attention et l'intérêt, mais qui ne compromettent en aucune façon le jugement du connaisseur. Ses attitudes polies, ses gracieux sourires, contrastaient avec le front rembruni et la contenance austère du Tintoret. Quoique moins lié peut-être avec les Zuccati, Robusti était bien plus indigné que le Titien de la méchanceté de leurs rivaux. Dans l'esprit de Titien, habitué lui-même à nourrir de profondes haines et d'implacables antipathies, la conduite des Bianchini trouvait sinon une excuse, du moins une appréciation plus indulgente des jalousies de métier et des ambitions d'artiste. Peut-être aussi le Tintoret, songeant aux persécutions qu'il avait eu à subir de la part du Titien, voulait-il lui adresser, par allusion, un reproche légitime, en montrant son horreur et son mépris pour ces sortes de choses. Il sortit de la chapelle de Saint-Isidore sans avoir desserré les lèvres, et sans avoir tourné une seule fois les yeux vers les personnes qui l'accompagnaient.

Mais quand il fut sous la grande voûte, et qu'il eut devant les yeux le travail des Zuccati, il éclata en louanges éloquentes; sa belle tête austère s'anima du feu de l'enthousiasme, et il fit ressortir toutes les perfections de cette œuvre avec une chaleur généreuse. Le Titien, qui était l'intime ami du vieux Sébastien, et qui avait donné beaucoup d'excellentes leçons aux jeunes Zuccati, renchérit sur cet éloge sans cependant déprécier le travail des Bianchini, à l'égard desquels il garda toujours une grande prudence. Mais le procurateur-caissier, impatienté du succès des Zuccati, prit la parole.

« Messires, dit-il aux illustres maîtres, je vous ferai observer que nous ne sommes pas venus ici pour voir des travaux de peinture, mais des travaux de mosaïque. Il importe très-peu à l'État que la main de la Vierge soit plus ou moins modelée d'après les règles de votre art; il importe encore moins que la jambe de saint Isidore ait le mollet un peu trop haut ou un peu trop bas. Tout cela est bon pour le discours...

— Comment! par le Christ! s'écria le Titien, à qui ce blasphème fit oublier un instant sa prudente courtoisie; il importe peu à l'État que les mosaïstes ne sachent pas le dessin, et que la mosaïque ne soit pas une reproduction élégante et correcte des ouvrages de peinture ?..... C'est la première fois que j'entends dire une pareille chose, Monseigneur, et il me faudra tout le respect que m'inspirent vos jugements pour me ranger à cet avis. »

Rien n'exaltait les convictions erronées du procurateur-caissier comme la contradiction.

« Et moi, messer Tiziano, s'écria-t-il avec chaleur, je vous soutiendrai que tout cela n'est que minutie et puérilité. Ce sont des querelles d'école et des discussions d'atelier, dans lesquelles la gravité de la magistrature n'ira pas se compromettre. Chargés, par la république, de veiller à ses intérêts et d'apporter de l'économie et de la probité dans les dépenses publiques, les procurateurs ne souffriront pas que, pour le vain plaisir d'amuser les amateurs de peinture, les ouvriers de Saint-Marc manquent à leurs engagements.

— Je ne pensais pas, dit Francesco Zuccato d'une voix faible et en jetant un douloureux regard sur ses ouvrages, que je pusse manquer à mes engagements en soignant, autant que possible, le dessin de mes figures, et en me conformant en conscience à toutes les règles de mon art.

— Je connais tout aussi bien que vous, Messer, les règles de votre art, cria le procurateur tout rouge de colère. Vous ne me ferez point croire qu'un mosaïste soit tenu d'être un peintre. La république vous paie pour copier servilement et fidèlement les cartons des peintres; et pourvu que vous attachiez avec solidité et propreté vos pierres à la muraille, pourvu que vous sachiez employer de bons matériaux et en tirer le parti dont ils sont susceptibles, il importe fort peu que vous connaissiez les règles de la peinture et les lois du dessin. Par la corne ducale! si vous étiez de si grands artistes, la république pourrait faire de bonnes économies. Il ne serait plus besoin de payer messer Vecelli et messer Robusti pour dessiner vos modèles. On pourrait vous laisser libres de composer, d'ordonner et de tracer vos sujets. Malheureusement, nous n'avons pas encore assez de confiance dans votre maîtrise de peintre pour nous en rapporter ainsi à vous.

— Et pourtant, Monseigneur, dit le Titien, qui avait repris tout son calme et qui savait donner une expression gracieuse au sourire de mépris errant sur ses lèvres, j'oserai objecter à Votre Seigneurie que, pour savoir copier fidèlement un bon dessin, il faut être soi-même un bon dessinateur; sans cela, on pourrait confier les cartons de Raphaël aux premiers écoliers venus, et il suffirait d'avoir un grand modèle sous les yeux pour être aussitôt un grand artiste. Les choses ne se passent pas ainsi, que Votre Seigneurie me permette de le dire avec tout le respect que je professe pour ses opinions; mais autre chose est de gouverner les hommes par une sublime sagesse, et de les amuser par de frivoles talents. Nous serions bien embarrassés, nous autres, pauvres artisans, s'il nous fallait, comme Votre Seigneurie, tenir d'une main ferme et généreuse les rênes de l'État; mais...

— Mais tu prétends, flatteur, dit le procurateur radouci, qu'en fait de peinture et de mosaïque tu t'y entends mieux que nous. Tu ne nieras pas du moins que la solidité ne soit une des conditions indispensables de ces sortes d'ouvrages, et si, au lieu d'employer la pierre, le cristal, le marbre et l'émail, on emploie du carton, le bois, l'huile et le vernis, tu m'avoueras que les deniers de la république n'ont pas reçu leur véritable destination. »

Ici le Titien fut un peu embarrassé; car il ne savait pas jusqu'à quel point cette accusation des Bianchini pouvait être fondée, et il craignait de compromettre les Zuccati par une assertion imprudente.

« Je nierai du moins, dit-il après un instant d'hésitation, que cette substitution de matériaux constitue la fraude, s'il est prouvé, comme je le crois, que le pinceau puisse être employé dans certains endroits de la mosaïque avec autant de solidité que l'émail.

— Eh bien! c'est ce que nous allons voir, messer Vecelli, dit le procurateur; car nous ne voulons pas suspecter votre intégrité dans cette affaire. Qu'on apporte ici du sable et des éponges; et par la corne! qu'on frotte solidement toutes ces parois. »

Les yeux mourants de Francesco se ranimèrent et se tournèrent avec une haine méprisante vers l'inscription où le mot *saxis* remplaçait le barbarisme *saxibus*. Il semblait que, dût-il être condamné pour la substitution d'une seule lettre, il s'en consolait par l'espérance de voir constater en public la bévue de l'ignorant procurateur. Melchiore comprit sa pensée, et surprit son regard; il détourna l'épreuve, et la porta sur les autres parties de la voûte.

La mosaïque des Zuccati, frottée et lavée sur tous les points, résista parfaitement à l'essai, et il ne s'y trouva aucune partie qui tombât ou qui menaçât de tomber. Le procurateur-caissier commençait à craindre que la haine aveugle des Bianchini et ses propres préventions ne l'eussent fourvoyé dans une affaire peu honorable pour lui, lorsque Vincent Bianchini, s'approchant des deux archanges, dont l'un était le portrait de

Sébastien Zuccato courut se jeter aux pieds du doge. (Page 29.)

Valerio, et l'autre celui de Francesco Zuccato, dit avec assurance :

« Il est certain que le bois et le carton peints peuvent résister au sable et à l'éponge mouillée; mais il n'est pas certain qu'ils puissent résister à l'action du temps, et en voici la preuve. « En parlant ainsi, il tira son stylet, et l'enfonçant dans la poitrine nue de l'archange qui représentait Francesco Zuccato, à l'endroit du cœur, il en fit sauter une parcelle de substance couleur de chair, qu'il coupa lestement en deux avec sa lame, et qu'il présenta aux procurateurs. Le fragment passant de main en main, le Titien lui-même fut forcé de convenir que c'était un morceau de bois.

XIX.

Francesco et Valerio furent reconduits en prison, et huit jours après ils comparurent de nouveau devant le conseil des Dix. Le procès-verbal rédigé par la commission des peintres leur fut lu à haute voix. On s'était abstenu de signaler l'infériorité du travail des Bianchini.

On savait qu'en le dépréciant sous le rapport de l'art, on irriterait de plus en plus le procurateur-caissier, et, l'affaire des Zuccati prenant une assez mauvaise tournure, la prudence exigeait qu'on n'envenimât pas la haine de leurs persécuteurs; mais on avait prodigué la louange à la coupole des Zuccati, et on avait constaté la solidité de tout ce travail, à l'exception de deux figures peu importantes, où le bois avait été employé au lieu de la pierre. Le Titien avait même affirmé qu'il estimait cette mosaïque peinte capable de résister à l'action du temps cinq cents ans et plus, et sa prédiction s'est vérifiée, car ces pièces du procès subsistent encore, et paraissent aussi belles et aussi solides que les autres parties de la mosaïque. Quant au savoir-faire du jeune Zuccato, taxé d'incapacité ou d'ignorance par les accusateurs, il fut victorieusement défendu par le procès-verbal, et déclaré au moins aussi habile que son frère.

D'après cette assertion, toute l'accusation ne reposait plus que sur un point, celui de la substitution de matériaux inusités dans l'exécution des deux figures d'archange.

Francesco, interrogé sur ce qu'il avait à alléguer pour

Il y a donc dans Venise des artistes plus malheureux que moi! (Page 35.)

sa défense, répondit que, convaincu depuis longtemps de l'avantage de cette substitution pour certains détails, et jaloux d'en éprouver la solidité, il l'avait essayée dans ces deux figures qui étaient de peu d'importance, et qu'il s'était toujours promis de réparer à ses frais, si leur durée ne remplissait pas son attente, ou si la république blâmait cette innovation.

Le conseil ne semblait pas disposé à admettre cette excuse. Pressé d'accusations et de menaces, Valerio ne put résister à son emportement :

« Eh bien! s'écria-t-il, puisque vous voulez le savoir, sachez donc le secret que mon frère voulait garder. En vous le révélant, je sais fort bien que je m'expose, non-seulement à la haine et à l'envie qui pèsent sur nous, mais encore à celle de tous nos rivaux futurs. Je sais que de grossiers manœuvres, de vils artisans, s'indigneront de voir en nous des artistes consciencieux; je sais qu'ils prétendront faire de la mosaïque un simple travail de maçonnerie, et poursuivront comme mauvais compagnon et rival ambitieux quiconque voudra en faire un art et y porter la flamme de l'enthousiasme ou la clarté de l'intelligence. Eh bien! je proteste contre un tel blasphème; je dis qu'un véritable mosaïste doit être peintre, et je soutiens que mon frère Francesco, élève de son père et de messer Tiziano, est un grand peintre; et je le prouve en déclarant que les deux figures d'archange qui ont obtenu les éloges de l'illustre commission nommée par le conseil, ont été imaginées, composées, dessinées et coloriées par mon frère, dont j'ai été l'apprenti et le manœuvre en copiant fidèlement ses cartons. Nous avons peut-être commis un grand crime en nous permettant de consacrer à la république notre meilleur ouvrage, en le lui offrant gratis et en secret, avec la modestie qui sied à des jeunes gens, avec la prudence qui convient à des hommes voués à un autre dieu que l'argent et la faveur; mais, en nous accusant de fraude, on nous force à renoncer à cette prudence et à cette modestie. Nous demandons, en conséquence, qu'il soit prouvé que nous n'avons tenté cette innovation que dans une composition qui ne nous avait pas été commandée, et que nous sommes prêts à enlever de la basilique, si le gouvernement la juge indigne de figurer à côté des travaux des Bianchini. »

On consulta le devis des diverses compositions dessinées par les peintres et confiées aux mosaïstes, on n'y trouva pas les deux figures d'archange. Le procurateur Melchiore pressa chacun des peintres de s'expliquer sur le mérite de ces figures et sur la part qu'ils y avaient prise. Comme ils avaient été investis, à cet égard, de tous droits et de tous pouvoirs par l'État, il suffisait d'une simple esquisse tracée par l'un d'eux pour que les Zuccati, tenus d'exécuter à la lettre leurs intentions, se fussent rendus coupables d'infidélité, de désobéissance et de fraude, en y employant un procédé de leur choix et des matériaux non approuvés par la commission des procurateurs. Les peintres affirmèrent par serment n'avoir pas même eu l'idée de ces figures; et quant à leur mérite, ils affirmèrent également qu'ils n'eussent pu rien créer de plus correct et de plus noble. Le Titien fut interrogé deux fois. On connaissait son amitié pour les Zuccati; on connaissait aussi sa finesse, son habileté à éluder les questions qu'il ne voulait pas trancher. Sommé de dire s'il était l'auteur de ces figures, il répondit avec grâce : « Je voudrais l'être; mais, en conscience, je n'en ai pas même vu le dessin, et je n'en soupçonnais pas l'existence avant l'examen qu'il m'a été ordonné d'en faire comme membre de la commission. »

Les Bianchini soutinrent que les Zuccati n'étaient pas capables de composer par eux-mêmes des ouvrages dignes de tant d'éloges. Malgré l'assertion des peintres, on fit une enquête dans laquelle le Bozza fut entendu, comme ancien élève des Zuccati, et sommé de dire s'il avait vu quelque peintre mettre la main à ces figures. Il déclara qu'une seule fois il avait vu messer Orazio Vecelli, fils du Titien, venir de nuit dans l'atelier des Zuccati à l'époque où ils y travaillaient. Orazio fut entendu, et attesta par serment qu'il ne les avait pas même vues, et que sa visite de nuit à l'atelier de San-Filippo n'avait d'autre but que de commander à Valerio un bracelet de mosaïque qu'il voulait offrir à une femme. Il n'y avait donc plus aucune preuve contre les Zuccati. Ils furent acquittés, à la charge seulement de remplacer à leurs frais, par des fragments de pierre ou d'émail, les fragments de bois peint employés dans certains endroits de leurs figures. Cette partie de l'arrêt ne fut rendue que pour la forme, afin de ne point encourager les novateurs. On n'en exigea même pas l'exécution, car ces fragments coloriés existent encore. Le barbarisme du procurateur-caissier a seul été réintégré tel qu'il était sorti du docte cerveau de ce magistrat, et au-dessous des deux archanges on lit cette autre inscription touchante, qui fait allusion aux persécutions souffertes par les Zuccati :

UBI DILIGENTER
INSPEXERIS ARTEMQ. AC LABO-
REM FRANCISCI ET VALERII
ZVCATI VENETORVM FRATRVM
AGNOVERIS TVM DEMVM IVDI-
CATO.

XX.

Malgré l'heureuse issue de ce procès, il s'en fallait de beaucoup que la fortune des Zuccati prît une face heureuse. La santé de Francesco se rétablissait lentement. Aucun nouveau travail public n'était commandé aux mosaïstes. On parlait même de s'en tenir là, et de conserver toutes les anciennes mosaïques byzantines; car les mœurs tournaient à l'austérité, et, tandis que de sages lois somptuaires couvraient de deuil les manteaux et les gondoles, les gens les moins graves affectaient, par esprit d'imitation, de s'envelopper de longues toges romaines et de ne porter que des ornements de fer et d'argent. Le mot d'économie était dans toutes les bouches; la peste avait ébranlé le commerce, et, comme les générations passent promptement d'un excès à l'autre, après un luxe ruineux et des dépenses insensées, on arrivait à des réductions sordides, à des réformes puériles. Les artistes subissaient les tristes chances de ce moment de panique financière. Le procurateur-caissier n'était pas un sot isolé, mais le représentant d'un grand nombre d'esprits étroits.

Francesco était tombé dans un profond découragement. Artiste enthousiaste, il avait désiré, il avait espéré la gloire. Il l'avait servie comme on sert une noble maîtresse, par de nobles sacrifices, par un culte ardent, exclusif. Pour toute récompense, il s'était vu exposé à une prison affreuse, à une mort imminente, à un procès infamant. En outre, le succès de ses chefs-d'œuvre était contesté. Les hommes ne voient pas impunément le malheur fondre sur une tête d'élite. Ils sont pris aussi du vertige de la médiocrité, et cherchent tous les moyens d'excuser et de légitimer les maux dont est frappé le génie. C'était assez qu'on eût trouvé un petit fragment de bois dans une des figurines des Zuccati, pour qu'aussitôt tout le public pensât que la mosaïque entière était exécutée en bois. Les bourgeois allaient même jusqu'à dire qu'elle était en papier, et, convaincus de son peu de solidité, ils auraient cru manquer de patriotisme en levant la tête pour admirer la beauté des figures. Le jeune artiste était donc blessé au fond de l'âme, et souffrait d'autant plus qu'il cachait sa blessure avec soin, et méprisait trop le public pour lui donner la satisfaction de le voir vaincu. Retiré au fond de sa petite chambre à San-Filippo, il passait ses journées à la fenêtre, absorbé dans de tristes pensées, et n'était plus distrait de sa douleur que par la contemplation des grands lierres de sa cour agités par la brise. Ce tranquille spectacle lui semblait délicieux après le séjour des plombs, où l'absence d'air avait mine lentement sa vie.

Au temps de sa bonne fortune et de ses somptueux amusements, Valerio avait contracté des dettes considérables; ses créanciers le tourmentaient. Francesco découvrit ce secret et consacra toutes ses économies au paiement de ces dettes. Valerio ne le sut que longtemps après; il était bien assez triste sans que le remords vînt ajouter aux inquiétudes que lui causait la santé de son frère chéri. L'idée de le perdre ébranlait toutes les forces de son âme, et il sentait que, malgré sa disposition naturelle à accepter les maux de la vie, il ne pourrait jamais se consoler de sa perte. Incapable de mélancolie, trop fort pour la résignation et trop fort aussi pour le désespoir, il tombait souvent dans des accès de violente indignation auxquels succédaient de brillantes espérances, et il entretenait Francesco de rêves de gloire et de bonheur, quoique au fond personne moins que lui n'eût besoin de gloire pour être heureux.

Le vieux Sébastien les conjurait de reprendre le pinceau et de renoncer à la basse profession de mosaïste ; mais Francesco avait reçu un trop rude échec pour s'abandonner à de nouvelles espérances. Essayer à trente ans une nouvelle carrière était une résolution trop forte pour un esprit si blessé, pour un corps si affaibli. A ses peines se joignaient celles de ses amis; sa disgrâce avait fait perdre à Ceccato son privilège de maîtrise ; lui et Marini languissaient dans une affreuse misère; Francesco sollicitait en vain le paiement de son année de travail. Les finances étaient, comme toutes les autres parties de l'administration, désordonnées et languissantes. Toutes ses démarches étaient inutiles : on le remettait de jour en jour, de semaine en semaine. La haine secrète du procurateur-caissier n'était pas étrangère à ces retards de paiement. C'était une vengeance sourde qu'il tirait de l'ironie des Zuccati, trop peu punie à son gré par le conseil.

Les Zuccati étaient résolus à partager leur dernier morceau de pain avec leurs fidèles apprentis. Ils nourrissaient Marini, Ceccato, sa jeune femme convalescente et son dernier enfant. Valerio tirait encore quelque argent des Grecs installés à Venise, en leur vendant des bijoux ; mais cette ressource ne serait plus suffisante pour une si nombreuse famille, lorsque les économies que Francesco avait pu garder seraient épuisées. Alors Valerio se reprochait amèrement de n'en avoir fait aucune; il sentait trop tard que la prodigalité est un vice. « Oui, oui, disait-il en soupirant, l'homme qui dépense en vains plaisirs et en sottes parades le prix de ses sueurs ne mérite pas d'avoir des amis; car il ne pourra pas les secourir au jour de leur détresse. »

Aussi il fallait voir par quel zèle infatigable, par quels ingénieux dévouements il réparait ses fautes passées. Il avait divisé son étroit logement en trois parties : l'atelier, le réfectoire et la chambre de Francesco. La nuit, il dormait sur une natte, dans le premier coin venu, le plus souvent sur la terrasse élevée de sa mansarde. Le jour, il travaillait assidûment, et faisait faire des tableaux de mosaïque à ses apprentis, espérant toujours qu'un moment viendrait où les monuments de l'art ne seraient plus mis au rang des objets de luxe et de fantaisie. Il veillait seul aux détails du ménage, et s'il laissait préparer le dîner à la femme de Ceccato, il ne souffrait pas du moins qu'elle se fatiguât à l'aller acheter. Il allait lui-même à la *Pesceria*, au marché aux herbes, dans les *frittole*, et on le voyait, couvert de sueur, traverser les rues sinueuses avec un panier sous sa robe. S'il rencontrait quelques-uns des jeunes patriciens qui avaient partagé autrefois ses amusements et ses profusions, il les évitait avec soin, ou leur cachait obstinément sa pénurie, dans la crainte qu'ils ne lui envoyassent des secours, dont la seule offre l'eût humilié. Il affectait de n'avoir rien perdu de sa gaieté; mais ce rire forcé sur cette bouche flétrie, ces vifs regards dans ces yeux brillants de fièvre et d'excitation, ne pouvaient tromper que des amitiés grossières ou des esprits préoccupés.

Un jour Valerio traversait une de ces petites cours silencieuses et sombres qui servent de passage aux piétons, et où cependant quatre personnes ne se rencontrent pas face à face en plein jour, il vit, auprès d'un mur humide, un homme qui cherchait à s'appuyer et qui tombait en défaillance. Il s'approcha de lui et le retint dans ses bras. Mais quelle fut sa surprise lorsqu'il reconnut, dans cet homme en haillons, exténué par la faim, et qu'il avait pris pour un mendiant, son ancien élève Bartolomeo Bozza !

« Il y a donc dans Venise, s'écria-t-il, des artistes plus malheureux que moi ! »

Il lui fit avaler à la hâte quelques gouttes de vin d'Istrie dont il avait une bouteille dans son panier; puis il lui donna des figues sur lesquelles l'infortuné se jeta avec voracité, et qu'il dévora sans ôter la peau. Lorsqu'il fut un peu apaisé, il reconnut l'homme charitable qui l'avait assisté. Un torrent de larmes s'échappa de ses yeux ; mais Valerio ne put jamais savoir si c'était la honte, le remords ou la reconnaissance qui faisait couler ses pleurs ; car le Bozza ne prononça pas une seule parole et s'efforça de fuir : le bon Valerio le retint.

« Où vas-tu, malheureux ? lui dit-il : ne vois-tu pas que tes forces ne sont pas revenues, et que tu vas tomber un peu plus loin dans quelques instants ? Je suis pauvre aussi et ne puis t'offrir de l'argent ; mais viens avec moi, tes anciens amis t'ouvriront leurs bras; et tant qu'il y aura une mesure de riz à San-Filippo, tu la partageras avec eux. »

Il l'emmena donc, et le Bozza se laissa entraîner machinalement, sans montrer ni joie ni surprise.

XXI.

Francesco ne put se défendre d'un mouvement de répugnance lorsque le Bozza parut devant lui : il savait que ce jeune homme, honnête d'ailleurs et incapable d'une action basse, n'avait aucune bonté, aucune affection, aucun sentiment généreux dans le cœur. Toutes les voix de la tendresse et de la sympathie étaient dominées en lui par celle d'un orgueil farouche et d'une implacable ambition. Cependant, quand il sut dans quel état Valerio avait trouvé le Bozza, Francesco courut chercher une de ses paires de chausses et une de ses meilleures robes, et les lui offrit, tandis que son frère lui préparait un repas substantiel. Dès ce moment, le Bozza fit partie de l'indigente famille, qui, à force d'économie, d'ordre et de labeur, vivait encore honorablement à San-Filippo. Valerio ne regrettait pas sa peine ; et quand il voyait, le soir, toute son ancienne école réunie autour d'un repas modeste, son âme s'épanouissait encore à la joie, et il s'abandonnait à une douce effusion. Alors les yeux inquiets de Francesco rencontraient ceux du Bozza toujours pleins d'indifférence ou de dédain. Le Bozza ne comprenait rien à l'héroïque dévouement des Zuccati. Il concevait si peu cette grandeur, qu'il l'attribuait à des motifs d'intérêt personnel, au dessein de fonder une école nouvelle, d'exploiter le travail de leurs apprentis, ou de les enchaîner d'avance par de tels services, qu'ils ne pussent passer à une école rivale. Ce que ses compagnons trouvaient à bon droit sublime, il le trouvait donc tout simplement habile.

Cependant la misère devenait menaçante de plus en plus. Les Zuccati étaient bien résolus à s'imposer les plus sévères privations avant d'avoir recours aux illustres maîtres dont ils possédaient l'amitié. La fortune de leur père était plus que médiocre ; son orgueil s'était toujours refusé à recevoir aucun secours de fils placés, selon lui, dans une condition si basse. Tant qu'ils avaient été dans la prospérité, ils lui avaient fait passer une partie de leur salaire ; et, pour qu'il consentît à recevoir cet argent, il avait fallu que le Titien le lui fît agréer en son propre nom. Maintenant que les Zuccati ne pouvaient plus assister leur père, le Titien continuait, pour son propre compte, à servir cette rente au vieillard, et les fils reconnaissants lui cachaient leur misère, dans la crainte d'abuser de sa générosité.

Heureusement le Tintoret veillait sur eux, quoique lui-même fût fort gêné à cette époque. L'art semblait tomber en discrédit ; les confréries faisaient des *ex voto* au rabais; on parlait de vendre tous les tableaux des *scuole* pour en distribuer l'argent aux pauvres ouvriers des corporations. Les patriciens cachaient leur luxe au fond des palais, afin de n'être point frappés de trop rudes impôts en faveur des classes pauvres. Néanmoins le Tintoret trouvait encore moyen de secourir ses amis infortunés. Outre qu'à leur insu il leur faisait acheter beaucoup d'ornements, il ne cessait d'insister pour que le sénat leur donnât de l'emploi. Il réussit enfin à prouver la nécessité de nouvelles réparations à la basilique. Un certain nombre de parois de mosaïques byzantines (celles qu'on voit encore à Saint-Marc) pouvaient être conservées ; mais il fallait les lever entièrement et les replacer sur un nouveau mastic. D'autres parties étaient tout à fait irréparables, et il fallait les remplacer par de nouvelles compositions avant que le tout tombât en poussière, ce qui occasionnerait plus de dépenses qu'on ne pensait. Le sénat décréta ces travaux et vota des sommes à cet effet; mais il décida que le nombre des ouvriers en mosaïque serait réduit, et que, pour faire cesser toute rivalité, il n'y aurait qu'un chef et qu'une école. Ce chef serait celui qu'après un concours de tous les ouvriers précédemment employés, les peintres de la commission jugeraient le plus habile ; son école serait recrutée aussitôt, non pas à son choix, selon ses sympathies et ses intérêts de famille, mais selon le degré d'habileté des autres concurrents reconnus par la commission. Il y aurait donc un grand prix, un second prix, et quatre accessits. Le nombre des maîtres serait limité à six.

La commission fut donc nommée et composée des peintres qui avaient examiné les travaux des Zuccati et des Bianchini. Le concours fut ouvert, et le sujet proposé fut un tableau de mosaïque représentant saint Jérôme. En même temps que le Tintoret porta cette heureuse nouvelle aux Zuccati, il leur remit les cent ducats qui leur étaient dus pour une année de travail, et qu'il avait enfin réussi à obtenir. Cette victoire imprévue sur une destinée si mauvaise et si effrayante ralluma l'énergie éteinte de Francesco et du Bozza, mais d'une manière bien différente. Car tandis que le jeune maître pressait dans ses bras son frère et ses chers apprentis, Bartolomeo, jetant un cri de joie âpre et sauvage comme celui d'un aigle marin, s'élança hors de l'atelier et ne reparut plus.

Son premier mouvement fut de courir chez les Bianchini, et de leur exposer leur situation respective. Le Bozza avait pour les Bianchini de la haine et du mépris, mais il pouvait tirer parti d'eux. Il était bien évident pour lui que, soit partialité, soit justice, les travaux de Francesco et de ses élèves passeraient les premiers au concours. Les Bianchini n'étaient que des manœuvres, et certainement ne seraient admis qu'en sous-ordre aux travaux futurs de la république. D'un autre côté, le Bozza savait que l'état de langueur et de maladie de Francesco ne lui permettrait pas de travailler. Il pensait que Valerio produirait à lui seul les deux essais commandés aux Zuccati, que même les apprentis y mettraient la main ; car le délai accordé était court, et la commission voulait juger la promptitude aussi bien que le savoir des concurrents. Il se flattait donc, au fond de l'âme, de pouvoir rivaliser à lui seul contre toute cette école. Dans les derniers temps qu'il venait de passer à San-Filippo, il avait beaucoup étudié le dessin et cherché à s'emparer de tous les secrets de couleur et de ligne, que Valerio lui avait, du reste, naïvement et généreusement communiqués.

Quoique espérant surpasser les Zuccati, le Bozza ne s'aveuglait pourtant pas sur la difficulté de supplanter Francesco, dont le nom était déjà illustre, tandis que le sien était encore ignoré. Il fallait, pour l'écarter, que les procurateurs parvinssent à épouvanter les juges par les intrigues et les menaces chéries de Melchiore. Or, les procurateurs étaient favorables aux Bianchini, qui les avaient adulés lâchement en leur disant qu'ils se connaissaient beaucoup mieux en peinture et en mosaïque que le Titien et le Tintoret. Résolu à lutter contre le talent des Zuccati, le Bozza n'avait plus qu'à se rendre favorable l'influence des Bianchini. Il le fit en démontrant aux Bianchini qu'ils ne pouvaient se passer de lui, puisqu'ils ignoraient absolument les règles du dessin, et que leurs travaux seraient infailliblement écartés du concours s'ils ne lui en abandonnaient la direction. Cette prétention insolente ne blessa pas les Bianchini. L'argent leur était encore plus cher que la louange ; et la froideur des peintres à leur égard, lors du dernier examen, leur avait laissé de grandes craintes pour l'avenir. Ils acceptèrent donc l'offre du Bozza, et consentirent même à lui donner d'avance dix ducats. Aussitôt il courut acheter, avec la moitié de cette somme, une belle chaîne qu'il envoya aux Zuccati, et que Francesco passa au cou de son frère sans savoir de quelle part elle venait.

De tous côtés on se mit au travail avec ardeur. Mais Francesco, un instant ranimé par l'espérance, compta trop sur ses forces, et, repris par la fièvre au bout de quelques jours, fut obligé d'interrompre son œuvre, et de surveiller de son lit les travaux de son école.

XXII.

Cette rechute causa un si vif chagrin à Valerio, qu'il faillit abandonner son travail et se retirer du concours. L'état de Francesco était grave, et les angoisses d'esprit qu'il éprouvait à l'aspect de son chef-d'œuvre commencé et interrompu augmentaient encore ses souffrances physiques. Ces angoisses s'aggravèrent lorsque la femme de Ceccato vint lui dire étourdiment qu'elle avait vu en passant le Bozza dans l'atelier des Bianchini. Ce trait d'ingratitude lui parut si noir, qu'il en pleura d'indignation, et qu'il eut un redoublement de fièvre. Valerio, le voyant si tourmenté, prétendit que la Nina s'était trompée, et qu'il allait s'en assurer par lui-même. Il ne pouvait croire en effet à tant d'insensibilité de la part d'un homme avec qui, malgré beaucoup de griefs, il avait partagé ses dernières ressources. Il courut à San-Fantino, où était situé l'atelier des Bianchini, et il vit, par la porte entr'ouverte, le Bozza occupé à diriger le jeune Antonio. Il le fit demander, et, l'ayant emmené à quelque distance, il lui reprocha vivement sa conduite.

« En vous voyant partir précipitamment l'autre jour, lui dit-il, j'avais bien compris qu'au premier espoir de succès personnel vos anciens amis vous deviendraient étrangers ; je reconnaissais bien là l'égoïsme de l'artiste, et mon frère cherchait à l'excuser en disant que la soif de la gloire est une passion si impérieuse, que tout se tait devant elle ; mais entre l'égoïsme et la méchanceté, entre l'ingratitude et la perfidie, il y a une distance que je ne croyais pas vous voir franchir si lestement. Honneur à vous, Bartolomeo ! vous m'avez donné une cuisante leçon, et vous m'avez fait douter de la sainte puissance des bienfaits.

— Ne parlez pas de bienfaits, Messer, répondit le Bozza d'un ton sec ; je n'en ai accepté aucun. Vous m'avez secouru dans l'espérance que je vous deviendrais utile. Moi, je n'ai pas voulu vous être utile, et je vous ai payé vos services par un présent dont la valeur surpasse de beaucoup les dépenses que vous avez pu faire pour moi. »

En parlant ainsi, le Bozza désignait de l'œil et du doigt la chaîne que Valerio portait au cou. A peine eut-il compris ce dont il s'agissait, qu'il l'arracha si violemment, qu'elle se brisa en plusieurs morceaux.

« Est-il possible, s'écria-t-il en dévorant des larmes de honte et de colère, est-il possible que vous ayez eu l'audace de m'envoyer un présent ?

— Cela se fait tous les jours, répondit le Bozza ; je ne nie pas l'obligeance que vous avez eue de me recueillir, et je vous sais même gré de m'avoir assez bien connu pour ne pas être en peine des avances que vous m'avez faites en me nourrissant.

— Ainsi, dit Valerio en tenant la chaîne dans sa main tremblante, et en fixant sur le Bozza des yeux étincelants de fureur, vous avez pris mon atelier pour une boutique, et vous avez cru que je tenais table ouverte par spéculation ? C'est ainsi que vous appréciez mes sacrifices, mon dévouement à des frères malheureux ! Quand, pour vous laisser le temps de travailler, je préparais moi-même votre repas, vous m'avez pris pour votre cuisinier ?

— Je n'ai pas eu de telles idées, répondit froidement le Bozza. J'ai pensé que vous vouliez vous attacher un artiste que vous ne jugiez pas sans talent, et, pour me dégager de ma dette en m'acquittant avec vous, je vous ai fait un cadeau. N'est-ce pas l'usage ? »

A ces mots Valerio, exaspéré, lui jeta violemment la chaîne au visage. Le Bozza fut atteint près de l'œil, et le sang coula.

« Vous me paierez cet affront, dit-il avec calme ; si je me contiens ici, c'est que d'un mot je pourrais attirer dix poignards sur votre gorge. Nous nous reverrons ailleurs, j'espère.

— N'en doutez pas », répondit Valerio.
Et ils se séparèrent.

En revenant chez lui, Valerio rencontra le Tintoret, et lui raconta ce qui venait de lui arriver. Il lui fit part aussi de la rechute de Francesco. Le maître s'en affligea sincèrement ; mais voyant que le découragement était entré dans l'âme de Valerio, il se garda bien de lui donner ces consolations vulgaires qui aigrissent encore le chagrin chez les esprits ardents. Il affecta, au contraire, de partager ses doutes sur l'avenir, et de regarder le Bozza comme très-capable de le surpasser au concours, et de mener si bien l'école des Bianchini, qu'elle l'emporterait sur celle des Zuccati.

« Cela est bien triste à penser, ajouta-t-il. Voilà des hommes qui ne savent rien en fait d'art ; mais, grâce à un jeune homme qui ne savait pas davantage il y a peu de temps ; grâce à la persévérance et à l'audace qui souvent tiennent lieu de génie, les plus beaux talents vont peut-être rentrer dans l'ombre, tandis que l'ignorance ou tout au moins le mauvais goût, vont tenir le sceptre. Adieu l'art ! nous voici arrivés aux jours de la décadence !

— Ce mal n'est peut-être pas inévitable, mon cher maître ! s'écria Valerio, ranimé par ce feint abattement. Vive Dieu ! le concours n'est pas encore ouvert, et le Bozza n'a pas encore produit son chef-d'œuvre.

— Je ne me le dissimule pas, reprit le Tintoret, que son commencement est fort beau. J'y ai jeté les yeux

Puis la petite Maria vint jouer avec les boucles argentées de sa barbe. (Page 39.)

hier en passant à San-Fantino, et j'en ai été surpris; car je ne croyais pas le Bozza capable d'un tel dessin. Son élève, le jeune Antonio, est plein de dispositions, et d'ailleurs Bartolomeo retouche son essai si minutieusement, qu'il n'y laissera pas une tache. Il dirige aussi les deux autres; et les Bianchini sont des copistes si serviles, qu'avec un bon maître ils sont capables de bien dessiner par instinct d'imitation, sans comprendre le dessin.

— Mais enfin, maître, dit Valerio troublé, vous ne voudrez pas donner le prix à des charlatans, au détriment des vrais serviteurs de l'art? Messer Tiziano ne le voudra pas non plus?

— Mon cher enfant, dans cette lutte, nous ne sommes pas appelés à juger les hommes, mais les œuvres; et, pour plus d'intégrité, il est probable que les noms seront mis hors de cause. Tu sais, d'ailleurs, que l'usage est de prononcer sans avoir vu la signature d'aucun ouvrage. A cet effet, on la couvre d'une bande de papier avant de nous présenter le tableau. Cet usage est un symbole de l'impartialité qui doit dicter nos arrêts. Si le Bozza te surpasse, mon cœur en saignera, mais ma bouche dira la vérité. Si les Bianchini triomphent, je penserai que l'imposture l'emporte sur la loyauté, le vice sur la vertu; mais je ne suis pas l'inquisiteur, et je n'ai à juger que des compartiments d'émail plus ou moins bien arrangés dans un cadre.

— Je le sais bien, maître, reprit Valerio un peu piqué; mais pourquoi pensez-vous que l'école des Zuccati ne vous forcera pas à lui accorder la palme? C'est bien ainsi qu'elle l'entend. Qui vous demande une indulgence coupable? Nous n'en voudrions pas, en supposant que nous pussions l'obtenir de vous.

— Tu me parais si découragé, mon pauvre Valerio, et tu as un si énorme travail à faire, si ton frère ne se rétablit pas promptement, qu'en vérité je suis effrayé de la position où tu te trouves. D'ailleurs, Francesco malade, votre école existe-t-elle? Tu es un maître habile; tu es doué d'une facilité merveilleuse, et l'inspiration semble venir au-devant de toi. Mais n'as-tu pas toujours tourné le dos à la gloire? N'es-tu pas insensible aux applaudissements de la foule? Ne préfères-tu pas les enivrements du plaisir, ou le *dolce far niente*, aux titres, aux richesses et aux louanges? Tu es un homme admirablement doué, mon jeune maître ; ton intelligence pourrait triompher de tout ; mais, il ne faut pas se le dissimuler, tu n'es point un artiste. Tu dédaignes la lutte, tu méprises l'enjeu, tu es trop désintéressé pour descendre dans l'arène. Le Bozza, avec la centième partie de ton génie, arrivera encore à tout par l'ambition, par la persévérance, la dureté de cœur.

— Maître, vous avez peut-être raison, dit Valerio, qui avait écouté ce discours d'un air rêveur. Je vous remercie de m'avoir exprimé vos craintes ; elles sont l'effet d'une tendre sollicitude, et je les trouve trop bien fondées ; cependant, maître, il faudra voir ! Adieu ! »

En parlant ainsi, Valerio, suivant l'usage du temps et du pays, baisa la main de l'illustre maître, et franchit légèrement le Rialto.

XXIII.

Valerio bouleversa tout en rentrant dans son atelier. Il marchait avec feu, parlait haut, fredonnait d'un air sombre le refrain d'une joyeuse chanson de table, disait d'un air tendre des paroles dures, brisait ses outils, raillait ses élèves, et, s'approchant du lit de son frère, il l'embrassait avec passion en lui disant d'un air moitié fou, moitié inspiré : « Va, sois tranquille, Checo, tu guériras, tu auras le grand prix, nous présenterons un chef-d'œuvre au concours ; va, va ! rien n'est perdu, la Muse n'est pas encore remontée aux cieux. »

Francesco le regarda d'un air étonné.

« Qu'as-tu donc ? lui dit-il ; tout ce que tu dis est étrange. Qu'est-il donc arrivé ! T'es-tu pris de querelle avec quelqu'un ? As-tu rencontré les Bianchini ?

— Explique-toi, maître, dis-nous ce qui s'est passé, ajouta Marini. Si j'en crois quelques propos que j'ai entendus malgré moi ce matin, le tableau du Bozza est déjà très-avancé, et l'on dit que ce sera un chef-d'œuvre ; voilà pourquoi tu te tourmentes, maître, mais rassure-toi : nos efforts...

— Tourmenté, moi ! s'écria Valerio ; et depuis quand donc suis-je tourmenté quand un de mes élèves se distingue ? Et dans quel moment de ma vie m'avez-vous vu m'affliger ou m'inquiéter des triomphes d'un artiste ? En vérité, je suis un envieux, moi, n'est-ce pas ?

— D'où te vient cette susceptibilité, mon bon maître ? dit Ceccato. Qui de nous a jamais eu une pareille pensée ? Mais, dis-nous, nous t'en supplions, s'il est vrai que le Bozza ait tracé les lignes d'une admirable composition ?

— Sans doute ! répondit Valerio en souriant et en reprenant tout à coup sa douceur et sa gaieté ordinaires, il doit être capable de le faire ; car je lui ai donné d'assez bons principes pour cela. Eh bien ! qu'avez-vous donc, tous, à prendre cette pose morne ? On dirait autant de saules penchés sur une citerne tarie. Voyons, qu'y a-t-il ? La Nina a-t-elle oublié le dîner ? Le procurateur-caissier nous aurait-il commandé un nouveau barbarisme ?... Allons, enfants, à l'ouvrage ! il n'y a pas un jour à perdre, il n'y a pas seulement une heure. Allons, allons, les outils ! les émaux ! les boîtes ! et qu'on se surpasse, car le Bozza fait de belles choses, et il s'agit d'en faire de plus belles encore. »

Dès ce moment la joie et l'activité revinrent habiter le petit atelier de San-Filippo. Francesco sembla revenir à la vie en retrouvant dans tous ces regards amis l'éclair d'espérance, le rayon de joie sainte qui avaient fait autrefois éclore les chefs-d'œuvre de la coupole Saint-Marc. Le doute s'était un instant posé sur toutes ces jeunes têtes, comme une voûte de plomb sur de riantes caryatides ; mais Valerio l'avait chassé avec une plaisanterie. L'effort immense de sa volonté s'était concentré au dedans de lui-même ; il ne se manifesta que par un surcroît d'enjouement. Mais une révolution importante s'était opérée dans Valerio, ce n'était plus le même homme. S'il n'avait pas mordu à l'appât de la vanité, s'il n'était pas devenu un de ces esprits jaloux qui ne peuvent souffrir la gloire ou le triomphe d'autrui, du moins il s'était dévoué religieusement à sa profession ; son caractère était devenu sérieux sous une apparence de gaieté. Le malheur l'avait rudement éprouvé dans la partie la plus sensible de son âme, en frappant les êtres qu'il aimait, et en lui démontrant, par de dures leçons, les avantages de l'ordre. Il venait aussi d'apprendre la cause du dénûment où Francesco, malgré son économie et la régularité de ses mœurs, s'était trouvé le lendemain de son procès. En découvrant, dans le coffre de son frère, les quittances de ses créanciers, Valerio avait pleuré comme l'enfant prodigue. Les grandes âmes ont souvent de grandes taches, mais elles les effacent, et c'est là ce qui distingue leurs défauts de ceux du vulgaire. Aussi, depuis ce jour, Valerio, quoique dans les plus belles conditions de fortune, ne se départit jamais des règles de modération et de simplicité qu'il s'imposa dans le secret de son cœur. Il ne dit jamais un mot de cette résolution à personne ; mais il montra sa reconnaissance à Francesco par le dévoûment de toute sa vie, et sa fermeté d'âme par une moralité à toute épreuve.

Une douce joie, une gaieté laborieuse, les chants et les rires réveillèrent les échos endormis de cette petite salle. L'hiver était rude ; mais le bois ne manquait pas, et chacun avait désormais une belle robe de drap fourrée de zibeline et un chaud pourpoint de velours. Francesco se rétablit comme par miracle. La Nina recouvra sa fraîcheur et sa gentillesse, et devint enceinte d'un second enfant, dont l'attente la consola de la perte de son premier-né. Celui qui avait survécu à la peste grandissait à vue d'œil, et la petite Maria Robusti, sa marraine, venait souvent l'amuser dans l'atelier des Zuccatti. Cette jeune fille charmante prenait un naïf intérêt aux travaux de ses jeunes compères, et déjà elle était en état d'en apprécier le mérite.

Enfin, le grand jour arriva, et tous les tableaux furent portés dans la sacristie de Saint-Marc, où la commission était assemblée. On avait adjoint le Sansovino aux maîtres précédemment nommés.

Valerio avait fait de son mieux, une vive espérance était descendue dans son sein. Il arrivait au concours avec cette sainte confiance qui n'exclut pas la modestie. Il aimait l'art pour lui-même, il était heureux d'avoir réussi à rendre sa pensée, et l'injustice des hommes ne pouvait lui ôter cette innocente satisfaction. Son frère était vivement ému, mais sans mauvaise honte, sans haine et sans jalousie. Son beau visage pâle, ses lèvres délicates et frémissantes, son regard à la fois timide et fier, attendrirent vivement les maîtres de la commission. Tous désirèrent pouvoir lui adjuger le prix ; mais leur attention fut aussitôt détournée par un homme si blême, si tremblant, si convulsivement courbé en salutations demi-craintives, demi-insolentes, qu'ils en furent presque effrayés, comme on l'est à l'aspect d'un fou. Bientôt cependant le Bozza reprit un sang-froid et une tenue convenables ; mais à chaque instant il se sentait près de s'évanouir.

Les mosaïstes attendirent dans une pièce voisine, tandis que les peintres procédèrent à l'examen de leurs ouvrages. Au bout d'une heure, qui sembla au Bozza durer un siècle, ils furent appelés, et le Tintoret, marchant à leur rencontre, les pria de s'asseoir en silence. Sa figure rigide n'exprimait pour personne ce que chacun eût voulu y découvrir. Le silence ne fut pas difficile à faire observer. Tous avaient la poitrine oppressée, la gorge serrée, le cœur palpitant. Quand ils furent rangés sur le banc qui leur était destiné, le Titien, comme le doyen, prononça d'une voix haute et ferme, en se plaçant près des tableaux qu'on avait alignés le long du mur, la formule suivante :

« Nous, Vecelli dit Tiziano, Jacopo Robusti dit Tintoretto, Jacopo Sansovino, Jacopo Pistoja, Andrea Schiavone, Paolo Cagliari dit Véronèse, tous maîtres en peinture, avoués par le sénat et par l'honorable et fraternelle corporation des peintres, commis par la glorieuse république de Venise, et nommés par le vénérable conseil des Dix aux fonctions de juges des ouvrages présentés à ce concours, avec l'aide de Dieu, le flambeau de la raison et la probité du cœur, avons examiné attentivement, consciencieusement et impartialement lesdits ouvrages, et avons à l'unanimité déclaré seul digne d'être promu à la première maîtrise et direction de tous les autres maîtres ci-dessus nommés, l'auteur du tableau sur lequel nous avons inscrit le n° 1, avec le sceau de la commission. Ce tableau, dont nous ignorons l'auteur, fidèles que nous sommes au serment que nous avons prêté de ne pas lire les inscriptions avant d'avoir prononcé sur le mérite des œuvres, va être exposé à vos regards et aux nôtres. »

En même temps, le Tintoret souleva un des voiles qui couvraient le tableau, et enleva la bande qui cachait la signature. Un cri de bonheur s'échappa du sein de Francesco. Le tableau couronné était celui de son frère. Valerio, qui n'avait jamais compté, dans ses jours de confiance, que sur le second prix, demeura immobile, et n'osa se livrer à la joie qu'en voyant les transports de son frère.

Le second tableau couronné fut celui de Francesco; le troisième, celui de Bozza. Mais quand le Tintoret, qui prenait en pitié ses angoisses, et s'imaginait lui causer une grande joie, se retourna vers lui, croyant le voir comme les autres se lever et se découvrir, il fut forcé de l'appeler par trois fois. Le Bozza resta immobile, les bras croisés sur sa poitrine, le dos appuyé à la muraille, la tête plongée et cachée dans son sein. Un prix de troisième ordre était trop au-dessous de son ambition. Ses dents étaient si serrées et ses genoux si contractés, qu'on fut presque forcé de l'emporter après le concours.

Les derniers prix échurent à Ceccato, à Gian-Antonio Bianchini et à Marini. Les deux autres Bianchini succombèrent; mais la république leur donna plus tard de l'ouvrage, lorsqu'on reconnut qu'on avait trop limité le nombre des maîtres mosaïstes. Seulement leur tâche leur fut assignée dans des établissements où ils ne se trouvèrent plus en contact ni en rivalité avec les Zuccati, et leur haine fut à jamais réduite à l'impuissance.

XXIV.

Avant de lever la séance, le Titien exhorta les jeunes lauréats à ne pas se croire arrivés à la perfection, mais à travailler longtemps encore d'après les modèles des anciens maîtres et les cartons des peintres. « C'est en vain, leur dit-il, qu'à la vue de parcelles brillantes, unies avec netteté et figurant une ressemblance grossière avec les objets du culte, le vulgaire s'inclinera; c'est en vain que des gens prévenus nieront que la mosaïque puisse atteindre à la beauté du dessin de la peinture à fresque : que ceux d'entre vous qui sentent bien par quels procédés ils ont mérité nos suffrages et dépassé leurs émules persévèrent dans l'amour de la vérité et dans l'étude de la nature; que ceux qui ont commis l'erreur de travailler sans règle et sans conviction profitent de leur défaite et s'adonnent sincèrement à l'étude. Il est toujours temps d'abjurer un faux système et de réparer le temps perdu »

Il entra dans un examen détaillé de tous les ouvrages exposés au concours, et en fit ressortir les beautés et les défauts. Il insista surtout sur les fautes du Bozza, après avoir donné de grands éloges aux belles parties de son œuvre. Il reprocha au visage de saint Jérôme le caractère disgracieux des lignes, une certaine expression de dureté qui convenait moins à un saint qu'à un guerrier païen, un coloris de convention privé de vie, un regard froid, presque méprisant. « C'est une belle figure, ajouta-t-il, mais ce n'est pas saint Jérôme. »

Le Titien parla aussi des Bianchini, et tâcha d'adoucir l'amertume de leur défaite en louant leur travail sous un certain point de vue. Comme il avait coutume de mettre toujours la dose de miel un peu plus forte que celle d'absinthe, après avoir approuvé la partie matérielle de leurs ouvrages et en avoir essayé de louer aussi le dessin; mais au milieu d'une phrase un peu hasardée, il fut interrompu par le Tintoret, qui prononça ces paroles consignées dans le procès-verbal :

« *Io non ho fatto giudizio delle figure, ne della sua bontà, perchè non mi è sta domanda.* »

A la suite de cette mémorable matinée, le Titien donna un grand dîner à tous les peintres de la commission et à tous les mosaïstes couronnés. La petite Maria Robusti y parut vêtue en sibylle, et le Titien traça ce soir-là, d'après elle, l'esquisse de la tête de la Vierge enfant dans le beau tableau qu'on voit au musée de Venise. Le Bozza ne se montra point.

Le repas fut magnifique. On porta joyeusement la santé des lauréats. Le Titien observait avec étonnement le visage et les manières de Francesco Il ne comprenait pas cette absence totale de jalousie, cet amour fraternel si tendre et si dévoué dans un artiste. Il savait pourtant que Francesco n'était pas dépourvu d'ambition; mais le cœur de Francesco était plus grand encore que son génie. Valerio était ravi de la joie de son frère. Parfois il en était si attendri, qu'il devenait mélancolique. Au dessert, Maria Robusti porta la santé du Titien, et, aussitôt après, Francesco, se levant, dit avec un front radieux en élevant sa coupe : « Je bois à mon maître, Valerio Zuccato. » Les deux frères se jetèrent dans les bras l'un de l'autre et confondirent leurs larmes.

Le bon prêtre Alberto s'égaya, dit-on, un peu plus que de raison, en buvant seulement quelques gouttes des vins de Grèce que les convives avalaient à pleines coupes. Il était si doux et si naïf, que toute son ivresse se tourna en expansion d'amitié et d'admiration.

Le vieux Zuccato vint à la fin du dîner; il était de mauvaise humeur.

« Mille grâces, maître, répondit-il au Titien, qui lui offrait une coupe; comment voulez-vous que je boive un jour comme celui-ci?

— N'est-ce pas le plus beau jour de votre vie, compère? reprit le Titien; et à cause de cela, ne faut-il pas vider un flacon de Samos avec vos amis?

— Non, maître, répliqua le vieillard, ce jour n'est pas beau pour moi. Il enchaîne à jamais mes fils à un métier ignoble, et condamne deux talents de premier ordre à des travaux indignes. Grand merci! je ne vois pas là sujet de boire. »

Il se laissa pourtant fléchir lorsque ses fils portèrent sa santé. Puis la petite Maria vint jouer avec les boucles argentées de sa barbe, réclamant ce qu'elle appelait la grâce de son mari.

« Ouais! dit Zuccato, cette plaisanterie dure-t-elle encore, ma belle enfant?

— Si bien que je veux vous donner un repas de fiançailles au premier jour », répondit le Tintoret en souriant.

L'histoire ne dit point si ce repas eut lieu, ni si Valerio Zuccato épousa Maria Robusti. Il est à croire qu'ils restèrent intimement liés et que les deux familles n'en firent jamais qu'une. Francesco voulut en vain abdiquer son autorité en vertu des droits de son frère; il fut forcé par la persévérance de celui-ci de reprendre son rôle de premier maître, de sorte que le titre de Valerio demeura purement honorifique. L'école des Zuccati redevint florissante et joyeuse. Rien n'y fut changé, si ce n'est que Valerio mena une vie régulière, et que Gian-Antonio Bianchini, entraîné par les bons exemples et gagné par les bons procédés, devint un artiste estimable dans son talent et dans sa conduite. Des jours heureux se levèrent sur ce nouvel horizon, et les Zuccati produisirent d'autres chefs-d'œuvre dont le détail serait trop long, et que vous avez d'ailleurs, mes enfants, tout le loisir d'aller admirer dans nos basiliques. Le *Saint Jérôme* du Bozza est dans la salle du trésor, celui de Gian-Antonio Bianchini dans la sacristie de Saint-Marc, celui de Zuccato fut envoyé en présent au duc de Savoie. Je ne saurais vous dire ce qu'il est devenu.

Ici finit le récit de l'abbé. Des réclamations s'élevèrent relativement au Bozza. Malgré les grands torts de cet artiste, ses grandes souffrances nous intéressaient.

« Le Bozza, reprit l'abbé, ne put supporter l'idée de travailler sous les ordres des Zuccati. La crainte d'avoir à les trouver encore généreux après toutes ses fautes lui était plus affreuse que celle de tous les châtiments. Il erra de ville en ville, travaillant tantôt à Bologne, tantôt à Padoue, vivant de peu, et gagnant encore moins. Malgré son grand talent et son diplôme, ses manières hautaines et son air sombre inspiraient la méfiance. Il était peu sensible à la misère; mais l'obscurité fit le tourment de sa vie. Il revint à Venise au bout de quelques années, et les Zuccati obtinrent pour lui une maîtrise et des travaux. Les temps étaient changés. Le gouvernement était devenu moins strict dans ses réformes. Le Bozza put travailler; mais il paraît que le Tintoret ne put jamais lui pardonner sa conduite passée à l'égard des Zuccati. Le rigide vieillard, forcé de lui fournir des cartons, les lui faisait attendre si longtemps, que nous avons une lettre du Bozza où il se plaint d'être réduit à la misère par les lenteurs interminables du maître. Les Zuccati n'avaient rien de semblable à craindre, ils pouvaient dessiner eux-mêmes leurs sujets, et d'ailleurs ils étaient aimés et estimés de tous les maîtres. Ils ont poussé l'art de la mosaïque à un degré de perfection qui n'a jamais été égalé. Le Bozza a laissé de beaux ouvrages; mais il ne put jamais vaincre ses défauts, parce que son âme était incomplète.

Marini et Ceccato paraissent avoir survécu aux Zuccati et les avoir remplacés au premier rang de la maîtrise.

Et maintenant, mes amis, ajouta l'abbé, si vous examinez ces magnifiques parois de mosaïque du grand siècle de la peinture vénitienne, et si vous vous rappelez ce que je vous montrais l'autre jour, à Torcello, des fragments de l'ancienne gypsoplastique byzantine, vous verrez que les destinées de cet art tout oriental ont été liées à celles de la peinture jusqu'à l'époque des Zuccati; mais que plus tard, livrée à elle-même, la mosaïque s'abâtardit, et finit par se perdre entièrement. Florence semble s'être emparée de cet art, mais elle l'a réduit à la pure décoration. La nouvelle chapelle des Médicis est remarquable par la richesse des matériaux employés à la revêtir. Le lapis-lazuli veiné d'or, les marbres les plus précieux, l'ambre gris, le corail, l'albâtre, le vert de Corse, la malachite, se dessinent en arabesques et en ornements d'un goût très-pur. Mais nos anciens tableaux d'un coloris ineffaçable, nos brillants émaux si ingénieusement obtenus dans toutes les nuances désirables par la fabrique de verroterie de Murano, nos illustres maîtres mosaïstes, et nos riches corporations, et nos joyeuses compagnies, tout cela n'existe plus que pour constater, par des monuments, par des ruines ou par des souvenirs, la splendeur des temps qui ne sont plus. »

Le jour parut à l'horizon. Les mouettes cendrées s'élevèrent en troupes du fond des marécages de Palestrine, et sillonnèrent en tous sens l'air, qui blanchissait sensiblement de minute en minute. Le soleil se leva avec une rapidité qui m'était inconnue, et la beauté de cette matinée me jeta dans une sorte d'extase.

« Voilà la seule chose que l'étranger ne puisse pas nous ôter, me dit l'abbé avec un triste sourire; si un décret pouvait empêcher le soleil de se lever radieux sur nos coupoles, il y a longtemps que trois sbires eussent été lui signifier de garder ses sourires et ses regards d'amour pour les murs de Vienne. »

FIN DES MAITRES MOSAISTES.

RELATION D'UN VOYAGE

CHEZ LES SAUVAGES DE PARIS

LETTRE A UN AMI.

Jusqu'ici, mon vieux ami, tu m'as humilié de ta supériorité comme voyageur, et tandis que je n'avais à te parler que de Venise ou de Palma, toi, Malgache intrépide, tu me promenais, dans tes récits merveilleux, de l'Atlas au cap de Bonne-Espérance, et de Sainte-Hélène à l'île Maurice. Il était temps de me lancer à mon tour dans les grandes expéditions. Ce désir m'avait tourmenté durant toute ma jeunesse, et, sur le déclin de mes jours, je sentais bien qu'il fallait renoncer à mes rêves, ou changer enfin en exploits sérieux de longues et stériles velléités.

C'est pourquoi, pas plus loin qu'hier matin, je me décidai au départ, et, de retour le soir même, après la plus heureuse traversée, je me promis de t'adresser le récit de mes aventures.

Ne voulant pas faire les choses à demi, je me dirigeai d'un seul bond vers les antiques solitudes du Nouveau Monde, et après avoir consacré la matinée à faire une pacotille de drap écarlate, de plumes d'autruche peintes des couleurs les plus tranchantes, et de verroteries bariolées, je rassemblai ma famille et partis avec elle vers midi, par un temps favorable. J'oubliai, il est vrai, de faire mon testament et d'adresser de solennels adieux à mes amis. Le navire mettait à la voile... je veux dire que le sapin attendait dans la rue, et, grâce au pilote expérimenté qui tenait le gouvernail de ce véhicule, nous arrivâmes sans encombre rue du Faubourg-Saint-Honoré, où nous devions prendre terre chez les Peaux Rouges de l'Amérique du Nord.

En d'autres termes, nous fûmes admis par M. Catlin à visiter l'intérieur de la salle Valentino, au sein de laquelle devait s'effectuer notre voyage, à travers quarante-huit tribus indiennes, sur un territoire de douze ou quinze cents milles d'étendue.

M. Catlin est un voyageur modèle, digne de rivaliser avec toi, cher Malgache, pour le courage, la persévérance, la sobriété, et l'amour de la science. Mais, tandis que tu t'es appliqué spécialement à l'étude des plantes et de leurs hôtes charmants, les papillons et les scarabées, il a tourné ses observations, lui, sur un sujet qui intéresse plus directement les peintres et les romanciers, l'étude de la forme humaine et celle du paysage.

Convaincu avec trop de raison de la rapide et prochaine extinction des races indigènes de l'Amérique du

Nord, et reconnaissant pour l'avenir l'importance d'une histoire pittoresque de ces peuples, M. Catlin est parti seul, sans amis et sans conseils, armé de ses pinceaux et de sa palette, pour fixer sur la toile et sauver de l'oubli les traits, les mœurs et les costumes de ces peuplades dites sauvages, et qu'il faudrait plutôt désigner par le nom d'hommes primitifs. Il a consacré huit années à cette exploration, et visité, au péril de sa vie, les divers établissements d'une population d'environ cinq cent mille âmes, aujourd'hui déjà réduite de plus de la moitié, par l'envahissement du territoire, l'eau-de-vie, la poudre à canon, la petite vérole et autres bienfaits de la civilisation.

Cette collection contient, outre un musée d'armes, de costumes, de crânes et d'ustensiles des plus curieux, plus de cinq cents tableaux dont une partie est une galerie de portraits d'après nature d'hommes et de femmes distingués des différentes tribus, et le reste une série de paysages et de scènes de la vie indienne, jeux, chasses, danses, sacrifices, combats, mystères, etc. Dans un modeste prospectus, M. Catlin réclame l'indulgence du public pour des esquisses faites rapidement, à travers mille dangers, et quelquefois sur un canot qu'il fallait pagayer d'une main tandis qu'il peignait de l'autre.

La vérité est que le peintre voyageur partit sans talent, et qu'il serait trop facile de critiquer la couleur de certains paysages, le dessin de certaines figures. Mais il lui est arrivé d'acquérir peu à peu le résultat mérité par la persévérance, la bonne foi et le sentiment qu'on a de l'art, lors même qu'on en ignore la pratique. Ainsi tout artiste reconnaîtra dans ses peintures un talent de naïveté, et, dans la plupart des portraits, un éminent talent de conscience, une vérité parlante dans les physionomies, des détails d'un dessin excellent, tout d'inspiration ou de divination, enfin de quelque chose de senti et de compris que nul ne peut acquérir s'il n'en est doué, et qu'aucune théorie froidement acquise ne remplace.

J'ai donc parcouru les tribus indiennes sans fatigue et sans danger ; j'ai vu leurs traits, j'ai touché leurs armes, leurs pipes, leurs *scalps* ; j'ai assisté à leurs initiations terribles, à leurs chasses audacieuses, à leurs danses effrayantes : je suis entré sous leurs wigwams. Tout cela mérite bien que les bons habitants de Paris qui connaissent déjà poétiquement ces contrées, grâce à Chateaubriand, à Cooper, etc., quittent le coin de leur feu et aillent s'assurer par leurs yeux de la vérité de ces belles descriptions et de ces piquants récits. Les yeux nous en apprennent encore plus que l'imagination ; et, chacun, transformant par son sentiment individuel les impressions diverses qu'il reçoit par les sens, chacun, après avoir fait le tour du musée Catlin, peut connaître l'Amérique sauvage encore mieux qu'il ne l'a fait jusqu'ici par la lecture et la rêverie.

Chez la plupart de ces Indiens, M. Catlin a été reçu avec l'antique hospitalité. Il a trouvé chez eux de la droiture et de la bonté ; mais parfois il a failli être victime de leurs préjugés, ce monde mystérieux contre lequel viennent échouer fatalement la prudence et les prévisions des blancs. Un jour, entre autres, ayant obtenu de faire le portrait d'un chef, il eut à retracer les belles lignes de son profil ; mais un des guerriers, qui l'examinait, dit au chef : « Ce blanc te méprise, il ne fait que la moitié de toi, et veut dire par là qu'il te prend pour une moitié d'homme. » A l'instant même, le chef, quittant brusquement la pose, s'élança sur celui qui venait de faire cette outrageante réflexion, et un combat furieux s'engagea entre eux. L'artiste, incertain de l'issue de la lutte, s'échappa, et alla se réfugier dans un des forts situés de distance en distance sur les Montagnes Rocheuses, et destinés à protéger, c'est-à-dire à surveiller les mouvements des Indiens. Le chef fut vainqueur, et M. Catlin put revenir achever son portrait. Si l'épilogueur eût tué ce chef, qui lui cassa la tête, le peintre eût payé de la sienne le combat qu'il avait suscité.

Chaque jour la civilisation, qui pénètre dans l'intérieur du désert et qui détruit les populations, effraie de ses menaces ceux des chefs indiens qui commencent à posséder le don fatal de la prévoyance. Cette triste faculté est si étrangère à l'homme de la nature, qu'en général, lorsque les missionnaires les décident à semer, à planter, et à élever des bestiaux, les pommes de terre sont arrachées et mangées avant d'avoir germé, les jeunes arbres sont coupés dès qu'ils ont atteint la taille d'une lance, et les bestiaux sont tués en masse dans une grande chasse, au plus grand divertissement des jeunes guerriers. Pourtant les faits de l'expérience se pressent si terriblement sous leurs yeux, que les *sages* de plusieurs tribus encore barbares confient leurs enfants aux missionnaires pour les instruire, et renoncent entre eux à ce système de guerre rendu plus destructif depuis cent ans par l'usage des armes à feu qu'il ne l'avait été durant tous les siècles du passé. Notre civilisation arrivera-t-elle à sauver ces nobles races lorsqu'elles l'auront franchement acceptée ? J'en doute, puisque nous sommes si peu civilisés nous-mêmes, et que l'infâme cupidité du trafic ne fait que substituer de nouvelles causes de destruction aux effets des rivalités et des luttes de tribu à tribu. Les empiétements de la chasse sur les territoires giboyeux de ces tribus respectives sont des causes de guerre rendues toujours plus fréquentes à mesure que les tribus sont refoulées les unes sur les autres par les conquêtes du défrichement. L'appât du gain est une autre source de dévastation. Les Indiens ont appris à échanger leurs pelleteries contre nos produits, et telle tribu, voisine des établissements civilisés, détruit aujourd'hui en trois jours plus de daims et de bisons pour le commerce qu'elle n'en tuait jadis en un an pour sa consommation. Quelle sera l'issue de cette lutte d'extermination où les premiers progrès du sauvage sont l'intempérance, c'est-à-dire un vaste système d'empoisonnement, l'usage d'instruments plus meurtriers que ceux de ses pères, et la destruction du gibier, son unique ressource ? La catastrophe qui les précipite est effroyable à prévoir, et quand on songe que les libertés tant vantées des États-Unis, en l'absence de misère et d'abjection, qui rendent en apparence la société anglo-américaine si supérieure à la nôtre, ne reposent que sur l'extinction fatale des habitants primitifs, n'est-on pas attristé profondément de cette loi monstrueuse de la conquête, qui préside depuis le commencement du monde au destin des races humaines ?

Entre la nécessité de périr de misère et celle de s'initier à notre imparfaite civilisation, plusieurs chefs ont donc opté pour le dernier parti, et chaque jour la question qui s'agite entre les principaux conducteurs de tribus est celle-ci : Rester sous la tente et vivre au jour le jour, tant bien que mal, de conquêtes sur les voisins et les bêtes sauvages, ou bien faire des briques, bâtir des maisons, permettre que les enfants apprennent à lire, cultiver les terres et faire des traités de paix avec les tribus environnantes. Les jeunes gens doivent naturellement protéger les idées nouvelles, les vieillards tenir aux anciennes, et j'avoue que, pour mon compte, je trouve que la poésie est de ce côté-là. Mais il est bien question de poésie par le temps qui court !

Pour ne citer qu'un exemple de ces luttes entre l'ancien et le nouveau principe, je te raconterai l'histoire de *Miou-hu-shi-Koou*, c'est-à-dire le *Nuage-Blanc*, chef de la tribu des Ioways, peuplade qui habite les plaines du Haut-Missouri, au pied des Montagnes Rocheuses. Son père était un fameux guerrier qui avait fait furieusement la guerre à ses voisins, mais qui, pourtant, s'était prononcé pour la religion et la civilisation des blancs. Il périt victime d'une conspiration pour avoir voulu punir certains guerriers de sa nation, coupables d'avoir massacré traîtreusement des voisins inoffensifs. Le *Nuage-Blanc* ne pleura pas publiquement la mort de son père avec les cérémonies d'usage. Il cacha sa douleur et fit le serment de vengeance. En effet, il tua six de ces assassins en diverses rencontres, et il les eût tués tous, si la tribu effrayée n'eût pris le parti de l'élire pour chef. La royauté n'est pas héréditaire chez les Ioways, et une des lois principales imposées à l'élu de la tribu le somme de renoncer à toute vengeance personnelle. Le *Nuage-Blanc* refusa longtemps, et quand il se vit forcé d'accepter le commandement, il laissa éclater sa douleur, fit faire de solennelles funérailles à son père, et s'enferma pendant un mois sous sa tente, sans permettre à personne d'en approcher. Ce jeune homme, d'une noble et belle figure et d'un caractère froid et mélancolique, renonça dès lors aux terribles pensées qui l'avaient agité.

Plongé dans de pénibles et sérieuses réflexions, il *enterra le tomahawk* de la guerre, et se fit honneur d'être proclamé chef pacifique. Il voyait diminuer sa tribu de jour en jour, et la petite vérole vint tout à coup la réduire des deux tiers; c'est-à-dire que de six mille sujets il ne lui en resta que deux mille. A ces causes de douleur vint s'en joindre une que nous trouverions puérile, mais qui est grave dans les idées d'un Indien. Une taie s'étendit sur un de ses yeux, et l'effroi de perdre la vue, joint à la honte qu'une disgrâce physique imprime au front d'un guerrier et d'un chef, lui suggéra le dessein d'aller chez les blancs, autant dans l'espoir de se faire guérir de son mal que dans celui de compenser son infirmité par le prestige qui s'attache aux hommes qui ont voyagé, « qui ont beaucoup vu,

Et partant, beaucoup retenu.

Il confia son gouvernement à son oncle, et partit pour Washington, où sa guérison fut jugée impossible, mais où il conçut le désir de civiliser complétement sa tribu. Ce n'était pas chose aisée. De retour chez lui, il rencontra beaucoup d'opposition parmi les siens. Une partie des chefs secondait son projet, le reste résistait. Alors fut prise une de ces décisions dont l'analogue ne se retrouverait pas dans notre civilisation moderne, mais qui est tout à fait conforme au génie des sociétés antiques. Il fut résolu que le *Nuage-Blanc*, accompagné de sa famille et des principaux sages et guerriers de sa tribu, partirait pour visiter les établissements des blancs de l'autre côté du grand lac salé (l'Océan), qu'ils voyageraient aussi loin et aussi longtemps qu'ils pourraient, et qu'à leur retour, s'ils attestaient que la civilisation des blancs était partout supérieure à celle des Peaux Rouges, s'ils rapportaient beaucoup de présents, s'ils pouvaient dire qu'ils avaient eu à se louer de leur épreuve et persistaient enfin dans leur opinion, on bâtirait des maisons, on maintiendrait le système de paix avec les voisins, on commencerait à cultiver, et on donnerait l'éducation des blancs aux enfants. Que la tribu et le chef lui même se fissent une idée de la largeur de l'Océan, de l'étendue de la terre et des nécessités de la vie chez nous, je ne le pense pas, autrement ce projet formidable les eût fait reculer. Mais gagnés par les promesses des missionnaires catholiques, naïfs, confiants et curieux comme les hommes primitifs, ils ratifièrent le contrat, et le *Nuage-Blanc* se mit en route avec sa famille, son sorcier, son orateur et ses amis, pour la capitale des Etats-Unis, et de là pour l'Europe, certains qu'à leur retour ils seraient l'objet d'une vénération fanatique, et pourraient exercer une domination incontestée. Ce ne fut pas sans motif que le *Nuage-Blanc* fit choix des plus illustres personnages pour l'accompagner; les Indiens qui n'ont jamais franchi le désert ne croient point aux merveilles de la civilisation, et regardent tout ce qu'on leur raconte de notre bien-être et de notre industrie comme autant de contes fantastiques pour les gagner et les tromper. En 1832, *Oui-Djen-Djone* (*la Tête de l'œuf de pigeon*), un des guerriers les plus distingués des *As-sin-ni-boins* (*ceux qui font bouillir la pierre*), avait été emmené à Washington par le major Sanford. Il était parti vêtu de peaux de buffles, de plumes d'aigles et de chevelures humaines; il revint au désert avec un pantalon de drap, une redingote, un chapeau de castor sur la tête, un éventail à la main. Mais là se borna son triomphe. Après avoir curieusement examiné sa toilette, ses compatriotes l'interrogèrent, déclarèrent ses récits incroyables, le condamnèrent comme menteur, et le tuèrent solennellement. Pour éviter un destin semblable, le Nuage-Blanc s'est fait accompagner de dix personnes dignes de foi, lesquelles, avec deux enfants, forment une colonie de douze Indiens ioways actuellement à Paris, et avec lesquels j'ai eu l'honneur de causer intimement, comme je le raconterai plus tard.

Je poursuis le récit de l'expédition de ces nouveaux Argonautes. Arrivés à Washington, ils trouvèrent des difficultés qu'ils n'avaient sans doute pas prévues. D'une part, il fallait de l'argent pour entreprendre leur tour du monde, et ils n'avaient pour toute liste civile que leurs colliers de *wampun*, précieux coquillages qui représentent chez eux la monnaie, et que chaque guerrier porte autour de son cou. De l'autre, le gouvernement des Etats-Unis s'opposait à leur départ pour l'Europe. Depuis la triste fin des Osages, morts chez nous de tristesse et de misère, l'autorité protectrice des Indiens, sachant le mauvais effet que produit le récit de semblables déceptions, leur refuse la permission de s'expatrier. Il fallait donc aux nobles aventuriers ce que, dans notre langue et nos usages prosaïques, nous sommes forcés d'appeler un entrepreneur. Il s'en présenta un qui prit sur lui les frais considérables du voyage, et déposa pour les ioways une caution de 300,000 francs entre les mains du gouvernement américain.

Nos idées répugnent à cette exploitation de l'homme, et le premier mouvement du public parisien a été de s'indigner qu'un roi et sa cour, auxquels leurs danses sacrées, nous fussent exhibés sur des tréteaux pour la somme de 2 francs par tête de spectateur. Quelques-uns révoquent en doute le caractère illustre de ces curiosités vivantes exposées à nos regards; d'autres pensent qu'on les trompe, et qu'ils ne se rendent pas compte du préjugé dégradant attaché parmi nous à leur rôle; car les explications nécessaires qui accompagnent leur exhibition lui donnent, en apparence, quelque analogie avec celle des animaux sauvages ou des figures de cire.

Cependant il n'est rien de plus certain que la bonne foi qui a présidé aux engagements réciproques de ces Indiens et de leur guide; et si nous pouvons faire un effort pour nous dégager de nos habitudes et de nos préjugés, nous reconnaîtrons que la pensée qui dirige le Nuage-Blanc et ses compagnons est de tout point conforme à celle qui poussait les anciens héros, les aventuriers des temps fabuleux, à voyager et à s'instruire aux frais des populations qui les accueillaient, et qui faisaient avec eux un naïf échange de connaissances élémentaires et de présents en rapport avec les mœurs du temps et des pays. A coup sûr le moderne Jason n'apprécie point nos préjugés à l'endroit de l'exhibition publique, et ses compatriotes n'y comprendront jamais rien. Il vient, il se montre, il nous voit et il est vu de nous. Il étale son plus beau costume, il enlumine la face de son plus précieux vermillon, il s'assied, comme un prince qu'il est, parmi ses fiers acolytes, il fume gravement sa pipe, il fait adresser par la bouche de son vénérable orateur un discours affectueux et noble au public étonné, il rend grâces au *grand esprit* de l'avoir conduit sain et sauf parmi les blancs, qu'il estime et qu'il admire, il les recommande au ciel, ainsi que lui et les siens; puis sur l'invitation de l'interprète, qui lui exprime le désir des blancs d'assister à ce qu'il y a de plus respectable et de plus beau dans les fêtes de sa nation, il commande la danse de guerre, ou celle encore plus auguste du calumet. Il prend lui-même le tambourin ou le grelot, et il accompagne, de sa voix douce et gutturale, le chant de ses compagnons. Les terribles guerriers, le gracieux enfant et les femmes graves et chastes sautent en rond autour de lui. Lui-même, quelquefois, saisi d'enthousiasme au milieu de ces rites sacrés qui lui rappellent la gloire de ses pères et les affections de sa patrie, il se lève et s'élance parmi eux. Malgré son œil voilé et la mélancolie de son sourire, il est beau, il est noble, et le souvenir de sa destinée triste et courageuse attire les sympathies de ce public, qui est bon aussi, et qui bientôt passe de la terreur à l'attendrissement. Quand ils ont assez dansé à leur gré, car personne ne les commande, et ils se refuseraient à toute exigence que leur interprète ne leur soumettrait pas en termes affectueux et mesurés, ils s'approchent du public, et s'asseyent gravement devant lui. Les artistes s'approchent aussi pour admirer la beauté de leurs formes et la noblesse de leurs traits. Les bonnes âmes, jalouses de faire l'aumône respectueuse d'un peu de plaisir à ces pauvres exilés, leur offrent de petits présents qu'ils reçoivent avec dignité, et sans la moindre jalousie apparente entre eux. Puis on invite le public à les applaudir pour les remercier de leur obligeance, et ces applaudissements, seul langage qu'ils puissent comprendre de nous, ne leur sont pas refusés. On leur tend la main. Les femmes, effrayées d'abord de leur aspect terrible et de l'expression farouche que la danse guerrière donnait à leurs traits, s'enhardissent en voyant leur air naïf, fièrement timide, et ce mélange de tristesse et de confiance qui les rend si touchants. Ils saluent et serrent vigoureusement les mains qui leur sont tendues. Sont-ce là des saltimbanques auxquels on a jeté une obole, et qu'on peut siffler? Je ne le conseillerais pas aux spectateurs. Armés de leurs lances acérées et de leurs tomahawks redoutables, qu'ils manient avec tant de grâce et de vigueur, et qu'ils font briller, en dansant, sur la tête des spectateurs, ils pourraient bien comprendre l'insulte, et nous montrer qu'on peut admirer la crinière du lion et caresser la robe du tigre, mais qu'il ne faut pas jouer avec les fils du désert comme nous jouons quelquefois si cruellement avec notre semblable. Savent-ils qu'on a acheté ce droit à la porte en entrant? A coup sûr ils l'ignorent, et s'ils savent qu'on paie, leur sainte naïveté considère ce tribut comme un présent en nature, témoignage de l'hospitalité des blancs. Maintenant l'entrepreneur est-il coupable envers eux, de les traiter conformément à leurs idées, bien qu'elles soient contraires aux nôtres? Je ne le crois pas, puisqu'ils sont contents, puisqu'ils sont libres, puisqu'il les associe à des profits qui seuls les mettront à même de se construire ces maisons de briques qu'ils rêvent, et de peupler de taureaux et de brebis ces immenses prairies d'où le daim et le bison s'éloignent; puisque leur contrat engage l'entrepreneur à les ramener chez eux dès qu'ils le voudront, à partir demain, ce soir, pour l'Amérique s'il le mal ou la gloire s'empare d'eux; puisque enfin l'autorisation que M. Mélody a reçue de son gouvernement est fondée en termes exprès sur son caractère éprouvé de moralité, et sur la certitude que donne ce caractère, du traitement paternel réservé aux Indiens voyageurs.

Il est bien vrai pourtant que souvent ils ont de la tristesse et un violent désir de retourner dans leurs solitudes; mais l'assurance que rien ne les retient malgré eux leur donne le courage de persévérer le temps nécessaire. Dans leurs moments de loisir, ils reçoivent des visites et se font expliquer par Jeffrey, l'intelligent interprète qui ne les quitte jamais, tout ce qu'ils voient et entendent. Tous les jours M. Wattemare fils consacre deux heures à leur faire un cours d'histoire élémentaire, et il m'a assuré qu'ils l'écoutaient toujours avec intelligence, souvent avec enthousiasme. Le récit des guerres fameuses les passionne; ils commencent à en comprendre les causes et les résultats; mais je t'avoue qu'ils ne sont pas encore assez philosophes pour avoir conçu quelque chose de plus grand et de plus beau que l'histoire de Napoléon. C'est déjà beaucoup pour des sauvages, mais probablement ce n'est pas assez pour des peuples belliqueux qui sentent la nécessité de renoncer à la guerre.

C'est donc un spectacle bizarre, bien nouveau pour nous autres badauds de Paris, et fait pour passionner nos artistes, que celui de nous pouvons voir deux fois par jour à la salle Valentino. Au premier aspect, j'éprouvai pour mon compte l'émotion la plus violente et la plus pénible que jamais pantomime m'ait causée. Je venais de voir tous les objets effrayants que renferme le musée Catlin, des casse-têtes primitifs auxquels ont succédé maintenant des hachettes de fer fabriquées par les blancs, mais qui, dans le principe, étaient faites d'un gros caillou enchâssé dans un manche de bois; des crânes aplatis et difformes étalés sur une table, dont plusieurs portaient la trace du scalp, des dépouilles sanglantes, des masques repoussants, des peintures représentant les scènes hideuses de l'initiation aux mystères, des supplices, des tortures, des chasses homériques, des combats meurtriers; enfin, tous les témoignages et toutes les scènes effroyablement dramatiques de la vie sauvage; et surtout ces portraits dont l'accoutrement fantastique est varié à l'infini et fait passer la face humaine par toutes les ressemblances possibles avec les animaux féroces. Quand un bruit de grelots qui semblait annoncer l'approche d'un troupeau m'avertit de courir prendre ma place, j'étais tout disposé à l'épouvante, et lorsque je vis apparaître en chair et en os ces figures peintes, les unes en rouge de sang, comme si on les eût vues à travers la flamme, les autres d'un blanc livide avec des yeux bordés d'écarlate, d'autres grillagées de vert et de jaune, d'autres enfin miparties de rouge et de bleu, ou portant sur leur fond naturel couleur de bronze l'empreinte d'une main d'azur, toutes surmontées de plumes d'aigle, et de crinières de crin; ces corps demi-nus, magnifiques modèles de statuaire, mais bariolés aussi de peintures, et chargés de colliers et de bracelets de métal; ces colliers de griffes d'ours qui semblent déchirer la poitrine de ceux qui les portent, ces manteaux de peaux de bisons et de loups blancs avec des queues qui flottent et qui semblent appartenir à l'homme, ces boucliers et ces lances garnies de chevelures et de dents humaines, la peur me prit, je l'avoue, et l'imagination me transporta au milieu des plus lugubres scènes du *Dernier des Mohicans*. Ce fut bien autre chose quand la musique sauvage donna le signal de la danse guerrière de l'approche. Trois Indiens s'assirent par terre; l'un frappait un tambourin garni de peaux, qui rendait un son mat et lugubre, l'autre agitait une calebasse remplie de graines, le troisième raclait lentement deux morceaux de bois dentelés l'un contre l'autre; puis, des voix gutturales qui semblaient n'avoir rien d'humain, entonnèrent un grognement sourd et cadencé, et un guerrier, qui me sembla gigantesque sous son accoutrement terrible, s'élança, agitant tour à tour sa lance, son arc, son casse-tête, son fouet, son bouclier, son aigrette, son manteau, enfin tout l'attirail échevelé et compliqué du costume de guerre. Les autres le suivirent; ceux qui jetèrent leurs manteaux et montrèrent leurs poitrines haletantes et leurs bras souples comme des serpents, furent plus effrayants encore. Une sorte de rage délirante semblait les transporter; des cris rauques, des aboiements, des rugissements, des sifflements aigus, et ce cri de guerre que l'Indien produit en mettant ses doigts sur ses lèvres, et qui, répété au loin dans les déserts, glace d'effroi le voyageur égaré, interrompaient le chant, se pressaient et se confondaient dans un concert infernal. Une sueur froide me gagna, je crus que j'allais assister à une opération réelle du sraip sur quelque ennemi renversé, ou à quelque scène de torture plus horrible encore. Je ne voyais plus, de tout ce qui était devant moi, que les redoutables acteurs, et mon cerveau les plaçait dans leur véritable cadre, sous des arbres antiques, à la lueur d'un feu qui allait consumer la chair des victimes, loin de tout secours humain; car ce n'étaient plus des hommes que je voyais, mais les démons du désert, plus dangereux et plus implacables que les loups et les ours, parmi lesquels j'aurais volontiers cherché un refuge. L'insouciant public parisien, qui s'amuse avant de s'étonner, riait autour de moi, et ces rires me semblaient ceux des esprits de ténèbres. Je ne revins à la raison que lorsque la danse cessa et que les Indiens reprirent, comme par miracle, cette expression de bonhomie et de cordialité qui en fait des hommes en apparence meilleurs que nous. Malgré sa gaieté, le public avait, je pense, un peu passé par les mêmes émotions que moi; car, à l'empressement qu'il mettait à serrer la main des *scalpeurs*, on eût dit qu'il cherchait à se familiariser avec des objets de terreur, mais qu'il ne demandait pas mieux que de s'assurer des rapports de bonne intelligence avec les sauvages. Je fis comme le public, c'est-à-dire que je me rassurai au point de vouloir lier connaissance avec la tribu, et même j'osai pénétrer dans leur intérieur avec mes enfants, sans trop de crainte de les voir dévorer. Cette visite sera la seconde partie de mon voyage et le sujet d'une seconde lettre.

DEUXIÈME LETTRE A UN AMI.

Je trouvai le *Nuage-Blanc* dans une petite chambre, au second, entièrement démeublée, car les Indiens ont encore un profond mépris pour la plupart de nos aises, et la première fois qu'on leur donna des lits, on les trouva couchés dessous, le lendemain matin. Leurs lits, à eux, sont des fourrures étendues par terre, et le chef, assis à la turque sur sa peau d'ours, avait à son côté sa femme et sa fille *Sagesse*, âgée de deux ans et demi, baptisée comme père et mère, et encore allaitée selon l'usage de son pays. Ce chef est, comme beaucoup d'Indiens convertis, un chrétien *non pratiquant*, c'est-à-dire qu'il a, outre le baptême, trois autres femmes dans son pays.

Un de ses fils est au collège en Angleterre ou aux États-Unis.

Il me fit un singulier signe de tête, sans se déranger, et lorsque j'étalai devant lui une pièce de drap rouge, le don le plus précieux qu'on puisse faire à un chef indien, il daigna sourire et me tendre la main. La femme parut plus émue de la magnificence de mon offrande et laissa échapper une exclamation; puis, sur-le-champ, elle enveloppa son enfant dans ce morceau d'étoffe, pour me montrer qu'elle en faisait cas, et voulait bien l'accepter. A peine eut-elle reçu le collier que je lui destinais, qu'elle le désenfila pour regarder curieusement chaque perle, et le monarque barbare, ne pouvant résister au même désir, ne cessa de rouler ces verroteries entre ses doigts et de les examiner, malgré la gravité de la conférence qui suivit et la part qu'il voulut bien y prendre.

Je distribuai un présent à chaque Indien, et chacun s'en para pour me donner signe d'approbation.

Les noms des hommes sont : le *Grand-Marcheur* et *Marche-en-avant*, deux jeunes guerriers également beaux de formes, mais de physionomie très-différente, car l'un parait doux et enjoué comme un enfant, l'autre a une terrible expression de rudesse et de férocité; ensuite le docteur sorcier, appelé les *Pieds garnis d'ampoules*; puis la *Pluie qui marche*, avec son fils, un enfant de onze ans, beau comme le petit Ajax; enfin le *Petit-Loup* et les femmes. Je te parlerai de chacun en particulier.

Le plus docte, le plus sage et le plus éloquent de ces illustres seigneurs, est certainement la *Pluie qui marche*. En même temps qu'orateur de la tribu, il est chef de guerre, comme qui dirait ministre de la guerre du *Nuage-Blanc*, qui est *chef de paix* ou *chef de village*, c'est-à-dire souverain. La *Pluie qui marche* a fait trente campagnes, et dans six particulièrement il s'est couvert de gloire. On le soupçonne, ainsi que le docteur, d'avoir coopéré au meurtre du *Nuage-Blanc* père. Il a été un des plus actifs pour faire élire *Nuage-Blanc* fils, et, par là, il s'est mis à l'abri de sa vengeance.

Il n'y a entre eux aucune apparence de haine. Qui peut savoir cependant quels drames inaperçus se passent dans l'esprit et dans l'intérieur domestique de ces exilés?

La *Pluie qui marche* est un homme de cinquante-six ans, d'une très-haute taille, et d'une gravité majestueuse. Il ne sourit jamais en pérorant, et, tandis que la physionomie douloureuse du *Nuage-Blanc* fait quelquefois cet effort par générosité, celle du vieillard reste toujours impassible et réfléchie. Sa face est large et accentuée, mais n'offre aucune autre différence de lignes avec la nôtre que le renflement des muscles du cou, au-dessous de l'angle de la mâchoire. Ce trait distinctif de la race lui donne un air de famille avec la race féline.

Ce trait disparait même presque entièrement chez le docteur, qui est agréable et fin, suivant toutes nos idées sur la physiognomonie. Quoiqu'il ait soixante ans, ses bras sont encore d'une rondeur et d'une beauté dignes de la statuaire grecque, et son buste est le mieux modelé de tous. Son agilité et son entrain à la danse attestent une organisation d'élite. Une si verte vieillesse donne quelque regret de n'être pas sauvage, et, lorsque, parmi les spectateurs, on voit tant d'êtres plus jeunes, goutteux ou obèses, on se demande quels sont ceux qu'on montre, des sauvages de Paris ou de ceux du Missouri, comme objets d'étonnement.

Le docteur est un très-bel esprit, à la fois médecin, magicien, jongleur, poète, devin, et quelque peu orateur. Il porte un collier de graines sacrées et un doigt humain desséché en guise de médaillon, pour conjurer le mauvais œil. Il est, en même temps, le bouffon agréable et le conseil très-sérieux du prince et de la nation. Durant la traversée, un calme plat surprit nos Argonautes sur le navire qui les transportait en Angleterre. Le docteur procéda à ses incantations, au grand plaisir des passagers blancs et au grand respect des Indiens. Deux heures après, le vent qui était tombé depuis trois jours s'éleva, et les Indiens demeurèrent convaincus, comme on peut le croire, de la science infaillible du docteur. Cependant ils jugent apparemment nos médecins encore plus sorciers que les leurs, car ils se font soigner par eux, ici, quand ils sont malades. Il semblerait aussi qu'on ne croit pas celui-là capable d'évoquer le mauvais esprit par vengeance, car le chef ne se fait pas faute de le traiter en petit garçon. Il y a quelques jours, on trouva, vers le soir, notre sorcier assis sur l'escalier, et, comme on l'invitait à s'aller coucher, il secoua la tête et resta là jusqu'au lendemain, puis le lendemain encore, et la nuit suivante, et enfin trois jours et trois nuits sans désemparer, mangeant et dormant sur cet escalier. Il était en pénitence, on n'a pu savoir pour quelle faute; mais on peut se faire, par là, une idée du pouvoir absolu du chef et de la soumission de cet Indien, qui est pourtant de naissance illustre et un guerrier très-distingué lui-même.

Mais le personnage qui a le plus gagné notre amitié, malgré l'amabilité du docteur, malgré la grande sagesse de la *Pluie qui marche* et la beauté de son enfant, malgré la douce tristesse du *Nuage-Blanc*, et la modestie de Sa Majesté la reine, c'est le *Petit-Loup*, ce noble guerrier dont l'apparence herculéenne et les grands traits accentués m'avaient d'abord effrayé, mais qui, revenu auprès de sa femme malade, et le cœur rempli de tristesse à cause de la mort récente de son enfant, m'a paru le plus doux et le meilleur des hommes. Lorsqu'il s'élança le premier pour la danse, à cheval sur son arc (qu'il faisait la pantomime de fouetter avec une lanière de cuir attachée à une corne de bison), mes amis le comparèrent à Diomède. Lorsqu'il reprit le calme de sa physionomie grave et douce, pour accueillir les félicitations du public, nous l'appelâmes le Jupiter des forêts vierges ; mais lorsqu'il eut essuyé les couleurs tranchantes qui l'embellissaient singulièrement, et qu'on nous raconta son histoire, nous vîmes plus qu'un noble et honnête figure, caractérisée en courage et en bonté, et nous l'avons alors surnommé *le généreux*, nom qui lui conviendrait beaucoup mieux que celui de *Petit-Loup*, car rien dans sa puissante et douce organisation, n'exprime la férocité ni la ruse. Ce n'est pas qu'il se fasse faute d'enlever un *scalp* à l'ennemi, — car si un glorieux trophée de la victoire, que la race indienne périra, je pense, avant d'avoir renoncé à ces horribles insignes, — ni qu'il croie offrir à nos yeux un objet repoussant en nous montrant sa manche garnie, de l'épaule au poignet, de franges de cheveux acquis par le même procédé. C'est l'héritage de ses pères, c'est sa généalogie illustre et sa propre vie de gloire et de combats qu'il porte sur lui. Faute d'histoire et de monuments, l'Indien se revêt ainsi du témoignage de ses exploits. Sur la peau d'ours ou de bison qui le couvre, et dont il porte le poil en dedans, sa femme dessine et peint ses principaux faits et gestes. Ici, un ours percé de sa flèche ; à côté, le héros combattant ses ennemis ; plus loin, son cheval favori. Ces dessins barbares sont très-remarquables, formés de lignes élémentaires comme celles que nos enfants tracent sur les murs, ils indiquent pourtant quelquefois un sentiment très-élégant de la forme, et en général de la proportion. Le fils de la *Pluie qui marche* annonce beaucoup de dispositions et un goût prononcé pour cet art. Couché à plat ventre, la tête enveloppée de sa couverture comme font les Arabes et les Indiens lorsqu'ils veulent se recueillir, il trace avec un charbon sur le carreau la figure des gens qu'il vient de voir. Nous lui portons des gravures, mais où trouvera-t-il un plus beau modèle que lui-même? Que l'artiste sauvage détourne les yeux de nous et de nos œuvres, et qu'il se regarde dans une glace! Cet enfant de onze ans est un idéal de grâce et d'élégance, et, comme tous les êtres favorisés par la nature, il a l'instinct de sa dignité. Le costume de sa tribu, le cimier grec et la tunique de cuir coupé en lanières, ou simplement la longue ceinture de crins blancs, sa couleur, son buste nu, délicat et noble, le charme de ses attitudes et le sérieux de ses traits, en font un bronze antique digne de Phidias.

Mais, à travers ces digressions involontaires, revenons à notre héros le *Petit-Loup*, ou pour mieux dire *le Généreux*.

Le *Petit-Loup* reçut une médaille d'honneur de l'intendant supérieur des affaires indiennes, M. Harwey, qui s'exprime ainsi en le recommandant au président des États-Unis, John Tyler : « Les médailles accordées « par le gouvernement sont fort estimées des Indiens... « et j'en ai donné une au *Petit-Loup*. En la rece-« vant, il s'est écrié, avec beaucoup de délicatesse, « qu'il ne méritait aucune récompense, parce qu'il n'avait « fait que son devoir; mais qu'il était heureux que sa « conduite eût mérité l'approbation de sa nation et de « son père. »

Lorsque le *Petit-Loup*, reçu aux Tuileries avec ses compagnons, interrompit la danse, suivant l'usage indien, pour raconter ses exploits, il adressa ces paroles à Louis-Philippe : « Mon grand-père, vous m'avez entendu « dire qu'avec ce tomahawk j'ai tué un guerrier pawnie, « un des ennemis de ma tribu. Le tranchant de ma hache « est encore couvert de son sang. Ce fouet est celui dont « je me servis pour frapper mon cheval en cette occa-« sion. Depuis que je suis parmi les blancs, j'ai la con-« viction que la paix vaut mieux pour nous que la « guerre. *J'enterre le tomahawk* entre vos mains, je ne « combattrai plus. »

Je terminerai l'histoire du *Petit-Loup* par un détail emprunté, ainsi que les précédents, à une très-exacte et très-intéressante notice de M. Wattemare dite.

« Ce que, dans sa modestie, le Petit-Loup n'avait pas dit au roi, c'est que le jour du combat dont il faisait mention, son cheval, jeune poulain plein de feu et d'ardeur, l'avait emporté loin des siens, au milieu d'un groupe de *Pawnies*. Trois cavaliers font volte-face, mais, effrayés par l'aspect terrible du *Petit-Loup*, qui se précipitait sur eux en poussant son cri de guerre, deux d'entre eux laissent tomber leurs armes. Le guerrier, dédaignant de frapper à mort ses ennemis désarmés, se contenta de les cingler vigoureusement du fouet qu'il tenait de la main gauche; puis, se tournant vers le *Pawnie* armé, il esquiva adroitement un coup de lance que celui-ci lui portait, lui cassa la tête d'un coup de tomahawk, et, sautant à bas de son cheval, il prit le *scalp*. Remontant aussitôt sur l'intelligent animal, qui semblait attendre que son maître eût conquis le trophée de sa victoire, le *Petit-Loup* retourna tranquillement auprès des siens, après avoir jeté un cri de provocation aux Pawnies. »

Cela ne ressemble-t-il pas à un épisode de l'*Iliade*?

Mais ce héros indien semble résumer en lui seul toute l'antique poésie de sa race, et, tandis que l'amour ne joue qu'un rôle secondaire dans la vie d'un Indien moderne, celui-ci a dans la sienne un roman d'amour. Prisonnier pendant deux ans chez les Sawks, il apprit rapidement la langue de cette tribu ennemie, et se fit aimer d'une jeune fille, douce et jolie, qu'il enleva en s'échappant. Par quels périls, quelles fatigues et quelles épreuves ils passèrent dans cette fuite, avant de rejoindre les tentes des Ioways, on peut l'imaginer et voir là tout un poëme. Enfin, il installa sa jeune épouse, l'*Aigle-femelle de guerre qui plane*, dans son wigwam, et lui voua une affection exclusive, exemple bien rare dans ces mœurs libres. Il eut d'elle trois enfants qu'il a tous perdus, le dernier en Angleterre, il y a peu de mois. A aucune de ces douleurs, ressenties avec toute l'amertume ordinaire aux Indiens, il se fit une profonde incision dans les chairs de la cuisse, pour apaiser la sévérité du manitou, et témoigner sa tendresse aux chers êtres qui l'avaient quitté. Lors de la mort de ce dernier enfant, il tint pendant quarante-huit heures le petit cadavre entre ses bras, sans vouloir s'en séparer. Il avait entendu dire que la dépouille des blancs était traitée sans respect, et l'idée que le corps de sa chère progéniture pourrait bien devenir la proie d'un carabin lui était insupportable. On ne put le calmer qu'en embaumant l'enfant et en le plaçant dans un cercueil de bois de cèdre. Il consentit alors à se fier à la parole d'un quaker qui, partant pour l'Amérique, se chargea de le reporter dans sa tribu, afin qu'il pût dormir avec les ossements de ses pères. Depuis cette époque, la pauvre compagne du *Petit-Loup* n'a cessé de pleurer et de jeûner, et elle est tombée dans une maladie de langueur qui fait craindre pour ses jours. Nous la vîmes étendue sur sa natte, jolie encore, mais livide. Le noble guerrier, assis à ses pieds, place qu'il ne quitte que pour paraître devant le public, lui prodiguait les plus tendres soins. Il lui caressait la tête comme un père caresse celle de son enfant, et s'empressait de lui remettre tous les présents qu'il recevait heureux quand il l'avait fait sourire. Une telle délicatesse d'affection pour une *squaw* est bien rare chez un Indien, et rappelle le poëme d'Atala et de Chactas. Le baron d'Ekstein, frappé, m'a-t-on dit, de ce rapprochement, a raconté au *Petit-Loup* l'histoire des deux amants, et le guerrier, souriant à travers sa douleur, lui a répondu : « Je suis content de vous rappeler cela. Je sais que quand on a entendu raconter une histoire, et qu'on voit ensuite quelque chose de semblable, on éprouve du contentement. Vous me voyez dans le malheur et la peine, et pourtant je suis satisfait que ma peine vous soit profitable, en vous rappelant une belle histoire. »

Voilà du moins ce que m'a rapporté une personne présente à cette scène. Quant à moi, j'ai trouvé aussi un peu de poésie au chevet de cette Atala nouvelle. Je tenais à la main une fleur de cyclamen, qui fixa ses regards, et que je me hâtai de lui offrir. Elle la prit en me disant qu'il y avait, dans *la prairie*, des espaces tels qu'un homme pouvait marcher plusieurs jours et plusieurs nuits au milieu de ces fleurs, et qu'elles lui montaient jusqu'au genou. Je m'élançai par le désir au milieu de ces prairies naturelles embaumées de la gracieuse fleur que nous cultivons ici en serre chaude, et qui, même dans les Alpes, n'atteint pas une stature de plus de trois pouces. Pendant ce temps la femme du sauvage s'y reportait par le souvenir. Elle respirait la fleur avec délices, et elle la conserva sous ses narines, en disant qu'elle se croyait dans son pays.

J'ignore par quel hasard, c'est la seconde fois que le parfum de cette fleur charmante conduit mes rêves au sein des déserts de l'Amérique. La première fois que je la vis croître libre et sans culture, ce fut par une douce matinée d'avril, au pied des montagnes du Tyrol, sur les rochers qui encadrent le cours de la Brenta. Accablé de fatigue, je m'étais endormi sur le gazon semé de cyclamens. J'eus un songe qui me transporta dans les contrées que me décrivait hier la jeune sauvage en recevant de moi une de ces fleurs. Dans mon rêve, j'ai vu la nature plus grandiose et plus féconde encore que celle déjà si féconde et si grandiose où je me trouvais alors. Les plantes y étaient gigantesques, et je crois même que j'ai remarqué des cyclamens hauts d'une coudée, qui semblaient voltiger comme des papillons sur les hautes herbes du désert. Je sais bien que quand je m'éveillai je trouvai les Alpes petites, et j'aurais méprisé mon doux oreiller de *panporcini* (c'est ainsi qu'on appelle le cyclamen dans ces contrées), n'eût été qu'il m'embaumait. Son petit nectaire semblait secouer des flots de parfums, pour me prouver que les petits et les humbles ne sont pas toujours les moins favorisés du ciel.

Mais me voici encore perdu dans une digression d'où j'aurai bien de la peine à revenir habilement au sujet de ma lettre. Habitué à de semblables distractions, tu ne me tiendras pas rigueur, et tu consentiras à être ramené sans transition au chevet de l'*Aigle-femelle*. Cette pauvre mère désolée a un nouveau sujet de mélancolie dans son ignorance de la langue ioway, qu'elle n'a jamais pu apprendre. Son mari, qui a si facilement appris la langue des Sawks durant sa captivité, est le seul être avec lequel elle puisse échanger ses pensées, et il semble qu'il veuille lui épargner cette solitude de l'âme en ne la quittant pas, et en l'entretenant sans cesse dans le langage de ses pères.

Pour achever ma galerie de portraits, je te parlerai en bloc des trois autres femmes, et en cela je me conformerai à la notion des Indiens, qui semblent considérer la femme comme un être collectif n'ayant guère d'individualité. Ils admettent la polygamie, comme les Orientaux, dans la mesure de leur fortune. Un chef riche a autant de femmes qu'il en peut entretenir et acheter, car chez eux, comme chez nous, l'hymen est un marché. Seulement il est moins déshonorant pour l'Indien, car, au lieu de vendre sa personne et sa liberté pour une dot, c'est lui qui, par des présents au père de sa fiancée, achète la possession de l'objet préféré. Deux chevaux, quelques livres de poudre et de tabac, quelquefois simplement un habit de fabrique américaine, paient assez magnifiquement la main d'une femme. Qu'elle est sous la tente de l'époux, elle devient sa servante comme elle était celle de son père : c'est elle qui cultive le champ de maïs, qui plie et dresse la tente, qui la transporte, à l'aide de ses chiens de trait, d'un campement à l'autre, qui fait cuire la chair du daim et du bison, enfin qui taille et orne les vêtements de son maître, sans cesser pour cela de porter son marmot bien ficelé sur une planche, et passé à ses épaules avec une courroie comme une valise. Elles vivent entre elles en bonne intelligence, et, dans la tribu des Ioways, on ne les entend presque jamais se quereller. Cependant, il en est de leurs rares disputes comme de celles des hommes ; il faut qu'elles finissent par du sang, et alors elles se battent à coups de couteau, et même de tomahawk. Les hommes ne sont point jaloux d'elles, ou, s'ils le sont parfois, ce serait une honte de le faire paraître devant les autres hommes. Ainsi, un époux trahi punit sa femme dans le secret du ménage, mais il mange, chasse et chante avec son rival sans jamais lui témoigner ni haine ni ressentiment. Les femmes ioways portent leurs longs cheveux tressés tombant sur le dos, et séparés du front à la nuque par une large raie de vermillon qu'on prendrait de loin pour un ruisseau de sang produit par un coup de hache. Il faut que, dans tous les ajustements de l'Indien, le terrible se mêle à la coquetterie. Elles se peignent aussi la figure avec du vermillon, et leurs vêtements, composés de pantalons et de robes de peaux frangées de petites lanières, que recouvre un manteau de laine, sont d'une chasteté rigoureuse. Ce manteau rouge ou brun, bordé d'une arabesque tranchante, est d'un fort bel effet. Ce n'est en réalité qu'une couverture carrée ; mais, lorsqu'elles dansent, elles le serrent étroitement autour de leur corps, en le retenant avec les mains, qui restent cachées : ainsi serrées, et sautant sur place avec une raideur qui n'a rien de disgracieux, tandis qu'une hache ou un calumet richement orné est fixé dans leur main droite, elles rappellent les figures étrusques des vases ou les hiéroglyphes des papyrus. Leur unique talent est de peindre et de broder des mocassins avec des perles, et des vêtements de peau avec des soies de porc-épic. Elles excellent dans ce dernier art par le goût des dessins, l'heureux assemblage des couleurs et la solidité du travail. Leurs physionomies sont douces et modestes. La tendresse maternelle est très-développée chez elles ; mais en cela elles ne surpassent peut-être pas les hommes, comme les femmes le font chez nous. Le père indien est un être aussi tendre, aussi dévoué, aussi attentif, aussi passionné pour sa progéniture que la mère. Ces sauvages ont du bon, il faut en convenir. Quoi qu'on en dise, nous leur ôtons peut-être plus de vertus que de vices en nous mêlant de leur éducation.

Les noms des *sqaws* sont ici aussi étranges et aussi pittoresques que ceux de leurs époux : c'est le *Pigeon qui se rengorge*, le *Pigeon qui vole*, l'*Ourse qui marche sur le dos d'une autre*, etc.

Maintenant que tu connais toutes ces figures, je te traduirai les discours. Le grand orateur, la *Pluie qui marche*, s'assit en face de moi avec solennité, car la parole est une solennité chez les Indiens. Leur esprit rêveur est inactif la plupart du temps. Leur langue est restreinte et incomplète comme leurs idées. Ils ne connaissent pas le babil, et peu la conversation. Ils échangent quelques paroles concises pour se faire part de leurs volontés ou de leurs impressions, et quand, au siècle dernier, on faisait chanter au *Huron*, dans un opéra-comique très-goûté,

Messieurs, messieurs, en Huronie,
Chacun parle à son tour,

on était tout à fait dans le vrai. Dans les occasions importantes, chaque chef fait un discours, et durât-il trois heures, jamais il ne serait interrompu ; encore, pour faire ce discours, faut-il être réputé un homme habile dans l'art de parler. Que penseraient nos Indiens s'ils assistaient à nos séances législatives ?

La *Pluie qui marche* me parla donc ainsi :

« Je suis content de te voir. On nous a parlé de toi,
« nous avons compris *que tu avais beaucoup d'amis*,
« et nous t'estimons pour cela. Tu nous a fait des pré-
« sents sans nous connaître, nous t'en savons gré. Chez
« nous, l'usage est de faire des présents à tous ceux que
« nous allons voir ; nous porterons les tiens dans notre
« pays, ainsi que tous ceux qu'on nous a faits. Nous
« mettrons à part ceux qu'on nous a faits en Amérique,
« ceux qu'on nous a faits en Irlande, ceux qu'on nous a
« faits en Écosse, ceux qu'on nous a faits en Angleterre,
« ceux qu'on nous a faits en France, pour faire voir à
« nos amis comme nous avons été reçus chez les blancs.
« Nous n'avons pas de maisons, nous n'avons pas de
« livres, ces présents seront notre histoire. »

Pendant qu'il parlait, il gesticulait sans cesse, avec lenteur et précision, énumérant sur ses doigts les contrées qu'il avait parcourues, montrant le ciel quand il parlait de son pays.

Quand je l'eus remercié de son compliment, il fit signe qu'il avait à parler encore, et recommença à pérorer d'une voix gutturale et en remuant toujours les bras et les mains.

« Nous rendons grâces au *grand esprit* qui nous per-
« met de nous trouver parmi les Français nos anciens
« amis et nos anciens alliés. Nous les trouvons plus
« aimables et plus affectueux que les Anglais. Quand
« j'étais un petit enfant, mon père m'avait emmené dans
« les établissements des Anglais, en Amérique. Ils nous
« faisaient beaucoup de présents et nous avions part à
« beaucoup de butin. Aussi nous pensions que les Anglais
« étaient les meilleurs parmi les blancs. Mais nous avons
« bien compris, depuis, qu'ils ne voulaient que nous
« tromper et nous tuer tous avec l'eau de feu. *Comment*
« *nous donneraient-ils la richesse, eux qui, dans leur*
« *pays, ont des hommes qui meurent de faim?* Depuis
« que j'ai vu cela, mes yeux se sont ouverts comme s'ils
« voyaient pour la première fois la lumière du jour. Nous
« n'avons eu que du malheur en Angleterre. Nous y avons
« perdu un de nos frères et un de nos enfants. Heureuse-
« ment, en France, nous nous portons bien et nous espé-
« rons en sortir tous vivants pour retourner dans notre
« pays où nous raconterons tout ce que nous avons vu et
« où nos enfants l'apprendront à leurs enfants. »

Nous regardâmes le *Petit-Loup*. Ses yeux s'étaient remplis de larmes au souvenir de la perte de son enfant, et sa figure, si effrayante dans la danse du *scalp*, exprimait la plus profonde sensibilité.

Les autres approuvèrent le discours de la *Pluie qui marche* par une courte exclamation, et le docteur, prenant la parole, déclara qu'il avait entendu avec satisfaction ce qu'avait dit l'orateur; qu'il venait le confirmer, et il ajouta, en fin politique qu'il est: « Plus nous resterons
« de temps ici, plus nous serons respectés et honorés chez
« nous. On nous a fait écrire plusieurs fois de revenir, en
« promettant qu'à l'avenir on nous croira. Mais si nous
« revenions trop tôt, tout le monde ne serait pas persuadé
« que nous avons été bien reçus et que nous nous sommes
« trouvés heureux parmi les blancs. D'ailleurs, comme
« notre système actuel et la volonté de notre chef le
« *Nuage-Blanc* sont de faire cesser les guerres continu-
« elles qui nous détruisaient, et comme, pendant l'ab-
« sence du chef, la tribu ne peut pas et ne doit pas se
« battre, nos guerriers s'accoutument à la paix, et nous
« aurons moins de peine à l'établir pour toujours. »

Je voulus ensuite faire parler le *Nuage-Blanc*, ce roi mélancolique qui roulait toujours une perle entre ses doigts, et qui, dans ses moments de loisir, fait très-adroitement avec un morceau de bois et des chiffons, des poupées à la manière sauvage, pour sa petite-fille. Je savais aussi que son ambition était d'amasser de quoi doter cette enfant d'un trésor sans prix aux yeux de la famille, à savoir six couverts d'argent. Le contraste de ces goûts puérils du sauvage avec la gravité douce de ce profil aquilin et la fierté de ce costume qui rappelle celui des héros de l'antiquité, m'amusait et m'intéressait au plus haut point. Combien n'aurais-je pas donné de couverts d'argent si c'eût été le moyen de pénétrer dans cette âme, et d'explorer ce monde inconnu que chacun porte en soi, et que personne ne peut clairement se représenter tel qu'il est conçu par son semblable! Combien doit être grande cette différence chez l'homme primitif que l'abîme d'une suprême ignorance sépare de nos idées et de l'histoire de nos générations successives! Comment s'expliquer que cet enfant de trente ans, que j'avais sous les yeux, rêveur, timide et grêle, eût vengé son père en tuant, de sa propre main, six de ses assassins, et qu'il eût renoncé à cette expiation avec tant de répugnance? Je ne savais de quel côté l'entamer pour faire une percée, ne fût-ce qu'un trou d'aiguille, dans ce poëme mystérieux de sa destinée. Enfin je me décidai à lui demander quel était le premier devoir, non-seulement d'un chef de tribu, mais d'un homme quel qu'il soit, blanc ou rouge.

Je n'obtins qu'une réponse évasive, faite à demi-voix, les yeux baissés, et presque fermés, ce qui est la marque d'une grande dignité de sentiment chez les Indiens. « Nous sommes des gens simples, dit-il; ce n'est pas
« dans les bois et dans le désert que nous pouvons ap-
« prendre ce que vous lisez dans vos livres. Je vous de-
« manderai donc la permission de ne pas continuer ce
« discours. »

Je demandai à l'interprète si c'était une manière de m'imposer silence et me faire sentir mon indiscrétion. Le chef répondit que non, et qu'il était prêt à recommencer *un autre discours*.

Je lui demandai alors quel était le plus grand bonheur de l'homme. Sa réponse fut toute particulière, mais douloureuse et poétique. Faisant allusion à la taie qui couvre un de ses yeux, il dit : « Le plus grand bonheur d'un
« homme, c'est de voir la lumière du soleil. Depuis que
« j'ai perdu la moitié de ma vue, je comprends que ma
« vue était ce que j'ai possédé de plus précieux. Si je
« perds l'autre œil, il faudra que je meure. »

Je ne voulus pas aller plus loin de peur de l'attrister davantage, et la conversation devint plus générale. Les jeunes gens assis par terre s'égayèrent un peu avec nous.

Le *Grand-Marcheur*, celui qui a la figure d'un tigre et le torse d'Hercule, se mit à jouer avec la poupée de l'enfant du chef; nous lui passâmes un crayon pour qu'il fît une figure au morceau de bois qui représentait le visage. Il lui barbouilla la place du menton, en disant que, puisque cet enfant était né chez les blancs, il lui fallait de la barbe.

Je lui demandai à quoi on passait son temps sous le wigwam, les jours de pluie. Il m'expliqua qu'on faisait d'abord un fossé autour du wigwam pour empêcher les eaux d'y pénétrer, puis qu'on s'enfermait bien et que les femmes se mettaient à travailler.

— Et les hommes à ne rien faire?
— Nous sommes assis en rond comme nous voilà et nous faisons ce que nous faisons ici.
— Vous parlez?
— Pas beaucoup.
— Et vous ne vous ennuyez pas?

Le sauvage ne comprit pas ce que je voulais dire. J'aurais dû être persuadé d'avance que là où la réflexion et la méditation n'existent pas, la rêverie est toujours féconde et agréable. L'imagination est si puissante quand la raison ne l'enchaîne pas!

« Ne vous étonnez pas de leur sérénité, nous disait, en sortant, un voyageur qui connaît et comprend l'Amérique. J'ai vu, là-bas, cent exemples de gens civilisés qui se sont faits sauvages; je n'en ai pas vu un seul du contraire. Cette vie libre de soucis, de prévoyance et de travail, excitée seulement par les enivrantes émotions de la chasse et de la guerre, est si attrayante, qu'elle tente tous les blancs lorsqu'ils la contemplent de près et sans prévention. C'est, après tout, la vie de la nature, et tout ce qu'on a inventé pour satisfaire les besoins n'a servi qu'à les compliquer et les changer en souffrances. Souvent on accueille de jeunes Indiens aux Etats-Unis et on leur donne notre éducation. Ils la reçoivent fort bien; leur intelligence est rapide et pénétrante; on en peut faire bientôt des avocats et des médecins. Mais au moment de prendre une profession et d'accepter des liens avec notre société, si, par hasard, ils vont consulter et embrasser leurs parents sous le wigwam, s'ils respirent l'air libre de la *prairie*, s'ils sentent passer le fumet du bison, ou s'ils aperçoivent la trace du mocassin de la tribu ennemie, adieu la civilisation et tous ses avantages! Le sauvage retrouve ses jambes agiles, son œil de lynx, son cœur belliqueux. C'est la fable du loup et du chien. »

Nous quittâmes ces beaux Indiens, tout émus et attristés; car, en reprenant le voyage de la vie à travers la civilisation moderne, nous vîmes dans la rue des misérables qui n'avaient plus la force de vivre, des élégants avec des habits d'une hideuse laideur, des figures maniérées, grimaçantes, les unes hébétées par l'amour d'elles-mêmes, les autres ravagées par l'horreur de la destinée. Nous rentrâmes dans nos appartements si bons et si chauds où nous attendaient la goutte, les rhumatismes, et toutes ces infirmités de la vieillesse que le sauvage ne brave et ignore sous sa tente si mal close; et ce mot naïvement profond que m'avait dit l'orateur indien me revint à la mémoire : « *Ils nous promettent la richesse, et ils ont chez eux des hommes qui meurent de faim!* »

Pauvres sauvages, vous avez vu l'Angleterre, ne regardez pas la France!

GEORGE SAND.

FIN DES SAUVAGES DE PARIS.

| LIBRAIRIE BLANCHARD | ÉDITION J. HETZEL | LIBRAIRIE MARESCQ ET Cie |
| RUE RICHELIEU, 78 | | 8, RUE DU PONT-DE-LODI |

INDIANA

NOTICE

J'ai écrit *Indiana* durant l'automne de 1831. C'est mon premier roman; je l'ai fait sans aucun plan, sans aucune théorie d'art ou de philosophie dans l'esprit. J'étais dans l'âge où l'on écrit avec ses instincts et où la réflexion ne nous sert qu'à nous confirmer dans nos tendances naturelles. On voulut y voir un plaidoyer bien prémédité contre le mariage. Je n'en cherchais pas si long, et je fus étonné au dernier point de toutes les belles choses que la critique trouva à dire sur mes intentions subversives. La critique a beaucoup trop d'esprit, c'est ce qui la fera mourir. Elle ne juge jamais naïvement ce qui a été fait naïvement. Elle cherche, comme disent les bonnes gens, midi à quatorze heures, et a dû faire beaucoup de mal aux artistes qui se sont préoccupés de ses arrêts plus que de raison.

Sous tous les régimes et dans tous les temps, il y a eu d'ailleurs une race de critiques qui, au mépris de leur propre talent, se sont imaginé devoir faire le métier de dénonciateurs, de pourvoyeurs du ministère public; singulière fonction pour des gens de lettres vis-à-vis de leurs confrères! Les rigueurs des gouvernements contre la presse n'ont jamais suffi à ces critiques farouches. Ils voudraient qu'elles portassent non-seulement sur les œuvres, mais sur les personnes, et, si on les écoutait, il serait défendu à certains d'entre nous d'écrire quoi que ce soit. Du temps que je fis *Indiana*, on criait au saint-simonisme à propos de tout. Plus tard on cria à toutes sortes d'autres choses. Il est encore défendu à certains écrivains d'ouvrir la bouche, sous peine de voir les sergents de ville de certains feuilletons s'élancer sur leur œuvre pour les traduire devant la police des pouvoirs constitués. Si cet écrivain fait parler noblement un ouvrier, c'est une attaque contre la bourgeoisie; si une fille égarée est réhabilitée après expiation, c'est une attaque contre les femmes honnêtes; si un escroc prend des titres de noblesse, c'est une attaque contre le patriciat; si un bravache fait le matamore, c'est une insulte contre l'armée; si une femme est maltraitée par son mari, c'est la promiscuité qui est prêchée. Et de tout ainsi. Bons confrères, saintes et généreuses âmes de critiques! Quel malheur qu'on ne songe point à établir un petit tribunal d'inquisition littéraire dont vous seriez les tourmenteurs! Vous suffirait-il de dépecer et de brûler les livres à petit feu, et ne pourrait-on, sur vos instances, vous permettre de faire tâter un peu de torture aux écrivains qui se permettent d'avoir d'autres dieux que les vôtres ?

Dieu merci, j'ai oublié jusqu'aux noms de ceux qui, dès mon premier début, tentaient de me décourager, et qui, ne pouvant dire que cet humble début fût une platitude complète, essayèrent d'en faire une proclamation incendiaire contre le repos des sociétés. Je ne m'attendais pas à tant d'honneur, et je pense que je dois à ces critiques le remerciement que le lièvre adressa aux grenouilles, en s'imaginant, à leurs terreurs, qu'il avait droit de se croire un foudre de guerre.

GEORGE SAND.

Nohant, mai 1832.

PRÉFACE DE 1832.

Si quelques pages de ce livre encouraient le grave reproche de tendance vers des croyances nouvelles, si des juges rigides trouvaient leur allure imprudente et dangereuse, il faudrait répondre à la critique qu'elle fait beaucoup trop d'honneur à une œuvre sans importance; que, pour se prendre aux grandes questions de l'ordre social, il faut se sentir une grande force d'âme ou s'attribuer un grand talent, et que tant de présomption n'entre point dans la donnée d'un récit fort simple où l'écrivain n'a presque rien créé. Si, dans le cours de sa tâche, il lui est arrivé d'exprimer des plaintes arrachées à ses personnages par le malaise social dont ils sont atteints; s'il n'a pas craint de répéter leurs aspirations vers une existence meilleure, qu'on s'en prenne à la société pour ses inégalités, à la destinée pour ses caprices! L'écrivain n'est qu'un miroir qui les reflète, une machine qui les décalque, et qui n'a rien à se faire pardonner si ses empreintes sont exactes, si son reflet est fidèle.

Considérez ensuite que le narrateur n'a pas pris pour texte ou pour devise quelques cris de souffrance et de colère épars dans le drame d'une vie humaine. Il n'a point la prétention de cacher un enseignement grave sous la forme d'un conte; il ne vient pas donner son coup de main à l'édifice qu'un douteux avenir nous prépare, son coup de pied à celui que le passé s'écroule. Il sait trop que nous vivons dans un temps de ruine morale, où la raison humaine a besoin de rideaux pour atténuer le trop grand jour qui l'éblouit. S'il s'était senti assez docte pour faire un livre vraiment utile, il aurait adouci la vérité, au lieu de la présenter avec ses teintes crues et ses effets tranchants. Ce livre-là eût fait l'office des lunettes bleues pour les yeux malades.

Il ne renonce point à remplir quelque jour cette tâche honnête et généreuse; mais, jeune qu'il est aujourd'hui, il vous raconte ce qu'il a vu, sans oser prendre ses conclusions sur ce grand procès entre l'avenir et le passé, que peut-être nul homme de la génération présente n'est bien compétent pour juger. Trop consciencieux pour vous dissimuler ses doutes, mais trop timide pour les ériger en certitudes, il se fie à vos réflexions, et s'abstient de porter dans la trame de son récit des idées préconçues, des jugements tout faits. Il remplit son métier de conteur avec ponctualité. Il vous dira tout, même ce qui est fâcheusement vrai; mais si vous l'affubliez de la robe du philosophe, vous le verriez bien confus, lui, simple diseur, chargé de vous amuser et non de vous instruire.

Fût-il plus mûr et plus habile, il n'oserait pas encore porter la main sur les grandes plaies de la civilisation agonisante. Il faut être si sûr de pouvoir les guérir, quand on se risque à les sonder! Il aimerait mieux essayer de vous rattacher à d'anciennes croyances anéanties, à de vieilles dévotions perdues, plutôt que d'employer son talent, s'il en avait, à foudroyer les autels renversés. Il sait pourtant que, par l'esprit de charité qui court, une conscience timorée est méprisée comme une réserve hypocrite dans les opinions, de même que, dans les arts, une allure timide est raillée comme un maintien ridicule; mais il sait aussi qu'à défendre les causes perdues il y a honneur, sinon profit.

Pour qui se méprendrait sur l'esprit de ce livre, une semblable profession de foi jurerait comme un anachronisme. Le narrateur espère qu'après avoir écouté son conte jusqu'au bout, peu d'auditeurs nieront la *moralité* qui ressort des faits, et qui triomphe là comme dans toutes les choses humaines; il lui a semblé, en l'achevant, que sa conscience était nette. Il s'est flatté enfin d'avoir raconté sans trop d'humeur les misères sociales, sans trop de passion les passions humaines. Il a mis la sourdine sur ses cordes quand elles résonnaient trop haut; il a tâché d'étouffer certaines notes de l'âme qui doivent rester muettes, certaines voix du cœur qu'on n'éveille pas sans danger.

Peut-être lui rendrez-vous justice, si vous convenez qu'il vous a montré bien misérable l'être qui veut s'affranchir de son frein légitime, bien désolé le cœur qui se révolte contre les arrêts de sa destinée. S'il n'a pas donné le plus beau rôle possible à tel de ses personnages qui représente *la loi*, s'il a montré moins riant encore tel autre qui représente *l'opinion*, vous en verrez un troisième qui représente *l'illusion*, et qui déjoue cruellement les vaines espérances, les folles entreprises de la passion. Vous verrez enfin que, s'il n'a pas effeuillé des roses sur le sol où la loi parque nos volontés comme des appétits de mouton, il a jeté des orties sur les chemins qui nous en éloignent.

Voilà, ce me semble, de quoi garantir suffisamment ce livre du reproche d'immoralité; mais si vous voulez absolument qu'un roman finisse comme un conte de Marmontel, vous me reprocherez peut-être les dernières pages; vous trouverez mauvais que je n'aie pas jeté dans la misère et l'abandon l'être qui, pendant deux volumes, a transgressé les lois humaines. Ici l'auteur vous répondra qu'avant d'être moral il a voulu être vrai; il vous répétera que, se sentant trop neuf pour faire un traité philosophique sur la manière de supporter la vie, il s'est borné à vous dire Indiana, une histoire du cœur humain avec ses faiblesses, ses violences, ses droits, ses torts, ses biens et ses maux.

Indiana, si vous voulez absolument expliquer tout dans ce livre, c'est un type; c'est la femme, l'être faible chargé de représenter *les passions* comprimées, ou, si vous l'aimez mieux, supprimées par *les lois*; c'est la volonté aux prises avec la nécessité; c'est l'amour heurtant son front aveugle à tous les obstacles de la civilisation. Mais le serpent use et brise ses dents à vouloir ronger une lime; les forces de l'âme s'épuisent à vouloir lutter contre le positif de la vie. Voilà ce que vous pourrez conclure de cette anecdote, et c'est dans ce sens qu'elle fut racontée à celui qui vous la transmet.

Malgré ces protestations, le narrateur s'attend à des reproches. Quelques âmes probes, quelques consciences d'honnêtes gens, s'alarmeront peut-être de voir la vertu si rude, la raison si triste, l'opinion si injuste. Il s'en effraie; car ce qu'un écrivain doit craindre le plus au monde, c'est d'aliéner à ses productions la confiance des hommes de bien, c'est d'éveiller des sympathies funestes dans les âmes aigries, c'est d'envenimer les plaies déjà trop cuisantes que le joug social imprime sur des fronts impatients et rebelles.

Le succès qui s'étaie sur un appel coupable aux passions d'une époque est le plus facile à conquérir, le moins honorable à tenter. L'historien d'*Indiana* se défend d'y avoir songé; s'il croyait avoir atteint ce résultat, il anéantirait son livre, eût-il pour lui le naïf amour paternel qui emmaillotte les productions rachitiques de ces jours d'avortements littéraires.

Mais il espère se justifier en disant qu'il a cru mieux servir ses principes par des exemples vrais que par de poétiques inventions. Avec le caractère de triste franchise qui l'enveloppe, il pense que son récit pourra faire impression sur des cerveaux ardents et jeunes. Ils se méfieront difficilement d'un historien qui passe brutalement au milieu des faits, coudoyant à droite et à gauche sans plus d'égard pour un camp que pour l'autre. Rendre une cause odieuse ou ridicule, c'est la persécuter et non pas la combattre. Peut-être que tout l'art du conteur consiste à intéresser à leur propre histoire les coupables qu'il veut ramener, les malheureux qu'il veut guérir.

Ce serait donner trop d'importance à un ouvrage destiné sans doute à faire peu de bruit que de vouloir écarter de lui toute accusation. Aussi l'auteur s'abandonne tout entier à la critique; un seul grief lui semble trop grave pour qu'il l'accepte, c'est celui d'avoir voulu faire un livre dangereux. Il aimerait mieux rester à jamais médiocre que d'élever sa réputation sur une conscience ruinée. Il ajoutera donc encore un mot pour repousser le blâme qu'il redoute le plus.

Raymon, direz-vous, c'est la société; l'égoïsme, c'est la morale, c'est la raison. Raymon, répondra l'auteur, c'est la fausse raison, la fausse morale par qui la société est gouvernée; c'est l'homme d'honneur comme l'entend le monde, parce que le monde n'examine pas d'assez près pour tout voir. L'homme de bien, vous l'avez à côté de Raymon; et vous ne direz pas qu'il est ennemi de l'ordre; car il immole son bonheur, il fait abnégation de lui-même devant toutes les questions d'ordre social.

Ensuite vous direz que l'on ne vous a pas montré la vertu récompensée d'une façon assez éclatante. Hélas! on vous répondra que le triomphe de la vertu ne se voit plus qu'aux théâtres du boulevard. L'auteur vous dira qu'il ne s'est pas engagé à vous montrer la société vertueuse, mais nécessaire, et que l'honneur est devenu difficile comme l'héroïsme, dans ces jours de décadence morale. Pensez-vous que cette vérité dégoûte les grandes âmes de l'honneur? Je pense tout le contraire.

PRÉFACE DE L'ÉDITION DE 1842.

Si j'ai laissé réimprimer les pages qu'on vient de lire, ce n'est pas qu'elles résument d'une manière claire et complète la croyance à laquelle je suis arrivé aujourd'hui relativement au droit de la société sur les individus. C'est seulement parce que je regarde les opinions librement émises dans le passé comme quelque chose de sacré, que nous ne devons ni reprendre, ni atténuer, ni essayer d'interpréter à notre guise. Mais aujourd'hui qu'après avoir marché dans la vie, j'ai vu l'horizon s'élargir autour de moi, je crois devoir dire au lecteur ce que je pense de mon œuvre.

Lorsque j'écrivis le roman d'*Indiana*, j'étais jeune, j'obéissais à ces sentiments pleins de force et de sincérité qui débordèrent et dans une série de romans basés à peu près tous sur la même donnée: le rapport mal établi entre les sexes, par le fait de la société. Ces romans furent tous plus ou moins incriminés par la critique, comme portant d'imprudentes atteintes à l'institution du mariage. *Indiana*, malgré le peu d'ampleur des aperçus et la naïveté des incertitudes, n'échappa point à cette indignation de plusieurs esprits soi-disant sérieux, que j'étais fort disposé alors à croire sur parole et à écouter docilement. Mais quoique ma raison fût à peine suffisamment développée pour écrire sur un sujet aussi sérieux, je n'étais pas assez enfant pour ne pas juger à mon tour la pensée de ceux qui jugeaient la mienne. Quelque simple que soit un accusé, quelque habile que soit un magistrat, cet accusé a bien assez de sa conscience pour savoir si la sentence de ce magistrat est équitable ou perverse, sage ou absurde.

Certains journalistes qui s'érigent de nos jours en représentants et en gardiens de la morale publique (je ne sais pas en vertu de quelle mission, puisque je ne sais pas au nom de quelle foi), se prononcèrent avec rigueur contre les tendances de mon pauvre conte, et lui donnèrent, en le présentant comme un plaidoyer contre l'ordre social, une importance et une sorte de retentissement auxquels il ne serait point arrivé sans cela. C'était investir d'un rôle bien grave et bien lourd un jeune auteur à peine initié aux premières idées sociales, et qui n'avait pour tout bagage littéraire et philosophique qu'un peu d'imagination, du courage et l'amour de la vérité. Sensible aux reproches, et presque reconnaissant des leçons qu'on voulait bien lui donner, il examina les réquisitoires qui traduisaient devant l'opinion publique la moralité de ses pensées, et, grâce à cet examen où il ne porta aucun orgueil, il a peu à peu acquis des convictions qui n'étaient encore que des sentiments au début de sa carrière, et qui sont aujourd'hui des principes.

Pendant dix années de recherches, de scrupules et d'irrésolutions souvent douloureuses, mais toujours sincères, fuyant le rôle de pédagogue que m'attribuaient les uns pour me rendre ridicule, détestant l'imputation d'orgueil et de colère dont me poursuivaient les autres pour me rendre odieux; procédant, suivant mes facultés d'artiste, par l'analyse de la vie pour en chercher la synthèse, j'ai donc raconté des faits qu'on a reconnus parfois vraisemblables, et peint des caractères qu'on m'a souvent accordé d'avoir su étudier avec soin. Je me suis borné à ce travail, cherchant à établir ma propre conviction bien plutôt qu'à ébranler celle des autres, et me disant que, si je me trompais, la société saurait bien faire entendre des voix puissantes pour renverser mes arguments, et réparer par de sages réponses le mal qu'auraient pu faire mes imprudentes questions. Des voix nombreuses se sont élevées en effet pour mettre le public en garde contre l'écrivain dangereux; mais, quant à de sages réponses, le public et l'auteur attendent encore.

Longtemps après avoir écrit la préface d'*Indiana* sous l'empire d'un reste de respect pour la société constituée, je cherchais encore à résoudre cet insoluble problème: *le moyen de concilier le bonheur et la dignité des individus opprimés par cette même société, sans modifier la société elle-même*. Penché sur les victimes, et mêlant ses larmes aux leurs, se faisant leur interprète auprès de ses lecteurs, mais, comme un défenseur prudent, ne cherchant point trop à pallier la faute de ses clients, et s'adressant bien plus à la clémence des juges qu'à leur austérité, le romancier est le véritable avocat des êtres abstraits qui représentent nos passions et nos souffrances devant le tribunal de la force et le jury de l'opinion. C'est une tâche qui a sa gravité sous une apparence frivole, et qu'il est assez difficile de maintenir dans sa véritable voie, troublé qu'on est à chaque pas par ceux qui vous veulent trop sérieux dans la forme, et par ceux qui vous veulent trop léger dans le fond.

Je ne me flatte pas d'avoir rempli habilement cette tâche; mais je suis sûr de l'avoir tentée sérieusement, au milieu des fluctuations intérieures où ma conscience, tantôt effrayée par l'ignorance de ses droits, tantôt stimulée par un cœur épris de justice et de vérité, marchait pourtant à son but sans trop s'en écarter et sans faire trop de pas en arrière.

Initier le public à cette lutte intérieure par une suite de préfaces et de discussions, eût été un moyen puéril, où la vanité de parler de soi eût pris trop de place, à mon gré. J'ai dû m'en abstenir, ainsi que de toucher trop vite aux points restés obscurs dans mon intelligence. Les conservateurs m'ont trouvé trop audacieux, les novateurs trop timides. J'avoue que j'avais du respect et de la sympathie pour le passé et pour l'avenir, et, dans le combat, je n'ai trouvé de calme pour mon esprit que le jour où j'ai bien compris que l'un ne devait pas être la violation et l'anéantissement, mais la continuation et le développement de l'autre.

Après ces dix années de noviciat, initié enfin à des idées plus larges, que j'ai puisées non en moi, mais dans les progrès philosophiques qui se sont opérés autour de moi (en particulier dans quelques vastes intelligences que j'ai religieusement interrogées, et en général dans le spectacle des souffrances de mes semblables), j'ai enfin compris que si j'avais bien fait de douter de moi et d'hésiter à me prononcer à l'époque d'ignorance et d'inexpérience où j'écrivais *Indiana*, mon devoir actuel est de me féliciter des hardiesses auxquelles je me suis cependant laissé emporter alors et depuis ; hardiesses qu'on m'a tant reprochées, et qui eussent été plus grandes encore si j'avais su combien elles étaient légitimes, honnêtes et sacrées.

Aujourd'hui donc que je viens de relire le premier roman de ma jeunesse avec autant de sévérité et de détachement que si c'était l'œuvre d'un autre, au moment de le livrer à une publicité que l'édition populaire ne lui a pas encore donnée, résolu d'avance, non pas à me rétracter (on ne doit jamais rétracter ce qui a été fait et dit de bonne foi), mais à me condamner si j'eusse reconnu mon ancienne tendance erronée ou dangereuse, je me suis trouvé tellement d'accord avec moi-même dans le sentiment qui me dicta *Indiana*, et qui me le dicterait encore si j'avais à raconter cette histoire aujourd'hui pour la première fois, que je n'ai voulu y rien changer, sauf quelques phrases incorrectes et quelques mots impropres. Sans doute, il en reste encore beaucoup, et le mérite littéraire de mes écrits, je le soumets entièrement aux leçons de la critique ; je lui reconnais à cet égard toute la compétence qui me manque. Qu'il y ait aujourd'hui dans la presse quotidienne une incontestable masse de talent, je ne le nie pas, et j'aime à le reconnaître. Mais qu'il y ait dans cet ordre d'élégants écrivains beaucoup de philosophes et de moralistes, je le nie positivement, n'en déplaise à ceux qui m'ont condamné, et qui me condamneront encore à la première occasion, du haut de leur morale et de leur philosophie.

Ainsi, je le répète, j'ai écrit *Indiana*, et j'ai dû l'écrire ; j'ai cédé à un instinct puissant de plainte et de reproche que Dieu avait mis en moi, Dieu qui ne fait rien d'inutile, pas même les plus chétifs êtres, et qui intervient dans les plus petites causes aussi bien que dans les grandes. Mais quoi ! celle que je défendais est-elle donc si petite ? C'est celle de la moitié du genre humain, c'est celle du genre humain tout entier ; car le malheur de la femme entraîne celui de l'homme, comme celui de l'esclave entraîne celui du maître, et j'ai cherché à le montrer dans *Indiana*. On a dit que c'était une cause individuelle que je plaidais ; comme si, à supposer qu'un sentiment personnel m'eût animé, j'eusse été le seul être infortuné dans cette humanité paisible et radieuse ! Assez de cris de douleur et de sympathie ont répondu au mien pour que je sache maintenant à quoi m'en tenir sur la suprême félicité d'autrui.

Je ne crois pas avoir jamais rien écrit sous l'influence d'une passion égoïste ; je n'ai même jamais songé à m'en défendre. Ceux qui m'ont lu sans prévention comprennent que j'ai écrit *Indiana* avec le sentiment non raisonné, il est vrai, mais profond et légitime, de l'injustice et de la barbarie des lois qui régissent encore l'existence de la femme dans le mariage, dans la famille et la société. Je n'avais point à faire un traité de jurisprudence, mais à guerroyer contre l'opinion ; car c'est elle qui retarde ou prépare les améliorations sociales. La guerre sera longue et rude ; mais je ne suis ni le premier, ni le seul, ni le dernier champion d'une aussi belle cause, et je la défendrai tant qu'il me restera un souffle de vie.

Ce sentiment qui m'animait au commencement, je l'ai donc raisonné et développé à mesure qu'on l'a combattu et blâmé en moi. Des critiques injustes ou malveillantes m'en ont appris plus long que ne m'en eût fait découvrir le calme de l'impunité. Sous ce rapport, je rends donc grâces aux juges maladroits qui m'ont éclairé. Les motifs de leurs arrêts ont jeté dans ma pensée une vive lumière, et fait passer dans ma conscience une profonde sécurité. Un esprit sincère fait son profit de tout, et ce qui décourageait la vanité redouble l'ardeur du dévouement.

Qu'on ne voie pas dans les reproches que, du fond d'un cœur aujourd'hui sérieux et calme, je viens d'adresser à la plupart des journalistes de mon temps une protestation quelconque contre le droit de contrôle dont la moralité publique investit la presse française. Que la critique remplisse souvent mal et comprenne mal encore sa mission dans la société actuelle, ceci est évident pour tout le monde ; mais que la mission en elle-même soit providentielle et sacrée, nul ne peut le nier, à moins d'être athée en fait de progrès, à moins d'être l'ennemi de la vérité,

le blasphémateur de l'avenir, et l'indigne enfant de la France. Liberté de la pensée, liberté d'écrire et de parler, sainte conquête de l'esprit humain ! que sont les petites souffrances et les soucis éphémères engendrés par tes erreurs ou tes abus, au prix des bienfaits infinis que tu prépares au monde ?

PREMIÈRE PARTIE.

I.

Par une soirée d'automne pluvieuse et fraîche, trois personnes rêveuses étaient gravement occupées, au fond d'un petit castel de la Brie, à regarder brûler les tisons du foyer et cheminer lentement l'aiguille de la pendule. Deux de ces hôtes silencieux semblaient s'abandonner en toute soumission au vague ennui qui pesait sur eux ; mais le troisième donnait des marques de rébellion ouverte : il s'agitait sur son siège, étouffait à demi haut quelques bâillements mélancoliques, et frappait la pincette sur les bûches pétillantes, avec l'intention marquée de lutter contre l'ennemi commun.

Ce personnage, beaucoup plus âgé que les deux autres, était le maître de la maison, le colonel Delmare, vieille bravoure en demi-solde, homme jadis beau, maintenant épais, au front chauve, à la moustache grise, à l'œil terrible ; excellent maître devant qui tout tremblait, femme, serviteurs, chevaux et chiens.

Il quitta enfin sa chaise, évidemment impatienté de ne savoir comment rompre le silence, et se prit à marcher pesamment dans toute la longueur du salon, sans perdre un instant la raideur convenable à tous les mouvements d'un ancien militaire, s'appuyant sur les reins et se tournant tout d'une pièce, avec ce contentement perpétuel de soi-même qui caractérise l'homme de parade et l'officier-modèle.

Mais ils étaient passés, ces jours d'éclat où le lieutenant Delmare respirait le triomphe avec l'air des camps ; l'officier supérieur en retraite, oublié maintenant de la patrie ingrate, se voyait condamné à subir toutes les conséquences du mariage. Il était l'époux d'une jeune et jolie femme, le propriétaire d'un commode manoir avec ses dépendances, et, de plus, un industriel heureux dans ses spéculations ; en conséquence de quoi le colonel avait de l'humeur, et ce soir-là surtout : car le temps était humide, et le colonel avait des rhumatismes.

Il arpentait avec gravité son vieux salon meublé dans le goût de Louis XV, s'arrêtant parfois devant une porte surmontée d'Amours nus, peints à fresque, qui enchaînaient de fleurs des biches fort bien élevées et des sangliers de bonne volonté, parfois devant un panneau surchargé de sculptures maigres et tourmentées, dont l'œil se fût vainement fatigué à suivre les caprices tortueux et les enlacements sans fin. Mais ces vagues et passagères distractions n'empêchaient pas que le colonel, à chaque tour de sa promenade, ne jetât un regard lucide et profond sur l'un de ses compagnons de sa veillée silencieuse, reportant de l'un à l'autre cet œil attentif qui couvait depuis trois ans un trésor fragile et précieux, sa femme.

Car sa femme avait dix-neuf ans, et si vous l'eussiez vue enfoncée sous le manteau de cette vaste cheminée de marbre blanc incrusté de cuivre doré ; si vous l'eussiez vue, toute fluette, toute pâle, toute triste, le coude appuyé sur son genou, elle toute jeune, au milieu de ce vieux ménage, à côté de ce vieux mari, semblable à une fleur née d'hier qu'on fait éclore dans un vase gothique, vous eussiez plaint la femme du colonel Delmare, et peut-être le colonel plus encore que sa femme.

Le troisième occupant de cette maison isolée était assis sous le même enfoncement de la cheminée, à l'autre extrémité de la bûche incandescente. C'était un homme dans toute la force et dans toute la fleur de la jeunesse, et dont les joues brillantes, la riche chevelure d'un blond vif, les favoris bien fournis, juraient avec les cheveux grisonnants, le teint flétri et la rude physionomie du patron; mais le moins *artiste* des hommes eût encore préféré l'expression rude et austère de M. Delmare aux traits régulièrement fades du jeune homme. La figure bouffie gravée en relief sur la plaque de tôle qui occupait le fond de la cheminée, était peut-être moins monotone, avec son regard incessamment fixé sur les tisons ardents, que ne l'était dans la même contemplation le personnage vermeil et blond de cette histoire. Du reste, la vigueur assez dégagée de ses formes, la netteté de ses sourcils bruns, la blancheur polie de son front, le calme de ses yeux limpides, la beauté de ses mains, et jusqu'à la rigoureuse élégance de son costume de chasse, l'eussent fait passer pour un fort beau *cavalier* aux yeux de toute femme qui eût porté en amour les goûts dits *philosophiques* d'un autre siècle. Mais peut-être la jeune et timide femme de M. Delmare n'avait-elle jamais encore examiné un homme avec ses yeux; peut-être y avait-il, entre cette femme frêle et souffreteuse et cet homme dormeur et bien mangeant, absence de toute sympathie. Il est certain que l'argus conjugal fatigua son œil de vautour sans surprendre un regard, un souffle, une palpitation entre ces deux êtres si dissemblables. Alors, bien certain de n'avoir pas même un sujet de jalousie pour s'occuper, il retomba dans une tristesse plus profonde qu'auparavant, et enfonça ses mains brusquement jusqu'au fond de ses poches.

La seule figure heureuse et caressante de ce groupe, c'était celle d'un beau chien de chasse de la grande espèce des griffons, qui avait allongé sa tête sur les genoux de l'homme assis. Il était remarquable par sa longue taille, ses larges jarrets velus, son museau effilé comme celui d'un renard, et sa spirituelle physionomie toute hérissée de poils en désordre, au travers desquels deux grands yeux fauves brillaient comme deux topazes. Ces yeux de chien courant, si sanglants et si sombres dans l'ardeur de la chasse, avaient alors un sentiment de mélancolie et de tendresse indéfinissable; et lorsque le maître, objet de tout cet amour d'instinct, si supérieur parfois aux affections raisonnées de l'homme, promenait ses doigts dans les soies argentées du beau griffon, les yeux de l'animal étincelaient de plaisir, tandis que sa longue queue balayait l'âtre en cadence, et en éparpillait la cendre sur la marqueterie du parquet.

Il y avait peut-être le sujet d'un tableau à la Rembrandt dans cette scène d'intérieur à demi éclairée par la flamme du foyer. Des lueurs blanches et fugitives inondaient par intervalles l'appartement et les figures, puis, passant au ton rouge de la braise, s'éteignaient par degré; la vaste salle s'assombrissait alors dans la même proportion. A chaque tour de sa promenade, M. Delmare en passant devant le feu apparaissait comme une ombre et se perdait aussitôt dans les mystérieuses profondeurs du salon. Quelques lames de dorure s'enlevaient çà et là en lumière sur les cadres ovales chargés de couronnes, de médaillons et de rubans de bois, sur les meubles plaqués d'ébène et de cuivre, et jusque sur les corniches déchiquetées de la boiserie. Mais lorsqu'un tison, venant à s'éteindre, cédait son éclat à un autre point embrasé de l'âtre, les objets, lumineux tout à l'heure, rentraient dans l'ombre, et d'autres aspérités se détachaient de l'obscurité. Ainsi l'on eût pu saisir tour à tour tous les détails du tableau, tantôt la console portée sur trois grands Tritons dorés, tantôt le plafond peint qui représentait un ciel parsemé de nuages et d'étoiles, tantôt les lourdes tentures de damas cramoisi à longues crépines qui se moiraient de reflets satinés, et dont les larges plis semblaient s'agiter en se renvoyant la clarté inconstante.

On eût dit, à voir l'immobilité des deux personnages en relief devant le foyer, qu'ils craignaient de déranger l'immobilité de la scène; fixes et pétrifiés comme les héros d'un conte de fées, on eût dit que la moindre parole, le plus léger mouvement allait faire écrouler sur eux les murs d'une cité fantastique; et le maître au front rembruni, qui n'un pas égal coupait seul l'ombre et le silence, ressemblait assez à un sorcier qui les eût tenus sous le charme.

Enfin le griffon, ayant obtenu de son maître un regard de complaisance, céda à la puissance magnétique que la prunelle de l'homme exerce sur celle des animaux intelligents. Il laissa échapper un léger aboiement de tendresse craintive, et jeta ses deux pattes sur les épaules de son bien-aimé avec une souplesse et une grâce inimitables.

« A bas, Ophélia! à bas! »

Et le jeune homme adressa en anglais une grave réprimande au docile animal, qui, honteux et repentant, se traîna en rampant vers madame Delmare comme pour lui demander protection. Mais madame Delmare ne sortit point de sa rêverie, et laissa la tête d'Ophélia s'appuyer sur ses deux blanches mains, qu'elle tenait croisées sur son genou, sans lui accorder une caresse.

« Cette chienne est donc tout à fait installée au salon? dit le colonel, secrètement satisfait de trouver un motif d'humeur pour passer le temps. Au chenil, Ophélia! allons, dehors, sotte bête! »

Si quelqu'un alors eût observé de près madame Delmare, il eût pu deviner, dans cette circonstance minime et vulgaire de sa vie privée, le secret douloureux de sa vie entière. Un frisson imperceptible parcourut son corps, et ses mains, qui soutenaient sa y penser la tête de l'animal favori, se crispèrent vivement autour de son cou rude et velu, comme pour le retenir et le préserver. M. Delmare, tirant alors un fouet de chasse de la poche de sa veste, s'avança d'un air menaçant vers la pauvre Ophélia, qui se coucha à ses pieds en fermant les yeux et laissant échapper d'avance des cris de douleur et de crainte. Madame Delmare devint plus pâle encore que de coutume; son sein se gonfla convulsivement, et, tournant ses grands yeux bleus vers son mari avec une expression d'effroi indéfinissable:

« De grâce, Monsieur, lui dit-elle, ne la tuez pas! »

Ce peu de mots firent tressaillir le colonel. Un sentiment de chagrin prit la place de ses velléités de colère.

« Ceci, Madame, est un reproche que je comprends fort bien, dit-il, et que vous ne m'avez pas épargné depuis le jour où j'eus la vivacité de tuer votre épagneul à la chasse. N'est-ce pas une grande perte? Un chien qui forçait toujours l'arrêt, et qui s'emportait sur le gibier! Quelle patience n'eût-il pas lassée? Au reste, vous ne l'avez tant aimé que depuis sa mort; auparavant vous n'y preniez pas garde; mais maintenant que c'est pour vous l'occasion de me blâmer...

— Vous ai-je jamais fait un reproche? dit madame Delmare avec cette douceur qu'on a par générosité avec les gens qu'on aime, et par égard pour soi-même avec ceux qu'on n'aime pas.

— Je ne dis pas cela, reprit le colonel sur un ton moitié père, moitié mari; mais il y a dans les larmes de certaines femmes des reproches plus sanglants que dans toutes les imprécations des autres. Morbleu! Madame, vous savez bien que je n'aime pas à voir pleurer autour de moi....

— Vous ne me voyez jamais pleurer, je pense.

— Eh! ne vous vois-je pas sans cesse les yeux rouges! C'est encore pis, ma foi! »

Pendant cette conversation conjugale, le jeune homme s'était levé et avait fait sortir Ophélia avec le plus grand calme; puis il revint s'asseoir vis-à-vis de madame Delmare, après avoir allumé une bougie et l'avoir placée sur le manteau de la cheminée.

Il y eut dans cet acte de pur hasard une influence subite sur les dispositions de M. Delmare. Dès que la bougie eut jeté sur sa femme une clarté plus égale et moins vacillante que celle du foyer, il remarqua l'air de souffrance et d'abattement qui, ce soir-là, était répandu sur toute sa personne, son attitude fatiguée, ses longs cheveux bruns pendants sur ses joues amaigries, et une teinte violacée sous ses yeux ternis et échauffés. Il fit quelques tours dans l'appartement; puis, revenant à sa femme par une transition assez brusque:

« Comment vous trouvez-vous aujourd'hui, Indiana? lui dit-il avec la maladresse d'un homme dont le cœur et le caractère sont rarement d'accord.

— Comme à l'ordinaire; je vous remercie, répondit-elle sans témoigner ni surprise ni rancune.

— Comme à l'ordinaire, ce n'est pas une réponse, ou plutôt c'est une réponse de femme, une réponse normande, qui ne signifie ni oui ni non, ni bien ni mal.

— Soit, je ne me porte ni bien ni mal.

— Eh bien ! reprit-il avec une nouvelle rudesse, vous mentez ; je sais que vous ne vous portez pas bien ; vous l'avez dit à sir Ralph ici présent. Voyons, en ai-je menti, moi ? Parlez, monsieur Ralph, vous l'a-t-elle dit ?

— Elle me l'a dit, » répondit le flegmatique personnage interpellé, sans faire attention au regard de reproche que lui adressait Indiana.

En ce moment un quatrième personnage entra : c'était le factotum de la maison, ancien sergent du régiment de M. Delmare.

Il expliqua en peu de mots à M. Delmare qu'il avait ses raisons pour croire que des voleurs de charbon s'étaient introduits les nuits précédentes à pareille heure dans le parc, et qu'il venait demander un fusil pour faire sa ronde avant de fermer les portes. M. Delmare, qui vit à cette aventure une tournure guerrière, prit aussitôt son fusil de chasse, en donna un autre à Lelièvre, et se disposa à sortir de l'appartement.

« Eh quoi ! dit madame Delmare avec effroi, vous tueriez un pauvre paysan pour quelques sacs de charbon ?

— Je tuerai comme un chien, répondit Delmare irrité de cette objection, tout homme que je trouverai la nuit à rôder dans mon enclos. Si vous connaissiez la loi, Madame, vous sauriez qu'elle m'y autorise.

— C'est une affreuse loi, reprit Indiana avec feu ; puis, réprimant aussitôt ce mouvement : Mais vos rhumatismes ? ajouta-t-elle d'un ton plus bas. Vous oubliez qu'il pleut et que vous souffrirez demain si vous sortez ce soir.

— Vous avez bien peur d'être obligée de soigner le vieux mari ! » répondit Delmare en poussant la porte brusquement ; et il sortit en continuant de murmurer contre son âge et contre sa femme.

II.

Les deux personnages que nous venons de nommer, Indiana Delmare et sir Ralph, ou, si vous l'aimez mieux, M. Rodolphe Brown, restèrent vis-à-vis l'un de l'autre, aussi calmes, aussi froids que si le mari eût été entre eux deux. L'Anglais ne songeait nullement à se justifier, et madame Delmare sentait qu'elle n'avait pas de reproches sérieux à lui faire ; car il n'avait parlé qu'à bonne intention. Enfin, rompant le silence avec effort, elle le gronda doucement :

— Ce n'est pas bien, mon cher Ralph, lui dit-elle ; je vous avais défendu de répéter ces paroles échappées dans un moment de souffrance, et M. Delmare est le dernier que j'aurais voulu instruire de mon mal.

— Je ne vous conçois pas, ma chère, répondit sir Ralph ; vous êtes malade, et vous ne voulez pas vous soigner. Il fallait donc choisir entre la chance de vous perdre et la nécessité d'avertir votre mari.

— Oui, dit madame Delmare avec un sourire triste, et vous avez pris le parti de *prévenir l'autorité !*

— Vous avez tort, vous avez tort, sur ma parole, de vous laisser aigrir ainsi contre le colonel ; c'est un homme d'honneur, un digne homme.

— Mais qui vous dit le contraire, sir Ralph ?...

— Eh ! vous-même, sans le vouloir. Votre tristesse, votre état maladif, et comme il le remarque lui-même, vos yeux rouges, disent à tout le monde et à toute heure que vous n'êtes pas heureuse...

— Taisez-vous, sir Ralph, vous allez trop loin. Je ne vous ai pas permis de savoir tant de choses.

— Je vous fâche, je le vois ; que voulez-vous ! je ne suis pas adroit, je ne connais pas les subtilités de votre langue, et puis j'ai beaucoup de rapports avec votre mari. J'ignore absolument comme lui, soit en anglais, soit en français, ce qu'il faut dire aux femmes pour les consoler. Un autre homme eût fait comprendre, sans vous la dire, la pensée que je viens de vous exprimer si lourdement ; il eût trouvé l'art d'entrer bien avant dans votre confiance sans vous laisser apercevoir ses progrès, et peut-être eût-il réussi à soulager un peu votre cœur, qui se raidit et se ferme devant moi. Ce n'est pas la première fois que je remarque combien, en France particulièrement, les mots ont plus d'empire que les idées. Les femmes surtout...

— Oh ! vous avez un profond dédain pour les femmes, mon cher Ralph. Je suis ici seule contre deux ; je dois donc me résoudre à n'avoir jamais raison.

— Donne-nous tort, ma chère cousine, en te portant bien, en reprenant ta gaieté, ta fraîcheur, ta vivacité d'autrefois ; rappelle-toi l'île Bourbon et notre délicieuse retraite de Bernica, et notre enfance si joyeuse, et notre amitié aussi vieille que toi...

— Je me rappelle aussi mon père... » dit Indiana en appuyant tristement sur cette réponse et en mettant sa main dans la main de sir Ralph.

Ils retombèrent dans un profond silence.

« Indiana, dit Ralph après une pause, le bonheur est toujours à notre portée. Il ne faut souvent que la peine de la main pour s'en saisir. Que te manque-t-il ? Tu as une honnête aisance préférable à la richesse, un mari excellent qui t'aime de tout son cœur, et, j'ose le dire, un ami sincère et dévoué... »

Madame Delmare pressa faiblement la main de sir Ralph, mais elle ne changea pas d'attitude ; sa tête resta penchée sur son sein, et ses yeux humides attachés sur les magiques effets de la braise.

« Votre tristesse, ma chère amie, poursuivit sir Ralph, est un état purement maladif ; lequel de nous peut échapper au chagrin, au spleen ? Regardez au-dessous de vous, vous y verrez des gens qui vous envient avec raison. L'homme est ainsi fait, toujours il aspire à ce qu'il n'a pas.... »

Je vous fais grâce d'une foule d'autres lieux communs que débita le bon sir Ralph d'un ton monotone et lourd comme ses pensées. Ce n'est pas que sir Ralph fût un sot, mais il était là tout à fait hors de son élément. Il ne manquait ni de bon sens ni de savoir ; mais consoler une femme, comme il l'avouait lui-même, était un rôle au-dessus de sa portée. Et cet homme comprenait si peu le chagrin d'autrui, qu'avec la meilleure volonté possible d'y porter remède il ne savait y toucher que pour l'envenimer. Il sentait si bien sa gaucherie, qu'il se hasardait rarement à s'apercevoir des afflictions de ses amis ; et cette fois il faisait des efforts inouïs pour remplir ce qu'il regardait comme le plus pénible devoir de l'amitié.

Quand il vit que madame Delmare ne l'écoutait qu'avec effort, il se tut, et l'on n'entendit plus que les mille petites voix qui bruissent dans le bois embrasé, le chant plaintif de la bûche qui s'échauffe et se dilate, le craquement de l'écorce qui se crispe avant d'éclater, et ces légères explosions phosphorescentes de l'aubier qui fait jaillir une flamme bleuâtre. De temps à autre le hurlement d'un chien venait se mêler au faible sifflement de la bise qui se glissait dans les fentes de la porte et au bruit de la pluie qui fouettait les vitres. Cette soirée était une des plus tristes qu'eût encore passées madame Delmare dans son petit manoir de la Brie.

Et puis, je ne sais quelle attente vague pesait sur cette âme impressionnable et sur ses fibres délicates. Les êtres faibles ne vivent que de terreurs et de pressentiments. Madame Delmare avait toutes les superstitions d'une créole nerveuse et maladive ; certaines harmonies de la nuit, certains jeux de la lune lui faisaient croire à de certains événements, à de prochains malheurs, et la nuit avait pour cette femme rêveuse et triste un langage tout de mystères et de fantômes qu'elle seule savait comprendre et traduire suivant ses craintes et ses souffrances.

« Vous direz encore que je suis folle, dit-elle en retirant sa main que tenait toujours sir Ralph, mais je ne sais quelle catastrophe se prépare autour de nous. Il y a ici un danger qui pèse sur quelqu'un... sur moi, sans doute...; mais... tenez, Ralph, je me sens émue comme à l'approche d'une grande phase de ma destinée... J'ai peur, ajouta-t-elle en frissonnant, je me sens mal. »

Et ses lèvres devinrent aussi blanches que ses joues. Sir Ralph effrayé, non des pressentiments de madame

Delmare, qu'il regardait comme les symptômes d'une grande atonie morale, mais de sa pâleur mortelle, tira vivement la sonnette pour demander des secours. Personne ne vint, et Indiana s'affaiblissant de plus en plus, Ralph, épouvanté, l'éloigna du feu, la déposa sur une chaise longue, et courut au hasard, appelant les domestiques, cherchant de l'eau, des sels, ne trouvant rien, brisant toutes les sonnettes, se perdant à travers le dédale des appartements obscurs, et se tordant les mains d'impatience et de dépit contre lui-même.

Enfin l'idée lui vint d'ouvrir la porte vitrée qui donnait sur le parc, et d'appeler tour à tour Lelièvre et Noun, la femme de chambre créole de madame Delmare.

Quelques instants après, Noun accourut d'une des plus sombres allées du parc, et demanda vivement si madame Delmare se trouvait plus mal que de coutume.

« Tout à fait mal, » répondit sir Brown.

Tous deux rentrèrent au salon et prodiguèrent leurs soins à madame Delmare évanouie, l'un avec tout le zèle d'un empressement inutile et gauche, l'autre avec l'adresse et l'efficacité d'un dévouement de femme.

Noun était la sœur de lait de madame Delmare; ces deux jeunes personnes, élevées ensemble, s'aimaient tendrement. Noun, grande, forte, brillante de santé, vive, alerte, et pleine de sang créole ardent et passionné, effaçait de beaucoup, par sa beauté resplendissante, la beauté pâle et frêle de madame Delmare; mais la bonté de leur cœur et la force de leur attachement étouffaient entre elles tout sentiment de rivalité féminine.

Lorsque madame Delmare revint à elle, la première chose qu'elle remarqua fut l'altération des traits de sa femme de chambre, le désordre de sa chevelure humide, et l'agitation qui se trahissait dans tous ses mouvements.

« Rassure-toi donc, ma pauvre enfant, lui dit-elle avec bonté; mon mal te brise plus que moi-même. Va, Noun, c'est à toi de te soigner; tu maigris et tu pleures comme si ce n'était pas à toi de vivre; ma bonne Noun, la vie est si joyeuse et si belle devant toi! »

Noun pressa avec effusion la main de madame Delmare contre ses lèvres, et dans une sorte de délire jetant autour d'elle des regards effarés:

— Mon Dieu! dit-elle, Madame, savez-vous pourquoi monsieur Delmare est dans le parc?

— Pourquoi? répéta Indiana, perdant aussitôt le faible incarnat qui avait reparu sur ses joues, mais attends donc, je ne sais plus... Tu me fais peur! Qu'y a-t-il donc?

— Monsieur Delmare, répondit Noun d'une voix entrecoupée, prétend qu'il y a des voleurs dans le parc. Il fait sa ronde avec Lelièvre, tous deux armés de fusils...

— Eh bien? dit Indiana, qui semblait attendre quelque affreuse nouvelle.

— Eh bien! Madame, reprit Noun en joignant les mains avec égarement, n'est-ce pas affreux de songer qu'ils vont tuer un homme...?

— Tuer! s'écria madame Delmare en se levant avec la terreur crédule d'un enfant alarmé par les récits de sa bonne.

— Ah! oui, ils le tueront, dit Noun avec des sanglots étouffés.

— Ces deux femmes sont folles, pensa sir Ralph, qui regardait cette scène étrange d'un air stupéfait. D'ailleurs, ajouta-t-il en lui-même, toutes les femmes le sont.

— Mais, Noun, que dis-tu là? reprit madame Delmare; est-ce que tu crois aux voleurs?

— Oh! si c'étaient des voleurs! mais quelque pauvre paysan peut-être, qui vient dérober une poignée de bois pour sa famille.

— Oui, ce serait affreux, en effet!... Mais ce n'est pas probable; à l'entrée de la forêt de Fontainebleau, et lorsqu'on peut si facilement y dérober du bois, ce n'est pas dans un parc fermé de murs qu'on viendrait s'exposer. Bah! M. Delmare ne trouvera personne dans le parc; rassure-toi donc... »

Mais Noun n'écoutait pas; elle allait de la fenêtre du salon à la chaise longue de sa maîtresse, elle épiait le moindre bruit, elle semblait partagée entre l'envie de courir après M. Delmare et celle de rester auprès de la malade.

Son anxiété parut si étrange, si déplacée à M. Brown, qu'il sortit de sa douceur habituelle, et, lui pressant fortement le bras:

« Vous avez donc perdu l'esprit tout à fait? lui dit-il; ne voyez-vous pas que vous épouvantez votre maîtresse, et que vos sottes frayeurs lui font un mal affreux? »

Noun ne l'avait pas entendu; elle avait tourné les yeux vers sa maîtresse, qui venait de tressaillir sur sa chaise comme si l'ébranlement de l'air eût frappé ses sens d'une commotion électrique. Presque au même instant le bruit d'un coup de fusil fit trembler les vitres du salon, et Noun tomba sur ses genoux.

— Quelles misérables terreurs de femmes! s'écria sir Ralph, fatigué de leur émotion; tout à l'heure on va vous apporter en triomphe un lapin tué à l'affût, et vous rirez de vous-mêmes.

— Non, Ralph, dit madame Delmare en marchant d'un pas ferme vers la porte, je vous dis qu'il y a du sang humain répandu. »

Noun jeta un cri perçant et tomba sur le visage.

On entendit alors la voix de Lelièvre qui criait du côté du parc:

« Il y est! il y est! Bien ajusté, mon colonel! le brigand est par terre!... »

Sir Ralph commença à s'émouvoir. Il suivit madame Delmare. Quelques instants après on apporta sous le péristyle de la maison un homme ensanglanté et ne donnant aucun signe de vie.

« Pas tant de bruit! pas tant de cris! disait avec une gaieté rude le colonel à tous ses domestiques effrayés qui s'empressaient autour du blessé; ceci n'est qu'une plaisanterie, mon fusil n'était chargé que de sel. Je crois même que je ne l'ai pas touché; il est tombé de peur.

— Mais ce sang, Monsieur, dit madame Delmare d'un ton de profond reproche, est-ce la peur qui le fait couler?

— Pourquoi êtes-vous ici, Madame? s'écria M. Delmare, que faites-vous ici?

— J'y viens pour réparer, comme c'est mon devoir, le mal que vous faites, Monsieur, » répondit-elle froidement.

Et s'avançant vers le blessé avec un courage dont aucune des personnes présentes ne s'était encore sentie capable, elle approcha une lumière de son visage.

Alors, au lieu de traits et de vêtements ignobles qu'on s'attendait à voir, on trouva un jeune homme de la plus noble figure, et vêtu avec recherche, quoique en habit de chasse. Il avait une main blessée assez légèrement, mais ses vêtements déchirés et son évanouissement annonçaient une chute grave.

« Je le crois bien! dit Lelièvre; il est tombé de vingt pieds de haut. Il enjambait le sommet du mur quand le colonel l'a ajusté, et quelques grains de petit plomb ou de sel dans la main droite l'auront empêché de prendre son appui. Le fait est que je l'ai vu rouler, et qu'arrivé en bas il ne songeait guère à se sauver, le pauvre diable!

— Est-ce croyable, dit une femme de service, qu'on s'amuse à voler quand on est *couvert* si proprement?

— Et ses poches sont pleines d'or! dit un autre qui avait détaché le gilet du prétendu voleur.

— Cela est étrange, dit le colonel, qui regardait, non sans une émotion profonde, l'homme étendu devant lui. Si cet homme est mort, ce n'est pas ma faute; examinez sa main, Madame, et si vous y trouvez un grain de plomb...

— J'aime à vous croire, Monsieur, répondit madame Delmare, qui, avec un sang-froid et une force morale dont personne ne l'eût crue capable, examinait attentivement le pouls et les artères du cou. Aussi bien, ajouta-t-elle, il n'est pas mort, et de prompts secours lui sont nécessaires. Cet homme n'a pas l'air d'un voleur et mérite peut-être des soins; et lors même qu'il n'en mériterait pas, notre devoir, à nous autres femmes, est de lui en accorder. »

Alors madame Delmare fit transporter le blessé dans la salle de billard, qui était la plus voisine. On jeta un ma-

Mais ce sang, Monsieur. (Page 7.)

telas sur quelques banquettes, et Indiana, aidée de ses femmes, s'occupa de panser la main malade, tandis que sir Ralph, qui avait des connaissances en chirurgie, pratiqua une abondante saignée.

Pendant ce temps, le colonel, embarrassé de sa contenance, se trouvait dans la situation d'un homme qui s'est montré plus méchant qu'il n'avait l'intention de l'être. Il sentait le besoin de se justifier aux yeux des autres, ou plutôt de se faire justifier par les autres aux siens propres. Il était donc resté sous le péristyle au milieu de ses serviteurs, se livrant avec eux aux longs commentaires si chaudement prolixes et si parfaitement inutiles qu'on fait toujours après l'événement. Lelièvre avait déjà expliqué vingt fois, avec les plus minutieux détails, le coup de fusil, la chute et ses résultats, tandis que le colonel, redevenu bonhomme au milieu des siens, ainsi qu'il l'était toujours après avoir satisfait sa colère, incriminait les intentions d'un homme qui s'introduit dans une propriété particulière, la nuit, par-dessus les murs. Chacun était de l'avis du maître, lorsque le jardinier, le tirant doucement à part, l'assura que le voleur ressemblait *comme deux gouttes d'eau de vin blanc* à un jeune propriétaire récemment installé dans le voisinage, et qu'il l'avait vu parler à mademoiselle Noun trois jours auparavant, à la fête champêtre de Rubelles.

Ces renseignements donnèrent un autre cours aux idées de M. Delmare; son large front, luisant et chauve, se sillonna d'une grosse veine dont le gonflement était chez lui le précurseur de l'orage.

« Morbleu! se dit-il en serrant les poings, madame Delmare prend bien de l'intérêt à ce godelureau qui pénètre chez moi par-dessus les murs! »

Et il entra dans la salle de billard, pâle et frémissant de colère.

III.

« Rassurez-vous, Monsieur, lui dit Indiana; l'homme que vous avez tué se portera bien dans quelques jours; du moins nous l'espérons, quoique la parole ne lui soit pas encore revenue...

— Il ne s'agit pas de cela, Madame, dit le colonel d'une voix concentrée; il s'agit de me dire le nom de cet inté-

Noun.

ressant malade, et par quelle distraction il a pris le mur de mon parc pour l'avenue de ma maison.

— Je l'ignore absolument, » répondit madame Delmare avec une froideur si pleine de fierté que son terrible époux en fut comme étourdi un instant; mais revenant bien vite à ses soupçons jaloux :

« Je le saurai, Madame, lui dit-il à demi-voix; soyez bien sûre que je le saurai... »

Alors, comme madame Delmare feignait de ne pas remarquer sa fureur, et continuait à donner des soins au blessé, il sortit pour ne pas éclater devant ses femmes, et rappela le jardinier.

« Comment s'appelle cet homme qui ressemble, dis-tu, à notre larron?

— M. de Ramière. C'est lui qui vient d'acheter la petite maison anglaise de M. de Cercy.

— Quel homme est-ce? un noble, un fat, un beau monsieur?

— Un très-beau monsieur, un noble, je crois...

— Cela doit être, reprit le colonel avec emphase, M. de Ramière? Dis-moi, Louis, ajouta-t-il en parlant bas; n'as-tu jamais vu ce fat rôder autour d'ici?

— Monsieur... la nuit dernière... répondit Louis embarrassé, j'ai vu certainement... pour dire que ce soit un fat, je n'en sais rien; mais à coup sûr, c'était un homme.

— Et tu l'as vu?

— Comme je vous vois, sous les fenêtres de l'orangerie.

— Et tu n'es pas tombé dessus avec le manche de ta pelle?

— Monsieur, j'allais le faire; mais j'ai vu une femme en blanc qui sortait de l'orangerie et qui venait à lui. Alors je me suis dit : C'est peut-être monsieur et madame qui ont pris la fantaisie de se promener avant le jour, et je suis revenu me coucher. Mais ce matin j'ai entendu Lelièvre qui parlait d'un voleur dont il aurait vu les traces dans le parc, et je me suis dit : Il y a quelque chose là-dessous.

— Et pourquoi ne m'as-tu pas averti sur-le-champ, maladroit?

— Dame! Monsieur, il y a des *arguments si délicates* dans la vie...

— J'entends, tu te permets d'avoir des doutes. Tu es

un sot; s'il t'arrive jamais d'avoir une idée insolente de cette sorte, je te coupe les oreilles. Je sais fort bien qui est ce larron et ce qu'il venait chercher dans mon jardin. Je ne t'ai fait toutes ces questions que pour voir de quelle manière tu gardais ton orangerie. Songe que j'ai là des plantes rares auxquelles madame tient beaucoup, et qu'il y a des amateurs assez fous pour venir voler dans les serres de leurs voisins; c'est moi que tu as vu la nuit dernière avec madame Delmare. »

Et le pauvre colonel s'éloigna plus tourmenté, plus irrité qu'auparavant, laissant son jardinier fort peu convaincu qu'il existât des horticulteurs fanatiques au point de s'exposer à un coup de fusil pour s'approprier une marcotte ou une bouture.

M. Delmare rentra dans le billard, et, sans faire attention aux marques de connaissance que donnait enfin le blessé, il s'apprêtait à fouiller les poches de sa veste étalée sur une chaise, lorsque celui-ci, allongeant le bras, lui dit d'une voix faible :

« Vous désirez savoir qui je suis, Monsieur; c'est inutile. Je vous le dirai quand nous serons seuls ensemble. Jusque-là épargnez-moi l'embarras de me faire connaître dans la situation ridicule et fâcheuse où je suis placé.

— Cela est vraiment bien dommage! répondit le colonel aigrement; mais je vous avoue que j'y suis peu sensible. Cependant, comme j'espère que nous nous reverrons tête à tête, je veux bien différer jusque-là notre connaissance. En attendant, voulez-vous bien me dire où je dois vous faire transporter?

— Dans l'auberge du plus prochain village, si vous le voulez bien.

— Mais monsieur n'est pas en état d'être transporté! dit vivement madame Delmare; n'est-il pas vrai, Ralph?

— L'état de monsieur vous affecte beaucoup trop, Madame, dit le colonel. Sortez, vous autres, dit-il aux femmes de service. Monsieur se sent mieux, et il aura la force maintenant de m'expliquer sa présence chez moi.

— Oui, Monsieur, répondit le blessé, et je prie toutes les personnes qui ont eu la bonté de me donner des soins de vouloir bien entendre l'aveu de ma faute. Je sens qu'il importe beaucoup ici qu'il n'y ait pas de méprise sur ma conduite, et il m'importe à moi-même de ne pas passer pour ce que je ne suis pas. Sachez donc quelle supercherie m'amenait chez vous. Vous avez établi, Monsieur, par des moyens extrêmement simples, et connus de vous seulement, une usine dont le travail et les produits surpassent infiniment ceux de toutes les fabriques de ce genre élevées dans le pays. Mon frère possède dans le midi de la France un établissement à peu près semblable, mais dont l'entretien absorbe des fonds immenses. Ses opérations devenaient désastreuses, lorsque j'ai appris le succès des vôtres; alors je me suis promis de venir vous demander quelques conseils, comme un généreux service qui ne pourrait nuire à vos intérêts, mon frère exploitant des denrées d'une tout autre nature. Mais la porte de votre jardin anglais m'a été rigoureusement fermée; et lorsque j'ai demandé à m'adresser à vous, on m'a répondu que vous ne me permettriez pas même de visiter votre établissement. Rebuté par ces refus désobligeants, je résolus alors, au péril même de ma vie et de mon honneur, de sauver l'honneur et la vie de mon frère: je me suis introduit chez vous la nuit par-dessus les murs, et j'ai tâché de pénétrer dans l'intérieur de la fabrique afin d'en examiner les rouages. J'étais déterminé à me cacher dans un coin, à séduire les ouvriers, à voler votre secret, en un mot, pour en faire profiter un honnête homme sans vous nuire. Telle a été ma faute. Maintenant, Monsieur, si vous exigez une autre réparation que celle que vous venez de vous faire, aussitôt que j'en aurai la force, je suis prêt à vous l'offrir, et peut-être à vous la demander.

— Je crois que nous devons nous tenir quittes, Monsieur, répondit le colonel à demi soulagé d'une grande anxiété. Soyez témoins, vous autres, de l'explication que monsieur m'a donnée. Je suis beaucoup trop vengé, en supposant que j'aie besoin d'une vengeance. Sortez maintenant, et laissez-nous causer de mon exploitation avantageuse. »

Les domestiques sortirent; mais eux seuls furent dupes de cette réconciliation. Le blessé, affaibli par son long discours, ne put apprécier le ton des dernières paroles du colonel. Il retomba sur le bras de madame Delmare, et perdit connaissance une seconde fois. Celle-ci, penchée sur lui, ne daigna pas lever les yeux sur la colère de son mari, et les deux figures si différentes de M. Delmare et de M. Brown, l'une pâle et contractée par le dépit, l'autre calme et insignifiante comme à l'ordinaire, s'interrogèrent en silence.

M. Delmare n'avait pas besoin de dire un mot pour se faire comprendre; cependant il tira sir Ralph à l'écart, et lui dit en lui brisant les doigts :

« Mon ami, c'est une intrigue admirablement tissue! Je suis content, parfaitement content de l'esprit avec lequel ce jeune homme a su préserver mon honneur aux yeux de mes gens. Mais, mordieu! il me paiera cher l'affront que je ressens au fond du cœur. Et cette femme qui le soigne et qui fait semblant de ne le pas connaître! Ah! comme la ruse est innée chez ces êtres-là !... »

Sir Ralph, atterré, fit méthodiquement trois tours dans la salle. À son premier tour, il tira cette conclusion, *invraisemblable*; au second, *impossible*; au troisième, *prouvé*. Puis, revenant au colonel avec sa figure glaciale, il lui montra du doigt Noun, qui se tenait debout derrière le malade, les mains tordues, les yeux hagards, les joues livides, et dans l'immobilité du désespoir, de la terreur et de l'égarement.

Il y a dans une découverte réelle une puissance de conviction si prompte, si envahissante, que le colonel fut plus frappé du geste énergique de sir Ralph qu'il ne l'eût été de l'éloquence la plus habile. M. Brown avait sans doute plus d'un moyen de se mettre sur la voie; il venait de se rappeler la présence de Noun dans le parc au moment où il l'avait cherchée, ses cheveux mouillés, sa chaussure humide et fangeuse, qui attestaient une étrange fantaisie de promenade pendant la pluie, menus détails qui l'avaient médiocrement frappé au moment où madame Delmare s'était évanouie, mais qui maintenant lui revenaient en mémoire. Puis cet effroi bizarre qu'elle avait témoigné, cette agitation convulsive, et le cri qui lui était échappé en entendant le coup de fusil....

M. Delmare n'eut pas besoin de toutes ces indications : plus pénétrant, parce qu'il était plus intéressé à l'être, il n'eut qu'à examiner la contenance de cette fille pour voir qu'elle seule était coupable. Cependant l'assiduité de sa femme auprès du héros de cet exploit galant lui déplaisait de plus en plus.

« Indiana, lui dit-il, retirez-vous. Il est tard, et vous n'êtes pas bien. Noun restera auprès de monsieur pour le soigner cette nuit, et demain, s'il est mieux, nous aviserons au moyen de le faire transporter chez lui. »

Il n'y avait rien à répondre à cet accommodement inattendu. Madame Delmare, qui savait si bien résister à la violence de son mari, cédait toujours à la douceur. Elle pria sir Ralph de rester encore un peu auprès du malade, et se retira dans sa chambre.

Ce n'était pas sans intention que le colonel avait arrangé les choses ainsi. Une heure après, lorsque tout le monde fut couché et la maison silencieuse, il se glissa dans la salle occupée par M. de Ramière, et, caché derrière un rideau, il put se convaincre, à l'entretien du jeune homme avec la femme de chambre, qu'il s'agissait entre eux d'une intrigue amoureuse. La beauté peu commune de la jeune créole avait fait sensation dans les bals champêtres des environs. Les hommages ne lui avaient pas manqué, même parmi les premiers du pays. Plus d'un bel officier de lanciers en garnison à Melun s'était mis en frais pour lui plaire; mais Noun en était à son premier amour, et une seule attention l'avait flattée : c'était celle de M. de Ramière.

Le colonel Delmare peu désireux de suivre le développement de leur liaison; aussi se retira-t-il dès qu'il fut bien assuré que sa femme n'avait pas occupé un instant l'Almaviva de cette aventure. Néanmoins, il en entendit assez pour comprendre la différence de cet amour entre la pauvre Noun, qui s'y jetait avec toute la violence de son organisation ardente, et le fils de famille qui s'abandonnait à l'entraînement d'un jour sans abjurer le droit de reprendre sa raison le lendemain.

Quand madame Delmare s'éveilla, elle vit Noun à côté de son lit, confuse et triste. Mais elle avait ingénument ajouté foi aux explications de M. de Ramière, d'autant plus que déjà des personnes intéressées dans le commerce avaient tenté de surprendre, par ruse ou par fraude, le secret de la fabrique Delmare. Elle attribua donc l'embarras de sa compagne à l'émotion et à la fatigue de la nuit, et Noun se rassura en voyant le colonel entrer avec calme dans la chambre de sa femme et l'entretenir de l'affaire de la veille comme d'une chose toute naturelle. Dès le matin, sir Ralph s'était assuré de l'état du malade. La chute, quoique violente, n'avait eu aucun résultat grave ; la blessure de la main était déjà cicatrisée ; M. de Ramière avait désiré qu'on le transportât sur-le-champ à Melun, et il avait distribué sa bourse aux domestiques pour les engager à garder le silence sur cet événement, afin, disait-il, de ne pas effrayer sa mère qui habitait à quelques lieues de là. Cette histoire ne s'ébruita donc que lentement et sur des versions différentes. Quelques renseignements sur la fabrique anglaise d'un M. de Ramière, frère de celui-ci, vinrent à l'appui de la fiction qu'il avait heureusement improvisée. Le colonel et sir Brown eurent la délicatesse de garder le secret de Noun, sans même lui faire entendre qu'ils le savaient, et la famille Delmare cessa bientôt de s'occuper de cet incident.

IV.

Il vous est difficile peut-être de croire que M. Raymon de Ramière, jeune homme brillant d'esprit, de talents et de grandes qualités, accoutumé aux succès de salon et aux aventures parfumées, eût conçu pour la femme de charge d'une petite maison industrielle de la Brie un attachement bien durable. M. de Ramière n'était pourtant ni un fat ni un libertin. Nous avons dit qu'il avait de l'esprit, c'est-à-dire qu'il appréciait à leur juste valeur les avantages de la naissance. C'était un homme à principes quand il raisonnait avec lui-même, mais de fougueuses passions l'entraînaient souvent hors de ses systèmes. Alors il n'était plus capable de réfléchir, ou bien il évitait de se traduire au tribunal de sa conscience : il commettait des fautes comme à l'insu de lui-même, et l'homme de la veille s'efforçait de tromper celui du lendemain. Malheureusement, ce qu'il y avait de plus saillant en lui, ce n'étaient pas ses principes, qu'il avait en commun avec beaucoup d'autres philosophes en gants blancs, et qui ne le préservaient pas plus qu'eux de l'inconséquence ; c'étaient ses passions, que les principes ne pouvaient pas étouffer, et qui faisaient de lui un homme à part dans cette société terne où il est si difficile de trancher sans être ridicule. Raymon avait l'art d'être souvent coupable sans se faire haïr, souvent bizarre sans être choquant ; parfois même il réussissait à se faire plaindre par les gens qui avaient le plus à se plaindre de lui. Il y a des hommes si gâtés tout ce qui les approche. Une figure heureuse et une élocution vive font quelquefois tous les frais de leur sensibilité. Nous ne prétendons pas juger si rigoureusement M. Raymon de Ramière, ni tracer son portrait avant de l'avoir fait agir. Nous l'examinons maintenant de loin, et comme la foule qui le voit passer.

M. de Ramière était amoureux de la jeune créole aux grands yeux noirs qui avait frappé d'admiration toute la province à la fête de Rubelles ; mais amoureux et rien de plus. Il l'avait abordée par désœuvrement peut-être, il en le succès avait allumé ses désirs ; il avait obtenu plus qu'il n'avait demandé, et, le jour où il triompha de ce cœur facile, il rentra chez lui, effrayé de sa victoire, et, se frappant le front, il se dit :

« Pourvu qu'elle ne m'aime pas ! »

Ce ne fut donc qu'après avoir accepté toutes les preuves de son amour qu'il commença à se douter de cet amour. Alors il se repentit, mais il n'était plus temps ; il fallait s'abandonner aux conséquences de l'avenir ou reculer lâchement vers le passé. Raymon n'hésita pas ; il se laissa aimer, il aima lui-même par reconnaissance ; il escalada les murs de la propriété Delmare par amour du danger ; il fit une chute terrible par maladresse, et il fut si touché de la douleur de sa jeune et belle maîtresse, qu'il se crut désormais justifié à ses propres yeux en continuant de creuser l'abîme où elle devait tomber.

Dès qu'il fut rétabli, l'hiver n'eut pas de glace, la nuit point de dangers, le remords pas d'aiguillons qui pussent l'empêcher de traverser l'angle de la forêt pour aller trouver la créole, lui jurer qu'il n'avait jamais aimé qu'elle, qu'il la préférait aux reines du monde, et mille autres exagérations qui seront toujours de mode auprès des jeunes filles pauvres et crédules. Au mois de janvier, madame Delmare partit pour Paris avec son mari ; sir Ralph Brown, leur honnête voisin, se retira dans sa terre, et Noun, restée à la tête de la maison de campagne de ses maîtres, eut la liberté de s'absenter sous différents prétextes. Ce fut un malheur pour elle, et ces faciles entrevues avec son amant abrégèrent de beaucoup le bonheur éphémère qu'elle devait goûter. La forêt, avec sa poésie, ses girandoles de givre, ses effets de lune, le mystère de la petite porte, le départ furtif du matin, lorsque les petits pieds de Noun imprimaient leur trace sur la neige du parc pour le reconduire, tous ces accessoires d'une intrigue amoureuse avaient prolongé l'enivrement de M. de Ramière. Noun, en déshabillé blanc, parée de ses longs cheveux noirs, était une dame, une reine, une fée ; lorsqu'il la voyait sortir de ce castel de briques rouges, édifice lourd et carré du temps de la régence, qui avait une demi-tournure féodale, il la prenait volontiers pour une châtelaine du moyen âge, et dans le kiosque rempli de fleurs exotiques où elle venait l'enivrer des séductions de la jeunesse et de la passion, il oubliait volontiers tout ce qu'il devait se rappeler plus tard.

Mais lorsque, méprisant les précautions et bravant à son tour le danger, Noun vint le trouver chez lui avec son tablier blanc et son madras arrangé coquettement à la manière de son pays, elle ne fut plus qu'une femme de chambre et la femme de chambre d'une jolie femme, ce qui donne toujours à la soubrette l'air d'un pis-aller. Noun était pourtant bien belle ! C'était ainsi qu'il l'avait vue pour la première fois à cette fête de village où il avait fendu la presse des curieux pour l'approcher, et où il avait eu le petit triomphe de l'arracher à vingt rivaux. Noun lui rappelait ce jour avec tendresse ; elle ignorait, la pauvre enfant, que l'amour de Raymon ne datait pas de si loin, et que le jour d'orgueil pour elle n'avait été pour lui qu'un jour de vanité. Et puis ce courage avec lequel elle lui sacrifiait sa réputation, ce courage qui eût dû la faire aimer davantage, déplut à M. de Ramière. La femme d'un pair de France qui s'immolerait de la sorte serait une conquête précieuse ; mais une femme de chambre ! Ce qui est héroïsme chez l'une devient effronterie chez l'autre. Avec l'une, un monde de rivaux jaloux vous envie ; avec l'autre, un peuple de laquais scandalisés vous condamne. La femme de qualité vous sacrifie vingt amants qu'elle avait ; la femme de chambre ne vous sacrifie qu'un mari qu'elle aurait eu.

Que voulez-vous ? Raymon était un homme de mœurs élégantes, de vie recherchée, d'amour poétique. Pour lui une grisette n'était pas une femme, et Noun, à la faveur d'une beauté de premier ordre, l'avait surpris dans un jour de laisser-aller populaire. Tout cela n'était pas la faute de Raymon ; on l'avait élevé pour le monde, on avait dirigé toutes ses pensées vers un but élevé, on avait pétri toutes ses facultés pour un bonheur de prince, et c'était malgré lui que l'ardeur de son sang l'avait entraîné dans des bourgeoises amours. Il avait fait tout son possible pour s'y plaire, il ne le pouvait plus ; que faire maintenant ? Des idées généreusement extravagantes lui avaient bien traversé le cerveau ; aux jours où il était le plus épris de sa maîtresse, il avait bien songé à l'élever jusqu'à lui, à légitimer leur union... Oui, sur mon honneur ! il y avait songé ; mais l'amour, qui légitime tout, s'affaiblissait maintenant ; il s'en allait avec les dangers de l'aventure, et le piquant du mystère. Plus d'hymen possible ; et faites attention : Raymon raisonnait fort bien et tout à fait dans l'intérêt de sa maîtresse.

S'il l'eût aimée vraiment, il aurait pu, en lui sacrifiant son avenir, sa famille et sa réputation, trouver encore du bonheur avec elle, et par conséquent lui en donner ; car l'amour est un contrat aussi bien que le mariage. Mais refroidi comme il se sentait alors, quel avenir pouvait-il créer à cette femme ? L'épouserait-il pour lui montrer chaque jour un visage triste, un cœur froissé, un intérieur désolé ? L'épouserait-il pour la rendre odieuse à sa famille, méprisable à ses égaux, ridicule à ses domestiques, pour la risquer dans une société où elle se sentirait déplacée, où l'humiliation la tuerait, pour l'accabler de remords en lui faisant sentir tous les maux qu'elle avait attirés sur son amant.

Non, vous conviendrez avec lui que ce n'était pas possible, que ce n'eût pas été généreux, qu'on ne lutte point ainsi contre la société, et que cet héroïsme de vertu ressemble à don Quichotte brisant sa lance contre l'aile d'un moulin ; courage de fer qu'un coup de vent disperse, chevalerie d'un autre siècle qui fait pitié à celui-ci.

Après avoir ainsi pesé toutes choses, M. de Ramière comprit qu'il valait mieux briser ce lien malheureux. Les visites de Noun commençaient à lui devenir pénibles. Sa mère, qui était allée passer l'hiver à Paris, ne manquerait pas d'apprendre bientôt ce petit scandale. Déjà elle s'étonnait des fréquents voyages qu'il faisait à Cercy, leur maison de campagne, et des semaines entières qu'il y passait. Il avait bien prétexté un travail sérieux qu'il venait achever loin du bruit des villes ; mais ce prétexte commençait à s'user. Il en coûtait à Raymon de tromper une si bonne mère, de la priver si longtemps de ses soins ; que vous dirai-je ? il quitta Cercy et n'y revint plus.

Noun pleura, attendit, et, malheureuse qu'elle était, voyant le temps s'écouler, se hasarda jusqu'à écrire. Pauvre fille ! ce fut le dernier coup. La lettre d'une femme de chambre ! Elle avait pourtant pris le papier satiné et la cire odorante dans l'écritoire de madame Delmare, le style dans son cœur... Mais l'orthographe ! Savez-vous bien ce qu'une syllabe de plus ou de moins ôte ou donne d'énergie aux sentiments ? Hélas ! la pauvre fille à demi sauvage de l'île Bourbon ignorait même qu'il y eût des règles à la langue. Elle croyait écrire et parler aussi bien que sa maîtresse, et quand elle vit que Raymon ne revenait pas, elle se dit :

« Ma lettre était pourtant bien faite pour le ramener. »

Cette lettre, Raymon n'eut pas le courage de la lire jusqu'au bout. C'était peut-être un chef-d'œuvre de passion naïve et gracieuse ; Virginie n'en écrivit peut-être pas une plus charmante à Paul lorsqu'elle eut quitté sa patrie... Mais M. de Ramière se hâta de la jeter au feu, dans la crainte de rougir de lui-même. Que voulez-vous, encore une fois ? ceci est un préjugé de l'éducation, et l'amour-propre est dans l'amour comme l'intérêt personnel est dans l'amitié.

On avait remarqué dans le monde l'absence de M. de Ramière ; c'est beaucoup dire d'un homme, dans ce monde où ils se ressemblent tous. On peut être homme d'esprit et faire cas du monde, de même qu'on peut être un sot et le mépriser. Raymon l'aimait, et il avait raison ; il y était recherché, il y plaisait, et pour lui, cette foule de masques indifférents ou railleurs avait des regards d'attention et des sourires d'intérêt. Des malheureux peuvent être misanthropes, mais les êtres qu'on aime sont rarement ingrats ; du moins Raymon le pensait. Il était reconnaissant des moindres témoignages d'attachement, envieux de l'estime de tous, fier d'un grand nombre d'amitiés.

Avec ce monde dont les préventions sont absolues, tout lui avait réussi, même ses fautes ; et quand il cherchait la cause de cette affection universelle qui l'avait toujours protégé, il la trouvait en lui-même dans le désir qu'il avait de l'obtenir, dans la joie qu'il en ressentait, dans cette bienveillance robuste qu'il prodiguait sans l'épuiser.

Il la devait aussi à sa mère, dont l'esprit supérieur, la conversation attachante et les vertus privées faisaient une femme à part. C'était d'elle qu'il tenait ces excellents principes qui le ramenaient toujours au bien, et l'empêchaient, malgré la fougue de ses vingt-cinq ans, de démériter de l'estime publique. On était aussi plus indulgent pour lui que pour les autres, parce que sa mère avait l'art de l'excuser en le blâmant, de recommander l'indulgence en ayant l'air de l'implorer. C'était une de ces femmes qui ont traversé des époques si différentes que leur esprit a pris toute la souplesse de leur destinée, qui se sont enrichies de l'expérience du malheur, qui ont échappé aux échafauds de 93, aux vices du Directoire, aux vanités de l'Empire, aux rancunes de la Restauration ; femmes rares, et dont l'espèce se perd.

Ce fut à un bal chez l'ambassadeur d'Espagne que Raymon fit sa rentrée dans le monde.

« M. de Ramière, si je ne me trompe, dit une jolie femme à sa voisine.

— C'est une comète qui paraît à intervalles inégaux, répondit celle-ci. Il y a des siècles qu'on n'a entendu parler de ce joli garçon-là. »

La femme qui parlait ainsi était étrangère et âgée. Sa compagne rougit un peu.

« Il est très-bien, dit-elle ; n'est-ce pas, Madame ?

— Charmant, sur ma parole, dit la vieille Sicilienne.

— Vous parlez, je gage, dit un beau colonel de la garde, du héros des salons éclectiques, du brun Raymon ?

— C'est une belle tête d'étude, reprit la jeune femme.

— Et ce qui vous plaît encore davantage, peut-être, une mauvaise tête, » dit le colonel.

Cette jeune femme était la sienne.

« Pourquoi mauvaise tête ? demanda l'étrangère.

— Des passions toutes méridionales, Madame, et dignes du beau soleil de Palerme. »

Deux ou trois jeunes femmes avancèrent leurs jolies têtes chargées de fleurs pour entendre ce que disait le colonel.

« Il a fait vraiment des ravages à la garnison cette année, continua-t-il. Nous serons obligés, nous autres, de lui chercher une mauvaise querelle pour nous en débarrasser.

— Si c'est un Lovelace, tant pis, dit une jeune personne à la physionomie moqueuse ; je ne peux pas souffrir les gens que tout le monde aime. »

La comtesse ultramontaine attendit que le colonel fût un peu loin, et, donnant un léger coup de son éventail sur les doigts de mademoiselle de Nangy :

« Ne parlez pas ainsi, lui dit-elle ; vous ne savez pas ce que c'est, ici, qu'un homme qui veut être aimé.

— Vous croyez donc qu'il ne s'agit pour eux que de vouloir ? dit la jeune fille aux longs yeux sardoniques.

— Mademoiselle, dit le colonel qui se rapprochait pour l'inviter à danser, prenez garde que le beau Raymon ne vous entende ! »

Mademoiselle de Nangy se prit à rire ; mais, de toute la soirée, le joli groupe dont elle faisait partie n'osa plus parler de M. de Ramière.

V.

M. de Ramière errait sans dégoût et sans ennui dans les plis ondoyants de cette foule parée.

Cependant il se débattait contre le chagrin. En rentrant dans son monde à lui, il avait comme des remords, comme de la honte de toutes les folles idées qu'un attachement disproportionné lui avait suggérées. Il regardait ces femmes si brillantes aux lumières ; il écoutait leur entretien délicat et fin ; il entendait vanter leurs talents ; et dans ces merveilles choisies, dans ces toilettes presque royales, dans ces propos exquis, il trouvait partout le reproche d'avoir dérogé à sa propre destinée. Mais, malgré cette espèce de confusion, Raymon souffrait d'un remords plus réel ; car il avait une extrême délicatesse d'intentions, et les larmes d'une femme brisaient son cœur, quelque endurci qu'il fût.

Les honneurs de la soirée étaient en ce moment pour une jeune femme dont personne ne savait le nom, et qui, par la nouveauté de son apparition dans le monde, jouissait du privilége de fixer l'attention. La simplicité de sa mise eût suffi pour la détacher en relief au milieu des diamants, des plumes et des fleurs qui paraient les autres femmes. Des rangs de perles tressées dans ses cheveux noirs composaient tout son écrin. Le blanc mat de son collier, celui de sa robe de crêpe et de ses épaules nues, se confondaient à quelque distance, et la chaleur des appartements avait à peine réussi à élever sur ses joues une nuance délicate comme celle d'une rose de Bengale éclose sur la neige. C'était une créature toute petite, toute mignonne, toute déliée ; une beauté de salon que la lueur vive des bougies rendait féerique et qu'un rayon du soleil eût ternie. En dansant, elle était si légère qu'un souffle eût suffi pour l'enlever ; mais elle était légère sans vivacité, sans plaisir. Assise, elle se courbait comme si son corps trop délicat n'eût pas eu la force de se soutenir ; et quand elle parlait elle souriait et avait l'air triste. Les contes fantastiques étaient à cette époque dans toute la fraîcheur de leurs succès ; aussi les érudits du genre comparèrent cette jeune femme à une ravissante apparition évoquée par la magie, qui, lorsque le jour blanchirait l'horizon devait pâlir et s'effacer comme un rêve.

En attendant ils se pressaient autour d'elle pour la faire danser.

— Dépêchez vous, disait à un de ses amis un dandy romantique ; le coq va chanter, et déjà les pieds de votre danseuse ne touchent plus le parquet. Je parie que vous ne sentez plus sa main dans la vôtre.

— Regardez donc la figure brune et caractérisée de M. de Ramière, dit une femme *artiste* à son voisin. N'est-ce pas qu'auprès de cette jeune personne si pâle et si menue, le ton *solide* de l'un fait admirablement ressortir le ton *fin* de l'autre?

— Cette jeune personne, dit une femme qui connaissait tout le monde, et qui remplissait dans les réunions le rôle d'un almanach, c'est la fille de ce vieux fou de Carvajal qui a voulu trancher du Joséphin, et qui s'en est allé mourir ruiné à l'île Bourbon. Cette belle fleur exotique est assez sottement mariée, je crois ; mais sa tante est bien en cour. »

Raymon s'était approché de la belle Indienne. Une émotion singulière s'emparait de lui chaque fois qu'il la regardait ; il avait vu cette figure pâle et triste dans quelqu'un de ses rêves ; mais à coup sûr il l'avait vue, et ses regards s'y attachaient avec le plaisir qu'on éprouve à retrouver une vision caressante qu'on a craint de perdre pour toujours. L'attention de Raymon troubla celle qui en était l'objet ; gauche et timide comme une personne étrangère au monde, le succès qu'elle y obtenait semblait l'embarrasser plutôt que lui plaire. Raymon fit un tour de salon, apprit enfin que cette femme s'appelait madame Delmare, et vint l'inviter à danser.

« Vous ne vous souvenez pas de moi, lui dit-il lorsqu'ils furent seuls au milieu de la foule ; mais moi je n'ai pu vous oublier, Madame. Je ne vous ai pourtant vue qu'un instant, à travers un nuage ; mais cet instant vous a montrée à moi si bonne, si compatissante... »

Madame Delmare tressaillit.

« Ah ! oui, Monsieur, dit-elle vivement, c'est vous !... Moi aussi, je vous reconnaissais. »

Puis elle rougit et parut craindre d'avoir manqué aux convenances. Elle regarda autour d'elle comme pour voir si quelqu'un l'avait entendue. Sa timidité ajoutait à sa grâce naturelle, et Raymon se sentit touché au cœur de l'accent de cette voix créole, un peu voilée, si douce qu'elle semblait faite pour prier ou pour bénir.

« J'avais bien peur, lui dit-il, de ne jamais trouver l'occasion de vous remercier. Je ne pouvais me présenter chez vous, et je savais que vous alliez peu dans le monde. Je craignais aussi en vous approchant de me mettre en contact avec M. Delmare, et notre situation mutuelle ne pouvait rendre ce contact agréable. Combien je suis heureux de cet instant qui me permet de m'acquitter la dette de mon cœur !

— Il serait plus doux pour moi, lui dit-elle, si M. Delmare pouvait en prendre sa part, et, si vous le connaissiez mieux, vous sauriez qu'il est aussi bon qu'il est brusque. Vous lui pardonneriez d'avoir été votre meurtrier involontaire, car son cœur a certainement plus saigné que votre blessure.

— Ne parlons pas de M. Delmare, Madame, je lui pardonne de tout mon cœur. J'avais des torts envers lui, il s'en est fait justice ; je n'ai plus qu'à l'oublier ; mais vous, Madame, vous qui m'avez prodigué des soins si délicats et si généreux, je veux me rappeler toute ma vie, votre conduite envers moi, vos traits si purs, votre douceur angélique, et ces mains qui ont versé le baume sur mes blessures, et que je n'ai pas pu baiser... »

En parlant, Raymon tenait la main de madame Delmare, prêt à se mêler avec elle dans la contredanse. Il pressa doucement cette main dans les siennes, et tout le sang de la jeune femme reflua vers son cœur.

Quand il la ramena à sa place, madame de Carvajal, la tante de madame Delmare, s'était éloignée ; le bal s'éclaircissait. Raymon s'assit auprès d'elle. Il avait cette aisance que donne une certaine expérience du cœur ; c'est la violence de nos désirs, la précipitation de notre amour qui nous rend stupides auprès des femmes. L'homme qui a un peu usé ses émotions est plus pressé de plaire que d'aimer. Cependant M. de Ramière se sentait plus profondément ému auprès de cette femme simple et neuve qu'il ne l'avait encore été. Peut-être devait-il cette rapide impression au souvenir de la nuit qu'il avait passée chez elle ; ce qu'il y a de certain, c'est qu'en lui parlant avec vivacité, son cœur ne trahissait pas sa bouche.

Mais l'habitude acquise auprès des autres donnait à ses paroles cette puissance de conviction à laquelle l'ignorante Indiana s'abandonnait, sans comprendre que tout cela n'avait pas été inventé pour elle.

En général, et les femmes le savent bien, un homme qui parle d'amour avec esprit est médiocrement amoureux. Raymon était une exception ; il exprimait la passion avec art, et il la ressentait avec chaleur. Seulement ce n'était pas la passion qui le rendait éloquent, c'était l'éloquence qui le rendait passionné. Il se sentait du goût pour une femme, et devenait éloquent pour la séduire et amoureux d'elle en la séduisant. C'était du sentiment comme en font les avocats et les prédicateurs, qui pleurent à chaudes larmes dès qu'ils suent à grosses gouttes. Il rencontrait des femmes assez fines pour se méfier de ces chaleureuses improvisations ; mais Raymon avait fait par amour ce qu'on appelle des folies : il avait enlevé une jeune personne bien née ; il avait compromis des femmes établies très-haut ; il avait eu trois duels éclatants ; il avait laissé voir à tout un *rout*, à toute une salle de spectacle, le désordre de son cœur et le délire de ses pensées. Un homme qui fait tout cela sans craindre d'être ridicule ou maudit, et qui réussit à n'être ni l'un ni l'autre, est hors de toute atteinte ; il peut tout risquer et tout espérer. Aussi les plus savantes résistances cédaient à cette considération que Raymon était amoureux comme un fou quand il s'en mêlait. Dans le monde, un homme capable de folie en amour est un prodige assez rare, et que les femmes ne dédaignent pas.

Je ne sais comment il fit ; mais en reconduisant madame de Carvajal et madame Delmare à leur voiture, il réussit à porter la petite main d'Indiana à ses lèvres. Jamais baiser d'homme furtif et dévorant n'avait effleuré les doigts de cette femme, quoiqu'elle fût née sous un climat de feu et qu'elle eût dix-neuf ans ; dix-neuf ans de l'île Bourbon, qui équivalent à vingt-cinq ans de notre pays.

Souffrante et nerveuse comme elle l'était, ce baiser lui arracha presque un cri, et il fallut la soutenir pour monter en voiture. Une telle finesse d'organisation n'avait jamais frappé Raymon. Noun, la créole, était d'une santé robuste, et les Parisiennes ne s'évanouissent pas quand on leur baise la main.

« Si je la voyais deux fois, se dit-il en s'éloignant, j'en perdrais la tête. »

Le lendemain, il avait complétement oublié Noun; tout ce qu'il savait d'elle, c'est qu'elle appartenait à madame Delmare. La pâle Indiana occupait toutes ses pensées, remplissait tous ses rêves. Quand Raymon commençait à se sentir amoureux, il avait coutume de s'étourdir, non pour étouffer cette passion naissante, mais au contraire pour chasser la raison qui lui prescrivait d'en peser les conséquences. Ardent au plaisir, il poursuivait son but avec âpreté. Il n'était pas maître d'étouffer les orages qui s'élevaient dans son sein, pas plus qu'il n'était maître de les rallumer quand il les sentait se dissiper et s'éteindre.

Il réussit donc dès le lendemain à apprendre que M. Delmare était allé faire un voyage à Bruxelles pour ses intérêts commerciaux. En partant, il avait confié sa femme à madame Carvajal, qu'il aimait fort peu, mais qui était la seule parente de madame Delmare. Lui, soldat parvenu, il n'avait qu'une famille obscure et pauvre, dont il avait l'air de rougir à force de répéter qu'il n'en rougissait pas. Mais, quoiqu'il passât sa vie à reprocher à sa femme un mépris qu'elle n'avait nullement, il sentait qu'il ne devait pas la contraindre à se rapprocher intimement de ces parents sans éducation. D'ailleurs, malgré son éloignement pour madame de Carvajal, il ne pouvait se refuser à une grande déférence pour elle voici les raisons.

Madame de Carvajal, issue d'une grande famille espagnole, était une de ces femmes qui ne peuvent pas se résoudre à n'être rien. Au temps où Napoléon régentait l'Europe, elle avait encensé la gloire de Napoléon et embrassé avec son mari et son beau-frère le parti des Joséphinos; mais son mari s'étant fait tuer à la chute de la dynastie éphémère du conquérant, le père d'Indiana s'était réfugié aux colonies françaises. Alors madame de Carvajal, adroite et active, se retira à Paris, où, par je ne sais quelles spéculations de bourse, elle s'était créé une aisance nouvelle sur les débris de sa splendeur passée. A force d'esprit, d'intrigues et de dévotion, elle avait obtenu, en outre, les faveurs de la cour, et sa maison, sans être brillante, était une des plus honorables qu'on pût citer parmi celles des protégés de la liste civile.

Lorsque après la mort de son père, Indiana arriva en France, mariée au colonel Delmare, madame de Carvajal fut médiocrement flattée d'une si chétive alliance. Néanmoins elle vit prospérer les minces capitaux de M. Delmare, dont l'activité et le bon sens en affaires valaient une dot; elle fit pour Indiana l'acquisition du petit château de Lagny et de la fabrique qui en dépendait. En deux années, grâce aux connaissances spéciales de M. Delmare et aux avances de fonds de sir Rodolph Brown, cousin par alliance de sa femme, les affaires du colonel prirent une heureuse tournure, ses dettes commencèrent à s'acquitter, et madame de Carvajal, aux yeux de qui la fortune était la première recommandation, témoigna beaucoup d'affection à sa nièce et lui promit le reste de son héritage. Indiana, indifférente à l'ambition, entourait sa tante de soins et de prévenances par reconnaissance et non par intérêt, mais il y avait au moins autant de l'un que de l'autre dans les ménagements du colonel. C'était un homme de fer en fait de sentiments politiques; il n'entendait pas raison sur la gloire inattaquable de son grand empereur, et il la défendait avec l'obstination aveugle d'un enfant de soixante ans. Il lui fallait donc de grands efforts de patience pour ne pas éclater sans cesse dans le salon de madame de Carvajal, où l'on ne vantait plus que la Restauration. Ce que le pauvre Delmare souffrit de la part de cinq ou six vieilles dévotes est inappréciable. Ces contrariétés étaient cause en partie de l'humeur qu'il avait souvent contre sa femme.

Ces choses établies, revenons à M. de Ramière. Au bout de trois jours il était au courant de tous ces détails domestiques, tant il avait poursuivi activement tout ce qui pouvait le mettre sur la voie d'un rapprochement avec la famille Delmare. Il savait qu'en se faisant protéger par madame de Carvajal il pourrait voir Indiana. Le soir du troisième jour il se fit présenter chez elle.

Il n'y avait dans ce salon que quatre ou cinq figures ostrogothiques, jouant gravement au reversi, et deux ou trois fils de famille, aussi nuls qu'il est permis de l'être quand on a seize quartiers de noblesse. Indiana remplissait patiemment un fond de tapisserie sur le métier de sa tante. Elle était penchée sur son ouvrage, absorbée en apparence par cette occupation mécanique, et contente peut-être de pouvoir échapper ainsi au froid bavardage de ses voisins. Je ne sais si, cachée par ses longs cheveux noirs qui pendaient sur les fleurs de son métier, elle repassait dans son âme les émotions de cet instant rapide qui l'avait initiée à une vie nouvelle, lorsque la voix du domestique qui annonça plusieurs personnes l'avertit de se lever. Elle le fit machinalement, car elle n'avait pas écouté les noms, et à peine si elle détachait les yeux de sa broderie lorsqu'une voix la frappa d'un coup électrique, et elle fut obligée de s'appuyer sur sa table à ouvrage pour ne pas tomber.

VI.

Raymon ne s'était pas attendu à ce salon silencieux, parsemé de figures rares et discrètes. Impossible de placer une parole qui ne fût entendue dans tous les coins de l'appartement. Les douairières qui jouaient aux cartes semblaient n'être là que pour gêner les propos des jeunes gens, et, sur leurs traits rigides Raymon croyait lire la secrète satisfaction de la vieillesse, qui se venge en réprimant les plaisirs des autres. Il avait compté sur une entrevue plus facile, sur un entretien plus tendre que celui du bal, et c'était le contraire. Cette difficulté imprévue donna plus d'intensité à ses désirs, plus de feu à ses regards, plus d'animation et de vie aux interpellations détournées qu'il adressait à madame Delmare. La pauvre enfant n'avait pas fait novice à ce genre d'attaque. Elle n'avait pas de défense possible, parce qu'on ne lui demandait rien; mais elle était forcée d'écouter l'offre d'un cœur ardent, d'apprendre combien elle était aimée, et de se laisser entourer par tous les dangers de la séduction sans faire de résistance. Son embarras croissait avec la hardiesse de Raymon. Madame de Carvajal, qui avait des prétentions fondées à l'esprit, et à qui l'on avait vanté celui de M. de Ramière, quitta le jeu pour engager avec lui une élégante discussion sur l'amour, où elle fit entrer beaucoup de passion espagnole et de métaphysique allemande. Raymon accepta le défi avec empressement, et, sous le prétexte de répondre à la tante, il dit à la nièce tout ce qu'elle eût refusé d'entendre. La pauvre jeune femme, dénuée de protection, exposée de tous côtés à une attaque si vive et si habile, ne put trouver la force de se mêler à cet entretien épineux. En vain la tante, jalouse de la faire briller, l'appela en témoignage de certaines subtilités de sentiment théorique; elle avoua en rougissant qu'elle ne savait rien de tout cela, et Raymon, ivre de joie en voyant ses joues se colorer et son sein se gonfler, jura qu'il le lui apprendrait.

Indiana dormit encore moins cette nuit-là que les précédentes; nous l'avons dit, elle n'avait pas encore aimé, et son cœur était depuis longtemps mûr pour un sentiment que n'avait pu lui inspirer aucun des hommes qu'elle avait rencontrés. Élevée par un père bizarre et violent, elle n'avait jamais connu le bonheur que donne l'affection d'autrui. M. de Carvajal, enivré de passions politiques, bourrelé de regrets ambitieux, était devenu aux colonies le planteur le plus rude et le voisin le plus fâcheux; sa fille avait cruellement souffert de son humeur chagrine. Mais en voyant le continuel tableau des maux de la servitude, en supportant les ennuis de l'isolement et de la dépendance, elle avait acquis une patience extérieure à toute épreuve, une indulgence et une bonté adorables avec ses inférieurs, mais aussi une volonté de fer, une force de résistance incalculable contre tout ce qui tendait à l'opprimer. En épousant Delmare, elle ne fit que changer de maître; en venant habiter le Lagny, que changer de prison et de solitude. Elle n'aima pas son mari, par la seule raison peut-être qu'on lui faisait un devoir de l'aimer, et que résister mentalement à toute espèce de contrainte morale était devenu chez elle une seconde nature, un principe de conduite, une loi de conscience. On n'avait point cherché à lui en prescrire d'autre que celle de l'obéissance aveugle.

Élevée au désert, négligée de son père, vivant au milieu des esclaves, pour qui elle n'avait d'autre secours, d'autre consolation que sa compassion et ses larmes, elle s'était habituée à dire : « Un jour viendra où tout sera changé dans ma vie, où je ferai du bien aux autres ; un jour où l'on m'aimera, où je donnerai tout mon cœur à celui qui me donnera le sien ; en attendant, souffrons ; taisons-nous, et gardons notre amour pour récompense à qui me délivrera. » Ce libérateur, ce messie n'était pas venu ; Indiana l'attendait encore. Elle n'osait plus, il est vrai, s'avouer toute sa pensée. Elle avait compris sous les charmilles taillées du Lagny que la pensée même devait avoir là plus d'entraves que sous les palmistes sauvages de l'île Bourbon ; et lorsqu'elle se surprenait à dire encore par l'habitude : « Un jour viendra... un homme viendra... », elle refoulait ce vœu téméraire au fond de son âme, et se disait : « Il faudra donc mourir ! »

Aussi elle se mourait. Un mal inconnu dévorait sa jeunesse. Elle était sans force et sans sommeil. Les médecins lui cherchaient en vain une désorganisation apparente, il n'en existait pas ; toutes ses facultés s'appauvrissaient également, tous ses organes se lésaient avec lenteur ; son cœur brûlait à petit feu, ses yeux s'éteignaient, son sang ne circulait plus que par crise et par fièvre ; encore quelque temps, et la pauvre captive allait mourir. Mais quelle que fût sa résignation ou son découragement, le besoin restait le même. Ce cœur silencieux et brisé appelait toujours à son insu un cœur jeune et généreux pour le ranimer. L'être qu'elle avait le plus aimé jusque-là, c'était Noun, la compagne enjouée et courageuse de ses ennuis ; et l'homme qui lui avait témoigné le plus de prédilection, c'était son flegmatique cousin sir Ralph. Quels aliments pour la dévorante activité de ses pensées, qu'une pauvre fille ignorante et délaissée comme elle, et un Anglais passionné seulement pour la chasse du renard !

Madame Delmare était vraiment malheureuse, et la première fois qu'elle sentit dans son atmosphère glacée pénétrer le souffle embrasé d'un homme jeune et ardent, la première fois qu'une parole tendre et caressante enivra son oreille, et qu'une bouche frémissante vint comme un fer rouge marquer sa main, elle ne pensa ni aux devoirs qu'on lui avait imposés, ni à la prudence qu'on lui avait recommandée, ni à l'avenir qu'on lui avait prédit ; elle ne se rappela que le passé odieux, ses longues souffrances, ses maîtres despotiques. Elle ne pensa pas non plus que cet homme pouvait être menteur ou frivole. Elle le vit comme elle le désirait, comme elle l'avait rêvé, et Raymon eût pu la tromper s'il n'eût pas été sincère.

Mais comment ne l'eût-il pas été auprès d'une femme si belle et si aimante ! Quelle autre s'était jamais montrée à lui avec autant de candeur et d'innocence ? Chez qui avait-il trouvé à placer un avenir si riant et si sûr ? N'était-elle pas née pour l'aimer, cette femme esclave qui n'attendait qu'un signe pour briser sa chaîne, qu'un mot pour le suivre ? Le ciel, sans doute, l'avait formée pour Raymon, cette triste enfant de l'île Bourbon, que personne n'avait aimée, et qui sans lui devait mourir.

Néanmoins un sentiment d'effroi succéda, dans le cœur de madame Delmare, à ce bonheur fiévreux qui venait de l'envahir. Elle songea à son époux si ombrageux, si clairvoyant, si vindicatif, et elle eut peur, non pour elle qui était aguerrie aux menaces, mais pour l'homme qui allait entreprendre une lutte à mort avec son tyran. Elle connaissait si peu la société qu'elle se faisait de la vie un roman tragique ; timide créature qui n'osait aimer, dans la crainte d'exposer son amant à périr, elle ne songeait nullement au danger de se perdre.

Ce fut donc là le secret de sa résistance, le motif de sa vertu. Elle prit le lendemain la résolution d'éviter M. de Ramière. Il y avait, le soir même, bal chez un des premiers banquiers de Paris. Madame de Carvajal, qui aimait le monde comme une vieille femme sans affections, voulait y conduire Indiana ; mais Raymon devait y être, et Indiana se promit de n'y pas aller. Pour éviter les persécutions de sa tante, madame Delmare, qui ne savait résister que de fait, feignit d'accepter la proposition ; elle laissa préparer sa toilette, et elle attendit que madame de Carvajal eût fait la sienne ; alors elle passa une robe de chambre, s'installa au coin du feu, et l'attendit de pied ferme. Quand la vieille Espagnole, raide et parée comme un portrait de Van Dyck, vint pour la prendre, Indiana déclara qu'elle se trouvait malade et ne se sentait pas la force de sortir. En vain la tante insista pour qu'elle fît un effort.

« Je le voudrais de tout mon cœur, répondit-elle ; vous voyez que je ne puis me soutenir. Je ne vous serais qu'embarrassante aujourd'hui. Allez au bal sans moi, ma bonne tante, je me réjouirai de votre plaisir.

— Aller sans toi ! dit madame de Carvajal qui mourait d'envie de n'avoir pas fait une toilette inutile, et qui reculait devant l'effroi d'une soirée solitaire. Mais qu'irai-je faire dans le monde, moi, vieille femme, que l'on ne recherche que pour t'approcher ? Que deviendrai-je sans les beaux yeux de ma nièce pour me faire valoir ?

— Votre esprit y suppléera, ma bonne tante, » dit Indiana.

La marquise de Carvajal, qui ne demandait qu'à se laisser persuader, partit enfin. Alors Indiana cacha sa tête dans ses deux mains et se mit à pleurer ; car elle avait fait un grand sacrifice, et croyait avoir déjà ruiné le riant édifice de la veille.

Mais il n'en pouvait être ainsi pour Raymon. La première chose qu'il vit au bal, ce fut l'orgueilleuse aigrette de la vieille marquise. En vain il chercha autour d'elle la robe blanche et les cheveux noirs d'Indiana. Il approcha ; il entendit qu'elle disait à demi-voix à une autre femme :

« Ma nièce est malade, ou plutôt, ajouta-t-elle pour autoriser sa présence au bal, c'est un caprice de jeune femme. Elle a voulu rester seule, un livre à la main dans le salon, comme une belle sentimentale.

— Me fuirait-elle ? » pensa Raymon.

Aussitôt il quitte le bal. Il arrive chez la marquise, passe sans rien dire au concierge, et demande madame Delmare au premier domestique qu'il trouve à demi endormi dans l'antichambre.

« Madame Delmare est malade.

— Je le sais. Je viens chercher de ses nouvelles de la part de madame de Carvajal.

— Je vais prévenir madame...

— C'est inutile ; madame Delmare me recevra. »

Et Raymon entre sans se faire annoncer. Tous les autres domestiques étaient couchés. Un triste silence régnait dans ces appartements déserts. Une seule lampe couverte de son chapiteau de taffetas vert éclairait faiblement le grand salon. Indiana avait le dos tourné à la porte, cachée tout entière dans un large fauteuil, elle regardait tristement brûler les tisons, comme le soir où Raymon était entré au Lagny par-dessus les murs ; plus triste maintenant, car à une souffrance vague, à des désirs sans but, avaient succédé une joie fugitive, un rayon de bonheur perdu.

Raymon, chaussé pour le bal, approcha sans bruit sur le tapis sourd et moelleux. Il la vit pleurer, et lorsqu'elle tourna la tête, il la trouva à ses pieds, s'emparant avec force de ses mains qu'elle s'efforçait en vain de lui retirer. Alors, j'en conviens, elle vit avec une ineffable joie échouer son plan de résistance. Elle sentit qu'elle aimait avec passion cet homme qui ne s'inquiétait point des obstacles, et qui venait lui donner du bonheur malgré elle. Elle bénit le ciel qui rejetait son sacrifice, et, au lieu de gronder Raymon, elle faillit le remercier.

Pour lui, il savait déjà qu'il était aimé. Il n'avait pas besoin de voir la joie qui brillait au travers de ses larmes pour comprendre qu'il était le maître et qu'il pouvait oser. Il ne lui donna pas le temps de l'interroger, et, changeant de rôle avec elle, sans lui expliquer sa présence inattendue, sans chercher à se rendre moins coupable qu'il ne l'était :

Pourquoi pleurez-vous? (Page 16.)

« Indiana, lui dit-il, vous pleurez... Pourquoi pleurez-vous?... Je veux le savoir. »

Elle tressaillit de s'entendre appeler par son nom; mais il y eut encore du bonheur dans la surprise que lui causa cette audace.

« Pourquoi le demandez-vous? lui dit-elle, je ne dois pas vous le dire...

— Eh bien! moi je le sais, Indiana. Je sais toute votre histoire, toute votre vie. Rien de ce qui vous concerne ne m'est étranger, parce que rien de ce qui vous concerne ne m'est indifférent. J'ai voulu tout connaître de vous, et je n'ai rien appris que ne m'eût révélé un instant passé chez vous, lorsqu'on m'apporta tout sanglant, tout brisé à vos pieds, et que votre mari s'irrita de vous voir, si belle et si bonne, me faire un appui de vos bras moelleux, un baume de votre douce haleine. Lui, jaloux! oh! je le conçois bien; à sa place je le serais, Indiana; ou plutôt, à sa place je me tuerais; car, être votre époux, Madame, vous posséder, vous tenir dans ses bras, et ne pas vous mériter, n'avoir pas votre cœur, c'est être le plus misérable ou le plus lâche des hommes.

— O ciel! taisez-vous, s'écria-t-elle en lui fermant la bouche avec ses mains, taisez-vous, car vous me rendez coupable. Pourquoi me parlez-vous de lui? pourquoi voulez-vous m'enseigner à le maudire?... S'il vous entendait!.. Mais je n'ai pas dit de mal de lui; ce n'est pas moi qui vous autorise à ce crime! moi, je ne le hais pas, je l'estime, je l'aime!...

— Dites que vous le craignez horriblement; car le despote a brisé votre âme, et la peur s'est assise à votre chevet depuis que vous êtes devenue la proie de cet homme. Vous, Indiana, profanée à ce rustre dont la main de fer a courbé votre tête et flétri votre vie! Pauvre enfant! si jeune et si belle, avoir déjà tant souffert!.... car ce n'est pas moi que vous tromperiez, Indiana; moi qui vous regarde avec d'autres yeux que ceux de la foule, je sais tous les secrets de votre destinée, et vous ne pouvez pas espérer vous cacher de moi. Que ceux qui vous regardent parce que vous êtes belle disent en remarquant votre pâleur et votre mélancolie : « Elle est malade... » à la bonne heure; mais moi qui vous suis avec mon cœur, moi dont l'âme tout entière vous entoure de sollicitude et d'amour, je connais bien votre mal. Je sais bien que si le ciel l'eût voulu, s'il vous eût donnée à moi, à moi

Aime-moi donc encore. (Page 19.)

malheureux qui devrais me briser la tête d'être venu si tard, vous ne seriez pas malade. Indiana, moi, j'en jure sur ma vie, je vous aurais tant aimée que vous m'auriez aimé aussi, et que vous auriez béni votre chaîne. Je vous aurais portée dans mes bras pour empêcher vos pieds de se blesser; je les aurais réchauffés de mon haleine. Je vous aurais appuyée contre mon cœur pour vous préserver de souffrir. J'aurais donné tout mon sang pour réparer le vôtre, et si vous aviez perdu le sommeil avec moi, j'aurais passé la nuit à vous dire de douces paroles, à vous sourire pour vous rendre le courage, tout en pleurant de vous voir souffrir. Quand le sommeil serait venu se glisser sur vos paupières de soie, je les aurais effleurées de mes lèvres pour les clore plus doucement, et, à genoux près de votre lit, j'aurais veillé sur vous. J'aurais forcé l'air à vous caresser légèrement, les songes dorés à vous jeter des fleurs. J'aurais baisé sans bruit les tresses de vos cheveux, j'aurais compté avec volupté les palpitations de votre sein, et, à votre réveil, Indiana, vous m'eussiez trouvé là, à vos pieds, vous gardant en maître jaloux, vous servant en esclave, épiant votre premier sourire, m'emparant de votre première pensée, de vot premier regard, de votre premier baiser...

— Assez, assez, dit Indiana tout éperdue, toute palpitante; vous me faites mal. »

Et pourtant, si l'on mourait de bonheur, Indiana serait morte en ce moment.

« Ne me parlez pas ainsi, lui dit-elle, à moi qui ne dois pas être heureuse; ne me montrez pas le ciel sur la terre, à moi qui suis marquée pour mourir.

— Pour mourir! s'écria Raymon avec force en la saisissant dans ses bras ; toi, mourir! Indiana! mourir avant d'avoir vécu, avant d'avoir aimé!... Non, tu ne mourras pas; ce n'est pas moi qui te laisserai mourir; car ma vie maintenant est liée à la tienne. Tu es la femme que j'avais rêvée, la pureté que j'adorais, la chimère qui m'avait toujours fui, l'étoile brillante qui luisait devant moi pour me dire : « Marche encore dans cette vie de misère, et le ciel t'enverra un de ses anges pour t'accompagner. » De tout temps tu m'étais destinée, ton âme était fiancée à la mienne, Indiana! Les hommes et leurs lois de fer ont disposé de toi; ils m'ont arraché la compagne que

Dieu m'eût choisie, si Dieu n'oubliait parfois ses promesses. Mais que nous importent les lois, si je t'aime encore aux bras d'un autre, si tu peux encore m'aimer, maudit et malheureux comme je suis de t'avoir perdue ! Vois-tu, Indiana, tu m'appartiens, tu es la moitié de mon âme, qui cherchait depuis longtemps à rejoindre l'autre. Quand tu rêvais d'un ami à l'île Bourbon, c'était de moi que tu rêvais ; quand au nom d'époux un doux frisson de crainte et d'espoir passait dans ton âme, c'est que je devais être ton époux. Ne me reconnais-tu pas? ne te semble-t-il pas qu'il y a vingt ans que nous ne nous sommes vus ? Ne t'ai-je pas reconnu, ange, lorsque tu étanchais mon sang avec ton voile, lorsque tu plaçais ta main sur mon cœur éteint pour y ramener la chaleur et la vie ! Ah ! je m'en souviens bien, moi. Quand j'ouvris les yeux, je me dis : « La voilà ! c'est ainsi qu'elle était dans tous mes rêves, blanche, mélancolique et bienfaisante. C'est mon bien, à moi, c'est elle qui doit m'abreuver de félicités inconnues. » Et déjà la vie physique que je venais de retrouver était ton ouvrage. Car ce ne sont pas des circonstances vulgaires qui nous ont réunis, vois-tu ; ce n'est ni le hasard ni le caprice, c'est la fatalité, c'est la mort, qui m'ont ouvert les portes de cette vie nouvelle. C'est ton mari, c'est ton maître qui, obéissant à son destin, m'a apporté tout sanglant dans sa main, et qui m'a jeté à tes pieds en te disant : « Voilà pour vous. » Et maintenant rien ne peut nous désunir...

— Lui, peut nous désunir ! interrompit vivement madame Delmare, qui, s'abandonnant aux transports de son amant, l'écoutait avec délices. Hélas ! hélas ! vous ne le connaissez pas ; c'est un homme qui ne pratique pas le pardon, un homme qu'on ne trompe pas. Raymon, il vous tuera !.., »

Elle se cacha dans son sein en pleurant. Raymon l'étreignant avec passion :

« Qu'il vienne, s'écria-t-il, qu'il vienne m'arracher cet instant de bonheur ! Je le défie ! Reste là, Indiana, reste contre mon cœur, c'est ton refuge et ton abri. Aime-moi, et je serai invulnérable. Tu sais bien qu'il n'est pas au pouvoir de cet homme de me tuer ; j'ai déjà été sans défense exposé à ses coups. Mais toi, mon bon ange, tu planais sur moi, et tes ailes m'ont protégé. Va, ne crains rien ; nous saurons bien détourner sa colère ; et maintenant je n'ai pas même peur pour toi, car je serai là. Moi aussi, quand ce maître voudra t'opprimer, je te protégerai contre lui. Je t'arracherai, s'il le faut, à sa loi cruelle. Veux-tu que je le tue? Dis-moi que tu m'aimes, et je serai son meurtrier si tu le condamnes à mourir. »

— Vous me faites frémir ; taisez-vous ! Si vous voulez tuer quelqu'un, tuez-moi ; car j'ai vécu tout un jour, et je ne désire plus rien...

— Meurs donc, mais que ce soit de bonheur, » s'écria Raymon en imprimant ses lèvres sur celles d'Indiana.

Mais c'était un trop rude orage pour une plante si faible ; elle pâlit, et, portant la main à son cœur, elle perdit connaissance.

D'abord Raymon crut que ses caresses rappelleraient le sang dans ses veines glacées ; mais il couvrit en vain ses mains de baisers, il l'appela en vain des plus doux noms. Ce n'était pas un évanouissement volontaire comme on en voit tant. Madame Delmare, sérieusement malade depuis longtemps, était sujette à des spasmes nerveux qui duraient des heures entières. Raymon, désespéré, fut réduit à appeler du secours. Il sonne ; une femme de chambre paraît ; mais le flacon qu'elle apportait s'échappe de ses mains et un cri de sa poitrine, en reconnaissant Raymon. Celui-ci, retrouvant aussitôt toute sa présence d'esprit, s'approche de son oreille :

« Silence, Noun ! je savais que tu étais ici, j'y venais pour toi ; je ne m'attendais pas à y trouver ta maîtresse, que je croyais au bal. En pénétrant ici, je l'ai effrayée, elle s'est évanouie ; sois prudente, je me retire. »

Raymon s'enfuit, laissant chacune de ces deux femmes dépositaire d'un secret qui devait porter le désespoir dans l'âme de l'autre.

VII.

Le lendemain Raymon reçut à son réveil une seconde lettre de Noun. Celle-là, il ne la rejeta point avec dédain ; il l'ouvrit au contraire avec empressement : elle pouvait lui parler de madame Delmare. Il en était question en effet ; mais dans quel embarras cette complication d'intrigues jetait Raymon ! Le secret de la jeune fille devenait impossible à cacher. Déjà la souffrance et l'effroi avaient maigri ses joues, madame Delmare s'apercevait de cet état maladif sans en pénétrer la cause. Noun craignait la sévérité du colonel, mais plus encore la douceur de sa maîtresse. Elle savait bien qu'elle obtiendrait son pardon ; mais elle se mourait de honte et de douleur d'être forcée à cet aveu. Qu'allait-elle devenir si Raymon ne prenait soin de la soustraire aux humiliations qui devaient l'accabler ! Il fallait qu'il s'occupât d'elle enfin, ou elle allait se jeter aux pieds de madame Delmare et lui tout déclarer.

Cette crainte agit puissamment sur M. de Ramière. Son premier soin fut d'éloigner Noun de sa maîtresse.

« Gardez-vous de parler sans mon aveu, lui répondit-il. Tâchez d'être au Lagny ce soir, j'y serai. »

En s'y rendant il réfléchit à la conduite qu'il devait tenir. Noun avait assez de bon sens pour ne pas compter sur une réparation impossible. Elle n'avait jamais osé prononcer le mot de mariage, et, parce qu'elle était discrète et généreuse, Raymon se croyait moins coupable. Il se disait qu'il ne l'avait point trompée, et que Noun avait dû prévoir un sort plus d'une fois. Ce qui causait l'embarras de Raymon, ce n'était pas d'offrir la moitié de sa fortune à la pauvre fille ; il était prêt à l'enrichir, à prendre d'elle tous les soins que la délicatesse lui suggérait. Ce qui rendait sa situation si pénible, c'était d'être forcé de lui dire qu'il ne l'aimait plus ; car il ne savait pas tromper. Si sa conduite, en ce moment, paraissait double et perfide, son cœur était sincère comme il l'avait toujours été. Il avait aimé Noun avec les sens ; il aimait madame Delmare de toute son âme. Il n'avait menti jusque-là ni à l'une ni à l'autre. Il s'agissait de ne pas commencer à mentir, et Raymon se sentait également incapable d'abuser la pauvre Noun et de lui porter le coup du désespoir. Il fallait choisir entre une lâcheté et une barbarie. Raymon était bien malheureux. Il arriva à la porte du parc du Lagny sans avoir rien décidé.

De son côté, Noun, qui n'espérait peut-être pas une si prompte réponse, avait repris un peu d'espoir.

« Il m'aime encore, se disait-elle, il ne veut pas m'abandonner. Il m'avait un peu oubliée, c'est tout simple ; à Paris, au milieu des fêtes, aimé de toutes les femmes, comme il doit l'être, il s'est laissé entraîner quelques instants loin de la pauvre Indienne. Hélas ! qui suis-je pour qu'il me sacrifie tant de grandes dames plus belles et plus riches que moi ? Qui sait ? se disait-elle naïvement, peut-être que la reine de France est amoureuse de lui. »

A force de penser aux séductions que le luxe devait exercer sur son amant, Noun s'avisa d'un moyen pour lui plaire davantage. Elle se para des atours de sa maîtresse, alluma un grand feu dans la chambre que madame Delmare occupait au Lagny, para la cheminée des plus belles fleurs qu'elle put trouver dans la serre chaude, prépara une collation de fruits et de vins fins, apprêta en un mot toutes les recherches du boudoir auxquelles elle n'avait jamais songé ; et quand elle se regarda dans un grand panneau de glace, elle se rendit justice en se trouvant plus jolie que les fleurs dont elle avait cherché à s'embellir.

« Il m'a souvent répété, se disait-elle, que je n'avais pas besoin de parure pour être belle, et qu'aucune femme de la cour, dans tout l'éclat de ses diamants, ne valait un de mes sourires. Pourtant ces femmes qu'il dédaignait l'occupent maintenant. Voyons, soyons gaie, ayons l'air vif et joyeux ; peut-être je ressaisirai cette nuit tout l'amour que je lui avais inspiré. »

Raymon, ayant laissé son cheval à une petite maison de charbonnier dans la forêt, pénétra dans le parc, dont il avait une clef. Cette fois il ne courait plus le risque d'être pris pour un voleur; presque tous les domestiques avaient suivi leurs maîtres; le jardinier était dans sa confidence, et il connaissait tous les abords du Lagny comme ceux de sa propre demeure.

La nuit était froide; un brouillard épais enveloppait les arbres du parc, et Raymon avait peine à distinguer leurs tiges noires dans la brume blanche qui les revêtait de robes diaphanes.

Il erra quelque temps dans les allées sinueuses avant de trouver la porte du kiosque où Noun l'attendait. Elle vint à lui enveloppée d'une pelisse dont le capuchon était relevé sur sa tête.

« Nous ne pouvons rester ici, lui dit-elle, il y fait trop froid. Suivez-moi et ne parlez pas. »

Raymon se sentit une extrême répugnance à entrer dans la maison de madame Delmare comme amant de sa femme de chambre. Cependant il fallut céder; Noun marchait légèrement devant lui, et cette entrevue devait être décisive.

Elle lui fit traverser la cour, apaisa les chiens, ouvrit les portes sans bruit, et, le prenant par la main, elle le guida en silence dans les corridors sombres; enfin, elle l'entraîna dans une chambre circulaire, élégante et simple, où des orangers en fleurs répandaient leurs suaves émanations; des bougies diaphanes brûlaient dans les candélabres.

Noun avait effeuillé des roses du Bengale sur le parquet, le divan était semé de violettes, une douce chaleur pénétrait tous les pores, et les cristaux étincelaient sur la table parmi les fruits qui présentaient coquettement leurs flancs vermeils, mêlés à la mousse verte des corbeilles.

Ébloui par la transition brusque de l'obscurité à une vive lumière, Raymon resta quelques instants étourdi; mais il ne lui fallut pas longtemps pour comprendre où il était. Le goût exquis et la simplicité chaste qui présidaient à l'ameublement; ces livres d'amour et de voyages, épars sur les planches d'acajou; ce métier chargé d'un travail si joli et si frais, œuvre de patience et de mélancolie; cette harpe dont les cordes semblaient encore vibrer des chants d'attente et de tristesse; ces gravures qui représentaient les pastorales amours de Paul et Virginie, les cimes de l'île Bourbon et les rivages bleus de Saint-Paul; mais surtout ce petit lit à demi caché sous les rideaux de mousseline, ce lit blanc et pudique comme celui d'une vierge, orné au chevet, en guise de rameau bénit, d'une palme enlevée peut-être le jour du départ à quelque arbre de la patrie; tout révélait madame Delmare, et Raimon fut saisi d'un étrange frisson en songeant que cette femme enveloppée d'un manteau, qui l'avait conduit jusque-là, était peut-être Indiana elle-même. Cette extravagante idée sembla se confirmer lorsqu'il vit apparaître dans la glace en face de lui une forme blanche et parée, le fantôme d'une femme qui entre au bal et qui jette son manteau pour se montrer radieuse et demi-nue aux lumières étincelantes. Mais ce ne fut que l'erreur d'un instant: Indiana eût été plus cachée... son sein modeste ne se fût trahi que sous la triple gaze de son corsage; elle eût peut-être orné ses cheveux de camélias naturels, mais ce n'est pas dans ce désordre excitant qu'ils se fussent joués sur sa tête: elle eût pu emprisonner ses pieds dans des souliers de satin, mais sa chaste robe n'eût pas ainsi trahi les mystères de sa jambe mignonne.

Plus grande et plus forte que sa maîtresse, Noun était habillée et non pas vêtue avec ses parures. Elle avait de la grâce, mais de la grâce sans noblesse; elle était belle comme une femme et non comme une fée; elle appelait le plaisir et ne promettait pas la volupté.

Raymon, après l'avoir examinée dans la glace sans tourner la tête, reporta ses regards sur tout ce qui pouvait lui rendre un reflet plus pur d'Indiana, sur les instruments de musique, sur les peintures, sur le lit étroit et virginal. Il s'enivra du vague parfum que sa présence avait laissé dans ce sanctuaire; il frissonna de désir en pensant au jour où Indiana elle-même lui en ouvrirait les délices; et Noun, les bras croisés, debout derrière lui, le contemplait avec extase, s'imaginant qu'il était absorbé par le ravissement, à la vue de tous les soins qu'elle s'était donnés pour lui plaire.

Mais lui, rompant enfin le silence:

« Je vous remercie, lui dit-il, de tous les apprêts que vous avez faits pour moi; je vous remercie surtout de m'avoir fait entrer ici, mais j'ai assez joui de cette surprise gracieuse. Sortons de cette chambre, nous n'y sommes pas à notre place; et je dois respecter madame Delmare, même en son absence.

— Cela est bien cruel, dit Noun qui ne l'avait pas compris, mais qui voyait son air froid et mécontent; cela est cruel, d'avoir espéré que je vous plairais et de voir que vous me repoussez.

— Non, chère Noun, je ne vous repousserai jamais; je suis venu ici pour causer sérieusement avec vous et vous témoigner l'affection que je vous dois. Je suis reconnaissant de votre désir de me plaire, mais je vous aimais mieux parée de votre jeunesse et de vos grâces naturelles qu'avec ces ornements empruntés. »

Noun comprit à demi et pleura.

« Je suis une malheureuse, lui dit-elle; je me hais puisque je ne vous plais plus... J'aurais dû prévoir que vous ne m'aimeriez pas longtemps, moi, pauvre fille sans éducation. Je ne vous reproche rien. Je savais bien que vous ne m'épouseriez pas; mais si vous m'eussiez aimée toujours, j'eusse tout sacrifié sans regret, tout supporté sans me plaindre. Hélas! je suis perdue, je suis déshonorée!... je serai chassée peut-être... Je vais donner la vie à un être qui sera encore plus infortuné que moi, et nul ne me plaindra... Chacun se croira le droit de me fouler aux pieds... Eh bien! tout cela, je m'y résignerais avec joie, si vous m'aimiez encore. »

Noun parla longtemps ainsi. Elle ne se servit peut-être pas des mêmes mots, mais elle dit les mêmes choses, bien mieux cent fois que je ne pourrais vous les redire. Où trouver le secret de cette éloquence qui se révèle tout à coup à un esprit ignorant et vierge dans la crise d'une passion vraie et d'une douleur profonde?... C'est alors que les mots ont une autre valeur que dans toutes les autres scènes de la vie; c'est alors que des paroles triviales deviennent sublimes par le sentiment qui les dicte et l'accent qui les accompagne. Alors la femme du dernier rang devient, se livrant à tout le délire de ses émotions, plus pathétique et plus convaincante que celle à qui l'éducation a enseigné la modération et la réserve.

Raymon se sentit flatté d'inspirer un attachement si généreux, et la reconnaissance, la compassion, un peu de vanité peut-être, lui rendirent un moment d'amour.

Noun était suffoquée de larmes; elle avait arraché les fleurs de son front, ses longs cheveux tombaient épars sur ses épaules larges et éblouissantes. Si madame Delmare n'eût eu pour l'embellir son esclavage et ses souffrances, Noun l'eût infiniment surpassée en beauté dans cet instant; elle était splendide de douleur et d'amour. Raymon, vaincu, l'attira dans ses bras, la fit asseoir près de lui sur le sofa, et approcha le guéridon chargé de carafes pour lui verser quelques gouttes d'eau de fleur d'orange dans une coupe de vermeil. Soulagée de cette marque d'intérêt plus que du breuvage calmant, Noun essuya ses pleurs, et se jetant aux pieds de Raimon:

« Aime-moi donc encore, lui dit-elle en embrassant ses genoux avec passion; dis-moi encore que tu m'aimes, et je serai guérie, je serai sauvée. Embrasse-moi comme autrefois, et je ne regretterai pas de m'être perdue pour te donner quelques jours de plaisir. »

Elle l'entourait de ses bras frais et bruns, elle le couvrait de ses longs cheveux; ses grands yeux noirs lui jetaient une langueur brûlante, et cette ardeur du sang, cette volupté tout orientale qui sait triompher de tous les efforts de la volonté, de toutes les délicatesses de la pensée. Raymon oublia tout, et ses résolutions, et son nouvel amour, et le lieu où il était. Il rendit à Noun ses caresses délirantes. Il trempa ses lèvres dans la même coupe, et les vins capiteux qui se trouvaient sous leur main achevèrent d'égarer leur raison.

Peu à peu le souvenir vague et flottant d'Indiana vint se mêler à l'ivresse de Raymon. Les deux panneaux de glace qui se renvoyaient l'un à l'autre l'image de Noun jusqu'à l'infini semblaient se peupler de mille fantômes. Il épiait dans la profondeur de cette double réverbération une forme plus déliée, et il lui semblait saisir, dans la dernière ombre vaporeuse et confuse que Noun y reflétait, la taille fine et souple de madame Delmare.

Noun, étourdie elle-même par les boissons excitantes dont elle ignorait l'usage, ne saisissait plus les bizarres discours de son amant. Si elle n'eût pas été ivre comme lui, elle eût compris qu'au plus fort de son délire Raymon songeait à une autre. Elle l'eût vu baiser l'écharpe et les rubans qu'avait portés Indiana, respirer les essences qui la lui rappelaient, froisser dans ses mains ardentes l'étoffe qui avait protégé son sein; mais Noun prenait tous ces transports pour elle-même lorsque Raymon ne voyait d'elle que la robe d'Indiana. S'il baisait ses cheveux noirs, il croyait baiser les cheveux noirs d'Indiana. C'était Indiana qu'il voyait dans le nuage du punch que la main de Noun venait d'allumer; c'était elle qui l'appelait et qui lui souriait derrière ces blancs rideaux de mousseline; ce fut elle encore qu'il rêva sur cette couche modeste et sans tache, lorsque, succombant sous l'amour et le vin, il y entraîna sa créole échevelée.

Quand Raymon s'éveilla, un demi-jour pénétrait par les fentes du volet, et il resta longtemps plongé dans une vague surprise, immobile, et contemplant comme une vision du sommeil le lieu où il se trouvait et le lit où il avait reposé. Tout avait été remis en ordre dans la chambre de madame Delmare. Dès le matin, Noun, qui s'était endormie souveraine en ce lieu, s'était réveillée femme de chambre. Elle avait emporté les fleurs et fait disparaître les restes de la collation; les meubles étaient à leur place, et rien ne trahissait l'orgie amoureuse de la nuit, et la chambre d'Indiana avait repris son air de candeur et de décence.

Accablé de honte, il se leva et voulut sortir, mais il était enfermé; la fenêtre dominait trente pieds de profondeur, et il fallut rester attaché dans cette chambre pleine de remords, comme Ixion sur sa roue.

Alors il se jeta à genoux, la face tournée contre ce lit foulé et meurtri qui le faisait rougir.

« O Indiana! s'écria-t-il en se tordant les mains, t'ai-je assez outragée? Pourrais-tu me pardonner une telle infamie? Quand tu le ferais, moi, je ne me la pardonnerais pas. Résiste-moi maintenant, douce et confiante Indiana; car tu ne sais pas à quel homme et à quel brutal tu veux livrer les trésors de ton innocence! Repousse-moi, foule-moi aux pieds, moi qui n'ai pas respecté l'asile de ta pudeur sacrée; moi qui me suis enivré de tes vins comme un laquais, côte à côte avec ta suivante; moi qui ai souillé ta robe de mon haleine maudite, et ta ceinture pudique de mes infâmes baisers sur le sein d'une autre; moi qui n'ai pas craint d'empoisonner le repos de tes nuits solitaires, et de verser jusque sur ce lit que respectait ton époux lui-même les influences de la séduction et de l'adultère! Quelle sécurité trouveras-tu désormais derrière ces rideaux dont je n'ai pas craint de profaner le mystère? Quels songes impurs, quelles pensées âcres et dévorantes ne viendront pas s'attacher à ton cerveau pour le dessécher! Quels fantômes de vice et d'insolence ne viendront pas ramper sur le lin virginal de ta couche! Et ton sommeil pur comme celui d'un enfant, quelle divinité chaste voudra le protéger maintenant? N'ai-je pas mis en fuite l'ange qui gardait ton chevet? n'ai-je pas ouvert au démon de la luxure l'entrée de ton alcôve? ne lui ai-je pas vendu ton âme? et l'ardeur insensée qui consume les flancs de cette créole lascive, ne viendra-t-elle pas, comme la robe de Déjanire, s'attacher aux tiens pour les ronger? Oh! malheureux! coupable et malheureux que je suis! que ne puis-je laver de mon sang la honte que j'ai laissée sur cette couche! »

Et Raymon l'arrosait de ses larmes.

Alors Noun rentra, avec son madras et son tablier; elle crut, à voir Raymon ainsi agenouillé, qu'il faisait sa prière. Elle ignorait que les gens du monde n'en font pas. Elle attendit donc, debout et silencieuse, qu'il daignât s'apercevoir de sa présence.

Raymon, en la voyant, se sentit confus et irrité, sans courage pour la gronder, sans force pour lui adresser une parole amie.

« Pourquoi m'avez-vous enfermé ici? lui dit-il enfin. Songez-vous qu'il fait grand jour et que je ne puis sortir sans vous compromettre ouvertement?

— Aussi vous ne sortirez pas, lui dit Noun d'un air caressant. La maison est déserte, personne ne peut vous découvrir; le jardinier ne vient jamais dans cette partie du bâtiment, dont seule je garde les clefs. Vous resterez avec moi cette journée encore; vous êtes mon prisonnier. »

Cet arrangement mettait Raymon au désespoir; il ne sentait plus pour sa maîtresse qu'une sorte d'aversion. Cependant il fallut se résigner, et, peut-être que, malgré ce qu'il souffrait dans cette chambre, un invincible attrait l'y retenait encore.

Lorsque Noun le quitta pour aller lui chercher à déjeuner, il se mit à examiner au grand jour tous ces muets témoins de la solitude d'Indiana. Il ouvrit ses livres, feuilleta ses albums, puis il les ferma précipitamment; car il craignit encore de commettre une profanation et de violer des mystères de femme. Enfin il se mit à marcher, et il remarqua, sur le panneau boisé qui faisait face au lit de madame Delmare, un grand tableau richement encadré, recouvert d'une double gaze.

C'était peut-être le portrait d'Indiana. Raymon, avide de le contempler, oublia ses scrupules, monta sur une chaise, détacha les épingles, et découvrit avec surprise le portrait en pied d'un beau jeune homme.

VIII.

« Il me semble que je connais ces traits-là! dit-il à Noun en s'efforçant de prendre un air indifférent.

— Fi! Monsieur, dit la jeune fille en posant sur la table le déjeuner qu'elle apportait; ce n'est pas bien de vouloir pénétrer les secrets de ma maîtresse. »

Cette réflexion fit pâlir Raymon.

« Des secrets! dit-il. Si c'est là un secret, tu en es la confidente, Noun, et tu es doublement coupable de m'avoir amené dans cette chambre.

— Oh! ce n'est pas un secret, dit Noun en souriant; car c'est M. Delmare lui-même qui a aidé à suspendre le portrait de sir Ralph à ce panneau. Est-ce que madame pourrait avoir des secrets avec un mari si jaloux?

— Sir Ralph! dis-tu; qu'est-ce que sir Ralph?

— Sir Rodolphe Brown, le cousin de madame, son ami d'enfance, je pourrais dire le mien aussi; il est si bon! »

Raymon examinait le tableau avec surprise et inquiétude.

Nous avons dit que sir Ralph, à la physionomie près, était un fort beau garçon, blanc et vermeil, riche de stature et de cheveux, toujours parfaitement mis, et capable, sinon de faire tourner une tête romanesque, du moins de satisfaire la vanité d'une tête positive. Le pacifique baronnet était représenté en costume de chasse, à peu près tel que nous l'avons vu au premier chapitre de cette histoire, et entouré de ses chiens, en tête desquels la belle griffonne Ophélia avait posé, pour le beau ton gris-argent de ses soies et la pureté de sa race écossaise. Sir Ralph tenait un cor de chasse d'une main, et de l'autre la bride d'un magnifique cheval anglais, gris-pommelé, qui remplissait presque tout le fond du tableau. C'était une peinture admirablement exécutée, un vrai tableau de famille avec toutes ses perfections de détails, toutes ses puérilités de ressemblance, toutes ses minuties bourgeoises; un portrait à faire pleurer une nourrice, aboyer des chiens et pâmer d'aise un tailleur. Il n'y avait qu'une chose au monde qui fût plus insignifiante que ce portrait, c'était l'original.

Cependant il excita chez Raymon un violent sentiment de colère.

« Eh quoi! se dit-il, cet Anglais, jeune et carré, a le privilége d'être admis dans l'appartement le plus secret de madame Delmare! Son insipide image est toujours là qui regarde froidement les actes les plus intimes de sa vie! Il la surveille, il la garde, il suit tous ses mouvements; il la possède à toute heure! La nuit, il la voit dormir et surprend le secret de ses rêves; le matin, quand elle sort toute blanche et toute frémissante de son lit, il aperçoit son pied délicat qui se pose nu sur le tapis; et quand elle s'habille avec précaution, quand elle ferme les rideaux de sa fenêtre, et qu'elle interdit même au jour de pénétrer trop indiscrètement jusqu'à elle; quand elle se croit bien seule, bien cachée, cette insolente figure est là qui se repait de ses charmes! Cet homme tout botté préside à sa toilette! »

« Cette gaze couvre-t-elle ordinairement le tableau que voici? dit-il à la femme de chambre.
— Toujours, répondit-elle, quand madame est absente. Mais ne vous donnez pas la peine de la replacer; madame arrive dans quelques jours.
— En ce cas, Noun, vous feriez bien de lui dire que cette figure a l'air impertinent... A la place de M. Delmare, je n'aurais consenti à la laisser ici qu'après lui avoir crevé les deux yeux... Mais voilà bien la grossière jalousie des maris! ils imaginent tout et ne comprennent rien.
— Qu'avez-vous donc contre la figure de ce bon M. Brown? dit Noun en refaisant le lit de sa maîtresse; c'est un si excellent maître! Je ne l'aimais pas beaucoup autrefois, parce que j'entendais toujours dire à madame qu'il était égoïste; mais depuis le jour où il a pris tant de soin de vous...
— En effet, interrompit Raymon, c'est lui qui m'a secouru, je le reconnais bien à présent... Mais je ne dois son intérêt qu'aux prières de madame Delmare.
— C'est qu'elle est si bonne, ma maitresse! dit la pauvre Noun. Qui est-ce qui ne deviendrait pas bon auprès d'elle? »

Lorsque Noun parlait de madame Delmare, Raymon l'écoutait avec un intérêt dont elle ne se méfiait pas.

La journée se passa donc assez paisiblement sans que Noun osât amener la conversation à son véritable but. Enfin, vers le soir, elle fit un effort, et le força de lui déclarer ses intentions.

Raymon n'avait pas d'autres que de se débarrasser d'un témoin dangereux et d'une femme qu'il n'aimait plus. Mais il voulait assurer son sort, et il lui fit en tremblant les offres les plus libérales...

Cet affront fut amer à la pauvre fille; elle s'arracha les cheveux, et se fût brisé la tête si Raymon n'eût employé la force pour la retenir. Alors, faisant usage de toutes les ressources de langage que la nature lui avait données, il lui fit comprendre que ce n'était pas à elle, mais à l'enfant dont elle allait être mère, qu'il voulait offrir ses secours.

« C'est mon devoir, lui dit-il; c'est à titre d'héritage pour lui que je vous les transmets, et vous seriez coupable envers lui si une fausse délicatesse vous les faisait repousser. »

Noun se calma, elle s'essuya les yeux.

« Eh bien! dit-elle, je les accepterai si vous voulez me promettre de m'aimer encore; car, pour vous être acquitté envers l'enfant, vous ne le serez point envers la mère. Lui, vos dons le feront vivre; mais moi, votre indifférence me tuera. Ne pouvez-vous me prendre auprès de vous pour vous servir? Voyez, je ne suis pas exigeante; je n'ambitionne point ce qu'une autre à ma place aurait peut-être eu l'art d'obtenir. Mais permettez-moi d'être votre servante. Faites-moi entrer chez votre mère. Elle sera contente de moi, je vous le jure, et, si vous ne m'aimez plus, du moins je vous verrai.
— Ce que vous me demandez est impossible, ma chère Noun. Dans l'état où vous êtes, vous ne pouvez songer à entrer au service de personne; et tromper ma mère, me jouer de sa confiance, serait une bassesse à laquelle je ne consentirai jamais. Allez à Lyon ou à Bordeaux; je me charge de ne vous laisser manquer de rien jusqu'au moment où vous pourrez vous montrer. Alors je vous placerai chez quelque personne de ma connaissance, à Paris même si vous le désirez... si vous tenez à vous rapprocher de moi...; mais sous le même toit, cela est impossible...
— Impossible! dit Noun en joignant les mains avec douleur; je vois bien que vous me méprisez, vous rougissez de moi... Eh bien, non, je ne m'éloignerai pas, je ne m'en irai pas seule et humiliée mourir abandonnée dans quelque ville lointaine où vous m'oublierez. Que m'importe ma réputation! c'est votre amour que je voulais conserver!...
— Noun, si vous craignez que je vous trompe, venez avec moi. La même voiture nous conduira au lieu que vous choisirez; partout, excepté à Paris ou chez ma mère, je vous suivrai, je vous prodiguerai les soins que je vous dois...
— Oui, pour m'abandonner le lendemain du jour où vous m'aurez déposée, inutile fardeau, sur une terre étrangère! dit-elle en souriant amèrement. Non, Monsieur, non; je reste: je ne veux pas tout perdre à la fois. J'aurais sacrifié, pour vous suivre, la personne que j'aimais le mieux au monde avant de vous connaître; mais je ne suis pas assez jalouse de cacher mon déshonneur pour sacrifier et mon amour et mon amitié. J'irai me jeter aux pieds de madame Delmare, je lui dirai tout, et elle me pardonnera, je le sais; car elle est bonne, et elle m'aime. Nous sommes nées presque le même jour, elle est ma sœur de lait. Nous ne nous sommes jamais quittées, elle ne voudra pas que je la quitte; elle pleurera avec moi, elle me soignera, elle aimera mon enfant, mon pauvre enfant! Qui sait? elle qui n'a pas le bonheur d'être mère, elle l'élèvera peut-être comme le sien!... Ah! j'étais folle de vouloir la quitter; car c'est la seule personne au monde qui prendra pitié de moi!... »

Cette résolution jetait Raymon dans une affreuse perplexité, quand tout à coup le roulement d'une voiture se fit entendre dans la cour. Noun, épouvantée, courut à la fenêtre.

« C'est madame Delmare! s'écria-t-elle; fuyez! »

La clef de l'escalier dérobé fut introuvable dans ce moment de désordre. Noun prit le bras de Raymon et l'entraîna précipitamment dans le corridor; mais ils n'en avaient pas atteint la moitié qu'ils entendirent marcher dans ce même passage; la voix de madame Delmare se fit entendre à dix pas devant eux, et déjà une bougie, portée par un domestique qui l'accompagnait, jetait sa lueur vacillante sur leurs figures effrayées. Noun n'eut que le temps de revenir sur ses pas, entraînant toujours Raymon, et de rentrer avec lui dans la chambre à coucher.

Un cabinet de toilette, fermé par une porte vitrée, pouvait offrir un refuge pour quelques instants; mais il n'y avait aucun moyen de s'y enfermer, et madame Delmare pouvait y entrer en arrivant. Pour n'être donc pas surpris sur-le-champ, Raymon fut obligé de se jeter dans l'alcôve et de se cacher derrière les rideaux. Il n'était pas probable que madame Delmare se coucherait tout de suite, et jusque-là Noun pouvait trouver un moment pour le faire évader.

Indiana entra vivement, jeta son chapeau sur le lit et embrassa Noun avec la familiarité d'une sœur. Il y avait si peu de clarté dans l'appartement, qu'elle ne remarqua pas l'émotion de sa compagne.

« Tu m'attendais donc? dit-elle en approchant du feu; comment savais-tu mon arrivée? »

Et sans attendre sa réponse:

« M. Delmare, ajouta-t-elle, sera ici demain. En recevant sa lettre, je suis partie sur-le-champ. J'ai des raisons pour le recevoir ici et non à Paris. Je te les dirai. Mais parle-moi donc; tu n'as pas l'air heureuse de me voir comme à ton ordinaire.
— Je suis triste, dit Noun en s'agenouillant auprès de sa maîtresse pour la déchausser. Moi aussi, j'ai à vous parler, mais plus tard; maintenant venez au salon.
— Dieu m'en garde! quelle idée! il y fait un froid mortel.

— Non, il y a un bon feu.
— Tu rêves! je viens de le traverser.
— Mais votre souper vous attend.
— Je ne veux pas souper; d'ailleurs il n'y a rien de prêt. Va chercher mon boa que j'ai laissé dans la voiture.
— Tout à l'heure.
— Pourquoi pas tout de suite? Va donc, va donc! »

En parlant ainsi, elle poussait Noun d'un air folâtre, et celle-ci, voyant qu'il fallait de la hardiesse et du sang-froid, sortit pour quelques instants. Mais à peine fut-elle hors de l'appartement que madame Delmare poussa le verrou, et, détachant son vitchoura, le posa sur le lit à côté de son chapeau. Dans cet instant, elle approcha Raymon de si près qu'il fit un mouvement pour se reculer; mais le lit, posé sur des roulettes apparemment très-mobiles, céda avec un léger bruit. Madame Delmare étonnée, mais non effrayée, car elle pouvait croire que le lit avait été poussé par elle-même, avança néanmoins la tête, écarta un peu le rideau, et découvrit, dans la demi-clarté que jetait le feu de la cheminée, la tête d'un homme qui se dessinait sur la muraille.

Épouvantée, elle fit un cri, s'élança vers la cheminée pour s'emparer de la sonnette et appeler du secours. Raymon eût mieux aimé passer encore une fois pour un voleur que d'être reconnu dans cette situation. Mais, s'il ne prenait ce dernier parti, madame Delmare allait appeler ses gens et se compromettre elle-même. Il espéra en l'amour qu'il lui avait inspiré, et, s'élançant sur elle, il essaya d'arrêter ses cris et de l'éloigner de la sonnette en lui disant à demi-voix, de peur d'être entendu de Noun, qui sans doute n'était pas loin:

« C'est moi, Indiana, reconnais-moi, et pardonne-moi. Indiana! pardonnez à un malheureux dont vous avez égaré la raison, et qui n'a pu se résoudre à vous rendre à votre mari avant de vous avoir vue encore une fois. »

Et comme il pressait Indiana dans ses bras, autant pour l'attendrir que pour l'empêcher de sonner, Noun frappa à la porte avec angoisse. Madame Delmare, se dégageant alors des bras de Raymon, courut ouvrir et revint tomber sur un fauteuil.

Pâle et près de mourir, Noun se jeta contre la porte du corridor pour empêcher les domestiques, qui allaient et venaient, de troubler cette scène étrange; plus pâle encore que sa maîtresse, les genoux tremblants, le dos collé à la porte, elle attendait son sort.

Raymon sentit qu'avec de l'adresse il pouvait encore tromper ces deux femmes à la fois.

« Madame, dit-il en se mettant à genoux devant Indiana, ma présence ici doit vous sembler un outrage; me voici à vos pieds pour en implorer le pardon. Accordez-moi un tête-à-tête de quelques instants, et je vous expliquerai...

— Taisez-vous, Monsieur, et sortez d'ici, s'écria madame Delmare en reprenant toute la dignité de son rôle; sortez-en publiquement. Noun, ouvrez cette porte et laissez passer monsieur, afin que tous mes domestiques le voient et que la honte d'un tel procédé retombe sur lui seul. »

Noun, se croyant découverte, vint se jeter à genoux à côté de Raymon. Madame Delmare, gardant le silence, la contemplait avec surprise.

Raymon voulut s'emparer de sa main; mais elle la lui retira avec indignation. Rouge de colère, elle se leva, et lui montrant la porte:

« Sortez, vous dis-je, répéta-t-elle; sortez, car votre conduite est infâme. Ce sont donc là les moyens que vous vouliez employer! vous, Monsieur, caché dans ma chambre comme un voleur! C'est donc une habitude chez vous que de vous introduire ainsi dans les familles! c'est là l'attachement si pur que vous juriez hier soir! C'est ainsi que vous deviez me protéger, me respecter et me défendre! Voilà le culte que vous me rendez! Vous voyez une femme qui vous a secouru de ses mains, qui, pour vous rendre la vie, a bravé la colère de son mari; vous l'abusez par une feinte reconnaissance, vous lui jurez un amour digne d'elle, et pour prix de ses soins, pour prix de sa crédulité, vous voulez surprendre son sommeil et hâter votre succès par je ne sais quelle infamie! Vous gagnez sa femme de chambre, vous vous glissez presque dans son lit, comme un amant déjà heureux; vous ne craignez pas de mettre ses gens dans la confidence d'une intimité qui n'existe pas... Allez, Monsieur, vous avez pris soin de me désabuser bien vite!... Sortez, vous dis-je, ne restez pas un instant de plus chez moi!... Et vous, misérable fille, qui respectez si peu l'honneur de votre maîtresse, vous méritez que je vous chasse. Otez-vous de cette porte, vous dis-je!... »

Noun, à demi morte de surprise et de désespoir, avait les yeux fixés sur Raymon comme pour lui demander l'explication de ce mystère inouï. Puis, l'air égaré, tremblante, elle se traîna vers Indiana, et lui saisissant le bras avec force:

« Qu'est-ce que vous avez dit? s'écria-t-elle, les dents contractées par la colère; cet homme avait de l'amour pour vous?

— Eh! vous le saviez bien, sans doute! dit madame Delmare en la poussant avec force et dédain; vous saviez bien quels motifs un homme peut avoir pour se cacher derrière les rideaux d'une femme. Ah! Noun! ajouta-t-elle en voyant le désespoir de cette fille, c'est une lâcheté insigne et dont je ne t'aurais jamais crue capable; tu as voulu vendre l'honneur de celle qui avait tant de foi au tien!... »

Madame Delmare pleurait, mais de colère en même temps que de douleur. Jamais Raymon ne l'avait vue si belle; mais il osait à peine la regarder, car sa fierté de femme outragée le forçait à baisser les yeux. Il était là consterné, pétrifié par la présence de Noun. S'il eût été seul avec madame Delmare, il aurait eu peut-être la puissance de l'adoucir. Mais l'expression de Noun était terrible; la fureur et la haine avaient décomposé ses traits.

Un coup frappé à la porte les fit tressaillir tous trois. Noun s'élança de nouveau pour défendre l'entrée de la chambre; mais madame Delmare, la repoussant avec autorité, fit à Raymon le geste impératif de se retirer vers l'angle de l'appartement. Alors, avec ce sang-froid qui la rendait si remarquable dans les moments de crise, elle s'enveloppa d'un châle, entr'ouvrit elle-même la porte, et demanda au domestique qui avait frappé ce qu'il avait à lui dire.

« M. Rodolphe Brown vient d'arriver, répondit-il; il demande si madame veut le recevoir.

— Dites à M. Rodolphe que je suis charmée de sa visite et que je vais aller le trouver. Faites du feu au salon, et qu'on prépare à souper. Un instant! Allez me chercher la clef du petit parc. »

Le domestique s'éloigna. Madame Delmare resta debout, tenant toujours la porte entr'ouverte, ne daignant pas écouter Noun, et commandant impérieusement le silence à Raymon.

Le domestique revint trois minutes après. Madame Delmare, tenant toujours le battant de la porte entre lui et M. de Ramière, reçut la clef, lui ordonna d'aller hâter le souper, et dès qu'il fut parti, s'adressant à Raymon:

« L'arrivée de mon cousin sir Brown, lui dit-elle, vous sauve le scandale auquel je voulais vous livrer; c'est un homme d'honneur et qui prendrait chaudement ma défense; mais comme je serais fâchée d'exposer la vie d'un homme comme lui contre celle d'un homme comme vous, je vous permets de vous retirer sans éclat. Noun, qui vous a fait entrer ici, saura vous en faire sortir. Allez!

— Nous nous reverrons, Madame, répondit Raymon avec un effort d'assurance; et quoique je sois bien coupable, vous regretterez peut-être la sévérité avec laquelle vous me traitez maintenant.

— J'espère, Monsieur, que nous ne nous reverrons jamais, » répondit-elle.

Et toujours debout, tenant la porte, et sans daigner s'incliner, elle le vit sortir avec sa tremblante et misérable complice.

Seul dans l'obscurité du parc avec elle, Raymon s'attendait à des reproches; Noun ne lui adressa pas une parole. Elle le conduisit jusqu'à la grille du parc de réserve, et lorsqu'il voulut lui prendre la main, elle avait déjà disparu. Il l'appela à voix basse, car il voulait savoir son sort; mais elle ne lui répondit pas, et le jardinier paraissant lui dit :

« Allons, Monsieur, retirez-vous; madame est arrivée, et l'on pourrait vous découvrir. »

Raymon s'éloigna la mort dans l'âme; mais, dans sa douleur d'avoir offensé madame Delmare, il oubliait presque Noun et ne songeait qu'aux moyens d'apaiser la première; car il était dans sa nature de s'irriter des obstacles et de ne jamais s'attacher passionnément qu'aux choses presque désespérées.

Le soir, lorsque madame Delmare, après avoir soupé silencieusement avec sir Ralph, se retira dans son appartement, Noun ne vint pas, comme à l'ordinaire, pour la déshabiller; elle la sonna vainement, et, quand elle pensa que c'était une résistance marquée, elle ferma sa porte et se coucha : mais elle passa une nuit affreuse, et dès que le jour fut levé, elle descendit dans le parc. Elle avait la fièvre; elle avait besoin de sentir le froid la pénétrer et calmer le feu qui dévorait sa poitrine. La veille encore, à pareille heure, elle était heureuse en s'abandonnant à la nouveauté de cet amour enivrant; en vingt-quatre heures quelles affreuses déceptions! D'abord la nouvelle du retour de son mari plusieurs jours plus tôt qu'elle n'y comptait; ces quatre ou cinq jours qu'elle avait espéré passer à Paris, c'était pour elle toute une vie de bonheur qui ne devait pas finir, tout un rêve d'amour que le réveil ne devait jamais interrompre; mais dès le matin il avait fallu y renoncer, reprendre le joug, et revenir au-devant du maître, afin qu'il ne rencontrât pas Raymon chez madame de Carvajal; car Indiana croyait qu'il lui serait impossible de tromper son mari s'il la voyait en présence de Raymon. Et puis ce Raymon qu'elle aimait comme un Dieu, c'était par lui qu'elle se voyait outragée bassement! Enfin la compagne de sa vie, cette jeune créole qu'elle chérissait, se trouvait tout à coup indigne de sa confiance et de son estime!

Madame Delmare avait pleuré toute la nuit; elle se laissa tomber sur le gazon, encore blanchi par la gelée du matin, au bord de la petite rivière qui traversait le parc. On était à la fin de mars, la nature commençait à se réveiller; la matinée quoique froide, n'était pas sans charme; des flocons de brouillard dormaient encore sur l'eau comme une écharpe flottante, et les oiseaux essayaient leurs premiers chants d'amour et de printemps.

Indiana se sentit soulagée, et un sentiment religieux s'empara de son âme.

« C'est Dieu qui l'a voulu ainsi, dit-elle; sa providence m'a rudement éclairée, mais c'est un bonheur pour moi. Cet homme m'eût peut-être entraînée dans le vice, il m'eût perdue; au lieu qu'à présent la bassesse de ses sentiments m'est dévoilée, et je serai en garde contre cette passion orageuse et funeste qui fermentait dans mon sein... J'aimerai mon mari... Je tâcherai! Du moins je lui serai soumise, je le rendrai heureux en ne le contrariant jamais; tout ce qui peut exciter sa jalousie, je l'éviterai; car maintenant je sais ce qu'il faut croire de cette éloquence menteuse que les hommes savent dépenser avec nous. Je serai heureuse, peut-être, si Dieu prend pitié de mes douleurs, et m'envoie bientôt la mort... »

Le bruit du moulin qui mettait en mouvement la fabrique de M. Delmare commençait à se faire entendre derrière les saules de l'autre rive. La rivière, s'élançant dans les écluses que l'on venait d'ouvrir, s'agitait déjà à sa surface; et comme madame Delmare suivait d'un œil mélancolique le cours plus rapide de l'eau, elle vit flotter, entre les roseaux, comme un monceau d'étoffes que le courant s'efforçait d'entraîner. Elle se leva, se pencha sur l'eau, et vit distinctement les vêtements d'une femme, des vêtements qu'elle connaissait trop bien. L'épouvante la rendait immobile, mais l'eau marchait toujours, tirant lentement un cadavre hors des joncs où il s'était arrêté, et l'amenant vers madame Delmare...

Un cri déchirant attira en ce lieu les ouvriers de la fabrique; madame Delmare était évanouie sur la rive, et le cadavre de Noun flottait sur l'eau, devant elle.

DEUXIÈME PARTIE.

IX.

Deux mois se sont écoulés. Il n'y a rien de changé au Lagny, dans cette maison où je vous ai fait entrer par un soir d'hiver, si ce n'est que le printemps fleurit autour de ses murs rouges encadrés de pierres grises, et de ses ardoises jaunies par une mousse séculaire. La famille, éparse, jouit de la douceur et des parfums de la soirée; le soleil couchant dore les vitres, et le bruit de la fabrique se mêle au bruit de la ferme. M. Delmare, assis sur les marches du perron, le fusil à la main, s'exerce à tuer des hirondelles au vol. Indiana assise à son métier près de la fenêtre du salon, se penche de temps en temps pour regarder tristement dans la cour le cruel divertissement du colonel. Ophélia bondit, aboie et s'indigne d'une chasse si contraire à ses habitudes; et sir Ralph, à cheval sur la rampe de pierre, fume un cigare, et, comme à l'ordinaire, regarde d'un œil impassible le plaisir ou la contrariété d'autrui.

« Indiana! cria le colonel en posant son fusil, quittez donc votre ouvrage; vous vous fatiguez comme si vous étiez payée à tant par heure.

— Il fait encore grand jour, répondit madame Delmare.

— N'importe, venez donc à la fenêtre, j'ai quelque chose à vous dire.

Indiana obéit, et le colonel se rapprochant de la fenêtre qui était presque au rez-de-chaussée, lui dit d'un air badin, comme peut l'avoir un mari vieux et jaloux :

« Puisque vous avez bien travaillé aujourd'hui et que vous êtes bien sage, je vais vous dire quelque chose qui vous fera plaisir.

Madame Delmare s'efforça de sourire; ce sourire eût fait le désespoir d'un homme plus délicat que le colonel.

« Vous saurez donc, continua-t-il, que, pour vous désennuyer, j'ai invité à déjeuner pour demain un de vos humbles adorateurs. Vous allez me demander lequel; car vous en avez, friponne, une assez jolie collection..

— C'est peut-être notre bon vieux curé? dit madame Delmare, que la gaieté de son mari rendait toujours plus triste.

— Oh! pas du tout!

— Alors c'est le maire de Chailly ou le vieux notaire de Fontainebleau!

— Ruse de femme! Vous savez fort bien que ce ne sont pas ces gens-là. Allons, Ralph, dites à madame le nom qu'elle a sur le bout des lèvres, mais qu'elle ne veut pas prononcer elle-même.

— Il ne faut pas tant de préparations pour lui annoncer M. de Ramière, dit tranquillement sir Ralph en jetant son cigare; je suppose que cela lui est fort indifférent. »

Madame Delmare sentit le sang lui monter au visage; elle feignit de chercher quelque chose dans le salon, et revenant avec un maintien aussi calme qu'elle put se le composer :

« J'imagine que c'est une plaisanterie, dit-elle en tremblant de tous ses membres.

— C'est fort sérieux, au contraire; vous le verrez ici demain à onze heures.

— Comment! cet homme qui s'est introduit chez vous pour s'emparer de votre découverte, et que vous avez failli tuer comme un malfaiteur?... Vous êtes bien pacifiques l'un et l'autre, d'oublier de pareils griefs!

— Vous m'avez donné l'exemple, ma très-chère, en l'accueillant fort bien chez votre tante, où il vous a rendu visite... »

Indiana pâlit.

« Je ne m'attribue nullement cette visite, dit-elle avec empressement, et j'en suis si peu flattée qu'à votre place je ne le recevrais pas.

— Vous êtes toutes menteuses et rusées pour le plaisir

Elle se leva et se pencha sur l'eau. (Page 23.)

de l'être ! Vous avez dansé avec lui pendant tout un bal, m'a-t-on dit.

— On vous a trompé.

— Eh ! c'est votre tante elle-même ! Au reste, ne vous en défendez pas tant ; je ne le trouve pas mauvais, puisque votre tante a désiré et aidé ce rapprochement entre nous. Il y a longtemps que M. de Ramière le cherche. Il m'a rendu, sans ostentation et presque à mon insu, des services importants pour mon exploitation ; et comme je ne suis pas si féroce que vous le dites, comme aussi je ne veux pas avoir d'obligations à un étranger, j'ai songé à m'acquitter envers lui.

— Et comment ?

— En m'en faisant un ami, en allant à Cercy ce matin avec sir Ralph. Nous avons trouvé là une bonne femme de mère qui est charmante, un intérieur élégant et riche, mais sans faste, et qui ne sent nullement l'orgueil des vieux noms. Après tout, c'est un *bon enfant* que ce Ramière, et je l'ai invité à venir déjeuner avec nous et à visiter la fabrique. J'ai de bons renseignements sur son frère, et je me suis assuré qu'il ne peut me faire de tort en se servant des mêmes moyens que moi ; ainsi donc j'aime mieux que cette famille en profite que toute autre ; aussi bien, il n'est pas de secrets longtemps gardés, et le mien pourra être bientôt celui de la comédie, si les progrès de l'industrie vont ce train-là.

— Pour moi, dit sir Ralph, vous savez, mon cher Delmare, que j'avais toujours désapprouvé ce secret : la découverte d'un bon citoyen appartient à son pays autant qu'à lui, et si je...

— Parbleu ! vous voilà bien, sir Ralph, avec votre philanthropie pratique !... Vous me ferez croire que votre fortune ne vous appartient pas, et que, si demain la nation en prend envie, vous êtes prêt à changer vos cinquante mille francs de rente pour un bissac et un bâton ! Cela sied bien à un *gaillard* comme vous, qui aime les aises de la vie comme un sultan, de prêcher le mépris des richesses !

— Ce que j'en dis, reprit sir Ralph, ce n'est point pour faire le philanthrope ; c'est que l'égoïsme bien entendu nous conduit à faire du bien aux hommes pour les empêcher de nous faire du mal. Je suis égoïste, moi, c'est connu. Je me suis habitué à n'en plus rougir, et, en analysant toutes les vertus, j'ai trouvé pour base de

La première figure qui vint à sa rencontre. (Page 28.)

toutes l'intérêt personnel. L'amour et la dévotion, qui sont deux passions en apparence généreuses, sont les plus intéressées peut-être qui existent; le patriotisme ne l'est pas moins, soyez-en sûr. J'aime peu les hommes; mais pour rien au monde je ne voudrais le leur prouver : car je les crains en proportion du peu d'estime que j'ai pour eux. Nous sommes donc égoïstes tous les deux; mais moi, je le confesse, et vous, vous le niez. »

Une discussion s'éleva entre eux, dans laquelle, par toutes les raisons de l'égoïsme, chacun chercha à prouver l'égoïsme de l'autre. Madame Delmare en profita pour se retirer dans sa chambre et pour s'abandonner à toutes les réflexions qu'une nouvelle si imprévue faisait naître en elle.

Il est bon non-seulement de vous initier au secret de ses pensées, mais encore de vous apprendre la situation des différentes personnes que la mort de Noun avait plus ou moins affectées.

Il est à peu près prouvé pour le lecteur et pour moi, que cette infortunée s'est jetée dans la rivière par désespoir, dans un de ces moments de crise violente où les résolutions extrêmes sont les plus faciles. Mais comme elle ne rentra probablement pas au château après avoir quitté Raymon, comme personne ne la rencontra et ne put être juge de ses intentions, aucun indice de suicide ne vint éclaircir le mystère de sa mort.

Deux personnes purent l'attribuer avec certitude à un acte de sa volonté, M. de Ramière et le jardinier du Lagny. La douleur de l'un fut cachée sous l'apparence d'une maladie; l'effroi et les remords de l'autre l'engagèrent à garder le silence. Cet homme, qui, par cupidité, s'était prêté pendant tout l'hiver aux entrevues des deux amants, avait seul pu observer les chagrins secrets de la jeune créole. Craignant avec raison le reproche de ses maîtres et le blâme de ses égaux, il se tut par intérêt pour lui-même, et quand M. Delmare, qui, après la découverte de cette intrigue, avait quelques soupçons, l'interrogea sur les suites qu'elle avait pu avoir en son absence, il nia hardiment qu'elle en eût eu aucune. Quelques personnes du pays (fort désert en cet endroit, il est bon de le remarquer) avaient bien vu Noun prendre quelquefois le chemin de Cercy à des heures avancées; mais aucune relation apparente n'avait existé entre elle et M. de Ramière depuis la fin de janvier, et sa mort avait eu lieu le 28 mars. D'après ces renseignements, on pouvait attribuer cet événement au hasard; traversant le parc à l'entrée de la nuit, elle avait pu être trompée par le brouillard épais qui régnait depuis plusieurs jours, s'égarer et prendre à côté du pont anglais jeté sur ce ruisseau étroit, mais escarpé sur ses rives et gonflé par les pluies.

Quoique sir Ralph, dont le caractère était plus observateur que ses réflexions ne l'annonçaient, eût trouvé, dans je ne sais laquelle de ses sensations intimes, de violentes causes de soupçons contre M. de Ramière, il ne les communiqua à personne, regardant comme inutile et cruel tout reproche adressé à l'homme assez malheureux pour avoir un tel remords dans sa vie. Il fit même sentir au colonel, qui énonçait devant lui une sorte de doute à cet égard, qu'il était urgent, dans la situation maladive de madame Delmare, de continuer à lui cacher les causes possibles du suicide de sa compagne d'enfance. Il en fut donc de la mort de cette infortunée comme de ses amours. Il y eut une convention tacite de ne jamais en parler devant Indiana, et bientôt même on n'en parla plus du tout.

Mais ces précautions furent inutiles, car madame Delmare avait aussi ses raisons pour soupçonner une partie de la vérité : les reproches amers qu'elle avait adressés à la malheureuse fille dans cette fatale soirée lui semblaient des causes suffisantes pour expliquer sa résolution subite. Aussi, depuis l'instant affreux où elle avait, la première, aperçu son cadavre flotter sur l'eau, le repos déjà si troublé d'Indiana, son cœur déjà si triste, avaient reçu la dernière atteinte; sa lente maladie marchait maintenant avec activité, et cette femme, si jeune et peut-être si forte, refusant de guérir, et cachant ses souffrances à l'affection peu clairvoyante et peu délicate de son mari, se laissait mourir sous le poids du chagrin et du découragement.

« Malheur! malheur à moi! s'écria-t-elle en entrant dans sa chambre, après avoir appris l'arrivée prochaine de Raymon chez elle. Malédiction sur cet homme qui n'est entré ici que pour y porter le désespoir et la mort! Mon Dieu! pourquoi permettez-vous qu'il soit entre vous et moi, qu'il s'empare à son gré de ma destinée, qu'il n'ait qu'à étendre la main pour dire : « Elle est à moi! Je troublerai sa raison, je désolerai sa vie; et, si elle me résiste, je répandrai le deuil autour d'elle, je l'entourerai de remords, de regrets et de frayeurs! Mon Dieu! ce n'est pas juste qu'une pauvre femme soit ainsi persécutée! »

Elle se mit à pleurer amèrement; car le souvenir de Raymon lui ramenait celui de Noun plus vif et plus déchirant.

« Ma pauvre Noun! ma pauvre camarade d'enfance! ma compatriote, ma seule amie! dit-elle avec douleur; c'est cet homme qui est ton meurtrier. Malheureuse enfant! il t'a été funeste comme à moi! Toi qui m'aimais tant, qui seule devinais mes chagrins et savais les adoucir par ta gaieté naïve! malheur à moi qui t'ai perdue! C'était bien la peine de t'amener de si loin! Par quels artifices cet homme a-t-il pu surprendre ainsi ta bonne foi et t'engager à commettre une lâcheté! Ah! sans doute, il t'a bien trompée, et tu n'as pas senti ta faute qu'en voyant mon indignation! J'ai été trop sévère, Noun, j'ai été sévère jusqu'à la cruauté; je t'ai réduite au désespoir, je t'ai donné la mort! Malheureuse! que n'attendais-tu quelques heures, que le vent eût emporté comme une paille légère mon ressentiment contre toi! Que n'es-tu venue pleurer dans mon sein, me dire : « J'ai été abusée, j'ai agi sans savoir ce que je faisais; mais, vous le savez bien, je vous respecte et je vous aime! » Je t'aurais pressée dans mes bras, nous aurions pleuré ensemble, et tu ne serais pas morte. Morte! morte si jeune, si belle, si vivace! Morte à dix-neuf ans, d'une si affreuse mort! »

En pleurant ainsi sa compagne, Indiana pleurait aussi, à l'insu d'elle-même, les illusions de trois jours, trois jours les plus beaux de sa vie, les seuls qu'elle eût vécu; car elle avait aimé durant ces trois jours avec une passion que Raymon, eût-il été le plus présomptueux des hommes, n'eût jamais pu imaginer. Mais plus cet amour avait été aveugle et violent, plus l'injure qu'elle avait reçue lui avait été sensible; le premier amour d'un cœur comme le sien a tant de pudeur et de délicatesse!

Cependant Indiana avait cédé plutôt à un mouvement de honte et de dépit qu'à une volonté bien réfléchie. Je ne mets pas en doute le pardon qu'eût obtenu Raymon s'il eût eu quelques instants de plus pour l'implorer. Mais le sort avait déjoué son amour et son habileté, et madame Delmare croyait sincèrement le haïr désormais.

X.

Pour lui, ce n'était point par fanfaronnade ni par dépit d'amour-propre qu'il ambitionnait plus que jamais l'amour et le pardon de madame Delmare. Il croyait que c'était chose impossible, et nul autre amour de femme, nul autre bonheur sur la terre ne lui semblait valoir celui-là. Il était fait ainsi. Un insatiable besoin d'événements et d'émotions dévorait sa vie. Il aimait la société avec ses lois et ses entraves, parce qu'elle lui offrait des aliments de combats et de résistance; et s'il avait horreur du bouleversement et de la licence, c'est parce qu'ils promettaient des jouissances tièdes et faciles.

Ne croyez pourtant pas qu'il ait été insensible à la perte de Noun. Dans le premier moment il se fit horreur à lui-même, et chargea des pistolets dans l'intention bien réelle de se brûler la cervelle; mais un sentiment louable l'arrêta. Que deviendrait sa mère?... sa mère âgée, débile!... cette pauvre femme dont la vie avait été si agitée et si douloureuse, qui ne vivait plus que pour lui, son unique bien, son seul espoir! Fallait-il briser son cœur, abréger le peu de jours qui lui restaient? Non, sans doute. La meilleure manière de réparer son crime, c'était de se consacrer désormais uniquement à sa mère, et c'est dans cette intention qu'il retourna auprès d'elle à Paris, et mit tous ses soins à lui faire oublier l'espèce d'abandon où il l'avait laissée durant une grande partie de l'hiver.

Raymon avait une incroyable puissance sur tout ce qui l'entourait; car, à tout prendre, c'était, avec ses fautes et ses écarts de jeunesse, un homme supérieur dans la société. Nous ne vous avons pas dit sur quoi était basée sa réputation d'esprit et de talent, parce que cela était hors des événements que nous avions à vous conter; mais il est temps de vous apprendre que ce Raymon, dont vous venez de suivre les faiblesses et de blâmer peut-être la légèreté, est un de ces hommes qui ont eu sur vos pensées le plus d'empire ou d'influence, quelle que soit aujourd'hui votre opinion. Vous avez dévoré ses brochures politiques, et souvent vous avez été entraîné, en lisant les journaux du temps, par le charme irrésistible de son style, et les grâces de sa logique courtoise et mondaine.

Je vous parle d'un temps déjà bien loin de nous, aujourd'hui que l'on ne compte plus par siècles, ni même par règnes, mais par ministères. Je vous parle de l'année Martignac, de cette époque de repos et de doute, jetée au milieu de notre ère politique, non comme un traité de paix, mais comme une convention d'armistice, de ces quinze mois du règne des doctrines qui influèrent si singulièrement sur les principes et sur les mœurs, et qui peut-être ont préparé l'étrange issue de notre dernière révolution.

C'est dans ce temps qu'on vit fleurir de jeunes talents, malheureux d'être nés dans des jours de transition et de transaction; car ils payèrent leur tribut aux dispositions conciliatrices et fléchissantes de l'époque. Jamais, que je sache, on ne vit pousser si loin la science des mots et l'ignorance ou la dissimulation des choses. Ce fut le règne des restrictions, et je ne saurais dire quelles sortes de gens en usèrent le plus, des jésuites à robes courtes ou des avocats en longues robes. La modération politique était passée dans les mœurs comme la politesse des manières, et il en fut de cette première espèce de courtoisie comme de la seconde: elle servit de masque aux antipathies, et leur apprit à combattre sans scandale et sans bruit. Il faut dire pourtant, à la décharge des jeunes hommes de cette époque, qu'ils furent souvent remorqués comme de légères embarcations par les gros navires, sans trop savoir où on les conduisait, joyeux et fiers qu'ils étaient de fendre les flots et d'enfler leurs voiles nouvelles.

Placé par sa naissance et sa fortune parmi les partisans de la royauté absolue, Raymon sacrifia aux idées *jeunes* de son temps en s'attachant religieusement à la Charte: du moins ce fut là ce qu'il crut faire et ce qu'il s'efforça de prouver. Mais les conventions tombées en désuétude sont sujettes à interprétation, et il en était déjà de la Charte de Louis XVIII comme de l'Évangile de Jésus-Christ; ce n'était plus qu'un texte sur lequel chacun s'exerçait à l'éloquence, sans qu'un discours tirât plus à conséquence qu'un sermon. Époque de luxe et d'indolence, où, sur le bord d'un abîme sans fond, la civilisation s'endormait, avide de jouir de ses derniers plaisirs.

Raymon s'était donc placé sur cette espèce de ligne mitoyenne entre l'abus du pouvoir et celui de la licence, terrain mouvant où les gens de bien cherchaient encore, mais en vain, un abri contre la tourmente qui se préparait. A lui, comme à bien d'autres cerveaux sans expérience, le rôle de publiciste consciencieux semblait possible encore. Erreur dans un temps où l'on ne feignait de déférer à la voix de la raison que pour l'étouffer plus sûrement de part et d'autre. Homme sans passions politiques, Raymon croyait être sans intérêt, et il se trompait lui-même; car la société, organisée comme elle l'était alors, lui était favorable et avantageuse; elle ne pouvait pas être dérangée sans que la somme de son bien-être fût diminuée, et c'est un merveilleux enseignement à la modération que cette parfaite quiétude de situation qui se communique à la pensée. Quel homme est assez ingrat envers la Providence pour lui reprocher le malheur des autres, si pour lui elle n'a eu que des sourires et des bienfaits? Comment eût-on persuader à ces jeunes appuis de la monarchie constitutionnelle que la constitution était déjà vieille, qu'elle pesait sur le corps social et le fatiguait, lorsqu'ils la trouvaient légère pour eux-mêmes et n'en recueillaient que les avantages? Qui croit à la misère qu'il ne connaît pas?

Rien n'est si facile et si commun que de se duper soi-même quand on ne manque pas d'esprit et quand on connaît bien toutes les finesses de la langue. C'est une reine prostituée qui descend et s'élève à tous les rôles, qui se déguise, se pare, se dissimule et s'efface; c'est une plaideuse qui a réponse à tout, qui a toujours tout prévu, et qui prend mille formes pour avoir raison. Le plus honnête des hommes est celui qui pense et qui agit le mieux, mais le plus puissant est celui qui sait le mieux écrire et parler.

Dispensé par sa fortune d'écrire pour de l'argent, Raymon écrivait par goût et (disait-il de bonne foi) par devoir. Cette rare faculté qu'il possédait de réfuter un talent la vérité positive, en avait fait un homme précieux au ministère, qu'il servait bien plus par ses résistances impartiales que ne le faisaient ses créatures par leur dévouement aveugle; précieux encore plus à ce monde élégant et jeune qui voulait bien abjurer les ridicules de ses anciens privilèges, mais qui voulait aussi conserver le bénéfice de ses avantages présents.

C'étaient des hommes d'un grand talent en effet que ceux qui retenaient encore la société près de crouler dans l'abîme, et qui, suspendus eux-mêmes entre deux écueils, luttaient avec calme et aisance contre la rude vérité qui allait les engloutir. Réussir de la sorte à se faire une conviction contre toute espèce de vraisemblance et à la faire prévaloir quelque temps parmi les hommes sans conviction aucune, c'est l'art qui confond le plus et qui surpasse toutes les facultés d'un esprit rude et grossier qui n'a pas étudié les vérités de rechange.

Raymon ne fut donc pas plus tôt rentré dans ce monde, son élément et sa patrie, qu'il en ressentit les influences vitales et excitantes. Les petits intérêts d'amour qui l'avaient préoccupé s'effacèrent un instant devant des intérêts plus larges et plus brillants. Il y porta la même hardiesse, les mêmes ardeurs; et quand il se vit recherché plus que jamais par ce que Paris avait de plus distingué, il sentit que plus que jamais il aimait la vie. Était-il coupable d'oublier un secret remords pour recueillir la récompense méritée des services rendus à son pays! Il sentait dans son cœur jeune, dans sa tête active, dans tout son être vivace et robuste, la vie déborder par tous les pores, la destinée le faisant heureux malgré lui; et alors il demandait pardon à une ombre irritée, qui venait quelquefois gémir dans ses rêves, d'avoir cherché dans l'attachement des vivants un appui contre les terreurs de la tombe.

Il n'eut pas plus tôt repris à la vie, qu'il sentit, comme par le passé, le besoin de mêler des pensées d'amour et des projets d'aventures à ses méditations politiques, à ses rêves d'ambition et de philosophie. Je dis ambition, non pas celle des honneurs et de l'argent, dont il n'avait cure faire, mais celle de la réputation et de la popularité aristocratique.

Il avait d'abord désespéré de revoir jamais madame Delmare après le tragique dénoûment de sa double intrigue. Mais tout en mesurant l'étendue de sa perte, tout en couvant par la pensée le trésor qui lui échappait, l'espoir lui vint de le ressaisir, et en même temps la volonté et la confiance. Il calcula les obstacles qu'il rencontrerait, et comprit que les plus difficiles à vaincre au commencement viendraient d'Indiana elle-même; il fallait donc faire protéger l'attaque par le mari. Ce n'était pas une idée neuve, mais elle était sûre; les maris jaloux sont particulièrement propres à ce genre de service.

Quinze jours après que cette idée fut conçue, Raymon était sur la route de Lagny, où on l'attendait à déjeuner. Vous n'exigez pas que je vous dise matériellement par quels services adroitement rendus il avait trouvé le moyen de se rendre agréable à M. Delmare; j'aime mieux, puisque je suis en train de vous révéler les traits des personnages de cette histoire, vous esquisser vite ceux du colonel.

Savez-vous ce qu'en province on appelle un *honnête homme*? C'est celui qui n'empiète pas sur le champ de son voisin, qui n'exige pas de ses débiteurs un sou de plus qu'ils ne lui doivent, qui ôte son chapeau à tout individu qui le salue; c'est celui qui ne viole pas les filles sur la voie publique, qui ne met le feu à la grange de personne, qui ne détrousse pas les passants au coin de son parc. Pourvu qu'il respecte religieusement la vie et la bourse de ses concitoyens, on ne lui demande pas compte d'autre chose. Il peut battre sa femme, maltraiter ses gens, ruiner ses enfants, cela ne regarde personne. La société ne condamne que les actes qui lui sont nuisibles; la vie privée n'est pas de son ressort.

Telle était la morale de M. Delmare. Il n'avait jamais étudié d'autre Contrat social que celui-ci: *Chacun chez soi*. Il traitait toutes les délicatesses du cœur de puérilités féminines et de subtilités sentimentales. Homme sans esprit, sans tact et sans éducation, il jouissait d'une considération plus solide que celle qu'on obtient par les talents et la bonté. Il avait de larges épaules, un vigoureux poignet; il maniait parfaitement le sabre et l'épée, et avec cela il possédait une susceptibilité ombrageuse. Comme il ne comprenait pas toujours la plaisanterie, il était sans cesse préoccupé de l'idée qu'on se moquait de lui. Incapable d'y répondre d'une manière convenable, il n'avait qu'un moyen de se défendre: c'était d'imposer silence par des menaces. Ses épigrammes favorites roulaient toujours sur des coups de bâton à donner et des affaires d'honneur à vider; moyennant quoi la province accompagnait toujours son nom de l'épithète de *brave*, parce que la bravoure militaire est apparemment d'avoir de larges épaules, de grandes moustaches, de jurer fort, et de mettre l'épée à la main pour la moindre affaire.

Dieu me préserve de croire que la vie des camps abrutisse tous les hommes! mais vous me permettrez de penser qu'il faut un grand fonds de savoir-vivre pour résister à ces habitudes de domination passives et brutales. Si vous avez servi, vous connaissez parfaitement ce que les soldats appellent *culotte de peau*, et vous avouerez que le nombre en est grand parmi les débris des vieilles cohortes impériales. Ces hommes qui, réunis et poussés par une main puissante, accomplirent de si magiques exploits, grandissaient comme des géants dans la fumée des batailles ; mais, retombés dans la vie civile, les héros n'étaient plus que des soldats, hardis et grossiers compagnons qui raisonnaient comme des machines ; heureux quand ils n'agissaient pas dans la société comme dans un pays conquis ! Ce fut la faute du siècle plutôt que la leur. Esprits naïfs, ils ajoutèrent foi aux adulations de la gloire, et se laissèrent persuader qu'ils étaient de grands patriotes parce qu'ils défendaient leur patrie, les uns malgré eux, les autres pour de l'argent et des honneurs. Encore comment la défendirent-ils, ces milliers d'hommes qui embrassèrent aveuglément l'erreur d'un seul, et qui, après avoir sauvé la France, la perdirent si misérablement ? Et puis, si le dévouement des soldats pour le capitaine vous semble grand et noble, soit ; à moi aussi ; mais j'appelle cela de la fidélité, non du patriotisme ; je félicite les vainqueurs de l'Espagne et ne les remercie pas. Quant à l'honneur du nom français, je ne comprends nullement cette manière de l'établir chez nos voisins, et j'ai peine à croire que les généraux de l'empereur en fussent bien pénétrés à cette triste époque de notre gloire ; mais je sais qu'il est défendu de parler impartialement de ces choses ; je me tais, la postérité les jugera.

M. Delmare avait toutes les qualités et tous les défauts de ces hommes. Candide jusqu'à l'enfantillage sur certaines délicatesses du point d'honneur, il savait fort bien conduire ses intérêts à la meilleure fin possible sans s'inquiéter du bien ou du mal qui pouvait en résulter pour autrui. Toute sa conscience, c'était la loi ; toute sa morale, c'était son droit. C'était une de ces probités sèches et rigides qui n'empruntent rien de peur de ne pas rendre, et qui ne prêtent pas davantage, de peur de ne pas recouvrer. C'était l'honnête homme qui ne prend ni ne donne rien ; qui aimerait mieux mourir que de dérober un fagot dans les forêts du roi, mais qui vous tuerait sans façon pour un fétu ramassé dans la sienne. Utile à lui seul, il n'était nuisible à personne. Il ne se mêlait de rien autour de lui, de peur d'être forcé de rendre un service. Mais quand il se croyait engagé par honneur à le rendre, nul n'y mettait un zèle plus actif et une franchise plus chevaleresque. A la fois confiant comme un enfant, soupçonneux comme un despote, il croyait à un faux serment et se défiait d'une promesse sincère. Comme dans l'état militaire, tout pour lui consistait dans la forme. L'opinion le gouvernait à tel point, que le bon sens et la raison n'entraient pour rien dans ses décisions, et quand il avait dit : *Cela se fait*, il croyait avoir posé un argument sans réplique.

C'était donc la nature la plus antipathique à celle de sa femme, le cœur le moins fait pour la comprendre, l'esprit le plus incapable de l'apprécier. Et pourtant il est certain que l'esclavage avait engendré dans ce cœur de femme une sorte d'aversion vertueuse et muette qui n'était pas toujours juste. Madame Delmare doutait trop du cœur de son mari ; il n'était que dur, et elle le jugeait cruel. Il y avait plus de rudesse que de colère dans ses emportements, plus de grossièreté que d'insolence dans ses manières. La nature ne l'avait pas fait méchant ; il avait des instants de pitié qui l'amenaient au repentir, et dans le repentir il était presque sensible. C'était la vie des camps qui avait érigé chez lui la brutalité en principe. Avec une femme moins polie et moins douce, il eût été craintif comme un loup apprivoisé ; mais cette femme était rebutée de son sort ; elle ne se donnait pas la peine de chercher à le rendre meilleur.

XI.

En descendant de son tilbury dans la cour du Lagny, Raymon sentit le cœur lui manquer. Il allait donc rentrer sous ce toit qui lui rappelait de si terribles souvenirs !

Ses raisonnements, d'accord avec ses passions, pouvaient lui faire surmonter les mouvements de son cœur, mais non les étouffer, et dans cet instant la sensation du remords était aussi vive que celle du désir.

La première figure qui vint à sa rencontre fut celle de sir Ralph Brown, et il crut, en l'apercevant dans son éternel habit de chasse, flanqué de ses chiens, et grave comme un laird écossais, voir marcher le portrait qu'il avait découvert dans la chambre de madame Delmare. Peu d'instants après vint le colonel, et l'on servit le déjeuner sans qu'Indiana eût paru. Raymon, en traversant le vestibule, en passant devant la salle de billard, en reconnaissant ces lieux qu'il avait aperçus dans des circonstances si différentes, se sentait si mal qu'il se rappelait à peine dans quels desseins il y venait maintenant.

« Décidément, madame Delmare ne veut pas descendre ? dit le colonel à son factotum Lelièvre avec quelque aigreur.

— Madame a mal dormi, répondit Lelièvre, et mademoiselle Noun... (allons, toujours ce diable de nom qui me revient!) mademoiselle Fanny, veux-je dire, m'a répondu que madame reposait maintenant.

— Comment se fait-il donc que je viens de la voir à sa fenêtre ? Fanny s'est trompée. Allez avertir madame que le déjeuner est servi... ; ou plutôt, sir Ralph, mon cher parent, veuillez monter, et voir vous-même si votre cousine est malade pour tout de bon. »

Si le nom malheureux échappé par habitude au domestique avait fait passer un frisson douloureux dans les nerfs de Raymon, l'expédient du colonel leur communiqua une étrange sensation de colère et de jalousie.

« Dans sa chambre ! pensa-t-il. Il ne se borne pas à y placer son portrait, il l'y envoie en personne. Cet Anglais a ici des droits que le mari lui-même semble n'oser pas s'attribuer. »

M. Delmare, comme s'il eût deviné les réflexions de Raymon :

« Que cela ne vous étonne pas, dit-il : M. Brown est le médecin de la maison ; et puis c'est notre cousin, un brave garçon que nous aimons de tout notre cœur. »

Ralph resta bien absent dix minutes. Raymon était distrait, mal à l'aise. Il ne mangeait pas, il regardait souvent la porte. Enfin l'Anglais reparut.

« Indiana n'est réellement pas bien, dit-il ; je lui ai prescrit de se recoucher. »

Il se mit à table d'un air tranquille, et mangea d'un robuste appétit. Le colonel fit de même.

« Décidément, pensa Raymon, c'est un prétexte pour ne pas me voir. Ces deux hommes n'y croient pas, et le mari est plus mécontent que tourmenté de l'état de sa femme. C'est bien, mes affaires marchent mieux que je ne l'espérais. »

La difficulté ranima sa volonté, et l'image de Noun s'effaça de ces sombres lambris qui, au premier abord, l'avaient glacé de terreur. Bientôt il n'y vit errer que la forme légère de madame Delmare. Au salon, il s'assit à son métier, examina (tout en causant et en jouant la préoccupation) les fleurs de la broderie, toucha toutes les soies, respira le parfum que ses petits doigts y avaient laissé. Il avait déjà vu cet ouvrage dans la chambre d'Indiana ; alors il était à peine commencé, maintenant il était couvert de fleurs écloses sous le souffle de la fièvre, arrosées des larmes de chaque jour. Raymon sentit les siennes venir au bord de ses paupières, et, par je ne sais quelle sympathie, levant tristement les yeux sur l'horizon qu'Indiana avait l'habitude mélancolique de contempler, il aperçut de loin les murailles blanches de Cercy qui se détachaient sur un fond de terres brunes.

La voix du colonel le réveilla en sursaut.

« Allons, mon honnête voisin, lui dit-il, il est temps de m'acquitter envers vous et de tenir mes promesses. La fabrique est en plein mouvement, et les ouvriers sont tous à la besogne. Voici des crayons et du papier, afin que vous puissiez prendre des notes. »

Raymon suivit le colonel, examina la fabrique d'un air empressé et curieux, fit des observations qui prouvèrent que les sciences chimiques et la mécanique lui étaient également familières, se prêta avec une inconcevable patience aux dissertations sans fin de M. Delmare, entra dans quelques-unes de ses idées, en combattit quelques autres, et, en tout, se conduisit de manière à persuader qu'il mettait à ces choses un puissant intérêt, tandis qu'il y songeait à peine, et que toutes ses pensées étaient tournées vers madame Delmare.

A vrai dire, aucune science ne lui était étrangère, aucune découverte indifférente ; en outre, il servait les intérêts de son frère, qui avait réellement mis toute sa fortune dans une exploitation semblable, quoique beaucoup plus vaste. Les connaissances exactes de M. Delmare, seul genre de supériorité que cet homme possédât, lui présentaient en ce moment le meilleur côté à exploiter dans son entretien.

Sir Ralph, peu commerçant, mais politique fort sage, joignait à l'examen de la fabrique des considérations économiques d'un ordre assez élevé. Les ouvriers, jaloux de montrer leur habileté à un connaisseur, se surpassaient eux-mêmes en intelligence et en activité. Raymon voyait tout, entendait tout, répondait à tout, et ne pensait qu'à l'affaire d'amour qui l'amenait en ce lieu.

Quand ils eurent épuisé le mécanisme intérieur, la discussion tomba sur le volume et la force du cours d'eau. Ils sortirent, et, grimpant sur l'écluse, chargèrent le maître ouvrier d'en soulever les pelles et de constater les variations de la crue.

« Monsieur, dit cet homme en s'adressant à M. Delmare qui fixait le maximum à quinze pieds, faites excuse, nous l'avons vue cette année à dix-sept.

— Et quand cela ? Vous vous trompez, dit le colonel.

— Pardon, Monsieur, c'est la veille de votre retour de Belgique ; tenez, la nuit où mademoiselle Noun s'est trouvée noyée ; à preuve que le corps a passé par-dessus la digue que voici là-bas et ne s'est arrêté qu'ici, à la place où est monsieur. »

En parlant ainsi d'un ton animé, l'ouvrier désignait la place occupée par Raymon. Le malheureux jeune homme devint pâle comme la mort ; il jeta un regard effaré sur l'eau qui coulait à ses pieds ; il lui sembla, en voyant s'y répéter sa figure livide, que le cadavre y flottait encore ; un vertige le saisit, et il fût tombé dans la rivière si M. Brown ne l'eût pris par le bras et ne l'eût entraîné loin de là.

« Soit, dit le colonel, qui ne s'apercevait de rien et songeait si peu à Noun qu'il ne se doutait pas de l'état de Raymon ; mais c'est un cas extraordinaire, et la force moyenne du cours est de... Mais que diable avez-vous tous deux ? dit-il en s'arrêtant tout à coup.

— Rien, répondit sir Ralph ; j'ai marché, en me retournant, sur le pied de monsieur ; j'en suis au désespoir, je dois lui avoir fait beaucoup de mal. »

Sir Ralph fit cette réponse d'un ton si calme et si naturel que Raymon se persuada qu'il croyait dire la vérité. Quelques mots de politesse furent échangés, et la conversation reprit son cours.

Raymon quitta le Lagny quelques heures après, sans avoir vu madame Delmare. C'était mieux qu'il n'espérait ; il avait craint de la voir indifférente et calme.

Cependant il y retourna sans être plus heureux. Le colonel était seul cette fois. Raymon mit en œuvre toutes les ressources de son esprit pour l'accaparer, et descendit adroitement à mille condescendances, vanta Napoléon qu'il n'aimait pas, déplora l'indifférence du gouvernement qui laissait dans l'abandon et dans une sorte de mépris les illustres débris de la Grande-Armée, poussa l'opposition aussi loin que ses opinions lui permettaient de l'étendre, et, parmi plusieurs de ses croyances, choisit celles qui pouvaient flatter la croyance de M. Delmare. Il se fit même un caractère différent du sien propre, afin d'attirer sa confiance. Il se transforma en bon vivant, en facile camarade, en insouciant vaurien.

« Si jamais celui-là fait la conquête de ma femme !... » se dit le colonel en le regardant s'éloigner.

Puis il se mit à ricaner en lui-même, et à penser que Raymon était un *charmant garçon*.

Madame de Ramière était alors à Cercy : Raymon lui vanta les grâces et l'esprit de madame Delmare, et, sans l'engager à lui rendre visite, eut l'art de lui en inspirer la pensée.

« Au fait, dit-elle, c'est la seule de mes voisines que je ne connaisse pas ; et comme je suis nouvellement installée dans le pays, c'est à moi de commencer. Nous irons la semaine prochaine au Lagny ensemble. »

Ce jour arriva.

« Elle ne peut plus m'éviter, » pensa Raymon.

En effet, madame Delmare ne pouvait plus reculer devant la nécessité de le recevoir ; en voyant descendre de voiture une femme âgée qu'elle ne connaissait pas, elle vint même à sa rencontre sur le perron du château. En même temps elle reconnut Raymon dans l'homme qui l'accompagnait ; mais elle comprit qu'il avait trompé sa mère pour l'amener à cette démarche, et le mécontentement qu'elle en éprouva lui donna la force d'être digne et calme. Elle reçut madame de Ramière avec un mélange de respect et d'affabilité ; mais sa froideur pour Raymon fut si glaciale qu'il se sentit incapable de la supporter longtemps. Il n'était point accoutumé aux dédains, et sa fierté s'irrita de ne pouvoir vaincre d'un regard ceux qu'on avait préparés contre lui. Alors, prenant son parti comme un homme indifférent à un caprice, il demanda la permission d'aller rejoindre M. Delmare dans le parc, et laissa les deux femmes ensemble.

Peu à peu Indiana, vaincue par le charme entraînant qu'un esprit supérieur, joint à une âme noble et généreuse, sait répandre dans ses moindres relations, devint à son tour, avec madame de Ramière, bonne, affectueuse et presque enjouée. Elle n'avait pas connu sa mère, et madame de Carvajal, malgré ses dons et ses louanges, était loin d'en être une pour elle ; aussi éprouva-t-elle une sorte de fascination de cœur auprès de la mère de Raymon.

Quand celui-ci vint la rejoindre, au moment de monter en voiture, il vit Indiana porter à ses lèvres la main que lui tendait madame de Ramière. Cette pauvre Indiana éprouvait le besoin de s'attacher à quelqu'un. Tout ce qui lui offrait un espoir d'intérêt et de protection dans sa vie solitaire et malheureuse était reçu par elle avec transport ; et puis elle se disait que madame de Ramière allait la préserver du piège où Raymon voulait la pousser.

« Je me jetterai dans les bras de cette excellente femme, pensait-elle déjà, et, s'il le faut, je lui dirai tout. Je la conjurerai de me sauver de son fils, et sa prudence veillera sur lui et sur moi. »

Tel n'était pas le raisonnement de Raymon.

« Ma bonne mère ! se disait-il en revenant avec elle à Cercy, sa grâce et sa bonté font des miracles. Que ne leur dois-je pas déjà ! mon éducation, mes succès dans la vie, ma considération dans le monde. Il ne me manquait que le bonheur de lui devoir le cœur d'une femme comme Indiana. »

Raymon, comme on voit, aimait sa mère à cause du besoin qu'il avait d'elle et du bien-être qu'il en recevait ; c'est ainsi que tous les enfants aiment la leur.

Quelques jours après, Raymon reçut une invitation pour aller passer trois jours à Bellerive, magnifique demeure d'agrément que possédait sir Ralph Brown entre Cercy et le Lagny, et où il s'agissait, de concert avec les meilleurs chasseurs du voisinage, de détruire une partie du gibier qui dévorait les bois et les jardins du propriétaire. Raymon n'aimait ni sir Ralph ni la chasse ; mais madame Delmare faisait les honneurs de la maison de son cousin dans les grandes occasions, et l'espoir de la rencontrer n'eut pas de peine à déterminer Raymon.

Le fait est que sir Ralph ne comptait point cette fois sur madame Delmare ; elle s'était excusée sur le mauvais état de sa santé. Mais le colonel, qui prenait de l'humeur quand sa femme semblait chercher des distractions, en prenait encore davantage quand elle refusait celles qu'il voulait bien lui permettre.

« Ne voulez-vous pas faire croire à tout le pays que je vous tiens sous clef ? lui dit-il. Vous me faites passer pour un mari jaloux ; c'est un rôle ridicule et que je ne veux pas jouer plus longtemps. Que signifie d'ailleurs ce manque d'égards envers votre cousin ? Vous sied-il, quand nous devons l'établissement et la prospérité de notre industrie à son amitié, de lui refuser un si léger service? Vous lui êtes nécessaire, et vous hésitez! je ne conçois pas vos caprices. Tous les gens qui me déplaisent sont fort bien venus auprès de vous, mais ceux dont je fais cas ont le malheur de ne pas vous agréer.

— C'est un reproche bien mal appliqué, ce me semble, répondit madame Delmare. J'aime mon cousin comme un frère, et cette amitié était déjà vieille quand la vôtre a commencé.

— Oui! oui! voilà vos belles paroles; mais je sais, moi, que vous ne le trouvez pas assez sentimental, le pauvre diable! vous le traitez d'égoïste parce qu'il n'aime pas les romans et ne pleure pas la mort d'un chien. Au reste, ce n'est pas de lui seulement qu'il s'agit. Comment avez-vous reçu M. de Ramière? un charmant jeune homme, sur ma parole! Madame de Carvajal vous le présente, et vous l'accueillez à merveille; mais j'ai le malheur de lui vouloir du bien, alors vous le trouvez insoutenable, et quand il arrive chez vous, vous allez vous coucher. Voulez-vous me faire passer pour un homme sans usage? Il est temps que cela finisse, et que vous vous mettiez à vivre comme tout le monde. »

Raymon jugea qu'il ne convenait point à ses projets de montrer beaucoup d'empressement; les menaces d'indifférence réussissent auprès de presque toutes les femmes qui se croient aimées. Mais la chasse était commencée depuis le matin quand il arriva chez sir Ralph, et madame Delmare devait n'arriver qu'à l'heure du dîner. En attendant, il se mit à préparer sa conduite.

Il lui vint à l'esprit de chercher un moyen de justification; car le moment approchait. Il avait deux jours devant lui, et il fit ainsi le partage de son temps : le reste de la journée près de finir pour émouvoir, le lendemain, pour persuader; le surlendemain, pour être heureux. Il regarda même à sa montre, et calcula, à une heure près, les chances de succès ou de défaite de son entreprise.

XII.

Il était depuis deux heures dans le salon lorsqu'il entendit dans la pièce voisine la voix douce et un peu voilée de madame Delmare. A force de réfléchir à son projet de séduction, il s'était passionné comme un auteur pour son sujet, comme un avocat pour sa cause, et l'on pourrait comparer l'émotion qu'il éprouva en voyant Indiana, à celle d'un acteur bien pénétré de son rôle, qui se trouve en présence du principal personnage du drame et ne distingue plus les impressions factices de la scène d'avec la réalité.

Elle était si changée, qu'un sentiment d'intérêt sincère se glissa pourtant chez Raymon parmi les agitations nerveuses de son cerveau. Le chagrin et la maladie avaient imprimé des traces si profondes sur son visage, qu'elle n'était presque plus jolie, et qu'il y avait maintenant plus de gloire que de plaisir à entreprendre sa conquête... Mais Raymon se devait à lui-même de rendre à cette femme le bonheur et la vie.

A la voir si pâle et si triste, il jugea qu'il n'aurait pas à lutter contre une volonté bien ferme. Une enveloppe si frêle pouvait-elle cacher une forte résistance morale?

Il pensa qu'il fallait d'abord l'intéresser à elle-même, l'effrayer de son infortune et de son dépérissement, pour ouvrir ensuite son âme au désir et à l'espoir d'une meilleure destinée.

« Indiana! lui dit-il avec une assurance secrète parfaitement cachée sous un air de tristesse profonde, c'est donc ainsi que je devais vous retrouver? Je ne savais pas que cet instant, si longtemps attendu, si avidement cherché, m'apporterait une si affreuse douleur! »

Madame Delmare s'attendait peu à ce langage; elle croyait surprendre Raymon dans l'attitude d'un coupable confus et timide devant elle; et au lieu de s'accuser, de raconter son repentir et sa douleur, il n'avait de chagrin et de pitié que pour elle! Elle était donc bien abattue et bien brisée, puisqu'elle inspirait la compassion à qui eût dû implorer la sienne!

Une Française, une personne du monde n'eût pas perdu la tête dans une situation si délicate ; mais Indiana n'avait pas d'*usage*, elle ne possédait ni l'habileté ni la dissimulation nécessaires pour conserver l'avantage de sa position. Cette parole lui mit sous les yeux tout le tableau de ses souffrances, et des larmes vinrent briller au bord de ses paupières.

« Je suis malade en effet, dit-elle en s'asseyant, faible et lasse, sur le fauteuil que Raymon lui présentait ; je me sens bien mal, et devant vous, Monsieur, j'ai le droit de me plaindre. »

Raymon n'espérait pas aller si vite. Il saisit, comme on dit, l'occasion aux cheveux, et, s'emparant d'une main qu'il trouva sèche et froide :

« Indiana! lui dit-il, ne dites pas cela, ne dites pas que je suis l'auteur de vos maux ; car vous me rendriez fou de douleur et de joie.

— Et de joie! répéta-t-elle en attachant sur lui de grands yeux bleus pleins de tristesse et d'étonnement.

— J'aurais dû dire d'espérance; car si j'ai causé vos chagrins, Madame, je puis peut-être les faire cesser. Dites un mot, ajouta-t-il en se mettant à genoux près d'elle sur un des coussins du divan qui venait de tomber, demandez-moi mon sang, ma vie!...

— Ah! taisez-vous! dit Indiana avec amertume en lui retirant sa main, vous avez odieusement abusé des promesses; essayez donc de réparer le mal que vous avez fait !

— Je le veux, je le ferai! s'écria-t-il en cherchant à ressaisir sa main.

— Il n'est plus temps, dit-elle; rendez-moi donc ma compagne, ma sœur; rendez-moi Noun, ma seule amie ! »

Un froid mortel parcourut les veines de Raymon. Cette fois il n'eut pas besoin d'aider à son émotion ; il en est qui s'éveillent puissantes et terribles sans le secours de l'art.

« Elle sait tout, pensa-t-il, et elle me juge. »

Rien n'était si humiliant pour lui que de se voir reprocher son crime par celle qui en avait été l'innocente complice, rien de si amer que de voir Noun pleurée par sa rivale.

« Oui, Monsieur, dit Indiana en relevant son visage baigné de larmes, c'est vous qui en êtes cause... »

Mais elle s'arrêta en voyant la pâleur de Raymon. Elle devait être effrayante, car il n'avait jamais tant souffert.

Alors toute la bonté de son cœur et toute la tendresse involontaire que cet homme lui inspirait reprirent leurs droits sur madame Delmare.

« Pardon! dit-elle avec effroi; je vous fais bien du mal, j'ai tant souffert! Asseyez-vous, et parlons d'autre chose. »

Ce prompt mouvement de douceur et de générosité rendit plus profonde l'émotion de Raymon ; des sanglots s'échappèrent de sa poitrine. Il porta la main d'Indiana à ses lèvres, et la couvrit de pleurs et de baisers. C'était la première fois qu'il pouvait pleurer depuis la mort de Noun, et c'était Indiana qui soulageait son âme de ce poids terrible.

« Oh! puisque vous la pleurez ainsi, dit-elle, vous qui ne l'avez pas connue, puisque vous regrettez si vivement le mal que vous m'avez fait, je n'ose plus vous le reprocher. Pleurons-la ensemble, Monsieur, afin que du haut des cieux, elle nous voie et nous pardonne ! »

Une sueur froide glaça le front de Raymon. Si ces mots : *vous qui ne l'avez pas connue*, l'avaient délivré d'une cruelle anxiété, cet appel à la mémoire de sa victime dans la bouche innocente d'Indiana le frappa d'une terreur superstitieuse. Oppressé, il se leva, et marcha avec agitation vers une fenêtre, sur le bord de laquelle il s'assit pour respirer. Indiana resta silencieuse et profondément émue. Elle éprouvait, à voir Raymon pleurer ainsi comme un enfant et défaillir comme une femme, une sorte de joie secrète.

« Il est bon! se disait-elle tout bas, il m'aime, son cœur

est chaud et généreux. Il a commis une faute ; mais son repentir l'expie, et j'aurais dû lui pardonner plus tôt. »

Elle le contemplait avec attendrissement, elle retrouvait sa confiance en lui, elle prenait les remords du coupable pour le repentir de l'amour.

« Ne pleurez plus, dit-elle en se levant et en s'approchant de lui ; c'est moi qui l'ai tuée, c'est moi seule qui suis coupable. Ce remords pèsera sur toute ma vie ; j'ai cédé à un mouvement de défiance et de colère ; je l'ai humiliée, blessée au cœur. J'ai rejeté sur elle toute l'aigreur que je me sentais contre vous ; c'est vous seul qui m'aviez offensée, et j'en ai puni ma pauvre amie. J'ai été bien dure envers elle !...

— Et envers moi, » dit Raymon oubliant tout à coup le passé pour ne songer plus qu'au présent.

Madame Delmare rougit.

« Je n'aurais peut-être pas dû vous accuser de la perte cruelle que j'ai faite dans cette affreuse nuit, dit-elle ; mais je ne puis oublier l'imprudence de votre conduite envers moi. Le peu de délicatesse d'un projet si romanesque et si coupable m'a fait bien du mal... Je me croyais aimée alors !... et vous ne me respectiez même pas ! »

Raymon reprit sa force, sa volonté, son amour, ses espérances ; la sinistre impression qui l'avait glacé s'effaça comme un cauchemar. Il s'éveilla jeune, ardent, plein de désirs, de passion et d'avenir.

« Je suis coupable si vous me haïssez, dit-il en se jetant à ses pieds avec énergie ; mais si vous m'aimez je ne le suis pas, je ne l'ai jamais été. Dites, Indiana, m'aimez-vous ?

— Le méritez-vous ? lui dit-elle.

— Si pour le mériter, dit Raymon, il faut t'aimer avec adoration...

— Écoutez, dit-elle en lui abandonnant ses mains et en fixant sur lui ses grands yeux humides, où par instant brillait un feu sombre, écoutez. Savez-vous ce que c'est qu'aimer une femme comme moi ? Non, vous ne le savez pas. Vous avez cru qu'il s'agissait de satisfaire au caprice d'un jour. Vous avez jugé de mon cœur par tous ces cœurs blasés où vous avez exercé jusqu'ici votre empire éphémère. Vous ne savez pas que je n'ai pas encore aimé, et que je ne donnerai pas mon cœur vierge et entier en échange d'un cœur flétri et ruiné, mon amour enthousiaste pour un amour tiède, ma vie tout entière en échange d'un jour rapide !

— Madame, je vous aime avec passion ; mon cœur aussi est jeune et brûlant, et s'il n'est pas digne du vôtre, nul cœur d'homme ne le sera jamais. Je sais comment il faut vous aimer ; je n'avais pas attendu jusqu'à ce jour pour le comprendre. Ne sais-je pas votre vie, ne vous l'ai-je pas racontée au bal la première fois que je pus vous parler ? N'ai-je pas lu toute l'histoire de votre cœur dans le premier de vos regards qui vint tomber sur moi ? Et de quoi donc serais-je épris ? de votre beauté seulement ? Ah ! sans doute, il y a là de quoi faire délirer un homme moins ardent et moins jeune ; mais, moi, si je l'adore, cette enveloppe délicate et gracieuse, c'est parce qu'elle renferme une âme pure et divine, c'est parce qu'un feu céleste l'anime, et qu'en vous je ne vois pas seulement une femme, mais un ange.

— Je sais que vous possédez le talent de louer ; mais n'espérez pas émouvoir ma vanité. Je n'ai pas besoin d'hommages, mais d'affection. Il faut m'aimer sans partage, sans retour, sans réserve ; il faut être prêt à me sacrifier tout, fortune, réputation, devoir, affaires, principes, famille ; tout, Monsieur, parce que je mettrai le même dévouement dans la balance et que je le veux égale. Vous voyez bien que vous ne pouvez pas m'aimer ainsi ! »

Ce n'était pas la première fois que Raymon voyait une femme prendre l'amour au sérieux, quoique ces exemples soient rares, heureusement pour la société ; mais il savait que les promesses d'amour n'engagent pas l'honneur, heureusement encore pour la société. Quelquefois aussi la femme qui avait exigé de lui ces solennels engagements les avait rompus la première. Il ne s'effraya donc point des exigences de madame Delmare, ou bien plutôt il ne songea ni au passé ni à l'avenir. Il fut entraîné par le charme irrésistible de cette femme si frêle et si passionnée, si faible de corps, si résolue de cœur et d'esprit. Elle était si belle, si vive, si imposante en lui dictant ses lois, qu'il resta comme fasciné à ses genoux.

« Je te jure, lui dit-il, d'être à toi corps et âme ; je te voue ma vie, je te consacre mon sang, je te livre ma volonté ; prends tout, dispose de tout, de ma fortune, de mon honneur, de ma conscience, de ma pensée, de tout mon être.

— Taisez-vous, dit vivement Indiana, voici mon cousin. »

En effet, le flegmatique Ralph Brown entra d'un air fort calme, tout en se disant fort surpris et fort joyeux de voir sa cousine, qu'il n'espérait pas. Puis il demanda la permission de l'embrasser pour lui témoigner sa reconnaissance, et, se penchant vers elle avec une lenteur méthodique, il l'embrassa sur les lèvres, suivant l'usage de son pays.

Raymon pâlit de colère, et à peine Ralph fut-il sorti pour donner quelques ordres, qu'il s'approcha d'Indiana et voulut effacer la trace de cet impertinent baiser ; mais madame Delmare le repoussant avec calme :

« Songez, lui dit-elle, que vous avez beaucoup à réparer envers moi si vous voulez que je croie en vous. »

Raymon ne comprit pas la délicatesse de ce refus ; il n'y vit qu'un refus et conçut de l'humeur contre sir Ralph. Quelques instants plus tard, il s'aperçut que lorsqu'il parlait à voix basse à Indiana il la tutoyait, et il fut sur le point de prendre la réserve que l'usage imposait à sir Ralph en d'autres moments pour la prudence d'un amant heureux. Cependant il rougit bientôt de ses injurieux soupçons en rencontrant le regard pur de cette jeune femme.

Le soir, Raymon eut de l'esprit. Il y avait beaucoup de monde, et on l'écoutait ; il ne put se dérober à l'importance que lui donnaient ses talents. Il parla, et si Indiana eût été vaine, elle eût goûté son premier bonheur à l'entendre. Mais son esprit droit et simple s'effraya au contraire de la supériorité de Raymon ; elle lutta contre cette puissance magique qu'il exerçait autour de lui, sorte d'influence magnétique que le ciel ou l'enfer accorde à certains hommes ; royauté partielle et éphémère, si réelle que nulle médiocrité ne se dérobe à son ascendant, si fugitive qu'il n'en reste aucune trace après eux, et qu'on s'étonne après leur mort du bruit qu'ils ont fait pendant leur vie.

Il y avait bien des instants où Indiana se sentait fascinée par tant d'éclat ; mais aussitôt elle se disait tristement que ce n'était pas de gloire, mais de bonheur qu'elle était avide. Elle se demandait avec effroi si cet homme, pour qui la vie avait tant de faces diverses, tant d'intérêts entraînants, pourrait lui consacrer toute son âme, lui sacrifier toutes ses ambitions. Et maintenant qu'il défendait pied à pied avec tant de valeur et d'adresse, tant de passion et de sang-froid, des doctrines purement spéculatives et des intérêts entièrement étrangers à leur amour, elle s'épouvantait d'être si peu de chose dans sa vie tandis qu'il était tout dans la sienne. Elle se disait avec terreur qu'elle était pour lui le caprice de trois jours, et qu'il avait été pour elle le rêve de toute une vie.

Quand il lui offrit le bras pour sortir du salon, il lui glissa quelques mots d'amour ; mais elle lui répondit tristement :

« Vous avez bien de l'esprit ! »

Raymon comprit ce reproche, et passa tout le lendemain aux pieds de madame Delmare. Les autres convives, occupés de la chasse, leur laissèrent une liberté complète.

Raymon fut éloquent ; Indiana avait tant besoin de croire, que la moitié de son éloquence fut de trop. Femmes de France, vous ne savez pas ce que c'est qu'une créole ; vous eussiez, sans doute, cédé moins aisément à la conviction, car ce n'est pas vous qu'on dupe et qu'on trahit !

Oui, Monsieur, dit Indiana en retirant son visage baigné de larmes. (Page 30.)

XIII.

Lorsque sir Ralph revint de la chasse et qu'il consulta comme à l'ordinaire le pouls de madame Delmare en l'abordant, Raymon, qui l'observait attentivement, remarqua une nuance imperceptible de surprise et de plaisir sur ses traits paisibles. Et puis, par je ne sais quelle pensée secrète, le regard de ces deux hommes se rencontra, et les yeux clairs de sir Ralph, attachés comme ceux d'une chouette sur les yeux noirs de Raymon, les firent baisser involontairement. Pendant le reste du jour la contenance du baronnet auprès de madame Delmare eut, au travers de son apparente imperturbabilité, quelque chose d'attentif, quelque chose qu'on aurait pu appeler de l'intérêt ou de la sollicitude, si sa physionomie eût été capable de refléter un sentiment déterminé. Mais Raymon s'efforça vainement de chercher s'il y avait de la crainte ou de l'espoir dans ses pensées; Ralph fut impénétrable.

Tout à coup, comme il se tenait à quelques pas derrière le fauteuil de madame Delmare, il entendit Ralph lui dire à demi-voix :

« Tu ferais bien, cousine, de monter à cheval demain.
— Mais vous savez, répondit-elle, que je n'ai pas de cheval pour le moment.
— Nous t'en trouverons un. Veux-tu suivre la chasse avec nous? »

Madame Delmare chercha différents prétextes pour s'en dispenser. Raymon comprit qu'elle préférait rester avec lui, mais il crut remarquer aussi que son cousin mettait une insistance étrange à l'en empêcher. Quittant alors le groupe qu'il occupait, il s'approcha d'elle et joignit ses instances à celles de sir Ralph. Il se sentait de l'aigreur contre cet importun chaperon de madame Delmare, et résolut de tourmenter sa surveillance.

« Si vous consentez à suivre la chasse, dit-il à Indiana, vous m'enhardirez, Madame, à imiter votre exemple. J'aime peu la chasse, mais pour avoir le bonheur d'être votre écuyer...
— En ce cas j'irai, » répondit étourdiment Indiana.

Elle échangea un regard d'intelligence avec Raymon; mais, si rapide qu'il fût, Ralph le saisit au passage, et Raymon ne put pendant toute la soirée la regarder ou lui adresser la parole sans rencontrer les yeux ou l'oreille

En descendant sous le péristyle, Raymon vit madame Delmare en amazone. (Page 33.)

de M. Brown. Un sentiment d'aversion et presque de jalousie s'éleva alors dans son âme. De quel droit ce cousin, cet ami de la maison, s'érigeait-il en pédagogue auprès de la femme qu'il aimait? Il jura que sir Ralph s'en repentirait, et chercha l'occasion de l'irriter sans compromettre madame Delmare; mais ce fut impossible. Sir Ralph faisait les honneurs de chez lui avec une politesse froide et digne, qui ne donnait prise à aucune épigramme, à aucune contradiction.

Le lendemain, avant qu'on eût sonné la diane, Raymon vit entrer chez lui la solennelle figure de son hôte. Il y avait dans ses manières quelque chose de plus raide encore qu'à l'ordinaire, et Raymon sentit battre son cœur de désir et d'impatience à l'espoir d'une provocation. Mais il s'agissait tout simplement d'un cheval de selle que Raymon avait amené à Bellerive et qu'il avait témoigné l'intention de vendre. En cinq minutes le marché fut conclu; sir Ralph ne fit aucune difficulté sur le prix, et tira de sa poche un rouleau d'or qu'il compta sur la cheminée avec un sang-froid tout à fait bizarre, ne daignant pas faire attention aux plaintes que Raymon lui adressait sur une exactitude si scrupuleuse. Puis, comme il sortait, il revint sur ses pas pour lui dire :

« Monsieur, le cheval m'appartient dès aujourd'hui? »

Alors Raymon crut s'apercevoir qu'il s'agissait de l'empêcher d'aller à la chasse, et il déclara assez sèchement qu'il ne comptait pas suivre la chasse à pied.

« Monsieur, répondit sir Ralph avec une légère ombre d'affectation, je connais trop les lois de l'hospitalité... »

Et il se retira.

En descendant sous le péristyle, Raymon vit madame Delmare en amazone, jouant gaiement avec Ophélia, qui déchirait son mouchoir de batiste. Ses joues avaient retrouvé une légère teinte purpurine, ses yeux brillaient d'un éclat longtemps perdu. Elle était déjà redevenue jolie; les boucles de ses cheveux noirs s'échappaient de son petit chapeau; cette coiffure la rendait charmante, et la robe de drap boutonnée du haut en bas dessinait sa taille fine et souple. Le principal charme des créoles, selon moi, c'est que l'excessive délicatesse de leurs traits et de leurs proportions leur laisse longtemps la gentillesse de l'enfance. Indiana, rieuse et folâtre, semblait maintenant avoir quatorze ans.

Raymon, frappé de sa grâce, éprouva un sentiment de

triomphe et lui adressa sur sa beauté le compliment le moins fade qu'il put trouver.

« Vous étiez inquiet de ma santé, lui dit-elle tout bas; ne voyez-vous pas que je veux vivre? »

Il ne put lui répondre que par un regard de bonheur et de reconnaissance. Sir Ralph amenait lui-même le cheval de sa cousine; Raymon reconnut celui qu'il venait de vendre.

« Comment! dit avec surprise madame Delmare, qui l'avait vu essayer la veille dans la cour du château, M. de Ramière a donc l'obligeance de me prêter son cheval?

— N'avez-vous pas admiré hier la beauté et la docilité de cet animal? lui dit sir Ralph; il est à vous dès aujourd'hui. Je suis fâché, ma chère, de n'avoir pu vous l'offrir plus tôt.

— Vous devenez facétieux, mon cousin, dit madame Delmare; je ne comprends rien à cette plaisanterie. Qui dois-je remercier, de M. de Ramière qui consent à me prêter sa monture, ou de vous qui en avez peut-être fait la demande?

— Il faut, dit M. Delmare, remercier ton cousin, qui a acheté ce cheval pour toi et qui t'en fait présent.

— Est-ce vrai, mon bon Ralph? dit madame Delmare en caressant le joli animal avec la joie d'une petite fille qui reçoit sa première parure.

— N'était-ce pas chose convenue que je te donnerais un cheval en échange du meuble que tu brodes pour moi? Allons, monte-le, ne crains rien. J'ai observé son caractère, et je l'ai essayé encore ce matin. » Indiana sauta au cou de sir Ralph, et de là sur le cheval de Raymon, qu'elle fit caracoler avec hardiesse.

Toute cette scène de famille se passait dans un coin de la cour, sous les yeux de Raymon. Il éprouva un violent sentiment de dépit en voyant l'affection simple et confiante de ces gens-là s'épancher devant lui, qui aimait avec passion et qui n'avait peut-être pas un jour entier à posséder Indiana.

« Que je suis heureuse! lui dit-elle en l'appelant à son côté dans l'avenue. Il semble que le bon Ralph ait deviné le présent qui pouvait m'être le plus précieux. Et vous, Raymon, n'êtes-vous pas heureux aussi de voir le cheval que vous montiez passer entre mes mains? Oh! qu'il sera l'objet d'une tendre prédilection! Comment l'appeliez-vous! Dites, je ne veux pas lui ôter le nom que vous lui avez donné...

— S'il y a quelqu'un d'heureux ici, répondit Raymon, c'est votre cousin, qui vous fait des présents et que vous embrassez si joyeusement.

— En vérité! dit-elle en riant, seriez-vous jaloux de cette amitié et de ces gros baisers?

— Jaloux, peut-être, Indiana; je ne sais pas. Mais quand ce cousin jeune et vermeil pose ses lèvres sur les vôtres, quand il vous prend dans ses bras pour vous asseoir sur le cheval qu'il vous donne et que je vous vends, j'avoue que je souffre. Non! Madame, je ne suis pas heureux de vous voir maîtresse du cheval que j'aimais. Je conçois bien qu'on soit heureux de vous l'offrir; mais faire le rôle de marchand pour fournir à un autre le moyen de vous être agréable, c'est une humiliation délicatement ménagée par toi et sir Ralph. Si je ne pensais qu'il a eu tout cet esprit-là à son insu, je voudrais m'en venger.

— Oh! fi! cette jalousie ne vous sied pas! Comment notre intimité bourgeoise peut-elle vous faire envie, à vous qui devez être pour moi en dehors de la vie commune et me créer dans vos bras un monde d'enchantement, à vous seul! Je suis déjà mécontente de vous, Raymon; je trouve qu'il y a comme de l'amour-propre blessé dans ce sentiment d'humeur contre mon pauvre cousin. Il semble que vous soyez plus jaloux des tièdes préférences que je lui donne en public que de l'affection exclusive que j'aurais pour un autre en secret.

— Pardon! pardon! Indiana, j'ai tort; je ne suis pas digne de toi, ange de douceur et de bonté; mais, je l'avoue, j'ai cruellement souffert des droits que cet homme semble s'arroger.

— S'arroger! lui, Raymon! Vous ne savez donc pas quelle reconnaissance sacrée nous enchaîne à lui? Vous ne savez donc pas que sa mère était la sœur de la mienne; que nous sommes nés dans la même vallée; que son adolescence a protégé mes premiers ans; qu'il a été mon seul appui, mon seul instituteur, mon seul compagnon à l'île Bourbon; qu'il m'a suivie partout; qu'il a quitté le pays que je quittais pour venir habiter celui que j'habite; qu'en un mot, c'est le seul être qui m'aime et qui s'intéresse à ma vie?

— Malédiction! tout ce que vous me dites, Indiana, envenime la plaie. Il vous aime donc bien, cet Anglais? Savez-vous comment je vous aime, moi?

— Ah! ne comparons point. Si une affection de même nature vous rendait rivaux, je devrais la préférence au plus ancien. Mais ne craignez pas, Raymon, que je vous demande jamais de m'aimer à la manière de Ralph.

— Expliquez-moi donc cet homme, je vous en supplie; car qui pourrait pénétrer sous son masque de pierre?

— Faut-il que je fasse les honneurs de mon cousin moi-même? dit-elle en souriant. J'avoue que j'ai de la répugnance à le peindre; je l'aime tant, que je voudrais le flatter; tel qu'il est, j'ai peur que vous ne le trouviez pas assez beau. Essayez donc de m'aider; voyons, que vous semble-t-il?

— Sa figure (pardon si je vous blesse) annonce un homme complètement nul; cependant il y a du bon sens et de l'instruction dans ses discours quand il daigne parler; mais il s'en acquitte si péniblement, si froidement, que personne ne profite de ses connaissances, tant son débit vous glace et vous fatigue. Et puis il y a dans ses pensées quelque chose de commun et de lourd que ne rachète point la pureté méthodique de l'expression. Je crois que c'est un esprit imbu de toutes les idées qu'on lui a données, et trop apathique et trop médiocre pour en avoir à lui en propre. C'est tout juste l'homme qu'il faut pour être regardé dans le monde comme un esprit sérieux. Sa gravité fait les trois quarts de son mérite, sa nonchalance fait le reste.

— Il y a du vrai dans ce portrait, répondit Indiana, mais il y a aussi de la prévention. Vous tranchez hardiment des doutes que je n'oserais pas résoudre, moi qui connais Ralph depuis que je suis née. Il est vrai que son grand défaut est de voir souvent par les yeux d'autrui; mais ce n'est pas la faute de son esprit, c'est celle de son éducation. Vous pensez que sans l'éducation il eût été complètement nul; je pense que sans elle il l'eût été moins. Il faut que je vous dise une particularité de sa vie qui vous expliquera son caractère. Il a eu le malheur d'avoir un frère que ses parents lui préféraient ouvertement; ce frère avait toutes les brillantes qualités qui lui manquent. Il apprenait facilement, il avait des dispositions pour tous les arts, il pétillait d'esprit; sa figure, moins régulière que celle de Ralph, était plus expressive. Il était caressant, empressé, actif, en un mot il était aimable. Ralph, au contraire, était gauche, mélancolique, peu démonstratif; il aimait la solitude, apprenait avec lenteur, et ne faisait pas montre de ses petites connaissances. Quand ses parents le virent si différent de son frère aîné, ils le maltraitèrent, ils firent pis, ils l'humilièrent. Alors, tout enfant qu'il était, son caractère devint sombre et rêveur, une invincible timidité paralysa toutes ses facultés. On avait réussi à lui inspirer de l'aversion et du mépris pour lui-même; il se découragea de la vie, et dès l'âge de quinze ans, il fut attaqué du spleen, maladie toute physique sous le ciel brumeux de l'Angleterre, toute morale sous le ciel vivifiant de l'île Bourbon. Il m'a souvent raconté qu'un jour il avait quitté l'habitation avec la volonté de se précipiter dans la mer; mais comme il était assis sur la grève, rassemblant ses pensées au moment d'accomplir son dessein, il me vit venir à lui dans les bras de la négresse qui m'avait nourrie; j'avais alors cinq ans. J'étais jolie, dit-on, et je montrais pour mon taciturne cousin une prédilection que personne ne partageait. Il est vrai qu'il avait pour moi des soins et des complaisances auxquels je n'étais point habituée dans la maison paternelle. Malheureux tous deux, nous nous comprenions déjà. Il m'apprenait la langue de son père, et je lui bégayais la langue du mien. Ce mélange d'espagnol et d'anglais était peut-être l'expression du caractère de Ralph. Quand je me jetai à son cou, je m'aperçus qu'il pleurait, et, sans comprendre pourquoi, je me mis à pleurer aussi. Alors il me serra sur son cœur, et fit, m'a-t-il dit depuis, le serment de vivre pour moi, enfant délaissée, sinon haïe, à qui du moins son amitié serait bonne et sa vie profitable. Je fus donc le premier et le seul lien de sa triste existence. Depuis ce jour, nous ne nous quittâmes presque plus; nous passions nos jours libres et sains dans la solitude des montagnes. Mais peut-être que ces récits de notre enfance vous ennuient, et que vous aimeriez mieux rejoindre la chasse en un temps de galop.

— Folle!... dit Raymon en retenant la bride du cheval que montait madame Delmare.

— Eh bien! je continue, reprit-elle. Edmond Brown, le frère aîné de Ralph, mourut à vingt ans; sa mère mourut elle-même de chagrin, et son père fut inconsolable. Ralph eût voulu adoucir sa douleur; mais la froideur avec laquelle M. Brown accueillit ses premières tentatives augmenta encore sa timidité naturelle. Il passait des heures entières triste et silencieux auprès de ce vieillard désolé, sans oser lui adresser un mot ou une caresse, tant il craignait de lui offrir des consolations déplacées et insuffisantes. Son père l'accusa d'insensibilité, et la mort d'Edmond laissa le pauvre Ralph plus malheureux et plus méconnu que jamais. J'étais sa seule consolation.

— Je ne puis le plaindre, quoi que vous fassiez, interrompit Raymon; mais il y a dans sa vie et dans la vôtre une chose que je ne m'explique pas : c'est qu'il ne vous ait point épousée.

— Je vais vous en donner une fort bonne raison, reprit-elle. Quand je fus en âge d'être mariée, Ralph, plus âgé que moi de dix ans (ce qui est une énorme distance dans notre climat, où l'enfance des femmes est si courte), Ralph, dis-je, était déjà marié.

— Sir Ralph est veuf? Je n'ai jamais entendu parler de sa femme.

— Ne lui en parlez jamais. Elle était jeune, riche et belle; mais elle avait aimé Edmond, elle lui avait été destinée, et quand, pour obéir à des intérêts et à des délicatesses de famille, il lui fallut épouser Ralph, elle ne chercha pas même à lui dissimuler son aversion. Il fut obligé de passer avec elle en Angleterre; et lorsqu'il revint à l'île Bourbon, après la mort de sa femme, j'étais mariée à M. Delmare, et j'allais partir pour l'Europe. Ralph essaya de vivre seul; mais la solitude aggravait ses maux. Quoiqu'il ne m'ait jamais parlé de madame Ralph Brown, j'ai tout lieu de croire qu'il avait été encore plus malheureux dans son ménage que dans sa famille, et que des souvenirs récents et douloureux ajoutaient à sa mélancolie naturelle. Il fut de nouveau attaqué du spleen; alors il vendit ses plantations de café et vint s'établir en France. La manière dont il se présenta à mon mari est originale, et m'eût fait rire si l'attachement de ce digne Ralph ne m'eût touchée.

« Monsieur, lui dit-il, j'aime votre femme; c'est moi qui l'ai élevée; je la regarde comme ma sœur, et plus encore comme ma fille. C'est la seule parente qui me reste et la seule affection que j'aie. Trouvez bon que je me fixe auprès de vous et que nous passions tous trois notre vie ensemble? On dit que vous êtes un peu jaloux de votre femme, mais on dit aussi que vous êtes plein d'honneur et de probité. Quand je vous aurai donné ma parole que je n'eus jamais d'amour pour elle et que je n'en aurai jamais, vous pourrez me voir avec aussi peu d'inquiétude que si j'étais réellement votre beau-frère. N'est-il pas vrai, Monsieur?

« M. Delmare, qui tient beaucoup à sa réputation de loyauté militaire, accueillit cette franche déclaration avec une sorte d'ostentation de confiance. Cependant il fallut plusieurs mois d'un examen attentif pour que cette confiance fût aussi réelle qu'il s'en vantait. Maintenant elle est inébranlable comme l'âme constante et pacifique de Ralph.

— Êtes-vous donc bien convaincue, Indiana, dit Raymon, que sir Ralph ne se trompe pas un peu lui-même en jurant qu'il n'eut jamais d'amour pour vous?

— J'avais douze ans quand il quitta l'île Bourbon pour suivre sa femme en Angleterre; j'en avais seize lorsqu'il me retrouva mariée et il en témoigna plus de joie que de chagrin. Maintenant Ralph est tout à fait vieux.

— A vingt-neuf ans?

— Ne riez pas. Son visage est jeune, mais son cœur est usé à force d'avoir souffert, et Ralph n'aime plus rien afin de ne plus souffrir.

— Pas même vous?

— Pas même moi. Son amitié n'est plus que de l'habitude; jadis elle fut généreuse lorsqu'il se chargea de protéger et d'instruire mon enfance, et alors je l'aimais comme il m'aime aujourd'hui, à cause du besoin que j'avais de lui. Aujourd'hui, j'acquitte de toute mon âme la dette du passé, et ma vie s'écoule à tâcher d'embellir et de désennuyer la sienne. Mais quand j'étais enfant, j'aimais avec l'instinct plus qu'avec le cœur, au lieu que lui, devenu homme, m'aime moins avec le cœur qu'avec l'instinct. Je lui suis nécessaire parce que je suis presque seule à l'aimer; et même aujourd'hui que M. Delmare lui témoigne de l'attachement, il l'aime presque autant que moi; sa protection, autrefois si courageuse devant le despotisme de mon père, est devenue tiède et prudente devant celui de mon mari. Il ne se reproche pas de me voir souffrir, pourvu que je sois auprès de lui; il ne se demande pas si je suis malheureuse, il lui suffit de me voir vivante. Il ne veut pas me prêter un appui qui adoucirait mon sort, mais qui, en le brouillant avec M. Delmare, troublerait la sérénité de la sienne. A force de s'entendre répéter qu'il avait le cœur sec, il se l'est persuadé, et son cœur s'est desséché dans l'inaction où, par défiance, il l'a laissé s'endormir. C'est un homme que l'affection d'autrui eût pu développer; mais elle s'est retirée de lui, et il s'est flétri. Maintenant il fait consister le bonheur dans le repos, le plaisir dans les aises de la vie. Il ne s'informe pas des soucis qu'il n'a pas; il faut dire le mot : Ralph est égoïste.

— Eh bien! tant mieux, dit Raymon, je n'ai plus peur de lui; je l'aimerai même, si vous voulez.

— Oui! aimez-le, Raymon, répondit-elle, il y sera sensible; et pour nous, ne nous inquiétons jamais de définir pourquoi l'on nous aime, mais comment l'on nous aime. Heureux celui qui peut être aimé, n'importe par quel motif!

— Ce que vous dites, Indiana, reprit Raymon en saisissant sa taille souple et frêle, c'est la plainte d'un cœur solitaire et triste; mais, avec moi, je veux que vous sachiez pourquoi et comment, pourquoi surtout?

— C'est pour me donner du bonheur, n'est-ce pas? lui dit-elle avec un regard triste et passionné.

— C'est pour te donner ma vie, » dit Raymon en effleurant de ses lèvres les cheveux flottants d'Indiana.

Une fanfare voisine les avertit de s'observer; c'était sir Ralph, qui les voyait, ou ne les voyait pas.

XIV.

Lorsque les limiers furent lancés, Raymon s'étonna de ce qui semblait se passer dans l'âme d'Indiana. Ses yeux et ses joues s'animèrent; le gonflement de ses narines trahit je ne sais quel sentiment de terreur ou de plaisir, et tout à coup, quittant son côté et pressant avec ardeur les flancs de son cheval, elle s'élança sur les traces de Ralph. Raymon ignorait que la chasse était la seule passion que Ralph et Indiana eussent en commun. Il ne se doutait pas non plus que, dans cette femme si frêle et en apparence si timide, résidât un courage plus que masculin, cette sorte d'intrépidité délirante qui se manifeste parfois comme une crise nerveuse chez les êtres les plus faibles. Les femmes ont rarement le courage physique qui consiste à lutter d'inertie contre la douleur ou le danger; mais elles ont souvent le courage moral qui s'exalte avec le péril ou la souffrance. Les fibres délicates d'Indiana appelaient surtout les bruits, le mouvement rapide et l'émotion de la chasse, cette image abrégée de la guerre avec ses fatigues, ses ruses, ses calculs, ses combats et ses chances. Sa vie morne et rongée d'ennuis avait besoin de ces excitations; alors elle semblait se réveiller d'une léthargie et dépenser en un jour toute l'énergie inutile qu'elle avait depuis un an laissée fermenter dans son sang.

Raymon fut effrayé de la voir courir ainsi, se livrant sans peur à la fougue de ce cheval qu'elle connaissait à peine, le lancer hardiment dans le taillis, éviter avec une adresse étonnante les branches dont la vigueur élastique fouettait son visage, franchir les fossés sans hésitation, se hasarder avec confiance dans les terrains glaiseux et mouvants, ne s'inquiétant pas de briser ses membres fluets, mais jalouse d'arriver la première sur la piste fumante du sanglier. Tant de résolution l'effraya et faillit le dégoûter de madame Delmare. Les hommes, et les amants surtout, ont la fatuité innocente de vouloir protéger la faiblesse plutôt que d'admirer le courage chez les femmes. L'avouerai-je? Raymon se sentit épouvanté de tout ce qu'un esprit si intrépide promettait de hardiesse et de ténacité en amour. Ce n'était pas le cœur résigné de la pauvre Noun, qui aimait mieux se noyer que de lutter contre son malheur.

« Qu'il y ait autant de fougue et d'emportement dans sa tendresse qu'il y en a dans ses goûts, pensa-t-il; que sa volonté s'attache à moi, âpre et palpitante, comme son caprice aux flancs de ce sanglier, et pour elle la société n'aura point d'entraves, les lois pas de force; il faudra que ma destinée succombe, et que je sacrifie mon avenir à son présent. »

Des cris d'épouvante et de détresse, parmi lesquels on pouvait distinguer la voix de madame Delmare, arrachèrent Raymon à ces réflexions. Il poussa son cheval avec inquiétude, et fut rejoint aussitôt par sir Ralph, qui lui demanda s'il avait entendu ces cris d'alarme.

Aussitôt des piqueurs effarés arrivèrent à eux en criant confusément que le sanglier avait fait tête et renversé madame Delmare. D'autres chasseurs, plus épouvantés encore, arrivèrent en appelant sir Ralph, dont les secours étaient nécessaires à la personne blessée.

« C'est inutile, dit un dernier arrivant. Il n'y a plus d'espérance, vos soins viendraient trop tard. »

Dans cet instant d'effroi les yeux de Raymon rencontrèrent le visage pâle et morne de M. Brown. Il ne criait pas, il n'écumait point, il ne se tordait pas les mains; seulement il prit son couteau de chasse, et, avec un sang-froid vraiment britannique, il s'apprêtait à se couper la gorge, lorsque Raymon lui arracha son arme, et l'entraîna vers le lieu d'où partaient les cris.

Ralph parut sortir d'un rêve en voyant madame Delmare s'élancer vers lui et l'aider au secours du colonel, qui était étendu par terre et semblait privé de vie. Il s'empressa de le saigner, car il se fut bientôt assuré qu'il n'était point mort; mais il avait la cuisse cassée, et on le transporta au château.

Quant à madame Delmare, c'était par erreur qu'on l'avait nommée à la place de son mari dans le désordre de l'événement, ou plutôt Ralph et Raymon avaient cru entendre le nom de celui des intéressés le plus.

Indiana n'avait éprouvé aucun accident, mais son effroi et sa consternation lui ôtaient presque la force de marcher. Raymon la soutint dans ses bras, et se réconcilia avec son cœur de femme en la voyant si profondément affectée du malheur de ce mari à qui elle avait beaucoup à pardonner avant de le plaindre.

Sir Ralph avait déjà repris son calme accoutumé; seulement une pâleur extraordinaire révélait la forte commotion qu'il avait éprouvée; il avait failli perdre une des deux seules personnes qu'il aimât.

Raymon, qui dans cet instant de trouble et de délire, avait seul conservé assez de raison pour comprendre ce qu'il voyait, avait pu juger quelle était l'affection de Ralph pour sa cousine, et combien peu elle était balancée par celle qu'il éprouvait pour le colonel. Cette remarque, qui démentait positivement l'opinion d'Indiana, n'échappa point à la mémoire de Raymon comme à celle des autres témoins de cette scène.

Pourtant Raymon ne parla jamais à madame Delmare de la tentative de suicide dont il avait été témoin. Il y eut dans cette discrétion désobligeante quelque chose d'égoïste et de haineux que vous pardonnerez peut-être au sentiment de jalousie amoureuse qui l'inspira.

Ce fut avec beaucoup de peine qu'on transporta le colonel au Lagny au bout de six semaines; mais plus de six mois s'écoulèrent ensuite sans qu'il pût marcher; car à la rupture à peine ressoudée du fémur vint se joindre un rhumatisme aigu dans la partie malade, qui le condamna à d'atroces douleurs et à une immobilité complète. Sa femme lui prodigua les soins les plus doux; elle ne quitta pas son chevet, et supporta sans se plaindre son humeur âcre et chagrine, ses colères de soldat et ses injustices de malade.

Malgré les ennuis d'une si triste existence, sa santé refleurit fraîche et brillante, et le bonheur vint habiter son cœur. Raymon l'aimait, il l'aimait réellement. Il venait tous les jours; il ne se rebutait d'aucune difficulté pour la voir; il supportait les infirmités du mari, la froideur du cousin, la contrainte des entrevues. Un regard de lui mettait de la joie pour tout un jour dans le cœur d'Indiana. Elle ne songeait plus à se plaindre de la vie; son âme était remplie, sa jeunesse était occupée, sa force morale avait un aliment.

Insensiblement le colonel prit de l'amitié pour Raymon. Il eut la simplicité de croire que cette assiduité était une preuve de l'intérêt que son voisin prenait à sa santé. Madame de Ramière vint aussi quelquefois sanctionner cette liaison par sa présence, et Indiana s'attacha à la mère de Raymon avec enthousiasme et passion. Enfin l'amant de la femme devint l'ami du mari.

Dans ce rapprochement continuel, Raymon et Ralph arrivèrent forcément dans une sorte d'intimité; ils s'appelaient « mon cher ami ». Ils se donnaient la main soir et matin. Avaient-ils un léger service à se demander réciproquement, leur phrase accoutumée était celle-ci :

« Je compte assez sur votre bonne amitié, » etc.

Enfin, lorsqu'ils parlaient l'un de l'autre, ils disaient :

« C'est mon ami. »

Et quoique ce fussent deux hommes aussi francs qu'il soit possible de l'être dans le monde, ils ne s'aimaient pas du tout. Ils différaient essentiellement d'avis sur tout; aucune sympathie ne leur était commune; et s'ils deux aimaient madame Delmare, c'était d'une manière si différente que ce sentiment les divisait au lieu de les rapprocher. Ils goûtaient un singulier plaisir à se contredire, et à troubler autant que possible l'humeur l'un de l'autre par des reproches qui, pour être lancés comme des généralités dans la conversation, n'en avaient pas moins d'aigreur et d'amertume.

Leurs principales contestations et les plus fréquentes commençaient par la politique et finissaient par la morale. C'était le soir, lorsqu'ils se réunissaient autour du fauteuil de M. Delmare, que la dispute s'élevait sur le plus mince prétexte. On gardait toujours les égards apparents que la philosophie imposait à l'un, que l'usage du monde inspirait à l'autre; mais on se disait pourtant, sous le voile de l'allusion, des choses dures qui amusaient le colonel; car il était de nature guerrière et querelleuse, et à défaut de batailles il aimait les disputes.

Moi, je crois que l'opinion politique d'un homme, c'est l'homme tout entier. Dites-moi votre cœur et votre tête, et je vous dirai vos opinions politiques. Dans quelque rang ou quelque parti que le hasard nous ait fait naître, notre caractère l'emporte tôt ou tard sur les préjugés ou les croyances de l'éducation. Vous me trouverez peut-être absolu; mais comment pourrais-je me décider à bien augurer d'un esprit qui s'attache à certains systèmes que la générosité repousse? Montrez-moi un homme qui soutienne l'utilité de la peine de mort, et, quelque consciencieux et éclairé qu'il soit, je vous défie d'établir jamais aucune sympathie entre lui et moi. Si cet homme veut m'enseigner des vérités que j'ignore, il n'y réussira point;

car il ne dépendra pas de moi de lui accorder ma confiance.

Ralph et Raymon différaient sur tous les points, et pourtant ils n'avaient pas, avant de se connaître, d'opinions exclusivement arrêtées. Mais du moment qu'ils furent aux prises, chacun saisissant le contre-pied de ce qu'avançait l'autre, ils se firent chacun une conviction complète, inébranlable. Raymon fut en toute occasion le champion de la société existante, Ralph en attaqua l'édifice sur tous les points.

Cela était simple : Raymon était heureux et parfaitement traité, Ralph n'avait connu de la vie que les maux et ses dégoûts ; l'un trouvait tout fort bien, l'autre était mécontent de tout. Les hommes et les choses avaient maltraité Ralph et comblé Raymon ; et, comme deux enfants, Ralph et Raymon rapportaient tout à eux-mêmes, s'établissant juges en dernier ressort des grandes questions de l'ordre social, eux qui n'étaient compétents ni l'un ni l'autre.

Ralph allait donc toujours soutenant son rêve de république d'où il voulait exclure tous les abus, tous les préjugés, toutes les injustices ; projet fondé tout entier sur l'espoir d'une nouvelle race d'hommes. Raymon soutenait sa doctrine de monarchie héréditaire, aimant mieux, disait-il, supporter les abus, les préjugés et les injustices, que de voir relever les échafauds et couler le sang innocent.

Le colonel était presque toujours du parti de Ralph en commençant la discussion. Il haïssait les Bourbons, et mettait dans ses opinions toute l'animosité de ses sentiments. Mais bientôt Raymon le rattachait avec adresse à son parti en lui prouvant que la monarchie était, comme principe, bien plus près de l'empire que de la république. Ralph avait si peu le talent de la persuasion, il était si candide, si maladroit, le pauvre baronnet ! Sa franchise était si raboteuse, sa logique si aride, ses principes si absolus ! Il ne ménageait personne, il n'adoucissait aucune vérité.

« Parbleu, disait-il au colonel lorsque celui-ci maudissait l'intervention de l'Angleterre, que vous a donc fait, à vous, homme de bon sens et de raisonnement, je suppose, toute une nation qui a combattu loyalement contre vous ?

— Loyalement ! répétait Delmare en serrant les dents et en brandissant sa béquille.

— Laissons les questions de cabinet se résoudre de puissance à puissance, reprenait sir Ralph, puisque nous avons adopté un mode de gouvernement qui nous interdit de discuter nous-mêmes nos intérêts. Si une nation est responsable des fautes de sa législature, laquelle trouverez-vous plus coupable que la vôtre ?

— Aussi, Monsieur, s'écriait le colonel, honte à la France qui a abandonné Napoléon, et qui a subi un roi proclamé par les baïonnettes étrangères.

— Moi, je ne dis pas honte à la France, reprenait Ralph, je dis malheur à elle ! Je la plains de s'être trouvée si faible et si malade, le jour où elle fut purgée de son tyran, qu'elle fut obligée d'accepter votre lambeau de Charte constitutionnelle ; haillon de liberté que vous commencez à respecter, aujourd'hui qu'il faudrait le jeter et reconquérir votre liberté tout entière... »

Alors Raymon relevait le gant que lui jetait sir Ralph. Chevalier de la Charte, il voulait être aussi celui de la liberté, et il prouvait merveilleusement à Ralph que l'une était l'expression de l'autre ; que, s'il brisait la Charte, il renversait lui-même son idole. En vain le baronnet se débattait dans les arguments vicieux dont l'enlaçait M. de Ramière ; celui-ci démontrait admirablement qu'un système plus large de franchises menait infailliblement aux excès de 93, et que la nation n'était pas encore mûre pour la liberté qui n'était pas la licence. Et lorsque sir Ralph prétendait qu'il était absurde de vouloir emprisonner une constitution dans un nombre donné d'articles, que ce qui suffisait d'abord devenait insuffisant plus tard, s'appuyant de l'exemple du convalescent dont les besoins augmentent chaque jour, à tous ces lieux communs que ressassait lourdement M. Brown, Raymon répondait que la Charte n'était pas un cercle inflexible, qu'il s'étendrait avec les besoins de la France, lui donnant une élasticité qui, disait-il, se prêterait plus tard aux exigences nationales, mais qui ne se prêtait réellement qu'à celles de la couronne.

Pour Delmare, il n'avait pas fait un pas depuis 1815. C'était un stationnaire aussi encroûté, aussi opiniâtre que les émigrés de Coblentz, éternelles victimes de son ironie haineuse. Vieil enfant, il n'avait rien compris dans le grand drame de la chute de Napoléon. Il n'avait vu qu'une chance de la guerre là où la puissance de l'opinion avait triomphé. Il parlait toujours de trahison et de patrie vendue, comme si une nation entière pouvait trahir un seul homme, comme si la France se fût laissé vendre par quelques généraux. Il accusait les Bourbons de tyrannie et regrettait les beaux jours de l'empire, où les bras manquaient à la terre et le pain aux familles. Il déclamait contre la police de Franchet, et vantait celle de Fouché. Cet homme était toujours au lendemain de Waterloo.

C'était vraiment chose curieuse que d'entendre les niaiseries sentimentales de Delmare et de M. de Ramière, tous les deux philanthropes rêveurs, l'un sous l'épée de Napoléon, l'autre sous le sceptre de saint Louis ; M. Delmare, planté au pied des Pyramides ; Raymon, assis sous le monarchique ombrage du chêne de Vincennes. Leurs utopies, qui se heurtaient d'abord, finissaient par se comprendre : Raymon engluait le colonel avec ses phrases chevaleresques ; pour une concession il en exigeait dix, et il l'habituait insensiblement à voir vingt-cinq ans de victoires monter en spirale sous les plis du drapeau blanc. Si Ralph n'avait pas jeté sans cesse sa brusquerie et sa rudesse dans la rhétorique fleurie de M. de Ramière, celui-ci eût infailliblement conquis Delmare au trône de 1815 ; mais Ralph froissait son amour-propre, et la maladroite franchise qu'il mettait à ébranler son opinion ne faisait que l'ancrer dans ses convictions impériales. Alors tous les efforts de M. de Ramière étaient perdus ; Ralph marchait lourdement sur les fleurs de son éloquence, et le colonel revenait avec acharnement à ses trois couleurs. Il jurait d'en *secouer un beau jour la poussière*, il crachait sur les lis, il ramenait le duc de Reichstadt sur le trône de *ses pères* ; il recommençait la conquête du monde, et finissait toujours par se plaindre de la honte qui pesait sur la France, des rhumatismes qui le clouaient sur son fauteuil, et de l'ingratitude des Bourbons pour les vieilles moustaches qu'avait brûlées le soleil du désert, et qui s'étaient hérissées des glaçons de la Moscowa.

« Mon pauvre ami ! disait Ralph, soyez donc juste : vous trouvez mauvais que la restauration n'ait pas payé les services rendus à l'empire et qu'elle salarie ses émigrés. Dites-moi, si Napoléon pouvait revivre demain dans toute sa puissance, trouveriez-vous bon qu'il vous repoussât de sa faveur et qu'il en fît pour lui les partisans de la légitimité ? Chacun pour soi et pour les siens ; ce sont là des discussions d'affaires, des débats d'intérêt personnel, qui intéressent fort peu la France, aujourd'hui que vous êtes presque aussi invalide que les voltigeurs de l'émigration, et que tous, goutteux, mariés ou boudeurs, vous lui êtes également inutiles. Cependant, il faut qu'elle vous nourrisse tous, et c'est à qui de vous se plaindra d'elle. Quand viendra le jour de la république, elle s'affranchira de toutes vos exigences, et ce sera justice. »

Ces choses communes, mais évidentes, offensaient le colonel comme autant d'injures personnelles, et Ralph qui, avec tout son bon sens, ne comprenait pas que la petitesse d'esprit d'un homme qu'il estimait pût aller aussi loin, s'habituait à le choquer sans ménagement.

Avant l'arrivée de Raymon, entre ces deux hommes il y avait une convention tacite d'éviter tout sujet de contestation délicate, où des intérêts irritables eussent pu se froisser mutuellement. Mais Raymon apporta dans leur solitude toutes les subtilités de langage, toutes les petitesses perfides de la civilisation. Il leur apprit qu'on peut tout se dire, tout se reprocher, et se retrancher toujours derrière le prétexte de la discussion. Il introduisait chez eux l'usage de disputer, alors toléré dans les salons, parce que les passions haineuses des Cent-Jours avaient fini par s'amortir et se fondre en nuances diverses. Mais le colonel avait conservé toute la verdeur des siennes, et Ralph tomba dans une grande erreur en pensant qu'il pourrait entendre le langage de la raison. M. Delmare s'aigrit de jour en jour contre lui, et se rapprocha de Raymon, qui, sans faire de concessions trop larges, savait prendre des formes gracieuses pour ménager son amour-propre.

C'est une grande imprudence d'introduire la politique comme passe-temps dans l'intérieur des familles. S'il en existe encore aujourd'hui de paisibles et d'heureuses, je leur conseille de ne s'abonner à aucun journal, de ne pas lire le plus petit article du budget, de se retrancher au fond de leurs terres comme dans une oasis, et de tracer une ligne infranchissable entre elles et le reste de la société; car si elles laissent le bruit de nos contestations arriver jusqu'à elles, c'en est fait de leur union et de leur repos. On n'imagine pas ce que les divisions d'opinions apportent d'aigreur et de fiel entre les proches; ce n'est la plupart du temps qu'une occasion pour se reprocher les défauts du caractère, les travers de l'esprit et les vices du cœur.

On n'eût pas osé se traiter de fourbe, d'imbécile, d'ambitieux et de poltron. On enferme les mêmes idées sous le nom de *jésuite*, de *royaliste*, de *révolutionnaire* et de *juste-milieu*. Ce sont d'autres mots, mais ce sont les mêmes injures, d'autant plus poignantes qu'on s'est permis réciproquement de se poursuivre et de s'attaquer sans relâche, sans indulgence, sans retenue. Alors plus de tolérance pour les fautes mutuelles, plus d'esprit de charité, plus de réserve généreuse et délicate; on ne se passe plus rien, on rapporte tout à un sentiment politique, et sous ce masque on exhale sa haine et sa vengeance. Heureux habitants des campagnes, s'il est encore des campagnes en France, fuyez, fuyez la politique, et lisez *Peau d'âne* en famille! Mais telle est la contagion, qu'il n'est plus de retraite assez obscure, de solitude assez profonde pour cacher et protéger l'homme qui veut soustraire son cœur débonnaire aux orages de nos discordes civiles.

Le petit château de la Brie s'était en vain défendu quelques années contre cet envahissement funeste; il perdit enfin son insouciance, sa vie intérieure et active, ses longues soirées de silence et de méditation. Des disputes bruyantes réveillèrent ses échos endormis, et des paroles d'amertume et de menace effrayèrent les chérubins fanés qui souriaient depuis cent ans dans la poussière des lambris. Les émotions de la vie actuelle pénétrèrent dans cette vieille demeure, et toutes ces recherches surannées, tous ces débris d'une époque de plaisir et de légèreté, virent, avec terreur, passer notre époque de doutes et de déclamations, représentée par trois personnes qui s'enfermaient ensemble chaque jour pour se quereller du matin au soir.

XV.

Malgré ces dissensions continuelles, madame Delmare se livrait à l'espoir d'un riant avenir avec la confiance de son âge. C'était son premier bonheur; et son ardente imagination, son cœur jeune et riche, savaient le parer de tout ce qui lui manquait. Elle était ingénieuse à se créer des jouissances vives et pures, à se restituer le complément des faveurs précaires de sa destinée. Raymon l'aimait. En effet, il ne mentait pas lorsqu'il lui disait qu'elle était le seul amour de sa vie; il n'avait jamais aimé si purement et si longtemps. Près d'elle il oubliait tout ce qui n'était pas elle; le monde et la politique s'effaçaient de son souvenir; il se plaisait à cette vie intérieure, à ces habitudes de famille qu'elle lui créait. Il admirait la patience et la force de cette femme; il s'étonnait du contraste de son esprit avec son caractère; il s'étonnait surtout qu'après tant de solennité dans leur premier pacte, elle se montrât si peu exigeante, heureuse de si furtifs et de si rares bonheurs, confiante avec tant d'abandon et d'aveuglement. C'est que l'amour était dans son cœur une passion neuve et généreuse; c'est que mille sentiments délicats et nobles s'y rattachaient et lui donnaient une force que Raymon ne pouvait pas comprendre.

Pour lui, il souffrit d'abord de l'éternelle présence du mari ou du cousin. Il avait songé à traiter cet amour comme tous ceux qu'il connaissait; mais bientôt Indiana le força à s'élever jusqu'à elle. Sa résignation à supporter la surveillance, l'air de bonheur avec lequel elle le contemplait à la dérobée, ses yeux qui avaient pour lui un éloquent et muet langage, son sublime sourire lorsque dans la conversation une allusion soudaine rapprochait leurs cœurs: ce furent bientôt là des plaisirs fins et recherchés que Raymon comprit, grâce à la délicatesse de son esprit et à la culture de l'éducation.

Quelle différence entre cet être chaste qui semblait ignorer la possibilité d'un dénouement à son amour, et toutes ces femmes occupées seulement de le hâter en feignant de le fuir! Lorsque par hasard Raymon se trouvait seul avec elle, les joues d'Indiana ne s'animaient pas d'un coloris plus chaud, elle ne détournait pas ses regards avec embarras. Non, ses yeux limpides et calmes le contemplaient toujours avec ivresse; le sourire des anges reposait toujours sur ses lèvres roses comme celles d'une petite fille qui n'a connu encore que les baisers de sa mère. A la voir si confiante, si passionnée, si pure, vivant tout entière de la vie du cœur, et ne comprenant pas qu'il y eût des tortures dans celui de son amant lorsqu'il était à ses pieds, Raymon n'osait plus être homme, dans la crainte de lui paraître au-dessous de ce qu'elle l'avait rêvé, et par amour-propre il se faisait vertueux comme elle.

Ignorante comme une vraie créole, madame Delmare n'avait jusque-là jamais songé à peser les graves intérêts que maintenant on discutait chaque jour devant elle. Elle avait été élevée par sir Ralph, qui avait une médiocre opinion de l'intelligence et du raisonnement chez les femmes, et qui s'était borné à lui donner quelques connaissances positives et d'un usage immédiat. Elle savait donc à peine l'histoire abrégée du monde, et toute dissertation sérieuse l'accablait d'ennui. Mais quand elle entendit Raymon appliquer à ces arides matières toute la grâce de son esprit, toute la poésie de son langage, elle écouta et essaya de comprendre; puis elle hasarda timidement de naïves questions qu'une fille de dix ans élevée dans le monde eût habilement résolues. Raymon se plut à éclairer cet esprit vierge qui semblait devoir s'ouvrir à ses principes; mais, malgré l'empire qu'il exerçait sur son âme neuve et ingénue, ses sophismes rencontrèrent quelquefois de la résistance.

Indiana opposait aux intérêts de la civilisation érigés en principes, les idées droites et les lois simples du bon sens et de l'humanité; ses objections avaient un caractère de franchise sauvage qui embarrassait quelquefois Raymon, et qui le charmait toujours par son originalité enfantine. Il s'appliquait comme à un travail sérieux, il se faisait une tâche importante de l'amener peu à peu à ses croyances, à ses principes. Il eût été fier de régner sur cette conviction si consciencieuse et si naturellement éclairée; mais il eut quelque peine à y parvenir. Les systèmes généreux de Ralph, sa haine rigide pour les vices de la société, son âpre impatience de voir régner d'autres lois et d'autres mœurs, c'étaient bien là des sympathies auxquelles répondaient les souvenirs malheureux d'Indiana. Mais tout à coup Raymon tuait son adversaire en lui démontrant que cette aversion pour le présent était l'ouvrage de l'égoïsme; il peignait avec chaleur ses propres affections, son dévouement à la famille royale, qu'il savait parer de tout l'héroïsme d'une fidélité dangereuse, son respect pour la croyance persécutée de ses pères, ses sentiments religieux qu'il ne raisonnait pas, et qu'il conservait par instinct et par besoin, disait-il. Et puis le bonheur d'aimer ses semblables, de tenir à la génération présente par tous les liens de l'honneur et de la philanthropie; le plaisir de rendre des services à son pays, en repoussant des innovations dangereuses, en maintenant la paix intérieure, en donnant, s'il le fallait, tout son sang pour épargner une goutte de sang au dernier de ses compatriotes! il peignait toutes ces bénignes utopies avec tant d'art et de charme qu'Indiana se laissait entraîner au besoin d'aimer et de respecter tout ce qu'aimait et respectait Raymon. Au fait, il était prouvé que Ralph était un égoïste; quand il soutenait une idée généreuse, on souriait; il était *avéré* que son esprit et son cœur étaient alors en contradiction. Ne valait-il pas mieux croire Raymon, qui avait une âme si chaleureuse, si large et si expansive?

Il y avait pourtant bien des moments où Raymon oubliait à peu près son amour pour ne songer qu'à son antipathie. Auprès de madame Delmare il ne voyait que sir Ralph, qui, avec son rude et froid bon sens, osait s'attaquer à lui, homme supérieur, qui avait terrassé de si nobles ennemis. Il était humilié de se voir aux prises avec un si pauvre adversaire, et alors il l'accablait du poids de son éloquence; il mettait en œuvre toutes les ressources de son talent, et Ralph, étourdi, lent à rassembler ses idées, plus lent encore à les exprimer, subissait la conscience de sa faiblesse.

Dans ces moments-là, il semblait à Indiana que Raymon était tout à fait distrait d'elle; elle avait des mouvements d'inquiétude et d'effroi en songeant que peut-être tous ces nobles et grands sentiments si bien dits n'étaient que le pompeux étalage des mots, l'ironique faconde de l'avocat, s'écoutant lui-même et s'exerçant à la comédie sentimentale qui doit surprendre la bonhomie de l'auditeur. Elle tremblait surtout lorsqu'en rencontrant son regard elle croyait y voir briller, non le plaisir d'avoir été compris par elle, mais l'amour-propre triomphant d'avoir fait un beau plaidoyer. Elle avait peur alors, et songeait à Ralph, l'égoïste, envers qui l'on était injuste peut-être; mais Ralph ne savait rien dire pour prolonger cette incertitude, et Raymon était habile à la dissiper.

Il n'y avait donc qu'une existence vraiment troublée, qu'un bonheur vraiment gâté dans cet intérieur; c'était l'existence, c'était le bonheur de Ralph, homme malheureusement, pour qui la vie n'avait jamais eu d'aspects brillants, de joies pleines et pénétrantes; grande et obscure infortune que personne ne plaignait et qui ne se plaignait à personne; destinée vraiment maudite, mais sans poésie, sans aventure; destinée commune, bourgeoise et triste, qu'aucune amitié n'avait adoucie, qu'aucun amour n'avait charmée, qui se consumait en silence avec l'héroïsme que donnent l'amour de la vie et le besoin d'espérer; être isolé qui avait eu un père et une mère comme tout le monde, un frère, une femme, un fils, une amie, et qui n'avait jamais rien recueilli, rien gardé de toutes ces affections; étranger dans la vie, qui passait mélancolique et nonchalant, n'ayant pas même ce sentiment exalté de son infortune qui fait trouver du charme dans la douleur.

Malgré la force de son caractère, cet homme se sentit quelquefois découragé de la vertu. Il haïssait Raymon, et d'un mot il pouvait le chasser du Lagny; mais il ne le fit pas, parce que Ralph avait une croyance, une seule qui était plus forte que les mille croyances de Raymon. Ce n'était ni l'église, ni la monarchie, ni la société, ni la réputation, ni les lois, qui lui dictaient ses sacrifices et son courage, c'était la conscience.

Il avait vécu tellement seul, qu'il n'avait pu s'habituer à compter sur les autres; mais aussi, dans cet isolement, il avait appris à se connaître lui-même. Il s'était fait un ami de son propre cœur; à force de se replier en lui, et de se demander la cause des injustices d'autrui, il s'était assuré qu'il ne les méritait par aucun vice; il ne s'en irritait plus, parce qu'il faisait peu de cas de sa personne, qu'il savait être insipide et commune. Il comprenait l'indifférence dont il était l'objet, et il en avait pris son parti; mais son âme lui disait qu'il était capable de ressentir tout ce qu'il n'inspirait pas, et s'il était disposé à pardonner tout aux autres, il était décidé à ne rien tolérer en lui. Cette vie tout intérieure, ces sensations tout intimes, lui donnaient toutes les apparences de l'égoïsme, et peut-être rien n'y ressemble davantage que le respect de soi-même.

Cependant, comme il arrive souvent qu'en voulant trop bien faire nous faisons moins bien, il arriva que sir Ralph commit une grande faute par un scrupule de délicatesse, et causa un mal irréparable à madame Delmare, dans la crainte de charger sa conscience d'un reproche. Cette faute fut de ne pas l'instruire des causes véritables de la mort de Noun. Sans doute, alors, elle eût réfléchi aux dangers de son amour pour Raymon; mais nous verrons plus tard pourquoi M. Brown n'osa éclairer sa cousine, et quels scrupules pénibles lui firent garder le silence sur un point si important. Quand il se décida à le rompre, il était trop tard; Raymon avait eu le temps d'établir son empire.

Un événement inattendu venait d'ébranler l'avenir du colonel et de sa femme; une maison de commerce de Belgique, sur laquelle reposait toute la prospérité de l'entreprise Delmare, avait fait tout à coup faillite, et le colonel, à peine rétabli, venait de partir en toute hâte pour Anvers.

Le voyant encore si faible et si souffrant, sa femme avait voulu l'accompagner; mais M. Delmare, menacé d'une ruine complète, et résolu de faire honneur à tous ses engagements, craignit que son voyage n'eût l'air d'une fuite, et voulut laisser sa femme au Lagny comme une caution de son retour. Il refusa de même la compagnie de sir Ralph, et le pria de rester pour servir d'appui à madame Delmare, en cas de tracasseries de la part des créanciers inquiets ou pressés.

Au milieu de ces circonstances fâcheuses, Indiana ne s'effraya que de la possibilité de quitter le Lagny et de s'éloigner de Raymon; mais il la rassura en lui démontrant que le colonel irait indubitablement à Paris. Il lui jura qu'il le suivrait d'ailleurs en quelque lieu et sous quelque prétexte que ce fût, et la crédule femme s'estima presque heureuse d'un malheur qui lui permettait d'éprouver l'amour de Raymon. Quant à lui, un espoir vague, une pensée irritante et continuelle l'absorbait depuis la nouvelle de cet événement: il allait enfin se trouver seul avec Indiana; ce serait la première fois depuis six mois. Elle n'avait jamais semblé chercher à l'éviter, et, quoique peu pressé de triompher d'un amour dont la chasteté naïve avait pour lui l'attrait de la singularité, il commençait à sentir qu'il était de son honneur de le conduire à un résultat. Il repoussait avec probité toute insinuation malicieuse sur ses relations avec madame Delmare: il assurait fort modestement qu'il n'existait entre elle et lui qu'une douce et calme amitié; mais, pour rien au monde, il n'eût voulu avouer, même à son meilleur ami, qu'il était aimé passionnément depuis six mois, et qu'il n'avait encore rien obtenu de cet amour.

Il fut un peu trompé dans son attente en voyant que sir Ralph semblait déterminé à remplacer M. Delmare pour la surveillance, qu'il s'établissait au Lagny dès le matin et ne retournait à Bellerive que le soir; même, comme ils avaient, pendant quelque temps, la même route à suivre pour gagner leurs gîtes respectifs, Ralph mettait une insupportable affectation de politesse à conformer son départ à celui de Raymon. Cette contrainte devint bientôt odieuse à M. de Ramière, et madame Delmare crut y voir, en même temps qu'une défiance injurieuse pour elle, l'intention de s'arroger un pouvoir despotique sur sa conduite.

Raymon n'osait demander une entrevue secrète; chaque fois qu'il avait fait cette tentative, madame Delmare lui avait rappelé certaines conditions établies entre eux. Cependant huit jours s'étaient déjà écoulés depuis le départ du colonel; il pouvait être bientôt de retour; il fallait profiter de l'occasion. Céder la victoire à sir Ralph était un déshonneur pour Raymon. Il glissa un matin la lettre suivante dans la main de madame Delmare:

« Indiana! vous ne m'aimez donc pas comme je vous aime? Mon ange! je suis malheureux, et vous ne le voyez pas. Je suis triste, inquiet de votre avenir, non du mien; car, en quelque lieu que vous soyez, j'irai vivre et mourir. Mais la misère m'effraie pour vous; débile et frêle comme vous l'êtes, ma pauvre enfant, comment supporteriez-vous les privations? Vous avez un cousin riche et libéral, votre mari acceptera peut-être de sa main ce qu'il refusera de la mienne. Ralph adoucira votre sort, et moi, je ne ferai rien pour vous!

Ne reconnaissez-vous donc pas ceux-là. (Page 44.)

« Voyez, voyez bien, chère amie, que j'ai sujet d'être sombre et chagrin. Vous, vous êtes héroïque, vous riez de tout, vous ne voulez pas que je m'afflige. Ah! que j'ai besoin de vos douces paroles, de vos doux regards pour soutenir mon courage! Mais, par une inconcevable fatalité, ces jours que j'espérais passer librement à vos genoux ne m'ont apporté qu'une contrainte encore plus cuisante.

« Dites donc un mot, Indiana, afin que nous soyons seuls au moins une heure, que je puisse pleurer sur vos blanches mains, vous dire tout ce que je souffre, et qu'une parole de vous me console et me rassure.

« Et puis, Indiana, j'ai un caprice d'enfant, un vrai caprice d'amant : je voudrais entrer dans votre chambre. Ah! ne vous alarmez pas, ma douce créole! Je suis payé, non pas seulement pour vous respecter, mais pour vous craindre ; c'est pour cela précisément que je voudrais entrer dans votre chambre, m'agenouiller à cette place où je vous ai vue si irritée contre moi, et où, malgré mon audace, je n'ai pas osé vous regarder. Je voudrais me prosterner là, y passer une heure de recueillement et de bonheur; pour toute faveur, Indiana, je te demanderais de poser ta main sur mon cœur et de le purifier de son crime, de le calmer s'il battait trop vite, et de lui rendre toute ta confiance si tu me trouves enfin digne de toi. Oh! oui! je voudrais te prouver que je le suis maintenant, que je te connais bien, que je te rends un culte plus pur et plus saint que jamais jeune fille n'en rendit à sa madone! Je voudrais être sûr que tu ne me crains plus, que tu m'estimes autant que je te vénère; appuyé sur ton cœur, je voudrais vivre une heure de la vie des anges. Dis, Indiana, le veux-tu? Une heure, la première, la dernière peut-être!

« Il est temps de m'absoudre, Indiana, de me rendre ta confiance si cruellement ravie, si chèrement rachetée. N'es-tu pas contente de moi? dis, n'ai-je pas passé six mois derrière ta chaise, bornant toutes mes voluptés à regarder ton cou de neige penché sur ton ouvrage, à travers les boucles de tes cheveux noirs? à respirer le parfum qui émane de toi et que m'apportait vaguement l'air de la croisée où tu t'assieds? Tant de soumission ne mérite donc pas la récompense d'un baiser? un baiser de sœur, si tu veux, un baiser au front. Je resterai fidèle à nos conventions, je te le jure. Je ne demanderai rien... Mais

Indiana tremblait de tous ses membres. (Page 44.)

quoi! cruelle, ne veux-tu rien m'accorder? Est-ce donc de toi-même que tu as peur? »

Madame Delmare monta dans sa chambre pour lire cette lettre; elle y répondit sur-le-champ, et glissa la réponse avec une clef du parc qu'il connaissait trop bien.

« Moi, te craindre, Raymon! Oh! non, pas à présent. Je sais trop comme tu m'aimes, j'y crois avec trop d'ivresse. Viens donc, je ne me crains pas non plus; si je t'aimais moins, je serais peut-être moins calme; mais je t'aime comme tu ne le sais pas toi-même... Partez d'ici de bonne heure, afin d'ôter toute défiance à Ralph. Revenez à minuit; vous connaissez le parc et la maison; voici la clef de la petite porte, refermez-la sur vous. »

Cette confiance ingénue et généreuse fit rougir Raymon; il avait cherché à l'inspirer avec l'intention d'en abuser; il avait compté sur la nuit, sur l'occasion, sur le danger. Si Indiana avait montré de la crainte, elle était perdue; mais elle était tranquille, elle s'abandonnait à sa foi; il jura de ne pas l'en faire repentir. L'important, d'ailleurs, c'était de passer une nuit dans sa chambre, afin de ne pas être un sot à ses propres yeux, afin de rendre inutile la prudence de Ralph, et de pouvoir le railler inté-rieurement. C'était une satisfaction personnelle dont il avait besoin.

XV.

Mais ce soir-là Ralph fut vraiment insupportable; jamais il ne fut plus lourd, plus froid et plus fastidieux. Il ne put rien dire à propos, et, pour comble de maladresse, la soirée était déjà fort avancée qu'il n'avait encore fait aucun préparatif de départ. Madame Delmare commençait à être mal à l'aise; elle regardait alternativement la pendule qui marquait onze heures, la porte que le vent faisait grincer, et l'insipide figure de son cousin, qui, établi vis-à-vis d'elle sous le manteau de la cheminée, regardait paisiblement la braise sans paraître se douter de l'importunité de sa présence.

Cependant le masque immobile de sir Ralph, sa contenance pétrifiée, cachaient en cet instant de profondes et cruelles agitations. C'était un homme à qui rien n'échappait, parce qu'il observait tout avec sang-froid. Il n'avait pas été dupe du départ simulé de Raymon; il s'apercevait fort bien en ce moment des anxiétés de madame Delmare. Il en souffrait plus qu'elle-même, et il flottait irrésolu entre le désir de lui donner des avertissements salutaires et la crainte de s'abandonner à des sentiments qu'il désavouait; enfin l'intérêt de sa cousine l'emporta, et il rassembla toutes les forces de son âme pour rompre le silence.

« Cela me rappelle, lui dit-il tout à coup en suivant le cours de l'idée qui le préoccupait intérieurement, qu'il y a aujourd'hui un an nous étions assis, vous et moi, sous cette cheminée, comme nous voici maintenant; la pendule marquait à peu près la même heure, le temps était sombre et froid comme ce soir... Vous étiez souffrante, et vous aviez des idées tristes; ce qui me ferait presque croire à la vérité des pressentiments.

— Où veut-il en venir? pensa madame Delmare, en regardant son cousin avec une surprise mêlée d'inquiétude.

— Te souviens-tu, Indiana, continua-t-il, que tu te sentis alors plus mal qu'à l'ordinaire? Moi, je me rappelle tes paroles comme si elles retentissaient encore à mes oreilles: « Vous me traiterez de folle, disais-tu. Mais il y « a un danger qui se prépare autour de nous et qui pèse « sur quelqu'un; sur moi, sans doute, ajoutas-tu; je me « sens émue comme à l'approche d'une grande phase de « ma destinée; j'ai peur... » Ce sont tes propres expressions, Indiana.

— Je ne suis plus malade, répondit Indiana, qui était redevenue tout d'un coup aussi pâle qu'au temps dont parlait sir Ralph; je ne crois plus à ces vaines frayeurs...

— Moi, j'y crois, reprit-il, car ce soir-là tu fus prophète, Indiana; un grand danger nous menaçait, une influence funeste enveloppait cette paisible demeure...

— Mon Dieu! je ne vous comprends pas!...

— Tu vas me comprendre, ma pauvre amie. C'est ce soir-là que Raymon de Ramière entra ici... Tu te souviens dans quel état... »

Ralph attendit quelques instants sans oser lever les yeux sur sa cousine; comme elle ne répondit rien, il continua:

« Je fus chargé de le rendre à la vie et je le fis, autant pour te satisfaire que pour obéir aux sentiments de l'humanité; mais en vérité, Indiana, malheur à moi pour avoir conservé la vie de cet homme! C'est vraiment moi qui ai fait tout le mal.

— Je ne sais de quel mal vous voulez me parler, » répondit Indiana sèchement.

Elle était profondément blessée de l'explication qu'elle prévoyait.

« Je veux parler de la mort de cette infortunée, dit Ralph. Sans lui, elle vivrait encore; sans son fatal amour, cette belle et honnête fille qui vous chérissait serait encore à vos côtés... »

Jusque-là madame Delmare ne comprenait pas. Elle s'irritait jusqu'au fond de l'âme de la tournure étrange et cruelle que prenait son cousin pour lui reprocher son attachement à M. de Ramière.

« C'en est assez, » dit-elle en se levant.

Mais Ralph ne parut pas y prendre garde.

« Ce qui m'a toujours étonné, dit-il, c'est que vous n'ayez pas deviné le véritable motif qui amenait ici M. de Ramière par-dessus les murs. »

Un rapide soupçon passa dans l'âme d'Indiana, ses jambes tremblèrent sous elle, et elle se rassit.

Ralph venait d'enfoncer le couteau et d'entamer une affreuse blessure. Il n'en vit pas plus tôt l'effet qu'il eut horreur de son ouvrage; il ne songeait plus qu'au mal qu'il venait de faire à la personne qu'il aimait le mieux au monde; il sentit son cœur se briser. Il eût pleuré amèrement alors s'il avait pu pleurer; mais l'infortuné n'avait pas le don des larmes, il n'avait rien de ce qui traduit éloquemment le langage de l'âme; le sang-froid extérieur avec lequel il consomma cette opération cruelle lui donna l'air d'un bourreau aux yeux d'Indiana.

« C'est la première fois, lui dit-elle avec amertume, que je vois votre antipathie pour M. de Ramière employer des moyens indignes de vous; mais je ne vois pas en quoi il importe à votre vengeance d'entacher la mémoire d'une personne qui me fut chère, et que son malheur eût dû nous rendre sacrée. Je ne vous ai pas fait de questions, sir Ralph; je ne sais de quoi vous me parlez. Veuillez me permettre de n'en pas écouter davantage. »

Elle se leva, et laissa M. Brown étourdi et brisé.

Il avait bien prévu qu'il n'éclairerait madame Delmare qu'à ses propres dépens; sa conscience lui avait dit qu'il fallait parler, quoi qu'il en pût résulter, et il venait de le faire avec toute la brusquerie de moyens, toute la maladresse d'exécution dont il était capable. Ce qu'il n'avait pas bien apprécié, ce fut la violence d'un remède si tardif.

Il quitta le Lagny désespéré, et se mit à errer au milieu de la forêt dans une sorte d'égarement.

Il était minuit, Raymon était à la porte du parc. Il l'ouvrit; mais en entrant il sentit sa tête se refroidir. Que venait-il faire à ce rendez-vous? Il avait pris des résolutions vertueuses; serait-il donc récompensé par une chaste entrevue, par un baiser fraternel, des souffrances qu'il s'imposait en cet instant? Car si vous vous souvenez en quelles circonstances il avait jadis traversé ces allées et franchi ce jardin, la nuit, furtivement, vous comprendrez qu'il fallait un certain degré de courage moral pour aller chercher le plaisir sur une telle route et au travers de pareils souvenirs.

À la fin d'octobre, le climat des environs de Paris devient brumeux et humide, surtout le soir autour des rivières. Le hasard voulut que cette nuit-là fût blanche et opaque comme l'avaient été les nuits correspondantes du printemps précédent. Raymon marcha avec incertitude parmi les arbres enveloppés de vapeurs; il passa devant la porte d'un kiosque qui renfermait, l'hiver, une fort belle collection de géraniums. Il jeta un regard sur la porte, et son cœur battit malgré lui à l'idée extravagante qu'elle allait s'ouvrir peut-être et laisser sortir une femme enveloppée d'une pelisse... Raymon sourit de cette faiblesse superstitieuse, et continua son chemin. Néanmoins le froid l'avait gagné, et sa poitrine se resserrait à mesure qu'il approchait de la rivière.

Il fallait la traverser pour entrer dans le parterre, et le seul passage en cet endroit était un petit pont de bois jeté d'une rive à l'autre; le brouillard devenait plus épais encore sur le lit de la rivière, et Raymon se cramponna à la rampe pour ne pas s'égarer dans les roseaux qui croissaient autour de ses marges. La lune se levait alors, et, cherchant à percer les vapeurs, jetait des reflets incertains sur ces plantes agitées par le vent et par le mouvement de l'eau. Il y avait, dans la brise qui glissait sur les feuilles et frissonnait parmi les remous légers, comme des plaintes, comme des paroles humaines entrecoupées. Un faible sanglot partit à côté de Raymon, et un mouvement soudain ébranla les roseaux; c'était un courlis qui s'envolait à son approche. Le cri de cet oiseau des rivages ressemble exactement au vagissement d'un enfant abandonné; et quand il s'élance du creux des joncs, on dirait le dernier effort d'une personne qui se noie. Vous trouverez peut-être Raymon bien faible et bien pusillanime: ses dents se contractèrent, et il faillit tomber; mais il s'aperçut vite du ridicule de cette frayeur et franchit le pont.

Il en avait atteint la moitié lorsqu'une forme humaine à peine distincte se dressa devant lui, au bout de la rampe, comme si elle l'eût attendu au passage. Les idées de Raymon se confondirent, son cerveau bouleversé n'eut pas la force de raisonner; il retourna sur ses pas, et resta caché dans l'ombre des arbres, contemplant d'un œil fixe et terrifié cette vague apparition qui restait là flottante, incertaine, comme la brume de la rivière et le rayon tremblant de la lune. Il commençait à croire pourtant que la préoccupation de son esprit l'avait abusé, et qu'il prenait pour une figure humaine n'était que l'ombre d'un arbre ou la tige d'un arbuste, lorsqu'il la vit distinctement se mouvoir, marcher et venir à lui.

En ce moment, si ses jambes ne lui eussent entièrement refusé le service, il se fût enfui aussi rapidement, aussi lâchement que l'enfant qui passe le soir auprès des cimetières et qui croit entendre des pas aériens courir derrière lui sur la pointe des herbes. Mais il se sentit paralysé, et embrassa, pour se soutenir, le tronc d'un saule qui lui servit de refuge. Alors sir Ralph, enveloppé d'un manteau de couleur claire, qui, à trois pas, lui donnait l'aspect d'un fantôme, passa auprès de lui et s'enfonça dans le chemin qu'il venait de parcourir.

« Maladroit espion! pensa Raymon en le voyant chercher la trace de ses pas. J'échapperai à ta lâche surveillance, et pendant que tu montes la garde ici, je serai heureux là-bas. »

Il franchit le pont avec la légèreté d'un oiseau et la confiance d'un amant. C'en était fait de ses terreurs ; Noun n'avait jamais existé, la vie positive se réveillait autour de lui ; Indiana était là-bas qui l'attendait, Ralph était là qui se tenait en faction pour l'empêcher d'avancer.

« Veille, dit joyeusement Raymon en l'apercevant de loin qui le cherchait sur une route opposée. Veille pour moi, bon Rodolphe Brown ; officieux ami, protége mon bonheur ; et si les chiens s'éveillent, si les domestiques s'inquiètent, tranquillise-les, impose-leur silence, en leur disant : C'est moi qui veille, dormez en paix. »

Alors plus de scrupules, plus de remords, plus de vertu pour Raymon ; il avait acheté assez cher l'heure qui sonnait. Son sang glacé dans ses veines refluait maintenant vers son cerveau avec une violence délirante. Tout à l'heure les pâles terreurs de la mort, les rêves funèbres de la tombe ; à présent les fougueuses réalités de l'amour, les âpres joies de la vie. Raymon se retrouvait audacieux et jeune comme au matin, lorsqu'un rêve sinistre nous enveloppait de ses linceuls et qu'un joyeux rayon du soleil nous réveille et nous ranime.

« Pauvre Ralph ! pensa-t-il en montant l'escalier dérobé d'un pas hardi et léger, c'est toi qui l'as voulu ! »

TROISIÈME PARTIE.

XVI.

En quittant sir Ralph, madame Delmare s'était enfermée dans sa chambre, et mille pensées orageuses s'étaient élevées dans son âme. Ce n'était pas la première fois qu'un soupçon vague jetait ses clartés sinistres sur le frêle édifice de son bonheur. Déjà M. Delmare avait, dans la conversation, laissé échapper quelques-unes de ces indélicates plaisanteries qui passent pour des compliments. Il avait félicité Raymon de ses succès chevaleresques de manière à mettre presque sur la voie les oreilles étrangères à cette aventure. Chaque fois que madame Delmare avait adressé la parole au jardinier, le nom de Noun était venu, comme une fatale nécessité, se placer dans les détails les plus indifférents, et puis celui de M. de Ramière s'y était glissé aussi par je ne sais quel enchaînement d'idées qui semblait s'être emparé de la tête de cet homme et l'obséder malgré lui. Madame Delmare avait été frappée de ses questions étranges et maladroites. Il s'égarait dans ses paroles pour la moindre affaire ; il semblait qu'il fût sous le poids d'un remords qui le trahissait en s'efforçant de le cacher. D'autres fois, c'était dans le trouble de Raymon lui-même qu'Indiana avait trouvé ces indices qu'elle ne cherchait pas et qui la poursuivaient. Une circonstance particulière l'eût éclairée davantage si elle n'eût fermé son âme à toute méfiance. On avait trouvé au doigt de Noun une bague fort riche que madame Delmare lui avait vu porter quelque temps avant sa mort, et que la jeune fille prétendait avoir trouvée. Depuis, madame Delmare ne quitta plus ce gage de douleur, et souvent elle avait vu pâlir Raymon au moment où il saisissait sa main pour la porter à ses lèvres. Une fois il l'avait suppliée de ne lui jamais parler de Noun, parce qu'il se regardait comme coupable de sa mort ; et comme elle cherchait à lui ôter cette idée douloureuse en prenant tout le tort sur elle, il lui avait répondu :

« Non, pauvre Indiana, ne vous accusez pas ; vous ne savez pas à quel point je suis coupable. »

Cette parole, dite d'un ton amer et sombre, avait effrayé madame Delmare. Elle n'avait pas osé insister, et maintenant qu'elle commençait à s'expliquer tous ces lambeaux de découvertes, elle n'avait pas encore le courage de s'y attacher et de les réunir.

Elle ouvrit sa fenêtre, et, voyant la nuit si calme, la lune si pâle et si belle derrière les vapeurs argentées de l'horizon, se rappelant que Raymon allait venir, qu'il était peut-être dans le parc, en songeant à tout le bonheur qu'elle s'était promis pour cette heure d'amour et de mystère, elle maudit Ralph, qui d'un mot venait d'empoisonner son espoir et de détruire à jamais son repos. Elle se sentit même de la haine pour lui, pour cet homme malheureux qui lui avait servi de père, et qui venait de sacrifier son avenir pour elle ; car son avenir, c'était l'amitié d'Indiana, c'était son seul bien, et il se résignait à le perdre pour la sauver.

Indiana ne pouvait pas lire au fond de son cœur, elle n'avait pu pénétrer celui de Raymon. Elle n'était point injuste par ingratitude, mais par ignorance. Ce n'était pas sous l'influence d'une passion forte qu'elle pouvait ressentir faiblement l'atteinte qu'on venait de lui porter. Un instant elle rejeta tout le crime sur Ralph, aimant mieux l'accuser que de soupçonner Raymon.

Et puis elle avait peu de temps pour se reconnaître, pour prendre un parti : Raymon allait venir. Peut-être même était-ce lui qu'elle voyait errer depuis quelques instants autour du petit pont. Quelle aversion Ralph ne lui eût-il pas inspirée en cet instant si elle l'eût deviné sous cette forme vague qui se perdait à chaque moment dans le brouillard, et qui, placée comme une ombre à l'entrée des Champs-Élysées, cherchait à en défendre l'approche au coupable !

Tout à coup il lui vint une de ces idées bizarres, incomplètes, que les êtres inquiets et malheureux sont seuls capables de rencontrer. Elle risqua tout son sort sur une épreuve délicate et singulière contre laquelle Raymon ne pouvait être en garde. Elle avait à peine préparé ce mystérieux moyen qu'elle entendit les pas de Raymon dans l'escalier dérobé. Elle courut lui ouvrir, et revint s'asseoir, si émue qu'elle se sentait près de tomber ; mais, comme dans toutes les crises de sa vie, elle conservait une grande netteté de jugement, une grande force d'esprit.

Raymon était encore pâle et haletant quand il poussa la porte, impatient de revoir la lumière, de ressaisir la réalité. Indiana lui tournait le dos, elle était enveloppée d'une pelisse doublée de fourrure. Par un étrange hasard, c'était la même que Noun avait prise à l'heure du dernier rendez-vous pour aller à sa rencontre dans le parc. Je ne sais si vous vous souvenez que Raymon eut alors pendant un instant l'idée invraisemblable que cette femme enveloppée et cachée était madame Delmare. Maintenant, en retrouvant la même apparition tristement penchée sur une chaise, à la lueur d'une lampe vacillante et pâle, à cette même place où tant de souvenirs l'attendaient, dans cette chambre où il n'était pas entré depuis la plus sinistre nuit de sa vie, et toute meublée de ses remords, il recula involontairement et resta sur le seuil, attachant son regard effrayé sur cette figure immobile, et tremblant comme un poltron qu'en se retournant elle ne lui offrît les traits livides d'une femme noyée.

Madame Delmare ne se doutait point de l'effet qu'elle produisait sur Raymon. Elle avait entouré sa tête d'un foulard des Indes, noué négligemment à la manière des créoles ; c'était la coiffure ordinaire de Noun. Raymon, vaincu par la peur, faillit tomber à la renverse, en croyant voir ses idées superstitieuses se réaliser. Mais, en reconnaissant la femme qu'il venait séduire, il oublia celle qu'il avait séduite, et s'avança vers elle. Elle avait l'air sérieux et réfléchi ; elle le regardait fixement, mais avec plus d'attention que de tendresse, et ne fit pas un mouvement pour l'attirer plus vite auprès d'elle.

Raymon, surpris de cet accueil, l'attribua à quelque chaste scrupule, à quelque délicate retenue de jeune femme. Il se mit à ses genoux en lui disant :

« Ma bien-aimée, avez-vous donc peur de moi? »

Mais aussitôt il remarqua que madame Delmare tenait quelque chose qu'elle avait l'air d'étaler devant lui avec une badine affectation de gravité. Il se pencha, et vit une masse de cheveux noirs irrégulièrement longs qui semblaient avoir été coupés à la hâte et qu'Indiana rassemblait et lissait dans ses mains.

« Les reconnaissez-vous? » lui dit-elle en attachant sur lui ses yeux transparents d'où s'échappait un éclat pénétrant et bizarre.

Raymon hésita, reporta son regard sur le foulard dont elle était coiffée, et crut comprendre.

« Méchante enfant! lui dit-il en prenant les cheveux dans sa main, pourquoi donc les avoir coupés? Ils étaient si beaux, je les aimais tant!

— Vous me demandiez hier, lui dit-elle avec une espèce de sourire, si je vous en ferais bien le sacrifice.

— O Indiana! s'écria Raymon, tu sais bien que tu seras plus belle encore désormais pour moi. Donne-les-moi donc; je ne veux pas les regretter à ton front, ces cheveux que j'admirais chaque jour, et que maintenant je pourrai chaque jour baiser en liberté; donne-les-moi pour qu'ils ne me quittent jamais... »

Mais en les prenant, en rassemblant dans sa main cette riche chevelure dont quelques tresses tombaient jusqu'à terre, Raymon crut y trouver quelque chose de sec et de rude que ses doigts n'avaient jamais remarqué sur les bandeaux du front d'Indiana. Il éprouva aussi je ne sais quel frisson nerveux en les sentant froids et lourds comme s'ils eussent été coupés depuis longtemps, en s'apercevant qu'ils avaient déjà perdu leur moiteur parfumée et leur chaleur vitale. Et puis il les regarda de près, et leur chercha en vain ce reflet bleu qui les faisait ressembler à l'aile azurée du corbeau; ceux-là étaient d'un noir nègre, d'une nature indienne, d'une pesanteur morte...

Les yeux clairs et perçants d'Indiana suivaient toujours ceux de Raymon. Il les porta involontairement sur une cassette d'ébène entr'ouverte, d'où quelques mèches des mêmes cheveux s'échappaient encore.

« Ce ne sont pas les vôtres! dit-il en détachant le mouchoir des Indes qui lui cachait ceux de madame Delmare.

Ils étaient dans leur entier et tombaient sur ses épaules dans tout leur luxe. Mais elle fit un mouvement pour le repousser, et lui montrant toujours les cheveux coupés:

« Ne reconnaissez-vous donc pas ceux-là? lui dit-elle. Ne les avez-vous jamais admirés, jamais caressés? Une nuit humide leur a-t-elle fait perdre tous leurs parfums? N'avez-vous pas un souvenir, pas une larme pour celle qui portait cet anneau? »

Raymon se laissa tomber sur une chaise; les cheveux de Noun échappèrent à sa main tremblante. Tant d'émotions pénibles l'avaient épuisé. C'était un homme bilieux, dont le sang circulait vite, dont les nerfs s'irritaient profondément. Il frissonna de la tête aux pieds, et roula évanoui sur le parquet.

Quand il revint à lui, madame Delmare, à genoux près de lui, l'arrosait de larmes et lui demandait grâce; mais Raymon ne l'aimait plus.

« Vous m'avez fait un mal horrible, lui dit-il; un mal qu'il n'est pas en votre pouvoir de réparer. Vous ne me rendrez jamais, je le sens, la confiance que j'avais en votre cœur. Vous venez de me montrer combien il renferme de vengeance et de cruauté. Pauvre Noun! pauvre fille infortunée! c'est envers elle que j'ai eu des torts, et non envers vous; c'est elle qui avait le droit de se venger, et qui ne l'a pas fait. Elle s'est tuée, afin de me laisser l'avenir. Elle a sacrifié sa vie à mon repos. Ce n'est pas vous, Madame, qui en eussiez fait autant!... Donnez-les-moi, ces cheveux, ils sont à moi, ils m'appartiennent; c'est le seul bien qui me reste de la seule femme qui m'ait vraiment aimé. Malheureuse Noun! tu étais digne d'un autre amour! Et c'est vous, Madame, qui me reprochez sa mort, vous que j'ai aimée au point de l'oublier, au point d'affronter les tortures affreuses du remords; vous qui, sur la foi d'un baiser, m'avez fait traverser cette rivière et franchir ce pont, seul, avec la terreur à mes côtés, poursuivi par les illusions infernales de mon crime! Et quand vous découvrez avec quelle passion délirante je vous aime, vous enfoncez vos ongles de femme dans mon cœur, afin d'y chercher un reste de sang qui puisse couler encore pour vous! Ah! quand j'ai dédaigné un amour si dévoué pour rechercher un amour si féroce, j'étais aussi insensé que coupable. »

Madame Delmare ne répondit rien. Immobile, pâle, avec ses cheveux épars et ses yeux fixes, elle fit pitié à Raymon. Il prit sa main.

« Et pourtant, lui dit-il, cet amour que j'ai pour toi est si aveugle que je puis encore oublier, je le sens, malgré moi, et le passé et le présent, et le forfait qui a flétri ma vie, et le crime que tu viens de commettre. Aime-moi encore, et je te pardonne. »

Le désespoir de madame Delmare réveilla le désir avec l'orgueil dans le cœur de son amant. En la voyant si effrayée de perdre son amour, si humble devant lui, si résignée à accepter ses lois pour l'avenir comme des justifications du passé, il se rappela dans quelles intentions il avait trompé la vigilance de Ralph, et comprit tous les avantages de sa position. Il affecta quelques instants une profonde tristesse, une rêverie sombre; il répondit à peine aux larmes et aux caresses d'Indiana; il attendit que son cœur se fût brisé dans les sanglots, qu'elle eût entrevu toute l'horreur de l'abandon, qu'elle eût usé toute sa force en déchirantes frayeurs; et alors, quand il la vit à ses genoux, mourante, épuisée, attendant la mort d'un mot, il la saisit dans ses bras avec une rage convulsive et l'attira sur sa poitrine. Elle céda comme une faible enfant; elle lui abandonna ses lèvres sans résistance. Elle était presque morte.

Mais tout à coup, s'éveillant comme d'un rêve, elle s'arracha à ses brûlantes caresses, s'enfuit au bout de la chambre, à l'endroit où le portrait de sir Ralph remplissait le panneau, et, comme si elle se fût mise sous la protection de ce personnage grave, au front pur, aux lèvres calmes, elle se serra contre lui, palpitante, égarée, et saisie d'une étrange frayeur. C'est ce qui fit penser à Raymon qu'elle s'était émue dans ses bras, qu'elle avait peur d'elle-même, qu'elle était à lui.

Il courut vers elle, l'arracha de son autorité de sa retraite, lui déclara qu'il était venu avec l'intention de tenir ses promesses, mais que sa cruauté envers lui l'avait affranchi de ses serments.

« Je ne suis plus maintenant, lui dit-il, ni votre esclave, ni votre allié. Je ne suis plus que l'homme qui vous aime éperdument et qui vous tient dans ses bras, méchante, capricieuse, cruelle, mais belle, folle et adorée. Avec des paroles de douceur et de confiance vous eussiez maîtrisé mon sang; calme et généreuse comme hier, vous m'eussiez fait doux et résigné comme à l'ordinaire. Mais vous avez remué toutes mes passions, bouleversé toutes mes idées; vous m'avez fait tour à tour malheureux, poltron, malade, furieux, désespéré. Il faut me faire heureux maintenant, ou je sens que je ne puis plus vous aimer, vous bénir. Pardon, Indiana, pardon! si je t'effraie, c'est ta faute; tu m'as fait tant souffrir que j'ai perdu la raison. »

Indiana tremblait de tous ses membres. Elle ignorait la vie au point de croire la résistance impossible; elle était prête à céder par peur ce que par amour elle voulait refuser; mais en se débattant faiblement dans les bras de Raymon, elle lui dit avec désespoir: « Vous seriez donc capable d'employer la force avec moi? »

Raymon s'arrêta, frappé de cette résistance morale qui survivait à la résistance physique. Il la poussa vivement.

« Jamais! s'écria-t-il; plutôt mourir que de ne pas te tenir de toi seule! »

Il se jeta à genoux, et tout ce que l'esprit peut mettre à la place du cœur, tout ce que l'imagination peut donner de poésie à l'ardeur du sang, il l'enferma dans une fervente et dangereuse prière. Et quand il vit qu'elle ne se rendait pas, il céda à la nécessité et lui reprocha de ne pas l'aimer; lieu commun qu'il méprisait et qui le faisait sourire, presque honteux d'avoir affaire à une femme assez ingénue pour n'en pas sourire elle-même.

Ce reproche alla au cœur d'Indiana plus vite que toutes les exclamations dont Raymon avait brodé son discours.

Mais tout à coup elle se souvint :

« Raymon, lui dit-elle, celle qui vous aimait tant... celle dont nous parlions tout à l'heure... sans doute elle ne vous a rien refusé?

— Rien ! dit Raymon, impatienté de cet importun souvenir. Vous qui me la rappelez toujours, faites plutôt que j'oublie à quel point j'en fus aimé !

— Écoutez, reprit Indiana pensive et grave ; ayez un peu de courage, il faut que je vous parle encore. Vous n'avez peut-être pas été aussi coupable envers moi que je le pensais. Il me serait doux de pouvoir vous pardonner ce que je regardais comme une mortelle offense... Dites-moi donc... quand je vous ai surpris là... pour qui veniez-vous? pour elle ou pour moi?... »

Raymon hésita; puis, comme il pensa que la vérité serait bientôt connue de madame Delmare, qu'elle l'était peut-être déjà, il répondit :

« Pour elle.

— Eh bien ! je l'aime mieux ainsi, dit-elle d'un air triste ; j'aime mieux une infidélité qu'un outrage. Soyez sincère jusqu'au bout, Raymon. Depuis quand étiez-vous dans ma chambre quand j'y entrai? Songez que Ralph sait tout, et que si je voulais l'interroger...

— Il n'est pas besoin des délations de sir Ralph, Madame. J'étais ici depuis la veille.

— Et vous avez passé la nuit... dans cette chambre?... Votre silence me suffit. »

Tous deux restèrent sans parler pendant quelques instants ; Indiana, se levant, allait s'expliquer, lorsqu'un coup sec frappé à sa porte arrêta son sang dans ses artères. Raymon et elle demeurèrent immobiles, n'osant respirer.

Un papier glissa sous la porte. C'était un feuillet de calepin sur lequel ces mots presque illisibles étaient tracés au crayon :

« Votre mari est ici.   RALPH. »

XVIII.

« C'est une fausseté misérablement choisie, dit Raymon, dès que le faible bruit des pas de Ralph eut cessé d'être perceptible. Sir Ralph a besoin d'une leçon, et je la lui donnerai telle...

— Je vous le défends, dit Indiana d'un ton froid et décidé : mon mari est ici ; Ralph n'a jamais menti. Nous sommes perdus vous et moi. Il fut un temps où cette idée m'eût glacée d'effroi ; aujourd'hui peu m'importe.

— Eh bien, dit Raymon en la saisissant dans ses bras avec enthousiasme, puisque la mort nous environne, sois à moi ! Pardonne-moi tout, et que dans cet instant suprême la dernière parole soit d'amour, mon dernier souffle de bonheur.

— Cet instant de terreur et de courage eût pu être le plus beau de ma vie, dit-elle ; mais vous me l'avez gâté. »

Un bruit de roues se fit entendre dans la cour de la ferme, et la cloche du château fut ébranlée par une main rude et impatiente.

« Je connais cette manière de sonner, dit Indiana attentive et froide, Ralph n'a pas menti, mais vous avez le temps de fuir; partez!...

— Non, je ne veux pas, s'écria Raymon ; je soupçonne quelque odieuse trahison, et vous n'en serez pas seule victime. Je reste, et ma poitrine vous protégera...

— Il n'y a pas de trahison... vous voyez bien que les domestiques s'éveillent et que la grille va être ouverte... Fuyez : les arbres du parterre vous cacheront ; et puis la lune ne paraît pas encore. Pas un mot de plus, partez ! »

Raymon fut forcé d'obéir ; mais elle l'accompagna jusqu'au bas de l'escalier et jeta un regard scrutateur sur les massifs du parterre. Tout était silencieux et calme. Elle resta longtemps sur la dernière marche, écoutant avec terreur le bruit de ses pas sur le gravier, et ne songeant plus à son mari qui approchait. Que lui importaient ses soupçons et sa colère, pourvu que Raymon fût hors de danger?

Pour lui, il franchissait, rapide et léger, la rivière et le parc. Il atteignit la petite porte, et, dans son trouble, il eut quelque peine à l'ouvrir. A peine fut-il dehors que sir Ralph se présenta devant lui et lui dit, avec le même sang-froid que s'il l'eût abordé dans un *rout* :

« Faites-moi le plaisir de me confier cette clef. Si on la cherche, il y aura peu d'inconvénients à ce qu'on la trouve dans mes mains. »

Raymon eût préféré la plus mortelle injure à cette ironique générosité.

« Je ne serais pas homme à oublier un service sincère, lui dit-il ; mais je suis homme à venger un affront et à punir une perfidie. »

Sir Ralph ne changea ni de ton ni de visage.

« Je ne veux pas de votre reconnaissance, répondit-il, et j'attends votre vengeance tranquillement ; mais ce n'est pas le moment de causer ensemble. Voici votre chemin, songez à l'honneur de madame Delmare. »

Et il disparut.

Cette nuit d'agitation avait tellement bouleversé la tête de Raymon, qu'il aurait cru volontiers à la magie dans cet instant. Il arriva avec le jour à Cercy, et se mit au lit avec la fièvre.

Pour madame Delmare, elle fit les honneurs du déjeuner à son mari et à son cousin avec beaucoup de calme et de dignité. Elle n'avait pas encore réfléchi à sa situation ; elle était tout entière sous l'influence de l'instinct qui lui imposait le sang-froid et la présence d'esprit. Le colonel était sombre et soucieux ; ses affaires cependant l'absorbaient seuls, et nul soupçon jaloux ne trouvait place dans ses pensées.

Raymon trouva vers le soir la force de s'occuper de son amour; mais cet amour avait bien diminué. Il aimait les obstacles, mais il reculait devant les ennuis, et il prévoyait d'innombrables, maintenant qu'Indiana avait le droit des reproches. Enfin il se rappela qu'il était de son honneur de s'informer d'elle ; et il envoya son domestique rôder autour du Lagny pour savoir ce qui s'y passait. Ce messager lui apporta la lettre suivante que madame Delmare lui avait remise :

« J'ai espéré cette nuit que je perdrais la raison ou la vie. Pour mon malheur j'ai conservé l'une et l'autre ; mais je ne me plaindrai pas, j'ai mérité les douleurs que j'éprouve ; j'ai voulu vivre de cette vie orageuse ; il y aurait lâcheté à reculer aujourd'hui. Je ne sais pas si vous êtes coupable, je ne veux pas le savoir ; nous ne reviendrons jamais sur ce sujet, n'est-ce pas? Il nous fait trop de mal à tous deux ; qu'il en soit donc question maintenant pour la dernière fois.

« Vous m'avez dit un mot dont j'ai ressenti une joie cruelle. Pauvre Noun ! du haut des cieux pardonne-moi ; tu ne souffres plus, tu n'aimes plus, tu me plains peut-être!... Vous m'avez dit, Raymon, que vous m'aviez sacrifié cette infortunée, que vous m'aimiez plus qu'elle... Oh ! ne vous rétractez pas ; j'ai tant besoin de le croire que je le crois. Et pourtant votre conduite cette nuit, vos instances, vos égarements, eussent dû m'en faire douter. J'ai pardonné au moment de trouble dont vous subissiez l'influence ; maintenant vous avez pu réfléchir, revenir à vous-même; dites, voulez-vous renoncer à m'aimer de la sorte? Moi qui vous aime avec le cœur, j'ai cru jusqu'ici que je pourrais vous inspirer un amour aussi pur que le mien. Et puis je n'avais pas trop réfléchi à l'avenir ; mes regards ne s'étaient pas portés bien loin, et je ne m'épouvantais pas de l'idée qu'un jour, vaincue par votre dévouement, je pourrais vous sacrifier mes scrupules et mes répugnances. Mais aujourd'hui il n'en peut être ainsi ; je ne puis plus voir dans cet avenir qu'une effrayante parité avec Noun. Oh ! n'être pas plus aimée qu'elle ne l'a été ! Si je le croyais !... Et pourtant elle était plus belle que moi, bien plus belle ! Pourquoi m'avez-vous préférée ? Il faut bien que vous m'aimiez autrement et mieux... Voilà ce que je voulais vous dire. Voulez-vous renoncer à être mon amant comme vous avez été le sien? En ce cas, je puis vous estimer encore, croire à vos remords, à votre sincérité, à votre amour; sinon, ne pensez plus à moi, vous ne me reverrez jamais. J'en mourrai peut-être, mais j'aime mieux mourir que de descendre à n'être plus que votre maîtresse. »

Raymon se sentit embarrassé pour répondre. Cette fierté l'offensait; il n'avait pas cru jusqu'alors qu'une femme qui s'était jetée dans ses bras pût lui résister ouvertement et raisonner sa résistance.

« Elle ne m'aime pas, se dit-il; son cœur est sec, son caractère hautain. »

De ce moment il ne l'aima plus. Elle avait froissé son amour-propre; elle avait déçu l'espoir d'un de ses triomphes, déjoué l'attente d'un de ses plaisirs. Pour lui, elle n'était même plus ce qu'avait été Noun. Pauvre Indiana! elle qui voulait être davantage! Son amour passionné fut méconnu, sa confiance aveugle fut méprisée. Raymon ne l'avait jamais comprise : comment eût-il pu l'aimer longtemps?

Alors il jura, dans son dépit, qu'il triompherait d'elle; il ne le jura plus par orgueil, mais par vengeance. Il ne s'agissait plus pour lui de conquérir un bonheur, mais de punir un affront; de posséder une femme, mais de la réduire. Il jura qu'il serait son maître, ne fût-ce qu'un jour, et qu'ensuite il l'abandonnerait pour avoir le plaisir de la voir à ses pieds.

Dans le premier mouvement, il écrivit cette lettre :

« Tu veux que je te promette... folle, y penses-tu? Je promets tout ce que tu voudras, parce que je ne sais que t'obéir; mais si je manque à mes serments, je ne serai coupable ni envers Dieu ni envers toi. Si tu m'aimais, Indiana, tu ne m'imposerais pas ces cruels tourments, tu ne m'exposerais pas à être parjure à ma parole, tu ne rougirais pas d'être ma maîtresse... mais vous croiriez vous avilir dans mes bras... »

Raymon sentit que l'aigreur perçait malgré lui; il déchira ce fragment, et, après s'être donné le temps de la réflexion, il recommença :

« Vous avouez que vous avez failli perdre la raison cette nuit; moi je l'avais entièrement perdue. J'ai été coupable... mais non, j'ai été fou. Oubliez ces heures de souffrance et de délire. Je suis calme à présent; j'ai réfléchi, je suis encore digne de vous. Béni sois-tu, ange du ciel, pour m'avoir sauvé de moi-même, pour m'avoir rappelé comment je devais t'aimer. A présent, ordonne, Indiana! je suis ton esclave, tu le sais bien. Je donnerais ma vie pour une heure passée dans tes bras, mais je puis souffrir toute une vie pour obtenir un de tes sourires. Je serai ton ami, je serai ton frère, rien de plus. Si je souffre, tu ne le sauras pas. Si, près de toi, mon sang s'allume, si ma poitrine s'embrase, si un nuage passe sur mes yeux quand j'effleure ta main, si un doux baiser de tes lèvres, un baiser de sœur, brûle mon front, je commanderai à mon sang de se calmer, à ma tête de se refroidir, à ma bouche de te respecter. Je serai doux, je serai soumis, je serai malheureux, si je dois être plus heureuse et jouir de mes angoisses, pourvu que je t'entende me dire encore que tu m'aimes. Oh! dis-le-moi; rends-moi ta confiance et ma joie; dis-moi quand nous nous reverrons. Je ne sais ce qui a pu résulter des événements de cette nuit; comment se fait-il que tu ne m'en parles pas, que tu me laisses souffrir depuis ce matin? Carle vous a vus promener tous trois dans le parc. Le colonel était malade ou triste, mais non irrité. Ce Ralph ne nous aurait donc pas trahis! Homme étrange! Mais quel fond pouvons-nous faire sur sa discrétion, et comment oserai-je me montrer encore au Lagny, maintenant que notre sort est entre ses mains? Je l'oserai pourtant. S'il faut descendre jusqu'à l'implorer, j'humilierai ma fierté, je vaincrai mon aversion, je ferai tout plutôt que de te perdre. Un mot de toi, et je chargerai ma vie d'autant de remords que j'en pourrai porter; pour toi j'abandonnerais ma mère elle-même; pour toi je commettrais tous les crimes. Ah! si tu comprenais mon amour, Indiana!... »

La plume tomba des mains de Raymon; il était horriblement fatigué, il s'endormait. Il relut pourtant sa lettre pour s'assurer que ses idées n'avaient pas subi l'influence du sommeil; mais il lui fut impossible de se comprendre, tant sa tête se ressentait de l'épuisement de ses forces. Il sonna son domestique, le chargea de partir pour le Lagny avant le jour, et dormit de ce profond et précieux sommeil dont les gens satisfaits d'eux-mêmes connaissent seuls les paisibles voluptés.

Madame Delmare ne se coucha point; elle ne s'aperçut pas de la fatigue; elle passa la nuit à écrire, et quand elle reçut la lettre de Raymon, elle y répondit à la hâte :

« Merci, Raymon, merci! vous me rendez la force et la vie. Maintenant je puis tout braver, tout supporter; car vous m'aimez, et les plus rudes épreuves ne vous effraient pas. Oui, nous nous reverrons, nous braverons tout. Ralph fera de notre secret ce qu'il voudra; je ne m'inquiète plus de rien, tu m'aimes; je n'ai même plus peur de mon mari.

« Vous voulez savoir où en sont nos affaires?... j'ai oublié hier de vous en parler, et pourtant elles ont pris une tournure assez intéressante pour ma fortune. Nous sommes ruinés. Il est question de vendre le Lagny; il est même question d'aller vivre aux colonies... mais qu'importe tout cela? je ne puis me résoudre à m'en occuper. Je sais bien que nous ne nous séparerons jamais... tu me l'as juré, Raymon; je compte sur ta promesse, compte sur mon courage. Rien ne m'effraiera, rien ne me rebutera; ma place est marquée à tes côtés, et la mort seule pourra m'en arracher. »

« Exaltation de femme! dit Raymon en froissant ce billet. Les projets romanesques, les entreprises périlleuses flattent leur faible imagination, comme les aliments amers réveillent l'appétit des malades. J'ai réussi, j'ai ressaisi mon empire, et quand à ces folles imprudences dont on me menace, nous verrons bien! Les voilà bien, ces êtres légers et menteurs, toujours prêts à entreprendre l'impossible et se faisant de la générosité une vertu d'apparat qui a besoin du scandale! A voir cette lettre, qui croirait qu'elle compte les baisers et lésine sur ses caresses! »

Le jour même il se rendit au Lagny. Ralph n'y était point. Le colonel reçut Raymon avec amitié et lui parla avec confiance. Il l'emmena dans le parc pour être plus à l'aise, et là il lui apprit qu'il était entièrement ruiné et que la fabrique serait mise en vente dès le lendemain. Raymon fit des offres de service; Delmare refusa.

« Non, mon ami, lui dit-il, j'ai trop souffert de la pensée que je devais mon sort à l'obligeance de Ralph; il me tardait de m'acquitter. La vente de cette propriété va me mettre à même de payer toutes mes dettes à la fois. Il est vrai qu'il ne me restera rien; mais j'ai du courage, de l'activité et la connaissance des affaires; l'avenir est devant nous. J'ai déjà élevé une fois l'édifice de ma petite fortune, je puis le recommencer. Je le dois pour ma femme, qui est jeune et que je ne veux pas laisser dans l'indigence. Elle possède encore une chétive habitation à l'île Bourbon, c'est là que je veux me retirer pour me livrer de nouveau au commerce. Dans quelques années, dans dix ans tout au plus, j'espère que nous nous reverrons... »

Raymon pressa la main du colonel, souriant en lui-même de voir sa confiance en l'avenir, de l'entendre parler de dix ans comme d'un jour lorsque son front chauve et son corps affaibli annonçaient une existence chancelante, une vie usée. Néanmoins il feignit de partager ses espérances.

« Je vois avec joie, lui dit-il, que vous ne vous laissez point abattre par ces revers; je reconnais là votre cœur d'homme, votre intrépide caractère. Mais madame Delmare montre-t-elle le même courage? Ne craignez-vous pas quelque résistance à vos projets d'expatriation?

— J'en suis fâché, répondit le colonel, mais les femmes sont faites pour obéir et non pour conseiller. Je n'ai point encore annoncé définitivement ma résolution à Indiana. Je ne vois pas, sauf vous, mon ami, ce qu'elle pourrait regretter beaucoup ici; et pourtant, je ne fût-ce que par esprit de contradiction, je prévois des larmes, des maux de nerfs... Le diable soit des femmes!... Enfin, c'est égal, je compte sur vous, mon cher Raymon, pour faire entendre raison à la mienne. Elle a confiance en vous; employez votre ascendant à l'empêcher de pleurer ; je déteste les pleurs. »

Raymon promit de revenir le lendemain annoncer à madame Delmare la décision de son mari.

« C'est un vrai service que vous me rendrez, dit le colonel ; j'emmènerai Ralph à la ferme, afin que vous soyez libre de causer avec elle. »

« Eh bien! à la bonne heure! » pensa Raymon en s'en allant.

XIX.

Les projets de M. Delmare s'accordaient assez avec le désir de Raymon; il prévoyait que cet amour, qui chez lui tirait à sa fin, ne lui apporterait bientôt plus que des importunités et des tracasseries ; il était bien aise de voir les événements s'arranger de manière à le préserver des suites fastidieuses et inévitables d'une intrigue épuisée. Il ne s'agissait plus pour lui que de profiter des derniers moments d'exaltation de madame Delmare, et de laisser ensuite à son destin bénévole le soin de le débarrasser de ses pleurs et de ses reproches.

Il se rendit donc au Lagny le lendemain, avec l'intention d'amener à son apogée l'enthousiasme de cette femme malheureuse.

« Savez-vous, Indiana, lui dit-il en arrivant, le rôle que votre mari m'impose auprès de vous? Étrange commission, en vérité ! Il faut que je vous supplie de partir pour l'île Bourbon, que je vous exhorte à me quitter, à m'arracher le cœur et la vie. Croyez-vous qu'il ait bien choisi son avocat? »

La gravité sombre de madame Delmare imposa une sorte de respect aux artifices de Raymon.

« Pourquoi venez-vous me parler de tout ceci? lui dit-elle. Craignez-vous que je me laisse ébranler? Avez-vous peur que j'obéisse? Rassurez-vous, Raymon, mon parti est pris ; j'ai passé deux nuits à le retourner sous toutes les faces, je sais à quoi je m'expose ; je sais ce qu'il faudra braver, ce qu'il faudra sacrifier, ce qu'il faudra mépriser ; je suis prête à franchir ce rude passage de ma destinée. Ne serez-vous point mon appui et mon guide? »

Raymon fut tenté d'avoir peur de ce sang-froid et de prendre au mot ces folles menaces ; et puis il se retrancha dans l'opinion où il était qu'Indiana ne l'aimait point, et qu'elle appliquait maintenant à sa situation l'exagération de sentiments qu'elle avait puisée dans les livres. Il s'évertua à l'éloquence passionnée, à l'improvisation dramatique, afin de se maintenir au niveau de sa romanesque maîtresse, et il réussit à prolonger son erreur. Mais pour un auditeur calme et impartial, cette scène d'amour eût été la fiction théâtrale aux prises avec la réalité. L'enflure des sentiments, la poésie des idées chez Raymon, eussent semblé une froide et cruelle parodie des sentiments vrais qu'Indiana exprimait si simplement : à l'un l'esprit, à l'autre le cœur.

Raymon, qui craignait pourtant un peu l'accomplissement de ses promesses s'il ne minait pas avec adresse le plan de résistance qu'elle avait arrêté, lui persuada de feindre la soumission ou l'indifférence jusqu'au moment où elle pourrait se déclarer en rébellion ouverte. Il fallait, avant de se prononcer, lui dit-il, qu'ils eussent quitté le Lagny, afin d'éviter le scandale vis-à-vis des domestiques, et la dangereuse intervention de Ralph dans les affaires.

Mais Ralph ne quitta point ses amis malheureux. En vain il offrit toute sa fortune, et son château de Bellerive, et ses rentes d'Angleterre, et la vente de ses plantations aux colonies ; le colonel fut inflexible. Son amitié pour Ralph avait diminué; il ne voulait plus rien lui devoir. Ralph, avec l'esprit et l'adresse de Raymon, eût pu le fléchir peut-être ; mais quand il avait nettement déduit ses idées et déclaré ses sentiments, le pauvre baronnet croyait avoir tout dit, et il n'espérait jamais faire rétracter un refus. Alors il afferma Bellerive, et suivit M. et madame Delmare à Paris, en attendant leur départ pour l'île Bourbon.

Le Lagny fut mis en vente avec la fabrique et les dépendances. L'hiver s'écoula triste et sombre pour madame Delmare. Raymon était bien à Paris, il la voyait bien tous les jours ; il était attentif, affectueux ; mais il restait à peine une heure chez elle. Il arrivait à la fin du dîner, et, en même temps que le colonel sortait pour ses affaires, il sortait aussi pour aller dans le monde. Vous savez que le monde était l'élément, la vie de Raymon ; il lui fallait ce bruit, ce mouvement, cette foule, pour respirer, pour ressaisir tout son esprit, toute son aisance, toute sa supériorité. Dans l'intimité il savait se faire aimable, dans le monde il redevenait brillant ; et alors ce n'était plus l'homme d'une coterie, l'ami de tel ou tel autre : c'était l'homme d'intelligence qui appartient à tous et pour qui la société est une patrie.

Et puis Raymon avait des principes, nous vous l'avons dit. Quand il vit le colonel lui témoigner tant de confiance et d'amitié, le regarder comme le type de l'honneur et de la franchise, l'établir comme médiateur entre sa femme et lui, il résolut de justifier cette confiance, de mériter cette amitié, de réconcilier ce mari et cette femme, de repousser de la part de l'une toute préférence qui eût pu porter préjudice au repos de l'autre. Il redevint moral, vertueux et philosophe. Vous verrez pour combien de temps.

Indiana, qui ne comprit point cette conversion, souffrit horriblement de se voir négligée ; cependant elle eut encore le bonheur de ne pas s'avouer la ruine entière de ses espérances. Elle était facile à tromper ; elle ne demandait qu'à l'être, tant sa vie réelle était amère et désolée ! Son mari devenait presque insociable. En public il affectait le courage et l'insouciance stoïque d'un homme de cœur ; rentré dans le secret de son ménage, ce n'était plus qu'un enfant irritable, rigoriste et ridicule. Indiana était la victime de ses ennuis, et il y avait, nous l'avouerons, beaucoup de sa propre faute. Si elle eût élevé la voix, si elle se fût plainte avec affection, mais avec énergie, Delmare, qui n'était que brutal, eût rougi de passer pour méchant. Rien n'était plus facile que d'attendrir son cœur et de dominer son caractère, quand on voulait descendre à son niveau et entrer dans le cercle d'idées qui étaient à la portée de son esprit. Mais Indiana était raide et hautaine dans sa soumission ; elle obéissait toujours en silence, mais c'était le silence et la soumission de l'esclave qui s'est fait une vertu de la haine et un mérite de l'infortune. Sa résignation, c'était la dignité d'un roi qui accepte des fers et un cachot, plutôt que d'abdiquer sa couronne et de se dépouiller d'un vain titre. Une femme de l'espèce commune eût dominé cet homme d'une trempe vulgaire ; elle eût dit comme lui et se fût réservé le plaisir de penser autrement ; elle eût feint de respecter ses préjugés, et elle les eût foulés aux pieds en secret ; elle l'eût caressé et trompé. Indiana voyait beaucoup de femmes agir ainsi ; mais elle se sentait si au-dessus d'elles qu'elle eût rougi de les imiter. Vertueuse et chaste, elle se croyait dispensée de flatter son maître dans ses paroles, pourvu qu'elle le respectât dans ses actions. Elle ne voulait point de sa tendresse, parce qu'elle n'y pouvait pas répondre. Elle se fût regardée comme bien plus coupable de témoigner de l'amour à ce mari qu'elle n'aimait pas, que d'en accorder à l'amant qui lui en inspirait. Tromper, c'était le crime à ses yeux, et vingt fois par jour elle se sentait prête à déclarer qu'elle aimait Raymon ; la crainte seule de perdre Raymon la retenait. Sa froide obéissance irritait le colonel bien plus que ne l'eût fait une rébellion adroite. Si son amour-propre eût souffert de n'être pas le maître absolu dans sa maison, il souffrait bien davantage de l'être d'une façon odieuse ou ridicule. Il eût voulu convaincre, et il ne faisait que commander ; régner, et il ne gouvernait. Parfois il donnait chez lui un ordre mal exprimé, ou bien il dictait sans réflexion des ordres nuisibles à ses propres intérêts. Madame Delmare les faisait exécuter sans examen, sans appel, avec l'indifférence du cheval qui traîne la charrue dans un

Indiana.

sens ou dans l'autre. Delmare, en voyant le résultat de ses idées mal comprises, de ses volontés méconnues, entrait en fureur; mais quand elle lui avait prouvé d'un mot calme et glacial qu'elle n'avait fait qu'obéir strictement à ses arrêts, il était réduit à tourner sa colère contre lui-même. C'était pour cet homme, petit d'amour-propre et violent de sensations, une souffrance cruelle, un affront sanglant.

Alors il eût tué sa femme s'il eût été à Smyrne ou au Caire. Et pourtant il aimait au fond du cœur cette femme faible qui vivait sous sa dépendance et gardait le secret de ses torts avec une prudence religieuse. Il l'aimait ou il la plaignait, je ne sais lequel. Il eût voulu en être aimé; car il était vain de son éducation et de sa supériorité. Il se fût élevé à ses propres yeux si elle eût daigné s'abaisser jusqu'à entrer en capitulation avec ses idées et ses principes. Lorsqu'il pénétrait chez elle le matin avec l'intention de la quereller, il la trouvait quelquefois endormie, et il n'osait pas l'éveiller. Il la contemplait en silence; il s'effrayait de la délicatesse de sa constitution, de la pâleur de ses joues, de l'air de calme mélancolique, de malheur résigné, qu'exprimait cette figure immobile et muette. Il trouvait dans ses traits mille sujets de reproche, de remords, de colère et de crainte; il rougissait de sentir l'influence qu'un être si frêle avait exercée sur sa destinée, lui, homme de fer, accoutumé à commander aux autres, à voir marcher à un mot de sa bouche les lourds escadrons, les chevaux fougueux, les hommes de guerre.

Une femme encore enfant l'avait donc rendu malheureux! Elle le forçait de rentrer en lui-même, d'examiner ses volontés, d'en modifier beaucoup, d'en rétracter plusieurs, et tout cela sans daigner lui dire : « Vous avez tort; je vous prie de faire ainsi. » Jamais elle ne l'avait imploré, jamais elle n'avait daigné se montrer son égale et s'avouer sa compagne. Cette femme, qu'il aurait brisée dans sa main s'il eût voulu, elle était là, chétive, rêvant d'un autre peut-être sous ses yeux, et le bravant jusque dans son sommeil. Il était tenté de l'étrangler, de la traîner par les cheveux, de la fouler aux pieds pour la forcer de crier merci, d'implorer sa grâce; mais elle était si jolie, si mignonne et si blanche, qu'il se prenait à avoir pitié d'elle, comme l'enfant s'attendrit à regarder l'oiseau qu'il voulait tuer. Et il pleurait comme une femme, cet

M. Delmare.

homme de bronze, et il s'en allait pour qu'elle n'eût pas le triomphe de le voir pleurer. En vérité, je ne sais lequel était plus malheureux d'elle ou de lui. Elle était cruelle par vertu, comme il était bon par faiblesse; elle avait de trop la patience qu'il n'avait pas assez; elle avait les défauts de ses qualités, et lui les qualités de ses défauts.

Autour de ces deux êtres si mal assortis se remuait une foule d'amis qui s'efforçaient de les rapprocher, les uns par désœuvrement d'esprit, les autres par importance de caractère, d'autres par suite d'une affection mal entendue. Les uns prenaient parti pour la femme, les autres pour le mari. Ces gens-là se querellaient entre eux à l'occasion de M. et madame Delmare, tandis que ceux-ci ne se querellaient point du tout; car, avec la systématique soumission d'Indiana, jamais, quoi qu'il fît, le colonel ne pouvait arriver à engager une dispute. Et puis venaient ceux qui n'y entendaient rien et qui voulaient se rendre nécessaires. Ceux-là conseillaient à madame Delmare la soumission, et ne voyaient pas qu'elle n'en avait que trop; d'autres conseillaient au mari d'être rigide et de ne pas laisser tomber son autorité en quenouille. Ces derniers, gens épais, qui se sentent si peu de chose qu'ils craignent toujours qu'on leur marche sur le corps, et qui prennent fait et cause les uns pour les autres, forment une espèce que vous rencontrerez partout, qui s'embarrasse continuellement dans les jambes d'autrui, et qui fait beaucoup de bruit pour être aperçue.

M. et madame Delmare avaient fait particulièrement des connaissances à Melun et à Fontainebleau. Ils retrouvèrent ces gens-là à Paris, et ce furent les plus âpres à la curée de médisance qui se faisait autour d'eux. L'esprit des petites villes est, vous le savez sans doute, le plus méchant qui soit au monde. Là, toujours les gens de bien sont méconnus, les esprits supérieurs sont ennemis nés du public. Faut-il prendre le parti d'un sot ou d'un manant, vous les verrez accourir. Avez-vous querelle avec quelqu'un, ils viennent y assister comme à un spectacle; ils ouvrent les paris; ils se ruent jusque sous vos semelles, tant ils sont avides de voir et d'entendre. Celui qui tombera, ils le couvriront de boue et de malédictions; celui qui a toujours tort, c'est le plus faible. Faites-vous la guerre aux préjugés, aux petitesses, aux vices? vous les insultez personnellement; vous les attaquez dans ce qu'ils ont de plus cher, vous êtes perfide et dangereux. Vous serez appelé en réparation devant les tribunaux par des gens dont vous ne savez pas le nom, mais que vous serez convaincu d'avoir désignés dans vos allusions malhonnêtes. Que voulez-vous que je vous dise? Si vous en rencontrez un seul, évitez de marcher sur son ombre, même au coucher du soleil, quand l'ombre d'un homme a trente pieds d'étendue ; tout ce terrain-là appartient à l'homme des petites villes, vous n'avez pas le droit d'y poser le pied. Si vous respirez l'air qu'il respire, vous lui faites tort, vous ruinez sa santé ; si vous buvez à sa fontaine, vous la desséchez ; si vous alimentez le commerce de sa province, vous faites renchérir les denrées qu'il achète ; si vous lui offrez du tabac, vous l'empoisonnez ; si vous trouvez sa fille jolie, vous voulez la séduire ; si vous vantez les vertus privées de sa femme, c'est une froide ironie, au fond du cœur vous la méprisez pour son ignorance ; si vous avez le malheur de trouver un compliment à faire chez lui, il ne le comprendra pas, et il ira dire partout que vous l'avez insulté. Prenez vos pénates et transportez-les au fond des bois, au sein des landes désertes. Là seulement, et tout au plus, l'homme des petites villes vous laissera en repos.

Même derrière la multiple enceinte des murs de Paris, la petite ville vint relancer ce pauvre ménage. Des familles aisées de Fontainebleau et de Melun vinrent s'établir pour l'hiver dans la capitale, et importèrent les bienfaits de leurs mœurs provinciales. Les coteries s'élevèrent autour de Delmare et de sa femme, et tout ce qui est humainement possible fut tenté pour empirer leur position respective. Leur malheur s'en accrut, et leur mutuelle opiniâtreté n'en diminua pas.

Ralph eut le bon sens de ne pas se mêler de leurs différends. Madame Delmare l'avait soupçonné d'aigrir son mari contre elle, ou tout au moins de vouloir expulser Raymon de son intimité ; mais elle reconnut bientôt l'injustice de ses accusations. La parfaite tranquillité du colonel à l'égard de M. de Ramière lui fut un témoignage irrécusable du silence de son cousin. Elle sentit alors le besoin de le remercier ; mais il évita soigneusement toute explication à cet égard ; chaque fois qu'elle se trouva seule avec lui, il éluda ses tentatives et feignit de ne pas les comprendre. C'était un sujet si délicat, que madame Delmare n'eut pas le courage de forcer Ralph à l'aborder ; elle tâcha seulement, par ses soins affectueux, par ses attentions fines et tendres, de lui faire comprendre sa reconnaissance ; mais Ralph eut l'air de n'y pas prendre garde, et la fierté d'Indiana souffrit de l'orgueilleuse générosité qu'on lui témoignait. Elle craignit de jouer le rôle d'une femme coupable qui implore l'indulgence d'un témoin sévère ; elle redevint froide et contrainte avec le pauvre Ralph. Il lui sembla que sa conduite, en cette occasion, était le complément de son égoïsme ; qu'il l'aimait encore, bien qu'il ne l'estimât plus ; qu'il n'avait besoin que de sa société pour se distraire, des habitudes qu'il lui avait créées dans son intérieur, des soins qu'elle lui prodiguait sans se lasser. Elle s'imagina que, du reste, il ne se souciait pas de lui trouver des torts envers son mari ou envers elle-même. « Voilà bien son mépris pour les femmes, pensa-t-elle ; elles ne sont à ses yeux que des animaux domestiques, propres à maintenir l'ordre dans une maison, à préparer les repas et à servir le thé. Il ne leur fait pas l'honneur d'entrer en discussion avec elles ; leurs fautes ne peuvent pas l'atteindre, pourvu qu'elles ne lui soient point personnelles, pourvu qu'elles ne dérangent rien aux habitudes matérielles de sa vie. Ralph n'a pas besoin de mon cœur ; pourvu que mes mains sachent apprêter son pudding et faire résonner pour lui les cordes de la harpe, que lui importent mon amour pour un autre, mes angoisses secrètes, mes impatiences mortelles sous le joug qui m'écrase ? Je suis sa servante, il ne m'en demande pas davantage. »

XX.

Indiana ne faisait plus de reproches à Raymon ; il se défendait si mal qu'elle avait peur de le trouver trop coupable. Il y avait une chose qu'elle redoutait bien plus que d'être trompée, c'était d'être abandonnée. Elle ne pouvait plus se passer de croire en lui, d'espérer l'avenir qu'il lui avait promis ; car la vie qu'elle passait entre M. Delmare et M. Ralph lui était devenue odieuse, et si elle n'eût compté se soustraire bientôt à la domination de ces deux hommes, elle se fût noyée aussi. Elle y pensait souvent ; elle se disait que, si Raymon la traitait comme Noun, il ne lui resterait plus d'autre ressource, pour échapper à un avenir insupportable, que de rejoindre Noun. Cette sombre pensée la suivait en tous lieux, et elle s'y plaisait.

Cependant l'époque fixée pour le départ approchait. Le colonel semblait fort peu s'attendre à la résistance que sa femme méditait ; chaque jour il mettait ordre à ses affaires, chaque jour il se libérait d'une de ses créances ; c'étaient autant de préparatifs que madame Delmare regardait d'un œil tranquille, sûre qu'elle était de son courage. Elle s'apprêtait aussi de son côté à lutter contre les difficultés. Elle chercha à se faire d'avance un appui de sa tante, madame de Carvajal ; elle lui exprima ses répugnances pour ce voyage ; et la vieille marquise, qui fondait (en tout bien tout honneur) un grand espoir d'*achalandage* pour sa société sur la beauté de sa nièce, déclara que le devoir du colonel était de laisser sa femme en France ; qu'il y aurait de la barbarie à l'exposer aux fatigues et aux dangers d'une traversée, lorsqu'elle jouissait depuis si peu de temps d'une meilleure santé ; qu'en un mot c'était à lui d'aller travailler à sa fortune, à Indiana de rester auprès de sa vieille tante pour la soigner. M. Delmare considéra d'abord ces insinuations comme le radotage d'une vieille femme ; mais il fut forcé d'y faire plus d'attention lorsque madame de Carvajal lui fit entendre clairement que son héritage était à ce prix. Quoique Delmare aimât l'argent, comme un homme qui avait ardemment travaillé toute sa vie à en amasser, il avait de la fierté dans le caractère ; il se prononça avec fermeté, et déclara que sa femme le suivrait à tout risque. La marquise, qui ne pouvait croire que l'argent ne fût pas le souverain absolu de tout homme de bon sens, ne regarda pas cette réponse comme le dernier mot de M. Delmare ; elle continua à encourager la résistance de sa nièce, lui proposant de la couvrir aux yeux du monde du manteau de sa responsabilité. Il fallait toute l'indélicatesse d'un esprit corrompu par l'intrigue et l'ambition, toute l'escobarderie d'un cœur déjeté par la dévotion d'apparat, pour pouvoir ainsi fermer les yeux sur les vrais motifs de rébellion d'Indiana. Sa passion pour M. de Ramière n'était plus un secret que pour son mari ; mais comme Indiana n'avait point encore donné prise au scandale, on se passait le secret tout bas, et madame de Carvajal en avait reçu la confidence de plus de vingt personnes. La vieille folle en était flattée ; tout ce qu'elle désirait, c'était de mettre sa nièce *à la mode* dans le monde, et l'amour de Raymon était un beau début. Ce n'était pourtant pas un caractère du temps de la régence que celui de madame de Carvajal ; la restauration avait donné une impulsion de vertu aux esprits de cette trempe ; et comme la *conduite* était exigée à la cour, la marquise ne haïssait rien tant que le scandale qui perd et qui ruine. Sous madame Dubarry elle eût été moins rigide dans ses principes ; sous la Dauphine elle devint collet monté. Mais tout ceci était pour les dehors, pour les apparences ; elle gardait son improbation et son mépris pour les fautes éclatantes, et, pour condamner une intrigue, elle en attendait toujours le résultat. Les infidélités qui ne passaient pas le seuil de la porte trouvaient grâce devant elle. Elle redevenait Espagnole pour juger les passions en deçà de la persienne ; il n'y avait de coupable à ses yeux que ce qui s'affichait dans la rue aux regards des passants. Aussi Indiana, passionnée et chaste, amoureuse et réservée, était un précieux sujet à produire et à exploiter ; une femme comme elle pouvait captiver les têtes culminantes de ce monde hypocrite, et résister aux dangers des plus délicates missions. Il y avait d'excellentes spéculations à tenter sur la responsabilité d'une âme si pure et d'une tête si ardente. Pauvre Indiana ! heureusement la fatalité de son destin passa toutes ses espérances, et l'entraîna dans une voie de misère où l'affreuse protection de sa tante n'alla point la chercher.

Raymon ne s'inquiétait point de ce qu'elle allait devenir. Cet amour était déjà arrivé pour lui au dernier degré du dégoût, à l'ennui. Ennuyer, c'est descendre aussi bas qu'il est possible dans le cœur de ce qu'on aime. Heureusement pour les derniers jours de son illusion, Indiana ne s'en doutait pas encore.

Un matin, en rentrant du bal, il trouva madame Delmare dans sa chambre. Elle y était entrée à minuit ; depuis cinq grandes heures elle l'attendait. On était aux jours les plus froids de l'année ; elle était là sans feu, la tête appuyée sur ses mains, souffrant du froid et de l'inquiétude avec cette sombre patience que le cours de sa vie lui avait enseignée. Elle releva la tête quand elle le vit entrer, et Raymon, pétrifié de surprise, ne trouva sur son visage pâle aucune expression de dépit ou de reproche.

« Je vous attendais, lui dit-elle avec douceur ; comme depuis trois jours vous n'êtes pas venu, et que dans cet intervalle il s'est passé des choses dont vous devez être informé sans retard, je suis sortie hier soir de chez moi pour venir vous les apprendre.

— C'est une imprudence incroyable ! dit Raymon en refermant avec soin la porte sur lui ; et mes gens qui vous savent ici ! ils viennent de me le dire.

— Je ne me suis pas cachée, répondit-elle froidement ; et quant au mot dont vous vous servez, je le crois mal choisi.

— J'ai dit imprudence, c'est folie que j'aurais dû dire.

— Moi, j'aurais dit courage. Mais n'importe ; écoutez : M. Delmare veut partir pour Bordeaux dans trois jours, et de là pour les colonies. Il a été convenu entre vous et moi que vous me soustrairiez à la violence s'il l'employait : il est hors de doute qu'il en sera ainsi ; car je me suis prononcée hier soir, et j'ai été enfermée dans ma chambre. Je me suis échappée par une fenêtre ; voyez, mes mains sont en sang. Dans ce moment on me cherche peut-être ; mais Ralph est à Bellerive, et il ne pourra pas dire où je suis. Je suis décidée à me cacher jusqu'à ce que M. Delmare ait pris le parti de m'abandonner. Avez-vous songé à m'assurer une retraite, à préparer ma fuite ? Il y a si longtemps que je n'ai pu vous voir seul que j'ignore où en sont vos dispositions ; mais un jour que je vous témoignais des doutes sur votre résolution, vous m'avez dit que vous ne conceviez pas l'amour sans la confiance ; vous m'avez fait remarquer que jamais vous n'aviez douté de moi, vous m'avez prouvé que j'étais injuste, et alors j'ai craint de rester au-dessous de vous si je n'abjurais ces soupçons puérils et ces mille exigences de femmes qui rapetissent les amours vulgaires. J'ai supporté avec résignation la brièveté de vos visites, la gêne de nos entretiens, l'empressement que vous sembliez mettre à éviter tout épanchement avec moi ; j'ai gardé ma confiance en vous. Le ciel m'est témoin que lorsque l'inquiétude et l'épouvante me rongeaient le cœur, je les repoussais comme de criminelles pensées. Aujourd'hui, je viens chercher la récompense de ma foi ; le moment est venu : dites, acceptez-vous mes sacrifices ? »

La crise était si pressante que Raymon ne se sentit plus le courage de feindre. Désespéré, furieux de se voir pris dans ses propres pièges, il perdit la raison et s'emporta en malédictions brutales et grossières.

« Vous êtes une folle ! s'écria-t-il en se jetant sur son fauteuil. Où avez-vous rêvé l'amour ? dans quel roman à l'usage des femmes de chambre avez-vous étudié la société, je vous prie ? »

Puis il s'arrêta, s'apercevant qu'il était par trop rude, et cherchant dans sa pensée les moyens de lui dire ces choses en d'autres termes et de la renvoyer sans outrage. Mais elle était calme comme une personne préparée à tout entendre.

« Continuez, dit-elle en croisant ses bras sur son cœur, dont les mouvements se paralysaient par degrés ; je vous écoute, sans doute vous avez plus d'un mot à me dire. »

« Encore un effort d'imagination, encore une scène d'amour, » pensa Raymon. Et se levant avec vivacité :

« Jamais ! s'écria-t-il, jamais je n'accepterai de tels sacrifices. Quand je t'ai dit que j'en aurais la force, je me suis vanté, Indiana, ou plutôt je me suis calomnié ; car il n'est qu'un lâche qui puisse consentir à déshonorer la femme qu'il aime. Dans ton ignorance de la vie, tu n'as pas compris l'importance d'un pareil dessein, et moi, dans mon désespoir de te perdre, je n'ai pas voulu y réfléchir...

— La réflexion vous revient bien vite ! dit-elle en lui retirant sa main qu'il voulait prendre.

— Indiana, reprit-il, ne vois-tu pas que tu m'imposes le déshonneur en te réservant l'héroïsme, et que tu me condamnes parce que je veux rester digne de ton amour ? Pourras-tu m'aimer encore, femme ignorante et simple, si je sacrifiais ta vie à mon plaisir, ta réputation à mes intérêts ?

— Vous dites des choses bien contradictoires, dit Indiana ; si, en restant près de vous, je vous donne du bonheur, que craignez-vous de l'opinion ? Tenez-vous plus à elle qu'à moi ?

— Eh ! ce n'est pas pour moi que j'y tiens, Indiana !...

— C'est donc pour moi ? J'ai prévu vos scrupules, et, pour vous affranchir de tout remords, j'ai pris l'initiative ; je n'ai pas attendu que vous vinssiez m'arracher de mon ménage, je ne vous ai pas même consulté pour franchir à jamais le seuil de ma maison. Ce pas décisif, il est fait, et votre conscience ne peut vous le reprocher. À l'heure qu'il est, Raymon, je suis déshonorée. En votre absence, j'ai compté à cette pendule les heures qui consommaient mon opprobre ; et maintenant, quoique le jour naissant trouve mon front aussi pur qu'il l'était hier, je suis une femme perdue dans l'opinion publique. Hier, il y avait encore de la compassion pour moi dans le cœur des femmes ; aujourd'hui, il n'y aura plus que des mépris. J'ai pesé tout cela avant d'agir.

— Abominable prévoyance de femme ! » pensa Raymon ; et puis, luttant contre elle comme il eût fait contre un recors qui serait venu le saisir dans ses meubles :

« Vous vous exagérez l'importance de votre démarche, lui dit-il d'un ton caressant et paternel. Non, mon amie, tout n'est pas perdu pour une étourderie. J'imposerai silence à mes gens...

— Imposerez-vous silence aux miens, qui sans doute me cherchent avec anxiété dans ce moment-ci ? Et mon mari ? pensez-vous qu'il me garde paisiblement le secret ? pensez-vous qu'il veuille me recevoir demain, quand j'aurai passé toute une nuit sous votre toit ? Me conseillerez-vous de retourner me mettre à ses pieds et de lui demander, en signe de grâce, qu'il veuille bien me remettre au cou la chaîne sous laquelle s'est brisée ma vie et flétrie ma jeunesse ? Vous consentiriez sans regret à voir rentrer sous la domination d'un autre cette femme que vous aimiez tant, quand vous êtes maître de son sort, quand vous pouvez la garder toute votre vie dans vos bras, quand elle est en votre pouvoir, vous offrant d'y rester toujours ! Vous n'auriez pas quelque répugnance, quelque frayeur à la rendre tout à l'heure à ce maître implacable qui ne l'attend peut-être que pour la tuer ? »

Une idée rapide traversa le cerveau de Raymon. Le moment était venu de dompter cet orgueil de femme, ou il ne viendrait jamais. Elle venait lui offrir tous les sacrifices dont il ne voulait pas, et elle se tenait là devant lui avec la confiance hautaine qu'elle ne courait d'autres dangers que ceux qu'elle avait prévus. Raymon imaginait un moyen de se débarrasser de son importun dévouement ou d'en tirer quelque chose. Il était trop l'ami de Delmare, il devait trop d'égards à la confiance de cet homme pour lui ravir sa femme ; il devait se contenter de la séduire.

« Tu as raison, mon Indiana, s'écria-t-il avec feu, tu me rends à moi-même, tu réveilles mes transports, que l'idée de tes dangers et la crainte de te nuire avaient glacés. Pardonne à ma puérile sollicitude et comprends tout ce qu'elle renferme de tendresse et de véritable amour.

Mais ta douce voix fait frémir tout mon sang, tes paroles brûlantes versent du feu dans mes veines ; pardonne, pardonne-moi d'avoir pu songer à autre chose qu'à cet ineffable instant où je te possède. Laisse-moi oublier tous les dangers qui nous pressent et te remercier à genoux du bonheur que tu m'apportes ; laisse-moi vivre tout entier dans cette heure de délices que je passe à tes pieds et que tout mon sang ne paierait pas. Qu'il vienne donc te ravir à mes transports, ce mari stupide qui t'enferme et s'endort sur sa grossière violence ? qu'il vienne t'arracher de mes bras, toi mon bien, ma vie ! Désormais tu ne lui appartiens plus ; tu es mon amante, ma compagne, ma maîtresse !... »

En plaidant ainsi, Raymon s'exalta peu à peu, comme il avait coutume de faire en *plaidant* ses passions. La situation était puissante, romanesque ; elle offrait des dangers. Raymon aimait le péril en véritable descendant d'une race de preux. Chaque bruit qu'il entendait dans la rue lui semblait être l'approche du mari venant réclamer sa femme et le sang de son rival. Chercher les voluptés de l'amour dans les émotions excitantes d'une telle position était un plaisir digne de Raymon. Pendant un quart d'heure il aima passionnément madame Delmare ; il lui prodigua les séductions d'une éloquence brûlante. Il fut vraiment puissant dans son langage et vrai dans son jeu, cet homme dont la tête ardente traitait l'amour comme un art d'agrément. Il joua la passion à s'y tromper lui-même. Honte à cette femme imbécile ! Elle s'abandonna avec délices à ces trompeuses démonstrations ; elle se sentit heureuse, elle rayonna d'espérance et de joie ; elle pardonna tout, elle faillit tout accorder.

Mais Raymon se perdit lui-même par trop de précipitation. S'il eût porté l'art à prolonger vingt-quatre heures de plus la situation où Indiana était venue se risquer, elle était à lui peut-être. Mais le jour se levait vermeil et brillant ; il jetait des torrents de lumière dans l'appartement, et le bruit du dehors croissait à chaque instant. Raymon lança un regard sur la pendule, qui marquait sept heures. « Il est temps d'en finir, pensa-t-il ; d'un instant à l'autre Delmare peut arriver, et il faut qu'auparavant je la détermine à rentrer de bon gré chez elle. » Il devint plus pressant et moins tendre ; la pâleur de ses lèvres trahissait le tourment d'une impatience plus impérieuse que délicate. Il y avait de la brusquerie et presque de la colère dans ses baisers. Indiana eut peur. Un bon ange étendit ses ailes sur cette âme chancelante et troublée ; elle se réveilla et repoussa les attaques du vice égoïste et froid.

« Laissez-moi, dit-elle ; je ne veux pas céder par faiblesse ce que je veux pouvoir accorder par amour ou par reconnaissance. Vous ne pouvez pas avoir besoin de preuves de mon affection ; c'en est une assez grande que ma présence ici, et je vous apporte l'avenir avec moi. Mais laissez-moi garder toute la force de ma conscience pour lutter contre les obstacles puissants qui nous séparent encore ; j'ai besoin de stoïcisme et de calme.

— De quoi me parlez-vous ? » dit avec colère Raymon, qui ne l'écoutait pas et qui s'indignait de sa résistance.

Et, perdant tout à fait la tête dans cet instant de souffrance et de dépit, il la repoussa rudement, marcha dans la chambre la poitrine oppressée, la tête en feu ; puis il prit une carafe et avala un grand verre d'eau qui calma tout d'un coup son délire et refroidit son amour. Alors il la regarda ironiquement et lui dit :

« Allons, Madame, il est temps de vous retirer. »

Un rayon de lumière vint enfin éclairer Indiana et lui montrer à nu l'âme de Raymon.

« Vous avez raison, » dit-elle ; et elle se dirigea vers la porte.

« Prenez donc votre manteau et votre boa, lui dit-il en l'arrêtant.

— Il est vrai, répondit-elle, ces traces de ma présence pourraient vous compromettre.

— Vous êtes une enfant, lui dit-il d'un ton patelin en lui mettant son manteau avec un soin puéril ; vous savez bien que je vous aime ; mais vraiment vous prenez plaisir à me torturer, et vous me rendez fou. Attendez que j'aille demander un fiacre. Si je le pouvais, je vous reconduirais jusque chez vous ; mais ce serait vous perdre.

— Et croyez-vous donc que je ne sois pas déjà perdue ? dit-elle avec amertume.

— Non, ma chérie, répondit Raymon, qui ne demandait plus qu'à lui persuader de le laisser tranquille. On ne s'est pas aperçu de votre absence, puisqu'on n'est pas encore venu vous demander ici. Quoiqu'on m'eût soupçonné le dernier, il était naturel d'aller faire des perquisitions chez toutes les personnes de votre connaissance. Et puis vous pouvez aller vous mettre sous la protection de votre tante : c'est même le parti que je vous conseille de prendre ; elle conciliera tout. Vous serez censée avoir passé la nuit chez elle... »

Madame Delmare n'écoutait pas, elle regardait d'un air stupide le soleil large et rouge qui montait sur un horizon de toits étincelants. Raymon essaya de la tirer de cette préoccupation. Elle reporta ses yeux sur lui, mais elle sembla ne pas le reconnaître. Ses joues avaient une teinte verdâtre, et ses lèvres sèches semblaient paralysées.

Raymon eut peur. Il se rappela le suicide de l'autre, et, dans son effroi, ne sachant que devenir, craignant d'être deux fois criminel à ses propres yeux, mais se sentant trop épuisé d'esprit pour réussir à la tromper encore, il l'assit doucement sur son fauteuil, l'enferma, et monta à l'appartement de sa mère.

XXI.

Il la trouva éveillée ; elle avait coutume de se lever de bonne heure, par suite des habitudes d'activité laborieuse qu'elle avait contractées dans l'émigration, et qu'elle n'avait point perdues en recouvrant son opulence.

En voyant Raymon pâle, agité, entrer si tard chez elle en costume de bal, elle comprit qu'il se débattait contre une des crises fréquentes de sa vie orageuse. Elle avait toujours été sa ressource et son salut dans ces agitations, dont la trace n'était restée douloureuse et profonde que dans son cœur de mère. Sa vie s'était flétrie et usée de tout ce que la vie de Raymon avait acquis et recouvré. Le caractère de ce fils impétueux et froid, raisonneur et passionné, était une conséquence de son inépuisable amour et de sa tendresse généreuse pour lui. Il eût été meilleur avec une mère moins bonne ; mais elle l'avait habitué à profiter de tous les sacrifices qu'elle consentait à lui faire ; elle lui avait appris à établir et à vouloir son propre bien-être aussi ardemment, aussi fortement qu'elle le voulait. Parce qu'elle se croyait faite pour le préserver de tout chagrin et pour lui immoler tous ses intérêts, il s'était accoutumé à croire que le monde entier était fait pour lui, et devait venir se placer dans sa main au mot de sa mère. A force de générosité, elle n'avait réussi qu'à former un cœur égoïste.

Elle pâlit, cette pauvre mère, et, se soulevant sur son lit, elle le regarda avec anxiété. Son regard lui disait déjà : « Que puis-je faire pour toi ? où faut-il que je coure ?

— Ma mère, lui dit-il en saisissant la main sèche et diaphane qu'elle lui tendait, je suis horriblement malheureux, j'ai besoin de vous. Délivrez-moi des maux qui m'assiègent. J'aime madame Delmare, vous le savez...

— Je ne le savais pas, dit madame de Ramière d'un ton de tendre reproche.

— Ne cherchez pas à le nier, ma bonne mère, dit Raymon, qui n'avait pas de temps à perdre ; vous le saviez, et votre admirable délicatesse vous empêchait de m'en parler la première. Eh bien ! cette femme me met au désespoir, et ma tête se perd.

— Parle donc, dit madame de Ramière avec la vivacité juvénile que lui donnait l'ardeur de son amour maternel.

— Je ne veux rien vous cacher, d'autant plus que cette fois je ne suis pas coupable. Depuis plusieurs mois je cherche à calmer sa tête romanesque et à la ramener à ses devoirs ; mais tous mes soins ne servent qu'à irriter cette soif de dangers, ce besoin d'aventures qui fermente dans le cerveau des femmes de son pays. A l'heure où je vous parle, elle est ici, dans ma chambre, malgré moi, et je ne sais comment la décider à en sortir.

— Malheureuse enfant ! dit madame de Ramière en s'habillant à la hâte. Elle si timide et si douce ! Je vais la voir, lui parler ! c'est bien cela que tu viens me demander, n'est-ce pas ?

— Oui ! oui ! dit Raymon, que la tendresse de sa mère attendrissait lui-même ; allez lui faire entendre le langage de la raison et de la bonté. Elle aimera sans doute la vertu dans votre bouche ; elle se rendra peut-être à vos caresses ; elle reprendra de l'empire sur elle-même, l'infortunée ! elle souffre tant ! »

Raymon se jeta dans un fauteuil et se mit à pleurer, tant les émotions diverses de cette matinée avaient agité ses nerfs. Sa mère pleura avec lui, et ne se décida à descendre qu'après l'avoir forcé de prendre quelques gouttes d'éther.

Elle trouva Indiana qui ne pleurait pas, et qui se leva d'un air calme et digne en la reconnaissant. Elle s'attendait si peu à cette contenance noble et forte, qu'elle se sentit embarrassée devant cette jeune femme, comme si elle lui eût manqué d'égards en venant la surprendre dans la chambre de son fils.

Alors elle céda à la sensibilité profonde et vraie de son cœur, et elle lui tendit les bras avec effusion. Madame Delmare s'y jeta ; son désespoir se brisa en sanglots amers, et ces deux femmes pleurèrent longtemps dans le sein l'une de l'autre.

Mais quand madame de Ramière voulut parler, Indiana l'arrêta.

« Ne me dites rien, Madame, lui dit-elle en essuyant ses larmes, vous ne trouveriez aucune parole qui ne me fît du mal. Votre intérêt et vos caresses suffisent à me prouver votre généreuse affection ; mon cœur est soulagé autant qu'il peut l'être. Maintenant je me retire ; je n'ai pas besoin de vos instances pour comprendre ce que j'ai à faire.

— Aussi ne suis-je pas venue pour vous renvoyer, mais pour vous consoler, dit madame de Ramière.

— Je ne puis être consolée, répondit-elle en l'embrassant ; aimez-moi, cela me fera un peu de bien ; mais ne me parlez pas. Adieu, Madame ; vous croyez en Dieu, priez-le pour moi.

— Vous ne vous en irez pas seule ! s'écria madame de Ramière : je veux vous reconduire moi-même chez votre mari, vous justifier, vous défendre et vous protéger.

— Généreuse femme ! dit Indiana en la pressant sur son cœur, vous ne le pouvez pas. Vous ignorez seule le secret de Raymon ; tout Paris en parlera ce soir, et vous joueriez un rôle déplacé dans cette histoire. Laissez-moi en supporter seule le scandale, je n'en souffrirai pas longtemps.

— Que voulez-vous dire ? Commettriez-vous le crime d'attenter à votre vie ? Chère enfant ! vous aussi, vous croyez en Dieu.

— Aussi, Madame, je pars pour l'Ile Bourbon dans trois jours.

— Viens dans mes bras, ma fille chérie, viens, que je te bénisse. Dieu récompensera ton courage...

— Je l'espère, » dit Indiana en regardant le ciel.

Madame de Ramière voulut au moins envoyer chercher une voiture ; mais Indiana s'y opposa. Elle voulait rentrer seule et sans bruit. En vain la mère de Raymon s'effraya de la voir, si affaiblie et si bouleversée, entreprendre à pied cette longue course.

« J'ai de la force, lui répondit-elle ; une parole de Raymon a suffi pour m'en donner. »

Elle s'enveloppa dans son manteau, baissa son voile de dentelle noire, et sortit de l'hôtel par une issue dérobée dont madame de Ramière lui montra le chemin. Aux premiers pas qu'elle fit dans la rue, elle sentit ses jambes tremblantes prêtes à lui refuser le service ; il lui semblait à chaque instant sentir la rude main de son mari furieux la saisir, la renverser et la traîner dans le ruisseau. Bientôt le bruit du dehors, l'insouciance des figures qui se croisaient autour d'elle, et le froid pénétrant du matin, lui rendirent la force et la tranquillité, mais une force douloureuse, et une tranquillité morne, semblable à celle qui s'étend sur les eaux de la mer, et dont le matelot clairvoyant s'effraie plus que des soulèvements de la tempête. Elle descendit le quai depuis l'Institut jusqu'au Corps-Législatif ; mais elle oublia de traverser le pont, et continua à longer la rivière, absorbée dans une rêverie stupide, dans une méditation sans idées, et poursuivant l'action sans but de marcher devant elle.

Insensiblement elle se trouva au bord de l'eau, qui charriait des glaçons à ses pieds et les brisait avec un bruit sec et froid sur les pierres de la rive. Cette eau verdâtre exerçait une force attractive sur les sens d'Indiana. On s'accoutume autour aux idées terribles ; à force de les admettre, on s'y plaît. Il y avait si longtemps que l'exemple du suicide de Noun apaisait les heures de son désespoir, qu'elle s'était fait du suicide une sorte de volupté tentatrice. Une seule pensée, une pensée religieuse, l'avait empêchée de s'y arrêter définitivement ; mais dans cet instant aucune pensée complète ne gouvernait plus son cerveau épuisé. Elle se rappelait à peine que Dieu existât, que Raymon eût existé, et elle marchait, se rapprochant toujours de la rive, obéissant à l'instinct du malheur et au magnétisme de la souffrance.

Quand elle sentit le froid cuisant de l'eau qui baignait déjà sa chaussure, elle s'éveilla comme d'un état de somnambulisme, et, cherchant des yeux où elle était, elle vit Paris derrière elle, et la Seine qui fuyait sous ses pieds, emportant dans sa masse huileuse le reflet blanc des maisons et le bleu grisâtre du ciel. Ce mouvement continu de l'eau et l'immobilité du sol se confondirent dans ses perceptions troublées, et il lui sembla que l'eau dormait et que la terre fuyait. Dans ce moment de vertige, elle s'appuya contre un mur, et se pencha, fascinée, vers ce qu'elle prenait pour une masse solide.... Mais les aboiements d'un chien, qui bondissait autour d'elle, vinrent la distraire et apporter quelques instants de retard à l'accomplissement de son dessein. Alors un homme qui accourait, guidé par la voix du chien, la saisit par le corps, l'entraîna, et la déposa sur les débris d'un bateau abandonné à la rive. Elle le regarda en face et ne le reconnut pas. Il se mit à ses pieds, détacha son manteau dont il l'enveloppa, prit ses mains dans les siennes pour les réchauffer, et l'appela par son nom. Mais son cerveau était trop faible pour faire un effort : depuis quarante-huit heures elle avait oublié de manger.

Cependant, lorsque la chaleur revint un peu dans ses membres engourdis, elle vit Ralph à genoux devant elle, qui tenait ses mains et épiait le retour de sa raison.

« Avez-vous rencontré Noun ? » lui dit-elle.

Puis elle ajouta, égarée par son idée fixe :

« Je l'ai vue passer sur ce chemin (et elle montrait la rivière). J'ai voulu la suivre, mais elle allait trop vite, et je n'ai pas la force de marcher. C'était comme un cauchemar. »

Ralph la regardait avec douleur. Lui aussi sentait sa tête se briser et son cerveau se fendre.

« Allons-nous-en, lui dit-il.

« Allons-nous-en, répondit-elle, mais auparavant cherchez mes pieds, que j'ai égarés là sur ces cailloux. »

Ralph s'aperçut qu'elle avait les pieds mouillés et paralysés par le froid. Il l'emporta dans ses bras jusqu'à une maison hospitalière, où les soins d'une bonne femme lui rendirent la connaissance. Pendant ce temps, Ralph envoya prévenir M. Delmare que sa femme était retrouvée ; mais le colonel n'était point rentré chez lui lorsque cette nouvelle y arriva. Il continuait ses recherches avec une rage d'inquiétude et de colère. Ralph, mieux avisé, s'était rendu déjà chez M. de Ramière ; mais il avait trouvé Raymon ironique et froid qui venait de se mettre au lit. Alors il avait pensé à Noun, et il avait suivi la rivière dans un sens, tandis que son domestique l'explorait dans l'autre. Ophélia avait saisi aussitôt la trace de sa maîtresse, et elle avait guidé rapidement sir Ralph au lieu où il l'avait trouvée.

Lorsque Indiana ressaisit la mémoire de ce qui s'était passé pendant cette nuit misérable, elle chercha vainement à retrouver celle des instants de son délire. Elle n'aurait donc pu expliquer à son cousin quelles pensées la dominaient une heure auparavant; mais il les devina, et comprit l'état de son cœur sans l'interroger. Seulement il lui prit la main et lui dit d'un ton doux, mais solennel :

« Ma cousine, j'exige de vous une promesse : c'est le dernier témoignage d'amitié dont je vous importunerai.

— Parlez, répondit-elle; vous obliger est le dernier bonheur qui me reste.

— Eh bien ! jurez-moi, reprit Ralph, de ne plus avoir recours au suicide sans m'en prévenir. Je vous jure sur l'honneur de ne m'y opposer en aucune manière. Je ne tiens qu'à être averti; quant au reste, je m'en soucie aussi peu que vous, et vous savez que j'ai eu souvent la même idée...

— Pourquoi me parlez-vous de suicide? dit madame Delmare; je n'ai jamais voulu attenter à ma vie. Je crains Dieu; sans cela !...

— Tout à l'heure, Indiana, quand je vous ai saisie dans mes bras, quand cette pauvre bête (et il caressait Ophélia) vous a retenue par votre robe, vous aviez oublié Dieu et tout l'univers, votre cousin Ralph comme les autres.... »

Une larme vint au bord de la paupière d'Indiana. Elle pressa la main de sir Ralph.

« Pourquoi m'avez-vous arrêtée? lui dit-elle tristement; je serais maintenant dans le sein de Dieu, car je n'étais pas coupable, je n'avais pas la conscience de ce que je faisais...

— Je l'ai bien vu, et j'ai pensé qu'il valait mieux se donner la mort avec réflexion. Nous en reparlerons si vous voulez.... »

Indiana tressaillit. La voiture qui les conduisait s'arrêta devant la maison où elle devait retrouver son mari. Elle n'eut pas la force de monter les escaliers ; Ralph la porta jusque dans sa chambre. Tout leur domestique était réduit à une femme de service, qui était allée commenter la fuite de madame Delmare dans le voisinage, et à Lelièvre, qui, en désespoir de cause, avait été s'informer à la Morgue des cadavres apportés dans la matinée. Ralph resta donc auprès de madame Delmare pour la soigner. Elle était en proie à de vives souffrances lorsque la sonnette rudement ébranlée annonça le retour du colonel. Un frisson de terreur et de haine parcourut tout son sang. Elle prit brusquement le bras de son cousin.

« Écoutez, Ralph, lui dit-elle, si vous avez un peu d'attachement pour moi, vous m'épargnerez la vue de cet homme dans l'état où je suis. Je ne veux pas lui faire pitié, j'aime mieux sa colère que sa compassion... N'ouvrez pas, ou renvoyez-le; dites-lui que l'on ne m'a pas retrouvée... »

Ses lèvres tremblaient, ses bras se contractaient avec une énergie convulsive pour retenir Ralph. Partagé entre deux sentiments contraires, le pauvre baronnet ne savait quel parti prendre. Delmare secouait la sonnette à la briser, et sa femme était mourante sur son fauteuil.

« Vous ne songez qu'à sa colère, dit enfin Ralph, vous ne songez pas à ses tourments, à son inquiétude ; vous croyez toujours qu'il vous hait... Si vous aviez vu sa douleur ce matin !... »

Indiana laissa retomber son bras avec accablement, et Ralph alla ouvrir.

« Elle est ici? cria le colonel en entrant. Mille sabords de Dieu ! j'ai assez couru pour la retrouver ; je lui suis fort obligé du joli métier qu'elle me fait faire ? Le ciel la confonde ! Je ne veux pas la voir, car je la tuerais.

— Vous ne songez pas qu'elle vous entend, répondit Ralph à voix basse. Elle est dans un état à ne pouvoir supporter aucune émotion pénible. Modérez-vous.

— Vingt-cinq mille malédictions ! hurla le colonel, j'en ai bien supporté d'autres, moi, depuis ce matin. Bien m'a pris d'avoir les nerfs comme des câbles. Où est, s'il vous plaît, le plus froissé, le plus fatigué, le plus justement malade d'elle ou de moi? Et où l'avez-vous trouvée? que faisait-elle? Elle est cause que j'ai outrageusement traité cette vieille folle de Carvajal qui me faisait des réponses ambiguës, et s'en prenait à moi de cette belle équipée... Malheur ! je suis éreinté ! »

En parlant ainsi de sa voix rauque et dure, Delmare s'était jeté sur une chaise dans l'antichambre; il essuyait son front baigné de sueur malgré le froid rigoureux de la saison ; il racontait en jurant ses fatigues, ses anxiétés, ses souffrances ; il faisait mille questions, et heureusement il n'écoutait pas les réponses, car le pauvre Ralph ne savait pas mentir, et il ne voyait rien dans ce qu'il avait à raconter qui pût apaiser le colonel. Il restait assis sur une table, impassible et muet comme s'il eût été absolument étranger aux angoisses de ces deux personnes, et cependant plus malheureux de leurs chagrins qu'elles-mêmes.

Madame Delmare, en entendant les imprécations de son mari, se sentit plus forte qu'elle ne s'y attendait. Elle aimait mieux ce courroux qui la réconciliait avec elle-même, qu'une générosité qui eût excité ses remords. Elle essuya la dernière trace de ses larmes, et rassembla un reste de force qu'elle ne s'inquiétait pas d'épuiser en un jour, tant la vie lui pesait. Quand son mari aborda d'un air impérieux et dur, il changea tout d'un coup de visage et de ton, et se trouva contraint devant elle, maté par la supériorité de son caractère. Il essaya alors d'être digne et froid comme elle ; mais il n'en put jamais venir à bout.

« Daignerez-vous m'apprendre, Madame, lui dit-il, où vous avez passé la matinée et peut-être la nuit ?

Ce *peut-être* apprit à madame Delmare que son absence avait été signalée assez tard. Son courage s'en augmenta.

« Non, Monsieur, répondit-elle, mon intention n'est pas de vous le dire. »

Delmare verdit de colère et de surprise.

« En vérité, dit-il d'une voix chevrotante, vous espérez me le cacher?

— J'y tiens fort peu, répondit-elle d'un ton glacial. Si je refuse de vous répondre, c'est absolument pour la forme. Je veux vous convaincre que vous n'avez pas le droit de m'adresser cette question.

— Je n'en ai pas le droit, mille couleuvres ! Qui donc est le maître ici, de vous ou de moi? qui donc porte une jupe et doit filer une quenouille? Prétendez-vous m'ôter la barbe du menton? Cela vous sied bien, femmelette !

— Je sais que je suis l'esclave et vous le seigneur. La loi de ce pays vous a fait mon maître. Vous pouvez lier mon corps, garrotter mes mains, gouverner mes actions. Vous avez le droit du plus fort, et la société vous le confirme ; mais sur ma volonté, Monsieur, vous ne pouvez rien, Dieu seul peut la courber et la réduire. Cherchez donc une loi, un cachot, un instrument de supplice qui vous donne prise sur elle ! c'est comme si vous vouliez manier l'air et saisir le vide.

— Taisez-vous, sotte et impertinente créature ; vos phrases de roman nous ennuient.

— Vous pouvez m'imposer silence, mais non m'empêcher de penser.

— Orgueil imbécile, morgue de vermisseau ! vous abusez de la pitié qu'on a de vous ! Mais vous verrez bien qu'on peut dompter ce grand caractère sans se donner beaucoup de peine.

— Je ne vous conseille pas de le tenter, votre repos en souffrirait, votre dignité n'y gagnerait rien.

— Vous croyez? dit-il en lui meurtrissant la main entre son index et son pouce.

— Je le crois, » dit-elle sans changer de visage.

Ralph fit deux pas, prit le bras du colonel dans sa main de fer, et le fit ployer comme un roseau en lui disant d'un ton pacifique :

« Je vous prie de ne pas toucher à un cheveu de cette femme. »

Delmare eut envie de se jeter sur lui ; mais il sentit qu'il avait tort, et il ne craignait rien tant au monde que de rougir de lui-même. Il le repoussa en se contentant de lui dire :

« Mêlez-vous de vos affaires. »

Puis revenant à sa femme :

« Ainsi, Madame, lui dit-il en serrant ses bras contre sa poitrine pour résister à la tentation de la frapper, vous entrez en révolte ouverte contre moi, vous refusez de me suivre à l'île Bourbon, vous voulez vous séparer. Eh bien ! mordieu ! moi aussi...

— Je ne le veux plus, répondit-elle. Je le voulais hier, c'était ma volonté ; ce ne l'est plus ce matin. Vous avez usé de violence en m'enfermant dans ma chambre : j'en suis sortie par la fenêtre pour vous prouver que ne pas régner sur la volonté d'une femme c'est exercer un empire dérisoire. J'ai passé quelques heures hors de votre domination ; j'ai été respirer l'air de la liberté pour vous montrer que vous n'êtes pas moralement mon maître et que je ne dépends que de moi sur la terre. En me promenant, j'ai réfléchi que je devais à mon devoir et à ma conscience de revenir me placer sous votre patronage ; je l'ai fait de mon plein gré. Mon cousin m'a *accompagnée* ici, et non pas *ramenée*. Si je n'eusse pas voulu le suivre, il n'aurait pas su m'y contraindre, vous l'imaginez bien. Ainsi, Monsieur, ne perdez pas votre temps à discuter avec ma conviction ; vous ne l'influencerez jamais, vous en avez perdu le droit dès que vous avez voulu y prétendre par la force. Occupez-vous du départ ; je suis prête à vous aider et à vous suivre, non pas parce que telle est votre volonté, mais parce que telle est mon intention. Vous pouvez me condamner, mais je n'obéirai jamais qu'à moi-même.

— J'ai pitié du dérangement de votre esprit, » dit le colonel en haussant les épaules.

Et il se retira dans sa chambre pour mettre en ordre ses papiers, fort satisfait, au dedans de lui, de la résolution de madame Delmare, et ne redoutant plus d'obstacles ; car il respectait la parole de cette femme autant qu'il méprisait ses idées.

XXII.

Raymon, cédant à la fatigue, s'était endormi profondément, après avoir reçu fort sèchement sir Ralph, qui était venu prendre des informations chez lui. Lorsqu'il s'éveilla, un sentiment de bien-être inonda son âme ; il songea que la crise principale de cette aventure était enfin passée. Depuis longtemps il avait prévu qu'un instant viendrait le mettre aux prises avec cet amour de femme, qu'il faudrait défendre sa liberté contre les exigences d'une passion romanesque, et il s'encourageait d'avance à combattre de telles prétentions. Il avait donc franchi, enfin, ce pas difficile : il avait dit non. Il n'aurait plus besoin d'y revenir, car les choses s'étaient passées pour le mieux. Indiana n'avait pas trop pleuré, pas trop insisté. Elle s'était montrée raisonnable ; elle avait compris au premier mot, elle avait pris son parti vite et fièrement.

Raymon était fort content de sa providence ; car il en avait une à lui, à laquelle il croyait en bon fils et sur laquelle il comptait pour arranger toutes choses au détriment des autres plutôt qu'au sien propre. Elle l'avait si bien traité jusque là qu'il ne pouvait douter d'elle. Prévoir le résultat de ses fautes et s'en inquiéter, c'eût été à ses yeux commettre le crime d'ingratitude envers le Dieu bon qui veillait sur lui.

Il se leva très-fatigué encore des efforts d'imagination auxquels l'avaient contraint les circonstances de cette scène pénible. Sa mère rentra ; elle venait de s'informer auprès de madame de Carvajal de la santé et de la disposition d'esprit de madame Delmare. La marquise ne s'en était point inquiétée ; elle était pourtant dans un très-grand chagrin quand madame de Ramière l'interrogea adroitement. Mais la seule chose qui l'eût frappée dans la disparition de madame Delmare, c'était le scandale qui allait en résulter. Elle se plaignit très-amèrement de sa nièce, que la veille elle élevait aux nues ; et madame de Ramière comprit que, par cette démarche, la malheureuse Indiana s'était aliéné à jamais sa parente et perdait le seul appui naturel qui lui restât.

Pour qui eût connu le fond de l'âme de la marquise, ce n'eût pas été une grande perte ; mais madame de Carvajal passait, même aux yeux de madame de Ramière, pour une vertu irréprochable. Sa jeunesse avait été enveloppée des mystères de la prudence ou perdue dans le tourbillon des révolutions. La mère de Raymon pleura sur le sort d'Indiana et chercha à l'excuser ; madame de Carvajal lui dit avec aigreur « qu'elle n'était peut-être pas assez désintéressée dans cette affaire pour en juger.

— Mais que deviendra donc cette malheureuse jeune femme ? dit madame de Ramière. Si son mari l'opprime, qui la protégera ?

— Elle deviendra ce qu'il plaira à Dieu, répondit la marquise ; pour moi, je ne m'en mêle plus, et je ne veux jamais la revoir. »

Madame de Ramière, inquiète et bonne, résolut de savoir à tout prix des nouvelles de madame Delmare. Elle se fit conduire au bout de la rue qu'elle habitait, et envoya un domestique questionner le concierge, en lui recommandant de tâcher de voir sir Ralph s'il était dans la maison. Elle attendit le résultat de cette tentative dans sa voiture, et bientôt Ralph lui-même vint l'y trouver.

La seule personne, peut-être, qui jugeât bien Ralph, c'était madame de Ramière ; quelques mots suffirent entre eux pour comprendre la part mutuelle d'intérêt sincère et pur qu'ils avaient dans cette affaire. Ralph raconta ce qui s'était passé dans la matinée ; et comme il n'avait que des soupçons sur les circonstances de la nuit, il ne chercha pas à les confirmer. Mais madame de Ramière crut devoir l'informer de ce qu'elle en savait, le mettant de moitié dans son désir de rompre cette liaison funeste et impossible. Ralph, qui ne se sentait plus à l'aise devant elle qu'il ne l'était vis-à-vis de personne, laissa paraître sur ses traits une altération profonde en recevant cette confidence.

« Vous dites, Madame, murmura-t-il en réprimant comme un frisson nerveux qui parcourut ses veines, qu'elle a passé la nuit dans votre hôtel ?

— Une nuit solitaire et douloureuse, sans doute. Raymon, qui n'était certes pas coupable de complicité, n'est rentré qu'à six heures, et à sept il est venu me trouver pour m'engager à calmer l'esprit de cette malheureuse enfant.

— Elle voulait quitter son mari ! elle voulait se perdre d'honneur ! reprit Ralph les yeux fixes, et dans une étrange préoccupation de cœur. Elle l'aime donc bien, cet homme indigne d'elle !... »

Ralph oubliait qu'il parlait à la mère de Raymon.

« Je m'en doutais bien depuis longtemps, continua-t-il ; pourquoi n'ai-je pas prévu le jour où elle consommerait sa perte. Je l'aurais tuée auparavant. »

Ce langage dans la bouche de Ralph surprit étrangement madame de Ramière ; elle le croyait parler à un homme calme et indulgent, elle se repentit d'avoir cru aux apparences.

« Mon Dieu ! dit-elle avec effroi, la jugerez-vous donc aussi sans miséricorde ? l'abandonnerez-vous comme sa tante ? Êtes-vous donc tous sans pitié et sans pardon ? Ne lui restera-t-il pas un ami après une faute dont elle a déjà tant souffert ?

— Ne craignez rien de pareil de ma part, Madame, répondit Ralph ; il y a six mois que je sais tout, et je n'ai rien dit. J'ai surpris leur premier baiser, et je n'ai point jeté M. de Ramière à bas de son cheval ; j'ai croisé souvent dans les bois leurs messages d'amour, et je ne les ai point déchirés à coups de fouet. J'ai rencontré M. de Ramière sur le pont qu'il traversait pour aller le trouver ; c'était la nuit, nous étions seuls, et je suis fort quatre fois comme lui ; pourtant je n'ai pas jeté cet homme dans la rivière ; et, quand, après l'avoir laissé fuir, j'ai découvert qu'il avait trompé ma vigilance, qu'il s'était introduit chez elle, au lieu d'enfoncer les portes et de le lancer par la fenêtre, j'ai été paisiblement les avertir de l'approche du mari, et sauver la vie de l'un afin de sauver l'honneur de l'autre. Vous voyez bien, Madame, que je suis clément et miséricordieux. Ce matin je tenais cet homme sous ma main ; je savais bien qu'il était la cause

Dans ce moment de vertige, elle s'appuya contre un mur..... (Page 53.)

de tous nos maux, et si je n'avais pas le droit de l'accuser sans preuves, j'avais au moins le pouvoir de lui chercher dispute pour son air arrogant et railleur. Eh bien ! j'ai supporté des dédains insultants, parce que je savais que sa mort tuerait Indiana ; je l'ai laissé se rendormir sur l'autre flanc, tandis qu'Indiana, mourante et folle, était au bord de la Seine, prête à rejoindre l'autre victime.. Vous voyez, Madame, que je pratique la patience avec les gens que je hais et l'indulgence avec ceux que j'aime. »

Madame de Ramière, assise dans sa voiture vis-à-vis de Ralph, le contemplait avec une surprise mêlée de frayeur. Il était si différent de ce qu'elle l'avait toujours vu, qu'elle pensa presque à la possibilité d'une subite aliénation mentale. L'allusion qu'il venait de faire à la mort de Noun la confirmait dans cette idée ; car elle ignorait absolument cette histoire, et prenait les mots échappés à l'indignation de Ralph pour un fragment de pensée étrangère à son sujet. Il était en effet dans une de ces situations violentes qui se présentent au moins une fois dans la vie des hommes les plus raisonnables, et qui tiennent de si près à la folie qu'un degré de plus les porterait à la fureur. Sa colère était cependant pâle et concentrée comme celle des tempéraments froids ; mais elle était profonde comme celle des âmes nobles, et l'étrangeté de cette disposition, prodigieuse chez lui, en rendait l'aspect terrible.

Madame de Ramière prit sa main et lui dit avec douceur :

« Vous souffrez beaucoup, mon cher monsieur Ralph, car vous me faites du mal sans remords ; vous oubliez que l'homme dont vous parlez est mon fils, et que ses torts, s'il en a, doivent déchirer mon cœur encore plus que le vôtre. »

Ralph revint aussitôt à lui-même, et, baisant la main de madame de Ramière avec une effusion d'amitié dont le témoignage était presque aussi rare que celui de sa colère :

« Pardonnez-moi, Madame, lui dit-il ; vous avez raison. je souffre beaucoup, et j'oublie ce que je devrais respecter. Oubliez vous-même l'amertume que je viens de laisser paraître ; mon cœur saura la renfermer encore. »

Madame de Ramière, quoique rassurée par cette réponse, gardait une secrète inquiétude en voyant la haine

Je vous prie de ne pas toucher un cheveu de cette femme. (Page 57.)

profonde que Ralph nourrissait pour son fils. Elle essaya de l'excuser aux yeux de son ennemi; il l'arrêta.

« Je devine vos pensées, Madame, lui dit-il; mais rassurez-vous, nous ne sommes pas destinés à nous revoir de sitôt, M. de Ramière et moi. Quant à ma cousine, ne vous repentez pas de m'avoir éclairé. Si tout le monde l'abandonne, je jure qu'au moins un ami lui restera. »

Madame de Ramière, en rentrant chez elle vers le soir, trouva Raymon qui chauffait voluptueusement ses pieds enveloppés de pantoufles de cachemire, et qui prenait du thé pour achever de dissiper les agitations nerveuses de la matinée. Il était encore abattu par ces prétendues émotions; mais de douces pensées d'avenir ravivaient son âme : il se sentait enfin redevenu libre, et il se livrait entièrement à de béates méditations sur ce précieux état qu'il avait l'habitude de garder si mal.

« Pourquoi suis-je destiné, se disait-il, à m'ennuyer sitôt dans cette ineffable liberté d'esprit qu'il me faut toujours racheter si chèrement? Quand je me sens pris aux piéges d'une femme, il me tarde de les rompre, afin de reconquérir mon repos et ma tranquillité d'âme. Que je sois maudit si j'en fais le sacrifice de si tôt! Les chagrins que m'ont suscités ces deux créoles me serviront d'avertissement, et je ne veux plus avoir affaire qu'à de légères et moqueuses Parisiennes.. à de véritables femmes du monde. Peut-être ferais-je bien de me marier pour faire une fin, comme on dit... »

Il était plongé dans ces bourgeoises et commodes pensées, quand sa mère entra émue et fatiguée.

« Elle se porte mieux, lui dit-elle; tout s'est bien passé, j'espère qu'elle se calmera...

— Qui? » demanda Raymon, réveillé en sursaut dans ses châteaux en Espagne.

Cependant il songea le lendemain qu'il lui restait encore une tâche à remplir; c'était de regagner l'estime, sinon l'amour de cette femme. Il ne voulait pas qu'elle pût se vanter de l'avoir quitté; il voulait qu'elle se persuadât avoir cédé à l'ascendant de sa raison et de sa générosité. Il voulait la dominer encore après l'avoir repoussée; et lui écrivit :

« Je ne viens pas vous demander pardon, mon amie, de quelques paroles cruelles ou audacieuses échappées au délire de mes sens. Ce n'est pas dans le désordre de la fièvre qu'on peut former une idée complète et l'exprimer d'une manière convenable. Ce n'est pas ma faute si je ne suis pas un dieu, si je ne puis maîtriser auprès de vous l'ardeur de mon sang qui bouillonne, si ma tête s'égare, si je deviens fou. Peut-être aurais-je le droit de me plaindre du féroce sang-froid avec lequel vous m'avez condamné à d'affreuses tortures sans jamais en prendre aucune pitié; mais ce n'est pas votre faute non plus. Vous étiez trop parfaite pour jouer en ce monde le même rôle que nous, créatures vulgaires, soumises aux passions humaines, esclaves de notre organisation grossière. Je vous l'ai dit souvent, Indiana, vous n'êtes pas femme, et quand j'y songe dans le calme de mes pensées, vous êtes un ange. Je vous adore dans mon cœur comme une divinité. Mais, hélas! auprès de vous souvent le *vieil homme* a repris ses droits. Souvent, sous le souffle embaumé de vos lèvres, un feu cuisant est venu dévorer les miennes; souvent, quand, me penchant vers vous, mes cheveux ont effleuré les vôtres, un frisson d'indicible volupté a parcouru toutes mes veines, et alors j'ai oublié que vous étiez une émanation du ciel, un rêve des félicités éternelles, un ange détaché du sein de Dieu pour guider mes pas en cette vie et pour me raconter les joies d'une autre existence. Pourquoi, pur esprit, avais-tu pris la forme tentatrice d'une femme? Pourquoi, ange de lumière, avais-tu revêtu les séductions de l'enfer? Souvent j'ai cru tenir le bonheur dans mes bras, et tu n'étais que la vertu.

« Pardonnez-moi ces regrets coupables, mon amie; je n'étais point digne de vous, et peut-être, si vous eussiez consenti à descendre jusqu'à moi, eussions-nous été plus heureux l'un et l'autre. Mais mon infériorité vous a fait continuellement souffrir, et vous m'avez fait des crimes des vertus que vous aviez.

« Maintenant que vous m'absolvez, j'en suis certain, car la perfection implique la miséricorde, laissez-moi élever encore la voix pour vous remercier et vous bénir. Vous remercier!... Oh non, ma vie, ce n'est pas le mot: car mon âme est plus déchirée que la vôtre du courage qui vous arrache de mes bras. Mais je vous admire; et, tout en pleurant, je vous félicite. Oui, mon Indiana, ce sacrifice héroïque, vous avez trouvé la force de l'accomplir. Il m'arrache le cœur et la vie, il désole mon avenir, il ruine mon existence. Eh bien, je vous aime encore assez pour le supporter sans me plaindre; car mon bonheur n'est rien, c'est le vôtre qui est tout. Mon bonheur, je vous le sacrifierais mille fois; mais le vôtre m'est plus cher que les joies que vous m'auriez données. Oh non! je n'eusse pas joui d'un tel sacrifice. En vain j'aurais essayé de m'étourdir à force d'ivresse et de transports, en vain vous m'eussiez ouvert vos bras pour m'enivrer de voluptés célestes, le remords serait venu m'y chercher; il aurait empoisonné tous mes jours, et j'aurais été plus humilié que vous du mépris des hommes. O Dieu! vous voir abaissée et flétrie par moi! vous voir déchue de cette vénération qui vous entoure! vous voir insultée dans mes bras, et ne pouvoir laver cette offense! Car en vain j'eusse versé tout mon sang pour vous ; je vous eusse vengée peut-être, mais jamais justifiée. Mon ardeur à vous défendre eût été contre vous une accusation de plus; ma mort, une preuve irrécusable de votre crime. Pauvre Indiana, je vous aurais perdue! Oh! que je serais malheureux!

« Partez donc, ma bien-aimée; allez sous un autre ciel recueillir les fruits de la vertu et de la religion. Dieu nous récompensera d'un tel effort; car Dieu est bon. Il nous réunira dans une vie plus heureuse, et peut-être même... mais cette pensée est encore un crime; pourtant je ne peux pas me défendre d'espérer!... Adieu, Indiana, adieu! vous voyez bien que notre amour est un forfait!... Hélas! mon âme est brisée. Où trouverais-je la force de vous dire adieu! »

Raymon porta lui-même cette lettre chez madame Delmare; mais elle se renferma dans sa chambre et refusa de le voir. Il quitta donc cette maison après avoir glissé sa lettre à la femme de service, et embrassa cordialement le mari. En laissant derrière lui la dernière marche de l'escalier, il se sentit plus léger qu'à l'ordinaire; le temps était plus doux, les femmes plus belles, les boutiques plus étincelantes : ce fut un beau jour dans la vie de Raymon.

Madame Delmare serra la lettre toute cachetée dans un coffre qu'elle ne devait ouvrir qu'aux colonies. Elle voulut aller dire adieu à sa tante; sir Ralph s'opposa avec une obstination absolue. Il avait vu madame de Carvajal; il savait qu'elle voulait accabler Indiana de reproches et de mépris; il s'indignait de cette hypocrite sévérité, et ne supportait pas l'idée que madame Delmare allât s'y exposer.

Le jour suivant, au moment où Delmare et sa femme allaient monter en diligence, sir Ralph leur dit avec son aplomb accoutumé :

« Je vous ai souvent fait entendre, mes amis, que je désirais vous suivre ; mais vous avez refusé de me comprendre ou de me répondre. Voulez-vous me permettre de partir avec vous?

— Pour Bordeaux? dit M. Delmare.

— Pour Bourbon, répondit M. Ralph.

— Vous n'y songez pas, reprit M. Delmare; vous ne pouvez ainsi transporter votre établissement au gré d'un ménage dont l'avenir est incertain et la situation précaire; ce serait abuser lâchement de votre amitié que d'accepter le sacrifice de toute votre vie et l'abnégation de votre position sociale. Vous êtes riche, jeune, libre; il faut vous remarier, vous créer une famille.

— Il ne s'agit pas de cela, répondit froidement sir Ralph. Comme je ne sais pas envelopper mes idées dans des mots qui en altèrent le sens, je vous dirai franchement ce que je pense. Il m'a semblé que depuis six mois votre amitié à tous deux s'était refroidie à mon égard. Peut-être ai-je eu des torts que l'épaisseur de mon jugement m'a empêché d'apercevoir. Si je me trompe, un mot de vous suffira pour me rassurer; permettez-moi de vous suivre. Si j'ai démérité auprès de vous, il est temps de me le dire; vous ne devez pas, en m'abandonnant, me laisser le remords de n'avoir pas réparé mes fautes. »

Le colonel fut si ému de cette naïve et généreuse ouverture qu'il oublia toutes les susceptibilités d'amour-propre qui l'avaient éloigné de son ami. Il lui tendit la main, lui jura que son amitié était plus sincère que jamais, et qu'il ne refusait ses offres que par discrétion.

Madame Delmare gardait le silence. Ralph fit un effort pour obtenir un mot de sa bouche.

« Et vous, Indiana, lui dit-il d'une voix étouffée, avez-vous encore de l'amitié pour moi? »

Ce mot réveilla toute l'affection filiale, tous les souvenirs d'enfance, toutes les habitudes d'intimité qui unissaient leurs cœurs. Ils se jetèrent en pleurant dans les bras l'un de l'autre, et Ralph faillit s'évanouir ; car dans ce corps robuste, dans ce tempérament calme et réservé, fermentaient des émotions puissantes. Il s'assit pour ne pas tomber, resta quelques instants silencieux et pâle; puis il saisit la main du colonel dans une des siennes, et celle de sa femme dans l'autre.

« A cette heure de séparation peut-être éternelle, leur dit-il, soyez francs avec moi. Vous refusez ma proposition de vous accompagner à cause de moi et non à cause de vous?

— Je vous jure sur l'honneur, dit Delmare, qu'en vous refusant je sacrifie mon bonheur au vôtre.

— Pour moi, dit Indiana, vous savez que je voudrais ne jamais vous quitter.

— A Dieu ne plaise que je doute de votre sincérité dans un pareil moment! répondit Ralph; votre parole me suffit, je suis content de vous deux. »

Et il disparut.

Six semaines après, le brick *la Coraly* mettait à la voile dans le port de Bordeaux. Ralph avait écrit à ses amis qu'il serait dans cette ville vers les derniers jours de leur station, mais, selon sa coutume, dans un style si laconique, qu'il était impossible de savoir s'il avait l'intention de leur dire un dernier adieu ou celle de les accompagner. Ils l'attendirent vainement jusqu'à la dernière heure, et le capitaine donna le signal du départ sans que Ralph eût paru. Quelques pressentiments sinistres vinrent ajouter à la douleur morne qui pesait sur l'âme d'Indiana, lorsque les dernières maisons du port s'effacèrent dans la verdure de la côte. Elle frémit de songer qu'elle était désormais seule dans l'univers avec ce mari qu'elle haïssait, qu'il faudrait vivre et mourir avec lui sans un ami pour la consoler, sans un parent pour la protéger contre sa domination violente...

Mais, en se retournant, elle vit sur le pont, derrière elle, la paisible et bienveillante figure de Ralph qui lui souriait.

« Tu ne m'abandonnes donc pas, toi? lui dit-elle en se jetant à son cou toute baignée de larmes.

— Jamais! » répondit Ralph en la pressant sur sa poitrine.

XXIII.

LETTRE DE MADAME DELMARE

A M. DE RAMIÈRE.

De l'Ile Bourbon, 3 juin 18..

« J'avais résolu de ne plus vous fatiguer de mon souvenir ; mais, en arrivant ici, en lisant la lettre que vous me fîtes tenir la veille de mon départ de Paris, je sens que je vous dois une réponse ; car, dans la crise d'une horrible douleur, j'avais été trop loin ; je m'étais méprise sur votre compte, et je vous dois une réparation, non comme *amant*, mais comme *homme*.

« Pardonnez-le-moi, Raymon, dans cet affreux moment de ma vie, je vous pris pour un monstre. Un seul mot, un seul regard de vous ont banni à jamais toute confiance, tout espoir de mon âme. Je sais que je ne puis plus être heureuse ; mais j'espère encore n'être pas réduite à vous mépriser : ce serait pour moi le dernier coup.

« Oui, je vous pris pour un lâche, pour ce qu'il y a de pire dans le monde, pour un *égoïste*. J'eus horreur de vous. J'eus regret que Bourbon ne fût pas assez loin pour vous fuir, et l'indignation me donna la force de vivre jusqu'à la lie.

« Mais, depuis que j'ai lu votre lettre, je me sens mieux. Je ne vous regrette pas, mais je ne vous hais plus, et je ne veux pas laisser dans votre vie le remords d'avoir détruit la mienne. Soyez heureux, soyez insouciant ; oubliez-moi ; je vis encore, et peut-être vivrai-je long-temps...

« Au fait, vous n'êtes pas coupable ; c'est moi qui fus insensée. Votre cœur n'était pas aride, mais il m'était fermé. Vous ne m'avez pas menti, c'est moi qui me suis trompée. Vous n'étiez ni parjure ni insensible, seulement vous ne m'aimiez pas.

« Oh! mon Dieu! vous ne m'aimiez pas! Comment donc fallait-il vous aimer?... Mais je ne descendrai pas à me plaindre ; je ne vous écris pas pour empoisonner d'un souvenir maudit le repos de votre vie présente ; je ne viens pas non plus implorer votre compassion pour des maux que j'ai la force de porter seule. Connaissant mieux le rôle qui me convient, je viens au contraire vous absoudre et vous pardonner.

« Je ne m'amuserai pas à réfuter votre lettre, ce serait trop facile ; je ne répondrai pas à vos observations sur mes devoirs. Soyez tranquille, Raymon, je les connais, et je ne vous aimais pas assez peu pour les violer sans réflexion. Il n'est pas nécessaire de m'apprendre que le mépris des hommes eût été le prix de ma faute ; je le savais bien. J'ignorais pas que la tache serait profonde, indélébile, cuisante ; que je serais repoussée de toutes parts, maudite, couverte de honte, et que je ne trouverais plus un seul ami pour me plaindre et me consoler. La seule erreur où j'étais tombée, c'était la confiance que vous m'ouvririez vos bras, et que là vous m'aideriez à oublier le mépris, la misère et l'abandon. La seule chose que je n'eusse pas prévue, c'est que vous refuseriez peut-être mon sacrifice après me l'avoir laissé consommer. Je m'étais imaginé que cela ne se pouvait pas. J'allais chez vous avec la prévision que vous me repousseriez d'abord par principe et par devoir, mais avec la conviction qu'en apprenant les conséquences inévitables de ma démarche, vous vous croiriez forcé de m'aider à les supporter. Non, en vérité, je n'aurais jamais pensé que vous m'abandonneriez seule aux suites d'une si périlleuse résolution, et que vous m'en laisseriez recueillir les fruits amers, au lieu de me recevoir dans votre sein et de me faire un rempart de votre amour.

« Comme je les eusse défiées, alors, ces lointaines rumeurs d'un monde impuissant à me nuire! comme j'aurais bravé la haine, forte de votre affection! comme le remords eût été faible, et comme la passion que vous m'eussiez inspirée eût étouffé sa voix! Occupée de vous seul, je me serais oubliée ; fière de votre cœur, je n'aurais pas eu le temps de rougir du mien. Un mot de vous, un regard, un baiser, auraient suffi pour m'absoudre, et le souvenir des hommes et des lois n'eût pas pu trouver sa place dans une pareille vie. C'est que j'étais folle ; c'est que, selon votre expression cynique, j'avais appris la vie dans les romans à l'usage des femmes de chambre, dans ces riantes et puériles fictions où l'on intéresse le cœur au succès de folles entreprises et d'impossibles félicités. C'est horriblement vrai, Raymon, ce que vous avez dit là! Ce qui m'épouvante et me terrasse, c'est que vous avez raison.

« Ce que je n'explique pas aussi bien, c'est que l'impossibilité n'ait pas été égale pour nous deux ; c'est que moi, faible femme, j'aie puisé dans l'exaltation de mes sentiments la force de me placer seule dans une situation d'invraisemblance et de roman, et que vous, homme de cœur, n'ayez pas trouvé dans votre volonté celle de m'y suivre. Pourtant, vous aviez partagé ces rêves d'avenir, vous aviez consenti à ces illusions, vous aviez nourri en moi cet espoir impossible à réaliser. Depuis long-temps vous écoutiez mes projets d'enfant, mes ambitions de pygmée, avec le sourire sur les lèvres et la joie dans les yeux, et vos paroles étaient toutes d'amour et de reconnaissance. Vous aussi, vous fûtes aveugle, imprévoyant, fanfaron. Comment se fait-il que la raison ne vous soit revenue qu'à la vue du danger? Moi, je croyais que le danger fascinait les yeux, exaltait la résolution, enivrait la peur ; et voilà que vous avez tremblé au moment de la crise! N'avez-vous donc, vous autres, que le courage physique qui affronte la mort? n'êtes-vous pas capables de celui de l'esprit qui accepte le malheur? Vous qui expliquez tout si admirablement, expliquez-moi cela, je vous prie.

« C'est peut-être que votre rêve n'était pas comme le mien ; c'est que chez moi le courage c'était l'amour. Vous vous étiez imaginé que vous m'aimiez, et vous vous êtes réveillé surpris d'une telle erreur, le jour où je marchai confiante à l'abri de la mienne. Grand Dieu! quelle étrange illusion fût la vôtre, puisque vous ne prévîtes pas alors tous les obstacles qui vous frapperent au moment d'agir! puisque vous ne m'en avez dit le premier mot que lorsqu'il n'était plus temps!

« Pourquoi vous ferais-je des reproches à présent? Est-on responsable des mouvements de son cœur? a-t-il dépendu de vous de m'aimer toujours? Non, sans doute. Mon tort est de n'avoir pas su vous plaire plus long-temps et plus réellement. J'en cherche la cause et ne la trouve point dans mon cœur ; mais enfin elle existe apparemment. Peut-être vous ai-je trop aimé, peut-être ma tendresse fut importune et fatigante. Vous étiez homme, vous aimiez l'indépendance et le plaisir. Je fus un fardeau pour vous. J'essayai quelquefois d'assujettir votre vie. Hélas! ce furent là des torts bien chétifs pour un si cruel abandon!

« Jouissez donc de cette liberté rachetée aux dépens de toute mon existence, je ne la troublerai plus. Pourquoi ne m'aviez-vous pas donné plus tôt cette leçon? Le mal eût été moins grand pour moi, et pour vous aussi peut-être.

« Soyez heureux, c'est le dernier vœu que formera mon cœur brisé. Ne m'exhortez plus à penser à Dieu ;

laissez ce soin aux prêtres qui ont à émouvoir le cœur endurci des coupables. Pour moi, j'ai plus de foi que vous ; je ne sers pas le même dieu, mais je le sers mieux et plus purement. Le vôtre, c'est le dieu des hommes, c'est le roi, le fondateur et l'appui de votre race ; le mien, c'est le Dieu de l'univers, le créateur, le soutien et l'espoir de toutes les créatures. Le vôtre a tout fait pour vous seuls ; le mien a fait toutes les espèces les unes pour les autres. Vous vous croyez les maîtres du monde ; je crois que vous n'en êtes que les tyrans. Vous pensez que Dieu vous protége et vous autorise à usurper l'empire de la terre ; moi, je pense qu'il le souffre pour un peu de temps, et qu'un jour viendra où, comme des grains de sable, son souffle vous dispersera. Non, Raymon, vous ne connaissez pas Dieu ; ou plutôt laissez-moi vous dire ce que Ralph vous disait un jour au Lagny : c'est que vous ne croyez à rien. Votre éducation, et le besoin bien que vous avez d'un pouvoir irrécusable pour l'opposer à la brutale puissance du peuple, vous ont fait adopter sans examen les croyances de vos pères ; mais le sentiment de l'existence de Dieu n'a point passé jusqu'à votre cœur, jamais peut-être vous ne l'avez prié. Moi, je n'ai qu'une croyance, et la seule sans doute que vous n'ayez pas : je crois en lui ; mais la religion que vous avez inventée, je la repousse : toute votre morale, tous vos principes, ce sont les intérêts de votre société que vous avez érigés en lois et que vous prétendez faire émaner de Dieu même, comme vos prêtres ont institué les rites du culte pour établir leur puissance et leur richesse sur les nations. Mais tout cela est mensonge et impiété. Moi qui l'invoque, moi qui le comprends, je sais bien qu'il n'y a rien de commun entre lui et vous, et c'est en m'attachant à lui de toute ma force que je m'isole de vous, qui tendez sans cesse à renverser ses ouvrages et à souiller ses dons. Allez, il vous sied mal d'invoquer son nom pour anéantir la résistance d'une faible femme, pour étouffer la plainte d'un cœur déchiré. Dieu ne veut pas qu'on opprime et qu'on écrase les créatures de ses mains. S'il daignait descendre jusqu'à intervenir dans nos chétifs intérêts, il briserait le fort et relèverait le faible ; il passerait sa grande main sur nos têtes inégales et les nivellerait comme les eaux de la mer ; il dirait à l'esclave : « Jette ta chaîne, et fuis sur les monts où j'ai mis pour toi des eaux, des fleurs et du soleil. » Il dirait aux rois : « Jetez la pourpre aux mendiants pour leur servir de natte, et allez dormir dans les vallées où j'ai étendu pour vous des tapis de mousse et de bruyère. » Il dirait aux puissants : « Courbez le genou, et portez le fardeau de vos frères débiles ; car désormais vous aurez besoin d'eux, et je leur donnerai la force et le courage. » Oui, voilà mes rêves ; ils sont tous d'une autre vie, d'un autre monde, où il du brutal n'aura point passé sur la tête du pacifique, où du moins la résistance et la fuite ne seront pas des crimes, où l'homme pourra échapper à l'homme, comme la gazelle échappe à la panthère, sans que la chaîne des lois soit tendue autour de lui pour le forcer à venir se jeter sous les pieds de son ennemi, sans que la voix du préjugé s'élève dans sa détresse pour insulter à ses souffrances et lui dire : « Vous serez lâche et vil pour n'avoir pas voulu fléchir et ramper. »

« Non, ne me parlez pas de Dieu, vous surtout, Raymon ; n'invoquez pas son nom pour m'envoyer en exil et me réduire au silence. En me soumettant, c'est au pouvoir des hommes que je cède. Si j'écoutais la voix que Dieu a mise au fond de mon cœur, et ce noble instinct d'une nature forte et hardie, qui peut-être est la vraie conscience, je fuirais au désert, je saurais me passer d'aide, de protection et d'amour ; j'irais vivre pour moi seule au fond de nos belles montagnes ; j'oublierais les tyrans, les injustes et les ingrats. Mais, hélas ! l'homme ne peut se passer de son semblable, et Ralph lui-même ne peut pas vivre seul.

« Adieu, Raymon, puissiez-vous vivre heureux sans moi ! Je vous pardonne le mal que vous me faites. Parlez quelquefois de moi à votre mère, la meilleure femme que j'aie connue. Sachez bien qu'il n'y a contre vous ni dépit ni vengeance dans mon cœur ; ma douleur est digne de l'amour que j'eus pour vous.   INDIANA. »

L'infortunée se vantait. Cette douleur profonde et calme n'était que le sentiment de sa propre dignité lorsqu'elle s'adressait à Raymon ; mais, seule, elle se livrait en liberté à son impétuosité dévorante. Parfois, cependant, je ne sais quelles lueurs d'espoir aveugle venaient briller à ses yeux troublés. Peut-être ne perdit-elle jamais un reste de confiance en l'amour de Raymon, malgré les cruelles leçons de l'expérience, malgré les terribles pensées qui chaque jour lui représentaient la froideur et la paresse de cet homme quand il ne s'agissait plus pour lui de ses intérêts ou de ses plaisirs. Je crois que si Indiana eût voulu comprendre la sèche vérité, elle n'eût pas traîné jusque-là un reste de vie épuisée et flétrie.

La femme est imbécile par nature ; il semble que, pour contre-balancer l'éminente supériorité que ses délicates perceptions lui donnent sur nous, le ciel ait mis à dessein dans son cœur une vanité aveugle, une idiote crédulité. Il ne s'agit peut-être, pour s'emparer de cet être si subtil, si souple et si pénétrant, que de savoir manier la louange et chatouiller l'amour-propre. Parfois les hommes les plus incapables d'un ascendant quelconque sur les autres hommes en exercent un sans bornes sur l'esprit des femmes. La flatterie est le joug qui courbe si bas ces têtes ardentes et légères. Malheur à l'homme qui veut porter la franchise dans l'amour ! il aura le sort de Ralph.

Voilà ce que je vous répondrais si vous me disiez qu'Indiana est un caractère d'exception, et que la femme ordinaire n'a, dans la résistance conjugale, ni cette stoïque froideur ni cette patience désespérante. Je vous dirais de regarder le revers de la médaille, et de voir la misérable faiblesse, l'inepte aveuglement dont elle fait preuve avec Raymon. Je vous demanderais où vous avez trouvé une femme qui ne fût pas aussi habile à tromper que facile à l'être ; qui ne sût pas renfermer dix ans au fond de son cœur le secret d'une espérance risquée légèrement un jour de délire, et qui ne redevînt pas, aux bras d'un homme, aussi puérilement faible qu'elle sait être invincible et forte aux bras d'un autre.

XXIV.

L'intérieur de madame Delmare était cependant devenu plus paisible. Avec les faux amis avaient disparu beaucoup des difficultés qui, sous la main féconde de ces officieux médiateurs, s'envenimaient jadis de toute la chaleur de leur zèle. Sir Ralph, avec son silence et sa non-intervention apparente, était plus habile qu'eux tous à laisser tomber ces riens de la vie intime qui se ballonnent au souffle obligeant du commérage. Indiana vivait d'ailleurs presque toujours seule. Son habitation était située dans les montagnes, au-dessus de la ville, et chaque matin M. Delmare, qui avait un entrepôt de marchandises sur le port, allait pour s'occuper de son commerce avec l'Inde et la France. Sir Ralph, qui n'avait d'autre domicile que le leur, mais qui trouvait moyen d'y répandre l'aisance sans qu'on s'aperçût de ses dons, s'occupait de l'étude d'histoire naturelle ou surveillait les travaux de la plantation ; Indiana, revenue aux nonchalantes habitudes de la vie créole, passait les heures brûlantes du jour dans son hamac, et celles de ses longues soirées dans la solitude des montagnes.

Bourbon n'est, à vrai dire, qu'un cône immense dont la base occupe une circonférence d'environ quarante lieues, et dont les gigantesques *pitons*, couverts d'une neige éternelle, s'élèvent à la hauteur de seize cents toises. De presque tous les points de cette masse imposante, l'œil découvre au loin, derrière les roches aiguës, derrière les vallées étroites et les forêts verticales, l'horizon uni que la mer embrasse de sa ceinture bleue. Des fenêtres de sa chambre, Indiana apercevait, entre deux pointes de roches, grâce à l'échancrure d'une montagne boisée dont le versant répondait à celle où l'habitation était située, les voiles blanches qui croisaient sur l'Océan indien. Durant les heures silencieuses de la journée, ce spectacle attirait ses regards et donnait à sa mélancolie une teinte de désespoir uniforme et fixe. Cette vue splendide, loin de jeter sa poétique influence dans ses rêveries, les rendait amères et sombres ; alors elle baissait le store de pagne de raphia qui garnissait sa croisée, et fuyait le jour même, pour répandre dans le secret de son cœur des larmes âcres et brûlantes.

Mais quand, vers le soir, la brise de mer commençait à s'élever et à lui apporter le parfum des rizières fleuries, elle s'enfonçait dans la savane, laissant Delmare et Ralph savourer sous la varangue l'aromatique infusion du *faham*, et distiller lentement la fumée de leurs cigares. Alors elle allait, du haut de quelque piton accessible, cratère éteint d'un ancien volcan, regarder le soleil couchant qui embrasait la vapeur rouge de l'atmosphère, et répandait comme une poussière d'or et de rubis sur les cimes murmurantes des cannes à sucre, sur les étincelantes parois des récifs. Rarement elle descendait dans les gorges de la *rivière aux Galets*, parce que la vue de la mer, tout en lui faisant mal, l'avait fascinée de son mirage magnétique. Il lui semblait qu'au delà de ces vagues et de ces brumes lointaines la magique apparition d'une autre terre allait se révéler à ses regards. Quelquefois les nuages de la côte prirent pour elle des formes singulières ; tantôt elle vit une lame blanche s'élever sur les flots et décrire une ligne gigantesque qu'elle prit pour la façade du Louvre ; tantôt ce furent deux voiles carrées qui, sortant à coup de la brume, offraient le souvenir des tours de Notre-Dame de Paris, quand la Seine exhale un brouillard compacte qui embrasse leur base et les fait paraître comme suspendues dans le ciel ; d'autres fois c'étaient des flocons de nuées roses qui, dans leurs formes changeantes, présentaient tous les caprices d'architecture d'une ville immense. L'esprit de cette femme s'endormait dans les illusions du passé, et elle se prenait à palpiter de joie à la vue de ce Paris imaginaire dont les réalités avaient signalé le temps le plus malheureux de sa vie. Un étrange vertige s'emparait alors de sa tête. Suspendue à une grande élévation au-dessus du sol de la côte, et voyant fuir sous ses yeux les gorges qui la séparaient de l'Océan, il lui semblait être lancée dans cet espace par un mouvement rapide, et cheminer dans l'air vers la ville prestigieuse de son imagination. Dans ce rêve, elle se cramponnait au rocher qui lui servait d'appui ; et pour qui eût observé alors ses yeux avides, son sein haletant d'impatience et l'effrayante expression de joie répandue sur ses traits, elle eût offert tous les symptômes de la folie. C'étaient pourtant là ses heures de plaisir et les seuls moments de bien-être vers lesquels se dirigeaient les espérances de sa journée. Si le caprice de son mari eût supprimé ces promenades solitaires, je ne sais de quelle pensée elle eût vécu ; car chez elle tout se rapportait à une certaine faculté d'illusions, à une ardente aspiration vers un point qui n'était ni le souvenir, ni l'attente, ni l'espoir, ni le regret, mais le désir dans toute son intensité dévorante. Elle vécut ainsi des semaines et des mois sous le ciel des tropiques, n'aimant, ne connaissant, ne caressant qu'une ombre, ne creusant qu'une chimère.

De son côté, Ralph était entraîné dans ses promenades vers les endroits sombres et couverts, où le souffle des vents marins ne pouvait l'atteindre ; car la vue de l'Océan lui était devenue antipathique autant que l'idée de le traverser de nouveau. La France n'avait pour lui qu'une place maudite dans la mémoire de son cœur. C'était là qu'il avait été malheureux à en perdre courage, lui habitué au malheur et patient avec ses maux. Il cherchait de tout son pouvoir à l'oublier ; car, quelque dégoûté de la vie qu'il fût, il voulait vivre tant qu'il se sentirait nécessaire. Il avait donc soin de ne jamais prononcer un mot qui eût rapport au séjour qu'il avait fait dans ce pays. Que n'eût-il pas donné pour arracher cet horrible souvenir à madame Delmare ! Mais il s'en flattait si peu, il se sentait si peu habile, si peu éloquent, qu'il la fuyait plutôt que de chercher à la distraire. Dans l'excès de sa réserve délicate, il continuait à se donner toutes les apparences de la froideur et de l'égoïsme. Il allait chercher seul au loin, et, à le voir s'acharner à courir les bois et les montagnes à la poursuite des oiseaux et des insectes,

on eût dit d'un chasseur naturaliste absorbé par son innocente passion, et parfaitement détaché des intérêts de cœur qui se remuaient autour de lui. Et pourtant la chasse et l'étude n'étaient que le prétexte dont il couvrait ses amères et longues rêveries.

Cette île conique est fendue vers sa base sur tout son pourtour, et recèle dans ses embrasures des gorges profondes où les rivières roulent leurs eaux pures et bouillonnantes ; une de ces gorges s'appelle Bernica. C'est un lieu pittoresque, une sorte de vallée étroite et profonde, cachée entre deux murailles de rochers perpendiculaires, dont la surface est parsemée de bouquets d'arbustes saxatiles et de touffes de fougères.

Un ruisseau coule dans la cannelure formée par la rencontre des deux pans. Au point où leur écartement cesse, il se précipite dans des profondeurs effrayantes, et forme, au lieu de sa chute, un petit lac entouré de roseaux et couvert d'une fumée humide. Autour de ses rives et sur les bords du filet d'eau alimenté par le trop-plein du lac, croissent des bananiers, des letchis et des orangers, dont le vert sombre et vigoureux tapisse l'intérieur de la gorge. C'est là que Ralph fuyait la chaleur et la société ; toutes ses promenades le ramenaient à ce but favori ; le bruit frais et monotone de la cascade endormait sa mélancolie. Quand son cœur était agité de ces secrètes angoisses si longtemps couvées, si cruellement méconnues, c'est là qu'il dépensait, en larmes ignorées, en plaintes silencieuses, l'inutile énergie de son âme et l'activité concentrée de sa jeunesse.

Pour que vous compreniez le caractère de Ralph, il faut peut-être vous dire qu'au moins une moitié de sa vie s'était écoulée au fond de ce ravin. C'est là qu'il venait, dès les jours de sa première enfance, endurcir son courage contre les injustices dont il était victime dans sa famille ; c'est là qu'il avait tendu tous les ressorts de son âme contre l'arbitraire de sa destinée, et qu'il avait pris l'habitude du stoïcisme au point d'en recevoir une seconde nature. Là aussi, dans son adolescence, il avait apporté sur ses épaules la petite Indiana ; il l'avait couchée sur les herbes du rivage pendant qu'il pêchait des camarous dans les eaux limpides, ou qu'il essayait de gravir le rocher pour y découvrir des nids d'oiseaux.

Les seuls hôtes de ces solitudes étaient les goëlands, les pétrels, les foulques et les hirondelles de mer. Sans cesse, dans le gouffre, on voyait descendre ou monter, planer ou tournoyer ces oiseaux aquatiques, qui avaient choisi, pour établir leur sauvage couvée, les trous et les fentes de ses parois inaccessibles. Vers le soir ils se rassemblaient en troupes inquiètes, et remplissaient la gorge sonore de leurs cris rauques et farouches. Ralph se plaisait à suivre leur vol majestueux, à écouter leurs voix mélancoliques. Il enseignait à sa petite élève leurs noms et leurs habitudes ; il lui montrait la belle sarcelle de Madagascar, au ventre orangé, au dos d'émeraude ; il lui faisait admirer le vol du paille-en-queue à brins rouges, qui s'égare quelquefois sur ces rivages et voyage en quelques heures de l'île de France à l'île Rodrigue, où, après des pointes de deux cents lieues en mer, il revient chaque soir coucher sous le velouiter qui cache sa nichée. L'épouvantail, oiseau des tempêtes, venait aussi déployer ses ailes effilées sur ces roches ; et la reine des mers, la *grande frégate*, à la queue fourchue, à la robe ardoisée, au bec ciselé, qui se pose si rarement qu'il semblerait que l'air est sa patrie et le mouvement sa nature, y élevait son cri de détresse au-dessus de tous les autres. Ces hôtes sauvages s'étaient habitués apparemment à voir les deux enfants tourner autour de leurs demeures, car ils daignaient à peine s'effrayer de leur approche ; et quand Ralph atteignait le rocher où ils venaient de s'établir, ils s'élevaient en noirs tourbillons pour aller s'abattre comme par dérision à quelques pieds au-dessus de lui. Indiana riait de leurs évolutions, et rapportait ensuite, avec précaution, dans son chapeau de paille de riz, les œufs que Ralph avait réussi à dérober pour elle, et que souvent il avait été forcé de disputer hardiment aux vigoureux coups d'ailes des grands oiseaux amphibies.

Ces souvenirs revenaient en foule à l'esprit de Ralph,

mais avec une extrême amertume; car les temps étaient bien changés, et cette petite-fille, qui avait toujours été sa compagne, avait cessé d'être son amie, ou du moins ne l'était plus alors, comme autrefois, dans tout l'abandon de son cœur. Quoiqu'elle lui eût rendu son affection, son dévouement et ses soins, il était un point qui s'opposait entre eux à la confiance, un souvenir sur lequel tournaient comme sur un pivot toutes les émotions de leur vie. Ralph sentait qu'il n'y pouvait porter la main; il l'avait osé une seule fois, un jour de danger, et cet acte de courage n'avait rien produit; maintenant y revenir n'eût été qu'un acte de froide barbarie, et Ralph se fût décidé à excuser Raymon, l'homme du monde qu'il estimait le moins, plutôt que d'ajouter aux douleurs d'Indiana en le condamnant selon sa justice.

Il se taisait donc, et même il la fuyait. Quoique vivant sous le même toit, il avait trouvé le moyen de ne la voir guère qu'aux heures des repas; et cependant, comme une mystérieuse providence, il veillait sur elle. Il ne s'écartait de l'habitation qu'aux heures où la chaleur la confinait dans son hamac; mais le soir, lorsqu'elle était sortie, il laissait adroitement Delmare sous la varangue, et allait l'attendre au pied des rochers où il savait qu'elle avait l'habitude de s'asseoir. Il restait là des heures entières, la regardant quelquefois à travers les branches que la lune commençait à blanchir, mais respectant le court espace qui la séparait de lui, et n'osant abréger d'un instant sa triste rêverie. Lorsqu'elle redescendait dans la vallée, elle le trouvait toujours au bord d'un petit ruisseau dont le sentier de l'habitation suivait le cours. Quelques larges galets autour desquels l'eau frissonnait en filets d'argent lui servaient de siége. Quand la robe blanche d'Indiana se dessinait sur la rive, Ralph se levait en silence, lui offrait son bras, et la ramenait à l'habitation sans lui adresser une parole, si, plus triste et plus affaissée qu'à l'ordinaire, elle n'entamait pas elle-même la conversation. Puis, quand il l'avait quittée, il se retirait dans sa chambre, et attendait pour se coucher que tout le monde fût endormi dans la maison. Si la voix de Delmare s'élevait pour gronder, Ralph, sous le premier prétexte qui lui venait à l'esprit, allait le trouver et réussissait à l'apaiser ou à le distraire, sans jamais laisser deviner que telle fût son intention. Cette habitation, pour ainsi dire diaphane, comparée à celle de nos climats, cette continuelle nécessité d'être toujours sous les yeux les uns des autres, imposaient au colonel plus de réserve dans ses emportements. L'inévitable figure de Ralph, qui venait au moindre bruit se placer entre lui et sa femme, le contraignait à se modérer; car Delmare avait assez d'amour-propre pour se vaincre devant ce censeur à la fois muet et sévère. Aussi, pour exhaler l'humeur que ses contrariétés commerciales avaient amassée chez lui durant le jour, il attendait que l'heure du coucher l'eût délivré de son juge. Mais c'était en vain; l'occulte influence veillait avec lui, et à la première parole amère, au premier éclat de voix qui faisait retentir les moindres parois de sa demeure, un bruit de meubles ou un piétinement, parti comme par hasard de la chambre de Ralph, semblait lui imposer silence, et lui annoncer que la discrète et patiente sollicitude du protecteur ne s'endormait pas.

QUATRIÈME PARTIE.

XXV.

Or, il arriva que le ministère du 8 août, qui dérangea tant de choses en France, porta un rude coup à la sécurité de Raymon. M. de Ramière n'était point de ces vanités aveugles qui triomphèrent d'un jour de victoire. Il avait fait de la politique l'objet de toutes ses pensées, la base de tous ses rêves d'avenir. Il s'était flatté que le roi, en entrant dans la voie des concessions adroites, maintiendrait longtemps encore l'équilibre qui assurait l'existence des familles nobles. Mais l'apparition du prince de Polignac détruisit cette espérance. Raymon voyait trop loin, il était trop répandu dans le monde *nouveau* pour ne pas se mettre en garde contre les succès du moment. Il comprit que toute sa destinée chancelait avec celle de la monarchie, et que sa fortune, sa vie peut-être, ne tenaient plus qu'à un fil.

Alors il se trouva dans une position délicate et embarrassante. L'honneur lui faisait un devoir de se consacrer, malgré tous les périls du dévouement, à la famille dont les intérêts avaient été jusqu'alors étroitement liés aux siens. À cet égard, il ne pouvait guère donner le change à sa conscience et à la mémoire de ses proches. Mais cet ordre de choses, cette tendance vers le régime absolu, choquait sa prudence, sa raison, et, disait-il, sa conviction intime. Elle compromettait toute son existence, elle faisait pis, elle le rendait ridicule, lui, publiciste renommé qui avait osé promettre tant de fois, au nom du trône, la justice pour tous et la fidélité au pacte juré. Maintenant tous les actes du gouvernement donnaient un démenti formel aux assertions imprudentes du jeune éclectique; tous les esprits calmes et paresseux, qui, deux jours plus tôt, ne demandaient qu'à se rattacher au trône constitutionnel, commençaient à se jeter dans l'opposition et à traiter de fourberies les efforts de Raymon et de ses pareils. Les plus polis les accusaient d'imprévoyance et d'incapacité. Raymon sentait qu'il était humiliant de passer pour dupe après avoir joué un rôle si brillant dans la partie. En secret il commençait à maudire et à mépriser cette royauté qui se dégradait et qui l'entraînait dans sa chute; il eût voulu pouvoir s'en détacher sans honte avant l'heure du combat. Il fit pendant quelque temps d'incroyables efforts d'esprit pour se concilier la confiance des deux camps. Les opposants de cette époque n'étaient pas difficiles pour l'admission de nouveaux partisans. Ils avaient besoin de recrues, et, grâce au peu de preuves qu'ils leur demandaient, ils en faisaient de considérables. Ils ne dédaignaient pas d'ailleurs l'appui des grands noms, et chaque jour d'adroites flatteries jetées dans leurs journaux tendaient à détacher les plus beaux fleurons de cette couronne usée. Raymon n'était pas dupe de ces démonstrations d'estime; mais il ne les repoussait pas, certain qu'il était de leur utilité. D'autre part, les champions du trône se montraient plus intolérants à mesure que leur situation devenait plus désespérée. Ils chassaient de leurs rangs, sans prudence et sans égards, leurs plus utiles défenseurs. Ils commencèrent bientôt à témoigner leur mécontentement et leur méfiance à Raymon. Celui-ci, embarrassé, amoureux de sa réputation comme du principal avantage de son existence, fut très à propos atteint d'un rhumatisme aigu, qui le força de renoncer momentanément à toute espèce de travail et de se retirer à la campagne avec sa mère.

Dans cet isolement, Raymon souffrit réellement de se trouver jeté comme un cadavre au milieu de l'activité dévorante d'une société prête à se dissoudre, de se sentir empêché, par l'embarras de prendre une couleur autant que par la maladie, de s'enrôler sous ces bannières belliqueuses qui flottaient de toutes parts, appelant au grand combat les plus obscurs et les plus inhabiles. Les cuisantes douleurs de la maladie, l'abandon, l'ennui et la fièvre donnèrent insensiblement un autre cours à ses idées. Il se demanda, pour la première fois peut-être, si le monde méritait tous les soins qu'il s'était donnés pour lui plaire, et, à le voir si indifférent envers lui, si oublieux de ses talents et de sa gloire, il jugea le monde. Puis il se consola d'en avoir été dupe, en se rendant le témoignage qu'il n'y avait jamais cherché que son bien-être personnel, et qu'il l'y avait trouvé, grâce à lui-même. Rien ne nous confirme dans l'égoïsme comme la réflexion. Raymon en tira cette conclusion, qu'il fallait à l'homme, en état de société, deux sortes de bonheur, celui de la vie publique et celui de la vie privée, les triomphes du monde et les douceurs de la famille.

Sa mère, qui le soignait assidument, tomba dangereusement malade : ce fut à lui d'oublier ses maux et de veiller sur elle; mais ses forces n'y suffirent pas. Les âmes ardentes et passionnées font les santés tenaces et miraculeuses aux jours du danger ; mais les âmes tièdes et paresseuses n'impriment pas au corps de ces élans surnaturels. Quoique Raymon fût un bon fils, comme on l'entend dans la société, il succomba physiquement sous le poids de la fatigue. Étendu sur son lit de douleur, n'ayant plus à son chevet que des mercenaires ou de rares amis pressés de retourner aux agitations de la vie sociale, il se mit à penser à Indiana, et il la regretta sincèrement, car alors elle lui eût été nécessaire. Il se rappela les soins pieux qu'il lui avait vu prodiguer à son vieil et maussade époux, et il se représenta les douceurs et les bienfaits dont elle eût su entourer son amant.

« Si j'eusse accepté son sacrifice, pensa-t-il, elle serait déshonorée ; mais que m'importerait à l'heure où je suis ? Abandonné d'un monde frivole et personnel, je ne serais pas seul ; celle que tous repousseraient avec mépris serait à mes pieds avec amour ; elle pleurerait sur mes maux, elle saurait les adoucir. Pourquoi ai-je renvoyée, cette femme ? Elle m'aimait tant qu'elle aurait pu se consoler des outrages des hommes en répandant quelque bonheur sur ma vie intérieure. »

Il résolut de se marier quand il serait guéri, et il repassa dans son cerveau les noms et les figures qui l'avaient frappé dans les salons des deux classes de la société. De ravissantes apparitions passèrent dans ses rêves ; des chevelures chargées de fleurs, des épaules de neige enveloppées de boas de cygne, des corsages souples emprisonnés dans la mousseline ou le satin : ces attrayants fantômes agitèrent leurs ailes de gaze sur les yeux lourds et brûlants de Raymon ; mais il n'avait vu ces péris que dans le tourbillon parfumé du bal. A son réveil, il se demanda si leurs lèvres rosées auraient d'autres sourires que ceux de la coquetterie ; si leurs blanches mains sauraient panser les plaies de la douleur, si leur esprit fin et brillant savait descendre à la tâche pénible de consoler et de distraire un malade chargé d'ennuis. Raymon était un homme d'intelligence exacte, et il se méfiait plus qu'un autre de la coquetterie des femmes ; plus qu'un autre il haïssait l'égoïsme, parce qu'il savait qu'il n'y avait là rien à recueillir pour son bonheur. Et puis Raymon était aussi embarrassé pour le choix d'une femme que pour celui d'une couleur politique. Les mêmes raisons lui imposaient la lenteur et la prudence. Il appartenait à une haute et rigide famille qui ne souffrirait point de mésalliance, et pourtant la fortune ne résidait plus avec sécurité que chez les plébéiens. Selon toute apparence, cette classe allait s'élever sur les débris de l'autre, et, pour se maintenir à la surface du mouvement, il fallait être le gendre d'un industriel ou d'un agioteur. Raymon pensa donc qu'il était sage d'attendre de quel côté viendrait le vent pour s'engager dans une démarche qui déciderait de tout son avenir.

Ces réflexions positives lui montraient à nu la sécheresse de cœur qui préside aux unions de convenance, et l'espoir d'avoir un jour une compagne digne de son amour n'entrait que par hasard dans les chances de son bonheur. En attendant, la maladie pouvait être longue, et l'espoir de jours meilleurs n'efface point la sensation aiguë des douleurs présentes. Il revint à la pensée pénible de son aveuglement, le jour où il avait refusé d'enlever madame Delmare, et il se maudit d'avoir si mal compris ses véritables intérêts.

Sur ces entrefaites il reçut la lettre qu'Indiana lui écrivait de l'île Bourbon. L'énergie sombre et inflexible qu'elle conservait, au milieu des revers qui eussent dû briser son âme, frappa vivement Raymon.

« Je l'ai mal jugée, pensa-t-il, elle m'aimait réellement, elle m'aime encore, pour moi elle eût été capable de ces efforts héroïques que je croyais au-dessus des forces d'une femme ; et maintenant je n'aurais peut-être qu'un mot à dire pour l'attirer, comme un invincible aimant, d'un bout du monde à l'autre. S'il ne fallait pas six mois, huit mois peut-être pour obtenir ce résultat, je voudrais essayer ! »

Il s'endormit avec cette idée, mais il fut réveillé bientôt par un grand mouvement dans la chambre voisine. Il se leva avec peine, passa une robe de chambre et se traîna à l'appartement de sa mère ; elle était au plus mal.

Elle retrouva vers le matin la force de s'entretenir avec lui ; elle ne se faisait pas illusion sur le peu de temps qui lui restait à vivre ; elle s'occupa de l'avenir de son fils.

« Vous perdez, lui dit-elle, votre meilleure amie ; que le ciel la remplace par une compagne digne de vous. Mais soyez prudent, Raymon, et ne hasardez point le repos de votre vie entière pour une chimère d'ambition. Je ne connaissais, hélas ! qu'une femme que j'eusse voulu nommer ma fille : mais le ciel avait disposé d'elle. Cependant, écoutez, mon fils. M. Delmare est vieux et cassé ; qui sait si ce long voyage n'a pas épuisé le reste de ses forces ? Respectez l'honneur de sa femme tant qu'il vivra ; mais s'il, comme je le crois, il est appelé à me suivre de près dans la tombe, souvenez-vous qu'il y a encore au monde une femme qui vous aime presque autant que votre mère vous a aimé. »

Le soir, madame de Ramière mourut dans les bras de son fils. La douleur de Raymon fut amère et profonde ; il ne pouvait y avoir, devant une semblable perte, ni fausse exaltation ni calcul. Sa mère lui était réellement nécessaire ; avec elle il perdait tout le bien-être moral de sa vie. Il versa sur son front livide, sur ses yeux éteints, des larmes désespérantes ; il accusa le ciel, il maudit sa destinée, il pleura aussi Indiana. Il demanda compte à Dieu du bonheur qu'il lui devait ; il lui reprocha de le traiter comme un autre et de lui arracher tout à la fois. Puis il douta de ce Dieu qui le châtiait ; il aima mieux le nier que de se soumettre à ses arrêts. Il perdit toutes les illusions avec toutes les réalités de sa vie ; et il retourna à son lit de fièvre et de souffrances, brisé comme un roi déchu, comme un ange maudit.

Quand il fut à peu près rétabli, il jeta un coup d'œil sur la situation de la France. Le mal empirait ; de toutes parts on menaçait de refuser l'impôt. Raymon s'étonna de la confiance imbécile de son parti, et, jugeant à propos de ne pas se jeter encore dans la mêlée, il se renferma à Cercy avec le triste souvenir de sa mère et de madame Delmare.

A force de creuser l'idée qu'il avait d'abord légèrement conçue, il s'accoutuma à penser que cette dernière n'était pas perdue pour lui, s'il voulait se donner la peine de la rappeler. Il vit à cette résolution beaucoup d'inconvénients, mais plus d'avantages encore. Il n'entrait pas dans ses intérêts d'attendre qu'elle fût veuve pour l'épouser, comme l'avait entendu madame de Ramière. Delmare pouvait vivre vingt ans encore, et Raymon ne voulait pas renoncer pour toujours aux chances d'un mariage brillant. Il concevait mieux que cela dans sa riante et fertile imagination. Il pouvait, en se donnant un peu de peine, exercer sur Indiana un ascendant illimité ; il se sentait assez d'adresse et de rouerie dans l'esprit pour faire de cette femme ardente et sublime une maîtresse soumise et dévouée. Il pouvait la soustraire au courroux de l'opinion, la cacher derrière le mur impénétrable de sa vie privée, la garder comme un trésor au fond de sa retraite, et l'employer à répandre sur ses instants de solitude et de recueillement le bonheur d'une affection pure et généreuse. Il ne faudrait pas remuer beaucoup pour éviter la colère du mari ; il ne viendrait pas chercher sa femme au delà de trois mille lieues, quand ses intérêts le clouaient irrévocablement dans un autre monde. Indiana serait peu exigeante de plaisir et de liberté après les rudes épreuves qui l'avaient courbée au joug. Elle n'était ambitieuse que d'amour, et Raymon sentait qu'il l'aimerait par reconnaissance, dès qu'elle lui serait utile. Il se rappelait aussi la constance et la douceur qu'elle avait montrées pendant de longs jours de froideur et d'abandon. Il se promettait de conserver habilement sa liberté sans qu'elle osât s'en plaindre ; il se flattait de prendre assez d'empire sur sa conviction pour la faire consentir à tout, même à le voir marié ; et il appuyait cette espérance sur les nombreux exemples de liaisons intimes qu'il avait vues subsister en dépit des lois sociales, moyennant la prudence et

Tu ne m'abandonnes donc pas, toi? (Page 59.)

l'habileté avec lesquelles on savait échapper aux jugements de l'opinion.

« D'ailleurs, disait-il encore, cette femme aura fait pour moi un sacrifice sans retour et sans bornes. Pour moi elle aura traversé le monde et laissé derrière elle tout moyen d'existence, toute possibilité de pardon. Le monde n'est rigide que pour les fautes étroites et communes; une rare audace l'étonne, une infortune éclatante le désarme; il la plaindra, il l'admirera peut-être, cette femme qui pour moi aura fait ce que nulle autre n'oserait tenter. Il la blâmera, mais il n'en rira pas, et je ne serai pas coupable pour l'accueillir et la protéger après une si haute preuve de son amour. Peut-être, au contraire, vantera-t-on mon courage; du moins j'aurai des défenseurs, et ma réputation sera soumise à un glorieux et insoluble procès. La société veut quelquefois qu'on la brave; elle n'accorde pas son admiration à ceux qui rampent dans les voies battues. Au temps où nous sommes, il faut mener l'opinion à coups de fouet. »

Sous l'influence de ces pensées, il écrivit à madame Delmare. Sa lettre fut ce qu'elle devait être entre les mains d'un homme si adroit et si exercé. Elle respirait l'amour, la douleur, la vérité surtout. Hélas! quel roseau mobile est-ce donc que la vérité, pour se plier ainsi à tous les souffles?

Cependant Raymon eut la sagesse de ne point exprimer formellement l'objet de sa lettre. Il feignait de regarder le retour d'Indiana comme un bonheur inespéré; mais cette fois il lui parlait faiblement de ses devoirs. Il lui racontait les dernières paroles de sa mère; il peignait avec chaleur le désespoir où le réduisait cette perte, les ennuis de la solitude et le danger de sa situation. Il faisait un tableau sombre et terrible de la révolution qui grossissait à l'horizon de la France, et, tout en feignant de se réjouir d'être seul opposé à ses coups, il faisait entendre à Indiana que le moment était venu pour elle d'exercer cette enthousiaste fidélité, ce périlleux dévouement dont elle s'était vantée. Raymon accusait son destin, et disait que la vertu lui avait coûté bien cher, que son joug était bien rude, qu'il avait tenu le bonheur dans sa main et qu'il avait eu la force de se condamner à un éternel isolement. « Ne me dites plus que vous m'avez aimé, ajoutait-il; je suis alors si faible et si découragé que je maudis mon courage et que je hais mes

Il s'enfuit épouvanté. (Page 65.)

devoirs. Dites-moi que vous êtes heureuse, que vous m'oubliez, afin qu'il soit en ma puissance de n'aller pas vous arracher aux liens qui nous séparent. »

En un mot, il se disait malheureux; c'était dire à Indiana qu'il l'attendait.

XXVI.

Durant les trois mois qui s'écoulèrent entre le départ de cette lettre et son arrivée à l'île Bourbon, la situation de madame Delmare était devenue presque intolérable, par suite d'un incident domestique de la plus grande importance pour elle. Elle avait pris la triste habitude d'écrire chaque soir la relation des chagrins de la journée. Ce journal de ses douleurs s'adressait à Raymon, et, quoiqu'elle n'eût pas l'intention de le lui faire parvenir, elle s'entretenait avec lui, tantôt avec passion, tantôt avec amertume, des maux de sa vie et des sentiments qu'elle ne pouvait étouffer. Ces papiers tombèrent entre les mains de Delmare, c'est-à-dire qu'il brisa le coffre qui les recélait ainsi que les anciennes lettres de Raymon, et qu'il les dévora d'un œil jaloux et furieux. Dans le premier mouvement de sa colère, il perdit la force de se contenir, et alla, le cœur palpitant, les mains crispées, attendre qu'elle revînt de sa promenade. Peut-être, si elle eût tardé quelques minutes, cet homme malheureux aurait eu le temps de rentrer en lui-même; mais leur mauvaise étoile à tous deux voulut qu'elle se présentât presque aussitôt devant lui. Alors, sans pouvoir articuler une parole, il la saisit par les cheveux, la renversa, et la frappa au front du talon de sa botte.

A peine eut-il imprimé cette marque sanglante de sa brutalité à un être faible, qu'il eut horreur de lui-même. Il s'enfuit épouvanté de ce qu'il avait fait, et courut s'enfermer dans sa chambre, où il arma ses pistolets pour se brûler la cervelle; mais, au moment d'accomplir ce dessein, il vit, sous la varangue, Indiana qui s'était relevée, et qui essuyait, d'un air calme et froid, le sang dont son visage était inondé. D'abord, comme il croyait l'avoir tuée, il éprouva un sentiment de joie en la voyant debout, et puis sa colère se ralluma.

« Ce n'est qu'une égratignure, s'écria-t-il, et tu méritais mille morts! Non, je ne me tuerai pas; car tu irais t'en réjouir dans les bras de ton amant. Je ne veux pas assurer votre bonheur à tous deux, je veux vivre pour vous faire souffrir, pour te voir dépérir de langueur et d'ennui, pour déshonorer l'infâme qui s'est joué de moi. »

Il se débattait contre les tortures de la rage, lorsque Ralph entra par une autre porte de la varangue et rencontra Indiana échevelée, dans l'état où cette horrible scène l'avait laissée. Mais elle n'avait pas témoigné la moindre frayeur, elle n'avait pas laissé échapper un cri, elle n'avait pas élevé les mains pour demander grâce. Fatiguée de la vie, il semblait qu'elle eût éprouvé le désir cruel de donner à Delmare le temps de consommer un meurtre en n'appelant personne à son secours. Il est certain qu'au moment où cet événement avait eu lieu Ralph était à vingt pas de là, et qu'il n'avait pas entendu le moindre bruit.

« Indiana! s'écria-t-il en reculant d'effroi et de surprise, qui vous a blessée ainsi?

— Vous le demandez? répondit-elle avec un sourire amer, quel autre que *votre ami* en a le *droit* et la volonté ? »

Ralph jeta par terre le rotin qu'il tenait ; il n'avait pas besoin d'autres armes que ses larges mains pour étrangler Delmare. Il franchit la distance en deux sauts, enfonça la porte d'un coup de poing... mais il trouva Delmare étendu par terre, le visage violet, la gorge enflée, en proie aux convulsions étouffées d'une congestion sanguine.

Il s'empara des papiers épars sur le plancher. En reconnaissant l'écriture de Raymon, en voyant les débris de la cassette, il comprit ce qui s'était passé; et, recueillant avec soin ces pièces accusatrices, il courut les remettre à madame Delmare en l'engageant à les brûler tout de suite. Delmare ne s'était probablement pas donné le temps de tout lire.

Il la pria ensuite de se retirer dans sa chambre pendant qu'il appellerait les esclaves pour secourir le colonel ; mais elle ne voulut ni brûler les papiers ni cacher sa blessure.

« Non, lui dit-elle avec hauteur, je ne veux pas, moi ! Cet homme n'a pas daigné autrefois cacher ma fuite à madame de Carvajal ; il s'est empressé de publier ce qu'il appelait mon déshonneur. Je veux montrer à tous les vôtres ce stigmate du sien qu'il a pris soin de l'imprimer lui-même sur mon visage. C'est une étrange justice que celle qui impose à l'un de garder le secret des crimes de l'autre, quand celui-ci s'arroge le droit de le flétrir sans pitié ! »

Quand Ralph vit le colonel en état de l'entendre, il l'accabla de reproches avec plus d'énergie et de rudesse qu'on ne l'aurait cru capable d'en montrer. Alors Delmare, qui n'était certainement pas un méchant homme, pleura sa faute comme un enfant ; mais il la pleura sans dignité, comme on est capable de la faire quand on se livre à la sensation du moment sans en raisonner les effets et les causes. Prompt à se jeter dans l'excès contraire, il voulait appeler sa femme et lui demander pardon ; mais Ralph s'y opposa, et tâcha de lui faire comprendre que cette réconciliation puérile compromettrait l'autorité de l'un sans effacer l'injure faite à l'autre. Il savait bien qu'il est des torts qu'on ne pardonne pas et des malheurs qu'on ne peut oublier.

Dès ce moment le personnage de ce mari devint odieux aux yeux de sa femme. Tout ce qu'il fit pour réparer ses torts lui ôta le peu de considération qu'il avait pu garder jusque-là. Sa faute était immense, en effet ; l'homme qui ne se sent pas la force d'être froid et implacable dans sa vengeance doit abjurer toute velléité d'impatience et de ressentiment. Il n'y a pas de rôle possible entre celui du chrétien qui pardonne et celui de l'homme du monde qui répudie. Mais Delmare avait aussi sa part d'égoïsme ; il se sentait vieux, les soins de sa femme lui devenaient chaque jour plus nécessaires. Il se faisait une terrible peur de la solitude, et si, dans la crise de son orgueil blessé, il revenait à ses habitudes de soldat en la maltraitant, la réflexion le ramenait bientôt à cette faiblesse des vieillards qui s'épouvante de l'abandon. Trop affaibli par l'âge et les fatigues pour aspirer à devenir père de famille, il était resté vieux garçon dans son ménage, et il avait pris une femme comme il eût pris une gouvernante. Ce n'était donc pas par tendresse pour elle qu'il lui pardonnait de ne l'aimer pas, c'était par intérêt pour lui-même ; et s'il s'affligeait de ne pas régner sur ses affections, c'était parce qu'il craignait d'être moins bien soigné sur ses vieux jours.

De son côté, quand madame Delmare, profondément blessée par les lois sociales, raidissait toutes les forces de son âme pour les haïr et les mépriser, il y avait bien aussi au fond de ses pensées un sentiment tout personnel. Mais peut-être ce besoin de bonheur qui nous dévore, cette haine de l'injustice, cette soif de liberté qui ne s'éteignent qu'avec la vie, sont-ils les facultés constituantes de l'*égoïsme*, qualification par laquelle les Anglais désignent l'amour de soi, considéré comme un droit de l'homme et non comme un vice. Il me semble que l'individu choisi entre tous pour souffrir des institutions profitables à ses semblables doit, s'il a quelque énergie dans l'âme, se débattre contre ce joug arbitraire. Je crois aussi que plus son âme est grande et noble, plus elle doit s'ulcérer sous les coups de l'injustice. S'il avait rêvé que le bonheur doit récompenser la vertu, dans quels doutes affreux, dans quelles perplexités désespérantes doivent le jeter les déceptions que l'expérience lui apporte !

Aussi toutes les réflexions d'Indiana, toutes ses démarches, toutes ses douleurs, se rapportaient à cette grande et terrible lutte de la nature contre la civilisation. Si les montagnes désertes de l'île eussent pu la cacher longtemps, elle s'y serait infailliblement réfugiée le jour de l'attentat commis sur elle ; mais Bourbon n'avait pas assez d'étendue pour la soustraire aux recherches, et elle résolut de mettre la mer et l'incertitude du lieu de sa retraite entre elle et son tyran. Cette résolution prise, elle se sentit plus tranquille, et montra presque de l'insouciance et de la gaieté dans son intérieur. Delmare en fut si surpris et si charmé qu'il fit à part soi ce raisonnement de brute, qu'il était bon de faire sentir un peu la loi du plus fort aux femmes.

Alors elle ne rêva plus que de fuite, de solitude et d'indépendance ; elle roula dans son cerveau meurtri et douloureux mille projets d'établissement romanesque dans les terres désertes de l'Inde ou de l'Afrique. Le soir, elle suivait de l'œil le vol des oiseaux qui s'en allaient coucher à l'île Rodrigue. Cette abandonnée lui promettait toutes les douceurs de l'isolement, premier besoin d'une âme brisée. Mais les mêmes motifs qui l'empêchaient de gagner l'intérieur des terres de Bourbon lui faisaient abandonner l'étroit asile des terres voisines. Elle voyait souvent chez elle de gros traitants de Madagascar qui avaient des relations d'affaires avec son mari ; gens épais, cuivrés, grossiers, qui n'avaient pas de tact et de finesse que dans les intérêts de leur commerce. Leurs récits captivaient pourtant l'attention de madame Delmare ; elle se plaisait à les interroger sur les admirables productions de cette île, et ce qu'ils lui racontaient des merveilles de la nature dans cette contrée enflammait de plus en plus le désir qu'elle éprouvait d'aller s'y cacher. L'étendue du pays et le peu d'espace qu'y occupaient les Européens lui faisaient espérer de ne jamais y être découverte. Elle s'arrêta donc à ce projet, et nourrit son esprit oisif des rêves d'un avenir qu'elle prétendait se créer à elle seule. Déjà elle construisait son ajoupa solitaire sous l'abri d'une forêt vierge, au bord d'un fleuve sans nom ; elle se réfugiait sous la protection de ces peuplades que n'a point flétries le joug de nos lois et de nos préjugés. Ignorante qu'elle était, elle espérait trouver là les vertus exilées de notre hémisphère, et vivre en paix, étrangère à toute constitution sociale ; elle s'imaginait échapper aux dangers de l'isolement, résister aux maladies dévorantes du climat. Faible femme qui ne pouvait endurer la colère d'un homme, et qui se flattait de braver celle de l'état sauvage !

Au milieu de ces préoccupations romanesques et de ces projets extravagants, elle oubliait ses maux présents, elle se faisait un monde à part qui la consolait de celui où elle était forcée de vivre, elle s'habituait à penser moins à Raymon, qui bientôt ne devait plus rien être dans son existence solitaire et philosophique. A force de se bâtir un avenir selon sa fantaisie, elle laissait reposer un peu le passé; et déjà, à sentir son cœur plus libre et plus courageux, elle s'imaginait recueillir d'avance les fruits de sa vie d'anachorète. Mais la lettre de Raymon arriva, et cet édifice de chimères s'évanouit comme un souffle. Elle sentit, ou elle crut sentir qu'elle l'aimait plus que par le passé. Pour moi, je me plais à croire qu'elle ne l'aima jamais de toutes les forces de son âme. Il me semble que l'affection mal placée diffère de l'affection partagée autant qu'une erreur diffère d'une vérité; il me semble que si l'exaltation et l'ardeur de nos sentiments nous abusent au point de croire que c'est là de l'amour dans toute sa puissance, nous apprenons plus tard, en goûtant les délices d'un amour vrai, combien nous nous en étions imposé à nous-mêmes.

Mais la situation où Raymon se disait jeté rallumait dans le cœur d'Indiana cet élan de générosité qui était un besoin de sa nature. Le voyant seul et malheureux, elle se fit un devoir d'oublier le passé et de ne pas prévoir l'avenir. La veille elle voulait quitter son mari par haine et par ressentiment; maintenant elle regrettait de ne pas l'estimer, afin de faire à Raymon un véritable sacrifice. Tel était son enthousiasme qu'elle craignait de faire trop peu pour lui, en échappant à un maître irascible au péril de ses jours et en se soumettant à l'agonie d'un voyage de quatre mois. Elle eût donné sa vie sans croire que ce fût assez payer un sourire de Raymon. La femme est faite ainsi.

Il ne s'agissait donc plus que de partir. Il était bien difficile de tromper la méfiance de Delmare et la clairvoyance de Ralph. Mais ce n'était pas là le principal obstacle; il fallait échapper à la publicité que, selon les lois, tout passager est forcé de donner à son départ par la voie des journaux.

Parmi le peu d'embarcations ancrées dans la dangereuse rade de Bourbon, le navire *l'Eugène* était en partance pour l'Europe. Indiana chercha longtemps l'occasion de parler au capitaine sans être observée de son mari; mais chaque fois qu'elle témoignait le désir de se promener sur le port, il affectait de la remettre à la garde de sir Ralph, et lui-même les suivait de l'œil avec une patience désespérante. Cependant, à force de recueillir avec une scrupuleuse attention tous les indices favorables à son dessein, Indiana apprit que le capitaine du bâtiment gréé pour la France avait une parente au village de Sainte-Rose, dans l'intérieur de l'île, et qu'il revenait souvent à pied pour aller coucher à son bord. Dès ce moment elle ne quitta plus le rocher qui lui servait de point d'observation. Pour écarter les soupçons, elle s'y rendait par des sentiers détournés, et en revenait de même lorsqu'à la nuit close elle n'avait point découvert le voyageur qui l'intéressait sur le chemin de la montagne.

Il ne lui restait plus que deux jours d'espérance, car déjà le vent avait soufflé de terre sur la rade; le mouillage menaçait de n'être plus tenable, et le capitaine Random était impatient de gagner le large.

Enfin elle adressa au Dieu des opprimés et des faibles une ardente prière, et elle alla s'asseoir sur le chemin même de Sainte-Rose, bravant le danger d'être vue et risquant sa dernière espérance. Il n'y avait pas une heure qu'elle attendait lorsque le capitaine Random descendit le sentier. C'était un vrai marin, toujours rude et cynique, qu'il fût sombre ou jovial; son regard glaça d'effroi la triste Indiana. Cependant elle rassembla tout son courage, et marcha à sa rencontre d'un air digne et résolu.

« Monsieur, lui dit-elle, je viens mettre entre vos mains mon honneur et ma vie. Je veux quitter la colonie et retourner en France. Si, au lieu de m'accorder votre protection, vous trahissez le secret que je vous confie, je n'ai pas d'autre parti à prendre que de me jeter à la mer. »

Le capitaine répondit, en jurant, que la mer refuserait de sombrer une si jolie goëlette, et que, puisqu'elle venait d'elle-même s'abattre sous le vent, il répondait de la remorquer au bout du monde.

« Vous consentez donc, Monsieur? lui dit madame Delmare avec inquiétude; en ce cas, vous accepterez l'avance de mon passage. »

Et elle lui remit un écrin contenant les bijoux que madame de Carvajal lui avait donnés autrefois; c'était la seule fortune qu'elle possédât encore. Mais le marin l'entendait autrement, et il lui rendit l'écrin avec des paroles qui firent monter le sang à ses joues.

« Je suis bien malheureuse, Monsieur, lui répondit-elle en retenant les larmes de colère qui brillaient dans ses longs cils; la démarche que je fais auprès de vous vous autorise à m'insulter et, cependant, si vous saviez combien mon existence dans ce pays est odieuse, vous auriez pour moi plus de pitié que de mépris. »

La contenance noble et touchante d'Indiana imposa au capitaine Random. Les êtres qui ne font pas abus de leur sensibilité la retrouvent quelquefois saine et entière dans l'occasion. Il se rappela aussitôt la figure haïssable du colonel Delmare et le bruit que son aventure avait fait dans la colonie. En couvant d'un œil libertin cette créature si frêle et si jolie, il fut frappé de son air d'innocence et de candeur; il fut surtout vivement ému de remarquer sur son front une marque blanche que sa rougeur faisait ressortir. Il avait eu avec Delmare des relations de commerce qui lui avaient laissé du ressentiment contre cet homme si rigide et si serré en affaires.

« Malédiction! s'écria-t-il, je n'ai de mépris que pour l'homme capable de casser à coups de botte la tête d'une si jolie femme. Delmare est un corsaire à qui je ne serai pas fâché de jouer ce tour; mais soyez prudente, Madame, et songez que vous compromets ici mon caractère. Il faut vous échapper sans éclat au coucher de la lune, vous envoler comme une pauvre pétrelle du fond de quelque récif bien sombre...

— Je sais, Monsieur, répondit-elle, que vous ne me rendrez pas cet important service sans transgresser les lois; vous courrez peut-être le risque de payer une amende; c'est pourquoi je vous offre cet écrin, dont la valeur contient au moins le double du prix de la traversée. »

Le capitaine prit l'écrin en souriant.

« Ce n'est pas le moment de régler nos comptes, dit-il; je veux bien être le dépositaire de votre petite fortune. Vous n'avez pas sans doute, vu la circonstance, un bagage bien considérable; rendez-vous la nuit du départ dans les rochers de l'anse aux Lataniers; vous verrez venir à vous un canot armé de deux bons rameurs, et l'on vous passera par-dessus le bord entre une et deux heures du matin. »

XXVII.

Cette journée du départ s'écoula comme un rêve. Indiana avait craint de la trouver longue et pénible; elle passa comme un instant. Le silence de la campagne, la tranquillité de l'habitation, contrastaient avec les agitations intérieures qui dévoraient madame Delmare. Elle s'enfermait dans sa chambre pour y préparer le peu de hardes qu'elle voulait emporter; puis elle les cachait sous ses vêtements et les portait une à une dans les rochers de l'anse aux Lataniers, où elle les mettait dans un panier d'écorce enseveli sous le sable. La mer était rude, et le vent grossissait d'heure en heure. Par précaution, le navire *l'Eugène* était sorti du port, et madame Delmare apercevait au loin ses voiles blanches que la bise enflait, tandis que l'équipage, pour se maintenir dans sa station, lui faisait courir des bordées. Son cœur s'élançait alors avec de vives palpitations vers ce bâtiment qui semblait piaffer d'impatience, comme un coursier plein d'ardeur au moment de partir. Mais lorsqu'elle regagnait l'intérieur de l'île, elle retrouvait dans les gorges de la montagne un air calme et doux, un soleil pur, le chant des oiseaux, le bourdonnement des insectes, et l'activité des travaux qui avait son cours comme la veille, indifférents aux émotions violentes qui la torturaient. Alors elle doutait de la réalité de sa situation, et se demandait si ce départ prochain n'était pas l'illusion d'un songe.

Vers le soir le vent tomba. *L'Eugène* se rapprocha de la côte, et au coucher du soleil madame Delmare entendit du haut de son rocher le canon bondir sur les échos de l'île. C'était le signal du départ pour le jour suivant, au retour de l'astre qui se plongeait alors dans les flots.

Après le repas, M. Delmare se trouva incommodé. Sa femme crut que tout était désespéré, qu'il tiendrait la maison éveillée toute la nuit, que son projet allait échouer; et puis il souffrait, il avait besoin d'elle; ce n'était pas le moment de le quitter. C'est alors que le remords entra dans son âme et qu'elle se demanda qui aurait pitié de ce vieillard quand elle l'aurait abandonné. Elle frémit de penser qu'elle allait consommer un crime à ses propres yeux, et que la voix de la conscience s'élèverait plus haut peut-être que celle de la société pour la condamner. Si, comme à l'ordinaire, Delmare eût réclamé ses soins avec dureté, s'il se fût montré impérieux et fantasque dans ses souffrances, la résistance eût semblé douce et légitime à l'esclave opprimée; mais, pour la première fois de sa vie, il supporta son mal avec douceur et témoigna à sa femme de la reconnaissance et de l'affection. A dix heures il déclara qu'il se sentait tout à fait bien, exigea qu'elle se retirât chez elle, et défendit qu'on s'inquiétât de lui davantage. Ralph assura en effet que tout symptôme de maladie avait disparu et qu'un sommeil tranquille était désormais le seul remède nécessaire. Quand onze heures sonnèrent, tout était tranquille et silencieux dans l'habitation. Madame Delmare se jeta à genoux et pria en pleurant avec amertume; car elle allait charger son cœur d'une grande faute, et de Dieu lui viendrait désormais le seul pardon qu'elle pût espérer. Elle entra doucement dans la chambre de son mari. Il dormait profondément; son visage était calme, sa respiration égale. Au moment où elle allait se retirer, elle aperçut dans l'ombre une autre personne endormie sur un fauteuil. C'était Ralph, qui s'était relevé sans bruit, et qui était venu garder, en cas de nouvel accident, le sommeil de son mari.

« Pauvre Ralph ! pensa Indiana ; quel éloquent et cruel reproche pour moi ! »

Elle eut envie de le réveiller, de lui tout avouer, de le supplier de la préserver d'elle-même, et puis elle pensa à Raymon. « Encore un sacrifice, se dit-elle, et le plus cruel de tous, celui de mon devoir. »

L'amour, c'est la vertu de la femme; c'est pour lui qu'elle se fait une gloire de ses fautes, c'est de lui qu'elle reçoit l'héroïsme de braver ses remords. Plus le crime lui coûte à commettre, plus elle aura mérité de celui qu'elle aime. C'est le fanatisme qui met le poignard aux mains du religieux.

Elle ôta de son cou une chaîne d'or qui lui venait de sa mère et qu'elle avait toujours portée; elle la passa doucement au cou de Ralph, comme le dernier gage d'une amitié fraternelle, et pencha encore une fois sa lampe sur le visage de son vieil époux pour s'assurer qu'il n'était plus malade. Il rêvait en ce moment, et dit d'une voix faible et triste : *Prends garde à cet homme, il te perdra*. Indiana frémit de la tête aux pieds et s'enfuit dans sa chambre. Elle se tordit les mains dans une douloureuse incertitude; puis tout d'un coup elle s'empara de cette pensée, qu'elle n'agissait point en vue d'elle-même, mais de Raymon; qu'elle n'allait point à lui pour chercher du bonheur, mais pour lui en porter, et que, dût-elle être maudite dans l'éternité, elle en serait assez dédommagée si elle embellissait la vie de son amant. Elle s'élança hors de l'habitation et gagna l'anse aux Lataniers d'un pas rapide, n'osant se retourner pour regarder ce qu'elle laissait derrière elle.

Elle s'occupa aussitôt de déterrer sa valise d'écorce, et elle s'assit dessus, silencieuse, tremblante, écoutant le vent qui sifflait, la vague qui râlait en mourant à ses pieds, et la satanite qui gémissait d'une voix aigre dans les grandes algues marines pendues aux parois des rochers; mais tous ces bruits étaient dominés par les battements de son cœur, qui résonnaient dans ses oreilles comme le son d'une cloche funèbre.

Elle attendit longtemps; elle fit sonner sa montre, et vit que l'heure était passée. La mer était si mauvaise, et en tout temps la navigation est si difficile sur les côtes de l'île, qu'elle commençait à désespérer de la bonne volonté des rameurs chargés de l'emmener, lorsqu'elle aperçut sur les flots brillants l'ombre noire d'une pirogue, qui essayait d'approcher. Mais la houle était si forte, la mer se creusait tellement, que la frêle embarcation disparaissait à chaque instant, et s'ensevelissait comme dans les sombres plis d'un linceul étoilé d'argent. Elle se leva et répondit plusieurs fois au signal qui l'appelait par des cris que le vent emportait avant de les transmettre aux rameurs. Enfin, lorsqu'ils furent assez près pour l'entendre, ils se dirigèrent vers elle avec beaucoup de peine; puis ils s'arrêtèrent pour attendre une lame. Dès qu'ils la sentirent soulever l'esquif, ils redoublèrent d'efforts, et la vague, en se déferlant les jeta avec le canot sur un tas de galets.

Le terrain sur lequel Saint-Paul est bâti doit son origine aux sables de la mer et à ceux des montagnes que la rivière des Galets a charriés à de grandes distances de son embouchure, au moyen des remous de son courant. Ces amas de cailloux arrondis forment autour du rivage des montagnes sous-marines que la houle entraîne, renverse et reconstruit à son gré. Leur mobilité en rend le choc inévitable, et l'habileté du pilote devient inutile pour se diriger parmi ces écueils sans cesse renaissants. Les gros navires, stationnés dans le port de Saint-Denis, sont souvent arrachés de leurs ancres et brisés sur la côte par la violence des courants; ils n'ont d'autre ressource, lorsque le vent de terre commence à souffler et à rendre dangereux le retrait brusque des vagues, que de gagner la pleine mer au plus vite; et c'est ce que faisait le brick *l'Eugène*.

Le canot emporta Indiana et sa fortune au milieu des lames furieuses, des hurlements de la tempête et des imprécations des deux rameurs, qui ne se gênaient pas pour maudire tout haut le danger auquel ils s'exposaient pour elle. Il y avait deux heures, disaient-ils, que le navire eût dû lever l'ancre, et c'était à cause d'elle que le capitaine avait refusé obstinément d'en donner l'ordre. Ils ajoutaient à cet égard des réflexions insultantes et cruelles, dont la malheureuse fugitive dévorait la honte en silence; et comme l'un de ces deux hommes faisait observer à l'autre qu'ils pourraient être punis s'ils manquaient aux égards qu'on leur avait prescrits pour la *maîtresse du capitaine* :

« Laisse-moi tranquille! répondit-il en jurant; c'est avec les requins que nous avons des comptes à régler cette nuit. Si jamais nous revoyons le capitaine Random, il ne sera pas plus méchant qu'eux, j'espère.

— A propos de requin, dit le premier, je ne sais pas si c'en est un qui nous flaire déjà, mais je vois dans notre sillage une face qui n'est pas chrétienne.

— Imbécile! qui prends la figure d'un chien pour celle d'un loup de mer! Holà! mon passager à quatre pattes, l'on vous a oublié à la côte; mais, mille sabords! vous ne mangerez pas le biscuit de l'équipage. Notre consigne ne porte que pour une demoiselle, il n'est pas question du bichon... »

En même temps il levait son aviron pour en décharger un coup sur la tête de l'animal, lorsque madame Delmare, jetant sur la mer ses yeux distraits et humides, reconnut sa belle chienne Ophélia, qui avait retrouvé sa trace dans les rochers de l'île et qui la suivait à la nage. Au moment où le marin allait la frapper, la vague, contre laquelle elle luttait péniblement, l'entraîna loin du canot, et sa maîtresse entendit ses gémissements de douleur et d'impatience. Elle supplia les rameurs de la prendre dans l'embarcation, et ils feignirent de s'y disposer; mais, au moment où le fidèle animal se rapprochait d'eux, ils lui brisèrent le crâne, avec de grossiers éclats de rire, et Indiana vit flotter le cadavre de cet être qui l'avait aimée plus que Raymon. En même temps une lame furieuse entraîna la pirogue comme au fond d'une cataracte, et les rires des matelots se changèrent en imprécations de détresse. Cependant, grâce à sa surface plate et légère, la pirogue bondit avec élasticité comme un plongeon sur les eaux, et remonta brusquement au faîte de la lame, pour se précipiter dans un autre ravin et remonter encore à la crête écumeuse du flot. A mesure que la côte s'éloignait, la mer devenait moins houleuse, et bientôt l'embarcation navigua rapidement et sans danger vers le navire. Alors la bonne humeur revint aux deux rameurs, et avec elle la réflexion. Ils s'efforcèrent de réparer leur grossièreté envers Indiana; mais leurs cajoleries étaient plus insultantes que leur colère.

« Allons, ma jeune dame, disait l'un, prenez courage, vous voilà sauvée; sans doute le capitaine nous fera boire le meilleur vin de la cambuse pour le joli ballot que nous lui avons repêché. »

L'autre affectait de s'apitoyer sur ce que les lames avaient mouillé les vêtements de la jeune dame; mais, ajoutait-il, le capitaine l'attendait pour lui prodiguer ses soins. Immobile et muette, Indiana écoutait leurs propos avec épouvante; elle comprenait l'horreur de sa situation, ne voyait plus d'autre moyen de se soustraire aux affronts qui l'attendaient que de se jeter dans la mer. Deux ou trois fois elle faillit s'élancer hors de la pirogue; puis elle reprit courage, un courage sublime, avec cette pensée :

« C'est pour lui, c'est pour Raymon que je souffre tous ces maux. Je dois vivre, fussé-je accablée d'ignominie ! »

Elle porta la main à son cœur oppressé, et y trouva la lame d'un poignard qu'elle y avait caché le matin par une sorte de prévision instinctive. La possession de cette arme lui rendit toute sa confiance; c'était un stylet court et effilé que son père avait coutume de porter, une vieille lame espagnole qui avait appartenu à un Médina-Sidonia, dont le nom était gravé à jour sur l'acier du coutelas, avec la date de 1300. Elle s'était sans doute rouillée dans du sang noble, cette bonne arme; elle avait lavé probablement plus d'un affront, puni plus d'un insolent. Avec elle, Indiana se sentit redevenir Espagnole, et elle passa sur le navire avec résolution, en se disant qu'une femme ne courait aucun danger tant qu'elle avait un moyen de se donner la mort avant d'accepter le déshonneur. Elle ne se vengea de la dureté de ses guides qu'en les dédommageant avec magnificence de leur fatigue; puis elle se retira dans la dunette, et attendit avec anxiété que l'heure du départ fût venue.

Enfin le jour se leva, et la mer se couvrit de pirogues qui amenaient à bord les passagers. Indiana, cachée derrière un sabord, regardait avec terreur les figures qui sortaient de ces embarcations; elle tremblait d'y voir apparaître celle de son mari venant la réclamer. Enfin le canon du départ alla mourir dans les échos de cette île qui lui avait servi de prison. Le navire commença à soulever des torrents d'écume, et le soleil, en s'élevant dans les cieux, jeta ses reflets roses et joyeux sur les cimes blanches des Salazes, qui commençaient à s'abaisser à l'horizon.

A quelques lieues en mer, une sorte de comédie fut jouée à bord pour éluder l'aveu de la supercherie. Le capitaine Random feignit de découvrir madame Delmare sur son bâtiment; il joua la surprise, interrogea les matelots, fit semblant de s'emporter, puis de s'apaiser, et finit par dresser procès-verbal de la rencontre à bord d'un *enfant trouvé*; c'est le terme technique en pareille circonstance.

Permettez-moi de terminer ici le récit de cette traversée. Il me suffira de vous dire, pour la justification du capitaine Random, qu'il eut, malgré sa rude éducation, assez de bon sens naturel pour comprendre vite le caractère de madame Delmare; il hasarda peu de tentatives pour abuser de son isolement, et il finit par en être touché et lui servir d'ami et de protecteur. Mais la loyauté de ce brave homme et la dignité d'Indiana n'empêchèrent pas les propos de l'équipage, les regards moqueurs, les doutes insultants, et les plaisanteries lestes et incisives. Ce furent là les véritables tortures de cette infortunée pendant le voyage, car, pour les fatigues, les privations, les dangers de la mer, les ennuis et le malaise de la navigation, je ne vous en parle pas; elle-même les compta pour rien.

XXVIII.

Trois jours après le départ de la lettre pour l'île Bourbon, Raymon avait complètement oublié et cette lettre et son objet. Il s'était senti mieux portant, et il avait hasardé une visite dans son voisinage. La terre du Lagny, que M. Delmare avait laissée en payement à ses créanciers, venait d'être acquise par un riche industriel, M. Hubert, homme habile et estimable, non pas comme tous les riches industriels, mais comme un petit nombre d'hommes enrichis. Raymon trouva le nouveau propriétaire installé dans cette maison qui lui rappelait tant de choses. Il se plut d'abord à laisser un libre cours à son émotion en parcourant ce jardin où les pas légers de Noun semblaient encore empreints sur le sable, et ces vastes appartements qui semblaient retentir encore du son des douces paroles d'Indiana; mais bientôt la présence d'un nouvel hôte changea la direction de ses idées.

Dans le grand salon, à la place où madame Delmare se tenait d'ordinaire pour travailler, une jeune personne grande et svelte, au long regard à la fois doux et malicieux, caressant et moqueur, était assise devant un chevalet, et s'amusait à copier à l'aquarelle les bizarres lambris de la muraille. C'était une chose charmante que cette copie, une fine moquerie tout empreinte du caractère railleur et poli de l'artiste. Elle s'était plu à outrer la prétentieuse gentillesse de ces vieilles fresques; elle avait saisi l'esprit faux et chatoyant du siècle de Louis XV sur ces figurines guindées. En rafraîchissant les couleurs fanées par le temps, elle leur avait rendu leurs grâces maniérées, leur parfum de courtisanerie, leurs atours de boudoir et de bergerie si singulièrement identiques. A côté de cette œuvre de raillerie historique elle avait écrit le mot *pastiche*.

Elle leva lentement sur Raymon ses longs yeux empreints d'une cajolerie caustique, attractive et perfide, qui lui rappela je ne sais pourquoi l'*Anna Page* de Shakspeare. Il n'y avait dans son maintien ni timidité, ni hardiesse, ni affectation d'usage, ni méfiance d'elle-même. Leur entretien roula sur l'influence de la mode dans les arts.

« N'est-ce pas, Monsieur, que la couleur morale de l'époque était dans ce pinceau? lui dit-elle en lui montrant la boiserie chargée d'amours champêtres, à la manière de Boucher. N'est-il pas vrai que ces moutons ne marchent pas, ne dorment pas, ne broutent pas comme des moutons d'aujourd'hui? Et cette jolie nature fausse et peignée, ces buissons de roses à cent feuilles au milieu des bois, où de nos jours ne croissent plus que des haies d'églantiers, ces oiseaux apprivoisés dont l'espèce a disparu apparemment, ces robes de satin que le soleil ne ternissait pas; n'est-ce pas qu'il y avait dans tout cela de la poésie, des idées de mollesse et de bonheur, le sentiment de toute une vie douce, inutile et inoffensive? Sans doute, ces ridicules fictions valaient bien nos sombres élucubrations politiques! Que ne suis-je née en ces jours-là! ajouta-t-elle en souriant; j'eusse été bien plus propre (femme frivole et bornée que je suis) à faire des peintures d'éventail et des chefs-d'œuvre de parfilage qu'à commenter les journaux et à comprendre la discussion des Chambres! »

M. Hubert laissa les deux jeunes gens ensemble; et peu à peu leur conversation dévia au point de tomber sur madame Delmare.

« Vous étiez très-lié avec nos prédécesseurs dans cette maison, dit la jeune fille, et sans doute il y a de la générosité de votre part à venir voir de nouveaux visages. Madame Delmare, ajouta-t-elle en attachant sur lui un regard pénétrant, était une personne remarquable, dit-on ; elle a dû laisser ici pour vous des souvenirs qui ne sont pas à notre avantage.

— C'était, répondit Raymon avec indifférence, une excellente femme, et son mari était un digne homme…

— Mais, reprit l'insouciante jeune fille, c'était, ce me semble, quelque chose de plus qu'une excellente femme. Si je m'en souviens bien, il y avait dans sa personne un charme qui mériterait une épithète plus vive et plus poétique. Je la vis, il y a deux ans, à un bal chez l'ambassadeur d'Espagne. Elle était ravissante ce jour-là ; vous en souvenez-vous ? »

Raymon tressaillit au souvenir de cette soirée, où il avait parlé à Indiana pour la première fois. Il se rappela en même temps qu'il avait remarqué à ce bal la figure distinguée et les yeux spirituels de la jeune personne avec laquelle il parlait en ce moment ; mais il n'avait pas demandé alors qui elle était.

Ce ne fut qu'en sortant, et lorsqu'il félicitait M. Hubert des grâces de sa fille, qu'il apprit son nom.

« Je n'ai pas le bonheur d'être son père, répondit l'industriel ; mais je m'en suis dédommagé en l'adoptant. Vous ne savez donc pas mon histoire ?

— Malade depuis plusieurs mois, répondit Raymon, je ne sais de vous que le bien que vous avez déjà fait dans ce pays.

— Il est des gens, répondit M. Hubert en souriant, qui me font un grand mérite de l'adoption de mademoiselle de Nangy ; mais vous, Monsieur, qui avez l'âme élevée, vous allez voir si j'ai fait autre chose que ce que la délicatesse me prescrivait. Veuf, sans enfants, je me trouvai il y a dix ans à la tête de fonds assez considérables, fruits de mon travail, que je cherchais à placer. Je trouvai à acheter en Bourgogne la terre et le château de Nangy, qui étaient des biens nationaux fort à ma convenance. J'en étais propriétaire depuis quelque temps, lorsque j'appris que l'ancien seigneur de ce domaine vivait retiré dans une chaumière avec sa petite-fille, âgée de sept ans, et que leur existence était misérable. Ce vieillard avait bien reçu des indemnités, mais il les avait consacrées à payer religieusement les dettes contractées dans l'émigration. Je voulus adoucir son sort, et lui offrir un asile chez moi ; mais il avait conservé dans son infortune tout l'orgueil de son rang. Il refusa de rentrer comme par charité dans le manoir de ses pères, et mourut peu de temps après mon arrivée, sans vouloir accepter de moi aucun service. Alors je recueillis son enfant. Déjà fière, la petite patricienne agréa mes soins malgré elle ; mais à cet âge les préjugés ont peu de racine, et les résolutions peu de durée. Elle s'accoutuma bientôt à me regarder comme son père, et je l'ai élevée comme ma propre fille. Elle m'en a bien récompensé par le bonheur qu'elle répand sur mes vieux jours. Aussi, pour le l'assurer, ce bonheur, j'ai adopté mademoiselle de Nangy, et je n'aspire maintenant qu'à lui trouver un mari digne d'elle et capable de gérer habilement les biens que je lui laisserai. »

Insensiblement, cet excellent homme, encouragé par l'intérêt que Raymon accordait à ses confidences, le mit bourgeoisement, dès la première entrevue, dans le secret de toutes ses affaires. Son auditeur attentif comprit qu'il y avait là une belle et forte fortune établie avec l'ordre le plus minutieux, et qui n'attendait pour paraître dans tout son lustre qu'un consommateur plus jeune et de mœurs plus élégantes que le bon Hubert. Il sentit qu'il pouvait être l'homme appelé à cette tâche agréable, et il remercia la destinée ingénieuse qui conciliait tous ses intérêts en lui offrant, à l'aide d'incidents romanesques, une femme de son rang à la tête d'une belle fortune plébéienne. C'était un coup du sort à ne pas laisser échapper, et il y mit toute son habileté. Par-dessus le marché, l'héritière était charmante ; Raymon se réconcilia un peu avec sa providence. Quant à madame Delmare, il ne voulut pas y penser. Il chassa les craintes que lui inspirait de temps en temps sa lettre ; il chercha à se persuader que la pauvre Indiana n'en saisirait pas les intentions ou n'aurait pas le courage d'y répondre ; enfin il réussit à s'abuser lui-même et à ne se pas croire coupable, car Raymon eût eu en horreur de se trouver égoïste. Il n'était pas de ces scélérats ingénus qui viennent sur la scène faire à leur propre cœur la naïve confession de leurs vices. Le vice ne se mire pas dans sa propre laideur, car il se ferait peur à lui-même, et le Yago de Shakspeare, personnage si vrai dans ses actions, est faux dans ses paroles, forcé qu'il est par nos conventions dramatiques de venir dévoiler lui-même les replis secrets de son cœur tortueux et profond. L'homme met rarement ainsi de sang-froid sa conscience sous ses pieds. Il la retourne, il la presse, il la tiraille, il la déforme ; et quand il l'a faussée, avachie et usée, il la porte avec lui comme un gouverneur indulgent et facile qui se plie à ses passions et à ses intérêts, mais qu'il feint toujours de consulter et de craindre.

Il retourna donc souvent au Lagny, et ses visites furent agréables à M. Hubert ; car, vous le savez, Raymon avait l'art de se faire aimer, et bientôt tout le désir du riche plébéien fut de l'appeler son gendre. Mais il voulait que sa fille adoptive le choisît elle-même, et que toute liberté leur fût laissée pour se connaître et se juger.

Laure de Nangy ne se pressait pas de décider le bonheur de Raymon ; elle le tenait puis dans un équilibre parfait entre la crainte et l'espérance. Moins généreuse que madame Delmare, mais plus adroite, froide et flatteuse, orgueilleuse et prévenante, c'était la femme qui devait subjuguer Raymon ; car elle lui était aussi supérieure en habileté qu'il l'avait été lui-même à Indiana. Elle eut bientôt compris que les convoitises de son admirateur étaient bien autant pour sa fortune que pour elle. Sa raisonnable imagination n'avait rien espéré de mieux en fait d'hommages ; elle avait trop de bon sens, trop de connaissance du monde actuel pour avoir rêvé l'amour à côté de deux millions. Calme et philosophe, elle en avait pris son parti, et ne trouvait point Raymon coupable ; elle ne le haïssait point d'être calculateur et positif comme son siècle ; seulement elle le connaissait trop pour l'aimer. Elle mettait tout son orgueil à n'être point au-dessous de ce siècle froid et raisonneur ; son amour-propre eût souffert d'y porter les niaises illusions d'une pensionnaire ignorante ; elle eût rougi d'une déception comme d'une sottise ; elle faisait, en un mot, consister son héroïsme à échapper à l'amour, comme madame Delmare mettait le sien à s'y livrer.

Mademoiselle de Nangy était donc bien résolue à subir le mariage comme une nécessité sociale ; mais elle se faisait un malin plaisir d'user de cette liberté qui lui appartenait encore, et de faire sentir quelque temps son autorité à l'homme qui aspirait à la lui ôter. Point de jeunesse, point de doux rêves, point d'avenir brillant et menteur pour cette jeune fille condamnée à subir toutes les misères de la fortune. Pour elle la vie était un calcul stoïque, et le bonheur d'une illusion puérile, dont il fallait se défendre comme d'une faiblesse et d'un ridicule.

Pendant que Raymon travaillait à établir sa fortune, Indiana approchait des rives de la France. Mais quels furent sa surprise et son effroi, en débarquant, de voir le drapeau tricolore flotter sur les murs de Bordeaux ! Une violente agitation bouleversait la ville ; le préfet avait été presque massacré la veille ; le peuple se soulevait de toutes parts ; la garnison semblait s'apprêter à une lutte sanglante, et l'on ignorait encore l'issue de la révolution de Paris. « J'arrive trop tard ! » fut la pensée qui tomba sur madame Delmare comme un coup de foudre. Dans son effroi, elle laissa le peu d'argent et de hardes qu'elle possédait sur le navire, et se mit à parcourir la ville dans une sorte d'égarement. Elle chercha une diligence pour Paris, mais les voitures publiques étaient encombrées de gens qui fuyaient ou qui allaient profiter de la dépouille des vaincus. Ce ne fut que vers le soir qu'elle trouva une place. Au moment où elle montait en voiture, un piquet de garde nationale improvisée vint s'opposer au départ des voyageurs et demanda à voir leurs papiers. Indiana n'en avait point. Tandis qu'elle se débattait contre les soupçons assez absurdes des triomphateurs, elle entendit assurer autour d'elle que la royauté était tombée, que le roi était en fuite et que les ministres avaient été massacrés avec tous leurs partisans. Ces nouvelles, proclamées avec des rires, des trépignements, des cris de joie, portèrent un coup mortel à madame Delmare. Dans toute cette révolution, un seul fait d'intéressait personnellement; dans toute la France, elle ne connaissait qu'un seul homme. Elle tomba évanouie sur le pavé, et ne recouvra la connaissance que dans un hôpital... au bout de plusieurs jours.

Sans argent, sans linge, sans effets, elle en sortit, deux mois après, faible, chancelante, épuisée par une fièvre inflammatoire cérébrale qui avait fait plusieurs fois désespérer de sa vie. Quand elle se trouva dans la rue, seule, se soutenant à peine, privée d'appui, de ressources et de forces; quand elle fit un effort pour se rappeler sa situation, et qu'elle se vit perdue et isolée dans cette grande ville, elle éprouva un indicible sentiment de terreur et de désespoir en songeant que le sort de Raymon était décidé depuis longtemps, et qu'il n'y avait pas autour d'elle un seul être qui pût faire cesser l'affreuse incertitude où elle se trouvait. L'horreur de l'abandon pesa de toute sa puissance sur son âme brisée, et l'apathique désespoir qu'inspire la misère vint peu à peu amortir toutes ses facultés. Dans cet engourdissement moral où elle se sentait tomber, elle se traîna sur le port, et, toute tremblante de fièvre, elle s'assit sur une borne pour se réchauffer au soleil, en regardant avec une indolente fixité l'eau qui coulait à ses pieds. Elle resta là plusieurs heures, sans énergie, sans espoir, sans volonté; puis elle se rappela enfin ses effets, dont argent qu'elle avait laissés sur le brick *l'Eugène*, et qu'il serait possible peut-être de retrouver; mais la nuit était venue, et elle n'osa pas s'introduire au milieu de ces matelots qui abandonnaient les travaux avec une rude gaieté, et leur demander des informations sur ce navire. Désirant, au contraire, échapper à l'attention qui commençait à se fixer sur elle, elle quitta le port et s'alla cacher dans les décombres d'une maison abattue, derrière la vaste esplanade des Quinconces. Elle y passa la nuit, blottie dans un coin, une froide nuit d'octobre, amère de pensers et pleine de frayeurs. Enfin le jour vint, la faim se fit sentir poignante et implacable. Elle se décida à demander l'aumône. Ses vêtements, quoique en assez mauvais état, annonçaient encore plus d'aisance qu'il ne convient à une mendiante; on la regarda avec curiosité, avec méfiance, avec ironie, et on ne lui donna rien. Elle se traîna de nouveau sur le port, demanda des nouvelles du brick *l'Eugène*, et apprit du premier batelier qu'elle rencontra que ce bâtiment était toujours en rade de Bordeaux. Elle s'y fit conduire en canot, et trouva Random en train de déjeuner.

« Eh bien! s'écria-t-il, ma belle passagère, vous voici déjà revenue de Paris? Vous faites bien d'arriver, car je repars demain. Faudra-t-il vous reconduire à Bourbon? »

Il apprit à madame Delmare qu'il l'avait fait chercher partout, afin de lui remettre ce qui lui appartenait. Mais Indiana n'avait sur elle, au moment où on l'avait portée à l'hôpital, aucun papier qui pût faire connaître son nom. Elle avait été inscrite sous la désignation d'inconnue sur les registres de l'administration et sur ceux de la police; le capitaine n'avait donc pu trouver aucun renseignement.

Le lendemain, malgré son état de faiblesse et de fatigue, Indiana partit pour Paris. Ses inquiétudes eussent dû se calmer en voyant la tournure que les affaires politiques avaient prise; mais l'inquiétude ne raisonne pas, et l'amour est fécond en craintes puériles.

Le soir même de son arrivée à Paris, elle courut chez Raymon; elle interrogea le concierge avec angoisse.

« Monsieur se porte bien, répondit celui-ci, il est au Lagny.

— Au Lagny! Vous voulez dire à Cercy?

— Non, Madame, au Lagny, dont il est actuellement propriétaire. »

« Bon Raymon! pensa Indiana, il a racheté cette terre pour m'y donner un asile où la méchanceté publique ne puisse m'atteindre. Il savait bien que je viendrais!... »

Ivre de bonheur, elle courut, légère et animée d'une vie nouvelle, s'installer dans un hôtel garni; elle donna la nuit et une partie du lendemain au repos. Il y avait si longtemps que l'infortunée n'avait dormi d'un sommeil paisible! Ses rêves furent gracieux et décevants, et, quand elle s'éveilla, elle ne regretta point l'illusion des songes, car elle retrouva l'espérance à son chevet. Elle s'habilla avec soin; elle savait que Raymon tenait à toutes les minuties de la toilette, et dès le soir précédent elle avait commandé une robe fraîche et jolie qu'on lui apporta à son réveil. Mais quand elle voulut se coiffer, elle chercha en vain sa longue et magnifique chevelure; durant sa maladie elle était tombée sous les ciseaux de l'infirmière. Elle s'en aperçut alors pour la première fois, tant ses fortes préoccupations l'avaient distraite des petites choses.

Néanmoins, quand elle eut bouclé ses courts cheveux noirs sur son front blanc et mélancolique, quand elle eut enveloppé sa jolie tête sous un petit chapeau de forme anglaise, appelé alors, par allusion à l'échec porté aux fortunes, *un trois pour cent*, quand elle eut attaché à sa ceinture un bouquet des fleurs dont Raymon aimait le parfum, elle espéra qu'elle lui plairait encore; car elle était redevenue pâle et frêle comme aux premiers jours où il l'avait connue, et l'effet de la maladie avait effacé ceux du soleil des tropiques.

Elle prit une remise dans l'après-midi et arriva vers neuf heures du soir à un village sur la lisière de la forêt de Fontainebleau. Là elle fit dételer, donna ordre au cocher de l'attendre jusqu'au lendemain, et prit seule, à pied, un sentier dans le bois qui la conduisit au parc de Lagny en moins d'un quart d'heure. Elle chercha à pousser la petite porte, mais elle était fermée en dedans. Indiana voulait entrer furtivement, échapper à l'œil des domestiques, surprendre Raymon. Elle longea le mur du parc. Il était vieux; elle se rappelait qu'il s'y faisait des brèches fréquentes, et par bonheur elle en trouva une qu'elle escalada sans trop de peine.

En mettant le pied sur une terre qui appartenait à Raymon et qui allait devenir désormais son asile, son sanctuaire, sa forteresse, sa patrie, elle sentit son cœur bondir de joie. Elle franchit, légère et triomphante, les allées sinueuses qu'elle connaissait si bien. Elle gagna le jardin anglais, si sombre et si solitaire de ce côté-là. Rien n'était changé dans les plantations; mais le pont dont elle redoutait l'aspect douloureux avait disparu, le cours même de la rivière était déplacé; les lieux qui eussent rappelé la mort de Noun avaient seuls changé de face.

« Il a voulu m'ôter ce cruel souvenir, pensa Indiana. Il a eu tort; j'aurais pu le supporter. N'est-ce pas pour moi qu'il avait mis ce remords dans sa vie? Désormais nous sommes quittes, car j'ai commis un crime aussi. J'ai peut-être causé la mort de mon mari. Raymon peut m'ouvrir ses bras, nous nous tiendrons lieu l'un à l'autre d'innocence et de vertu. »

Elle traversa la rivière sur des planches qui attendaient un pont projeté, et franchit le parterre. Elle fut forcée de s'arrêter, car son cœur battait à se rompre; elle leva les yeux vers la fenêtre de son ancienne chambre. Bonheur! Les rideaux bleus resplendissaient de lumière, Raymon était là. Pouvait-il habiter une autre pièce? La porte de l'escalier dérobé était ouverte.

« Il m'attend à toute heure, pensa-t-elle; il va être heureux, mais non surpris. »

Au haut de l'escalier elle s'arrêta encore pour respirer; elle se sentait moins de force pour la joie que pour la douleur. Elle se pencha et regarda par la serrure. Raymon était seul, il lisait. C'était bien lui, c'était Raymon plein de force et de vie; les chagrins ne l'avaient pas vieilli, les orages politiques n'avaient pas enlevé un cheveu de sa tête; il était là, paisible et beau, le front appuyé sur sa blanche main qui se perdait dans ses cheveux noirs.

Indiana poussa vivement la porte, qui s'ouvrit sans résistance.

En même temps il levait son aviron. (Page 68.)

« Tu m'attendais! s'écria-t-elle en tombant sur ses genoux et en appuyant sa tête défaillante sur le sein de Raymon; tu avais compté les mois, les jours! Tu savais que le temps était passé, mais tu savais aussi que je ne pouvais pas manquer à ton appel... C'est toi qui m'as appelée, me voilà, me voilà; je me meurs! »

Ses idées se confondirent dans son cerveau; elle resta quelque temps silencieuse, haletante, incapable de parler, de penser.

Et puis elle rouvrit les yeux, reconnut Raymon comme au sortir d'un rêve, fit un cri de joie et de frénésie, et se colla à ses lèvres, folle, ardente et heureuse. Il était pâle, muet, immobile, frappé de la foudre.

— Reconnais-moi donc, s'écria-t-elle; c'est moi, c'est ton Indiana, c'est ton esclave que tu as rappelée de l'exil et qui est venue de trois mille lieues pour t'aimer et te servir; c'est la compagne de ton choix qui a tout quitté, tout risqué, tout bravé pour t'apporter cet instant de joie! tu es heureux, tu es content d'elle, dis? J'attends ma récompense; un mot, un baiser, je serai payée au centuple. »

Mais Raymon ne répondait rien; son admirable présence d'esprit l'avait abandonné. Il était écrasé de surprise, de remords et de terreur en voyant cette femme à ses pieds; il cacha sa tête dans ses mains et désira la mort.

« Mon Dieu! mon Dieu! tu ne me parles pas, tu ne m'embrasses pas, tu ne me dis rien! s'écria madame Delmare en étreignant les genoux de Raymon contre sa poitrine; tu ne peux donc pas? Le bonheur fait mal; il tue, je le sais bien! Ah! tu souffres, tu étouffes, je t'ai surpris trop brusquement! Essaie donc de me regarder; vois comme je suis pâle, comme j'ai vieilli, comme j'ai souffert! Mais c'est pour toi, et tu ne m'en aimeras que mieux! Dis-moi un mot, un seul, Raymon.

— Je voudrais pleurer, dit Raymon d'une voix étouffée.

— Et moi aussi, dit-elle en couvrant ses mains de baisers. Ah! oui, cela ferait du bien. Pleure, pleure donc dans mon sein, j'essuierai tes larmes avec mes baisers; je viens pour te donner du bonheur, pour être tout ce que tu voudras, ta compagne, ta servante ou ta maîtresse. Jadis j'ai été bien cruelle, bien folle, bien égoïste; je t'ai fait bien souffrir, et je n'ai pas voulu comprendre que j'exigeais au delà de tes forces. Mais depuis j'ai réfléchi,

..... Et Laure de Nangy entra..... (Page 73.)

et puisque tu ne crains pas de braver l'opinion avec moi, je n'ai plus le droit de te refuser aucun sacrifice. Dispose de moi, de mon sang, de ma vie; je suis à toi corps et âme. J'ai fait trois mille lieues pour t'appartenir, pour te dire cela; prends-moi, je suis ton bien, tu es mon maître. »

Je ne sais quelle infernale idée traversa brusquement le cerveau de Raymon. Il tira son visage de ses mains contractées, et regarda Indiana avec un sang-froid diabolique; puis un sourire terrible erra sur ses lèvres et fit étinceler ses yeux, car Indiana était encore belle.

« D'abord il faut te cacher, lui dit-il en se levant.
— Pourquoi me cacher ici? dit-elle; n'es-tu pas le maître de m'accueillir et de me protéger, moi qui n'ai plus que toi sur la terre, et qui sans toi serais réduite à mendier sur la voie publique? Va, le monde même ne peut plus te faire un crime de m'aimer; c'est moi qui ai tout pris sur mon compte... c'est moi!... Mais où vas-tu? » s'écria-t-elle en le voyant marcher vers la porte.

Elle s'attacha à lui avec la terreur d'un enfant qui ne veut pas être laissé seul un instant, et se traîna sur ses genoux pour le suivre.

Il voulait aller fermer la porte à double tour; mais il était trop tard. Elle s'ouvrit avant qu'il eût pu y porter la main, et Laure de Nangy entra, parut moins étonnée que choquée, ne laissa pas échapper une exclamation, se baissa un peu pour regarder en clignotant la femme qui était tombée à demi évanouie par terre; puis avec un sourire amer, froid et méprisant:

« Madame Delmare, dit-elle, vous vous plaisez, ce me semble, à mettre trois personnes dans une étrange situation; mais je vous remercie de m'avoir donné le rôle le moins ridicule, et voici comme je m'en acquitte. Veuillez vous retirer. » L'indignation rendit la force à Indiana; elle se leva haute et puissante.

« Quelle est donc cette femme? dit-elle à Raymon, et de quel droit me donne-t-elle des ordres chez vous?
— Vous êtes ici chez moi, Madame, reprit Laure...
— Mais parlez donc, Monsieur! s'écria Indiana en secouant avec rage le bras du malheureux; dites-moi donc si c'est là votre maîtresse ou votre femme?
— C'est ma femme, répondit Raymon d'un air hébété.
— Je pardonne à votre incertitude, dit madame de Ramière avec un sourire cruel. Si vous fussiez restée où le

devoir marquait votre place, vous auriez reçu un billet de faire part du mariage de monsieur. Allons, Raymon, ajouta-t-elle d'un ton d'aménité caustique, je prends pitié de votre embarras ; vous êtes un peu jeune ; vous sentirez, j'espère, qu'il faut plus de prudence dans la vie. Je vous laisse le soin de terminer cette scène absurde. J'en rirais si vous n'aviez pas l'air si malheureux. »

En parlant ainsi elle se retira, assez satisfaite de la dignité qu'elle venait de déployer, et triomphant en secret de la position d'infériorité et de dépendance où cet incident venait de placer son mari vis-à-vis d'elle.

Quand Indiana retrouva l'usage de ses sens, elle était seule dans une voiture fermée, et roulait avec rapidité vers Paris.

XXIX.

A la barrière, la voiture s'arrêta ; un domestique, que madame Delmare reconnut pour l'avoir vu autrefois au service de Raymon, vint à la portière demander où il fallait descendre *madame*. Indiana jeta machinalement le nom de l'hôtel et de la rue où elle était descendue la veille. En arrivant elle se laissa tomber sur une chaise et y resta jusqu'au lendemain matin, sans songer à se mettre au lit, sans vouloir faire un mouvement, désireuse de mourir, mais trop brisée, trop inerte pour avoir la force de se tuer. Elle pensait qu'il était impossible de vivre après de telles douleurs, et que la mort viendrait bien d'elle-même la chercher. Elle resta donc ainsi tout le jour suivant, sans prendre aucun aliment, sans répondre au peu d'offres de service qui lui furent faites.

Je ne sache pas qu'il soit rien de plus horrible que le séjour d'un hôtel garni à Paris, surtout lorsque, comme celui-là, il est situé dans une rue étroite et sombre, et qu'un jour terne et humide rampe comme à regret sur les plafonds enfumés et sur les vitres dépolies. Et puis, il y a dans l'aspect de ces meubles étrangers à vos habitudes, et sur lesquels votre regard désœuvré cherche en vain un souvenir et une sympathie, quelque chose qui glace et qui repousse. Tous ces objets qui n'appartiennent pour ainsi dire à personne, à force d'appartenir à tous ceux qui passent ; ce local où nul n'a laissé de trace de son passage qu'un nom inconnu, quelquefois abandonné sur une carte dans le cadre de la glace ; cet asile mercenaire qui abrita tant de pauvres voyageurs, tant d'étrangers isolés, qui ne fut hospitalier à aucun d'eux ; qui vit passer indifféremment tant d'agitations humaines et qui n'en sait rien raconter ; ce bruit de rue, discord et incessant, qui ne vous permet pas même de dormir pour échapper au chagrin ou à l'ennui : ce sont là des sujets de dégoût et d'humeur pour celui même qui n'apporte point en ce lieu l'horrible situation d'esprit de madame Delmare. Pauvre provincial qui avez quitté vos champs, votre ciel, votre verdure, votre maison et votre famille, pour venir vous enfermer dans ce cachot de l'esprit et du cœur, voyez Paris, ce beau Paris, que vous aviez rêvé si merveilleux ! voyez-le s'étendre là-bas, noir de boue et de pluie, bruyant, infect et rapide comme un torrent de fange ! Voilà cette orgie perpétuelle, toujours brillante et parfumée, qu'on vous avait promise ; voilà ces plaisirs enivrants, ces surprises saisissantes, ces trésors de la vue, de l'ouïe et du goût qui devaient se disputer vos sens bornés et vos facultés impuissantes à les savourer tous à la fois ! Voyez là-bas courir, toujours pressé, toujours soucieux, le Parisien affable, prévenant, hospitalier, qu'on vous avait dépeint ! Fatigué avant d'avoir parcouru cette mouvante population et ce dédale inextricable, vous vous rejetez, accablé d'effroi, dans le riant local d'un hôtel garni, où, après vous avoir installé à la hâte, l'unique domestique d'une maison souvent immense vous laisse seul mourir en paix, si la fatigue ou le chagrin vous ôte la force de vaquer aux mille besoins de la vie.

Mais être femme et se trouver là repoussée de tous, à trois mille lieues de toute affection humaine ; se trouver là manquant d'argent, ce qui est bien pis que d'être abandonné dans l'immensité d'un désert sans eau ; n'avoir pas, dans tout le cours de sa vie, un souvenir de bonheur qui ne soit empoisonné ou tari, dans tout l'avenir un espoir d'existence possible, pour se distraire de l'insipidité de la situation présente, c'est le dernier degré de la misère et de l'abandon. Aussi madame Delmare, n'essayant pas de lutter contre une destinée remplie, contre une vie brisée et anéantie, se laissa ronger par la faim, par la fièvre et par la douleur, sans proférer une plainte, sans verser une larme, sans tenter un effort pour mourir une heure plus tôt, pour souffrir une heure de moins.

On la trouva par terre, le lendemain du second jour, roidie par le froid, les dents serrées, les lèvres bleues, les yeux éteints ; cependant elle n'était pas morte. La maîtresse du logis examina l'intérieur du secrétaire, et le voyant si peu garni, délibéra si elle n'enverrait pas à l'hôpital cette inconnue qui n'avait certainement pas de quoi acquitter les frais d'une maladie longue et dispendieuse. Cependant, comme c'était une femme *remplie d'humanité*, elle la fit mettre au lit, et envoya chercher un médecin, afin de savoir de lui si la maladie durerait plus de deux jours. Il s'en présenta un qu'on n'avait pas été chercher.

Indiana, en ouvrant les yeux, le trouva à son chevet. Je n'ai pas besoin de vous dire son nom.

« Ah ! c'est toi ! c'est toi ! s'écria-t-elle en se jetant mourante dans son sein. Tu es mon bon ange, toi ! Mais tu viens trop tard, je ne puis plus rien pour toi que mourir en te bénissant.

— Vous ne mourrez point, mon amie, répondit Ralph avec émotion ; la vie peut encore vous sourire. Les lois qui s'opposaient à votre bonheur n'enchaîneront plus désormais votre affection. J'eusse voulu détruire l'invincible charme jeté sur vous par un homme que je n'aime ni n'estime ; mais cela n'est point en mon pouvoir, et je suis las de vous voir souffrir. Votre existence a été affreuse jusqu'ici ; elle ne peut pas le devenir davantage. D'ailleurs, si mes tristes prévisions se réalisent, si le bonheur que vous avez rêvé doit être de courte durée, du moins vous l'aurez connu quelque temps, du moins vous ne mourrez pas sans l'avoir goûté. Je sacrifie donc toutes mes répugnances. La destinée qui vous jette isolée entre mes bras m'impose envers vous les devoirs de tuteur et de père. Je viens vous annoncer que vous êtes libre, et que vous pouvez unir votre sort à celui de M. de Ramière. Delmare n'est plus. »

Les larmes coulaient lentement sur les joues de Ralph tandis qu'il parlait. Indiana se redressa brusquement sur son lit, et tordant ses mains avec désespoir :

« Mon époux est mort ! s'écria-t-elle ; c'est moi qui l'ai tué ! Et vous me parlez d'avenir et de bonheur, comme s'il en était encore pour le cœur qui se déteste et se méprise ! Mais sachez bien que Dieu est juste, et que je suis maudite ! M. de Ramière est marié. »

Elle retomba épuisée dans les bras de son cousin. Ils ne purent reprendre cet entretien que plusieurs heures après.

« Que votre conscience justement troublée se rassure, lui dit Ralph d'un ton solennel, mais doux et triste. Delmare était frappé à mort quand vous l'avez abandonné ; il ne s'est point éveillé du sommeil où vous l'avez laissé, il n'a point su votre fuite, il est mort sans vous maudire et sans vous pleurer. Vers le matin, en sortant de l'assoupissement où j'étais tombé, auprès de son lit, je trouvai sa figure violette, son sommeil lourd et brûlant : il était déjà frappé d'apoplexie. Je courus à votre chambre, je fus surpris de ne vous y pas trouver ; mais je n'avais pas le temps de chercher les motifs de votre absence ; je ne m'en suis sérieusement alarmé qu'après la mort de Delmare. Tous les secours de l'art furent inutiles, le mal fit d'effrayants progrès ; une heure après il expira dans mes bras sans retrouver l'usage de ses sens. Cependant, au dernier moment, son âme appesantie et glacée sembla faire un effort pour se ranimer ; il chercha ma main qu'il prit pour la vôtre ; car les siennes étaient déjà raides et insensibles ; il s'efforça de la serrer, et il mourut en bégayant votre nom.

— J'ai recueilli ses dernières paroles, dit Indiana d'un air sombre; au moment où je le quittais pour toujours, il me parla dans son sommeil : « Cet homme te perdra, » m'a-t-il dit. Ces paroles sont là, ajouta-t-elle en portant une main à son cœur et l'autre à son cerveau.

— Quand j'eus la force de distraire mes yeux et ma pensée de ce cadavre, poursuivit Ralph, je songeai à vous; à vous, Indiana, qui désormais étiez libre et qui ne pouviez pleurer votre maître que par bonté de cœur ou par religion. J'étais le seul à qui la mort enlevât quelque chose, car j'étais son ami, et, s'il n'était pas toujours sociable, du moins n'avais-je pas de rival dans son cœur. Je craignis pour vous l'effet d'une trop prompte nouvelle, et j'allai vous attendre à l'entrée de la case, pensant que vous ne tarderiez pas à revenir de votre promenade matinale. J'attendis longtemps. Je ne vous dirai pas mes angoisses, mes recherches, ma terreur, lorsque je trouvai le cadavre d'Ophélia, tout sanglant et tout brisé par les rochers; les vagues l'avaient jeté sur la grève. Hélas! je cherchai longtemps, croyant y découvrir bientôt le vôtre; car je pensais que vous vous étiez donné la mort, et pendant trois jours j'ai cru qu'il ne me resterait plus rien à aimer sur la terre. Il est inutile de vous parler de mes douleurs, vous avez dû les prévoir en m'abandonnant.

« Cependant le bruit se répandit bientôt dans la colonie que vous aviez pris la fuite. Un bâtiment qui entrait dans la rade s'était croisé avec le brick *l'Eugène* dans le canal de Mozambique; l'équipage avait abordé votre navire. Un passager vous avait reconnue, et en moins de trois jours toute l'île fut informée de votre départ.

« Je vous fais grâce des bruits absurdes et outrageants qui résultèrent de la rencontre de ces deux circonstances dans la même nuit, votre fuite et la mort de votre mari. Je ne fus pas épargné dans les charitables inductions qu'on se plut à en tirer; mais je ne m'en occupai point. J'avais encore un devoir à remplir sur la terre, celui de m'assurer de votre existence et de vous porter des secours s'il était nécessaire. Je suis parti peu de temps après vous; mais la traversée a été horrible, et je ne suis en France que depuis huit jours. Ma première pensée a été de courir chez M. de Ramière pour m'informer de vous. Mais le hasard m'a fait rencontrer son domestique Carle, qui venait de vous conduire ici. Je n'ai pas fait d'autre question que celle de votre domicile, et je suis venu avec la conviction que je ne vous y trouverais pas seule.

— Seule, seule! indignement abandonnée! s'écria madame Delmare. Mais ne parlons pas de cet homme, n'en parlons jamais. Je ne veux plus l'aimer, car je le méprise; mais il ne faut pas me dire que je l'ai aimé, c'est me rappeler ma honte et mon crime; c'est jeter un reproche terrible sur mes derniers instants. Ah! sois mon ange consolateur, toi qui viens dans toutes les crises de ma déplorable vie me tendre une main amie. Accomplis avec miséricorde ta dernière mission auprès de moi; dis-moi des paroles de tendresse et de pardon, afin que je meure tranquille, et que j'espère le pardon du juge qui m'attend là-haut. »

Elle espérait mourir; mais le chagrin rive la chaîne de notre vie au lieu de la briser. Elle ne fut même pas dangereusement malade, elle n'en avait plus la force; seulement elle tomba dans un état de langueur et d'apathie qui ressemblait à l'imbécillité.

Ralph essaya de la distraire; il l'éloigna de tout ce qui pouvait lui rappeler Raymon. Il l'emmena en Touraine; il l'environna de toutes les aises de la vie; il consacrait tous ses instants à lui en procurer quelques-unes de supportables; et, quand il n'y réussissait point, quand il avait épuisé toutes les ressources de son art et de son affection sans avoir pu faire briller un faible rayon de plaisir sur ce visage morne et flétri, il déplorait l'impuissance de sa parole, et se reprochait amèrement l'inhabileté de sa tendresse.

Un jour il la trouva plus anéantie, plus accablée que jamais. Il n'osa point lui parler, et s'assit auprès d'elle d'un air triste. Indiana se tournant alors vers lui et lui pressant la main tendrement :

« Je te fais bien du mal, pauvre Ralph! lui dit-elle, et il faut que tu aies bien de la patience pour supporter le spectacle d'une infortune égoïste et lâche comme la mienne! Ta rude tâche est depuis longtemps remplie. L'exigence la plus insensée ne pourrait pas demander à l'amitié plus que tu n'as fait pour moi. Maintenant abandonne-moi au mal qui me ronge; ne gâte pas ta vie pure et sainte par le contact d'une vie maudite; essaie de trouver ailleurs le bonheur qui ne peut pas naître auprès de moi.

— Je renonce en effet à vous guérir, Indiana, répondit-il; mais je ne vous abandonnerai jamais, même quand vous me diriez que je vous suis importun; car vous avez encore besoin de soins matériels, et si vous ne voulez pas que je sois votre ami, je serai au moins votre laquais. Cependant, écoutez-moi; j'ai un expédient à vous proposer que j'ai réservé pour la dernière période du mal, mais qui certes est infaillible.

— Je ne connais qu'un remède au chagrin, répondit-elle, c'est l'oubli; car j'ai eu le temps de me convaincre que la raison est impuissante. Espérons donc tout du temps. Si ma volonté pouvait obéir à la reconnaissance que tu m'inspires, dès à présent je serais riante et calme comme aux jours de notre enfance; crois bien, ami, que je ne me plais pas à nourrir mon mal et à envenimer ma blessure; ne sais-je pas que toutes mes souffrances retombent sur ton cœur? Hélas! je voudrais oublier, guérir! mais je ne suis qu'une faible femme. Ralph, sois patient et ne me crois pas ingrate. »

Elle fondit en larmes. Sir Ralph prit sa main :

« Écoute, ma chère Indiana, lui dit-il, l'oubli n'est pas en notre pouvoir; je ne t'accuse pas! je puis souffrir patiemment, mais te voir souffrir est au-dessus de mes forces. D'ailleurs, pourquoi lutter ainsi, faibles créatures que nous sommes, contre une destinée de fer? C'est bien assez traîner ce boulet; le Dieu que nous adorons, toi et moi, n'a pas destiné l'homme à tant de misères sans lui donner l'instinct de s'y soustraire; et ce qui fait, à mon avis, la principale supériorité de l'homme sur la brute, c'est de comprendre où est le remède à tous ses maux. Ce remède, c'est le suicide; c'est celui que je te propose, que je te conseille.

— J'y ai souvent songé, répondit Indiana après un court silence. Jadis de violentes tentations m'y convièrent; mais un scrupule religieux m'arrêta. Depuis, mes idées s'élevèrent dans la solitude. Le malheur, en s'attachant à moi, m'enseigna peu à peu une autre religion que la religion enseignée par les hommes. Quand tu es venu à mon secours, j'étais déterminée à me laisser mourir de faim; mais tu m'as priée de vivre, et je n'avais pas le droit de te refuser ce sacrifice. Maintenant, ce qui m'arrête, c'est ton existence, c'est ton avenir. Que feras-tu seul sur la terre, pauvre Ralph, sans famille, sans passions, sans affections? Depuis les affreuses plaies qui m'ont frappée au cœur, je ne te suis plus bonne à rien; mais je guérirai peut-être. Oui, Ralph, j'y ferai tous mes efforts, je te le jure; patiente encore un peu; bientôt, peut-être, pourrai-je sourire… Je veux redevenir paisible et gaie pour te consacrer cette vie que tu as tant disputée au malheur.

— Non, mon amie, non, reprit Ralph, je ne veux point d'un tel sacrifice, je ne l'accepterai jamais. En quoi mon existence est-elle donc plus précieuse que la vôtre? pourquoi faut-il que vous vous imposiez un avenir odieux pour m'en donner un agréable? Pensez-vous qu'il me fût possible d'en jouir en sentant que votre cœur ne le partage point? Non, je ne suis point égoïste jusque-là. N'essayons pas, croyez-moi, un héroïsme impossible; c'est orgueil et présomption que d'espérer abjurer ainsi tout amour de soi-même. Regardons enfin notre situation d'un œil calme, et disposons des jours qui nous restent comme d'un bien commun que l'un de nous n'a pas le droit d'accaparer aux dépens de l'autre. Depuis longtemps, depuis ma naissance pourrais-je dire, la vie me fatigue et me pèse; maintenant je ne me sens plus la force de la porter sans aigreur et sans impiété. Partons ensemble, Indiana, retournons à Dieu qui nous avait exilés sur cette terre d'épreuves, dans cette *vallée de larmes*, mais qui sans doute ne refusera pas de nous ouvrir son sein quand, fatigués et meurtris, nous irons lui demander sa clémence et sa pitié. Je crois en Dieu, Indiana, et c'est moi qui, le premier, vous ai enseigné à y croire. Ayez donc confiance en moi; un cœur droit ne peut pas tromper celui qui l'interroge avec candeur. Je sens que nous avons assez souffert l'un et l'autre ici-bas pour être lavés de nos fautes. Le baptême du malheur a bien assez purifié nos âmes ; rendons-les à celui qui nous les a données. »

Cette pensée occupa Ralph et Indiana pendant plusieurs jours, au bout desquels il fut décidé qu'ils se donneraient la mort ensemble. Il ne fut plus question que de choisir le genre de suicide.

« C'est une affaire de quelque importance, dit Ralph ; mais j'y avais déjà songé, et voici ce que j'ai à vous proposer. L'action que nous allons commettre n'étant pas le résultat d'une crise d'égarement momentané, mais le but raisonné d'une détermination prise dans un sentiment de piété calme et réfléchie, il importe que nous y apportions le recueillement d'un catholique devant les sacrements de son église. Pour nous, l'univers est le temple où nous adorons Dieu. C'est au sein d'une nature grande et vierge qu'on retrouve le sentiment de sa puissance, pure de toute profanation humaine. Retournons donc au désert, afin de pouvoir prier. Ici, dans cette contrée pullulante d'hommes et de vices, au sein de cette civilisation qui renie Dieu ou le mutile, je sens que je serais gêné, distrait et attristé. Je voudrais mourir joyeux, le front serein, les yeux levés au ciel. Mais où le trouver ici? Je vais donc vous dire le lieu où le suicide m'est apparu sous son aspect le plus noble et le plus solennel. C'est au bord d'un précipice, à l'île Bourbon ; c'est au haut de cette cascade qui s'élance diaphane et surmontée d'un prisme éclatant dans le ravin solitaire de Bernica. C'est là que nous avons passé les plus douces heures de notre enfance ; c'est là qu'ensuite j'ai pleuré les chagrins les plus amers de ma vie ; c'est là que j'ai appris à prier, à espérer ; c'est là que je voudrais, par une belle nuit de nos climats, m'ensevelir sous ces eaux pures, et descendre dans la tombe fraîche et fleurie qu'offre la profondeur du gouffre verdoyant. Si vous n'avez pas de prédilection pour un autre endroit de la terre, accordez-moi la satisfaction d'accomplir notre double sacrifice aux lieux qui furent témoins des jeux de notre enfance et des douleurs de notre jeunesse.

— J'y consens, répondit madame Delmare en mettant sa main dans celle de Ralph en signe de pacte. J'ai toujours été attirée vers le bord des eaux par une sympathie invincible, par le souvenir de ma pauvre Noun. Mourir comme elle me sera doux ; ce sera l'expiation de sa mort que j'ai causée.

— Et puis, dit Ralph, un nouveau voyage en mer, fait cette fois dans d'autres sentiments que ceux qui nous ont troublés jusqu'ici, est la meilleure préparation que nous puissions imaginer pour nous recueillir, pour nous détacher des affections terrestres, pour nous élever purs de tout alliage aux pieds de l'Être par excellence. Isolés du monde entier, toujours prêts à quitter joyeusement la vie, nous verrons d'un œil ravi la tempête soulever les éléments, et déployer devant nous ses magnifiques spectacles. Viens, Indiana ; partons, secouons la poussière de cette terre ingrate. Mourir ici, sous les yeux de Raymon, ce serait en apparence une vengeance étroite et lâche. Laissons à Dieu le soin de châtier cet homme ; allons plutôt lui demander d'ouvrir les trésors de sa miséricorde à ce cœur ingrat et stérile. »

Ils partirent. La goëlette *la Nahandove* les porta, rapide et légère comme un oiseau, dans leur patrie deux fois abandonnée. Jamais traversée ne fut si heureuse et si prompte. Il semblait qu'un vent favorable fût chargé de conduire au port ces deux infortunés si longtemps ballottés sur les écueils de la vie. Durant ces trois mois, Indiana recueillit le fruit de sa docilité aux conseils de Ralph. L'air de la mer, si tonique et si pénétrant, raffermit sa santé chétive ; le calme rentra dans son cœur fatigué. La certitude d'en avoir bientôt fini avec ses maux produisait sur elle l'effet des promesses du médecin sur un malade crédule. Oublieuse de sa vie passée, elle ouvrit son âme aux émotions profondes de l'espérance religieuse. Ses pensées s'imprégnèrent toutes d'un charme mystérieux, d'un parfum céleste. Jamais la mer et les cieux ne lui avaient paru si beaux. Il lui sembla les voir pour la première fois, tant elle y découvrit de splendeurs et de richesses. Son front redevint serein, et on eût dit qu'un rayon de la Divinité avait passé dans ses yeux bleus doucement mélancoliques.

Un changement non moins extraordinaire s'opéra dans l'âme et dans l'extérieur de Ralph ; les mêmes causes produisirent à peu près les mêmes effets. Son âme, longtemps roidie contre la douleur, s'amollit à la chaleur vivifiante de l'espérance. Le ciel descendit aussi dans ce cœur amer et froissé. Ses paroles prirent l'empreinte de ses sentiments, et, pour la première fois, Indiana connut son véritable caractère. L'intimité sainte et filiale qui les rapprocha ôta à l'un sa timidité pénible, à l'autre ses préventions injustes. Chaque jour enleva à Ralph une disgrâce de sa nature, à Indiana une erreur de son jugement. En même temps, le souvenir poignant de Raymon s'émoussa, pâlit, et tomba pièce à pièce devant les vertus ignorées, devant la sublime candeur de Ralph. A mesure qu'Indiana voyait l'un grandir et s'élever, l'autre s'abaissait dans son opinion. Enfin, à force de comparer ces deux hommes, tout vestige de son amour aveugle et fatal s'éteignait dans son âme.

XXX.

Ce fut l'an passé, par un soir de l'éternel été qui règne dans ces régions, que deux passagers de la goëlette *la Nahandove* s'enfoncèrent dans les montagnes de l'île Bourbon, trois jours après le débarquement. Ces deux personnes avaient donné ce temps au repos, précaution en apparence fort étrangère au dessein qui les amenait dans la contrée. Mais elles n'en jugèrent pas ainsi apparemment ; car, après avoir pris le *faham* ensemble sous la varangue, elles s'habillèrent avec un soin particulier, comme si elles avaient eu le projet d'aller passer la soirée à la ville, et, prenant le sentier de la montagne, elles arrivèrent après une heure de marche au ravin de Bernica.

Le hasard voulut que ce fût une des plus belles soirées que la lune eût éclairées sous les tropiques. Cet astre, à peine sorti des flots noirâtres, commençait à répandre sur la mer une longue traînée de vif-argent ; mais ses lueurs ne pénétraient point dans la gorge, et les marges du lac ne répétaient que le reflet tremblant de quelques étoiles. Les citronniers répandus sur le versant de la montagne supérieure ne se couvraient même pas de ces pâles diamants que la lune sème sur leurs feuilles cassantes et polies. Les ébéniers et les tamarins murmuraient dans l'ombre ; seulement quelques gigantesques palmiers élevaient à cent pieds du sol leurs tiges menues, et les bouquets de palmes placés à leur cime s'argentaient seuls d'un éclat verdâtre.

Les oiseaux de mer se taisaient dans les crevasses du rocher, et quelques pigeons bleus, cachés derrière les corniches de la montagne, faisaient seuls entendre au loin leur voix triste et passionnée. De beaux scarabées, vivantes pierreries, bruissaient faiblement dans les caféiers, ou rasaient, en bourdonnant, la surface du lac, et le bruit uniforme de la cascade semblait échanger des paroles mystérieuses avec les échos de ses rives.

Les deux promeneurs solitaires parvinrent, en tournant le long d'un sentier escarpé, au haut de la gorge, à l'endroit où le torrent s'élance en colonne de vapeur blanche et légère au fond du précipice. Ils se trouvèrent alors sur une petite plate-forme parfaitement convenable à l'exécution de leur projet. Quelques lianes suspendues à des tiges de raphia formaient en cet endroit un berceau naturel qui se penchait sur la cascade. Sir Ralph, avec un admirable sang-froid, coupa quelques rameaux qui eussent pu gêner leur élan, puis il prit la main de sa cousine et la fit asseoir sur une roche moussue d'où le délicieux aspect de ce lieu se déployait au jour dans toute sa grâce énergique et sauvage. Mais en cet instant l'obscurité de la nuit et la vapeur condensée de la cascade enveloppaient les objets et faisaient paraître incommensurable et terrible la profondeur du gouffre.

« Je vous fais observer, ma chère Indiana, lui dit-il, qu'il est nécessaire d'apporter un très-grand sang-froid au succès de notre entreprise. Si vous vous élanciez précipitamment du côté que l'épaisseur des ténèbres vous fait paraître vide, vous vous briseriez infailliblement sur les rochers, et vous n'y trouveriez qu'une mort lente et cruelle ; mais en ayant soin de vous jeter dans cette ligne blanche que décrit la chute d'eau, vous arriverez dans le lac avec elle, et la cascade elle-même prendra soin de vous y plonger. Au reste, si vous voulez attendre encore une heure, la lune sera assez haut dans le ciel pour nous prêter sa lumière.

— J'y consens d'autant plus, répondit Indiana, que nous devons consacrer ces derniers instants à des pensées religieuses.

— Vous avez raison, mon amie, reprit Ralph. Je pense que cette heure suprême est celle du recueillement et de la prière. Je ne dis pas que nous devions nous réconcilier avec l'Éternel, ce serait oublier la distance qui nous sépare de sa puissance sublime ; mais nous devons, je pense, nous réconcilier avec les hommes qui nous ont fait souffrir, et confier à la brise qui souffle vers le nord-est des paroles de miséricorde pour les êtres dont trois mille lieues nous séparent. »

Indiana reçut cette offre sans surprise, sans émotion. Depuis plusieurs mois l'exaltation de ses pensées avait grandi en proportion du changement opéré dans Ralph. Elle ne l'écoutait plus comme un conseiller flegmatique ; elle le suivait en silence comme un bon génie chargé de l'enlever à la terre et de la délivrer de ses tourments.

« J'y consens, dit-elle ; je sens avec joie que je puis pardonner sans effort ; que je n'ai dans le cœur ni haine, ni regret, ni amour, ni ressentiment ; à peine si, à l'heure où je te touche, je me souviens des chagrins de ma triste vie et de l'ingratitude des êtres qui m'ont environnée. Grand Dieu ! tu vois le fond de mon cœur ; tu sais qu'il est pur et calme, et que toutes mes pensées d'amour et d'espoir sont tournées vers toi. »

Alors Ralph s'assit aux pieds d'Indiana, et se mit à prier d'une voix forte qui dominait le bruit de la cascade. C'était la première fois peut-être, depuis qu'il était né, que sa pensée tout entière venait se placer sur ses lèvres. L'heure de mourir ayant sonnée ; cette âme n'avait plus ni entraves, ni mystères ; elle n'appartenait plus qu'à Dieu ; les fers de la société ne pesaient plus sur elle. Ses ardeurs n'étaient plus des crimes, son élan était libre vers le ciel qui l'attendait ; le voile qui cachait tant de vertus, de grandeur et de puissance, tomba tout à fait, et l'esprit de cet homme s'éleva du premier bond au niveau de son cœur. Ainsi qu'une flamme ardente brille au milieu des tourbillons de la fumée et les dissipe, le feu sacré qui dormait ignoré au fond de ses entrailles fit jaillir sa vive lumière. La première fois que cette conscience rigide se trouva délivrée de ses craintes et de ses liens, la parole vint d'elle-même au secours de la pensée, et l'homme médiocre qui n'avait dit dans toute sa vie que des choses communes, devint à sa dernière heure éloquent et persuasif comme jamais ne l'avait été Raymon. N'attendez pas que je vous répète les étranges discours qu'il confia aux échos de la solitude ; lui-même, s'il était ici, ne pourrait nous les redire. Il est de ces instants d'exaltation et d'extase où nos pensées s'épurent, se subtilisent, s'éthèrent en quelque sorte. Ces rares instants nous élèvent si haut, nous emportent si loin de nous-mêmes, qu'en retombant sur la terre nous perdons la conscience et le souvenir de cette ivresse intellectuelle. Qui peut comprendre les mystérieuses visions de l'anachorète ? Qui peut raconter les rêves du poète avant qu'il se soit refroidi à nous les écrire ? Qui peut nous dire les merveilles qui se révèlent à l'âme du juste à l'heure où le ciel s'entr'ouvre pour le recevoir ? Ralph, cet homme si vulgaire en apparence, homme d'exception pourtant, car il croyait fermement à Dieu et consultait jour par jour le livre de sa conscience, Ralph réglait en ce moment ses comptes avec l'éternité. C'était le moment d'être lui, de mettre à nu tout son être moral, de se dépouiller, devant le Juge, du déguisement que les hommes lui avaient imposé. En jetant le cilice que la douleur avait attaché à ses os, il se leva sublime et radieux comme s'il fût déjà entré au séjour des récompenses divines.

En l'écoutant, Indiana ne songea point à s'étonner ; elle ne se demanda pas si c'était Ralph qui parlait ainsi. Le Ralph qu'elle avait connu n'existait plus, et celui qu'elle écoutait maintenant lui semblait un ami qu'elle avait vu jadis dans ses rêves et qui se réalisait enfin pour elle sur les bords de la tombe. Elle sentit son âme si pure s'élever du même vol. Une ardente sympathie religieuse l'initiait aux mêmes émotions ; des larmes d'enthousiasme coulèrent de ses yeux sur les cheveux de Ralph.

Alors la lune se trouva au-dessus de la cime du grand palmiste, et son rayon, pénétrant l'interstice des lianes, enveloppa Indiana d'un éclat pâle et humide qui la faisait ressembler, avec sa robe blanche et ses longs cheveux tressés sur ses épaules, à l'ombre de quelque vierge égarée dans le désert.

Sir Ralph s'agenouilla devant elle et lui dit :

« Maintenant, Indiana, il faut que tu me pardonnes tout le mal que je t'ai fait, afin que je puisse me le pardonner à moi-même.

— Hélas ! répondit-elle, qu'ai-je donc à te pardonner, pauvre Ralph ? Ne dois-je pas, au contraire, te bénir à mon dernier jour, comme tu m'as forcée de le faire dans tous les jours de malheur qui ont marqué ma vie ?

— Je ne sais jusqu'à quel point j'ai été coupable, reprit Ralph ; mais il est impossible que, dans une si longue et si terrible lutte avec mon destin, je ne l'aie pas été bien des fois à l'insu de moi-même.

— De quelle lutte parlez-vous ? demanda Indiana.

— C'est là, répondit-il, ce que je dois vous expliquer avant de mourir ; c'est le secret de ma vie. Vous me l'avez demandé sur le navire qui nous ramenait, et j'ai promis de vous le révéler au bord du lac Bernica, la dernière fois que la lune se lèverait sur nous.

— Le moment est venu, dit-elle, je vous écoute.

— Prenez donc patience ; car j'ai toute une longue histoire à vous raconter, Indiana, et cette histoire est la mienne.

— Je croyais la connaître, moi qui ne vous ai presque jamais quitté.

— Vous ne la connaissez point ; vous n'en connaissez pas un jour, pas une heure, dit Ralph avec tristesse. Quand donc aurais-je pu vous la dire ? Le ciel a voulu que le seul instant propre à cette confidence fût le dernier de votre vie et de la mienne. Mais autant elle eût été naguère folle et criminelle, autant elle est innocente et légitime aujourd'hui. C'est une satisfaction personnelle que nul n'a le droit de me reprocher à l'heure où nous sommes, et que vous m'accorderez pour compléter la tâche de patience et de douceur que vous avez accomplie envers moi. Supportez donc jusqu'au bout le poids de mon infortune ; et si mes paroles vous fatiguent ou vous irritent, écoutez le bruit de la cataracte qui chante sur moi l'hymne des morts.

« J'étais né pour aimer ; aucun de vous n'a voulu le croire, et cette méprise a décidé de mon caractère. Il est vrai que la nature, en me donnant une âme chaleureuse, avait fait un singulier contre-sens ; elle avait mis sur mon visage un masque de pierre et sur ma langue un poids insurmontable ; elle m'avait refusé ce qu'elle accorde aux êtres les plus grossiers, le pouvoir d'exprimer mes sentiments par le regard ou par la parole. Cela me fit égoïste. On jugea de l'être moral par l'enveloppe extérieure, et, comme un fruit stérile, il fallut me dessécher sous la rude écorce que je ne pouvais dépouiller. A peine né, je fus repoussé du cœur dont j'avais le plus besoin. Ma mère m'éloigna de son sein avec dégoût, parce que mon visage d'enfant ne savait pas lui rendre son sourire. A l'âge où l'on peut à peine distinguer une pensée d'un besoin, j'étais déjà flétri de l'odieuse appellation d'égoïste.

« Alors il fut décidé que personne ne m'aimerait, parce que je ne savais dire mon affection à personne. On me fit malheureux, on prononça que je ne le sentais pas; on m'exila presque du toit paternel; on m'envoya vivre sur les rochers comme un pauvre oiseau des grèves. Vous savez quelle fut mon enfance, Indiana. Je passai mes longs jours au désert sans que jamais une mère inquiète vînt y chercher la trace de mes pas, sans qu'une voix amie s'élevât dans le silence des ravins pour m'avertir que la nuit me rappelait au bercail. Je grandis seul, j'ai vécu seul; mais Dieu n'a pas permis que je fusse malheureux jusqu'au bout, car je ne mourrai pas seul.

« Cependant le ciel m'envoya dès lors un présent, une consolation, une espérance. Vous vîntes dans ma vie comme s'il vous eût créée pour moi. Pauvre enfant! abandonnée comme moi, comme moi jetée dans la vie sans amour et sans protection, vous sembliez m'être destinée, du moins je m'en flattai. Fus-je trop présomptueux? Pendant dix ans vous fûtes à moi, à moi sans partage, sans rivaux, sans tourments. Alors je n'avais pas encore compris ce que c'est que la jalousie.

« Ce temps, Indiana, fut le moins sombre que j'aie parcouru. Je fis de vous ma sœur, ma fille, ma compagne, mon élève, ma société. Le besoin que vous aviez de moi fit de ma vie quelque chose de plus que celle d'un animal sauvage; je sortis pour vous de l'abattement où le mépris de mes proches m'avais jeté. Je commençai à m'estimer en vous devenant utile. Il faut tout dire, Indiana : après avoir accepté pour vous le fardeau de la vie, mon imagination y plaça l'espoir d'une récompense. Je m'habituai (pardonnez-moi les mots que je vais employer, aujourd'hui encore je ne les prononce qu'en tremblant), je m'habituai à penser que vous seriez ma femme; toute enfant, je vous regardai comme ma fiancée; mon imagination vous paraît déjà des grâces de la jeunesse; j'étais impatient de vous voir grande. Mon frère, qui avait usurpé ma part d'affection dans la famille, et qui se plaisait aux soins domestiques, cultivait un jardin sur la colline qu'on voit d'ici pendant le jour, et que de nouveaux planteurs ont transformée en rizière. Le soin de ses fleurs remplissait ses plus doux moments, et chaque matin il allait de l'œil impatient épier leur progrès, et s'étonner, enfant qu'il était, qu'elles n'eussent pas pu grandir dans une nuit au gré de son attente. Pour moi, Indiana, vous étiez toute mon occupation, toute ma joie, toute ma richesse; vous étiez la jeune plante que je cultivais, le bouton que j'étais impatient de voir fleurir. J'épiais aussi au matin l'effet d'un soleil de plus passé sur votre tête; car j'étais déjà un jeune homme et vous n'étiez encore qu'une enfant. Déjà fermentaient dans mon sein des passions dont le nom vous était inconnu; mes quinze ans ravageaient mon imagination, et vous vous étonniez de me voir souvent triste, partager vos jeux sans y prendre plaisir. Vous ne conceviez pas qu'un fruit, un oiseau, ne fussent plus pour moi comme pour vous des richesses, et je vous semblais déjà froid et bizarre. Cependant vous m'aimiez tel que j'étais; car, malgré ma mélancolie, je n'avais pas un instant qui ne vous fût consacré; mes souffrances vous rendaient plus chère à mon cœur; je nourrissais le fol espoir qu'il vous serait donné un jour de les changer en joies.

« Hélas! pardonnez-moi la pensée sacrilége qui m'a fait vivre dix ans : si ce fut un crime à l'enfant maudit d'espérer en vous, belle et simple fille des montagnes, Dieu seul est coupable de lui avoir donné, pour tout aliment, cette audacieuse pensée. De quoi pouvait-il exister, ce cœur froissé, méconnu, qui trouvait partout des besoins et nulle part un refuge? De qui pouvait-il attendre un regard, un sourire d'amour, si ce n'est de vous, dont il fut l'amant presque aussitôt que le père?

« Et ne vous effrayez pas cependant d'avoir grandi sous l'aile d'un pauvre oiseau dévoré d'amour; jamais aucune adoration impure, aucune pensée coupable ne vint mettre en danger la virginité de votre âme; jamais ma bouche n'enleva à vos joues cette fleur d'innocence qui les couvrait, comme les fruits, au matin, d'une vapeur humide. Mes baisers furent ceux d'un père, et quand vos lèvres innocentes et folâtres rencontraient les miennes, elles n'y trouvaient pas le feu cuisant d'un désir viril. Non, ce n'était pas de vous, petite fille aux yeux bleus, que j'étais épris. Telle que vous étiez là, dans mes bras, avec votre candide sourire et vos gentilles caresses, vous n'étiez que mon enfant, ou tout au plus ma petite sœur; mais j'étais amoureux de vos quinze ans quand, livré seul à l'ardeur des miens, je dévorais l'avenir d'un œil avide.

« Quand je vous lisais l'histoire de Paul et Virginie, vous ne la compreniez qu'à demi. Vous pleuriez, cependant; vous aviez vu l'histoire d'un frère et d'une sœur là où j'avais frissonné de sympathie en apercevant les angoisses de deux amants. Ce livre fit mon tourment, tandis qu'il faisait votre joie. Vous vous plaisiez à m'entendre lire l'attachement du chien fidèle, la beauté des cocotiers et les chants du nègre Domingue. Moi, je relisais seul les entretiens de Paul et de son ami, les impétueux soupçons de l'un, les secrètes souffrances de l'autre. Oh! que je les comprenais bien, ces premières inquiétudes de l'adolescence, qui cherche dans son cœur l'explication des mystères de la vie, et qui s'empare avec enthousiasme du premier objet d'amour qui s'offre à lui! Mais rendez-moi justice, Indiana, je ne commis pas le crime de hâter d'un seul jour le cours paisible de votre enfance; je ne laissai pas échapper un mot qui pût vous apprendre qu'il y avait dans la vie des tourments et des larmes. Je vous ai laissée, à dix ans, dans toute l'ignorance, dans toute la sécurité dont vous étiez pourvue quand votre nourrice vous mit dans mes bras un jour que j'avais résolu de mourir.

« Souvent seul, assis sur cette roche, je me suis tordu les mains avec frénésie en écoutant tous ces bruits de printemps et d'amour que la montagne recèle, en voyant les sucriers se poursuivre et s'agacer, les insectes s'endormir voluptueusement embrassés dans le calice des fleurs, en respirant la poussière embrasée que les palmiers s'envoient, transports aériens, plaisirs subtils auxquels la molle brise de l'été sert de couche. Alors j'étais ivre, j'étais fou; je demandais l'amour aux fleurs, aux oiseaux, à la voix du torrent. J'appelais avec fureur ce bonheur inconnu dont l'idée seule me faisait délirer. Mais je vous apercevais accourant à moi folâtre et rieuse, là-bas sur le sentier, si petite au loin et si malhabile à franchir les rochers, qu'on vous eût prise, avec votre robe blanche et vos cheveux bruns, pour un pingouin des terres australes; alors mon sang se calmait, mes lèvres ne brûlaient plus; j'oubliais devant l'Indiana de sept ans, l'Indiana de quinze ans que je venais de rêver; je vous ouvrais mes bras avec une joie pure; vos caresses rafraîchissaient mon front; j'étais heureux, j'étais père.

« Que de journées libres et paisibles nous avons passées au fond de ce ravin! Combien de fois j'ai baigné vos petits pieds dans l'eau pure de ce lac! Combien de fois je vous ai regardée dormir dans ces roseaux, ombragée sous le parasol d'une feuille de latanier! C'est alors quelquefois que mes tourments recommençaient. Je m'affligeais de vous voir si petite; je me demandais si, avec de telles angoisses, je vivrais jusqu'au jour où vous pourriez me comprendre et me répondre. Je soulevais doucement vos cheveux fins comme la soie et les baisais avec amour. Je les comparais avec d'autres boucles que j'avais coupées sur votre front les années précédentes et que je gardais dans mon portefeuille. Je m'assurais avec plaisir des teintes plus foncées que chaque printemps leur avait données. Puis je regardais sur le tronc d'un dattier voisin divers signes que j'y avais gravés pour marquer l'élévation progressive de votre taille durant quatre ou cinq ans. L'arbre porte encore ces cicatrices, Indiana; je les ai retrouvées la dernière fois que je suis venu souffrir ici. Hélas! en vain vous avez grandi; en vain votre beauté a tenu ses promesses; en vain vos cheveux sont devenus noirs comme l'ébène; vous n'avez pas grandi pour moi, ce n'est pas pour moi que vos charmes se sont développés; c'est pour un autre que votre cœur a battu pour la première fois.

« Vous souvenez-vous comme nous filions, légers comme deux tourterelles, le long des buissons de jamrosiers? Vous souvenez-vous aussi que nous nous égarions parfois dans les savanes qui s'étendent au-dessus de nous? Une fois nous entreprîmes d'atteindre aux sommets brumeux des Salazes; mais nous n'avions pas prévu qu'à mesure que nous montions les fruits devenaient plus rares, les cataractes moins abordables, le vent plus terrible et plus dévorant.

« Quand vous vîtes la végétation fuir derrière nous, vous voulûtes retourner; mais quand nous eûmes traversé la région des capillaires, nous trouvâmes quantité de fraisiers, et vous étiez si occupée à remplir votre panier de leurs fruits, que vous ne songiez plus à quitter ce lieu. Il fallut renoncer à aller plus loin. Nous ne marchions plus que sur des roches volcaniques persillées comme du biscuit et parsemées de plantes laineuses; ces pauvres herbes, battues des vents, nous faisaient penser à la bonté de Dieu, qui semble leur avoir donné un vêtement chaud pour résister aux outrages de l'air. Et puis la brume devint si épaisse que nous ne pouvions plus nous diriger et qu'il fallut redescendre. Je vous rapportai dans mes bras. Je descendis avec précaution les pentes escarpées de la montagne. La nuit nous surprit à l'entrée du premier bois qui fleurissait dans la troisième région. J'y cueillis des grenades pour vous, et pour étancher ma soif je me contentai de ces lianes dont la sève abondante fournit, quand on casse leurs rameaux, une eau pure et fraîche. Nous nous rappelâmes alors l'aventure de nos héros favoris égarés dans le bois de la Rivière-Rouge. Mais, nous autres, nous n'avions ni mères tendres, ni serviteurs empressés, ni chien fidèle pour s'enquérir de nous. Eh bien, j'étais content, j'étais fier; j'étais seul chargé de veiller sur vous, et je me trouvais plus heureux que Paul.

« Oui, c'était un amour pur, un amour profond et vrai que déjà vous m'inspiriez. Noun, à dix ans, était plus grande que vous de toute la tête; créole dans l'acception la plus étendue, elle était déjà développée, son œil humide s'aiguisait déjà d'une expression singulière, sa contenance et son caractère étaient ceux d'une jeune fille. Eh bien! je n'aimais pas Noun, ou bien je ne l'aimais qu'à cause de vous dont elle partageait les jeux. Il ne m'arrivait point de me demander si elle était déjà belle, si elle le serait quelque jour davantage. Je ne la regardais pas. A mes yeux elle était plus enfant que vous. C'est que je vous aimais. Je comptais sur vous : vous étiez la compagne de ma vie, le rêve de ma jeunesse...

« Mais j'avais compté sans l'avenir. La mort de mon frère me condamna à épouser sa fiancée. Je ne vous dirai rien de ce temps de ma vie; ce ne fut pas encore le plus amer, Indiana, et cependant je fus l'époux d'une femme qui me haïssait et que je ne pouvais aimer. Je fus père, et je perdis mon fils; je devins veuf, et j'appris que vous étiez mariée.

« Ces jours d'exil en Angleterre, cette époque de douleur, je ne vous les raconte pas. Si j'eus des torts envers quelqu'un, ce ne fut pas envers vous; et si quelqu'un en eut envers moi, je ne veux pas m'en plaindre. Là je devins plus *égoïste*, c'est-à-dire plus triste et plus défiant que jamais. A force de douter de moi, on m'avait contraint à devenir orgueilleux et à compter sur moi-même. Aussi je n'eus, pour me soutenir dans ces épreuves, que le témoignage de mon cœur. On me fit un crime de ne pas chérir une femme qui ne m'épousa que par contrainte et ne me témoigna jamais que du mépris! On a remarqué depuis, comme un des principaux caractères de mon égoïsme, l'éloignement que je semblais éprouver pour les enfants. Il est arrivé à Raymon de me railler cruellement sur cette disposition, en observant que les soins nécessaires à l'éducation des enfants cadraient mal avec les habitudes rigidement méthodiques d'un vieux garçon. Je pense qu'il ignorait que j'ai été père, et que c'est moi qui vous ai élevée. Mais aucun de vous n'a voulu comprendre que le souvenir de mon fils était, après bien des années, aussi cuisant pour moi que le premier jour, et que mon cœur ulcéré se gonflait à la vue des blondes têtes qui me le rappelaient. Quand un homme est malheureux, on craint de ne pas le trouver assez coupable, parce qu'on craint d'être forcé de le plaindre.

« Mais ce que nul ne pourra jamais comprendre, c'est l'indignation profonde, c'est le désespoir sombre, qui s'emparèrent de moi lorsqu'on m'arracha de ces lieux, moi pauvre enfant du désert, à qui personne n'avait daigné jeter un regard de pitié, pour me charger des liens de la société; lorsqu'on m'imposa d'occuper une place vide dans ce monde qui m'avait repoussé; lorsqu'on voulut me faire comprendre que j'avais des devoirs à remplir envers ces hommes qui avaient méconnu les leurs envers moi. Eh quoi! nul d'entre les miens n'avait voulu être mon appui, et maintenant tous me convoquaient à l'assemblée de leurs intérêts pour me charger de les défendre! On ne voulait pas même me laisser jouir en paix de ce qu'on ne dispute point aux parias, l'air de la solitude! Je n'avais dans la vie qu'un bien, un espoir, une pensée, celle que vous m'apparteniez pour toujours; on me l'enleva, on me dit que vous n'étiez pas assez riche pour moi. Amère dérision! moi que les montagnes avaient nourri et que le toit paternel avait répudié! moi à qui on n'avait pas laissé connaître l'usage des richesses, et à qui l'on imposait maintenant la charge de faire prospérer celles des autres!

« Cependant je me soumis. Je n'avais pas le droit d'élever une prière pour qu'on épargnât mon chétif bonheur; j'étais bien assez dédaigné; résister, c'eût été me rendre odieux. Inconsolable de la mort de son autre fils, ma mère menaçait de mourir elle-même si je n'obéissais à mon destin. Mon père, qui m'accusait de ne savoir pas le consoler, comme si j'étais coupable du peu d'amour qu'il m'accordait, était prêt à me maudire si j'essayais d'échapper à son joug. Je courbai la tête; mais ce que j'en souffris, vous-même, qui fûtes aussi bien malheureuse, ne sauriez l'apprécier. Si, poursuivi, froissé, opprimé comme je l'ai été, je n'ai point rendu aux hommes le mal pour le mal, peut-être faut-il en conclure que je n'avais pas le cœur stérile, comme on me l'a reproché.

« Quand je revins ici, quand je vis l'homme auquel on t'avait mariée... pardonne, Indiana, c'est alors que je fus vraiment égoïste; il y a toujours de l'égoïsme dans l'amour, puisqu'il y en eut même dans le mien; j'éprouvai je ne sais quelle joie cruelle en pensant que ce simulacre légal te donnait un maître et non pas un époux. Tu t'étonnas de l'espèce d'affection que je lui témoignai; c'est que je ne trouvais pas en lui un rival. Je savais bien que ce vieillard ne pouvait ni inspirer ni ressentir l'amour, et que ton cœur sortirait vierge de cet hyménée. Je lui fus reconnaissant de tes froideurs et de tes tristesses. S'il fût resté ici, je serais peut-être devenu bien coupable; mais vous me laissâtes seul, et il ne fut pas en mon pouvoir de vivre sans toi. J'essayai de vaincre cet indomptable amour qui s'était ranimé dans toute sa violence en te retrouvant belle et mélancolique comme je t'avais rêvée dès tes jeunes ans. Mais la solitude ne fit qu'aigrir mon mal, et je cédai au besoin que j'avais de te voir, de vivre sous le même toit, de respirer le même air, de m'enivrer à toute heure du son harmonieux de ta voix. Tu sais quels obstacles je devais rencontrer, quelles défiances je devais combattre; je compris alors quels devoirs je m'imposais; je ne pouvais associer ma vie à la tienne sans rassurer ton époux par une promesse sacrée, et je n'ai jamais su ce que c'était de me jouer de ma parole. Je m'engageai donc d'esprit et de cœur à n'oublier jamais mon rôle de frère, et dis-moi, Indiana, ai-je trahi mon serment?

« J'ai compris aussi qu'il me serait difficile, impossible peut-être d'accomplir cette tâche rigide, si je me dépouillais le déguisement qui éloignait de moi tout rapport intime, tout sentiment profond; j'ai compris qu'il ne me fallait pas jouer avec le danger, car ma passion était trop ardente pour sortir victorieuse d'un combat. J'ai senti qu'il fallait élever autour de moi un triple mur de glace, afin de m'aliéner ton intérêt, afin de m'arracher la compassion qui m'eût perdu. Je me suis dit que le jour où tu me plaindrais je serais déjà coupable, et j'ai consenti à vivre

Alors Ralph s'assit aux pieds d'Indiana. (Page 77.)

sous le poids de cette affreuse accusation de sécheresse et d'égoïsme, que, grâce au ciel, vous ne m'avez pas épargnée. Le succès de ma feinte a passé mon espérance; vous m'avez prodigué une sorte de pitié insultante, comme celle qu'on accorde aux eunuques, vous m'avez refusé une âme et des sens; vous m'avez foulé aux pieds, et je n'ai pas eu le droit de montrer même l'énergie de la colère et de la vengeance, car c'eût été me trahir et vous apprendre que j'étais un homme.

« Je me plains des hommes et non pas de toi, Indiana. Toi, tu fus toujours bonne et miséricordieuse, tu me supportas sous le vil travestissement que j'avais pris pour t'approcher. Tu ne me fis jamais rougir de mon rôle, tu me tins lieu de tout, et quelquefois je pensai avec orgueil que, si tu me regardais avec bienveillance tel que je m'étais fait pour être méconnu, tu m'aimerais peut-être si tu pouvais me connaître un jour. Hélas! quelle autre que toi ne m'eût repoussé? quelle autre eût tendu la main à ce crétin sans intelligence et sans voix? Excepté toi, tous se sont éloignés avec dégoût de l'*égoïste !* Ah! c'est qu'il n'y avait au monde qu'un être assez généreux pour ne pas se rebuter de cet échange sans profit; il n'y avait qu'une âme assez large pour répandre le feu sacré qui la vivifiait jusque sur l'âme étroite et glacée du pauvre abandonné. Il fallait un cœur qui eût de trop ce que je n'avais pas assez. Il n'était sous le ciel qu'une Indiana capable d'aimer un Ralph.

« Après toi, celui qui me montra le plus d'indulgence, ce fut Delmare. Tu m'as accusé de te préférer cet homme, de sacrifier ton bien-être au mien propre en refusant d'intervenir dans vos débats domestiques. Injuste et aveugle femme! tu n'as pas vu que je t'ai servie autant qu'il a été possible de le faire, et surtout tu n'as pas compris que je ne pouvais élever la voix en ta faveur sans me trahir. Que serais-tu devenue si Delmare m'eût chassé de chez lui? qui t'aurait protégée patiemment, en silence, mais avec la persévérante fermeté d'un amour impérissable? Ce n'eût pas été Raymon. Et puis, je l'aimais par reconnaissance, je l'avoue, cet être rude et grossier qui pouvait m'arracher le seul bonheur qui me restât et qui ne l'a pas fait, cet homme dont le malheur était de ne pas être aimé de toi, et dont l'infortune avait des

Alors Ralph prit sa fiancée dans ses bras et l'emporta.... (Page 82.)

sympathies secrètes avec la mienne! Je l'aimais aussi par cela même qu'il ne m'avait jamais fait endurer les tortures de la jalousie...

« Mais me voici arrivé à vous parler de la plus effroyable douleur de ma vie, de ces temps de fatalité où votre amour tant rêvé appartint à un autre. C'est alors que je compris tout à fait l'espèce de sentiment que je comprimais depuis tant d'années. C'est alors que la haine versa des poisons dans mon sein, et que la jalousie dévora le reste de mes forces. Jusque-là mon imagination vous avait gardée pure ; mon respect vous entourait d'un voile que la naïve audace des songes n'osait pas même soulever ; mais quand j'eus l'horrible pensée qu'un autre vous entraînait dans sa destinée, vous arrachait à ma puissance et s'enivrait à longs traits du bonheur que je n'osais pas même rêver, je devins furieux ; j'aurais voulu, cet homme exécré, le voir au fond de ce gouffre pour lui briser la tête à coups de pierre.

« Cependant vos maux furent si grands que j'oubliai les miens. Je ne voulus pas le tuer parce que vous l'auriez pleuré. J'eus même envie vingt fois, que le ciel me pardonne! d'être infâme et vil, de trahir Delmare et de servir mon ennemi. Oui, Indiana, je fus si insensé, si misérable de vous voir souffrir, que je me repentis d'avoir cherché à vous éclairer, et que j'aurais donné ma vie pour léguer mon cœur à cet homme! Oh! le scélérat! que Dieu lui pardonne les maux qu'il m'a faits; mais qu'il le punisse de ceux qu'il a amassés sur votre tête! C'est pour ceux-là que je le hais ; car, pour moi, je ne sais plus quelle a été ma vie quand je regarde ce qu'il a fait de la vôtre. C'est lui que la société aurait dû marquer au front dès le jour de sa naissance! c'est lui qu'elle aurait dû flétrir et repousser comme le plus aride et le plus pervers! Mais, au contraire, elle l'a porté en triomphe. Ah! je reconnais bien là les hommes, et je ne devrais pas m'indigner; car, en adorant l'être difforme qui décime le bonheur et la considération d'autrui, ils ne font qu'obéir à la nature.

« Pardon, Indiana, pardon! il est cruel peut-être de me plaindre devant vous, mais c'est la première et la dernière fois ; laissez-moi maudire l'ingrat qui vous pousse dans la tombe. Il a fallu cette formidable leçon pour vous ouvrir les yeux. En vain du lit de mort de Delmare et de celui de Noun une voix s'est élevée pour vous crier :

« Prends garde à lui, il te perdra! » vous avez été sourde; votre mauvais génie vous a entraînée, et, flétrie que vous êtes, l'opinion vous condamne et l'absout. Il a fait toutes sortes de maux, lui, et l'on n'y a pas fait attention. Il a tué Noun, et vous l'avez oublié; il vous a perdue, et vous lui avez pardonné. C'est qu'il savait éblouir les yeux et tromper la raison; c'est que sa parole adroite et perfide pénétrait dans les cœurs; c'est que son regard de vipère fascinait; c'est que la nature, en lui donnant mes traits métalliques et ma lourde intelligence, eût fait de lui un homme complet.

« Oh oui! que Dieu le punisse, car il a été féroce envers vous; ou plutôt qu'il lui pardonne, car il a été plus stupide que méchant peut-être! Il ne vous a pas comprise, il n'a pas apprécié le bonheur qu'il pouvait goûter! Oh! vous l'aimiez tant! il eût pu rendre votre existence si belle! A sa place, je n'aurais pas été vertueux; j'aurais fui avec vous dans le sein des montagnes sauvages, je vous aurais arrachée à la société pour vous posséder à moi seul, et je n'aurais eu qu'une crainte, c'eût été de ne vous voir pas assez maudite, assez abandonnée, afin de vous tenir lieu de tout. J'eusse été jaloux de votre considération, mais dans un autre sens que lui; c'eût été pour la détruire, afin de la remplacer par mon amour. J'eusse souffert de voir un autre homme vous donner une parcelle de bien-être, un instant de satisfaction, c'eût été un vol que l'on m'eût fait; car votre bonheur eût été ma tâche, ma propriété, mon existence, mon honneur! Oh! comme ce ravin sauvage pour toute demeure, ces arbres de la montagne pour toute richesse, m'eussent fait vain et opulent, si le ciel me les eût donnés avec votre amour!... Laissez-moi pleurer, Indiana, c'est la première fois de ma vie que je pleure; Dieu a voulu que je ne mourusse pas sans connaître ce triste plaisir. »

Ralph pleurait comme un enfant. C'était la première fois, en effet, que cette âme stoïque se laissait aller à la compassion d'elle-même, encore y avait-il dans ces larmes plus de douleur pour le sort d'Indiana que pour le sien.

« Ne pleurez pas sur moi, lui dit-il en voyant qu'elle aussi était baignée de larmes; ne me plaignez point; votre pitié efface tout le passé, et le présent n'est plus amer. De quoi souffrirais-je maintenant? vous ne l'aimez plus.

— Si je vous avais connu, Ralph, je ne l'eusse jamais aimé, s'écria madame Delmare, c'est votre vertu qui m'a perdue.

— Et puis, dit Ralph en la regardant avec un douloureux sourire, j'ai bien d'autres sujets de joie; vous m'avez fait, sans vous en douter, une confidence durant les heures d'épanchement de la traversée. Vous m'avez appris que ce Raymon n'avait pas été aussi heureux qu'il avait eu l'audace de le prétendre, et vous m'avez délivré d'une partie de mes tourments; vous m'avez ôté ce remords de vous avoir si mal gardée; car j'ai eu l'insolence de vouloir vous protéger contre ses séductions; et en cela je vous ai fait injure, Indiana; je n'ai pas eu foi en votre force : c'est encore un de mes crimes qu'il faut me pardonner.

— Hélas! dit Indiana, vous me demandez pardon! à moi qui ai fait le malheur de votre vie, à moi qui ai payé un amour si pur et si généreux d'un inconcevable aveuglement, d'une féroce ingratitude; c'est moi qui devrais ici me prosterner et demander pardon.

— Cet amour n'excite donc ni ton dégoût ni ta colère, Indiana! O mon Dieu! je vous remercie! je vais mourir heureux! Écoute, Indiana, ne te reproche plus mes maux. A cette heure je ne regrette aucune des joies de Raymon, et je pense que mon sort devrait lui faire envie s'il avait un cœur d'homme. C'est moi maintenant qui suis ton frère, ton époux, ton amant pour l'éternité. Depuis le jour où tu m'as juré de quitter la vie avec moi, j'ai nourri cette douce pensée que tu m'appartenais, que tu m'étais rendue pour ne jamais me quitter; j'ai recommencé à t'appeler tout bas ma fiancée. C'eût été trop de bonheur, ou pas assez peut-être, que de te posséder sur la terre. Dans le sein de Dieu m'attendent les félicités que rêvait mon enfance. C'est là que tu m'aimeras, Indiana; c'est là que ton intelligence divine, dépouillée de toutes les fictions menteuses de cette vie, me tiendra compte de toute une existence de sacrifices, de souffrances et d'abnégation, c'est là que tu seras mienne, ô mon Indiana! car le ciel, c'est toi; et si j'ai mérité d'être sauvé, j'ai mérité de te posséder. C'est dans ces idées que j'ai priée de revêtir cet habit blanc : c'est ta robe de noces; et ce rocher qui s'avance vers le lac, c'est l'autel qui nous attend. »

Il se leva, alla cueillir dans le bosquet voisin une branche d'oranger en fleurs, et vint la poser sur les cheveux noirs d'Indiana; puis, se mettant à genoux :

« Fais-moi heureux, lui dit-il; dis-moi que ton cœur consent à cet hymen de l'autre vie. Donne-moi l'éternité; ne me force pas à demander le néant. »

Si le récit de la vie intérieure de Ralph n'a produit aucun effet sur vous, si vous n'en êtes pas venu à aimer cet homme vertueux, c'est que j'ai été l'inhabile interprète de ses souvenirs, c'est que je n'ai pas pu exercer non plus sur vous la puissance que possède la voix d'un homme profondément vrai dans sa passion. Et puis la lune ne me prête pas son influence mélancolique; le chant des sénégalis, les parfums du giroflier, toutes les séductions molles et enivrantes d'une nuit des tropiques ne vous saisissent pas le cœur et la tête. Vous ne savez peut-être pas non plus, par expérience, quelles sensations fortes et neuves s'éveillent dans l'âme en face du suicide, et comme les choses de la vie apparaissent sous leur véritable aspect au moment d'en finir avec elles. Cette soudaine et inévitable lumière inonda tous les replis du cœur d'Indiana; le bandeau, qui depuis longtemps se détachait, tomba tout à fait de ses yeux. Rendue à la vérité, à la nature, elle vit le cœur de Ralph tel qu'il était; elle vit aussi ses traits tels qu'elle ne les avait jamais vus; car la puissance d'une si haute situation avait produit sur lui le même effet que la pile de Volta sur des membres engourdis; elle l'avait délivré de cette paralysie qui chez lui enchaînait les yeux et la voix. Paré de sa franchise et de sa vertu, il était bien plus beau que Raymon, et Indiana sentit que c'était lui qu'il aurait fallu aimer.

« Sois mon époux dans le ciel et sur la terre, lui dit-elle, et que ce baiser me fiance à toi pour l'éternité! »

Leurs lèvres s'unirent; et sans doute il y a dans un amour qui part du cœur une puissance plus soudaine que les ardeurs d'un désir éphémère; car ce baiser, sur le seuil d'une autre vie, résuma pour eux toutes les joies de celle-ci.

Alors Ralph prit sa fiancée dans ses bras, et l'emporta pour la précipiter avec lui dans le torrent...

CONCLUSION.

A J. NÉRAUD.

Au mois de janvier dernier, j'étais parti de Saint-Paul, par un jour chaud et brillant, pour aller rêver dans les bois sauvages de l'île Bourbon. J'y rêvais de vous, mon ami; ces forêts vierges avaient gardé pour moi le souvenir de vos courses et de vos études; le sol avait conservé l'empreinte de vos pas. Je retrouvais partout les merveilles dont vos récits magiques avaient charmé mes veillées d'autrefois, et, pour les admirer ensemble je vous redemandais à la vieille Europe, où l'obscurité vous entoure de ses modestes bienfaits. Homme heureux, dont aucun ami perfide n'a dénoncé au monde l'esprit et le mérite!

J'avais dirigé ma promenade vers un lieu désert situé dans les plus hautes régions de l'île, et nommé la *Plaine des Géants*.

Une large portion de montagne écroulée dans un ébranlement volcanique a creusé sur le ventre de la montagne principale une longue arène hérissée de rochers disposés dans le plus magique désordre, dans la plus épouvantable confusion. Là un bloc immense pose en équilibre sur de minces fragments; là-bas une muraille de roches minces, légères, poreuses, s'élève dentelée et brodée à jour comme un édifice moresque; ici un obélisque de basalte, dont un artiste semble avoir poli et ciselé les flancs, se dresse sur un bastion crénelé; ailleurs une forteresse gothique croule à côté d'une pagode informe et bizarre. Là se sont donné rendez-vous toutes les ébauches de l'art, toutes les esquisses de l'architecture; il semble que les génies de tous les siècles et de toutes les nations soient venus puiser leurs inspirations dans cette grande œuvre du hasard et de la destruction. Là, sans doute, de magiques élaborations ont enfanté l'idée de la sculpture moresque. Au sein des forêts, l'art a trouvé dans le palmier un de ses plus beaux modèles. Le vacoa, qui s'ancre et se cramponne à la terre par cent bras partis de sa tige, a dû le premier inspirer le plan d'une cathédrale appuyée sur ses légers arcs-boutants. Dans la *Plaine des Géants*, toutes les formes, toutes les beautés, toutes les facéties, toutes les hardiesses ont été réunies, superposées, agencées, construites en une nuit d'orage. Les esprits de l'air et du feu présidèrent sans doute à cette diabolique opération; eux seuls purent donner à leurs essais ce caractère terrible, capricieux, incomplet, qui distingue leurs œuvres de celles de l'homme; eux seuls ont pu entasser ces blocs effrayants, remuer ces masses gigantesques, jouer avec les monts comme avec des grains de sable, et, au milieu de créations que l'homme a essayé de copier, jeter ces grandes pensées d'art, ces sublimes contrastes impossibles à réaliser, qui semblent défier l'audace de l'artiste, et lui dire par dérision : « Essayez encore cela. »

Je m'arrêtai au pied d'une cristallisation basaltique, haute d'environ soixante pieds, et taillée à facettes comme l'œuvre d'un lapidaire. Au front de ce monument étrange, une large inscription semblait avoir été tracée par une main immortelle. Ces pierres volcanisées offrent souvent le même phénomène. Jadis leur substance, amollie par l'action du feu, reçut, tiède et malléable encore, l'empreinte des coquillages et des lianes qui s'y collèrent. De ces rencontres fortuites sont résultés des jeux bizarres, des impressions hiéroglyphiques, des caractères mystérieux, qui semblent jetés là comme le seing d'un être surnaturel, écrit en lettres cabalistiques.

Je restai longtemps dominé par la puérile prétention de chercher un sens à ces chiffres inconnus. Ces inutiles recherches me firent tomber dans une méditation profonde pendant laquelle j'oubliai le temps qui fuyait.

Déjà des vapeurs épaisses s'amoncelaient sur les pics de la montagne et s'abaissaient sur ses flancs, dont elles mangeaient rapidement les contours. Avant que j'eusse atteint la moitié de l'arène des Géants elles fondirent sur la région où je parcourais et l'enveloppèrent d'un rideau impénétrable. Un instant après s'éleva un vent furieux qui les balaya en un clin d'œil. Puis le vent tomba; le brouillard se reforma, pour être chassé encore par une terrible rafale.

Je cherchai un refuge contre la tempête dans une grotte, qui me protégea; mais un autre fléau vint se joindre à celui du vent. Les torrents de pluie gonflèrent le lit des rivières, qui toutes ont leurs réservoirs sur le sommet du cône. En une heure tout fut inondé, et les flancs de la montagne ruisselants de toutes parts formaient une immense cascade qui se précipitait avec furie vers la plaine.

Après deux jours du plus pénible et du plus dangereux voyage, je me trouvai, conduit par la Providence sans doute, à la porte d'une habitation située dans un endroit extrêmement sauvage. La case simple, mais jolie, avait résisté à la tempête, protégée qu'elle était par un rempart de rochers qui se penchaient comme pour lui servir de parasol. Un peu plus bas, une cataracte furieuse se précipitait dans le fond d'un ravin, et y formait un lac débordé, au-dessus duquel des bosquets de beaux arbres élevaient encore leurs têtes flétries et fatiguées.

Je frappai avec empressement; mais la figure qui se présenta sur le seuil me fit reculer trois pas. Avant que j'eusse élevé la voix pour demander asile, le patron m'avait accueilli par un signe muet et grave. J'entrai donc, et me trouvai seul, face à face avec lui, avec sir Ralph Brown.

Depuis près d'un an que le navire *la Nahandove* avait ramené M. Brown et sa compagne à la colonie, on n'avait pas vu trois fois sir Ralph à la ville; et quant à madame Delmare, sa retraite avait été si absolue que son existence était encore une chose problématique pour beaucoup d'habitants. C'était à peu près vers la même époque que j'avais débarqué à Bourbon pour la première fois, et l'entrevue que j'avais en cet instant avec M. Brown était la seconde de ma vie.

La première m'avait laissé une impression ineffaçable; c'était à Saint-Paul, sur le bord de la mer. Les traits et le maintien de ce personnage m'avaient d'abord faiblement frappé; et puis, lorsque par un sentiment d'oisive curiosité j'avais questionné les colons sur son compte, leurs réponses furent si étranges, si contradictoires, que j'examinai avec plus d'attention le solitaire de Bernica.

« C'est un rustre, un homme sans éducation, me disait l'un; un homme complétement nul, qui ne possède au monde qu'une qualité, celle de se taire.

— C'est un homme infiniment instruit et profond, me dit un autre, mais trop pénétré de sa supériorité, dédaigneux et fat, au point de croire perdues les paroles qu'il hasarderait avec le vulgaire.

— C'est un homme qui n'aime que soi, dit un troisième; médiocre et non pas stupide, profondément égoïste, on dit même complétement insociable.

— Vous ne savez donc pas? me dit un jeune homme élevé dans la colonie, et complétement imbu de l'esprit étroit des provinciaux : c'est un misérable, un scélérat, qui a lâchement empoisonné son ami pour épouser sa femme. »

Cette réponse m'étourdit tellement que je me retournai vers un autre colon, plus âgé, et que je savais doué d'un certain bon sens.

Comme mon regard lui demandait avidement la solution de tous ces problèmes, il me répondit :

« Sir Ralph était jadis un galant homme, que l'on n'aimait pas parce qu'il n'était pas communicatif, mais que l'on estimait. Voilà tout ce que je puis dire de lui; car, depuis sa malheureuse histoire, je n'ai eu aucune relation avec lui.

— Quelle histoire? » demandai-je.

On me raconta la mort subite du colonel Delmare, la fuite de sa femme dans la même nuit, le départ et le retour de M. Brown. L'obscurité qui enveloppait toutes ces circonstances n'avait pu s'éclaircir par les enquêtes de la justice; nul n'avait pu prouver le crime de la fugitive. Le procureur du roi avait refusé de poursuivre; mais on savait la partialité des magistrats pour M. Brown. et on leur faisait un crime de n'avoir pas du moins éclairé l'opinion publique sur une affaire qui laissait la réputation de deux personnes entachée d'un odieux soupçon.

Ce qui semblait confirmer les doutes, c'était le retour furtif des deux accusés et leur établissement mystérieux au fond du désert de Bernica. Ils s'étaient enfuis d'abord, disait-on, pour assoupir l'affaire; mais l'opinion les avait tellement repoussés en France qu'ils avaient été contraints de venir se réfugier dans la solitude pour y satisfaire en paix leur criminel attachement.

Mais ce qui réduisait à néant toutes ces versions, c'était une dernière assertion qui me sembla partir de gens mieux informés : madame Delmare, me disait-on, avait toujours eu de l'éloignement et presque de l'aversion pour son cousin M. Brown.

J'avais alors regardé attentivement, consciencieusement, pourrais-je dire, le héros de tant de contes étranges. Il était assis sur un ballot de marchandises, attendant le retour d'un marin avec lequel il était entré en marché pour je ne sais quelle emplette : ses yeux, bleus comme la mer, contemplaient l'horizon avec une expression de rêverie si calme, si candide; toutes les lignes de son visage s'harmonisaient si bien; les nerfs, les muscles, le sang, tout semblait si serein, si complet, si bien réglé chez cet individu sain et robuste, que j'aurais juré qu'on lui faisait une mortelle injure ; que cet homme n'avait pas un crime dans la mémoire, qu'il n'en avait jamais eu dans la pensée, que son cœur et ses mains étaient purs comme son front.

Mais tout d'un coup le regard distrait du baronnet était venu tomber sur moi qui l'examinais avec une avide et indiscrète curiosité. Confus comme un voleur pris sur le fait, j'avais baissé les yeux avec embarras ; car ceux de sir Ralph renfermaient un reproche sévère. Depuis cet instant, malgré moi j'avais pensé bien souvent à lui ; il m'était apparu dans mes rêves : j'éprouvais, en songeant à lui, cette vague inquiétude, cette inexplicable émotion, qui sont comme le fluide magnétique dont s'entoure une destinée extraordinaire.

Mon désir de connaître sir Ralph était donc très-réel et très-vif; mais j'aurais voulu l'observer à l'écart et n'en être pas vu. Il me semblait que j'étais coupable envers lui. La transparence cristalline de ses yeux me glaçait de crainte. Il devait y avoir chez cet homme une telle supériorité de vertu ou de scélératesse, que je me sentais tout médiocre et tout petit devant lui.

Son hospitalité ne fut ni fastueuse ni bruyante. Il m'emmena dans sa chambre, me prêta des habits et du linge, puis me conduisit auprès de sa compagne, qui nous attendait pour prendre le repas.

En la voyant si belle, si jeune (car elle semblait avoir à peine dix-huit ans), en admirant sa fraîcheur, sa grâce, son doux parler, j'éprouvai une douloureuse émotion. Je songeai aussitôt que cette femme était bien coupable ou bien malheureuse : coupable d'un crime odieux, ou flétrie par une odieuse accusation.

Pendant huit jours le lit débordé des rivières, les plaines inondées, les pluies et les vents, me retinrent à Bernica ; et puis vint le soleil, et je ne songeai plus à quitter mes hôtes.

Ils n'étaient brillants ni l'un ni l'autre ; ils avaient, je crois, peu d'esprit, peut-être même n'en avaient-ils pas du tout ; mais ils avaient celui qui fait dire des choses puissantes ou délicieuses ; ils avaient l'esprit du cœur. Indiana est ignorante, mais non pas de cette ignorance étroite et grossière qui procède de la paresse, de l'incurie ou de la nullité ; elle est avide d'apprendre ce que les préoccupations de sa vie l'ont empêchée de savoir ; et puis peut-être y eut-il un peu de coquetterie de sa part à questionner sir Ralph, afin de faire briller devant moi les immenses connaissances de son ami.

Je la trouvai enjouée, mais sans pétulance ; ses manières ont gardé quelque chose de lent et de triste qui est naturel aux créoles, mais qui, chez elle, me parut avoir un charme plus profond ; ses yeux ont surtout une douceur incomparable, ils semblent raconter une vie de souffrances ; et quand sa bouche sourit, il y a encore de la mélancolie dans son regard, mais une mélancolie qui semble être la méditation du bonheur ou l'attendrissement de la reconnaissance.

Un matin je leur dis que j'allais enfin partir.

« Déjà ? » me dirent-ils.

L'accent de ce mot dans leur bouche fut si vrai, si touchant, que je me sentis encouragé. Je m'étais promis de ne pas quitter sir Ralph sans lui demander son histoire ; mais, à cause de l'affreux soupçon qu'on avait jadis jeté dans mon esprit, j'éprouvais une insurmontable timidité. J'essayai de la vaincre.

« Écoutez, lui dis-je, les hommes sont de grands scélérats ; ils m'ont dit du mal de vous. Je ne m'en étonne pas, à présent que je vous connais. Votre vie doit être bien belle, puisqu'elle a été si calomniée... »

Je m'arrêtai brusquement en voyant un étonnement plein de candeur se peindre sur les traits de madame Delmare. Je compris qu'elle ignorait les atroces méchancetés répandues contre elle, et je rencontrai sur le visage de sir Ralph une expression non équivoque de hauteur et de mécontentement. Je me levai alors pour les quitter, honteux et triste, accablé par le regard de M. Brown, qui me rappelait notre première entrevue et le muet entretien du même genre que nous avions eu ensemble sur le bord de la mer.

Désespéré de quitter pour toujours cet homme excellent dans de telles dispositions, repentant de l'avoir irrité et blessé en récompense des jours de bonheur qu'il venait de mettre dans ma vie, je sentis mon cœur se gonfler et je fondis en larmes.

« Jeune homme, me dit-il en me prenant la main, restez encore un jour avec nous ; je n'ai pas le courage de laisser partir ainsi le seul ami que nous ayons dans la contrée. »

Puis, madame Delmare s'étant éloignée :

« Je vous ai compris, me dit-il ; je vous dirai mon histoire, mais pas devant Indiana. Il est des blessures qu'il ne faut pas réveiller. »

Le soir nous allâmes faire une promenade dans les bois. Les arbres, si frais et si beaux quinze jours auparavant, avaient été dépouillés entièrement de leurs feuilles, mais déjà ils se couvraient de gros bourgeons résineux. Les oiseaux et les insectes avaient repris possession de leur empire. Les fleurs flétries avaient déjà de jeunes boutons pour les remplacer. Les ruisseaux repoussaient avec persévérance le sable dont leur lit était comblé. Tout revenait à la vie, au bonheur, à la santé.

« Voyez donc, me disait Ralph, avec quelle étonnante rapidité cette bonne et féconde nature répare ses pertes ! Ne semble-t-il pas qu'elle ait honte du temps perdu, et qu'elle veuille, à force de vigueur et de sève, refaire en quelques jours l'ouvrage d'une année ?

— Et elle y parviendra, reprit madame Delmare. Je me souviens des orages de l'année dernière ; au bout d'un mois il n'y paraissait plus.

— C'est, lui dis-je, l'image d'un cœur brisé par les chagrins ; quand le bonheur vient le retrouver, il s'épanouit et se rajeunit bien vite. »

Indiana me tendit la main et regarda M. Brown avec une indéfinissable expression de tendresse et de joie.

Quand la nuit fut venue, elle se retira dans sa chambre, et sir Ralph, me faisant asseoir à côté de lui sur un banc dans le jardin, me raconta son histoire jusqu'à l'endroit où nous l'avons laissée dans le précédent chapitre.

Là il fit une longue pause et parut avoir complétement oublié ma présence.

Pressé par l'intérêt que je prenais à son récit, je me décidai à rompre sa méditation par une dernière question.

Il tressaillit comme un homme qui s'éveille ; puis, souriant avec bonhomie :

« Mon jeune ami, me dit-il, il est des souvenirs qu'on déflore en les racontant. Qu'il vous suffise de savoir que j'étais bien décidé à tuer Indiana avec moi. Mais, sans doute, la ratification de notre sacrifice n'était pas encore enregistrée dans les archives du ciel. Un médecin vous dirait peut-être qu'un vertige très-supposable s'empara de ma tête et me trompa dans la direction du sentier. Pour moi, qui ne suis pas médecin le moins du monde en ce sens-là, j'aime mieux croire que l'ange d'Abraham et de Tobie, ce bel ange blanc, aux yeux bleus et à la ceinture d'or, que vous avez vu souvent dans les rêves de votre enfance, descendit sur un rayon de la lune, et que, balancé dans le tremblante vapeur de la cataracte, il étendit ses ailes argentées sur ma douce compagne. La seule chose qu'il soit en mon pouvoir de vous affirmer, c'est que la lune se coucha derrière les grands pitons de la montagne sans qu'aucun bruit sinistre eût troublé le paisible murmure de la cascade ; c'est que les oiseaux du rocher ne prirent leur vol qu'à l'heure où une ligne blanche s'étendit sur l'horizon maritime ; c'est que le premier rayon de pourpre qui tomba sur le bosquet d'orangers m'y trouva à genoux et bénissant Dieu.

« Ne croyez pourtant pas que j'acceptai tout d'un coup le bonheur inespéré qui venait de renouveler ma destinée. J'eus peur de mesurer l'avenir radieux qui se levait sur moi ; et lorsque Indiana souleva ses paupières pour me sourire, je lui montrai la cascade et lui parlai de mourir.

Souvenez-vous de notre chaumière indienne. (Page 86.)

« Si vous ne regrettez pas d'avoir vécu jusqu'à ce matin, lui dis-je, nous pouvons affirmer l'un et l'autre que nous avons goûté le bonheur dans sa plénitude; et c'est une raison de plus pour quitter la vie, car mon astre pâlirait peut-être demain. Qui sait si, en quittant ce lieu, en sortant de cette situation enivrante où des pensées de mort et d'amour m'ont jeté, je ne redeviendrai pas la brute haïssable que vous méprisiez hier? Ne rougirez-vous pas de vous-même en me retrouvant tel que vous m'avez connu? Ah! Indiana, épargnez-moi cette atroce douleur; ce serait le complément de ma destinée.

— Doutez-vous de votre cœur, Ralph? dit Indiana avec une adorable expression de tendresse et de confiance, ou le mien ne vous offre-t-il pas assez de garanties? »

« Vous le dirai-je? je ne fus pas heureux les premiers jours. Je ne doutais pas de la sincérité de madame Delmare, mais l'avenir m'effrayait. Méfiant de moi-même avec excès depuis trente ans, ce ne fut pas en un jour que je pus m'affermir dans l'espoir de plaire et d'être aimé. J'eus des instants d'incertitude, de terreur et d'amertume; je regrettai parfois de ne m'être pas précipité dans le lac, lorsqu'un mot d'Indiana m'avait fait si heureux.

« Elle aussi dut avoir des retours de tristesse. Elle se défit avec peine de l'habitude de souffrir, car l'âme se fait au malheur, elle y prend racine et ne s'en détache qu'avec effort. Cependant je dois rendre au cœur de cette femme la justice de dire qu'elle n'eut jamais un regret pour Raymon; elle ne s'est pas même souvenue de lui pour le haïr.

« Enfin, comme il arrive dans les affections profondes et vraies, le temps, au lieu d'affaiblir notre amour, l'établit et le scella; chaque jour lui donna une intensité nouvelle, parce que chaque jour amena de part et d'autre l'obligation d'estimer et de bénir. Toutes nos craintes s'évanouirent une à une; et, en voyant combien ces sujets de défiance étaient faciles à détruire, nous nous avouâmes en souriant que nous acceptions le bonheur en poltrons, et que nous ne nous méritions pas l'un l'autre. De ce moment nous nous sommes aimés avec sécurité. »

Ralph se tut; puis, après quelques instants d'une méditation religieuse où nous restâmes absorbés tous les deux :

« Je ne vous parle pas de mon bonheur, dit-il en me pressant la main; s'il est des douleurs qui ne se trahissent jamais et qui enveloppent l'âme comme un linceul, il est aussi des joies qui restent ensevelies dans le cœur de l'homme parce qu'une voix de la terre ne saurait les dire. D'ailleurs si quelque ange du ciel venait s'abattre sur l'une de ces branches en fleurs pour vous les raconter dans la langue de sa patrie, vous ne les comprendriez pas, vous, jeune homme, que la tempête n'a pas brisé et que n'ont pas flétri les orages. Hélas! que peut-elle comprendre au bonheur, l'âme qui n'a pas souffert? Pour nos crimes, ajouta-t-il en souriant...

— Oh! m'écriai-je les yeux mouillés de larmes..

— Écoutez, Monsieur, interrompit-il aussitôt; vous n'avez vécu que quelques heures avec les deux coupables de Bernica, mais une seule vous suffisait pour savoir leur vie tout entière. Tous nos jours se ressemblent; ils sont tous calmes et beaux; ils passent rapides et purs comme ceux de notre enfance. Chaque soir nous bénissons le ciel; nous l'implorons chaque matin, nous lui demandons le soleil et les ombrages de la veille. La majeure portion de nos revenus est consacrée à racheter de pauvres noirs infirmes. C'est la principale cause du mal que les colons disent de nous. Que ne sommes nous assez riches pour délivrer tous ceux qui vivent dans l'esclavage! Nos serviteurs sont nos amis; ils partagent nos joies, nous soignons leurs maux. C'est ainsi que notre vie s'écoule, sans chagrins, sans remords. Nous parlons rarement du passé, rarement aussi de l'avenir; nous parlons de l'un sans effroi, de l'autre sans amertume. Si nous nous surprenons parfois les paupières mouillées de larmes, c'est qu'il doit y avoir des larmes dans les grandes félicités; il n'y en a pas dans les grandes misères.

— Mon ami, lui dis-je après un long silence, si les accusations du monde pouvaient arriver jusqu'à vous, votre bonheur répondrait assez haut.

— Vous êtes jeune, répondit-il; pour vous, conscience naïve et pure, que n'a pas salie le monde, notre bonheur signe notre vertu; pour le monde, il fait notre crime. Allez, la solitude est bonne, et les hommes ne valent pas un regret.

— Tous ne vous accusent pas, lui dis-je; mais ceux-là même qui vous apprécient vous blâment de mépriser l'opinion, et ceux qui avouent votre vertu vous disent orgueilleux et fier.

— Croyez-moi, me répondit Ralph, il y a plus d'orgueil dans ce reproche que dans mon prétendu mépris. Quant à l'opinion, Monsieur, à voir ceux qu'elle élève, ne faudrait-il pas toujours tendre la main à ceux qu'elle foule aux pieds? On la dit nécessaire au bonheur; ceux qui le croient doivent la respecter. Pour moi, je plains sincèrement tout bonheur qui s'élève ou s'abaisse à son souffle capricieux.

— Quelques moralistes blâment votre solitude; ils prétendent que tout homme appartient à la société, qui le réclame. On ajoute que vous donnez aux hommes un exemple dangereux à suivre.

— La société ne doit rien exiger de celui qui n'attend rien d'elle, répondit sir Ralph. Quant à la contagion de l'exemple, je n'y crois pas, Monsieur; il faut trop d'énergie pour rompre avec le monde, trop de douleurs pour acquérir cette énergie. Ainsi, laissez couler en paix ce bonheur ignoré qui ne coûte rien à personne, et qui se cache de peur de faire des envieux. Allez, jeune homme, poursuivez le cours de votre destinée; ayez des amis, un état, une réputation, une patrie. Moi, j'ai Indiana. Ne rompez point les chaînes qui vous lient à la société, respectez ses lois si elles vous protégent, prisez ses jugements s'ils vous sont équitables; mais si quelque jour elle vous calomnie et vous repousse, ayez assez d'orgueil pour savoir vous passer d'elle.

— Oui, lui dis-je, un cœur pur peut nous faire supporter l'exil; mais, pour nous le faire aimer, il faut une compagne comme la vôtre.

— Ah! dit-il avec un ineffable sourire, si vous saviez comme je plains ce monde qui me dédaigne! »

Le lendemain je quittai Ralph et Indiana; l'un m'embrassa, l'autre versa quelques larmes.

« Adieu, me dirent-ils, retournez au monde; si quelque jour il vous bannit, souvenez-vous de notre chaumière indienne. »

FIN D'INDIANA.

MELCHIOR

I.

Vers la fin de l'année 1789, un pauvre pilote-côtier nommé Lockrist disparut, un jour de tempête, sous les récifs de la Bretagne. Il laissa deux fils : Henri, qui se maria et vécut comme il put de la pêche des harengs; et James, qui s'embarqua en qualité de marmiton sous-cambusier.

Vingt ans après, James Lockrist, après avoir été successivement maître coq d'un grand vaisseau de guerre, cuisinier du gouverneur des Indes, maître d'hôtel de la Chine, et officier de la maison civile du roi de Camboge, s'établit à la côte de Malabar, et se mit à vivre dans l'opulence. Grâce aux richesses amassées au service de tant d'illustres maîtres, il se construisit une belle habitation dans le goût européen; après quoi il épousa une riche Anglaise qui lui donna sept enfants.

En devenant mère du dernier, madame Jenny Lockrist mourut. Mais le climat brûlant de l'Inde eut bientôt dévoré sans pitié cette nombreuse postérité.

Il n'en resta qu'une fille, la plus jeune, la plus fluette, la plus impressionnable, et par cela même la plus capable de résister à cette atmosphère de feu : faible roseau qui grandit souple et frêle là où ses frères plus robustes s'étaient desséchés.

En perdant un à un les héritiers prédestinés à son opulence, l'ex-cuisinier du Fils du Ciel (c'est ainsi qu'on appelle l'empereur de la Chine) se détacha presque de ces biens auxquels il semblait condamné à ne pouvoir associer personne.

Il expérimenta combien le luxe a peu de prix pour un homme forcé d'en jouir seul. Sa maison lui sembla moins belle, ses bambous moins élégants, son titre de *nabab* moins glorieux; en un mot, cette nouvelle patrie, la patrie de son argent, qu'il avait aimée au point d'oublier la France pendant quarante ans, lui devint peu à peu odieuse en lui enlevant tout l'espoir de sa vieillesse.

Une vive fantaisie d'exilé, et plus encore une fervente sollicitude de père, lui firent souhaiter de revoir les grèves qui l'avaient vu naître, et de soustraire son dernier enfant aux mortelles influences qui le menaçaient.

En conséquence, James Lockrist résolut d'enlever sa chère Jenny au soleil de l'équateur avant l'âge de quinze ans, vers lequel tous ses frères avaient péri. Il commença à convertir sa fortune en argent; et, comme une aussi vaste entreprise demandait encore au moins une année, il se décida à s'enquérir de la famille qu'il avait laissée en Bretagne, afin de renouer quelque relation avec une contrée où il craignait de se trouver isolé.

A huit mois de là James reçut de France une réponse à ses informations. On lui apprenait que son frère Henri était mort depuis environ vingt ans, laissant dans la misère une veuve et quatorze enfants.

Mais le froid et la faim avaient anéanti la postérité de Henri comme le soleil et le luxe avaient éteint celle de James.

Les survivants étaient réduits, en Bretagne comme dans l'Inde, au nombre de deux : la veuve septuagénaire qui vivait indigente aux environs de Brest, et son fils Melchior Lockrist, qui venait d'obtenir une lieutenance dans la marine marchande.

Ce fut le curé de l'humble village de chaume où le puissant nabab avait vu le jour qui se chargea de lui faire parvenir ces renseignements.

Ce fut une lettre aux formes antiques et paternes, où perçaient, comme dit Goldsmith, l'orgueil du sacerdoce et l'humilité de l'homme; une lettre toute pleine de timides reproches sur le long oubli où James avait laissé sa famille, d'exhortations communes et maladroites sur la vanité et le mauvais emploi des richesses, d'efforts délicats et chaleureux pour intéresser le nabab à ses pauvres parents.

Il y eut une période de cette lettre où M. Lockrist faillit la jeter avec colère et dédain, et une autre qui émut ses entrailles au point d'amener une larme dans le sillon formé par une ride sur sa joue sèche et safranée.

Et véritablement il était impossible de ne pas se prendre de compassion pour cette pauvre veuve que le curé montrait si pieuse et si pauvre, de bienveillance pour ce jeune homme qui avait en pleurant quitté sa mère afin de lui être plus utile.

« Melchior, disait le bon curé, est le plus bel homme « de la Bretagne, le plus brave marin de l'Océan, le « meilleur fils que je connaisse. »

Il ajoutait que ce hardi compagnon était en mer sur le navire *Inkle et Yariko* frété pour l'archipel indien; et il terminait en faisant des vœux pour que, dans les hasards de la navigation, l'oncle et le neveu vinssent à se rencontrer.

Une circonstance puissante vint donner une nouvelle ardeur à l'intérêt que la lettre du curé inspira au nabab pour son jeune parent.

Jenny, sa chère Jenny, son fragile et précaire enfant, ressentit les premières atteintes du mal qui n'avait épargné qu'elle, et qui semblait réclamer sa dernière victime. La médecine glissa dans l'oreille paternelle une parole qui eût fait rougir le chaste front de Jenny. Il fallait la marier sans trop de délais.

Cette ordonnance jeta d'abord M. Lockrist dans de grandes perplexités. Outre que sa fille avait encore à attendre six mois l'âge nubile exigé par les lois françaises, il était difficile de lui trouver un mari qui consentît à partir aussitôt pour l'Europe, et à s'y fixer avec elle.

Il savait que de telles conditions sont toujours faciles à éluder après le mariage; et il ne voyait autour de lui aucun homme dont la loyauté ou le désintéressement lui offrissent de suffisantes garanties.

Enfin, pour dernier obstacle, Jenny, élevée dans une solitude assez romanesque, montrait un invincible dégoût pour tous ces hommes si avides de s'enrichir. Elle prétendait n'accorder son cœur et sa main qu'à un amant digne d'elle, personnage utopique qu'elle avait rencontré dans les livres, et qui ne se trouvait nulle part sous un ciel où l'or semble être plus précieux aux Européens que la vie.

Alors M. Lockrist pensa naturellement à son neveu, ou plutôt Jenny l'y fit penser. Elle écouta avec émotion la lettre du curé breton, et quand elle vit son père touché du portrait de Melchior, elle se jeta dans ses bras en lui disant :

— Je suis bien heureuse à présent, car si je meurs tu ne seras pas seul sur la terre : mon cousin te restera.

De ce moment le nabab n'eut pas un instant de repos qu'il n'eût trouvé son cher, son précieux neveu.

Il écrivit dans toutes les îles, à Ceylan, à Java, à Céram et à Timor. Il s'enquit dans tous les ports de la presqu'île : à Barcelor, à Tucurin, à Paliacate, à Sicacola; et enfin un jour, un beau jour qu'on attendait sans l'espérer le gouverneur, qui était fort lié avec M. Lockrist et qui lui avait promis de guetter tous les débarquements, lui écrivit que le lieutenant Melchior Lockrist venait d'aborder avec l'*Inkle et Yariko* dans le port de Calcutta.

Aussitôt le nabab monte dans sa litière, et après avoir confié Jenny à sa nourrice, court à la rencontre de son neveu.

Melchior était un grand et robuste garçon, taillé sur un beau type armoricain, un vrai fils de la mer et des tempêtes, hardi de cœur, gauche de manières, superbe au vent de l'artimon, maladroit au rôle d'héritier présomptif, et ne sachant pas plus parler à une jeune miss qu'à un cheval de guerre.

Quand le gouverneur lui ouvrit les portes de son palais, le traita mieux qu'un capitaine de bâtiment, et lui parla d'un oncle riche et généreux qui l'attendait pour l'adopter, Melchior crut faire un rêve; mais l'expression de sa surprise fut modérée par une forte habitude d'insouciance; et le

— *Ma foi, tant mieux !*
dont il accueillit ces nouvelles merveilleuses, résuma toute la philosophie pratique d'une existence de marin.

Fidèle aux instructions que M. James lui avait données, le gouverneur laissa complètement ignorer à Melchior l'existence de Jenny. Il lui dit seulement que son oncle l'accueillait en qualité de célibataire, et sous la condition expresse qu'il n'essaierait jamais de se marier sans son consentement.

Cette exigence particulière sembla choquer Melchior, et sa figure, jusqu'alors insoucieuse et calme, prit un air de défiance et de trouble que le gouverneur ne s'expliqua pas bien.

— Diable ! dit-il en laissant tomber le bec de sa chibouque, quelle étrange idée est-ce là? Mon oncle voudrait-il se débarrasser en ma faveur d'une fille laide et bossue dont personne n'aurait voulu dans la contrée?

Cette conjecture fit sourire le gouverneur.

— Votre oncle n'a pas de fille bossue, lui dit-il gaiement, tout au contraire, le célibat est sa manie pour lui et pour les autres. Vous ferez bien de vous y conformer.

— Soit ! répondit Melchior en ramassant sa chibouque.

Deux jours après, comme le jeune lieutenant dormait dans son hamac à bord de l'*Inkle*, il fut réveillé en sursaut par les embrassements d'un petit homme jaune et maigre, habillé des plus riches étoffes de l'Inde taillées sur les modes françaises de 1780.

La toilette de M. Dupleix, gouverneur de l'Inde, dont à cette époque le nabab avait eu l'honneur d'être cuisinier, avait servi de type, durant tout le reste de sa vie, à ses idées sur l'élégance parisienne. Aux marges de son habit de damas *nacarat* étincelait une garniture de boutons en diamants d'une largeur exorbitante, et son gilet, dont les poches tombaient jusqu'aux genoux, était brodé de perles fines.

Ce digne représentant d'une génération qui s'efface, ce vivant débris de la France de madame Dubarry, portait encore des bas de soie brochés en rose, des souliers à boucles, et une épée dont la garde était montée en pierres précieuses. Melchior eut bien de la peine à s'empêcher de rire en contemplant son oncle dans toute la splendeur de ce costume.

Ils partirent immédiatement ensemble pour l'habitation du nabab, située à une trentaine de lieues au nord de Calcutta.

L'éléphant qui les portait franchit cette distance en une seule journée.

Durant la route, M. Lockrist fit à son neveu un si prolixe éloge de ses propriétés, il entra dans des détails d'affaires si fastidieuses et si monotones, que le jeune marin eut bien de la peine à se tenir éveillé à ses côtés.

Mais un trésor dont James était encore plus vain, c'était sa fille Jenny, et ce ne fut pas sans peine qu'il parvint à se taire sur son compte. Ainsi l'avait exigé la jeune Indienne.

Informée des projets de son père, elle voulait que Melchior les ignorât jusqu'au jour où elle le connaîtrait assez pour le juger digne de sa main. Malgré l'impatiente curiosité qui lui faisait désirer l'arrivée de son fiancé inconnu, malgré les rêves dont sa fraîche imagination poétisait l'avenir, une instinctive dignité de jeune femme lui prescrivait d'attendre, pour se promettre, qu'elle fût bien sûre de vouloir se donner.

Jenny s'ennuyait de la solitude; mais la médecine, qui n'a que des remèdes systématiques, lui administrait le mariage comme elle conseille l'opium, sans tenir compte du discernement qu'exige une organisation délicate par rapport à l'un, une âme fière par rapport à l'autre.

La romanesque fille, remettant donc en pratique une feinte dans le goût de Marivaux (ignorant qu'elle était du commun et de l'invraisemblance de la chose), ne parut d'abord aux yeux de son cousin qu'à l'abri d'un petit rôle de gouvernante qu'elle se créa quatre jours d'avance, et dont ce jeune homme tant soit peu littéraire n'eût pas été dupe pendant quatre heures.

Mais il se trouva que Melchior ne connaissait pas mieux la société que le théâtre; qu'il n'était pas plus au courant du langage d'une jeune miss abonnée au *Court Magazine* et à la *Revue* du monde fashionable de Londres qu'à celui d'une soubrette de comédie. Il ne se douta de rien, s'installa sans façon chez son oncle, examina ses riz, ses mûriers, ses foulards et ses cachemires, avec plus de complaisance que d'intérêt, mangea énormément, but en proportion, fuma les trois quarts de la journée, et dans ses moments perdus fit sans façon la cour à la prétendue gouvernante.

Alors Jenny, révoltée de tant d'audace, jeta le masque et foudroya le téméraire en lui déclarant qu'elle était la fille unique et légitime du nabab James Lockrist.

Mais le marin se remit bientôt de sa surprise; et, prenant sa main avec plus de cordialité que de galanterie:

— En ce cas, ma belle cousine, je vous demande pardon, lui dit-il; mais avouez que vous êtes encore plus imprudente que je ne suis coupable. Est-ce pour éprouver mes mœurs que vous m'avez fait subir cette mystification? L'épreuve était dangereuse, vive Dieu!...

— Arrêtez, Monsieur, dit Jenny profondément blessée du ton et des manières de celui qu'elle avait rêvé si parfait. Je comprends tout ce que vous imaginez; mais je dois me hâter de vous détromper.

— Dieu me punisse si j'imagine quelque chose, interrompit Melchior.

— Écoutez-moi, Monsieur, reprit Jenny. La volonté, ou, si vous voulez, la fantaisie de mon père est de condamner au célibat tout ce qui l'entoure; moi particulièrement. C'est dans la crainte que vous ne vinssiez à ébranler mon obéissance qu'il m'a fait passer à vos yeux pour une étrangère; mais je pense qu'il est un meilleur moyen de détourner les prétendus dangers de notre situation respective: c'est de nous déclarer l'un à l'autre que nous ne nous convenons point, et que jamais nous ne serons tentés d'enfreindre la loi qui nous prescrit l'indifférence.

Une vive expression de joie brilla sur le visage de Melchior.

Jenny sentit à cet aspect que le sien avait pâli.

— S'il en est ainsi, petite cousine, reprit le marin en cherchant encore à s'emparer de la main froide et tremblante de Jenny, faisons mieux: soyons frère et sœur. Je jure que je ne veux rien de plus, et que cet arrangement m'ôte une grande crainte de l'esprit. Voyez-vous, le mariage ne me convient pas plus que la terre à une bonite; et je m'étais mis dans la tête, depuis quelques jours, que mon oncle...

— C'est bon! interrompit encore Jenny en retirant sa main, je vous servirai auprès de mon père, je tâcherai qu'il vous fasse part de ses biens pendant ma vie, et qu'il vous adopte après sa mort.

— Oh! s'il vous plaît, cousine, entendons-nous, dit Melchior en changeant de ton, comme s'il eût compris tout ce que cette générosité renfermait de douleur et de mépris.

« Je n'ai besoin de rien, moi; je suis jeune, robuste; un peu plus d'or ne me rendrait pas beaucoup plus content de mon sort que je ne le suis.

« Vous vous trompez diablement... (pardon, ma cousine), vous vous croyez que je viens demander l'aumône à mon digne oncle, que j'aime de tout mon cœur, malgré sa culotte de satin et ses manchettes de dentelle. Je ne l'ai pas cherché, moi; il y a huit jours je ne savais pas seulement qu'il existât.

« J'arrive, il me saute au cou, il m'amène ici, me montre ses richesses, me demande si je serais bien aise de posséder tout cela; à quoi je répondis toujours affirmativement par forme de politesse. Aujourd'hui vous m'apprenez que vous êtes sa fille: cela change bien les choses. Il ne me reste qu'à me féliciter d'avoir une si jolie parente, à remercier mon oncle de ses bontés pour moi, et à rejoindre mon poste sur le navire *Inkle et Yariko*, avant que ma personne devienne insupportable.

— Vous semblez douter de notre affection, mon cousin, dit Jenny toute confuse et tout abattue; c'est une injustice que vous nous faites. »

Et comme elle sentait que c'était là un dénoûment bien triste à des projets si riants, elle ne put cacher une larme qui tremblait au bord de sa paupière.

Melchior reprit courage.

— Cousine, dit-il avec sa manière brusque et franche, je veux vous prouver que je crois à votre amitié et que j'estime votre cœur. Je vais vous confier un désir qui me pèse, mais dont je ne rougis pas. Vous m'aiderez auprès de mon oncle, ou plutôt vous vous chargerez de ma demande.

« Voici: ma mère est une bonne femme; je n'ai qu'elle à aimer dans le monde; aussi je l'aime. Elle a élevé, tant qu'elle l'a pu, quatorze enfants, qui tous sont morts sans l'aider. Pour en venir là, il lui a fallu contracter des dettes que dix ans de ma paie ne sauraient éteindre. En attendant, ma mère mourra de faim et de froid.

« Vous ne savez pas ce que c'est que le froid, Jenny; chez nous c'est un mal qui revient tous les ans, et dont les vieillards souffrent particulièrement. Que mon oncle lui assure six cents livres de rentes; ce sera fort peu de chose pour lui, et pour moi ce sera un immense service... »

Jenny tendit cette fois sa main au marin.

— Allons trouver mon père ensemble, lui dit-elle; je me charge de tout.

En les voyant arriver d'un air de bonne intelligence, le visage du nabab s'épanouit.

En trois mots et d'un air d'autorité enfantine, Jenny demanda le capital de six mille livres de rentes pour la mère de Melchior.

— J'ai dit six cents, objecta le jeune homme.

— Et moi je dis six mille, reprit Jenny en riant. Pour nous c'est une bagatelle, et croyez bien que mon père n'en restera pas là. Bientôt nous serons auprès de ma tante; mais auparavant il faut que le premier navire qui mettra à la voile lui porte cette somme.

— Certainement, certainement, dit M. James, qui, en signant un bon sur une des premières maisons de commerce de Nantes, croyait dresser le contrat de mariage de sa fille avec Melchior; bientôt nous serons tous réunis, et nous ne nous quitterons plus...

— Oh! pour ma mère, dit Melchior en embrassant avec effusion son oncle, la bonne femme sera trop heureuse de passer le reste de ses jours avec vous.... Quant à moi... je suis marin!...

— Hein? hein? dit le nabab en levant les yeux avec surprise; et voyant l'air consterné de sa fille, il fronça le sourcil. Rappelez-vous, Melchior, dit-il d'un ton sévère, que je veux être obéi. Auriez-vous donc la fantaisie de former quelque établissement contre mon gré?...

— Non pas que je sache, cher oncle, dit Melchior.

— Eh bien donc, reprit le nabab, rappelez-vous à quelle

condition je signe cette donation en faveur de votre mère... vous ne vous marierez qu'avec ma permission.

— Oh! pour cela, mon oncle, dit Melchior en souriant, il m'est facile de vous obéir. Recevez ma parole et soyez tranquille.

— Quant à vous, bonne Jenny, dit-il à demi-voix en se tournant vers elle, je vous jure de vous aimer comme ma mère, et jamais autrement.

— Il ne comprend pas! dit Jenny quand elle fut seule ; et elle fondit en larmes.

Trois jours après, Melchior voulut prendre congé de son oncle, objectant que sa présence à bord de l'*Inkle* était indispensable.

Le départ de ce navire pour la France était fort prochain.

— Va, dit le nabab, et retiens pour ma fille et moi les deux meilleures chambres du bâtiment. Nous partirons tous ensemble.

— Allons, décidément, pensa Melchior, il ne me sera pas possible de me débarrasser de la tendresse de mon oncle.

Le 2 mars 1825, l'*Inkle et Yariko* mit à la voile, emportant Melchior et sa famille.

II.

Deux mois de traversée s'écoulèrent sans apporter de notables changements à la position respective de ces trois personnes.

Le peu d'empressement de Melchior étonnait profondément le nabab. Il affligeait douloureusement Jenny, car elle avait beaucoup aimé Melchior avant de le voir ; et, depuis qu'elle connaissait sa bravoure et sa franchise elle le regrettait. Elle eût voulu en être aimée. Mais en vain déploya-t-elle toutes les ressources de l'adresse féminine pour lui faire comprendre la vérité, Melchior sembla prendre à tâche de l'empêcher de se rétracter.

Franc et affectueux lorsqu'elle le traitait comme son frère, il devenait sceptique et moqueur dès qu'une pensée d'amour se glissait à l'insu de Jenny dans ses paroles. Cette sorte de résistance, qui intervertissait complètement l'ordre des rôles, enflamma l'intérêt et la curiosité de la jeune fille ; elle lui fit une vie de souffrance, de douleur et d'anxiété. Elle alluma dans son cœur une de ces passions romanesques si pleines d'énergie et de durée, quelque fragiles qu'en soient les éléments.

Elle avait compté d'abord sur les rapprochements forcés de la vie maritime ; elle ignorait que là, plus qu'ailleurs, Melchior pouvait échapper à ses innocentes séductions et se soustraire aux chastes dangers du tête-à-tête.

Cependant le gros temps ayant confiné pendant quinze jours les passagers dans la dunette, et cloué les officiers à la manœuvre, elle espéra encore, se disant qu'une main ne le fuyait pas, qu'il était seulement empêché de la voir, et que le beau temps le ramènerait peut-être auprès d'elle.

Les rayons matineux d'un beau soleil et le splendide aspect des montagnes d'Afrique attirèrent un jour la jeune Indienne sur le pont, avant que l'équipage fût éveillé, et lorsque Melchior achevait sa station de quart le long de la grand'voile.

La rouge clarté du Levant embrasait les flots, que le voisinage des *bas-fonds* avait fait passer du bleu de cobalt au vert émeraude.

La montagne de la Table avec sa blanche nappe de nuées, les pics du Tigre et les mornes de la côte Nathol se teignaient des reflets d'un rose argenté. Une délicieuse odeur d'herbages venait à plus de quatre lieues en mer parfumer les brises folâtres qui se jouaient dans la plissure des voiles.

Des troupes de pingouins et de damiers bondissaient dans l'écume que soulevait la proue du navire ; et le bel oiseau appelé *manche de velours* semblait à peine porter sur les flots, moins souples, moins élastiques que lui.

Jenny s'assit sur un banc sans paraître remarquer son cousin.

Il la vit bien passer, mais il ne l'aborda point, pour deux raisons : la première fut un sentiment de discrétion respectueuse ; la seconde fut l'envie d'achever son cigare, dont Jenny n'aimait point la fumée.

Cependant, lorsqu'il vit l'attitude brisée de cette triste jeune fille, un mouvement de bonhomie lui fit jeter le reste de son *maryland*, et il s'approcha d'elle avec autant de douceur qu'il en put mettre dans sa démarche et dans sa voix.

— A quoi donc pensez-vous, miss Jenny? lui dit-il en s'asseyant sur le banc auprès d'elle.

— Je me demande où vont ces flots, répondit-elle en lui montrant les remous que fendait la coque du navire : je me demande où va la vie. Peut-être faudrait-il, pour être heureux, courir comme ces vagues et ne s'attacher nulle part. C'est ainsi que vous faites, Melchior ; vous n'aimez que la mer, n'est-il pas vrai? vous pensez que la terre n'est pas la patrie des âmes fortes.

— Ma foi, je ne sais pas quelle est la destination de l'homme, dit Melchior ; je ne m'en inquiète pas plus que de ce que devient la fumée de ma pipe quand je la jette au vent qui l'emporte ; j'aime la terre, j'aime la mer, j'aime tout ce qui passe à travers ma vie.

« Quand je suis ici, je ne sais rien de plus beau qu'un navire bien gréé, qui a le vent dans toutes ses voiles, et dont la banderole voltige au milieu d'un bataillon de pétrelles.

« Mais quand je suis là-bas, j'aime à regarder une belle maison dont toutes les fenêtres, dont tous les balcons sont pavoisés de jolies femmes.

« Le ciel est beau sur l'Océan ; il est beau la nuit sur les savanes ; il est beau encore le matin derrière les nuages gris de ma patrie.

« Que sais-je, moi, si l'homme est fait pour voyager ou pour rester? Dites-moi lequel est plus heureux de l'oiseau ou du poisson? Je ne suis pas de ceux à qui il faut peser l'air et choisir le biscuit.

« Où je suis, je sais vivre ; où le vent me porte, je m'acclimate et me mets à fleurir, en attendant qu'un vent contraire me pousse à l'autre rive du monde, comme ces algues que vous voyez passer là dans notre sillage, et qui s'en vont achever sur les côtes d'Amérique leur floraison commencée aux grèves de l'Asie.

— Aucun lieu du monde ne vous a donc laissé de regrets? dit lentement Jenny.

— Aucun, dit Melchior, si ce n'est celui où tous les ans je laisse ma mère. Après elle, et après vous, Jenny, je n'aime personne beaucoup plus qu'un bon cigare. Je n'ai connu aucun homme assez longtemps pour échanger du bonheur avec lui. Notre amitié n'était jamais qu'un jour volé en passant aux dangers de la mer et aux chances de la destinée. Le lendemain devait nous séparer, et c'eût été faiblesse que de nous apprêter des regrets.

— Vous avez raison, dit tristement Jenny, le bonheur est dans l'absence des affections.

— Pour moi, c'est ma règle, reprit Melchior. J'ai vu dans le Zuyderzée de braves bourgeois qui élevaient leurs enfants et qui travaillaient pour leurs petits-enfants. Moi, je suis marin. L'hirondelle niche où elle peut, et la mouette n'a pas de patrie.

Vous n'avez donc jamais aimé? dit Jenny avec naïveté.

Puis, rougissant de sa curiosité, elle reprit :

— Pardonnez, mon cousin, mes questions sont indiscrètes ; mais l'impossibilité où nous sommes de nous marier ne rend-elle pas notre confiance exempte de tout danger?

Melchior trouva cette sécurité bien naïve ; mais elle ne lui ôta rien de son respect pour Jenny.

— A votre aise, dit-il. Je vous dirai la vérité. J'ai aimé très-souvent, mais à ma manière, et nullement à la vôtre. Une fois, l'on a voulu me faire croire que j'étais épris sérieusement... Mais, que Satan me chavire si je mens! jamais je ne l'avais été moins.

— Contez-moi cela, dit la pâle jeune fille qui écoutait avec anxiété toutes les paroles de Melchior.

— Pardon, Jenny, répondit-il ; restons-en là. Il y a des souvenirs déplaisants pour moi dans cette histoire.

— C'est moi qui vous demande pardon, reprit Jenny avec douceur. J'ai peut-être réveillé quelque reproche assoupi dans votre conscience ?

— Non, sur mon honneur, Jenny. J'étais bien jeune alors, et sans expérience. Je fus trompé. C'est une histoire qui n'a que ces trois mots.

— Je voulais dire que c'était un regret, peut-être...

— Pas davantage. Comment aurais-je regretté une méchante et menteuse femme, moi qui ai quitté sans humeur les ananas de Saint-Domingue pour le poisson sec des Esquimaux ? Le monde est grand, la mer est libre, la vie est longue. Il y a de l'air pour tous les hommes, des femmes pour tous les goûts... J'ai sombré ce malheur-là dans ma mémoire, et depuis je me suis fait une morale à moi : c'est de ne jamais aimer une femme plus de quinze jours. Ensuite, je lève l'ancre, et le vent du départ souffle sur mon amour.

— Ainsi, dit Jenny, c'est par ressentiment contre les femmes que vous les vouez toutes au mépris et à l'indifférence ?

— Point, répondit le marin, je ne les juge pas. Je fais mieux, je les aime toutes, sauf pourtant les vieilles et les laides.

Jenny fut saisie d'un sentiment de dégoût, et elle se leva pour s'en aller.

Melchior reprit, sans paraître s'en apercevoir :

— Si j'ose vous dire cela, Jenny, c'est parce que vous n'êtes point une femme pour moi, et que jamais la pensée ne m'est venue...

— Je vais rejoindre mon père qui doit être éveillé, répondit-elle.

Et Jenny alla s'enfermer dans sa cabine pour y pleurer encore.

Après quelques jours de découragement, elle revint à se dire que Melchior pouvait être capable d'aimer une femme digne de lui ; et elle se demanda humblement si elle était cette femme. Elle ignorait, l'innocente Jenny, quelle immense supériorité la distinguait de toutes celles que Melchior avait pu rencontrer.

Son cœur était si candide, si modeste, qu'il s'accusait sans cesse du peu de succès de ses tentatives. Elle se blasphémait elle-même en reprochant à la nature les formes sveltes et nobles, la beauté toute chaste, tout anglaise, que sa mère lui avait transmise.

Elle maudissait ce coloris septentrional que le soleil de l'Inde et le hâle des brises maritimes ne pouvaient ternir, cette ceinture délicate qu'une Géorgienne eût regardée avec dédain, et jusqu'à ces blanches mains qu'une Indoue eût teindre en rouge. Elle n'avait point habité la contrée où elle devait être belle, et s'imaginait ne pas l'être pour Melchior.

Elle craignait aussi de manquer d'esprit ; elle oubliait que l'habitude de lire et de méditer lui avait ouvert un cercle d'idées plus élevées que celles de cet homme nativement bon et brave, mais auquel il manquait de savoir la raison de ses qualités. Elle le voyait au travers de son ancien enthousiasme pour la chimère de l'avenir, et le plaçait bien haut pour s'épargner un mécompte.

Enfin elle se reprochait comme autant de défauts toutes les qualités que Melchior n'avait pas, ne devinant même pas que l'amour qu'elle éprouvait et celui qu'il n'éprouvait pas, faisaient d'elle une femme complète et de lui un homme incomplet.

Tandis qu'elle souffrait de l'alternative d'espoir et de découragement où la jetait chacun de ses entretiens avec Melchior, tandis qu'incertaine et déchirée elle luttait tantôt contre l'indifférence de son amant, tantôt contre son propre amour, James Lockrist, dont l'intelligence de nabab se refusait à saisir toutes les subtilités de l'amour chez une jeune fille, lui faisait subir une sorte de persécution pour qu'elle eût à se prononcer.

Son rôle à lui devenait de plus en plus difficile dans tous ces mystères de cœur, auxquels il n'entendait rien. Il avait d'abord vu cette intimité avec plaisir ; mais lorsqu'au bout de trois mois il voulut en savoir le résultat, il fut étrangement surpris du ton de négligence mélancolique avec lequel Jenny lui répondit :

— Je ne sais pas.

L'équipage était alors en vue des côtes de Guinée.

Après de longues et vaines discussions, le nabab crut comprendre que Melchior était complètement dupe du puéril artifice inventé pour l'éprouver. James Lockrist n'alla point jusqu'à soupçonner que le cœur de son neveu pût être entièrement vide d'amour et d'ambition.

Mais Jenny, voyant son père déterminé à instruire Melchior de ses véritables intentions, prit un parti extrême.

Sa fierté de femme se révolta de penser qu'on offrirait sa main à un homme si peu désireux d'obtenir son cœur. Elle eût mieux aimé la mort qu'un refus de sa part ; car à toute sotte humiliation venaient se joindre les douleurs d'un amour malheureux.

Préférant le désespoir à la honte d'espérer peut-être en vain, elle déclara formellement à son père qu'elle estimait beaucoup Melchior, mais qu'elle ne l'aimait point assez pour en faire son époux.

Cette étrange conclusion à trois mois d'incertitude, chagrina d'abord vivement le nabab ; et puis il se consola en pensant que l'héritière de plusieurs millions ne serait pas longtemps au dépourvu ; il s'applaudit même de n'avoir pas compromis la dignité de son argent en faisant d'inutiles ouvertures à son neveu, et laissa Jenny complètement maîtresse de l'avenir et du présent.

Mais malgré toutes ces volontés contradictoires, la fatalité faisait concourir toutes choses à la formation de son œuvre inévitable.

Melchior donnait aveuglément dans une ruse qu'on ne prenait presque plus la peine de lui voiler. Jamais il ne se fût avisé de deviner qu'à lui, pauvre marin sans éducation et sans fortune, on eût songé à offrir la plus riche et la plus jolie héritière des deux presqu'îles.

Ces sortes de perceptions audacieuses ne viennent qu'aux âmes douées d'assez d'amour ou de cupidité pour entreprendre de les réaliser.

Il alla même jusqu'à se persuader que Jenny était triste à cause d'un amour contrarié dans l'Inde par la volonté de son père. Il se défia tant d'elle qu'il ne songea point à se défier de lui, et il crut que son cœur devait toujours dormir calme à l'abri de sa médiocre destinée.

Comment eût-il prévu l'avenir, lui qui ne se connaissait pas et qui n'avait jamais été surpris par les passions ?

Alors il se fit une étrange et soudaine révolution dans ce jeune homme ; il continua de nier l'amour pour son propre compte, mais il se prit à croire ce sentiment possible chez les autres ; il se dit qu'une femme comme Jenny était digne de l'inspirer, et il s'estima beaucoup moins qu'il ne l'avait fait jusqu'alors ; car il se convainquit par la comparaison qu'il était beaucoup au-dessous d'elle.

Peut-être que la conscience de la nullité est le premier pas vers un noble essor. Les sots ne l'ont jamais.

L'ignorance peut se passer longtemps de modestie ; mais si elle vient un jour à rougir d'elle-même, elle n'est déjà plus l'ignorance.

Melchior n'eut pas plus tôt placé Jenny à son véritable point de vue par rapport à lui qu'il devint moins indigne d'elle ; mais les émotions toutes nouvelles qui s'éveillèrent en lui dès lors, troublèrent sa conscience pour des motifs dont elle seule avait le secret.

Il résolut d'éviter la présence de sa cousine ; il se croyait très-fort parce qu'il n'avait jamais fait l'expérience de sa force en de semblables combats ; mais c'était une entreprise plus difficile qu'il ne se l'était imaginé. A son insu le mal avait envahi bien du terrain.

Un jour il fit un effort héroïque : ce fut de se vanter encore à Jenny de son mépris pour ce qu'elle appelait l'amour ; mais au moment où il énonçait ce sentiment, un sentiment si contraire se revélait hautement à son âme, qu'il s'éloigna brusquement, et se livrant à un ordre de réflexions qu'il n'avait jamais faites, il fut épouvanté de sentir en lui deux volontés opposées, deux besoins absolument contraires ; il s'éveilla comme d'un profond sommeil, et se demanda comment il avait vécu vingt-cinq ans sans savoir des choses si positives et si simples.

Bien rarement nous arrivons à la force de l'âge sans avoir abusé de notre première énergie, émoussé nos passions, gaspillé cette sensibilité virginale si précieuse et si fragile. L'éducation développe en nous, dès les jours de l'adolescence, une ardente curiosité et souvent même de faux besoins du cœur.

Dans une littérature dont le but semble être de poétiser le désir et d'aiguiser l'amour, nos imaginations précoces ont puisé, beaucoup trop peut-être, le rêve des grandes affections.

Il en est résulté qu'en demandant à la vie ses joies inconnues, nous n'avons joué sur la scène réelle qu'une parodie amère ; nous n'avons recueilli que honte et douleur là où nous arrivions pleins de sève, guidés en même temps qu'abusés par la tradition des temps poétiques, des amours perdus. Nous avons pitoyablement dépensé nos aveugles richesses ; nous avons donné de notre cœur à pleines mains et à tout le monde. Aussi nous sommes désabusés avant d'atteindre à nos plus belles années. La nature n'a pas encore donné le complément à nos facultés, que l'expérience nous les a éteintes.

Nos anciennes chimères vinssent-elles à se réaliser, notre âme ne pourrait plus les accueillir ; ces fleurs trop frêles se flétriraient en tombant sur un sol amaigri.

Le même jour qui nous fait hommes nous fait vieillards, ou plutôt il n'y a pas d'heure intermédiaire entre l'enfance et la caducité : tel est l'ouvrage de la civilisation.

Mais le jeune Lockrist, élevé loin du monde et des arts, pétri dès l'enfance pour une vie dure et frugale, n'avait jamais bu à ces sources empoisonnées. Il était dans la société comme une pièce de monnaie toute neuve dans la circulation, alors que le frottement n'a point encore usé son empreinte.

S'il n'avait eu que peu d'idées jusque-là, du moins n'en avait-il jamais eu de fausses ; il ne possédait ni le savoir, ni l'erreur, qui tient de si près au savoir. L'amour, réduit dans ses perceptions au plaisir d'un jour, n'avait pas brûlé son sang, fatigué son cerveau, amorti sa force intellectuelle.

Ce hardi marin, si rude d'écorce, si prosaïque de langage et de manières, ce brut métal coulé dans un moule vulgaire renfermait pourtant des trésors d'amour et de poésie qui n'attendaient qu'un rayon de lumière pour éclore.

Combien de semblables hommes n'avons-nous pas rencontrés ! Combien semblaient inféconds, qui ont produit de grandes choses ! Combien promettaient de hautes destinées, qui sont demeurés stériles ! Si celui-là ne fût né près d'un trône, il n'eût été propre qu'aux dernières fonctions de la société ; si cet autre eût appris à lire, il eût été Cromwell.

Aussi quand le véritable amour envahit le cœur de Melchior, ce fut une irruption si large et si violente qu'il emporta en un instant le passé comme un rêve. Il trouva des aliments intacts qu'il dévora comme un incendie, et chez ce marin grossier, ignorant et libertin, il se développa certes plus intense et plus dramatique que dans le cerveau d'un poète dandy de nos salons.

Le progrès fut si effrayant et si rapide que Melchior n'eut pas le temps de se reconnaître. Tout ce qui avait rempli son existence passée s'effaça comme un nuage à l'horizon. Le vin, le jeu, le tabac, les seuls plaisirs du marin, lui inspirèrent du dégoût ; la flamme du punch ne l'égaya plus ; les propos grossiers choquèrent son oreille.

Dans les chants de l'orgie, il apparaissait sombre et irrité, craignant toujours qu'on ne troublât le repos de Jenny, et quand ses compagnons, devinant à demi son mal, osèrent le railler, ils rencontrèrent la menace sur ses lèvres et la vengeance dans son regard. Le premier qui eût prononcé alors le nom de Jenny fût tombé sous le couteau que Melchior pressait dans sa main tremblante.

Il n'y a pas à bord de secret longtemps gardé ; Jenny entendit bientôt faire la remarque du changement qui s'opérait dans le caractère de son cousin.

La femme du monde la plus simple ne manque jamais de perspicacité lorsqu'il s'agit du principal, du seul intérêt de sa vie. Melchior croyait encore son secret caché bien avant dans son cœur, que Jenny l'avait découvert.

Alors le bonheur embellit Jenny de tout l'éclat du triomphe ; la naïve enfant ne sentit pas plus tôt sa puissance, qu'elle en usa en reine de quinze ans ; elle devint folâtre, maligne, coquette avec candeur, cruelle avec tendresse. Ce fut le dernier coup.

Melchior ne chercha plus à lutter contre son propre cœur ; il accepta les maux et les biens de cette existence nouvelle, et ne voulut résister qu'autant qu'il le fallait pour n'être pas coupable.

Mais si cette résistance eût été difficile dans une circonstance ordinaire de la vie, elle devenait pour ainsi dire surhumaine là où était Melchior.

Jeté au milieu de l'immense Océan, dans une petite société d'exception, où la nécessité est dieu, le navigateur ne saurait plier sa conviction aux mêmes volontés qui régissent les continents.

La mer est une contrée de refuge ; elle a ses immuables franchises, ses droits d'asile, ses solennels pardons. Là meurt l'empire des lois, si le faible parvient à devenir fort ; là l'esclavage peut se rire du joug brisé, et demander aux éléments protection contre les hommes.

Pour celui qui, comme Melchior, ne peut plus établir son bonheur dans la société, c'est une redoutable tentation que six mois arrachés sur les flots à l'inflexibilité des lois humaines.

III.

Hélas ! c'est quelquefois un rêve bien bizarre qu'une traversée maritime. Là tout se confond, tout s'oublie ; là deviennent possibles les intimités proscrites sur le sol habité.

Il ne faut pas croire qu'il n'y ait d'étrange dans cette vie que le nom barbare des planches et des cordes, les mœurs brutales ou les sonores jurements des matelots ; la littérature nautique a trouvé sa vocation et méconnu sa richesse, quand elle s'est bornée à ces stériles détails statistiques ; elle ne nous a pas assez dit l'influence de la situation sur le cœur humain, lorsqu'il se trouve ainsi poussé en dehors de la vie commune, et que son existence sociale est, pour ainsi dire, suspendue.

Une semblable transition dans ses mœurs peut le bouleverser et lui ouvrir une carrière d'espérances chimériques. Songe heureux bercé par les flots hospitaliers, mais que la moindre secousse d'un atterrissement doit faire évanouir !

Melchior se laissa emporter plus d'une fois à ces décevantes pensées. Il se demanda, dans sa philosophie sauvage et naturelle, si l'homme n'était pas le plus déplorablement organisé des animaux, puisqu'il avait la prévoyance, et s'il ne répondrait pas mieux au vœu de la création en jouissant d'un beau jour qu'en le troublant par le remords de la veille ou l'appréhension du lendemain.

C'étaient là de bien hautes et téméraires pensées pour Melchior, mais elles viennent ainsi plus souvent qu'on ne pense aux esprits droits et simples.

Chaque nuit il eut des heures de délire où il jura d'oublier toutes ces conventions intéressées, dont le sentiment s'appelle une conscience ; il tordit ses mains avec rage, et demanda au ciel, parmi les gémissements de la vague et les plaintes du vent dans les cordages, pourquoi, ainsi qu'aux autres hommes, il ne lui avait pas laissé sa part d'avenir.

Quelle était donc la cause des insomnies désespérées de ce jeune homme ? Pourquoi ne devinait-il pas que le bonheur était sous sa main? Que ne l'acceptait-il avec transport au lieu de le fuir avec terreur!

C'est qu'un horrible secret dormait dans ses entrailles; c'est que son amour ne pouvait plus apporter à Jenny que la honte et le déshonneur; c'est que Melchior était marié.

A peine âgé de vingt ans, il revenait vers sa patrie muni d'une assez forte somme de butin faite sur un pirate d'Alger, lorsqu'il s'arrêta en Sicile, et se fit honneur d'une partie de sa richesse avec la Térésine. Il réservait le reste à sa mère.

La Térésine était une fille adroite, intrigante, et sachant jouer la vertu au désespoir avec assez d'intelligence.

Au moment où Melchior voulut s'éloigner, elle déploya tous ses talents dramatiques avec un tel succès (elle était précisément dans un jour d'inspiration) que le crédule et naïf jeune homme crut avoir abusé de son innocence. Il l'épousa.

Un frère de la Térésine, huissier avide et retors, veilla à ce que le mariage ne manquât d'aucune des formalités qui pouvaient le rendre indissoluble. Il n'est besoin de dire que le contrat assurait à madame Melchior le reste de la part de pillage échue à Melchior sur le corsaire.

Le lendemain de la cérémonie il surprit une irrécusable preuve de l'infidélité de sa femme; il partit les mains vides et le cœur libre, mais il n'en resta pas moins irrévocablement lié à cette femme oubliée, dont il fallut bien se ressouvenir auprès de Jenny. C'était là le motif de sa facile soumission, de sa grossière froideur. Il avait cru pouvoir sans danger et sans crime transiger mentalement avec la fantaisie de son oncle. Pour assurer l'existence de sa mère il était descendu sans remords à cette feinte, et maintenant encore il croyait n'avoir compromis que son propre bonheur, joué que son propre avenir.

Il y avait des jours cependant où il croyait sentir la main de Jenny brûler et trembler dans la sienne, des jours où son humide regard lui semblait trahir d'ineffables révélations. Et puis il rougissait de son orgueil; il avait honte de se trouver fat, et il retombait plus avant dans l'inouïe souffrance qui le dévorait.

Dès qu'il revenait au sentiment du devoir, la douleur abreuvait son âme; il demandait compte à Dieu avec d'amers sanglots de sa portion d'existence, si fatalement perdue. Avait-il réussi à engourdir ses remords, il s'éveillait en sursaut au bord d'un abîme, et priait le ciel de le préserver.

Six mois plus tôt peut-être, il eût consenti à tromper une femme qui se fût offerte à son grossier amour; car s'il avait été honnête homme jusque-là, c'était par instinct, peut-être par hasard.

En lui avait bien toujours résidé je ne sais quelle loyauté innée, germe de grandeur longtemps inculte; mais aujourd'hui, l'image de Jenny radieuse et pure venait, comme une révélation d'en haut, éclairer le néant de ses pensées.

Avant elle il avait eu des sensations; elle lui apportait des idées; elle trouvait des noms à toutes ses facultés, un sens à des noms qui n'étaient pour lui jusque-là que des mots; elle était le livre où il apprenait la vie, le miroir où il découvrait son âme.

Un soir Jenny lui parut plus dangereuse que de coutume; elle avait parlé secrètement à son père; elle lui avait avoué que Melchior commençait à lui sembler plus digne d'elle. Le nabab s'en était réjoui.

Jenny croyait tenir le bonheur dans sa main; elle bénissait la destinée qui s'ouvrait si large et si facile devant elle. La seule chose qu'elle eût regardée comme incertaine, l'amour de Melchior lui était assuré. Le manque d'espoir le retenait encore, mais il n'y avait qu'un mot à dire pour le combler de joie.

Jenny s'amusait comme une enfant de l'impatience qu'elle lui supposait; elle jouait encore avec ses tourments; elle était si sûre de les faire cesser! Elle tenait son aveu en suspens comme un trésor dont elle était orgueilleuse, et se plaisait à le faire briller aux yeux de l'infortuné qui ne devait jamais s'en réjouir.

Melchior, tout éperdu, tout palpitant sous le feu de ses regards, désireux de comprendre ce muet langage, épouvanté lorsqu'il croyait l'avoir compris, fut pendant le souper, en proie à une violente irritation fébrile. Le repas se prolongea plus que de coutume. On fit du punch et du gloria. Jenny prit du thé.

Melchior restait enchaîné sur le divan auprès d'elle; la lampe suspendue à la voûte n'éclairait plus que faiblement l'intérieur de la salle. Dans cette lueur vague, Jenny apparaissait comme une création si fine et si suave, que Melchior se figura être sous l'empire d'un de ces rêves qui le dévoraient dans l'ardeur des nuits, alors que Jenny surgissait devant lui fugitive et décevante comme ses espérances; il prit sa main avec un mouvement de fureur, et, protégé par l'ombre qui s'épaississait autour d'eux, il y imprima non pas ses lèvres, mais ses dents. Ce fut une caresse cruelle et terrible comme son amour.

Jenny étouffa un cri et se tourna vers lui d'un air de reproche; une larme de souffrance coulait sur sa joue; mais, dans l'incertitude de la lumière, Melchior crut voir dans son œil humide une expression de pardon et de tendresse si passionnée qu'il faillit tomber à ses pieds.

Alors faisant un effort sur lui-même, il s'élança dans l'escalier de l'écoutille sous le prétexte d'aller demander de la lumière; il courut sur le pont, enjamba les bastingages et se jeta sur un porte-hauban.

Ces banquettes, adossées extérieurement à la coque du navire, sont des sièges fort agréables pour rêver ou pour dormir lorsqu'on est sous le vent, qu'un air vif et pur dilate vos poumons et que une belle nuit d'été l'écume vient mollement vous baiser les pieds.

La journée avait été sombre; le ciel était encore parsemé de nuages longs, étroits, déchirés, lorsque la lune commença à sortir de la mer. Son disque était rouge comme le fer dans la fournaise; le bord plongeait encore dans les flots noirâtres, l'autre s'enfonçait sous un bandeau d'un bleu sombre qui ceignait l'horizon.

On eût dit un soleil à demi éteint se levant pour la dernière fois sur un monde prêt à rentrer dans le chaos. Cette lune mate et sanglante avait quelque chose d'effrayant pour une âme remplie d'amour et par conséquent de superstitions.

Melchior pensa à Dieu. Il ne se demanda plus s'il existait; il en avait trop besoin pour en douter; il le conjura de le protéger, de sauver Jenny...

Un léger bruit lui fit lever la tête; en se retournant, il vit au-dessus de lui comme une ombre diaphane qui semblait voltiger sur la rampe du navire; c'était Jenny qui se hasardait, imprudente et folâtre, à rejoindre son fugitif. Le vent faisait claqueter sa robe blanche et collait autour de ses jambes fines et rondes les larges plis de son pantalon.

— Allez-vous-en, Jenny, cria Melchior avec un ton d'autorité. Vous allez tomber à la mer, vous êtes une folle!...

— Si vous me croyez si maladroite, répondit-elle, donnez-moi la main.

— Je ne vous la donnerai point, reprit-il avec humeur; les femmes ne viennent point ici; c'est contre ma consigne.

— Vous mentez, Melchior!

— Un coup de vent peut vous jeter à la mer.

— Et si j'y tombais, ne sauriez-vous pas me sauver?

Et se laissant mollement bercer par toutes les ondulations que la houle imprimait au navire, Jenny, soit par coquetterie, soit pour se divertir de l'effroi de Melchior, restait là comme une jeune mouette perchée dans les cordages.

— Je ne vous sauverais peut-être pas, Jenny; mais, à coup sûr, je périrais avec vous!

— Puisque c'est pour vous-même que vous tremblez, je vais faire cesser votre anxiété.

En parlant ainsi, elle s'élança comme une blanche levrette, et tomba sur ses pieds, à côté de Melchior;

mais il ouvrit ses bras, et le contre-coup y fit tomber la jeune fille.

En sentant ce beau corps frissonner sur sa poitrine, en respirant cette mousseline de l'Inde, tout imprégnée d'un chaste parfum de jeune fille, tandis que le vent lui jetait au visage les blonds cheveux de Jenny, Melchior sentit aussi s'évanouir sa force.

Un nuage passa devant ses yeux, et son sang bourdonna dans ses oreilles. Il étreignit Jenny contre son cœur; mais ce fut une joie rapide comme l'éclair. Un froid mortel lui succéda. Il déposa tristement sa cousine auprès de lui, et resta silencieux et sombre, découragé de souffrir.

Mais Jenny, tout enfant qu'elle était, sembla deviner en ce moment les dangers de son imprudence; elle demeura quelques instants confuse, éprouva je ne sais quel malaise, et regretta d'être descendue dans le porte-hauban ; mais elle était venue là pour réparer ses barbaries, et la conscience du bien qu'elle allait faire lui rendit le courage.

— Tout à l'heure, Melchior, dit-elle, vous n'étiez pas sûr de me sauver si je tombais à la mer. C'est votre caractère, je crois. Vous doutez de la destinée; vous avez le courage du malheur; mais vous n'avez pas de confiance en votre avenir.

— Oh ! dit Melchior avec humeur, chacun son lot. Vous êtes contente du vôtre, je le crois bien ! Moi, je ne me plains pas du mien : ce n'est pas le fait d'un homme.

— Qui donc vous a rendu si différent de vous-même depuis peu ? dit-elle avec une douceur insinuante ; car elle eût bien voulu faire solliciter un peu ses bienfaits. Le malheur, disiez-vous naguère, n'a de prise que sur les cœurs faibles. Qu'avez-vous fait du vôtre Melchior?

— Et où prenez-vous que j'aie un cœur, Jenny? qui vous l'a montré, qui vous l'a vanté? Ce n'est pas moi, sans doute. Et si, le cherchant, vous ne le trouvez pas, à qui devez-vous vous en prendre!

— Vous êtes amer, mon bon Melchior ; vous avez quelque chagrin? Pourquoi ne me le pas confier? Je l'adoucirais peut-être.

— Voulez-vous avoir pitié de moi, Jenny?

Jenny prit la main de Melchior et promit.

— Eh bien ! laissez-moi, dit-il en la repoussant : c'est tout ce que je vous demande; car, en vérité, vous êtes bien cruelle envers moi sans le savoir.

— Sans le savoir ! pensa Jenny.

Elle trouva un reproche profondément mérité dans ces trois mots.

— Je ne veux plus l'être, dit-elle avec effusion. Écoutez, Melchior; vous me croyez coquette? Oh ! vous avez tort ! C'est vous qui avez été cruel, et bien longtemps ! Mais tout cela est oublié. Mes chagrins sont finis; que les vôtres s'effacent de même !

Et elle lui sourit à travers ses larmes.

Mais comme elle vit que Melchior restait immobile et muet, elle fit encore un effort sur cette délicate fierté de femme que Melchior ne savait pas épargner.

— Oui, mon cousin, lui dit-elle en mettant ses petites mains dans les larges mains de Melchior, ayez confiance en moi... Mon Dieu ! comment vous le dirai-je ? comment vous le ferai-je croire? Vous ne voulez pas comprendre. C'est la faute de votre modestie, et je vous en estime davantage. Eh bien ! je fais une chose contraire à la retenue qui convient à une jeune fille : je vous ouvre mon cœur ; pourquoi vous tiendrais-je fermé plus longtemps ; n'êtes-vous pas digne de le posséder?

Melchior ne répondait rien. Il tenait les mains de Jenny étroitement serrées dans les siennes. Il tremblait, et la regardait d'un œil égaré.

Pourtant il y avait de la fascination dans ses yeux, qui étincelaient dans l'ombre comme ceux d'une panthère; puis il repoussa Jenny si brusquement, qu'il faillit la faire tomber. Il la ressaisit avec effroi et la serra de nouveau contre lui. Le banc était court pour deux personnes; il attira Jenny à demi sur ses genoux, et meurtrit son cou délicat de baisers rapides et furieux.

Jenny eut peur; elle voulut fuir, puis elle pleura, et revint en sanglotant se jeter à son cou.

— Parle-moi, Jenny, parle-moi, dit Melchior d'une voix étouffée. Il me semble quand je t'écoute que je suis mieux. Dis-moi que tu m'aimes ; dis-le-moi, afin que j'aie vécu au moins un jour.

— Oui, je t'aimais, dit la jeune fille, et je t'aime encore, méchant. Pourquoi sembles-tu en douter ? Je t'aimais alors même que tu méprisais cet amour caché dans mon cœur. Je t'aime encore mieux aujourd'hui, que j'ai vu s'ouvrir à moi ton âme virile; et puis encore, pour ton humble estime de toi-même, pour ta résistance loyale, pour ta fidélité à la foi jurée à mon père, pour le mépris que tu as des richesses, pour l'amour que tu portes à ta mère, pour combien de vertus ignorées de toi, ne t'aimé-je pas, Melchior?

— Ah ! laissez, laissez, Jenny, dit-il en cachant sa tête dans ses mains ; ne me vantez pas ainsi : vous me faites rougir jusqu'au fond de mes entrailles. Ah ! c'est que vous ne savez pas Jenny ; je n'étais pas digne de vous ; vous ne pouvez pas, vous ne devez pas m'aimer. Ce ne sont pas toutes ces vertus qui me forçaient au silence. Je... je vous aimais pas ; j'étais une brute, un misérable ; je ne voulais pas vous comprendre ; je me croyais un cœur d'homme au-dessus de ces faiblesses-là. Je vous ai dédaignée, Jenny ; vous devriez vous le rappeler, et ne pas me le pardonner ainsi... Non, Jenny, il ne faut pas me le pardonner...

L'infortuné éludait le motif, le terrible motif de sa résistance. Jenny se plaisait toujours à l'espoir de la vaincre.

— Je sais tout, lui disait-elle ; vous étiez un grand enfant ; vous ne saviez rien de toutes ces choses que l'éducation m'avait apprises. Moi, moi, je vous avais rêvé depuis longtemps. J'étais de beaucoup moins grande que je ne suis maintenant, et déjà je vous demandais à l'avenir. J'étais si seule, si mélancolique !

« Si vous saviez dans quels ennuis, dans quelles douleurs j'ai vécu ! et puis dans quel isolement affreux je me suis trouvée après que tous mes frères eurent disparu tour à tour ! Comme le désespoir de mon père me navrait, comme ses larmes retombaient sur mon cœur !

« Alors je sentis le besoin d'avoir un appui, un frère qui m'aidât à le consoler ; mais nul de ceux qui s'approchèrent ne répondit à mon attente. Ils ne voyaient en moi, ces hommes à l'âme étroite, que l'héritière du nabab. Aucun ne se mit en peine de comprendre Jenny. Alors, mon ami, je priais chaque soir mon ange gardien de t'amener vers moi. J'appelais un cœur noble, ingénu comme le tien, un cœur où n'eussent pas régné d'autres femmes, et qui m'apportât en dot les mêmes trésors d'amour que je lui gardais.

« Oh ! quand j'ai entendu prononcer ton nom pour la première fois, j'ai tressailli ! comme si cela me rappelait quelque chose.

« Vois-tu, Melchior, j'ai un peu des superstitions du pays où je suis née. Il me semble que nous vivons plus d'une vie sur cette terre, et peut-être que, sous une autre forme, nous nous sommes déjà connus, déjà aimés...

— Que Dieu t'entende, Jenny ! s'écria impétueusement Melchior, et qu'il me donne une autre vie que celle-ci pour la posséder !

Un coup de vent sec et brusque fit péter l'écoute du grand hunier.

Le capitaine s'élança sur le pont, son *braillard* à la main.

— A la manœuvre, à la manœuvre ! les passagers dans la dunette ! Melchior, veillez à l'artimon !

Melchior saisit Jenny dans ses bras, la porta sur le tillac, et se rendit à son poste par une habitude d'obéissance passive, si forte qu'elle faisait encore taire la passion.

La nuit fut mauvaise, la mer dure et houleuse.

Cependant le vent tomba vers le matin ; le ciel était balayé de tous ses nuages, lorsque le soleil se leva clair et chaud derrière le rocher de Sainte-Hélène. La brise matinale apportait le parfum des géraniums.

Deux seules personnes, Melchior et Jenny, passèren

presque indifféremment en vue de cette île, qui renfermait encore le dernier prestige de la royauté.

Le ciel était d'un bleu si étincelant que les yeux en étaient fatigués. Seulement une légère vapeur troublait un peu la transparence de l'horizon.

Melchior prétendit que c'était là un temps de grain; de vieux matelots nièrent le fait; les passagers s'effrayèrent. Melchior, avec une joie cruelle, insista sur ce sinistre présage. Ne jamais revoir la terre, mourir en tenant Jenny embrassée, c'est le seul bonheur possible pour lui désormais, et il invoquait la colère des éléments.

Bientôt la fraîcheur du matin se convertit en brise soutenue; l'air devint piquant, et les vagues commencèrent à *moutonner*. Des troupes de marsouins passaient en grondant sous la proue du navire, et des satanites au plumage funèbre s'arrêtaient par intervalles sur le sillage du gouvernail.

Peu à peu les flots se teignirent en noir; le vent d'ouest augmenta, et cette partie de l'horizon se trouva comme subitement chargée de nuages légers et blanchâtres à leur naissance. On les voyait grandir avec rapidité, prendre du corps et passer à des teintes livides, mornes, cadavéreuses. D'abord ils traversaient les airs sans se dissoudre; puis, tombant sous le vent, ils disparurent; mais à la fin il s'en forma un plus fixe et plus épais que les autres. Il s'étendit insensiblement jusque sur le navire, sans que sa base eût changé de place.

Peu de temps après, il avait envahi tout le ciel, et la tempête qu'il renfermait éclata avec un bruit semblable au claquement d'un fouet.

Frappé de ses redoutables ailes, le navire touchait les flots du bout de ses grandes vergues. Il fallut descendre les huniers et serrer toutes les voiles.

De gros oiseaux noirs s'abattirent autour de l'équipage avec des cris sinistres. Quelquefois un rayon du soleil se glissait obliquement dans une déchirure du nuage immense; mais sa lumière pâle et sans chaleur ajoutait encore à l'horreur du tableau.

Melchior avait retrouvé sa joviale insouciance, son énergique vivacité. Quand tout l'équipage était morne et consterné, lui seul touchait à l'accomplissement du seul de ses vœux qui pût être exaucé.

Pour Jenny, elle était profondément abattue. A quinze ans on ne renonce sans regret à un amour qui commence, à un bonheur qui se lève.

La nuit arriva, et les vents ne se calmaient point; la mer grossissait toujours.

Au milieu des ténèbres, les flots brillaient d'une infinité de phosphores, et le bâtiment semblait voguer sur une mer de feu. Les vagues, en se brisant, faisaient jaillir des gerbes de lumières.

Melchior quitta la manœuvre au plus fort du danger. Ses compagnons crurent qu'une des lames qui franchissaient par instants le tillac avec furie l'avait emporté.

Il était passé dans la dunette. Les passagers, rassemblés dans le salon, ne pouvant se tenir debout, s'étaient couchés pêle-mêle sur le parquet, adossés au divan stationnaire qui environnait le pourtour, les uns tourmentés du mal de mer, les autres terrassés par la frayeur. Ils avaient épuisé toutes les formules de la plainte et de l'exclamation, et gardaient un triste et morne silence.

Le nabab, brisé par la fatigue au point de ne plus sentir la peur, était tombé dans une sorte d'imbécillité. Il s'assoupissait chaque fois que le roulis avait cessé d'imprimer au navire un de ces bonds terribles dont chacun semblait devoir être le dernier. Jenny, agenouillée près de lui, pâle et toute couverte de ses longs cheveux épars, invoquait la Vierge. Jamais elle ne s'était montrée si belle aux yeux de Melchior.

Il posa sa main froide sur le bras de la jeune fille; elle tressaillit, et, s'attachant à lui avec force:

— Vous venez mourir avec nous? lui dit-elle.

Melchior ne répondit rien et l'attira vers lui.

Jenny se laissa machinalement entraîner dans une des cabines dont les portes donnaient sur le salon. C'était la chambre de Melchior, et il referma la porte.

— Pourquoi m'amenez-vous ici, dit Jenny en s'éveillant comme d'un rêve? Ma place est auprès de mon père; allons lui demander sa bénédiction, Melchior, et qu'il meure entre nous deux.

— Tout à l'heure, Jenny, répondit Melchior d'une voix calme. Avant que ce noble bâtiment soit brisé tout entier, il se passera encore une heure. Une heure! entendez-vous, Jenny, c'est tout ce qui nous reste.

— Mais je ne dois pas rester ici, dit Jenny dont l'effroi changeait de nature, que pensera-t-on?...

— Personne n'est en état de s'occuper de vous en ce moment, Jenny, pas même votre père. Moi seul je me rappelle que j'ai ici deux vies à perdre. Écoutez-moi, Jenny. Si nous étions à cette heure libres tous deux, devant un prêtre, me donneriez-vous votre main?

— Ma main, mon cœur, tout! répondit-elle.

— Eh bien! il n'y a point ici de prêtre, mais nous sommes devant Dieu. Il m'est témoin que je vous aime de toutes les forces d'une âme humaine. N'est-ce point là un serment solennel et sacré?

— Il me suffit pour mourir heureuse, dit Jenny en jetant ses bras au cou du marin.

— Eh bien! lui dit-il avec un transport qui ressemblait à de la rage, sois donc à moi sur la terre; car qui sait si comme toi j'ai mérité le ciel? Tu ne voudrais pas te séparer à jamais de moi sans être ma femme, Jenny! Quand la Providence me refuse un jour de vie, tu ne voudrais pas te faire sa complice? Viens! dans cet instant suprême tu es plus que le Dieu qui me frappe; tu lui disputes sa proie, tu annules l'effet de sa colère. Viens et ne crains pas la mort, car je ne regretterai pas la vie.

Il était à ses genoux, il couvrait son sein de larmes brûlantes.

— Oh! Melchior, dit Jenny éperdue, écoutez le craquement du navire: n'irritons pas le ciel dans ce moment.

— Le ciel! c'est toi, dit Melchior; est-ce qu'il y a un autre Dieu que toi, ma Jenny? Ne me repousse donc plus, si tu ne veux que la mort me soit horrible...

« Oh! hâtons-nous! entends-tu cette vague qui vient de tomber au-dessus de nos têtes? Et cette autre? c'est comme le bruit du canon. O délices célestes! Jenny, ma Jenny, il ne te reste qu'un instant pour me prouver que tu m'aimes, et tu ne peux me refuser!....

IV.

Cependant le navire, battu par la houle, jeté tour à tour sur chacun de ses flancs fatigués, semblait attendre dans une pénible agonie le moment de sa destruction.

Mais, contre toute espérance, il résista; le vent tomba un peu, et la mer s'aplanit insensiblement.

Vers le matin on put entendre la voix humaine au-dessus du rugissement des vagues; celle de James Lockrist appelait sa fille avec anxiété; celle du capitaine criait par l'écoutille de l'habitacle:

— Oh d'en-bas! ferons-nous un vœu pour vous faire monter, Melchior?

Les deux amants profitèrent de la confusion qui régnait encore pour se séparer sans être vus.

Jenny alla cacher son visage brûlant dans le sein de son père, et Melchior, en remontant sur le pont, vit avec terreur que le danger était passé, et que chacun remerciait Dieu, la Vierge ou Satan, selon sa prédilection particulière.

Ce jour-là Melchior fut pâle, abattu, distrait; ses yeux ne rencontraient plus ceux de Jenny, et quand elle se fut décidée à l'interroger sur sa santé, il lui répondit d'un air effaré qu'il était accablé de sommeil.

Jusqu'au soir l'équipage fut trop occupé de réparer les avaries du bâtiment pour s'apercevoir de la préoccupation de Melchior; mais, le soir, à souper, on remarqua qu'il cherchait à s'enivrer sans y parvenir, et qu'après avoir bu beaucoup de rhum, il était plus triste qu'auparavant; le capitaine, qui l'aimait, remit au lendemain à le réprimander de son absence à la manœuvre la nuit précédente.

La lune n'était pas encore levée lorsque Melchior descendit dans le porte-hauban.

Un instant après Jenny fut à ses côtés; il lui avait fait un signe en quittant le réfectoire.

— Jenny, lui dit-il en la forçant de s'asseoir sur ses genoux, regrettes-tu de m'avoir rendu heureux? Rougis-tu d'être ma femme?

Jenny ne répondit que par des larmes et des caresses. Melchior lui dit encore :

— Tu crois à une autre vie, n'est-ce pas, ma bien-aimée?

— J'y crois, surtout depuis que je t'aime, lui répondit-elle.

— L'autre nuit, pendant la tourmente, reprit Melchior, j'ai vu deux flammes s'agiter à la cime des mâts : elles semblaient se chercher, se fuir, s'appeler tour à tour, puis elles se joignirent et disparurent.

« Penses-tu, Jenny, que ce fussent deux âmes ?

En parlant ainsi, Melchior se dressa sur la banquette en tenant toujours Jenny dans ses bras.

Ce mouvement lui fit peur; elle se cramponna à son vêtement.

— Sois tranquille, lui dit-il, rien ne nous séparera; tu ne seras jamais à un autre qu'à moi, et je ne perdrai jamais ton amour.

En disant ces mots, il s'élança avec elle dans la mer.

Le cri que poussa Jenny fut entendu du timonnier; l'alarme fut donnée. On vit Melchior lutter contre la houle encore trop rude qui le rejetait contre la poupe.

Un matelot, habile nageur dont il avait sauvé la vie, le retira de la mer; mais le corps que Melchior tenait embrassé ne rouvrit pas les yeux, et retourna le lendemain à la mer avec les cérémonies d'usage pour les sépultures nautiques. Melchior ne comprit rien à ce qui se passait autour de lui; il sourit d'un air stupide en voyant le nabab arracher ses cheveux blancs.

Sa santé se rétablit plus vite qu'on ne l'espérait, et il reprit son service, qu'il remplit avec une admirable ponctualité, jusqu'à son débarquement en France. Seulement, il fut impossible de lui arrcher une parole relative à sa vie passée et au terrible événement qui lui avait fait perdre la mémoire.

En arrivant chez sa mère, Melchior trouva parmi des lettres qui l'attendaient un papier qui sembla fixer son attention; il le regarda longtemps et parut faire d'incroyables efforts pour ressaisir le sens des choses qu'il contenait; puis, tout d'un coup, il le froissa dans ses mains, poussa un cri terrible et courut à une fenêtre pour s'y précipiter.

On se jeta sur lui, on ramassa le papier; c'était l'extrait mortuaire de la Térésine.

On le tint garrotté pendant plusieurs jours; il déchirait les cordes avec ses dents; il les rompait avec la tension de ses muscles, il couvrait d'imprécations les gardiens qui cherchaient à le préserver de sa propre fureur; il leur demandait ensuite avec des sanglots une arme pour s'ôter la vie.

Cette crise cessa; la mémoire disparut. Melchior reprit son service à bord d'un bâtiment frété pour Buénos-Ayres.

C'est encore aujourd'hui un excellent officier de marine, ponctuel, vigilant et brave. Seulement, une fois par an, sa mémoire revient; il s'élance aux sabords, appelle Jenny et veut se noyer.

Les matelots qui l'ont connu à bord de l'*Inkle et Yariko* assurent qu'il a perdu la raison pour n'avoir jamais su boire, et ils en tirent comme principe d'hygiène la conséquence qui leur plaît le mieux. Ils regardent comme ses instants lucides ceux où il perd le sentiment de son infortune et de ses remords; mais, au contraire, c'est la raison qui revient avec le désespoir et la fureur.

Alors on est obligé de le garder à fond de cale.

Le reste du temps, il est paisible et raisonne parfaitement sur toutes les choses présentes.

C'est alors qu'il est fou.

GEORGE SAND.

FIN DE MELCHIOR.

LES MISSISIPIENS

PROVERBE

NOTICE

J'ai écrit cet opuscule il y a une douzaine d'années. Je l'avais commencé pour le théâtre ; mais, après le prologue, je trouvai le sujet peu dramatique, et je préférai en faire un tableau dialogué, un épisode quelconque de l'histoire du papier-monnaie. Cette grande mesure financière pouvait certes sauver la France ; mais il n'eût pas fallu une France corrompue, des grands seigneurs avides, des spéculateurs éhontés, un peuple à la fois méfiant et crédule à l'excès. Il faudra peut-être des siècles encore pour que les mesures qui s'appuient sur le crédit public soient envisagées par tous comme des mesures de salut public et non comme un moyen offert à chacun de faire sa fortune à tout prix.

Balzac m'a prouvé que je me trompais en pensant qu'une pièce dont *l'argent* était le sujet n'aurait pas d'intérêt sur la scène. Il a fait, depuis, *Mercadet*, personnage qui ne vaut guère mieux au moral que le *Bourset* des Mississipiens, et qui prouve que les spéculateurs de nos jours ne sont pas moins roués que ceux qui florissaient il y a cent cinquante ans ; mais sa pièce a un entrain satirique et une triste gaieté qui attachent l'attention tout en serrant le cœur. Le type que j'avais créé était moins amusant, à coup sûr ; je n'avais pu vaincre le dégoût qu'il m'inspirait à moi-même.

GEORGE SAND.

Nohant, 15 août 1852.

PROLOGUE (1703).

PERSONNAGES.

LA MARQUISE DE PUYMONFORT.
JULIE, sa fille.
LE DUC, ami de la maison.
SAMUEL BOURSET, fait comte de Puymonfort par son mariage avec Julie.
LÉONCE, chevalier de Puymonfort, cousin de Julie.
DESCHAMPS, vieux valet de chambre de la marquise.

Chez la marquise de Puymonfort. — Un petit hôtel au Marais.

SCÈNE PREMIÈRE.

LE DUC, DESCHAMPS.

LE DUC *entre en belle toilette du matin.*
Eh bien! Deschamps, on est déjà parti pour l'église?

DESCHAMPS.
Ah! monsieur le duc! votre présence eût été bien nécessaire. Au moment de monter en voiture, mademoiselle s'est trouvée mal. Il a fallu la rapporter dans son appartement, où madame la marquise a eu toutes les peines du monde à la faire revenir. Madame la marquise s'inquiétait beaucoup de ne pas voir arriver monsieur le duc; elle me disait : Deschamps, aussitôt que monsieur le duc sera au salon, faites-le monter ici. Et puis elle ajoutait, comme se parlant à elle-même : Ah! mon Dieu! il n'y a que lui qui ait un peu de tête ici! Enfin, mademoiselle a repris courage, et elle s'est laissé emmener; mais madame la marquise m'a ordonné, en partant, de prier monsieur le duc d'aller la rejoindre à l'église.

LE DUC, *s'asseyant.*
C'est ça!... je vais aller m'enrhumer dans vos diables d'églises! (*Se parlant à lui-même en se frottant les jambes.*) La chère marquise croit que j'ai toujours vingt ans... C'est bien assez qu'il faille avaler la messe du roi quand on va faire sa cour... Oh! pardi, j'ai de la dévotion par-dessus les yeux!

DESCHAMPS.
Monsieur le duc aura la bonté de dire à madame la marquise que j'ai obéi à ses ordres, car elle me gronderait beaucoup si j'y manquais.

LE DUC.
Te gronder, toi, Deschamps! est-ce qu'on se fâche avec un vieux serviteur comme toi?

DESCHAMPS.
Eh! eh! quelquefois, monsieur le duc, depuis la mort de M. le marquis!

LE DUC.
Eh! eh! monsieur Deschamps, vous persifflez, je crois!... Il y a longtemps que je ne t'ai rien donné... Tiens, vieux coquin!

SCÈNE II.

LE DUC, *seul.*

Ces canailles-là se mêlent d'avoir de l'esprit! Ah çà! pourvu que la petite n'ait pas fait quelque nouvelle sottise avec sa belle passion... Baste! elle se consolera comme se consolent toutes les femmes à présent, avec des parures, de beaux équipages et un grand train de vie... Autrefois les femmes valaient mieux; c'est un fait, elles nous aimaient quelquefois pour nous-mêmes; pas souvent, mais enfin ça se voyait : tandis qu'aujourd'hui il n'y a pas un regard qu'il ne faille payer au poids de l'or... La Maintenon, et avec elle la dévotion, a introduit cet usage... Aussi il fait cher vivre à présent... Mais qu'y faire?... Il faut bien marcher avec son siècle.

SCÈNE III.

LE CHEVALIER, LE DUC.

(*Le chevalier, pâle et dans un grand désordre, quoique mis avec une certaine recherche, entre avec agitation, et, sans faire attention au duc, qui est enfoncé dans un fauteuil, jette brusquement son chapeau sur la table.*)

LE DUC, *tressaillant.*
Eh! doucement donc, mon cher! vous avez des façons... (*Se retournant vers le chevalier.*) Ah! comment, diable! c'est toi, mon pauvre chevalier? Je ne m'y attendais guère.

LE CHEVALIER.
Et cela vous paraît bien ridicule, monsieur le duc?

LE DUC.
Passablement, à ne te rien cacher. Que diable viens-tu faire ici, mon cher?

LE CHEVALIER.
Je voulais la voir encore une fois, lui dire adieu, ou du moins rencontrer son regard avant que cet horrible sacrifice fût accompli.

LE DUC, *tranquillement.*
En ce cas, tu viens trop tard, car déjà le sacrement est entre vous. Tiens, écoute ces cloches; c'est le *Sanctus* qui sonne à la paroisse. La messe touche à sa fin, le mariage est consacré. (*En chantant.*) *Allez-vous-en, gens de la noce.*

LE CHEVALIER.
Avec quelle horrible tranquillité vous m'enfoncez ce poignard dans le cœur!... Ah! je vous ai cru mon ami, celui de Julie du moins, et vous voyez notre désespoir avec une indifférence!...

LE DUC.
Votre désespoir! dis le tien, pauvre fou, puisque tu es assez naïf pour prendre la chose au sérieux; mais, quant à celui de Julie, elle épouse Samuel Bourset. C'est ce que j'y vois de plus clair.

LE CHEVALIER.
Et qui donc a fait ce mariage infâme? car enfin, je le sais, et désormais votre feinte pitié ne me trompera plus; c'est vous qui l'avez conseillé, et vous l'avez mené à bout avec une persévérance, avec une perfidie...

LE DUC, *haussant les épaules.*
Chevalier, tu perds la mémoire. Tu es fort troublé, c'est ton excuse. Mais essaie un peu de rappeler tes esprits. Lorsqu'il y a huit jours tu vins me trouver et me dire : La succession de mon père est liquidée; il s'y trouve plus de dettes que d'argent; je suis un homme ruiné...

LE CHEVALIER.
Ah! je vous ouvris mon cœur avec un abandon...!

LE DUC.
As-tu donc sujet de t'en repentir? Quels conseils me demandas-tu? Des conseils pour être heureux ou des conseils pour être sage?

LE CHEVALIER.
Je vous demandai de me tracer mon devoir; vous l'avez fait, j'en conviens; mais...

LE DUC.
Mais j'aurais dû y joindre un miracle, n'est-ce pas, et trouver le moyen de te conserver honnête homme en te faisant faire une mauvaise action? Je ne suis pas si habile.

LE CHEVALIER.
Je sais que, perdu sans ressource, je ne pouvais plus aspirer à la main d'une fille bien née sans fortune elle-même.

LE DUC.
Quand la faim et la soif se marient, comme on dit, ils ont pour enfants la misère et la honte.

LE CHEVALIER, *vivement.*
Non, monsieur le duc, la misère n'est pas la sœur de la honte.

LE DUC.
Eh bien, mettons qu'elle est sa cousine germaine. Je ne te dis pas cela pour te blesser, chevalier. Tu es jeune, tu as du courage, de l'esprit, du génie... Tu feras ce que tu as projeté. Tu iras dans l'Inde ou dans le Nouveau-Monde refaire ta fortune ou mourir. C'est le devoir d'un homme de ta naissance. Mais tu m'avoueras qu'en épousant ta cousine tu ne prenais pas le chemin de réparer tes désastres. Jeunes tous deux et amoureux en diable, vous eussiez eu une nombreuse famille...

LE CHEVALIER.
Ah! quelles images d'un bonheur pur vous me mettez cruellement sous les yeux! Et maintenant il faut qu'elle passe du sanctuaire où je la plaçais dans mes rêves aux bras d'un ignoble traitant, d'un juif, d'un Samuel Bourset! Oh! non, ce n'est pas la misère qui est la sœur de la honte, monsieur le duc, c'est la richesse acquise au prix de l'amour et de la pudeur.

LE DUC.
Parlons-nous philosophie? j'en suis et je te donne raison. Mais si nous vivons dans un monde positif, et je crois que nous ne pouvons en sortir décemment, quoi que nous

fussions, il nous faut suivre l'opinion, accepter ce qu'elle encourage et nous garder de ce qu'elle proscrit. Tu te croyais passablement fortuné et tu allais épouser ta cousine. Un beau matin tu te trouves sur le pavé; il faut que tu t'en ailles, et de plus il faut que ta cousine se marie. Je sais bien que dans le premier moment tu t'es flatté qu'elle attendrait ton retour des Grandes-Indes. Il a fallu te le laisser croire pour te donner du courage.

LE CHEVALIER.
Eh! ne pouviez-vous me le laisser croire du moins jusqu'à mon départ!... Quelques jours encore, et je serais parti plein d'avenir, plein d'illusions; tandis que maintenant je n'ai plus qu'à me brûler la cervelle.

LE DUC.
Fi donc! c'est du plus mauvais goût. Mon perruquier en a fait autant la semaine dernière pour la femme de mon valet de chambre. Tu n'en feras rien, mon cher; un gentilhomme ne doit pas finir comme un pleutre. Et quant au reproche que tu me fais de ne t'avoir pas embarqué avec tes illusions en pacotille, j'ai à te répondre que, si on t'avait laissé l'ombre d'une espérance, tu ne serais jamais parti. Tel est l'homme, surtout quand il est amoureux et qu'il a dix-huit ans.

LE CHEVALIER.
Ah! que vous étiez tous pressés de me voir partir!... Eh bien! si je devais subir ce dernier supplice, fallait-il donc mêler le ridicule à l'odieux, et, sous mes yeux, la livrer à un homme de cette espèce?

LE DUC.
Mon cher ami, cet homme a des millions, et la semaine dernière Sa Majesté a promené elle-même dans ses jardins de Marly, de l'air le plus gracieux qu'on lui ait vu depuis vingt ans, et en disant les plus aimables choses qu'elle ait dites de sa vie, maître Samuel Bernard le financier, l'oncle du Samuel Bourset que nous épousons aujourd'hui. Maître Bernard paie les dettes du roi; cela vaut bien deux heures d'affabilité; car ce ne sont pas de petites dettes! mais aussi ce n'est pas un petit monsieur que celui que Louis XIV caresse de la sorte!

LE CHEVALIER.
Et vous aussi, vous contemplez tranquillement de pareilles choses?

LE DUC.
Moi? je sais qu'en penser aussi bien que toi. Mais à nous deux nous ne changerons pas le monde. La cour et la ville se modèlent l'une sur l'autre; le roi est ruiné et nous le sommes. Il est magnifique et veut que nous le soyons; il s'endette et nous nous endettons; il flatte la finance et nous tirons le chapeau après lui. Ainsi, ta cousine fait aujourd'hui un excellent mariage, et, à l'heure qu'il est, plus de deux mille nobles familles qui ne savent plus à quel clou se pendre, bien loin de mépriser le sang d'Israël, eussent bien voulu attirer vers elles ce filon d'or.

LE CHEVALIER.
Julie est assez belle, assez charmante, d'une famille assez illustre pour qu'un homme riche et bien né eût recherché sa main.

LE DUC.
Non, pas dans le temps où nous sommes. Et d'ailleurs, chevalier, puisque tu me forces à te le dire, Julie était compromise plus que tu ne le penses par la violence de ton amour. L'attrait d'un grand nom a pu seul déterminer un traitant à passer par-dessus certaines craintes... qui sont un préjugé sans doute, mais un préjugé moins facile à vaincre chez nous autres que chez les gens du commun.

LE CHEVALIER.
Ah! elle est pure comme la vertu elle-même!... J'en atteste...

LE DUC.
Je ne demande pas cela; ça ne regarde personne, la voilà mariée...

LE CHEVALIER.
Si cet homme a de pareilles craintes, il n'en est que plus vil de les braver.

LE DUC.
Cet homme quitte aujourd'hui son fâcheux nom de Samuel Bourset pour celui de Bourset de Puymonfort. Sa femme le rebaptise par contrat de mariage; qui sait? le roi l'anoblira peut-être. C'est comme cela que les grandes familles se conservent; c'est l'usage maintenant, il n'y a rien à dire. Les hommes de finance y tiennent beaucoup. S'ils ne changeaient de nom, ils n'arriveraient pas aux emplois, et il faut bien qu'ils y arrivent. Dans vingt ans d'ici ils y seront tous. Heureusement je n'y serai plus... Et toi qui vas en Amérique, je t'en félicite; je voudrais être assez jeune pour t'accompagner.

LE CHEVALIER.
Eh bien! votre froide sévérité sur les choses et sur les hommes de ce temps me gagne et me fortifie... Oui, je partirai, mais sans l'avoir vue... Je veux qu'elle sache que je la méprise trop pour lui dire adieu.

LE DUC, *l'observant.*
Est-ce que, par hasard, elle comptait te revoir?

Croyez-vous que je serais venu ici de moi-même? Non, je n'aurais jamais remis les pieds dans cette maison; mais elle l'a voulu... Tenez, voici le billet que j'ai reçu ce matin...

LE DUC, *à part, le parcourant.*
Ah! c'est donc pour cela qu'elle a fait promettre à sa mère de ne pas la conduire directement de l'église à la maison du banquier, mais de la ramener ici pour quelques instants!... (*Lisant.*) *J'ai arraché à maman la promesse que nous nous verrions un instant en sa présence.* (*Haut.*) Mais non pas en la présence du mari, je pense?... (*Avec une mordante ironie.*) Bonne mère! je la reconnais bien là! (*Regardant le chevalier, qui est fort ému.*) Et tu comptes accepter ce rendez-vous?

LE CHEVALIER.
Non pas! Vous me rappelez à moi-même... je pars à l'instant!... (*Il fait quelques pas, regarde autour de lui, et fond en larmes.*) Ah! ce pauvre vieux petit salon où j'ai passé la moitié de ma vie, innocent et pur, auprès d'elle!... heureux comme jamais ne l'a été le roi de France au milieu des pompes de Versailles!... je ne le verrai plus... Je vais vivre sur une terre étrangère, où pas une main amie ne serrera la mienne, où pas un cœur ne comprendra ma souffrance.

LE DUC.
Pauvre chevalier!... il me fait vraiment pitié... Voyons, modère-toi un peu, que diable! Veux-tu m'écouter un instant et suivre mes conseils?

Parlez! Je suis privé de force et dépourvu de raison à l'heure qu'il est.

LE DUC.
A ta place, voici ce que je ferais: je ne partirais pas; du moins je ne partirais que l'année prochaine.

LE CHEVALIER.
Et à quoi bon prolonger d'une année ce supplice, trop long déjà d'une heure?

LE DUC.
Qu'il est simple! Mais où donc as-tu été élevé, mon pauvre garçon? Comment! tu ne comprends pas? Voilà le mariage conclu à ne plus s'en dédire; ta présence ne peut plus l'embrouiller... Maintenant tu aimes, tu es aimé... Tu me regardes avec de grands yeux! Que diable! je ne peux pas parler plus clairement, ce me semble!

LE CHEVALIER.
Que me dites-vous? Troubler son repos? ternir sa réputation?...

LE DUC.
C'est ce que tu fais depuis huit jours avec tes emportements. Calme-toi, sois modeste dans ton bonheur; tout ira bien, car c'est ainsi que va le monde.

LE CHEVALIER.
Puis-je vivre ainsi, sans fortune et sans état?

LE DUC.
A quoi bon faire fortune si tu n'épouses pas? Pourvu

que tu aies une position dans le monde... d'ici à un an je te ferai avoir une compagnie de quelque chose.

LE CHEVALIER.

Croyez-vous donc que dans un an je pourrai quitter Julie plus aisément qu'aujourd'hui?

LE DUC.

Oh! bien certainement je le crois. Il est même possible que dans ce temps-là vous soyez aussi charmés de vous quitter que vous en êtes désolés aujourd'hui.

LE CHEVALIER.

Mais Julie oubliera-t-elle ainsi ses devoirs? car enfin son mari... sa mère...

LE DUC.

Sa mère est la meilleure femme du monde. Je la connais, moi. Je la connais même beaucoup, entre nous soit dit, et je te réponds qu'au lendemain du mariage ses idées sur la morale ne seront plus celles de la veille.

LE CHEVALIER.

Oh! comme vous parlez de ma tante! moi qui l'ai vénérée jusqu'ici comme une mère!... Je crois rêver.

LE DUC.

Relis donc le billet; tu verras que la marquise ne veut pas que sa fille meure de chagrin. Quant au mari, dans cette classe-là ils sont tous aveugles de naissance. Et puis, quand il se douterait de quelque chose, est-ce qu'un homme comme ça oserait faire du bruit? Je voudrais bien voir!

LE CHEVALIER.

Mon Dieu!... préservez ma raison!... Mais, monsieur le duc, vous l'oubliez donc? ce misérable est son maître désormais... Partagerai-je ce trésor précieux et sans tache avec le vil traitant qui l'a acheté?...

LE DUC.

Bah! tu songes à tout! Ventregois! j'étais plus amoureux que cela à ton âge.

LE CHEVALIER.

C'est parce que j'aime que cette idée m'est insupportable, odieuse!... Oh! jamais... jamais!...

LE DUC.

Eh bien! mon Dieu, si ce n'est que cela, ne sais-tu pas que les femmes ont mille ruses pour retarder, pour ajourner indéfiniment le bonheur d'un mari? Allons, Julie est une femme d'esprit... tu lui en donneras plus encore.

LE CHEVALIER.

Ah! ne vous faites pas un jeu de mon délire! Je ne suis qu'un pauvre enfant sans expérience, mais éperdument amoureux... Ne m'ôtez pas le courage, car vous ne pouvez plus me donner le bonheur.

LE DUC.

Voici la voiture de la mariée dans la cour... Mais il me semble que le mari est avec elle! Va-t'en.

LE CHEVALIER, égaré.

Fuir devant lui?... N'ai-je pas le droit, comme cousin de Julie, de venir faire mon compliment ici, chez ma tante? Soyez tranquille, je suis calme, je suis glacé...

LE DUC.

Et tu dis cela du ton d'un homme qu'on va mener aux Petites-Maisons!... Allons, songe que le mari ne sait rien, et ton désordre lui apprendrait tout... Viens avec moi. Je ne te quitte pas d'un instant.

(*Il l'entraîne par une petite porte conduisant aux appartements intérieurs.*)

SCÈNE IV.

JULIE, *en costume de mariée des plus magnifiques;* LA MARQUISE, *fort parée;* SAMUEL BOURSET, *en habit écrasé de broderies. Julie, chancelante et pâle, est soutenue d'un côté par sa mère, de l'autre par son mari. Ils l'approchent d'un fauteuil où elle se laisse tomber.*

LA MARQUISE.

Eh bien! ma fille, n'êtes-vous pas mieux?

JULIE, *d'une voix éteinte.*

Non, ma mère.

SAMUEL, *lui tapant dans les mains.*

Ma chère demoiselle, reprenez courage.

(*Julie retire ses mains avec horreur.*)

LA MARQUISE.

Allons, Monsieur, laissez-nous un peu ensemble... Vous voyez que ma fille est malade.

SAMUEL.

Je vous aiderai à la soigner.

LA MARQUISE.

Eh! cela ne vous regarde pas.

SAMUEL.

Si fait.

JULIE.

Monsieur!... je voudrais être seule avec ma mère.

SAMUEL.

Je ne m'éloignerai pas dans l'état où je vous vois.

LA MARQUISE.

Mais vous êtes nécessaire chez vous. Tout notre monde y arrive en ce moment, et il n'y a personne pour recevoir. Voulez-vous qu'on trouve chez vous *visage de bois* un jour de noce?

SAMUEL.

Oh! mes gens sont là, j'en ai beaucoup et des mieux stylés.

LA MARQUISE.

C'est peut-être l'usage dans votre monde que les valets remplacent le maître; mais, dans le nôtre, cela ne se fait pas, mon cher.

SAMUEL.

En ce cas, madame la marquise, vous aurez la bonté de remonter dans ma voiture et d'aller faire les honneurs de mon hôtel, car pour moi je reste auprès de ma femme.

LA MARQUISE.

De votre femme... Eh! vous êtes bien pressé de lui donner ce nom.

JULIE.

Ma mère, ne me quittez pas!

SAMUEL.

Je vous en supplie, n'ayez pas peur de moi, Madame... madame Bourset!...

LA MARQUISE.

Elle s'appelle de Puymonfort, Monsieur, et elle vous a épousé à condition de ne pas perdre son nom.

SAMUEL.

Ah! ce n'est pas comme moi, qui l'ai épousée à condition de perdre le mien.

LA MARQUISE.

On le sait bien... Allons! voilà ma fille qui s'évanouit... Allez donc appeler sa femme de chambre.

SAMUEL.

Je sonnerai, ce sera plus tôt fait.

JULIE, *bas à la marquise.*

Ah! ma mère, quel supplice!

LA MARQUISE, *de même.*

Le duc!... nous voilà sauvées.

SCÈNE V.

LE DUC, LA MARQUISE, JULIE, SAMUEL.

LE DUC.

Quoi, Monsieur! Julie en cet état? Et vous êtes ici, monsieur de Puymonfort?

SAMUEL, *à part.*

A la bonne heure, voilà un homme qui ne craint pas de s'écorcher la langue... (*Haut.*) Eh bien, monsieur le duc, n'est-ce pas ma place?

LE DUC.

Pas encore, mon cher ami. Vous tourmentez la pudeur de votre femme... Allons! un homme comme vous sait son monde! Laissez cette enfant avec sa mère. Elles ont à se dire des choses que vous n'êtes pas censé deviner.

(*Il passe son bras familièrement sous celui de Samuel et l'emmène.*)

SAMUEL, *à part.*

Celui-là me flatte... hem! je ne m'en vas pas pour longtemps. (*Ils sortent.*)

SCÈNE VI.

JULIE, LA MARQUISE, puis LE CHEVALIER.

JULIE.
Ah! j'en mourrai... Cet homme me ferait horreur!

LA MARQUISE.
Il t'aime beaucoup, mon enfant, et son empressement le rend indiscret. Il faudra lui apprendre à vivre et ce sera un excellent mari.

JULIE, *pleurant.*
Et Léonce!...
(*Le chevalier sort du cabinet et se jette à ses pieds.*)

LA MARQUISE.
Mes enfants, mes enfants! ayez du courage!

LE CHEVALIER.
Vous ne voulez pas qu'elle meure? Vous ne la livrerez pas à ce rustre! Ah! Julie, je le tuerai plutôt!

LA MARQUISE.
Eh! pour Dieu, ne parlez pas si haut, M. Bourset est ici près... J'entends sa voix.
(*Elle court fermer la grande porte du salon en dedans.*)

JULIE.
Léonce, il faut nous séparer à jamais!

LE CHEVALIER.
Est-ce vous qui l'ordonnez?... Non, Julie, ce n'est pas toi! (*Il l'entoure de ses bras.*)

JULIE.
Mon Dieu! (*On entend tousser.*)

LA MARQUISE.
Ah! c'est la grosse toux de ce Bourset! Sauvez-vous, Léonce! (*Le chevalier se relève et veut tirer son épée.*) Y songes-tu, malheureux enfant? Veux-tu donc perdre ma fille? Et vite! et vite! (*Elle le pousse vers une des petites portes de dégagement. Bourset tousse encore.*)

LE CHEVALIER, *exaspéré.*
Julie!

JULIE, *hors d'elle-même.*
Ne crains rien, Léonce! Cache-toi, nous nous reverrons bientôt. Ma mère, je le veux, je veux lui dire adieu, une dernière fois, devant vous.

LE CHEVALIER.
Mais cet homme!...

JULIE.
Ne crains rien, jamais, jamais!
(*Elle se lève et le pousse aussi vers la porte.*)

LE CHEVALIER.
Nous nous reverrons? Oh! dis-le-moi, ou je brave tout. Je ne puis te quitter ainsi!

JULIE.
Oui, nous nous reverrons; la conduite de cet homme me pousse à bout.
(*Bourset rentre par une autre porte de dégagement, pendant que Julie et la marquise entraînent le chevalier par la porte opposée et lui tournent le dos.*)

LA MARQUISE, *à sa fille.*
Je vais le cacher dans ma chambre, car je suis sûre que Bourset nous espionne. (*Elle sort avec le chevalier.*)

JULIE, *leur parlant encore sur le seuil de la porte de gauche.*
Et revenez vite près de moi, ma mère, car il va venir m'obséder de sa présence.
(*Elle se retourne, trouve Samuel debout devant elle et reste muette d'effroi. Aussitôt Samuel, qui a déjà eu soin de refermer la porte par laquelle il vient d'entrer, va à celle par où vient de sortir le chevalier, et la referme aussi; puis il met tranquillement les deux clefs dans sa poche. Julie s'élance vers la grande porte pour s'enfuir et la trouve fermée.*)

SAMUEL.
Oh! cette clef-là, votre mère l'a dans sa poche.

JULIE.
Quelle est cette inconvenante plaisanterie? Je veux être seule avec ma mère, je vous l'ai déjà dit, Monsieur.

(*Elle veut s'approcher d'une sonnette, Samuel lui barre le chemin, la salue, et lui offre une chaise.*)

SAMUEL.
Je suis charmé que vous vous portiez mieux. Comme vous vous êtes promptement remise sur pied! C'est merveille de voir comme les couleurs vous sont vite revenues.

JULIE.
Laissez-moi.

SAMUEL.
Là, là, je ne vous regarde seulement pas. Quelle mouche vous pique?

JULIE.
Mais pourquoi m'enfermez-vous ainsi? Nous n'avons rien à nous dire.

SAMUEL.
Si fait, si fait, nous avons à causer.

JULIE.
Je n'y suis nullement disposée.

SAMUEL.
Je suis sûr que vous l'êtes, au contraire, et que le nom seul de la personne dont j'ai à vous entretenir va vous donner de l'attention.

JULIE.
Que voulez-vous dire?

SAMUEL, *lui offrant toujours la chaise.*
Non; dites tout de suite, je ne m'assiérai pas.

SAMUEL, *s'asseyant.*
A votre aise! quant à moi, j'ai tant couru ces jours-ci pour vos cadeaux de noces que je n'en puis plus.

JULIE, *à part.*
Oh! quel supplice!...

SAMUEL.
Vous avez un parent qui vous intéresse?

JULIE, *troublée.*
J'en ai plusieurs; ma famille est nombreuse, et, quoique pauvre, elle est encore puissante, Monsieur.

SAMUEL.
Je le sais, c'est à cause de cela que j'ai voulu en faire partie; ainsi donc vous avez, c'est-à-dire *nous avons* un cousin.

JULIE, *tremblante.*
Eh bien! que vous importe?

SAMUEL.
Il m'importe beaucoup, parce que premièrement il est mon parent, et qu'en second lieu il est mon débiteur.

JULIE.
Votre débiteur?

SAMUEL *tire des papiers de sa poche et les déroule lentement.*
Il a eu le malheur d'emprunter, du vivant de M. le baron de Puymonfort, son père, qui ne lui donnait pas beaucoup d'argent (et pour cause), la somme de quatre cents et *tant* de louis à un capitaliste de mes amis, lequel m'a cédé sa créance pour se libérer envers moi d'une somme égale...

JULIE.
Abrégeons, Monsieur. Si c'est pour me parler d'affaires que vous me retenez ici contre ma volonté, le procédé est au moins bizarre; et si le chevalier de Puymonfort, mon cousin, est votre débiteur, il s'acquittera envers vous: cela ne me regarde pas. Laissez-moi sortir.

SAMUEL.
Un petit moment, un petit moment! ceci vous regarde plus que vous ne pensez. Le chevalier est insolvable.

JULIE.
Ma famille se cotisera pour ne rien vous devoir.

SAMUEL.
Ah! bien oui! votre famille!... Si entre vous tous vous aviez pu réunir cinq cents louis, vous ne m'auriez pas épousé.

JULIE, *outrée.*
C'est possible! Après?

SAMUEL.
Après!... comme j'ai droit d'être payé, j'ai pris des sûretés, et voici une lettre de cachet que le ministre de

Sa Majesté, plein de bontés pour moi, a bien voulu me délivrer contre ce bon chevalier.
JULIE.
Quoi! vous n'avez pas reculé devant une pareille violence? vous, à la veille de votre mariage, vous avez sollicité une lettre de cachet contre un des membres de la famille où vous alliez entrer?
SAMUEL.
Et je m'en servirai le jour même de mon mariage, si la famille dans laquelle j'ai l'honneur d'être admis ne fait pas ma volonté.
JULIE.
Votre volonté!... oh! il est facile de vous contenter. Le chevalier a des protecteurs aussi, Monsieur! le duc, notre ami intime, ne souffrira pas... vous serez payé.
SAMUEL.
Et si je ne veux pas l'être?
JULIE.
Mais que voulez-vous donc?
SAMUEL.
Si je veux faire mettre tout bonnement le chevalier à la Bastille? Une lettre de cachet n'est pas toujours un mandat de prise de corps pour dettes, c'est aussi parfois un ordre absolu motivé par le bon plaisir de qui le donne, et exécuté selon le bon plaisir de qui s'en sert, eh! eh!
JULIE.
Si votre bon plaisir est de vous déshonorer...
SAMUEL.
Oui-da, madame ma femme! Ici les rieurs seraient de mon côté. Diantre!... un mari qui, le jour de ses noces, fait embastiller l'amant de sa femme, ce n'est pas si bête, eh! eh!
JULIE.
Ah! vous m'outragez, Monsieur! et votre brutalité m'autorise à rompre dès à présent avec vous. Je suis encore chez moi, sortez d'ici! laissez-moi! jamais je n'aurai rien de commun avec un homme tel que vous!
(On essaie d'ouvrir la porte par laquelle sont sortis la marquise et le chevalier. Julie veut se lever.)
SAMUEL, la retenant.
Un petit moment, s'il vous plaît. Le chevalier est dans la maison... Oh! je la connais la maison: ici, un cabinet qui n'a qu'une porte donnant dans la chambre de votre mère; et puis la chambre de votre mère, où est maintenant le chevalier, laquelle chambre a une sortie sur le vestibule, dont j'ai aussi la clef dans ma poche. J'ai beaucoup de clefs! Et une autre sortie sur le petit escalier, au bas duquel il y a quatre laquais à moi, postés avec des armes. Je ne voudrais pas qu'il arrivât malheur à ce pauvre chevalier... ni vous non plus?...
JULIE.
Oh! Monsieur... au nom du ciel!
SAMUEL.
N'ayez pas peur, mignonne, je ne suis pas méchant quand on ne me pousse pas à bout. Allez dire à votre maman, par le trou de la serrure, que vous voulez causer encore avec moi un petit instant.
(Julie s'élance vers la porte; Samuel la suit, et se place à côté d'elle pour entendre les paroles qu'elle échange avec sa mère.)
LA MARQUISE, derrière la porte, frappant avec impatience.
Julie! Julie! êtes-vous seule?
SAMUEL, parlant très-haut.
Je suis avec ma femme, et je désire lui parler sans témoins. C'est son intention aussi.
LA MARQUISE, dehors.
Ce n'est pas vrai.
SAMUEL.
Si fait. (A Julie.) Dites donc, Madame...
JULIE.
Ma mère, je suis à vous dans l'instant.
LA MARQUISE, d'un ton d'étonnement, toujours dehors.
Ah! vraiment, ma fille?
(Samuel serre avec force le bras de Julie, et la regarde fixement.)

JULIE, épouvantée.
Oui, vraiment, ma mère!
LA MARQUISE, dehors.
J'attends!
SAMUEL, ramenant Julie à son fauteuil, où elle tombe accablée.
Maintenant, ma colombe, calmez-vous : il ne sera fait aucun mal à votre bon petit cousin. Je n'exigerai même pas qu'il paie ses dettes. Je lui fais grâce. Je suis généreux, moi, quand c'est mon intérêt. Mais voyez-vous, il faut qu'il parte aujourd'hui, tout de suite, et pour tout de bon.
JULIE.
Il partira, Monsieur; mais je suis bien aise de vous dire que c'est la première et la dernière de vos volontés que je subirai.
SAMUEL.
Vous vous abusez, mon enfant, vous les subirez toutes; et pour commencer, ouvrez cette porte. (Julie se lève indignée et le toise avec hauteur.) Si vous n'ouvrez pas cette porte, j'ouvrirai cette fenêtre, et je jetterai cette clef à mes laquais, qui sont au bas du petit escalier, afin qu'ils entrent et qu'ils se saisissent du chevalier dans la chambre de votre mère.
(Julie, terrassée, va ouvrir la porte à sa mère. Samuel la suit et la tient fascinée sous son regard. La marquise, entrant, les regarde tour à tour d'abord avec effroi, puis avec surprise, et finit par éclater de rire.)
JULIE, se cachant le visage.
O ma mère! ne riez pas.
LA MARQUISE, riant toujours.
Eh bien! eh bien! ma pauvre enfant... Il n'y a pas de mal à cela!... (Elle rit encore.)
SAMUEL.
N'est-ce pas que c'est drôle? Et le chevalier?...
(Il rit aux éclats.)
LA MARQUISE, reprenant son sérieux.
Comment!.... le chevalier?... (Elle regarde Samuel attentivement; puis elle part encore d'un grand éclat de rire.) Eh bien! le tour est parfait! (Elle tend la main à Samuel.) Mon gendre, je vous rends mon estime!
JULIE.
Ah! c'est odieux! (Elle pâlit et chancelle.)
SAMUEL, bas, en la soutenant.
Je n'entends pas que vous vous évanouissiez, entendez-vous bien? (Haut.) Ma chère marquise, je ne suis pas si mal élevé que vous pensiez. Je ne veux pas enfoncer le poignard dans le cœur de ce pauvre chevalier au moment de son départ... Il est amoureux de sa cousine!... Ce n'est pas à moi de m'en étonner: mais Julie vient de m'ôter, par une sincère explication et d'aimables promesses, tout sujet de jalousie, et je désire qu'elle lui fasse ses adieux ici, tout de suite, sans mystère et de bonne amitié... Appelez-le, je vous prie.
LA MARQUISE.
Le voulez-vous, Julie?
JULIE hésite, rencontre le regard de Samuel, et dit en s'efforçant de sourire:
Je vous en prie, maman. (La marquise sort.)
SAMUEL.
Je veux qu'il reçoive son congé sur l'heure... Et croyez bien qu'il ne sera pas perdu de vue un instant jusqu'à ce qu'il ait mis le pied sur le navire qui doit l'emmener en Amérique.
JULIE, accablée.
Vous serez obéi!
(On frappe. Samuel va ouvrir. Tandis que le duc entre par la grande porte, la marquise et le chevalier entrent par la petite. Le chevalier fait quelques pas avec impétuosité vers Julie; puis, voyant Samuel, il s'arrête stupéfait et se retourne d'un air d'interrogation et de reproche vers la marquise, qui essaie de tenir son sérieux, et rit sous cape de temps en temps.)
LE DUC.
Ah çà! je ne conçois rien à ce qui se passe ici, et je

ne sais à quoi vous pensez tous. Comprend-on un jour de noces où toute la famille attend les mariés dans une maison, tandis qu'ils s'amusent à babiller dans l'autre?..... Monsieur Puymonfort, votre majordome envoie ici message sur message pour vous dire que votre hôtel est plein de monde et qu'il ne sait où donner de la tête, et vous êtes inabordable...

SAMUEL.

Ma mère est là, qui ne s'en tirera pas mal... C'est une femme qui n'est pas sotte.

LA MARQUISE, à part.

Et qui a une jolie tournure !
(Elle se contient un instant, puis éclate de rire.)

LE CHEVALIER, avec amertume.

Vous êtes fort gaie, ma tante !
(La marquise passe auprès du duc et lui parle bas.)

LE CHEVALIER, bas à Julie.

Que se passe-t-il, Julie? Mon Dieu !

JULIE, bas.

Vous devez partir à l'instant même, et ne me revoir jamais.

SAMUEL, passant entre eux.

Monsieur le chevalier, je suis tout à vous. Ma femme vient de m'ouvrir son cœur, et de me dire que vous désiriez prendre congé d'elle. Je suis heureux de trouver cette occasion pour vous offrir mes petits services.... Vous partez? Une de mes voitures et plusieurs de mes gens sont à votre disposition... Vous êtes gêné d'argent? m'a-t-on dit. Mes correspondants ont déjà reçu avis de tenir des fonds à votre ordre dans toutes les villes où vous voudrez séjourner, tant en France qu'à l'étranger.

LE CHEVALIER, avec hauteur.

C'est trop de grâces... Je n'en ai que faire.

SAMUEL, lui offrant un portefeuille.

Vous voulez de l'argent comptant?
(Le chevalier jette le portefeuille à terre avec un mouvement de fureur.)

SAMUEL le ramasse tranquillement, l'ouvre et en tire un papier qu'il lui présente.

Puisque vous ne voulez rien me devoir, reprenez donc ce petit effet au porteur de quatre cent vingt-cinq louis qui a été passé à mon ordre par Isaac Schmidt, échéable au 15 octobre 1703, c'est-à-dire après-demain.

LE CHEVALIER, le repoussant avec indignation.

J'acquitterai cette dette, Monsieur, n'en doutez pas.

SAMUEL, remettant le papier dans sa poche.

A votre aise !... Maintenant, je vous présente le bonjour, et vous souhaite un bon voyage. Ma femme vous en souhaite autant et vous fait ici ses adieux.
(Il s'éloigne d'un pas, mais sans les perdre de vue.)

LE CHEVALIER, à Julie.

Ainsi vous trahissez jusqu'au secret, vous effacez jusqu'au souvenir de notre amour !

JULIE.

Partez ! il le faut.

LE CHEVALIER.

Oh ! malédiction sur vous !
(Il veut se retirer par la petite porte.)

SAMUEL, se rapprochant.

Pas par ici, les portes sont closes. Si vous voulez donner le bras à ma femme jusqu'à la voiture, vous sortirez par la grande porte.
(Le chevalier jette à Julie un regard d'indignation, à Samuel un regard de mépris, et s'élance dehors avec impétuosité.)

SAMUEL, bas, prenant le bras de Julie.

Allons ! ferme sur les jambes ! marchons !

JULIE.

Et la lettre de cachet ! ne la déchirez-vous pas?

SAMUEL.

Nous verrons cela demain.

LA MARQUISE, moitié triste, moitié gaie, prenant le bras du duc et les suivant.

N'est-ce pas incroyable?... Comment ce Bourset a-t-il pu s'emparer si vite de sa confiance?

LE DUC.

Ce n'est pas malhabile de la part de Julie. Le chevalier, furieux et passionné, eût pu la compromettre par ses clameurs involontaires. Elle lui ferme la bouche en prenant son mari pour rempart; c'était le meilleur parti.

LA MARQUISE.

Pauvre chevalier !

LE DUC.

Pauvre Bourset, peut-être !

ACTE PREMIER.

La maison de campagne de Samuel Bourset, à quelques lieues de Paris. — Dans les jardins, une tente décorée pour la fête.

PERSONNAGES.

LA MARQUISE.
LE DUC.
JULIE.
SAMUEL BOURSET, devenu comte de Puymonfort.
LOUISE, fille de Samuel et de Julie.
GEORGE FREEMAN, voyageur américain.
LUCETTE, fille du jardinier, sœur de lait de Louise.
LE DUC DE LA F...
LE COMTE DE HORN.
LE DUC DE M...
LE COMTE DE ***.
LE MARQUIS ***.
PLUSIEURS AUTRES PERSONNAGES DE QUALITÉ.

SCÈNE PREMIÈRE.

LA MARQUISE, LE DUC.

LA MARQUISE.

Eh ! voyez, mon cher duc, comme ceci est galant ! quelle riche décoration ! partout le chiffre de Julie entrelacé par des fleurs à celui de mon gendre, des guirlandes, des écussons, des draperies ! Sur ces gradins en amphithéâtre se placera l'orchestre. Ma fille et son mari seront sur cette belle estrade. C'est ici qu'ils couronneront la rosière. Et, avec cela, un temps magnifique. Oh ! toute la cour y sera ! Je parierais gros que le régent lui-même... ou tout au moins une des princesses ses filles, y viendra.

LE DUC.

Eh ! pourquoi pas? Votre gendre est fort bien en cour à l'heure qu'il est, et pour cause !... Pour qui ce fauteuil de velours à crépines d'or?

LA MARQUISE.

Et pour quel autre que le bienfaiteur, le sauveur, le prestidigitateur écossais Law? C'est aujourd'hui l'homme de la France. Et quelle fête un peu belle pourrait se passer de sa présence?

LE DUC.

Quelle fortune un peu solide pourrait se passer de son appui?

LA MARQUISE.

Cela, nous l'avons.

LE DUC.

En êtes-vous bien sûre?

LA MARQUISE.

C'est à charge de revanche : car certainement Law n'a pas moins besoin de nos fonds que nous de son crédit.

LE DUC.

L'un me paraît plus certain que l'autre... Enfin ! ça commence magnifiquement, et je souhaite que ça finisse de même... Eh bien ! marquise, qui nous eût prédit, le 13 octobre 1703, que nous célébrerions aussi gaiement et avec autant d'éclat, en l'an de grâce 1719, l'anniversaire du mariage de Julie? Ce mariage ne s'annonçait pourtant pas sous d'heureux auspices; tout était larmes et désespoir, gémissements et syncopes, quand nous conduisions la victime à l'autel. Le soleil même ne brillait pas comme aujourd'hui, ce qui n'empêchait pas que mes jambes ne me fissent moins mal... Ah ! j'étais encore jeune alors.

LA MARQUISE.

Vous le serez toujours.

LE DUC.

C'est pour que je vous en dise autant, railleuse !

Le duc

LA MARQUISE.
Non-seulement cela, mais je prétends ne jamais mourir.
LE DUC.
Je crois bien ! qui est-ce qui meurt ?
LA MARQUISE.
Ah ! ce pauvre chevalier pourtant !... Savez-vous que, depuis cinq ans, je n'ai pas passé un seul anniversaire de ce singulier mariage sans penser à lui ?
LE DUC.
Femme sensible ! vous avez pensé à lui *à tout le moins une fois l'an ?*
LA MARQUISE.
Et je n'ai jamais passé un anniversaire du jour où j'ai appris sa mort sans faire dire une messe pour le repos de son âme.
LE DUC.
Bonne tante ! cela fait cinq messes ! Et Julie, combien de pensées a-t-elle eues pour lui ? combien de messes a-t-elle fait dire ?
LA MARQUISE.
Julie ! elle a donné le jour à cinq enfants.

LE DUC.
C'est beaucoup trop ! (*Prenant du tabac.*) Heureusement il y en a quatre de morts.
LA MARQUISE.
Pauvres enfants ! Tenez, duc, Julie est un modèle d'amour conjugal ; mais il semble que cela l'ait empêchée de bien connaître l'amour maternel. Moi, je pleure encore mon neveu.
LE DUC.
Quand vous y pensez ?
LA MARQUISE, *babillant toujours sans faire attention aux sarcasmes du duc.*
Et elle, il semble qu'elle ait oublié les siens comme s'ils n'avaient jamais existé. Vraiment elle n'aime au monde que M. Bourset.
LE DUC, *ironiquement.*
Ah ! c'est bien naturel !
LA MARQUISE.
N'en riez pas ; c'est incroyable comme cet homme-là s'est décrassé depuis son mariage.
LE DUC.
Je crois bien, il a usé beaucoup de savon !

George Freeman.

LA MARQUISE.
De savonnette à vilain, vous voulez dire? car le voilà comte décidément. Samuel Bourset, comte de Puymonfort! Quel drôle de temps que celui-ci! Enfin, c'est un homme qui a du savoir-faire que mon gendre, n'en dites pas de mal!

LE DUC.
Je n'en dis pas de mal, chère marquise; c'est un homme habile et probe en même temps. Sa réputation est bien établie, et votre fille a fait sagement de l'épouser, quoiqu'il ne soit pas aimable.

LA MARQUISE.
Oh! c'est que Julie est sage, trop sage peut-être!

LE DUC.
Plus sage que vous ne l'étiez à son âge, *mon cœur!*

LA MARQUISE, *ironiquement.*
Et plus que vous ne souhaiteriez.

LE DUC.
Vous plaît-il de vous faire comprendre?

LA MARQUISE.
Ah! vous comprenez de reste, perfide! (*Riant.*) Vieux enfant, je sais de vos folies! Julie m'a tout conté.

LE DUC.
Eh bien! ça n'a pas dû lui coûter beaucoup de peine.

LA MARQUISE.
Elle en riait aux larmes, et moi aussi. Ah çà! vous êtes donc devenu tout à fait fou de vouloir en conter à ma fille?

LE DUC.
Votre fille est une coquette.

LA MARQUISE.
Et vous un fat. (*Elle rit.*)

LE DUC.
Ah! vous voilà jalouse? Il est temps de vous y prendre.

LA MARQUISE.
Vous savez bien que je ne l'ai jamais été; j'aurais eu trop à faire avec vous!

LE DUC.
Cela vous eût donné la peine d'aimer.

LA MARQUISE.
Ah! c'est joli ce que vous dites là! Mais ce n'est pas vrai. Rappelez-vous que quand je fus ruinée par les sottises de mon mari, jeune encore et faite pour briller, je me retirai du monde sans dépit et sans tristesse, et que

j'allai passer les longues années du veuvage dans mon petit hôtel du Marais, bien pauvre, bien oubliée, excepté de vous, *mon bon!* et toujours aussi gaie, aussi heureuse qu'au temps de ma splendeur. Pourtant Julie s'ennuyait là bien mortellement, enviait toutes les jeunes filles qui faisaient de grands mariages, et, tout en se croyant éprise de son cousin, s'inquiétait souvent de son peu de fortune. Enfin, la meilleure preuve qu'elle est plus calculatrice que moi, c'est qu'au lieu de se trouver malheureuse avec ce Samuel, dont la seule vue m'eût fait mourir de dégoût il y a quarante ans, elle fait bon ménage avec lui, s'attife du matin au soir, embellit au lieu de vieillir, et n'a point d'amants!

LE DUC.

Le fait est que, pour ma part, je l'ai trouvée d'une rigueur!...

LA MARQUISE.

Ah! si c'était la seule preuve!

LE DUC.

Eh! vous n'eussiez pas dit cela il y a quarante ans!

LA MARQUISE.

Oh! c'est qu'alors vous étiez charmant!

LE DUC, *lui baisant la main.*

Et vous adorable! (*lui offrant du tabac*) il y a quarante ans!

LA MARQUISE, *prenant du tabac avec beaucoup de grâce et de propreté.*

Tâchez de ne pas séduire ma fille, entendez-vous, vieux libertin?

LE DUC.

Je tâcherai, au contraire! Pourtant je crains d'avoir aujourd'hui un rival redoutable dans la personne du philosophe.

LA MARQUISE.

Quel philosophe?

LE DUC.

Vous savez bien que c'est aujourd'hui que le fameux George Freeman fait son entrée ici?

LA MARQUISE.

Qu'est-ce donc que ce fameux George Freeman? Est-ce encore un de ces grands hommes du jour dont personne n'a jamais entendu parler? Je ne suis pas initiée à sa célébrité.

LE DUC.

Eh bien! vous ne serez pas fâchée de l'être. Ce n'est pas un charlatan comme tous vos *Mississipiens.*

LA MARQUISE.

Qu'appelez-vous *Mississipiens?* J'entends parler de cela depuis quelques jours sans y rien comprendre.

LE DUC.

Ah çà! vous ne savez donc rien au monde? Vous savez au moins que votre gendre est un des principaux agents de la grande affaire du Mississipi?

LA MARQUISE.

Je sais fort bien qu'il est dans la nouvelle société en commandite qui se charge de fouiller dans le Mississipi et d'en retirer de l'or en barres; mais je n'avais jamais ouï dire auparavant que l'or se trouvât de la sorte, et qu'il n'y eût qu'à se baisser pour en prendre.

LE DUC.

Il paraît cependant que nous allons en avoir à jeter par les fenêtres. Il y a, dit-on, des mines d'or à la Louisiane. On ne les a pas encore trouvées, mais Law assure qu'on les trouvera; et, en attendant, on en met le produit en actions, et on spécule sur les profits de l'affaire pour payer les dépenses.

LA MARQUISE.

Et si on ne trouve rien?

LE DUC.

Les actionnaires seront ruinés; et on tâchera d'inventer quelque autre chose pour les consoler.

LA MARQUISE.

Mais Bourset ne donne pas dans ces folies?

LE DUC.

Il y donne si bien qu'il a pris pour un million d'actions.

LA MARQUISE.

En ce cas, l'affaire n'est pas si mauvaise que vous croyez. Law est-il vraiment là dedans?

LE DUC.

C'est lui qui a imaginé cela pour faciliter l'émission de son papier-monnaie.

LA MARQUISE.

Mais, mon Dieu! il nous ruinera avec de pareilles bourdes!

LE DUC.

Voilà les femmes! il y a un instant vous étiez aussi sûre de lui que de votre existence; et au premier mot que je vous dis de l'air, moi qui ne connais goutte à ces sortes d'entreprises (qui diable y comprendrait?), vous voilà épouvantée et prête à accuser Law lui-même de mauvaise foi.

LA MARQUISE.

Mais que dites-vous?

LE DUC.

Je dis que, s'il n'y a pas de mines, peu importe, car Law trouvera la pierre philosophale. N'est-ce pas un magicien, un prestidigitateur, un dieu? Je ne raille pas; c'est un habile homme, qui a fait des miracles et qui en fera encore.

LA MARQUISE.

Et ce George Free... Free... Comment l'appelez-vous?

LE DUC.

Freeman; ce qui veut dire *homme libre.*

LA MARQUISE.

Eh bien! qu'est-ce que c'est que ça?

LE DUC.

Un homme libre? ah! c'est un animal bien étrange, et tel qu'il ne s'en est jamais vu dans ce pays-ci. L'individu en question est une sorte de quaker habillé de brun à l'américaine, allant à pied, parlant peu et bien, ne disant et ne faisant jamais rien d'inutile, si ce n'est de prêcher la réforme des fous et la probité à des fripons. Homme distingué d'ailleurs, doué d'un langage élevé, d'un grand sens à beaucoup d'égards, et, je le crois, un galant homme en tout point; mais fort original, rêvant et publiant sur la liberté les choses du monde les plus extraordinaires. Et puis le bon Daguesseau l'a pris en grande considération, parce qu'il est fortement opposé au système de Law. Mais cela ne choque personne; d'Argenson le tolère, Law le réfute, le régent s'en amuse. Enfin, il plaît à tout le monde, et vous le verrez aujourd'hui.

LA MARQUISE.

Ah! j'en suis fort curieuse maintenant. J'aurais été fâchée de mourir sans avoir vu un homme sérieux dans ma vie. Et, dites-moi, est-il jeune, est-il beau?

LE DUC.

Il ne montre guère plus d'une trentaine d'années, peut-être a-t-il trente-cinq; mais il est fort bien, et Julie, qui est diablement curieuse de le voir, a envoyé coucher sa fille, sous prétexte de rhume, quoique la petite ne tousse pas plus que moi.

LA MARQUISE.

Que dites-vous là? Vous êtes un méchant!

LE DUC.

Que voulez-vous! On a beau être jeune et belle, on n'aime pas à avoir une fille de quinze ans à ses côtés!...

LA MARQUISE.

Allons! vous avez du dépit contre Julie, ce n'est pas bien! (*Ils sortent en causant.*)

SCÈNE II.

GEORGE FREEMAN. *Costume philosophique, cheveux noirs séparés sur le front et peignés naturellement, habit brun uni sans broderie, épée à poignée d'acier; une simplicité dans les manières qui contraste avec le ton du jour; figure pâle et mélancolique.*

C'est donc ici?... Partout de l'ostentation et de la prodigalité, jusque dans cette décoration d'un jour! C'est

ici que je la reverrai! Me reconnaîtra-t-elle?... Et moi, moi! la reconnaîtrai-je? Mon cœur est accablé de tristesse, mais il n'est pas agité. Il me semble que l'être que j'ai aimé n'existe plus. De même que l'être que j'ai été s'est effacé comme un rêve dans le passé!
(*Il s'assied sur les gradins de l'orchestre.*)

SCÈNE III.

LOUISE, LUCETTE. *Louise est habillée en villageoise comme Lucette ; elles entrent sans voir George.*

LUCETTE.
Comme vous trottez vite dans ces habillements-là! Convenez, mam'selle, qu'on est bien mieux à l'aise que dans vos belles robes de damas, et qu'on se sent toute dégagée pour courir. Mais comme vous êtes *brave* là-dessous! ça vous va comme des plumes à un oiseau ; on dirait que vous n'avez jamais été autrement!

LOUISE.
N'est-ce pas qu'il est impossible de me reconnaître?

LUCETTE.
Je ne vous reconnais pas moi-même. Qui êtes-vous donc, *jeunesse?* Je ne vous connais point ; vous n'êtes donc pas d'ici?

LOUISE, *l'imitant.*
J'suis d' la Bourgogne, dame! j' m'appelle... attendez! j' m'appelle... Jacqueline.

LUCETTE.
Oh! comme vous dites bien ça! Vrai, d'honneur! votre maman vous parlerait qu'elle ne vous reconnaîtrait point!

LOUISE, *tressaillant.*
Maman! ah! ne m'en parle pas! Quand j'y pense la peur me prend, et toute ma gaieté s'en va.

GEORGE, *à part.*
C'est singulier! quelle est donc cette jeune fille?
(*Il l'examine avec attention.*)

LUCETTE.
N'ayez point peur, Mam'selle ; elle vous croit bien enfermée dans votre chambre. Est-ce qu'elle pourrait s'imaginer que j'ai été quérir l'échelle avec quoi mon père taille ses espaliers? Et puis y aura tant de monde! dame! nous n'irons pas nous mettre au premier rang. Nous nous cacherons comme ça dans la foule du monde ; ou bien, tenez, nous monterons là-haut, tout en haut des échafauds, derrière la musique. C'est là que j'étais l'an dernier. C'est la meilleure place, et personne ne vous ira chercher par là. Tenez! Venez voir comme on y est bien perché. (*Louise veut suivre Lucette, qui grimpe sur les échafauds, mais elles se trouvent face à face avec George et s'arrêtent.*)
Ah! mon Dieu! Mam'selle, v'là un homme qui nous regarde drôlement.

LOUISE.
Voyons s'il nous connaît. Bonjour, mon brave homme : que demandez-vous?

GEORGE.
Vous ne m'offensez pas en me prenant pour un artisan, j'en ai presque l'habit ; mais moi, je vous offenserais sans doute en vous prenant pour une villageoise!

LOUISE.
Oh! mon Dieu, pas du tout. Je voudrais bien l'être toujours. Mais, puisque vous voyez que je suis déguisée, ne me trahissez pas, je vous en prie.

GEORGE.
Il me serait bien difficile de vous trahir, puisque je ne vous connais pas.

LUCETTE.
Ah! Monsieur, c'est égal. Vous pourriez quelque jour voir mademoiselle Louise de Puymonfort, la fille de M. le comte Bourset, et dire comme ça devant madame ou devant monsieur : « Tiens! voilà cette petite paysanne que j'ai vue à la fête!... » Il ne faudra rien dire, entendez-vous, Monsieur? Ça nous ferait de fâcheuses affaires, da.

GEORGE, *regardant Louise fixement.*
Ainsi, vous êtes leur fille?

LOUISE, *bas à Lucette.*
Comme il me regarde!

LUCETTE.
Dame! c'est bien le cas de dire : il vous regarde comme queuque-z'un qui ne vous a jamais vue.

GEORGE, *à part.*
Comment faire connaissance avec elle? La gronder. C'est un moyen... avec les enfants. (*Haut à Lucette.*) Si c'est vous qui avez conseillé à mademoiselle de Puymonfort de désobéir à sa mère, et de se mêler à la foule qui va venir ici, sans autre mentor que vous, vous avez commis une grande faute ; et vous mériteriez que je fisse renvoyer pour ce fait-là, comme une petite soubrette de mauvaise tête et de mauvais conseil que vous êtes.

LUCETTE, *toute fâchée.*
Eh! voyez-vous comme me traite ce monsieur-là! Vrai, que je ne le connais ni d'Ève ni d'Adam, et qu'il n'est jamais venu au château. On voit ben que vous n'êtes point fréquentier de la maison ; car vous sauriez que je suis point fille de chambre, mais que je suis Lucette, la fille au jardinier, la petite-fille au vieux Deschamps, à qui M. le duc fait une pension, et la sœur de lait à mam'selle Louise, qui pis est ; et si vous dites du mal de moi, on ne vous croira point.

LOUISE, *souriant.*
Mais si tu prends soin de l'informer de tout ce qui nous concerne, il n'aura pas grand'peine à nous trahir. Allons, tais-toi! (*A George.*) Monsieur, excusez-la, et quoi qu'il arrive, que vous connaissiez ou non mes parents, ne la faites pas gronder : c'est moi qui mérite tout le blâme, et je vous remercie de la leçon que vous venez de me donner.

GEORGE, *lui prenant la main avec vivacité.*
Ah! croyez, Mademoiselle, que j'ai quelque droit à vous avertir et à vous protéger... (*Se contenant*), car mes intentions sont bonnes, et vous m'inspirez autant d'intérêt que de respect.

LOUISE, *tristement.*
C'est donc la première fois de ma vie que j'inspire ces sentiments-là!... Je vous en remercie.

GEORGE, *ému.*
Que dites-vous?... N'avez-vous pas une mère?
(*Louise baisse la tête.*)

LUCETTE.
Oh! si celle-là aime ses enfants, j'irai le dire à Rome. Elle aime son mari, voilà tout ce qu'elle aime ; et elle a raison, car c'est un brave et digne homme qui veut le bien à tout le monde. Mais elle a tort de haïr sa fille... car enfin mam'selle Louise est bonne, et n'y a rien de bon au monde comme mam'selle Louise. Vous voyez bien, Monsieur? vous lui faites des remontrances, et elle vous remercie. Quand on prend les gens par la douceur, à la bonne heure! mais quand on les déteste sans qu'ils sachent seulement pourquoi...

LOUISE, *qui a essayé en vain plusieurs fois de faire taire Lucette, l'interrompt enfin en lui mettant la main sur la bouche.*
Taisez-vous, Lucette. Oh! fi! ce que vous dites là est affreux.

GEORGE, *à Louise, d'un ton affectueux.*
Vous avez raison ; ne laissez jamais parler ainsi devant vous de votre mère, cela doit vous faire bien du mal.

LOUISE.
Vous n'avez rien entendu, Monsieur ; d'ailleurs elle a menti.

GEORGE.
Ne craignez rien de moi ; mais craignez que votre présence à la fête sous ce déguisement n'inspire à tout le monde les mêmes idées qu'à cette jeune folle ; car espérer qu'on ne vous reconnaîtra pas est un rêve d'enfant : il suffira d'une seule personne...

LOUISE.
Eh bien! vous avez raison : je n'avais songé, en écou-

tant le conseil de Lucette, qu'au danger d'être grondée, punie, et celui-là je le bravais; mais celui de faire penser mal de maman, vous m'y faites songer, et je m'en vais... Adieu, Monsieur!

LUCETTE, *avec un gros soupir.*
Adieu, Monsieur!

GEORGE.
Vous teniez donc bien toutes les deux à voir cette fête? ne devez-vous pas être rassasiées de ces sortes de spectacles, au milieu du luxe qui règne autour de vous?

LUCETTE.
Oh bien, oui! nous n'en jouissons guère! Dès qu'on s'amuse, on nous renvoie; dès que nous avons envie de nous amuser, on nous enferme.

LOUISE.
N'écoutez pas ce qu'elle dit, et ne croyez pas que j'aie aucun regret à ces plaisirs. J'en suis dégoûtée sans les avoir connus, car je sais ce qu'ils coûtent de fatigues à ceux qui les préparent; mais j'avais une idée aujourd'hui, une idée sérieuse, je vous assure, en venant ici.

GEORGE.
Dites-la-moi.

LUCETTE, *à part.*
Oh! qu'il est sans façons! il fait comme ça le vertueux, mais je suis sûre que c'est un *Tartufle*; ça m'a tout l'air d'un prêtre déguisé!

LOUISE, *après avoir hésité un instant.*
Je veux bien vous la dire; pourquoi pas? je voulais voir une personne!...

GEORGE, *souriant.*
Ah! c'est différent. (*A part.*) Je commence à comprendre.

LUCETTE.
Bah! ça n'est pas du tout comme vous vous imaginez; nous voulions voir... comment s'appelle-t-il donc, mam'selle, celui que nous voulions voir?

LOUISE, *à George.*
Peut-être le connaissez-vous : le philosophe, l'Américain,... celui qui a fait du bien à la Louisiane, et qui a publié des écrits contre l'esclavage?... Moi, j'en ai lu un de ces écrits, et c'est le seule fois que j'aie lu quelque chose de sérieux. Pourtant je l'ai compris; du moins, il me semble, car j'ai pensé, pour la première fois, qu'il y avait bien des misères dans ce monde, des infortunes dignes de pitié, et des richesses dignes de mépris. Je ne savais pas ces choses-là; eh bien! c'est le livre de George Freeman qui me les a apprises.

GEORGE.
George Freeman?

LOUISE.
Ah! vous le connaissez? que vous êtes heureux!

LUCETTE.
Vous lui direz bien des choses de not' part. Moi aussi, j'en ai lu de son livre, car je sais lire; c'est mam'selle Louise qui m'a enseigné, et j'ai compris deux ou trois lignes par-ci par-là, qui sont, ma fine, bien tapées.

GEORGE, *à Louise.*
Eh bien! puisque vous ressentez quelque sympathie pour ce George Freeman, si vous voulez bien le permettre, je vous le présenterai quelque jour devant vos parents.

LOUISE.
Il n'y faut pas songer; maman ne veut pas qu'on me voie, encore moins lui qu'un autre.

GEORGE.
Et pourquoi donc?

LOUISE, *ingénument.*
Ah! je ne sais pas!

LUCETTE, *passant de l'autre côté de George, et lui parlant bas.*
Parce qu'on dit comme ça qu'il est bel homme, et que madame a peur qu'il ne s'amourache de sa fille, au lieu de s'amouracher d'elle.

LOUISE.
Allons! n'y pensons plus!, vous lui direz seulement qu'il y a une petite fille qui... Non! ne lui dites rien, que lui importe?

GEORGE, *ému.*
Dites toujours, je ne le lui redirai pas.

LOUISE.
Eh bien! je voulais dire qu'il y a une petite fille qui peut-être ira passer le reste de ses jours dans un couvent, car tous les autres hommes lui paraissent fous ou méchants. Adieu, Monsieur!

GEORGE, *ému.*
Un mot encore! un instant! personne ne vient!

LUCETTE.
Si fait, voilà justement M. le comte dans la grande allée avec du monde! Eh vite! mam'selle Louise par ici!...

LOUISE.
Par ici! il en vient encore.

LUCETTE.
En ce cas, par là! sous l'estrade! Tenez, c'est creux, sous ce rideau!

LOUISE, *revenant sur ses pas.*
O mon Dieu! maman! Ah! je suis perdue si elle me voit! (*Elle se cache sous l'estrade avec Lucette.*)

GEORGE.
Comme elle la craint! Oh! la peur règne donc toujours ici!... Que vois-je?... (*Il hésite un instant, puis fait un effort et se décide à passer auprès de Julie, qui ne fait pas attention à lui. Il disparaît parmi les arbres.*)

SCÈNE IV.

JULIE, *toujours belle et parée, suivie de plusieurs dames.*

UNE DAME.
Voyez, madame la comtesse, il ne tiendrait qu'à vous! Si vous aviez la bonté de dire seulement quelques mots pour moi à M. de Puymonfort...

JULIE.
Pardon, madame la marquise; mais en vérité vous auriez en moi un faible avocat. Mon mari ne me permet pas de lui parler d'affaires.

UNE AUTRE DAME.
Madame de Puymonfort plaisante. On sait que son mari est à ses pieds : et le moyen d'en douter, quand on la voit!

UNE AUTRE.
Ah! duchesse! nous ne savons que trop qu'il l'adore, car il est invulnérable à toutes nos attaques; et si, nous autres femmes, nous venons solliciter madame, ce qui n'est pas dans l'ordre, à coup sûr, c'est en désespoir de cause. N'est-ce pas, madame la présidente?

LA PRÉSIDENTE.
Aussi madame abuse de sa supériorité et nous traite en vaincues.

JULIE.
Oh! Mesdames, vous m'accablez de vos épigrammes. Mais que puis-je faire? Mon mari m'avait fait cadeau de quelques-unes de ces actions pour ma toilette; je vous les ai sacrifiées; à présent, je n'ai plus rien, adressez-vous à lui. Tenez, le voici!

(*Samuel Bourset s'approche, suivi du duc et de plusieurs gentilshommes.*)

TOUTES LES DAMES, *s'élançant vers lui.*
Ah! monsieur de Puymonfort!

(*Elles lui parlent toutes à la fois.*)

SCÈNE V.

BOURSET, *avec le duc, les précédents.*

Pardon! mille pardons, Mesdames! Je suis désolé, mais je ne puis pas vous entendre toutes à la fois. (*Aux autres personnages.*) Je ne puis absolument plus rien pour vous, Messieurs. J'ai renoncé à tous mes bénéfices dans cette affaire pour vous être agréable. Si vous voulez vous adresser à M. Law, peut-être sera-t-il plus heureux. Je viens de voir passer sa voiture.

TOUS ENSEMBLE.

Ah! M. Law!

JULIE.

Je vais le recevoir. (*Elle s'éloigne ; tout le monde la suit, excepté le duc et Samuel Bourset.*)

LE DUC.

Vous n'allez pas au-devant du contrôleur général ?

BOURSET.

Il n'arrivera que dans deux heures ; c'est moi qui ai imaginé cet expédient pour me délivrer de leurs importunités.

LE DUC.

Ah! quelle rage les possède! Savez-vous, mon cher comte...

BOURSET.

Ah! monsieur le duc, de grâce, appelez-moi Bourset dans l'intimité. Si j'ai acquis un titre, c'est, vous le savez, par amour pour Julie, afin qu'elle n'eût pas à rougir de notre union ; mais au fond, moi, je ne rougis pas de mon nom ; je l'ai porté quarante ans avec honneur.

LE DUC.

Aussi vous a-t-il porté bonheur de son côté, mon cher Bourset !

BOURSET.

Et j'espère qu'il m'en portera encore plus par la suite. Cette affaire de la Louisiane s'annonce sous des auspices magnifiques.

LE DUC.

Êtes-vous bien sûr de celle-là ?

BOURSET.

J'y ai mis tout ce que je possède.

LE DUC.

En vérité ?

BOURSET.

Et j'y aurais mis la France tout entière, si la France m'eût appartenu.

LE DUC.

Peste! mais on dit que le régent la jette en effet dans ce gouffre.

BOURSET.

Dites plutôt, monsieur le duc, que la France s'y jette d'elle-même et y entraîne le régent.

LE DUC.

Et, en votre âme et conscience, Bourset, vous ne pensez pas que la France et le régent fassent de compagnie la plus grande sottise du monde ?

BOURSET.

Pourquoi essaierais-je de vous démontrer le contraire, mon cher duc? Vous me paraissez incrédule ; mais c'est le propre des grandes vérités de pouvoir être repoussées sans périr et de triompher malgré tout.

LE DUC.

Je ne suis pas incrédule, mon cher ; je suis curieux, incertain.

BOURSET.

Mais vous n'êtes pas séduit! Vous êtes sans ambition, vous, monsieur le duc. Vous avez une moquerie spirituelle et philosophique pour cette soif de l'or dont les autres grands seigneurs se laissent voir indécemment dévorés !...

LE DUC.

Si vous parlez vous-même en philosophe, Bourset, dites-moi donc pourquoi vous êtes dans les affaires ?

BOURSET.

J'y suis pour le salut et l'honneur de la France, monsieur le duc. Le régent est un grand prince, qui veut préserver la nation d'une ruine imminente, et l'État de la tache ineffaçable d'une banqueroute. Il y parviendra, n'en doutez pas, car il a confié le sort de la France à la science d'hommes habiles, à Law, à d'Argenson ; et ceux-ci ont appelé à leur aide les ressources et le dévouement des hommes riches, Samuel Bernard, Samuel Bourset et d'autres encore.

LE DUC.

C'est un beau mouvement de votre part ; mais il est peut-être plus généreux que sage... et ceux que vous entraînez dans cette affaire, plus cupides que généreux, seront sans doute fort dégrisés s'ils en retirent de l'honneur au lieu d'argent.

BOURSET.

Ils ont une garantie, monsieur le duc : c'est l'honneur et l'argent de ces mêmes banquiers qui font appel à leur confiance.

LE DUC.

Mais enfin, mon ami, si vous êtes ruinés vous-mêmes ?...

BOURSET.

Si nous y perdons la fortune et l'honneur, monsieur le duc, il ne nous restera que la vie, et le peuple en fureur nous la prendra en revanche de ses déceptions. Quant à moi, je suis prêt, et je vous l'ai dit déjà souvent, un semblable martyre vaut bien tous ceux qu'on a affrontés et subis jusqu'ici pour des querelles de religion.

LE DUC, *ému*.

C'est beau, c'est très-beau, ce que vous dites là, mon pauvre Bourset, et j'ai parfois envie de me risquer aussi, le diable m'emporte !

BOURSET.

Vous, monsieur le duc? je ne vous le conseille pas.

LE DUC.

Et pourquoi?

BOURSET.

A votre âge on a besoin de repos, on a suffisamment rempli sa tâche en ce monde.

LE DUC.

Eh! vous me faites bien vieux ! je ne me sens pas encore cacochyme.

BOURSET.

Oh! je le sais ; mais je veux dire que vous avez servi l'État d'une manière assez brillante dans les guerres du feu roi pour avoir droit à une vieillesse tranquille. Vous irez loin si vous vous conservez calme et dispos ; mais craignez les émotions du grand jeu des spéculations ; elles vous vieilliraient plus que les années.

LE DUC.

Vous raillez ; je suis de force à supporter toute sorte d'émotions. Vous croyez l'affaire sûre ?

BOURSET.

Bah ! il vaut mieux de petites affaires sans soucis que de grandes avec des craintes. Tenez-vous tranquille.

LE DUC.

Plus vous voulez me décourager, plus j'ai envie de tenter le sort.

BOURSET, *à part*.

Hem ! je le sais bien. (*Haut.*) Mais quel besoin avez-vous de cela ? vous êtes riche ?

LE DUC.

Eh bien ! non, je vous le confie, Bourset, je suis ruiné. J'ai fait quelques folies, j'ai été tantôt dupe de mes mauvaises passions, tantôt de mon bon cœur ; bref, il ne me reste pas plus de deux millions à l'heure qu'il est, et j'ai envie de vous en confier un pour voir si je le doublerai.

BOURSET.

Ah ! vous ne le doublerez pas avant six mois, je vous le déclare.

LE DUC.

Pas avant six mois ! mais si ce n'était même que dans un an, ce serait magnifique.

BOURSET.

Oh ! dans un an, ce serait misérable. Si vous vous donnez la peine d'attendre tout ce temps, il vous faudra tripler tout au moins.

LE DUC.

Comme il y va ! Voyons, Bourset, vous êtes mon ami avant tout, n'est-ce pas ? Que me conseillez-vous?

BOURSET.

De vivre de peu et avec économie : c'est encore le plus sûr moyen d'être heureux.

LE DUC.

Allons, je vois que vous n'avez pas envie de m'obliger. Vous n'avez plus d'actions pour moi ?

BOURSET.
Il est vrai que j'en ai réservé pour quinze cent mille francs au duc de la F...

LE DUC.
Vous m'en céderez pour un million. Le duc a déjà gagné immensément, et ce n'est pas juste. Allons, traitez-moi en ami.

BOURSET.
Je ne puis. Jusqu'ici je me suis imposé la loi de ne délivrer d'actions à mes amis qu'en leur donnant une caution sur ma propre fortune, et je n'ai plus un coin de propriété au soleil qui soit libre d'hypothèque.

LE DUC.
Et le duc vous confie ses fonds sans hypothèque, lui si âpre au gain, si méfiant au jeu?

BOURSET.
Il connaît les affaires, lui; il sait qu'il joue à coup sûr.

LE DUC.
Eh bien! laissez-moi faire le coup à sa place.

BOURSET.
Non, ne le faites pas. Si les choses n'allaient pas tout d'abord à votre gré, vous me feriez des reproches, et des reproches de votre part me seraient trop sensibles. Il n'est rien de plus sérieux au monde que de faire des affaires avec des gens qui ne les comprennent pas, qui pour un rien prennent l'alarme, croyant tout perdu, et vous font tout manquer au plus beau moment.

LE DUC.
Mais enfin je ne suis pas si borné qu'avec un peu d'étude et d'attention je ne puisse comprendre les affaires aussi, moi! que diable! Je ne vois pas que la F... soit un homme si habile. D'où cela lui serait-il venu? Voyons, Bourset, cédez-moi son action, ou je vous jure que j'y verrai de votre part une mauvaise volonté, mortelle à notre amitié.

BOURSET.
Si vous le prenez ainsi, je cède; mais je voudrais vous donner une hypothèque, et en vérité... je ne sais plus... (*Il rêve*.)

LE DUC, *à part*.
Ah! je sais bien celle que je demanderais si sa femme était moins bégueule!

BOURSET, *comme frappé d'une idée subite*.
Tenez, monsieur le duc, il me vient une idée qui vous paraîtra singulière au premier abord, mais qui m'est suggérée par un fait récent dont vous avez certainement connaissance. Je veux parler du traité conclu dernièrement entre le marquis d'Oyse, âgé de trente-trois ans, et la fille d'André le capitaliste, âgée de trois ans, à condition que le mariage aurait lieu lorsqu'elle en aurait douze.

LE DUC.
C'est un des traits les plus caractéristiques du temps bizarre où nous vivons. Mais qu'en voulez-vous conclure?

BOURSET.
Qu'un père qui s'est engagé à vendre sa fille d'avance à un noble pour des titres, et un noble qui s'est engagé à vendre l'appui de son nom à un traitant pour de l'argent, font tous deux un assez vulgaire échange. Mais qu'un père qui, pour caution, offrirait la main de sa fille à un ami dans un engagement d'honneur, et un ami qui l'accepterait avec la pensée que le bonheur domestique vaut bien un ou deux millions, feraient une affaire assez neuve, assez piquante, que les sots railleraient peut-être, mais que les bons esprits appelleraient chevaleresque. Que vous en semble?

LE DUC.
Parbleu! l'idée est étrange, ingénieuse, gracieuse au dernier point. (*A part*.) Où diable ce Bourset prend-il tout l'esprit qu'il a? Mais si c'était un piège? Je prendrai mes sûretés. (*Haut*.) Bourset vous êtes un homme admirable en expédients, et le vôtre me plaît. Vous aurez mon million, et dans un an j'aurai fait fortune ou j'épouserai votre fille.

BOURSET.
Oui, si je ne puis vous restituer votre million.

LE DUC.
Bien entendu! Mais je crois que je vais désirer de le perdre. Nous allons stipuler ces conditions et passer un acte en bonne forme.

BOURSET, *le regardant fixement*.
Le prenez-vous au sérieux?

LE DUC.
Foi de gentilhomme!

BOURSET.
Et moi aussi, foi d'honnête homme. L'acte sera passé; quand voulez-vous? La semaine prochaine?

LE DUC.
Ce soir!

BOURSET.
Vous êtes bien pressé. Mais, mon ami, vos fonds ne sont pas en valeur monnayée?

LE DUC.
Si fait, pardieu! en bons et beaux louis d'or et écus d'argent, chez mon notaire.

BOURSET, *avec affectation*.
Tant pis! Cette vieille monnaie est frappée de discrédit.

LE DUC.
Vous serez bien libre de la convertir en papier, puisque vous aimez mieux votre papier-monnaie.

BOURSET.
Mais vous y perdrez, je vous en avertis.

LE DUC.
Comment! je vous donnerai du métal pour du chiffon, et il faudra encore que je donne du retour?

BOURSET.
Très-certainement! Où en serions-nous, si le papier n'avait pas cette énorme valeur à la fois fictive et réelle!

LE DUC.
C'est merveilleux! Allons, faites!... Voulez-vous que j'opère l'échange, et que je vous paye vos actions en papier?

BOURSET, *avec vivacité*.
Non pas, vraiment! (*Se reprenant*.) Vous y perdriez trop; je me charge de négocier cet échange à moindre préjudice pour vous. Monsieur le duc, nous reparlerons de cette affaire.

LE DUC.
Elle est décidée, j'espère?

BOURSET.
Je n'ai qu'une parole.... Mais nous sommes interrompus.

LE DUC.
J'entends, vous voulez en parler à Julie... Je vous laisse ensemble, et je vais en parler à la marquise. Elle va être, pardieu! bien étonnée! (*A part, en s'éloignant*.) C'est un homme à spéculer sur ses propres entrailles; et sa fille, belle et jeune, doit représenter pour lui une garantie propre à amorcer de plus jeunes que moi. S'il me l'offre, à moi, c'est que l'affaire est bonne.

SCÈNE VI.

BOURSET, JULIE.

JULIE.
Je n'ai rien fait de bon; malgré toute leur avidité, ces femmes sont de fer quand on en vient à négocier. J'espérais tripler la valeur de nos actions; j'ai à peine doublé.

BOURSET.
C'est que vous êtes une sotte. Les femmes ne savent rien faire. Moi, je viens de décupler.

JULIE.
Comment cela?

BOURSET.
Je tiens un actionnaire qui vaut cent pour cent.

JULIE.
Et qui donc?

BOURSET.
Ça ne vous regarde pas... Écoutez seulement ce que j'ai à vous dire. Mais où est votre fille?

JULIE.
Elle est malade.

BOURSET.
Ce n'est pas vrai. Est-elle habillée ?
JULIE.
Je vous assure qu'elle est fort enrhumée : le docteur lui a prescrit de garder la chambre.
BOURSET.
Le docteur est un âne. J'entends qu'à l'instant même Louise soit mise en liberté, parée de sa plus belle robe, bien coiffée, bien jolie, bien gaie ; qu'elle voie la fête et qu'elle soit vue de tous ; qu'elle plaise, qu'elle brille, car il faut que ce soir vingt hommes, et des plus huppés, soient amoureux d'elle et me la demandent en mariage.
JULIE, *effrayée.*
Mais, Monsieur, Louise est trop jeune pour que vous songiez à l'établir.
BOURSET.
Vous vous trompez, elle a quinze ans.
JULIE.
Plus vous la produirez, moins elle plaira. Elle est fort niaise, manque absolument d'usage, et jase avec tout le monde sans discernement.
BOURSET.
Si cela est, c'est votre faute, et je veux qu'à partir d'aujourd'hui elle soit sous la direction de sa grand'mère, qui est une femme d'esprit et saura la former.
JULIE.
Craignez qu'elle n'en sache trop.
BOURSET.
Voilà comme les filles bien nées parlent de leurs mères ; il n'est pas étonnant qu'elles traitent si mal leurs filles.
JULIE.
Vraiment, Monsieur, vous êtes avec moi d'une amertume singulière, et vous reprenez vos anciennes façons bien à propos pour me faire souvenir de l'horreur avec laquelle j'ai contracté un lien indissoluble avec vous, il y a aujourd'hui seize ans.
BOURSET.
Je vous dis, Madame, aujourd'hui comme il y a seize ans, que je veux être obéi, et que je ne vous conseille pas de résister à mes volontés ; voici mon compliment. Maintenant allez chercher votre fille.
JULIE, *à part.*
Oh ! je me vengerai quelque jour !
(*Elle veut s'éloigner. Une troupe de jeunes filles, vêtues de blanc et portant des bouquets, arrivent deux par deux et lui barrent le passage. La plus jeune s'approche et commence à lui débiter son compliment.*)
« Monsieur le comte et madame la comtesse, permettez-nous de vous exprimer en cet heureux jour la joie que nous éprouvons de vous voir donner plus que jamais l'exemple de l'union et des vertus conjugales qui... »
JULIE, *prenant le bouquet.*
C'est bien, c'est bien, mon enfant, on ne vous en demande pas davantage ; c'est très-bien, je vous remercie.
LA PETITE FILLE, *continuant.*
« C'est toujours avec un nouveau plaisir, madame la comtesse et monsieur le comte, que nous fêtons l'anniversaire du jour trois fois heureux qui a uni pour la vie vos tendres cœurs ; car... »
BOURSET, *avec emportement.*
C'est assez ! quand on vous dit que c'est assez ! Gardez cela pour quand il y aura du monde ; vous venez trop tôt.
(*Il s'éloigne d'un côté, Julie de l'autre ; les petites filles, déconcertées, se retirent en désordre.*)

SCÈNE VII.

LOUISE, LUCETTE.

LOUISE, *pâle et tremblante.*
Lucette, va un peu voir s'il ne vient personne par la petite allée, afin que je me sauve par là.
LUCETTE.
J'y vas, Mam'selle. Ah ! Dieu de Dieu ! comme vous allez t'être heureuse d'épouser M. le duc.
(*Elle s'éloigne.*)

LOUISE.
(*George sort des bosquets et la contemple.*)
O mon père ! ô ma mère ! je me plaisais encore à douter de mon isolement en ce monde ; à présent, je ne le puis plus... Haïe, méprisée, livrée comme une vile marchandise dont on trafique... Oh ! mieux vaudrait être morte !
(*Elle s'assied sur les gradins, et cache son visage entre ses mains pour pleurer.*)
GEORGE, *à part, la regardant.*
O corruption ! ô âme dépravée ! femme sans entrailles et sans cœur ! et toi, Samuel, Schylock moderne, il ne te reste plus qu'à tuer tes victimes pour vendre plus aisément leur chair et leur sang ! (*Regardant Louise.*) Malheureuse, innocente créature, que puis-je faire pour toi ? Ma protection ne pourra que te nuire. (*A Louise, qui se lève avec impétuosité. Il l'arrête.*) Où courez-vous ainsi ? Calmez-vous, votre désespoir va vous trahir.
LOUISE.
Oh ! vous êtes là ? Laissez-moi, ne vous occupez plus de moi. Je n'ai plus rien à ménager, car bientôt je n'aurai plus rien à craindre : je vais me tuer.
GEORGE.
Vous tuer ! Vous êtes donc sans foi et sans Dieu, vous aussi ?
LOUISE.
Dieu m'abandonne, je vois que personne ne m'aime, que je n'ai personne à qui me fier ! (*A George, qui la retient.*) Laissez-moi, vous dis-je ; demain matin ils me retrouveront dans la pièce d'eau sous leurs fenêtres ; je ne souffrirai plus... et alors ils me regretteront peut-être ; ce sera la première fois qu'ils m'auront aimée !
O jeune fille ! ne te laisse pas briser par la perversité d'autrui et par ta propre douleur. Il est temps encore de te soustraire à l'horrible contagion qui bientôt peut-être te flétrirait aussi. Il le faut, et je crois qu'ici la main de Dieu me pousse et me trace mon devoir. J'aurai le courage de le remplir, quelque soupçon, quelque blâme qu'il en puisse retomber sur moi par la suite... Écoutez, Louise, voulez-vous avoir confiance en moi ? voulez-vous suivre mon conseil ?
LOUISE.
Et que feriez-vous à ma place ?
GEORGE.
Je fuirais cette maison à l'instant même, et j'irais me cacher dans un couvent.
LOUISE.
Me faire religieuse ? oh ! j'y ai souvent songé, j'y songe tous les jours.
GEORGE.
Non pas vous engager par des vœux téméraires, insensés ; mais vous placer, pour quelques années du moins, sous l'égide de personnes sages, et vous dérober à d'odieuses persécutions, à l'abri d'un asile inviolable.
LOUISE, *vivement.*
Je le veux ! Mais m'accueillera-t-on ? Voudra-t-on me protéger ? A quel titre implorerai-je l'appui des amitiés étrangères ?
GEORGE.
Fiez-vous à moi. Consentez à passer pour ma sœur ou pour ma fille, et ne vous inquiétez pas du reste. Je vous verrai souvent ; je veillerai sur vous.
LOUISE.
Vous !... Mais je ne vous connais pas !
GEORGE.
Vous me connaissez, et vous devez croire en moi : je suis George Freeman.
LOUISE.
George Freeman ! ô mon sauveur ! protégez-moi !
(*Elle va pour s'élancer dans ses bras, puis s'arrête tout à coup.*)
GEORGE.
Hâtons-nous, mon enfant ; si vous voulez fuir, il n'y a pas un instant à perdre.
LOUISE, *passant son bras sous le bras de George.*
Partons. O ma mère ! pourquoi ne m'aimez-vous pas ?

Dieu m'abandonne, je vois que personne ne m'aime. (Page 15.)

GEORGE, *à part.*

O Julie! Julie! (*Ils fuient.*)

LUCETTE, *rentrant tout essoufflée.*

Mam'selle! mam'selle!... vous pouvez venir, il n'y a personne; ils sont tous à la messe... Tiens... où est-elle donc passée?.... Et ce monsieur? Ah! voilà une jolie affaire! ils sont allés à la messe sans moi. Oh! je les rattraperai bien.

(*Elle se met à courir dans la direction contraire à celle qu'ont prise George et Louise.*)

Un cortége rustique, la musique en tête, traverse le jardin et se dirige vers le château. Des jeunes filles vêtues de blanc et voilées, postulantes rosières, marchent en tête avec leurs mères. Des paysans portant des bouquets ferment la marche en criant :

Vive monsieur le comte! vive madame la comtesse!

ACTE DEUXIÈME.

Un riche appartement à Paris, à l'hôtel Bourset. — Un salon donnant sur un jardin de plain-pied.

SCÈNE PREMIÈRE.

LA MARQUISE, JULIE, *en grande toilette de bal toutes deux.*

LA MARQUISE.

Ah! ma fille, vous voilà mise comme un ange et belle à ravir.

JULIE.

Croyez-vous, maman? Il fallait bien faire un peu de toilette. Le bal de notre vieux ami sera, dit-on, d'un grand luxe.

LA MARQUISE.

Ce pauvre duc, il fait des folies pour vous, ma chère! Savez-vous que ce n'est pas bien de tourner la tête à un homme de cet âge-là? Il peut en mourir.

JULIE.

Allons donc, maman, vous raillez; vous savez bien que ce n'est pas de moi qu'il est amoureux.

Ah ! quelle charmante surprise ! mon enfant. (Page 48.)

LA MARQUISE.

De moi, peut-être? Il y a longtemps que je ne fais plus de passion, mon enfant, pas même celle-là. Mais, puisque tu me persifles, je veux te tourmenter un peu à mon tour. Depuis quelque temps tu vas si souvent dans certaines maisons, et si rarement dans les autres, qu'il y a, ce me semble, quelque chose là-dessous. George Freeman ne vous est pas indifférent, Julie !

JULIE.

Cet homme-là ? quel original !

LA MARQUISE.

C'est ce que disent toutes les femmes, et toutes en raffolent.

JULIE.

Vous croyez ?

LA MARQUISE.

Oh ! je m'y connais.

JULIE.

Il est certain qu'on lui fait mille agaceries. Qu'a donc cet Américain de si séduisant ?

LA MARQUISE.

De beaux yeux, de belles paroles, des façons fort étranges, et, par-dessus tout, la réputation d'être invulnérable aux traits de l'amour.

JULIE.

Quelle prétention ! je ne crois guère à cette vertu-là.

LA MARQUISE.

Il me semble, en effet, qu'il ne vous serait pas difficile de la faire broncher.

JULIE.

Je ne m'en mêle pas.

LA MARQUISE.

Coquette, vous vous laissez adorer ! Je l'ai bien observé, moi. Il ne s'approche de vous qu'avec une émotion... et vous ne faites pas un mouvement qu'il ne vous suive des yeux. Au reste, tout le monde l'a remarqué aussi bien que moi.

JULIE.

Oui, plusieurs personnes me l'ont dit ; mais c'est une plaisanterie. Et puis, d'ailleurs, que m'importe ?

LA MARQUISE.

Cela fait toujours plaisir. Un homme devant qui ont échoué les coquetteries de toutes les femmes à la mode, devant qui les plus orgueilleuses se font mignonnes, attentives et raisonnables, et que les gens les plus sérieux

et le plus haut placés écoutent avec intérêt, avec respect même ; un homme sans naissance, sans fortune, qui fait plus d'effet par son mérite que les plus grands seigneurs par leurs titres, et les plus riches traitants par leur luxe... oh ! un tel homme est une conquête difficile, glorieuse, et vous n'y êtes pas indifférente, Julie.
JULIE.
Ah ! je vous assure que je le suis parfaitement.
LA MARQUISE.
Point ! Orgueil ou sympathie, vous êtes émue aussi lorsque vous le voyez.
JULIE.
Il est vrai, quelquefois ; mais vous en savez bien la raison.
LA MARQUISE.
Sa ressemblance avec feu le chevalier ? Il est certain qu'elle me frappe maintenant plus qu'elle n'avait fait d'abord ; mais que vous importe ? Entre nous, Julie, tu ne l'as guère regretté, ton pauvre cousin Léonce, et s'il n'était mort à propos pour se rendre intéressant...
JULIE.
Brisons là, ma mère ; quoi que vous en disiez, ce sujet m'est pénible.
LA MARQUISE.
Eh bien ! parlons d'autre chose. As-tu des nouvelles de Louise ?
JULIE.
Ce sujet m'est plus pénible encore que l'autre.
LA MARQUISE.
Oui, mais il y a cette différence que tu as bien fait dans un sens d'oublier le chevalier, et que tu ferais mal de toutes les façons d'oublier ta fille.
JULIE.
Ma fille ! qui peut croire que je l'oublie ? Elle m'a écrit ce matin encore.
LA MARQUISE.
Ah ! et te dit-elle enfin où elle est ?
JULIE.
Pas plus qu'à l'ordinaire. Elle se dit toujours retirée dans un couvent. Elle me recommande de ne pas être inquiète à son sujet ; mais elle déclare, avec cette petite obstination fâcheuse que vous lui connaissez, qu'elle ne veut ni sortir de sa retraite, ni me la faire connaître.
LA MARQUISE.
Pauvre Louise ! Tout cela est bien étrange ! Qui peut donc lui avoir suggéré une pareille détermination ? Depuis plus d'un an, elle est perdue pour nous, et rien n'a pu nous mettre sur ses traces. Elle se trouvait donc bien malheureuse ici !...
JULIE.
Je ne sais pourquoi vous insistez sur ce sujet si cruellement, ma mère ; pensez-vous donc que mon cœur n'en soit pas déchiré ?
(Elle se jette sur un fauteuil avec une sorte d'irritation nerveuse, et, au bout d'un instant, elle rajuste sa coiffure en se penchant vers une glace. La marquise l'observe et soupire.)

SCÈNE II.

Les Précédents, BOURSET.

JULIE.
Eh bien ! Monsieur, nous sommes prêtes, vous le voyez, et il est dix heures. Partons-nous ?
BOURSET.
Pas encore ; j'attends quelqu'un pour compléter l'éclat de notre entrée chez le duc.
LA MARQUISE.
Qui donc ?
BOURSET.
Devinez !
LA MARQUISE.
George Freeman, peut-être.
BOURSET, haussant les épaules.
Celui-là, je ne m'en occupe guère.
JULIE, à sa mère, et regardant son mari.
Il a un sourire étrange.

LA MARQUISE, bas à Julie.
Bon Dieu ! Léonce lui serait-il apparu ? Nous en parlions tout à l'heure, et on dit que, quand on parle des morts oubliés, cela les fait revenir.
JULIE, bas.
Oh ! maman, quelle triste gaieté vous avez ce soir !
BOURSET.
Je vois bien que vous ne devineriez jamais. Mais tenez... une voiture s'arrête dans la cour : c'est notre revenant... Eh bien ! vous pâlissez toutes deux ?
LA MARQUISE.
Mon Dieu ! qu'as-tu donc ?
JULIE, à part, regardant Bourset qui se frotte les mains.
C'est quelque chose de fâcheux pour moi, il est trop gai.

SCÈNE III.

Les Précédents, LOUISE, en costume de novice bénédictine.

JULIE.
Ma fille !
LA MARQUISE, s'élançant vers Louise, et l'embrassant avec transport.
Ah ! quelle charmante surprise ! ma pauvre enfant !
LOUISE, tombant aux pieds de sa mère.
Ah ! maman, vous n'êtes donc pas malade ? Dieu soit béni ! on m'avait trompée.
JULIE.
Il a donc fallu vous tromper pour vous ramener vers moi, Louise ?
BOURSET.
Tu me le pardonnes, ma Louison ? tu n'es pas fâchée de voir que ta mère se porte bien ?
LOUISE, embrassant son père.
Oh ! mon papa, vous voyez que j'en suis bien heureuse. Maman, embrassez-moi aussi.
JULIE.
Vous m'avez fait bien du mal, ma fille !
BOURSET.
Point de reproches, s'il vous plaît ; ce jour est un jour de bonheur. Louise a eu tort de nous quitter. J'ai fini par découvrir sa retraite, et, grâce à une ruse innocente, je vous la ramène. Elle doit être pardonnée le jour où elle rentre sous le toit paternel.
LA MARQUISE.
Mon Dieu ! que je suis heureuse de la revoir, cette méchante enfant ! Ah ! tu ne nous quitteras plus, j'espère ! Vilaine, est-ce que nous pouvons vivre sans toi ?
LOUISE.
Chère bonne maman ! il faudra pourtant que je rentre ce soir : la règle de mon couvent le prescrit.
LA MARQUISE.
Comment ! la règle de ton couvent ? Est-ce que tu t'es faite religieuse, petite mauvaise tête ? Heureusement je vois que tu as un voile blanc... Voyez comme elle est jolie en novice ! Tout lui sied, c'est juste comme moi quand j'avais son âge.
LOUISE.
Je ne suis encore que postulante, bonne maman.
LA MARQUISE.
Qu'est-ce que c'est que cela, postulante au noviciat ? Mais tu es donc folle, jolie comme tu l'es, de songer à prendre le voile ? Nous ne le souffrirons jamais.
BOURSET.
Nous causerons de tout cela plus tard, s'il vous plaît, Mesdames. Ce n'est pas le moment ; il faut maintenant aller au bal, Louise ; j'exige que vous veniez avec nous, mon enfant.
LOUISE.
Moi, mon père ! Oh ! mais c'est impossible !...
JULIE.
Au bal dans ce costume ? mais cela aurait l'air d'une mascarade !
BOURSET.
Aussi je lui ai fait préparer depuis ce matin, par la

meilleure tailleuse de la cour, la plus jolie parure de bal qui se puisse imaginer. Allez dans votre chambre, Louise, et faites-vous arranger. Hâtez-vous, nous vous attendrons.

LOUISE.

Mon père, je vous en supplie, n'exigez pas que j'aille au bal; je n'ai jamais vu le monde et je n'ai pas envie de le voir... J'y serais si gauche... si contrainte... Maman, priez mon papa de me laisser vous attendre. Je veillerai dans votre chambre, afin de vous embrasser quand vous rentrerez, et au jour je retournerai au couvent pour l'heure de la prière.

JULIE, à Bourset.

En effet, pourquoi contrarier ses idées religieuses! Commencerez-vous, pour la réconcilier avec la maison paternelle, par la contrarier mortellement?

BOURSET *lui jette un regard sévère et se tourne vers sa fille.*

Louise, je vous ai promis de vous écouter et de faire droit à toute chose raisonnable de votre part; mais il me semble que vous devez commencer par condescendre aux désirs de votre père, surtout quand il exige de vous une chose de peu d'importance. Allez, mon enfant; si vous voulez me trouver indulgent, soyez soumise.

LOUISE, *abattue.*

J'obéis, mon père! (*Bourset l'embrasse au front.*)

LA MARQUISE.

Je vais l'aider à sa toilette, et je suis sûre qu'en se voyant bien belle elle prendra son parti devant le miroir.

(*Elles sortent.*)

JULIE, à Bourset.

Je crois que vous prenez un mauvais moyen...

BOURSET, *sèchement.*

Je sais ce que je fais, Madame, et ne veux point ici de résistance à ma volonté. — Allons! ne boudez pas; voici le collier de diamants que vous désiriez tant! (*Il tire un petit écrin de sa poche et le lui présente.*) Mistress Law n'en aura pas un plus beau ce soir... Mais ne le vendez pas, entendez-vous? l'argent devient rare et dangereux. Les diamants sont des valeurs qu'aucun arrêt de confiscation ne peut atteindre.

JULIE.

Que vous êtes aimable d'avoir pensé à ce collier! Mais que parlez-vous d'arrêt?

BOURSET.

D'un arrêt qui sera publié demain matin et qui fera mordre les doigts à bien des gens. Le régent et d'Argenson ont imaginé, pour discréditer entièrement les valeurs monnayées et pour brusquer l'émission du papier-monnaie, dont on commence à se dégoûter d'une manière effrayante, de faire défense à qui que ce soit de garder entre ses mains une somme d'or ou d'argent excédant cinq cents livres, sous peine de la Bastille.

JULIE.

Cela est bon à savoir. Que ferez-vous de vos quatre-vingt mille livres que vous avez reçues tantôt?

BOURSET.

Je les ai déjà échangées contre du papier.

JULIE.

Vous avez fait là une grande sottise. Comment, avec votre habileté, ne voyez-vous pas que ce papier est une grande friponnerie, et va nous ruiner tous? Personne n'en veut déjà plus, l'ignorez-vous?

BOURSET.

Julie! vous vous êtes embarquée sur une mer orageuse le jour où vous avez épousé Samuel et sa fortune. Si c'est une bonne affaire que vous avez faite, il faut en profiter; si c'est une sottise, il faut la boire. (*Il sort.*)

SCÈNE IV.

JULIE, *seule.*

Oh! je l'ai bu tous les jours de ma vie, ce calice amer! et ce bonheur, que par une odieuse ironie le monde feint de m'envier, est un poison qui me dévore! O tortures de l'orgueil brisé! O soif de vengeance qu'une lâche terreur enchaîne! je finirai par t'assouvir! C'est trop souffrir, c'est trop sacrifier à la fausse gloire d'un semblant de bonheur et de vertu! Je veux une fois dans ma vie connaître l'ivresse des passions, et me venger, dans l'ombre et le mystère, des outrages que je reçois dans le secret de ma vie domestique. George! tu m'aimes, je n'en puis douter! Par une intention bizarre de la destinée, tu ressembles au premier, au seul homme que j'aie osé aimer! C'est toi qui vengeras le chevalier! Puisque c'est ma seule représaille que la femme puisse exercer contre la tyrannie de l'homme, j'en goûterai le plaisir terrible! George Freeman, je veux t'aimer! et il me semble que je t'aime déjà.

UN DOMESTIQUE, *annonçant.*

M. George Freeman.

JULIE, à part.

Ah! Dieu le veut!

SCÈNE V.

JULIE, GEORGE. *Ils se saluent avec cérémonie.*

JULIE.

Vous êtes bien rare depuis quelque temps, Monsieur; mais il serait peu gracieux de vous faire des reproches quand vous nous revenez. Il faut vous savoir gré du peu que vous faites pour vos amis.

GEORGE.

Vous me parlez aujourd'hui avec beaucoup de bonté, Madame.

JULIE.

Croyez qu'il m'en coûte pour être aussi bonne, car, franchement, vous ne le méritez guère. Vous avez partout la réputation d'un ingrat.

GEORGE.

Je ne sais comment je l'ai méritée; mais, puisque vous me dites des choses si obligeantes, je vous dirai avec ma franchise accoutumée que je craignais d'être importun.

JULIE.

Mon apparence est donc bien trompeuse? Moi aussi pourtant, j'ai la réputation d'être franche.

GEORGE.

Votre réputation est trop bien établie à tous égards pour que j'ose vous contredire; mais, enfin, ne m'est-il pas permis de croire qu'avec des opinions aussi différentes des vôtres sur bien des points, pour ne pas dire sur tous... je suis accueilli chez vous avec plus de politesse que de bienveillance?

JULIE.

M. de Puymonfort peut être fort poli; quant à moi, je ne pensais pas mériter ce reproche.

GEORGE.

Vous ne sauriez croire, Madame, combien je suis heureux de vous trouver dans ces sentiments. Je désirais précisément avoir l'occasion de détruire les préventions que je vous supposais contre moi.

JULIE.

Des préventions! je vois que votre réputation de franchise est usurpée; vous savez trop que toutes les préventions sont en votre faveur.

GEORGE, *à part.*

Quel changement!... (*Haut.*) Je vous assure, Madame, que je vous supposais quelque éloignement pour moi. Il m'a toujours semblé que ma présence vous causait une impression désagréable.

JULIE.

Désagréable!... oh! non... mais triste, je l'avoue... Une ressemblance inouïe... avec une personne qui n'est plus...

GEORGE.

Je le sais, Madame.

JULIE.

Comment! vous le savez? quelqu'un vous l'a dit?

GEORGE.

D'autres personnes que vous ont remarqué cette ressemblance. Et d'ailleurs j'ai des raisons plus particulières pour savoir combien elle est fidèle.

JULIE.

O mon Dieu! auriez-vous connu?... Oui, en Amérique! cela est possible; vous avez pu rencontrer une personne... qui portait le même nom que moi.

GEORGE.

Le même nom que porte aujourd'hui M. Bourset.

JULIE, *à part, le regardant.*

Il est des instants où je crois que c'est lui-même qui me parle! (*Haut.*) Ainsi vous l'avez connu?

GEORGE.

Intimement, Madame.

JULIE.

Et vous ne m'avez jamais parlé de lui!

GEORGE.

Je pensais que cela vous serait pénible.

JULIE.

Non, au contraire, j'éprouve une curiosité...

GEORGE.

Une *curiosité?...*

JULIE, *à part.*

Comme c'est là son regard! (*Haut.*) Oui, une émotion profonde... Dites-moi, je vous en prie, il a dû se plaindre de moi avec amertume?

GEORGE.

Il ne s'est jamais plaint, Madame, même à son meilleur ami.

JULIE, *le regardant avec attention, et commençant à douter.*

Mais alors comment pouvez-vous savoir?...

GEORGE.

Je sais seulement qu'il a horriblement souffert.

JULIE, *à part.*

Mon Dieu! comme il dit cela! si c'était lui! (*Haut, avec une émotion jouée.*) Pauvre Léonce!

GEORGE, *ironiquement.*

Ah! vous l'avez beaucoup aimé, Madame?...

JULIE, *à part.*

Quel ton étrange! ce ne peut pas être lui. (*Haut, essayant de sourire.*) Est-ce donc lui qui vous l'a confié?

GEORGE.

Il ne s'est jamais vanté, pas plus qu'il ne s'est plaint.

JULIE.

Oh! c'était un honnête homme!...

GEORGE.

Oui, Madame.

JULIE.

Et une belle âme! aussi belle que son visage, qui ressemblait tant au vôtre!

GEORGE.

Le mien doit vous sembler une bien pâle et bien déplaisante copie, Madame.

JULIE, *à part.*

Il en est jaloux! ce n'est pas lui. (*Haut.*) Le vôtre est cent fois plus mâle, plus noble et plus expressif.

GEORGE.

Vous me raillez! Il est impossible qu'un premier amour soit effacé à ce point; quiconque aurait la prétention de vous le faire oublier serait bien présomptueux!

JULIE, *avec coquetterie.*

Vous croyez?...

GEORGE.

Et quiconque en aurait le désir serait bien malheureux!

JULIE, *encore plus coquette.*

En êtes-vous bien sûr?

GEORGE, *ému malgré lui, et avec une amertume qu'il ne peut contenir.*

Le chevalier a pu l'être autrefois, mais ce fut une assurance bien ridicule de sa part, n'est-ce pas, Madame?

JULIE, *à part et bouleversée.*

Du dépit? Ah! grand Dieu! c'est bien lui! (*Haut et se remettant tout de suite.*) Je vois que vous méprisez beaucoup les femmes, monsieur Freeman!

GEORGE, *se reprenant.*

Si j'avais eu quelque raison pour le faire, vous m'eussiez converti, Madame.

JULIE, *à part.*

Ah! tu crains de te trahir, à présent! C'est déjà fait! va

GEORGE.

Vous aurais-je offensée? J'ai eu tort de vous parler du chevalier; je m'étais promis de ne jamais le faire.

JULIE.

Pourquoi donc? C'est un homme dont le souvenir me sera toujours cher, Monsieur. Si je lui ai fait du mal en épousant M. Bourset, j'ai expié cet acte de soumission envers mes parents par de longs regrets et des larmes bien amères. Si je me suis attachée à mon mari, c'est par devoir, non par inclination; mais je suis restée fidèle à la mémoire du chevalier, car je n'ai point eu d'amants. Le monde le sait!

GEORGE, *à part.*

Le monde le dit!

JULIE, *à part.*

Lui inspirer du respect, c'est le plus sûr à présent.

GEORGE, *à part.*

Après tout, elle dit peut-être la vérité. (*Haut.*) Si le chevalier revenait à la vie, il serait touché de vous entendre parler ainsi, Madame.

JULIE.

Si le chevalier revenait à la vie, Monsieur, je ne pourrais plus prétendre à son amour, et je ne voudrais pas, car le devoir a pour les âmes élevées d'austères consolations; mais je me flatte que le chevalier m'estimerait et serait mon meilleur ami.

GEORGE, *ému.*

Je crois aussi que cela serait si vous le vouliez, Madame.

JULIE.

Puisque le sort a tranché le fil de sa vie, je désire du moins que son ami reporte sur moi un peu de cette honnête affection que j'eusse voulu lui faire connaître.

GEORGE.

Oh! Madame, je vous prends au mot avec reconnaissance.

(*Il lui baise la main, puis se promène avec quelque agitation.*)

JULIE, *à part.*

Oh! je te tiens maintenant, et tu m'aimeras toujours, mais, comme par le passé, en pure perte; car un tel lien serait dangereux désormais. La colère et la jalousie se déchaîneraient à la moindre familiarité.

GEORGE, *à part, se promenant dans le salon.*

Oui, je crois qu'elle a conservé des sentiments élevés et que je puis lui parler. Le moment est venu. (*Il se rapproche.*) Madame, puisque vous me traitez avec une si généreuse confiance, j'oserai m'enhardir jusqu'à remettre en vos mains un secret où ma conscience est intéressée et mon honneur engagé.

JULIE.

Parlez, monsieur George, parlez-moi comme à une sœur. (*A part.*) Où veut-il en venir à présent?

GEORGE.

Je veux vous parler de votre fille. Elle n'est point auprès de vous. Le bruit court dans le monde qu'elle s'est retirée au couvent par vocation religieuse. Vous-même vous le croyez peut-être?...

JULIE, *pâlissant.*

A cet égard, monsieur George, je n'ai de comptes à rendre qu'à Dieu, ce me semble!

GEORGE.

Aussi Dieu vous demandera un compte sévère! permettez à un frère de vous le rappeler.

JULIE, *à part.*

Peut-on voir rien de plus pédant! (*Haut.*) Mon cher monsieur Freeman, j'espère que Dieu trouvera mon cœur pur. Voyons, que vouliez-vous dire?

GEORGE.

Si vous vous blessez au premier mot!...

JULIE.

Non, je sais que vous êtes philosophe et que n'agissez comme personne. Dites toujours.

GEORGE.

Vous ignorez où est votre fille... et je présume que vous désirez vivement le savoir.

JULIE, *vivement.*

Le savez-vous donc, vous?

GEORGE.

Oui, et je vous l'apprendrai, quand vous m'aurez promis de veiller sur elle avec un peu plus de sollicitude et d'énergie que vous n'avez fait jusqu'ici.

JULIE.

C'est elle qui s'est plainte de moi à vous?

GEORGE.

Non, c'est moi qui ai observé.

JULIE.

Mais cela est fort singulier! Il y a précisément un an que ma fille est au couvent, et je ne crois pas que vous l'ayez jamais vue auparavant.

GEORGE.

Je l'ai vue il y a un an précisément... un jour que je venais pour me présenter dans votre maison.

JULIE.

Le jour où elle a disparu, peut-être!... C'est vous qui l'avez enlevée?... Oh! elle avait la tête montée pour vous avant de vous avoir vu, je le sais! Avouez donc tout, vous l'avez séduite, dites, Monsieur, dites!

GEORGE.

Séduite! oh! Madame! vous ne m'en croyez pas capable... Mais le hasard... Si vous daignez m'accorder un peu d'attention, je vous conterai tout ce qui s'est passé.

JULIE.

Ah! vous l'avez revue depuis! (*A part.*) Une intrigue où je suis affreusement jouée!...

GEORGE.

Vous êtes trop irritée contre moi dans ce moment...

JULIE, *d'un ton forcé.*

Nullement, Monsieur, nullement!... Mais il me semble si étrange que, me connaissant à peine, vous soyez l'ami et le confident de ma fille!... Je suis sa mère avant tout; et, quelque légère que je semble, quelque philosophe que vous paraissiez, j'ai le droit de trouver fort suspecte une intimité mystérieuse entre ma fille et vous!

GEORGE.

Vous auriez grand tort de suspecter son innocence et ma loyauté.

JULIE.

Ah! de grands mots, je connais cela. Mais il n'est pas moins vrai, Monsieur, que vous faites à mon insu la cour à ma fille. Vous plaira-t-il de me dire où vous l'avez cachée?

GEORGE.

Je venais exprès pour vous l'apprendre; mais, si vous me parlez ainsi, je ne vous dirai rien. Il me semblait que votre premier mouvement serait la joie et l'impatience de la revoir; je ne trouve en vous que froideur pour elle et méfiance envers moi. Je me retire, je vous trouverai peut-être mieux disposée un autre jour.

JULIE.

J'attendrai donc, pour vous écouter, que vous soyez mieux disposé vous-même. Peut-être sentirez-vous que le rôle que vous jouez en ce moment est indigne d'un homme aussi grave et aussi vertueux que vous avez la réputation de l'être. J'espère qu'à notre prochaine entrevue vous me déclarerez nettement vos intentions à l'égard de ma fille... afin que je voie le parti que j'ai à prendre... (*George la salue.*)

JULIE, *à part, lui rendant son salut.*

Ah! ceci ne peut se supporter. Il feignait de m'aimer! Je me vengerai de cet outrage! J'ai été jouée indignement! (*Elle se retire dans ses appartements. George, au moment de passer dans le jardin, voit entrer Louise et s'arrête; Louise est en toilette de bal.*)

GEORGE.

Est-ce un rêve? Vous ici, Louise, et ainsi parée, quand je vous ai laissée sous le voile et derrière la grille du couvent?

LOUISE.

Oh! vous êtes bien étonné, n'est-ce pas, mon ami? Je le suis encore plus que vous, peut-être; moi aussi, je crois rêver. Mais vous venez au bal, à ce que j'ai ouï dire; nous pourrons peut-être nous parler.

GEORGE.

Au bal! au bal chez le duc?

C'est chez le duc? je ne le savais pas. Oh ciel! je ne veux plus y aller; on ne m'y traînera pas de force. Ah! si vous saviez comme on m'a trompée pour m'amener ici! On m'a dit que ma mère était mourante.

GEORGE, *à part.*

Ils ont quelque méchant projet. (*Haut.*) Allez au bal, Louise, je vous y suivrai; je ne vous perdrai pas de vue, soyez tranquille.

LOUISE.

Vous êtes agité, monsieur Freeman! que se passe-t-il donc?

Je ne sais, mais je crains quelque trahison.

LOUISE.

Oh! moi, je ne crains rien, vous êtes près de moi.

GEORGE.

Fiez-vous à moi, mon enfant; mais ne vous fiez pas trop à vous-même. Vous allez au bal; ne craignez-vous pas que l'enivrement de ce premier triomphe que vous allez remporter ne vous réconcilie avec les projets de votre père?

LOUISE.

O mon ami, vous ne le croyez pas! Et d'ailleurs... si vous le craignez... voyez, je puis m'échapper encore, retourner au couvent, et n'en plus jamais sortir.

GEORGE.

Non, Louise; vous savez bien que je vous détourne autant que je le puis de ces idées. Il est temps que vous voyiez le monde, que vous sachiez quels sont ses avantages et ses séductions, et ce que vous devez choisir, d'une vie modeste et pure, ou d'une ivresse d'ambition et de vanité.

LOUISE.

Oh! mon choix sera bientôt fait. Tenez, George, ce n'est pas bien; vous êtes toujours porté à croire que les femmes sont vaines et coquettes; vous me soupçonnez moi-même, comme si vous ne me connaissiez pas, depuis un an que je vous dis toutes mes pensées. Il faut que vous ayez été bien trompé dans vos amitiés pour être si méfiant, même envers moi!

GEORGE.

Chère, excellente enfant! (*A part, avec tristesse.*) Pourquoi suis-je né quinze ans trop tôt!

LOUISE.

O ciel, mon père!... George, ayez l'air de ne me pas connaître.

(*Ils s'éloignent l'un de l'autre précipitamment. Bourset entre et les observe.*)

BOURSET, *à part.*

Julie ne m'a pas trompé : ils s'entendent à merveille. (*Haut.*) Ma fille, votre mère vous demande; allez la trouver.

(*Louise va pour sortir, un domestique se présente avec un bouquet.*)

BOURSET.

Qu'est-ce que cela?

LE DOMESTIQUE.

Avec la permission de monsieur le comte, c'est un bouquet pour mademoiselle.

BOURSET.

De quelle part?

LE DOMESTIQUE.

De la part de M. le duc.

BOURSET, *lui donnant de l'argent.*

Tenez, mon ami. (*A Louise.*) Prenez ce bouquet, ma fille.

LOUISE.

Oh! mon papa, je n'aime pas les fleurs.

BOURSET.

Vous les aimez, au contraire. Prenez, vous dis-je. (*Louise obéit, regarde George, et laisse tomber le bouquet.*)

BOURSET.

Ramassez votre bouquet, ma fille.

LOUISE.
Mais, mon papa, l'odeur des fleurs me fait mal.
BOURSET.
Elle vous fera du bien aujourd'hui. Ramassez votre bouquet.
LOUISE *ramasse le bouquet.*
Oh! il est si lourd, c'est fort incommode au bal! Que peut-on faire de ce gros vilain bouquet?
BOURSET.
Emportez-le, et allez trouver votre mère.
(*Louise sort en effeuillant le bouquet.*)

SCÈNE VI.
BOURSET, GEORGE.

BOURSET.
Votre serviteur, monsieur Freeman; j'ai deux mots à vous dire, ni plus ni moins. Vous voulez épouser ma fille, cela ne se peut pas.
GEORGE.
Je ne me suis pas expliqué à cet égard, Monsieur; mais, si telle était mon intention, je crois que vous ne me la refuseriez pas.
BOURSET.
Vous vous trompez. Ma parole est irrévocable. Ma fille est promise.
GEORGE.
Je le sais, Monsieur; mais, comme vous aurez toujours un million à rendre à M. le duc de Montguay, quand le moment sera venu, vous ne serez pas obligé de lui livrer votre fille.
BOURSET, *à part.*
Est-il sorcier, ou le vieux duc tombe-t-il en enfance jusqu'à raconter ainsi nos affaires? (*Haut.*) Et d'où êtes-vous si bien informé, Monsieur?
GEORGE.
Peu importe! il me suffit que ce soit la vérité. Ainsi ce ne serait pas là le prétexte plausible de votre refus.
BOURSET, *à part.*
Ce diable d'homme me déplaît. (*Haut.*) Serais-je donc obligé de motiver mon refus?
GEORGE.
Vous ne voudriez pas me faire d'insulte.
BOURSET.
Eh bien, s'il vous fallait une raison, il y en aurait une bien simple : c'est que vous n'avez pas le sou.
GEORGE, *à part.*
A la bonne heure! voici le Samuel d'autrefois! (*Haut.*) Mais, Monsieur, lorsque vous donnerez votre fille à M. le duc de Montguay, vous n'aurez pas le sou vous-même, comme il vous plaît de le dire; autrement vous rembourseriez le million, et ne donneriez pas votre fille, je le suppose, par goût, à un octogénaire. Ainsi ce n'est pas encore là la raison.
BOURSET.
Eh bien! Monsieur, il y en a une autre, c'est que vous n'avez pas de nom.
GEORGE.
On peut toujours en acheter un!
BOURSET.
Comme j'ai fait, vous voulez dire! Mais il faut avoir de l'argent pour cela, ça coûte cher!
GEORGE.
Et cela ne sert à rien.
BOURSET.
Si fait, cela sert à tout; avec un nom on a du crédit et de la faveur : ma fille sans dot sera duchesse, et bientôt, veuve d'un octogénaire, comme vous dites, elle pourra épouser un prince.
GEORGE.
Et, pour peu qu'il ait quatre-vingt-dix ou cent ans, elle pourra en troisièmes noces épouser le roi.
BOURSET.
Vous avez de l'esprit!
GEORGE.
Et vous aussi. Mais allons au fait : vous faites un calcul que vous croyez bon, et je vais vous prouver qu'il ne vaut rien. Vous croyez que la roture s'élève en s'accrochant à la noblesse, vous vous trompez : c'est la noblesse qui s'abaisse en se rattrapant à la roture.
BOURSET.
Ah! je sais bien que la noblesse dégringole; mais, avant qu'elle soit par terre, nous serons tous morts.
GEORGE.
Il est possible qu'elle se soutienne jusque-là dans l'opinion; mais, en fait d'argent et de pouvoir, elle est déjà morte. La manie qu'ont les traitants de s'anoblir n'est qu'une sotte vanité qu'ils tâchent de se dissimuler à eux-mêmes en se persuadant qu'elle aide à leur fortune. Ils se trompent; on se moque d'eux, et voilà tout.
BOURSET, *à part.*
Voilà un original bien osé, de me parler ainsi en face!
GEORGE.
Et puis, comme la noblesse est incontestablement ruinée...
BOURSET.
Elle ne l'est pas encore, c'est moi qui vous le dis.
GEORGE.
Elle le sera dans six mois, dans six jours peut-être, grâce à vous et à vos confrères, vous le savez bien. Que pourra-t-elle vous donner quand vous lui aurez tout pris? Ses titres, ses armoiries? Qu'en ferez-vous alors? Vous voyez bien qu'il n'y a là que mensonge et fumée.
BOURSET.
Vous raisonnez serré, maître Freeman, et votre conclusion est que vous devez épouser ma fille par la raison que vous n'avez ni argent ni blason! Il n'en sera pourtant rien, je vous jure.
GEORGE.
J'aurai un blason quand je voudrai, et de l'argent, à coup sûr, j'en aurai.
BOURSET.
Ouais! seriez-vous un homme adroit?
GEORGE.
Non, mais je suis aussi laborieux que vous, et beaucoup plus intelligent.
BOURSET.
Ah! oui! vous êtes philosophe! ça vous mènera loin.
GEORGE.
Je suis cultivateur, Monsieur, et négociant, et je suis en train de faire fortune.
BOURSET.
Eh bien! quand ce sera fait, vous reviendrez, et on verra.
GEORGE.
Je serai riche le jour où vous serez ruiné. Prenez garde qu'alors je ne vous en dise autant.
BOURSET, *à part.*
Quel diable d'original! C'est peut-être un habile compère. (*Haut.*) Expliquez-moi ça.
GEORGE.
Vous savez bien qu'il y a de belles et bonnes terres à la Louisiane, et vous savez bien aussi qu'il n'y a pas de mines d'or? Vous savez bien que Crouzat a cédé son privilége pour rien?
BOURSET, *effrayé.*
Monsieur, doucement, doucement! ne criez pas si haut des choses que vous ne savez pas.
GEORGE.
Oh! mon Dieu, j'étais présent à la signature de l'acte.
BOURSET, *à part.*
Aïe!
GEORGE.
Et j'ai travaillé dix ans avec Crouzat à la recherche des mines.
BOURSET, *baissant la voix et ouvrant les yeux.*
Eh bien! ces mines?
GEORGE.
Il n'y en a pas, vous le savez de reste...
BOURSET, *hébété.*
Qu'y a-t-il donc?
GEORGE.
Des forêts, des troupeaux, des pâturages; il ne manque

que des bras, et c'est absolument la fable du trésor caché dans le champ du laboureur. En le cherchant, on remue la terre, on la fertilise, et c'est ainsi, et non pas autrement, qu'on s'enrichit en Amérique.

BOURSET, *tâchant de reprendre de l'assurance, et d'un ton brutal.*
Vous ne savez pas ce que vous dites!

GEORGE.
Oh! j'en fournirai la preuve à qui me la demandera.

BOURSET, *à part.*
Que la peste étouffe le philosophe! Heureusement je le tiens par son côté faible. (*Haut.*) Vous êtes donc amoureux de ma fille?

GEORGE.
Pourquoi me faites-vous cette question, puisque vous ne voulez pas me la donner en mariage?

BOURSET.
C'est que vous ne me paraissez pas dépourvu de sens, et on pourrait peut-être s'entendre avec vous par la suite.

GEORGE.
Ce ne sera pas long; car dans quelques jours le duc aura gagné les douze millions que vous lui promettez, ou perdu celui qu'il vous a confié.

BOURSET.
Il est certain que, s'il y a beaucoup de gens comme vous qui vont décrier nos affaires et nous ôter la confiance publique...

GEORGE.
Il y aura toujours des gens pour dire la vérité et des gens pour l'entendre. Ainsi jouissez vite de votre reste, vous touchez au dénoûment.

BOURSET, *à part.*
Il me donne froid, ce sauvage! (*Haut.*) Et si je suis ruiné, puis-je refuser ma fille au duc de Montguay?

GEORGE.
Oui.

BOURSET.
Touchez là! Mais qui remboursera le million?

GEORGE.
Vous et moi.

BOURSET.
Avec quoi?

GEORGE.
Avec notre travail et notre probité.

BOURSET.
Hum!... Allons, faites la cour à ma fille, sous les yeux de sa mère, bien entendu; mais pas un mot de ceci, et pas une démarche qui me discrédite auprès du duc.

GEORGE.
Je ne m'engage à rien de semblable.

BOURSET, *à part.*
Eh bien! ni moi non plus, car je ne suis pas encore ruiné! (*Haut.*) Nous reparlerons de cette affaire, et, en attendant, partons pour le bal; il est temps.

GEORGE.
Avec ces dames?

BOURSET.
Vous irez dans ma voiture; elles iront dans la leur : nous froisserions leurs atours. Venez-vous?

GEORGE.
Soit! (*A part.*) Je ne la lâcherai pas.

BOURSET, *de même.*
Je saurai bien te tenir! (*Ils sortent.*)

SCÈNE VII.

JULIE, LOUISE, *regardant à la fenêtre.*

LOUISE.
Partons-nous, maman? voilà la voiture de papa qui s'en va; la nôtre attend.

JULIE.
Un instant, ma fille, j'ai quelques mots à vous dire.

LOUISE.
Oh! j'écoute, maman.

JULIE.
Parlez-moi avec franchise, mon enfant, ouvrez-moi votre cœur comme à votre meilleure amie.

LOUISE, *avec effusion.*
Oh! oui, ma chère maman.

JULIE.
Vous connaissez George Freeman?

LOUISE.
Un peu... maman...

JULIE.
Dites toute la vérité; votre mère veut votre bonheur, mon enfant. George m'a demandé votre main (*Louise tressaille*), et j'ai promis de la lui accorder si je puis m'assurer que son affection pour vous est sincère.

LOUISE, *émue.*
Oh! s'il vous l'a dit, maman, j'en suis bien sûre.

JULIE.
Mais comment le savez-vous? Il vous l'a donc dit?

LOUISE.
Jamais, maman.

JULIE.
Louise, vous me trompez; vous ne m'aimez donc pas?

LOUISE.
Oh! ma bonne mère, aimez-moi, car je ne demande qu'à vous chérir de toute mon âme.

JULIE, *la caressant.*
Eh bien! ma fille, il t'a parlé d'amour?

LOUISE.
Eh bien! maman, je vous le jure, il ne m'en a jamais dit un mot.

JULIE.
Mais il t'a parlé de mariage, au moins?

LOUISE.
Pas davantage. Il me disait toujours qu'il avait horreur du mariage, au contraire, et qu'il ne connaissait pas de lien plus avili par l'ambition et la cupidité.

JULIE, *à part.*
Ceci est pour moi. (*Haut.*) Et lorsqu'il t'a enlevée, où t'a-t-il conduite?

LOUISE.
Oh! il ne m'a pas enlevée; c'est moi qui voulais me tuer.

JULIE.
Par amour pour lui?

LOUISE.
Je ne le connaissais seulement pas! Mais c'est que je m'imaginais!... oh! pardonnez-moi, maman, j'avais bien tort; car vous êtes si bonne pour moi! je m'imaginais que vous ne m'aimiez pas.

JULIE.
Et lui, il t'a persuadé qu'il t'aimait?

LOUISE.
Oh! maman! si vous ne me disiez pas qu'il vous a demandé ma main, je ne le croirais pas, car il m'a toujours traitée comme un enfant. Au couvent, il passait pour mon oncle, et il venait me voir seulement une fois par semaine à la grille du parloir. Et puis peu à peu, je ne sais comment, il est venu plus souvent, et il restait plus longtemps, mais toujours en présence de la tourière; et il me parlait avec bonté, mais aussi avec une sévérité qui me tenait dans la crainte; de sorte que je ne sais pas encore s'il m'aime, ou s'il a eu pitié de moi.

JULIE.
Et si tu le crains, tu ne l'aimes pas, toi!

LOUISE.
Oh! je l'aime plus que je ne le crains, maman!

JULIE.
Et tu consentirais à l'épouser?

LOUISE.
Oh! oui, si vous y consentiez!

JULIE.
Et t'a-t-il écrit quelquefois?

LOUISE.
Oui, maman, quelquefois. Tenez, j'ai encore là une lettre que j'ai reçue hier; il ne croyait pas me voir aujourd'hui. Voulez-vous que je vous la montre?

JULIE.
Sans doute.

LOUISE.
La voici.

Assez, maman, assez !... (Page 24.)

JULIE, *parcourant la lettre.*
Il vous appelle sa fille ! Il vous tutoie !... Il me semble que c'est le langage de la passion, si ce n'est celui de la folie.

LOUISE.
Mon Dieu ! maman, vous me faites trembler ! Qu'y a-t-il donc dans cette lettre ? Est-ce que je ne l'aurais pas comprise ?

JULIE.
La lettre est fort tendre, à coup sûr ; mais si je t'en montrais une de cette même écriture et de ce même style, plus tendre encore, adressée à une autre femme que toi ?

LOUISE, *pâlissant.*
Oh ! mon Dieu ! je dirais que je me suis trompée, qu'il ne m'aime pas.

JULIE.
Cependant il te demande en mariage ! Comment expliquer ceci ! Tiens... regarde !
(*Elle tire une lettre de sa poche.*)
LOUISE, *toute tremblante, ouvre la lettre convulsivement, et lit :*
« Votre indifférence me tuera... Vous ne m'aimez pas.

Vous croyez que j'en aime une autre.... (*Sa voix est étouffée.*)
JULIE *prend la lettre et la continue.*
« Mais c'est vous seule, c'est vous pour qui je veux vivre et mourir... »
LOUISE, *tombant dans un fauteuil.*
Assez ! maman, assez !...
JULIE, *à part, remettant la lettre dans sa poche.*
Tu ne te doutais pas, pauvre chevalier, en m'écrivant ce billet dans toute la candeur de tes dix-sept ans, qu'il me servirait dix-sept ans plus tard à déjouer tes perfidies .. Allons, le coup est porté ! (*A Louise.*) Eh bien ! Louise, avez-vous donc si peu de dignité que vous pleuriez un homme qui vous trompe ? Allons, remets-toi, oublie-le, et allons au bal.

LOUISE.
Au bal ? Le revoir ? oh ! jamais ! je mourrais de honte !... Partons, maman, partons !

JULIE.
Où veux-tu donc aller ?

LOUISE.
Au couvent, au couvent pour jamais !

Louise, seule, arrachant les fleurs de ses cheveux. (Page 23.)

JULIE.

Pour qu'il aille encore t'égarer par de nouveaux artifices?

LOUISE.

Dans un autre couvent, où il ne pourra ni me découvrir ni m'approcher.

JULIE.

Ce serait peut-être là le meilleur parti à prendre si tu t'en sentais le courage.

LOUISE.

Oh ! oui, maman, j'aurai du courage, je vous en réponds ! Ah ! mon voile, ma robe de novice ! Rendez-moi tout cela, maman, afin que je m'en aille bien vite !

JULIE.

Je vais te les chercher. La voiture nous attend, nous pouvons aller à Chelles.

LOUISE.

Où vous voudrez, maman, pourvu que ce soit bien loin de lui. (*Julie sort.*)

LOUISE, *seule, arrachant les fleurs de ses cheveux.*

Oh ! cette parure maudite que je portais déjà avec orgueil en songeant qu'elle m'embellirait à ses yeux !... il ne l'avait pas seulement remarquée... Il était mécontent, inquiet de me voir aller au bal. Sans doute, celle qu'il aime doit s'y trouver, et ma présence les eût gênés... Mais, après tout, il ne m'a jamais rien promis. (*Se laissant tomber sur un fauteuil, les cheveux épars et ses parures gisant à terre.*) Quel rêve ai-je donc fait? Insensée que je suis ! Ah ! je l'aimais, moi, et j'aurais su me faire religieuse, et vivre à jamais retirée du monde, cloîtrée, oubliée de tous, pourvu qu'une heure, un instant, qu'une fois dans l'année, il fût venu me dire au travers de la grille : « Mon enfant, je veille sur vous. » Mais à présent je ne peux pas, je ne veux pas le revoir... Et mes jours se consumeront dans l'ennui mortel de la solitude, dans l'horreur de l'abandon... car personne ne m'aime, moi ! personne ne m'a jamais aimée. Que cette idée fait de mal... elle donne la mort... Oui, je me sens mourir !... Maman !... J'étouffe.

(*Elle veut se lever, chancelle et retombe évanouie sur le fauteuil.*)

JULIE *rentre avec le voile et la robe de novice.*

Allons, Louise, du courage... Eh bien ! Elle ne répond pas... Louise... vous souffrez donc beaucoup ? Comme

elle est froide!... Oh! je lui ai fait bien du mal... Oui, cela fait bien du mal, un premier amour brisé!... On en rit, on dit que ce sont des larmes d'enfant... On croit que le luxe, la parure, l'enivrement de l'orgueil, vous consoleront en un jour... On le croit soi-même... Et cela n'est pas vrai, on souffre longtemps... On souffre toujours!... On n'aime plus, mais on a honte de soi-même, et à chaque déception, à chaque douleur qu'on rencontre dans la vie, on se dit : C'est ma faute, j'aurais pu être heureuse... Je ne l'ai pas voulu... j'ai manqué de courage... J'ai eu peur de la misère!... Louise!... Louise!... ma fille, ah!... je l'ai tuée... J'ai tué ma fille!
(*Elle la saisit dans ses bras et tâche de la ranimer. Louise revient à elle-même, la regarde d'abord sans la reconnaître, puis se jette dans ses bras et fond en larmes.*)

JULIE, *pleurant.*
Ma fille, vous êtes bien mal.

LOUISE.
Partons, maman.

JULIE.
Non, mon enfant, vous ne le pouvez pas... Je serais trop inquiète de me séparer ainsi de vous; venez, vous allez vous reposer sur mon lit.

LOUISE.
Eh bien! maman, comme vous voudrez. Allez au bal, j'attendrai votre retour.

JULIE.
Non, je ne vous quitterai pas. Jamais, jamais, je ne te quitterai plus...

LOUISE.
Oh! que vous êtes bonne pour moi, maman! vous m'aimez, vous?   (*Elle se jette à son cou.*)

JULIE.
Et si je vous aime, Louise, vous vous consolerez, n'est-ce pas?

LOUISE.
Oh! maman, je l'aurais haï, mais je l'aimerai pour m'avoir rapprochée de vous aujourd'hui! Ah! j'étais bien ingrate de douter de votre cœur! Il sera mon refuge dans l'avenir.

JULIE, *à part.*
Et le tien sera mon refuge aussi contre le passé. (*Haut.*) Viens dans ma chambre; tu dormiras, je veillerai près de toi. (*A part et soutenant sa fille dans ses bras.*) Mon Dieu! voici pourtant une idée de bonheur; pourquoi ne l'avais-je pas encore comprise?

ACTE TROISIÈME.

A l'hôtel Bourset. — L'appartement de Samuel Bourset.

SCÈNE PREMIÈRE.

LE DUC, BOURSET.

BOURSET.
Levé avant midi, monsieur le duc! Après la fatigue de votre bal? Vraiment, vous êtes de fer. Vous rajeunissez tous les jours!

LE DUC.
Le duc de La F... est venu m'éveiller ce matin avec une nouvelle qui m'a ôté l'envie de me rendormir, je vous assure.

BOURSET.
Parbleu! la belle fête que vous nous avez donnée cette nuit! Je suis sûr qu'il ne sera bruit d'autre chose ce soir à la cour et à la ville.

LE DUC.
Il s'agit bien de mon bal! Parlez-moi donc de ce qui occupe tout le monde et de ce qui m'inquiète en particulier. Que dites-vous de l'arrêt?

BOURSET.
Celui de ce matin? C'est un arrêt comme tant d'autres.

LE DUC.
C'est un arrêt comme il ne s'en est jamais vu! un arrêt à nous ruiner tous! une exaction, une infamie!

BOURSET.
Bah! voilà comme vous êtes tous, avec vos méfiances et votre ignorance des affaires! Est-ce qu'il est exécutable, cet arrêt? Et d'ailleurs, est-ce qu'il concerne les partisans du système?

LE DUC.
Partisans ou récalcitrants, il frappe tout le monde. On parle déjà d'arrestations, de visites domiciliaires, de Bastille, de procès, de potence, que sais-je? Pour nous faire donner notre argent plus vite, et Dieu sait que pourtant nous allions assez vite comme cela! voilà qu'on imagine de nous le prendre de force! Merci Dieu! défense à quiconque veut avoir des valeurs monnayées, de garder chez soi plus de cinq cents livres! et le reste de notre fortune, on nous le restitue en papier!

BOURSET.
Eh bien! que vous faut-il donc? Le papier vaut dix fois l'argent, et vous n'êtes pas content?

LE DUC.
Voilà un joli arrangement! L'État déclare que le papier décuple mes rentes, et mon tapissier, mon maître d'hôtel, mon cordonnier, mon valet de chambre, me déclarent qu'ils ne recevront plus aucun paiement effectué dans cette belle monnaie. Nous habillera-t-on avec du papier, maintenant? Nous chaussera-t-on avec, ou nous en fera-t-on manger? Qu'est-ce qu'une valeur fictive qu'on nous force à recevoir, et qu'on ne nous permet pas d'échanger? Si ce papier est meilleur que l'argent, qu'on nous le reprenne quand nous n'en voulons plus, et qu'on nous rende ce vil métal dont nous voulons bien nous contenter. Que diable! ceci est une plaisanterie de fort mauvais goût, monsieur Bourset! jamais on n'a imaginé de dépouiller les gens pour les empêcher de se ruiner.

BOURSET.
Vous m'affligez, monsieur le duc; vrai! vous me faites de la peine.

LE DUC.
Pardieu! j'en suis fort marri. Mais votre système m'en fait bien davantage, à moi.

BOURSET.
Est-il possible qu'un homme de votre sens et de votre rang écoute et répète les propos de la populace ignorante et couarde?

LE DUC.
Il s'agit bien de propos. Le papier-monnaie tombe-t-il en discrédit, oui ou non? Le système de Law a-t-il perdu la confiance publique? dites! Les actions sur toutes vos belles entreprises, après avoir follement décuplé, sont-elles déjà retombées au-dessous de leur valeur première? Osez le nier! Et où s'arrêtera la baisse?

BOURSET.
Si la confiance publique est ébranlée, n'est-ce pas la faute des ambitieux et des intrigants qui excitent, à force de mensonges, de puériles frayeurs? N'est-ce pas celle des gens timides qui les écoutent? Ah! j'en étais bien sûr que vous arriveriez à me faire des reproches. Je vous le disais bien, l'an dernier, quand vous voulûtes absolument prendre ces actions! Vous êtes tous les mêmes. Au moment de gagner la partie, on le perd, parce que chacun, frappé de panique, retire son enjeu, et paralyse l'homme habile qui tient les cartes!

UN DOMESTIQUE.
M. le duc de La F... demande à parler à M. le comte.

BOURSET.
Faites-le entrer dans mon cabinet, mais pas par ici; par le grand salon. Je suis à ses ordres dans un instant.
(*Le domestique sort.*)

LE DUC.
Pardieu! il est inquiet lui-même, votre duc de La F... qui s'entend si bien aux affaires! Tout le monde l'est. Paris est consterné, et le peuple s'agite.

BOURSET.
Le peuple! le peuple! Si on écoutait le peuple, personne ne ferait fortune, et, pour empêcher l'État de s'ac-

quitter envers les hautes classes, il pillerait à son profit le trésor public! Belle autorité, ma foi, que le peuple!

LE DUC.

Le peuple a des instincts de sagesse et d'honnêteté tout aussi bien que nous; et nous, nous avons des accès d'avidité et de démence pires que les siens.

LE DOMESTIQUE.

La voiture de M. le duc de M... entre dans la cour. Faut-il faire entrer M. le duc dans le cabinet de M. le comte?

BOURSET.

Faites. J'y suis dans l'instant. (*Le domestique sort.*)

LE DUC.

Voilà M... aussi qui prend l'alarme. Mon cher Samuel, vous en aurez gros sur les bras aujourd'hui; chacun est mécontent.

BOURSET.

Est-ce donc ma faute si l'on a rendu cet arrêt? C'est une imagination de M. le ministre des finances; mais le parlement y fera opposition, et dans peu de jours il sera révoqué.

LE DUC.

Il faut bien l'espérer. La peste soit du d'Argenson avec ses coups d'État!

LE DOMESTIQUE.

M. le comte de Horn, M. le comte de... et M. le marquis de...

BOURSET.

Toujours dans mon cabinet. Introduisez là tous ceux qui viendront. (*Le domestique sort.*)

LE DUC, *voulant sortir.*

Allons, venez! voyons ce qu'ils disent, et ce que vous allez leur répondre.

BOURSET.

Un instant, monsieur le duc; je vois bien que tous mes actionnaires vont venir me chanter un chœur de lamentations. Laissez l'assemblée se compléter, et vous verrez comme je répondrai.

LE DUC.

Ils vont tous vous redemander leur argent. Et qu'est-il devenu?

BOURSET.

Ce que vous avez voulu qu'il devint, du papier!

LE DUC.

Belle denrée! Je voudrais qu'on en servit aux soupers du régent.

BOURSET.

Et si je ne l'avais converti suivant vos désirs, où en seriez-vous aujourd'hui?

LE DUC.

Ma foi, nous le cacherions dans nos caves; et vous auriez dû le cacher dans les vôtres, afin de pouvoir nous le restituer en cas d'alarme.

BOURSET.

Oui, pour qu'il fût saisi chez moi et confisqué sans retour. Oh! les choses vont mieux comme elles vont! Dans un mois, la confiance renaîtra, les actions remonteront, et vous rirez bien de ce que vous me dites aujourd'hui. Allons donc! monsieur le duc; il faut se conduire ici comme un général à la veille d'une bataille.

(*Le domestique, puis George.*)

LE DOMESTIQUE.

Plus de vingt personnes demandent monsieur le comte et attendent dans son cabinet.

BOURSET, *apercevant George.*

C'est bien, j'y vais. (*Il veut sortir..*)

GEORGE, *l'arrêtant.*

Permettez, monsieur de Puymonfort; j'ai deux mots à vous dire.

BOURSET.

Pardon, monsieur Freeman, je n'ai pas le temps.

GEORGE.

J'insiste, monsieur. Ce que j'ai à vous dire vous intéresse plus que moi, et monsieur le duc ne sera pas fâché de l'entendre.

LE DUC.

Est-ce relatif à l'arrêt? Je ne m'intéresse pas à autre chose aujourd'hui.

BOURSET, *au duc.*

Cet homme est un intrigant ou un fou. Ne l'écoutez pas.

LE DUC.

Ce n'est ni l'un ni l'autre; je l'écouterai, moi. Parlez, monsieur Freeman.

GEORGE.

Ce que je vous avais dit, monsieur de Puymonfort, j'en étais trop bien instruit pour l'avancer à la légère. Aujourd'hui le fait est avéré, et le grand leurre est anéanti. Il n'y a pas de mines d'or à la Louisiane; il n'y en a jamais eu, et il n'y en aura jamais.

LE DUC.

J'en étais sûr!

BOURSET, *à George.*

Monsieur, on sait de quelle coterie vous êtes l'agent. Vous allez souvent à Sceaux, et vous êtes l'ami des frères Paris. Mais je vous avertis que personne ici ne conspire contre le régent, et que vous ne ferez point de dupes.

GEORGE.

Je ne conspire contre personne, je ne conspire pas surtout contre la fortune publique.

LE DUC.

Comment! monsieur Freeman, vous croyez que M. Bourset...

GEORGE.

Je n'accuse personne, et il me siérait fort mal de me venger des imputations de M. Bourset. J'admets sa bonne foi, et je vous déclare qu'il peut être dans une voie d'erreur et d'enivrement dont il sera victime lui-même.

LE DUC.

Écoutez-le, monsieur Bourset; M. Freeman parle en galant homme.

BOURSET.

Écoutez-moi un moment, monsieur le duc; deux mots éclaireront la question. Monsieur fait la cour à ma fille; je l'ai soustraite à ses poursuites; je lui ai refusé sa main, et, par vengeance, il veut flétrir mon honneur et ruiner mon crédit. Expliquez-vous avec lui maintenant, vous, monsieur le duc, à qui ma fille est promise.

LE DUC.

Ah! pardieu! ce serait trop fort qu'on voulût m'enlever à la fois la main de Louise et mon million, s'il est vrai qu'il repose sur la confiance que votre nom inspire. Optez, monsieur Freeman; laissez-moi l'un ou l'autre, s'il vous plaît.

GEORGE, *à Bourset, avec indignation.*

Vous venez de dire une parole bien imprudente, monsieur Bourset. C'est insensé ce que vous venez de faire! Rien n'enchaînera plus mon indignation. Venez, monsieur le duc, venez entendre la vérité, je la dirai devant tous.

(*Il veut sortir, le duc le suit.*)

BOURSET, *se plaçant devant eux.*

C'est à vous d'opter, monsieur le duc. Cet homme, avec de faux renseignements et des preuves absurdes, que, dans le premier mouvement de frayeur, chacun acceptera sans examen, va ruiner mon crédit et vous faire perdre, par conséquent, les fonds que vous avez mis dans l'entreprise. Voyez si vous voulez lui céder la main de ma fille : j'y consens, moi; car ma ruine va entraîner celle de bien des gens, et je saurai sacrifier mes sympathies à leurs intérêts. Voyez; s'il parle et si on l'écoute, je ne réponds plus de rien.

LE DUC.

Monsieur Bourset, me croyez-vous lâche, ou me savez-vous homme d'honneur? Si la vérité n'intéressait que moi, je pourrais refuser de l'entendre; mais je ne suis pas seul en cause ici, et, si Monsieur doit faire quelque révélation qui soit utile aux autres, j'aime mieux perdre mon argent que ma propre estime. (*A Freeman.*) Venez, Monsieur!

BOURSET, *bas à Freeman.*

Eh bien! vous, Monsieur, songez que vous allez décider de votre sort. Gardez le silence, et vous pourrez prétendre à ma fille.

FREEMAN *le regarde avec mépris, et se retournant vers le duc.*
Allons, Monsieur.
(*Ils entrent tous trois dans le cabinet.*)

SCÈNE II.

JULIE et LOUISE, *en habits du matin.*

LOUISE.
Mon Dieu! maman, que se passe-t-il donc? Que de voitures sont entrées dans la cour aujourd'hui! Je n'ai pu réussir à approcher de mon père pour lui dire bonjour.

JULIE.
Ton père a une existence bien malheureuse, mon enfant! Il travaille à l'œuvre funeste de la richesse.

LOUISE.
N'est-ce pas, maman, que vous regrettez souvent le temps où, comme moi, vous ne souhaitiez qu'un sort modeste et l'affection de ceux qui vous étaient chers?

JULIE.
O ma fille!

LOUISE, *regardant à une fenêtre.*
Comme le peuple est agité aujourd'hui! Voyez donc, maman, tous les travaux semblent interrompus; on se groupe, on se parle avec inquiétude... Le peuple est bien à plaindre, n'est-ce pas, maman?

JULIE.
Qu'en sais-tu, mon enfant?

LOUISE.
Oh! j'y pense souvent, et je prie Dieu tous les jours pour que cela change et qu'il n'y ait plus de pauvres.

SCÈNE III.

LES PRÉCÉDENTS, BOURSET.

BOURSET, *fort ému, sur le seuil de son cabinet, et parlant à ceux qui y sont.*
Écoutez-le donc, Messieurs, je lui cède la place: il me siérait mal de disputer avec l'ignorance et la mauvaise foi. Il me répugnerait d'avoir à défendre mon honneur contre la calomnie et la vengeance. Je laisse à vos consciences le soin de me justifier et à la sienne la tâche de le punir.
(*Il laisse retomber les battants de la porte et revient pâle et tremblant tomber sur une chaise, sans voir sa femme et sa fille.*)

LOUISE, *courant vers lui.*
Qu'est-ce donc? Mon papa semble près de s'évanouir. Oh! mon Dieu! maman, voyez comme il est pâle! Mon père, répondez-moi!... Vous souffrez?...

JULIE, *s'approchant de Bourset plus lentement.*
Quel malheur vient donc de vous frapper, Monsieur?

BOURSET, *éperdu.*
Laissez-moi!... Ah!... c'est vous!... Julie!... Louise!... donnez-moi de l'eau!... Là!... là!... (*Il montre une table.*)
(*Louise lui apporte précipitamment un verre d'eau.*)

BOURSET, *après avoir bu.*
Oui... je suis mieux... c'est cela... Écoute, Louise... Non! écoutez, vous... Julie... Freeman est là-dedans... il parle!...

JULIE.
Eh bien!... que dit-il donc?

BOURSET.
Il nous perd, il nous ruine, il nous déshonore!...

LOUISE.
Lui! oh! c'est impossible, mon père: vous ne le connaissez pas.

BOURSET, *avec âcreté.*
Il t'aime, ou plutôt il veut t'épouser parce que tu es riche et parce qu'il est ambitieux, et parce qu'il est pauvre; et moi, je lui ai résisté, parce que je veux ton bonheur et ta considération... Et maintenant il se venge, il me traîne à terre, il me calomnie...

LOUISE.
Oh! maman!... dites à mon père qu'il se trompe... Cela n'est pas!...

JULIE.
Oh! Léonce pousserait-il la haine et la vengeance à ce point?

BOURSET.
Léonce? Qui est Léonce?...

JULIE.
Rien!... un souvenir... une distraction! Mais ne peut-on enchaîner sa langue? Rentrez, défendez-vous. Pourquoi abandonnez-vous la lutte? Allons, ne faiblissez pas... parlez à votre tour.

BOURSET.
Non... la colère... l'indignation me suffoquent... Julie, appelez-le, arrachez-le comme vous pourrez à cet auditoire imbécile qu'il captive. Louise... sur un prétexte quelconque, entrez là... montrez-vous! D'un mot, d'un regard, vous pourrez l'enchaîner de l'affaire... Allez... l'honneur de votre père est en péril! Ayez un peu de courage... Vous êtes deux femmes, vous pouvez beaucoup...

JULIE, *arrêtant Louise qui obéit instinctivement et toute tremblante.*
Restez là, ma fille! et vous, Monsieur, rougissez de vouloir exposer votre enfant à la malignité des hommes pour sauver de vils intérêts.

BOURSET.
Oh! maudites soyez-vous, femmes sans cœur qui savez vous enorgueillir et vous parer de nos triomphes, et qui ne savez pas nous aider et nous plaindre dans nos revers!... (*Il se lève et va avec agitation écouter à la porte du cabinet.*) Il ne m'accuse pas encore... non!... Mais il dévoile le secret de l'affaire! Oh! qui peut avoir si bien informé?... On l'interrompt!... C'est le comte de Horn... Celui-là me défend! Oh! ils ne perdront pas dans un instant l'estime que depuis vingt ans de travail et de persévérance j'ai su leur inspirer! Et maintenant des preuves!... oui, des preuves! Est-ce qu'il en a?... S'il en avait!... des preuves fabriquées!... des pièces apocryphes!... Ah! comme ils lui répondent mal... que ce comte de Horn est borné! qu'ils sont tous lâches et crédules!... Oui, l'acte de vente du privilége de Bourset pour cinq cents écus... pas davantage! Je le sais bien! qu'est-ce que cela prouve? Ils veulent le voir... Ils le commentent... Que disent-ils? des injures... contre moi... Mais on me défend... on me défend avec chaleur!... Qui donc me défend si bien?...

LOUISE, *écoutant aussi.*
C'est la voix de George Freeman, mon père!... Oh! c'est bien lui qui vous défend! — Il dit que vous avez été le premier trompé... que vous serez la première victime de vos bonnes intentions...

BOURSET.
Ah! il dit toujours qu'il le suppose!... il ne dit pas qu'il en est sûr!

LOUISE.
On l'écoute, mon père!... Personne ne le contredit. Ah! on vous connaît bien, allez! et j'étais bien sûre que George ferait triompher la vérité. Oh! c'est un noble cœur!

LE DUC *rentre.*
Eh bien! mon pauvre Bourset, nous voilà ruinés, et vous comme les autres! Nous avons fait là une grande équipée, et vous avez été diablement fou; nous aussi! Allons, je ne vous fais pas de reproches; vous ne le vouliez pas, je m'en souviens. C'est moi qui me suis jeté là-dedans tête baissée!

BOURSET, *reprenant son arrogance.*
Ainsi donc, monsieur le duc, vous croyez aux hâbleries de cet homme-là?

LE DUC.
Cet homme-là, Bourset! c'est un homme que je respecte, et que vous devriez remercier à genoux; car un autre à sa place vous eût peut-être fort mal arrangé, et, si vous n'aviez pas affaire à des gens d'honneur, vous auriez un mauvais parti à l'heure qu'il est. Savez-vous bien qu'on ne perd pas des millions de capitaux et des

milliards d'espérances sans un peu d'humeur? Moi-même j'ai été ému tantôt; mais, puisque c'est fait, j'en prends mon parti ; j'ai un si doux sujet de consolation devant les yeux ! (*Il regarde Louise, qui fait un mouvement d'effroi.*) — (*A George qui rentre*, *lui montrant Louise.*) Merci, Monsieur, vous m'avez fait plus riche que je ne l'ai été de ma vie.

GEORGE.

Oh ! ce n'est pas encore décidé, ne vous réjouissez pas trop vite, monsieur le duc; je connais vos conventions avec M. Bourset. Il a bien un million à vous rendre, même avec les intérêts.

LE DUC.

Je ne le désire plus pour moi, et ne l'espère pas pour lui, pauvre Bourset !

BOURSET, *à Freeman.*

Vous m'avez ruiné, Monsieur, ne me raillez pas.

GEORGE.

Je ne vous ai pas déshonoré, Monsieur, et vous ne me remerciez pas ?

BOURSET.

N'est-ce pas le déshonneur que la banqueroute ? et comment puis-je l'éviter à présent ?

GEORGE.

Je vous en évite une plus grande, et plus funeste à vos actionnaires.

BOURSET.

Que ce soit plus ou moins, la tache est la même sur ma famille.

GEORGE.

Mais vous ne pensez qu'à vous, Monsieur; vous comptez donc pour rien ceux qui avaient remis leur sort entre vos mains ? Sans moi, vous alliez les amener à de nouveaux sacrifices, espérant par là conjurer un naufrage qui n'eût été que plus prompt et plus terrible.

BOURSET, *à part.*

Oh ! scélérat d'honnête homme !

LE DUC.

Allons, Bourset, consolez-vous, mon ami. On sait que vous êtes pur dans cette affaire, et vous ne recevrez guère de reproches. Les gens comme il faut ont cela d'agréable, qu'ils savent se ruiner au jeu sans jurer comme des Suisses au corps de garde. Quant à moi, je n'aurai que des bénédictions à vous adresser, puisque je gagne à tout ceci mille fois plus que je ne l'ai perdu.

(*Il regarde Louise.*)

GEORGE, *brusquement.*

Vous ne perdez rien, et vous ne gagnez rien ; votre situation n'a pas changé; votre million va vous être rendu.

BOURSET, *avec une tristesse impudente.*

Et où le prendrai-je ?

GEORGE, *lui montrant un panneau de boiserie.*

Ici.

BOURSET, *effaré, en bégayant.*

Que... que voulez-vous dire ?

GEORGE.

La vérité... c'est mon entreprise, à moi !... Vous avez des valeurs considérables en or et en argent cachées dans l'épaisseur de ce mur.

LE DUC.

Ah !

JULIE, *à part, regardant Bourset.*

Oh ! le misérable ! (*A sa fille.*) Venez, Louise... Ce sont là des affaires que vous ne comprendriez pas. (*Elle l'emmène.*)

BOURSET, *essayant de se remettre.*

C'est une infâme imposture, quelque propos de valet. Si cela était, comment le sauriez-vous ?

GEORGE.

Voulez-vous que je vous le dise? (*Il l'emmène à l'écart et lui parle à voix basse.*) Cette nuit, comptant retrouver votre femme et votre fille au bal, j'y étais allé avec vous; mais, ne les voyant point arriver, et ne vous en voyant point inquiet, j'ai craint quelque attentat à l'indépendance et à la dignité de celle que j'ai prise sous ma protection envers et contre vous! Je suis revenu ici sans être aperçu. Oui, Monsieur, j'y suis revenu, je m'y suis introduit en même temps que vous, comme vous rentriez un peu avant le jour. Je me suis glissé dans l'ombre sur vos pas, je me suis assuré de la présence de Louise dans la maison, et, comme je traversais cette pièce pour me retirer, je vous ai vu, là, comptant et recomptant des sommes qui suffiront bien, et au delà, pour vous acquitter envers les actionnaires qui sont ici réunis; car vous saviez l'arrêt d'avance, comme vous saviez, il y a un an, le discrédit où tomberait le papier aujourd'hui. Or, vous n'aviez pas été assez fou pour vous dessaisir des espèces qu'on vous a confiées, et vous ne vous en êtes rapporté qu'à vous-même du soin de les tenir cachées. Pourtant on fait des imprudences malgré tous les calculs. Vous croyiez cette porte fermée, et elle ne l'était pas; vous aviez regardé autour de la chambre, et vous aviez oublié de soulever ce rideau derrière lequel je me tenais... Allons! exécutez-vous de bonne grâce... ou bien moi-même je vais faire jouer le ressort caché dans cette boiserie, et déployer à tous les regards l'aspect splendide de vos coffres-forts!

BOURSET, *pâle et consterné.*

Je... paierai ce que je dois au duc, soyez tranquille. Mais si... je vous donne ma fille... vous ne... direz pas aux autres que... que j'ai... de l'argent... caché ?...

GEORGE.

Je ne pense pas que mon devoir m'entraîne à cette rigueur. J'ai dû empêcher le nouveau mal que vous alliez commettre, mais il ne m'appartient pas de réparer celui qui est fait. Je ne suis ni magistrat ni recors. C'est aux parties intéressées de se faire rendre justice si elles le veulent, et à la police de vous y contraindre si elle le peut. Moi, je n'ai plus qu'à me taire, ma tâche est remplie.

BOURSET.

C'est bien... Monsieur, vous en serez récompensé. (*Au duc, qui examine la boiserie.*) M. Freeman avait été induit en erreur, monsieur le duc. Je viens de lui prouver que je n'ai point d'argent caché.

GEORGE.

Non, sans doute, celui que vous avez, vous ne le cachez pas. Allez le chercher (*Bas à Bourset*), car vous en avez ailleurs encore.

BOURSET, *terrassé.*

J'y vais.   (*Il sort.*)

LE DUC.

Vous me rendez là un méchant service, monsieur le justicier, monsieur le philosophe ! je ne veux point de restitution ; je préfère la main de Louise.

GEORGE.

Vous n'êtes pas libre d'opter, monsieur le duc; vous êtes forcé d'accepter la restitution. Ce sont les termes de l'acte que vous avez passé. Quant au service que je vous rends, il est très-grand. Je vous fais restituer une aisance dont, à votre âge, il eût été difficile de vous passer, et je vous préserve de la haine d'une épouse qu'à votre âge vous ne pouviez pas espérer de charmer.

LE DUC.

Vous êtes rude en paroles, monsieur le citoyen de l'Amérique ; mais vous avez peut-être fort raison, car vous avez su conduire votre propre barque.

GEORGE.

Attendez la fin pour me juger, monsieur le duc.

BOURSET *rentre avec un papier.*

Tenez, monsieur, voici une hypothèque de paiement sur ma terre de Lagny ; c'est une première et unique hypothèque, vous le voyez, et la terre vaut deux millions. Avant une heure, si vous voulez, elle sera légalisée.

LE DUC, *prenant le billet.*

Allons, me voilà remboursé malgré moi ! Je vous rends les armes, maître Freeman.

BOURSET.

Maintenant, Monsieur, vous avez ma parole. Je vous donne la main de ma fille.

GEORGE.
Je ne vous l'ai pas demandée, Monsieur.
BOURSET.
Comment?... Est-ce que...
(*Julie rentre. George la salue, s'approche d'elle et lui prend la main.*)
GEORGE.
Ma cousine, veuillez aider M. Bourset à reconnaître le chevalier Léonce de Puymonfort, qui lui a fait rembourser depuis longtemps une petite dette de quatre cent vingt-cinq louis, et qui par conséquent ne craint plus de sa part l'effet d'une lettre de cachet.
BOURSET, *de plus en plus effrayé.*
Vous êtes un revenant!
LE DUC.
Palsambleu! mon pauvre chevalier, je ne m'attendais pas à te rencontrer un jour sur mon chemin en fait de mariage, lorsque, il y a dix-sept ans, je fis manquer le tien... Au diable la rivalité! je t'ai toujours aimé, je t'ai regretté absent, je t'ai pleuré mort, et je te revois avec une vraie joie. Il faut que je t'embrasse. (*Il l'embrasse.*)
BOURSET.
Permettez, monsieur mon cousin, qu'oubliant le passé et me confiant dans l'avenir, je vous embrasse aussi. (*George, qui a reçu assez froidemement l'accolade du duc, recule devant celle de Bourset.*) Ma femme, embrasse aussi ton cousin. A présent, il n'y a plus de rancune possible.
JULIE, *tendant la main à George.*
Tout cela n'est pas nécessaire, Monsieur; il y a longtemps que j'avais reconnu Léonce.
BOURSET, *inquiet.*
Et maintenant, monsieur le chevalier, vous voulez être mon gendre. Mais la chose n'est pas impossible. Quoique proches parents... on peut obtenir des dispenses, et le nom de Puymonfort se perpétuera dans la famille (*Regardant Julie avec intention*), à moins que ma femme ne s'y oppose...
JULIE.
Vous l'espérez en vain, Monsieur, vous ne l'obtiendrez pas. Je consens à ce mariage de toute mon âme.
LE CHEVALIER.
Vous, Julie?
JULIE.
Oui, moi, qui priais hier soir M. Bourset de vous repousser, et qui aujourd'hui me repens de ce que j'ai fait hier. Votre peu de fortune me semblait un obstacle ; mais, depuis hier, j'ai fait bien des réflexions sur l'horreur des sacrifices qu'on fait à la vanité. J'ai songé à ce que souffrirait une jeune personne livrée par un contrat sordide à un homme qu'elle ne pourrait aimer. (*Avec intention.*) J'ai connu des femmes assez malheureuses pour avoir une peur insensée de la misère, et pour renoncer à une existence noble et sereine par ambition, par faiblesse ou par lâcheté. Je ne veux pas que ma fille dévore les larmes et les affronts que j'ai vu dévorer à de telles femmes! Je veux qu'elle regarde son époux avec un doux orgueil tous les jours de sa vie, et qu'elle puisse lui dire : Mon cœur t'a choisi, et ma raison approuve le choix de mon cœur. O ma pauvre Louise! je veux que tu n'aies point à rougir un jour de père de tes enfants!
BOURSET, *a part, la regardant.*
Voici une homélie que tu me revaudras! (*Haut.*) Ainsi, vous consentez à ce qu'ils s'épousent.
LE DUC.
Il faut bien que nous y consentions tous.
GEORGE.
Je n'y consens pas, moi. Nous sommes ici en présence quatre personnes qui nous sommes vues d'assez près autrefois pour n'avoir rien à nous dissimuler aujourd'hui. J'ai aimé Julie, je l'ai aimée passionnément; et, quoique j'aie été pour elle un frère et rien de plus (je puis l'attester devant Dieu!), je sens qu'il me serait aussi impossible d'avoir de l'amour pour sa fille que pour elle désormais. Il est des sentiments qui meurent à jamais en nous quand on les brise violemment. Il est aussi des incestes du cœur, et ceux-là ne sont pas les moins criminels peut-être. Ma pensée les a toujours repoussés sans indulgence, et le jour où, voyant Louise sacrifiée, je l'ai prise sous ma protection, c'est en faisant le serment devant Dieu de l'aimer comme si elle était ma fille, jamais autrement! Je l'ai préservée d'un mariage qui eût fait son désespoir et le vôtre ; je l'ai réconciliée avec sa mère, je le vois; j'ai veillé sur elle pendant un an, et maintenant je la laisse heureuse, aimée, protégée, n'est-ce pas, Julie?
JULIE *lui presse la main avec force.*
Oh! oui! Léonce, vous m'avez rendu le cœur de ma fille, et vous avez relevé le mien du désespoir et de l'abjection.
BOURSET.
Eh bien! maintenant, que voulez-vous donc?
GEORGE, *à Julie.*
Rien que lui dire adieu!
JULIE.
La voici!

SCÈNE IV.

LES PRÉCÉDENTS, LOUISE, LA MARQUISE.

GEORGE, *s'approchant de Louise.*
Louise, vous prierez pour moi, je retourne en Amérique. Il y a longtemps que je me croyais et que je m'étais fait mort pour la France, lorsqu'une curiosité sérieuse m'y poussa de nouveau. Je m'imaginais que la société devait valoir mieux qu'au temps où je l'avais quittée; mais je n'ai pas trouvé ce que j'espérais, et je vais revoir mes forêts tranquilles et mes patients laboureurs. Un ange m'est apparu pourtant sur cette terre ingrate. Son souvenir me suivra partout. Que le mien ne soit pas effacé en vous, mon enfant; qu'il soit pur et serein comme ma tendresse pour vous.
(*Il l'embrasse au front et se retourne vers Julie, qui se jette dans ses bras.*)
LA MARQUISE, *a qui le duc a parlé bas.*
Oui, grand Dieu! je m'en étais souvent doutée. Ah! mon enfant, ne nous quitte pas au moment où nous te retrouvons.
GEORGE, *à la marquise.*
Ma tante, vous avez ri bien cruellement à mon premier départ.
LA MARQUISE.
Tu ne l'as pas oublié!
GEORGE.
Je m'en suis souvenu qu'ici. De loin, je l'oublierai encore.
(*La marquise l'embrasse. Il salue Bourset et le duc, et sort en jetant à Julie et à Louise un dernier regard. Louise qui s'est contenue tant qu'il a été présent, se jette, dès qu'il est sorti, dans le sein de sa mère. La marquise l'emmène.*)

SCÈNE V.

LE DUC, BOURSET, JULIE.

BOURSET, *à part.*
Amen! (*Haut.*) Madame Bourset, vous gâterez vos beaux yeux à pleurer ainsi.
JULIE.
Monsieur, je n'ai pas voulu que ma fille entendit révéler vos secrets. Mais moi, cachée ici près, j'ai tout entendu. J'ai appris des choses que je n'avais jamais soupçonnées. Je vous ai aidé jusqu'ici dans vos projets de fortune ; j'ai partagé vos richesses et votre enivrement. J'ai même été vaine, ambitieuse, et j'en rougis ; mais vous aviez ennobli ce vice à mes yeux en me faisant croire que nous accomplissions une grande œuvre, que notre luxe faisait prospérer la France, et que nous étions au nombre de ses bienfaiteurs. Si je restais votre dupe un jour de plus, je serais forcée de me regarder comme votre complice ; car je sais que nous ne sommes plus que des spoliateurs. Souffrez que, sans manquer à mes devoirs et sans rompre le lien qui m'attache à vous, je

sépare mes intérêts, mes vœux et mes habitudes des vôtres. Je serais un prétexte à votre faste et à votre ambition, et je ne veux pas l'être. Je me retire dans une petite maison de campagne avec ma fille ; nous y vivrons de peu, nous y serons heureuses l'une par l'autre. Vous reprendrez tous les diamants que vous m'avez donnés ; je ne veux plus rien qui me rappelle que ces misérables jouets ont ruiné plus de cent familles. Adieu, Monsieur, tâchez de vous acquitter! N'ayant pas assez d'influence sur vous pour vous y amener, je n'y serai du moins pas un obstacle, et je ne rougirai devant personne.

BOURSET, *avec une rage concentrée.*
Allez, et que le ciel vous conduise ! Voilà qui porte à mon honneur un dernier coup !

LE DUC.
Entre nous soit dit, vous l'avez un peu mérité, Bourset, mon ami. (*A Julie.*) Vous êtes fort émue, Madame ; permettez-moi de vous conduire jusqu'à votre appartement. (*Il sort avec Julie.*)

SCÈNE VI.

BOURSET, *seul*, *puis* LE DUC.

BOURSET, *seul.*
Mérité, mérité ! Cela est facile à dire ! Que faire ? Le grand coup de théâtre ? Le moment est-il déjà venu et la crise décisive ?... Oui, il faut risquer le tout pour le tout ! Allons, le sort est jeté. C'est à présent, Bourset, qu'il faut montrer si tu es un grand spéculateur ou un parfait imbécile. (*Au duc qui rentre.*) Monsieur le duc, sommes-nous enfin seuls ? Veuillez fermer les portes derrière vous.

LE DUC.
Et pourquoi diable ?

BOURSET, *fermant les portes.*
Il est temps que vous me connaissiez. Vous saurez tout à l'heure jusqu'où peut aller le stoïcisme d'un homme qui se laisse accabler dans le sein même de sa famille, plutôt que de trahir les intérêts qui lui sont confiés. Tous ces messieurs sont-ils encore dans mon cabinet ?

LE DUC.
Je le présume. Après. (*Bourset va vers le cabinet d'un air tragique, et ouvre la porte à deux battants.*) Que diable va-t-il faire ? Se brûler la cervelle devant la compagnie ? (*Il veut l'arrêter.*)

BOURSET, *d'une voix forte.*
Messieurs !... Messieurs !... ayez la bonté de me suivre ici. (*Entrent le duc de La F..., le duc de M..., le comte de Horn, le marquis de S., et plusieurs autres.*) Tout n'est pas perdu, comme vous le croyez. Je n'ai pu m'expliquer devant un étranger ; ma justification entraînait la révélation d'un secret qu'il eût divulgué, et qui ne doit être connu que de vous. *On ferme les portes et les fenêtres avec soin.*) Je me suis laissé accabler, je porte tout le fardeau de l'accusation et toute l'amertume de vos doutes. J'ai dû attendre que l'ennemi fût sorti de ma maison... Ce que j'ai souffert durant cette heure de tortures, vous l'apprécierez quand vous saurez quel homme vous avez laissé traduire devant vous comme un criminel devant un tribunal.

LE DUC.
Où diantre va-t-il en venir ? Il me fait peur ! (*Bas à Bourset.*) Bourset, mon ami, calmez-vous. Que diable ! tout n'est pas perdu !

BOURSET.
Tout est sauvé, au contraire, monsieur le duc. Messieurs, étant déjà chargé de fonds immenses au moment où vous m'avez supplié et presque forcé d'accepter les vôtres, je me suis réservé de les faire valoir en temps et lieu, et jusque-là je les ai regardés comme un dépôt qui m'était confié, et que je devais garder dans mes mains, sauf à tirer les intérêts légaux de ma poche, si je ne trouvais pas un placement sûr et avantageux pour vous. Plus tard, initié au projet de loi qui vous frappe aujourd'hui d'inquiétude et de déplaisir, après avoir vainement combattu cet arrêt, j'ai résolu de vous en préserver, et, loin d'échanger les valeurs que vous m'aviez remises, je les ai intégralement conservées, afin de vous les restituer le jour où la baisse apparente et nécessaire de nos actions vous ferait croire l'argent plus précieux que le papier. Ce n'est pas mon opinion, à moi, car j'ai converti tout mon or en papier. J'ai acheté des terres en or, et je les ai revendues en papier. J'ai foi au papier, Messieurs ; c'est ma conviction ! c'est le résultat des plus consciencieuses études et du plus sévère examen. Mais de ce que je préfère le papier, il ne résulte pas que vous ne soyez pas les maîtres de vos fonds. L'exécution de l'arrêt qui frappe d'interdiction la possession d'une certaine somme monnayée peut d'ailleurs m'atteindre aussi bien que vous, quoiqu'il y ait plus de chances contre vous que contre moi. Je vous prie donc de reprendre chacun ce qui vous appartient, et de renoncer aux bénéfices de l'affaire. J'y aurai regret pour vous ; mais je serai heureux de me débarrasser d'une aussi grande responsabilité dans un moment de crise aussi fâcheux. Un homme tel que moi ne peut se soumettre deux fois dans sa vie à l'injure du soupçon, et je sens que je n'aurais pas la force de supporter une seconde scène comme celle d'aujourd'hui.

LE DUC DE LA F...
Mais où prendriez-vous l'argent pour le rendre ?

BOURSET.
Tenez, Messieurs, voyez... (*Il ouvre les panneaux de boiserie, et leur montre plusieurs rangées de coffres-forts sur des compartiments.*)

LE DUC.
En voici bien d'une autre !

BOURSET.
Allons, Messieurs, parlez ! j'attends votre décision. Faut-il appeler mon caissier et faire compter à chacun de vous la somme qui lui revient ? Il faudra bien que vous renonciez aux bénéfices ; car, vu l'état des choses, je ne puis rembourser que les intérêts du capital.

LE COMTE DE HORN.
Et pourquoi donc y renoncerions-nous ? qui donc a besoin de son capital ici ? Sommes-nous des gens de rien pour ne pouvoir risquer chacun une bagatelle de cinquante, cent, deux cent mille livres ? Il y a là une affaire magnifique. Moi, je ne veux pas y renoncer. Les fonds sont en sûreté chez M. Bourset de Puymonfort. Appuyé comme il l'est par le régent, et ami intime de Law, il fera révoquer l'arrêt avant qu'on ait songé à examiner sa caisse ! Qui l'oserait, d'ailleurs ! Nous, nous ne passerions pas vingt-quatre heures avec nos fonds sans être inquiétés. Ainsi, mon avis est que nous donnions à l'honnête et respectable M. Bourset une preuve de notre confiance en réparation de l'outrage que nous n'avons pu empêcher aujourd'hui. Qu'il garde nos fonds et qu'il les fasse valoir. Nous avons été trompés par de faux renseignements, l'affaire est meilleure que jamais. Il faudrait être lâche pour renoncer à l'avenir que l'habileté, la probité et l'immense solvabilité de M. Bourset ouvrent devant nous.

LE DUC DE LA F...
C'est mon avis.

LE MARQUIS DE S...
Et le mien.

PLUSIEURS VOIX.
Eh oui, c'est le nôtre à tous.

BOURSET.
Je vous remercie, Messieurs, de cette preuve d'estime ; et quelque pénible, quelque dangereuse que soit la tâche que vous m'imposez, je saurai m'en rendre digne. J'en parlerai au régent dès que l'arrêt sera révoqué, et il est tellement flatté de votre confiance au système, que vous obtiendrez de lui, je n'en doute pas, les faveurs et monopoles que vous sollicitez depuis si longtemps : vous, monsieur le duc, les sucres et cafés ; vous, monsieur le comte, le monopole des cuirs ; vous, monsieur le marquis, celui des graisses, savons et chau-

Oh! o h! Léonce, vous m'avez rendu le cœur de ma fille. (Page 30.)

delles[1]; vous, monsieur le duc, que demandez-vous?
LE DUC.
Est-ce que vous ne pourriez pas me trouver quelque chose d'un peu moins malpropre? (*Bas à Bourset.*) Moi, mon cher Bourset, je suis très-content d'être remboursé et très-dégoûté des affaires. A mon âge, vous l'avez dit, il faut du repos.
LE COMTE DE HORN, *bas à Bourset.*
Je vous ai donné un bon coup d'épaule; vous paierez, je l'espère, ma petite dette de jeu...
BOURSET, *avec intention.*
Fût-elle de cinq mille livres, monsieur le comte...
LE COMTE DE HORN.
Elle n'est que de dix mille.

1. Historique.

BOURSET.
Soit. (*A part.*) Mendiant! puisses-tu être roué vif[2]!
LE DUC, *à part, pendant que Bourset reçoit les poignées de main, accolades et félicitations de tous.*
Ah çà! ce Bourset est-il le plus rusé coquin ou le plus honnête homme que j'aie jamais connu?
BOURSET, *traversant le salon pour donner des poignées de main de tous côtés.*
Ce pauvre chevalier m'a donné là, sans s'en douter, une heureuse idée! Qu'il aille en Amérique à présent et qu'il en revienne encore, je le défie!
(*Tous l'embrassent.*)

2. On sait que le comte de Horn a été roué vif pour avoir assassiné, dans la rue Quincampoix, un agioteur chargé de valeurs considérables.

FIN DES MISSISSIPIENS.

LIBRAIRIE BLANCHARD
RUE RICHELIEU, 78

ÉDITION J. HETZEL

LIBRAIRIE MARESCQ ET Cie
5, RUE DU PONT-DE-LODI

JEANNE

NOTICE

Jeanne est le premier roman que j'aie composé pour le mode de publication en feuilletons. Ce mode exige un art particulier que je n'ai pas essayé d'acquérir, ne m'y sentant pas propre. C'était en 1844, lorsque le vieux *Constitutionnel* se rajeunit en passant au grand format. Alexandre Dumas et Eugène Sue possédaient dès lors, au plus haut point, l'art de finir un chapitre sur une péripétie intéressante, qui devait tenir sans cesse le lecteur en haleine, dans l'attente de la curiosité ou de l'inquiétude. Tel n'était pas le talent de Balzac, tel est encore moins le mien. Balzac, esprit plus analytique, moi, caractère plus lent et plus rêveur, nous ne pouvions lutter d'invention et d'imagination contre cette fécondité d'événements et ces complications d'intrigues. Nous en avons souvent parlé ensemble ; nous n'avons pas voulu l'essayer, non par dédain du genre et du talent d'autrui ; Balzac était trop fort, moi trop amoureux de mes aises intellectuelles pour dénigrer les autres ; car le dénigrement, c'est l'envie, et on dit que cela rend fort malheureux. Nous n'avons pas voulu l'essayer, par la certitude que nous sentions en nous de n'y pas réussir et d'avoir à y sacrifier, des résultats de travail qui ont aussi leur valeur, moins brillante, mais allant au même but.

Ce but, le but du roman, c'est de peindre l'homme, et, qu'on le prenne dans un milieu ou dans l'autre, aux prises avec ses idées ou avec ses passions, en lutte contre un monde intérieur qui l'agite, ou contre un monde extérieur qui le secoue, c'est toujours l'homme en proie à toutes les émotions et à toutes les chances de la vie.

Jeanne est une première tentative qui m'a conduit à faire plus tard *la Mare au Diable, le Champi* et *la Petite Fadette*. La vierge d'Holbein m'avait toujours frappé comme un type mystérieux où je ne pouvais voir qu'une fille des champs rêveuse, sévère et simple : la candeur infinie de l'âme, par conséquent un sentiment profond dans une méditation vague, où les idées ne se formulent point. Cette femme primitive, cette vierge de l'âge d'or, où la trouver dans la société moderne ? Du moment qu'elle sait lire et écrire, elle ne vaut pas moins, sans doute, mais elle est autre, et appartient à un autre genre de description.

Je crus ne pouvoir la trouver qu'aux champs, pas même aux champs, au désert, sur une lande inculte, sur une terre primitive qui porte les stigmates mystérieuses de notre plus antique civilisation. Ces coins sacrés où la charrue n'a jamais passé, où la nature est sauvage, grandiose ou morne, où la tradition est encore debout, où l'homme semble avoir conservé son type gaulois et ses croyances fantastiques, ne sont pas aussi rares en France qu'on devrait le croire après tant de révolutions, de travaux et de découvertes. La France est pleine, au contraire, de ces contrastes entre la civilisation moderne et la barbarie antique, sur des zones de terrain qui ne sont séparées parfois l'une de l'autre que par un ruisseau ou par un buisson. Quand on se trouve dans une de ces solitudes où semble régner le sauvage génie du passé, cette pensée banale vient à tout le monde : « On se croirait ici à deux mille lieues des villes et de la société. » On pourrait dire aussi bien qu'on s'y sent à deux mille ans de la vie actuelle.

Cette vierge gauloise, ce type d'Holbein, ou de Jeanne d'Arc ignorée, qui se confondaient dans ma pensée, j'essayai d'en faire une création développée et complète. Mais je ne réussis point à mon gré. Il me fallut, pour satisfaire aux nécessités du feuilleton, me hâter un peu, et, d'ailleurs, je n'osai point alors faire ce que j'ai osé plus tard, peindre mon type dans son vrai milieu, et l'encadrer exclusivement de figures rustiques en harmonie avec la mesure, assez limitée en littérature, de ses idées et de ses sentiments. En mêlant JEANNE à des types de notre civilisation, je trouvai que j'atténuais la vraie grandeur que je lui avais rêvée, et que j'altérais sa simplicité nécessaire. Je fis un roman de contrastes, comme ces contrastes de paysages et de mœurs dont j'ai parlé tout à l'heure ; mais je me sentis dérangé de l'oasis austère où j'aurais voulu oublier et faire oublier à mon lecteur le monde moderne et la vie présente. Mon propre style, ma phrase me gênait. Cette langue nouvelle ne peignait ni les lieux, ni les figures que j'avais vues avec mes yeux et comprises avec ma rêverie. Il me semblait que je barbouillais d'huile et de bitume les peintures sèches, brillantes, naïves et plates des maîtres primitifs, que je cherchais à faire du relief sur une figure étrusque, que je traduisais Homère en rébus, enfin que je profanais le nu antique avec des draperies modernes.

Les peintres et les sculpteurs de la renaissance l'ont fait pourtant. Germain Pilon a habillé les Grâces païennes avec une mousseline ou un taffetas qui n'est jamais sorti d'une autre fabrique que de celle de son génie ; mais il faut être Germain Pilon ou ne pas s'en mêler. Puisse le lecteur m'être plus indulgent que je ne le suis à moi-même !

GEORGE SAND.

Nohant, mai 1852.

DÉDICACE A FRANÇOISE MEILLANT.

« Tu ne sais pas lire, ma paisible amie, mais ta fille et
« la mienne ont été à l'école. Quelque jour, à la veillée
« d'hiver, pendant que tu fileras ta quenouille, elles te
« raconteront cette histoire qui deviendra beaucoup plus
« jolie en passant par leurs bouches. »

PROLOGUE.

Dans les montagnes de la Creuse, en tirant vers le Bourbonnais et le pays de Combraille, au milieu du site le plus pauvre, le plus triste, le plus désert qui soit en France, le plus inconnu aux industriels et aux artistes, vous voudrez bien remarquer, si vous y passez jamais, une colline haute et nue, couronnée de quelques roches qui ne frapperaient guère votre attention, sans l'avertissement que je vais vous donner. Gravissez cette colline ; votre cheval vous portera, sans grand effort, jusqu'à son sommet ; et là, vous examinerez ces roches disposées dans un certain ordre mystérieux, et assises, par masses énormes, sur de moindres pierres où elles se tiennent depuis une trentaine de siècles dans un équilibre inaltérable. Une seule s'est laissée choir sous les coups des premières populations chrétiennes, ou sous l'effort du vent d'hiver qui gronde avec persistance autour de ces collines dépouillées de leurs antiques forêts. Les chênes prophétiques ont à jamais disparu de cette contrée, et les druidesses n'y trouveront plus un rameau de gui sacré pour parer l'autel d'Hésus.

Ces blocs posés comme des champions gigantesques sur leur étroite base, ce sont les menhirs, les dolmens, les cromlechs des anciens Gaulois, vestiges de temples cyclopéens d'où le culte de la force semblait bannir par principe le culte du beau ; tables monstrueuses où les dieux barbares venaient se rassasier de chair humaine, et s'enivrer du sang des victimes ; autels effroyables où l'on égorgeait les prisonniers et les esclaves, pour apaiser de farouches divinités. Des cuvettes et des cannelures creusées dans les angles de ces blocs, semblent révéler leur abominable usage, et avoir servi à faire couler le sang. Il y a un groupe plus formidable que les autres, qui enferme une étroite enceinte. C'était peut-être là le sanctuaire de l'oracle, la demeure mystérieuse du prêtre. Aujourd'hui ce n'est, au premier coup d'œil, qu'un jeu de la nature, un de ces refuges que la rencontre de quelques roches offre au voyageur ou au pâtre. De longues herbes ont recouvert la trace des antiques bûchers, les jolies fleurs sauvages des terrains de bruyères enveloppent le socle des funestes autels, à peu de distance, une petite fontaine froide comme la glace et d'un goût saumâtre, comme la plupart de celle du pays Marchois, se cache sous des buissons rongés par la dent des boucs. Ce lieu sinistre, sans grandeur, sans beauté, mais rempli d'un sentiment d'abandon et de désolation, on l'appelle les *Pierres Jomâtres*.

Vers les derniers jours d'août 1816, trois jeunes gens de bonne mine chassaient au chien couchant, au pied de la *montagne aux pierres*, comme on dit dans le pays.

— Amis, dit le plus jeune, je meurs de soif, et je sais par ici une fontaine vers laquelle mon chien court déjà, comme à bonne connaissance. Si vous voulez me suivre, sir Arthur sera peut-être bien aise de voir de près ces pierres druidiques, bien qu'il en ait vu sans doute de plus curieuses en Écosse et en Irlande.

— Je verrai toujours, répondit sir Arthur, avec un accent britannique bien marqué ; et il se mit à gravir la colline par son côté le plus roide, pour marcher en ligne droite aux pierres jomâtres.

— Quant à moi, dit le troisième chasseur, qui avait l'air moins distingué que les deux autres, quoique sa physionomie eût plus d'expression et son œil plus de vivacité, je n'espère pas trouver ici de gibier, c'est un endroit maudit ; mais je vais à la recherche de quelque chèvre, pour la soulager de son lait.

— *Vous ne devez pas !* dit l'Anglais, dont le parler était toujours obscur à force de laconisme.

— Prenez garde, Marsillat, cria le premier interlocuteur, le jeune Guillaume de Boussac, qui se dirigeait vers la fontaine ; vous savez bien que sir Arthur est le grand redresseur de nos torts, et qu'il ne voit pas d'un bon œil vos attentats contre la propriété. Il ne veut pas qu'on saccage les murs de clôture, qu'on gâte les sarrasins, ni qu'on tue la poule du paysan.

— Bah ! reprit le jeune licencié en droit, le paysan sait bien prendre sa revanche au centuple.

Sir Arthur était déjà loin. Il avait une manière de marcher en rasant la terre, qui n'avait l'air ni active ni dégagée, mais qui gagnait le double en vitesse sur celle de ses compagnons. C'était un chasseur modèle ; il n'avait jamais ni faim ni soif, et les jeunes gens qui le suivaient avec émulation maudissaient souvent son infatigable persévérance.

Bien que Guillaume de Boussac et Léon Marsillat ne fissent que bondir et s'essouffler, l'Anglais, pareil à la tortue de la fable, qui gagne sur le lièvre le prix de la course, examinait depuis un quart d'heure la disposition et les qualités minéralogiques des pierres jomâtres, quand ses deux amis vinrent le rejoindre.

— Diable de fontaine ! disait M. de Boussac en faisant

la grimace; elle a un goût de cuivre qui ne me donne pas grande idée du *trésor*.

— Ces maudites chèvres, disait Marsillat, n'ont pas une goutte de lait! au lieu de brouter, elles ne songent qu'à lécher les pierres. Est-ce qu'elles auraient le goût de l'or?

— *Or? trésor?* demanda sir Arthur, en les regardant d'un air étonné.

— C'est qu'il faut vous dire, repartit Guillaume de Boussac, qu'il y a une tradition, une légende sur cet endroit-ci. Vous n'ôteriez pas de la tête de nos paysans, à ce que prétend Marsillat, qu'un trésor est enfoui dans cette région.

— Cette croyance les rend fous, dit Marsillat. Les uns supposent ce trésor enterré sous ces pierres druidiques; d'autres le cherchent plus loin, dans la montagne de Toull-Sainte-Croix, que vous voyez, à une heure de chemin d'ici.

L'Anglais regarda le sol maigre et pierreux, les bruyères qui étouffaient le fourrage, les chèvres efflanquées qui erraient à quelque distance.

— Il y a un trésor dans les terres incultes, dit-il : mais il faut un autre trésor pour l'en retirer.

— Oui, des capitaux! dit Marsillat.

— Et des paysans! ajouta Guillaume. Cette terre est dépeuplée.

— *Des hommes, et puis des hommes*, reprit l'Anglais.

— *Comprends pas*, dit Guillaume en souriant, à Marsillat.

— Pas de maîtres et pas d'esclaves; des hommes et des hommes! reprit sir Arthur, étonné de n'avoir pas été compris, lui qui croyait parler clair.

— Est-ce qu'il y a des esclaves en France? s'écria Marsillat en haussant les épaules.

— Oui, et en Angleterre aussi! répondit l'Anglais sans se déconcerter.

— La philosophie m'ennuie, reprit à demi-voix Marsillat en s'adressant à son jeune compatriote; votre Anglais me dégoûterait d'être libéral. Combien voulez-vous parier, Guillaume, ajouta-t-il tout haut, que je monte sur la plus haute et la plus lisse des pierres jomâtres?

— Je parie que non, répondit M. de Boussac.

— Voulez-vous parier ce que nous avons d'argent sur nous?

— Volontiers, cela ne me ruinera pas. Je n'ai qu'un louis.

— Eh pardieu, je n'ai qu'une pièce de 5 francs, moi, reprit Marsillat après avoir fouillé toutes ses poches.

— C'est égal, je tiens! dit M. de Boussac.

— Et vous, *Mylord?* reprit Marsillat : que pariez-vous?

— Je parie une pièce de 5 sous de France, répondit sir Arthur.

— Fi donc! j'ai cru, dit Marsillat, que les Anglais étaient fous des paris. Ils ne méritent guère leur réputation. 5 sous pour monter là-dessus!

— C'est plus que cela ne vaut.

— Par exemple! Il y a de quoi se casser bras et jambes!

— Alors, je ne parie rien, ou je parie 1,000 livres sterling contre vous que vous y monterez.

— L'argent n'est rien, la gloire est tout! s'écria gaiement Marsillat; je tiens vos 5 sous et je monte.

— C'est comme cela qu'on se tue, dit Arthur en lui ôtant froidement des mains son fusil armé dont il voulait s'aider.

Marsillat fit des efforts inouïs, des miracles d'adresse, et après s'être écorché les mains en glissant plus d'une fois jusqu'à terre, après avoir cassé ses bretelles et mis au désespoir son chien qui ne pouvait le suivre, il parvint à se dresser d'un air de triomphe sur la plate-forme du dolmen. Savez-vous, s'écria-t-il, que ces pierres étaient des idoles? me voilà sur les épaules d'un Dieu!

— Écoutez, Léon, lui cria le jeune de Boussac, si vous trouvez là-haut la druidesse Velléda, faites-nous-en part.

— Bah! Je n'aime pas plus votre druidesse que votre Chateaubriand! répondit Marsillat, qui se piquait de libéralisme. Vive Lisette! vive le charmant Béranger!

— Écrivain de mauvaise compagnie, reprit le jeune homme avec dédain; n'est-ce pas sir Arthur? est-ce que vous pouvez supporter ce chansonnier de taverne?

— Béranger! grand poëte! dit tranquillement l'Anglais.

— Un poëte, lui! dites donc Chateaubriand!

— Et Chateaubriand grand poëte, reprit l'Anglais sans s'animer davantage.

— Allons, vous n'entendez rien à la littérature française, cher *allié*, vous êtes un véritable Anglais.

— Je suis, quand je dis cela, un véritable Français, répondit sir Arthur, et un jour, Chateaubriand, Béranger se donneront la main.

— Ce jour-là, repartit le jeune noble, Marsillat trouvera la druidesse Velléda sur la grande pierre jomâtre.

Quoi, Lisette, est-ce vous...?

Chantait Marsillat en parcourant la plate-forme du dolmen, et en sautant d'un bloc à l'autre. Tout à coup il s'arrêta, et son chant fut interrompu par une exclamation de surprise.

— Qu'est-ce donc? un lièvre? un serpent? s'écria Guillaume.

— Velléda? demanda sir Arthur en souriant un peu.

— Non! Lisette, répondit Marsillat, pas laide du tout, ma foi! mais est-elle morte?

Et il disparut dans la coulisse que formait l'écartement des deux plus grosses pierres druidiques. Guillaume de Boussac, voyant qu'il ne répondait plus à ses questions, poussé par la curiosité d'une aventure, se mit en devoir d'escalader le rocher; mais sir Arthur, moins pressé et nullement ému, lui fit remarquer qu'en tournant l'enceinte de roches et en rejoignant Marsillat par l'intérieur, il aurait beaucoup plus vite atteint son but. Ce fut l'affaire de quelques instants, et tous trois se trouvèrent réunis autour de la druidesse endormie.

— C'est un petit enfant, dit l'Anglais.

— Cela? ça a quatorze ou quinze ans, répondit Marsillat; peut-être plus!

— Je n'aurais pas cru, dit Guillaume.

— La race du pays est comme cela, reprit Marsillat; les filles jusqu'à seize ans, et les garçons jusqu'à vingt, sont tout petits et conservent des traits enfantins; ils se développent tout d'un coup, et deviennent grands et forts, lorsqu'on les croyait noués pour toujours. C'est la même chose que pour les poulains et les taureaux.

— Oh! ce n'est pas la même chose, dit sir Arthur, scandalisé d'entendre parler si légèrement de l'espèce humaine.

— Comme elle dort! dit Guillaume de Boussac; un coup de fusil ne la réveillerait pas.

— J'ai envie d'essayer, dit Marsillat en cherchant à prendre l'arme de sir Arthur, qui la lui refusa avec fermeté, trouvant la plaisanterie cruelle et dangereuse.

— C'est le sommeil de l'ange ou de la bête, reprit Guillaume. Elle est jolie, n'est-ce pas, Léon? Je ne peux voir que son profil, qui n'est pas laid.

— Je voudrais voir son figure, dit l'Anglais qui, par quelques fautes de langue, donnait parfois, sans le savoir, un tour assez plaisant à ses discours ordinairement graves.

— Oh! *son* figure est *beau!* répondit Marsillat avec l'indifférence que lui aurait inspirée une créature ruminante. Je l'ai vue; c'est le beau type bourbonnais qui se mêle à la frontière au type marchois moins sévère, mais plus piquant à mon gré. Si elle n'avait pas renfoncé son nez sous son bras, vous verriez une vraie beauté bourbonnaise, et cela plairait à *mylord*, j'en suis sûr, car il a des yeux tout comme un autre, malgré sa philosophie.

Guillaume de Boussac voulut pousser la dormeuse du bout de son fouet pour la réveiller; l'Anglais s'y opposa, en disant d'un ton et avec un accent qui provoquèrent un éclat de rire :

— Laissez dormir l'innocence.

— On peut bien la faire remuer sans la réveiller, dit Marsillat en avançant la main pour retourner la tête de la pastourelle.

— Mettez votre gant ! dit Guillaume, en le retenant ; les enfants de ce pays sont si malpropres !

— C'est vrai, reprit Marsillat, en ramassant un brin d'herbe dont il chatouilla le front de la jeune fille.

Elle fit le mouvement de chasser une mouche importune, et se retourna avec ce gros soupir sans effort et sans tristesse, qui soulève la poitrine des enfants endormis, et qui a une harmonie particulière, une pureté de souffle qui inspire je ne sais quel attendrissement. Puis, sans ouvrir les yeux, elle prit à son insu une pose incroyablement gracieuse. Son bras était rejeté au-dessus de sa tête, et sa main brune, mais effilée et petite, rejeta en arrière sa coiffe de toile grise, et resta entr'ouverte sur ses cheveux d'un blond cendré magnifique. C'était bien le plus frais visage humain qui eût jamais bravé sans voile et sans ombrelle les ardeurs du soleil de midi. Il est certains cantons du Berri et des provinces limitrophes, où, malgré l'absence d'arbres, et en dépit d'une vie exposée à toutes les blessures du hâle, la carnation des paysans est aussi pure et aussi délicate que celle des Vénitiens et des montagnards des Alpes graïennes. Dans les endroits où ce caractère n'est pas général, il se produit et se perpétue dans certaines familles, et c'est une opinion assez répandue, que ces familles sont d'origine anglaise, les Anglais ayant occupé, comme on sait, assez longtemps nos provinces du centre pour y mélanger leur sang avec celui des indigènes ; mais nous croirions plutôt que le pur sang de la race gauloise primitive s'est conservé jusqu'à nos jours sans mélange, dans quelques tribus rustiques de nos provinces centrales.

La dormeuse était donc blanche comme l'aster des prés et rosée comme la fleur de l'églantier. Mais sa beauté eût pu se passer de cette recherche particulière à la race des oisifs. Ses traits étaient admirables, son front humide, un peu bas comme celui des statues antiques. Les lignes les plus pures et un calme angélique dans la physionomie lui donnaient une ressemblance frappante avec ces beaux types que l'art grec a immortalisés. Sa taille n'était pas développée, et annonçait pourtant la souplesse et la force ; elle était vêtue de haillons qui, dans leur désordre pittoresque, ne la déparaient nullement. Ses pieds nus reposaient dans l'herbe, et sa bouche entr'ouverte laissait voir des dents superbes. La véritable beauté est toujours chaste et inspire un respect involontaire. L'Anglais n'était pas d'humeur à s'en départir, et ses deux étourdis compagnons en subirent l'ascendant irrésistible.

— Ma foi, ce n'est pas Lisette, c'est Velléda, dit Marsillat en baissant la voix par un sentiment instinctif.

— Et pourquoi Lisette ne *serait-il* pas *beau* comme Velléda, demanda sir Arthur.

— Va pour Velléda, va pour Lisette ! répondit Marsillat ; si j'étais peintre, je voudrais *croquer* cette divine créature... Et si j'étais seul, ajouta-t-il, revenant à son naturel, je voudrais savoir si cette chevrière a tant soit peu d'esprit.

— Monsieur Marsillat, dit Arthur d'un air solennel, allons-nous-en.

— Oui, oui, allons-nous-en, dit Marsillat après avoir ri de la vertueuse sollicitude de l'Anglais. On se repent toujours d'avoir regardé les belles Marchoises ; la plus sotte et la plus novice en sait assez long pour compromettre le plus prudent et le plus discret d'entre nous. Au diable toutes les Velédas et toutes les Lisettes de nos champs !

— Je ne comprends pas, reprit sir Arthur en s'échauffant un peu au feu de son indignation intérieure, qu'il vous vienne de pareilles pensées à la vue d'un enfant. Vous n'êtes pas dignes, Messieurs, de contempler la beauté.

— Oui, oui, *mylord* est seul digne de contempler la *bioûté*, dit Marsillat, en contrefaisant l'accent comique de sir Arthur. Sir Arthur ne s'en aperçut pas. Le mot ne sonnait pas autrement à son oreille qu'il ne l'avait prononcé, et il souriait d'un air de pitié paternelle, quand les jeunes gens le traitaient de mylord avec une affectation ironique.

— Attendez, Messieurs, dit Guillaume : Marsillat a gagné son pari, et je lui dois un louis que je le défie de prendre où je vais le mettre.

En même temps, il déposa doucement, dans la main toujours ouverte de la dormeuse, le napoléon qu'il avait parié.

— Vous avez raison, dit Marsillat, et je suis bien fâché de n'avoir que cinq francs à joindre à votre aumône. Halte-là, Mylord, ajouta-t-il après avoir déposé son écu dans la main de la petite paysanne, et en voyant que sir Arthur se fouillait à son tour. Vous n'avez parié que cinq sous, et vous ne devez pas mettre davantage à l'offrande.

— D'autant plus, dit sir Arthur, après avoir retourné toutes ses poches d'un air consterné, que je n'ai rien autre chose sur moi.

— Je te crois bien ! vous avez tout donné en chemin, reprit Guillaume qui connaissait l'extrême libéralité de l'Anglais. Son sommeil obstiné m'amuse, ajouta-t-il en jetant un dernier regard sur la chevrière. Je voudrais voir son étonnement quand elle trouvera ces trois pièces dans sa main en se réveillant.

— Elle croira que le diable s'en est mêlé, répondit Marsillat, ou tout au moins les fées qui hantent, comme chacun sait, les pierres jomâtres au coup de midi et au coup de minuit.

— Puisque nous faisons le rôle des fées, dit Guillaume, et que nous voici trois, nombre consacré dans tous les contes merveilleux, je suis d'avis que nous fassions chacun un souhait à cet enfant.

— Ça va, dit Marsillat, et étendant la main sur la tête de l'enfant : ma belle, lui dit-il, je te souhaite un gaillard vigoureux pour amant.

— Ma charmante, je te souhaite un protecteur riche et généreux, dit M. de Boussac en souriant.

— Ma fille, je te souhaite un honnête mari qui t'aime et t'assiste dans tes peines, dit à son tour l'Anglais avec un sérieux et un accent de conviction qui arrêtèrent un instant la gaieté de ses compagnons.

Tous trois s'éloignèrent des pierres jomâtres, croyant avoir porté bonheur à l'enfant, chacun à sa manière, et ne se doutant guère que leurs aumônes allaient devenir dans sa petite main l'instrument de leurs destinées.

I.

LA VILLE GAULOISE.

Environ quatre ans après cette aventure, M. Guillaume de Boussac repassait pour la première fois au pied du mont Barlot, sur lequel s'élèvent les pierres jomâtres ; et, en regardant de loin ces monuments druidiques, et en se souvenant d'y avoir été conduit jadis deux ou trois fois par des parties de chasse au temps des vacances, il ne se rappelait nullement la prétendue druidesse dont la main avait reçu son aumône. Cette futile circonstance était sortie de sa mémoire et n'y revint que longtemps après.

Le jeune baron de Boussac, d'aimable et folâtre collégien, était devenu un charmant jeune homme, encore rose et blanc comme une demoiselle, au dire des gens du pays, mais assez robuste pourtant, et d'une physionomie plutôt sérieuse qu'enjouée. Le temps et la réflexion avaient mûri son caractère, son extérieur et ses goûts. Il ne bornait plus ses promenades à l'exploration des pierres jomâtres, au delà desquelles il ne s'était guère aventuré autrefois ; maintenant il s'enfonçait dans les montagnes, monté sur un joli cheval anglais, et muni d'un léger portemanteau qui annonçait des projets de voyage pour deux ou trois journées. Arrivé à son château de Boussac depuis moins d'une semaine, et s'ennuyant déjà de l'esprit arriéré de la petite ville, il avait embrassé sa mère, en la prévenant d'une absence dont elle avait dû de son côté promis, avec plus de tendresse que de sincérité, de ne prendre aucune inquiétude. La journée était superbe, le soleil du matin commençait à sécher la rosée sur les bruyères; notre jeune chercheur d'aventures ne pouvait se faire d'illusions sur le confortable des gîtes qui l'attendaient. On lui avait vanté les beaux points de vue et les antiquités du pays plus que les auberges, et il se promettait de supporter en stoïcien, sinon tout à fait en chrétien, les fatigues et les privations d'une excursion poétique dans un pays inculte, dépeuplé et presque sauvage.

Guillaume n'était pas très-directement le descendant du fameux maréchal de Boussac, un des compagnons de la Pucelle, un des vainqueurs des Anglais, et des libérateurs de la France sous Charles VII. Pour justifier le principe que les grands noms ne doivent pas périr, le mariage d'une petite nièce de cette maison avait porté, au temps de Louis XIV, la seigneurie et le nom de Boussac dans une famille de bons gentilshommes du pays. Guillaume n'avait pas examiné de trop près son arbre généalogique; comme bon nombre de nobles à l'époque de la Restauration, il avait ravivé dans son âme les idées chevaleresques, et, suppléant par la force de l'imagination à celle du sang, il croyait consciencieusement sentir celui des anciens preux couler, sans mélange, dans ses veines. C'était un brave jeune homme, un peu réservé de manières et très-sincère de cœur, sage comme un enfant de famille élevé sous les yeux d'une mère pieuse, enfin romanesque comme on l'était encore à vingt ans, il y a vingt ans. Cet heureux temps n'est plus. Aujourd'hui nos fils sont sceptiques et blasés sur les bancs du collége. Mais en 1820, on n'était que désespéré avec Werther, René ou le Giaour, et cela était infiniment préférable; car on pratiquait le désespoir en amateur, et on le portait en homme de goût. Guillaume n'en était pas même au point de se croire malheureux; il n'était que mélancolique, et il trouvait dans la poésie du Christianisme assez de belles inspirations pour se réfugier, sinon bien sérieusement, du moins très-sympathiquement, dans le sein d'une religion fraîchement remise à la mode. Ajoutons qu'il avait reçu certains bons principes de morale, qu'il avait de nobles instincts, que tout ce qui était lâche et bas lui répugnait, et qu'il avait lu trop de beaux livres pour ne pas se faire de sa destinée une sorte d'idéal romantique propre à le maintenir dans le respect, même peut-être un peu exagéré, de soi-même.

Perdu dans ses pensées et repassant dans son esprit les pompeuses descriptions de la Gaule poétique de Marchangy, il laissa sur sa gauche le camp romain de Soumans, et se dirigea, un peu à l'aventure, vers la montagne de Toull qu'il s'était promis de visiter avec attention, et qu'il n'avait jamais vue que de loin. En dépit des instances de sa mère, il avait voulu se faire accompagner d'aucun guide, d'aucun domestique, afin de mieux se livrer à ses impressions dans la solitude, et peut-être aussi de braver plus de hasards.

Il passa devant le mélancolique cimetière de Pradeau, jeté au flanc de la colline, comme un appel aux prières du voyageur, et se guidant sur les nombreuses croix de pierre blanche plantées, comme des vedettes, de distance en distance, pour prévenir les accidents au temps des neiges, il arriva enfin vers onze heures du matin au pied de la montagne de Toull.

La montagne de Toulx ou plutôt Toull-Saint-Croix est une antique cité gauloise conquise par les Romains sous Jules César, et détruite par les Francs au IVe siècle de notre ère. On y trouve des antiquités romaines, comme à peu près partout en France; mais là n'est pas le mérite particulier de cette ruine formidable. Ce qui en reste, cet amas prodigieux de pierres à peine dégrossies par le travail, et où l'on chercherait en vain les traces du ciment, ce sont les matériaux bruts de la primitive cité gauloise, tels que les employaient nos premiers pères. Au temps de Vercingétorix, trois enceintes de fascines et de terre battue, revêtues de pierres sèches, s'arrondissaient en amphithéâtre sur le flanc de la colline. La colline s'est exhaussée depuis de toute la masse des matériaux qui formaient la ville, et maintenant c'est littéralement une haute montagne de pierres, sans végétation possible, et d'un aspect désolé. Une quinzaine de maisons et une pauvre église, avec la base d'une tour féodale et un seul arbre assez mal portant, forment au sommet du mont une misérable bourgade. Et voilà ce qu'est devenue une des plus fortes places de défense du pays limitrophe entre les Bituriges et les Arvernes, territoire vague que les nouvelles délimitations ont fait rentrer assez avant dans la circonscription du département de la Creuse, mais qui jadis a été alternativement Berri et Marche, Combraille et Bourbonnais. Le comté de la Marche était lui-même une formation du moyen âge, qui se resserrait ou s'étendait au gré du destin des batailles, et selon les vicissitudes de la fortune de ses princes. Toull fut, au moyen âge, l'extrême frontière du Berri sur la limite du Combraille. C'était l'ancienne division gauloise. Le Combraille était le pays des *Lemovices*. La division des départements est admirable en tous points, sauf celui de jeter un dernier voile d'oubli sur l'histoire déjà assez obscure des petites localités.

L'habitant de ces montagnes, attaché à un pays aride, et habitué à une sobriété parcimonieuse, est le plus âpre au gain qui soit au monde. Il est actif et industrieux comme tous ceux qu'une nature marâtre dresse au joug de la nécessité. Il aime ce sol ingrat qui ne le nourrit pas, et quand il a fait la vie de maquignon ou de maçon bohémien, dans sa jeunesse, il revient mourir de la fièvre sous son toit de chaume, en léguant à sa famille le prix de son travail ou de son talent. Plus ouvert et plus civilisé que celui des heureuses vallées limitrophes du Berri, il accueille mieux l'étranger et s'en mêle davantage. Il est, selon l'expression de Balzac, *aimable comme tous les gens très-corrompus*. Cependant il vaut mieux que sa réputation, et, quand il se mêle d'être estimable, il ne l'est pas à demi. Il joint alors la probité et le dévouement à l'esprit, à l'activité, au courage, à la persévérance.

Les femmes s'expatrient aussi dans leur jeunesse, et font volontiers les fonctions de servantes dans les provinces voisines. Lorsqu'elles sont belles, elles y deviennent vite de servantes maîtresses, et la femme légitime berrichonne ne doit pas essayer de lutter contre la concubine marchoise. Celles qui, après une vie pure et laborieuse, rentrent dans leurs montagnes pour se vouer aux soins de la famille, sont d'excellentes ménagères, et celles qui n'en sont jamais sorties ont une candeur souvent préférable à *l'acquis* de leurs compagnes.

Le premier indigène de la montagne de Toull auquel Guillaume de Boussac s'adressa était un rusé compère, jovial, railleur et affable; mais il était de ceux qui pratiquent la méfiance, cette sagesse du pauvre qui ne se laisse éblouir ni par les beaux habits ni par les douces paroles. Aussi, ne se dérangea-t-il de la pierre où il était assis, mangeant son pain noir, et faisant *gratis* la conversation avec le jeune voyageur, que lorsque celui-ci eut ajouté à ses demandes de service, le mot *en vous récompensant*, qu'on lui avait recommandé de ne jamais oublier dans ce voyage. Aussitôt qu'il eut prononcé cette formule magique, le vieux Léonard ferma lestement son couteau, mit le reste de son fromage dans sa poche, et, prenant les rênes du cheval, qui ne gravissait plus la voie pavée qu'avec effort, il se mit en devoir de conduire Guillaume au meilleur gîte possible.

— Je vous conduirais bien chez le maître d'école, lui dit-il, mais il n'aurait à vous offrir que des ognons crus. Je vous conduirais bien aussi chez M. le curé; mais il a pris mon garçon avec lui pour aller dans la montagne porter le bon Dieu à une femme qui se meurt. Je vous conduirais bien chez moi; mais ma femme est aux champs, et il faut que j'aille creuser la fosse de celle qui va mourir; car *c'est moi qui suis* le sacristain de la paroisse.... Je vous conduirais bien encore à l'auberge.... mais il n'y en a point. Je vais vous mener tout droit chez la mère Guite, qui a un fameux bouchon, et où vous ne manquerez de rien. Vous avez apporté tout ce qu'il vous faut, n'est-ce pas? Est-ce que vous n'avez pas d'avoine sous votre valise? Et dedans, vous avez bien du pain blanc et une bouteille de vin?

— Je n'ai rien apporté du tout, répondit Guillaume, et je vois que je dois m'attendre à ne rien trouver.

— Rien?... vous n'avez rien?
— Rien qu'un peu d'argent, dit Guillaume, qui le vit disposé à lâcher tout doucement la bride de *Sport*, son beau cheval anglais.
— Avec de l'argent on fait bien des choses, reprit le sacristain ; venez toujours, et on tâchera de vous trouver ce qu'il faut.

Guillaume avait mis pied à terre, et à chaque pas il s'arrêtait pour examiner les pierres qui s'élevaient en monceaux blanchâtres sur les deux marges du chemin. En les retournant il cherchait à y retrouver une trace de travail humain ; et comme il n'en apercevait qu'un grossier et à peine sensible, il commençait à regarder comme très-conjecturale l'existence de la capitale des *Cambiovicenses*, lorsque le paysan, devinant sa pensée, lui dit : « C'était de la bâtisse, Monsieur, n'en doutez point. Il y en a ici de deux sortes, une si bien cimentée qu'on ne peut séparer la pierre du mortier (mais celle-là est rare, et il faut creuser pour la rencontrer) ; l'autre, qui est plus ancienne, et qui n'a jamais dû être gâchée qu'en terre. C'était, à ce qu'il paraît, la manière de bâtir dans les temps anciens, du temps des Gaulois, il y a au moins deux cents... bah ! qu'est-ce que je dis ? au moins quatre cents ans !...
— Oui, au moins, répondit Guillaume en souriant. Êtes-vous quelquefois sorti du pays?
— Oh ! oui, Monsieur ; j'ai été à Boussac bien souvent, et à Chambon aussi !
— Jamais à Paris?
— Jamais, et pourtant je suis aussi bon maçon qu'un autre. Faut bien être maçon chez nous, puisqu'il n'y a que de la pierre ; mais je ne pouvais pas suivre les autres[1]. Je suis boiteux, comme vous voyez, et je l'ai été de jeunesse. C'est pour ça qu'on m'a fait sacristain ; je balaie l'église et je sers la messe ; je suis fossoyeur aussi, et j'ai appris à faire la cuisine. C'est moi qui fais les repas de noces et les enterrements, sans compter que j'aide aux baptêmes. Et vous, Monsieur, avez-vous été à Paris ?
— Presque toute ma vie.
— Vous êtes peut-être ingénieur des routes ? Vous devriez bien faire arranger les nôtres.
— Elles en auraient grand besoin ; mais je ne suis pas ingénieur.
— Vous n'êtes pas *mercier* (marchand colporteur) ? Non, vous avez un trop petit paquet, et cependant vous auriez là une belle bête pour porter la balle.
— Je ne suis pas mercier non plus. » Et Guillaume coupa court aux questions du sacristain-cuisinier-fossoyeur, en lui ôtant des mains la bride de son cheval, pour le faire entrer avec précaution sous la porte basse de l'étable à chèvres de la mère Guite. Une vieille fée à menton barbu vint lui en faire les honneurs, et, tout en l'aidant à essuyer les flancs de Sport avec de la paille, elle fit la seconde partie dans le duo de questions que Léonard avait entamé. « C'est vous qui êtes le garçon (le fils) à M. Grandin de Gouzon ? — Venez-vous de Boussac ? — Allez-vous boire les eaux d'Évaux ? — Vous êtes peut-être le neveu à madame Chantelac, qui demeure à Chatelus ?
— M'est avis, dit la vieille sans se rebuter des dénégations laconiques du jeune homme, que vous êtes M. Marsillat, pas le vieux, qui est mort, mais le jeune, qui est *homme de loi* à Boussac ?
— Je ne suis ni le vieux ni le jeune Marsillat, répondit Guillaume.
— *Ouache!* vieille sans yeux ! reprit le sacristain. Vous avez bien des fois vu le garçon à M. Marsillat ! Il est noir, et celui-là est blondin !
— Peut-être bien ! mais moi, je ne connais pas les monsieurs les uns autres. Ça me paraît qu'ils sont tous habillés et tous faits de même. C'est la vérité que je n'y connais rien, ma foi !

— Votre fille n'est pas comme vous, mère Guite, elle les connaît bien. Appelons-la donc un peu, *pour voir!* Claudie ! Claudie ![1] Viens donc là ! Je veux te parler !
— Qu'est-ce que c'est donc que vous voulez? répondit une voix fraîche et claire qui partait de dessus la tête de Guillaume ; et presque aussitôt il vit apparaître une figure brune appétissante et décidée, à la trappe de l'abat-foin.
— Amène-nous du frais au bout de ta fourche, dit Léonard, et regarde-moi ce jeune monsieur. Le connais-tu ?
— Non.
— Ça n'est donc pas M. *Lion* Marsillat?
— Eh dame, vous savez bien que non, vieux *innocent!* vous connaissez M. Marsillat aussi bien que moi.
— Oh ! par exemple, Claudie, c'est ça des mensonges ; je ne le connais pas si bien que toi ! »

La jeune fille haussa les épaules, devint rouge, et se retira précipitamment de la trappe.
— Pourquoi est-ce que vous dites toujours des bêtises à ma fille, vieux vilain ? dit la mère Guite, qui ne paraissait pourtant pas trop fâchée.
— Faut bien rire un peu, surtout devant les bourgeois, répondit le narquois Léonard. Sans cela ils nous croiraient trop bêtes ! c'était tant seulement pour vous montrer que Claudie connaît les monsieurs.
— Taisez votre méchante langue ! Claudie n'a pas besoin de regarder les monsieurs. Les monsieurs la regardont, si ils voulont.
— *Avis aux voyageurs!* pensa Guillaume ; mais ce n'est pas moi qui irai sur les brisées de Marsillat. Ces sortes de conquêtes ne me tentent guère. — M. Léon Marsillat vient donc souvent par ici? demanda-t-il au sacristain.
— *Plus souvent qu'à son tour!* répondit Léonard d'un air malin en clignant de l'œil.
— Est-ce qu'il a des affaires par ici? demanda encore Guillaume, feignant de ne pas comprendre, afin de savoir quel prétexte Marsillat pouvait donner à ses apparitions dans ce pays sauvage.
— Il vient soi-disant pour acheter des bêtes, Monsieur, car nous élevons du bestiau dans nos herbes, et notre *chevaline* surtout a du renom.
— Je le sais.
— Mais *ouache!* M. Marsillat marchande toutes les pouliches du pays sans rien acheter ! ou bien, quand il achète, il fait semblant de se dégoûter bien vite, et il revient pour troquer. Il y met du sien dans tout ça. Mais quand on veut s'amuser, ça coûte. Son père était comme lui dans son temps. Il n'y a que la mère Guite qui ne s'en souvienne pas, depuis qu'elle a aux trois quarts perdu les yeux ; mais sa fille voit clair pour deux.
— Taisez-vous une fois, deux fois ! dit la vieille, et prenez donc la fourche. Vous voyez bien que ce monsieur fait la litière lui-même, pendant que vous chantez comme un vieux sansonnet.
— Faut pas vous fâcher, Guite ! votre fille n'est pas la seule qui cause avec M. Lion.
— Et même je vous dis, moi, que c'est avec elle qu'il cause le moins.
— Heu ! heu ! je sais bien qu'il y en a une autre avec qui qu'il voudrait bien s'entendre ; mais il n'y a pas moyen. Claudie ! Claudie ! c'est-il pas vrai qu'il y en a une autre ? et que, pendant que vous gardez vos bêtes dans le bois de la Vernède ou du côté des *pierres-levées*, M. *Lion* passe avec son fusil, et qu'il s'assoit dans les fossés, et qu'il fait la causette, soit avec l'une, soit avec l'autre ?
— Tout ça, c'est un tas de faussetés ! cria Claudie avec aigreur, en s'approchant de nouveau de la trappe, d'un air courroucé. Vous êtes la plus mauvaise langue de l'endroit, et c'est pas qu'il en manque !
— Tout de même, continua Léonard en riant, il y en a une de vous autres, les jolies filles, qui ne veut pas aller aux champs avec vous, parce qu'elle dit que vous attirez trop la société. C'est peut-être qu'elle voudrait

---

[1]. La Marche envoie tous les ans une affluence considérable de maçons à Paris pour travailler pendant toute la belle saison. Ils reviennent passer l'hiver au pays. Dès le temps de Jules César, les Marchois étaient particulièrement adonnés à cette profession.

[1]. Claudie se prononce *Liaudie* ou *Liaudite*, moyennant quoi c'est un nom très-répandu en Berri. *Guite* est la contraction de Marguerite.

garder la société pour elle seule. C'est peut-être parce que vous êtes jalouses d'elle et que vous la bougonnez. C'est peut-être aussi qu'elle veut rester comme il faut être *pour attraper le bœuf.*

— Parlez pas de ça! s'écria la mère Guite, avec une colère véritable. Vous avez le diable au bout de la langue, à ce matin!

— Non! faut pas parler du bœuf devant les étrangers, répondit Léonard d'un air ironique. Ils pourraient vous le prendre. Tenez-le bien, da! »

Le jeune baron, voyant qu'ils commençaient à parler par énigmes, et trouvant peu de plaisir à entendre les propos grivois du sacristain, se disposa, en attendant que la faim le ramenât impérieusement à ce triste gîte, infecté de l'odeur de la lessive et des fromages, à aller explorer les antiquités de Toull-Sainte-Croix. Il avait l'esprit sérieux autant qu'on peut l'avoir à son âge quand on a reçu une éducation un peu efféminée. Il aimait la campagne et les paysans de loin, dans ses souvenirs. Il les rêvait alors, graves, simples, austères comme les Natchez de Chateaubriand. De près, il les trouvait rudes, malpropres et cyniques. Il s'éloigna, dégoûté déjà de l'envie qu'il avait eue de causer avec eux.

Après avoir regardé les trois lions de granit, monuments de la conquête anglaise au temps de Charles VI, renversés par les paysans au temps de la Pucelle, brisés, mutilés et devenus informes, qui gisent le nez dans la fange, au beau milieu de la place de Toull, Guillaume se dirigea vers la tour féodale, dont les fondements subsistent dans un bel état de conservation, et dont le maître de l'endroit s'est fait un caveau pour serrer ses denrées. Il l'a recouverte de terre au niveau du premier étage et a pratiqué des degrés en dalles pour monter sur cette petite plate-forme, qui est le point culminant de la montagne et de tout le pays. Aujourd'hui que le mouvement des idées, l'étude de l'antiquité et le sentiment descriptif de la nature ont donné, même à cette contrée perdue, une sorte d'impulsion exploratrice, il peut arriver qu'en automne on rencontre parfois sur la plate-forme de Toull un collégien de Bourges en vacances, un avoué touriste de la Châtre, un amateur-cicérone de Boussac. Mais à l'époque où Guillaume s'y arrêta pour la première fois, il eût difficilement trouvé à qui parler. La petite population du hameau était tout entière aux travaux des champs, et, à l'heure de midi, on entendait à peine glousser une poule en maraude dans les enclos. Guillaume fut étourdi de l'immensité qui se déploya sous ses yeux. Il vit d'un œil calme la Marche stérile, sans arbres, sans habitations avec ses collines pelées, ses étroits vallons, ses coteaux arides, où il semble parfois qu'une pluie de pierres ait à jamais étouffé la végétation, et ses cromlechs gaulois s'élevant dans la solitude comme une protestation du vieux monde idolâtre contre le progrès des générations. Au fond de ce morne paysage, le jeune baron de Boussac vit la petite ville dont il portait le nom, et son joli castel perdu comme un point jaunâtre dans les rochers de la Petite-Creuse. En se retournant, il vit à ses pieds le Combraille, et plus loin encore le Bourbonnais avec ses belles eaux, sa riche végétation et ses vastes plaines qui s'étagent en zones bleues jusqu'à l'incommensurable limite circulaire de l'horizon. C'est un coup d'œil magnifique, mais impossible à soutenir longtemps. Cet infini vous donne des vertiges. On s'y sent humilié d'abord de ne pouvoir suivre que des yeux le vol de l'hirondelle à travers les splendeurs de l'espace; puis la profondeur du Ciel qui vous enveloppe de toutes parts, vous éblouit; la vivacité de l'air, froid en toute saison dans cette région élevée, vous pénètre et vous suffoque. Il me semble que sur tous les sommets isolés, à voir ainsi le cercle entier de l'horizon, on a la perception sensible de la rondeur du globe, et on s'imagine avoir aussi celle du mouvement rapide qui le précipite dans sa rotation éternelle. On croit se sentir entraîné dans cette course inévitable à travers les abîmes du ciel, et on cherche en vain au-dessus de soi une branche pour se retenir. Je ne sais pas si les guetteurs confinés jadis au sommet de cette tour, à cent pieds encore au-dessus de l'élévation où l'on peut s'y placer aujourd'hui, n'étaient pas condamnés à un pire supplice que celui des prisonniers enfouis dans les ténèbres des geôles.

Notre voyageur ne put supporter longtemps la triste grandeur d'un pareil spectacle. Il avait cru y trouver l'enthousiasme; mais l'enthousiasme ne se laisse pas rencontrer par ceux qui le cherchent: il vient à nous quand nous le méritons. L'enfant qui courait après la poésie, mais qui n'avait pas encore assez vécu pour la produire en lui-même, ne trouva dans cette épreuve que l'effroi de l'isolement.

Il redescendit donc de ce phare plus vite qu'il n'y était monté, et, se sentant tout à coup glacé au milieu d'une journée brûlante, il chercha à la hâte un refuge contre l'air lumineux et froid de la plate-forme.

En tournant derrière le hameau, il gagna bientôt le versant de la montagne, et, en quelques instants, il se trouva tourné vers le midi, c'est-à-dire jeté sans transition dans une autre nature, dans une autre saison, dans d'autres pensées. Du côté de la Creuse, un seul arbre, protégé par l'église de Toull, a grandi en dépit des vents, infatigables balayeurs des bruyères et des monts chauves de la Marche; mais du côté de la Voëse, tout prend un aspect plus riant. Les chemins sablonneux s'enfoncent sous les haies vigoureuses, et le cimetière de Toull se présente sur un plan doucement incliné et ombragé de beaux arbres. Ce lieu offrit enfin au front fatigué de notre voyageur un asile comparable pour lui en ce moment aux champs élyséens des classiques.

Il escalada légèrement les blocs de pierre, débris de la cité gauloise, qui entourent ce champ du repos, et, se voyant complètement seul, il s'enfonça dans les hautes herbes des tombes effacées. Une douce chaleur revenait à ses membres; aucun souffle d'air n'écartait les branches des châtaigniers et des bouleaux qui s'entre-croisaient sur sa tête et se penchaient jusque sur lui. L'horizon, plus resserré, brillait encore à travers ce dôme de verdure, mais le soleil se couchant dans le foin vigoureux et fleuri qui s'engraissait de la dépouille des morts, le jeune homme échappa bientôt à la vue de ce ciel étincelant qui le poursuivait. Un sommeil réparateur engourdit ses membres, et l'abeille vint butiner autour de lui avec une chanson harmonieuse qui le berça dans ses songes.

Il reposait ainsi depuis deux heures, lorsqu'un bruit de voix monotones le réveilla peu à peu. A mesure qu'il rassemblait ses idées, et qu'il se rendait compte de sa situation, il reconnaissait deux personnes dont l'accent avait récemment frappé son oreille. C'était le sacristain Léonard et la mère Guite, qui s'entretenaient à peu de distance. Guillaume se souleva, et vit le sacristain-fossoyeur enfoui jusqu'aux genoux dans une tombe qu'il creusait lentement, et la vieille femme assise sur une grosse racine à fleur de terre, tout en filant sa quenouille chargée de laine bleue. Ils ne faisaient aucune attention à lui, et commencèrent un dialogue fantasque, qui sembla au jeune baron la continuation des rêves qu'il avait faits durant son sommeil.

II.
LE CIMETIÈRE.

Allons, allons, disait gaiement le sacristain, faut pas vous fâcher comme ça, mère Guite. Je ne dirai plus rien à Claudie, foi d'homme! et quant au bœuf...

— C'est pas un bœuf, puisque c'est un veau! reprenait la vieille.

— C'est pas un veau, puisque vous dites toutes qu'il a des cornes. Allons, faut dire que c'est un *taurin* (taureau).

— Dites comme vous voudrez, je ne veux pas parler de ça avec vous.

— Ah ben! ma femme n'est pas comme vous, elle m'en parle plus que je ne veux; et plus je me moque d'elle, plus elle y croit. Oh! que les femmes sont donc simples!

— Et quoi que vous diriez, si vous l'aviez vu?

— Vous l'avez donc vu, vous?

— Non, mais j'ai été bien des fois *sur le moment* de le voir.

Allons, allons, disait gaiement le sacristain... (Page 7.)

— C'est comme moi, je suis toujours sur ce moment-là ; mais le moment passe et je ne vois rien.
— Je ne sais pas comment ça peut vous amuser de rire comme ça de tout.
— Tiens ! si ça n'est pas gentil de rire, à présent...
— Riez avec nous si ça vous plaît, mais ne riez pas de ça devant les étrangers qui ne sont pas d'ici. Ça nous porterait malheur.
— Attendez ! attendez ! mère Guite, je sens quelque chose de sec sous ma bêche. Je crois que c'est *la chose*. Tendez votre tablier, j'vas y mettre mon pesant d'or.
— Pouah ! ne jetez donc pas comme ça les os de chrétien sur moi. Ça fait peur !
— Ça ne leur fait pas de mal, allez ! Depuis le temps que je creuse dans la terre, je peux bien dire que je n'y ai encore trouvé que de ça. Il y en a de ces os de mort !... Y en a ! y en a !... *à mort*, quoi ! faut qu'on ait tué rudement du monde avant nous dans l'endroit, car je n'en peux pas trouver la fin, de ces os !
— Ça n'est pas déjà si bon de creuser ! Plus on creuse, plus on fouille, plus on lève les pierres, moins on trouve.

— Vous y pensez donc toujours ? Elles sont toutes comme ça, ces vieilles femmes. Elles se rendent folles les unes les autres en se contant des histoires.
— Mais puisque ça s'est toujours conté comme ça dans le pays d'ici, depuis que le monde est monde ! Ce qui s'est dit de tout temps ne peut pas être faux. »
Et la vieille se mit à parler avec animation, mais en patois marchois, et quoique ce dialecte ne soit pas difficile à comprendre par lui-même, il devient inintelligible aux oreilles non exercées à cause de ses brusques élisions et de la volubilité que les femmes surtout mettent à le débiter. Les habitants de cette partie de la Marche, qui a été si longtemps le Berri, emploient indifféremment le patois et le vieux français naïf, qu'on parle en Berri [1]. Mais soit que la langue d'*oc* fût plus familière à la vieille femme que la langue d'*oïl*, soit qu'elle crût s'exprimer

[1]. Ce français est extrêmement remarquable, et nous sommes convaincus que c'est la plus ancienne langue d'oïl qui soit restée en usage en France. Mais comme il est chargé de locutions particulières qui demanderaient de continuelles explications, nous ne mettrons dans la bouche de nos personnages principaux qu'une traduction libre.

Jeanne leva les yeux sur l'étranger et les baissa aussitôt. (Page 12.)

plus mystérieusement dans son dialecte, elle entraîna son interlocuteur à s'en servir aussi pour lui répondre, et Guillaume cessa de les écouter.

Cependant leur dialogue continuant avec force éclats de rire du fossoyeur, Guillaume prêta encore de temps en temps l'oreille malgré lui, et saisit des paroles étranges qui le frappèrent. Il était toujours question de *bœuf d'or*, de *veau d'or*, de *trésor*, de *trou à l'or*, et cette rime obstinée réveilla chez le jeune homme de vagues souvenirs de sa première enfance. Il était né au château de Boussac : il y avait été nourri par une robuste et dévouée paysanne dont il cherchait vainement à retrouver le nom.

Il avait quitté le pays à l'âge de cinq ans, et il n'y était plus revenu qu'une fois en 1816, époque à laquelle sa mère avait imaginé de se retremper dans l'air de sa seigneurie, un peu oubliée sous l'empire ; et à cette époque-là Guillaume n'avait guère songé à s'enquérir de sa nourrice ; mais les expressions bizarres qui revenaient toujours dans les longs monologues de la mère Guite réveillaient en lui la mémoire confuse du passé. Ce patois qu'il avait oublié, il se souvenait maintenant de l'avoir parlé avec sa nourrice avant de parler français, et peu à peu il se remettait à l'entendre comme sa langue maternelle. Sa nourrice aussi lui avait parlé de *veau d'or* et de *trou d'or*. Elle savait là-dessus mille contes et mille chansons fantastiques qui l'avaient agité dans ses songes ; et cette fidèle berceuse, qui préside comme une sibylle aux premiers efforts de l'imagination, la première amie de l'homme, *la bonne*, ce personnage si bien nommé *la nourrice*, cette mère véritable dont l'autre est toujours condamnée à se sentir jalouse, vint se présenter à l'esprit de Guillaume comme un type vénérable, comme un être sacré qu'il se reprochait d'avoir oublié si longtemps. Il se demanda comment sa mère, si religieuse et si honorable en toutes choses, ne lui en avait jamais parlé. Il se fit un crime, lui qui lisait le *Génie du Christianisme*, et qui s'attendrissait au son des cloches « *qui avaient chanté sur son berceau* », d'avoir laissé dormir dans son cœur le soin de rechercher et de secourir cette femme dans sa détresse présumée. C'était peut-être la mère Guite ! Guillaume se souleva sur son coude et la contempla avec émotion à travers les tiges des longues herbes. Pouvait-elle être déjà si vieille ? La misère pouvait-elle avoir déjà flétri à ce point la femme qu'on avait dû choisir jeune, vigoureuse et fraîche pour l'allaiter? Cependant Claudie était plus jeune que lui, et en vingt ans les femmes condamnées aux durs labeurs de la pauvreté vieillissent souvent d'un demi-siècle.

Tandis que cette fantaisie s'emparait de son cerveau, Léonard avait détourné la conversation, et, habitué qu'il était à causer avec son curé, il avait repris la langue française du Berri.

— C'est tout de même drôle de penser, disait-il, qu'après avoir si longtemps travaillé pour les autres, il y a un service que je ne pourrai pas seulement me rendre à moi-même.

— Votre garçon vous la creusera, votre fosse; il héritera bien de votre place?

— Je l'espère bien. Savez-vous sur qui vous êtes assise, mère Guite.

— Dame! attendez donc! ça doit être sur le père Juniat, car l'herbe est bien longue, et il y a au moins dix ans de ça, qu'il est mort.

— Eh bien! non, vous ne connaissez pas les êtres du *jardin aux horties* (le cimetière). C'est le pauvre Lauriche qui est là. C'est ça un bon enfant! Ah! que je me suis diverti avec lui dans le temps! C'était un malin! Vous souvenez-vous, à la noce de la Jambette, comme il vous a fait rire?

Paur-houme! je m'en souviens bien, et cette chanson qu'il chantait si bravement!...

La vieille se mit à chanter d'une voix chevrotante en mineur, et sur une mélodie très-remarquable, une de ces chansons bourbonnaises dont la musique mériterait bien d'être recueillie, s'il était possible de le faire sans en altérer la grâce et l'originalité, à quoi le sacristain répondit d'une voix de lutrin, tâchant d'imiter la manière plaisante du défunt.

— Taisez-vous donc! dit la vieille en l'interrompant; faut pas chanter comme ça sur les morts.

— *Ouache!* s'il nous entend, ça lui fait plaisir, ce pauvre Lauriche! Il va en venir une demain ici, celle à qui je fais le lit, qui en a bien su aussi, des belles chansons. Ah! la *gente* chanteuse que ça faisait dans son temps.

— Vous ne la trouviez pas bête, celle-là? elle en savait long, *si pourtant*, sur le veau d'or et sur *la chose* dont vous vous moquez toujours.

— Elle n'y croyait pas; elle disait ça pour s'amuser.

— Elle l'avait vue, pourtant.

— Elle se moquait de vous.

— Oh! que non!... c'est un grand malheur pour nous, qu'elle s'en aille comme ça, tout d'un coup... Elle avait des secrets.

— Eh bien! elle les *laira* à sa fille.

— Sa fille est une jeunesse trop simple. C'est une femme, la mère, qui a toujours eu du malheur; elle avait bien moyen de gagner gros, et elle a su si bien s'arranger, qu'elle est morte pauvre comme les autres.

— Elle avait trop de cœur : elle n'a rien demandé; elle s'est contentée du peu qu'on lui a donné; et puis ils l'ont oubliée...

— Les riches ne se moquent pas mal des pauvres!... D'ailleurs, il y a eu quelque chose là-dessous... *La dame* l'aimait beaucoup, beaucoup; et puis, tout d'un moment, elle ne l'aimait plus du tout! du tout!... J'ai su ça, moi, dans les temps...

— Eh bien! ce jeune homme qu'elle a élevé, comment donc qu'il ne s'est jamais inquiété d'elle?

— C'était trop jeune; et puis, ça ne vient guère dans le pays : ça doit être soldat, à cette heure, ou bien, général, peut-être; car on dit qu'on les prend tout jeunes pour commander les vieux, depuis qu'il n'y a plus d'empereur...

— On le dit : et c'est drôle tout de même. Enfin, la *pauvre âme* n'avait pas trouvé le trou de l'or, au château de Boussac, et sa fille n'aura pas grand'peine à faire dresser son inventaire. Il ne lui reste qu'un peu de bestiau, trois ou quatre *ouailles*, *quat'* ou cinq chèvres, et sa *chétite*¹ maison...

¹. Chétive, mauvaise, méchante.

— Et sa chétite tante, qui aurait mieux fait de s'en aller à la place de l'autre.

— Si la Jeanne voulait écouter les bourgeois, cependant, elle pourrait s'en retirer.

— Les bourgeois, les bourgeois! ça prend d'une main et ça retire de l'autre. Faut pas déjà tant se fier sur ça.

— Faut donc mourir pauvre comme on a vécu?

— Nous ne serons pas les premiers, allez, mon pauvre Léonard! dit la vieille d'un ton lugubre.

— Ni les derniers, allez, ma pauvre Guite! répondit le sacristain d'un ton philosophique.

Et il se fit un grand silence qu'interrompit le roulement lointain du tonnerre.

— Ah! voilà qui l'achèvera, la pauvre femme! dit Léonard, et si elle ne se dépêche pas de finir, M. le curé se mouillera le *carcas* (le corps).

— Je me doutais bien de ça, à ce matin, reprit la vieille. Il y avait à la *Piquette* du jour tant de fumée blanche sur les viviers, que je disais à la Claudie : Ça tonnera après le midi, et ça emportera la pauvre Tula dans l'autre monde, avant le soleil couché...

— Tula? s'écria Guillaume en se levant et en s'approchant des deux paysans avec une émotion profonde.

— Ah! mon petit Monsieur, que vous m'avez fait peur! dit la vieille parque en ramassant son fuseau, qu'elle avait laissé tomber dans la fosse.

— Vous avez dit un nom que je cherchais depuis longtemps... Tula, n'est-ce pas?... La femme qui va mourir s'appelle Tula?

— Oui, Monsieur, répondit Léonard; vous la connaissez?

— C'est elle qui a servi madame de Boussac, il y a quinze ou vingt ans?

— Et qui a nourri son garçon.

— Et elle demeure par ici?

— Pas loin d'ici, Monsieur : elle est de la paroisse, puisqu'on va l'enterrer là, tenez, dans ce trou que je fais.

— Il n'y a donc pas d'espérance de la sauver?

— Oh! non, Monsieur, dit la mère Guite; ma fille y a été hier soir, et elle était déjà à l'agonie. On est venu chercher tantôt M. le curé, avec le bon Dieu, bien vite, bien vite. On pensait qu'il arriverait trop tard pour l'administrer.

— Léonard, vous allez me conduire chez cette femme, n'est-ce pas?

— Oh! pour ça, Monsieur, ni pour or, ni pour argent! car M. le curé va rentrer, et il n'aurait personne pour *affener*¹ sa jument, mêmement, je vais chercher mon dard (ma faux), pour en donner un *trait* sur ces herbes, à seule fin d'en porter une brassée dans la mangeoire.

— Et vous, mère Guite? dit Guillaume impatienté.

— Oh! moi, Monsieur, dit la vieille, je ne peux plus courir comme vous. Je descends bien : mais j'ai trop de peine à remonter... Mais vous irez bien tout seul? Tenez, vous voyez bien ce chemin creux, sur la gauche, là-bas, au fond; voyez des grosses pierres blanches et une maison à côté? c'est là. L'endroit s'appelle Épinelle.

— J'y cours, dit Guillaume.

— Attendez donc, attendez donc! lui cria Léonard; pas par là : vous n'en sortiriez pas. Vous ne connaissez pas les *viviers*, à ce qu'il me paraît? Vous vous péririez là dedans!... Je vas vous appeler quelqu'un pour vous conduire. La Claudie était par ici tout à l'heure. Claudie! oh! Claudie!

Le frais minois de Claudie se montra derrière le buisson, à côté de celui de sa chèvre noire qui broutait sans façon la clôture du cimetière.

— Conduis ce monsieur chez la Tula, dit le sacristain, et ne lui *cause* pas trop en route; il est pressé.

— Faut-il que j'y aille? demanda Claudie à sa mère, d'un air à la fois confus et hardi.

— Prends tes sabots et donne-moi ton bâton : je garderai les bêtes, répondit tranquillement la mère.

¹. Rentrer du foin.

Claudie accourut, retroussa sa jupe de dessous, agrafa sa mante grise, et se mit à descendre lestement la montagne en criant : *Par ici, Monsieur*, et en faisant rouler à grand bruit les cailloux sous sa chaussure retentissante.

Guillaume la suivit avec beaucoup de peine et de souffrance. Ces pierres tranchantes, sur lesquelles la jeune fille semblait voltiger, s'écroulaient sous ses pieds, à lui, et coupaient sa chaussure. Il s'étonnait qu'elle ne le conduisît pas par la prairie inclinée qui longeait ces monticules de pierres. Il ne savait pas à quel point les *viviers* de Toull sont perfides. Ce sont de nombreuses sources qui n'ont pas leur jaillissement à fleur de terre, et qui minent le sol en filtrant par-dessous. Une vase compacte, tapissée d'un jonc fin et court, qu'on pourrait prendre pour l'herbe d'un pré, les recouvre et cache entièrement à l'œil inexpérimenté ces glaises mouvantes aussi dangereuses que les sables mouvants des bords de la mer : le pied s'y enfonce lentement, et le terrain semble capable, pendant quelques instants, de porter un corps solide. Mais c'est un piége des esprits malfaisants de la montagne. On y entre peu à peu jusqu'au genou, jusqu'à la ceinture, jusqu'aux épaules, et chaque effort tenté pour se dégager, vous y plonge plus avant. Enfin, sans de prompts secours, on y périrait, non pas noyé, mais étouffé par la vase ; et les bonnes femmes de Toull pensent qu'on irait rejoindre la cité mystérieuse, engloutie sous le sol, et dont parfois, quand le temps est calme, elles croient entendre sonner les cloches.

Claudie, alerte et légère, marchait à quatre pas en avant de Guillaume ; et, n'osant lui adresser la parole, étonnée peut-être qu'il ne rompît pas le silence le premier, se disait, en elle-même, que *le monsieur était bien fier*. Enfin, celui-ci, fort peu attentif à la rondeur de sa jambe et aux grâces de son allure, lui adressa quelques questions sur la pauvre Tula. Claudie commença par le *Plaît-il ?* inévitable entrée en matière du paysan subtil qui prépare sa réponse, en vous faisant répéter à dessein votre demande ; et, quand le jeune homme eut patiemment recommencé :

— Oui, Monsieur, oui, dit-elle, c'était une très-brave femme, bien propre, bien réveillée au travail, bonne ménagère, et très-*bonne par la vie*.

— Qu'entendez-vous par là ?

— Bien officieuse à ses voisins, pas chétite comme sa sœur *la grand'Gothe*.

— Laisse-t-elle plusieurs enfants ?

— Elle ne laisse pas d'enfants, Monsieur ; elle n'a qu'une fille, dit Claudie, qui n'appliquait, comme font les Berrichons, le mot d'enfant qu'au sexe masculin.

— Et cette fille est-elle en âge de gagner sa vie ?

— Pardi oui ! elle a vingt ans, ou vingt et un ans, car elle est beaucoup plus vieille que moi.

Cette remarque n'attira pas l'attention de Guillaume sur les dix-sept ans que Claudie portait en triomphe. Cette fille n'est-elle pas née au château de Boussac ? demanda-t-il.

— Peut-être bien, Monsieur. Je crois bien oui. Quoique je n'aie pas songé à lui demander, et d'ailleurs, moi, je n'y étais pas ! Mais ça me paraît que je l'ai *écouté* dire à ma mère.

— C'est ma sœur de lait, pensa Guillaume, et il doubla le pas.

Lorsque Claudie vit qu'elle n'avait plus à répondre, elle commença à interroger.

— Vous avez donc quelque chose à lui dire à c'te Jeanne ?

— Jeanne ? s'écria Guillaume : elle s'appelle Jeanne ? Qui lui a donné ce nom ?

— Dame ! c'est sa marraine, bien sûr... Que ce monsieur est sot ! pensa Claudie.

— Et qui est sa marraine ?

— Ah ! ça, je le sais bien ! C'était la *grand'dame* de Boussac. La connaissez-vous, la dame du château de Boussac ? est-elle en vie ? est-elle dans le pays ?

Guillaume ne songea pas à lui répondre. Il était frappé de l'étrange coïncidence qui l'avait amené à Toull pour y voir creuser la fosse de sa nourrice et pour réparer le long oubli de sa famille, en offrant sa protection à sa sœur de lait, à la filleule de sa mère. Il voyait dans le hasard qui l'avait poussé vers Toull plutôt que vers Crozant, ou tout autre site romantique de la Marche, quelque chose de providentiel, et il en remerciait Dieu de lui avoir tracé pour ainsi dire son devoir, là où il était venu chercher son plaisir.

La coquette Claudie, le voyant si peu galant, avait perdu tout le trouble intérieur qu'elle avait nourri complaisamment en elle au début de leur tête-à-tête. Curieuse autant que réjouie, elle le cribla de questions comme avaient fait sa mère et Léonard. Elle voulait savoir qui il était, d'où il venait, et surtout pourquoi il était si empressé d'aller voir la mourante, quel intérêt il pouvait porter à cette pauvre femme et à sa fille.

— Tenez ! lui dit-elle tout à coup, lassée de son silence dédaigneux ou préoccupé, m'est avis que vous avez besoin d'une servante, et que vous venez pour en *louer*[1] une dans le pays d'ici, où elles ont du renom. Vous aurez *écouté dire* que la Jeanne était une bonne fille, bien forte, bien courageuse à la peine, et vous avez peut-être idée de l'amener.

— Est-ce que vous croyez qu'il serait avantageux pour elle de trouver une condition hors du pays ?

— Oui, Monsieur, oui, elle n'aurait jamais quitté sa mère ; mais depuis que sa mère est tombée malade, il y a eu du monde de la ville qui lui ont conseillé de se louer, et qui lui ont fait des offres. Elle n'a jamais eu envie de quitter le pays ; quand on est accoutumée dans un endroit, on n'aime pas à changer ; mais à présent qu'elle va être malheureuse avec sa tante, elle ferait bien de s'en aller, et si vous lui portez intérêt, vous feriez bien de l'emmener.

Il y avait dans la physionomie de la jeune fille, en parlant ainsi, une intention marquée de persuader Guillaume, qui n'échappa point à ce dernier, mais qu'il ne put s'expliquer. Il éluda ces insinuations en alléguant que la pauvre Tula n'était peut-être pas morte encore, et qu'il n'y avait si grave maladie dont on ne pût revenir.

— Oh ! c'est bien fini pour elle ! répondit Claudie ; tenez, Monsieur, regardez, là, en bas ; M. le curé qui s'en remonte à Toull par le chemin pavé. C'est dit ! la mère Tula n'a plus besoin de rien.

Cet arrêt, prononcé avec la philosophique insouciance qui caractérise le paysan, frappa le jeune homme d'une émotion sinistre. J'arrive trop tard, pensa-t-il, je ne peux plus réparer mon ingratitude, et je suis envoyé par la volonté divine auprès d'un cadavre pour subir une expiation douloureuse.

Le tonnerre grondait toujours au loin, et des nuées violettes s'amoncelaient sur plusieurs points de l'horizon.

— Faut nous dépêcher, Monsieur, dit la jeune fille en voyant qu'il ralentissait sa marche, comme un homme accablé ; si nous restons longtemps à Épinelle, nous serons mouillés.

Guilaume se hâta machinalement, et, après une demi-heure de marche, il arriva enfin au seuil de la chaumière de sa nourrice.

— Vous y êtes, Monsieur, dit Claudie d'un ton résolu. Moi, je ne veux pas entrer là dedans. Ça me fait peur de voir les morts. Je vous attendrai par là pour vous ramener ; mais il ne faut pas trop vous *amuser*, parce que l'orage vient.

Guillaume hésita un instant avant de se décider à entrer. Il n'avait jamais vu de cadavre, et cette première épreuve, jointe à des rapprochements de situation si imprévus, lui causait une émotion pénible.

III.

LA MAISON DE LA MORTE.

Une forte odeur de résine s'échappait de la chambre unique qui remplissait avec une étable en appentis à plu-

---

[1] Les paysans de ces contrées, garçons et filles, se louent à l'année comme domestiques dans les fermes ou dans les maisons bourgeoises.

sieurs divisions, toute cette pauvre masure, couverte de mousse et de plantes vagabondes; cependant l'intérieur était propre et annonçait des habitudes d'ordre et d'activité. Trois lits en forme de corbillards et garnis de lambrequins jaunes fanés occupaient deux faces de la muraille. Sur celui du milieu, on voyait le corps de la morte, entièrement recouvert d'un drap blanc, le plus fin et le meilleur de la maison. Quatre chandelles de cire vierge brûlaient aux quatre coins du lit. Deux ou trois vieilles femmes, de celles qui, au fond de la Marche comme dans les montagnes de l'Écosse, assistent avec un zèle mêlé de superstition à toutes les funérailles, priaient autour du lit, et au milieu d'elles, une grande jeune fille, d'une beauté remarquable, agenouillée tout près du cadavre, pleurait en silence, les yeux fixés à terre, et les mains entr'ouvertes sur ses genoux, dans une attitude qui rappela au jeune homme la Madeleine de Canova.

L'apparition de Guillaume ne fut remarquée de personne dans le premier moment, et il put contempler cette figure angélique qu'il s'imagina connaître, bien que, depuis ses premières années, il l'eût oubliée au point d'ignorer jusqu'à son existence. Le teint pur de Jeanne, pâli par la douleur et la fatigue, avait la blancheur mate du marbre; ses yeux blancs, ouverts et fixes, tandis que des larmes qu'elle ne songeait point à essuyer ruisselaient sur ses joues; la pureté des lignes sévères de son profil, et l'immobilité de sa consternation : tout contribuait à lui donner l'apparence d'une statue.

La première personne qui s'aperçut de l'arrivée de l'étranger fut la sœur de la défunte, une grande virago à l'air dur et bas à la fois. Elle fit un signe de croix comme pour clore méthodiquement sa prière, et, se levant, elle s'approcha de Guillaume.

— Qu'est-ce que vous demandez, Monsieur? lui dit-elle d'une voix forte qui semblait profaner le silence respectueux dû au sommeil des morts.

— Je venais savoir, dit Guillaume embarrassé, des nouvelles de la malade.

— Êtes-vous médecin de campagne, Monsieur, reprit la Grand'Gothe. Je ne vous ai jamais vu par ici... Il n'y a rien à gagner pour les médecins chez nous... Ma sœur est morte depuis une heure.

— Je ne suis pas médecin, dit Guillaume.

— En ce cas, vous êtes un homme de la justice ; vous êtes bien pressé de venir mettre les scellés chez nous. On n'a pas besoin de vous; la fille est majeure; et puisque je n'ai rien à prétendre, ajouta-t-elle d'un ton aigre, je n'en veux rien détourner. Allez, allez! passez votre chemin. On connaît la loi, et on ne veut pas faire de frais inutiles.

Guillaume, voyant qu'il risquait fort d'être éconduit brutalement, se résigna, non sans honte, à se faire connaître. Il le fit en baissant la voix, craignant de la part de cette maîtresse-femme, des apostrophes plus dures que les précédentes. Mais, au lieu de lui reprocher de venir trop tard, elle changea tout à coup de manières et de langage.

— Vous saviez donc que ma sœur était malade, mon cher Monsieur, dit-elle d'un ton patelin; et vous veniez pour l'aider un peu? C'est bien trop de bonté à vous de vous être dérangé pour du pauvre monde comme nous. On a honte de n'avoir rien à vous présenter pour vous rafraîchir. Que voulez-vous! ma pauvre sœur ne fait que de trépasser, et on n'a pas eu seulement le temps de ranger la maison. Mais asseyez-vous donc sur une chaise et pas sur ce mauvais banc, Monsieur : je vais mettre un linge blanc dessus pour que vous ne gâtiez pas vos habillements.

— Je ne suis pas venu pour vous être importun au milieu de votre chagrin, répondit le jeune baron choqué de l'aisance et de la présence d'esprit qui trahissaient chez cette femme une profonde sécheresse de cœur. J'espérais adoucir les derniers moments de ma pauvre nourrice, en accueillant et en exécutant ses dernières intentions. Puisque je viens trop tard, je vais me retirer pour ne pas vous déranger dans un pareil moment, et cependant j'aurais voulu adresser à ma sœur de lait quelques paroles de consolation et quelques offres de service. Mais, dans ce dernier cas, je viens trop tôt, car il est impossible qu'elle songe à autre chose qu'à la perte qu'elle vient de faire.

— Oh! si fait, Monsieur, il faut lui parler, répliqua la Grand'Gothe d'un air décidé, elle peut bien vous écouter : c'est bien trop d'honneur que vous lui faites. Jeanne! Jeanne! viens donc parler à ce Monsieur.

— Ne la dérangez pas de sa prière, reprit Guillaume d'un ton ferme. Je ne le veux pas. J'attendrai qu'elle soit en état de m'entendre.

Et repoussant la tante, qui voulait réveiller l'attention de Jeanne, il s'approcha du cadavre, et resta absorbé dans les pensées graves et pénibles que lui inspiraient ce lit de mort, et cette orpheline abandonnée à l'autorité d'une nature grossière et acariâtre, caractère fortement empreint sur les traits repoussants de la tante.

Jeanne leva les yeux sur l'étranger, et les baissa aussitôt, ne comprenant pas, et ne pouvant pas songer à comprendre le motif de sa présence. Les autres femmes ne pensaient plus à marmotter leurs prières. Elles le regardaient avec étonnement, et se levèrent une à une pour aller demander à la Grand'Gothe ce que pouvait vouloir ce jeune monsieur.

Guillaume, se trouvant ainsi seul près de Jeanne, résolut de lui adresser la parole. Mais la muette et religieuse douleur de cette jeune fille le frappa d'un respect qu'il ne put surmonter. Il s'éloigna lentement, et tandis que les vieilles femmes, malgré son refus, s'empressaient à dresser une table pour lui servir du laitage, il alla tristement s'accouder contre l'étroite fenêtre envahie par le feuillage qui jetait un jour verdâtre sur le linceul de la morte.

Mais sa triste rêverie fit place à la surprise, lorsqu'il vit, à travers les rameaux de la ronce grimpante, Léon Marsillat assis auprès de Claudie, sur le banc adossé au bas de cette lucarne. Ils parlaient d'un ton animé; et, moitié sans le vouloir, moitié dominé par la curiosité, Guillaume entendit le dialogue suivant :

— Faut que vous soyez joliment effronté tout de même, disait Claudie d'une voix étouffée par la colère, de venir comme ça au moment où sa mère *tourne l'œil*. Vous croyez donc que vous allez l'emmener tout de suite derrière votre *chevau*? Oh! vous aviez beau vous cacher, je l'ai vu de loin, votre chevau, attaché derrière la maison, à un arbre et je me suis dit : voilà le loup.

— Tu es une sotte, Claudie, répondait Marsillat à demi-voix. Je ne pense ni à me cacher ni à me montrer. N'est-il pas tout simple que, passant tout près d'une maison, et sachant que la pauvre femme était au plus mal, j'aie voulu demander de ses nouvelles?

— Eh pourquoi-t-est-ce que vous n'entriez pas, et que vous vous rangiez derrière c'te buisson, là où ce que vous avez été bien surpris d'être surpris par moi? oh! j'ai vu votre manège, allez! je vous voyais de là-haut, vous ne me voyiez point, vous; vous étiez trop occupé d'attendre si Jeanne ne sortirait point par la petite porte de la bergerie; eh bien ! vous venez trop tard, mon galant; d'abord la Jeanne ne peut pas vous souffrir; elle m'a dit plus de cent fois, et je vous le redirai autant de fois, qu'elle aimerait mieux se jeter dans le puits que de se laisser seulement embrasser par une douzaine de filles comme vous. En second lieu, il y a là dedans un jeune monsieur, bien plus joli que vous, qui vient la chercher pour l'emmener à Paris.

— Quels contes me fais-tu là, Claudie? et que m'importe, d'ailleurs? je n'ai jamais songé à Jeanne, je n'aime que toi; ne fais donc pas semblant d'en douter. Allons, je m'en vais, faisons la paix.

— Non pas! vous ne m'embrasserez pas. Ça n'est pas la peine. D'ailleurs vous n'allez pas loin.

— Sur ma parole, je m'en retourne à Boussac.

— Oui, quand vous *aurez venu* à bout de parler à la Jeanne, quand vous lui aurez dit : « Viens chez nous, ma petite Jeanne, ma sœur est très-douce à servir, je te ferai donner tout ce que tu voudras. » Il y a plus d'un mois que vous lui chantez cette chanson-là; mais elle n'est pas si bête que de vous écouter.

— Elle m'écouterait tout comme un autre, si je voulais ; mais je ne lui ai jamais dit cela que pour rire. Elle n'est pas déjà si belle, ta Jeanne !

— Bon ! je lui dirai cela de votre part, pas plus tard que demain.

— Tout de suite, si tu veux ! Mais qui est donc ce jeune homme qui est là dedans, à ce que tu dis ?

— Ah ! ça vous inquiète ! Je le connais-t-i, moi ? allez-y voir. Ça vous donnera l'occasion d'entrer dans la maison.

— Tu as raison, répondit Marsillat d'un ton ironique, et il quitta le banc, suivi de Claudie qui ne voulait pas le perdre de vue.

Avant la fin de cet entretien, Guillaume s'était éloigné de la fenêtre, dégoûté de tout ce contraste de préoccupations cyniques et grossières avec le respect dû à la présence d'un cadavre et aux saintes larmes de Jeanne. Il s'était rapproché d'elle et lui avait dit quelques mots de condoléance et d'intérêt qu'elle avait à peine entendus. Puis, se débarrassant, avec un peu d'humeur, des importunités obséquieuses de la tante, qui voulait absolument le faire manger auprès de ce lit de mort, il se disposait à partir, avec l'intention de s'occuper du sort de Jeanne dans un moment plus opportun, lorsque, au seuil de la porte, il se trouva face à face avec Marsillat.

L'étonnement et la confusion de Marsillat furent extrêmes ; mais, grâce à l'effronterie enjouée de son caractère, il eut bientôt pris le dessus, et il secoua la main de son ancien camarade de chasse avec une familière cordialité.

— Que diable venez-vous faire ici ? lui demanda-t-il sans lui donner le temps de l'interroger lui-même.

— Ma présence ici est mieux motivée que la vôtre, répondit Guillaume avec un peu de sévérité dans le regard. Ne savez-vous pas que cette femme qui vient de mourir était ma nourrice, et mon devoir n'était-il pas d'accourir auprès d'elle aussitôt que j'ai connu sa position ?

— C'est juste, Guillaume, c'est très-bien de votre part. Eh bien ! mon pauvre ami, vous n'avez pas pu la sauver, et votre mère enverra des secours à sa famille. Retournez-vous à Boussac ce soir ?

— Je ne crois pas, répondit Guillaume avec intention.

— Ah ! vous comptez passer la nuit à Toull ? C'est un mauvais gîte.

— Peu m'importe, je m'accommode de tout en voyage.

— Vous êtes donc en tournée d'amateur ? Moi, je viens de voir un parent à Chambon.

— Vous avez pris la plus mauvaise route !

— Oui, mais la plus courte ! Retournez-vous maintenant à Toull ? Voulez-vous que je vous attende pour faire ce bout de chemin avec vous ?

— Vous êtes à cheval et moi à pied. Nous ne pouvons pas suivre le même chemin, à moins que je n'allonge beaucoup le mien, et l'orage menace.

— En ce cas, je pars, répondit Marsillat, visiblement contrarié de laisser le jeune baron auprès de Jeanne. A revoir ! Avez-vous quelque chose à faire dire à madame votre mère ? je m'en chargerai.

— Vous m'obligerez beaucoup, répondit Guillaume, et, déchirant un feuillet de son carnet, il se mit à écrire quelques lignes au crayon pour sa mère. Pendant ce temps, Marsillat pénétra dans la maison, parla amicalement à la Grand'Gothe, s'apitoya un instant de bonne foi sur la mort de sa sœur, et avala sans façon le lait de chèvre que Guillaume avait refusé, moins pour se désaltérer que pour gagner du temps, et trouver l'occasion d'adresser quelques paroles à Jeanne.

La Grand'Gothe provoqua cette occasion, soit à dessein, soit par suite de son caractère actif et tracassier.

— Allons donc, Jeanne, cria-t-elle de sa voix âpre et discordante ; viens donc remercier ces honnêtes messieurs qui viennent te voir, et te veulent du bien dans ton malheur... Allons, te lèveras-tu ?... Faut pas s'écouter comme ça... Les morts ne nous entendent plus, ma pauvre fille ; nous ne pouvons pas les empêcher de s'en aller. Le bon Dieu le commande comme ça, et quand le malheur nous en veut, il n'y a pas de prières qui servent... pleurer ne sert de rien non plus : ça n'a jamais fait revenir personne... Veux-tu donc rester comme ça sur tes genoux jusqu'à demain matin ?... C'est des bêtises ; tu te rendras malade, et puis, qu'est-ce qui te soignera ?... Moi, je t'avertis que je suis à bout de mes forces, et que je ne peux pas en faire davantage... En voilà assez comme ça... Faut du courage, faut se faire une raison, pardi !... faut penser à l'ouvrage, qui ne va pas être petite, pour l'enterrement... Ah ! que ça coûte, ces vilaines affaires-là !... Ah çà ! vous autres, mes braves femmes, faudra m'aider et m'assister un peu, car je ne sais plus où j'en suis, et je n'ai rien du tout à la maison, pas un sou d'argent pour ma pauvre semaine... Jeanne ! Jeanne ! allons donc, parle donc à ce jeune monsieur, qui est ton frère de lait, et qui vient pour t'empêcher d'être malheureuse. Tu vois bien qu'ils *pensiont* à toi au château... Ta mère disait toujours : « Ils m'ont oubliée ! ils sont bien durs pour moi. » Tu vois bien qu'elle avait tort : ils ont pensé à nous... Et d'ailleurs, voilà aussi M. Léon qui a toujours pensé, et qui nous a rendu des petits services... Regarde-le donc, parles-y donc ! demandes-y donc ses *portements*[1]. Va donc vite lui chercher un fromage de notre chèvre... Tu vois bien qu'il a appétit, et qu'il mangerait bien un morceau. Allons, m'écoutes-tu ?... Faut donc que je fasse toute l'ouvrage, moi ?... J'en ferai une maladie, bien sûr... Cette enfant n'a jamais été bonne pour sa tante !... Ah oui ! c'en est un de malheur pour moi d'avoir perdu ma pauvre sœur. Je peux bien dire que j'ai tout perdu aujourd'hui.

En terminant ce dialogue, que Marsillat voulut en vain interrompre, et que Guillaume entendit avec indignation, la Grand'Gothe se mit à sangloter d'une manière criarde et forcée, qui eût été risible si elle n'eût été révoltante. Jeanne, habituée à l'obéissance passive, s'était levée comme une machine poussée par un ressort. Elle essayait de satisfaire sa tante, mais elle ne savait ce qu'elle faisait, et elle laissa tomber une assiette qu'elle voulait offrir à Marsillat, bien qu'il se fût levé pour échapper à l'hospitalité hors de saison de la virago. Au bruit que fit cette mauvaise assiette de terre en se brisant, les petits yeux noirs de la Gothe devinrent étincelants de colère, et, n'eût été la crainte de déplaire à ses hôtes, qu'elle voyait disposés à prendre le parti de l'orpheline, elle l'eût accablée d'invectives.

— Allons, ma pauvre Jeanne, dit Marsillat en lui ôtant des mains les débris de l'assiette qu'elle ramassait, et en les jetant dehors, je ne veux pas que tu t'occupes de moi, et trouve très-mauvais qu'on te tourmente ainsi : cela est insupportable. Écoutez, Gothe, nous cesserons d'être bons amis, vous et moi, si vous faites du chagrin à Jeanne, surtout un jour comme celui-ci. Il faut que vous ayez le diable au corps.

La liberté avec laquelle Léon parlait à la virago, et l'ascendant qu'il exerçait sur elle (car aussitôt elle se calma et prit d'autres manières) prouvaient assez qu'elle ne voyait pas d'un mauvais œil les assiduités de ce jeune homme auprès de Jeanne, et qu'elle comptait mettre à profit son goût bien connu pour les belles filles du pays de Combraille. Guillaume, en toute autre circonstance, eût dédaigné d'apercevoir de si honteuses intrigues ; mais sa sollicitude, éveillée par le malheur de Jeanne, et le pur lien qui existait entre elle et lui, le rendaient très-clairvoyant. En ce moment il ressentait contre le jeune légiste une indignation véritable et cessa de se reprocher l'espèce d'éloignement qu'en dépit de leurs fréquentes relations Marsillat lui avait inspiré depuis quelques années.

Léon Marsillat, plus âgé de quatre ou cinq ans que Guillaume, n'était pas un homme ordinaire, bien que le sans-façon de ses manières et de son langage ne laissât pas souvent paraître les facultés éminentes dont il était doué. Fin, laborieux, actif, entreprenant et persévérant, égoïste et libéral, c'était le Marchois modèle. Sa puissante organisation se prêtait également au plaisir et au travail, à la jouissance et aux privations. Sa santé physique et morale, la lucidité de son cerveau, la volonté infatigable

---

[1] Comment il se porte.

d'être heureux, libre et fort, en faisaient un être supérieur dans le bien et dans le mal. Capable des plus nobles et des plus lâches actions, viveur effréné, travailleur prodigieux, il passait de l'excès de l'étude à celui de l'insouciance, et de la fièvre des affaires à celle des passions. Vindicatif comme un paysan (son grand-père avait porté le mortier aux maçons), il était généreux comme un prince, et après avoir persécuté amèrement et transpercé de ses cruelles épigrammes les victimes de son dépit, dans un jour de mansuétude, il les réhabilitait et les couvrait du manteau de son ostentation. Vain à certains égards, il proscrivait certaines autres vanités qui eussent semblé plus excusables à son âge et dans sa position. Il raillait le luxe puéril des jeunes *dandys* qu'il eût pu imiter et qui se privaient des satisfactions nécessaires pour s'en donner de factices. Il méprisait souverainement la mode, et ne s'y conformait pas; il professait le dédain des habits bien faits qui gênent les mouvements, des chevaux fringants qui n'ont que l'apparence et ne résistent pas à la fatigue, des femmes qui font fureur dans les salons et qu'on ne saurait regarder sans effroi en plein soleil; en conséquence de quoi il avait toujours le linge le plus fin, les draps les mieux tissus, les habits les plus souples, le cheval le plus robuste et le plus cher, les maîtresses les plus vulgaires, mais les plus belles et les plus jeunes. A vingt-cinq ans, déjà riche dans le présent par héritage, et dans l'avenir par son talent d'avocat qui annonçait une brillante carrière, il avait arrangé hardiment sa vie pour la satisfaction de tous ses instincts nobles et bas, généreux et pervers. Il aimait son métier, et savait s'y absorber tout entier; mais après des efforts surhumains qu'il faisait pour regagner le temps donné aux plaisirs, il lui fallait l'ivresse de nouveaux désordres pour retremper ses forces. Sceptique et même un peu athée, il avait pour toute espèce de religiosité une haine d'instinct; cependant il comprenait la poésie des grandes croyances, et les inspirations enthousiastes se communiquaient à lui comme par un choc électrique. Il pouvait pleurer le lendemain de ce qui l'avait fait rire la veille, et réciproquement. Bouillant et calme, tour à tour esclave et vainqueur de ses appétits, il y avait deux ou trois hommes en lui, comme dans toutes les natures puissantes, et il inspirait en même temps à ceux qui l'approchaient ces sentiments divers de l'admiration et du mépris, de l'engouement et de la méfiance.

Quoiqu'il affectât un langage vulgaire et qu'il foulât aux pieds l'esprit dépensé en petite monnaie, dont on fait tant de cas dans le monde, il n'avait pas fréquenté Guillaume de Boussac sans que ce dernier s'aperçût de son instruction, de la force de son intelligence et de la fermeté de son caractère. Ces deux jeunes gens, natifs de la même ville, s'étaient rencontrés au collège; puis, durant les vacances, et quelquefois ensuite à Paris, non dans le monde, ils ne recherchaient pas la même société, mais au spectacle, au boulevard, au bois, au tir, au manège, à la salle d'armes. A cette époque, grâce au retour des Bourbons et à la réorganisation du faubourg Saint-Germain, le mélange qui s'était heureusement établi entre les gens de mérite de toutes les classes n'était encore qu'un fait exceptionnel. Aussi Guillaume de Boussac croyait-il faire acte de courage et de libéralisme en attirant quelquefois à Paris son ancien camarade, le licencié en droit, à la table et dans le salon de sa mère. Mais, malgré ses avances, le jeune baron s'était refroidi chaque jour davantage à l'égard de son ancien camarade.

Lorsqu'il était encore enfant, et jusqu'au sortir du collège, il s'était senti dominé par lui. Doué d'un cœur confiant et d'un caractère faible, il avait subi l'ascendant de cette nature indépendante et forte. Il avait été souvent puni au collège pour avoir écouté ses mauvais conseils, et Marsillat n'avait fait que rire de ces mortifications que le jeune homme, plus sensible, prenait au sérieux. Plus d'une fois Guillaume avait senti avec honte que la nature l'avait fait meilleur et moins fort que Marsillat, et qu'en se laissant aller à la fantaisie de l'imiter un instant, il avait péché en pure perte, sans recevoir l'assistance du puissant démon qui protégeait son camarade. Nous l'avons vu, au début de cette histoire, suivre encore un peu les errements du sceptique Léon, et railler avec lui sir Arthur, qu'au fond du cœur il estimait infiniment. En avançant dans la vie, en se mûrissant par la lecture et la réflexion, Guillaume avait compris que sa voie était trop différente de celle de Léon pour ne pas devenir bientôt l'objet de ses critiques et de ses sarcasmes. Il avait donc cessé assez brusquement d'être expansif avec lui, et l'ironie contenue du jeune avocat avait causé au jeune baron une sorte de souffrance dans ses relations avec lui. Il nourrissait de plus en plus une antipathie secrète pour sa personne, antipathie parfaitement déguisée, d'ailleurs, sous des manières polies et bienveillantes. Les nobles de cette époque ne se croyaient pas le droit de manquer sous ce rapport à une sorte d'hypocrisie. Ils se regardaient encore comme supérieurs par leur naissance aux autres hommes, et ils pratiquaient l'accueil protecteur comme une charge de leur position.

Marsillat avait l'esprit trop pénétrant pour ne pas comprendre à merveille les gracieusetés et les répugnances du jeune praticien. Il s'en amusait, et se plaisait souvent à le faire souffrir, en feignant de prendre à la lettre les témoignages de sa courtoisie forcée. Il en usait et en abusait, se disant en soi-même : Mon camarade, tu voudrais plaire, être aimé, respecté et craint, tout cela à la fois. L'honneur de ton nom te condamne à nous caresser, nous autres roturiers. Tu voudrais passer pour un bon garçon sans préjugés, pour un aimable seigneur sans morgue; et avec la plupart de mes pareils tu y réussis, parce qu'ils manquent de tact et ne voient pas à travers ton mépris sous ton adorable sourire. Mais tu ne me tromperas pas ; je te forcerai à être franc, brutal même avec moi, et, dans ce cas-là, je t'aimerai beaucoup mieux, ou bien je ferai saigner ton orgueil en te traitant, comme le feins de me traiter, d'égal à égal.

En pensant ainsi, Marsillat s'exagérait beaucoup la vanité de Guillaume; mais il y avait dans cette petite guerre d'escarmouche qu'il lui livrait des points où il touchait malheureusement assez juste.

En se rencontrant dans la chaumière de Jeanne, il ne fallut pas bien longtemps à ces deux jeunes gens pour voir qu'ils s'observaient l'un l'autre, que Léon désirait écarter un rival dangereux, et Guillaume un ennemi des vertueuses intentions qu'il avait à l'égard de l'orpheline. Le plus habile des deux en prit le premier son parti. Marsillat fit ses adieux, et alla détacher son cheval pour partir, mais il eut soin de casser une courroie, ce qui le força de demander une ficelle à la Gothe, un couteau à Jeanne, un mot à Claudie, et de *bouriner*¹ et de *fafioter*², comme disait cette dernière, huit ou dix minutes autour de la maison. La pluie cependant commençait à tomber et le tonnerre à élever la voix.

De son côté, Guillaume était bien résolu de partir, mais il mettait un peu de malice à partir le dernier et à voir trotter devant lui la vigoureuse jument de l'avocat. Il avait fait ses adieux aussi, promettant de revenir bientôt, et il attendait le départ de Marsillat, tout en causant avec lui, à quelques pas de la chaumière, de choses étrangères à ce qui s'y passait. Claudie, meilleure mouche que lui, surveillait d'un œil enflammé tous les mouvements de son infidèle, lorsque la voix retentissante de la Grand'Gothe qui les croyait déjà partis vint les forcer à prêter l'oreille.

— Allons, grande lâche, sotte, sans cœur, disait-elle à Jeanne, prendras-tu ta *cape* ? Partiras-tu? Veux-tu attendre à demain pour aller à Toull? Qu'est-ce qui invitera nos parents à la *carimonie*? Qu'est-ce qui apportera les provisions pour le repas de demain? Vas-tu *chimer* comme ça longtemps? Ta mère ne t'entend plus, allons ! et tu ne peux pas lui porter tes plaintes contre moi. Allons ! allons ! *en route, mauvaise troupe !* ajouta-t-elle d'un ton soldatesque, et si tu n'es pas revenue avant soleil couché, nous aurons affaire ensemble. Vrai Dieu ! il faudra bien que tu marches, à présent !

— Chez qui faut-il que j'aille? répondit Jeanne d'une voix plaintive, en paraissant sur le seuil de la cabane.

---

1 et 2. Muser, perdre du temps pour en gagner.

— Tu iras chez la mère Guite, chez le père Léonard, chez la Colombette, chez la grosse Louise, chez ton oncle Germain, chez.... Eh bien! la voilà qui se sauve à présent, sans m'écouter! Qu'est-ce que tu vas apporter? Imbécille!

— J'apporterai ce que vous voudrez, dit Jeanne d'un ton résigné.

— Tu prendras trois oies chez la mère Guite, deux pains chez la Gervoise et un demi-sac de pois chez M. le curé. Si tu ne peux pas apporter le tout, tu diras au garçon à Léonard de t'aider; c'est un garçon complaisant. Tu diras que nous paierons ça à la Saint-Martin, et si tu ne trouves pas de crédit chez l'un, tu iras chez l'autre. Allons, sauve-toi. »

Jeanne sortit d'un air abattu, mais armée de la suprême patience, qui est la seule grandeur laissée en partage au pauvre et au faible; elle vint se joindre au petit groupe qui l'attendait, et, sans dire un mot, elle se mit à marcher à côté de Claudie. Celle-ci, attendrie à sa manière de tant de souffrance muette et profonde, passa son bras sous le sien, et se mit à lui parler à voix basse pour la consoler de son mieux.

Marsillat, s'entretenant avec Guillaume, maintenait son cheval au pas; mais, à une très-petite distance d'Épinelle, le sentier escarpé des piétons venant à couper le chemin ferré, Guillaume prit congé de lui. « C'est grand dommage que vous n'ayez pas votre cheval, dit Marsillat. En dix minutes vous auriez été rendu à Toull, au lieu que vous allez supporter une demi-heure de pluie battante.

— Ma foi, oui, c'est grand dommage! s'écria Claudie. Vous auriez pris chacun une de nous en croupe, et nous ne nous serions pas trempées si longtemps.

— Veux-tu monter derrière moi, Claudie? je peux te conduire jusqu'à la Croix-Jacques, et puisque Jeanne est avec M. Boussac, il n'a plus besoin de toi pour retrouver son chemin.

— Ah! ça, mon petit Léon, ça me va! Vous êtes un bon enfant, tout de même. Arrêtez donc votre cheval *au droit* de cette grosse pierre pour que je puisse monter.

— Attends, attends, ma fille, dit le malin Marsillat, je te prendrais avec plaisir; mais je crois que je ferai mieux de prendre cette pauvre Jeanne, qui a passé tant de nuits et qui peut à peine se traîner.

— Non, Monsieur, non, grand merci, répondit Jeanne d'un ton assez ferme.

— Ah! vous voilà pris! grommela Claudie en transperçant de son regard furieux la figure impassible de Marsillat. Jeanne n'ira pas avec vous, j'en réponds.

— Comment! toi, Claudie, qui as si bon cœur, tu ne l'engages pas à profiter de mon cheval pour se reposer? Ah! Claudie, je ne te reconnais plus.

— Es-tu lasse, Jeanne? Veux-tu aller *à cheval*? dit Claudie, faisant un grand effort de générosité.

— Non, *ma vieille*, non, grand merci, répondit Jeanne avec le même calme; montes-y, toi, si ça te fait plaisir. Et, prenant le sentier sans se retourner à la tête aux invitations de Marsillat, elle dit à Guillaume : Allons, *mon parrain*, je vas vous conduire.

Les jeunes filles de mon pays ont assez l'habitude de donner au fils de leur marraine le titre de parrain, et réciproquement celui de marraine à la mère du parrain. Cette douce et confiante appellation dans une bouche si pure émut doucement le cœur du jeune baron, et un sentiment paternel attendrit ce visage imberbe.

Claudie avait réussi à se hucher sur la croupe du *cheval* de Marsillat, et ce dernier, un peu dépité de n'avoir pas réussi dans son projet détourné, voulut châtier la jalouse en enfonçant les éperons dans le ventre de *Fanchon* et en la faisant ruer et bondir sur le bord du précipice. Claudie, effrayée, fit de grands cris; mais elle se cramponna vigoureusement au cavalier, et un terrible éclair venant à sillonner le ciel, Fanchon, effrayée, prit le galop, et emporta le jeune couple bien loin de Jeanne et de Guillaume, demeurés ainsi en tête-à-tête au milieu de l'orage.

IV.
L'ORAGE.

Nous avons laissé le jeune baron de Boussac avec la douce Jeanne, sa sœur de lait, la filleule de sa mère, qui s'intitulait aussi la sienne, par suite d'un usage tout local, et de l'idée naïve et affectueuse qu'on ne saurait être adopté par le chef de la famille sans l'être par la famille entière. Ce mot filial, *mon parrain*, résonnait dans l'oreille de Guillaume, au milieu des hurlements de la tempête, et le concours de circonstances romanesques qui l'avait amené auprès de Jeanne, juste à point pour conjurer les dangers qui la menaçaient, lui causait une sorte de satisfaction généreuse. Il ne regrettait point d'avoir été brusquement interrompu au milieu des plaisirs de son voyage par une si triste aventure. Déjà il rêvait tout un poëme champêtre dans le goût de Goldsmith, et il n'était pas fâché d'en être le héros vertueux et désintéressé.

Mais il manquait encore à ce poëme une héroïne qui comprît son rôle et celui de son protecteur. Jeanne se croyait si peu menacée par les séductions du jeune avocat, qu'elle ne songeait à voir dans le jeune seigneur qu'un personnage respectable, étranger à sa destinée. D'ailleurs, aucun de ces beaux messieurs n'occupait en ce moment les pensées de Jeanne. Elle avait toujours devant les yeux sa mère agonisante, et le sentiment de son isolement la tourmentait moins que la crainte de n'avoir pas assez fait pour adoucir les derniers moments d'un être qui avait été jusque-là l'unique objet de ses affections. Jeanne passait aux champs pour une fille très-bornée, parce qu'elle était chaste et qu'elle avait, à se produire, une répugnance presque sauvage. Elle n'aimait pas la danse, et on ne l'avait jamais vue dans les *assemblées*, fêtes villageoises où les jeunes paysannes courent étaler leurs charmes et chercher des galants. Sérieuse, assidue au travail, passionnée pour la garde de ses troupeaux, elle allait presque toujours seule la quenouille au côté, dans les endroits les plus déserts, vivant tout le jour d'un morceau de pain noir, et rentrant à la nuit pour s'endormir paisiblement sous l'aile de sa mère.

La mère Tula et sa sœur, la Grand'Gothe, passaient pour magiciennes, avec cette différence que la mère de Jeanne, aimée et estimée de tout le monde, était regardée comme une savante matrone, et que la tante était réputée sorcière malfaisante. On remarquait que les bêtes de Tula étaient toujours en bon état, qu'elles rentraient toujours à l'étable la mamelle pleine, que les épizooties ne les atteignaient point, et que cette femme si pauvre, ayant perdu toutes ses ressources avec son mari et ses fils, trouvait, dans la chétive industrie d'élever un petit troupeau sur le commun, le moyen, très-insuffisant pour les autres, de se préserver des horreurs de la misère. On prétendait, en même temps que la Grand'Gothe, qui ne s'était jamais mariée, et qui vivait ladrement, sans faire aucun commerce apparent, avait de sacs d'écus cachés dans sa paillasse, et que ces richesses lui arrivaient mystérieusement par ses intelligences avec les mauvais esprits. Le paysan voit toujours de mauvais œil son prochain s'enrichir, et, bien qu'il n'ait aucune idée d'économie politique, il a cette notion juste de l'état social, que personne ne profite des chances de la fortune sans que ce soit au détriment de ceux qui n'en profitent pas. Mais ces êtres simples et souffrants, qui ne reçoivent la lumière des choses que sur la fièvre de l'imagination, aiment beaucoup mieux attribuer le succès des habiles et des fourbes à des influences occultes qu'à des actions coupables plus faciles à constater. Le paysan procède de l'inconnu pour aller au connu. Il évoque les puissances fantastiques du ciel et de l'enfer, à propos des réalités les plus grossièrement évidentes. Il fait des vœux et des pèlerinages plus païens que catholiques pour sa famille, pour son bœuf et pour son âne, et dédaigne d'avoir recours aux soins de la science ou aux précautions de l'hygiène pour sauver les personnes ou les biens que la vengeance de quelque sor-

Elle allait presque toujours seule. (Page 15.)

cier ou la colère de quelque mauvais génie menace de traits invisibles.

Aussi, disait-on que la Grand'Gothe ne passait jamais auprès de l'étable de son ennemi sans y jeter quelque sort. Son regard donnait la fièvre, et il n'y avait rien de plus mauvais que de la rencontrer le soir du côté des pierres jomâtres, au lever ou au coucher de la lune. Si cela arrivait la nuit de Noël, à cette heure néfaste où le grand champignon druidique frémit et danse en criant sur les trois pierres qui le portent en équilibre, on était bien sûr de se mettre au lit en rentrant chez soi, et de ne jamais s'en relever. La preuve que la Gothe était une méchante sorcière, c'est que les chèvres des bergères à qui elle parlait souvent tarissaient; leurs brebis perdaient la laine avant la tondaille, et leurs poulains *s'éboitaient* en galopant sur les roches, ou se perdaient dans les viviers.

Il y avait pourtant à tous ces prodiges une explication bien naturelle, et que les esprits forts de Toull et des environs, le père Léonard entre autres, donnaient en vain au grand nombre épris du merveilleux. Le troupeau de Jeanne prospérait, parce que Jeanne, n'étant ni coquette ni paresseuse, en avait un soin extrême. Ceux de ses compagnes, lorsqu'elles écoutaient les mauvaises paroles de la Gothe, allaient de mal en pis, parce que la Gothe était fort liée avec certains bourgeois riches et dissolus qui la chargeaient de leurs affaires secrètes et confiaient à sa criminelle expérience des moyens de corruption souvent, hélas! irrésistibles. C'était là la source des sacs d'écus que la sorcière cachait dans sa paillasse. C'était aussi la cause des maladies et des accidents *du bestiau*, négligé et souvent abandonné par des gardiennes insouciantes et préoccupées.

Quant à Jeanne, sa beauté s'était développée à l'ombre. Fuyant les plaisirs et n'ayant jamais mis le pied dans une ville, elle était ignorée, et il avait fallu pour la découvrir la vie errante de Marsillat au temps des vacances, son œil de lynx et son goût pour les conquêtes difficiles. La simple fille n'avait pas encore compris pourquoi depuis quinze jours elle avait rencontré, au moins deux fois par semaine, Léon sur son chemin lorsqu'elle ramenait ses troupeaux. Elle le croyait occupé de Claudie seulement, et son instinct chaste lui avait suggéré d'éviter ce couple qui la recherchait, Marsillat trouvant toujours dans sa féconde imagination un prétexte pour diriger ses prome-

La Grand'Gothe.

nades sentimentales avec Claudie, vers les lieux où Jeanne devait passer. La réserve craintive et fière qui faisait le caractère apparent de Jeanne ne prenait pourtant pas sa source dans une âme défiante et hautaine; à voir comment elle avait servi et assisté sa mère depuis qu'elle était au monde, avec quelle abnégation elle lui avait consacré sa vie, avec quelle ferveur elle l'avait soignée nuit et jour jusqu'à sa dernière heure, on aurait deviné qu'il y avait là un cœur capable des plus grands dévouements; mais, à l'exception de Tula, qui connaissait Jeanne? qui pouvait la connaître? Et maintenant qu'elle n'avait plus personne à qui se consacrer, qui pouvait savoir si c'était un être de quelque valeur ou une créature stupide, attachée aux travaux rustiques comme le bœuf l'est à la charrue? Marsillat ne voyait en elle qu'une vierge aux yeux bleus, blanche comme les lis, taillée comme une statue antique, et *bête comme un cygne*, c'était son expression. La Grand'Gothe, furieuse de ce qu'elle n'avait encore pu la faire remarquer de personne, voyait enfin dans sa nièce l'objet lucratif des soins du jeune libertin, et pour la déterminer à entrer en qualité de servante dans la famille de Léon, elle se promettait, maintenant

que Tula n'était plus entre elles deux, de la persécuter et de la maltraiter.

Quant à Guillaume de Boussac, il ne voyait encore dans Jeanne qu'une beauté de vignette anglaise, tout au plus un sujet de ballade, dans cette pauvre fille envers laquelle il avait des devoirs à remplir. Jeanne était donc, à cette heure de sa vie, une âme perdue dans l'infini de la création intellectuelle, un être ignoré, inaperçu comme ces magnifiques solitudes du Nouveau-Monde qui n'auraient pour ainsi dire jamais existé si elles ne se fussent révélées à un artiste ou à un poète, comme les beautés de ces îles désertes qu'aucun navigateur n'a encore signalées et qui sont réellement comme si elles n'existaient pas.

— Jeanne, dit Guillaume après avoir un peu cherché grâce à quelle forme de langage il pourrait se faire comprendre d'une paysanne, vous m'avez appelé votre parrain, et cela me fait plaisir; je prends tant d'intérêt à votre malheur, que je voudrais pouvoir au moins vous prouver que vous avez trouvé aujourd'hui un appui.

Jeanne leva sur Guillaume ses beaux yeux rougis par les larmes, et s'efforça de comprendre ce mot *d'appui*, nouveau en ce sens pour son oreille. Mais les paysans ont l'esprit trop tourné à la métaphore pour ne pas deviner très-vite les expressions figurées. Jeanne comprit, et répondit d'une voix douce, mais avec un accent qui ne marquait ni désir ni espérance : Vous avez bien de la bonté, mon parrain.

— Non, Jeanne, je n'ai guère de bonté, reprit le jeune baron, puisque j'ai pu oublier si longtemps ma pauvre nourrice.

— Elle ne vous en a jamais voulu, mon parrain, car c'est la vérité de dire qu'elle était bonne ! et Jeanne recommença à pleurer en silence.

— Vous ne serez pas heureuse avec votre tante, n'est-ce pas, Jeanne ?

— C'est comme il plaira au bon Dieu, mon parrain !

— Vous n'avez pas de répugnance à demeurer avec elle ?

— Non, mon parrain, ma tante ne me répugne pas, c'est une femme très-propre.

— Mais elle est d'un caractère difficile ?

— Oh non ! mon parrain, elle n'est pas difficile du tout sur son manger, et d'ailleurs elle fait tout elle-même. »

La simplicité de Jeanne dérangea un peu le roman de Guillaume. Elle lui répondait naturellement, avec la soumission d'un enfant qui ne sait pas pourquoi on l'interroge, mais qui fait un effort pour satisfaire le maître.

« Je l'ennuie, car elle ne me comprend pas, pensa le jeune homme : elle aimerait bien mieux n'être pas distraite de sa douleur. Ne trouverai-je donc pas le chemin de son cœur par quelque manière de dire parfaitement élémentaire ?

— Dites-moi, mon enfant, reprit-il, est-ce que votre mère ne s'inquiétait pas de l'idée de vous laisser seule ?

— Oh si ! mon parrain, répondit Jeanne qui devenait plus volontiers expansive en parlant de sa mère. Elle disait encore ce matin : « La volonté du bon Dieu soit faite ! mais ce qui me fâche le plus de m'en aller, c'est le chagrin que ça va faire à ma Jeanne. » Oh ! elle avait bien raison ! ça fait rudement de peine de perdre sa mère ! Que le bon Dieu vous conserve donc la vôtre, mon parrain ! »

Les expressions de Jeanne étaient bien vulgaires ; mais le son de sa voix suppléait à l'insuffisance de sa parole, et l'accent vrai de son désespoir, joint à la bonté généreuse du sentiment qui la ramenait à s'occuper de l'avenir de son jeune parrain, causèrent à ce dernier un attendrissement profond. Des larmes lui vinrent aux yeux tout à coup, et il répondit d'une voix altérée : Vous êtes bonne, Jeanne ! bien bonne !

— Non, mon parrain, répondit-elle ingénument, c'est vous qui êtes bon de dire ça ! mais, mon parrain, voilà l'eau qui tombe *à mort*, vous n'avez quasi rien sur le corps, vous prendrez du mal.

— Ne faites pas attention à cela, ma chère enfant.

— Hélas ! mon parrain, c'est comme ça que ma pauvre mère a pris sa maladie. Elle a voulu venir me chercher aux champs parce qu'il faisait un rude temps comme aujourd'hui, et qu'elle a eu peur que je ne *peuve* pas passer le *rio* (le ruisseau) pour rentrer à la maison. Quand elle prenait du souci pour moi, elle ne se connaissait plus, la pauvre âme ! elle m'a trouvée à moitié chemin ; mais elle s'était tant mouillé les pieds jusqu'aux genoux, que le lendemain elle a pris la fièvre.

— Elle a donc été bien mal soignée par les médecins ?

— Oh ! mon parrain, nous n'avons pas appelé de médecin ; nous ne croyons pas à ça, nous autres. Peut-être bien que nous avons tort, et que le médecin y aurait fait quelque chose, mais elle n'en voulait pas seulement entendre parler. Elle nous dit comment il fallait la soigner, et nous avons fait son commandement. Mais ça n'a pas servi !... Allons, mon parrain, faut pas vous mouiller ; faut prendre ma capiche sur votre dos... oh ! elle n'est pas sale, mon parrain ; il n'y a jamais eu de saleté chez nous. Voyez ! si votre mère vous savait dehors par un *pariou* temps, elle en aurait trop d'ennui.

— Jamais, ma bonne Jeanne ! jamais je ne souffrirai que tu te mouilles à ma place, — et Guillaume replaça sur les épaules de Jeanne la mante de laine grise qu'elle avait déjà ôtée pour l'en couvrir.

— Eh bien, tenez ! mon parrain, puisque vous ne voulez pas, je vas vous mener vite à un endroit où vous serez à l'abri ; dans un moment, ça tombera peut-être plus si fort ! et Jeanne coupa en travers de la montagne, jusqu'à une masse de rochers dans laquelle une excavation profonde était pratiquée.

— Prenez garde, mon parrain ! dit Jeanne en lui prenant le bras avec la familiarité la plus chaste et la sollicitude la plus respectueuse : il y a là un puits que vous ne verriez pas, — et elle le conduisit au fond de la grotte, car la pluie chassée par le vent fouettait assez avant dans l'intérieur de cette retraite. Guillaume, exténué de fatigue, — il était à jeun depuis le matin, — s'assit sur un banc pratiqué dans le roc, et Jeanne, trop bien apprise pour s'asseoir à côté de lui, s'appuya sur une grosse pierre un peu plus près de l'entrée, c'est-à-dire dans la lumière qui venait du dehors et qui faisait resplendir sa silhouette sérieuse et douce comme celle d'une madone, tandis que Guillaume, enfoncé dans l'ombre, la contemplait avec admiration.

Dans les premiers moments, cette obscurité de la grotte, ce zèle que Jeanne lui avait montré, cet isolement complet avec une si belle fille, loin de tous les regards, et peut-être aussi cette excitation nerveuse que causent le grand spectacle et les bruits majestueux de l'orage ; enfin un peu de vanité satisfaite à l'idée que l'habile Marsillat eût payé bien cher ce tête-à-tête, et que, sans aucune habileté, il l'avait emporté dans la confiance de Jeanne : toutes ces émotions réunies jetèrent une sorte de fièvre dans le cerveau du jeune baron. Il respectait trop la situation de sa filleule, et la sienne propre, pour ne pas haïr la pensée d'en abuser. Mais il trouvait un secret plaisir à se dire qu'à sa place bien d'autres n'eussent pas été aussi délicats, et tout en caressant en lui-même le sentiment de sa propre vertu, il arrivait à trouver cette vertu plus méritoire qu'il ne l'aurait imaginé une heure auparavant, lorsqu'il descendait la montagne avec l'agaçante Claudie. Jeanne était si différente, si vraiment belle, si candide, et disposée pour lui à un intérêt si doux ! L'imagination du jeune homme travaillait sur ce thème : « Si je voulais lui inspirer un sentiment plus tendre, pourrait-il s'en défendre dans un pareil moment, et lorsque je lui ferais comprendre que je suis désormais son seul ami en ce monde, son appui nécessaire envoyé vers elle par la Providence ? » Mais, à cette idée de la Providence, Guillaume, né avec un caractère assez faible, mais converti à l'envie d'être grand par le christianisme romantique de l'époque, craignait de devenir sacrilège en invoquant le ciel pour justifier ses agitations involontaires ; et il se taisait, regardant toujours Jeanne à la lueur des éclairs.

De son côté pourtant, Jeanne ne songeait guère à se préserver d'un danger qu'elle ne concevait même pas ; et, retombant sur elle-même, elle s'était remise à pleurer. C'était un pleurer silencieux et résigné qui ne cherchait ni à se contenir ni à se montrer. Habituée à une vie solitaire, dès que la bergère toulloise ne se sentait pas nécessaire aux autres, elle avait coutume d'oublier leur présence, et de se perdre dans ses pensées. Mais quelles pouvaient être les pensées d'un enfant de la nature, qui n'avait pas appris à lire, et dont l'intelligence (si tant est qu'elle en eût) n'avait reçu aucune espèce de culture ?

Guillaume se le demandait précisément, en la voyant rester dans la même attitude, les yeux fixés sur l'horizon embrasé par la foudre... Et nous nous sommes fait souvent la même question nous-même, en regardant quelque bergère aux traits nobles, ou quelque sévère matrone filant gravement sa quenouille des heures entières au coin d'un pré. Qui peut nous révéler le mode d'existence de ces âmes si peu développées ? A quoi pense le laboureur qui creuse patiemment son sillon monotone ? A quoi pense le bœuf qui rumine couché dans l'herbe, et la cavale étonnée qui vous examine par-dessus le buisson ? Est-ce donc la même vie qui circule lentement dans les veines de l'homme et dans celles de l'animal attaché au travail de la terre? L'ingrate Rhéa frappe-t-elle de stupidité ses enfants et ses serviteurs?

Il nous a fallu beaucoup respirer l'air des champs et veiller bien des soirs autour du foyer rustique pour comprendre cette suite de rêveries qui remplace dans le cerveau du paysan le travail de la méditation, et qui fait de sa veille, comme de son sommeil, une sorte d'extase tranquille, où les images se succèdent avec rapidité, merveilleuses, terribles ou riantes. C'est la même activité, la même poésie et la même impuissance que l'effort de l'enfant à dégager l'inconnu de son existence du voile qui la couvre; c'est le génie des songes s'agitant dans le vaste et faible cerveau de l'Hercule gaulois.

Jeanne pensait à sa mère dans cet instant, et sa rêverie douloureuse la promenait dans tous les souvenirs de ce passé dont elle ne pouvait plus sortir. Ses sanglots ne remplissaient pas la grotte; mais les mystérieux échos de ce lieu sonore répétaient de minute en minute un faible soupir de sa poitrine oppressée, auquel répondait, plus mystérieusement encore, le bruit d'une goutte d'eau qui se détachait à intervalles réguliers de la voûte humide pour tomber dans la source invisible.

Ce silence éloquent attendrissait de plus en plus Guillaume, et il ne songeait plus à le rompre. Mais il se trouva, sans savoir comment, assis auprès de Jeanne, et sa main sur la sienne.

V.

L'ÉRUDITION DU CURÉ DE CAMPAGNE.[1]

Jeanne, étonnée, se retourna, et Guillaume se trouvant dans la lumière auprès d'elle, elle vit des larmes dans ses yeux. Au lieu d'être émue ou effrayée, elle lui dit naïvement:

— Est-ce que vous avez peur de l'orage, mon parrain?

Guillaume ne put s'empêcher de sourire, et, quittant la main de Jeanne: « Non, ma chère enfant, lui dit-il, je ne songe pas à l'orage, mais à toi. Ton chagrin me remplit le cœur, et je voudrais pouvoir pleurer avec toi...

— Oh! il ne faut pas pleurer, mon parrain. Ça vous ferait du mal. C'est tout simple que je ne puisse pas m'en empêcher, moi! c'était ma mère! Mais ça n'était que votre nourrice, et vous ne la connaissiez plus. Vous ne pouvez pas vous souvenir d'elle.

— Je m'en suis souvenu aujourd'hui, Jeanne, et je ne m'en souviendrais pas, que j'aurais encore envie de pleurer à cause de toi. Est-ce que tu ne comprends pas cela?

Jeanne garda le silence: elle ne comprenait pas.

— Dis-moi, Jeanne, si je venais de perdre ma mère, que tu ne connais pas, et dont tu ne peux plus te souvenir, est-ce que tu n'aurais pas pitié de moi?

— Oh si! mon parrain!

— Est-ce que tu ne chercherais pas à me dire quelque chose pour me consoler?

— Oh *si bien!* mon parrain, répéta Jeanne avec conviction.

— Eh bien! dis-moi ce que tu me dirais, afin que maintenant je te le dise.

— Hélas! mon parrain! j'aurais bien de la peine; mais je ne saurais pas vous dire.

— C'est juste comme moi, pensa Guillaume... Mais, ajouta-t-il, est-ce que l'amitié ne console pas un peu? Est-ce que tu ne sentirais pas... dans un pareil moment... de l'amitié pour moi?

— Oh! *si fait bien*, mon parrain!

— Eh bien! ne conçois-tu pas que j'en aie pour toi dans ce moment-ci?

— Vous êtes bien bon, mon parrain; vous en serez récompensé!

— Vraiment, Jeanne? s'écria Guillaume en lui reprenant la main; m'en sauras-tu quelque gré? Si tu y penses quelquefois, ce sera ma récompense.

— Hélas! mon parrain, je suis trop pauvre, répondit Jeanne avec douceur, je ne peux récompenser personne; mais le bon Dieu vous récompensera de vos amitiés pour moi.

Guillaume, un peu confus, mais se rassurant par la pensée que ses propres paroles ne renfermaient aucune intention coupable, conserva la main de Jeanne dans la sienne. Elle l'en retira pour faire un signe de croix.

— Pourquoi fais-tu un signe de la croix? lui demanda-t-il.

— Vous n'avez donc pas vu cette grande éclair, mon parrain?

— Tu as peur du tonnerre, toi, ma pauvre Jeanne!

— Oh! non, mon parrain; mais c'est pour détourner quelque malheur de dessus les autres.

— Tu parles peu, Jeanne; mais tu parles bien.

— Oh! non, mon parrain, je ne sais pas bien parler.

— Tout ce que tu dis est d'un bon cœur pourtant.

— Je ne puis pas avoir un mauvais cœur, puisque ma pauvre mère en avait un si bon! Mais pour bien parler, je ne peux pas: je n'ai jamais appris.

— Tu n'as jamais été à l'école?

— Non, mon parrain, je n'avais pas le temps.

— Mais tu sais lire?

— Oh non, mon parrain! je ne sais pas ça.

— Et tu ne regrettes pas de ne pas le savoir?

— Ça ne me servirait de rien. J'ai été *élevée aux bêtes.* C'est ça mon ouvrage. Ça contentait ma mère.

— Mais à présent que ce n'est plus nécessaire, ne voudrais-tu pas vivre autrement?

— Non, mon parrain.

— Non? ta tante, cependant, ne vaut pas ta mère!

— C'est vrai, mon parrain. Mais enfin c'est ma tante. Elle s'ennuierait toute seule.

— Mais puisque tu vis dans les champs, elle ne te verra guères?

— On se voit toujours un peu le soir. On soupe ensemble.

— Et tous les soirs elle te traitera comme elle le faisait tout à l'heure.

— J'y suis bien accoutumée, mon parrain, et je ne me fâche pas contre elle.

— Mais si elle avait de mauvais desseins sur toi, Jeanne?

— Comment dites-vous ça, mon parrain?

— Je te dis que ta tante est une mauvaise femme...

— Oh! vous vous trompez, mon parrain. Elle est un peu *vif:* c'est tout.

— Jeanne, tu tiens donc beaucoup à rester avec elle?

— Puisque ça se doit, mon parrain!

— Et si elle te chassait de la maison?

— La maison est à moi; d'ailleurs, elle ne ferait jamais cela.

— Si elle ne voulait plus demeurer avec toi?

— Je ne pourrais pas la forcer à rester; mais pourquoi voudrait-elle s'en aller? Je ne la contrarierai jamais.

— Il peut se rencontrer des occasions où ton devoir serait de le faire. Si elle exigeait que tu fisses quelque mauvaise action?

— Elle n'exigerait jamais ça, mon parrain.

— Tu en es donc bien sûre?

— Oh oui, mon parrain!

— A la bonne heure, dit Guillaume un peu inquiet de la sincérité de Jeanne; et ne sachant plus s'il devait admirer sa candeur, ou soupçonner sa vertu, il se leva et fit quelques pas dans la grotte, en proie à une sorte de dépit intérieur dont il rougissait.

— Après tout, reprit-il, vous devez avoir l'intention de vous marier bientôt, Jeanne?

— Non, mon parrain, répondit-elle sans embarras et sans hésitation.

— Un peu plus tôt, un peu plus tard, cela arrivera, et alors vous n'aurez plus rien à craindre de votre tante.

— Ça n'arrivera jamais, mon parrain, reprit Jeanne avec l'accent d'une tranquille détermination.

— Jamais? dit Guillaume étonné; c'est un serment de jeune fille. Mais tu n'en jurerais pas, Jeanne, ajouta-t-il en souriant.

---

[1]. Ce chapitre est dédié au maître d'école de Toull, qui est un peu embarrassé pour servir de *cicérone* aux touristes du centre.

— Mon *jurement* en est fait, répondit Jeanne.
— C'est étrange; vous moquez-vous, Jeanne?
— Oh! mon parrain, reprit-elle d'une voix plaintive et vraie, ce n'est pas un jour pour ça!
— Pardonne-moi, chère Jeanne, de douter de ta parole... Mais c'est si extraordinaire!... Et si je te demandais pourquoi... n'aurais-tu pas assez de confiance en moi, qui suis ton frère de lait et le fils de ta marraine, pour me dire le motif d'une pareille résolution?
— Je ne peux pas vous dire ça, mon parrain : çà m'est *défendu*.
— *Défendu?*
— Oui, mon parrain; excusez-moi si je ne réponds pas bien.

Guillaume ne savait pas que *défendu*, dans l'acception berrichonne, veut dire *impossible*, et ce quiproquo, que Jeanne ne pouvait éclaircir, le ramena aux soupçons qu'il avait conçus. Et pourquoi, avec tant de bonté et si peu de prévoyance, se dit-il, n'aimerait-elle pas Marsillat? Il est d'une agréable figure, jeune, entreprenant; il sait se faire comprendre de ces filles-là; il a peut-être ensorcelé déjà cette pauvre Jeanne, aussi bien que Claudie.

Cette réflexion fit naître chez le jeune baron des sentiments fort pénibles, et son roman s'en alla en fumée, à son grand regret.

Pour conjurer l'espèce de mortification qu'il éprouvait, d'avoir laissé galoper si vite sa fantaisie sur un terrain si prosaïque, il tâcha d'oublier ce qu'il avait cru voir en Jeanne, et, au bout de peu d'instants, il oublia Jeanne elle-même, au point de ne plus prendre garde aux larmes qu'elle ne cessait de répandre.

— Qu'est-ce que c'est donc que cette grotte? dit-il tout haut, frappé, pour la première fois, de l'aspect de cette construction souterraine.

Jeanne, qui se faisait un devoir filial de lui répondre au milieu de ses larmes, lui dit:
— C'est le *trou aux fades*, mon parrain.
— Les *fades!* N'est-ce pas les fées que tu veux dire?
— Je ne connais pas les fées, mon parrain.
— Mais, qu'est-ce que c'est que les fades?
— C'est des femmes qu'on ne voit pas, mais qui font du bien ou du mal.
— Crois-tu à cela, Jeanne?
— Dame, oui, mon parrain, il faut bien que j'y croie.
— Tu ne les as pas vues cependant, puisqu'on ne les voit pas?
— Je n'ai pas vu le bon Dieu, mon parrain, et cependant j'y crois. D'ailleurs, ma mère y croyait, et je crois ce qu'elle m'a dit.
— Et t'ont-elles fait du bien ou du mal, ces fades?
— Elles ne m'ont jamais fait de mal, mon parrain.
— Ni de bien non plus?

Jeanne ne répondit point. La curiosité de Guillaume était cependant excitée, mais il jugea inhumain de la contrarier dans un pareil jour en la forçant davantage à lui répondre.
— La pluie diminue, lui dit-il, je pourrai retrouver mon chemin tout seul à présent; si tu veux t'arrêter davantage, Jeanne, ne te gêne pas pour moi, je t'en prie.
— Oh! mon parrain, vous iriez peut-être dans les viviers. Je vous conduirai bien : je ne suis pas lasse.

Elle se leva, et Guillaume remarqua qu'elle plaçait quelque chose dans une fente du rocher.
— Que mets-tu là, Jeanne? lui demanda-t-il, curieux des pratiques superstitieuses du pays.
— C'est un peu de *thym de bergère*, que j'avais cueilli avant d'entrer, répondit-elle.
— A qui laisses-tu cette offrande, Jeanne? aux fades?
— C'est la coutume des filles, mon parrain.
— Et les garçons, qu'apportent-ils?
— Une petite pierre, mon parrain. J'vas en mettre une pour vous.
— Sans cela, les fades seraient mécontentes de moi, et me joueraient quelque mauvais tour?
— Ça se pourrait, mon parrain. Ça ne coûte pas beaucoup de mettre une petite pierre.

— J'en mettrai deux, Jeanne, pour te faire plaisir.

Mais, en sortant de la grotte, Guillaume, ramené à de mauvaises pensées, se dit que cette fleur de serpolet était peut-être un signal, une promesse, un rendez-vous que Jeanne laissait là pour l'objet de son mystérieux amour.

Le reste de leur trajet fut silencieux. Le vent, qui avait chassé les premières nuées, et qui en ramenait de nouvelles, rendait leur marche difficile et tout entretien impossible. Lorsqu'ils eurent atteint la troisième enceinte de débris qui forme l'amphithéâtre le plus élevé de Toull, Jeanne ayant demandé à son parrain s'il avait un endroit pour s'abriter, lui adressa ses adieux en ces termes : —
— Allons, mon parrain, merci bien pour vos bontés. Portez-vous donc bien, et excusez-moi si je vous ai offensé. (Ce qui équivalait, dans le style du pays, à s'excuser de n'avoir pas pu bien recevoir son hôte, ou de ne pas avoir su le complimenter dignement.)
— Attends, ma bonne Jeanne, dit le jeune baron; tu as quelques dépenses à faire, et pour trouver du crédit, tu aurais peut-être quelque embarras. Voici de quoi faire les frais du repas que tu es obligée de donner demain.
— Oh! merci, mon parrain. Gardez ça. Vous n'en avez peut-être pas de trop pour votre voyage, et moi je n'en ai pas besoin. Tout le monde me connaît ici, et on me fera bien crédit.
— Jeanne, tu n'es pas riche, et je le suis un peu; j'ai bien le droit de payer les frais d'enterrement de ma pauvre nourrice.
— A votre volonté, mon parrain, répondit Jeanne, qui craignait d'être incivile en refusant, mais il y a là bien trop.
— Tu garderas le reste, Jeanne.
— Oh! non, mon parrain. C'est ça de l'or, et je n'en veux pas. L'or, on croit chez nous que ça porte malheur.
— En vérité? en ce cas, voici de l'argent.
— En vous remerciant, mon parrain. Je ne sais pas combien ça fait ce que vous me donnez là. Mais je m'en vas acheter ce que ma tante m'a commandé, et je vous rapporterai le reste. Vous ne partez pas tout de suite du pays?
— Pas tout de suite, et j'aurai grand plaisir à te revoir, mais je ne reprendrai rien de ce que je t'ai donné. A revoir, Jeanne!
— A revoir, mon petit parrain! Et Jeanne s'éloigna, pleurant toujours.
— Étrange créature, pensa Guillaume, en la regardant entrer dans une des chaumières de Toull; elle a toute sa présence d'esprit, elle semble résignée à tout, et en même temps elle paraît inconsolable. Guillaume ne savait pas que la paysanne, quand elle est douée de sensibilité, ce qui n'est pas rare, est ainsi faite. L'habitude du travail, et l'impossibilité de se reposer de ses devoirs sur les autres, l'empêchent de s'abandonner aux témoignages extrêmes de sa douleur; mais cette douleur patiente et simple prend racine dans son cœur plus profondément peut-être que dans tout autre.

Guillaume cherchait à retrouver la baraque de la mère Guite, lorsqu'il vit venir à sa rencontre le curé de l'endroit, qui s'excusa de n'avoir pu le recevoir à son arrivée, et l'emmena au presbytère. où déjà il avait fait conduire Sport, parce qu'il ignorait le nom du voyageur à qui appartenait le superbe animal. Guillaume s'empressa de faire connaître son nom et l'objet de sa course à Épinelle, croyant devoir ne pas abuser, par l'incivilité de l'incognito, de l'empressement affable de son hôte.

Quand on rencontre un prêtre dans de pareilles Thébaïdes, s'il est jeune, on peut être sûr que c'est un hérétique intelligent disgracié par l'*ordinaire*; s'il est vieux, que c'est un athée de mœurs scandaleuses qui subit une expiation. Il y a, dans les deux cas, une seconde hypothèse : c'est que son incapacité le rend impropre à intriguer dans le monde au profit de la cause du clergé. L'homme que Guillaume avait sous les yeux n'était pourtant rien de tout cela. C'était une nature distinguée et un esprit assez cultivé; mais il n'était pas né intrigant, et pouvait l'oublier dans son exil, sans qu'il songeât à réclamer un climat plus salubre, une résidence moins sauvage.

Il était près de quatre heures, et Guillaume, exténué de lassitude et de besoin, trouva que jamais hospitalité n'avait été plus opportune que celle dont il se voyait l'objet. Presque sourd, malgré sa politesse habituelle, aux empressements du curé, ce ne fut qu'après avoir dévoré, avec un appétit de vingt ans, son modeste repas, qu'il se trouva en état de l'écouter et de lui répondre.

— Votre pays est fort curieux, en effet, Monsieur le curé, lui dit-il au dessert, et je regrette fort de n'avoir pas le coup d'œil exercé d'un antiquaire pour découvrir dans chaque caillou que je rencontre un vestige d'habitation gauloise ou romaine, un autel druidique, une statue d'*Huar-Bras*, le Mars gaulois, une tombe illustre, enfin tout ce que les savants aperçoivent et constatent sous un lichen âgé de deux ou trois mille ans, et sur des blocs informes qui ne me semblent rien signifier du tout.

— Monsieur le baron, reprit le curé un peu scandalisé, vous êtes venu, je le vois, sur la foi du très-docte M. Barailon, pour admirer toutes nos merveilles, et vous vous trouvez un peu désappointé de ne pas lire aussi couramment que lui sur les hiéroglyphes celtiques [1]. Cependant vous avez rencontré dans l'endroit où demeurait votre pauvre nourrice, des *pierres-levées* tout aussi curieuses que les *jo-mathr*. Il y en a une dont l'équilibre est bien plus admirable que celui du grand champignon du mont Barlot. Elle est si artistement soutenue, que le moindre vent l'agite, et pour peu que l'air soit seulement un peu vif, elle rend en tremblant et en grinçant sur son support, un son particulier qui ne manque pas de charme, et qui m'expliquerait assez la voix mystérieuse de l'idole de Memnon au lever du soleil, c'est-à-dire aux premières brises de l'aube. La pierre d'*Ep-nell* est beaucoup plus harmonieuse, car son chant est presque continuel, et nos pauvres paysans veulent qu'il y ait là dedans un esprit enfermé qui raconte le passé et prédit l'avenir, en pleurant sur le présent. Faites attention, Monsieur, à ce nom d'Épinelle que l'on donne par corruption à ces pierres. Il vient d'*Ep-nell*, mot gaulois qui signifie *sans chef*. Tandis que *jo-mathr* signifie quelque chose comme couper, mutiler, faire saigner et souffrir la victime sur la pierre expiatoire. C'est comme qui dirait *meurtre sacré*. Remarquez encore que les *jo-mathr* où l'on faisait des sacrifices humains, ce qui est bien prouvé par les cuvettes pour recevoir le sang et les cannelures pour le faire couler, tandis que les Ép-nell n'ont que des cuvettes et point de cannelures (ce qui indiquerait que ces pierres ne furent destinées qu'à d'inoffensives lustrations); remarquez, dis-je, que les premières sont sur une haute montagne regardant le nord, et que les dernières sont dans un vallon obscur auprès d'un ruisseau, et tournées vers le sud...

— Qu'en voulez-vous conclure, monsieur le curé?

— Que dans cette ville importante et populeuse de Toull, importance irréfutable, monsieur le baron, non pas seulement à cause des immenses constructions dont on trouve les débris sur cette montagne et sur toutes les vallées et collines environnantes, mais à cause aussi de sa position sur l'extrême frontière de l'ancien Berri et du Combraille, des *Biturriges* et des *Lemovices*, ce qui prouverait que Toull, Tullum, Turicum, *vel* Taricum, était certainement la *Gergovia*, *Gergobina Botorum*, cette formidable cité, rivale de la Gergovie des Arvernes, et dont on a vainement cherché les traces sous ce nom générique...

— Nous voici bien loin des pierres druidiques, monsieur le curé.

— J'y arrive, monsieur le baron. Une cité comme Toull devait nécessairement avoir deux cultes, et elle les avait. Il y avait un culte officiel et dominant sur le mont Barlot; il y en avait un protestant et toléré ou persécuté au fond du vallon d'Ep-Nell. Le culte libre, l'hérésie, si l'on peut s'exprimer ainsi, se glorifiait d'être *sans chef*... tandis que l'église officielle (j'ai tort d'appliquer un nom si respectable à ces infâmes idolâtries), je devrais dire le temple où régnaient despotiquement les druides, étaient aux pierres *jo-mathr*. Peut-être encore ce culte abominable vint-il à tomber en désuétude, et un essai de religion plus pure se sera reproduire à Ep-nell; ou bien encore peut-être, qu'avant l'invasion des celtes Kimris, nos ancêtres les Gaulois n'ensanglantaient pas leurs autels, et que ce temple pacifique d'Ep-nell aurait été un reste de protestation de la religion persécutée... Qu'en pensez-vous, monsieur le baron? Est-ce que tout cela ne vous paraît pas clair comme le jour?

— C'est un peu comme le jour sombre et voilé que l'orage nous donne dans ce moment-ci, monsieur le curé; mais, dans tous les cas, vos recherches et vos suppositions sont fort ingénieuses, et d'un poëte autant que d'un antiquaire.

— Attendez, monsieur le baron. Puisque vous parlez de poésie, j'ai des preuves plus authentiques encore; c'est la tradition du pays. Il y a ici deux espèces de sorcellerie : une, qui est la mauvaise, et qui rapporte ses origines et ses pratiques aux pierres *jo-mathr*. Tous les voleurs de poules et de légumes, toutes les méchantes magiciennes qui donnent de mauvais conseils aux filles, ou qui, par vengeance, empoisonnent les troupeaux du voisin, *exemplum*, la Grand'Gothe, que vous avez vue aujourd'hui, vont faire leurs conjurations sur le Barlot. Au contraire, les *femmes qui ont la connaissance*, comme on les appelle ici, qui guérissent les malades, qui font des prières contre les fléaux de la campagne, la grêle, la rage, l'incendie, l'épidémie, etc., ces bonnes femmes-là, quoique entachées d'erreurs, sont pieuses d'intentions et tout à fait inoffensives. Elles ont seulement un peu d'entêtement pour leurs prières d'Ep-nell et leur *trou-aux-fades*, situé du même côté. Telle était la pauvre Tula qu'il faut appeler Tulla, nom qui est de pure origine gauloise, et qui ferait peut-être descendre votre défunte nourrice de la déesse, ou plutôt de la druidesse *Tulla*, vel *Turica*, dont vous avez pu reconnaître le temple à son emplacement et à ses fondations à double enceinte sur notre montagne.

— Je vous admire, monsieur le curé! vous avez des étymologies et des origines pour toutes choses. Vous enflammez ma curiosité, et je vous demanderai l'explication d'une conversation que j'ai entendue ce matin, et qui m'a rappelé les contes dont me berçait jadis ma pauvre nourrice.

Lorsque Guillaume eut rapporté ce qu'il avait surpris du dialogue de Léonard et de la mère Guite dans le cimetière, le curé, qui craignait peut-être de ne pas s'être montré bon catholique dans ses précédentes explications, et qui luttait de la meilleure foi du monde contre son goût pour la science, la poésie et la littérature, répondit avec un soupir.

— Ce sont de tristes choses à avouer, monsieur le baron... Mais je ne puis vous dissimuler que depuis quatre ans que j'habite cette pauvre bourgade, je n'ai pu porter que de faibles atteintes au fléau de la superstition. Ce lieu-ci est privilégié entre tous pour pratiquer l'idolâtrie; et, comme, en désespoir de cause, je me suis mis à étudier, un peu pour me distraire, les origines de toutes les traditions gauloises, il m'arrive quelquefois de prendre à les écouter et à les éclaircir plus de plaisir que je ne devrais. Je vous assure, monsieur le baron, qu'il y aurait ici pour un érudit, et même pour un poëte, des choses bien curieuses à constater, et que si nous avions un Walter-Scott pour les écrire... Mais vous me direz, ajouta-t-il, saisi tout à coup de cette méfiance qui est encore plus caractéristique chez le prêtre que chez le paysan, que ce n'est pas le fait d'un curé de lire des romans, et de désirer qu'on multiplie le nombre de ces ouvrages pernicieux.

— Pernicieux, monsieur le curé, dit Guillaume : ceux de Scott ne le sont pas. Il y a romans et romans!

— C'est au moins une lecture frivole pour un homme d'église, reprit le curé de Toull, en examinant la figure rose et ouverte de son jeune commensal.

— Vous vous faites trop de scrupule d'une récréation

---

[1]. Le curé de Toull se conformait apparemment à l'habitude que les Romains nous ont laissée jusqu'à présent de confondre les Gaulois, nos véritables aïeux, avec les Celtes conquérants, de race toute différente.

innocente, répondit Guillaume; et, à votre place, je ne me bornerais pas à lire des romans, j'en ferais.

— Bonne plaisanterie, dit le curé; mais la matière ne manquerait pas. Il y a ici, tant de souvenirs qui, dans l'esprit des paysans, appartiennent à la tradition historique, grâce à l'interprétation poétique! Ce que vous avez entendu dans le cimetière doit bien vous en donner une idée.

— Ils croient donc sérieusement à ce trésor caché!

— A tel point, Monsieur, qu'il est heureux pour vous de posséder, par droit d'héritage, des terres dans nos environs, car vous en trouveriez difficilement à acheter. On craindrait que vous ne fissiez l'acquisition du trésor.

— J'ai donc des terres par ici? pensa Guillaume, qui ne le savait pas, ou ne s'en souvenait plus, tant ces espaces incultes et arides sont de peu de valeur.

— Et même, Monsieur, poursuivit le desservant, si vous apportiez généreusement ici des capitaux avec l'intention de les sacrifier pour améliorer les terres, et par conséquent le sort des paysans qui les cultivent, vous y seriez peut-être vu par quelques-uns de fort mauvais œil. On se persuaderait que vous faites bouleverser le sol pour en arracher les pièces d'or qui brûlent la racine des plantes, et sans doute les chariots d'or et d'argent massif, les casques étincelants et les ceintures de pierreries de vos ancêtres, les chefs des Galls détruits et immolés en ce lieu par les Romains, et plus tard par les Barbares. Cette tradition a (comme toutes les traditions) son fond de vérité historique. A la mort d'un chef gaulois ou celte, après avoir immolé sur sa tombe ses esclaves, ses serviteurs dévoués, et ses chevaux, on lui donnait, vous le savez, une montagne pour tombeau, et on enterrait des lingots d'or et d'argent, des armes du plus grand prix, enfin d'immenses richesses, avec tous ces cadavres. On a trouvé dans nos contrées des chaînes d'or dans les urnes des tombelles, ou *tumulus*... Mais je vous ennuie, monsieur le baron?

— Au contraire, vous m'intéressez beaucoup, Monsieur le curé; mais ces tumulus étaient des monuments romains?

— Ou gallo-romains, et si l'on en trouvait d'une époque antérieure, au lieu de simples ornements on trouverait peut-être alors...

— Ah! Monsieur le curé, vous croyez aussi un peu au trésor, convenez-en.

— Je pourrais y croire, dit le curé en souriant, sans désirer de me l'approprier, et je souhaite de toute mon âme qu'il se trouve sur vos terres et non dans mon jardin, où, sans rien chercher pourtant, j'ai trouvé, tout en plantant mes salades, d'assez belles monnaies romaines dont je veux vous faire hommage.

— Je ne veux pas vous en priver, répondit le jeune baron; mais je serai fort aise de les voir.

Le curé ouvrit le tiroir de sa vieille table de chêne, et, du milieu de mauvaises ferrailles, de clefs rouillées, de clous tordus et d'autres débris sans valeur dont la collection trahissait les habitudes parcimonieuses de la pauvreté, il ramassa plusieurs médailles d'Antonin le Pieux, de Gallien, d'Agrippine et de Philippe l'*Arabe*, qui se trouvent particulièrement très-bien conservées et en abondance dans nos provinces du centre.

Pendant que nos deux amateurs examinaient curieusement ces monnaies, la tempête s'était déchaînée de nouveau. L'arbre unique de la *ville* de Toull pliait et grinçait sous le vent, et la grêle battait les tuiles du presbytère. Le tintement lugubre de la cloche se mêlait aux mugissements de l'orage.

— Il me semble, dit Guillaume, que si vous craignez les effets de la foudre, vous devriez empêcher maître Léonard de s'évertuer de la sorte.

— Il serait bien impossible de s'y opposer, répondit le curé, et cependant Léonard est un des plus raisonnables. Mais s'il ne croit pas aux fades, il croit à ses cloches. Tout le village y croit, et si je voulais les faire taire, je risquerais de me faire lapider.

— Ils sont donc croyants, après tout, vos paroissiens?

— Trop croyants dans un sens, car ils croient tout, la vérité comme le mensonge, l'idolâtrie comme la religion, et le druidisme comme le polythéisme. Les bons et les mauvais esprits mêlent leurs attributions autour de leur existence. Les fades (*fates*) jouent ici un grand rôle, et le pays Toullois est criblé de trous et d'excavations dûs au travail de l'homme, demeures sauvages de nos premiers pères, ou antres consacrés aux oracles des prophétesses gauloises. Eh bien! toutes ces grottes, fort intéressantes pour l'antiquaire, sont en grande vénération chez le paysan, à cause du séjour d'êtres invisibles qu'ils cherchent à se rendre favorables en apportant dans leur sanctuaire un tribut quelconque, une feuille, un brin de mousse, n'importe quoi, pourvu que ce soit une marque de souvenir et de respect.

— J'ai vu ma sœur de lait, Jeanne, accomplir cette formalité, s'écria Guillaume, qui depuis longtemps pensait à cette jeune fille, sans trouver à placer une question sur son compte au milieu de l'érudition du desservant. Dites-moi, monsieur le curé, Jeanne, comme nièce de sorcières, n'est-elle pas un peu sorcière aussi?... Mais seriez-vous souffrant? ajouta Guillaume, qui vit le jeune curé rougir et pâlir spontanément.

— C'est ce tonnerre qui me bouleverse un peu le sang. Est-ce que cela ne vous fait rien, monsieur le baron?... Jeanne est une honnête et bonne créature, je puis vous l'assurer. Elle est digne du plus grand intérêt.

— C'est ce qu'il me semble, répondit Guillaume, et je suis bien aise de vous en parler à cœur ouvert, monsieur le curé; car j'ai des devoirs trop longtemps oubliés, à remplir envers elle, et je désirerais savoir de vous... là, entre nous et en confidence, si vous ne pensez pas que mon premier devoir serait de la soustraire, en la plaçant chez ma mère, à certains dangers...

Le curé se troubla, hésita encore, et dit d'une voix émue : Je ne comprends pas, Monsieur, quels dangers...

— Les jeunes gens de la ville, attirés par une beauté si remarquable, ne pourraient-ils pas songer, maintenant qu'elle est abandonnée à une méchante femme...?

— Vous soulagez mon cœur, monsieur le baron, répondit le curé, comme ranimé par cette ouverture : j'aurais craint de porter des jugements téméraires, mais puisqu'il vous est venu, à ce sujet, les mêmes craintes qu'à moi, je vous dirai que depuis quelque temps, mais je ne veux nommer personne...

— Je nommerai, moi, dit Guillaume; mais il n'en eut pas le temps, et laissa ce nom expirer sur ses lèvres en voyant celui qui le portait, Léon Marsillat, ouvrir brusquement la porte, et s'approcher sans façon du feu qui pétillait dans l'âtre, pour sécher ses habits trempés de pluie.

VI.

LE FEU DU CIEL.

« Salut à la perle des curés! dit Léon Marsillat, en secouant familièrement la main du desservant. C'est encore moi, mon cher Guillaume. Curé, vous ne me refuserez pas l'hospitalité d'un fagot et d'un verre de vin, car je suis glacé. Comme ce diable d'ouragan a subitement changé le fond de l'air!

— Je vous croyais déjà loin sur la route de Boussac? dit le jeune baron.

— J'ai eu pitié de laisser trotter dans la crotte la Dulcinée que j'avais en croupe, et, en véritable don Quichotte, je suis venu la déposer au sein du Toboso. Mon cheval, ayant eu rude chemin à gravir avec deux personnes sur le corps, n'a pu monter vite. Tudieu! que les Gaulois entendaient mal le pavage des routes! Mais puisqu'il plaît au tonnerre et à la grêle de recommencer leur tapage, je ne me soucie pas de m'y exposer sans nécessité. J'attendrai le beau temps en trop bonne compagnie pour m'impatienter.

— Monsieur Léon, dit le curé, qui venait d'appeler la servante, pour ranimer le feu et remplir *le pichet* au vin, vous avez toujours quelque compagne de voyage à promener en triomphe par les chemins. Savez-vous que cela fait jaser sur le compte de nos jeunes filles?

— Et vous écoutez les mauvais propos? un bijou, un modèle de curé comme vous! vous me scandalisez! vous me blâmez d'être humain et charitable? c'est affreux de votre part, l'abbé!

— Voilà comme il répond toujours! dit le curé, qui, au fond, doué d'une extrême bienveillance, et n'étant pas fâché de voir souvent un homme instruit pour lui faire part de ses inductions scientifiques, aimait Léon Marsillat sans l'estimer beaucoup. On veut le gronder, et c'est lui qui vous fait un sermon.

— Est-ce que ce n'est pas notre métier à tous deux de prêcher! Un curé, à sa chaire, un avocat, à son banc, c'est tout un.

— Non pas, non pas! dit le curé, cela fait deux.

— A la bonne heure! deux bavards, deux ergoteurs. Ah! mon petit curé, que votre joli vin gratte agréablement le gosier! il me semble que j'avale une brosse; d'où tirez-vous ce nectar des dieux?

— De Saint-Marcel. Voulez-vous de l'Argenton?

— Vous me direz encore que cela fait deux, n'est-ce pas? mais je ne me plains pas de ce clairet, il est charmant. Eh bien! Guillaume, qu'avez-vous donc? vous ne me tenez pas compagnie? Et vous, curé! allons, aidez-moi, ou je retourne mon verre... j'ai pourtant une belle découverte à vous confier.

— Une découverte archéologique?

— Non, géologique! savez-vous ce que Claudie m'a conté en chemin? Vous allez voir que cela sert à quelque chose de mener les filles en croupe : on se forme l'esprit et le cœur. Si vous vouliez m'en croire, vous ne monteriez jamais *la Grise* sans avoir quelque petite brune en guise de porte-manteau, pour vous dire des légendes.

— Toujours vos mauvaises plaisanteries?

— Aimez-vous mieux les blondes? prenez des blondes.

Le curé se troubla encore; mais Guillaume, qui était tourné vers la cheminée, ne s'en aperçut pas, et Marsillat ne parut pas s'en apercevoir.

— Eh bien! voyons donc votre histoire, reprit le curé pour se donner quelque contenance; quelque sornette?

— Écoutez! vous savez bien la roche de Baume sur laquelle on voit l'empreinte d'un pied humain?

— C'est le pied de Saint-Martial qui est venu en personne détruire le culte des idoles et prêcher le christianisme à Toull-Sainte-Croix, l'an de notre Seigneur...

— Il s'agit bien de Saint-Martial et de notre Seigneur! Faites semblant d'y croire. Je vous dis, moi, que c'est la *Grand'Fade*, la reine des fées, qui, mécontente des honneurs rendus à votre saint, a frappé du pied avec colère et a tari la source d'eau chaude qui coulait ici, pour l'envoyer jaillir à Évaux.

— Eh bien! je sais ce conte-là; est-ce toute votre découverte?

— Oh, curé sans profondeur!... Et vous ne concluez pas?

— Je conclus que Claudie répète les fadaises de sa grand'mère.

— Eh bien! moi, je conclus que si votre système est vrai, si la tradition orale est l'histoire omise dans les livres et conservée dans les symboles du peuple, il y avait à Bord-Saint-Georges et à Toull des sources d'eau chaude.

— Et que seraient-elles devenues?

— Belle demande! curé, vous baissez, en vérité! Dans la destruction de votre cité gauloise, catastrophe violente et soudaine, les bains d'eau chaude, établis certainement du temps de la domination romaine, au versant de la montagne, ont été écrasés, comblés, et la source a disparu sous des amas de décombres et de terres refoulées.

— Pourquoi dites-vous au versant de la montagne? dit le curé, qui commençait à écouter avec attention.

— Et que faites-vous donc des viviers? Qu'est-ce que les viviers? Vous n'avez jamais songé à cela! Ces viviers, qui fument comme des bouilloires en plein hiver? Ces viviers dont on ne trouve pas le fond? Ces viviers qui ne sont pas des marécages conservateurs de l'eau pluviale, puisqu'ils sont situés sur une pente aride et toute disposée pour l'écoulement? Ces viviers enfin, qui renferment peut-être des sources minérales plus chaudes, plus efficaces, plus abondantes que celles d'Évaux, à trois lieues d'ici? Et vous cherchez le trésor sous les pierres? c'est dans l'eau qu'il faut le chercher. Là serait le véritable trésor, la subite richesse du pays. Je parie que vous n'avez jamais songé à faire donner trois coups de pioche dans ces viviers!

— Jamais, et pourtant les paysans ne cessent de répéter qu'il y a quelque chose là-dessous!

— Et jamais vous n'avez songé à y enfoncer un thermomètre pour savoir si cette vase, tiède à la surface, n'est pas brûlante à six pieds sous terre?

— Oh! je voudrais bien avoir un thermomètre, s'écria le curé en se levant : il faut que je m'en donne un! Cela coûte-t-il bien cher, monsieur Léon?

— J'en ai un superbe à la maison. Je vous l'apporterai demain.

— Demain, vrai?

— Et nous en ferons l'expérience ensemble.

— Demain! demain! ce n'est pas pour rire?

— Topez là! s'écria Léon en tendant sa main au curé. Le curé lui donna un grand coup dans la main avec la joie et la confiance d'un enfant.

— O, ma pauvre Jeanne! pensait Guillaume en écoutant ce dialogue, tu es une fille bien mal gardée, et l'ennemi de ta vertu saura facilement endormir la prudence de tes défenseurs naturels. Ce bon curé a une monomanie dont Marsillat saura tirer parti à peu de frais. Il ne te reste donc que moi, pauvre orpheline! Eh bien! je ne t'abandonnerai pas, et s'il est trop tard, du moins je préviendrai les funestes suites de ta faute.

— Tiens! c'est cette pauvre Jeanne, dit Marsillat en regardant du coin de l'œil le desservant, qui changeait encore une fois de visage, en s'apercevant du piège où il était tombé.

Guillaume tressaillit sur sa chaise, et se tourna brusquement pour voir la physionomie de Jeanne rencontrant celle de Marsillat; mais grâce à l'effronterie de l'un, et à l'innocence de l'autre, ces deux physionomies n'eurent ensemble aucune espèce d'intelligence.

— Bonsoir, monsieur le curé, dit Jeanne. Bonsoir, monsieur Léon. Je cherche mon parrain. Bonsoir, mon parrain. Tenez, mon parrain, il me reste tout ça d'argent, que je vous rapporte. En vous remerciant, mon parrain.

— Je t'ai dit que je ne le reprendrais pas, ma bonne Jeanne.

— Qu'est-ce qu'il faudra donc en faire, mon parrain? Je n'ai pas besoin de tant d'argent. Il y a là au moins... quarante francs!

— Vous achèterez vos vêtements de deuil, dit le curé d'une voix singulièrement douce et paternelle, et vous garderez le reste pour vos besoins ou pour ceux de vos parents, de vos amis.

De même que Guillaume avait interrogé attentivement les figures de Marsillat et de Jeanne, Marsillat examinait en cet instant Jeanne et le curé. L'émotion involontaire et secrète du vertueux prêtre était bien visible pour lui. Mais le calme angélique de la paisible Jeanne ne se démentait point, et pour Marsillat, qui s'y connaissait mieux que Guillaume, le cœur de la bergère d'Ep-Nell était libre de tout amour comme de toute méfiance.

— A présent, je vais vous dire bonsoir, mon parrain, au plaisir de vous revoir, dit Jeanne; et, jetant ses bras au cou de Guillaume, avec un abandon et une familiarité toute rustique, elle l'embrassa sur les deux joues, sans se départir un instant de sa tranquille et grave innocence.

Ce chaste embrassement qui laissa les traces des larmes de Jeanne sur les joues de Guillaume, n'étonna point Marsillat et ne scandalisa pas le curé. Ils connaissaient les manières et les usages du pays. Mais ce serait s'avancer beaucoup que d'affirmer que le curé vit ce baiser sans souffrir : on n'embrasse jamais les curés. Quant à Léon, il le vit en frémissant de dépit : on n'embrasse que son parrain.

Le curé Allain.

Guillaume, étourdi d'abord de cette marque de respect qu'il prenait pour une preuve de confiance extrême, retrouva bientôt ses esprits en se rappelant qu'à son arrivée à Boussac, huit jours auparavant, une grosse servante, qui n'était pas suspecte de coquetterie, lui avait donné, en l'appelant son *petit maître*, la même accolade familière. Ma chère enfant, dit-il à Jeanne, en affectant de prendre, à cause de Marsillat, un ton fort grave : je ne vous dis pas adieu ; je vous reverrai demain pour l'enterrement de ma pauvre mère nourrice, auquel je compte assister.

— Ce sera bien de l'honneur pour nous, mon parrain, dit Jeanne.

— C'est bien de votre part, cela, Monsieur le baron, s'écria le curé ; c'est très-beau. J'ose dire qu'il y a peu de jeunes gens dans les hautes classes capables d'un sentiment aussi humble et d'un acte aussi religieux. Ma chère Jeanne, vous avez là un bon parrain, un véritable ami. Prenez donc courage, ma fille, et, en acceptant avec résignation le malheur qui vous a frappée aujourd'hui, songez aussi à remercier la Providence, qui vous envoie si à propos un protecteur généreux, comme pour vous épargner l'horreur de l'abandon. Je souhaite vivement que la respectable mère de M. le baron vous prenne auprès d'elle, afin que vous retrouviez en elle une seconde mère, comme vous avez déjà un véritable frère en Jésus-Christ, dans la personne de son fils.

— Mon petit parrain, vous me faites bien plus d'amitiés que je n'en mérite ; je prierai bien le bon Dieu pour vous, et pour vous aussi, monsieur le curé. Et, attendrie jusqu'au fond du cœur, de l'intérêt qu'on lui montrait, la bonne Jeanne se retira en sanglotant.

Le curé sortit pour l'aider à reprendre sa besace, qu'elle avait laissée derrière la porte, et qui contenait les provisions pour le repas des funérailles. Le fils de Léonard, un gros garçon de seize ans, franchement laid et jovial, attendait Jeanne dans la cuisine pour la reconduire chez elle et l'aider à porter le reste. La pluie avait cessé, mais le vent soufflait encore avec violence, et la nuit, plus prompte qu'à l'ordinaire, à cause des voiles épais qui cachaient le soleil, s'étendait sur la campagne.

— Oui, monsieur le baron, disait le desservant ému, en rentrant dans la chambre haute où il avait laissé ses deux hôtes, Jeanne serait pour votre maison une excel-

La courageuse et robuste fille portait le cadavre. (Page 27.)

lente acquisition. C'est le meilleur sujet de ma paroisse, et je ne peux pas trop vous la recommander.
— Voilà donc de quoi il retourne? pensa Marsillat. A la bonne heure! je dresserai mes batteries en conséquence. Et ce bon curé, qui, par vertu, travaille avec zèle à éloigner de ses yeux un objet funeste à son repos, et qui la pousse dans les bras de Guillaume! Oh! prêtres, vous voilà bien! que les autres se damnent, vous vous en lavez les mains, pourvu que vous sauviez votre âme. — Cher curé, dit-il, je vous approuve de donner ce conseil à mon ami Guillaume. Certainement, Jeanne, sous l'aile d'un tel mentor, ne sera plus en butte aux séductions des jeunes gens de votre village. Mais ne craignez-vous rien pour M. de Boussac, dans tout cet arrangement chrétien et paternel?
— Expliquez-vous, dit froidement Guillaume; je n'ai pas assez de perspicacité pour deviner vos jeux d'esprit au premier mot.
— Je ne puis m'expliquer là-dessus qu'avec le curé, *mon père spirituel, mon ami doux!* comme dit Panurge. Avez-vous lu Rabelais, monsieur le curé?
— Non, Monsieur.

— Tant pis pour vous; vous y auriez appris, mon cher curé, qu'il ne faut pas enfermer le loup dans la bergerie.
— Je ne vous entends point.
— Allons! est-ce que vous ne savez pas que Jeanne est sorcière, et que si elle veut ensorceler mon ami Guillaume, elle n'aura que trois mots à dire à sa bonne amie *la Grand'Fade*, la reine des fées, dont elle est la favorite, comme chacun sait?
— Je ne sais pas comment vous avez le cœur de plaisanter sur le compte d'une honnête et intéressante créature qui vient de perdre sa mère, et qui n'a jamais donné lieu, par sa conduite, à ce qu'un libertin comme vous lui fasse l'honneur de s'occuper d'elle.
— Ah! curé! si vous vous mettez à dire de gros mots, je vous rappellerai à l'esprit de charité. Est-ce que je m'occupe de vos paroissiennes? Il faudrait être bien fin pour les détourner de la bonne voie où vous les conduisez; et d'ailleurs est-ce que je manque de commisération et d'estime pour Jeanne, en disant que sa mère lui a transmis des secrets?...

Des cris aigus et un grand mouvement de sabots qui se firent entendre dans la cuisine éveillèrent l'attention du curé. — Qu'est-ce? dit-il en mettant la main sur le bras de Marsillat, on crie au feu, je crois.

— Le feu! le feu! cria-t-on d'en-bas distinctement; le curé et ses deux hôtes s'élancèrent dans l'escalier.

— Le feu du ciel est tombé du côté d'Epinelle; il y a au moins vingt maisons qui brûlent, criait Claudie, sans songer qu'il n'y avait à Épinelle qu'une seule chaumière, celle de Jeanne. Courons, mes amis, courons! s'écria le curé en s'élançant sur la place de Toull, et en s'adressant à ses paroissiens effarés, qui voulaient tous monter sur la plate-forme pour regarder l'incendie sans songer à y porter remède. « Que chacun de vous aille prendre un seau dans sa maison, dit Marsillat; si c'est à Épinelle, il y a de l'eau.

— Si c'est à Épinelle, c'est peut-être la maison de Jeanne qui brûle, s'écria Guillaume en s'armant à la hâte des deux seaux de la maison du curé.

— Ça la l'est bien sûr, disait Léonard. Cette pauvre Jeanne, c'est trop de malheur comme ça pour elle dans un jour!

— Mais courez donc aussi, sacristain! disait Marsillat en poussant de force devant lui tous les faiseurs de lamentations et de commentaires.

— Je peux-t-y courir, moi qui suis boiteux? dit Léonard, faudra bien que j'arrive le dernier par force; mais j'vas d'abord sonner le tocsin.

— Oui, oui, sonnez l'alarme, dit Marsillat; cela attirera du monde pour porter secours. Allons, tout le monde, venez, au lieu de crier et de vous étonner! Les femmes, les enfants, le charpentier du village pour faire la part du feu, où est-il? à la ville? Eh bien! conduisez-moi à son *cafornion*¹ que je prenne sa hache.

— Je vas vous la chercher, monsieur Léon, dit une femme; mais, dame! faudra pas perdre *l'hache* à mon homme.

— Monsieur le curé faudra faire une pinte d'eau bénite, disait l'une, c'est souverain contre le feu qui vient du ciel.

— Il n'y a pas besoin de tout ça, disait l'autre; faut aller chercher la mère Guite. Elle sait des paroles pour le feu.

— Comment donc qu'elle ira, puisqu'elle ne peut pas marcher? — On la mettra sur un cheveau... Justement qu'il y a un grand cheveau dans son étable.

— Ah ouache! la Jeanne en sait bien aussi, des paroles; elle en sait plus long que la mère Guite, allez! Oh! bien sûr, sa mère ne sera pas morte sans lui apprendre la chose.

Guillaume et Marsillat, avec deux ou trois des plus résolus, descendaient déjà la montagne en courant. Un groupe de curieux et de pleureuses venaient derrière eux. Le curé resta le dernier pour décider les retardataires et les égoïstes, et pour rassembler des seaux, la chose nécessaire et introuvable à la campagne dans de pareilles occasions. La nuit se faisait de plus en plus, et, à mesure que l'avant-garde approchait du lieu du sinistre, l'énorme gerbe du feu qui jaillissait du chaume enflammé, et que le vent faisait ondoyer avec fureur, ne justifiait que trop les cris: *C'est trop tard! c'est trop tard!* que Guillaume et Marsillat entendaient répéter autour d'eux à chaque pas. Enfin ils arrivèrent haletants et couverts de sueur, étonnés que Jeanne les eût tant devancés; ils s'attendaient à la joindre en chemin, et ils ne la rencontrèrent pas.

Les bonnes femmes des chaumières éparses aux environs s'étaient déjà rassemblées autour de l'incendie, et comme des *fades* impuissantes contre un démon supérieur, elles s'épuisaient en cris perçants et en conjurations vaines. Le peu d'hommes qui se trouvaient là, aidaient la Grand'Gothe à arracher de force de la bergerie les chèvres et les brebis, qui, frappées de la terreur stupide dont ces animaux sont la proie en pareille circonstance, s'obstinaient à ne pas bouger. Cette partie de la cabane était encore intacte, mais le toit de la maison principale s'envolait par flocons de paille embrasée sur les assistants, et, dans l'attente de l'écroulement de

¹ Capharnaüm, endroit où les paysans rassemblent et serrent leurs outils de travail.

cette masse, personne n'osait se hasarder à monter sur le toit voisin pour opérer la séparation. Marsillat, armé de sa hache, l'osa seul, à la grande terreur de Claudie, qui jetait des cris affreux. Guillaume allait le suivre; mais une autre pensée l'arrêta. Où était Jeanne? Il la cherchait en vain dans cette petite foule qui s'amoncelait bruyante et inerte autour de l'incendie. Jeanne ne paraissait pas. Était-elle revenue de Toull? Quelqu'un l'avait-il vue? Personne n'écoutait les questions de Guillaume. Il entra dans la bergerie où la fumée était déjà si épaisse qu'il ne distinguait rien. Il appela Jeanne, personne ne lui répondit. La Grand'Gothe, sous le hangar de derrière, criait d'une voix lamentable: « Et mes poules, mes poules! mes chers voisins, mes bons voisins, sauvez mes poules!

VII.

LA PIERRE D'EP-NELL.

La terreur et la consternation de nos paysans, à la vue d'un sinistre destructeur de la propriété échappe à toute description. En lui rendant sa chétive part si pénible à acquérir, si onéreuse à conserver, la loi de l'inégalité a développé dans son âme malheureuse et tourmentée, un amour excessif, une sorte de culte idolâtrique pour l'objet de tant de soins et le but de tant de fatigues. La maison de Tula ne valait pas 500 fr., et Guillaume s'épuisait à dire: « Ne criez pas, ne pleurez pas: sauvez ce que vous pourrez, et ce qui périra, je me charge de le faire rétablir. Cherchez Jeanne, aidez-moi à trouver Jeanne, pour qu'elle ne perde pas la tête, pour qu'elle se console. Allons, courez après Jeanne. »

— Jeanne, Monsieur! lui répondait-on, elle aura été se noyer. Que voulez-vous qu'elle fasse? Elle a tout perdu dans un jour: sa mère et son bien. On ne peut pas vivre après ça.

Guillaume ne pouvait pas faire comprendre qu'il réparerait au moins une de ces pertes. Quelques-uns secouaient la tête, en disant: « Ça se dit comme ça, mais quand la pitié est passée, l'argent ne vient pas. » La plupart, ne connaissant pas Guillaume de Boussac, le prenaient pour un fonctionnaire du gouvernement. Et après tout, on se réunissait pour dire: « Rebâtie aux frais de qui on voudra, c'est toujours une maison qui brûle. C'est *du bien qui se périt*. Non! le pauvre monde est trop malheureux! *Alas! mon Dieu! alas! faut-il! alas! Jésus!* » Et c'était un chœur de gémissements comme celui des captives de la tragédie antique, sans que Guillaume, impatienté de ces clameurs, et s'irritant sans fruit contre l'énervement que l'effroi et la surprise causent au paysan, pût réussir à organiser une chaîne, et à utiliser les seaux qu'on avait apportés et l'eau qui coulait à côté de la maison.

Il allait rejoindre sur le toit Marsillat, qui travaillait comme un Hercule, secondé par cinq ou six vigoureux compagnons, de ces *gars* de bon cœur qui mettent un peu de vanité à bien faire, et que le moindre encouragement enflamme d'émulation; véritable type des volontaires de la république et des fantassins de l'empire, lorsque Jeanne parut enfin, et Guillaume ne pensa plus qu'à elle.

Elle avait fait un détour pour porter une dernière invitation à un parent qui demeurait au versant opposé de la montagne, et elle n'avait vu l'incendie qu'en sortant du chemin creux qui la ramenait à sa demeure. Elle avait jeté sa besace, elle accourait avec *Cadet*, le fils de Léonard, qui avait semé les pains de munition dont il était chargé parmi les blocs de pierre de la ville gauloise. Cadet se lamentait bruyamment; mais Jeanne, pâle et hors d'haleine, ne disait rien. Elle cherchait dans la foule, et enfin quand elle put parler:

— Ma mère! cria-t-elle, où est ma pauvre chère mère?

— Elle a l'esprit égaré, elle n'a plus ses sens, disait-on autour d'elle, elle ne se souvient plus que sa mère est morte.

— Où donc avez-vous mis ma mère? reprit Jeanne

avec force. Comment! vous n'avez pas sorti de là dedans le pauvre corps chrétien de ma mère? ça n'est pas possible!... Ma tante! où ce qu'est ma tante!... elle aura pensé à ça, elle... Répondez-moi donc, montrez-moi donc ma mère!

Quand Jeanne vit que personne n'y avait songé, et qu'on n'avait eu de sollicitude que pour ses bêtes, qu'elle aimait pourtant beaucoup, mais qui ne l'occupèrent pas un instant, elle s'élança vers la porte de la maison.

« Arrête, Jeanne, lui cria Guillaume en la saisissant dans ses bras; le toit est prêt à s'écrouler; la chambre est si remplie de fumée que tu y serais étouffée en un instant... Non! non!... je ne te laisserai pas entrer...

— Laissez, laissez, mon parrain! dit Jeanne en se dégageant avec une force extraordinaire, je ne veux pas que ma mère ait son pauvre corps brûlé comme un meuble de la maison.... Je veux qu'elle aille en terre sainte, et qu'elle ait les honneurs du chrétien!

Et Jeanne s'élança dans la chambre de la morte sans qu'il fût possible à Guillaume de la retenir.

Il allait l'y suivre lorsque Jeanne, reculant devant la fumée suffocante, parut renoncer à son projet. Mais elle s'approcha du fils de Léonard et lui dit à demi-voix: « Cadet, je veux entrer là, et je te donne ma foi du baptême que j'en retirerai ma mère; mais il ne faut pas que personne me suive; ça perdrait tout! »

Soit que Jeanne se servît de la superstition accréditée sur son compte pour empêcher ses amis de partager son péril, soit qu'elle eût foi elle-même à la protection des fades, évoquée sur son berceau par sa mère, elle fut entendue à demi-mot par Cadet et par deux ou trois autres paysans qui se trouvaient autour d'elle; elle les convainquit pleinement du don de *connaissance* qu'on lui attribuait. Aussitôt, trompant la vigilance de son parrain, elle se précipita dans les tourbillons de fumée et disparut sous la gerbe de flamme qui enveloppait les côtés et le sommet de la maison. Guillaume voulut encore la suivre pour l'arracher de force à une mort certaine.... Mais deux ou trois paires de bras athlétiques l'enlacèrent, et Cadet lui dit avec un sourire qui ne quittait jamais sa grosse figure, même quand les larmes donnaient un démenti à cette gaieté pétrifiée sur ses traits: « N'ayez peur, mon petit cher monsieur; la Jeanne n'attrapera pas de mal. Alle a ce qu'il faut et alle sait les paroles de la *chouse*. Faut la laisser; vous voyez ben que ça li ficherait malheur por el restant de ses jours, de laisser *consommer* les *ous* de sa mère. Alle saillera d'elà aussi nette qu'alle y entre, foi d'homme! Vous allez voère! Souffrez pas! faut pas vous fâcher. On z'où fait pour vot' bien; on veut pas vous offenser. Vous feriez brûler si vous alliéz avvec-z-elle! Faut pas contréyer l'ouvraige aux fades. »

Guillaume écumait d'indignation pendant ce beau discours en pur berrichon, et il soutenait contre ses préservateurs superstitieux une lutte dont il allait sortir vainqueur, lorsque Jeanne reparut sur le seuil de la maison ébranlée par des craquements sinistres. La courageuse et robuste fille portait dans ses bras ce cadavre raide qui semblait d'une grandeur effrayante. Le linceul cachait la tête de la morte, et, laissant à découvert une partie de son corps vêtu, suivant la coutume, de ses meilleurs habits, flottait en plis rougeâtres au reflet de l'incendie, jusque sur les pieds de Jeanne. La main de Tula retombait sur le visage de sa fille; on eût dit qu'elle la bénissait d'une dernière caresse, et, par la suite, toute la population de Toull et des environs affirma sous serment avoir vu le cadavre se plier pour donner un baiser au front de Jeanne sur le seuil de la chaumière. Ce qui rendit le miracle plus frappant encore, c'est qu'à peine la pieuse fille avait-elle fait trois pas dehors, que la toiture, minée dans ses solives par un feu longtemps couvé, s'effondra avec fracas sur la chambre d'où Jeanne sortait, et chassa au loin des tourbillons de cendres, des avalanches de chaume fumant et des débris de charpente embrasée.

— Laissez la tomber, laissez la tomber! cria Jeanne, il n'y a plus rien dedans à sauver!

A cette dernière catastrophe, les femmes et les enfants jetèrent des cris perçants et se dispersèrent avec épouvante. Jeanne doubla le pas, sans perdre sa présence d'esprit, et aucun débris ne l'atteignit.

Le spectacle de cet événement fit sur l'esprit de Guillaume une si vive impression, qu'il en fut agité souvent dans ses songes plus de dix ans après. Jeanne lui parut belle et terrible comme une druidesse dans cet acte de piété farouche et sublime. Elle avait perdu sa coiffe de toile, et sa longue chevelure blonde tombait autour d'elle; ses yeux rougis par la fumée avaient l'égarement de l'ivresse, sa voix était forte, et sa parole, ordinairement lente et douce, était brève et accentuée. Elle fendit la presse, portant toujours ce cadavre que personne n'osait toucher, et elle alla le déposer sur le dolmen d'Ep-Nell, cette longue pierre plate appuyée sur deux autres, qu'on prendrait pour un ancien pont dont l'eau voisine se serait détournée et dont les assises se seraient abaissées. — Que la maison brûle à présent! répéta Jeanne avec force, laissez-la, laissez-la tomber, mes amis!... Puis elle demanda un verre d'eau, de l'eau par grâce, et avant qu'on eût pu lui en apporter, elle tomba en *faiblesse*, comme disent les paysans.

Guillaume et le curé s'empressèrent de la faire revenir en la portant à deux pas de là, au bord du courant d'eau, où ils baignèrent ses mains et son visage enflammés de chaleur. Il n'y avait pas moyen de retrouver dans la confusion un vase pour lui donner à boire; bien que la tante eût sauvé, dès le commencement, sa vaisselle et tout ce qu'elle considérait comme précieux. Jeanne but dans le creux des blanches mains du jeune baron, et quand elle eut retrouvé la respiration et la force, elle retourna s'agenouiller auprès de l'autel druidique qui servait de lit mortuaire à sa mère. Là, tournant le dos à l'incendie qui projetait sur sa belle tête blonde ses reflets étincelants, elle resta absorbée sans s'intéresser à rien. — Jeanne, vint lui dire le gros Cadet, on a sauvé toutes tes bêtes. Il n'y a pas tant seulement une poule de grillée. — Merci, mon Cadet, répondit Jeanne, ça me fait plaisir, parce que c'étaient des bêtes que ma mère avait élevées, et qu'elle m'avait bien *enchargée* de soigner pour le mieux. — Jeanne, lui dit à son tour Guillaume, tu n'as rien perdu dans cet accident; je me charge de tout réparer.

— A votre volonté, mon parrain; mais ça n'est pas la peine, allez! ma vie n'est pas si grand'chose à gagner, et puisque ma mère ne sera plus avec moi, dans c'te maison, j'aime autant que c'te maison soit finie.

Jeanne ne montra pas un seul instant une préoccupation d'intérêt personnel. Tout le pays gémissait sur elle et pleurait sur les ruines de sa maison, excepté elle. — J'ai encore de la consolation dans mon malheur, disait-elle, de voir que tant de braves gens se sont donné de la peine pour moi, et de savoir que ma mère ira dans le cimetière des chrétiens avec mon pauvre père, et mes pauvres frères et sœurs qui sont là.

Cependant Marsillat et ses bons compagnons avaient réussi à faire la part du feu. Mais un accident qu'ils n'avaient pu prévoir vint rendre leur zèle inutile. Le pignon mitoyen entre la chambre de la morte et les bergeries, rougi et calciné par la chaleur, se mit à pencher sur eux si sensiblement, qu'ils durent abandonner l'entreprise; et, au bout de peu d'instants, ce grand mur nu, privé des poutres transversales qui, depuis longues années, le tenaient en respect, s'écroula sur les bergeries, enfonça la couverture, et donna passage à de nouveaux torrents de flamme qui eurent bientôt dévoré le reste de cette misérable habitation.

Tant que la Grand'Gothe avait eu espoir de sauver les graines et le fourrage que contenait cette portion des bâtiments, et qui étaient sa propriété particulière, elle avait conservé beaucoup d'audace et de présence d'esprit; mais quand elle vit flamber sa récolte, elle perdit la tête, éclata en imprécations contre le ciel et les hommes, et voulut se précipiter dans les flammes pour périr avec ses denrées. Il fallut la force et la colère de Marsillat pour l'en empêcher. Les assistants ne demandaient pas mieux que de la laisser faire, croyant qu'elle était incombustible, et que le diable sauverait toujours une si méchante sorcière pour faire enrager les bons chrétiens. — C'est une justice du bon Dieu, disaient-ils, que le feu du ciel soit tombé sur le *fait* d'une pareille femme. Tant que sa sœur a vécu là dedans, la punition a été retardée. Mais voyez comme ça s'est passé! La Tula meurt, la Jeanne est sortie, et tout d'un coup on a sauvé la maison brûle : on a sauvé les bêtes de Jeanne, et d'ailleurs elle a retrouvé les gens du château (la famille de Boussac), pour lui réparer tout son dommage. Bah! je parie bien qu'ils lui feront rebâtir une meilleure maison que *celle-là là*. Et comme ça, la vieille sorcière ira chercher son pain (mendier), et le bon Dieu sera *revengé*, et le *monde* de la paroisse sera soulagé d'un grand ennemi.

Jeanne, entendant de loin les cris de sa tante, pria Cadet de garder le corps de sa mère, et alla s'efforcer de la consoler. Il n'y a pas si grand mal, allez, ma tante, lui dit-elle, mon parrain veut me faire du bien, et je vous revaudrai tout ce que vous perdez.

— Tais-toi, cache-toi, imbécile! s'écria la mégère exaspérée. Personne ne te fera jamais de bien, à toi; tu aurais bien déjà pu amener du bonheur dans la maison de ta mère, et tu ne l'as pas fait. Non, non! je te connais, va! Ton parrain ne te récompensera pas mieux qu'un autre, parce que tu ne te contenteras pas mieux que les autres. Tu es une fille sans cœur et sans souci!

— Je vous dis, ma tante, répondit Jeanne, qui ne comprenait pas les infâmes insinuations de sa tante, que mon parrain m'en a déjà fait du bien! Ah! mon Dieu, si j'avais là ce qu'il m'a donné à Toull, je vous *reconsolerais* tout de suite!... Et Jeanne se mit à chercher dans ses poches l'argent que Guillaume lui avait donné, et auquel, depuis ce moment, elle n'avait guère songé.

— Il t'a donné quelque chose? s'écria la tante; qu'est-ce qu'il t'a donné? où l'as-tu mis? tu l'as perdu! tu l'as jeté dans le trou-aux-fades!...

— Tenez, tenez, ma tante, dit Jeanne en retrouvant l'argent qu'elle avait mis dans du papier et lié avec son chapelet, prenez ça, prenez ça bien vite, ça vous récompensera un peu de votre perte; et, voyant que sa tante se calmait un peu, elle retourna auprès de sa mère.

— Faut que la Jeanne soit rudement sotte! dirent les assistants, de donner comme ça ce qu'elle a à une femme qui lui a fait tomber le feu du ciel sur sa maison. *Fié pour moi*, je ne lui aurais pas seulement donné les habits qu'elle a sur le corps, car m'est avis qu'elle les a volés.

— Et pourquoi donc, celle qui sait tant de secrets, n'a-t-elle pas arrêté le feu?

— La Gothe? Est-ce que ça peut faire le bien, des femmes de cet *ordre-*là? ça n'est savant que pour le mal.

— Tout de même, la Jeanne ne l'a pas arrêté non plus.

— Elle n'a pas voulu, vous avez bien vu qu'elle n'a pas voulu! elle savait que c'était la justice de Dieu; elle a emporté le *calabre* de sa mère : c'est ce qu'elle voulait; ce qu'elle a voulu, elle l'a fait, quoi! vous l'avez bien vu. »

Quand la maison ne fut plus qu'un monceau de décombres fumants, il était près de minuit. On avait passé une heure à faire la chaîne et à éteindre la flamme, lorsqu'il n'y avait plus rien à sauver. Le travail de la chaîne avait été pour les jeunes filles et les enfants, qui ne connaissaient pas de moyen de secours, un amusement tout nouveau, et on entendait des facéties et des rires terminer ce drame, commencé par des cris et des hurlements. Enfin les travaux, qui se reprennent à la pointe du jour et qui ne permettent pas de longues veillées, revinrent à l'esprit de tous, et on se sépara. La Grand'Gothe, pensant, d'après la générosité de Jeanne, qu'elle hériterait des bestiaux, les rassembla précipitamment et disparut sans que personne pût dire par quel chemin. Il n'y avait pas un coin de la maison incendiée où l'on pût mettre à couvert le corps de la morte. D'ailleurs, Jeanne s'obstinait à le laisser sur la pierre druidique, où elle assurait qu'*il était bien*, et elle ne voulut pas s'en éloigner, quelques instances qu'on lui fît, pour se donner du repos. Le curé, Guillaume, Marsillat, Cadet, ne pouvant vaincre sa détermination, résolurent donc de veiller auprès d'elle, et de ne la quitter que lorsqu'elle serait disposée à songer à sa propre existence et à recevoir leur aide et leurs conseils.

Le temps était devenu calme et serein; la lune brillait dans le ciel, et son reflet bleu, éclairant les pans de murailles ruinés de la chaumière, contrastait avec les lueurs rouges qui s'échappaient encore du foyer mal éteint. La nuit était fraîche. Marsillat, qui avait été baigné de sueur par son travail de pompier, grelottait auprès des monceaux de chaume mouillés, et les écartait avec sa hache pour y retrouver un peu de ce feu, dont il avait eu trop, disait-il, et dont il n'avait plus assez. Cadet, fatigué, et soumis impérieusement à la légitime habitude du sommeil, s'adossa philosophiquement contre un reste de mur encore chaud, et s'y endormit profondément. Le curé se mit en prières à côté de Jeanne, séparé d'elle seulement par la pierre qui supportait la morte. La bergère d'Ep-Nell retomba dans l'immobilité contemplative où Guillaume l'avait trouvée en la voyant le matin pour la première fois. Quand une heure du matin fit pencher l'étoile du Bouvier sur le clocher de Toull, le curé s'assoupit dans la prière, et Marsillat s'endormit presque aussi bien que Cadet. Guillaume, dont l'imagination plus jeune avait été plus frappée que toutes les autres par les agitations imprévues de la journée, resta seul complètement éveillé, et marcha à pas lents comme une sentinelle vigilante à quelque distance de la vierge d'Ep-Nell. De temps en temps il s'arrêtait et la regardait avec émotion. Peut-être s'était-elle endormie aussi dans l'attitude de la prière. Sa mante grise, dont le capuchon était rabattu sur son visage en signe de deuil, lui donnait, au clair de la lune, l'aspect d'une ombre. Le curé, tout vêtu de noir, et la morte roulée dans son linceul blanc formaient avec elle un tableau lugubre. De temps en temps, le feu, contenu sous les amas de débris, faisait, en petit, l'effet d'une éruption volcanique. Il s'échappait avec une légère détonation, lançait au loin la paille noircie qui l'avait couvé, et montait en jets de flamme pour s'éteindre au bout de peu d'instants. Ces lueurs fugitives faisaient alors vaciller tous les objets. La morte semblait s'agiter sur sa pierre, et Jeanne avait l'air de suivre ses mouvements, comme pour la bercer dans son dernier sommeil. On entendait au loin le hennissement de quelques cavales au pâturage et les aboiements des chiens dans les métairies. La reine verte des marécages coassait d'une façon monotone, et ce qu'il y avait de plus étrange dans ces voix, insouciantes des douleurs et des agitations humaines, c'était le chant des grillons de cheminée, ces hôtes incombustibles du foyer domestique, qui, réjouis par la chaleur des pierres, couraient sur les ruines de leur asile en s'appelant et en se répondant avec force dans la nuit silencieuse et sonore.

Tout à coup Jeanne se leva doucement et vint à la rencontre de Guillaume, qui se rapprochait d'elle : « Mon parrain, lui dit-elle, il faut envoyer coucher M. le curé. Je suis sûre qu'il a froid, et qu'il sent l'humidité, malgré que je lui aye dit déjà plus d'une fois de rentrer chez lui. S'il attrapait du mal, ça serait trop malheureux pour ses paroissiens. C'est un trop brave homme. Et vous aussi, mon parrain, vous tomberez malade de tout ça. Faut vous en aller, monsieur le curé.

— Jeanne, dit Guillaume, tu veux donc rester sous la garde de M. Marsillat?

— Il est donc là, M. Marsillat? Je n'en savais rien, mon parrain.

— Et à présent que tu le sais, désires-tu que je m'en aille?

— Faut l'emmener aussi, mon parrain. Pourvu que Cadet reste avec moi pour *virer* les mauvaises bêtes autour de ce pauvre corps, c'est tout ce qu'il me faut.

— Mais ton ami Cadet dort comme dans son lit, ma bonne Jeanne, on l'entend ronfler d'ici.

— Je le réveillerais bien si c'était de besoin, mon parrain.

— Tu veux donc que je m'en aille?

— Oh non! mon parrain. Je voudrais que vous alliez dormir et vous mettre à l'abri.

— Et si je préfère rester, Jeanne? si je me trouve mieux

auprès de toi, et de ce *pauvre corps* que mon devoir est de veiller aussi?

— Allons, mon parrain, restez donc, dit Jeanne. Je ne sais pas quoi vous dire pour vous payer de tout ça. »

Le curé sommeillait, en effet. Dans le commencement de sa veillée, il avait été un peu agité par la présence de cette Jeanne dont la figure de vierge revenait souvent dans ses rêves et dans ses pensées. Mais M. Alain, douce et pieuse créature, n'avait pas une de ces organisations fougueuses chez lesquelles le vœu de la nature et l'espérance de l'amour contrarié engendrent la passion, la folie et la pensée du crime. C'était une nature de savant, bien qu'il ne fût pas très-savant; le milieu lui avait manqué, et les fonctions d'un curé de campagne charitable et consciencieux ne laissent ni le temps, ni l'argent nécessaires pour s'instruire à fond. Mais il avait la bonhomie, la tranquillité d'âme, les puériles et innocentes joies, l'oubli facile de soi-même, et l'innocence de mœurs qui constituent l'homme sincèrement et naïvement amoureux de la science. Jeanne lui était véritablement chère, et en cela il ne faisait que suivre la pente naturelle de son jugement sain et de ses bons instincts : car cette fille sans lumière et sans méfiance était bien véritablement ce que, dans son style mystique, il appelait un miroir de pureté et une rose sans tache. Puis, comme Jeanne était d'une beauté accomplie, et que le bon Alain n'avait pas plus de trente ans, qu'il avait des yeux, du goût et de la sensibilité, il était bien un peu agité auprès d'elle. Depuis surtout que Marsillat rôdait autour de la bergère, le curé éprouvait une sorte de crainte et d'indignation qui ressemblait à de la jalousie. Voilà pourquoi il faisait des vœux sincères pour la soustraire au danger, en l'envoyant au château de Boussac; l'aimant trop pour ne pas préférer le salut de la jeune fille à son propre bonheur, et ne s'aimant pas assez soi-même pour préférer le plaisir de la voir à la douleur de la voir déchue.

Éveillé en sursaut par la main de Jeanne qui se posa familièrement sur son épaule, il tressaillit, puis se calma aussitôt, et, pressé par ses instances, affligé de la quitter, mais ne sachant pas lui résister, il consentit avec une noble confiance à la laisser sous la garde de Guillaume, qu'il regardait comme un jeune saint. Guillaume lui amena son cheval qui paissait à quelque distance, et, en mettant le pied à l'étrier, le bon curé lui dit tout bas, à plusieurs reprises : « Surtout, monsieur le baron, ne faites pas comme moi, ne vous endormez pas. » Puis il partit au petit trot; le bruit régulier des fers de *la Grise* sur le pavé gaulois se perdit dans l'éloignement sans arracher Cadet à son sommeil léthargique. Quant à Marsillat, il ne dormait plus depuis quelques instants, et placé de manière à suivre des yeux tout ce qui se passait autour des ruines de la maison, il était résolu d'étudier la conduite et les manières de son jeune rival en cette circonstance.

VIII.

LA LAVANDIÈRE.

Jeanne se rapprocha aussitôt du dolmen, et Guillaume la voyant s'agenouiller encore sur la pierre, alla lui chercher un coussin de paille qui se trouvait parmi les meubles entassés et brisés que la Grand'Gothe avait commencé par sauver. — Mon parrain, vous êtes bien trop charitable, dit Jeanne étonnée de tant d'attentions. Ma pauvre chère âme de mère n'en aurait pas fait plus pour moi que vous n'en faites, vrai !

— Bonne et chère enfant, répondit le jeune homme ému, je voudrais te parler sérieusement et plus tôt que plus tard. Te sens-tu le courage de m'écouter?

— Mon parrain, ça sera à votre volonté. Pourtant si vous aimiez mieux que ça soit demain, ça me conviendrait mieux aussi. Voilà ma pauvre chère défunte qui demande des prières, et m'est avis que ce n'est pas joli de causer à côté d'elle. Demain après l'enterrement, mon parrain, si vous souhaitez que je *vous cause*, il n'y aura pas d'empêchement.

— Non, Jeanne, je désire précisément te parler ici, à côté de ta défunte mère, et pour ainsi dire en sa présence. Je veux la prendre à témoin de mes bonnes intentions et de la pureté de mes sentiments pour toi. Je veux lui jurer d'être ton ami et ton défenseur, ma chère Jeanne, et je suis certain que, loin d'être impie, notre entretien réjouira son âme qui est dans le ciel.

— Vous parlez trop *comme il faut* pour que je ne vous écoute pas, mon parrain. Vous en savez plus long que moi, et je vous crois bien.

— Eh bien, Jeanne ! dis-moi d'abord que tu auras confiance en moi, et que tu me laisseras m'occuper seul de ton sort... Je dis seul... avec ma mère, pourtant, avec ma mère principalement.

— Je ne peux pas mieux faire que de vous écouter là-dessus, mon parrain. Mêmement, ma mère m'a toujours dit que votre mère était une femme très-bonne, et votre défunt père un homme très-juste.

— Tu me promets donc de ne prendre conseil que de nous?

— Oui, mon parrain, avec l'agrément de M. le curé qui est un homme très-juste aussi, et que ma mère m'a bien *enchargée* de croire.

— Avec l'agrément de M. le curé, soit; mais de personne autre, pas même de ta tante !

Jeanne hésita un instant, puis elle dit : « Pas même de ma tante, mon parrain. » Elle avait compris, cette nuit même, que sa tante n'avait qu'une passion, la cupidité; et elle était révoltée, dans son âme pieuse, que la sœur de sa mère eût abandonné ce corps vénéré à la merci des flammes, sans même songer ensuite à faire la *veillée des morts* auprès d'elle.

— Merci, Jeanne, merci, dit Guillaume en lui prenant la main.

— De quoi donc que vous me remerciez, mon parrain?

— De m'accepter pour ton guide et pour ton ami. Ta mère a entendu ta promesse, Jeanne !

— Plaise à Dieu que ça lui soit agréable ! dit Jeanne en baisant le bord du linceul. A présent, mon parrain, qu'est-ce que vous voulez me conseiller?

— De venir demeurer à Boussac dans la maison de ma mère, si, comme j'en suis bien sûr, ma mère t'y engage.

— Ça serait-il pour la servir, mon parrain? Croyez-vous qu'elle ait besoin de moi, votre mère?

— Non, Jeanne, je ne crois pas qu'elle ait besoin de toi; mais....

— Dans ce cas-là, mon parrain, excusez-moi ; je ne voudrais pas demeurer à la ville.

— Tu n'aimes donc que la campagne?

— Je n'ai jamais été à la ville, mon parrain, c'est-à-dire j'y suis *naissue*; mais depuis que j'en suis sortie à l'âge de cinq ans, je n'y ai jamais retourné une seule fois, ni ma mère non plus.

— Et pourquoi cela?

— Je ne sais pas, mon parrain. Il paraît que ma mère avait eu du chagrin dans cet endroit-là, et elle me disait toujours : Jeanne, ça n'est pas bon de quitter sa famille et sa maison, va l crois-moi quand tu seras ta maîtresse.

— Mais à présent, ma pauvre Jeanne, tu n'as plus ni famille ni maison !

— C'est la vérité, dit Jeanne en regardant le corps de sa mère. Puis elle se retourna vers sa maison en ruines, et pour la première fois elle sentit ce qu'il y a d'affreux à voir écrouler le toit où l'on a passé toute sa vie. « C'est la vérité, répéta-t-elle d'une voix altérée ; je n'y pensais pas à cette pauvre maison où j'étais si bien accoutumée, où je voyais ma mère tous les soirs et tous les matins, où je dormais à côté d'elle, et où j'entendais mes chebris (chevreaux) remuer et bêler pendant que je m'endormais. Oui, c'est vrai, tout ça est fini. J'en étais contente sur le moment ; ça me semblait que je ne pourrais plus dormir là dedans quand ma mère n'y serait plus. A présent, ça me semble que j'aurais été contente de revoir son lit, son armoire, sa grande chaise de bois, sa quenouille, et sa vaisselle, qu'elle lavait et qu'elle rangeait si bien. Ils ont sauvé en partie le mobilier, c'est vrai, mais la place où tout ça était accoutumé, et la main qui s'en servait... et la voix qui parlait dans c'te chambre, et qui disait, à la petite pointe du jour : Jeanne, allons, ma Jeanne, allons, ma mignonne, v'là les allouettes réveillées, c'est le tour des jeunes filles. Et le soir, quand je revenais des champs : La v'là donc, c'te Jeanne ! Les loups ne me l'ont donc pas mangée ! Et puis on se mettait à souper toutes les trois, mon parrain, et ma tante se fâchait toujours, et ma mère ne se fâchait pas. Elle riait, elle disait des histoires, elle chantait des chansons ; et puis elle faisait rire ma tante, et moi aussi ; dame ! fallait rire absolument ! C'est pas, mon parrain, que j'aie jamais été portée absolument là-dessus. Elle me disait bien que je n'aurais jamais de l'esprit comme elle. « Mais ça n'y fait rien, qu'elle disait, je t'aime comme tu es, ma Jeanne, c'est le bon Dieu qui t'a donnée comme ça à moi. Ce que le bon Dieu a fait me convient. » Oh ! c'est qu'elle est juste, cette femme-là, mon parrain ! il n'y en a pas une autre comme elle. On lui dirait de moi tout ce qu'on voudrait, elle ne le croirait pas. Elle leur dirait comme ça...

Jeanne se retourna brusquement vers sa mère ; elle avait parlé comme dans un rêve. Et tout à coup, au moment d'oublier entièrement qu'elle parlait du passé, elle regarda ce cadavre, et la parole expirant sur ses lèvres, elle se jeta sur le corps de sa mère, et laissa échapper de longs sanglots. Ce fut le seul moment de révolte et de faiblesse qu'elle eût encore éprouvé.

Son parler naïf, la vulgarité des images qu'elle retraçait, n'avaient pas désenchanté le jeune baron de l'admiration qu'il avait conçue pour elle dans cette soirée désastreuse. L'accent de Jeanne partait d'un cœur ardent et vrai, sa voix était douce comme celle du ruisseau qui murmurait sous la bruyère à deux pas d'elle ; son accent rustique n'avait rien de grossier ni de trivial. On sentait la distinction naturelle de son être sous ces formes primitives. Guillaume comprit qu'à l'église comme au théâtre il n'avait jamais entendu que de la déclamation, et la parole de Jeanne le toucha si profondément, qu'il fondit en larmes.

— Ah ! mon parrain ! dit Jeanne, en se relevant et en essuyant rudement ses yeux, comme pour faire rentrer ses pleurs, je vous fais de la peine, pardonnez-moi.

— Que peuvent-ils se dire si longtemps ? pensait Marsillat, qui était assez près pour les voir, mais non pour les entendre, d'autant plus que, retenu par le respect qu'inspire instinctivement la présence d'un mort aimé, ils n'avaient élevé la voix ni l'un ni l'autre. Quand un léger nuage passait devant la lune, ce groupe de la morte et du jeune couple pâlissait sous le regard perçant de Léon, et se confondait un peu avec les pierres druidiques qui l'environnaient. Vraiment, se disait-il, ce garçon si religieux, à ce qu'il veut paraître, aurait-il l'aplomb de lui parler d'amour auprès du cadavre de sa mère ? Je ne l'oserais pas, moi. Je ne me suis pas senti l'audace de dire un seul mot ce soir à cette pauvre fille ! mais il me semble que mons Guillaume n'attend pas que la morte soit mise en terre pour lui en conter à l'enfant, et prendre son inscription. Va, mon garçon ! tout cela se bornera à de belles paroles, j'espère ; d'autant plus sûrement que je ne te perdrai pas de vue, et que les paroles sont une monnaie qui n'a pas de cours chez nos fillettes. Est-ce qu'il réciterait des *Oremus* avec elle ? Il en est pardieu bien capable.... Mais ces jeunes chrétiens sont de francs hypocrites, et je ne me laisserai pas damer le pion par celui-là. Si ce maraud ne ronflait pas à faire écrouler sur nous le reste de ces murs, j'entendrais peut-être quelque chose.

— Monsieur Léonard jeune, dit-il en secouant Cadet pour l'éveiller, vous dormez trop fort, vous réveillez toute la chambrée. Et il lui allongea quatre à cinq coups de poing pour le réveiller.

— Attends ! attends ! dit Cadet en étendant les bras et en ouvrant, pour bâiller, une bouche démesurée, j'vas t'faire battre en grange sur mon dos ! Qui qu'c'est qu's'amuse comme ça avec moi ? Ah ! c'est vous, monsieur Lion ! Ah ! farceur, allez ! vous m'avez bien arveillé tout d'même !

— Allons, lève-toi donc, imbécile ! Tu tombes dans la ruelle du lit.

— Ité ! la rouette du lit ! alle est gente, la rouette du lit ! Ah ! qu'vous fasez rire ! Vou'êtes l'houme le pu aimablo qu'jasse pas connaissu (que j'aie jamais connu).

— Allons, lève-toi, mon joli Cadet ; tu vois bien que Jeanne s'enrhume là-bas à garder cette morte.

— Alle est donc toujours là, la Jeanne ? Oh ! la bonne chrétienne fille que ça fait ! c'est la fille la pu bonne que jasse pas connaissu !

— Allons, allons, *counnaissu* ou non, viens avec moi lui dire de venir se chauffer un peu.

— J'veux ben, j'veux ben ; ça, c'est de raison, monsieur Lion.

L'approche de Marsillat contraria vivement Guillaume ; mais Jeanne y parut indifférente, et même elle le remercia aussi poliment qu'elle sut le faire, d'avoir pris tant de peine pour sauver sa maison, et de s'être condamné à une si mauvaise nuit à cause d'elle.

— Ne faites pas attention à nous, Jeanne, répondit Léon, qui ne croyait pas M. de Boussac si bien informé de ses desseins, et qui affectait devant lui de ne voir dans sa protégée qu'une pauvre fille à secourir dans une circonstance fortuite. Nous faisons tous les trois notre devoir, en ne t'abandonnant pas ; mais ton parrain et toi devez souffrir du froid ; nous venons vous relayer un peu. Approchez du feu qui flambe encore assez bien là-bas, et laissez-nous ici à votre place.

En parlant ainsi, Marsillat se promettait bien de laisser, au bout d'un instant, Cadet tout seul auprès de la morte, et de revenir auprès du feu troubler le tête-à-tête par trop prolongé à son gré, du parrain et de la filleule. Mais il se flattait : Cadet n'était pas d'humeur, lui, à rester en tête-à-tête avec un mort. Quoiqu'il eût assisté déjà, en qualité d'apprenti sacristain-fossoyeur à bien des funérailles, il ne s'était jamais trouvé seul dans l'exercice de ses fonctions, et il était loin de partager le scepticisme de son père ; aussi montrait-il peu de dispositions pour l'emploi dont il devait hériter. D'ailleurs, Jeanne n'entendait pas se remettre sur Marsillat, qu'elle pressentait irréligieux et moqueur, du soin d'assister, comme elle disait, l'âme de sa mère par des prières. Elle consentit seulement, à cause de son parrain, à ce que l'obligeant Cadet allât chercher quelques gros morceaux de bois enflammés pour établir un feu auprès du dolmen.

Tout en bouffissant ses grosses joues pour souffler le feu, Cadet s'arrêta comme pour prêter l'oreille ; puis n'ayant rien entendu de distinct, il recommença son office, tout en disant : Crois-tu, Jeanne, que ça soit bon de faire une *clarté* dans l'endroit où que je sous ?

— Qu'est-ce que tu veux dire ? demanda Marsillat.

— Dame ! reprit Cadet, ils disont que c'est un endroit bien mauvais pour les fades !

— Tais-toi, Cadet, ne parle pas de ça, lui dit Jeanne, qui s'était approchée du feu, pour *embraiser* ses sabots[1]. Tu sais bien que c'est des folies de craindre les fades, elles ne sont d'ailleurs pas méchantes *dans l'endroit d'ici*.

— C'est pas des follétés, Jeanne, s'écria Cadet en pâlissant. Tais-toi, accoutes-tu ?

— J'écoute quelque chose comme un battoir de laveuse, dit Jeanne.

— Dame ! quand je le disais ! ça l'est ! c'est la lavandière ! Diache la faute, qu'j'avons fait de la clarté ! Et Cadet se retira grelottant de peur auprès de Marsillat, qui écoutait aussi avec quelque surprise.

— De quoi donc vous étonnez-vous ainsi ? leur dit Guillaume en se rapprochant.

— Ça n'est pas grand'chose, mon parrain, dit Jeanne un peu pâle ; c'est un mauvais esprit qui voudrait nous écarter. Mais *la pierre* est une *bonne pierre*, et en disant des prières, sans avoir peur, il n'y a pas à craindre. » Jeanne rechaussa ses sabots à la hâte, et se remit à genoux à côté de la morte.

---

1. On remplit de cendre chaude et de menue braise l'intérieur du sabot, et on le vide au bout de quelques instants. Le bois conserve fort longtemps la chaleur.

— Ah çà! je ne rêve pas aussi, moi? dit Léon prêtant toujours l'oreille. Guillaume, vous entendez bien le bruit d'un battoir de laveuse sur le ruisseau?

— Certainement! Mais que trouvez-vous là d'extraordinaire?

— Vous ne connaissez donc pas la légende des lavandières nocturnes? ces êtres fantastiques qui s'emparent au clair de la lune, des planches et des battoirs des laveuses oubliés dans les endroits écartés pour venir y faire un sabbat aquatique d'une espèce particulière?

— Oui, c'est une superstition de tous les pays, mais bien explicable par le caprice ou la nécessité de quelque laveuse véritable.

— Ce n'est pas si facile à expliquer que vous croyez. Dans ce pays-ci, je ne sache pas qu'il y eût une femme assez hardie pour se livrer à ce travail après le coucher du soleil, sans craindre d'attirer autour d'elle le sinistre cortége des *Lavandières*, N'est-ce pas vrai, Cadet?

— Oh! c'est la vraie vérité, monsieur Lion! Diache la faute! c'est ben ça la plus chétite nuit que j'*asse* pas veillée? Et le pauvre Cadet, dont les dents claquaient de terreur, se mit à quatre pattes derrière Jeanne, et fit précipitamment plusieurs signes de croix.

— S'il y a là quelque chose d'extraordinaire, dit Guillaume, il faut aller vérifier.

— Attendez, dit Marsillat en allant chercher la hache du charpentier, ce peut être quelque drôle mal intentionné.

Pendant que Léon retournait en courant vers l'endroit où il avait laissé son arme, Guillaume, ouvrant la couteau de chasse dont il s'était muni pour voyager, écoutait le bruit clair et sec de ce battoir qui s'arrêtait de temps en temps, et reprenant au bout d'une minute, semblait s'être rapproché, comme si la laveuse eût fait un ou deux pas en descendant le cours du ruisseau qui coulait de la colline dans la direction des pierres d'Ep-Nell.

— Tu n'as pas peur avec moi, Jeanne? dit Guillaume à sa filleule, qui s'était levée et lui avait pris le bras.

— N'allez pas là, mon parrain, dit Jeanne, qui montrait d'autant plus de courage qu'elle croyait à l'existence fantastique de la laveuse; ces choses-là ne se renvoient qu'avec des prières.

— Prie pour nous, bonne Jeanne, dit Guillaume en souriant. Ceci ne peut être qu'une méchante plaisanterie, quelqu'un qui ignore sans doute les malheurs qui t'accablent. Mais nous sommes trois, ne sois pas inquiète. Cadet, tu vas venir avec nous.

— *Non moi*, Monsieur, non! dit Cadet en faisant mine de se sauver. Je n'irai point.

— Tu as peur, nigaud?

— Je n'ai pas peur, Monsieur, mais vous me couperiez par morciaux que je n'irais point. Je n'ai guère d'envie d'être lavé, battu et *torsu* comme un linge, à nuité, pour être neyé à matin.

— C'est inutile d'essayer d'avoir l'aide de M. Cadet, dit Marsillat qui arrivait en brandissant sa hache. C'est assez de nous deux, Guillaume. Et il se mit rapidement à marcher dans la direction du bruit.

— C'est même trop, répondit Guillaume en s'efforçant de le dépasser. Si c'est une femme, comme j'en suis persuadé, notre expédition en armes est souverainement ridicule.

Comme Guillaume disait ces paroles, il vit, au détour d'un rocher qui lui avait masqué jusque-là le cours du ruisseau, une espèce d'anse ombragée de saules et de bouleaux qui servait de lavoir aux femmes des environs, et sous ces arbres une forme vague qui paraissait une paysanne vêtue comme les vieilles, et qui maniait son battoir à coups précipités, parlant seule, à demi-voix, très-vite, d'une manière inintelligible, et comme en proie à une sorte de frénésie.

— Vous lavez bien tard, la mère, lui demanda brusquement Marsillat, qui s'était approché d'elle assez près, mais qui ne pouvait réussir à distinguer ses traits.

La lavandière fit entendre une sorte de grognement comme celui d'une bête sauvage, et jetant son battoir dans l'eau, elle se leva, ramassa précipitamment des pierres dont elle accabla, en fuyant, les curieux qui venaient l'interrompre. Marsillat se lança à sa poursuite, mais la voyant gagner sur lui du terrain avec une rapidité qui semblait fantastique, et se diriger vers un vivier qu'il appréhendait avec raison, il se retourna pour voir si Guillaume le suivait; c'est alors qu'il vit son ami étendu par terre et complétement immobile.

Une pierre l'avait frappé à la tête assez violemment. La visière de sa casquette de voyage avait amorti le coup, et le sang n'avait pas coulé. Mais la commotion avait été si forte que le jeune homme avait perdu connaissance. Il se releva bientôt avec l'aide de Léon; mais en retrouvant l'usage de ses membres, il ne retrouva pas celui de ses facultés, et il s'éveilla dans le lit du curé de Toull, vers deux heures de l'après-midi, ne se sentant pas précisément malade, mais ne pouvant aucunement retrouver la mémoire de ce qui lui était arrivé depuis sa fâcheuse rencontre avec la laveuse de nuit. Cadet seul était auprès de lui, et le jeune malade, croyant rêver encore, entendait au dehors un chant lugubre comme celui des funérailles.

IX.

ADIEU AU VILLAGE.

C'est le fils de Léonard qui avait ramené Guillaume : c'est lui qui guettait son réveil; c'est encore lui qui lui expliqua comment il l'avait ramené d'Ep-nell et installé à la cure. Guillaume eut peine à s'expliquer l'espèce de congestion cérébrale qui avait suspendu en lui l'action de la pensée. Il n'éprouvait plus qu'un peu de défaillance et de vertige. Il se leva, pensant en être quitte pour une petite bosse à la tête, et se dit avec plaisir que ses cheveux cacheraient cet accident à sa mère. Cadet, qui avait le meilleur cœur du monde, et à qui l'on avait bien recommandé de le soigner, alla lui chercher un verre de vin pendant qu'il s'habillait, et il se disposait à se rendre au cimetière pour assister à l'enterrement de sa nourrice, lorsqu'il vit revenir le curé avec son sacristain, suivis de la famille de la défunte et des personnes qui avaient pris part à la cérémonie. Jeanne venait la dernière, accablée, marchant avec peine, la figure cachée sous sa cape, et appuyée sur Claudie qui pleurait de très-bon cœur, comme une très-bonne fille qu'elle était. Cependant Jeanne s'approcha du jeune baron et lui demanda de ses nouvelles avec une sollicitude qui le toucha vivement dans un pareil moment. Il lui prit le bras, et la fit entrer dans la cuisine du curé, où elle tomba sur une chaise, pâle et suffoquée. Il lui semblait qu'elle venait de perdre sa mère une seconde fois.

Mais la Grand'Gothe, survenant avec son marcher et son parler masculin, ne lui laissa pas le loisir de s'abandonner à sa douleur. Allons, Jeanne! dit-elle, il faut remercier tes parents et tes amis qui ont suivi l'enterrement avec beaucoup d'honnêteté, malgré qu'ils savaient bien que notre maison étant brûlée, nous n'avions plus la commodité de suivre les usages et de les régaler au retour du cimetière. Fais-leur tes excuses, et ton compliment. Allons, ça te regarde, c'est ton devoir et non pas le mien.

Jeanne se leva et remercia les assistants qui étaient entrés dans la cuisine du presbytère. Tous lui donnèrent de grands témoignages d'amitié, et Guillaume remarqua chez la plupart d'entre eux un langage généreux et plein d'une noble simplicité. Allons, ma Jeanne, lui dirent quelques-uns des plus *ancients*, tu peux venir chez nous quand tu voudras. Tu n'as qu'à faire ton choix, nous serons bien contents de te loger et de te nourrir du moins mal que nous pourrons.

— En vous remerciant, mes braves *mondes*, pour toutes vos amitiés, répondit Jeanne; mais je vous connais tous trop malheureux, et trop embarrassés de famille, pour aller me mettre à votre charge. Je suis jeune, je ne suis pas encore dégoûtée de travailler, et je suis décidée de me louer dans quelque métairie.

Comment, malheureuse... (Page 32.)

« — Mais la saint Jean est passée, et la saint Martin n'est pas venue, Jeanne! En attendant, faut demeurer *en* quelque part?
— Mes amis, dit Guillaume, tranquillisez-vous, M. le curé et ma mère, madame de Boussac, se chargeront d'établir Jeanne convenablement.
— A la bonne heure, dit le grand-oncle Germain, qui parlait pour les autres : si la grand'dame de Boussac s'en charge, nous sommes contents.

Tous se retirèrent après avoir embrassé Jeanne, qui sanglotait, et le curé rentra suivi de Marsillat. La Grand'-Gothe était restée avec un homme de très-mauvaise mine, qui jetait autour de lui des regards farouches et qui choqua beaucoup Guillaume par son affectation à garder son chapeau sur la tête quand tous s'étaient découverts devant le curé.

— A présent, dit la tante, il faut, Jeanne, faire tes compliments à M. le curé et à ton parrain; et puis, tu vas venir, ma mignonne, parce que j'ai besoin de toi.
— Non, ma tante, répondit Jeanne avec une fermeté que Guillaume n'aurait pas attendue d'un caractère si humble et si confiant, je n'irai pas avec vous. Je sais ce que vous me voulez, et je ne veux pas vous obéir.
— Comment, malheureuse, s'écria la Gothe en élevant la voix, tu ne veux plus obéir à ta tante, qui t'a élevée, qui est ta plus proche parente, qui a perdu cette nuit tout ce qu'elle avait dans ta maison, qui va être obligée de mendier son pain avec une besace sur le dos, et qui n'a pas seulement une étable pour se retirer?
— Ecoutez, ma tante, répondit Jeanne, vous avez déjà choisi un endroit pour vous retirer. Je vous ai donné cette nuit l'argent que mon parrain m'avait fait présent. Je vous ai dit ce matin que je vous abandonnais tout ce qui a été sauvé du mobilier, et toutes les bêtes... Je ne garde rien pour moi que les habits que j'ai sur le corps.
— Eh! qu'est-ce qui les mènera aux champs, les bêtes? qu'est-ce qui les fera pâturer, en attendant qu'on puisse les conduire en foire?
— C'est vous, ma tante; vous êtes encore assez jeune et assez forte pour aller aux champs, et vous y meniez toujours votre chèvre, parce que vous ne vouliez pas me la confier.

Et vous aussi, monsieur Marsillat, vous n'êtes pas méchant. (Page 34.)

— Jeanne a raison, dit le curé, vous n'avez pas besoin de ses services, Gothe, et elle a fait pour vous plus qu'elle ne pouvait, plus qu'elle ne devait peut-être. Elle est majeure, vous n'avez aucun droit sur elle; laissez-la donc libre de ses actions.

— Ainsi elle m'abandonne, s'écria la tante, jurant, piaillant, déclamant, et feignant de se désespérer. Une enfant que j'ai élevée, que j'ai amusée et portée aux champs quand elle était haute comme mon sabot! Une fille pour qui je me serais sacrifiée, et pour qui je ne me suis pas mariée, afin de lui laisser mon bien!

— Mariez-vous, mariez-vous si le cœur vous en dit, ma tante, dit Jeanne avec douceur. — Je n'ai jamais entendu parler *que* vous vous étiez privée de ça pour moi.

— Eh bien! oui, je me marierai! J'ai encore un peu de bien, va! et ça n'est pas toi qui en hériteras, car je testamenterai en faveur de mon homme.

— Mariez-vous donc, et testez comme vous voudrez, dit le curé, en haussant les épaules.

— C'est toujours bien cruel, hurla la mégère, d'être abandonnée comme ça! Ah! si ma pauvre sœur avait prévu ça, Jeanne, elle t'aurait refusé sa bénédiction sur le lit de la mort!

Ces paroles barbares firent sur Jeanne une profonde impression. Elle tressaillit, hésita, fit un mouvement pour se jeter au cou de sa tante, afin de l'apaiser; mais, rencontrant le visage sinistre de l'homme qui était resté derrière elle, dans le fond de la cheminée, elle s'arrêta. — Écoutez, tante, dit-elle, si ma maison n'avait pas brûlé, je ne me serais jamais séparée de vous. Si j'avais le moyen d'en faire bâtir une autre, je vous dirais de venir y demeurer avec moi; mais ça ne se peut pas. Voilà mon parrain qui veut me récompenser de mes pertes; mais j'ai des raisons, de très-bonnes raisons pour refuser la charité que mon parrain veut me faire.

— Lesquelles, Jeanne? demanda vivement Guillaume.

— Je vous dirai cela à vous, plus tard, mon parrain. A présent je dis à ma tante que je veux me louer; c'est mon devoir; et si elle n'est pas heureuse avec ce qu'elle a, je lui donnerai l'argent que je gagnerai. Mais tant qu'à la suivre, ça ne sera jamais, j'en jure ma foi du baptême.

— Vous voyez ben, mère Gothe, que c'est à cause de moi qu'alle jure comme ça! dit d'une voix creuse et lugubre, et avec un regard haineux, l'homme qui jusque-là s'était tenu muet et immobile dans le coin du foyer.

— Je n'ai rien dit contre vous, père Raguet, répondit Jeanne, mais vous direz contre moi ce que vous voudrez, je n'irai pas demeurer chez vous.

— Je m'y opposerais de tout mon pouvoir! s'écria le curé, qui ne put contenir un geste de mépris en apercevant la sombre figure de Raguet.

— C'est bien, monsieur l'abbé! répondit Raguet. Y en a qui sont toujours accusés de tout le mal qui se fait contre eux ; y en a aussi qui parlent comme des bons saints, et qu'on croit ben religieux, et qui ont de plus mauvaises pensées que moi.

— Oui, oui! reprit la mégère, il y a du monde bien sournois, père Raguet, et c'est ceux-là qui se contentent toujours aux dépens des autres.

Le bon curé pâlit de crainte et d'indignation. Guillaume s'approcha de Raguet et le regarda en face d'un air de menace et de mépris, mais sans pouvoir lui faire baisser les yeux. Cette face pâle et morne semblait n'être susceptible d'aucune autre expression que celle de la haine calme et patiente. — Qui avez-vous l'intention d'insulter ici? lui dit Guillaume, en le toisant avec hauteur.

— Je ne vous parle pas, mon petit Monsieur, répondit le paysan, et de plus gros que vous ne m'ont pas *épeuré*.

— Mais vous allez sortir d'ici! s'écria Guillaume en s'armant de la fourche à attiser le feu, car il lui semblait que Raguet faisait le mouvement de prendre une arme sous sa veste sale et débraillée.

— Sortir? dit Raguet avec le sang-froid de la prudence et sans montrer aucune crainte, je ne demandons pas mieux ; on n'est pas déjà ben en si bonne compagnie ici... Je ne dis pas ça pour M. Marsillat.

— C'est bien de l'honneur pour moi, dit Marsillat d'un ton ironique. Allons, Raguet, taisez-vous et partez. Vous savez ce je vous tiens! soyez sage... et gentil, ajouta-t-il d'un air railleur auquel Raguet répondit par un sourire d'intelligence.

— Oui, oui, allons-nous-en, mère Gothe, dit-il en se traînant lentement vers la porte. En voilà assez, mes braves gens! » Sans adieu. Et il partit sans lever son chapeau, suivi de la tante qui serrait le poing et grommelait des imprécations entre ses dents.

— Misérable, murmura le curé lorsqu'ils furent éloignés.

— Lâches canailles, dit Guillaume. Cet homme a la tournure d'un scélérat.

— C'est pour cela qu'il n'est pas très-redoutable, dit Marsillat avec légèreté.

— Ah! ma pauvre Jeanne! s'écria Cadet, tout ça c'est trop malheureux pour toi. Oh! oui, t'as eu du malheur de perdre ta mère. Ces *genssses*-là te feront du tort.

— N'aye pas peur, mon Cadet, répondit Jeanne en essuyant ses larmes, et en faisant le signe de la croix ; s'il y a des mauvais esprits contre moi, il y a aussi pour moi des bons esprits.

— Oui, Jeanne, oui, s'écrièrent à la fois Guillaume et M. Alain, vous avez des amis qui ne vous abandonneront pas.

— Oh! je le sais bien! vous êtes des honnêtes gens, tous les deux, répondit Jeanne en leur tendant une main à chacun ; puis, elle ajouta en tendant la main aussi à Marsillat, avec une candeur angélique : Et vous aussi, monsieur Marsillat, vous n'êtes pas méchant. Vous avez eu pour moi bien des bontés. Vous avez monté sur ma maison au travers du feu ; vous avez veillé toute la nuit pour m'aider à garder le corps de ma pauvre âme de mère... Et Cadet aussi, c'est un bon enfant ; tout le monde a été bon pour moi. Ça me reconsole un peu de ceux qui sont méchants et sans raison.

Cadet se mit à plourer, sans que sa bouche cessât de sourire comme c'était son habitude invincible. Quant à Marsillat, il fut touché de la reconnaissance de Jeanne, et une sorte d'affection dont il était loin d'être incapable vint se mêler à son désir sans en diminuer l'intensité. Il avait le cœur bon et la conscience peu farouche. Il rêva un instant au moyen de concilier sa passion avec sa loyauté, et le compromis fut assez lestement signé. C'était un homme d'affaires si habile!

— Maintenant, dit Guillaume en se rapprochant de Jeanne, peux-tu me dire, ma chère enfant, pourquoi tu veux me retirer le droit de m'occuper de ton sort?

— Je ne vous refuse pas ça, mon parrain. Vous me conseillerez où je dois me retirer ; et si j'ai besoin de crédit pour acheter mon deuil, vous me permettrez de me recommander de vous. C'est bien assez ; je ne veux rien de plus.

— C'est ce que nous verrons, Jeanne. D'où te vient donc cette fierté? c'est de la méfiance contre moi?

— Oh! ne croyez pas ça, mon petit parrain, je n'en suis pas capable ; mais si je vas vous dire, j'ai des raisons de refuser votre argent, à cause de vous, et j'en ai aussi à cause de moi. Les raisons à cause de vous, c'est que vous ne savez pas encore si votre mère sera *consentante* de tout ça, et qu'un jeune homme comme vous, ça n'a pas toujours plus d'argent que ce n'est de besoin.

— Qui t'a appris ces choses-là, Jeanne?

— C'est M. Marsillat, qui s'y connaît bien ; pas vrai, monsieur Marsillat, que vous m'avez dit, à ce matin, avant de revenir à Toull, que mon parrain n'avait pas encore la jouissance du bien de son père, et que ça le générait beaucoup de me payer ma maison?

— Ah! s'écria Guillaume en regardant fixement Léon, vous avez eu la bonté de vous occuper de mes affaires à ce point?

— Est-ce que je t'ai parlé de cela, Jeanne? je ne m'en souviens pas, dit Marsillat, avec le ton d'une profonde indifférence.

— Oh! vous devez bien vous en souvenir, monsieur Léon! à telles enseignes, que vous avez eu la bonté de m'offrir de faire rebâtir ma maison, disant que vous, ça ne vous générait en rien.

— Ah! s'écria Claudie, dont les yeux s'arrondirent comme ceux d'un chat, M. Léon t'a proposé ça?

— Je comprends, dit Guillaume avec amertume ; M. Léon préfère être ton bienfaiteur, et tu préfères ses bienfaits aux miens, Jeanne?

— Oh! non, mon parrain, je sais bien ce qui est convenant, ce n'est pas ça, ce n'est pas. M. Marsillat n'est pas mon parrain, et il parlait comme ça par amitié pour vous, et par grande charité pour moi. Mais je lui ai bien dit, comme je le lui dis encore devant vous, que si j'acceptais ça, je ferais mal parler de moi, et que ça me rendrait un bien mauvais service.

— Vous parlez avec bonté et avec sagesse, Jeanne, dit le curé.

— Oh! non, monsieur le curé, dit Jeanne, je parle dans la vérité de mon cœur. J'ai bien de l'obligation à M. Marsillat, mais je n'accepterai jamais ça.

— Peste soit de l'innocente! pensa Marsillat, très-mortifié de voir ébruiter avec tant de bonne foi ses tentatives de séduction.

— Tant qu'à la maison, reprit Jeanne, il n'y faut pas songer, mon parrain, ça ne me ferait ni chaud ni froid de la voir neuve. Ça ne serait jamais la même maison où ma mère m'a élevée, où elle a vécu, où elle a *mouru*. J'ai donné les meubles à ma tante, il le fallait ben pour la déchagriner un peu. Des meubles neufs, je n'en ai pas besoin. Pour moi toute seule, qu'est-ce qu'il me faut? j'aurais aimé ce qui *m'aurait venu* de ma mère, voilà tout.

— Cependant, dit Marsillat avec l'intention de repousser les soupçons de Guillaume et de M. Alain, avec votre maison vous auriez trouvé facilement un mari, ma pauvre Jeanne? au lieu qu'à présent...!

— A présent? s'écria ingénument Cadet, alle en trouvera un tout de même quand c'est qu'alle voudra... Alle peut bien se passer de maison, allez!

— Serait-ce là l'amant préféré de la belle Jeanne? pensèrent en même temps Guillaume et Léon, en tournant leurs regards sur la figure épaisse et rebondie du gros Cadet.

Mais Jeanne répondit :

— Mon petit Cadet, tu me fais bien de l'honneur de parler comme ça, mais tu sais bien que je ne veux pas me marier.

— A d'autres! dit Léon affectant toujours de toucher la question par-dessous jambe.

— Non, pas à d'autres, monsieur Léon, reprit Jeanne avec calme; monsieur le curé sait bien que je ne peux pas songer à me marier.

— Ah! vous savez cela, vous, curé? dit Léon d'un ton de persiflage. Voyez ce que c'est que de confesser les jeunes filles!

— Jeanne ne veut pas se marier... Jeanne ne se mariera pas, répondit le curé avec gravité.

— Allons, c'est le secret de la confession, dit Marsillat en riant.

— Ça n'est pas des choses pour rire, monsieur Léon, reprit Jeanne avec une dignité toujours tempérée par l'excessive douceur de son caractère et de son accent.

Guillaume contemplait Jeanne avec l'intérêt d'une vive curiosité. Est-ce un secret, en effet? demanda-t-il en s'adressant à la jeune fille.

— C'est toujours inutile de parler de ça, dit Jeanne; je n'en ai parlé que pour dire que je n'ai pas besoin de maison, et que je n'en veux pas, mon parrain. Mais je vous en suis obligée comme si vous m'aviez fait bâtir un *châtiau*.

— Jeanne a grandement raison, dit le curé. Soyez assuré, monsieur le baron, que la prudence parle par la bouche de cette enfant. Si elle avait une maison, elle serait entraînée par son bon cœur, et conseillée peut-être par sa conscience, d'y demeurer avec sa tante, et sa tante l'opprimerait... si elle ne faisait pire, ajouta-t-il en baissant la voix. Renoncez à ce généreux projet, monsieur le baron, vous trouverez bien le moyen et l'occasion d'assurer autrement le sort de Jeanne.

— Je me rends; vous avez raison, monsieur le curé, répondit Guillaume sur le même ton, et même je crois qu'avec la délicatesse extrême de son caractère il faudra s'en occuper sans la consulter.

— Sans aucun doute. Le temps et l'occasion vous conseilleront. Ce qu'il faut régler dès à présent, c'est le lieu où elle va provisoirement s'établir. Voyons, Jeanne, ajouta le curé en élevant la voix, où désirez-vous vous installer d'abord?... Aujourd'hui, par exemple!

— Veux-tu venir chez nous, Jeanne? s'écria Claudie avec une affectueuse spontanéité.

— Merci, ma mignonne. Ta mère est gênée, et elle a bien assez de toi pour faire son ouvrage. Je ne veux être à la charge de personne.

— Jeanne, dit le curé, vous ne pouvez pas compter trouver ici de l'ouvrage du jour au lendemain. Il faut, dans les premiers temps, que vous vous retiriez dans une maison honnête, où votre parrain répondra de votre dépense.

— Sans doute, dit Guillaume, si Jeanne n'est pas trop fière pour accepter de moi le plus léger service!

— Oh! mon parrain, vous m'accusez injustement. J'accepterai ça de bon cœur, venant de vous.

— Eh! de quoi vous embarrassez-vous, curé, dit nonchalamment Marsillat; votre servante est vieille et cassée. Prenez Jeanne à votre service.

— Non, Monsieur, ce ne serait pas convenable, répondit avec fermeté M. Alain. La foi n'est pas assez vive, par le temps qui court, pour qu'un homme d'église soit plus respecté qu'un autre par les mauvaises langues.

— Eh bien! il y a un expédient qui remédie à tout, reprit Marsillat. C'est que Guillaume emmène dès aujourd'hui sa filleule à Boussac, et qu'il la présente à sa mère. Guillaume regarda attentivement Léon, pour voir si ce conseil ne cachait pas quelque piège. Marsillat était complétement de bonne foi.

— A dire vrai, reprit le curé, ce n'est pas la plus mauvaise idée. Jeanne a irrité sa tante et le méchant Raguet, qui est capable de tout. Je ne serai pas tranquille sur son compte, tant que Gothe n'aura pas pris son parti de se passer d'une victime qu'elle aimait à faire souffrir... et d'ailleurs... tenez, Jeanne, croyez-moi...

allez-vous-en trouver votre marraine, madame la baronne de Boussac... A cette distance, et sous la protection d'une personne aussi respectable, vous n'aurez rien à redouter.

— Aller à Boussac, moi? dit Jeanne effrayée. Vous me conseillez ça, monsieur le curé?

— Et moi, je vous en prie, Jeanne, dit Guillaume avec l'assurance d'accomplir un devoir. Vous ne connaissez peut-être pas les dangers dont vous êtes entourée, avec des ennemis comme ceux que j'ai vus aujourd'hui près de vous... Si vous avez confiance en moi, vous me le prouverez en venant dès aujourd'hui trouver ma mère.

— Mon parrain, dit Jeanne, qui regarda cette prière comme un ordre, et qui s'y soumit aussitôt sans en bien comprendre les motifs, votre volonté sera la mienne. Mais voulez-vous donc que je demeure à Boussac, à la ville, moi qui ne me souviens pas d'être jamais sortie du pays de Toull-Sainte-Croix!

— Si vous avez de l'aversion pour le séjour de la ville, vous serez libre de revenir ici quand vous voudrez, mon enfant. Seulement vous verrez ma mère, vous causerez avec elle, vous lui ouvrirez votre cœur, vous lui parlerez de vos chagrins; elle est bonne, compatissante, et saura trouver des paroles pour vous consoler... Puis, vous vous entendrez avec elle pour l'avenir, et votre indépendance sera respectée et protégée.

Jeanne accepta, un peu confuse, un peu effrayée de l'idée d'aborder la *grand'dame* de Boussac, dans un moment où, disait-elle, le chagrin lui ôtait *quasiment* l'esprit.

— Vous en serez d'autant plus intéressante aux yeux de votre marraine, dit le curé, et il insista si bien que Jeanne céda.

Marsillat eut l'esprit de ne pas offrir de la prendre en croupe, et de proposer même son cheval à Guillaume, comme étant beaucoup plus fort que Sport pour porter deux personnes. Guillaume était un peu effrayé de l'idée d'arriver à la porte de son château avec une paysanne en croupe. Mais le curé, qui sentait ce qu'il y aurait d'inconvénient à faire partir Jeanne avec deux jeunes gens, arrangea tout, en leur en adjoignant un troisième. Cadet fut chargé de prendre la jument du curé, et d'être le cavalier de Jeanne. Le curé avait raison au fond. Une paysanne sur le même cheval qu'un paysan, n'a jamais fait jaser personne. Avec un *bourgeois*, c'eût été bien différent.

Pendant qu'on préparait les chevaux, le curé fit dîner tous ses hôtes, et recommanda à Guillaume qu'il trouvait bien pâle, et qui avait une forte migraine, de se faire faire une petite saignée le lendemain.

Claudie ne partageait pas beaucoup la sécurité de M. Alain, qui croyait mettre Jeanne à couvert des convoitises de Marsillat en l'envoyant à Boussac. Elle suivait d'un œil jaloux tous leurs mouvements, et la grande vertu de Jeanne était la seule chose qui la rassurât un peu.

— Écoute, ma Jeanne, lui dit-elle, si tu *te loues* à Boussac, tâche de me faire entrer en service dans la même maison que toi. Ça ferait bien mon affaire de demeurer à la ville, moi!

— Et moi, j'y demeurerais ben *arrié* (aussi)! dit le gros Cadet; c'est rudement joli la ville de Boussac! c'est la p'u brave ville que j'asse pas connaisse.

— Je crois bien, imbécile! dit Claudie, tu n'en as jamais vu d'autre!

Avant la fin du dîner, Marsillat sortit pour donner l'avoine à sa jument Fanchon, qu'il avait installée dans une grange un peu isolée du village, à cause de l'exiguïté de l'écurie du presbytère. Le jour commençait à baisser, et au moment où il pénétrait sous le portail de la grange, il vit au milieu des bottes de fourrage et des outils aratoires, une figure blême se lever lentement et le regarder de près. Il eut bientôt reconnu l'acolyte et le compère de la Grand'Gothe, maître Raguet dit Bridevache [1]. Cet homme sans aveu vivait au milieu des landes, dans une mauvaise hutte de branches et de terre, qu'il s'était bâtie tout seul, et où personne, autre que la sorcière Gothe, n'eût

[1] En vieux français, brigand, voleur de bestiaux.

voulu demeurer avec lui. Personne n'eût même voulu passer, à la nuit tombée, à trente pas de cette demeure sinistre qui renfermait le plus grand vaurien du pays. Sous cette misère apparente, Raguet cachait des sommes assez rondes. Il s'adonnait à la dangereuse et lucrative profession de voleur de chevaux. En Bourbonnais et en Berri, c'est pendant les nuits d'été, lorsque *la chevaline* est au pâturage, que certains chaudronniers d'Auvergne et certains vagabonds de la Marche exercent leur industrie. Ils brisent avec dextérité les enferges les mieux cadenassées, montent à poil sur l'animal, lui passent une bride légère dont ils sont munis, et prennent le galop vers leurs montagnes. Raguet grappillait sur le pays d'autres menues captures, poules, oies, bois et graines. Il paraissait doux et mielleux au premier abord, parlait peu, n'allait chez personne, ne souffrait jamais qu'on franchît le seuil de sa porte, et, sauf l'assassinat, ne se faisait faute d'aucune mauvaise pensée et d'aucune mauvaise action.

— Est-ce vous, monsieur Marsillat? dit-il d'une voix traînante? quoiqu'il eût fort bien reconnu Léon.

— Que faites-vous ici, maître filou? lui répondit le jeune avocat; venez-vous flairer ma jument? Si jamais vous avez le malheur de lui prendre un crin, vous aurez de mes nouvelles.

— Oh! je ne vous ferai jamais tort à vous, monsieur Marsillat, et vous ne voudriez pas m'en faire.

— Je peux vous en faire beaucoup, souvenez-vous de cela.

— Nenny, Monsieur, vous avez été mon avocat.

— Comme je serais celui de la diable, s'il venait me confier sa cause : mais je ne suis pas forcé de l'être toujours, et comme je sais de quoi vous êtes capable...

— Nenny, Monsieur, vous n'en savez rien... je ne vous ai jamais rien avoué.

— C'est pour cela que je vous tiens pour un coquin.

— Vous ne pensez pas ce que vous dites là, monsieur Léon; mais il ne s'agit pas de çà. Je venais ici pour vous demander un conseil d'affaires.

— Je n'ai pas le temps; vous pouvez venir le samedi à mon étude...

— Oh! non, Monsieur, je n'irai pas, et vous me direz bien tout de suite ce que je veux vous demander par rapport à la Jeanne.

— Je ne vous connais aucun rapport avec la Jeanne, je n'ai rien à vous dire.

— Si fait, Monsieur, si fait! attendez donc que je vous aide à arranger votre cheval!

— Nullement, n'y touchez pas.

— Vous croyez donc, monsieur Léon, reprit Raguet, sans se déconcerter, que la Gothe n'aurait pas le droit de forcer la Jeanne à demeurer avec elle?

— Et quel intérêt aurait-elle à cela, la Gothe?

— Vous le savez ben!

— Non.

— C'est dans vos intérêts mieux que dans les miens.

— Je ne comprends pas, dit Marsillat qui voulait voir jusqu'où Raguet pousserait l'impudence.

— Vous voyez bon, monsieur l'avocat, que si vous vouliez aider la Gothe à faire un procès à sa nièce, et plaider pour que la fille demeure où sa tante veut demeurer... pour un temps... vous m'entendez...

— Non, après?

— Dame! la maison de chez nous est ben commode, ben écartée. Un galant qui serait curieux d'une jolie fille... une supposition!...

— Vous êtes un drôle, une canaille; voilà comment je plaiderais pour vous.

— Oh! faut pas vous fâcher, je n'en veux rien dire, mais vous avez ben fait des jolis cadeaux à la Gothe pour avoir les amitiés de sa nièce; vous n'êtes même guère cachotier de ces affaires-là!

— C'est possible, je puis désirer de me faire aimer d'une fille et me débarrasser des mendiants importuns par une aumône; mais user de violence, et me servir de l'entremise du dernier des gredins, qui m'aiderait... une supposition!... à commettre un crime... c'est ce qui ne sera jamais. Bonsoir, l'ami!

— Vous y songerez, et vous en reviendrez, dit tranquillement Raguet.

Marsillat était indigné, et avait une forte envie d'appliquer des coups de cravache à ce misérable. Mais, connaissant bien l'espèce, il songea, au contraire, à le lier par quelque espérance. Raguet le suivit pas à pas dans l'obscurité de l'étable, et Léon craignit que, par dépit, il n'allongeât un coup de tranchet aux jarrets de Fanchon. « Allons, c'est assez! vous ne savez ce que vous dites, reprit-il d'une voix adoucie. Prenez cela pour acheter le pain de votre semaine. Je vous sais malheureux, et j'aime à croire que, sans cela, vous n'auriez pas des pensées si noires.

Raguet palpa dans l'obscurité le pourboire de Marsillat, et quand il se fut assuré que c'était une pièce de 5 fr. il le remercia et sortit de la grange par une porte de derrière, sans renoncer à ses desseins sur Jeanne. Écoutez! lui cria Léon, et Raguet revint sur ses pas.

— Si vous avez jamais le malheur, lui dit le jeune homme, de faire le moindre tort à la moindre des personnes auxquelles je m'intéresse, je cesse de prendre en pitié votre misère, et je vous signale comme un bandit.

— Oh da! vous ne le feriez pas! Raguet, vous avez été mon avocat; ça vous ferait du tort d'avoir si bien plaidé pour un bandit!

— Vous vous trompez, dit Marsillat, un avocat peut avoir été la dupe de son client et ne pas vouloir être son complice. Tenez-vous-le pour dit, et respectez M. le curé de Toull et toutes les personnes que vous avez menacées aujourd'hui devant moi... ou vous aurez de mes nouvelles.

Raguet baissa l'oreille et s'en alla, cherchant à deviner pourquoi Marsillat, qu'il croyait aussi perverti que lui-même, s'intéressait si fort à ses rivaux.

Un quart d'heure après, Marsillat trottait sur Fanchon à côté de Guillaume, que le mouvement du cheval rendait de plus en plus souffrant. Cadet et Jeanne trottinaient en avant sur *la Grise*. Raguet, caché derrière les blocs de rocher, les regardait partir et commençait à comprendre que Marsillat n'avait pas besoin de lui. Le bon curé, du haut de la plate-forme de la tour, criait à Marsillat : surtout n'oubliez pas mon thermomètre! Puis il rentra chez lui, triste, mais soulagé d'un grand trouble, à mesure que Jeanne s'éloignait de Toull-Sainte-Croix.

X.

LES PROJETS DE MARIAGE.

La ville de Boussac, formant, avec le bourg du même nom, une population de dix-huit à dix-neuf cents âmes, peut être considérée comme une des plus chétives et des plus laides sous-préfectures du centre. Ce n'est pourtant pas l'avis du narrateur de cette histoire. Jeté sur des collines abruptes, le long de la Petite-Creuse, au confluent d'un autre ruisseau rapide, Boussac offre un assemblage de maisons, de rochers, de torrents, de rues mal agencées, et de chemins escarpés, qui lui donnent une physionomie très-pittoresque. Un poëte, un artiste pourrait parfaitement y vivre sans se déshonorer, et préférer infiniment cette résidence à l'orgueilleuse ville de Châteauroux, qui a palais préfectoral, routes royales, théâtre, promenades, équipages, pays plat et physionomie analogue. Bourges, dans un pays plus triste encore, a ses magnifiques monuments, son austère physionomie historique, ses jardins déserts, ses beaux clairs de lune sur les pignons aigus de ses maisons du moyen âge, ses grandes rues où l'herbe ronge le pavé, et ses longues nuits silencieuses qui commencent presque au coucher du soleil. C'est bien l'antique métropole des Aquitaines, une ville de chanoines et de magistrats, la plus oubliée, la plus aristocratique des cités mortes de leur belle mort. Guéret est trop isolé des montagnes qui l'entourent, et n'a rien en lui qui compense l'éloignement de ce décor naturel. L'eau y est belle et claire; voilà tout. La Châtre n'a que son vallon plantureux derrière le faubourg; Neuvy, son église byzantine qu'on a trop badigeonnée, et son vieux pont qu'on va détruire sans respect pour une relique du temps passé. Boussac a le bon goût de se lier si bien au sol, qu'on y peut faire une belle étude de paysage à chaque pas en pleine rue. Mais il se passera bien du temps avant que les citadins de nos provinces comprennent que la végétation, la perspective, le mouvement du terrain, le bruit du torrent et les masses granitiques font partie essentielle de la beauté des villes qui ne peuvent prétendre à briller par leurs monuments.

Il y a cependant un monument à Boussac, c'est le château d'origine romaine que Jean de Brosse, le fameux maréchal de Boussac, fit reconstruire en 1400 à la mode de son temps. Il est irrégulier, gracieux et coquet dans sa simplicité. Cependant les murs ont dix pieds d'épaisseur, et dès qu'on franchit le seuil, on trouve que l'intérieur a la mauvaise mine de tous ces grands brigands du moyen âge que nous voyons dans nos provinces dresser encore fièrement la tête sur toutes les hauteurs.

Ce château est moitié à la ville et moitié à la campagne. La cour et la façade armoriée regardent la ville; mais l'autre face plonge avec le roc perpendiculaire qui la porte jusqu'au lit de la Petite-Creuse, et domine un site admirable, le cours sinueux du torrent encaissé dans les rochers, d'immenses prairies semées de châtaigniers, un vaste horizon, une profondeur à donner des vertiges. Le château, avec ses fortifications, ferme la ville de ce côté-là. Les fortifications subsistent encore, la ville ne les a pas franchies, et la dernière dame de Boussac, mère de notre héros, le jeune baron Guillaume de Boussac, passait de son jardin dans la campagne, ou de sa cour dans la ville, à volonté.

Environ dix-huit mois après les événements qui remplissent la première partie de ce récit, madame de Boussac et son amie, madame de Charmois, assises dans la profonde embrasure d'une fenêtre, admiraient d'un air plus ennuyé que ravi le site admirable déployé sous leurs yeux. On était aux premiers jours du printemps. La végétation naissante répandait sur les arbres une légère teinte verte mêlée de brun; les amandiers et les abricotiers du jardin, ainsi que les prunelliers des buissons étaient en fleurs; une magnifique journée s'éteignait dans un couchant couleur de rose. Cependant, un bon feu brûlait dans la vaste cheminée du grand salon, et la fraîcheur du soir était assez vive derrière les murailles épaisses du vieux manoir.

La plus belle décoration de ce salon était sans contredit ces curieuses tapisseries énigmatiques que l'on voit encore aujourd'hui dans le château de Boussac, et que l'on suppose avoir été apportées d'Orient par Zizime et avoir décoré la tour de Bourganeuf durant sa longue captivité. Je les crois d'Aubusson, et j'ai toute une histoire là-dessus qui trouvera sa place ailleurs. Il est à peu près certain qu'elles ont charmé les ennuis de l'illustre infidèle dans sa prison, et qu'elles sont revenues à celui qui les avait fait faire *ad hoc*, Pierre d'Aubusson, seigneur de Boussac, grand-maître de Rhodes. Les costumes sont de la fin du XVᵉ siècle. Ces tableaux ouvragés sont des chefs-d'œuvre, et, si je ne me trompe, une page historique fort curieuse.

Le reste de l'ameublement du grand salon de Boussac était, dès l'époque de notre récit, loin de répondre, par sa magnificence, à ces vestiges d'ancienne splendeur. Au bas de ces vastes lambris rampaient, pour ainsi dire, de méchants petits fauteuils à la mode de l'empire, parodie mesquine des chaises curules de l'ancienne Rome. Quelques miroirs encadrés dans le style Louis XV remplissaient mal les grands trumeaux des cheminées. Il y avait entre ce mobilier et le formidable manoir où il flottait inaperçu, le contraste inévitable qui rend la noblesse de nos jours si faible et si pauvre auprès de la condition de ses aïeux.

Il semblait que ce sentiment pénible remplît involontairement l'esprit des deux dames qui s'entretenaient dans l'embrasure de la fenêtre; car elles étaient assez mélancoliques en devisant à voix basse *entre chien et loup*.

L'âge de ces nobles personnes pouvait composer un siècle assez également partagé entre elles deux. Elles avaient été belles; du moins la physionomie et la tournure de madame de Boussac le témoignaient encore; mais l'embonpoint avait envahi les appas de madame de Charmois, ce qui ne l'empêchait pas d'être active, remuante et décidée.

Arrivée de la veille à Boussac avec son mari, récemment promu à la dignité de sous-préfet de l'arrondissement, madame de Charmois renouvelait connaissance avec une ancienne amie qu'elle n'avait pas vue depuis deux ou trois ans, et qui, malgré la différence notable de leurs caractères respectifs, se faisait une grande joie de posséder enfin un voisinage et une société de son rang.

— Ma toute belle, disait la nouvelle sous-préfette, je vous admire, en vérité, d'avoir pu passer deux hivers de suite dans votre château.

— Il est un peu triste, en effet, ma chère, répondit madame de Boussac; cependant il est mieux bâti, plus spacieux, et moins dispendieux à chauffer que ne l'était mon joli appartement de Paris.

— Je suis loin de m'en plaindre, surtout quand vous m'y donnez si gracieusement l'hospitalité en attendant que j'aie trouvé à m'installer dans votre étrange ville. Je vais la trouver délicieuse en y vivant près de vous; mais avouez que, sans cela, chère amie, il y aurait du mérite à venir s'y enterrer.

— Vous la connaissiez pourtant bien, notre ville, quand vous avez accepté cette résidence.

— Depuis une quinzaine d'années que je suis venue vous y voir... deux fois, trois fois!

— Deux fois! Moi, je n'ai rien oublié.

— Je n'ai rien oublié de vous non plus. Mais à force d'être occupée de vous, j'avais oublié de regarder la ville, et je me la figurais moins pauvre et moins laide dans mes souvenirs.

— Mais, malheureusement pour nous, vous n'y resterez pas longtemps. Ceci est un acheminement à une sous-préfecture de première classe.

— Si je ne pensais que nous serons préfet dans dix-huit mois, je vous confesse que je n'aurais jamais permis à M. de Charmois d'entrer dans la carrière administrative. Mais vous, ma chère belle, qui n'avez point d'ambition, même pour votre fils, à ce qu'il paraît, comment avez-vous pris ce grand parti de renoncer aux hivers de Paris?

— Ne faut-il pas que je songe à l'établissement de ma fille? J'ai deux enfants, et vous n'en avez qu'un. Donc je suis la plus gênée de nous deux. Sans prétendre à relever ma fortune, puisque Guillaume a de la répugnance pour une carrière quelconque qui enchaînerait son indépendance, je dois achever de libérer quelques terres de certaines hypothèques que mon mari a été forcé de laisser prendre. Voilà ma fille sortie tout à fait du couvent, en âge d'être mariée....

— Mais il vous reste bien encore trois cent mille francs au soleil à partager entre eux deux?

— À peu près.

— Ce n'est pas mal, cela! Si nous en avions autant, nous ne serions pas sous-préfet à Boussac. Mais une fois arrivés à une bonne préfecture, nous marierons avantageusement notre fille. Quand attendez-vous décidément Guillaume?

— Dans huit jours, et je ne vis pas jusque-là. Après plus d'un an d'absence, jugez de ma soif de le revoir!

— Oh! il me tarde aussi de l'embrasser, ce cher enfant! Je voudrais bien savoir s'il reconnaîtra Elvire? Elle est tellement grandie! La trouvez-vous belle, ma fille?

— Elle est assurément fort bien, charmante!

— Elle ne ressemble pas du tout à son père, n'est-ce pas? Malheureusement elle est infiniment moins belle que la vôtre, et moins bien élevée, je parie.

— Marie est passable, voilà tout. Mais c'est une excellente personne.

— Un peu romanesque, n'est-ce pas, comme son frère?

— Oh! beaucoup moins romanesque, Dieu merci. Tenez! les entendez-vous rire, ici au-dessous, dans leur chambre? Vous voyez bien que Marie pas plus qu'Elvire n'engendre la mélancolie!

— Comment! est-ce que c'est Elvire qui crie comme cela? A coup sûr ce n'est pas Marie! J'ai envie de les faire taire en les appelant par la fenêtre. Si vos bourgeois de province entendaient cela, ils prendraient nos filles pour des butordes comme les leurs.

— Eh! laissez-les rire! c'est de leur âge! Nos filles seront plus heureuses que nous, ma chère. Elles se marieront passablement, grâce à leur naissance, et ne feront que gagner à changer de position. Nous qui avons passé notre jeunesse au milieu des fêtes et du luxe de l'empire, nous trouvons le temps présent bien triste et la vie bien nue.

— Ne parlez pas ainsi, ma belle. On croirait que vous regrettez l'empire.

— Non. Je connais trop le devoir de mon rang et ce que je dois à mes opinions pour cela. Mais j'ai beaucoup perdu comme fortune et comme position à la chute de Buonaparte.

— Non, ma chère, vous avez perdu à la mort de votre mari; car s'il eût vécu jusqu'à 1815, il eût fait comme le mien et comme tant d'autres fonctionnaires et officiers de l'empire. Il se fût rallié des premiers aux princes légitimes, et il aurait repris du service ou se serait fait donner quelque bonne place en province.

— Ce n'est pas sûr, ma chère. Il s'était attaché à l'empereur.

— Il s'en serait détaché de son *empereur*!

— Peut-être. J'aurais fait mon possible pour cela, non par ambition, mais par conviction. Je n'aurais peut-être pas réussi. Il faut bien avouer que l'empereur.... que Buonaparte a exercé sur nos maris un grand prestige.

— Oui, dans les commencements, c'était fait pour cela. J'ai vu M. de Charmois lorsqu'il était chambellan, tout à fait coiffé de lui.... Mais quand il lui a vu faire tant de sottises, il a ouvert les yeux sur ses véritables intérêts comme sur ses vrais devoirs.

— Je doute que M. de Boussac se fût corrigé si aisément. Il était d'humeur, au contraire, à s'attacher à Napoléon à proportion de ses revers.

— C'était une tête romanesque, lui aussi; un digne homme, j'en conviens, qui vous eût rendue bien heureuse, si la guerre ne vous eût si souvent séparés, et si vous n'eussiez pas été si jalouse.

— Vous êtes mal fondée à me faire ce reproche.... je ne l'ai jamais été de nous.

— Cela vous plaît à dire... Vous l'étiez bien un peu!

— Nullement. M. de Boussac redoutait fort les coquettes... Et vous l'étiez excessivement.

— Méchante!... Est-ce que nous ne l'étions pas toutes dans ce temps-là?

— Plus ou moins...

— Vous étiez folle de toilette, allons donc! et vous faisiez pour cela des dépenses que M. de Charmois ne m'eût jamais permises.

— C'était plutôt vanité de ma part que coquetterie..... Pensez-vous que ce soit tout à fait la même chose?

— Vous êtes très-méchante, ce soir... Mais si j'ai été coquette, si je le suis encore un peu, je suis excusable; mon mari n'était pas aimable comme le vôtre... Mais quel tapage font ces demoiselles! c'est intolérable, ma chère... Je suis sûre que toute la ville les entend. Ah! les demoiselles se gâtent en province... cette manière de rire et de crier est vraiment de mauvais ton!

— Ce ne sont pas elles qui crient comme cela... ce sont les servantes; c'est Claudie... je reconnais sa voix.

— Laquelle de vos deux soubrettes est Claudie?... est-ce la belle blonde?

— Non, c'est la petite brune... L'autre s'appelle Jeanne: elle est ma filleule.

— Eh! croyez-vous que ce soit bien convenable de laisser nos filles se divertir dans la compagnie de ces servantes?

— Il faut bien que nos pauvres enfants s'amusent un peu... c'est fort innocent! Sans doute elles font monter ces petites dans leur chambre pour s'essayer avec elles à danser la bourrée du pays. C'est un bon exercice pour la santé. Claudie démontre cette danse *ex professo*... Elle est légère, bien découplée, et ne manque pas de grâce.

— Et l'autre, la belle? danse-t-elle aussi?

— Non, c'est une fille sérieuse et mélancolique. Mais, en général, c'est elle qui chante les airs de bourrée. Elle a une jolie voix.

— Est-ce que vous êtes bien servie par ces paysannes?

— Mieux que je ne l'ai jamais été par des femmes de chambre de Paris que je payais dix fois plus cher, et qui s'ennuyaient en province; c'est une réforme domestique dont je n'ai eu qu'à m'applaudir, et que je vous conseille.

— Mais elles ne savent rien faire? Qui est-ce qui vous habille? Qui est-ce qui coiffe Marie?

— C'est Claudie. Elle est adroite, active et intelligente, c'est une fille remarquablement éducable.

— Et l'autre? que fait-elle? Je la vois moins souvent dans la maison.

— Elle garde mes vaches, fait le beurre et les fromages à la crème dans la perfection. Elle dirige la lessive, range le linge et conserve les fruits. C'est elle qui a toutes mes clefs. Elle est beaucoup moins fine, moins adroite de ses mains et moins diligente que Claudie; mais c'est un excellent sujet : sage, rangée, laborieuse, douce et fidèle, elle m'est devenue fort nécessaire. C'est une véritable trouvaille que mon fils a faite là pour ma maison.

— Ah! c'est Guillaume qui vous l'a donnée : Il l'a prise sur sa jolie figure, et cela prouve qu'il s'y connaît.

— Ma chère, Guillaume est trop bien né, il se respecte trop pour avoir des yeux pour ces pauvres créatures.

— Vous n'aviez pas tant de confiance en monsieur son père, car je me rappelle fort bien qu'un jour, ici, *jadis*, je vous trouvai tout en larmes, et venant de renvoyer la bonne... la nourrice, je crois, de votre fils, parce que vous pensiez que M. de Boussac la trouvait trop belle.

— Vous rappelez un de mes vieux péchés, et c'est cruel de votre part. La pauvre nourrice était, je crois, fort innocente. Elle était un peu lente, un peu hautaine et têtue; elle m'impatientait souvent. J'avais alors le sang plus vif qu'aujourd'hui. M. de Boussac, plus indulgent et meilleur que moi, me donnait toujours tort quand je la grondais. Un jour, j'en pris du dépit. Je lui fis des reproches injustes. Il décréta, pour avoir la paix, le renvoi de la pauvre Tula, et j'en fus très-punie, car je ne retrouvai jamais une femme aussi dévouée à mon fils et à moi. Mais elle était d'une fierté insensée. Je ne sais quelle parole de laquais lui fit entendre que j'étais jalouse d'elle, et jamais, quelques offres que je lui fisse faire, elle ne voulut rentrer à mon service. Je fus un peu offensée d'un tel orgueil; puis vint la mort de mon pauvre mari, mes embarras de fortune, mon séjour à Paris pour l'éducation de Guillaume; et j'avais oublié cette femme, lorsqu'il y a dix-huit mois, peu de jours après ma nouvelle et définitive installation dans ce pays-ci, Guillaume m'apprit sa mort et m'amena, d'un village où il avait été se promener par hasard, cette orpheline, cette Jeanne, la fille de Tula, la sœur de lait de Guillaume par conséquent.

— Ah! la fille de... la nourrice? La fille de la nourrice, cette blonde? Je l'ai vue toute petite chez vous.

— Elle a beaucoup des manières et même des *manies* de sa mère; mais elle est infiniment plus patiente et plus douce. Dans le premier moment, la vue de cette jeune fille me causa une impression pénible. Elle me rappelait un chagrin de ménage et peut-être des torts de ma part. J'eusse souhaité lui faire du bien et la renvoyer dans son village. Mais c'est au retour de cette promenade que Guillaume fit l'épouvantable maladie qui le tint six semaines entre la vie et la mort, et Jeanne le soigna avec tant de dévouement que je la gardai ensuite par reconnaissance.

— On a dit qu'il avait reçu d'un paysan un coup de pierre à la tête. Est-ce à cause de cela?

— Ce n'est pas vrai, car il l'a toujours nié, et Jeanne n'a rien vu de semblable. Vous savez bien que c'est à la suite d'un incendie où Guillaume s'employa avec dévouement pour sauver une misérable chaumière frappée de la foudre qu'il eut cette terrible fièvre cérébrale.

— Comment voulez-vous que j'aie oublié cela? vous

me l'avez écrit dans le temps. D'ailleurs, cela fait trop d'honneur à Guillaume pour qu'on l'oublie.

— Vous ai-je écrit tous les détails de cette aventure? que cette chaumière était précisément celle de la pauvre Tula, qui venait de mourir? et que Jeanne ayant perdu dans le même jour sa mère et tout son chétif avoir, Guillaume l'avait adoptée en quelque sorte dans un noble élan de charité? C'est ainsi qu'il la connut et me l'amena.

— Mais c'est tout un roman, cela, mon amie !

— C'est un roman bien simple, et qui se termine là. L'héroïne soigne mes poules et ma laiterie.

— Et Guillaume?

— Eh bien, quoi! Guillaume?

— Il n'a pas fait un roman là-dessus, lui?

— Il a fait une jolie romance; mais Jeanne n'y comprendrait goutte, et ne saurait pas la chanter... D'ailleurs, elle est fort sensible, pour une paysanne, et on ne peut prononcer le nom de sa mère sans qu'elle se mette à pleurer.

— Ah! elle a le cœur sensible?... Est-ce que Guillaume....

— Que demandez-vous?

— Rien. Mais dites-moi donc pourquoi vous avez fait voyager si longtemps Guillaume après tout cela?

— Hélas! vous le savez, sa santé avait beaucoup de peine à se remettre. Une profonde mélancolie l'absorbait et me donnait des craintes poignantes pour l'avenir.

— Et la cause de cette mélancolie, vous n'avez jamais pu la savoir?

— Il n'y avait pas d'autre cause, je vous le jure, qu'un état maladif, une sorte d'atteinte au cerveau. J'ai toute la confiance de mon fils; il ne m'a jamais rien déguisé, rien caché, même. Il m'a constamment protesté, comme je vous l'ai écrit, qu'il ne connaissait pas de cause morale à sa langueur. Les médecins ont conseillé la distraction, les voyages. Lui-même en sentait le besoin, et il n'a pas passé deux mois en Italie avec notre bon ami sir Arthur Harley, sans recouvrer la force, l'appétit, la gaieté et toute la fraîcheur de sa jeunesse. Sir Arthur m'écrit, ainsi que lui, toutes les semaines, et me mande, en dernier lieu, que je vais en juger.

— C'était un charmant jeune homme que Guillaume! reprit madame de Charmois, devenue tout à coup pensive; il me tarde de le revoir. — Mais dites-moi donc, mon cœur, ce bon monsieur Harley, votre Anglais, est-il aussi riche qu'on le dit?

— Pas très-riche pour un Anglais qui voyage; mais enfin, il a bien un million de fortune.

— Eh! c'est fort joli, cela!... Est-ce que vous ne pensez pas que ce serait un joli parti pour Marie?

— Vous n'avez en tête qu'établissements et coups de fortune! Eh bien! je vous assure que je n'ai jamais songé à cela.

— Et en quoi la chose serait-elle impossible? N'est-ce pas une bonne idée que je vous donne?

— C'est du moins fort invraisemblable. Si le droit d'aînesse est rétabli, surtout, Marie aura à peine deux ou trois mille livres de rente. Un millionnaire n'est pas son fait, vous le voyez, et j'aspire à beaucoup moins pour elle.

— Bah! elle est jolie! et votre Anglais, autant que je me le rappelle, est un philosophe, un original. Un peu d'adresse, un peu de coquetterie, et Marie pourrait bien lui tourner la tête.

— Marie n'aura pas cette coquetterie, et je ne la lui conseillerai pas. Nous ne sommes pas adroites, ma toute belle, nous sommes fières!

— Folie que tout cela! vous serez bien plus fières avec un million de fortune.

— Ne dites jamais de pareilles choses devant ma fille, je vous en supplie. J'espère que vous ne les diriez pas devant la vôtre.

— Une fille à qui il faudrait indiquer l'emploi de ses beaux yeux et de son doux sourire pour trouver un mari serait une fille bien sotte. Les jeunes personnes devinent tout cela sans qu'on le leur apprenne.

— Marie aura le bon esprit d'être bête. Elle est très-enfant, très-simple, et sans aucune ambition.

— Cela n'empêche pas de voir que M. Harley est un fort bel homme, qu'il est encore jeune... a ce qu'il me semble, du moins. Quel âge a-t-il?

— Quelque chose comme trente ans.

— Ouf! j'aimerais mieux qu'il en eût quarante. S'il en avait cinquante, l'affaire serait sûre. Les hommes de cinquante ans aiment mieux les jeunes filles que ceux de trente. Il est vrai que quand ils ont de l'esprit ils sont plus méfiants.

On persuaderait facilement à un homme de trente ans qu'une de nos filles se meurt d'amour pour lui, et tout est là, croyez-moi. Les hommes n'épousent que par amour-propre, soit un grand nom, soit une grande fortune, soit une grande beauté. Et quand il n'y a pas une grosse dot, il est bon qu'il y ait une grande passion. Cela les flatte, et ils se décident pour empêcher une jeune personne d'en mourir.

Madame de Boussac, quoique bonne et digne, péchait principalement par faiblesse de caractère, et ses bons principes ne répondaient pas suffisamment à ses bons instincts. L'empire l'avait beaucoup moins corrompue que madame de Charmois; mais il en avait fait comme de toutes les femmes qui y ont joué un bout de rôle, un enfant gâté, une personne frivole, soumise à des besoins de luxe et de vanité, que le régime collet-monté de la restauration ne pouvait pas corriger radicalement. Guillaume croyait à sa mère plus qu'elle ne le méritait. Il prenait à la lettre ses sages discours et sa noble tenue. Il ne savait pas combien elle regrettait au fond du cœur cette déchéance de position dont elle avait l'air de prendre son parti fièrement. Madame de Boussac n'était pas intrigante; mais le caractère intrigant de la Charmois ne la scandalisait pas autant qu'il l'aurait dû faire. Elle n'eût jamais inventé rien de bas et de pervers; mais au lieu d'être indignée de ces vices chez les autres, elle s'en amusait quand elle les voyait entourés d'esprit et d'audace enjouée, Elle se fût prêtée avec nonchalance à une intrigue, toute prête, comme les personnes faibles, à se faire, en cas d'échec, un mérite de n'y avoir pas résolument trempé, et même à la railler et condamner doucettement les inventeurs de la ruse; mais capable pourtant de les admirer et de les remercier, si la ruse réussissait à son profit sans qu'elle eût paru y donner les mains.

La scélératesse de la grosse Charmois ne la révolta donc pas réellement. Elle prit le parti d'en rire, et feignit de ne pas croire au succès pour se le faire mieux démontrer. Être honnête et rester l'amie d'une pareille femme, n'était-ce pas renoncer en quelque sorte à son propre mérite! Mais la Charmois, plus fine qu'elle, ne la tâtait sur ce chapitre que pour savoir si elle avait des projets pour sa fille, pensant, en femme avisée, que sir Arthur pourrait bien être un meilleur gendre pour elle-même que Guillaume de Boussac, sur lequel elle avait commencé par jeter son dévolu.

XI.

LE POISSON D'AVRIL.

La conversation en était là lorsqu'un murmure de chuchotements et de rires étouffés se fit entendre derrière la porte, et les deux demoiselles dont on venait d'augurer la destinée, se présentèrent, fort peu occupées des châteaux en Espagne que leurs mères venaient de leur bâtir. Malgré les éloges réciproques que ces dames avaient échangés sur le compte de leurs filles, elles n'étaient remarquables par leur beauté, ni l'une ni l'autre. Elvire de Charmois était une grosse personne assez bien faite, fraîche, et vêtue avec recherche, grâce aux soins de sa mère, qui la tenait toujours sous les armes, prête à passer la revue des épouseurs. Mais quelque effort d'imagination que fit madame de Charmois pour échapper à une triste réalité, Elvire ressemblait à M. de Charmois d'une façon désespérante. Elle avait son esprit lourd et commun, et même il semblait que sa physionomie eût hérité de toute la mauvaise humeur que l'un des auteurs de ses jours avait occasionnée à l'autre.

Marie et Elvire.

Marie de Boussac était moins fraîche et moins bien tournée que sa compagne ; mais sans être jolie, elle était infiniment agréable. Pâle, un peu maigre, la taille un peu grêle et voûtée, le menton un peu long, elle n'avait de vraiment beau que les yeux et les cheveux ; mais l'expression de sa physionomie était si pure et si intéressante, son regard et son sourire témoignaient d'une ame si sensible et si généreuse, qu'il était impossible de la regarder et de causer quelques instants avec elle sans la trouver charmante et sans désirer son estime et son affection.

Quoiqu'elle fût souvent rêveuse, elle était fort gaie en cet instant, ainsi que sa compagne, l'ennuyée et pesante Elvire, lorsqu'elles entrèrent dans le grand salon...

— Maman, dit Marie, d'un ton qu'elle s'efforçait de rendre calme et dégagé, mais qui ne savait pas mentir, même en plaisantant, voici deux dames de la ville qui vous demandent de les présenter à leur nouvelle sous-préfette. Et aussitôt parurent deux dames, dont la première s'avança si hardiment et salua d'une façon si ridicule, que les deux demoiselles éclatèrent de rire malgré leurs efforts pour continuer la comédie.

Il n'avait fallu qu'un instant à madame de Boussac pour reconnaître la désinvolture de Claudie, travestie en demoiselle. Mais la grosse Charmois, qui avait la vue basse, et à qui les traits de la soubrette n'étaient pas encore familiers, se leva, fort mécontente de l'accueil impertinent que ces demoiselles, et notamment sa fille, faisaient à une de ses administrées. Elle ne se calma qu'en entendant madame de Boussac dire en riant :

— Tu es ravissante, Claudie, tu as l'air d'une duchesse !...

— De l'Empire ! ajouta la Charmois en se rasseyant... C'était donc là la cause de votre bruyante gaieté, mesdemoiselles ?

— Mesdames, c'est aujourd'hui le 1er avril ! s'écria Marie de Boussac. Nous vous avons servi le *poisson* de rigueur. C'était notre devoir... et notre droit !

— Vous êtes pardonnées, mes enfants, répondit madame de Boussac. Madame de Charmois a été attrapée, elle a fait la révérence : mais je crois que je suis aussi, moi, car je ne reconnais pas du tout l'autre dame qui se tient là-bas sans oser montrer son nez. Entrez donc, Madame, qu'on vous regarde.

— Approche donc, toi, cria Claudie... tu vois bien

C'était une très-agréable paysanne. (Page 41.)

que Madame s'amuse de ça et que ça ne peut la fâcher.

— Je vous demande bien pardon, ma marraine, dit Jeanne en avançant avec timidité... Je ne me serais jamais permis ça de moi-même... c'est mam'selle Marie qui a voulu absolument nous attifer.

— Comment, c'est Jeanne? dit madame de Boussac; je savais bien que ce ne pouvait être qu'elle, et pourtant je ne pouvais pas la reconnaître. Ah! mais, c'est qu'elle est fort bien!

— C'est là Jeanne? pas possible! s'écria madame de Charmois. Qui donc l'a si bien habillée?... c'est incroyable comme elle est bien!

— J'y ai mis tous mes soins, répondit mademoiselle de Boussac. J'espère que j'ai réussi.

— Ah! oui, vous y avez mis du temps, Mam'selle! dit Jeanne qui s'était patiemment prêtée à cette mascarade. Enfin ça vous a amusée et ça me fait plaisir de vous faire rire un peu. A présent que la farce est jouée, je m'en vas ôter vos beaux habillements, pas vrai?

— Non, non, pas encore, Jeanne! oh! ma chère Jeanne, je t'en prie, reste un peu comme cela. Tenez, maman, regardez-moi cette figure-là! je parie que vous voudriez me l'avoir donnée au lieu de celle que je porte?

— Ah! Mam'selle, vous dites ça pour rire, répondit de la meilleure foi du monde, Jeanne, qui trouvait sa chère jeune maîtresse plus belle que tout au monde.

— Est-ce que c'est une robe à vous, Elvire? dit madame de Charmois à sa fille, en examinant Jeanne avec son lorgnon.

— Oui, maman, les robes de Marie vont à Claudie, et les miennes à Jeanne, qui est de ma taille.

— Ça me serre diantrement, dit Claudie qui se regardait au miroir, éblouie d'elle-même. Mais, c'est égal, j'voudrais être fagotée comme ça tant seulement tous les dimanches.

Claudie avait grand tort. C'était une très-agréable paysanne et une très-déplaisante demoiselle. Sa coiffe blanche allait fort bien à son visage rondelet, et son jupon court à sa jolie jambe; mais la robe longue et drapée des femmes de loisir lui enlevait tous ses avantages, et ses cheveux crépus et bas plantés, qui lui donnaient l'air mutin et courageux, obéissaient mal à la coiffure lisse et moelleuse que les dames de cette époque avaient empruntée aux belles Anglaises. Ses manières de franche villageoise avaient un comique gracieux que la robe bleu-céleste de la romantique Marie faisait paraître choquant et même effronté. Enfin la bonne Claudie, dont les formes rondes et mignonnes ne manquaient pas de charme dans la liberté de leurs allures, avait, en cet instant, l'air d'un méchant petit garçon mal déguisé en femme.

Jeanne offrait avec elle un parfait contraste : elle était aussi belle en demoiselle qu'en villageoise ; la vigueur de ses formes n'avait rien de masculin, grâce à son humeur paisible et chaste, qui lui conservait toujours une contenance grave et posée. Son teint de *lis et de roses* (pour elle cette vieille métaphore était toujours de saison, et il n'y avait soleil ni hâle qui pussent en triompher), paraissait plus pur et plus frais encore avec la robe blanche et la fraise de dentelle ; ses cheveux splendides, que la coiffe avait toujours dérobés aux regards, s'étaient prêtés sous le peigne au goût exquis de mademoiselle de Boussac, et s'arrondissaient en tresses d'or autour de sa tête admirablement conformée. Ses mains, d'un beau modelé, n'avaient eu besoin d'autre cosmétique que le laitage qu'elles pétrissaient tous les jours, pour devenir merveilleuses de blancheur et de souplesse. Il n'y avait que son pied qui fût mal déguisé ; c'était celui d'une statue grecque ; habitué dans l'enfance à marcher nu sur les bruyères, il était trop beau et trop naturel pour se sentir à l'aise dans les souliers étroits et pointus à l'aide desquels les femmes du monde se font des extrémités artificielles qui ne semblent pas appartenir à un corps humain.

— J'avoue, dit mademoiselle de Boussac en la regardant, que je n'ai jamais rien vu d'aussi beau que toi, ma pauvre Jeanne. Le ciel t'aurait créée pour être impératrice, qu'il n'aurait pas fait mieux. — A présent, maman, ajouta-t-elle, nous allons nous promener dans le jardin. Les gens de la ville qui nous verront de loin prendront ces deux déguisées pour des demoiselles arrivant de Paris. Le bruit va se répandre tout de suite que madame la sous-préfette a trois filles, et demain, quand ils n'en verront plus qu'une, ils seront *aux champs* pour savoir ce que sont devenues les deux autres. Cela fait que toute la ville de Boussac goûtera au poisson d'avril.

— Mesdemoiselles, point de plaisanterie où je sois mêlée, je vous en prie, dit madame de Charmois. Dans ma position, je ne puis me permettre de rire avec mes administrés. Ce serait du plus mauvais ton, et les mettrait avec moi sur un pied d'intimité qui ne me conviendrait nullement.

— Et puis cela pourrait les fâcher, ajouta madame de Boussac, faire croire qu'on se moque d'eux, qu'on les traite légèrement, et les gens des petites villes sont horriblement susceptibles. Ainsi, Marie, ne poussez pas cela plus loin, mon enfant.

— C'est vrai, répondit Marie avec douceur. Eh bien ! nous y renonçons bien vite, maman.

— Ah ! bien, voilà tout notre amusement fini ! dit Elvire en reprenant tout à coup son air boudeur ; c'est bien la peine d'avoir passé tant de temps à les costumer ! Maman, vous êtes toujours comme cela. Vous ne voulez jamais qu'on s'amuse ! Si vous n'aviez rien dit, madame de Boussac n'aurait pas songé à nous le défendre.

— Mais puisqu'on vous dit, ma fille, que cela pourrait choquer, et faire naître dès l'abord des préventions contre nous !

— Le beau malheur de choquer des sots ! reprit Elvire, qui était toute rouge de dépit, bien que son ton traînant n'indiquât pas une violence expansive et franche.

Madame de Charmois allait répondre, et la dispute n'eût pas fini de si tôt, lorsque Cadet entra apportant des bougies. Le fils du sacristain Léonard avait fait récemment partie de la nouvelle levée de serviteurs campagnards que, pour raison d'économie, madame de Boussac avait substituée à sa valetaille parisienne. C'était Jeanne, consultée par sa marraine, qui avait indiqué Cadet comme un bon sujet, un garçon *à tout faire*, comme on dit. Cadet était enchanté de vivre auprès de Claudie, qui était sa camarade de première communion (chez les paysans, aller ensemble au catéchisme établit un lien qui ne s'oublie pas), et de Jeanne, qui avait été sa compagne bienveillante et son guide éclairé dans l'art de faire *pâturer les bêtes*. Il était un peu lourd, un peu maladroit, *cassait* beaucoup, faisait mille quiproquos quand on le chargeait de diverses commissions, et n'avait pas encore pu, depuis six mois, élever son intelligence jusqu'à la symétrie du dessert. Au demeurant, laborieux, probe et de bonne volonté, il se faisait pardonner toutes ses gaucheries, et la *grand'dame* de Boussac avait pris le parti d'en rire avec Marie, qui le protégeait parce que Jeanne intercédait toujours en sa faveur. Quant à Claudie, elle passait sa vie à le taquiner, à le gronder, à le contrefaire, ce qui, loin de l'offenser, le charmait, et, de son côté, la malicieuse fille eût été désolée de perdre un camarade qui alimentait sa joyeuse humeur par une niaiserie complaisante et une crédulité inaltérable.

Cadet n'avait pas été initié au projet du poisson d'avril. En voyant confusément deux dames de plus au fond du salon, il baissa modestement les yeux : suivant sa coutume, plaça les lumières, attisa le feu, ferma les jalousies, et sortit sans s'apercevoir des rires de Claudie et de mademoiselle Elvire, qui pouffaient, tandis que Jeanne et Marie gardaient parfaitement leur sérieux.

Marsillat entra l'instant d'après, et madame de Boussac, qui le traitait en ami de la maison, consentit tacitement à ce que Marie fît rester les deux fausses demoiselles pour tenter l'épreuve sur lui. Seulement Marie, qui se méfiait du coup d'œil rapide et pénétrant de Léon, poussa les soubrettes dans l'embrasure d'une fenêtre, et se plaça devant elles, avec Elvire, auprès d'une table à ouvrage.

Léon Marsillat était fort bien venu au château de Boussac, depuis la maladie de Guillaume. Il avait témoigné alors un grand intérêt à ce jeune homme. Il s'était dévoué obligeamment à lui venir tenir compagnie et faire la lecture deux ou trois fois le jour, durant sa convalescence. Il ne s'était pas rebuté de la froideur languissante avec laquelle le malade avait agréé ses soins. Lorsque Guillaume avait été assez fort pour manifester sa reconnaissance ou son déplaisir, madame et mademoiselle de Boussac avaient remarqué avec surprise qu'il s'était montré de plus en plus froid et contraint envers Marsillat. Il ne lui avait jamais adressé de paroles désobligeantes ; bien au contraire, il l'avait remercié de son dévouement en termes affectueux, mais sur un ton glacé. Puis il avait paru l'éviter, retenir mal un geste d'impatience et de mécontentement quand il le voyait entrer dans la cour et se diriger vers la maison : enfin, il lui était arrivé plusieurs fois de courir à sa chambre et de s'y enfermer, feignant de dormir et ne répondant pas quand Léon venait y frapper doucement, bien que Claudie, qui épiait ou devinait tout, l'eût vu, par le trou de la serrure, lire ou rêver à son balcon.

Marsillat s'était fort bien aperçu de cette disposition peu bienveillante. Il n'en avait tenu compte, feignant de n'en rien voir, ce qui l'avait suffisamment autorisé au redoublement d'égards et de prévenances affectueuses de madame de Boussac. La pauvre mère, ne soupçonnant point les motifs de cette antipathie, avait attribué à l'état maladif du cerveau de son fils, l'espèce d'ingratitude dont elle s'efforçait de le justifier, et que cependant elle n'avait osé blâmer ouvertement, les médecins ayant fortement recommandé d'éviter toute émotion et toute contrariété au malade. C'est seulement lorsque Guillaume avait été hors de danger, que madame de Boussac avait fait sortir Marie du couvent, espérant que la société d'une sœur chérie dissiperait la mélancolie du jeune homme. Mais, après quelques jours d'expansion, Guillaume s'était montré plus nerveux, plus bizarre et plus abattu qu'auparavant. C'est alors qu'on s'était décidé à l'envoyer à Marseille rejoindre sir Arthur, qui partait pour l'Italie, et qui demandait, par des lettres pleines d'insistance et d'affection sincère, à se charger de distraire et de surveiller son jeune ami. Marsillat avait offert de conduire ce dernier à Marseille, et cette fois Guillaume avait accepté sa compagnie avec un empressement qu'on avait regardé comme un premier symptôme d'heureuse guérison physique et morale.

De Marseille, Léon avait été s'installer à Guéret, où il se proposait d'exercer sa profession d'avocat, durant quelques années, comme sur un théâtre plus digne de son talent que Boussac, arène obscure de ses premiers et remarquables essais. Mais il revenait fréquemment à Boussac pour voir sa famille, ses amis d'enfance, et donner un coup d'œil à ses propriétés. Il ne manquait jamais d'être assidu au château de Boussac. Il était le conseil obligeant et désintéressé de la famille, la dirigeait habilement à travers ses embarras de fortune; en un mot, il s'était rendu nécessaire, ce qui lui avait fait pardonner par la châtelaine son peu de respect et d'amour pour un trône et une religion auxquels, au fond de son cœur, la dame de l'empire ne tenait que pour la forme et à cause du nom qu'elle portait. N'ayant plus guère pour primer sa province que ce nom dont on lui tenait plus de compte sous l'empire, elle se rattachait par là seulement à la restauration.

La *grand'dame* de Boussac faisait donc à l'avocat libéral et voltairien un accueil très-affectueux, et mademoiselle de Boussac, attentive à complaire à sa mère, le recevait avec une grâce candide, qu'elle s'efforçait de rendre enjouée, comprenant bien que le côté profond de son caractère serait heurté par l'ironie de Marsillat, et ne se sentant pas assez de confiance en lui pour consentir à une discussion sérieuse sur quelque sujet que ce fût. Au fond du cœur, Marie se tenait sur ses gardes avec cet homme que son frère avait paru ne point aimer, et qu'elle voyait sceptique sans savoir qu'il était dépravé. On fermait les yeux là-dessus au château, et on ne prononce pas d'ailleurs le mot de libertin devant les demoiselles.

— Madame, dit Marsillat à la châtelaine, je vous annonce une visite. J'ai rencontré, au bas de la côte, une grosse voiture... remplie de graves personnages que je ne connais pas, mais qui m'ont demandé à plusieurs reprises si vous étiez chez vous.

— Une grosse voiture... de graves personnages... s'écria madame de Charmois en jetant un coup d'œil rapide sur la toilette de sa fille.

— Et que vous ne connaissez pas? ajouta madame de Boussac. Voilà ce qu'il y a de plus étrange, car vous connaissez toutes les personnes du pays, monsieur Léon.

— Vous ne voyez pas, maman, que c'est un poisson d'avril? dit en souriant mademoiselle de Boussac.

— Ah! mademoiselle Marie, répondit Marsillat, je ne me permettrais jamais avec vous... ce que vous me faites l'honneur insigne de vous permettre envers moi dans ce moment même.

— Comment cela?

— Permettez-moi donc de saluer cette dame, reprit Marsillat, qui reconnaissait la nuque hâlée de Claudie sous sa crinière mal domptée.

Et il s'approcha du jeune groupe, faisant, avec un sérieux comique, de grands saluts à Claudie, mais sans la regarder en face, car la beauté de Jeanne et son attitude naturellement noble et calme absorbaient toute son attention.

— Et comment donc que vous avez fait pour me reconnaître si vite, quand Cadet ne m'a pas *reconnaissue* du tout? s'écria Claudie en se levant et en se donnant de grands coups d'éventail dans la poitrine.

— Avec quelle grâce elle manie l'éventail! reprit Marsillat toujours railleur et regardant toujours Jeanne de côté : on dirait d'une beauté andalouse.

— C'est-il des sottises que vous me dites là, monsieur Léon? demanda Claudie, ne comprenant rien à ce compliment ironique.

Pendant que l'on échangeait des reparties enjouées autour de la table à ouvrage, madame de Charmois, qui avait braqué son lorgnon sur Marsillat, et qui, déjà, avait interrogé à la hâte madame de Boussac sur le nom, la position et la fortune de l'avocat, reconnut, avec ce regard de lynx d'une femme née préfet de police, que ledit avocat, après avoir effleuré du regard la grosse Elvire, n'avait plus daigné y faire la moindre attention, et que, tout en parlant avec Marie et Claudie, il ne détachait pas ses yeux de la belle Jeanne. — Ma chère, dit-elle à madame de Boussac, il est temps de faire finir cette plaisanterie; il vous arrive du monde. J'ai entendu dans la cour le roulement d'une voiture...

— Eh non! ma chère, c'est une charrette qui rentre.

— N'importe! faites sortir ces péronnelles. Je vous demande cela pour moi. Une visite qui vous tomberait dans ce moment-ci me gênerait beaucoup... Et puis, vraiment, ajouta-t-elle en baissant la voix tout à fait, vous avez là une trop belle servante; cela fait tort à nos filles. Je ne conçois pas que vous gardiez cette Jeanne ayant une fille à marier. Je vois que vous n'y entendez rien, et qu'il faudra que je vous dirige si vous voulez l'établir convenablement. Allons! vous riez de tout! Moi, je vais renvoyer à leur poulailler ces demoiselles de contrebande.

La grosse Charmois se leva; mais, avant qu'elle eût fait un pas, Cadet, tout rouge, tout essoufflé, tout ébouriffé, se précipita dans le salon en criant et en riant à se luxer la mâchoire :

— Madame! les v'là! notr' maîtresse! Ça les est! Ça les est; foi d'homme!

— Mon fils! s'écria madame de Boussac, qui devina avec le seul commentaire de la tendresse maternelle.

Elle s'élança vers la porte avec Marie, et soudain Guillaume, bousculant Cadet, qui, dans sa joie, perdait la tête et se mettait en travers de la joie d'autrui, se précipita dans les bras de sa mère et de sa sœur. Sir Arthur le suivait, attendant, d'un air heureux et calme, sa part dans les embrassades et les effusions de famille.

XII.

UN GENTLEMAN EXCENTRIQUE.

J'espère que je vous ai tenu parole, dit sir Arthur aux dames de Boussac, lorsque les premiers transports furent apaisés. Je vous le ramène aussi frais, aussi aimable et plus robuste qu'avant sa maladie.

En effet, Guillaume était devenu tout à fait un beau jeune homme. Il avait fait le matin un peu de toilette pour donner de la joie à sa mère en lui montrant la meilleure mine possible. Ses yeux brillaient du pur bonheur qu'on éprouve à se retrouver au sein de sa famille après une assez longue absence. Il ne cessait d'embrasser sa mère, de baiser tendrement les mains de sa sœur, de serrer dans ses bras sir Arthur, et de le leur présenter comme son sauveur, son meilleur ami, son véritable médecin; il faisait même un accueil des plus affectueux à Marsillat, contre lequel il paraissait avoir abjuré ou plutôt oublié ses anciennes préventions. Présenté aux dames de Charmois, il avait su dire des paroles d'un aimable à-propos pour féliciter sa mère et sa sœur de leur arrivée. Enfin, tout le monde le trouvait charmant, et même la grosse sous-préfette l'eût désiré moins joli garçon, cet avantage de la beauté rendant, selon elle, les jeunes gens plus difficiles, en fait de fortune, dans le choix d'une épouse.

Quant à sir Arthur, elle le dévorait de son lorgnon, et, ne pouvant se lasser d'admirer sa belle figure et sa noble prestance, elle pensa moins d'abord à en faire son gendre qu'à regretter pour elle-même de n'avoir pas vingt ans de moins.

Jeanne et Claudie étaient restées debout dans leur coin, ne se souvenant plus qu'elles étaient déguisées, l'une ébahie à la vue de ces beaux Messieurs si bien habillés; l'autre attendrie de la joie de sa marraine, et surtout de sa jeune maîtresse, ne pensant ni à se faire voir ni à se cacher, oublieuse d'elle-même, suivant sa coutume. « Comme ce grand Monsieur parle drôlement! disait Claudie surprise de l'accent britannique très-prononcé de sir Arthur. — Tu vois bien qu'il parle anglais! lui répondit d'un air vexé Cadet, qui s'était rapproché d'elle.

— C'est donc ça de l'anglais? reprit Claudie; ça se comprend bien tout de même.

— Ce Monsieur est un Anglais? dit Jeanne à son tour; et, conservant contre les enfants d'Albion un effroi et un ressentiment enracinés dans le cœur de nos paysans depuis quatre siècles, elle s'étonna qu'il eût l'air d'un *chrétien* plus que d'un démon.

— Mademoiselle Marie, dit Marsillat, je vous demande

humblement pardon du poisson d'avril que je vous ai servi en vous annonçant de graves personnages inconnus.
— Ah! je vous le pardonne de grand cœur, répondit la jeune fille; mais j'admire votre astuce! vous mentez avec un sang-froid!...
— C'est M. Arthur qu'il faut en accuser. Il m'avait tant recommandé d'être sur mes gardes! il tenait tellement à vous surprendre!
— Oui, miss Mary, reprit sir Arthur avec son enjouement paisible et son parler lent. J'étais *passionné* contre vous depuis un jour de 1ᵉʳ avril où, étant toute petite, à votre couvent, vous m'aviez fait mille contes plus jolis les uns que les autres, en me riant au nez à chaque mot, ce qui ne m'empêchait pas de vous croire. A présent, c'est mon tour de vous mystifier.
— Êtes-vous bien sûr, sir Arthur, dit Marsillat en faisant un signe d'intelligence à mademoiselle de Boussac, que mademoiselle Marie ne pourrait plus vous servir aucun poisson d'avril?
— C'est *immepossible*! s'écria l'Anglais. Je ne crois plus à elle!
En ce moment, Guillaume se rapprocha de sa sœur et regarda Claudie sans la reconnaître. Elle était entrée au château longtemps après son départ pour l'Italie, et il ne l'avait vue qu'un jour dans toute sa vie, le jour qu'il avait passé à Toull Sainte-Croix. Le déguisement achevait de dérouter ses souvenirs, et il ne fit attention à elle que pour se dire : J'ai vu, je ne sais où, une figure qui ressemblait à celle-ci. Mais dès qu'il eut aperçu Jeanne, il la trouva si belle et si à l'aise sous ce nouveau costume, qu'il ne put se persuader qu'elle le portait pour la première fois. Il s'imagina qu'en appréciant le caractère élevé de sa filleule, madame de Boussac avait tirée de l'humble condition de servante pour en faire une sorte d'égale, une demoiselle de compagnie, et il se sentit pénétré de joie et de terreur.
Il s'était préparé à revoir Jeanne avec des sentiments de protection paternelle. Ne la trouvant pas sur son passage dans la cour ni dans l'escalier du château, il s'était demandé si sa mère, qui était bien encore quelquefois sujette à des accès de colère et de préventions capricieuses, n'avait pas renvoyé Jeanne à ses moutons et à sa montagne. Enfin il la retrouvait au salon sous les habits d'une demoiselle. Sans doute, on lui avait donné de l'éducation; il allait entendre un langage épuré sortir de ses lèvres. Sa figure noble, sa tenue chaste et pleine de dignité, s'accordaient si bien avec ses suppositions! Il s'approcha d'elle, lui prit la main, voulut lui parler, trembla, pâlit et balbutia. Cette main était devenue si blanche et si douce, cette manche de mousseline laissait voir un si beau bras, que Guillaume, troublé et ne sachant plus ce qu'il faisait, porta la main de Jeanne à ses lèvres. La pauvre fille éperdue prit l'embarras de son parrain pour de la froideur, et cette caresse respectueuse et inusitée, pour une raillerie que lui attirait son déguisement, comme les grandes révérences que Marsillat avait faites à Claudie. Ses yeux se remplirent de larmes, et elle s'esquiva bien vite avec Claudie pour aller reprendre ses habits de paysanne, et préparer le souper de son parrain.
Cependant sa beauté, sa candeur et sa grâce naturelle avaient vivement frappé sir Arthur. Il avait beaucoup de mémoire, et cependant il ne pouvait s'expliquer pourquoi cette figure angélique lui faisait l'effet d'une seconde apparition dans sa vie. L'avait-il vue dans ses rêves? Était-ce là le type de prédilection de sa pensée? Ressemblait-elle particulièrement à quelqu'une de ces madones de la Renaissance qu'il venait de contempler avec un religieux amour à Florence et à Rome?
— Quelle est cette jeune Miss? demanda-t-il à Marsillat.
— C'est la gouvernante anglaise de mademoiselle de Charmois, répondit tout haut Marsillat avec aplomb en faisant de l'œil appel à la gaieté de Marie; c'est *miss Jane*; l'autre est *miss Claudia*, la gouvernante de mademoiselle Marie.
— Miss Jane! gouvernante! répéta l'Anglais avec stupeur.
— Eh bien! sir Arthur, reprit Marie en souriant, craignez-vous encore quelque poisson d'avril? Vraiment, on ne pourra plus vous dire bonjour sans que vous soyez sur vos gardes.
Sir Arthur avait déjà mordu à l'hameçon avec une confiance sans bornes, et il se réjouissait de pouvoir enfin parler anglais tout à son aise pendant le souper.
On se hâta de servir. Les deux voyageurs étaient affamés, et sir Arthur, malgré les supplications et les reproches de la famille, était dans la résolution inébranlable de partir immédiatement après. Il était appelé par des affaires pressantes, indispensables, à Orléans, où il avait des propriétés. Il avait défendu aux postillons de dételer; mais il s'engageait sur l'honneur à revenir dans huit jours.
Autour de la table où le souper venait d'être servi, s'agitaient Claudie et Cadet, l'une poussant l'autre, grondant à demi-voix, le dirigeant, et se moquant de lui du geste et du regard. Claudie, en paysanne, ne frappa pas sir Arthur qu'elle ne l'avait fait en demoiselle. Il n'y fit d'autre attention que de lui dire merci, selon une habitude de courtoisie qui lui était particulière, chaque fois qu'il voyait une main de femme lui changer lestement son assiette, au lieu des grosses pattes brunes et calleuses du flegmatique Cadet.
Guillaume reconnut enfin Claudie, et se rappela qu'on lui avait annoncé son admission au château dans un de ces post-scriptum de lettres intimes où l'on entasse en masse les détails de la vie domestique.
— Claudie était donc déguisée tout à l'heure? demanda-t-il à Marie, placée près de lui.
— Sans doute, répondit-elle. Nous avions fait notre mascarade du 1ᵉʳ avril sans prévoir que nous serions trop heureuses ce jour-là pour avoir besoin de nous amuser.
— Et Jeanne était donc déguisée aussi?
— Sans doute. Est-ce que tu ne l'as pas reconnue?
— Pas très-bien! dit Guillaume préoccupé.
— Allons donc! tu lui as baisé la main avec toutes sortes de cérémonies! Nous avons cru que tu nous secondais pour attraper sir Arthur.
— Je n'y pensais pas, reprit Guillaume.
— Ah! tu ne t'es donc pas corrigé de tes distractions?
Pendant ce dialogue à voix basse, madame de Charmois avait entrepris, à haute voix, sir Arthur sur l'article mariage.
— Il y a quelques années que j'ai eu l'honneur de vous rencontrer à Paris chez madame de Boussac, et chez mesdames de Brosse et de Clairvaux, lui disait-elle. Dans ce temps-là vous n'étiez pas marié; vous étiez incertain si vous achèteriez des propriétés en France ou si vous retourneriez vous fixer en Angleterre: c'était peu de temps après le retour de nos princes bien-aimés, et quoique vous ne fussiez pas militaire, nous vous regardions comme un de nos libérateurs. Maintenant, vous êtes établi, je crois... ou veuf? Je vous demande pardon si je ne me souviens pas bien.
Marsillat haussa les épaules involontairement au mot de libérateur, que l'Anglais reçut avec un air très-froid. Madame de Boussac, observant le manège de son amie à l'endroit du mariage présumé de sir Arthur, la poussa du genou comme pour l'avertir que c'était bien maladroit; mais la Charmois n'en tint compte, persuadée que tous les moyens étaient bons pour arriver à ses fins.
— Ainsi, vous êtes encore garçon? reprit-elle lorsque l'Anglais lui eut fait observer que sa vie errante depuis trois ans eût été peu conciliable avec les liens de l'hyménée. Mais songez-vous qu'il est temps de vous y prendre, sir Arthur? Vous voilà encore dans la fleur de l'âge. Cependant, quand on a passé la trentaine, croyez-moi, on commence à devenir vieux garçon.
— Vous avez raison, Madame, répondit M. Harley; on devient égoïste, on prend des manies, on est chaque jour moins propre à rendre une femme heureuse. Aussi, suis-je bien décidé à me marier plus tôt que plus tard.
— A la bonne heure! J'ai toujours eu mauvaise opinion d'un homme qui ne se marie pas. Et votre choix est fait, sans doute?
— Non, pas précisément.

— Ah ! vous êtes incertain ?

— Très-incertain, répondit l'Anglais d'un ton positif.

— Je comprends ! vous n'êtes pas bien sûr d'être amoureux.

— Je ne suis pas *amoureuse*, dit l'Anglais, mais je pourrais bien le devenir. Et il promena autour de lui des regards candides comme s'il eût cherché quelqu'un.

— Il est tout à fait naïf et ouvert, pensa la grosse Charmois, et c'est plaisir que de le pousser un peu. Vous regardez, lui dit-elle en baissant la voix pendant que les jeunes gens parlaient entre eux d'autre chose, s'il y a quelqu'un ici qui vous rappelle l'objet de vos pensées ?

— Mes pensées ne sont pas encore des souvenirs, Madame, dit l'Anglais en riant.

— Est-ce qu'il voudrait me faire la cour ? se demanda la sous-préfète. Quel dommage que je ne sois pas à marier ! Et cette Elvire, qui fait justement la moue dans ce moment, au lieu de montrer qu'elle a de belles dents ! Que les petites filles sont sottes ! Je suis sûr, monsieur Harley, reprit-elle par un douloureux retour sur son peu de fortune, que vous avez de l'ambition ?

— Beaucoup, Madame !

— Vous êtes comme tous les hommes riches de ce temps-ci : vous voulez être plus riche encore.

— Oh ! je suis beaucoup plus ambitieux que cela !

— Vous voulez un grand nom ?

— Je voudrais qu'elle eût un joli nom, très-facile à prononcer.

— Vous êtes un plaisant, je vois cela. Moi, je vous conseille de prendre une femme bien née. Vous êtes d'une famille noble, mais non illustre ; si vous voulez vivre en France sur un certain pied de considération, il faut vous allier à une famille dont le nom... sans être des premiers, car enfin vous ne pouvez prétendre à une Montmorency... soit du moins...

— J'ai, Madame, encore plus d'ambition que cela, reprit l'Anglais sans se déconcerter.

— Eh ! mon Dieu ! quelle ambition avez-vous donc ? Vous êtes donc immensément riche ?

— Je suis un honnête homme, et je voudrais être aimé et estimé de *mon* femme. Voilà mon ambition.

— Ah ! le drôle de corps ! mais vous êtes tout à fait charmant. On n'a pas plus d'esprit que cela. On dit qu'il n'y a que les Français pour avoir de l'esprit ! mais vous en avez à revendre, mon cher !

— Vous êtes beaucoup trop *bon*, Madame.

— C'est vous qui êtes bon. Je suis sûre que vous seriez le plus charmant et le plus excellent mari de la terre. Mariez-vous ! vrai ! vous ne demandez qu'à être aimé ; vous méritez trop de l'être pour qu'une femme digne de vous ne soit pas facile à rencontrer.

— C'est beaucoup plus difficile que vous ne croyez, Madame. Une femme digne d'être aimée et capable d'aimer loyalement, fidèlement, c'est très-rare en France, où les femmes ont tant d'esprit !

— Eh bien, vous vous trompez ! j'en connais qui ont plus de cœur encore que d'esprit, et si vous revenez dans huit jours, je vous prouverai cela.

— Dans *houit* jours ! c'est bien long, dit l'Anglais avec une tranquillité remarquable.

— Ah ! que vous êtes pressé ! Il paraît que le voyage d'Italie vous a peu satisfait, et que vous comptez trouver mieux chez nous. Allons ! j'espère que vous attendrez bien huit jours. Je suis femme de bon conseil, je connais le cœur humain, et je m'intéresse à vous... vrai ! comme si vous étiez mon fils.

— Vous êtes *bon* ! répéta l'Anglais, avec un imperceptible sourire d'ironie.

On était au dessert. C'était le département de Jeanne. Elle entra apportant des corbeilles de pommes, de poires et de raisin admirablement conservés et arrangés avec art dans la mousse. Habillée en paysanne, avec beaucoup de propreté, les manches retroussées jusqu'au coude pour être plus adroite, elle allongea ses beaux bras blancs pour poser, au milieu de la table, un large fromage à la crème qu'elle venait de battre et de délayer à la hâte. Son teint était animé. Elle se pencha pour servir la table, sans méfiance et sans affectation, tantôt près de Guillaume et tantôt près de l'Anglais. Mais Guillaume remarqua qu'elle évitait de s'approcher de Marsillat, bien qu'il eût insensiblement écarté sa chaise de celle d'Elvire pour laisser un passage près de lui à la belle canéphore. Guillaume en détacha ses yeux avec effort et parla avec sa sœur de tout ce qui pouvait en détacher sa pensée. Mais Jeanne était destinée ce soir-là à fixer l'attention en dépit d'elle-même.

Dès qu'elle fut sortie, sir Arthur, que les provocations matrimoniales de la Charmois fatiguaient beaucoup, changea la conversation en s'adressant à mademoiselle de Boussac :

— C'est bien ! mademoiselle Marie, lui dit-il en riant, vous croyez m'avoir donné du poisson à souper, mais je n'y ai pas touché, ne vous en déplaise.

Marie avait déjà oublié le conte de la gouvernante anglaise ; elle regarda sir Arthur d'un air étonné.

— Miss Jane est fort bien déguisée, reprit l'Anglais ; mais elle est aussi belle d'une façon que de l'autre, et je n'ai pas été attrapé un seul instant.

— Je vous demande bien pardon, dit Marie ; vous avez pris notre belle laitière pour une gouvernante anglaise ; et Dieu sait si je songeais à vous attraper. C'est M. Marsillat qui a fait ce conte-là.

— Vous jouez très-bien la comédie, répliqua l'Anglais, obstinément déterminé à prendre Jeanne la laitière pour miss Jane travestie.

— Ah ! c'est trop fort ! s'écrièrent les jeunes filles en éclatant de rire. Je parie qu'il croit que c'est à présent que nous le trompons !

— Bonne comédie ! répéta sir Arthur en riant à son tour de bon cœur.

Il fut impossible de savoir clairement ce que pensait l'Anglais mystifié ; mais il est certain qu'il ne voulait point croire, tout exempt de préjugés qu'il était, à tant de majesté chez une laitière, et qu'il s'en tint à sa première impression, son admiration sympathique pour la belle compatriote qu'on lui avait montrée en robe blanche et en cheveux d'or tressés à l'anglaise. « Elle est bien vraiment la plus belle femme du monde, dit-il à Marsillat, qui s'amusait à l'interroger en sortant de table, car elle est, s'il est possible, plus belle en cornette qu'en cheveux. » Aussitôt que l'Anglais eut englouti six tasses de thé que Marie lui prépara avec soin et lui versa avec la grâce d'une bonne sœur, reconnaissante des soins qu'il avait pris de son frère, il fit avertir les postillons, résista à de nouvelles prières, renouvela son serment de revenir dans huit jours, et partit après avoir pressé dans ses bras son cher Guillaume, qu'il regardait comme un fils adoptif. Au moment où il montait en voiture, la grosse Charmois qui l'avait reconduit jusque-là avec toute la famille, et qui s'acharnait après lui, lui dit d'un air futé, à demi-voix : — Ah çà ! vous m'avez promis de me consulter ! N'allez pas vous embarquer dans votre grand projet sans m'en faire part. Je connais tout le monde, moi, et je suis plus à même de vous dire quoi que ce soit de vous donner des informations et de vous empêcher de tomber dans quelque piège.

— Soyez tranquille, Madame, répondit sir Arthur d'un air un peu railleur, en s'enveloppant de son carrick de voyage, qu'il boutonna méthodiquement sur sa poitrine ; dans *houit* jours, nous parlerons de cela, et peut-être vous en écrirai-je avant *houit* jours, car je suis un homme très-*immepatiente*.

Cette dernière parole laissa dans l'âme de la grosse Charmois les plus doux rêves d'établissement pour sa fille : elle n'en dormit pas de la nuit. Il m'en écrira avant huit jours ! répétait-elle en agitant sur son oreiller sa grosse tête pleine de projets. C'est *moi* qu'il compte écrire et non à madame de Boussac ! Donc c'est à ma fil*leu*'il pense. Certainement il l'a regardée, beaucoup regardée. Toutes les fois que je lui conseillais le mariage, il regardait Elvire d'une façon étrange. Il a une drôle de physionomie. On ne sait trop s'il plaisante ou s'il parle sérieusement ; mais c'est un original. Je lui ai plu. Combien d'hommes ne se décident pour une jeune personne que par entraînement pour l'esprit de la mère ! D'ailleurs Elvire éclipse complétement Marie. Marie a de beaux yeux, mais elle est si maigre ! elle a l'air d'un enfant, et l'idée du mariage ne vient pas en la regardant.

Que devinrent les douces illusions de la sous-préfète de Boussac lorsqu'elle reçut dès le lendemain le billet suivant :

« Madame,

« Dans mon impatience de suivre vos bons conseils et de m'établir suivant mon goût, je viens vous prier d'être mon intermédiaire auprès de miss Jane, la gouvernante anglaise de votre fille, pour lui offrir humblement la main, le nom et la fortune d'un honnête homme, très-amoureux d'elle. Je suis avec respect, etc.

« Arthur Harley. «

XIII.

LE FRÈRE ET LA SŒUR.

Cette brusque et bizarre déclaration fut un coup de foudre pour madame de Charmois. Elle courut s'enfermer avec madame de Boussac, qui ne voulut pas prendre l'affaire au sérieux, et la regarda comme un fort bon tour joué par sir Arthur à une donneuse de conseils importuns et malséants. Non ! non ! s'écria la Charmois indignée, s'il est homme d'honneur comme vous l'affirmez, il ne plaisante pas. Je suppose qu'il existât en effet une *miss Jane*, gouvernante de ma fille, jugez donc quelle joie et quel orgueil pour elle si on venait lui annoncer qu'un millionnaire veut l'épouser ! Et ensuite quelle honte et quelle rage lorsqu'on lui apprendrait que ce n'est qu'un poisson d'avril ! Non, un homme de bonne compagnie ne se permettrait pas une pareille mystification, fût-ce avec une laveuse de vaisselle.

— Mais, ma chère, reprenait madame de Boussac, M. Harley n'est pas si dupe que vous croyez ; il a très-bien compris que Jeanne est une servante, et, dans la certitude que vous ne prendriez pas au sérieux sa demande, il vous a adressé cette plaisanterie pour vous punir de lui avoir jeté nos filles à la tête.

— Si telle est son intention, il s'en repentira ! s'écria madame de Charmois. Je ferai si bien qu'il deviendra amoureux de ma fille, et j'aurai le plaisir de la lui refuser. Mais, en attendant, ma chère, vous allez, j'espère, me faire le plaisir de mettre Jeanne à la porte.

— Et pourquoi donc ? De quoi est-elle coupable, la pauvre enfant ?

— C'est une coquette insigne !

— Vous vous trompez beaucoup. Elle n'a pas l'apparence de coquetterie.

— Eh bien ! n'importe ! elle est belle, elle plaît ! elle fait du tort à nos filles. Il est impossible de la supporter davantage ici.

Jeanne était une servante si fidèle et si utile à la maison, que madame de Boussac se défendit de la renvoyer avec assez de fermeté. Je t'y contraindrai bien ! se dit tout bas madame de Charmois ; et elle feignit de renoncer à cette idée.

— Quant au poisson d'avril de M. Harley, dit-elle en froissant le billet et en le jetant dans le feu, voilà toute la suite que j'y donnerai. J'espère, ma chère amie, que vous aurez bouche close là-dessus.

— D'autant plus, répondit madame de Boussac, que notre ami ne peut pas l'entendre autrement, et qu'il compte bien que vous garderez la leçon pour vous, sans en faire part à personne. Je ne veux même pas être censée en rien savoir.

— Et moi, ajouta la sous-préfète, je ne veux même pas être *censée* avoir reçu cet impertinent billet. Il ce sera *censé* égaré, et si votre Anglais m'en parle, je ferai semblant de n'y rien comprendre.

Madame de Charmois alla rejoindre son époux, qui s'occupait d'emménager dans la ville le loca. de sa nouvelle sous-préfecture, et, en le critiquant, en le grondant à tout propos, elle assouvit un peu sur lui sa mauvaise humeur.

Cependant l'exprès berrichon qui, de la Châtre, où M. Harley avait relayé et rédigé ses lettres pour Boussac, était venu au petit trot (en une grande journée) remplir ce bizarre message, avait, conformément à ses instructions, demandé à parler à mademoiselle Jane ; et comme il ne piquait point de prononcer ce nom à l'anglaise, comme ledit nom, écrit sur un billet dont il était porteur, offrait à des yeux français la même consonnance que celui de Jeanne, Claudie, qui apprenait à lire et qui commençait à épeler fort lestement, ne fut pas en peine de comprendre à qui cette lettre était destinée.

— Ça vient du Monsieur anglais qui a passé avant-hier par chez nous ? dit-elle au messager. C'est drôle ! Il faut qu'il ait oublié ou perdu quelque chose dans la maison. Mais s'il m'avait écrit à moi, il aurait mieux fait ; au lieu que Jeanne ne connaît pas encore ses lettres. Et faut-il faire une réponse à ça ?

— Eh ! non, observa judicieusement Cadet, puisque le Monsieur anglais est reparti pour Paris.

Allons ! dit Claudie en mettant la lettre dans la bavette de son tablier, je lui donnerai ça quand elle ramènera ses vaches.

— Non, non ! faut *y* donner tout de suite, dit l'exprès, le Monsieur anglais a dit qu'il fallait *y* donner à elle-même, tout de suite en arrivant.

— Ah ! eh bien, je m'y en vas, répondit Claudie ; et retroussant le coin de son tablier de cuisine, elle se dirigea en courant vers la prairie, où Jeanne gardait ses vaches le long des rochers de la rivière. Mais elle n'alla pas jusqu'au bout du jardin sans rencontrer mademoiselle de Boussac, qui se promenait avec son frère, et à qui elle remit la lettre, pressée qu'elle était d'en entendre lire le contenu. Marie ne lui donna pas cette satisfaction. Elle se chargea de porter la lettre à Jeanne en se promenant, et dès que Claudie, un peu mortifiée, eut tourné les talons : « C'est vraiment là l'écriture de M. Harley, dit-elle à Guillaume : que peut-il donc avoir à écrire à Jeanne ?

— Cela me paraît inexplicable, répondit le jeune homme. Jeanne sait-elle lire ?

— Non, dit mademoiselle de Boussac, en décachetant la lettre, d'autant plus que c'est écrit en anglais.

Les deux jeunes gens connaissaient assez bien cette langue, surtout Marie, et ils lurent ce qui suit :

« Ma chère miss Jane, depuis quelques mois j'ai pris
« la résolution de me marier ; et comme j'ai la prétention
« d'être bon phrénologue et bon physionomiste, j'ai tou-
« jours compté obéir à la première sympathie bien fran-
« che et bien vive qu'une belle figure me ferait éprouver.
« Je ne vous ai vue que peu d'instants, mais je vous ai
« considérée assez attentivement, malgré mon émotion,
« pour être certain que je ne me trompe pas sur votre
« compte, que votre physionomie est le reflet de votre
« âme, et que votre âme est un type de perfection comme
« votre figure. Sur-le-champ, j'ai senti que je vous aimais
« et que je suis destiné à vous aimer toute ma vie, si vous
« daignez me payer de retour. Permettez-moi, lorsque je
« vous reverrai dans quinze jours, de mettre à vos pieds
« une affection sincère, respectueuse, fondée sur la plus
« haute estime et la plus tendre admiration. Jusque-là
« informez-vous de ma position et de mon caractère au-
« près de M. Guillaume de Boussac et de sa famille, et si
« que si votre cœur est libre de tout engagement, et si
« vous me jugez digne d'être votre mari, vous daignez
« écouter ma demande et me croire votre serviteur et
« votre ami le plus dévoué.   Arthur Harley. »

— En vérité, cela paraît sérieux, n'est-ce pas ? demanda Marie à son frère, qui était tombé dans une profonde rêverie.

— Oui, ma sœur, cela est sérieux, on ne peut plus sérieux ! répondit Guillaume après un long silence. Sir Arthur est incapable d'une indécente et cruelle plaisanterie. Jamais, fût-ce en riant, sa bouche n'a prononcé un mensonge. Jamais sa plume n'a tracé seulement une exagération. Il s'est pris d'amour, ou tout au moins d'affection tendre et paternelle pour Jeanne. Il veut l'épouser, et il l'épousera.

— Guillaume, je crois rêver, vous dis-je.

— Pas moi! tout cela me paraît fort naturel de la part de sir Arthur. C'est la conséquence et la confirmation de de toutes ses idées, de toutes ses paroles, de tous ses projets et de toutes ses croyances. Il est exempt de nos misérables préjugés. Son âme, supérieure au monde et à ses vanités frivoles, n'aspire qu'au vrai. Il a quelques systèmes excentriques qui le rendent original sans lui rien ôter de sa raison et de sa sagesse. Ce n'est pas à tort qu'il se vante de lire dans les cœurs et de juger infailliblement d'après les physionomies. Je l'ai vu, à cet égard, avoir des révélations qui tenaient du miracle. Je ne l'ai jamais vu admirer la beauté d'une femme sans qu'il fît aussitôt, avec une merveilleuse perspicacité, le compte de ses qualités et de ses défauts; et toujours je l'ai entendu conclure ainsi : « Ce n'est pas encore là mon idéal. Le jour où je le trouverai, fasse le ciel qu'il puisse accepter de moi son bonheur, et le trouver dans mon amour! » Dans le commencement, je riais de ces bizarreries dites d'un ton si froid et si réfléchi. Mais, peu à peu j'ai reconnu dans M. Harley un esprit sérieux, une âme passionnée, un caractère généreux, inébranlable dans sa fermeté. Croyez bien, Marie, que les plaisanteries du monde n'effleureront pas même sir Arthur, et qu'en épousant Jeanne, il s'estimera le plus heureux des hommes!

— Ah! Guillaume, s'écria mademoiselle de Boussac vivement émue, j'aimais sir Arthur comme un frère, comme un ami véritable. A présent, je l'admire comme un héros! n'en doutez pas, il est aussi sage que grand, et cet exemple me confirme dans la foi que j'ai aux révélations du sentiment. Jeanne est digne de lui. Jeanne est un ange. Elle est, dans son espèce, une femme supérieure; et si le monde raille et méprise cette union, Dieu la bénira, et les âmes sympathiques et pures s'en réjouiront. Ne penses-tu pas comme moi, mon cher Guillaume? Tu parais triste et abattu de cette résolution de ton ami.

— Sans doute, je le suis un peu, répondit Guillaume troublé. Sir Arthur va avoir une grande lutte à soutenir contre le monde!... Il est vrai qu'il est indépendant, lui! qu'il n'a pas de famille à respecter, personne à ménager...

— Si ce n'est que le monde, il en triomphera aisément par le mépris. Allons, Guillaume, ne soyez pas au-dessous de votre ami. Apprêtez-vous, au contraire, à lutter pour lui et avec lui. Moi, je m'en déclare son auxiliaire, son apologiste, et dussé-je être raillée et condamnée, je n'aurai pas assez de paroles pour louer et admirer sa conduite.

— Bonne et romanesque Marie, tu es admirable, toi! dit Guillaume en pressant le bras de sa sœur contre sa poitrine. Ah! si tu savais combien mon cœur te donne raison!

— Si je suis romanesque, tu l'es aussi, Guillaume; et si je suis admirable, tu l'es bien autant que moi, frère! car voilà des larmes dans tes yeux, et c'est la généreuse audace de sir Arthur qui les fait couler.

— Mais, Jeanne? reprit Guillaume d'une voix oppressée.

— Jeanne? doutes-tu du choix de sir Arthur? Toi-même affirmais qu'il ne se trompe jamais. Eh bien, j'affirmerai la même chose maintenant, car Jeanne est un trésor. Tu ne la connais pas, Guillaume; tu n'as vu en elle qu'une pauvre orpheline à secourir; tu lui dois des soins qu'elle t'a donnés dans ta maladie, des nuits qu'elle a passées, infatigable et toujours pieuse et calme comme un ange, à ton chevet; enfin tu la regardes comme une servante fidèle et dévouée. Mais je la connais, moi! Oui, moi seule; je sais que Jeanne est notre égale, Guillaume, et peut-être qu'elle est plus que nous devant Dieu. Non, aucun de nous n'aurait sa patience, sa fermeté, sa foi, son abnégation. Combien de fois, par des raisons de pur sentiment et avec la lumière naturelle de son âme, elle m'a révélé des vérités sublimes que mes lectures m'avaient fait seulement pressentir! Oh! certes, Jeanne est un être à part. Je m'y connais. J'ai été élevée avec quatre-vingt ou cent jeunes filles nobles ou riches, et je les ai étudiées, et j'ai connu leurs travers, leurs vanités, leurs mauvais instincts, leurs petitesses. Parmi les meilleures il n'en était pas une que son rang ou son argent n'eût pas déjà un peu corrompue. Eh bien, Guillaume, tu me croiras, toi, car ce que je vais te dire, je n'oserais jamais le dire à maman, elle me traiterait de tête folle et de cerveau exalté : aucune de mes amies du couvent ne m'a inspiré la confiance et le respect que Jeanne m'inspire; aucune ne m'a été si chère que cette paysanne; aucune de nos religieuses ne m'a semblé aussi pure et aussi sainte. Oui, Jeanne est une chrétienne des premiers temps. C'est une fille qui souffrirait le martyre en souriant, et que l'église canoniserait si elle savait ce que Dieu a mis de grâce dans son cœur.

— Marie, tu m'attendris profondément et tu me fais mal, répondit Guillaume, en s'asseyant ou plutôt en se laissant tomber sur un banc du jardin. J'ai encore la tête malade quelquefois. Ton exaltation se communique à moi, et m'agite trop violemment. Laisse-moi, laisse-moi respirer un peu.

— Cher frère! cher ami! pardonne-moi, dit Marie en lui prenant les mains; mais il est certain que nous voici deux esclaves révoltés contre ce monde injuste et absurde qui condamnerait nos pensées si elles venaient à être traduites devant son tribunal.

— Ah! ma sœur, tu ne sais pas quelles fibres de mon cœur ta voix enthousiaste fait vibrer! s'écria douloureusement Guillaume en baisant les mains de Marie, et il fondit en larmes.

L'émotion de Guillaume surprit peu sa jeune sœur, plus exaltée et plus romanesque encore que lui; mais, craignant toujours ces agitations qu'elle avait vu autrefois lui être si contraires, elle essaya d'en détourner son attention.

— Eh bien! mon ami, lui dit-elle, qu'allons-nous faire de cette lettre? Comment la traduire à Jeanne? comment lui persuader que c'est une proposition sérieuse?

Guillaume répondit qu'il ne trouvait pas convenable de s'en charger, et que sa sœur s'en tirerait beaucoup mieux sans lui. — Vous êtes habituée au langage naïf de Jeanne, lui dit-il, et, au besoin, vous lui parlerez fort bien pour vous faire comprendre d'elle. Allez donc lui porter les offres de sir Arthur, chère Marie; si elle n'en est pas éblouie, elle en sera du moins touchée. Et Guillaume retomba dans l'abattement.

— Attendez! mon ami, s'écria Marie incertaine. Il me vient un scrupule. Pensez-vous que sir Arthur soit resté la dupe du travestissement de Jeanne? la prend-il pour une servante marchoise, ou pour une gouvernante anglaise?

— Au fait! s'écria Guillaume à son tour, sa démarche serait bien moins étrange et son caprice moins excentrique dans ce dernier cas; on doit supposer une gouvernante instruite, on peut la supposer d'une honnête naissance. De plus, si M. Harley prend Jeanne pour miss Jane, sa compatriote, il entre peut-être un peu de nationalité dans son élan.

— Oui, oui, ce serait fort différent, observa Marie; il s'abuse de gaieté de cœur, et malgré nous. Il ne veut pas croire, il ne peut pas se persuader que cette belle créature, si blanche, si noble et si grave, soit une fille des champs presque aussi incapable de le comprendre en français qu'en anglais! Et cependant s'il connaissait Jeanne, s'il trouvait le chemin de son cœur, s'il pouvait pénétrer le mystère poétique de sa pensée, il l'aimerait et l'admirerait peut-être davantage. Mais enfin, il n'a pas prévu toute l'étrangeté du sentiment auquel il s'abandonne, et nous ne devons pas révéler ses intentions à Jeanne avant de bien savoir ce qu'il pensera d'elle quand il la verra, comme dit madame de Charmois, à la queue de ses vaches.

— Je respire à présent, Marie! reprit Guillaume; j'étais oppressé à l'idée de cette incroyable détermination. Je ne sais pourquoi elle m'épouvantait comme un acte insensé.

Sir Arthur.

Maintenant je commence à trouver l'aventure plus plaisante que sérieuse. Ce bon Arthur! Quelle mystification complète, et comme il en rira avec nous! Mais il faut lui en garder le secret, Marie; il ne faut pas que madame de Charmois, qui, entre nous, est une insupportable créature, et sa lourde Elvire, et ce mauvais plaisant de Marsillat, et avec eux toute la ville de Boussac, s'amusent aux dépens du noble et candide Arthur.

— Il ne faut pas même en parler à maman, entends-tu, Guillaume? reprit mademoiselle de Boussac. Notre mère est faible, à force d'être bonne; elle a de l'amitié pour cette Charmois; elle ne pourrait pas se défendre de lui raconter l'aventure.

— Il n'en faut parler à personne, pas même à Jeanne.

— C'est surtout à Jeanne qu'il faut cacher tout cela. Douée de raison, comme je la connais, on ne courrait aucun risque de lui mettre en tête le plus petit château en Espagne; elle ne voudrait jamais y croire; mais elle se trouverait, en présence de sir Arthur, dans une situation embarrassante pour elle et pour lui.

— Que lui dirons-nous donc, à cette pauvre enfant, pour lui expliquer l'envoi d'une lettre du *monsieur Anglais*? car elle le saura par Claudie.

— Nous ne lui dirons presque rien, elle n'est pas curieuse! Tiens, avant que cela fasse événement dans la maison, nous allons prévenir Jeanne que c'est une plaisanterie... Je la vois au fond du pré... Allons-y.

— Je n'irai pas, moi, dit Guillaume. Je préfère rester ici. Je ne saurais que dire à cette jeune fille.

— Eh bien! Je vais mentir pour nous deux, reprit Marie, et elle courut vers Jeanne qui était sous un arbre, rêvant d'Ep-nell, de sa mère, des grandes bruyères où elle faisait *pâturer* ses chèvres, et des bonnes fades qui veillaient sur elle pour écarter les loups et l'esprit malfaisant des viviers.

— Jeanne, lui dit la jeune et gracieuse châtelaine, en passant familièrement son bras autour d'elle, notre ami M. Harley t'a écrit, mais sa lettre est une plaisanterie, une suite de notre poisson d'avril. Tu n'y comprendrais rien, car je n'y comprends pas grand'chose moi-même... M. Harley nous expliquera cela lui-même, quand il reviendra, dans quinze jours.

Jeanne, lui dit la jeune et gracieuse châtelaine. (Page 48.)

— A la bonne heure, mam'selle Marie, répondit Jeanne en embrassant la main délicate de Marie, posée sur son épaule. Il aime à rire, ce monsieur! C'est comme vous quelquefois, pas bien souvent! aussi je suis contente quand je vous vois amuser un peu, ma chère mignonne demoiselle!

— Cela ne te fâche pas contre le monsieur anglais non plus, ma bonne Jeanne?

— Oh! non, Mam'selle! Pourquoi donc que je me fâcherais? Il n'a point l'air méchant, ce monsieur; d'ailleurs il a eu soin de votre frère, et vous l'aimez!

— Trouves-tu qu'il ait l'air d'un brave homme?

— Ça me semble que oui, Mam'selle. Dame! je ne l'ai pas beaucoup regardé!

— Est-ce qu'il te *faisait honte?*

— Oh! non, je ne suis pas beaucoup honteuse, moi. Je sais que je ne peux pas bien parler, et je parle comme je peux.

— Est-ce qu'il t'a parlé, lui, l'Anglais?

— Oui, quand j'apportais la crème pour son thé, je l'ai trouvé dans l'antichambre, qui se lavait les mains, et il m'a dit quelque chose; mais je n'y ai rien compris du tout.

— C'était en anglais?

— Je n'en sais rien, Mam'selle; je n'en ai pas entendu un mot.

— Est-ce qu'il riait en te parlant?

— Mais, non! il avait l'air de croire que j'étais une fille d'Angleterre, comme vous le lui aviez dit.

— Et toi, riais-tu?

— Non, Mam'selle. Je ne voulais pas rire, crainte de faire manquer votre amusement.

— Et il ne t'a pas dit un mot en français?

— Non, mais il m'a pris la crème des mains, comme s'il ne voulait pas que je le serve, et il a mis une de mes mains contre sa bouche. Dame! j'ai trouvé ça bien drôle! Mais Cadet est arrivé, et avant que j'aie eu le temps de rire... vous savez que je ne ris pas bien vite!... le monsieur anglais s'en est retourné bien vitement dans le salon.

— Tu avais tes habits de paysanne dans ce moment-là?

— Sans doute, puisque c'était après le souper.

— Et tu n'as pas été étonnée de tout cela?
— Non, Mam'selle, puisque c'était convenu entre vous?
— Ce baiser sur la main ne t'a pas offensée?
— Oh! je voyais bien que ce monsieur ne voulait pas m'offenser ; c'était l'histoire de rire.
— Allons, Jeanne, cela t'a fait un peu de plaisir?
— Ah! que vous êtes maligne, ma mignonne! Mais quel plaisir voulez-vous que ça me fasse? Je ne le connais pas, ce monsieur.
— Jeanne, quand mon frère est arrivé, il t'a baisé la main aussi?
— Oui, Mam'selle, pour s'amuser aussi.
— Et cela t'a fait de la peine, j'ai vu cela sur ta figure.
— Oui, Mam'selle, c'est la vérité. J'étais si contente de voir mon parrain si bien guéri, et avec une si bonne mine! J'aurais bien voulu l'embrasser, ce pauvre mignon! Et puis, tout d'un coup, il se mit à se moquer de moi. Ça m'a fait du chagrin. Et puis, après ça, je me suis dit que j'étais bien bête de me peiner pour ça. J'aime bien mieux le voir en train de rire que de le voir triste et malade comme il était quand il est parti.
— Bonne Jeanne, ne crois pas que Guillaume ait voulu se moquer de toi. Tu as bien vu qu'à moi aussi il me baisait la main ; ce n'était pas pour se moquer de moi, à coup sûr.
— Oh! vous, c'est bien différent, vous êtes sa sœur ; au lieu que moi, qui suis sa filleule, c'est à moi de lui porter respect.
— Il te doit du respect aussi, Jeanne, et il en a pour toi.
— A cause donc, Mam'selle?
— Parce que tu es sa sœur aussi, sa sœur de lait, et son amie de cœur presque autant que je le suis. Va, sois sûre qu'il n'est pas ingrat, et qu'il n'oubliera jamais la manière dont tu l'as soigné pendant sa maladie. Je n'étais pas là, moi, lorsqu'il était au plus mal ; je ne savais rien. On me cachait le danger de mon frère, et toi, tu étais alors sa véritable sœur. Maman m'a dit cent fois que sans toi Guillaume serait mort : car elle avait perdu la tête, ma pauvre mère, et tous les gens de la maison aussi. Toi seule étais toujours là, contenant toujours le délire de Guillaume, l'empêchant de courir dans sa chambre quand il était comme fou, obtenant de lui par la douceur ce que les autres ne pouvaient obtenir que par la force, te jetant à ses pieds pour lui persuader d'être tranquille et d'observer les ordres du médecin, le grondant quelquefois comme un petit enfant, le calmant par les prières, par ta douceur. Oh! ma chère Jeanne, c'est à toi que je dois mon frère que j'aime tant! Comment veux-tu que mon frère et moi nous ne t'aimions pas comme si tu étais notre sœur?

Guillaume n'avait pu rester longtemps seul. Entraîné irrésistiblement, il s'était rapproché, et le bruit de ses pas, amorti par l'herbe, n'avait pas frappé l'oreille des deux jeunes filles. Il était derrière elles, tandis qu'elles causaient ainsi, séparé seulement de Jeanne par le tronc du gros châtaignier qui l'ombrageait. — Oui, Jeanne, oui, Marie! s'écria-t-il en se montrant tout à coup, vous êtes mes deux sœurs, et il y a des moments où vous ne faites qu'une dans ma pensée. Oh! Marie, que je te remercie de savoir dire à Jeanne tout ce que je ne lui ai jamais su lui dire, et de l'avoir payée, par une si tendre amitié, de tout le bien qu'elle m'a fait! Oh! Jeanne, je ne t'ai jamais remerciée comme je l'aurais dû! Tu as été un ange pour moi : j'ai tout vu, tout compris, tout senti, bien que je fusse presque fou. Oui, je t'ai vue des nuits entières à genoux à mon chevet! Je me souviens que tu m'as plusieurs fois soulevé dans tes bras et même porté comme un enfant, pour me changer de fauteuil. J'étais maigre, exténué! Toi, toujours forte et courageuse, tu as passé plus de trente nuits sans sommeil, et tu dormais à peine deux heures dans le jour, sur un matelas au pied de mon lit. Oh! quels reproches je me faisais alors de n'avoir pu vaincre les heures de mon délire qui t'avaient brisée, ma chère Jeanne! Et tu n'as pas été malade, toi! Tu venais de soigner de même ta mère dans une longue et cruelle maladie, et tu as soigné encore la mienne, quand, après moi, elle est tombée malade de fatigue et d'épuisement. Et pourtant je ne t'ai jamais remerciée!

— Oh! si, mon parrain, dit Jeanne toute en larmes, vous m'avez remerciée bien des fois, dix fois plus que ça ne méritait.

— Non, Jeanne, non! s'écria le jeune homme exalté, j'étais accablé de je ne sais quelle tristesse ; je ne pouvais ni parler, ni pleurer ; j'étais fou autrement que pendant ma maladie, mais je l'étais encore. Combien de fois je me suis reproché, durant mon absence, de ne t'avoir pas dit ce que je te dis maintenant! Et depuis trois jours que je suis ici, je ne t'ai rien dit encore ; je t'ai à peine regardée... je ne sais pas pourquoi! Peut-être que je suis encore un peu fou, Jeanne, et que, sans l'exemple de ma sœur, je ne saurais pas encore me décider à t'exprimer ce que j'ai dans le cœur. Mais je ne suis pas ingrat, ne le crois pas. Pardonne-moi, et surtout ne pense pas que je t'aie baisé la main, en arrivant, pour me moquer de toi. Oh! Jeanne, autant vaudrait me dire que je suis capable de me moquer de ma mère ou de Marie. Dis-moi que tu ne le crois plus, ma bonne Jeanne, je te le demande à genoux.

Et Guillaume, hors de lui, tour à tour pâle et le visage embrasé, était aux genoux de Jeanne stupéfaite, et couvrait de baisers ses mains, qui avaient enfin laissé tomber le fuseau diligent. Jeanne ne put d'abord que sangloter pour toute réponse.

— Ah! mon cher petit parrain, dit-elle enfin en baisant avec la plus chaste et la plus maternelle effusion les beaux cheveux blonds de Guillaume, vous me faites de la peine à force de me faire plaisir! Qu'est-ce que j'ai donc fait, mon Dieu! pour que vous m'ayez tant d'obligations! Est-ce que vous n'avez pas été bon pour moi, aussi, à Ep-Nell et à Toull? Oh! je n'oublierai jamais vos amitiés, c'est bien le moins que je vous aie soigné quand vous souffriez tant, que ça fendait le cœur! J'avais donné mon âme et mon corps à Dieu pour qu'il envoie la mort sur moi au lieu de l'envoyer sur vous, et je savais bien que si quelqu'un devait en mourir, ça serait moi, parce que j'avais prié comme il le faut. Mais le bon Dieu et la *grand'vierge*, mère de Jésus-Christ, n'ont pas voulu que nous mourions ni l'un ni l'autre. Vous êtes pour avoir du bonheur, pour vous marier, mon cher parrain, pour avoir des jolis enfants, et mam'selle Marie, que j'aime autant que vous, pour avoir aussi du bonheur et de la famille, plaise à Dieu!

— Et toi, Jeanne, dit Marie, qui la tenait enlacée dans ses bras, n'espères-tu pas avoir du bonheur aussi?

— Oh! moi! Mam'selle, pourvu que je sois auprès de vous, que je vous serve, que je ménage *votre fait*, que je soigne vos *petits mondes* quand ils seront venus, je serai bien assez contente, allez!

— Tu ne veux donc pas te marier aussi, toi?

— Moi, Mam'selle! je ne songe pas à ça.

— Et pourquoi donc, Jeanne? Vous disiez cela autrefois à Toull, dit Guillaume, je m'en souviens! mais ce n'était pas sérieux?

— Voyons, Jeanne, est-ce que c'est vrai? dit mademoiselle de Boussac à la jeune fille, qui ne répondait à Guillaume que par un mystérieux sourire. Tu es ennemie du mariage?

— Oh! non, Mam'selle, puisque je vous le conseille. Mais voilà mes vaches qui ne mangent plus, la *mouche* les fait enrager. C'est l'heure de les conduire au *têt* (au toit, à l'étable).

— Mais tu ne réponds pas à ce que nous te demandons? reprit Marie en essayant de la retenir.

— Voyez, voyez, Mam'selle? dit Jeanne ; mes vaches s'en vont toutes seules. Elles sauteraient dans le jardin! Ne me *détempsez* pas [1], ma mignonne! Et Jeanne, se dégageant, s'enfuit à travers la prairie.

— Eh bien! dit mademoiselle de Boussac à son frère, voilà comme elle s'en tire toujours! Jamais, quand il s'agit d'elle et de son avenir, je n'ai pu surprendre en elle une pensée d'intérêt personnel. Guillaume, il y a mystère d'abnégation dans l'âme de cette jeune fille. J'ai

---

[1] Faire perdre le temps, *détempser*.

fait plus de vingt romans sur elle sans trouver un dénouement qui eût le sens commun.

Guillaume était redevenu morne et pensif. Depuis sa maladie, ce jeune homme avait, lui aussi, un mystère dans l'âme. Son caractère doux et tendre ne s'était jamais démenti, même dans les accès du délire. En Italie, il avait semblé reprendre le cours égal de ses pensées d'autrefois; mais, depuis son retour à Boussac, il se sentait redevenir déjà, malgré lui, ce qu'il avait été durant sa convalescence. Un orage intérieur grondait dans son sein. Tantôt il était porté à des épanchements extraordinaires, et tantôt il refoulait tous ses élans en lui-même, avec une profonde souffrance et une sorte d'effroi. Il faut bien avouer que la société de sa charmante sœur n'était pas le remède propre à son mal. Cette jeune fille enthousiaste n'avait jamais vu le monde, elle ne le connaissait pas, elle le haïssait par un effort de divination. Livrée dans sa première jeunesse à une ardente dévotion, elle avait pris l'Évangile au sérieux. Elle était fanatique de droiture et de dévouement. Dans un corps très-frêle, elle portait une âme de feu, et, sous des manières pleines de grâce et de douce sensibilité, elle cachait un caractère énergique, entreprenant, et amoureux des partis extrêmes. Elle était capable des plus sublimes folies; elle eût été vivre au désert à douze ans, si elle eût su où trouver la Thébaïde; à dix-sept ans, elle rêvait, au sein de l'humanité, une vie à part, toute de renoncement aux vanités du monde, toute de lutte contre ses lois iniques. Comme elle n'était pas grande à demi, elle vivait à l'aise dans ce foyer d'enthousiasme qui était son élément, et elle ne s'apercevait pas que Guillaume n'y entrait que par bonds et par élans terribles, qui le brisaient sans lui faire pousser des ailes. Ce jeune homme avait les généreux instincts de sa sœur; mais il avait aussi la faiblesse de sa mère. Avec Marie, il s'enflammait pour la vie de sentiment. Ils dévoraient ensemble les romans les plus vertueux et les plus incendiaires. Avec madame de Boussac, Guillaume se rappelait la puissance du monde, et ce que sa mère, d'accord avec le monde, appelait les devoirs d'un homme bien né. Il se laissait alors enlacer par les projets de mariage et les rêves ambitieux. Quoique son goût n'en fût pas complice, sa craintive conscience les acceptait comme des nécessités cruelles auxquelles rien ne pourrait le soustraire. Aussi était-il malheureux et accablé, livré à une lutte sans fin contre lui-même.

Tout en retournant au château lentement avec sa sœur, Guillaume parut fort distrait, bien qu'il prêtât une oreille attentive à toutes ses paroles et que son cœur agité en recueillît avidement le miel ou l'amertume. Il était toujours question de Jeanne. Marie, ignorant la plaie qu'elle creusait au cœur de son frère, se perdait en conjectures sur l'avenir de la jeune fille et sur les sentiments de sir Arthur. Elle avouait qu'elle regrettait la première illusion que la déclaration de la paysanne Jeanne lui avait fait goûter, et que son roman prendrait une tournure prosaïque, si M. Harley se guérissait en voyant miss Jane traire les vaches. Guillaume paraissait préférer, par raison et par amitié, ce dénouement vraisemblable. Mais il était bien sombre, et, en quittant sa sœur, il alla rêver seul au bord de la rivière.

XIV.

SIR ARTHUR.

Pendant le reste de la semaine, Guillaume n'adressa plus à Jeanne qu'un bonjour ou un bonsoir amical, en passant, sans même la regarder, ce dont Jeanne n'eut ni étonnement ni chagrin. Elle n'était point exigeante, et l'accès de reconnaissance enthousiaste que son parrain avait eu à ses pieds dans la prairie, lui semblait avoir acquitté au centuple, et à tout jamais, la dette du malade envers l'infirmière. Comme elle n'avait point connu Guillaume avant sa maladie, et qu'il était extérieurement beaucoup plus animé que durant sa convalescence, elle le croyait rendu à son état naturel, et ne s'apercevait pas que toutes ses tristesses lui étaient revenues. Guillaume cachait assez bien sa peine secrète devant sa mère et la famille de Charmois; mais lorsqu'il était seul avec Marie, il ne pouvait se contraindre, et Marie s'effrayait du retour, chaque jour plus marqué, de son ancienne mélancolie.

Bien que Claudie fût plus spécialement *fille de chambre*, comme on dit au pays, ce n'était pas elle qui déshabillait, le soir, mademoiselle de Boussac. Jeanne, étant occupée aux champs ou à la laiterie le matin, Marie, qui l'aimait tendrement, s'était réservé l'heure de son coucher pour causer avec elle. Elle avait pris l'habitude de lui raconter toutes les impressions de sa journée, et cette association aux plaisirs et aux ennuis de sa jeune maîtresse était pour Jeanne une éducation de sentiment, la seule peut-être dont elle fût susceptible.

Transplantée brusquement de sa vie sauvage à un état de civilisation, tout avait été incompréhensible pour Jeanne dans les commencements. Entre les besoins restreints de son existence rustique et les mille besoins artificiels des personnes aristocratiques qu'elle servait, il y avait un monde inconnu que sa pensée avait renoncé à franchir. Un esprit moins bienveillant que le sien eût fait la critique de ces étranges habitudes. Celui de Claudie, éminemment progressif, et corruptible par conséquent, acceptait avec admiration la nécessité de toutes ces recherches, de tous ces soins de détail qu'on exigeait d'elle et dont elle voyait avec envie ses maîtres profiter. Lorsqu'on la faisait goûter un peu aux miettes de ce bien-être et de ce luxe, elle était enivrée, et le besoin de ces satisfactions inconnues naissait en elle spontanément avec la jouissance. Cadet acceptait l'inégalité des conditions comme un fait accompli; mais, sous son air simple, il n'en était pas moins le fils de maître Léonard, le philosophe railleur et sceptique; son sourire n'était pas si niais qu'on le pensait, il était souvent ironique sans qu'on y prît garde. Mais Jeanne était restée, à peu de chose près, ce qu'elle était à Ep-Nell, rêvant, priant, et aimant sans cesse, ne pensant presque jamais; une véritable organisation rustique, c'est-à-dire une âme poétique sans manifestation, un de ces types purs comme il s'en trouve encore aux champs, types admirables et mystérieux, qui semblent faits pour un âge d'or qui n'existe pas, et où la perfectibilité serait inutile, puisqu'on aurait la perfection. On ne connaît pas assez ces types. La peinture les a souvent reproduits matériellement; mais la poésie les a toujours défigurés en voulant les idéaliser ou les traduire, oubliant que leur essence et leur originalité consistent à ne pouvoir être que devinés. Il faut bien reconnaître que l'homme des champs a besoin de subir de grandes transformations pour devenir sensible aux conquêtes et aux bienfaits d'une religion et d'une société nouvelles; mais ce qu'on ne sait pas, c'est que la nature produit de tout temps dans ce milieu certains êtres qui ne peuvent rien apprendre, parce que le beau idéal est en eux-mêmes et qu'ils n'ont pas besoin de progresser pour être directement les enfants de Dieu, des sanctuaires de justice, de sagesse, de charité et de sincérité. Ils sont tout prêts pour la société idéale que le genre humain rêve, cherche et annonce, mais leur inquiétude ne le devance pas. Incapables de comprendre le mal, ils ne le voient point. Ils vivent comme dans un nuage d'ignorance; leur existence est pour ainsi dire latente. Leur cœur seul se donne à vivre; leur esprit est borné comme la primitive innocence : il est endormi dans le *cycle divin* de la Genèse. On dirait, en un mot, que le péché originel ne les a pas flétris, et qu'ils sont d'une autre race que les fils d'Ève.

Telle était Jeanne, Isis gauloise, qui semblait aussi étrangère aux préoccupations de ceux qui l'entouraient, que l'eût été une fille des druides transportée dans notre siècle. Ne sachant rien blâmer, tant la douceur et la charité remplissaient son âme, elle renonçait à s'expliquer ce que le blâme seul eût rendu explicable. Elle végétait comme un beau lis dans sa douce extase, le sein ouvert aux brises de la nuit, aux baisers du jour, à toutes les influences de la terre et du ciel, mais insensible comme lui aux agitations humaines, et ne trouvant pas de sens au langage des hommes.

A force d'avoir à s'étonner de tout, Jeanne ne s'étonnait donc réellement de rien. Tout incident nouveau dans sa vie éveillait en elle cette simple réflexion : « Encore quelque chose que je ne sais pas, et que je comprendrai encore moins quand on me l'aura expliqué. »

Marsillat n'avait rien compris à Jeanne. Guillaume s'y était attaché par une sorte d'instinct poétique et fatal. Sir Arthur l'avait devinée en partie. Marie seule la connaissait, elle avait raison de s'en vanter. Il fallait être arrivé par l'intelligence à la notion du sublime, pour comprendre comment, par le cœur seul, Jeanne s'y trouvait toute portée. Aussi mademoiselle de Boussac remarquait-elle que Jeanne avait tout autant à lui enseigner qu'à apprendre d'elle. Si la jeune châtelaine était plus éclairée dans ses affections, la bergère d'Ep-Nell était plus forte dans sa sérénité; et quand Marie lui avait fait comprendre les souffrances d'une âme tendre, elle lui faisait comprendre à son tour la puissance d'une âme dévouée, le calme d'une religieuse abnégation. Elles disaient ensemble leur prière du soir, devant une petite madone d'albâtre que Guillaume avait envoyée d'Italie, et qu'elles couronnaient de fleurs de la saison. Ces deux jeunes filles n'avaient pas précisément le même culte. Marie n'était pas une dévote catholique ; c'était une chrétienne égalitaire, une *radicaliste* évangélique, si l'on peut s'exprimer ainsi. C'est assez dire qu'elle était hérétique à son insu.

Jeanne était une *radicaliste* païenne, sans s'en douter davantage. Ses superstitions rustiques lui venaient en droite ligne de la religion des druides, cette doctrine peu connue dans son essence, car on ne l'a jugée que d'après les crimes qui l'ont souillée et dénaturée [1]. La vierge Marie et la grand'fade se confondaient étrangement dans l'imagination poétiquement sauvage de la bergère d'Ep-Nell. Il y avait peut-être aussi quelque chose de sauvage et d'antique dans la résignation avec laquelle elle acceptait le fait de l'inégalité sur la terre. Mais il n'y avait rien de faible ni de lâche dans cette résignation. Jeanne, ne connaissant pas le prix de l'argent, n'ayant pas de besoins, et ne comprenant pas qu'il y eût dans la vie d'autres jouissances que celles de l'âme, ne se trouvait pas frustrée dans sa part de bonheur par la richesse et la puissance d'autrui. C'était un être exceptionnel, se rattachant, comme je l'ai dit déjà, à un type rare qui n'a pas été étudié, mais qui existe, et qui semble appartenir au règne d'Astrée.

Un soir que Jeanne et Marie venaient de finir leur prière, dans la chambre virginale et toute parsemée de violettes de la jeune châtelaine, celle-ci dit à sa rustique compagne : « Nous avons prié pour Guillaume en particulier. Dieu veuille qu'il ait un bon sommeil cette nuit, et que demain son front soit moins sombre!

— Eh! ma mignonne! de quoi vous inquiétez-vous? répondit Jeanne. Si mon parrain n'a pas tout ce qu'il lui faut pour être heureux, il l'aura bientôt. Ça ne peut pas manquer. Prenez donc son mal en patience : il passera.

— Que veux-tu dire, Jeanne? Devines-tu ce que mon frère peut désirer?

— Je vois qu'il est jeune, et je pense qu'il s'ennuie un peu d'être tout seul. Vous autres, *mondes riches*, vous vous mariez trop tard. Chez nous, un garçon de vingt-deux ans aurait déjà de la famille. Mon parrain est bon, il est tout cœur. S'il avait une belle brave femme et des mignons petits enfants, il ne s'ennuierait pas, allez! Faut conseiller à ma marraine de lui chercher une femme. Croyez-moi, Mam'selle, et vous verrez qu'il sera content.

— Tu crois donc qu'on ne peut pas être heureux sans famille, Jeanne! et tu dis pourtant que tu ne veux pas te marier!

— Il ne s'agit pas de moi, Mam'selle, mais de mon parrain. Moi, je n'ai pas le temps de m'ennuyer ; mais

[1]. On sait pourtant que le druidisme ou le sivaïsme parfait des augustes et impérissables croyances sur la trinité et l'immortalité de l'être, qui sont la base de toutes les grandes religions et dont le christianisme n'est qu'un développement.

lui, il ne travaille pas, et il lui faut une *compagnie*.

— Est-ce qu'on n'a pas sonné à la porte de la cour, Jeanne? dit mademoiselle de Boussac, distraite par le son de cette cloche. Il était onze heures. Toute la ville était plongée dans le sommeil, et jamais visite ne s'était présentée à cette heure indue.

— M'est avis que vous avez raison, Mam'selle. On a sonné à la grand'porte.

— Qui peut venir maintenant? Tout le monde est couché dans la maison!

— Oh dame! ça n'est pas Cadet qui se réveillera. Une fois *parti*, c'est pour jusqu'au petit jour. La maison pourrait bien lui tomber sur le corps sans le déranger. Je m'en vas voir ce que c'est.

— Attends, Jeanne, j'irai avec toi : il ne faut pas ouvrir au premier venu. Nous parlementerons par le guichet.

— Venez, si ça vous amuse, Mam'selle!

Mademoiselle de Boussac jeta une écharpe de barége sur sa tête, prit la petite lanterne de Jeanne, et descendit avec elle légèrement, un peu curieuse, un peu effrayée de l'aventure.

On sonnait avec précaution, et comme si on eût craint de réveiller brusquement les hôtes du château.

— C'est du monde qui n'est pas hardi, dit Jeanne en ouvrant le guichet : qu'est-ce que c'est donc que vous voulez?

— C'est un ami qui vous revient, répondit une voix que Marie reconnut sur-le-champ pour celle de sir Arthur.

— Eh! vite! eh! vite! ouvrons! s'écria-t-elle en saluant affectueusement à son tour du nom d'ami par le guichet.

Sir Arthur, pour arriver plus vite par les mauvais chemins, avait pris un cheval à Sainte-Sévère. Jeanne, dont il ne vit pas les traits dans l'obscurité, prit la bride du locatis, et se chargea de le conduire à l'écurie, tandis que l'Anglais aidait gaiement la jeune châtelaine à refermer les portes. Ils se dirigèrent ensuite vers le château et entrèrent dans la grande salle aux gardes, qui était devenue la cuisine, et qui occupait le rez-de-chaussée.

— La nuit est fraîche, et je suis sûre que vous avez besoin de vous chauffer, dit Marie; tenez, il y a encore du feu ici, je vais éveiller maman et Guillaume.

— Guillaume, je le veux bien... mais votre mère, je m'y oppose... Laissez-la dormir, et demain matin, je lui jouerai une fanfare sous sa fenêtre, à l'heure où elle s'éveille ordinairement.

— Au fait, elle a eu la migraine aujourd'hui, et son sommeil est précieux... mais Guillaume...

Marie allait monter à la chambre de son frère, lorsque celui-ci parut sur le seuil de la cuisine. Il avait entendu la cloche, le grincement de la grande porte sur ses gonds, et surtout les aboiements des chiens, qui n'étaient pas encore apaisés par les caresses de sir Arthur. Il s'était habillé à la hâte, et venait dans la cuisine chercher de la lumière.

— Oui-da! s'écria-t-il en voyant sir Arthur, un tête-à-tête nocturne avec ma sœur! Et il se jeta dans les bras de son ami, heureux de le revoir, bien qu'une étrange souffrance vînt en même temps s'emparer de son cœur. Claudie, que Jeanne avait éveillée, accourut offrir ses services, et sir Arthur, ne voulant à aucun prix déranger les autres habitants de la maison, Marie et sa soubrette alerte lui servirent une espèce de souper sur le bout de la table de la cuisine. Le sans-façon de cette réception campagnarde égaya beaucoup les jeunes hôtes, et leur convive, serein et enjoué comme à l'ordinaire, fit honneur aux viandes froides et aux sauces figées du repas impromptu.

— Nous ne vous espérions pas si tôt, lui dit Guillaume; voilà pourquoi le veau gras est encore debout dans l'étable.

— Mes enfants, je suis venu deux jours plus tôt que je ne comptais, et je vous dirai pourquoi tout à l'heure.

Marie comprit que M. Harley ne voulait pas s'expliquer devant Claudie, et elle ordonna à celle-ci d'aller aider Jeanne à préparer la chambre de sir Arthur.

— Je vous dirai présentement, mes enfants!... dit sir

Arthur d'un ton solennel en prenant dans chacune de ses mains la main du frère et celle de la sœur. Et il garda un instant le silence comme pour se recueillir. Guillaume sentit le feu lui monter au visage.

— J'ai pris une grande résolution, mon cher Guillaume, reprit l'Anglais avec gravité; et comme je sais que vous n'avez pas de secrets pour votre sœur, je suis bien aise de lui soumettre mes plans. J'ai résolu de me marier, et comme j'ai trouvé enfin la personne selon mon cœur, je viens ici pour tâcher de l'obtenir d'elle-même, et de ses parents, si elle en a.

— Nous y voici! pensa Marie en soupirant, et elle regarda son frère comme pour l'avertir de ne pas laisser sir Arthur s'engager plus avant. Mais Guillaume était absorbé dans ses pensées.

— J'ai écrit deux lettres, continua sir Arthur: une à *la personne*, directement, et une autre à madame de Charmois, que je suppose être la protectrice, et, pour ainsi dire, la tutrice de la demoiselle attachée à sa fille... Je n'ai pas reçu de réponse, et dans l'inquiétude où ma demande, un peu contraire aux usages peut-être, n'ait pas été prise au sérieux, je suis venu vite pour m'en expliquer nettement. Je ne crois pas madame de Charmois très-bien disposée en ma faveur. C'est donc vous, mon cher Guillaume, et peut-être vous aussi, ma bonne mademoiselle Marie, que je veux charger d'être tout naïvement et tout loyalement les négociateurs de mon mariage avec miss Jane..., dont je ne sais pas le nom, mais dont la figure me plaît et me donne une entière sécurité.

— Cher Arthur, répondit Guillaume, vous êtes noble et admirable, surtout dans vos bizarreries; mais vous nous voyez bien malheureux, ma sœur et moi, d'avoir à vous désabuser. Vous avez donné, bien plus que nous ne voulions, et bien malgré nous, à la fin, dans une plaisanterie dont nous étions loin de prévoir les conséquences. Il faut donc vous le dire... miss Jane n'a jamais existé.

— Hô!... dit M. Harley avec l'accent indéfinissable de surprise flegmatique que les Anglais mettent dans cette exclamation.

— Hélas, non! dit mademoiselle de Boussac avec un sourire compatissant et en pressant la main de M. Harley. Ni mademoiselle de Charmois ni moi n'avons de gouvernante. Miss Claudia et miss Jane sont tout bonnement Jeanne et Claudie, l'une femme de service, l'autre vachère et laitière de la maison.

— Hô! fit l'Anglais, dont les grands yeux bleus s'arrondissaient de plus en plus.

— Consolez-vous, reprit Marie avec douceur. Vous vous êtes trompé sur la condition sociale de la personne: mais ni la cranioscopie du docteur Gall, ni la physiognomonie du révérend Lavater n'ont menti relativement au mérite moral de Jeanne. Elle est aussi bonne et aussi pure qu'elle est belle. C'est un ange. Mais je dois vous dire bien vite qu'elle n'a reçu aucune espèce d'éducation, qu'elle a vécu aux champs avec les troupeaux, qu'elle est fille de la nourrice de Guillaume, une simple paysanne, enfin qu'elle ne sait pas lire, et qu'il est à craindre qu'elle ne puisse jamais l'apprendre, car elle manque d'aptitude pour toutes nos vaines connaissances, et elle comprend mieux les choses du ciel que celles de la terre.

— Hô! fit l'Anglais pour la troisième fois, et il resta plongé dans ses réflexions.

— Mon cher Arthur, lui dit Guillaume, ne craignez pas les suites de votre erreur. Nous serions désespérés que notre folle plaisanterie autorisât seulement un sourire hors de la famille. Madame de Charmois n'a point parlé de votre billet, nous ignorons même si elle l'a reçu. Quant à Jeanne, comme elle ne sait pas lire, c'est nous qui seuls avons eu communication de votre lettre, et nous ne lui en avons nullement fait part. Nous vous remettrons cette lettre; qu'il n'en soit jamais question, même en riant. Ma mère elle-même ignore tout. Quant à la Charmois, il vous sera facile de lui faire croire que votre billet est une suite du poisson d'avril, et que c'est vous qui vous êtes moqué d'elle.

M. Harley n'avait pas entendu un mot du discours de Guillaume. Il était occupé à commenter celui de Marie, qui résonnait encore à ses oreilles. Il se tourna vers elle, et lui fit, d'une manière posée et très-méthodique, une série de questions sur le caractère, les goûts et les habitudes de Jeanne. A quoi la jeune fille répondit avec toute la vivacité de sa tendresse et de son admiration pour Jeanne, et elle termina par un panégyrique complet, mais parfaitement sincère, où elle ne lui dissimula rien des difficultés qu'il aurait sans doute dans les commencements à échanger ses pensées avec un être si candide et si différent du monde où il avait vécu jusqu'alors.

M. Harley écouta attentivement, froidement en apparence. Puis, l'horloge sonnant une heure après minuit, il baisa la main de Marie en lui disant: « Vous êtes un ange, vous aussi. Je vous demande la nuit pour réfléchir et prendre mon parti.

— Prenez plus de temps, ami, dit Guillaume, rien ne presse. Jeanne ignore vos intentions... »

Mais M. Harley semblait être sourd à la voix de Guillaume. Guillaume, lui parlant de l'effet de ses démarches et du soin de sa dignité aux yeux d'autrui, ne pouvait le distraire de sa passion. Car, qui l'eût deviné? Sir Arthur, sous son apparence imperturbable, avait une grande spontanéité et, en même temps une grande ténacité dans ses affections. Il prit congé de Marie sur l'escalier, traversa sur la pointe du pied les corridors du vieux château, et arriva avec Guillaume à la chambre qu'on lui avait préparée.

Le premier objet qui frappa ses regards en y entrant, et qui lui arracha encore un *hô!* étouffé, fut Jeanne, debout auprès de son lit, couvrant de taies blanches les oreillers destinés à son sommeil... Jeanne, ayant le commandement en chef des lessives et les clefs du garde-meuble, présidait à la distribution du linge, et *le fin* ne passait jamais que par ses mains. La toile, blanche comme la neige, était parfumée, grâce à ses soins, d'iris et de violettes, et elle touchait sans les froisser les garnitures de mousseline légère qu'elle faisait flotter autour des coussins. Elle avait un peu de lenteur dans tous ses mouvements; mais, comme elle ne se reposait jamais, son travail incessant devançait encore l'activité souvent étourdie et bruyante de Claudie. Il y avait dans sa physionomie une sorte de majesté angélique qui faisait disparaître la vulgarité de ses attributions. A la voir nouer lentement les cordons de ses oreillers, d'un air sérieux et pensif, on eût dit d'une grande-prêtresse occupée à quelque mystérieuse fonction dans les sacrifices.

L'Anglais resta immobile sans lui dire un mot. Guillaume, ému, se sentit cloué au plancher. Il eût mieux aimé en cet instant perdre l'amitié de sir Arthur que de le laisser seul avec Jeanne, et Dieu sait pourtant que sir Arthur eût été encore plus timide et plus réservé que Guillaume dans un tête-à-tête avec cette jeune fille. Cette dernière, impassible et la tête penchée, faisait tous ses nœuds en conscience. Il sembla à Guillaume qu'elle entrelaçait le nœud gordien, tant les secondes lui parurent longues. Enfin elle sortit, et l'Anglais amoureux, qui n'avait osé lui dire ni bonjour, ni bonsoir, se laissa tomber dans un fauteuil en poussant un gros soupir. « Demain, mon cher Guillaume, demain, dit-il en secouant la main du jeune baron pour prendre congé de lui, je vous dirai ce que tout cela sera devenu dans mon esprit. La nuit porte conseil.

— Vous comptez donc veiller? lui demanda Guillaume, qui, malgré son affection pour lui, ne pouvait se défendre d'un peu d'amertume ironique dans le fond de son âme. Je vous conseille, au contraire, de bien dormir, mon ami, car vous devez être brisé de fatigue. Le repos vous rendra l'esprit plus libre et plus sain pour réfléchir demain.

M. Harley ne répondit pas, et Guillaume le quitta, douloureusement jaloux de sa liberté et de son courage.

Arthur ouvrit ses malles qui l'avaient devancé, et qu'on avait déposées dans cet appartement, endossa sa robe de chambre, chaussa ses pantoufles, alluma deux bougies sur la cheminée, et se plongea dans son fauteuil, pour se livrer plus à l'aise à ses méditations. Mais il n'y avait pas encore donné cinq minutes qu'on frappa légèrement à sa porte. Il alla ouvrir et vit paraître Jeanne qui lui apportait un plateau couvert d'un thé complet. « C'est mam'selle Marie qui vous envoie ça, » dit Jeanne en posant le plateau sur la table ; et elle porta la bouilloire devant le feu. Pendant ce temps, M. Harley s'étant dit que cette apparition était fatale, et la regardant comme un coup du sort, alla résolument pousser la porte, et revenant s'asseoir dans son fauteuil d'un air pensif qui n'était pas fait pour effaroucher la pudeur, « Mademoiselle, dit-il pendant que Jeanne arrangeait les porcelaines sur la table, voulez-vous me permettre de vous adresser une question ? » Jeanne trouva l'Anglais excessivement poli, et lui répondit d'un air tranquille qu'elle attendait ses *commandements*.

XV.

NUIT BLANCHE.

« Je prendrai la liberté de vous demander, mademoiselle Jeanne, si votre intention est de vous marier ? »

Telle fut l'entrée en matière de sir Arthur, et il faut avouer que jamais préambule ne fut plus maladroit. Le bon Anglais était un être admirable pour sa candeur, sa droiture et sa générosité ; mais il n'était orateur dans aucune langue. Il portait dans son âme une sorte d'enthousiasme permanent pour les idées sublimes, qui n'avait pas trouvé d'expression, et qui paraissait un état calme parce que c'était un état chronique. En ce sens il avait avec le caractère de Jeanne de mystérieuses affinités. L'amour et la pratique du bien lui étaient naturels comme l'action de respirer, et il ignorait le mal au point de n'y pas croire. Grave et tranquille, parce qu'il atteignait et embrassait sans cesse l'idéal sans effort, il n'avait pas besoin de s'échauffer la tête pour professer et observer ses croyances religieuses et philosophiques. *Loyauté, dévouement, patience*, telle était sa devise, et c'était aussi le résumé de toutes ses doctrines. Son imagination n'allait pas au delà, mais elle ne restait jamais au-dessous de ce code fait à son usage et qu'il exposait d'une façon laconique et peu brillante. Comme ce n'était pas un grand esprit, il était facile de l'embarrasser, et, pour peu qu'il voulût se manifester davantage, il s'embrouillait et devenait incompréhensible en français. Il se tenait donc en garde contre lui-même, ne s'embarquait dans aucune discussion, et se contentait de protester en silence contre les raisonnements qui le choquaient. Alors il ne répondait que par ce *hô!* qui disait beaucoup dans sa bouche et qui était la plus forte expression de sa surprise, de son mécontentement, et quelquefois de sa joie.

Jeanne fut très-étonnée de cette question dans la bouche d'un homme qu'elle ne connaissait pas du tout. — C'est-il pour plaisanter, Monsieur, répondit-elle, que vous me demandez cela ?

— Non, reprit l'Anglais, je ne plaisante jamais. Je vous demande, mademoiselle Jeanne, très-sérieusement, si vous êtes libre de vous marier ?

— Monsieur, ça ne regarde que moi, répondit Jeanne.

— Je vous demande bien pardon, ça me regarde aussi beaucoup. Je suis chargé de vous demander en mariage pour une personne de ma connaissance.

— Et pour qui donc, Monsieur ?

— Si vous ne voulez pas vous marier, vous n'avez pas besoin de savoir pour qui.

— C'est vrai ! Allons, Monsieur, vous vous amusez de moi. Dormez donc bien, je vous dis bonsoir. N'avez-vous plus besoin de rien ?

— Attendez encore un moment, mademoiselle Jeanne, je vous prie. Vous ne voulez pas vous marier, peut-être parce que vous aimez quelqu'un que vous ne pouvez pas épouser ?

— Ah çà ! Monsieur, répondit Jeanne en souriant, je n'aurai pas grand'peine à m'en défendre, car ça n'est pas.

— Écoutez, mon enfant ; je vous prie de me dire la vérité comme à un ami.

— Vous vous moquez, Monsieur. Comment donc que nous serions amis puisque nous ne nous connaissons quasiment pas ?

— Peut-être, Jeanne, que je vous connais très-bien sans que vous me connaissiez.

— Je ne sais pas comment ça se ferait, à moins pourtant que vous n'ayez connu ma pauvre défunte mère, dans le temps qu'elle demeurait ici ?

Pour la première fois de sa vie, sir Arthur eut un instinct de ruse, bien innocente à la vérité.

— Peut-être que je l'ai connue, votre mère ? dit-il, devinant que c'était le seul moyen d'inspirer de la confiance à Jeanne.

Ce petit mensonge fit sur elle un effet magique. Elle n'avait pas songé à regarder la figure de l'Anglais ; elle ne se rendit pas compte de son âge. Quoique sir Arthur n'eût guère que trente ans, qu'il eût une épaisse chevelure, une belle figure très-fraîche, des dents magnifiques, le front le plus uni et le plus serein, la taille haute et dégagée, sa manière sévère de s'habiller et la gravité de ses allures n'avaient rien de folâtre, de coquet, ni de jeune. Jeanne ne se demanda pas s'il avait pu connaître beaucoup sa mère vingt ans auparavant.

— Si vous me parlez de ma pauvre chère défunte, c'est différent, dit-elle, et je pense bien que vous ne voudriez pas plaisanter avec moi là-dessus. Voyons, qu'est-ce que vous avez à m'en dire ?

— Jeanne, je m'intéresse à vous autant que mademoiselle Marie et que M. Guillaume, votre frère de lait ; je désire que vous soyez heureuse, je me fais un devoir d'y contribuer, et je suis assez riche pour contenter tous vos désirs. S'il est vrai que vous aimiez une personne de votre condition et que la différence de fortune soit un obstacle, je me charge de vous doter convenablement. Ainsi ayez confiance en moi, et répondez-moi sans crainte.

— Monsieur, vous avez bien des bontés pour moi, répondit Jeanne, peut-être que ma mère vous a rendu quelque service dans le temps ; mais ça serait bien le payer trop cher que de vouloir me doter. D'ailleurs, je n'ai pas besoin de ça. Je ne suis pas amoureuse de personne, et personne ne me fait envie pour le mariage.

— Pourriez-vous me jurer cela sur l'honneur de votre mère, que vous paraissez tant aimer et regretter ?

— Oh ! oui, Monsieur, ça me serait facile, et si c'est de besoin, je ne demande pas mieux.

M. Harley garda un instant le silence. Il voyait bien à la physionomie et à l'accent de Jeanne qu'elle ne mentait pas.

— Cependant, reprit-il, voyant qu'elle se préparait à sortir, je désire faire quelque chose pour votre avenir, c'est un devoir pour moi. Ne me direz-vous pas quelles conditions vous mettriez à votre bonheur dans le mariage ?

— C'est drôle tout de même, dit Jeanne, que tout le monde ici me parle de mariage, quand je n'en parle jamais, moi, et quand je n'y songe pas du tout !

— Eh bien ! trouvez-vous que je vous offense en vous en parlant aussi, moi ? Et en ce cas, je ne dis plus rien, mon intention n'est pas de vous offenser.

— Oh ! je le crois bien, Monsieur, dit Jeanne qui craignit d'avoir été impolie, et pour qui la politesse était un devoir sérieux, parce que, pour elle, c'était l'expression de la bienveillance et de la sincérité. Vous pouvez bien me dire tout ce que vous voudrez, je ne m'en fâcherai pas.

— Eh bien ! ma chère Jeanne, permettez-moi de vous demander comment vous désireriez le mari que vous accepteriez ?

— Je n'en sais rien, Monsieur. Je n'ai jamais pensé à ce que vous me demandez là.

— Mais je suppose ! Vous ne pouvez même pas supposer ? Vous ne savez donc pas ce qu'on entend par une supposition ?

— Si Monsieur, je connais ce mot-là. On le dit quelquefois chez nous.

— Eh bien ! alors, en supposant que vous en soyez à choisir un mari, comment le voudriez-vous ?

— Vous m'en demandez trop ! Je vous dis que je ne sais pas.

— Eh bien ! comment voudriez-vous qu'il ne fût pas ?

Vous ne savez pas non plus? Voyons, s'il était pauvre, le refuseriez-vous?

— Oh! non, je ne le refuserais pas pour ça, puisque je suis pauvre moi-même, que je suis née dans les pauvres, que j'ai été élevée avec les pauvres, et que je mourrai comme les pauvres!

— Et s'il était riche, qu'en diriez-vous?

— Je dirais non, Monsieur.

— Oh! pourquoi cela?

— Je ne peux pas vous répondre là-dessus. Mais je refuserais, bien sûr.

— Vous croyez que les riches sont méchants?

— Oh! non, Monsieur. Ma marraine, mon parrain, mam'selle Marie sont bien riches; et ils sont très-bons.

— Alors vous croyez qu'un riche vous ferait la cour pour vous séduire, et qu'il ne voudrait pas sérieusement, sincèrement vous épouser?

— Ça pourrait bien arriver. Mais quand même je serais sûre qu'il ne se moque pas de moi, je ne voudrais pas de lui.

— Et s'il renonçait à sa fortune pour vous plaire, s'il faisait vœu de pauvreté pour être digne de vous? s'écria sir Arthur frappé de surprise, et voulant lire au fond des mystérieuses idées de Jeanne.

— Ça, ça pourrait changer un peu mon idée, mais ça ne serait pourtant pas suffisant.

— Quel autre sacrifice faudrait-il donc faire? reprit l'Anglais exalté intérieurement. Il y a peut-être quelqu'un capable de vous aimer assez pour consentir à tout.

— Non, Monsieur, non, dit Jeanne, il n'y a personne comme cela, je vous en réponds; et si quelqu'un était consentant de mes idées, par une idée intéressée, il s'en repentirait bien un jour!

— Je ne comprends plus... Oh!.... expliquez-vous! s'écria sir Arthur, qui avait le front tout humide de sueur à force de rechercher le sens des énigmes de la bergère d'Ep-Nell.

— C'est bien assez, mon cher monsieur, répondit-elle, je ne veux pas vous en dire plus. Si vous me portez intérêt, ne songez pas à me faire marier. Je n'ai besoin de rien, et avec votre amitié, si c'est de ma mère que j'en hérite, je vous serai bien assez obligée.

M. Harley, pétrifié par la surprise, n'osa la retenir davantage.

Jeanne trouva, derrière la porte, Claudie qui écoutait et regardait par le trou de la serrure, et qui ne parut nullement honteuse d'être surprise en flagrant délit de curiosité et d'indiscrétion. Jeanne ne songea pas de son côté à lui en faire un crime. Elle ne pensait pas avoir jamais eu de secrets pour Claudie, qu'elle aimait beaucoup et dont elle était fort aimée. — Tiens! tu étais là? lui dit-elle en regagnant leur commune chambrette. Pourquoi donc que tu ne t'es pas couchée?

— Je pouvais-t-i dormir, répondit naïvement la Toulloise, quand je voyais que tu ne revenais pas de chez ce monsieur? Alors je suis venue écouter ce qu'il te disait. C'était joliment drôle.

— Pourquoi donc que tu n'entrais pas? tu m'aurais aidée à lui répondre : tu parles mieux que moi.

— Oh! j'aurais eu trop honte, répondit Claudie, qui avait la prétention d'être timide, bien qu'elle fût passablement effrontée. Je ne sais pas comment tu peux causer comme ça si longtemps et de cent sortes de choses avec du monde que tu ne connais pas.

— De quoi veux-tu que je sois honteuse? On ne m'a jamais dit de mauvaises choses, et ce monsieur est très-honnête.

— Oh! pour ça, oui! il parle très-honnêtement, et s'il n'était pas si drôle, il serait très-joli homme.

— Qu'est-ce que tu lui trouves donc de drôle?

— Dame! c'est-il pas drôle d'être Anglais?

En causant ainsi, les deux jeunes filles étaient entrées dans leur chambre, située dans une tourelle, et éclairée par une fenêtre ou plutôt par une fente à embrasure taillée en biseau et terminée en bas par une meurtrière ronde qui avait jadis servi aux guetteurs pour pointer un fauconneau. Un banc de pierre plongeait en biais dans cette embrasure étroite et profonde, et la lune, glissant par la fente, était le seul flambeau dont nos jeunes fillettes eussent besoin pour se mettre au lit. En servantes jalouses d'économiser la dépense de la maison, elles éteignirent leur lanterne, et Jeanne, s'asseyant sur le banc de pierre pour délacer son corsage, regarda dans la campagne et tomba dans la rêverie. A quoi donc penses-tu? lui cria Claudie qui était déjà couchée. Tu ne veux donc pas dormir de cette nuit?

— L'heure du sommeil est passée, dit Jeanne, et ce n'est quasiment plus la peine d'en goûter, car il fera bientôt jour. Tu ne saurais croire, Claudie, que, quand je vois le clair de lune, ça me fait un effet tout drôle.

— Oh! moi, j'aime ça, le clair de lune! reprit Claudie, luttant entre le sommeil et l'envie de babiller. Le reste du temps, je suis peureuse à mort la nuit; mais quand la lune éclaire, je n'ai peur de rien, je vois tout.

— Eh bien! moi, je ne suis pas comme toi, dit Jeanne. Le clair de lune m'inquiète un peu; c'est le plaisir des fades! les bonnes comme les mauvaises sont dehors par ce temps-ci, et si les âmes chrétiennes ne sont pas en grâce, il y a du danger.

— Ah! tais-toi, Jeanne, s'écria Claudie; si tu vas commencer tes histoires de fades, tu vas me faire peur. Tu sais bien que je ne veux plus croire à ça, moi. C'était bon chez nous; mais à la ville, c'est bête : tout le monde s'en moque. Si tu parlais de ça à mam'selle Marie, tu verrais comme elle te gronderait!

— Je ne te force pas d'y croire, Claudie, les fades n'ont jamais été occupées de toi. Il y a des personnes que les esprits ne tourmentent jamais. Mais il y en a d'autres qui sont bien forcées de savoir de quoi il s'agit, et le moyen de se garer des mauvais pour être bien avec les bons. Ce n'est pas à moi qu'il faut dire qu'il n'y a pas de fades. J'en sais trop là-dessus, Claudie.

— Eh bien! tais-toi, et viens te coucher! V'là la peur qui me prend. Je ne sais pas comment tu oses en parler à cette heure, toi qui es sûre qu'il y en a.... Heureusement je suis un peu rassurée dans cette chambre, quand la porte est bien fermée, à cause qu'elles ne pourraient pas entrer par la fenêtre : il n'y a point.

— Ça n'y ferait rien, va, Claudie. Tant petites que soient les *huisseries* d'une chambre, elles peuvent y passer si elles veulent. Mais n'aie pas peur, va. Elles ne te feront pas de mal tant que tu seras avec moi.

— C'est heureux pour moi, dit Claudie, car je n'ai pas ce qu'il faut pour les renvoyer, moi!

— Ne dis donc pas ça, Claudie!

— Je peux bien le dire à toi. Tu le sais bien. A propos de ça, Marsillat ne t'en conte plus du tout, pas vrai?

— Non, du tout.

— Du tout, du tout?

— Tu me demandes ça tous les jours! Quand je te dis que non!

— C'est égal, Jeanne. Il n'y a guère de filles ni de femmes capables de se garer d'un homme comme lui.

— Ça n'est pourtant pas déjà si difficile.

— Je te le dis que si, moi, c'est difficile! Un homme qui veut ce qu'il veut! Il le veut absolument, quoi!

— Il entend la raison comme un autre, va!

— Jamais je n'ai pu la lui faire entendre.

— C'est que tu n'avais pas grande envie de l'entendre toi-même, Claudie.

— Dame! un homme si gentil! et qui parle si bien!

— Et qui t'a fait des cadeaux!

— C'est bien gentil aussi, les cadeaux!

— Ça serait plus gentil de n'en pas avoir envie!

— Tout le monde ne peut pas être comme toi, écoute donc; je ne dis pas que j'aie bien fait; car tout ça, c'est des chagrins pour moi.

— Allons, ne te fais pas de chagrin! ça ne t'empêchera pas de te marier, ma Claudie.

— Ça en ôte le goût. Quoi donc faire d'un paysan quand on est *au fait* de causer avec un monsieur? Ça a tant d'esprit un Marsillat, et c'est si bête un Cadet!

— Mais c'est bon, c'est courageux, ça aime toujours; et un Marsillat, ça n'aime pas longtemps!

Mademoiselle, dit-il, pendant que Jeanne arrangeait les porcelaines. (Page 54.)

—Tu crois donc qu'il ne m'aime plus du tout?
—Je ne dis pas ça; mais qu'est-ce que tu en dis toi-même?
—Je dis que j'ai eu rudement de peine! Mais ça commence à se passer. Faut bien se consoler, quand on ne peut pas mieux faire.
—Oui, faut se consoler, Claudie. Tout ça ne t'empêche pas d'être une bonne fille, qui travaille bien, et qui peut encore être aimée d'un homme comme il faut[1]. Le malheur que tu as eu est arrivé à bien d'autres, et il n'y a pas si grand mal, quand on l'a fait par bonté et par amitié. Le bon Dieu pardonne ça; comment donc que les hommes ne le pardonneraient pas aussi?
—Tiens! faut bien qu'ils le pardonnent! dit Claudie en essuyant une larme, et elle s'endormit sur le même oreiller que Jeanne, sa pudique et indulgente compagne.

Qu'on ne s'étonne pas de voir la chaste Jeanne si tolérante envers la repentante Claudie. Un ou deux péchés de jeunesse et d'entraînement ne déshonorent point une jeune fille dans nos campagnes. Elles sont naturellement timides et chastes, mais elles sont faibles : les hommes ne leur font pas un crime de cette faiblesse qu'ils provoquent et dont ils profitent. Il n'y a jamais eu d'homme du monde au dix-huitième siècle qui ait su fouler au pied ce qu'on appelait alors le préjugé, mieux que nos paysans ne le font tous les jours. C'est un fait à constater et dont il ne faut tirer aucune induction contre les principes de Jeanne. Impeccable par résolution exceptionnelle, elle était l'indulgence et la charité même pour les fautes d'autrui.

Cependant Jeanne, qui avait l'habitude de dire des prières avant de s'endormir, tenait encore ses yeux ouverts lorsqu'il lui sembla voir la meurtrière qui éclairait l'intérieur de la tourelle, interceptée tout à coup par un corps opaque. Elle ne put retenir un cri, et aussitôt elle vit ce corps disparaître. Puis elle l'entendit glisser le long du mur extérieur, et des pas furtifs firent crier faiblement le sable du jardin. Cet étage n'était pas élevé de plus de dix à douze pieds au-dessus du sol, et il était possible de monter jusqu'à la lucarne par le treillage de la vigne qui tapissait la muraille. Claudie, éveillée en

[1]. Un homme comme il faut ne veut pas dire, dans la bouche de nos filles, un homme bien né ou bien élevé, mais un honnête homme.

Elle ne put retenir un cri. (Page 56.)

sursaut, cacha sa tête sous les couvertures, et Jeanne, toute brave qu'elle était, n'osa pas d'abord aller regarder par la meurtrière. Lorsque après plusieurs signes de croix et de pieux exorcismes, elle s'y décida, elle ne vit plus rien. La lune était pure, et l'ombre des arbres fruitiers se dessinait immobile et nette sur le sable brillant des allées.

— Es-tu sotte, de me faire peur comme ça? dit Claudie.

— Je n'ai pas dit que ça fût le diable, répondit Jeanne. J'ai vu comme une tête.

— Ça avait-il des cornes?

— Non. C'était fait comme du *monde humain*, et malgré que je n'aie pas eu le temps de bien voir, parce que la lune donnait par derrière, j'ai vu comme des cheveux plats sur une tête plate.

— C'était donc fait comme la tête du vieux *Bridevache*?

— Ça m'y a fait penser. Mais qu'est-ce que Raguet viendrait faire ici?

— Ça ne serait pas pour faire du bien. As-tu fermé les portes hier soir?

— C'est Mam'selle qui les a fermées avec l'Anglais, et peut-être qu'ils auront oublié de mettre la barre. D'ailleurs, tu sais bien que ce méchant Raguet est comme *une serpent*. Il passerait par le trou d'une serrure.

— Bah! tu te seras imaginé d'avoir vu quelque chose. Les chiens n'ont pas jappé.

— Tu sais bien que les chiens ne disent jamais rien à cet homme-là. Il a des paroles pour les endormir.

— Oui, des belles paroles! il leur jette de la viande de cheval mort. Il est plus voleur que sorcier, va, et plus méchant que savant.

— Il faut nous habiller et aller voir dehors, dit Jeanne.

— *Ma fine*, je n'y veux pas aller, s'écria Claudie. J'ai trop peur.

— Et s'il fait quelque dégât dans la cour ou dans le jardin, ça sera donc de notre faute, Claudie? Moi, j'y vas toute seule. Si c'est Raguet, ça ne me fait déjà plus tant peur que si c'était autre chose. Claudie ne voulut pas laisser Jeanne affronter seule l'aventure. Elle prit courage et l'accompagna. Tout était calme, et Claudie, rassurée, se moqua de Jeanne au retour.

— C'est égal, dit Jeanne ; je l'ai vu, j'en suis sûre. Si c'est Raguet, ça n'est pas déjà si étonnant ; c'est un homme qui se fourre partout, qui court toute la nuit, et qui dort quand les autres travaillent.

— C'est la vérité qu'il est curieux comme un merle, reprit Claudie ; on le trouve toujours en travers quand on veut cacher quelque chose. Il écoutait quelquefois le soir tout ce qui se disait chez nous, et il savait même toutes mes affaires avec Marsillat, sans que j'en eusse dit un mot à personne. C'est avec ça qu'il se fait passer pour sorcier, et qu'il donne la peur au monde.

Cependant sir Arthur ne dormait pas. Son imagination, si paisible d'ordinaire, avait pris le grand galop. La simplicité et l'étrangeté du personnage de Jeanne formaient un contraste qui le jetaient dans les plus grandes perplexités. Qui m'eût dit, pensait-il, que je tomberais amoureux d'une paysanne, que je prendrais la résolution d'épouser un être qui ne sait pas lire, et que je me trouverais repoussé par sa fierté et arrêté par la profondeur de ses énigmes !

— Ami, dit-il au jeune baron, lorsque celui-ci entra dans sa chambre à neuf heures du matin, je suis beaucoup plus épris ce matin de Jeanne la villageoise que je ne l'étais hier soir de miss Jane. J'ai causé avec elle après vous avoir quitté...

— Vraiment ? s'écria Guillaume en rougissant.

— Vraiment ; et elle m'a parlé par énigmes : mais elle m'est apparue comme le modèle le plus pur et le plus divin qui soit sorti des mains du Créateur, et je commence à croire ce que je soupçonnais déjà, que certains êtres qui n'ont pas appris à lire, en savent plus long que la plupart des savants de ce monde. Elle est fort excentrique, cette Jeanne ; elle porte dans son cœur un secret qui m'effraie et m'attire. Ce ne peut être qu'une chose sublime ou insensée. Et moi qui trouvais la vie aride et ennuyeuse ! Moi qui ressentais parfois, sans vous l'avouer, les atteintes du spleen, me voici tout ému, tout rajeuni. Je tremble, je souffre... mais j'existe...

— C'est dire que vous espérez aussi, dit Guillaume. Comment pourriez-vous ne pas réussir à être aimé de cette pauvre fille ?

— Je crains beaucoup le contraire. Cette pauvre fille n'a pas d'ambition. C'est pourquoi je l'admire ; c'est pourquoi je l'aime, et persiste dans ma résolution de l'épouser, si je peux l'y faire consentir.

Guillaume n'essaya point de dissuader sir Arthur. Abattu et soucieux, il le conduisit auprès de sa mère, qui l'attendait avec impatience. La famille de Charmois vint déjeuner. La sous-préfette fut très-aigre avec l'Anglais, qui ne songea seulement pas à lui expliquer son billet, tant il lui eût été impossible de parler hautement d'un amour qui commençait à l'envahir, non plus sérieusement, mais plus passionnément qu'il n'avait fait d'abord. Madame de Boussac et son amie crurent donc que ce billet n'avait été qu'une plaisanterie. Cependant la sous-préfette le lui pardonnait d'autant moins qu'elle le voyait complètement insensible aux charmes de sa fille, et elle avait soif de se venger de lui. Elle était trop clairvoyante pour ne pas avoir remarqué combien Jeanne était un sujet de trouble pour Guillaume. Des deux maris qu'elle avait guettés pour Elvire, elle n'en voyait donc plus un qui ne fût occupé de cette servante, et elle haïssait déjà la pauvre Jeanne, affectant de la traiter avec hauteur chaque fois que l'occasion s'en présentait, et jurant, en elle-même, qu'elle mettrait le désordre et la douleur dans cette maison où elle ne pouvait exercer son influence.

XVI.

LA VELLÉDA DU MONT BARLOT.

Marsillat arriva dans l'après-midi. Ne cherchant pas à se faire une nombreuse clientèle à Guéret, il n'était pas de la chaîne comme tous les avocats de province. Il voulait seulement faire ses premières armes dans son pays ; et n'y plaidant que les causes d'un certain éclat et d'une certaine importance, il avait souvent la liberté de revenir passer quelques jours à Boussac. Il cachait son ambition patiente sous un air d'insouciance et presque de dédain pour les gloires du barreau ; au fond, il aspirait à la députation dans l'avenir.

On s'imaginera difficilement qu'un homme de ce caractère fût susceptible d'une grande passion pour une femme telle que Jeanne. Aussi Marsillat était-il très-calmé à l'égard de la bergère d'Ep-Nell. Mais il avait trop de persistance réfléchie dans la volonté, pour n'en pas avoir instinctivement dans ses désirs. Une fantaisie non satisfaite le tourmentait plus qu'il n'eût souhaité lui-même, et depuis près de deux ans qu'il convoitait en vain la possession de la plus belle des filles du pays de Combraille, il avait de temps en temps des accès de mauvaise humeur contre elle et contre lui-même, en se rappelant qu'il avait échoué pour la première fois de sa vie dans une entreprise de ce genre. Il y avait pourtant dépensé plus de soins que pour toute autre. Il l'avait vue avec plaisir être admise au château de Boussac, dans l'espérance qu'elle serait là sous sa main ; et, durant toute la maladie de Guillaume, il avait pris tous les prétextes pour être assidu dans la maison. Dans les vastes galeries du vieux manoir où elle se hâtait pour le service de son cher parrain, le soir, surtout lorsqu'il la guettait dans la cour ou dans la laiterie, enfin, jusqu'auprès du lit où la prostration du malade la laissait quelquefois en tête-à-tête avec Jeanne, il avait épuisé son éloquence brusque et impérieuse, ses offres corruptrices et ses tentatives de familiarité, sans l'avoir émue ou effrayée un seul instant. Elle avait assez de force physique pour ne pas craindre une lutte où la prudence de Marsillat ne lui eût d'ailleurs pas permis de s'engager, car il sentait qu'un seul cri, un seul éclat de la voix de Jeanne, dans cette maison austère et silencieuse, l'eût couvert de ridicule et de honte. C'était donc par la séduction des paroles et des promesses qu'il pouvait espérer de s'en faire écouter ; mais, à tous ses beaux discours, Jeanne haussait les épaules. « Je ne sais pas, lui disait-elle, comment vous avez le cœur de plaisanter comme ça, quand mon pauvre jeune maître est si mal, et ma pauvre chère marraine dans le chagrin. Vous avez pourtant l'air de les aimer, car vous êtes bien officieux dans la maison ; mais vous êtes si fou, qu'il faut toujours que vous fassiez enrager quelqu'un. Je crois que vous *fafioteries* autour des filles, les pieds dans le feu. Allons, laissez-moi tranquille ; vous êtes un *diseur de riens*. Si vous y revenez, je vous recommanderai à la Claudie. »

Le sang-froid de Jeanne était une meilleure défense que la colère ou la peur. Au fond, Marsillat sentait qu'elle parlait avec bon sens, et qu'elle ne le jugeait pas plus mauvais qu'il n'était ; car il avait du dévouement et de l'affection pour Guillaume, et sa conduite n'était pas toute hypocrisie.

C'est là, du reste, tout ce qu'il avait obtenu de la perle du Combraille, comme il l'appelait d'un air moitié passionné, moitié railleur. Nos bourgeois font rarement la cour sérieusement aux filles de cette classe. Ils gardent avec elles ce ton de supériorité méprisante qu'elles ont la simplicité de ne pas comprendre quand elles aiment, ce qui arrive bien quelquefois pour leur malheur, sans que la cupidité (mais je ne dirai pas la vanité) y soit pour rien. Nos bourgeois, affreusement corrompus, ont remplacé les seigneurs de la féodalité dans certains droits qu'ils s'arrogent, en vertu de leur argent et de l'espèce de dépendance où ils tiennent la famille du pauvre.

A mesure que la santé de Guillaume était revenue, Marsillat avait fort bien remarqué la protection jalouse qu'il avait accordée à sa filleule, et, craignant de devenir ridicule, il avait affecté de ne plus faire attention à Jeanne. Il y avait même des moments où, croyant deviner dans son jeune ami une passion réelle et funeste, il se sentait tenté d'être généreux et de favoriser son amour. Il eût seulement voulu que Guillaume réclamât son aide et les conseils de son expérience dépravée ; mais le jeune baron eût préféré mourir que de lui ouvrir son cœur.

D'ailleurs Marsillat était flatté, au fond de l'âme, d'être accueilli avec distinction et choyé particulièrement par les dames de la maison plus que tout autre indigène de sa classe. Tout bourgeois ambitieux a cette faiblesse, bien qu'il soit peu de provinces où la noblesse soit plus effacée que dans la nôtre, et bien qu'il fût de mode, à cette époque, de la railler et de la braver plus qu'elle ne le méritait.

Mais la force des choses avait mis Jeanne à couvert des obsessions de Marsillat. Il avait été vivre ailleurs, il avait songé à ses affaires, à sa réputation, à son avenir, et son caprice pour la fille des champs ne s'était plus réveillé qu'à de courts intervalles, et lorsque les occasions de lui parler devenaient de plus en plus rares et périlleuses pour sa réputation d'homme de poids. De jour en jour, les folies de jeunesse, pour lesquelles on n'a chez nous que trop d'étrange tolérance, devenaient moins conciliables avec la position de l'avocat renommé. Le goût s'en passait peut-être aussi chez Marsillat, au milieu de préoccupations de plus en plus sérieuses. En un mot, son désir pour Jeanne s'était endormi dans sa poitrine. Peut-être n'attendait-il qu'une occasion quelque peu énergique pour se réveiller.

Avant le dîner, il entraîna Guillaume et sir Arthur dans la prairie où Jeanne gardait ordinairement ses vaches. Il prit pour prétexte l'amusement de faire lever et de tuer quelques lapins dans les rochers qui longent la rivière. Dans le fait, Marsillat voulait voir sir Arthur en présence de l'objet de ses pensées ; car Claudie avait assez bien écouté à la porte de sir Arthur, pour savoir à peu près par cœur l'étrange déclaration qu'il avait faite indirectement à Jeanne, et Marsillat n'était pas assez complétement détaché de Claudie pour n'avoir pas eu déjà un quart d'heure d'entretien particulier avec elle. Claudie n'ayant plus guère d'autres rapports avec son ancien amant que le plaisir de babiller avec lui de temps en temps, et voyant qu'il s'amusait toujours de son caquet déluré, lui racontait avec complaisance tous les petits événements de la maison ; et Marsillat, qui aimait à tout savoir, la faisait servir à sa police particulière, sans qu'elle y entendît malice. Cette familiarité cancanière est tout à fait dans les mœurs bourgeoises du pays.

Nos trois jeunes gens arrivèrent au bout de la prairie, sans que l'œil pénétrant de Marsillat et sans que le regard mélancolique et inquiet de Guillaume eussent découvert Jeanne. Cependant les vaches étaient au pré, et la gardeuse ne pouvait pas être loin. Mais ils durent renoncer à la rencontrer, et force fut à Léon d'entrer dans les rochers pour faire lever le gibier qu'il avait promis au fusil de M. Harley.

C'est alors seulement qu'il découvrit Jeanne abritée contre une grosse roche, et profondément endormie. Cette apparence de langueur et de paresse était bien contraire aux habitudes de Jeanne, et à ce préjugé rustique qu'il est dangereux de s'endormir aux champs. Mais elle avait à peine reposé deux heures cette nuit-là, et la fatigue l'avait vaincue. Sa quenouille était encore attachée à son côté, son fuseau avait roulé à terre, et le fil était rompu. Sa belle tête s'était penchée contre le rocher, et le chanvre de sa quenouille servait d'oreiller à sa joue candide. Elle était assise dans l'attitude la plus chaste, et sa main droite, pendante à son côté, avait, de temps à autre, le mouvement machinal, mais faible, de faire pirouetter le fuseau.

Marsillat, qui la découvrit le premier, s'arrêta à quelques pas devant elle, et fit signe à ses compagnons d'approcher. Guillaume éprouva un serrement de cœur indéfinissable à voir ainsi sa pudique Jeanne sous les regards brûlants de cet homme. Mais sir Arthur, après avoir contemplé Jeanne quelques instants en silence, parut tout à coup fort ému, et murmura à voix basse, en posant ses mains sur les bras de ses deux compagnons : Hô !... vous souvenez-vous ?

— De quoi ? dit Marsillat. Il paraît que vous avez quelque charmant souvenir !

— Hô ! dit l'Anglais en étendant sa main vers la tête de Jeanne avec attendrissement, je me souviens de tout ! Elle était la plus belle enfant du monde, elle est la plus belle fille de la terre !

— Mon Dieu ! s'écria Guillaume en passant sa main sur son front, je me souviens de quelque chose comme dans un rêve !... Aidez-moi, rappelez-moi !...

— Guillaume, dit M. Harley, souvenez-vous des pierres jomâtres et de la druidesse Velléda, et des trois dons, et des trois souhaits que nous lui avons faits !

— Oui-da ! s'écria Léon, je me souviens maintenant. Quant aux trois dons, je ne sais plus précisément ce que c'était. Il y avait trois pièces de monnaie différentes. Quant aux trois souhaits... je me rappelle celui de M. Harley, « un bon mari » ; et le mien, « un amant robuste... » Je ne me rappelle plus celui de Guillaume.

— Ni moi, dit Guillaume ; mais je me rappelle mon aumône. C'était une pièce d'or.

— Et moi, je me rappelle tout, comme si c'était hier, s'écria sir Arthur.

— Et vous croyez que c'était Jeanne ? demanda Guillaume troublé.

— Pourquoi pas ? reprit Léon ; je n'en sais rien, mais il est facile de s'en assurer.

Comme il élevait la voix sans ménagement, Jeanne s'éveilla, devint toute rouge de surprise et de honte, puis se frotta les yeux, se leva, sourit, et regarda ses vaches. Elles étaient un peu loin. Jeanne voulut courir pour les rejoindre ; mais Marsillat l'arrêta.

— Jeanne, lui dit-il pour l'éprouver, tu n'as donc jamais dit à personne ce que tu avais fait des trois pièces de monnaie que les fades du mont Barlot avaient mises dans ta main, quand tu étais petite, un jour que tu t'étais endormie sur les pierres jomâtres ?

Pour la première fois, depuis l'incendie de la chaumière d'Ep-Nell, Guillaume vit un grand trouble et une profonde terreur sur le visage de Jeanne.

— Dieu du ciel ! s'écria-t-elle en devenant pâle comme la mort, comment savez-vous ça, Monsieur ? Je ne l'ai jamais dit qu'à ma mère, et ma mère ne l'a jamais dit à personne.

— Ta tante le savait apparemment, Jeanne ?

— Non ! ma tante ne l'a jamais su. Qu'est-ce qui a pu vous le dire ? Ça n'est pas de ma faute si vous le savez, je ne l'ai jamais dit.

— Mais pourquoi avez-vous mis tant de soin à cacher une chose si simple ? dit Guillaume. Je ne comprends pas pourquoi vous attachez tant d'importance à ce hasard, ma chère Jeanne.

— Et vous aussi, mon parrain, vous le savez donc ? dit Jeanne consternée.

— Et moi aussi, dit l'Anglais en prenant, d'un air à la fois paternel et respectueux, la main de Jeanne, je le sais, et je vous prie de nous dire si cela a été pour vous la cause de quelque chagrin.

— Non, Monsieur, dit Jeanne, d'un air de fierté singulière, je n'en ai jamais eu de chagrin.

— Mais pourquoi l'as-tu caché ? dit Marsillat, qui affectait de tutoyer Jeanne, pour faire un peu souffrir ses deux rivaux. Voyons ! tu as cru sérieusement que cela te venait des fades ?

— Je n'ai rien à vous dire là-dessus, monsieur Marsillat, répondit Jeanne d'un air mécontent. Vous autres savants, vous avez vos idées, et nous avons les nôtres. Nous sommes simples, je le veux bien, mais nous voyons aux champs, où nous vivons de jour et de nuit, des choses que vous ne voyez pas et que vous ne connaîtrez jamais. Laissez-nous comme nous sommes. Quand vous nous changez, ça nous porte malheur.

— Ainsi, tu crois que ce sont les fades ? répéta Marsillat. Allons, grand bien te fasse ! Tu vois, Guillaume ! ajouta-t-il, affectant de tutoyer aussi le jeune baron, comme il le faisait quelquefois quand il se sentait l'humeur taquine, voilà l'esprit de nos belles bergères ! Elles ont mille superstitions absurdes, et ta filleule ne les a pas perdues depuis tantôt deux ans, je crois, que ta sœur essaie de lui débrouiller le cerveau. Jeanne, veux-tu que je te dise?...

— Nenni, Monsieur, je veux que vous ne me disiez rien, répondit Jeanne avec une tristesse qui était toute l'expression de son courroux. En voilà bien trop là-dessus. Moquez-vous de moi, si vous voulez, et des choses que vous ne connaissez pas, si vous ne craignez rien. Moi, je n'ai rien dit, et je n'ai pas fait de mal.

— Oh! s'écria sir Arthur, affligé de la douleur qui se peignait sur les traits de Jeanne, je ne comprends rien... Mais si Jeanne est dans l'erreur, il lui faut dire la vérité. On ne doit pas se moquer d'elle, mais lui apprendre...

Sir Arthur s'arrêta court en voyant le visage de Jeanne couvert de larmes. Il eut tant de douleur d'avoir contribué à la faire pleurer ainsi, qu'il resta stupéfait, et, plein du désir de la rassurer et de la consoler, il ne sut lui dire que « Hô!... »

L'affliction et le trouble de Guillaume furent plus visibles encore; mais gêné par la présence de Marsillat, il n'osa faire un pas ni dire un mot pour retenir Jeanne, qui s'éloigna avec empressement.

— Eh bien, dit Marsillat qui, seul, ne parut point ému, que dites-vous, sir Arthur, de cette étrangeté? n'est-ce pas une observation curieuse à faire sur les mœurs de nos campagnes? Vous avez voyagé dans des pays lointains et sauvages; vous ne vous doutiez pas, je parie, qu'il y eût au centre de la France des superstitions si arriérées!

— Dites tant de poésie fantastique, répondit M. Harley. Je ne trouve rien de ridicule ni de méprisable dans tout ceci, et je me rappelle fort bien ce que vous m'avez raconté autrefois des fées ou fades qui hantent les antiques cromlechs gaulois. Mais expliquez-moi pourquoi cette jeune fille pleure?

— Parce que cela porte malheur de parler des fades et de trahir les relations qu'elles ont daigné avoir avec les mortels. C'est un crime envers elles, et, dès ce moment, elles poursuivent et tourmentent les indiscrets en qui elles avaient mis leur confiance. Vous voyez bien qu'il ne peut venir à l'esprit de cette fille que nous soyons les trois fées du mont Barlot. Elle persiste à croire qu'elle a reçu l'aumône des bons génies, et, dans la crainte que son secret ne soit ébruité, elle gémit et se défend de l'avoir divulgué. Quant à moi, je ne suis pas si tolérant que vous, sir Arthur, à l'endroit de la poésie dite fantastique. Je hais la superstition, et déplore l'erreur grossière, sous quelque forme qu'elles se présentent. Je ne laisse jamais échapper l'occasion de m'en moquer, et je crois que c'est un devoir à remplir envers ces gens simples, qui seront peut-être nos égaux le jour où nous voudrons les éclairer, au lieu de les tenir dans les ténèbres de l'abrutissement.

— Vous êtes devenu bien philanthrope depuis que je n'ai eu le plaisir de vous voir, dit Guillaume avec un peu d'aigreur.

— Je l'ai toujours été, répondit Marsillat, et je me pique de l'être encore, et plus que vous, Guillaume. Car il entre dans les idées de votre caste de perpétuer l'ignorance chez le pauvre, afin d'y perpétuer la soumission. Aussi admirez-vous, en poètes, que vous prétendez être, le merveilleux qui remplit ces pauvres cervelles; et vous ne faites qu'entretenir, par la dévotion, par la protection accordée aux images miraculeuses, aux pèlerinages, et autres niaiseries, la folie de nos pauvres villageois. Au lieu que nous, infâmes libéraux, nous voudrions qu'ils pussent lire Voltaire comme nous, et se débarrasser du respect qu'ils portent à Dieu, au diable et à certains hommes.

— Monsieur Marsillat, vous avez raison sur un point et tort sur l'autre, répondit M. Harley. Je voudrais avec vous qu'on affranchît le paysan de ses terreurs comme de sa misère... Mais si vous n'avez que Voltaire à lui faire lire, quand il saura lire, j'en regretterai pour lui ses légendes poétiques et ses croyances merveilleuses. Jeanne disait tout à l'heure quelque chose d'assez profond, que vous n'avez pas senti. Des paysans, qui vivent aux champs de jour et de nuit, disait-elle, voient des choses que vous ne verrez jamais. C'est-à-dire qu'ils ont l'esprit plus tourné à la poésie que nous, et, en cela, je ne sais trop si nous devons les plaindre ou les envier, les désabuser ou les admirer.

— Oui, oui, vous les admirez en curieux, en amateurs! reprit Marsillat. Vous recueilleriez volontiers leurs légendes pour les mettre en vers, en prose fleurie ou en musique. Mais vous ne voudriez pas que vos enfants fussent nourris de pareils contes, et vous auriez grand soin de les désabuser s'ils prenaient au sérieux ceux de leurs nourrices.

— Vous vous trompez peut-être, dit Guillaume. L'enfant a besoin de poésie, comme le paysan, et on ne peut guère l'instruire qu'à l'aide des symboles. Quant à moi, j'ai été nourri de ces contes que vous méprisez tant, et je serais bien fâché d'avoir sucé l'esprit de Voltaire avec le lait.

— Je sais que vous avez été nourri du même lait que Jeanne, reprit Marsillat en souriant, et les fabliaux de la mère Tula ont pu être de votre goût, comme ceux de ma grand'mère, qui était, ne vous en déplaise, une sorte de paysanne, ont été peut-être du mien jadis. Mais vous n'aimez plus ces symboles qu'à la condition d'en chercher et d'en trouver le sens, au lieu que la pauvre Jeanne et ses pareilles y voient de grosses et terribles réalités qui font l'occupation, le tourment, l'idiotisme et l'abaissement de leur vie. Qu'en dit notre philosophe? ajouta-t-il en s'adressant avec un peu d'ironie à M. Harley.

— Je dis, répondit celui-ci, qu'il faudrait traiter le cerveau des paysans comme on a traité celui de Guillaume : leur laisser la poésie, et les aider à découvrir le symbole.

— Alors, il n'y aurait plus foi à la poésie, s'écria Léon, qui aimait à discuter. Ils ne feraient plus que s'en amuser comme vous autres ; les plus froids deviendraient des critiques, les plus artistes des littérateurs ; je ne demande pas mieux, moi ; mais ils perdraient dès lors cette naïveté crédule que vous appelez leur poésie, et qui fait, à vos yeux, tout le charme de leur superstition.

M. Harley voulut répondre ; mais il fut bientôt contredit et battu par Marsillat, qui avait la parole plus facile, et qui était à cheval sur une logique plus claire. Cependant il ne convainquit pas l'Anglais, qui, en rendant justice à la netteté de sa critique, trouvait beaucoup de sécheresse dans ses sentiments, et n'envisageait qu'avec effroi sa philosophie matérialiste. Mais les esprits qui se contentent d'une certaine portion, étroite et distincte, de la vérité acquise, auront toujours, dans la discussion, beaucoup d'avantage apparent sur ceux qui cherchent dans l'inconnu une vérité plus vaste et plus idéale. M. Harley dut bientôt céder la palme du raisonnement à l'avocat, et Guillaume, qui se sentait ébranlé par le talent de Léon plus qu'il ne voulait en convenir, devint de plus en plus triste, et finit par garder le silence.

Cette conversation fut reprise le soir autour de la table à ouvrage, où les demoiselles du château et leurs jeunes hôtes avaient ordinairement une causerie à part, tandis que les parents jouaient aux cartes avec quelques fonctionnaires ou bourgeois royalistes de la ville. Arthur et Guillaume eussent souhaité qu'il fût question de Jeanne entre eux et Marie seulement; mais il n'y eut pas moyen d'empêcher Marsillat de raconter devant Elvire l'aventure du mont Barlot, la découverte que M. Harley avait faite de l'identité de Jeanne avec la petite chevrière, dite la druidesse des pierres jomâtres, et le chagrin que cette fille crédule avait montré en entendant raconter l'incident des pièces de monnaie déposées dans sa main. Mademoiselle de Boussac écouta ce récit avec beaucoup d'attention, et voulut en savoir tous les détails. M. Harley, seul, se les rappelait exactement et minutieusement. Guillaume, étant fort jeune à l'époque de l'événement, en avait un souvenir vague, qui se réveillait à mesure que sir Arthur racontait. Marsillat avait meilleure mémoire que Guillaume ; mais la poésie de ce petit roman l'ayant moins frappé que ses deux compagnons, il ne s'en serait peut-être jamais souvenu plus que Guillaume sans le secours de M. Harley. Cette différence dans l'impression diverse que plusieurs personnes reçoivent et conservent d'un même fait est assez prouvée par l'expérience journalière.

Sir Arthur n'avait été qu'une fois en sa vie aux pierres jomâtres. Ce lieu sauvage avait laissé dans son souvenir un tableau distinct, et les moindres circonstances qui s'y rattachaient lui semblaient en faire partie. Marsillat ayant cent fois passé par là avant et après, eût été fort embarrassé de noter un cas particulier. Il avait guetté et surpris bien d'autres fois, et moins innocemment peut-être, les bergères endormies dans les rochers et sous les buissons de ces parages peu fréquentés. Cependant la demeure éloignée et les habitudes sauvages de Jeanne l'avaient tenue assez longtemps à l'abri des regards de l'ardent chasseur, pour qu'il eût oublié ses traits, d'ailleurs fort changés et pour ainsi dire transformés depuis la rencontre du mont Barlot jusqu'à l'époque où les yeux noirs de Claudie avaient attiré le jeune avocat vers les bruyères de Toull et les dolmens d'Ep-Nell. Quant à Guillaume, quatre ans passés à Paris dans le monde avaient pour ainsi dire mis un abîme entre les souvenirs de son adolescence et les émotions d'une vie nouvelle.

Lorsque tout le monde se fut retiré de bonne heure, suivant la coutume pacifique et régulière de la cité de Boussac, Arthur, Guillaume et Marie prolongèrent encore quelque temps la veillée dans le grand salon. L'Anglais persistait dans son amour pour Jeanne, et mademoiselle de Boussac, bien loin de l'en dissuader, admirait ce qu'elle appelait sa sagesse, et s'enthousiasmait avec lui pour son étrange projet d'hyménée. Guillaume était taciturne, et, enfoncé sous la grande cheminée, il tourmentait les tisons avec une agitation singulière. M. Harley voulait l'amener à lui donner une complète adhésion; mais le jeune homme se retranchait sur le danger d'unir indissolublement une intelligence éclairée avec des instincts honnêtes mais aveugles. Puis il revenait à la lutte, peut-être éternelle, que son ami aurait à soutenir contre l'opinion. Il s'effrayait du ridicule et du blâme qui allaient s'attacher à cette résolution excentrique. Arthur combattait ces objections par des arguments sans réplique au point de vue du sentiment et de la raison naturelle, et Guillaume était ému, oppressé, et comme vaincu au fond de son âme. Et alors il trouvait un secret soulagement à prévoir que Jeanne, fidèle à sa bizarre détermination, repousserait l'idée du mariage, et il conjurait sir Arthur de ne pas se déclarer avant que sa sœur ou lui-même, au besoin, eussent réussi à savoir le fond des pensées de la mystérieuse bergère. Et alors aussi Marie le grondait de sa froideur et de sa faiblesse en présence du rôle sublime de leur ami. Enfin, il fut résolu que, le lendemain, mademoiselle de Boussac s'attacherait aux pas de Jeanne jusqu'à ce qu'elle lui eût arraché son secret.

XVII.

LA GRANDE PASTOURE.

Le soleil n'était pas encore levé lorsque la romanesque Marie alla trouver Jeanne dans l'étable, et s'asseyant sur le bord de la crèche, tandis que la jeune fille trayait ses vaches, elle entra en matière par l'aventure du mont Barlot. Lorsqu'elle lui eut déclaré et assuré que Guillaume, Arthur et Marsillat étaient les auteurs du miracle dont elle avait fait l'événement capital de sa vie, la belle laitière suspendit son travail et resta comme étourdie sous cette révélation. Si tout autre la lui eût faite, elle n'y eût jamais cru, mais elle vénérait sa jeune maîtresse presque à l'égal de sa patronne, la Vierge des Cieux, et elle demeura comme étourdie et consternée sous le coup de la froide réalité. Vraiment, quand on ôte au paysan sa foi au prodige, il semble qu'on lui enlève une partie de son âme.

— Eh bien! ma Jeanne, dit la jeune châtelaine, tu regrettes donc beaucoup ton rêve?

— Oui, ma chère demoiselle, j'en ai du regret, répondit Jeanne; je m'étais accoutumée à y penser tous les jours. Mais si ça m'ôte un plaisir, ça m'ôte aussi une peine.

— Explique-toi clairement. Tu peux bien tout me dire, à moi, Jeanne. Tu sais combien je t'aime. Tu sais aussi que je ne me moque jamais de toi, et bien que j'aie ignoré jusqu'ici à quel point tu croyais aux fades, je me sens moins que jamais capable de te tourmenter et de t'humilier.

— Oh! je le sais, ma chérie mignonne; vous avez trop bon cœur! Mais enfin, vous ne croyez pas les mêmes choses que nous.

— C'est vrai; mais je puis t'écouter, et peut-être adopter tes idées si elles me paraissent justes. Voyons, instruis-moi dans ta croyance comme si j'étais païenne et que tu voulusses me convertir. Apprends-moi ce que c'est que les fades.

— Eh! Mam'selle, c'est bien simple; elles sont filles de Dieu ou filles du diable. Elles nous aiment ou nous haïssent, nous soulagent ou nous tourmentent, nous conservent dans le bien ou nous jettent dans le mal, selon que nous les connaissons, et que nous nous donnons aux bonnes ou aux mauvaises. Quand une personne a la *connaissance*, elle fait son salut en restant sage. Quand elle ne connaît rien, il lui vient des mauvaises pensées, et elle se laisse aller au mal sans savoir comment.

— Eh bien! quand tu as trouvé, après ton sommeil sur les pierres jomâtres, ces pièces dans le sable, as-tu regardé cela comme un présent des fées ou comme un piège?

— Attendez, ma mignonne. Il faut tout vous dire. Vous ne savez pas qu'il y a un trésor caché dans notre pays!

— Je sais cela. Tout le monde le cherche et personne ne le trouve. On dit aussi qu'il y a un veau d'or massif enterré sous la montagne de Toull; que ce veau d'or, ou ce bœuf d'or, comme vous l'appelez, se lève, sort de son gîte caché à certaines époques de l'année, particulièrement à la nuit de Noël, et qu'il se met à courir la campagne en jetant du feu par les yeux et par les naseaux.

— Oui, Mam'selle, c'est comme ça que ça se dit.

— On dit encore que si quelqu'un, coupable d'une mauvaise action, vient à rencontrer *le bœuf*, le bœuf l'épouvante, le poursuit, et peut le tuer; au lieu que si la personne est en état de grâce, et marche droit à lui, elle n'a rien à craindre. Enfin, on dit que si cette personne a le bonheur de le rencontrer la nuit de Noël, juste à l'heure de l'élévation de la messe, elle peut le saisir par les cornes et le dompter; alors le bœuf d'or s'agenouille devant elle, et la conduit à son trou qui est justement le trou de l'or, l'endroit où gît le trésor de l'ancienne ville de Toull, perdu et cherché depuis des milliers d'années.

— Oui, Mam'selle; vous savez donc tout ça?

— Je l'avais entendu raconter en plaisantant, et hier soir, M. Marsillat nous a donné beaucoup de détails, et nous a assuré que presque tous les habitants de Toull et des environs croyaient fermement à cette folie, quoiqu'ils ne l'avouent pas aux bourgeois. Et toi, Jeanne, est-ce que tu y crois?

— Ma mignonne, vous dites déjà que c'est une folie! Moi, je ne dis rien là-dessus. Je ne peux pas dire que ce soit faux, mais y crois. Je ne veux pas dire que ce soit vrai, M. le curé de Toull dit que c'est un péché. Seulement, j'ai toujours tâché de ne pas faire de mal, afin de n'être pas tuée par *le bœuf*, si je venais à le rencontrer, et de trouver le trésor, si c'est la volonté de Dieu.

— Allons! ma bonne Jeanne, tu y crois. Après?

— Après, Mam'selle? Est-ce qu'on ne vous a pas dit que pour n'être pas en danger, il faut n'avoir jamais eu de l'or tant seulement un brin en sa possession?

— C'est vrai, on me l'a dit aussi. Vous pensez donc que l'or porte malheur?

— Ça, j'en suis bien sûre! Toutes les fois qu'un bourgeois en a montré à une fille, elle a quasiment perdu l'esprit, et elle s'est *rendue à lui*, quand même il était vieux, méchant et vilain. Eh bien! le jour où je trouvai de l'or dans ma main, je commençai par le jeter bien loin de moi. Ensuite, pour qu'il ne portât pas malheur à d'autres, je fis un trou dans la terre avec mon couteau, sous la grand'pierre jomâtre, et je poussai le louis d'or dedans avec mon sabot. Mais comme il y avait eu dans ma main de l'argent aussi, je ne me méfiai pas de l'argent, et le portai bien vite à ma mère.

— Tu pensas donc de suite aux fades?

— Non, Mam'selle. Je n'y pensais pas, je n'avais pas de *connaissance*; je savais seulement que l'or portait malheur, et je n'en voulais point. Quand je dis à ma mère ce qui m'était arrivé, et que je lui montrai les deux pièces d'argent, elle commença à m'instruire. Elle me tança beaucoup de m'être laissée aller au sommeil sur les pierres jomâtres, qui sont un mauvais endroit, et elle m'enseigna ce que je devais faire pour me sauver des mauvais esprits qui avaient agi avec moi comme s'ils croyaient m'avoir achetée. Elle fut contente de ce que j'avais laissé le louis d'or au mont Barlot et de ce que je ne l'avais pas mis dans ma poche, ni regardé avec plaisir, ni désiré de le conserver. Elle ne savait trop que dire du gros écu blanc. Ça pouvait être bon ou mauvais; mais ça pouvait aussi n'être ni mauvais ni bon, parce qu'il y a des *fadets* qui sont fous, qui aiment à s'amuser, et qui font des petites niches un peu ennuyeuses, mais bien méchantes, comme de vous faire chercher votre fuseau, ou de vous casser souvent votre fil en filant, ou encore de vous faire défaire vos pelotons en tournant le *dévide* à l'envers quand vous n'y faites pas attention. Nous avons donc fait bénir l'écu dans l'église et nous l'avons mis dans le tronc aux pauvres. Quant à la pièce de cinq sous, qui était bien reluisante, bien petite et bien jolie... il y avait l'empereur Napoléon dessus, et ma pauvre chère mère aimait beaucoup cet empereur-là. Elle disait souvent que si elle n'avait pas été nourrice elle aurait voulu être cantinière pour aller à la guerre contre les Anglais qui ont pris et abîmé notre pays dans les temps anciens, du temps de la *Grande-Pastoure*.

— Eh bien! la petite pièce de l'empereur?

— Ma chère défunte me dit comme ça : « Jeanne, c'est bon, cette pièce-là, c'est du bonheur et de l'honneur. C'est la bonne fade qui, en voyant comme la mauvaise fade voulait te tenter avec de l'or, a mis dans la main ce petit sou blanc pour te défendre. C'est, pour sûr, la grand'fade d'Ep-Nell, qui te veut du bien, parce qu'elle sait que tu n'es pas méchante, et que tu n'as jamais fait de peine à ta mère, ni de tort à personne. Faut donc garder son cadeau, et ne jamais t'en séparer. » Là-dessus elle perça le petit sou blanc et me le fit attacher à la croix de mon chapelet avec la petite médaille de la bonne sainte Vierge qui commande à toutes les bonnes fades. Et tenez, Mam'selle, je l'ai bien toujours. Le voilà au bout de mon chapelet, dans ma poche ; la nuit je le passe à mon cou, et comme ça je ne le quitte jamais.

Et Jeanne montra à sa jeune amie un petit chapelet de ces graines grisâtres qui croissent dans nos champs et dont je ne sais plus le nom. L'humble offrande de sir Arthur y était attachée par un petit anneau de fer.

— Voilà, ma mignonne, reprit Jeanne, l'histoire des trois pièces, qui m'a tant fait faire de prières, parce que je croyais que c'était un miracle, et qui m'a souvent aussi donné la peur. Vous dites que ça n'en est pas un. Eh bien! vous vous trompez peut-être. Les fades peuvent bien s'en être mêlées et avoir fait choisir à ces trois monsieurs, sans qu'ils le sachent, la pièce qui pouvait me porter malheur ou bonheur.

— Et sais-tu, ma pauvre Jeanne, de qui te vient ton cher petit sou blanc?

— Ça doit être de mon parrain !

— Eh bien ! non, c'est d'un monsieur anglais.

— De l'Anglais ? Ah ! dit Jeanne étonnée, un Anglais peut-il porter bonheur à une chrétienne ?

— Tu crois donc qu'un Anglais n'est pas un chrétien ?

— Je ne sais pas.

— Je t'assure qu'ils sont aussi bons chrétiens que nous, Jeanne !

— Je sais bien que ça se dit comme ça, à présent, Mam'selle; mais du temps de votre papa, que vous n'avez guère connu, ça se disait autrement. Savez-vous pourquoi ma mère aurait voulu que je vienne à attraper *le bœuf* et à trouver le *trésor*?

— Voyons !

— Elle disait que le trésor était si gros, que personne n'en verrait jamais la fin; qu'il y aurait de quoi rendre heureux tout le monde qui est sur la terre ; qu'il y aurait encore de quoi payer une grosse armée pour renvoyer les Anglais de la France, car ils étaient les maîtres à Paris, à ce qu'il paraît, dans le temps où elle me disait ça.

— Et pourquoi haïssait-elle ainsi l'Angleterre?

— Dame! Mam'selle, elle avait appris ça chez vous, du temps qu'elle y élevait votre frère. Votre défunt papa, qui était un grand militaire (qu'on dit), leur faisait la guerre, et votre maman, qui avait toujours peur qu'on ne le tue, les haïssait à mort. Alors quand l'empereur a été renvoyé et *mis dans une cage de fer* par les Anglais, ma mère a pleuré, pleuré, et moi aussi je pleurais de la voir pleurer. Et puis quand on disait que les Anglais avaient amené de leur pays un roi anglais et qu'ils l'avaient mis à Paris pour commander aux Français, elle se fâchait, et elle disait comme ça : « Ah ! ma pauvre chère dame de Boussac doit avoir rudement de chagrin ! » Aussi, Mam'selle, j'ai été bien étonnée quand je suis venue ici et que j'ai entendu dire à votre maman qu'elle aimait Louis XVIII, le roi anglais; et je ne savais que penser de voir qu'il y avait son portrait dans sa chambre et qu'on avait mis le portrait de l'empereur dans le grenier. Aussi je l'ai mis dans ma chambre, moi, sans qu'elle le sache, et je ne crois pas qu'il y ait de mal à ça.

— Non, sans doute. Moi aussi j'admire et je plains le grand empereur. Mais prends garde que madame de Charmois ne découvre que tu honores ainsi son portrait, car elle n'aurait pas de cesse que maman ne le fît brûler.

— Aussi, Mam'selle, je le cache tous les matins avec un tablier que j'accroche dessus. Mais le soir, quand je reviens dans ma chambre, je le regarde, et ça me fait plaisir. Dame! écoutez donc, mon père aussi avait été soldat du temps de la République, et, sous l'empereur, il avait été dans un pays qu'on appelle l'Italie, et il s'était bien battu. Je ne l'ai pas connu non plus ; mais je sais qu'il n'aimait pas beaucoup les Anglais, et il y avait dans notre maison une image de l'empereur qui a brûlé avec tout le reste.

— Ainsi, tu songes à faire la guerre aux Anglais, Jeanne ? Quand tu auras trouvé le trésor, tu achèteras une grosse armée, et tu te mettras en campagne sur un beau cheval blanc, comme Jeanne d'autrefois, la belle Pastoure qui a délivré notre pays des habits rouges ?

— Oh ! Mam'selle, comment donc que vous savez ces choses-là ? J'en rêve toutes les nuits, et mêmement quelquefois quand je suis tout éveillée, et que je garde mes bêtes, je m'imagine que je vois arriver tout ça. Cependant, je n'en parle jamais à personne.

— Mais moi, Jeanne, je te devine, et peut-être que je fais des rêves semblables de mon côté. On ne peut pas être ici à Sainte-Sévère sans s'émouvoir au récit de ce qui s'y est passé. On dit qu'il y a à Toull des lions que les Anglais y avaient fait tailler dans la pierre, pour humilier le pays, et que tous les jours on leur donne encore des coups de sabot.

— Ah ! Mam'selle, je vois bien que vous êtes comme moi ! Ma mère a dit que votre grand'père avait été très-ami avec la Grande-Pastoure, et qu'il était aussi un grand soldat enragé contre les Anglais.

— Mon grand-père?

— Oui, Mam'selle, un seigneur de Boussac. Elle avait entendu dire ça dans la maison d'ici.

— Ces choses-là sont beaucoup plus anciennes que tu ne penses, Jeanne; mais n'importe. Il y a eu, en effet, dans notre famille un maréchal de Boussac qui fut le compagnon de la Pucelle, et je sens comme toi, Jeanne, qu'il serait doux de mener cette belle vie. Mais cela n'est plus de notre temps, mon enfant. Nous voilà en paix pour longtemps, pour toujours peut-être, avec l'Angleterre. Nous sommes censés libres, et les Anglais ne viendront plus ouvertement nous faire la loi. Il convient à une bonne chrétienne comme toi de ne plus les haïr et de ne plus songer à lever une armée contre eux.

— Ça ne vous va donc pas, Mam'selle, ce que j'ai dit? Je vous en demande pardon.

— Cela me va beaucoup, au contraire, tes idées, ma bonne Jeanne, et je t'aime davantage d'avoir toutes ces imaginations. Mais tout cela est impossible, et d'ailleurs il y a de bons Anglais qui nous aiment et qui pleurent l'empereur Napoléon.

— Vrai, Mam'selle? il y en a? Oh! il faudrait faire grâce à ceux-là.

— Certainement, Jeanne, et tu dois commencer par notre ami M. Harley, qui admire la belle Pastoure et l'empereur autant que toi.

— *Si pourtant*, dit Jeanne en hochant la tête, les Anglais les ont fait mourir tous les deux. Ils ont brûlé la Grande-Pastoure parce qu'elle avait la connaissance!

— M. Harley la révère comme une martyre et comme une sainte, je t'en réponds.

— Oui da! c'est donc un bien brave homme, cet Anglais-là?

— Le meilleur, le plus sage, le plus humain qui soit sur la terre, Jeanne.

— Ça me fait plaisir. Je n'ôterai pas son petit sou blanc de mon chapelet.

— Garde-t'en bien, tu lui ferais trop de peine.

— Et à cause donc, Mam'selle?

— Parce qu'il t'aime, Jeanne.

— Il m'aime! C'est donc vrai qu'il a connu ma mère?

— Je ne sais pas, mon enfant, mais il t'aime beaucoup.

— Et pourquoi donc?

— Parce qu'il aime ce qui est bon et beau. Qui se ressemble, s'assemble, Jeanne! N'est-ce pas vrai?

Mademoiselle de Boussac continua sur ce ton, au grand étonnement de Jeanne, qui se confondait en remercîments, sans rien comprendre à l'affection dont elle était l'objet. Mais elle l'acceptait comme la marque d'une grande bonté, et prêtait l'oreille d'un air naïf au panégyrique que sa jeune maîtresse lui traçait de sir Arthur. Mais quand Marie essaya de faire expliquer Jeanne sur les sentiments qu'il lui inspirait, elle s'aperçut qu'elle perdrait du terrain au lieu d'en gagner, et qu'une sorte de méfiance et d'effroi, sentiments bien contraires à ses dispositions habituelles, s'emparaient de la jeune fille. — Voilà déjà deux fois, Mam'selle, que vous voulez trop me faire dire ce que j'en pense, dit-elle; je ne sais pas pourquoi vous vous inquiétez de ça.

— Mais voyons, Jeanne, reprit mademoiselle de Boussac, je suis une fille à marier, moi, et je puis d'un jour à l'autre, être demandée par quelqu'un.

— Oh! si c'est pour me faire causer que vous me questionnez comme ça, répondit Jeanne, qui donna avec simplicité dans cette petite ruse, je vois bien qu'il faut que je retienne ma langue, car peut-être que je vous ferais de la peine sans le savoir.

— Nullement, Jeanne; je suis comme toi, fort peu pressée de me marier, et je ne me sens éprise de personne. Aussi tu peux parler, et je te consulte.

— Oh! moi, Mam'selle, je ne me permettrai pas de vous conseiller!

— Tu ne m'aimes donc pas?

— Pouvez-vous dire ça!

— En ce cas, parle, s'écria Marie en lui passant un bras autour du cou, et en l'attirant auprès d'elle sur la crèche. Suppose que tu sois à ma place, et que M. Harley veuille t'épouser.

— Est-ce que je sais moi?

— Mais, enfin, tu peux bien supposer!

— Je supposerai tout ce qui vous fera plaisir, dit Jeanne, et je vous répondrai dans la vérité de mon âme. Je n'épouserais jamais ce monsieur-là; d'abord parce qu'il est Anglais, et que je ne voudrais pas mettre au monde des enfants anglais. Je peux bien ne pas le détester, et lui porte du respect, il est si brave homme; mais l'épouser! Non, quand il serait fait pour moi (mon égal), je ne voudrais pas contrarier l'âme de ma chère défunte mère et de mon pauvre défunt père. Ensuite, Mam'selle, je dirais non, parce qu'il est riche, et que ça me porterait malheur. On dit chez nous que l'argent rend fier et méchant. Je ne dis pas ça pour vous, ma bonne chère mignonne; il n'y a rien de si bon et de si humain que vous. Mais il n'y en a peut-être pas beaucoup qui vous ressemblent, et je vois bien déjà que mam'selle Elvire n'est pas comme vous. Et puis moi, je suis trop simple pour savoir me servir de l'argent. Je ferais peut-être du mal avec, et ma mère m'a commandé de rester pauvre. Enfin ça ne se pourrait pas, et il y aurait quarante mille bons Anglais pour m'épouser, que je ne voudrais pas du meilleur de tous, je vous le jure sur mon baptême!

Jeanne parlait avec plus de vivacité que de coutume. Il y avait en elle comme une sorte d'indignation patriotique qui faisait briller son regard et la rendait plus belle encore que de coutume, quoique son expression fût changée. Marie, impressionnable comme une âme de poëte, ne pouvait s'empêcher de l'admirer, quoique son obstination l'affligeât profondément, et elle la comparait intérieurement à Jeanne d'Arc. Il lui semblait voir et entendre la Pucelle dans toute la rudesse du langage rustique qu'elle devait avoir avant de quitter la houlette pour le glaive. Ce mélange de douceur et de fermeté, de sérénité angélique et d'enthousiasme contenu, devait avoir caractérisé l'héroïne de Vaucouleurs, et la romanesque descendante du sire de Brosse s'imaginait que l'âme de la belle Pastoure revivait dans Jeanne pour se reposer de ses durs labeurs dans une vie obscure et paisible, en attendant qu'une autre transformation l'appelât à se manifester encore dans tout l'éclat douloureux de la force et de la gloire.

Cependant, après avoir raconté à son frère et à M. Harley toute cette causerie matinale avec une exactitude minutieuse, Marie osa conclure, en souriant, que sir Arthur ne devait pas désespérer de fléchir sa *bergère inhumaine*, mais qu'il faudrait du temps, des soins et de la patience.

Sir Arthur se résigna à faire prendre à son roman une allure plus grave que le grand trot excentrique sur lequel il l'avait commencé. La difficulté imprévue de cette conquête enflamma davantage son amour, et il devint épris et sentimental comme un garçon de vingt ans. Le cerveau tout rempli de rêves poétiques et le cœur pénétré de sentiments romanesques, mais gauche, timide et embarrassé comme jamais Chérubin ne le fut auprès d'une brillante comtesse, il était pour Marie un objet d'admiration et d'intérêt, et pour Marsillat, qui observait tous ses mouvements, un type de ridicule achevé. La vérité est qu'il y avait de l'un et de l'autre chez bon M. Harley, et que, sauf la triste figure et l'âge mûr de Don Quichotte, il ressemblait un peu en ce moment au héros de Cervantes déposant son casque et se couronnant de fleurs pour se transformer en berger.

Quant à Guillaume, il parut tout à coup soulagé d'un grand poids, et se donna même la peine d'être fort galant auprès d'Elvire. Madame de Charmois, étonnée et ravie de ne pas découvrir la moindre accointance entre lui et Jeanne, commença à concevoir de sérieuses espérances.

XVIII.

LA FENAISON.

Des jours et des semaines s'écoulèrent dans un calme apparent. Sir Arthur chérissait la campagne et ne s'était pas fait beaucoup prier pour passer tout l'été à Boussac. La châtelaine, comptant qu'il avait beaucoup d'influence sur son fils, avait espéré qu'il le déciderait à sortir de son apathie et à faire choix d'une carrière. Guillaume montrait chaque jour plus d'éloignement pour les divers états qu'on lui offrait, et sa mère n'espérait plus lui faire conquérir un sort brillant qu'à l'aide d'un bon mariage. Elle le promenait dans les châteaux d'alentour, et attirait chez elle ses nobles voisines; mais, à son grand déplaisir, Guillaume, loin d'admirer leurs charmes, n'était

Marie, impressionnable comme une âme de poëte, ne pouvait s'empêcher de l'admirer. (Page 63.)

porté qu'à remarquer leurs défauts; et comme elle faisait part de ses soucis à la sous-préfette, celle-ci insinuait avec acharnement que Guillaume devait avoir quelque déplorable inclination pour une personne d'un rang inférieur, qu'il ne pouvait avouer. Elle nomma même Jeanne plusieurs fois; mais comme rien, dans l'apparence, ne justifiait cette accusation, madame de Boussac ne voulut point y croire.

M. Harley était un mauvais auxiliaire pour ses projets ambitieux. Il essayait parfois de se conformer à ses intentions; mais lorsque Guillaume lui demandait pourquoi il lui donnait un exemple si contraire à ses conseils, le bon Arthur restait court, souriait, et finissait par avouer qu'en fait de mariage, il ne connaissait d'autre considération que l'amour. Il était de ces Anglais qui épousent qui bon leur semble, une comédienne, une cantatrice, une danseuse même, pourvu qu'elle leur plaise; et comme Jeanne lui plaisait par des qualités moins brillantes, mais plus essentielles, il pensait faire un acte de haute raison en même temps que de goût, en persistant à l'épouser.

Cependant il l'aimait avec patience. Il ne voulait plus l'effaroucher par des offres soudaines. Il s'était résigné à l'étudier de loin, afin de se rapprocher d'elle peu à peu, à mesure qu'il trouverait, dans les habitudes de la vie champêtre, les occasions de lui inspirer de la confiance, et de lui parler une langue qu'elle pût entendre. Il s'ingéniait avec une rare maladresse, mais avec une bonne foi touchante, à deviner les moyens de lui plaire et d'en être compris. Il s'informait de ses parents, de son pays, de ses amis toullois. Il avait été à Toull, faire connaissance avec le curé Alain pour lui parler de son projet et le mettre dans ses intérêts; mais sous le sceau du secret, et à la condition que le bon desservant n'en parlerait à Jeanne que lorsque les manières de la jeune fille lui auraient donné quelques espérances. Il s'était fait, dans cette occasion, le messager de Jeanne pour porter, de sa part, l'argent qu'elle avait gagné, à sa tante la Grand'Gothe, et comme il avait quadruplé cette petite somme sans en rien dire à personne, et sans s'inquiéter si cette femme n'était pas une des plus riches du pays sous sa misère apparente, il lui avait donné à penser, sans s'en douter, qu'il était l'amant heureux de Jeanne, et que celle-ci avait enfin compris le parti qu'elle

Le sacristain l'eût cédé de bonne grâce. (Page 65.)

pouvait tirer de sa jeunesse et de sa beauté. Puis, Jeanne ayant dit un jour devant lui à mademoiselle de Boussac qu'une des choses qu'elle regrettait le plus de son pays, c'était son chien qu'elle avait été forcée de laisser au père Léonard, parce qu'elle voyait qu'il lui faisait plaisir, sir Arthur avait été pour acheter et ramener ce chien. Le sacristain l'eût cédé de bonne grâce à Jeanne, mais il n'avait pas refusé l'argent du *mylord*, et tout le hameau de Toull avait été en révolution pour savoir ce que signifiait une si étrange affaire, un beau monsieur achetant fort cher un vilain chien de berger. Enfin, comme on n'entendait venir de la ville aucun bruit fâcheux contre les mœurs de la fille d'Ep-Nell, on avait conclu que l'Anglais était *imberriaque*, c'est-à-dire un peu fou ; et chaque Toulloise qui, venant au marché de Boussac, deux fois la semaine, y rencontrait Jeanne faisant les provisions du château, ne manquait pas de lui parler de M. Harley en termes fort moqueurs. On rendait pourtant justice à sa générosité : car il semait l'argent sur ses pas, et cherchait à se faire rendre, par les pauvres habitants de ces landes arides, mille petits services inutiles : comme de lui tenir son cheval pendant qu'il allait à pied un bout de chemin, de lui donner un renseignement dont il n'avait que faire, de lui aller cueillir une fleur ou de lui vendre un oiseau, le tout pour avoir l'occasion de payer d'une manière exorbitante ces malheureux déguenillés. Mais le paysan est si rarement assisté dans ces contrées sauvages, qu'il s'étonne et s'alarme presque de la charité, comme d'une folie ou d'un piége, bien qu'il en profite avec joie.

Jeanne n'était pas moqueuse de sa nature, et les railleries dont sir Arthur était l'objet, lui inspiraient une sorte de compassion respectueuse. « Ce pauvre homme, se disait-elle, on se moque de lui parce qu'il est bon ! » Elle lui parlait avec une considération particulière, et l'entourait, dans son service, de prévenances filiales. Mais elle ne paraissait pas plus enamourée de lui que le premier jour, et elle attendait avec une admirable résignation, un jour d'abandon ou d'émotion qui n'arrivait pas.

Bien qu'il n'eût confié son secret qu'à Guillaume et à sa sœur, et qu'il se fût laissé plaisanter sur sa lettre à madame de Charmois, sans paraître y avoir attaché la moindre intention sérieuse, ses assiduités à la prairie, au jardin où Jeanne ramassait les *folles herbes* pour ses vaches, à l'étable où il venait faire, sans aucun progrès, des études d'animaux d'après nature, tout cela ne pouvait manquer d'être commenté par Claudie, et même par Cadet, qui était bien un peu épris et un peu jaloux de Jeanne, quoiqu'il ne fût pas certain d'être précisément amoureux d'elle ou de Claudie. Claudie avait commencé par dire que Jeanne avait bien *de la chance*, que la mère Tula avait eu grand'raison de prédire qu'elle trouverait le trou-à-l'or, vu que l'Anglais avait plus d'écus qu'il n'en pourrait tenir sous la montagne de Toull; mais ne voyant pas arriver le grand événement de ce mariage qu'elle avait prédit, la première, Claudie ne savait plus que penser, et elle eût cru que sir Arthur voulait agir avec Jeanne comme Marsillat avait agi avec elle, si Jeanne, dont elle ne pouvait suspecter la sincérité, ne lui eût assuré que jamais l'Anglais ne s'était permis de lui dire « un mot d'amourette. »

Mais Marsillat qui, revenait passer presque tous les samedis et les dimanches à Boussac, voyait parfaitement M. Harley filer ce qu'il appelait le parfait amour, et il n'avait pu se refuser le plaisir d'en faire des gorges chaudes avec deux ou trois de ses amis de la ville, qui avaient répété la nouvelle en plein billard..... d'où elle avait été circuler sur la place du marché..... d'où enfin elle avait été, à cheval et en patache, se promener et se répandre dans les villes et villages des environs. Si bien qu'au bout d'un mois, on savait dans tout l'arrondissement et même au delà, qu'il y avait au château de Boussac un original d'Anglais, millionnaire, et assez beau garçon, qui s'était coiffé d'une servante, au point de vouloir en faire sa femme. Les dames de la province, sont, par nature et par position, fort jalouses de la beauté des villageoises et des grisettes, étaient indignées contre l'Anglais. Leurs maris abondaient dans leur sens, disant qu'on pouvait bien faire sa maîtresse d'une servante, mais que l'épouser était une preuve d'aliénation, voire d'immoralité. Les jeunes gens étaient curieux de voir cette beauté qui faisait de pareilles conquêtes, et qui, disait-on, jouait la cruelle pour être plus sûre d'être épousée. On venait de Chambon, de Gouzon, de Sainte-Sévère, et même de la Châtre, où le public est plus malin et plus flâneur que partout ailleurs, pour voir la *belle Boussaquine*; et comme on la voyait fort rarement, il y en avait qui, ne voulant pas passer pour avoir fait inutilement le voyage, affirmaient qu'elle n'était pas du tout jolie, et que l'Anglais était un libertin blasé, incertain s'il devait se couper la gorge ou épouser une maritorne pour se désennuyer.

Tous ces propos n'entraient que furtivement dans le château de Boussac, grâce à Claudie et à Cadet, qui se gardaient bien d'en rien dire tout haut, défense expresse leur ayant été signifiée de jamais rapporter les sottises du dehors à l'oreille de mademoiselle de Boussac ou de son frère. Jeanne levait les épaules quand sa compagne de chambre le lui racontait, et seule, toute la ville, elle ne voulait ou ne pouvait croire qu'elle fût l'objet de toutes les conversations et le point de mire de tous les regards. La Charmois en assommait madame de Boussac, criait au scandale, et réclamait fortement l'expulsion de Jeanne. Mais madame de Boussac, qui menait à cinquante ans, dans son vieux castel, la vie d'une jolie femme de l'Empire, se levant tard, passant trois heures à sa toilette, sommeillant sur sa chaise longue et dorlotant ses migraines, était peu clairvoyante, haïssait les partis extrêmes, et trouvait d'ailleurs beaucoup plus vraisemblable que sir Arthur songeât à épouser sa fille que sa servante. L'amitié franche et ouverte de Marie et de M. Harley l'un pour l'autre, pouvait donner le change, et la Charmois elle-même s'y perdait quelquefois. Guillaume aussi la jetait parfois dans l'erreur des douces illusions, en se montrant fort empressé auprès d'Elvire. Il est vrai que quand il était las de se contraindre et de railler, il cessait brusquement ce jeu amer, et c'est alors que la *Charmoise*, comme on l'appelait dans la ville (où déjà elle était détestée pour ses grands airs, son caractère intrigant et sa dévotion hypocrite), retombait dans ses soupçons et dans ses colères concentrées.

Tout ce roman de sir Arthur produisit pourtant des résultats sérieux sur deux personnes dont l'une le raillait avec aigreur, et dont l'autre paraissait le blâmer tristement. La première fut Léon Marsillat, qui, piqué au jeu, et irrité dans ses instincts de lutte, eût donné son meilleur cheval, et peut-être sa plus belle cause, pour prélever sur Jeanne les droits que l'Anglais prétendait acheter de son nom et de sa fortune. Marsillat regrettait avec dépit d'avoir contribué à amener Jeanne à Boussac, où il ne pouvait l'obtenir que de sa bonne volonté, à quoi il n'avait pas réussi. Si elle eût été encore bergère à Ep-Nell, et qu'Arthur et Guillaume fussent venus la lui disputer, il l'aurait poursuivie dans le désert, et il se flattait qu'elle n'eût pas été rebelle à d'audacieuses tentatives de corruption. Mais il fallait désormais changer de moyens, ruser, attendre... Marsillat n'en avait pas le temps. Il se disait qu'il était bien fou de penser à cette péronnelle stupide, lorsqu'il avait tant d'autres affaires et tant d'autres plaisirs. Et cependant il rêvait quelquefois la nuit qu'il la voyait revenir de l'église, au bras de son époux, M. Harley, et il s'éveillait en jurant et en haussant les épaules, furieux de n'avoir pas réussi à rendre ridicule le personnage de ce mari. Son orgueil en était mortellement blessé.

L'autre personne sur qui rejaillissait toute l'émotion du roman de sir Arthur, c'était Guillaume. Ce jeune homme avait pour Jeanne ce qu'en style de roman on peut appeler une passion. C'était cela et rien que cela, car, pour un amour profond, capable de dévouement et de courage, il était bien loin de sir Arthur, qu'il accusait pourtant dans son âme d'aimer avec un calme philosophique, et de ne pas connaître l'amour exalté. On se trompe ainsi : on prend pour l'attachement ce qui n'est que l'émotion du désir, et on traite de froideur ce qui est la sérénité d'une affection à toute épreuve. Guillaume n'eût jamais songé à épouser cette fille des champs. Il s'était laissé frapper l'imagination par sa beauté peu commune, par sa candeur touchante et par les événements romanesques de leur première rencontre à Toull. Le dévouement qu'elle lui avait montré dans sa maladie avait flatté ensuite son innocente vanité. Il avait cru, il croyait encore n'avoir qu'un mot à dire pour la voir tomber dans ses bras. Il s'était abstenu par piété, par délicatesse ; et, à force d'admirer sa propre vertu, il en était venu à s'éprendre fortement de l'objet d'un si grand sacrifice. Cependant il avait eu la résolution de guérir de cette folie. Il s'était éloigné ; il avait guéri, il avait même oublié : mais la vue de Jeanne, encore embellie et poétisée par l'affection de sa sœur, l'avait troublé dès l'instant de son retour. Et maintenant l'amour de sir Arthur réveillait le sien. Jeanne, inspirant des sentiments si profonds et des projets si sérieux, acquérait à ses yeux un nouveau charme et un nouveau prix ; et comme il s'imposait le devoir de ne pas empêcher son mariage, il s'excitait lui-même d'une manière vraiment puérile et maladive à la désirer, tout en s'imposant de renoncer à elle. Sa fantaisie devenait une idée fixe, une perpétuelle rêverie, une souffrance fiévreuse, une passion en un mot, puisque nous l'avons nommée ainsi, faute d'un nom qui peignît cette affection à la fois brutale et romanesque, particulière à la situation et à la nature d'esprit de notre jeune personnage. Il voulait parfois s'en distraire sérieusement, en essayant de faire la cour à mademoiselle de Charmois ; mais Elvire, avec ses talents frivoles, ses toilettes effrénées, son caquet frotté à l'esprit des autres, était si inférieure à Jeanne, que Guillaume avait bientôt des remords d'avoir cherché à comparer la demoiselle à la paysanne. Elvire était tout à fait dépourvue de charme. On n'avait développé en elle que les instincts égoïstes, les goûts d'ostentation et les préjugés étroits. La bonne Marie elle-même, tout en blâmant les cruelles railleries de Guillaume sur son compte, ne pouvait réussir à l'aimer.

Un jour l'agitation amassée dans le cœur de Guillaume devint si forte, qu'elle faillit déborder. On était au temps des fauchailles et on rentrait le foin de cette belle et grande prairie voisine du château, où Jeanne avait gardé ses vaches dans les *bordures* seulement, durant toute la jeune saison des herbes. Ce fut un grand amusement pour toute la jeunesse du château, maîtres et serviteurs, de grimper sur le char à bœufs, et de manier avec plus ou moins d'adresse et de légèreté la fourche et le râteau. Cadet conduisait les convois, l'aiguillon à la main, fier comme un empereur d'Orient. Sir Arthur, comme le plus robuste, occupait le haut de l'édifice savamment équilibré et tassé par lui-même sur la charrette. Le bon Anglais était un peu vain de la facilité avec laquelle il avait acquis ce talent rustique, en regardant comment s'y prenaient les garçons de ferme. Il avait endossé une blouse de grosse toile bleue, et, coiffé d'un chapeau de paille tressé aux champs par les petits pastours, il déployait complaisamment la vigueur de ses muscles, et se réjouissait de hâler ses belles mains, dont il avait eu tant de soin jusqu'alors, mais dont il craignait que Jeanne ne méprisât la blancheur efféminée. « Vous travaillez *trop bien!* lui disait Jeanne, naïvement émerveillée de sa force et de son ardeur ; jamais je n'ai vu un *bourgeois se prendre* (s'en acquitter) si bien. Vois donc, Claudie, si on ne dirait pas que ce monsieur est un homme comme nous? »

Aucune parole ne pouvait être plus douce à l'oreille de sir Arthur. Déjà il se rêvait propriétaire d'une bonne ferme de la Marche ou du Berri, vivant à sa guise, en bon campagnard, loin du monde dont il était las, serrant lui-même ses récoltes, travaillant *comme un homme*, avec ses métayers, enrichissant ses colons, faisant le bonheur de sa commune, et goûtant lui-même la plus grande félicité auprès de la belle et robuste compagne. Voilà la vie que j'ai toujours rêvée, pensait-il, et Dieu me la doit, pour être resté fidèle à ces goûts simples et à l'amour de la nature embellie par le travail de l'homme. Tandis qu'Arthur, le front baigné de sueur, et les yeux brillants d'espérance, échangeait avec Jeanne des regards bienveillants, des paroles enjouées et de grandes *fourchées* de foin, les bœufs, enfoncés jusqu'aux genoux dans le fourrage qu'on leur livre à discrétion ce jour-là pour les distraire de *la mouche* qui les harcèle, secouaient de temps en temps leurs belles têtes accouplées sous le joug, et imprimaient au charroi un mouvement de tangage qui faisait tomber souvent sur ses genoux l'aimable Marie perchée, auprès de sir Arthur, sur *l'avant* de l'édifice. Cette jeune fille, trop frêle pour supporter la chaleur, folâtrait autour des travailleurs, grimpait ou descendait légèrement, en posant ses petits pieds sur les épaules de son frère, allait donner un ou deux coups de râteau auprès de Claudie, puis, tout d'abord essoufflée, se laissait tomber en riant sur les petites meules d'attente appelées *miloches*, en termes du pays. Claudie, alerte et court vêtue, était vermeille comme une cerise, et nettait, comme sir Arthur, de la coquetterie à montrer sa prestesse et son ardeur. Elvire était aussi robuste qu'une villageoise ; mais trop serrée dans son corset pour avoir les mouvements libres, elle était, à chaque instant, rappelée par sa mère qui, assise sur le foin, et grillant sous son ombrelle, trouvait que la pauvre fille devenait rouge comme une pivoine et ne paraissait pas à son avantage, ainsi fardée plus que de raison par le soleil de juin.

Guillaume avait mis veste bas, et, faisant luire au soleil l'éclat de sa chemise de batiste, découvrait son cou rond et blanc comme celui d'une femme. Il était vraiment le plus beau jeune homme qu'on pût voir ; mais Claudie le trouvait trop mince, et l'air de tendre commisération avec lequel elle lui disait : « Vous vous échaufferez, monsieur Guillaume », l'humiliait par la comparaison qu'il faisait de sa frêle organisation avec la taille carrée de l'Anglais. (*S'échauffer*, c'est prendre un coup de soleil et la fièvre).

Rebuté de voir que Jeanne ne quittait pas le travail de passer le foin au *rangeur*, et qu'elle était ainsi en rapport continuel de regards et de paroles avec Arthur, il prit une branche, et, se plaçant à la tête des bœufs, il s'amusa, sous prétexte de les soulager des mouches, à leur faire secouer rudement le char, et par conséquent son rival. Sir Arthur ne s'en impatientait pas, et rien ne put lui faire faire une chute ridicule. Il riait et assurait avoir le pied marin.

Madame de Boussac se tenait à l'écart sous un massif d'arbres, et causait avec Marsillat d'une affaire d'intérêt. Ce dernier se rapprocha enfin de Guillaume, et lui demanda ce qu'il trouvait de si intéressant dans le visage des bœufs, pour rester là, insensible à d'autres visages, beaucoup plus intéressants dans leur animation.

— Vous n'êtes pas assez artiste, lui répondit le jeune homme, affectant de ne pas comprendre, et cherchant à se distraire du véritable sujet de ses préoccupations, pour admirer ces faces bovines si bien coiffées dans notre pays, et si calmes dans leur puissance. Oui, je comprends que Jupiter ait pris cette forme dans un jour de poésie. Il y a du dieu dans ce large front si bien armé, et dans cet œil noir à la fois si fier et si doux. Il y a de l'enfant aussi dans ces naseaux si courts et dans le poil fin et blanc qui entoure proprement cette lèvre délicate. Il y a du paysan dans ces genoux larges et rapprochés, dans la lenteur de cette démarche tranquille. Il y a du lion dans cette queue vigoureuse qui fouette l'échine toujours noueuse et sèche. Oui, c'est un bel animal ! Le fanon est magnifique et le flanc a un développement immense. On prétend que la face est stupide : c'est faux ; elle exprime la force et l'innocence ; elle a du rapport avec la physionomie de l'homme qui cultive la terre et soumet l'animal. Voyez comme nos paysans entendent bien l'art sans le savoir ! Quel peintre, quel sculpteur eût imaginé cette coiffure d'un style si large et si simple ! Ce *frontal* de paille tressée, qui ressemble à un diadème, et cet entrecroisement ingénieux des courroies qui embrassent les cornes et le joug ! vraiment ceci doit être de tradition antique, et jamais le bœuf Apis n'a été plus majestueusement couronné.

— C'est très-joli, ce que vous dites là, répondit Marsillat en souriant. C'est de la poésie, c'est de l'art ; mais il y a de la poésie ailleurs, et mon sentiment d'artiste préfère d'autres modèles. Tenez, Guillaume, regardez Jeanne ! cette belle fille si douce et si forte aussi ! Forte comme un homme ! Voyez ! Elle enlève cinquante livres de foin au bout de la main, et cela toutes les trois minutes, depuis le lever du soleil jusqu'à son coucher.

— Oh ! je crois bien ! s'écria Cadet, qui avait écouté avec stupéfaction les belles paroles que Guillaume avait dites sur les bœufs, mais qui comprenait beaucoup mieux l'éloge de Jeanne par Marsillat. Monsieur Léon, c'est la fille la plus forte que *j'asse pas connaissue*. Elle lève six boisseaux de blé et elle se les fiche sur l'épaule aussi lestement que moi, foi d'homme ! Ah ! la belle fille que ça fait !

— Eh bien, Cadet a le sentiment poétique à sa manière, reprit Léon ; mais ne sauriez-vous rien trouver, Guillaume, pour louer Jeanne aussi agréablement que vous l'avez fait pour ces grandes bêtes cornues ? Est-ce qu'il n'y a pas dans Jeanne une meilleure part de la divinité ? Puissante comme Junon ou Pallas, fraîche comme Hébé, gracieuse comme Isis, la messagère des dieux. Voyons ! je ne suis pas poëte, moi, je ne fais pas de ces métaphores-là quand je plaide ; mais si j'étais vous, j'aurais remarqué, dans cette créature rustique, mille beautés auxquelles vous ne daignez pas prendre garde. Comme elle est bien vêtue ainsi ! Le bon Dieu devrait toujours secouer sur nous les rayons du soleil d'été, afin que toutes les femmes adoptassent ce costume élémentaire. Rien qu'une courte jupe et une chemise ; convenez que c'est charmant ! Vous parlez d'antiques ! Ceci est chaste et voluptueux comme l'antique : on ne voit rien et on devine ce torse admirable : la chemise monte et agrafe au cou, les manches au poignet ; l'étoffe n'est ni fine ni transparente ; mais ce gros tissu de chanvre usé à la blancheur et le moelleux des draperies grecques. Et quelle statue de Phidias que Jeanne ! Ses belles formes se dessinent dans ses mouvements libres et agiles. Regardez, si la jeune Charmois n'a pas l'air d'une poupée de cire à côté d'elle! Oui, oui, je vous dis que cela est plus beau qu'un bœuf, car il y a là aussi de la déesse et de l'enfant. Rappelez-vous la druidesse des pierres jomâtres; c'était Velléda, et pourtant c'était Lisette! Les jolis naseaux courts et la lèvre délicate du bœuf n'attirent ni mon souffle, ni mes lèvres, je vous jure, au lieu que ce profil olympien et ces lèvres de rose...

Guillaume tourna brusquement le dos à Léon sans écouter le reste de sa phrase. Il courut offrir son bras à sa mère, qui regagnait le château. Marsillat lui était odieux. Tout le temps qu'avait duré sa brûlante description, il avait eu un sourire et des regards diaboliques. Tout cela semblait dire à Guillaume : Tu vois ce chef-d'œuvre de la nature, cet objet de tes secrètes pensées!... Admire et convoite! c'est moi qui triompherai de sa pudeur sauvage, et tu échoueras misérablement en faisant de la poésie qu'elle ne comprendra pas.

Guillaume ne retourna pas au pré. Il monta à sa chambre, et, penché sur le balcon qui domine une si effrayante profondeur, il se livra aux plus sombres rêveries, tandis que les rires des faneuses et le cri des bouviers se perdaient dans l'éloignement.

XIX.
AMOUR DE JEUNE HOMME.

Aussitôt après le dîner, où Guillaume expliqua son abattement par une forte migraine, il retourna à sa chambre, et, se sentant malade en effet, il essaya de s'endormir. Il avait des vertiges, il souffrait, et l'action de la pensée était comme suspendue en lui. Sa sœur vint le voir. Elle lui trouva de la fièvre, un peu de divagation; elle courut avertir sa mère. On envoya chercher le médecin de la ville et du château. A minuit une attaque de nerfs se déclara ; mais des soins intelligents en atténuèrent la violence. A une heure, le malade fut calme ; à deux heures il dormait profondément, et tout mouvement de fièvre avait disparu. Le médecin se retira. A trois heures, Marie obtint que sa mère allât se coucher. A quatre heures, Marie, trop frêle pour supporter une longue veille, laissa tomber le roman qu'elle lisait. C'était *le Connétable de Chester*, et elle s'enflammait d'une amitié plus vive pour Jeanne, en suivant avec intérêt les caractères charmants de la jeune châtelaine et de sa confidente dévouée, l'aimable Rose Fleeming. Mais Walter Scott lui-même ne pouvait conjurer la fatigue de cette délicate enfant. Jeanne trouva sa *chère mignonne* bien pâle, la supplia d'aller se reposer aussi; et après s'être beaucoup fait prier, Marie ayant reconnu que son frère avait les mains fraîches et le sommeil parfaitement calme, céda aux instances de sa champêtre compagne. Jeanne avait un corps de fer : elle avait passé autrefois tant de nuits sur ce fauteuil, occupée à veiller son parrain dans sa cruelle maladie, qu'une de plus ne comptait pas pour elle. D'ailleurs, elle assurait que Claudie allait venir la relayer, et sir Arthur, qui avait veillé aussi jusqu'à trois heures, avait promis de revenir à six. Marie adorait son frère, mais elle avait un voile sur les yeux. Le poëme calme et pastoral dont sir Arthur était le héros l'empêchait de voir le drame inquiet et sombre où Guillaume s'agitait en silence. Si quelquefois elle avait eu des soupçons, elle les avait repoussés comme injurieux à l'amitié fraternelle. Il lui semblait si naturel que Jeanne fût aimée et recherchée en mariage par un homme riche et noble, qu'elle ne voulait pas supposer un amour moins loyal dans le cœur de son frère. Le silence de Guillaume, si confiant avec elle à tous autres égards, et l'espèce de blâme qu'il émettait sur le projet d'Arthur, l'empêchaient donc de révoquer en doute la pureté de son attachement pour sa filleule.

Jeanne, restée seule avec le malade, ramassa le roman, et pour ne pas perdre de temps, ou pour ne pas s'endormir, elle étudia en épelant quelques lignes qu'elle ne comprit pas ; mais elle tressaillit et se leva, en entendant son parrain l'appeler d'une voix éteinte, et avec un accent douloureux.

En la voyant debout près de lui, Guillaume fit un cri et cacha son visage dans ses mains. — Hélas! mon parrain, je vous ai fait peur, dit Jeanne; vous m'aviez pourtant appelée.

— Je t'ai appelée, Jeanne? dit le pâle jeune homme en laissant retomber ses mains et en prenant celles de Jeanne; et pourtant je dormais! Mais je rêvais de toi, et je souffrais horriblement : mais que fais-tu ici, Jeanne? pourquoi es-tu venue dans ma chambre? Oh! mon Dieu! réponds-moi!

— C'est que vous avez été un peu malade ; mais ce n'est rien, mon parrain, vous voilà mieux, Dieu merci!

— Et tu veux t'en aller? s'écria Guillaume en lui serrant le bras avec force, tu veux me quitter?

— Oh non! mon parrain! je resterai avec vous; vous savez que quand vous n'êtes pas bien, je ne vous quitte jamais.

— Oh! oui, j'ai souffert, je m'en souviens! reprit le jeune baron. Tu n'étais donc pas là?

— Oh! si fait, mon parrain!

— C'est vrai, je t'ai vue. Je te demande pardon, Jeanne; j'ai la tête bien faible.

— Il faut prendre de la potion, mon parrain.

— Non, non, pas de potion, ne t'éloigne pas, Jeanne. Ta main dans la mienne me fait plus de bien. Et pourtant... que tu m'as fait de mal depuis que je te connais!

— Moi, mon parrain, je vous ai fait du mal? dit Jeanne tout épouvantée. Et comment donc que j'ai eu ce malheur-là, quand j'aurais voulu mourir pour vous faire guérir?

— Jeanne! ô ma chère Jeanne! s'écria Guillaume exalté et brisé en même temps, et ne pouvant plus dominer sa passion, tu m'as fait souffrir depuis quelque temps surtout; depuis que tu ne m'aimes plus!

— Moi, je ne vous aime plus? s'écria Jeanne à son tour, suffoquée par des larmes soudaines. Qui donc a pu vous dire une pareille menterie? Il n'y a pourtant pas de méchant monde ici!

— Tu ne m'aimes plus, depuis que tu en aimes un autre, Jeanne ; avoue-le! moi, je ne peux pas me contraindre plus longtemps. Je t'adore...

— Comment que vous dites ce mot-là, mon parrain?

— C'est donc un mot que tu ne connais pas? Et pourtant M. Harley a dû te le dire.

— Oh! non, mon parrain! jamais le monsieur anglais ne m'a dit un mot pareil ; c'est un mot qui ne se dit qu'à Dieu. Mais pourquoi me dites-vous, mon parrain, que j'en aime un autre que vous? C'est donc pour me dire que je ne veux plus vous aimer?

— Tu m'as donc aimé, Jeanne? Oh! dis-le-moi!

— Mais je vous aime toujours, mon parrain.

— Tu m'aimes! et tu me le dis tranquillement!

— Non, mon parrain, je ne vous dis pas ça tranquillement, répondit Jeanne qui croyait être accusée de froideur, et qui pleurait avec la mélancolique sérénité de l'innocence calomniée.

— Oh! non! tu ne m'aimes pas, dit Guillaume en quittant le bras de Jeanne, et en se passant la main dans les cheveux avec désespoir. Tu ne me comprends pas, tu ne sais pas seulement ce que je te demande!

— Hélas! mon petit parrain, dit Jeanne en se mettant à genoux auprès du chevet de Guillaume, il ne faut pas vous échauffer le sang comme ça ; vous voilà comme quand vous étiez malade, et que vous me reprochiez toujours de ne pas vous être assez attachée. Je vous soignais pourtant de mon mieux. Ça n'est pas de ma faute, si je suis simple et si je ne comprends pas bien tous les mots que vous dites.

— Tu comprends tout, Jeanne, excepté un seul mot, aimer!

— Hélas! mon Dieu! si vous n'étiez pas malade, je vous dirais que vous êtes injuste pour moi. Mais si ça vous fait du bien de me gronder, grondez-moi donc, soulagez-vous le cœur.

— Oh! cruelle, cruelle enfant, qui ne comprend pas l'amour! s'écria Guillaume en se tordant les mains.

— Vous dites là un mot qui n'est pas joli, mon parrain. C'est des mots à monsieur Marsillat.
— Oh! oui, je le sais, Marsillat t'a parlé d'amour, lui aussi!...
— Il en parle à toutes les filles, mais il en parle bien mal, allez, mon parrain !
— Le misérable t'a insultée?
— Oh! non, mon parrain. Je ne me serais pas laissé insulter. Et d'ailleurs, il ne faut pas vous fâcher contre lui. C'est un homme qui n'est pas bête et qui écoute assez la raison. Il y a longtemps qu'il ne m'ennuie plus, et mêmement un jour que je lui faisais honte de ses *folletés* il m'a promis bien honnêtement qu'il me *lairait* tranquille dorénavant, et je ne peux pas dire que j'aie eu depuis à me plaindre de lui.
— Mais pourquoi ce mot d'amour te choque-t-il aussi dans ma bouche, dis! Allons, réponds!
— Je ne pourrais pas vous dire.... mon parrain.... Mais ça me paraît que c'est vous qui ne m'aimez plus quand vous me dites des choses comme ça.
— Jeanne, je te comprends; tu crois que je veux te tromper, te séduire...
— Oh! non, mon parrain, je ne crois pas ça de vous; vous êtes trop bon et trop honnête pour avoir ces idées-là.
— Et pourtant mon amour t'offense et t'effraie!
— Dame, mon parrain, si je suis bête, excusez-moi. C'est un mot que nous comprenons peut-être d'une façon et vous d'une autre. Nous disons ça, nous autres, quand nous parlons de gens amoureux.
— Eh bien! Jeanne, si j'étais amoureux de toi?...
— Oh non! non, ça n'est pas, mon parrain! dit Jeanne en baissant les yeux avec tristesse; c'est la maladie qui vous fait dire ça.
— Eh bien! oui, c'est la maladie qui me le fait dire : la fièvre est comme le vin, elle nous fait dire ce que nous pensons.
— Il ne faut pas me traiter comme ça, mon parrain, dit Jeanne d'un air sévère malgré sa douceur, je ne l'ai pas mérité.
— Ainsi tu me repousses, tu me hais!
— Est-il possible, mon Dieu! dit Jeanne en cachant son visage baigné de larmes, dans son tablier.
— Oh! je t'offense et je t'afflige! que je suis malheureux ! je suis égaré ; tu n'as pas d'amour pour moi!
— Oh! mon parrain, je ne me serais jamais permis ça, et j'aimerais mieux mourir que de me mettre ça dans la tête.
— Que dis-tu donc? ô simple! ô folle! Tu croirais donc m'offenser, me manquer de respect, peut-être? parle, tu es folle !
— Je ne sais pas si ça vous offenserait, mon parrain; mais ça offenserait ma marraine, j'en suis sûre, et peut-être bien aussi notre chère demoiselle. Mais, Dieu merci! je suis incapable de ça! Venir dans votre maison, gagner votre argent, manger votre pain, et puis me mettre dans la cervelle d'être amoureuse de mon maître, de mon parrain ! Mais ça serait un péché, et jamais, jamais, le bon Dieu sait que jamais je n'en ai eu l'idée, tant petitement que ce soit!
— Achève, Jeanne, dis-moi tout, puisque je me suis condamné à tout savoir; si j'étais amoureux de toi, comme tu dis, si je te suppliais d'être amoureuse de moi, tu n'y consentirais jamais?
— Oh! mon parrain! ne parlez pas comme ça; on dirait que c'est vrai, et si c'était vrai, il faudrait que je vous quitte [1], et que je m'en aille bien loin, bien loin, dans mon pays, pour ne jamais me retrouver avec vous.
— Oh! ce que tu dis là est affreux! Tu voudrais, tu pourrais t'éloigner ainsi de moi... Tu en aurais la force! Et moi j'ai tenté de l'avoir, mais j'ai tenté en vain! Il a fallu revenir. Je me suis cru guéri, je t'ai revue, et mon mal est revenu plus terrible qu'auparavant.

1. Le lecteur me pardonnera, j'espère, de ne pas faire parler Jeanne correctement; mais bien que je sois forcée, pour être intelligible, de traduire son vieux langage, l'espèce de compromis que je hasarde entre le berrichon et le français de nos jours, ne m'oblige pas à employer cet affreux imparfait du subjonctif, inconnu aux paysans.

— Ah! mon Dieu, mon parrain, qu'est-ce que vous dites là? Vous *m'enmêlez* avec votre maladie, et c'est comme si j'avais été cause de tout. Qu'est-ce que j'ai donc fait au bon Dieu pour qu'il vous tourne comme ça l'esprit contre moi?
— Jeanne, tu me tues avec tes paroles, après m'avoir fait mourir lentement par ta présence. Ta beauté me dévore le cœur, et ta vertu m'anéantit.
— Si je vous fais mourir, dit Jeanne désolée et même blessée, mais parlant toujours avec douceur, parce qu'elle croyait fermement que Guillaume était en proie à une sorte de délire, il faut que je m'en aille. Une autre personne ne vous soignera certainement pas avec plus d'amitié; mais elle aura peut-être plus de bonheur que moi, qui vous impatiente, et contre qui vous avez toujours une idée de fâcherie, quand vous êtes malade. Je m'en vas chercher Claudie ou le monsieur anglais, et je vous promets, mon cher parrain, que, pour ne plus venir dans votre chambre, pour ne plus vous servir, ce qui me crèvera le cœur, je ne vous en aimerai pas moins.
— Voilà ce que j'attendais, Jeanne, s'écria Guillaume exaspéré. Tu cherchais une occasion pour me quitter, et tu me quittes tranquillement, tu m'achèves sous prétexte de me rendre la vie. Va donc, adieu! laisse-moi, laisse-moi ! je ne me connais plus !

Et le jeune homme, un peu impérieux comme un enfant gâté, se mit à sangloter, à gémir et à se tordre convulsivement les mains.

Jeanne, effrayée, s'était levée pour aller chercher madame ou mademoiselle de Boussac, soumise à l'ordre qu'elle avait reçu de les avertir immédiatement si un symptôme alarmant se manifestait de nouveau. Mais lorsqu'elle fut sur le point de sortir de la chambre, elle s'arrêta, épouvantée de l'état violent où elle voyait le malade. Elle n'osa plus le laisser seul, et revenant vers lui, elle s'efforça, comme autrefois, d'employer les doux reproches et les maternelles prières pour l'engager à se calmer. Mais Guillaume était beaucoup moins malade et beaucoup plus amoureux que par le passé. Il pressa Jeanne contre son cœur, inonda de larmes ses mains froides et tremblantes, et quand il lui eut fait promettre de rester près de lui, ce jour-là, et *toute la vie*, las de jouer à propos interrompu comme tous les amants timides, il s'enhardit, ou plutôt il s'égara jusqu'à lui déclarer clairement son amour, sa jalousie et même ses transports de vingt ans. Ce n'était pas le langage brutal de Marsillat; mais c'étaient des prières plus ardentes encore et les divagations brûlantes d'un premier amour qui se sent coupable, et qui se précipite après avoir longtemps mesuré l'abîme, partagé entre le vertige, la terreur et l'entraînement.

Jeanne ne sut répondre que par des larmes, et cette sincère douleur fit croire à Guillaume qu'il était aimé, sans passion peut-être, mais avec un dévouement assez aveugle pour tout sacrifier. C'est alors que Jeanne se dégagea de ses bras et s'enfuit vers la porte, où elle se trouva tout à coup face à face et presque réfugiée dans les bras de sir Arthur.

— Hô! s'écria l'Anglais stupéfait de la terreur de Jeanne et des cris étouffés du malade, qui, à sa vue, entra dans un nouveau transport de jalousie et de désespoir.

— Monsieur Harley, ça n'est rien, dit Jeanne dont les traits bouleversés démentaient les paroles. Mon parrain est un peu malade, et vous allez tâcher de le consoler. Moi, je le fâche, et je m'en vas.

Elle courut à sa chambre et se jeta à genoux devant ses images vénérées, la Vierge Marie, *reine de toutes les fades*, Jeanne, la grande Pastoure, qu'elle croyait canonisée et qu'elle appelait de bonne foi sainte Jeanne-des-Champs, s'imaginant, d'après la confusion poétique qui régnait dans le cerveau de sa mère, que c'était sa patronne; et l'empereur Napoléon, qu'elle regardait comme l'archange Michel de la France et le martyr des Anglais. Elle pleura et pria longtemps, et, quand elle se sentit plus calme, elle demanda à Dieu de lui inspirer la conduite qu'elle devait tenir dans des circonstances si cruelles et si étranges à ses yeux.

Claudie la surprit dans cette méditation. — A quoi penses-tu? lui dit-elle; tes vaches n'ont pas encore mangé, et tu restes là à faire ta prière comme si tu étais dans l'église un beau dimanche.

— Tu as raison, ma Claudie, répondit Jeanne, je dirai aussi bien mes prières en faisant mon ouvrage. Et la beauté pour laquelle soupiraient un homme de mérite, un intéressant jeune homme et un brillant avocat, alla pourvoir au déjeuner de la Biche, de la Vermeille et de la Reine, les trois belles vaches confiées à ses soins.

Jeanne était au pré depuis environ deux heures, lorsqu'elle vit venir à elle sir Arthur Harley, le long des rochers qui surplombent la rivière. Elle eut envie de l'éviter. Les *messieurs* commençaient à lui inspirer la méfiance et la crainte; mais l'Anglais avait, en ce moment surtout, une physionomie si bienveillante et si loyale, qu'elle se rassura un peu, et continua à tricoter, tandis qu'il s'asseyait à quelque distance d'elle sur le rocher.

— Ma chère mademoiselle Jeanne, lui dit-il, je viens vous parler d'une chose extrêmement délicate, et si je ne m'exprime pas bien en français, vous m'excuserez en faveur de mes bonnes intentions. M. Harley, qui s'exprimait fort bien en français, sauf quelques erreurs de genre et de temps, inutiles à indiquer, mettait une certaine coquetterie auprès de Jeanne à se dire ignorant, espérant par là lui faire oublier un peu la différence de leurs conditions. Mais Jeanne était moins que jamais d'humeur à oublier qu'elle devait montrer beaucoup de respect afin d'en inspirer beaucoup. Elle comprenait bien que c'était la seule égalité à laquelle elle pût prétendre sans danger; et cependant sir Arthur méritait mieux d'elle, et elle le sentait instinctivement sans oser s'y fier.

Alors sir Arthur, avec un accent paternel, et une voix émue qui portait l'attendrissement et l'estime dans le cœur de Jeanne, essaya de la confesser. Il lui fit clairement entendre qu'il venait de deviner, d'arracher peut-être le secret de Guillaume, et qu'il désirait savoir si elle répondait à l'amour de son jeune parrain, afin de lui donner aide, conseil et protection dans cette circonstance, quels que fussent ses sentiments. Jeanne se défendit longtemps d'avouer le secret de son parrain, et quand elle vit que sa réserve était inutile : — Eh bien ! Monsieur, dit-elle, puisque vous me parlez de ces choses-là comme ferait M. le curé Alain, je vous répondrai comme à un brave homme que vous me paraissez. C'est vrai que mon parrain se rend malheureux pour moi; mais je ne le sais que d'aujourd'hui, j'en ai tant de chagrin, que je suis capable de m'en aller du château si vous pensez que ça le soulage. Tant qu'à ce qui est de moi, je l'aime beaucoup, Dieu le sait ! mais je ne l'aime pas autrement que je ne dois, et je pourrais jurer à vous et à ma marraine que, pour être amoureuse de lui, oh ! ça n'est pas, et ça ne sera jamais. Vrai d'honneur, que je n'y ai jamais pensé une minute !

— Vous n'y avez pas pensé, Jeanne, vous ne regardiez pas comme possible que votre parrain fût amoureux de vous; mais à présent que vous le savez, n'y penserez-vous pas un peu malgré vous?

— Non, Monsieur.

— Parce que vous êtes fière et sage, et que vous craindriez de tomber dans le mépris des autres et de vous-même. Mais si votre parrain pouvait et voulait vous épouser, n'y consentiriez-vous pas?

— Non, Monsieur, jamais.

— Parce que vous supposez que sa famille s'y opposerait et que vous ne voudriez pas causer du chagrin à votre marraine. Mais si votre marraine elle-même y consentait?

— Ça serait la même chose, Monsieur.

— Vous me dites la vérité, Jeanne? la vérité comme à un ami, comme à un frère, comme à un confesseur?

— Oui, Monsieur.

— Cependant, ce dont je vous parle n'est peut-être pas impossible. J'ai de l'influence sur madame de Boussac; je puis réparer l'injustice de la fortune à votre égard. Je vous l'ai dit une fois, et plus que jamais je suis votre serviteur et votre ami.

— Oh ! pour vous, Monsieur, vous êtes si bon pour moi et si honnête, que je n'y comprends rien, et que je ne sais pas vous remercier. Mais tout ça est inutile. Je n'épouserais jamais mon parrain, quand même sa mère me le commanderait.

— Oh ! Jeanne, pensez-y ! M. Guillaume est un bien beau jeune homme; il est aimable et bon. Il a de l'esprit, il vous a rendu de grands services, et il vous aime à en mourir.

— Que je meure donc à sa place ! dit Jeanne, mais qu'on ne me parle pas de l'épouser.

Et elle se prit à pleurer.

— Jeanne, s'écria Arthur, vous êtes mariée?...

— Moi, Monsieur? dit Jeanne étonnée en relevant la tête : quelle idée vous avez là ! Si j'étais mariée, est-ce qu'on ne le saurait pas?

— Mais vous êtes engagée avec quelqu'un?

— Avec quelqu'un? Non, Monsieur, vous vous trompez.

— Mais vous aimez quelqu'un?

— Non, Monsieur, répondit Jeanne en abaissant ses longs cils sur ses joues, comme si ce soupçon l'eût offensée.

— Est-il possible, reprit l'Anglais, que vous soyez arrivée jusqu'à vingt-deux ans, belle, et aimée comme vous l'êtes, sans que jamais aucun homme ait été assez heureux pour vous inspirer la moindre préférence?

Jeanne garda le silence un instant. Elle paraissait humiliée, et Arthur crut voir s'élever sur ses joues pâlies par la fatigue et par les larmes une faible et fugitive rougeur.

— Non, Monsieur, répondit-elle enfin; vous me faites de la peine en me questionnant comme ça. Je n'ai jamais fâché ma conscience, et je n'ai jamais été amoureuse de ma vie. Je vois bien que vous voulez savoir si je peux consoler mon parrain de la peine qu'il a; mais ça n'est pas possible. S'il veut me *garder dans son idée*, il faut que je m'en aille.

— Jeanne, s'écria sir Arthur profondément ému et troublé, je ne puis, je ne dois rien vous conseiller dans ce moment-ci. Je suis l'ami de Guillaume, je l'aime presque plus que moi-même; sa souffrance retombe sur mon cœur, et je ne sais comment la guérir. Je ne vous demande qu'une chose, c'est de ne pas oublier que je suis votre ami le plus dévoué et le plus sûr. Si vous quittez cette maison, et que je n'y sois pas moi-même, promettez-moi que je saurai où vous êtes, et que vous me permettrez de vous aller voir. J'ai, moi aussi, un secret à vous confier; mais un secret qui ne vous fera pas rougir, je vous le jure sur mon honneur.

— Où voulez-vous que j'aille, sinon dans mon pays de Toull-Sainte-Croix? répondit Jeanne. J'irai là me louer dans quelque métairie du côté de la Combraille, parce que les herbes y sont bonnes et que j'aime à voir les bêtes que je soigne bien nourries. Quant à vous dire de venir me voir, ça ne se peut pas, Monsieur; ça ferait mal parler de moi et de vous aussi; mais si vous avez quelque chose à me commander, vous pourrez l'écrire à M. le curé de Toull. Il sait très-bien lire l'écriture, et il me dira ce que vous voudrez me faire savoir.

— A la bonne heure, Jeanne, répondit M. Harley, de plus en plus ému; et il fit un mouvement pour lui prendre la main en signe d'adieu. Mais il craignit, dans les circonstances où se trouvait la pudique Jeanne, de lui ôter la confiance qu'elle avait en lui, et l'ayant saluée avec autant de respect que si elle eût été une grande dame, il s'éloigna précipitamment, résolu à quitter Boussac le jour même pour soulager au moins son jeune ami du tourment de la jalousie.

Jeanne, restée seule, rêvait à ce qui venait de troubler mortellement la sérénité de sa vie et à la douce commisération de l'Anglais pour sa peine, lorsqu'elle aperçut au bas des rochers un homme mal vêtu, qui rampait et grimpait comme un renard. Il avait une ligne à la main et un panier qu'il posait près de lui de temps en temps, lorsqu'il avait réussi à atteindre une roche faisant marge au torrent. Cet endroit est si escarpé que personne n'y passe jamais. A la frontière, ce serait un sentier de contrebandier. Au voisinage d'une ville, c'est le passage d'un voleur ou d'un espion. Son grand chapeau sale et bosselé lui tombait sur les yeux, et Jeanne ne pouvait voir sa figure de la hauteur où elle observait ses mouvements. Il lui sembla pourtant reconnaître les allures incertaines, tantôt lentes et tantôt rapides du père Raguet. Il ne pêchait pas, et semblait étudier le terrain ou guetter les passants de l'autre rive.

Jeanne, inquiète, s'éloigna et poussa ses vaches de l'autre côté de la prairie. Ce Raguet lui causait de la frayeur sans qu'elle pût dire pourquoi. Il vivait toujours avec sa tante, et il avait dû participer aux envois d'argent que Jeanne, trompée par l'apparence, avait faits à la Grand'Gothe pour l'empêcher de tomber dans la misère.

Lorsqu'elle rentra, elle s'informa de la santé de son parrain. Marie était triste; elle trouvait son frère abattu et agité tour à tour. Il disait des choses bizarres, il s'inquiétait du moindre bruit dans la maison, il avait demandé plusieurs fois où était Jeanne. Jeanne trouva divers prétextes pour ne pas paraître devant lui, quoique Marie le désirât. M. Arthur écrivait des lettres; il paraissait préoccupé. Il venait à chaque instant voir le jeune malade et consulter le médecin. Enfin, dans l'après-midi, il prétendit avoir affaire à Chambon, chez un notaire qui lui offrait un placement de fonds territorial, il fit une toute petite valise, monta à cheval, promit de revenir dans deux ou trois jours, et prit la route du Bourbonnais.

La nuit venue, Jeanne alla au pré ramasser des pièces de toile neuve qu'elle y faisait blanchir, et qu'elle y laissait souvent la nuit impunément. Mais l'homme qu'elle avait aperçu dans les rochers lui revenait à l'esprit, et pour rien au monde elle n'eût voulu que le linge de la maison disparût par sa négligence.

La lune se levait et projetait de grandes ombres vagues sur la prairie, lorsqu'elle se mit à relever et à rouler sa toile. Mais elle faillit la laisser tomber et prendre la fuite lorsqu'elle entendit la voix de Raguet murmurer derrière elle : « Attends, la belle Jeanne, attends ! je m'en vas t'aider. »

— Qu'est-ce que vous voulez, et qu'est-ce que vous faites ici ? lui demanda Jeanne en essayant d'affermir sa voix, et en jetant sur son épaule la toile déroulée qui s'embarrassait dans ses pieds.

— Ce n'est pas moi que tu croyais trouver ici ? reprit Raguet d'un ton goguenard. Mais ton galant vient de partir, Jeanne. Il s'en va sur un grand chevau jaune.

Jeanne ne s'amusa pas à discourir, et reprit, en doublant le pas, le sentier qui conduisait au jardin.

— Tu as peur des voleurs de toile, la belle Jeanne ? dit Raguet en la suivant. Tu ferais mieux d'avoir peur de ceux qui volent le cœur des filles.

Et au bout de trois pas, il reprit : « C'est donc vrai que tu vas épouser un Anglais, la belle Jeanne ? Qu'est-ce que ta mère aurait dit de ça ? »

— Vous mentez, dit Jeanne qui se rassurait à mesure qu'elle approchait du jardin ; je n'épouse personne.

— On dit pourtant que tu vas devenir bien riche et que tu l'es déjà. Je compte bien que tu n'oublieras pas tes parents quand tu seras bourgeoise ?

— Vous ne m'êtes rien, dit Jeanne, et ça ne vous regarde pas.

— L'Anglais s'en va sûrement à Toull-Sainte-Croix pour faire publier les bans, dit encore Raguet qui, selon sa coutume, se faisait un plaisir d'effrayer les gens en les suivant le soir à pas de loup, et en leur tenant des propos pour les intriguer. Mais tu aurais dû te marier sur une autre paroisse, Jeanne. Ça fera trop de peine au curé Alain. Sûrement que tu iras aussi demain au pays de ceux nous ? Depuis vingt mois qu'on ne t'a pas vue, ta tante est tombée *en misère*[1]. Les fièvres ne la lâchent pas. Je compte ben que tu ne la *lairas* pas mourir sans venir lui dire bonsoir ?

1. Malade en langueur.

— C'est-il vrai, ce que vous dites là ? demanda Jeanne en s'arrêtant, car elle avait gagné la porte du jardin, et elle la tenait entre-bâillée entre elle et le rôdeur de nuit. Ma tante est-elle malade ?

— Puisque ton Anglais s'en va à Toull, tu peux ben lui faire demander par queuque-z-uns si c'est vrai.

— Mais il ne va pas à Toull, ce monsieur.

— Tu sais ben que si ! puisque je l'ai rencontré *au droit* des pierres jomâtres.

— Il va à Chambon ou à Bonat. Je ne sais même pas où il va ; mais je saurai bien si vous me mentez, et si ma tante est malade.

— Oh ! oui, répondit Raguet, tu sauras ça quand elle sera morte.

— Mais si elle est *en misère*, comment donc que vous n'êtes pas avec elle, vous ? Elle a bien mal fait de se retirer chez vous, puisque vous la soignez si mal !

— Moi, dit Raguet, je ne suis plus avec elle ! Il y a deux mois que je l'ai laissée là.

— Et où donc demeure-t-elle à présent, ma pauvre tante ?

— Qu'elle demeure dans le trou aux fades ou dans le mitan du grand vivier, si ça lui plaît, je ne m'en embarrasse pas.

— Eh bien ! vous êtes un vilain homme ; je le savais bien ! répondit Jeanne en lui fermant la porte au nez ; et elle revint à la maison, incertaine si elle courrait chercher sa tante le lendemain, et si elle ajouterait foi aux méchantes paroles de Raguet.

XX.

ADIEU A LA VILLE.

Guillaume s'était levé dans la soirée. Il s'était beaucoup raisonné, il paraissait mieux. Mais quand il apprit que sir Arthur était parti, il comprit la conduite généreuse et délicate de son ami, et ressentit de grands remords de la sienne propre. « Qui sait, pensait-il, jusqu'où peut aller la magnanimité sublime d'Arthur ? Il voit que je l'aime, et il croit que je suis, comme lui, capable de l'épouser ! L'épouser !... Eh ! si elle m'aimait, si elle pouvait être heureuse avec moi, pourquoi donc n'aurais-je pas, moi aussi, ce courage et cette loyauté ? Malheureux insensé ! j'ai tenté de l'égarer, de la séduire, et la pensée de lui offrir un amour digne d'elle et de moi n'ose se fixer dans mon esprit inquiet et lâche ! Et d'ailleurs, pourrais-je accepter le sacrifice de mon ami ? Après avoir été le confident de son amour, irais-je combattre et détruire à mon profit ses espérances ? Irais-je offrir à Jeanne un cœur incertain et tourmenté ; l'indignation de ma mère, mille obstacles à braver, mille persécutions à endurer peut-être, en échange de l'avenir sans nuage que lui offre le noble Arthur ? »

En proie à toutes les anxiétés de sa faiblesse et à tous les reproches de sa conscience, le triste enfant alla dévorer ses larmes et son agitation sur son chevet. On fut encore inquiet de lui. Le médecin vint encore, et, ne le trouvant pas réellement malade, insinua que quelque cause morale produisait ce désordre. Guillaume fit des efforts inouïs pour cacher son supplice. Interrogé tendrement par sa mère et sa sœur, au lieu d'épancher son âme, il rendit, par sa feinte, tout aveu ultérieur à peu près impossible. Il les conjura de ne plus s'occuper de lui, espérant qu'on lui enverrait Jeanne pour le veiller encore, et qu'il pourrait réparer sa faute en rétractant sa conduite insensée et en l'attribuant au délire de la fièvre. Mais, à la place de Jeanne, Claudie vint s'associer dans le grand fauteuil ; Jeanne était, disait-elle, trop fatiguée pour veiller encore cette nuit. Guillaume, qui l'avait vue infatigable durant des mois entiers, comprit son arrêt et s'y soumit avec une amère douleur.

— Mon amie, vous me voyez accablée de chagrin, disait le lendemain matin madame de Boussac à la sous-préfette. Mon fils a l'esprit décidément frappé de je ne sais quelle idée noire. Le médecin ne lui trouvant pas de maladie réelle, s'étonne, et parle de désordre moral.

C'est-il vrai ce que vous dites là... (Page 71.)

Suis-je condamnée à voir Guillaume tomber peu à peu dans un état pire pour lui que la mort? Plaignez-moi, rassurez-moi, et vous, qui pénétrez et découvrez tant de choses, éclairez-moi, enfin, si vous le pouvez.

— Ma chère, je vous l'ai dit cent fois, répondit la sous-préfette, le remède nécessaire à votre fils, c'est le mariage. Vous l'avez élevé comme une demoiselle, vous l'avez fait pieux et sage, c'est fort bien; mais si vous prolongez l'état de célibat où il feint de s'obstiner à vivre, il deviendra fou très-certainement.

— Ne prononcez pas ce mot affreux, et dites-moi si, en effet, vous croyez, comme vous me l'avez dit souvent, Guillaume amoureux à mon insu.

— Cela se pourrait; mais depuis que je l'observe jour par jour, il me semble qu'il est plus amoureux en général qu'en particulier.

— Que voulez-vous dire?

— Qu'il est, comme un jeune novice cloîtré, amoureux de toutes les femmes qu'il voit. Je ne serais pas étonnée que cette belle Jeanne, que vous gâtez si fort, et que l'on traite ici comme une égale, ne lui trottât par la cervelle. Vous ne voulez pas me croire, vous avez une taie sur les yeux. Guillaume brûle pour cette fille d'un feu très-peu chaste dans l'intention... bien qu'il le soit peut-être dans le fait; je ne me prononcerai pas là-dessus. Mais voyez l'exaltation de ce jeune homme! Il aime sir Arthur comme un frère d'armes du moyen âge. Il aime sa sœur presque comme un amant... et il aime ma fille aussi.

— Vous le croyez?

— Cela vous contrarie, et pourtant cela est. Oh! je sais bien que sous votre air humble et modeste vous cachez beaucoup d'ambition pour vos enfants. Vous espérez que Marie épousera M. Harley. Quant à Guillaume, vous comptez lui découvrir une grosse dot dans quelque coin de votre province. Je suis moins riche que vous, et pourtant Elvire est fille unique, et je puis vous répondre qu'avant six mois une préfecture nous donnera au moins trente mille livres de rente. Que Guillaume embrasse la même carrière, et un jour il sera plus riche que s'il reste à cultiver ses terres : mince revenu qui n'a que de l'apparence.

— Mon amie, vous vous trompez sur mon compte, répliqua madame de Boussac. Si j'ai fait parfois quelque

Jeanne rougit et baissa les yeux. (Page 74.)

rêve brillant pour lui, je n'en suis pas moins occupée avant tout de son bonheur et de sa santé. Si j'étais certaine qu'il fût épris d'Elvire, je n'hésiterais pas à vous l a demander pour lui.

— Eh bien! il en est épris certainement. Mais, pour vous parler vrai, cela est traversé par des bizarreries et des caprices. Vous voyez bien qu'il s'en occupe des jours entiers, et puis tout à coup il songe à autre chose : il fait des vers, il lit des romans avec sa sœur, il regarde la lune, il regarde Jeanne; il voit que votre cerveau brûlé d'Anglais en est amoureux, et, dans ce mauvais air, il perd la raison. Tenez, ayez une volonté, renvoyez-moi vos deux péronnelles. Prenez deux servantes ayant cent cinquante ans entre elles deux, faites jeter au feu tous ces romans, exigez qu'au lieu d'aller se promener seul le soir à travers champs, Guillaume nous fasse compagnie assidue, et je vous réponds qu'avant deux mois il vous avouera qu'il aime ma fille. Mariez-les, faites-les voyager un peu, tête à tête, et vous m'en direz des nouvelles.

— Je vois bien, reprit madame de Boussac, que vous regardez Jeanne comme un obstacle à ce projet, et, si j'en étais sûre, quoiqu'elle m'ait rendu, en le soignant, de grands services... je la renverrais.

— Faites-lui un sort, mariez-la à un paysan, à votre balourd de Cadet, et tout sera dit.

— Je le veux bien; mais si cela exaspère Guillaume? je n'ose rien. Toute la nuit il a demandé Jeanne, et je vous avoue que cela m'a donné à penser que vous ne vous trompiez pas. La beauté de cette créature l'agite un peu trop.

— Eh bien! dit la Charmois après quelques instants de silence, donnez-lui Jeanne pendant quelque temps, et il se calmera.

— Que je lui donne! Mais ce que vous dites là est contraire à toute morale, à toute piété!

— Quand je vous dis de la lui donner, cela veut dire: laissez-la lui prendre. Une bonne mère doit veiller à tout, et quand un excès de sagesse est funeste, elle doit fermer les yeux sur certains égarements toujours inévitables et parfois nécessaires.

— Comment pouvez-vous me conseiller une pareille chose, quand vous venez de me parler d'un mariage avec Elvire?

— Cela vous prouve que je suis fort peu acharnée à mes intérêts dans tout ceci, et que ma seule préoccupation est de vous voir sauver votre fils. D'ailleurs, que m'importe à moi, que mon futur gendre ait une maîtresse avant le mariage? si cela doit arriver, mieux vaut Jeanne que toute autre ; elle est jeune et d'une belle santé. Elle n'a pas d'intrigue, elle ne saura pas le passionner ; sa stupidité le lassera bien vite ; et comme elle est douce et soumise, elle se laissera évincer sans murmure. Ce sera à vous de la payer assez cher pour qu'elle n'élève pas une plainte. C'est un sacrifice que nous pourrons faire à nous deux, quand Elvire et Guillaume seront mari et femme. D'ailleurs, quand on voudra, M. Léon Marsillat vous en débarrassera.

— Taisez-vous, ma chère, répondit madame de Boussac effrayée. Il me semble que tout cela est rempli de perversité et que vous avez un esprit diabolique.

La sous-préfette railla les scrupules de la châtelaine. Celle-ci se défendit faiblement, et ces deux dames causèrent encore longtemps, mais si bas, que Claudie eût vainement écouté par le trou de la serrure.

Aussitôt après cet entretien, Jeanne fut mandée par sa marraine sous la charmille, et n'y trouva que madame de Charmois seule. Cette infâme créature agissait à l'insu de madame de Boussac, et, conformément à ses instincts cyniques, elle se disait avec raison qu'elle allait frapper un coup décisif. « Jeanne, dit-elle à la jeune fille, étonnée de se voir citée devant un tel juge, vous allez apprendre une chose grave. Préparez-vous à la franchise, vous trouverez tout le monde disposé à l'indulgence. Votre marraine sait tout. »

Jeanne rougit et baissa les yeux. Mais un instinct de dévouement qui lui tenait lieu de finesse et de prudence, l'engagea à se taire. Si celle-là plaide le faux pour savoir le vrai, pensa-t-elle, elle ne tirera rien de moi. Je ne trahirai pas le secret de mon parrain. Je ne me plaindrai pas de lui. J'aime mieux être renvoyée que de le faire gronder.

— Nous savons que vous avez la tête tournée par les folies de M. Harley, reprit *la Charmoise*, et que vous avez pensé qu'il serait aussi facile de vous faire épouser par M. de Boussac que par lui. Croyez, ma chère, que l'un est aussi impossible que l'autre ; qu'on vous trompe, qu'on se moque de vous. M. Harley est marié en Italie, je le sais, et quant à M. le baron, jamais sa mère ne le permettrait. Lui-même rougirait d'en avoir la pensée.

— Si M. Harley est marié, et qu'il ait une brave femme, ça me fait plaisir de l'apprendre, répondit Jeanne avec la froideur d'un mépris concentré. Quant à mon parrain, comme je ne suis pas folle, je n'ai jamais pensé, pas plus que lui, à ce que vous me dites.

— Vous mentez, Jeanne, reprit la sous-préfette en ce disant, mais en vain, de terrifier Jeanne avec ses gros yeux noirs. Nous savons tout, il l'a avoué dans le délire de la fièvre. Il vous a promis de vous épouser pour vous faire consentir...

— En ce cas, mon parrain est bien malade, car il a dit ce qui est faux !

— Vous ne niez pas, du moins, qu'il vous fasse la cour?

— Je n'ai rien à vous dire là-dessus, Madame.

— Mais je vais vous conduire devant votre marraine, qui vous confondra.

— Comme je n'ai ni pensé au mal ni fait aucun mal, je ne crains rien, Madame.

— Vous avez beaucoup d'aplomb, mademoiselle Jeanne, et vous voudriez peut-être faire du scandale. Eh bien! cela ne sera pas ; on ne fera aucune attention à vos semblants de vertu. Otez-vous de l'esprit la chimère d'être épousée, on fermera les yeux sur le reste, pourvu que cela ne dure pas trop longtemps, et que vous y mettiez beaucoup de prudence et de mystère, comme vous l'avez fait jusqu'ici.

Jeanne fut si indignée, qu'elle ne put répondre. Je vais parler à ma marraine, dit-elle, et elle tourna brusquement le dos à la Charmois, sans vouloir entendre un mot de plus.

— Malheureusement pour Jeanne, madame de Boussac était en cet instant dans la chambre de son fils, et Jeanne n'osa aller l'y trouver. Elle l'attendit dans les corridors, mais madame de Charmois sut prévenir à temps sa trop faible amie. « J'ai fait merveille, lui dit-elle, en l'entraînant sur le balcon de la chambre de Guillaume. J'ai parlé à Jeanne, je l'ai effrayée ; si elle est coupable, elle sera soumise ; si elle est sage, elle se soumettra.

— Que voulez-vous dire? qu'avez-vous fait? dit madame de Boussac ; vous me faites trembler.

— Vous tremblez toujours, vous, et vous n'agissez jamais ! laissez-moi faire. Exigez que Jeanne veille votre fils cette nuit. S'ils s'entendent, elle lui apprendra qu'il n'y a pas moyen de vous tromper, et ils aviseront à se séparer à l'amiable. S'ils ne s'entendent pas encore, d'après ce que j'ai fait comprendre, ils s'entendront, et ce commerce sera sans danger pour l'avenir. Vous verrez ! Si Guillaume n'est pas calme et doux demain matin, n'écoutez jamais mes conseils.

— Mais tout cela est criminel ! Tel fut le dernier cri de détresse de la conscience de cette mère insensée. La Charmois étouffa le remords sous les menaces. — Eh bien ! dit-elle, si vous laissez les choses aller d'elles-mêmes, attendez-vous à ce que votre fils retombe dans l'état où il était avant son départ pour l'Italie, ou bien préparez-vous à le faire partir. Peut-être le voyage et la distraction le guériront encore. Il ne faudra, pour cela, qu'un ou deux d'absence.

— Ah ! c'est affreux ! s'écria madame de Boussac, le perdre encore, passer toute la vie loin de lui, ne pouvoir compter sur sa santé qu'à ce prix, c'est au-dessus de mes forces.

— Je le savais bien ! pensa la Charmois. Mon cœur, dit-elle, croyez-en donc mon expérience de la vie et mon affection pour vous. Laissez-vous guider, refusez surtout, pendant toute cette journée, de parler à Jeanne ; ménagez-lui ce soir un tête-à-tête avec l'*enfant*, et je vous promets que demain, ni lui ni elle ne vous tourmenteront.

Madame de Boussac céda. Jeanne demanda par trois fois une audience. Elle fut repoussée avec une apparente dureté.

Jeanne alla *affener* ses vaches, et après avoir veillé à ce qu'elles ne manquassent de rien jusqu'au lendemain, elle caressa une petite génisse blanche qu'elle aimait particulièrement : elle lui choisit les herbes les plus tendres, comme pour lui donner une dernière douceur ; puis elle rangea tout avec soin, et, s'arrêtant un instant sur le seuil de cette étable où elle avait consacré de douces heures aux humbles occupations qui lui étaient chères, elle fit un grand signe de croix comme pour clore religieusement une phase de sa vie de travail.

Elle monta ensuite à sa chambre, dans la tourelle, fit un petit paquet des hardes les plus nécessaires, plaça dans le coffre de Claudie quelques atours que sa marraine lui avait donnés, et dont elle voulut faire cadeau à sa compagne. Elle n'emporta qu'une seule richesse, une croix d'or que Marie lui avait donnée le jour de sa fête. Elle monta ensuite à la chambre de Marie, bien qu'elle eût aperçu, par la meurtrière de la tourelle, Marie au fond du jardin. Elle savait bien qu'elle ne pouvait rien lui confier, et elle ne se fût d'ailleurs pas senti la force de lui dire adieu. Mais elle voulut revoir au moins le prie-dieu et le lit de sa chère mignonne. S'agenouilla une dernière fois devant la madone d'albâtre à laquelle elles avaient adressé ensemble tant de douces et chastes prières. Elle détacha une fleur flétrie de la guirlande qu'elles y avaient suspendue la veille, et la mit dans son sein avec son chapelet. Puis, au moment de sortir, elle trouva sous sa main une robe et un châle de sa chère demoiselle, et elle les baisa longtemps en versant des larmes amères...

En descendant, elle trouva Claudie sur l'escalier, et l'embrassa sans lui rien dire.

— Où vas-tu donc? lui dit sa compagne, étonnée de ses yeux rouges et de son triste sourire.

— Aux champs, répondit Jeanne.

— L'heure est passée, dit Claudie.
— Non, non, l'heure est venue, répondit Jeanne; et elle descendit précipitamment.

A la grande porte de la cour, elle se trouva face à face avec Cadet.

— Tu vas donc te promener, ma Jeanne?
— Je m'en vas au pays de chez nous, mon *vieux*.. Ma tante est bien malade, et j'aurais dû partir ce matin.
— Tu t'en vas comme ça toute seule, ma mignonne? la nuit te prendra en chemin.
— Oh! je le connais, le chemin, et je suis avec Finaud.
— Le chien Finaud est une bonne bête, mais si tu rencontrais du mauvais monde, te défendrait-il ben?
— *Oui bien*, va, n'aie pas peur.
— Mais pourquoi que tu ne m'as pas dit ça, à ce matin? J'aurais demandé permission d'aller te conduire...
— Deux de moins à l'ouvrage de la maison, ça ferait trop d'embarras pour Claudie. Allons, bonsoir, mon Cadet, ne me *détemse* pas.
— Tu reviendras demain, Jeanne?
— Le plus tôt que je pourrai, dit Jeanne en lui adressant un sourire. Mais aussitôt qu'elle eut le dos tourné, elle se prit à pleurer de nouveau, en se disant qu'elle ne reviendrait jamais.

Dix minutes après le départ de Jeanne, on frappait furtivement à la porte du cabinet de Léon Marsillat.

— Qu'est-ce? dit-il avec son ton brusque.
— Êtes-vous seul, monsieur l'avocat?
— C'est encore vous, chenapan? Que voulez-vous?
— C'est pour un petit bout de consultation, monsieur l'avocat.
— Maître Raguet, je suis las de vos sales affaires d'ailleurs, ce n'est pas mon heure. Allez au diable.
— Vous êtes trop honnête, monsieur l'avocat; mais vous m'écouterez bien.
— Nullement. Sortez, vous dis-je, je ne plaide plus pour vous : vous êtes incorrigible.
— Oh! quand vous m'aurez entendu, vous me trouverez blanc comme neige.
— Oui, comme à l'ordinaire! Encore un vol de nuit, n'est-ce pas, ou une vengeance de coquin?
— Non, rien du tout. Les méchants m'en veulent toujours. Ne se sont-ils pas mis dans la tête à présent que je m'habille en *femelle*, et que je vas de nuit avec cette pauvre chère femme de Gothe, pour faire la lavandière autour des fosses?
— Je vous crois sujet à caution, et même à jeter des pierres aux gens qui veulent vous corriger.
— Du tout, Monsieur, jamais! Ce n'est pas moi. Dans le temps que la maison de la Jeanne a brûlé, j'ai écouté dire que de mauvais monde avait fait cette farce-là pour aller voler la ferraille de la ruine; mais je me doute bien qui c'est, et on m'a mis ça sur le corps.
— On ne prête qu'aux riches... d'autant plus que je vous ai reconnu, maître Raguet! ainsi, taisez-vous.
— Oh! vous croyez? mais vous vous serez trompé!... Tant ça la Jeanne...
— Taisez-vous, encore une fois!
— Elle vient de partir du château, vous le savez donc?

Marsillat tressaillit. Raguet vit d'un œil de vautour son incertitude, sa répugnance à interroger, son désir de l'entendre, et il continua :

— Oui, Monsieur, oui! toute seule avec son chien... Elle s'en va à Toull... Elle doit être maintenant à la sortie de la ville... Elle marche vite!
— Qu'est-ce que tout cela me fait? dit Léon. Vous me fatiguez, allez-vous-en!
— Jo m'en vas, et je dirai à votre *valet* d'arranger vot' chevau bien vitement.
— Le misérable, se dit Marsillat en le voyant se diriger vers l'écurie, il le fait comme il le dit.

Cinq minutes après, Marsillat mettait le pied à l'étrier, maudissant la mauvaise influence qui ramenait auprès de lui ce complice immonde de ses turpitudes, et ne luttant pas cependant contre l'instinct farouche qui le poussait.

Il franchit la ville au grand trot; puis pensant qu'il devait laisser prendre de l'avance à Jeanne, afin de la rejoindre à la tombée du jour, il se ralentit et gravit au pas le chemin rapide par lequel on sort de Boussac dans cette direction. Arrivé à l'endroit où la route se bifurque, il trouva Raguet accoudé sur un de ces petits murs transparents et fragiles qui remplacent, par une dentelle en pierres sèches, les buissons dont cette terre stérile est dépourvue.

— Elle a pris le chemin de Saint-Silvain, lui dit ce misérable, au moment où Léon allait prendre celui de Savau.

Et comme Marsillat profitait de son avis sans paraître l'entendre, il se plaça devant la tête de son cheval en disant : « Ça mériterait pourtant quelque chose un service comme ça! — Garez-vous, répondit Léon, ou bien vous allez savoir de quel bois est fait le manche de mon fouet! — Jésus, mon Dieu! murmura le bandit stupéfait; il n'y a donc que des ingrats dans ce monde!

XXI.

LE MIRAGE.

« Ce brigand de Raguet est mon mauvais génie, pensait Léon en doublant le pas, et s'il y a un châtiment du ciel, c'est d'être forcé de recevoir son aide, quand je la repousse... Mais Jeanne est si belle!...

Jeanne marchait vite; elle avait quatre grandes lieues à faire pour arriver à Toull, mais elle ne s'en inquiétait pas. Si la nuit est trop avancée, pensait-elle, pour qu'on veuille m'ouvrir chez la mère Guite ou chez le père Léonard, j'irai attendre le jour dans le Trou-aux-Fades. C'est un *bon endroit*, et aucune *mauvaise chose* n'oserait venir m'y tourmenter.

Toute superstitieuse qu'elle était, et peut-être justement parce qu'elle l'était, Jeanne connaissait peu la crainte. Elle avait eu, dès son enfance, l'esprit trop nourri de croyances merveilleuses, pour ne pas compter sur la *connaissance* que sa mère lui avait donnée à l'effet de repousser les méchants *fadets* et les follets pernicieux. Elle avait souvent autrefois, dans les premières nuits de l'automne, prolongé sa veillée aux champs jusqu'à minuit. C'est un usage de nos contrées que de faire paître ainsi les brebis à la rosée du soir, de la mi-juillet à la fin de septembre, pour engraisser celles qu'on veut vendre, et on appelle cela *sereiner les ouailles*[1].

Durant ces champêtres veillées, les petites filles, ordinairement plus braves que les grandes, prennent plaisir à se répondre d'une prairie à l'autre, en chantant à pleine voix leurs vieilles ballades et leurs admirables mélodies du Bourbonnais et du Berri, si tristes, si tendres, et dont le beau monde du pays fait si peu de cas. Dieu merci, les paysans les conservent et les composent encore; et tandis que les *demoiselles* chantent au piano les plus plates et les plus détestables nouveautés d'opéra, les pastours font redire aux échos des champs des mélodies naïves et dures, que nos plus grands maîtres eux-mêmes voudraient avoir trouvées.

Quoiqu'on n'eût pas encore commencé à *sereiner*, Jeanne ne put se trouver dehors en pleine nuit, sans se croire transportée à cette époque pleine pour elle de chastes et poétiques souvenirs. Elle se rappela le temps où, toute enfant et gardant son petit troupeau sur le communal, elle avait appris à ses compagnes leurs plus belles chansons.

« Voilà six mois que c'était le printemps, etc. »
« C'étaient trois petits fendeurs, etc. »
« Chante, rossignol, chante, etc. »

Puis elle se retraça d'autres jours plus sérieux, où, initiée par sa mère à de mystérieuses pensées, elle s'é-

---

[1]. Nous avons conservé ce vieux mot; et si vous alliez parler de brebis chez nous, personne ne vous comprendroit, à moins que vous n'eussiez le soin de généraliser et de dire le *brebiage*; encore n'auriez-vous pas la prononciation, et l'on vous accuserait de parler le *chenfrais*, c'est-à-dire le français moderne.

tait éloignée des folles bergères qui se réunissaient pour conjurer la peur et pour chanter des refrains assez lestes, gravelures rustiques qui sont marquées, air et paroles, au coin du dix-huitième siècle. La *savante* Tula avait appris à sa fille chérie qu'il ne faut pas chanter les choses qu'on ne comprend pas, parce que cela attire les mauvais esprits au lieu de les écarter, et qu'alors ils rendent folles les imprudentes chanteuses, comme cela était arivé à Claudie et à d'autres. Jeanne, bien convaincue qu'il n'était pas indifférent de dire telle ou telle chanson la nuit dans la solitude, avait alors répété souvent, sur les collines sauvages de la Marche, ou sur les versants herbageux du Borbonnais, de très-vieux refrains qui ont un caractère historique: La plainte du paysan au temps des désordres et des misères du régime militaire et féodal:

Je maudis le sergent
Qui prend, qui pille le paysan;
Qui prend, qui pille,
Jamais ne rend.

Et le naïf chant de guerre que Tula pensait avoir été composé pour la Grande Pastoure:

Petite bergerette
A la guerre tu t'en vas....

Elle porte la croix d'or,
La fleur de lis au bras;
Sa pareil' n'y a pas, etc.

Et quand l'écho des rochers répétait les derniers sons, Jeanne frissonnait d'une religieuse terreur qui n'était pas sans charmes, s'imaginant entendre la voix claire et frêle de la bonne fade se marier à la sienne, et saluer le lever de la lune, cette Hécate gauloise que les druidesses redoutaient d'offenser, vengeresse terrible des impudiques et des parjures. Jeanne ne connaissait ni les mots ni les époques auxquelles se rapportaient ces croyances vagues et profondes. Elle savait seulement, par sa mère, qu'il y avait eu autrefois des femmes saintes qui, vivant dans le célibat, avaient protégé le pays et initié le peuple aux choses divines. Ces prêtresses se confondaient dans son interprétation avec les fades; et l'on dit encore, dans les endroits couverts de pierres druidiques et de grottes consacrées jadis aux druidesses, les *fades* et les *femmes* indifféremment. Le curé Alain assurait que du temps de Charlemagne, les évêques et les magistrats avaient été encore forcés de fulminer des menaces et de prendre des mesures énergiques pour empêcher les paysans de rendre aux menhirs un culte officiel. Si, à cette époque, le druidisme et le christianisme se disputaient encore le terrain, il n'est pas étonnant que de nos jours ces deux cultes se confondent encore dans quelques têtes exaltées par les merveilles de la tradition. Nos paysans connaissent si peu le christianisme, l'éducation religieuse qu'ils peuvent recevoir est si élémentaire ou plutôt si nulle, que le mystère catholique et le mystère sans nom des cultes antérieurs, sont également impénétrables pour eux. Tula ne se rendait nullement aux sermons de M. Alain, quand il l'accusait d'être un peu païenne, et Jeanne se croyait tout aussi orthodoxe que sa mère. Les druidesses, les saintes fades ou les saintes femmes, étaient à ses yeux de bonnes chrétiennes, des âmes envoyées du ciel, d'anciennes cénobites ennemies des Anglais; et si sa mère lui eût dit qu'elle les avait vues faire des sacrifices sur les pierres d'Ep-Nell, elle n'eût point hésité à le croire. Jeanne d'Arc, dont elle ne savait pas non plus le nom entier, mais qu'elle appelait la belle Jeanne et la grande bergère, était peut-être bien pour elle une fade ou une druidesse. Qu'importe l'ordre des faits au paysan? L'idée pour lui n'a pas d'âge. Il la reçoit, il s'en nourrit et la transmet toujours jeune et brillante à ses enfants née de lui, qui vivent et meurent enfants comme lui. J'ai appris l'an dernier d'un vieux mendiant comment les Anglais avaient été repoussés d'une forteresse voisine de mon gîte, au temps de Philippe-Auguste. Il possédait merveilleusement la stratégie et les détails de l'événement, par quel côté on avait attaqué, quelles sorties avaient faites les assiégés, combien de combattants et combien de morts. Quel antiquaire, quel historien eût pu me l'apprendre? Il n'y avait qu'une erreur dans son récit: c'est qu'il prétendait avoir été témoin oculaire de toutes ces choses, *avant la révolution*. Mais le récit n'en était pas moins vrai; il s'était perpétué de père en fils dans sa famille.

Jeanne avait eu le cœur brisé en quittant le château de Boussac et cette noble famille qu'elle avait adoptée dans son cœur bien plus qu'elle n'en avait été adoptée en réalité. L'injustice avait excité en elle une douleur profonde, une surprise extrême. Mais elle comptait trop sur la bonté de Dieu et sur la force de la vérité pour ne pas être sûre qu'on l'absoudrait bientôt. Seulement, elle se rappelait en cet instant les paroles de sa mère: « ça n'est pas bon de quitter son pays et sa famille »; elle se reprochait de les avoir oubliées, et elle se promettait de ne plus négliger cet avis de la sagesse suprême qui avait parlé par la bouche de sa chère défunte.

A mesure qu'elle s'éloignait pourtant, son cœur devenait plus léger, et la brise du soir séchait ses yeux humides. Cet air vif de la montagne qu'elle n'avait depuis longtemps respiré qu'à demi, lui rendait le courage et l'espérance. Elle avait fait un grand effort en quittant son village, et un grand sacrifice en restant à la ville. Sans la maladie de Guillaume elle ne s'y serait jamais décidée. Plante sauvage, attachée au sol inculte qui l'avait produite, elle n'avait fait que végéter depuis qu'elle s'était laissé transplanter dans une région cultivée. Elle avait soif de reprendre racine dans son véritable élément, et d'embrasser son rocher natal. A chaque pas, le ciel lui paraissait devenir plus vaste et les étoiles plus claires. Le clocher de Saint-Martial de Toull s'élevait à l'horizon comme une vigie de sauvetage. Il tranchait sur le bleu sombre de l'air, et paraissait grandir comme un géant. Il y avait près de deux ans que Jeanne, qui le regardait tous les soirs du haut du château de Boussac, le trouvait si petit et si lointain! Elle recommençait à faire des rêves de mélancolique bonheur. Sa tante était enfin séparée du méchant Raguet, elle allait la soigner et la guérir. Puis elle redeviendrait bergère, n'importe au service de qui. Elle retrouverait des brebis et des chèvres, humbles animaux qu'elle aimait encore mieux que les vaches superbes et souvent rebelles. Que lui importait d'être propriétaire ou non de son futur troupeau? Elle n'en aurait pas moins l'amour *des bêtes* et du travail. Elle retrouverait les doux loisirs et les longues rêveries ininterrompues de la solitude. Elle oserait chanter sans craindre d'être écoutée par les bourgeois; elle pourrait prier et croire sans être raillée par les esprits forts. Jeanne s'était sentie, jour par jour, refroidie et gênée à la ville. Elle ne se disait pas qu'elle avait failli y perdre la poésie; mais elle se sentait vaguement redevenir poète, à mesure qu'elle s'enfonçait dans le désert. Elle entendait, plongée dans une douce extase, les petits bruits de la nature, si longtemps étouffés par les voix humaines et par la clameur du travail, toujours agité autour de la demeure des riches. L'insecte des prés et la grenouille du marécage interrompaient à peine leur oraison monotone lorsqu'elle passait sur leurs domaines, et aussitôt après ils recommençaient avec une nouvelle ferveur cette mystérieuse psalmodie que la nuit leur inspire. Le taureau mugissait au loin, et la caille faisait planer sur les bruyères son cri d'amour, élevé à la plus haute puissance.

Tout à coup, le cri sinistre de *l'oiseau de la mort* (le crapaud volant) fit rentrer dans un silence craintif et consterné toutes ces voix heureuses, et Jeanne tressaillit. Finaud s'arrêta court et répondit par un long hurlement à ce cri de malheur. Une pensée funèbre traversa l'esprit de Jeanne. Elle essaya de regarder le clocher de Toull, qu'un nuage envahissait, et il lui sembla qu'elle ne le verrait plus, qu'elle ne l'atteindrait jamais. Une sueur froide couvrit son front; elle regarda autour d'elle, et vit à sa droite le mont Barlot et les sombres pierres jomâtres.

— C'est un mauvais endroit, pensa-t-elle, et il n'est

pas étonnant que je me sente l'esprit tourmenté en passant si près des méchantes pierres. On a tué du monde là-dessus; *les autrefois*[1], et les âmes sans confession demandent des prières. Elle se signa et commençait à réciter l'*Ave*, la seule prière qu'elle sût par cœur avec l'oraison dominicale, lorsque Finaud aboya et se mit en travers du chemin derrière elle, comme pour empêcher un ennemi d'approcher. Jeanne se retourna, et, voyant un cavalier monter au pas le sentier rapide, elle se rangea de côté pour le laisser passer, et baissa son capuchon pour cacher sa jeunesse.

— Eh bien! Finaud! Eh! petit Finaud! A qui en as-tu? dit Marsillat, dont la voix fut reconnue par le chien qui alla flairer son étrier en remuant la queue. Où diable vas-tu si tard, Jeanne? reprit le cavalier en ralentissant le pas de son cheval pour rester à côté de Jeanne, qui marchait toujours. Si je n'avais pas reconnu ton chien, je serais passé près de toi sans y faire attention. Bonsoir, ma vieille[2]!

— Bonsoir, Monsieur, bonsoir, dit Jeanne d'un ton doux, mais résolu, qui semblait dire : Passez votre chemin.

— Ah çà! tu m'étonnes, reprit Marsillat en retenant la bride de Fanchon. Une fille comme toi ne devrait pas s'en aller si loin sans un ami pour la défendre.

— Je ne crains rien, monsieur Léon, le bon Dieu est avec moi.

— Et ton *galant* n'est peut-être pas loin?

— Bon, bon, amusez-vous! vous savez bien que les galants et moi ça ne va pas ensemble.

— Je vois bien que ça va séparément, mais je pense que ça sait se retrouver.

— Ne me taquinez pas, monsieur Léon; je ne suis pas gaie.

— Vrai, ma pauvre Jeanne? Est-ce qu'ils t'ont fait de la peine au château?

— Oh! non, Monsieur! ils sont trop bons pour ça. Mais c'est que ma tante est bien malade, et que je m'en vas peut-être pour la voir mourir. En savez-vous des nouvelles, monsieur Marsillat?

— Pourquoi me demandes-tu cela?

— Parce que dans votre étude vous voyez toutes sortes de mondes, et que vous pourriez en avoir vu de chez nous.

— Je ne suis arrivé de Guéret qu'il y a deux heures, et j'ai été forcé tout de suite de repartir pour mon bien de La Villette. Qui t'a appris la maladie de ta tante?

— Dame! c'est ce méchant homme de Raguet. Peut-être qu'il a menti pour me faire du chagrin.

— C'est un méchant homme, en effet, dit Marsillat, qui comprit aussitôt la ruse de son affreux complice, et qui s'arrangea pour en profiter avec un merveilleux talent d'improvisation. Il n'aurait pas dû t'apprendre cela; moi, je le savais depuis longtemps et je ne te l'aurais jamais dit.

— Mais vous auriez eu tort, monsieur Marsillat; ce serait m'empêcher de faire mon devoir.

— C'est vrai, mais que veux-tu? J'avais peut-être mes raisons pour ne pas me décider aisément à t'annoncer cette mauvaise nouvelle.

— Est-ce que ma tante serait en danger?

— Je n'en sais rien. Elle était très-mal il y a huit jours que je l'ai laissée chez moi.

— Chez vous, monsieur Marsillat? où donc, chez vous?

— A Montbrat; tu ne savais pas qu'elle est là depuis quinze jours?

— Vrai, je n'en savais rien. Et pourquoi donc qu'elle était chez vous?

— Oh! elle y est encore. Que veux-tu? c'est une méchante femme que je n'aime guère, parce que j'ai vu dans le temps qu'elle te rendait malheureuse. Mais elle était devenue si malheureuse elle-même que j'en ai eu pitié. Ce coquin de Raguet l'ayant chassée de chez lui, elle mendiait de porte en porte, et elle est venue à Montbrat un jour que je m'y trouvais. Elle était si malade et si faible qu'elle serait morte dans ma cour si je ne l'avais fait entrer dans la cuisine pour lui donner du vin et de la soupe. Alors ma vieille servante, que tu ne connais pas, mais qui est une brave femme, en a eu pitié, et m'a prié de la garder quelques jours jusqu'à ce qu'elle fût en état de reprendre sa besace et son bâton, et de s'en aller. J'y ai consenti de bon cœur, comme tu le penses bien, et un peu à cause de toi, Jeanne; et depuis ce temps-là elle est à Montbrat, assez bien soignée, mais empirant toujours, et se plaignant surtout de ne pas te voir.

— Ah! mon Dieu! ma pauvre tante! Mais ça me fend le cœur ce que vous me dites là, monsieur Léon! Si je l'avais su plus tôt! je ne voulais quasiment pas le croire. Je lui ai pourtant envoyé encore de l'argent par le monsieur anglais, la dernière fois que j'en ai reçu. Il allait voir les pierres d'Ep-Nell, et il a eu la bonté de se charger de ça...; mais il n'y a pas plus de quinze jours, monsieur Léon. Le vieux Raguet m'a fait des mensonges.

— Le vieux Raguet... dit Marsillat embarrassé, le vieux Raguet t'aura menti, en effet. Tiens! c'est tout simple! Il aura pris l'argent pour lui, et il aura maltraité et chassé ta tante afin de ne pas le lui rendre. Ce qu'il y a de sûr, c'est que la Gothe est chez moi depuis... deux semaines, je crois; oui, il y a bien deux semaines!

— Ça peut bien être, reprit la confiante Jeanne, car il y a ce temps-là que je n'ai pas eu de ses nouvelles. Monsieur Léon, vous avez eu bien des bontés! Ça ne m'étonne pas. Je sais que vous avez toujours eu bon cœur. Je vous remercie bien pour ma tante; j'irai la voir demain matin à Montbrat, si vous me le permettez, et je tâcherai d'avoir un cheval pour l'emmener.

— Et où veux-tu l'emmener?.

— Chez quelqu'un de mes parents. J'ai encore un peu d'argent, et d'ailleurs ils sont trop braves gens pour abandonner une vieille femme dans la misère.

— Comme tu le voudras, Jeanne; mais elle ne m'est pas à charge, je t'assure.

— Vous êtes bien généreux, monsieur Léon; allons, en vous remerciant! Ne vous attardez pas pour moi. Je ne peux pas marcher aussi vite que vous, ni vous aussi doucement que moi.

— Mais où vas-tu donc maintenant?

— Je m'en vas à Toull.

— Pourquoi faire, puisque ta tante n'y est pas?

— Elle y est peut-être, monsieur Léon. Vous n'êtes pas sûr qu'elle soit encore chez vous.

— Si, si... on m'a dit à La Villette qu'elle y était encore.

— Eh bien! demain matin, à soleil levé, j'y serai.

— Et pourquoi pas tout de suite? ce n'est qu'à une petite lieue d'ici, et tu as encore deux lieues avant Toull. A quelle heure y arriverais-tu, d'ailleurs? à une heure du matin, personne ne voudrait t'ouvrir.

— Oh! vous vous trompez, monsieur Léon, j'y serai bien avant dix heures, reprit Jeanne en regardant les étoiles, cette horloge des bergers, grâce à laquelle ils savent l'heure à quelques minutes près, d'après la position du grand et du petit *chariot*.

— Mais à quoi bon te fatiguer à cette course inutile? Viens-t'en voir ta tante à Montbrat; tu y coucheras tranquillement, et tu seras encore demain de bonne heure, si tu veux, à Boussac.

Jeanne secoua la tête. — Non, monsieur Léon, dit-elle, je ne peux pas aller coucher à Montbrat.

— Et de qui as-tu peur? de moi peut-être?

— Je ne dis pas ça, monsieur Léon; mais ça ferait causer.

— Et que pourrait-on dire? je ne couche pas à Montbrat, moi.

— Vous n'y restez pas?

— Non! il faut que je sois de retour à Boussac, ce soir, à onze heures. Je vais seulement à Montbrat pour

---

[1]. Par cette expression, *les autrefois*, les paysans expriment mieux que nous ce que nous disions plus haut de leur notion mystérieuse et vague des siècles écoulés.
[2]. *Mon vieux, ma vieille*, sont des termes d'amitié entre les jeunes gens.

prendre des papiers que j'y ai laissés, et je retourne passer la nuit au travail dans mon étude.

— En ce cas, monsieur Léon, marchez donc devant, j'arriverai à Montbrat quand vous serez parti, et comme ça tout s'arrangera.

— Comme tu voudras, Jeanne, mais sais-tu le chemin?

— Oh! je le trouverai bien, Monsieur! je ne me perdrai pas, allez!

— C'est par ici, dit Marsillat, nous voilà auprès de Barlot. Il faut prendre à gauche. Et il donna de l'éperon à son cheval, mais au bout de trente pas, il s'arrêta et descendit comme pour chercher quelque chose. Jeanne l'eut bientôt rejoint et il l'aida naïvement à retrouver sa cravache qu'il tenait à la main. La nuit était devenue fort sombre. On ne distinguait plus que quelques étoiles. Le chemin était effroyable, tout hérissé de rochers contre lesquels la pauvre Jeanne se heurtait à chaque pas.

— Tu ne veux pas que je te prenne derrière moi? dit Marsillat. Tu ne pourras jamais te retrouver par cette nuit noire, et la pluie va venir.

— Oh! c'est égal, j'ai ma cape.

— Mais ce n'est pas sage pour une fille de courir comme cela la nuit toute seule dans ce pays perdu. S'il t'arrivait quelque malheur, Jeanne, j'en serais responsable, sais-tu! Allons, monte en croupe, tu arriveras une demi-heure plus tôt, et moi aussi.

— Mais ne m'attendez pas, monsieur Léon.

— Si, je veux t'attendre, et t'accompagner au pas; je crains qu'il ne t'arrive malheur.

— Et que voulez-vous qu'il m'arrive?

— Et que crains-tu qu'il t'arrive avec moi? Vraiment tu as peur de moi comme si j'étais cette canaille de père Raguet!

— Oh! non, monsieur Marsillat, je sais bien que vous êtes un honnête homme; mais vous aimez à plaisanter, et j'ai le cœur trop gros pour plaisanter aujourd'hui.

— Non, ma pauvre Jeanne, je ne plaisanterai pas. Voyons, est-ce que depuis un an je ne te laisse pas tranquille? Est-ce que d'ailleurs tu as jamais eu à te plaindre de moi?

— Oh! non, Monsieur, j'aurais tort de dire ça.

— Eh bien! allons donc! dit Marsillat en la prenant dans ses bras et en l'asseyant sur son manteau qu'il plia avec soin sur la croupe de Fanchon.

Jeanne eût craint d'être prude et par cela même agaçante, en exagérant une peur qui n'était pas bien formulée en elle-même. Elle résolut de prendre confiance en Dieu et en l'honneur du bienfaiteur de sa tante. Léon enfourcha adroitement Fanchon sans déranger sa belle amazone. Ah çà! tiens-toi bien après moi, dit-il, car il faut nous hâter, la pluie commence.

— Non, il ne pleut pas, monsieur Léon, dit Jeanne.

— Je te dis qu'il va pleuvoir à verse. Allons! mets ton bras autour de moi, ou tu vas tomber, je t'en avertis.

Pour le décider, il pressa les flancs de sa monture, qui partit au grand trot. Jeanne, forcée de se bien tenir, prit d'une main la courroie de la croupière, et de l'autre la veste de Marsillat. A peine eut-il senti le bras de la jeune fille contre sa poitrine, que les palpitations de son sein étouffèrent les dernières hésitations de sa conscience. Pour ne pas l'effaroucher, il ne lui adressa plus un mot, et moins d'une demi-heure après, malgré l'obscurité et les mauvais chemins ils atteignirent la montagne de Montbrat.

Le château de Montbrat que, soit par corruption, soit conservation de son nom véritable[1], les paysans appellent aussi la forteresse des Mille-Bras, est une ruine imposante située sur une montagne. La ruine féodale est assise sur des fondations romaines, lesquelles prirent jadis la place d'une forteresse gauloise. Ce lieu a vu les combats formidables des Toullois *Cambiovicenses* contre Fabius. Je crois qu'on découvre encore par là aux environs quelques vestiges du camp romain et du *mallus* gaulois. Mais il faut voir ces choses respectables sur la foi des antiquaires, qui les voient eux-mêmes, comme faisait le curé Alain, avec les yeux de la foi.

Léon Marsillat était riche. Il avait plusieurs propriétés autour de Boussac et entre autres un *domaine* ou métairie du côté de Lavaufranche, sur lequel se trouvait cette vaste ruine, qui ne donnait aucune valeur à la propriété dans un pays où la pierre de construction et la main-d'œuvre sont à vil prix.

La métairie était située au bas de la montagne, et Jeanne, qui n'était jamais venue à Montbrat, ne remarqua pas le détour que lui fit faire son cavalier pour éviter cet endroit habité. Léon prit un sentier rapide et conduisit sa capture tout droit à ce castel, dont il ne regrettait pas l'antique splendeur, mais qu'il était cependant un peu vain de posséder. Son grand-père le maçon, ayant acheté ce manoir où ses ancêtres n'avaient certes pas dominé le sentiment de parenté triste et jalouse qui, dans le cœur des nobles, s'attache aux vestiges de ces puissantes demeures, ne faisait point illusion au plébéien Marsillat. Et pourtant il prenait un secret plaisir plein d'ironie et de vengeance contre l'orgueil nobiliaire en général à se sentir châtelain tout comme un autre. Il eût volontiers écrit sur l'écusson brisé de sa forteresse, au rebours de certaines devises pieusement audacieuses : « *Mon argent et mon droit.* »

Quoiqu'il ne restât pas un corps de logis, pas une seule tour entière, le préau, encore entouré de grands pans de murailles plus ou moins échancrés, formait un enclos très-bien fermé, grâce au soin que l'on avait eu de barrer le portail qui avait autrefois renfermé la herse, par de fortes traverses en bois brut, solidement cadenassées. Cet enclos servait aux métayers pour mettre au vert, durant les nuits d'été, leur jument avec *sa suite*, c'est-à-dire avec son poulain. L'herbe croissait haute et serrée dans cette cour battue jadis comme le sol d'une aire par les pas des hommes d'armes.

— Attends, Jeanne, dit Léon, en aidant la jeune fille à sauter sur l'herbe, je vais fermer la barrière; ensuite je te conduirai, par l'autre porte, à l'endroit où demeure ta tante.

— Ce n'est donc pas ici? demanda Jeanne, cherchant des yeux cette autre issue dont on lui parlait et que la nuit ne lui aurait pas permis de distinguer quand même elle aurait existé.

— Si fait, sois donc tranquille, répondit Léon en cadenassant la porte et en cachant la clef dans une fente de mur où il l'avait prise. Donne-moi le temps de fermer ce côté-ci pour que l'on ne vienne pas me voler Fanchon.

— Mais puisque vous allez repartir tout de suite, monsieur Léon?

— C'est pour cela que je ne la mets pas à l'écurie. Si je ne la débridais pas, elle casserait tout.

Fanchon, débarrassée de la bride et même de la selle que son maître lui enleva lestement, alla flairer et saluer, d'un hennissement amical, sa paisible hôtesse, la jument du métayer. Léon, prenant la main de Jeanne, la conduisit à l'entrée d'un bâtiment écrasé et devenu informe par l'écroulement des parties supérieures. La porte étroite et basse et le couloir étranglé entre les murailles de quinze pieds d'épaisseur conduisaient à une petite pièce ronde, assez semblable à celle que Jeanne occupait au château de Boussac, à la différence près que la fente étroite et longue qui l'éclairait pouvait passer pour une fenêtre, et que l'ameublement, sans être riche, était d'un certain confortable. Il y avait là un beau lit de repos, quelques fauteuils, des livres épars sur une table d'acajou, deux fusils de chasse, un violon, des fleurets et un chapeau de paille accrochés au mur. Mais il faisait trop sombre pour que Jeanne se livrât à aucune remarque, et quoiqu'elle se sentît un peu effrayée du silence et de l'obscurité de cette demeure, elle était encore loin de se douter qu'elle fût dans la chambre de Marsillat, seule avec lui dans ce manoir où jamais sa tante n'avait demandé ni reçu l'hospitalité.

---

[1]. Les antiquaires le font dériver de Montbard, la montagne des Bardes.

XXII.

LA TOUR DE MONTBRAT.

Il y avait bien au domaine de Montbrat, comme dans la plupart des métairies éloignées de la résidence du propriétaire, un pied-à-terre appelé la chambre du maître. Mais Marsillat avait préféré s'en arranger un dans le château. Il avait fait déblayer et orner la seule pièce qui fût habitable dans cette vaste ruine; et il y venait, tantôt s'inspirer dans la solitude pour étudier les effets d'éloquence qu'il improvisait ailleurs, tantôt se livrer à de moins estimables occupations. Sa tourelle de Montbrat était à la fois un cabinet d'études et quelque chose comme la *petite maison* des champs d'un bourgeois libertin. L'endroit était bien choisi, aucun voisinage indiscret ne pouvait exercer son contrôle sur les mystères de sa conduite, et les métayers, placés eux-mêmes à quatre portées de fusil du château, savaient fort bien qu'ils seraient mal reçus s'ils accouraient au moindre bruit.

— Attends-moi ici, dit Marsillat à la tremblante Jeanne. Je vais chercher de la lumière et réveiller ma vieille servante, qui se couche à la même heure que ses poules, à ce qu'il paraît.

— Je sortirai avec vous, monsieur Marsillat, dit Jeanne qui ne respirait pas à l'aise dans cette tour, et qui commençait à craindre qu'il n'y eût dans le domaine de Léon ni poules, ni servantes.

— Non, non, tu ne connais pas les êtres et tu te heurterais, reprit-il. Ce vieux taudis est plein de trous et d'endroits dangereux. Ne bouge pas d'ici, Jeanne; je vais revenir....

Il sortit précipitamment et enferma Jeanne, qui commença à trembler sérieusement quand elle se fut assurée que la porte avait été reçue à l'extérieur un tour de clef. Cependant elle ne pouvait se persuader que Marsillat fût capable d'un crime, et elle se disait qu'aucune offre, aucune promesse n'aurait d'effet sur elle.

Marsillat n'avait pas, en effet, la pensée de commettre un crime. Il était trop sceptique pour croire qu'en pareille matière l'occasion pût s'en présenter. S'étant toujours adressé à des villageoises coquettes ou faibles, il n'avait pas trouvé de cruelles; et, comme il affectait un profond mépris pour la vertu des femmes, il ne voulait point se persuader qu'aucune pût lui résister. La sauvagerie de Jeanne lui semblait le résultat d'une extrême méfiance. Il faudra plus de temps et de paroles pour celle-là que pour les autres, se disait-il; mais voilà enfin l'occasion que je ne pouvais trouver ailleurs. Enfermée quatre ou cinq heures avec moi, à force d'obsessions, j'enflammerai cette froide Galathée, et, à moins qu'elle ne soit de marbre, j'en triompherai sans lutte et sans bruit. Arrière la brutale violence! se disait encore Marsillat: c'est le fait des butors qui ne savent pas mettre la ruse et l'éloquence, l'esprit et le mensonge, au service de leurs passions. Impatients et grossiers, ils ne peuvent pas imposer un frein à leur volonté; ils offensent au lieu de persuader; ils dominent et sont maudits, au lieu de vaincre et de se faire aimer.

— Se faire aimer!... pensait l'avocat, qui se promenait avec vivacité dans le préau, en attendant que son esprit fût calmé; se faire aimer, de crainte qu'on criât, et cela dans l'espace de quelques heures!... c'est une cause à plaider, et il faut la gagner!... Si Jeanne pouvait m'échapper, mon entreprise serait misérable et ridicule. Demain je serais, grâce à elle, la fable de tout le pays. Il ne faut donc pas que Jeanne sorte d'ici sans être beaucoup plus intéressée que moi à garder le secret. Allons, c'est un plaidoyer, c'est un duel, et ne pas triompher, c'est succomber. Il ne peut pas y avoir de transaction entre les adversaires.

— Jeanne, lui dit-il en rentrant, ta tante est partie ce matin avec ma servante, qui a voulu la conduire elle-même à Toull.

— Partie? elle n'est donc plus malade?

— Elle s'est sentie un peu mieux, et il paraît qu'elle s'ennuyait dans cette vieille maison; elle avait déjà le mal du pays. Mon métayer l'a prise sur son cheval et l'a menée chez un de tes parents, je ne sais plus lequel. A présent, nous pouvons nous en retourner à Boussac. Donne-moi seulement le temps de chercher mes papiers dans le tiroir de la table.

— Je vas dire qu'on vous apporte *une clarté*, dit Jeanne un peu rassurée par les dernières paroles de Marsillat. Vous ne pouvez pas trouver vos papiers comme cela dans la nuit.

— Très-bien, au contraire... je sais où ils sont; je les trouverais les yeux fermés. Ne sors pas, Jeanne; les métayers sont dans la cour, et puisqu'ils ne t'ont pas vue entrer, j'aime autant qu'ils ne te voient pas sortir.

— Mais c'est peut-être pire! dit Jeanne. Pourquoi se cacher quand on n'a rien à se reprocher?

— Ces gens-là ont de très-mauvaises langues, et je t'avoue que si tu ne te soucies pas de leurs propos pour toi-même, je ne serais pas fort aise, quant à moi, qu'ils fissent de l'esprit sur mon compte. Ce sont les imbéciles de cette espèce qui m'ont fait une réputation de mauvais sujet, et tu vois pourtant, *ma vieille*, que je suis plus raisonnable que ne le serait à ma place ton parrain Guillaume, et peut-être ton épouseur d'Anglais.

— Ne dites pas de ces choses-là, monsieur Léon, et renvoyez vos métayers de la cour pour que je m'en aille.

— Ils sont en train de faire manger un picotin d'avoine à Fanchon. Après cela, ils s'en iront d'eux-mêmes. Je leur ai dit que j'avais à travailler.

— Mais vous n'avez pas besoin de vous enfermer comme ça.

— Si! la femme est curieuse comme une mouche; elle viendrait me relancer jusqu'ici, soi-disant pour me parler de ses agneaux ou de ses dindes, mais dans le fait pour voir si j'y suis seul.

— Ça prouve, monsieur Léon, que vous y êtes bien venu quelquefois en compagnie.

— Bah! une ou deux fois avec Claudie, tu sais bien! dans le temps, elle était un peu folle!

— Pauvre Claudie! vous lui avez fait bien des peines, pas moins! une si bonne fille! Ça n'est pas bien à vous, monsieur Léon.

— Que veux-tu? elle aurait eu un autre amoureux que moi, et mieux vaut moi qu'un autre; car je suis resté son ami, et je ne l'abandonnerai jamais.

— Oui! vous croyez que l'argent et les cadeaux consolent de tout? Vous vous trompez. Je vous dis, moi, que Claudie pleure quasiment tous les soirs. Mais en voilà assez, monsieur Léon, allons-nous-en.

— Donne-moi donc le temps de souffler! N'as-tu pas peur que je te retienne malgré toi? Tu me prends pour un méchant homme, Jeanne!

— Oh! non, Monsieur.

— Eh bien! alors, tiens-toi donc en repos un instant. Nous serons libres dans un petit quart d'heure; assieds-toi et ne parle pas si haut, je cherche mes papiers.

— Vous les cherchez bien longtemps, monsieur Léon... Vous me ferez arriver trop tard à Toull.

— A Toull?... Tu ne veux donc pas retourner ce soir à Boussac?

— Non, Monsieur, puisque je veux voir ma tante!

— Tiens, Jeanne, il y a quelque chose là-dessous. Tu es fâchée avec les gens du château?

— Oh! non, Monsieur... vous vous trompez bien! je les aime trop pour me fâcher jamais contre eux.

— Eh bien! ils se sont fâchés contre toi?

— C'est possible, Monsieur... Mais si ça est, ils en reviendront.

— Jeanne, raconte-moi ce qui s'est passé.

— Rien, Monsieur. Je n'ai rien à raconter.

— Tu devrais pourtant avoir confiance en moi. Tu es une bonne enfant, mais tu ne connais pas les gens nobles; et si tu ne prends pas un bon conseil, tu vas faire, sans le savoir, quelque chose de nuisible à ta réputation ou à tes intérêts.

— Vous me parlez là comme si je voulais plaider contre

Finaud s'arrêta court. (Page 76.)

eux, monsieur Léon. Ne vous donnez pas la peine de me conseiller, je n'ai pas besoin d'un avocat.

— Les avocats, comme les confesseurs, sont des gens auxquels on ne cache rien, et qu'on ne se repent jamais d'avoir consultés. Sois sûre, Jeanne, que je sais tous les secrets de la maison d'où tu sors, et que demain on me dira ce que tu veux me taire aujourd'hui. Madame de Boussac me consulte sur toutes choses, et tu verras que je serai envoyé vers toi, demain peut-être, te dis-je, pour te donner ou pour te demander des explications. Si tu m'informais la première de tes sujets de plainte, la réconciliation pourrait marcher beaucoup plus vite, et tes intérêts seraient mieux défendus.

— Ah! mon Dieu, monsieur Léon, voilà que vous faites une affaire de tout cela! Il n'y a pas besoin d'en chercher si long, je vous assure; et si c'est vrai qu'on vous dit tout, vous pourrez répondre que je pardonne tout.

— Jeanne, tu es bien réservée avec moi, dit Marsillat, qui lui avait jusqu'alors parlé à distance, et qui se rapprocha insensiblement à mesure qu'il réussit à la distraire de l'empressement de partir. Si je te disais que je sais déjà ce dont il s'agit.

— Si vous le savez, ne m'en parlez donc pas, répondit Jeanne; j'ai assez de chagrin comme cela.

— Je ne veux pas te faire de chagrin, ma pauvre Jeanne; ce serait m'en faire davantage à moi-même. Mon intention est de t'en épargner de nouveaux. Je te dis que je sais tout, car il n'y a pas plus de huit jours que j'ai été consulté par madame de Boussac pour savoir si Guillaume te faisait la cour.

— Ah! mon Dieu! dit Jeanne blessée dans l'exquise délicatesse de son cœur par cette révélation malheureusement trop vraie, ma marraine a eu le cœur de vous parler de ça?...

— Elle ne le croyait pas; mais la grosse Charmois le lui répétait si souvent qu'elle commençait à s'en inquiéter. Cela ne doit pas te surprendre, Jeanne; une mère s'effraie toujours de voir souffrir son fils, et...

— Mais on veut donc absolument que je sois cause de tout le mal qui arrive à M. Guillaume?

— La Charmois le prétend ainsi; mais moi j'ai essayé

Le vagabond.

de rassurer ta marraine, et de lui bien persuader que, dans tout cela, il n'y a pas de ta faute.

— Vous pouvez bien encore le dire, monsieur Marsillat. Je ne suis fautive de rien, et ce n'est pas à cause de moi que mon parrain se fait de la peine. C'est impossible !

— Oh ! pour cela, Jeanne, je n'en peux pas répondre. Je sais bien que tu n'es pas coquette ; mais pourrais-tu jurer devant Dieu que tu n'as jamais laissé prendre d'espérance à ton parrain ?

— Oui, Monsieur ; oui, je le jure devant Dieu ; et vous pouvez, en conscience, le jurer aussi !

— Une jeune fille laisse prendre de l'espérance malgré elle, et presque sans le savoir. Tu as de l'amour, Jeanne ; et celui qui l'inspire le voit bien, quelque chose que tu fasses pour le lui cacher.

— Mais c'est faux ! s'écria Jeanne avec l'accent de la vérité. Je n'ai pas eu une minute d'amour pour mon parrain !

— Tu peux m'en donner ta parole d'honneur, Jeanne ? s'écria Léon tout ému.

— Eh oui ! monsieur Léon ! Mais qu'est-ce que ça vous fait à vous ? Vous ne voudrez pas me croire non plus, vous.

— Jeanne, je te croirai ; je t'estime trop pour ne pas te croire. Je suis ton ami, moi, ton seul ami, et je veux être ton défenseur contre ceux qui t'accusent injustement. Tiens, donne-moi ta parole, et mets ta main dans la mienne...

— Et pourquoi ça, Monsieur?

— Parce que j'engagerai mon honneur pour te défendre, et que c'est une chose grave, *ma vieille*. Tu ne voudrais pas me faire faire un faux serment! Tiens, vois-tu, demain matin, je serai auprès de ta marraine. Elle me fera appeler pour m'apprendre ton départ, pour se plaindre de toi, peut-être, et j'aurai l'air de ne t'avoir pas rencontrée ce soir ; mais je pourrai dire que j'étais bien informé de tes sentiments pour Guillaume, et que je puis répondre de ta sincérité. Alors ta marraine me demandera si je veux en jurer, elle me fera mettre ma main dans la sienne, et je ne pourrai pas me décider à le faire, si toi-même tu ne prends avec moi un engagement pareil. Donne-moi donc ta main, Jeanne, comme si nous étions devant des juges, devant un prêtre, et jure-moi que tu n'aimes pas Guillaume de Boussac.

— Si c'est pour l'acquit de votre conscience, dit la candide Jeanne en abandonnant sa main à Marsillat, je le veux bien, monsieur Léon. Je ne peux pas dire que je n'aime pas mon parrain, ce serait mentir; mais je peux bien jurer que je l'aime comme on doit aimer son frère, son père, son parrain, enfin!

— Bonne et honnête Jeanne! dit Léon en retenant avec adresse sa main qu'elle voulait retirer, on est bien injuste envers toi, et c'est un crime de te tourmenter ainsi. Ton chagrin remplit mon cœur, et tes larmes me font mal. Je te regarde en ce moment comme ma cliente et ma protégée; je plaiderai pour toi, non devant un tribunal pour de petits intérêts, mais devant une famille ingrate qui méconnaît des intérêts sacrés, ceux de la reconnaissance et de l'honneur. Quand je pense à tous les soins que tu as pris de Guillaume...

— Je n'accuse pas mon parrain, monsieur Léon. Il ne m'a parlé mal qu'une fois, et je suis sûre qu'il en est fâché à l'heure qu'il est. Mam'selle Marie est un ange des cieux, et je la pleurerai toute ma vie. Ma marraine est bien bonne aussi... et je ne sais pas comment elle a pu croire que je voulais persuader à son fils de lui désobéir et de m'épouser. Oh! comment donc que ma marraine, pour qui j'aurais donné tout mon pauvre sang, peut se laisser rapporter des mensonges comme ça!...

La pauvre Jeanne fondit en larmes, et, tout entière à sa douleur, elle ne s'aperçut pas que Léon était assis tout près d'elle sur le sopha, qu'il l'entourait de ses bras, prêt à la serrer sur sa poitrine, et que son souffle brûlant effleurait dans l'obscurité son cou d'albâtre penché sur son sein.

— Chère Jeanne, lui dit-il d'une voix tremblante, tu as raison de plaindre Guillaume au lieu de le condamner. Il est assez malheureux de ne pouvoir se faire aimer de toi. Quel homme ne serait amoureux de la plus belle et de la meilleure de toutes les filles?

— Ne dites pas ça, monsieur Léon, répondit Jeanne en se levant; je ne suis ni plus belle ni meilleure qu'une autre, et je suis bien malheureuse qu'on prenne comme ça des caprices pour moi. Mais, allons-nous-en, monsieur Léon, je veux m'en retourner à Toull.

— Il pleut à verse, Jeanne. Attendons que la pluie soit passée.

— Oh! il ne pleuvra pas ce soir, Monsieur; le temps est couvert, mais le vent n'est pas à l'eau.

— Écoute, Jeanne, l'eau tombe à flots!

Jeanne écouta. Il y avait, à peu de distance de la tour, un petit ruisseau dans le rocher, qui faisait, en bouillonnant, le même bruit que celui d'une grosse pluie. Jeanne, trompée, insista cependant.

— Je ne vous demande pas de sortir avec moi et d'aller vous mouiller, dit-elle; mais nous n'allons pas du même côté, et je ne peux pas rester plus longtemps. Bonsoir, monsieur Léon.

— Eh bien! attends que je te cherche un parapluie...

— Oh! je ne sais pas me servir de ça... Je vous en remercie, monsieur Léon.

— Alors, Jeanne, charge-toi d'un petit paquet pour le curé de Toull. Je vais le cacheter... Mais il y a une autre accusation contre toi, reprit-il en feignant de chercher de la lumière, et tu ne m'as pas dit ce que je dois répondre.

— Ne répondez à rien, monsieur Léon, et laissez-moi accuser, dit Jeanne. Tenez, le mal est fait, et on me dirait qu'on a eu tort, que je ne voudrais plus retourner au château. On ne m'estime pas, on n'a pas confiance en moi. Ça me suffit : moi, ça m'humilie de me défendre de si vilaines choses.

— Il y a cependant une personne dont le mépris te ferait souffrir et dont tu veux conserver l'estime, c'est mademoiselle Marie.

— Oh! celle-là ne m'accusera pas!

— A force d'entendre dire que tu es coupable!

— On ne lui parlerait pas de ces choses-là, on n'oserait.

— La Charmois est capable de tout, mets-moi à même de la faire taire et de te justifier auprès de ta jeune maîtresse. Écoute, Jeanne, on dit que l'Anglais aussi te fait la cour, et que la preuve de ton ambition, c'est ta coquetterie et ta sévérité avec lui, qui l'ont décidé enfin à vouloir t'épouser.

— Que voulez-vous que je réponde à tout ça, monsieur Léon? C'est de l'invention à madame de Charmois. Le monsieur Anglais n'a jamais pu vouloir m'épouser, puisqu'il est marié dans un autre pays...

— Il est marié?

— Cette dame le dit. C'est donc lui qu'elle accuse d'être un malhonnête homme, si elle croit qu'il veut se marier deux fois. Tant qu'à moi, j'ignore de tout ça, et je sais seulement que jamais l'Anglais ne m'a dit une parole d'amour ni de mariage.

— Peux-tu en jurer aussi, Jeanne? Peux-tu me donner encore ta main en gage de sincérité?

— C'est bien assez de poignées de main comme ça, monsieur Léon; si vous ne voulez pas me croire sur parole, les jurements n'y feront rien.

— Jeanne, tout cela est plus important que tu ne penses. Si un honnête homme voulait t'épouser maintenant, et qu'il vînt me consulter comme avocat de la maison Boussac, comme bien informé de leurs affaires et de ta conduite...

— Faudrait lui conseiller de ne pas se tourmenter de ça; je ne veux pas me marier. Je l'ai toujours dit et je le dis encore.

— Oh! cela, ma Jeanne, tu n'en jurerais pas!

— Je le jure devant Dieu et devant l'âme de ma chère défunte mère, s'écria Jeanne, poussée à bout par tant de soupçons offensants et absurdes à ses yeux. Oui! oui! je le jure aujourd'hui de meilleur cœur encore que les autres jours!

— Tant mieux, mille diables! pensa Léon. Je n'aurai pas l'ennui de lui faire ce mensonge-là. Eh bien! Jeanne, dit-il en se rapprochant de nouveau, tu as raison, cent fois raison, de ne vouloir pas t'engager. Tous ces nobles ont espéré te séduire par là, et tu leur montres ta raison et ta fierté en repoussant cette folle ambition... Un paysan, un ouvrier ne seront jamais dignes non plus d'un trésor comme toi... Garde-toi, pour aimer, dans ta force et dans ta liberté, l'homme qui sera assez heureux pour te plaire; et ne t'afflige pas de ces premiers chagrins qui t'accablent. L'injustice des Boussac et la sottise de l'Anglais ne te déconsidéreront pas auprès de tous. Tu peux être aimée encore, et véritablement, désormais.

— Je n'ai besoin de l'amour de personne, monsieur Léon. Dieu est bon, et il aime tous ses enfants.

— Oui, Dieu est bon, mais il commande à ses enfants de s'aimer les uns les autres. Ton renvoi du château va te faire du tort...

— Je ne suis pas renvoyée, je m'en vais de moi-même.

— N'importe! on ne le croira pas. Tu vas être accusée, calomniée, persécutée pendant quelque temps. Je ferais bien de t'éloigner un peu du pays et de t'aller louer, soit à Châtre... soit à Guéret... oui, à Guéret. Le bruit de tes aventures malheureuses au château de Boussac n'a pas été jusque-là. Je pourrais répondre de toi et te faire retrouver une meilleure place que celle que tu quittes. Si tu n'étais pas si méfiante, je t'offrirais de venir chez moi, Jeanne... Mais non, tu refuserais, je le sais, j'ai la réputation d'un fou, et tu as toujours eu des préventions contre moi... Si tu voulais réfléchir, pourtant, tu verrais que je suis le seul qui t'ait respectée, et qui n'ait fait aucun tort à ta réputation. Je t'ai fait quelques plaisanteries autrefois... Mais quand tu m'as dit que cela t'affligeait, j'ai cessé; rends-moi justice. Et puis, à mesure que je t'ai connue, j'ai compris que tu n'étais pas comme les autres, toi. Oh! je te respecte, Jeanne, moi seul je te respecte, parce que je sais ce que tu vaux. Ce n'est pas moi qui irais afficher mon amour pour t'exposer à tous les propos du pays. Conviens-en, je n'ai jamais fait dire de mal de toi ; et dans le temps même où je te traitais avec une légèreté que je me reproche, et dont je te demande pardon du fond de mon cœur, je ne t'ai jamais offensée volontairement.

— C'est vrai, monsieur Léon, répondit la bonne Jeanne, incapable d'une méfiance soutenue, je vous fais aucun reproche, et mêmement vous avez eu pour ma tante et pour moi des bontés dont je vous remercie grandement.

— Des bontés, Jeanne !... Eh bien ! prends-le comme tu voudras, et remercie-moi si tu crois me devoir quelque chose. Il y a du moins quelque chose dont je pourrais me faire un mérite à tes yeux : c'est que je ne t'ai pas fait la cour, et que, dans ce moment même où je suis seul avec toi, je te respecte comme si tu étais ma sœur... Et pourtant, Jeanne, moi aussi j'ai été amoureux de toi, autrement et mille fois plus que tous les autres. Tu ne l'as jamais su, je ne te l'ai jamais dit, depuis que cet amour est sérieux et profond, et je ne te le dis maintenant que pour te rassurer. Loin de moi la pensée d'abuser de ton malheur, pauvre orpheline, pauvre abandonnée ! Je ne te demande qu'un peu de confiance, un peu d'amitié, et je serai assez payé de mes sacrifices et de mes souffrances... Car je souffre plus que ton parrain, Jeanne ! Je ne fais pas le malade, moi ; je ne jette pas ma famille dans l'inquiétude comme un enfant gâté ; je ne cherche pas à émouvoir ta pitié en te disant que je meurs. Non, je vis de mon amour, au contraire. Il me transporte, il m'agite ; mais il me donne le courage de te respecter ; et je ne me plains pas d'être malheureux, pourvu que tu ne sois pas malheureuse toi-même !

Jeanne s'était levée encore une fois, et elle essayait d'ouvrir la porte. — Monsieur Léon, dit-elle, vous me parlez très-honnêtement ; mais je ne comprends pas grand'chose à toutes ces histoires d'amour, et, malgré moi, je vous en demande pardon, je me figure toujours que c'est de la moquerie. Ouvrez donc votre porte, je veux m'en aller.

— Tu as forcé la serrure, dit Marsillat feignant de ne pouvoir ouvrir. A présent, je ne sais plus comment faire. Prends patience, je vais essayer. La clef est tombée : cherche-la avec moi.

Jeanne ne pouvait se figurer que Marsillat eût la clef dans sa poche. Elle se mit à chercher naïvement. Marsillat se rapprocha d'elle, et, emporté par l'impatience, il l'entoura de ses bras.

— Laissez-moi, Monsieur, dit Jeanne en le repoussant avec force, ou je croirai que vous êtes le plus faux de tous les hommes.

— Vraiment, Jeanne, je ne te voyais pas, dit Marsillat en s'éloignant, et je trouve ta frayeur un peu ridicule. Que crains-tu donc de moi ? Je ne te demande qu'un peu d'amitié, et tu me réponds par le mépris le plus étrange.

— Oh ! Monsieur, je ne me permets pas de vous mépriser, dit Jeanne ; mais enfin je voudrais m'en retourner à Toull, et vous me contrarieriez bien un peu de me retenir comme ça !...

— Je te jure que je cherche la clef... Allons, je vais essayer de briser la serrure ! Aye ! je me suis brisé la main... Vraiment, Jeanne, tu es bien cruelle de me presser et de m'accuser ainsi.

— Vous vous êtes fait du mal, monsieur Léon ! oh ! j'en suis bien fâchée ! Comment donc faire pour sortir d'ici ! la nuit s'avance...

Jeanne s'approcha de la fenêtre, et, étendant la main dehors : — Il ne pleut pas, dit-elle, c'est un rio qui coule par là, qui nous a trompés. Tenez, monsieur Léon, je pourrais bien passer par la fenêtre. Ça doit être très-bas, puisque nous n'avons pas monté d'escalier pour venir ici.

— Grand Dieu ! arrête, Jeanne ! s'écria Léon en s'élançant vers elle, et en la saisissant à bras le corps : il y a là un précipice.

— Eh bien, lâchez-moi, monsieur Léon, et ne me serrez pas comme ça, je n'ai pas envie de me tuer.

— Oh ! dit Marsillat en retombant sur le sofa. Tu m'as fait une peur !... Jeanne, Jeanne, tu ne sais pas combien je t'aime, je ne le savais pas moi-même... A la seule idée que tu allais tomber par là, j'ai senti mon cœur se briser : ah ! si tu le sentais battre ! vraiment me voilà comme si j'allais mourir.

Jeanne, embarrassée, de plus en plus soucieuse, garda le silence ; Léon aussi. Au bout de quelques instants, voyant qu'il ne bougeait pas, elle essaya encore d'ouvrir la porte, mais ce fut en vain. Léon était immobile, et rêvait au moyen d'endormir sa prudence par quelque nouveau stratagème !

— Êtes-vous malade ou dormez-vous, monsieur Léon ? dit Jeanne un peu impatientée.

— Je souffre, en effet, répondit-il d'une voix sourde, je souffre beaucoup : je me suis blessé la main en voulant ouvrir cette porte, et je ne peux plus m'en servir. Malheureusement je n'ai aucune force dans la main gauche. Attends, Jeanne, n'en fais pas autant, si tu ne veux me désespérer. Il y a un moyen de te faire sortir d'ici : je vais sauter par cette fenêtre, et j'irai t'ouvrir en dehors, si je ne me tue pas en sautant.

— Oh ! ne faites pas cela, monsieur Léon, dit Jeanne effrayée.

— Que faire donc ? Nous ne pouvons pas sortir, et tu ne veux pas rester une minute de plus.

— A nous deux, nous enfoncerions bien la porte, monsieur Léon !

— Nous serions dix que nous ne l'ébranlerions pas ; c'est une ancienne porte de prison, garnie de fer en entier.

— Monsieur Léon, dit Jeanne saisie d'une terreur subite, si vous m'avez trompée pour m'attirer ici, Dieu vous en punira !

— Ah ! ce soupçon est affreux, dit Léon. C'en est trop, Jeanne, ôte-toi de cette fenêtre, et adieu.

Le temps s'était un peu éclairci, et l'approche de la lune blanchissait l'horizon ; mais l'ombre projetée des collines environnantes augmentait l'obscurité, et le sol couvert de bruyères flottait sous les yeux de Jeanne, tellement vague, qu'elle ne pouvait dire s'il y avait dix ou cinquante pieds de profondeur au bas de la tour. Le ton résolu et désespéré de Léon l'effraya. Elle fit un mouvement pour l'arrêter. — Jeanne, lui dit-il, en la pressant sur son sein, adieu pour cette nuit, adieu pour toujours peut-être ! D'autres t'ont fait de belles promesses pour te séduire. Moi, je vais risquer ma vie pour te prouver que je ne veux pas te séduire. Au moins, dis-moi adieu, et donne-moi un seul baiser : le premier, le dernier de ma vie !... Un baiser, Jeanne, tu t'en effraies ! Il y a une heure que je pourrais t'en prendre mille, et je t'en demande humblement un seul, au moment de me jeter dans un abîme pour l'empêcher d'avoir peur de moi... Ne me le refuse pas. Tiens, si je reste ici, ma raison peut s'égarer ; ta méfiance, ta frayeur m'ont tellement bouleversé l'esprit. Oh ! Jeanne, sans tous tes soupçons tu aurais été en sûreté toute cette nuit auprès de moi... Maintenant, chasse-moi... oui, chasse-moi... car, je tremble et déraisonne... Adieu ! Jeanne, mais ce seul baiser !...

— Non, Monsieur, dit Jeanne en se dégageant ; pas de baiser, jamais ! Ce n'est pas que je croie que ce soit un grand crime ; je ne veux pas condamner Claudie ; pour moi, ça serait un péché mortel, je ne vous le cache pas ; et si j'y consentais, je sauterais bien vite après par cette fenêtre, non pas tant pour me sauver que pour me tuer.

— Oh ! c'est de la haine contre moi ! une haine mortelle ! ou c'est un défi, dit Marsillat avec une rage concentrée, en voyant échouer tous ses artifices. Jeanne, cela est fort imprudent de ta part, et tu sembles prendre plaisir à jouer avec ma raison et ma volonté.

— Non, monsieur Marsillat, dit Jeanne avec douceur : ce n'est ni n'est pas de la haine. Je n'en ai pas contre vous. Dieu me préserve d'en avoir jamais contre personne ! Mais c'est un vœu, puisqu'il faut vous le dire, et je serais damnée si j'y manquais.

— Un vœu ! s'écria Marsillat, que cette idée enflamma d'un nouveau délire. Oh ! Jeanne, sans ce vœu tu m'aimerais peut-être. Eh bien, que la damnation retombe sur moi! Tu ne peux m'accorder ce baiser, je le conçois; aussi je ne te le demande plus. Mais tu ne peux m'empêcher de le prendre malgré toi, et tout le péché est pour moi seul... Non, non, tu n'es pas coupable de n'être pas la plus forte... Refuse, c'est ton devoir... mais laisse-moi user de mon droit.

Marsillat poursuivait Jeanne, qui fuyait autour de la chambre, lorsque des coups violents ébranlèrent la porte de la tour.

XXIII.

LE VAGABOND.

Au moment où Jeanne avait quitté le château, Cadet, étonné de ce brusque départ, avait été en avertir Claudie. Claudie s'était empressée d'en informer Marie, et Marie, inquiète et effrayée, n'avait pas tardé à en demander l'explication à sa mère. Madame de Boussac avait eu recours à la haute politique de madame de Charmois; et celle-ci, trouvant ce dénoûment beaucoup meilleur que tous ceux qu'elle avait imaginés, s'était chargée, sans vouloir expliquer ses moyens, de faire accepter à Guillaume la nécessité de cette séparation.

En effet, ce soir-là, madame de Charmois ayant été enfermée un quart-d'heure avec Guillaume, le jeune homme parut abattu et résigné à son sort. Mais tandis que la sous-préfette allait se vanter de sa victoire auprès de la châtelaine, Guillaume s'habillait à la hâte, et descendait à l'écurie, où, sans l'aide de personne, et profitant à dessein du moment où les domestiques étaient occupés à souper, il sella lui-même Sport, le fit sortir doucement par une porte de derrière, l'enfourcha et prit au galop la route de Toull.

Jeanne avait plus d'une heure d'avance sur lui, et il pressait son cheval, désirant la rejoindre et la faire renoncer à son projet avant qu'elle eût gagné Toull. Il avait déjà dépassé le mont Barlot et les pierres jomâtres sans la rencontrer, lorsqu'il se trouva au détour du chemin face à face avec sir Arthur.

La nuit était encore assez sombre; mais l'Anglais étant sur un terrain plus élevé que Guillaume, celui-ci le reconnut à la silhouette de son grand chapeau de paille et au collet de son carrick imperméable, qui se dessinait dans le fond transparent de l'air. — Arrêtez-vous, ami; lui dit-il en l'abordant, et reconnaissez-moi.

— À cheval et en voyage? s'écria sir Arthur; Dieu soit loué! mon cher Guillaume est guéri!

— Oui, Arthur, guéri, tout à fait guéri, répondit Guillaume d'une voix altérée. J'aurais beaucoup de choses à vous dire; mais, avant tout, dites-moi, vous, si vous avez rencontré Jeanne sur votre chemin?

— Jeanne? Jeanne dehors aussi à cette heure? Je n'ai pas rencontré une âme depuis Toull, d'où je viens directement. J'y ai passé la journée à causer avec le curé Alain, et personne à Toull n'attendait Jeanne. Expliquez-moi...

— Arthur, vous savez tout. Vous avez deviné que j'aimais Jeanne, et c'est pour cela que vous vous êtes éloigné; mais ce que vous ne savez peut-être pas, Arthur, c'est que je l'ai offensée, et c'est pour cela qu'elle a fui, elle aussi. Mon Dieu! mon Dieu! quelle épouvante s'éveille en moi! Où peut-elle être?

— Mais depuis quand est-elle partie?

— Depuis une heure, deux heures, je ne sais pas au juste; les minutes me paraissent des années depuis que je la cherche...

— Elle ne peut être loin, dit M. Harley. Tenez, séparons-nous. Je vais retourner à Toull, je m'informerai d'elle dans toutes les cabanes du chemin, et vous, vous en ferez autant en retournant à Boussac. Elle se sera infailliblement arrêtée quelque part.

— Vous avez raison, Arthur, séparons-nous.

— Attendez, Guillaume; pourquoi cette inquiétude si vive?... Quel danger peut courir Jeanne dans ce pays, où elle est connue, et où les paysans sont doux et hospitaliers?

— Mon ami, je crains que quelqu'un chez moi n'ait offensé Jeanne encore plus que moi! J'ignore... Je soupçonne... Mais je ne puis accuser ma mère! Je crains le désespoir de Jeanne!

— Mais qu'avez-vous à lui dire pour la calmer, Guillaume? Êtes-vous autorisé à la ramener chez vous?

— Arthur, sa place est chez moi, auprès de moi, entre ma sœur et moi!... Elle ne doit plus nous quitter, et je sais ce que j'ai à lui dire pour la consoler du mal que je lui ai fait.

— Si vous êtes décidé à lui offrir une affection digne d'elle et de vous, Guillaume, vous me connaissez, vous pouvez compter...

— Vous ne me comprenez pas, Arthur. Je vous expliquerai tout... Mais ce n'est pas le moment; il faut chercher Jeanne et la retrouver.

— Vous pourriez bien la chercher longtemps! dit une voix creuse qui partit d'auprès d'eux. Et Guillaume, détournant la tête, vit, courbé sous une besace et appuyé sur un bâton, un homme qui avait l'apparence d'un mendiant et qui passait lentement entre son cheval et celui d'Arthur.

— Qui êtes-vous? s'écria l'Anglais, en le saisissant au collet d'une main athlétique. Savez-vous où est la personne dont nous parlons?

— Si vous commencez par m'étrangler, je ne pourrai pas vous le dire, répondit Raguet avec beaucoup de sang-froid.

L'obscurité ne permettait pas à Guillaume de distinguer les traits de maître Bridevache, et d'ailleurs il est douteux qu'ils se fussent gravés dans sa mémoire. Il lui semblait pourtant que cette voix lugubre ne lui était pas inconnue. Voyant que sir Arthur allait le lâcher, il s'empara du coin du collet de sa veste déguenillée en lui répétant la question de l'Anglais:

— Qui êtes-vous?

— Je suis un pauvre homme qui cherche sa pauvre vie, répondit Raguet; mais ne me violentez pas et ne me *dessoubrez* pas mes vêtements[1], mon bon monsieur; ça ne vous servirait à rien.

Et Raguet fit tourner lestement le manche de son bâton dans sa main sèche et agile, prêt à en asséner au besoin un coup violent sur la tête de Sport, pour forcer le cavalier à lâcher prise.

— Brave homme, dit M. Harley avec douceur, si vous avez vu passer une jeune fille par ce chemin, dites-nous où elle peut être, et vous en serez récompensé.

— Quelle jeune fille cherchez-vous? reprit Raguet feignant de ne plus être sûr de son fait. Si c'est Jeanne, la fille de la mère Tula, la belle pastoure d'Ep-Nell, comme on l'appelle dans le pays, je l'ai vue, je l'ai très-bien vue, et je sais quel chemin elle a pris. Mais vous n'y êtes pas, mes enfants, et vous pourriez bien vous promener toute la nuit de Toull à Boussac sans la rencontrer.

— Dites donc où elle est! s'écria Guillaume. Dépêchez-vous!

— Et si je vous le dis, et que ça me fasse du tort, qu'est-ce qui m'en reviendra?

— Combien voulez-vous? dit l'Anglais.

— Dame! Monsieur, vous êtes assez raisonnable pour savoir qu'un service en vaut un autre. Et ces services-là, ça se, paie; ça se paie même cher au jour d'aujourd'hui. Vous n'avez pas trop de bonnes intentions sur la fille, car vous voilà deux, et elle n'aura guère moyen de se défendre si elle ne veut pas de vous.

— Misérable! gardez pour vous vos infâmes commentaires, et parlez, ou je vous étrangle! s'écria Guillaume, hors de lui, en secouant le vagabond.

— Doucement, mon petit, doucement, dit Raguet; prenez garde de vous échauffer! On ne moleste pas comme ça le pauvre monde: on s'en repent un jour ou l'autre.

— Calmez-vous, Guillaume, reprit sir Arthur, et laissez ce vieux fou s'expliquer. Voyons, vous savez bien qui nous sommes, probablement, et vous voulez de l'argent. Vous en aurez; parlez vite, ou nous croirons que

1. *Dessoubrer*, déchirer.

vous voulez nous tromper, et nous n'écouterons plus rien.

— Je ne sais pas qui vous êtes, répondit le prudent Raguet. Je ne vous connais pas. Un pauvre malheureux comme moi, ça ne connaît pas les grands bourgeois. Mais on sait bien que les grands bourgeois courent la nuit après les jolies filles, et on sait aussi que la Jeanne d'Ep-Nell est renommée. Mêmement que vous n'êtes pas les premiers qui la cherchiez par ici; j'en ai déjà rencontré un autre tout à l'heure.

— Un autre! s'écria Guillaume en frémissant de rage. Parlez donc... où est-il?

— Il a emmené la fille quelque part où vous ne les trouverez jamais! répondit Raguet avec malice. Bonsoir, mes chers monsieurs! Que le bon Dieu vous assiste!

Et, faisant un mouvement imprévu d'une vigueur dont sa frêle échine n'eût jamais paru susceptible, il se dégagea de l'étreinte convulsive de Guillaume, et fit quelques pas en avant en se secouant comme un loup qui s'échappe d'un piége.

— Voulez-vous un louis, deux louis, pour dire la vérité? s'écria le calme et prudent M. Harley en le rejoignant avec promptitude.

— Cinquante francs pour votre part et autant pour la part de votre compagnon, je ne demande pas mieux!... Mais vous dire où sont les amoureux, ça ne vous y mène pas, à moins que vous ne connaissiez le pays; et encore faut-il avoir passé par nos chemins plus de cent fois pour ne pas se tromper.

— Conduisez-nous, vous aurez cent francs.

— Oh! cent francs pour me déranger comme ça de ma route! un homme d'âge comme moi! Nenny, Monsieur, vous n'y pensez pas.

— Dites donc ce que vous voulez, et marchez devant!

— Ça vaudrait le double!

— Va pour le double; et si vous dites la vérité, vous aurez encore quelque chose de plus. Mais nous ne voulons pas être trompés, et n'espérez pas nous faire tomber dans un guet-apens. Nous sommes armés, et nous nous méfions.

— Ça veut dire que vous avez peur! Eh bien! moi aussi j'ai peur... Les loups ont peur des hommes, les hommes ont peur du diable; tout le monde a peur dans ce monde.

— De quoi avez-vous peur?

— D'être trompé aussi. Si, au lieu de me payer, vous me montrez vos pistolets! Je voudrais savoir vos noms afin d'aller vous réclamer mon argent demain chez vous si vous ne me tenez pas parole ce soir.

— Cet homme se joue de nous, dit Guillaume à son ami. Il est impossible que Jeanne ne soit pas seule, Arthur; débarrassez-vous de ce mendiant, et passons devant.

Quand Raguet vit hésiter M. Harley, il se ravisa. Il savait trop à qui il avait affaire pour craindre la banqueroute, et sa méfiance n'était qu'un jeu de son esprit méprisant et railleur.

— Écoutez, dit-il, il y a du danger pour moi là dedans; pour plus de deux cents francs de danger, bien sûr! Mais ça m'est égal, je vous retrouverai bien, et je vous ferai honte devant le monde si vous ne me récompensez pas honnêtement. Allons! en route! venez par ici.

Et il prit le chemin de Lavaufranche, qu'il gardait depuis une demi-heure comme une sentinelle vigilante.

— Je vous assure que ce scélérat nous égare, dit Guillaume à sir Arthur. Il nous attire dans quelque repaire de bandits, et tout cela ne peut que nous retarder.

— Essayons toujours! dit M. Harley.

— Allons, mes maîtres, dit Raguet, vous n'avancez guère, et pourtant vous avez huit jambes à votre service.

— C'est vous qui ne marchez pas, dit l'Anglais. Indiquez-nous le chemin, au lieu de nous retarder en vous traînant comme une grenouille devant nos chevaux.

— Vous croyez, Monsieur? dit Raguet en déposant sa besace sous une grosse pierre, où il était sûr de la retrouver, car elle était marquée d'une croix et sanctifiait ainsi le *carroir* maudit des quatre chemins, lieux toujours consacrés au sabbat et hantés par le diable quand ils ne sont pas préservés par le signe de la religion.

Et aussitôt le mendiant courbé se redressa; le vieillard languissant parut avoir chaussé des bottes de sept lieues, et il se mit à courir devant les cavaliers avec tant de légèreté, que les chevaux avaient de la peine à le suivre.

Quand il fut arrivé au pied de la montagne de Montbrat, il s'arrêta.

— C'est ici, Messieurs, dit-il, et vous allez me payer ou je réveille le monde de la métairie, et vous n'arriverez pas comme vous voudrez à la porte du château à M. Marsillat.

— Marsillat! s'écria Guillaume reconnaissant enfin la ruine où il était venu autrefois déjeuner avec le jeune licencié en droit.

Et il gravit le sentier de la montagne au grand galop, tandis que sir Arthur comptait à Raguet douze pièces d'or, sans lâcher la crosse d'un pistolet qu'il avait tenu armé durant cette course, à tout événement.

— Maintenant lâche ma bride, ou je vous fais sauter la cervelle, dit-il au vagabond en lui remettant son salaire.

Raguet vit scintiller dans l'ombre l'or de l'Anglais et l'acier de son arme. Il obéit, palpa et compta lestement ses louis, puis s'élançant sur ses traces:

— Vous trouverez la clef du cadenas dans la cour, dit-il, dans la première pierre à droite, sans cela vous n'arriveriez pas. La tourelle est à main droite aussi; dans le préau il y a un couloir, et puis une seule porte, qui n'est pas si solide qu'elle en a l'air. Vous m'avez bien payé, je suis content. Marsillat est un *chétif* qui laisserait mourir un homme de faim à sa porte. Si vous me vendez à lui je suis un homme mort; mais vous aurez de mes nouvelles auparavant.

Et il disparut.

Arthur eut bientôt rejoint Guillaume. Maître de lui-même, il arrêta le jeune homme à la porte du château.

— Ami, lui dit-il, qu'allez-vous faire? Il se peut qu'on nous ait trompés; cela est même fort probable. Quelle apparence ait Marsillat ait entraîné Jeanne du chemin de Toull jusqu'ici malgré elle? Et vous ne supposez pas que cette noble créature ait suivi volontairement le ravisseur? D'ailleurs, croyez-vous donc Marsillat capable d'un forfait?

— Je le crois capable de tout! Hâtons-nous, Arthur, un pressentiment me dit que Jeanne est ici, et qu'elle y est en danger.

— Et cependant cela n'est guère croyable. Calmez-vous donc, Guillaume, et cherchons un prétexte pour nous présenter ainsi à pareille heure et à l'improviste chez votre ami.

— Lui, mon ami! il ne le fut jamais, le lâche!

— Cher Guillaume, la jalousie vous transporte et vous égare. Marsillat est peut-être fort innocent. Dans tous les cas, le sang-froid est ici nécessaire. De quel droit allons-nous faire une visite domiciliaire à main armée chez un homme avec lequel nous n'avons jamais eu que de bonnes relations? Guillaume, je crois, j'ose dire que Jeanne m'est au moins aussi chère qu'à vous, que son honneur m'est plus sacré que le mien propre; et pourtant, je ne puis, sur la parole d'un bandit, me décider à venir follement la demander ici le pistolet au poing. Je n'ai pas hésité à suivre ce vagabond, je n'hésite pas non plus à chercher Jeanne jusque dans la demeure de M. Marsillat; mais je voudrais que tout cela se passât suivant les lois de l'honneur, de la bienveillance et de l'équité.

— Arthur, dit Guillaume en pressant fortement le bras de son ami, il m'est impossible d'être calme, ma tête brûle et mon sang bout dans mes veines... et pourtant je ne suis pas jaloux de Jeanne, et je ne suis pas amoureux d'elle... du moins, je ne le suis plus... je ne l'ai peut-être jamais été... C'était une erreur de mon imagination, un instinct sacré qui parlait en moi à mon insu! Arthur, vous seul au monde pouvez et devez recevoir cette confidence, car vous voulez et devez être l'époux de Jeanne. Jeanne est la fille de mon père! Jeanne est ma sœur... Jugez maintenant si j'ai le droit de la chercher jusque dans les bras de Marsillat, et si mon devoir n'est pas de la disputer à un infâme les armes à la main!

M. Harley, étourdi un instant de cette révélation, reprit vite son sang-froid et sa présence d'esprit.

— Guillaume, dit-il, laissez-moi parler le premier, laissez-moi faire, et maîtrisez-vous, quoi qu'il arrive.

Il mit pied à terre, chercha la clef que Raguet lui avait indiquée, et ouvrit le cadenas. Voulant empêcher son jeune ami d'agir le premier, il le laissa prendre à gauche pour faire le tour du préau, et se dirigea, sans l'avertir, vers la tourelle. Il pénétra dans le couloir, se heurta contre Finaud, qui grattait patiemment à la porte depuis une heure, colla son oreille contre cette porte, et entendit la voix retentissante de Marsillat qui prononçait avec énergie ces paroles :

— N'importe, Jeanne! malgré toi! Tu ne seras pas damnée pour un baiser!

Et des pas précipités résonnèrent dans la voûte sonore. Arthur entendit comme deux mains qui se jetaient sur la porte avec détresse et qui cherchaient à l'ébranler.

— Laissez-moi, monsieur Léon, vous me faites peur, dit en même temps la voix altérée de Jeanne. Si c'est pour jouer, c'est bien cruel; j'aime mieux me tuer que de plaisanter avec ces choses-là.

C'est alors que M. Harley, pour distraire Marsillat de ses desseins coupables, frappa brusquement à la porte, avec une énergie peu commune. Guillaume était déjà derrière lui.

— Ah! merci, mon bon Dieu! s'écria Jeanne; voilà du monde pour vous faire honte, monsieur Léon.

— Jeanne, dit Marsillat à voix basse, tais-toi, ou tu es morte!

— Oh! tuez-moi si vous vous voulez, dit Jeanne, je ne me tairai pas.

Mais elle se tut cependant en attendant Marsillat armer son fusil de chasse qu'il venait de tirer de l'étui à la hâte, et dont il dirigea le canon vers les assiégeants.

— Jeanne, dit-il en parlant toujours à voix basse, le premier qui entrera ici malgré moi le paiera cher!... Si tu as le malheur de dire un mot, de faire un cri, un mouvement... j'ouvre... et je tue!...

— Monsieur Marsillat, répondit Jeanne du même ton, pour l'amour du bon Dieu, ouvrez tranquillement. Je ne dirai rien, je ne me plaindrai pas de vous. Ne faites pas de malheur; je ne demande qu'à sortir sans qu'on fasse attention à moi, et je ne dirai jamais que vous avez voulu me faire peur.

On frappait toujours à la porte, et si fort qu'on l'ébranlait sur ses gonds. Mais comme on ne disait rien encore, Marsillat pensa sérieusement que ce ne pouvait être que des voleurs. Il le fit entendre à Jeanne, et lui dit de se retirer dans l'alcôve, dans la crainte d'une balle.

— Si c'est des voleurs, dit Jeanne, je vous aiderai bien à vous défendre, monsieur Léon. Je ne suis pas peureuse. Pourvu que je sorte après, c'est tout ce qu'il me faut.

— Eh bien! ma brave fille, dit Marsillat, avec résolution et sang-froid, prends mon autre fusil qui est accroché au mur, là, au-dessus de la cheminée, et tiens-toi derrière le battant de la porte pour me le passer, quand j'aurai fait feu du premier. Qui va là? ajouta-t-il à haute voix, que demandez-vous?

— Ouvrez, monsieur Marsillat, dit sir Arthur, j'ai à vous parler pour une affaire importante et très-pressée.

— Oh! oh! mon maître, répondit Marsillat; vous parlez bien haut et vous frappez bien fort! Est-ce là votre manière de réveiller les gens? Donnez-moi le temps de m'habiller. Toi, dit-il rapidement à Jeanne, cache-toi derrière les rideaux de mon lit, si tu ne veux pas que je fasse sauter les dents à ton jaloux d'Anglais.

— Moi! que je me cache derrière votre lit? répondit Jeanne. Oh! non, Monsieur, jamais! je ne veux pas me cacher.

— Comme tu voudras, dit Marsillat. Tu n'en passeras pas moins pour ma maîtresse, et tu vas voir ce qui en résultera! A ton aise, ma mignonne!

— Eh bien! monsieur Harley! reprit-il à haute voix, quand vous serez las de caresser ma porte à coups de poing, vous me le direz! Je vous avertis que je ne suis pas seul! et que je ne vous ouvrirai pas. Allez m'attendre dans le préau, et à distance, je vous prie. J'irai savoir ce qu'il y a pour votre service.

— Vous ouvrirez, Monsieur, s'écria Guillaume, incapable de se contenir plus longtemps, et vous nous épargnerez la peine d'enfoncer la porte.

— Ah! ah! vous êtes deux? reprit Marsillat d'un ton froid et méprisant. Eh bien! cassez la porte, mes maîtres, si le cœur vous en dit. J'ai quatre balles à votre service, car je n'entends pas vous laisser voir ma maîtresse.

— Ce sera donc un combat à mort! s'écria Guillaume? car nous sommes armés aussi, et nous voulons entrer.

Et il secoua la porte d'une main exaspérée par la colère.

Marsillat, voyant la porte fléchir et le pêne sortir de la muraille fraîchement recrépie, renonça à l'idée de se défendre. Il lui paraissait indigne de lui de se venger d'un enfant jaloux, autrement que par le mépris et le ridicule. Il recula pour laisser tomber la porte, et chercha Jeanne dans l'obscurité pour la préserver de toute atteinte. Mais Jeanne avait disparu comme par enchantement. Il crut qu'elle avait pris le parti de se cacher derrière le lit, et il allait s'en assurer lorsque la porte tomba avec fracas. Sir Arthur s'élança le premier, les mains vides, et faisant à Guillaume un rempart de son corps, malgré la fureur impétueuse du jeune homme qui s'efforçait de le dépasser, et qui avait un pistolet dans chaque main.

— Très-bien, Messieurs, à merveille! dit Marsillat. Je pourrais vous recevoir comme des brigands, puisqu'il vous plaît de mettre en commun vos transports jaloux, et de venir violer indécemment et grossièrement mon domicile. Mais j'ai pitié de votre ridicule conduite, et je vous en demande à l'un et à l'autre une réparation plus loyale et plus brave que l'assassinat; deux contre un, à tâtons!

— Tout de suite, si vous voulez, Monsieur, s'écria Guillaume. La lune se lève, et votre cour est assez vaste pour que nous puissions prendre la distance convenable.

— Non, Messieurs, demain, dit Marsillat; j'ai ici une femme que je ne veux pas effrayer davantage. Je serai calme jusqu'à ce que vous m'ayez fait l'honneur de vous retirer.

— Nous ne nous retirerons pas sans vous avoir engagé et persuadé, j'espère, de laisser sortir cette femme de chez vous, dit très-froidement M. Harley; car nous savons, monsieur Marsillat, qu'elle est ici contre son gré.

— Vous en avez menti, s'écria Léon; et puisque vous me forcez à la défensive, je vous déclare que vous n'approcherez pas de mon lit aussi facilement que de ma porte.

— Jeanne! s'écria Guillaume, sortez de l'endroit où vous êtes cachée, répondez!... Ne craignez rien, nous venons pour vous défendre.

— Vous voyez, Messieurs, dit Léon avec ironie, que la personne qu'il vous plaît d'appeler Jeanne n'est point ici, ou que, si elle y est, elle ne désire pas beaucoup votre protection, car elle ne répond pas.

— Si elle ne répond pas, s'écria Guillaume, c'est qu'elle est évanouie ou morte; mais que vous l'ayez outragée ou assassinée, elle n'en sera pas moins arrachée d'ici, fallut-il à l'instant même châtier en vous le dernier des scélérats et des lâches.

La lune commençait à monter au-dessus des collines de l'horizon, et le vent frais qui accompagne souvent se lever de cet astre balayait les nuages devant lui. La clarté pénétrait dans l'intérieur de la tourelle, et sir Arthur, dont la vue était aussi claire et aussi nette que le jugement, s'était déjà assuré que le lit n'avait pas été dérangé, que les rideaux étaient ouverts, qu'il n'y avait dans cette petite pièce, de construction antique, aucune armoire, aucun cabinet où Jeanne pût être cachée. Elle était donc sortie furtivement au moment où Guillaume et lui s'étaient précipités dans la chambre : elle avait dû profiter de ce premier moment de trouble pour s'esquiver adroitement. Ces réflexions rendirent à sir Arthur le calme qui commençait à l'abandonner. Guillaume, dit-il au jeune baron, ne vous laissez pas dominer ainsi par le soupçon et la crainte. Jeanne n'est point ici, elle s'est enfuie déjà dans le préau ; allez la rejoindre et. laissez-moi parler avec M. Marsillat.

— Jeanne ne sait pas mentir, Jeanne me dira la vérité, s'écria Guillaume en s'élançant dehors. Malheur à vous, Marsillat, si son témoignage vous condamne !

— Monsieur Marsillat, dit Arthur lorsqu'il fut seul avec lui, je ne me permettrai pas de qualifier votre conduite, car j'ignore par quels artifices vous avez pu décider Jeanne à venir ici. Mais je sais qu'elle en est sortie pure, et j'aime à croire que vous espériez la convaincre sans avoir l'intention de lui faire violence.

— Faites-moi grâce de vos commentaires sur ma conduite et mes intentions, Monsieur, répondit Léon. Je n'ai de comptes à rendre à personne, et c'est vous qui avez à m'expliquer votre propre conduite et vos propres intentions. J'attends de vous de promptes excuses ou une prochaine réparation.

— Si j'avais agi légèrement, dit M. Harley, si j'étais entré ici sans la certitude d'y trouver Jeanne, si je ne l'avais entendue protester contre vos entreprises, enfin si je m'étais trompé, je vous ferais toutes sortes d'excuses, et je n'attendrais pas pour vous l'offrir, que vous demandiez une réparation. Mais j'ai écouté à votre porte, j'ai fait cette action pour la première et, j'espère, pour la dernière fois de ma vie. Je n'en ai pas de honte ; car je suis en droit, maintenant, de défendre l'honneur d'une pauvre fille contre vos criminelles et indécentes vanteries. Cependant, comme je ternirais ce précieux honneur à vos yeux en m'en déclarant légèrement le champion, je suis bien aise de vous faire connaître à quel titre je suis intervenu ici entre Jeanne et vous.

— Oui, dit Marsillat avec un rire amer, c'est précisément cela que je désirerais savoir. Quel droit avez-vous plus que moi sur une très-belle fille que vous ne voulez certainement pas épouser, puisque vous êtes marié ?

— Marié, moi ! Qui vous a fait ce conte ridicule ! On vous a trompé, Monsieur, je suis libre, et mon intention est de demander Jeanne en mariage, même après l'épreuve délicate qu'elle a subie ici, même au risque du ridicule que vous avez certainement l'intention de déverser sur moi à cette occasion. Ne soyez donc pas étonné que, comme prétendant à la main de Jeanne, je vienne la soustraire à vos outrages. Je me serais fait un scrupule de moi-même avec effraction. J'aime à croire qu'après avoir un peu parlementé, vous m'auriez ouvert cette porte que l'impétuosité de notre jeune ami a brisée malgré moi. Guillaume s'est poussé par une exaltation qui est au fond de son caractère, et par un sentiment d'indignation et de sollicitude, j'oserais dire paternelle. Il venait, à titre de parrain, c'est-à-dire d'unique protecteur et d'unique parent adoptif de l'orpheline, de m'accorder sa main et de me constituer son défenseur. Je sais, Monsieur, que tout ceci vous paraît fort ridicule, et je sais à quel sarcasme je me livre en vous parlant avec cette franchise : c'est pour cela que, vous considérant dès aujourd'hui comme l'ennemi de mon repos et de mon bonheur, dans le passé, dans le présent et dans l'avenir, je vous prie de m'assigner le jour et l'heure où il vous plaira de me donner satisfaction.

— Ainsi, Monsieur, vous l'agresseur, vous vous posez en homme offensé et provoqué, parce qu'il vous plaît d'épouser la fille que le petit baron n'a pas eu l'esprit de séduire ? C'est admirable ! J'accepte le rôle que vous m'attribuez : pourvu que je me batte avec vous, c'est tout ce que je demande.

— Prenez-le comme vous voudrez, Monsieur ; je vous laisse le choix des armes et tous les avantages du duel. Je vous prie seulement de le fixer à demain matin.

— Non, Monsieur, je plaide après-demain une cause d'où dépendent l'honneur et l'existence d'une famille estimable. Nous sommes aujourd'hui lundi. Je pars au point du jour pour Guéret. Nous remettrons la partie à mon retour, c'est-à-dire à mercredi matin.

— C'est convenu, Monsieur, et j'espère que jusque-là vous n'exigerez ni n'accorderez aucune autre promesse de réparation.

— Je vous comprends, Arthur, dit Marsillat avec la bienveillance d'un homme parfaitement calme et courageux. Vous voulez soustraire votre jeune ami à mon ressentiment. Engagez-le à rétracter les injures dont il lui a plu de me gratifier tout à l'heure, et je vous promets de les pardonner.

— C'est ce que je n'obtiendrais jamais de lui, Monsieur, et je n'essaierai même pas. Mais votre ressentiment doit se contenter pour le moment d'un duel, et votre honneur sera satisfait si j'y succombe.

— Je sais que Guillaume est un enfant, et je lui ai donné assez de leçons de tir et d'escrime pour ne pas désirer une partie que je jouerais contre lui à coup sûr. Comptez donc sur ma générosité, et obtenez, du moins pour ce soir, qu'il ne me pousse pas à bout.

— Comme je ne puis répondre de rien à cet égard, ayez l'obligeance de ne pas vous exposer davantage à l'emportement de ce jeune homme ; je vais le rejoindre et l'emmener. Veuillez, je vous en supplie, ne pas sortir de cette chambre.

— Allons, je vous le promets, Arthur ; mais nous ne convenons ni du lieu ni des armes ?

— Vous en déciderez. J'attends un billet de vous demain matin, et je me conformerai à vos intentions. Je ne suis exercé à aucun genre de combat, le choix m'est donc indifférent.

— Diable ! votre aveu me fâche ! je suis aussi fort à l'épée qu'au pistolet.

— Je le sais ; tant mieux pour vous.

— Nous tirerons au sort !

— Comme il vous plaira.

M. Harley salua Léon, et s'éloigna à la hâte. Guillaume revenait vers la tour avec agitation. Il était seul.

— Arthur, s'écria-t-il, Jeanne est introuvable. J'ai cherché dans toutes ces ruines. Elle ne peut être que dans la tour. Marsillat l'a cachée quelque part. Il faut qu'elle soit bâillonnée ou mourante ! Il y a là un crime affreux. Laissez-moi ! laissez-moi rentrer ! J'étranglerai ce scélérat. Je lui arracherai la vérité ; je briserai tout dans son repaire infâme !

— Non, Guillaume, non ! dit M. Harley. J'ai tout observé, son maintien, sa voix et tous les détails de sa demeure. Le chien de Jeanne est entré avec nous dans la tour, et il n'y est plus, je ne le vois pas ici. Il m'a semblé que je l'entendais aboyer et hurler dehors pendant que je parlais avec Léon. Jeanne s'est enfuie, n'en doutez pas. Nous allons la retrouver en chemin.

— Votre confiance est insensée, Arthur ! Si Jeanne est ici, nous la laissons au pouvoir de ce misérable ! Non, non, je ne sortirai pas d'ici sans elle !

— Tenez, dit Arthur en lui montrant le portail sombre de l'antique forteresse, ne voyez-vous pas là quelqu'un debout ! c'est Jeanne, à coup sûr ! Et ils s'élancèrent vers la herse, où une ombre venait en effet de glisser rapidement.

Mais ce n'était pas Jeanne. C'était Raguet, le Bride-vache, qui leur faisait signe de le suivre.

XXIV.

MALHEUR.

Raguet marchait en regardant derrière lui avec précaution, et il s'empressa d'attirer Guillaume et son ami au dehors.

— Vous cherchez la fille, dit cet espion vigilant, et sans moi vous ne la trouverez jamais. Combien me donnerez-vous pour ça ?

— Ce que tu voudras, l'ami ! répondit Guillaume. Tu ne nous a pas trompés, nous ne compterons pas avec toi.

— Si fait, mon garçon, comptez ! comptez ! dit Raguet en tendant son chapeau.

Guillaume prit une poignée d'argent dans sa poche et

Sir Arthur s'élança le premier. (Page 86.)

la jeta dans le chapeau crasseux du mendiant, sans compter, en effet.
— Ça va bien, la nuit n'est pas mauvaise, dit Raguet; z'*enfants*, venez avec moi.

Et il les conduisit, le long des murs extérieurs du vieux château, jusqu'à un endroit où il s'arrêta. Le terrain, formé par les éboulements de la ruine, avait été déblayé et creusé en cet endroit, comme pour éloigner du sol la fenêtre étroite mais dégarnie de ses antiques barreaux de fer, qui éclairait la tourelle consacrée au pied-à-terre de Marsillat. On avait rejeté plus loin les terres et les graviers amoncelés contre les premiers étages, et cette fenêtre se trouvait ainsi élevée à environ vingt-cinq pieds au-dessus d'une sorte de tranchée à pic qui n'était que le rétablissement partiel de l'ancien bassin des fossés du château. Marsillat, passant souvent les nuits dans ce manoir isolé et désert, s'y était fortifié dans son petit coin du mieux qu'il avait pu.

— Où nous conduisez-vous? dit Guillaume en voyant Raguet lui indiquer le fond de la tranchée du bout de son bâton.

— Elle est là, dit Raguet en parlant très-bas et en se cachant derrière un monceau de débris pour n'être pas vu de la fenêtre de la tourelle. Puis il releva son bâton, indiqua cette fenêtre, fit avec son bâton un geste de haut en bas, et ajouta avec un accent d'indifférence atroce :

— Il n'y a qu'un petit malheur, c'est que la fille est morte!... Allez-y voir, pourtant... Je ne pourrais pas en jurer... Je l'ai bien vue tomber, mais je n'ai pas voulu en approcher... pas si bête!... Si l'affaire va en justice, on me mettrait encore ça sur le corps.

Et Raguet disparut comme la première fois. Il craignait Marsillat; mais ce dernier, qui avait observé, du seuil de la tourelle, la sortie de Guillaume et d'Arthur, cherchait Jeanne dans le préau, et se frottait les mains à l'idée de la retrouver blottie et tremblante dans quelque coin.

Arthur et Guillaume étaient déjà au fond de la tranchée. Plus morts que vifs, ils s'agitaient en vain dans l'ombre. Jeanne n'y était pas.

— Grâce au ciel, dit Arthur, cette fois le vagabond nous a trompés.

— Hélas! non, dit Guillaume, car voici la mante de Jeanne! Et il ramassa la cape de la jeune fille.

C'était Jeanne immobile, pâle comme une morte. (Page 83.)

Ils gagnèrent le fond du ravin en suivant la direction de la tranchée, cherchant toujours, mais n'osant plus échanger leurs réflexions sinistres.

Au fond de ce ravin étroit coule un filet d'eau cristalline qui murmure entre les rochers. La source est là qui sort de terre entre de gros blocs de pierre blanche, et qui se verse au dehors avec un petit bruit de pluie continue. Guillaume courut vers ces bancs de pierre, et fit un cri de joie en voyant clairement une femme assise au bord de la source. La lune, dégagée des nuages, donnait en plein sur elle. C'était Jeanne immobile, pâle comme une morte, mais le sourire sur les lèvres et les mains croisées l'une sur l'autre dans une attitude rêveuse et tranquille. Finaud était couché à ses pieds.

— Jeanne! s'écria Guillaume, en tombant à genoux auprès d'elle, tu es sauvée! Dieu soit mille fois béni!

— Oh! ça n'est rien, rien du tout, mon parrain, dit Jeanne en se laissant prendre et baiser les mains. Bonjour, monsieur Arthur? Vous voilà donc revenu de votre voyage? Ça va bien, merci.

— Jeanne, Jeanne, d'où viens-tu? Où étais-tu cachée? Tu n'es donc pas tombée? dit Guillaume.

— Tombée? Oui, m'est avis que je suis tombée un peu fort... C'est la jument à M. Marsillat... Non... je ne sais plus, mon parrain; j'ai dormi par terre un peu de temps; mais mon chien m'a tant tiraillée qu'il m'a réveillée. Et puis je me suis levée; je n'ai rien de cassé, car j'ai marché un bout de chemin. Mais je suis *vannée* de fatigue, et je me suis assise là pour me reposer un brin. Je ne vois plus mes vaches. Claudie les aura fait rentrer. Allons, mon parrain, ça doit être l'heure de rentrer aussi à la maison.

— Oui, *à la maison!* Bonne Jeanne, ma chère Jeanne, ô ma sœur chérie!

— Votre sœur? Elle est donc là, cette chère mignonne? Je ne la vois pas! Dame! Je suis tout étourdie, mon parrain. Je ne sais pas d'où je sors.

— Guillaume, dit M. Harley à voix basse, ne la faites pas parler, ne lui donnez pas d'émotion. Elle s'est jetée par la fenêtre, cela est certain... Et Arthur, se retournant, regarda en frémissant l'élévation de cette fenêtre que l'éloignement faisait paraître plus effrayante encore. Quelle chute! dit-il, et quel miracle Dieu a daigné faire pour nous! Ceci n'aura pas de suites, j'espère. Mais vous voyez qu'elle n'a pas sa tête. Essayons de la faire marcher, et ne la forçons pas à rassembler trop vite ses souvenirs. En arrivant à Boussac, il sera prudent de la faire saigner.

— Allons-nous-en, pas vrai, mon parrain? dit Jeanne en se levant avec aisance. J'ai quasiment peur dans l'endroit d'ici, je ne sais pas pourquoi; mais je ne reconnais pas le pays. Sommes-nous dans le pré du château? N'avez-vous pas vu le père Raguet?

— Raguet! dit Guillaume, qui se rappela enfin où il avait rencontré le vagabond. Non, Jeanne, il n'y a pas de Raguet ici. Viens, ta chère mignonne t'attend pour te dire bonsoir avant de se coucher.

Jeanne marcha sans effort, appuyée sur le bras de Guillaume; et Arthur ayant été chercher les chevaux qu'il avait attachés à la porte du château en arrivant, la prit en croupe sur le sien. Ils regagnèrent la route de Boussac, en longeant le vallon de la Petite-Creuse. Guillaume reconnaissait le pays, éclairé par la lune; mais ils marchaient au pas, le plus lentement possible, sir Arthur craignant de provoquer chez Jeanne quelque crise nerveuse, à la suite de l'ébranlement terrible de sa chute. Ému, triste et tendre, le bon M. Harley n'osait lui adresser la parole que pour lui demander de temps en temps comment elle se trouvait.

— Mais je me trouve bien, répondait Jeanne avec surprise. Pourquoi donc que vous me demandez ça, monsieur Harley? Je ne suis pas malade.

Jeanne avait perdu la mémoire de toutes ses afflictions. Elle paraissait méditer, et cependant l'action de sa pensée n'était plus qu'un rêve paisible et doux. La nuit était devenue sereine et la lune brillante. Jeanne entendait encore le chant du grillon et de la grenouille verte, comme lorsqu'elle avait marché dans la direction de Toull. Mais elle tournait le dos cette fois au clocher de son village, et elle ne s'en rendait pas compte. Tout flottait devant ses yeux, tout se confondait dans ses souvenirs et dans ses affections: la veillée d'autrefois, dans les prés du Bourbonnais, la rêverie du matin dans la rosée autour du château, ses chèvres d'Ep-Nell, ses vaches de Boussac, le bon curé Alain, la chère demoiselle Marie et jusqu'à sa mère Tula, qui n'était plus morte dans cet heureux songe qu'elle faisait les yeux ouverts. Quelquefois elle penchait sa tête languissante sur l'épaule de sir Arthur; et sa pudeur craintive ne s'apercevait pas de la présence de cet ami, dont elle sentait vaguement l'influence affectueuse et chaste s'étendre sur elle, à son insu.

Lorsque nos trois jeunes personnages arrivèrent au château de Boussac, il était plus de minuit. La maison était à peu près déserte. Claudie, inquiète et consternée, pleurait seule dans un coin de la cuisine, et Cadet n'était pas là pour prendre les chevaux. Il était monté à cheval lui-même, sur l'ordre de madame de Boussac, pour chercher Guillaume, dont le brusque départ et la longue absence avaient excité les plus vives inquiétudes.

— Votre maman a été sur la route de Toull jusqu'à dix heures du soir pour vous attendre, dit Claudie au jeune baron. Elle ne fait que de rentrer, et mam'selle Marie y est encore avec madame de Charmois.

— J'irai rassurer mademoiselle Marie, dit M. Harley à Guillaume; allez consoler votre mère, et recommandez à Claudie de bien soigner Jeanne. En passant, j'avertirai le médecin de venir la voir.

— Le médecin est encore dans la maison, dit Claudie. Tu t'es donc trouvée *fatiguée* (malade), ma Jeanne?

— Ça n'est rien, dit Jeanne en l'embrassant.

Madame de Boussac gronda son fils en pleurant. Contre sa coutume, Guillaume reçut les tendres reproches de sa mère avec un peu de hauteur et d'impatience. Il prétendit qu'il ne savait pas pourquoi depuis quelques jours tout le monde voulait lui persuader qu'il était malade; il assura qu'il se sentait fort bien, qu'il avait eu la fantaisie, comme cela lui était arrivé bien d'autres fois, d'aller voir le lever de la lune sur les pierres jomâtres; qu'en chemin il s'était arrêté pour causer avec sir Arthur, qu'il avait saisi au passage; puis qu'ils avaient rencontré Jeanne qui venait de voir sa tante malade à Toull; qu'il avait pris sa filleule en croupe, et qu'il avait eu le malheur de la laisser tomber; qu'enfin ils étaient revenus au pas par la route d'*en bas*, pour ne pas fatiguer cette pauvre enfant, un peu brisée de sa chute.

L'histoire était plus vraisemblable et plus naturelle ainsi que la vérité même. Madame de Boussac la révoqua point en doute; seulement elle fit observer à son fils qu'il était ridicule et déplacé de prendre sa servante en croupe; que c'étaient des usages de la petite bourgeoisie du pays, fort détestables à imiter. Comme elle paraissait un peu plus sensible à cette inconvenance de Guillaume qu'à l'accident de Jeanne, Guillaume, irrité, répondit avec un peu d'aigreur que Jeanne était son égale de toutes les manières, et qu'il s'étonnait de la différence qu'on voulait établir, dans les préjugés du monde, entre une personne et une autre. Madame de Boussac trouva qu'il s'insurgeait; elle le gronda, pleura encore, et ne put le décider à écouter la fin de sa mercuriale. — Chère maman, lui dit-il, il y a une chose qui m'inquiète beaucoup plus; c'est l'accident arrivé à ma sœur de lait, à votre filleule, à cette amie, à cette enfant de la maison, que je ne pourrai jamais traiter de servante ni regarder comme telle, après tous les soins qu'elle m'a prodigués dans ma maladie. Vous permettrez que j'aille m'informer d'elle, et que je remette à demain notre discussion sur la supériorité de mon rang et l'excellence de ma personne. J'ai eu bien tort, en effet, de prendre Jeanne sur mon cheval, puisque j'ai eu la déplorable maladresse de la laisser tomber. Voilà, je le confesse, la seule chose dont je me repente amèrement.

Quelques instants après, madame de Boussac, Guillaume, Marie, Arthur et le médecin étaient rassemblés autour de Jeanne, que Marie avait fait venir dans sa chambre, et qui s'étonnait de leur inquiétude. Le médecin s'en étonnait aussi. Jeanne, ne se rappelant pas d'où elle était tombée, et se persuadant que ce qu'elle entendait raconter de son accident était la vérité, avait pourtant le souvenir distinct d'être tombée sur ses pieds sur la terre fraîchement remuée, puis sur ses genoux, et d'être restée *comme endormie* pendant un temps qu'elle ne pouvait préciser.

— Eh pardieu! ce n'est rien qu'un étourdissement, disait le médecin, la surprise, que sais-je, peut-être. Elle ne souffre de nulle part, donc elle ne s'est pas fait de mal. Il n'y a donc pas à s'occuper de cela.

— Monsieur, dit sir Arthur en l'attirant à l'écart, la chute est plus grave que Jeanne ne peut se la retracer. Lorsque le cheval s'est effrayé, il était tout au bord du chemin de Toull, dans l'endroit le plus escarpé. Jeanne est tombée d'environ trente pieds de haut, sur le gazon à la vérité, mais elle a été évanouie près d'un quart d'heure, et, depuis ce temps, elle n'a plus sa tête. Elle sait à peine où elle est, et ce qui lui est arrivé.

— Ceci change la thèse, dit le médecin, et je vais la saigner sur-le-champ. Une atteinte à la moelle épinière, un déchirement des enveloppes du cœur, une commotion cérébrale, sont toujours fort à craindre dans ces cas-là.

La saignée pratiquée, Jeanne reprit peu à peu ses couleurs, et s'endormit bientôt sur un lit que Marie lui fit dresser à côté du sien. Inquiète de sa chère pastoure, comme elle l'appelait, elle ne voulait pas la quitter d'un instant. Sir Arthur, plus robuste que Guillaume, dont les violentes émotions étaient toujours suivies de grands accablements, ne songea même pas à se coucher. Attentif au moindre bruit, il vint souvent sur la pointe du pied écouter dans le corridor, et il ne se tranquillisa qu'en voyant, à l'aube nouvelle, Jeanne sortir fraîche et matinale de la chambre de sa *mignonne* pour aller respirer l'air des champs. Jeanne crut qu'il venait de se lever aussi; et persistant à le croire marié, ne sentant plus aucune méfiance contre lui, elle lui accorda une franche poignée de main en le remerciant de tout ce qu'il avait fait pour elle.

— Est-ce que vous vous souvenez de tout? lui demanda-t-il.

— Oui, oui, Monsieur, je me souviens bien de tout, ce

matin. Mais c'est égal, il faudra toujours dire comme vous avez dit hier soir; ça arrange tout, et ça sauve M. Marsillat d'une vilaine histoire.

— Jeanne, vous pardonnez donc à ce méchant homme?

— Dieu ordonne de tout pardonner, et d'ailleurs, M. Marsillat n'est pas méchant. Il a voulu rire un peu sottement avec moi. Vous savez, c'est un garçon qui a de vilaines manières : il veut toujours embrasser les filles. Moi, ça ne me convenait pas, et je vous réponds que je l'aurais bien fait finir. Je suis plus forte qu'il ne croit, et il ne m'aurait jamais embrassée. Mais il s'amusait à m'enfermer dans sa chambre et à me faire toutes sortes de contes pour m'empêcher de sortir. On aurait dit qu'il voulait faire mal parler de moi en me gardant là toute la nuit. Aussi quand j'ai reconnu votre voix et celle de mon parrain, j'ai été bien contente. Mais ne voilà-t-il pas qu'il a fait comme s'il voulait vous tuer tous les deux à cause de moi? Il a pris son fusil, et il m'a dit : « Si tu ne veux pas paraître d'accord avec moi pour être ici, je vais casser la tête à l'Anglais. » Je ne voulais pas qu'il fît un malheur; il paraissait comme fou dans ce moment-là, et ce que vous lui disiez à travers la porte le fâchait tant, qu'il me disait des paroles très-dures et très-méchantes. Alors, d'un côté, la peur qu'il ne fît un mauvais coup dans la colère; d'un autre côté, la honte d'être trouvée là par vous, et de ne pouvoir pas me défendre de ce qu'il vous dirait contre moi, tout cela m'a décidée à sauter par la fenêtre. Il y avait bien juste la place pour passer mon corps; mais, en me forçant un peu, j'en suis venue à bout. Il m'avait bien dit que je me tuerais; mais j'aimais mieux me tuer que de faire tuer mon parrain et vous. D'ailleurs, c'étaient des menteries, tout ça. Il ne voulait pas vous faire de mal, j'en suis bien sûre à présent, et sa fenêtre n'était pas si haute, car je ne me suis point fait de mal, et si on ne m'avait pas *faiblessée* en me tirant du sang, je serais comme à l'ordinaire. C'est égal, je suis bien contente que tout ça soit fini, et je m'en vais aux champs. J'ai été simple de croire à toutes les folies qu'on m'a dites hier. Je vois bien que mon parrain et ma marraine sont toujours bons pour moi, et que ma chère mignonne m'aime toujours. Il n'y a que madame de Charmois qui me haïsse. Je ne sais pas pourquoi; je l'ai toujours servie de mon mieux, elle et sa demoiselle.

Sir Arthur voulut faire raconter à Jeanne ce qui s'était passé entre elle et madame de Charmois; mais il lui fallut le deviner aux réponses timides et incomplètes de la jeune fille, trop pudique et trop fière pour rapporter les termes dont s'était servie la comtesse pour l'outrager.

— Ma chère, disait à cette dernière madame de Boussac, en prenant le chocolat avec elle dans sa chambre à coucher, où la sous-préfette, un peu parasite par-dessus le marché, vint la relancer de bonne heure, vous n'avez réussi à rien. Je ne sais pas ce que vous avez imaginé de dire à Guillaume hier soir, mais votre secret n'a pas eu le sens commun. Guillaume est plus amoureux que jamais de Jeanne. Mes enfants se sont pris tous deux pour cette fille d'une passion ridicule. Vous voyez que Guillaume a couru après elle comme un fou. Elle a failli se casser le cou, ce qui a augmenté le délire de mon fils. Ma fille va vouloir la faire coucher dans sa chambre! Si je me permets une observation, ces enfants, exaltés je ne sais vraiment à quel propos, sont tout prêts à entrer en révolte contre moi, et, qui pis est, contre toute la société. Ils me jettent à la tête les services et les vertus de Jeanne; moi, je suis faible, et au fond je l'aime, cette Jeanne. Je n'oublierai jamais qu'elle m'a sauvé mon fils. Quand vous l'avez chassée hier, j'étais furieuse contre vous. Ce matin je crois que je le suis encore un peu; car vous avez fait du mal à tous sans remédier à rien.

— Que fait Guillaume ce matin? demanda d'un air de triomphe paisible la grosse sous-préfette.

— Il dort.

— A neuf heures du matin, il dort encore? Et cette nuit, a-t-il dormi?

— Parfaitement, à ce que m'assure Cadet, qui a passé la nuit dans sa chambre à son insu, par mon ordre.

— Eh! reprit la Charmois, s'il dort si bien, il est donc guéri de son amour!

— Vous l'espérez?

— Je vous en donne ma parole d'honneur, je lui ai dit hier des mots magiques. Il a couru après Jeanne, c'est tout simple; il la traite comme son égale, cela devait être; il veut qu'on la chérisse et qu'on la respecte, je m'y attendais. Mais il n'est plus amoureux, et il épousera Elvire quand nous voudrons.

— Je ne vous comprends pas.

— Vous ne devinez pas? allons, il faut vous aider. La nourrice de Guillaume était servante ici dans la maison, avant votre mariage. Elle était belle, je m'en souviens; elle était peut-être sage, je ne m'en soucie guère; vous fûtes jalouse d'elle au bout de deux ou trois ans de ménage; vous pouviez avoir tort... Mais enfin Jeanne aurait pu être la fille de votre mari, et se trouver la sœur de Guillaume.

— Juste Dieu! c'est là le conte que vous avez fait à mon fils?

— Pourquoi non?

— Mais c'est absurde! mais c'est faux! M. de Boussac était à l'armée et n'avait jamais vu Tula avant la naissance de Jeanne.

— Qu'est-ce que cela me fait? Qui donc ira donner ces renseignements exacts à Guillaume? Il est trop délicat pour aller aux informations. Je n'ai dit qu'un mot, un demi-mot, et il a deviné.

— Mais vous calomniez la mémoire d'une honnête créature!

— L'honneur de la mère Tula? Le grand mal! Vous voilà comme vos enfants, ma chère!

— Mais vous chargez d'une faute le père de Guillaume! Vous faites descendre mon mari dans l'estime de son fils!

— Pourquoi donc? Est-ce que l'honneur d'un homme tient à ces choses-là? Si j'avais fait passer Jeanne pour votre fille, ce serait bien différent. Mais, dans mon hypothèse, tout s'adapte à merveille à la situation de Guillaume. J'ai fait de la poésie, de l'éloquence là-dessus. Le sujet prêtait : Guillaume amoureux d'une paysanne!... son père pouvait bien l'avoir été. Guillaume cédant à sa passion!... son père y avait cédé. La morale était que de ces amours-là résultent de pauvres enfants qui sont élevés dans la domesticité, qui tombent un jour ou l'autre dans la misère, qui sont exposés à se dégrader, à rencontrer leurs frères, et à devenir l'objet de passions incestueuses... Là-dessus Guillaume s'est écrié : « Merci, merci, Madame! en voilà bien assez. Je suis guéri; vous m'avez rendu un grand service. Mais que ma mère l'ignore toujours; qu'elle croie à la sagesse de mon père. Pauvre père! de quel droit le blâmerais-je, quand moi j'ai failli l'imiter, etc., etc. » Eh bien! Zélie, riez donc un peu, et faites-moi compliment!

Madame de Boussac ne se fit pas beaucoup prier pour rire, et finit par admirer et par remercier la Charmois.

— Si je vous approuve, lui dit-elle, c'est à condition pourtant que vous me promettez de désabuser bientôt Guillaume, en lui déclarant que vous étiez dans l'erreur sur sa prétendue parenté avec Jeanne.

— Bien! bien! dit la Charmois, quand il sera le mari d'Elvire et quand Jeanne sera bien loin, bien loin. Si, au contraire, vous la gardez ici, comptez que Guillaume se croira toujours son frère, que je fournirai des preuves, des témoins, s'il le faut.

— Vous avez le diable au corps! dit madame de Boussac.

Cependant Guillaume, en s'éveillant, sonna pour demander des nouvelles de Jeanne. Sa surprise fut grande quand il apprit qu'elle gardait ses vaches comme si de rien n'était. Il courut chez sa sœur, et lui parla ainsi :

— Marie, il faut que le rêve de bonheur de notre ami se réalise enfin. Il faut aussi que le sort de Jeanne soit élevé à la hauteur de son âme. Jusqu'à présent Harley a été timide, Jeanne méfiante ou incrédule, et nous, Marie, nous avons été faibles et irrésolus. Il est temps de sortir de notre neutralité. Il est temps de travailler ouvertement et activement à rapprocher ces deux cœurs faits pour se comprendre, et ces deux existences qui, à les voir sans préjugé, semblent faites l'une pour l'autre.

— Tu me fais trembler, répondit Marie; je ne comprends rien à ce qui s'est passé hier; car j'ai appris, par hasard, mais de source certaine, que la tante de Jeanne n'a pas été malade. C'était donc un prétexte pour nous quitter. Il faut que quelque chose lui ait déplu en nous et l'ait fait amèrement souffrir. Il me semble que ce sont tous ces bruits de mariage qui ont circulé malgré nous, et qui lui sont revenus, qui causaient sa résolution de nous abandonner. Tu as eu le pouvoir de nous la ramener. Béni sois-tu, ami! car je sens que je ne pourrais plus vivre sans Jeanne. Je l'aime, Guillaume, je l'aime comme si elle était notre sœur! Et si tu veux que je te le dise, hier soir, en vous attendant avec anxiété, il m'est passé par la tête mille désirs romanesques, mille rêveries insensées. Croirais-tu que, malgré moi, je me surprenais à méditer le projet de quitter le monde, de dépouiller le rang qui me pèse, de m'enfuir au désert, de chausser des sabots, et d'aller garder les chèvres avec Jeanne sur les bruyères d'Ep-Nell? Oui, j'ai fait ce doux songe, et je me jurerais pas de ne jamais le réaliser, s'il me fallait vivre ici, loin de ma belle pastoure, de ma *Jeanne d'Arc*, de l'héroïne de tous les poëmes *inédits* que je porte dans mon cœur et dans ma tête depuis un an!

— Chère Marie, adorable folle! répondit le jeune baron en souriant d'un air attendri, ton rêve se réalisera sans secousses, sans scandale, et sans douleur de la part des tiens. Jeanne épousera sir Arthur; ils vivront près de nous, avec nous. Ils achèteront des terres incultes qu'ils fertiliseront peu à peu, et sur lesquelles tu pourras longtemps encore errer avec ta belle pastoure, en chantant des airs rustiques, et en voyant courir de jeunes chevreaux. Il te sera loisible même de porter des sabots les jours de pluie, et de te croire bergère. Mais pour que tout cela arrive, il faut nous hâter de rendre à Jeanne la confiance qu'elle doit avoir en nous. Il faut qu'elle sache que personne ici ne veut la séduire, et qu'un honnête homme veut l'épouser. Il faut surtout qu'elle quitte ses vaches et qu'elle vienne passer la journée dans la chambre avec nous trois. Il faut enfin que ce soir cette étrange mais bienheureuse union soit décidée, afin que sir Arthur puisse demander sérieusement la main de Jeanne à notre mère, sa marraine et sa protectrice naturelle.

— Allons, dit Marie, le cœur me bat; et je crains de m'éveiller d'un si doux songe!

Il serait difficile de peindre la surprise naïve et prolongée de Jeanne, lorsque assise dans la chambre de Marie, entre sa chère mignonne et son parrain, qui lui parlait avec animation, elle vit M. Harley, courbé et presque agenouillé devant elle, lui demander de consentir à l'épouser. Il eut quelque peine à vaincre son humble confiance et l'effet des mensonges de madame de Charmois. Pourtant, lorsque Arthur lui eut donné sa parole d'honneur qu'il n'avait jamais été marié, et lorsque Jeanne entendit son parrain et sa mignonne se porter garants de la loyauté de leur ami, elle devint sérieuse, pensive, croisa ses mains sur son genou, pencha la tête et ne répondit rien. Elle semblait ne plus rien entendre et prier intérieurement pour obtenir du ciel la lumière et l'inspiration. Son teint était animé, son sein légèrement ému. Jamais elle n'avait été aussi belle; et Marsillat, qui l'avait si souvent comparée à Galathée, eût dit qu'elle venait de recevoir le feu sacré de la vie pour la première fois.

Mais cet éclat fut de peu de durée. Peu à peu le teint de Jeanne redevint pâle comme il avait été la veille après sa chute. Ses yeux fixes perdirent leur brillant, et sa bouche retrouva l'expression de réserve et de fermeté qui lui était habituelle.

— Eh bien! Jeanne, dit Marie en la secouant comme pour la réveiller de sa méditation, ne veux-tu donc pas être heureuse?

— Ma chère mignonne, répondit Jeanne en lui baisant les mains, vous me souhaitez quasiment plus de bien qu'à vous-même, et je vous aime quasi autant que j'ai aimé ma défunte mère. Jugez donc si je voudrais vous faire plaisir! Vous, mon parrain, vous faites tout pour me reconsoler d'un peu de peine que vous m'avez causé, et dont je vous assure bien que je ne me souviens plus. Soyez assuré que j'ai autant de confiance en vous qu'en votre sœur. Et, tant qu'à vous, Monsieur, dit-elle à sir Arthur en lui prenant la main avec cordialité, je vois bien que vous êtes un brave homme, un bon cœur et un vrai chrétien. Je me sens autant d'amitié pour vous que si vous n'étiez pas Anglais. N'allez donc pas vous imaginer que j'aie rien contre vous. Mais aussi vrai que je m'appelle Jeanne, et que Dieu me voit, quand même je voudrais me marier avec vous, ça ne me serait pas permis. Ainsi ne m'en voulez pas, et ne croyez pas que je me fasse un plaisir de vous refuser; je dirais que c'est un chagrin pour moi, si ce n'était pécher de dire qu'on est mécontent de faire la volonté de Dieu.

— Jeanne, dit M. Harley, je ne sais pas vos motifs, mais je crois les avoir devinés. J'ai causé hier toute la journée avec M. Alain; et bien qu'il n'ait pas trahi le secret de votre confiance, il m'a laissé pressentir que vous étiez sous l'empire de scrupules religieux. Je ne crois pas impossible que la religion elle-même fasse cesser ces scrupules mal fondés. Permettez donc que je vous amène demain M. le curé de Toull, afin qu'il cause avec vous et qu'il décide, en dernier ressort, si vous devez me refuser ou me laisser l'espérance.

— Ça me fera grand plaisir de revoir M. Alain, dit Jeanne; c'est un bon prêtre et un homme juste; mais ce n'est qu'un prêtre, et il ne peut rien changer à ce qu'on doit au bon Dieu. Faites-le venir si vous voulez, Monsieur. Je causerai avec lui tant qu'il vous plaira. Mais ne croyez pas que ça me décide au mariage. M. Alain vous dira comme moi, quand il m'aura écoutée, que je ne puis pas me marier.

— Jeanne, j'espère que tu te trompes, dit mademoiselle de Boussac, et que ton curé te fera changer d'avis. Tu es bien pâle, ma chère pastoure, et je crains qu'en refusant tu ne fasses violence à ton cœur.

Jeanne rougit faiblement et pâlit encore davantage après.

— J'ai un peu mal à la tête, dit-elle; je ne veux pas rester comme ça sans travailler enfermée dans une chambre. Vous voyez, monsieur Harley, que je ferais une drôle de dame! Laissez-moi aller à mon ouvrage, ma mignonne.

XXV.

CONCLUSION.

Le secret et le résultat de l'entretien de Jeanne et de ses trois amis restèrent secrets, et elle ne reparut au château qu'après le coucher du soleil.

— Je n'ai jamais vu fille pareille! dit Cadet en la voyant entrer; elle est moitié morte et elle travaille toujours! Tu veux donc t'achever bien vite, vilaine Jeanne?

— Pourquoi me dis-tu ça, *vilain* Cadet, répondit Jeanne en souriant. Est-ce que tu t'es tué toutes les fois que le grand cheval à mon parrain t'a jeté par terre?

— C'est égal, dit Claudie en regardant Jeanne, je ne sais pas si tu es tombée ou non, je ne sais pas où tu as passé l'autre soir; mais tu as la figure et la bouche aussi blanches qu'un linge; et si tu restais comme ça, on aurait peur de toi. Tu sembles la grand'fade!

Cependant Jeanne retourna aux champs le lendemain matin. Mais elle avoua à Claudie qu'elle n'avait pas fermé l'œil de la nuit. Mademoiselle de Boussac l'avait fait encore coucher dans sa chambre; et Jeanne, dans la crainte de réveiller sa chère demoiselle, s'était tenue silencieuse et calme, malgré le supplice de l'insomnie. Cependant elle assurait n'avoir qu'un petit mal de tête. Peut-être que Jeanne était trempée pour supporter héroïquement la souffrance. Peut-être aussi qu'elle avait une de ces organisations exceptionnelles, si parfaites, que la douleur physique semble n'avoir pas de prise sur elles. Le médecin qui l'interrogea dans la matinée, un peu inquiet de sa pâleur, et se méfiant du calme de ses réponses, demanda à Claudie ce qu'elle en pensait.

Arthur le couvrit de baisers. (Page 96.)

— Ah! que voulez-vous, Monsieur, dit-elle, il y a du monde qui ne se plaint pas. Jeanne est de ceux qui ne disent jamais rien. Vous savez! on ne peut jamais dire si ils souffrent ou s'ils ne sentent pas leur mal.

— Guillaume et Arthur étaient montés à cheval dès l'aurore pour aller inviter le curé de Toull à venir déjeuner au château. Cette matinée avait été choisie d'abord pour la rencontre entre Marsillat et M. Harley. Mais Marsillat avait envoyé un exprès, la veille au soir, pour dire qu'il avait à répliquer dans son procès, et qu'il ne serait libre de quitter Guéret que dans deux jours, lorsqu'il aurait gagné ou perdu sa cause. Le courage physique de Léon et sa dextérité à manier toutes sortes d'armes étaient assez connus pour qu'il ne dût pas craindre d'être accusé d'hésitation ni de lenteur volontaire, et il est certain qu'il était impatient de se voir en face de sir Arthur. Mais il pensait que ce duel et les événements qui y avaient donné lieu se répandraient bientôt, que le blâme s'élèverait contre sa conduite, que le ridicule, qu'il craignait encore davantage, l'atteindrait peut-être. Il ignorait la chute de Jeanne; il n'avait pas revu Raguet. Ce misérable, qui avait longtemps cherché à le servir malgré lui dans l'espoir d'une récompense, s'était vu déçu dans ses rêves de cupidité par l'aversion et le mépris de l'avocat. Il était indigné que ce dernier eût profité de ses avis sans les payer; et comme il errait dans l'ombre, *au carroir* du mont Barlot, au moment où Léon avait décidé Jeanne à venir à Montbrat, il avait peut-être entendu de quelle manière l'avocat s'exprimait sur son compte. Il s'était tourné contre lui par vengeance autant que par vénalité, et le fuyait désormais, craignant son ressentiment; mais Léon ignorait tout. Il pensait que Jeanne se plaignait de lui en confidence à tout le château de Boussac, que tout le château le condamnait, que toute la ville le raillerait bientôt; et, ne pouvant guère espérer de se laver de ce qu'il appelait son *fiasco*, il voulait au moins y apporter le contre-poids d'un grand succès oratoire. Il avait une belle cause; il tenait à la plaider, à la gagner avec éclat, et à cacher, comme il disait, les blessures de son amour-propre sous les lauriers de sa gloire.

Guillaume, tout occupé de Jeanne et d'Arthur, paraissait avoir oublié Marsillat. Il nourrissait contre lui des projets de vengeance plus ardents que ceux d'Arthur;

mais il les cachait, luttant de dévouement dans le secret de son âme avec celui qu'il regardait déjà comme son frère, et qui, de son côté, poursuivait le même dessein de préserver les jours de l'ami, en se risquant le premier dans une rencontre périlleuse pour l'un comme pour l'autre.

M. Alain, après le déjeuner, fut emmené dans la prairie par les jeunes gens, sous prétexte de promenade; et tandis qu'Arthur, Guillaume et Marie faisaient le guet pour empêcher les deux *Charmoise* de venir les troubler, le bon curé de Toull causait avec Jeanne derrière les rochers. M. Alain avait réussi, dans la solitude, à étouffer le tumulte de ses pensées. Il avait fouillé tous les viviers de la montagne de Toull, et il n'avait pas retrouvé la source minérale engloutie par la reine des fades. Mais il n'en était que plus passionné pour cette découverte; et à force de gratter la terre, de recueillir des médailles et des légendes, il était devenu tout à fait antiquaire; c'est-à-dire qu'il avait oublié la jeunesse et ses agitations douloureuses. Il grisonnait déjà, et, à trentedeux ans, il avait la tournure d'un vieillard. La fièvre marchoise avait contribué aussi à mettre de la gravité dans les allures et de l'abattement dans les pensées du pauvre et honnête pasteur.

— Ma fille, disait-il à Jeanne, vous avez fait vœu de chasteté, de pauvreté et d'humilité, je le sais; mais...

— Il n'y a pas de *mais*, monsieur l'abbé, répondit Jeanne. C'est un vœu que ma chère défunte mère m'a commandé de faire, lorsque je n'avais encore que quinze ans, et que vous m'avez permis de renouveler ensuite, tous les ans, à la fête de Pâques, en recevant la communion.

— Oui, mon enfant, votre premier vœu était un peu entaché de paganisme; car vous aviez juré sur la pierre d'Ep-Nell, et c'est un tabernacle dont je ne puis reconnaître la sainteté. Ainsi ce premier vœu est de nulle valeur à mes yeux, et ne vous engage pas, d'autant plus que la cause première était tout à fait illusoire et vaine. Vous le savez maintenant.

— La cause, la cause, monsieur le curé!... Ce n'était pas une mauvaise cause. Ma mère pensait que les fades du mont Barlot me voulaient du mal puisqu'elles m'avaient mis ces trois pièces de monnaie dans la main; et elle disait que, pour m'en préserver, il fallait faire trois vœux à la sainte Vierge : vœu de pauvreté, à cause du louis d'or; vœu de chasteté, à cause du gros écu; vœu d'humilité, à cause de la pièce de cinq sous... Voilà comme la chose s'est passée... Je ne peux rien y changer.

— Mais vous ne compreniez pas ces vœux? vous étiez une enfant.

— Oh! que si, que je les comprenais bien!

— Mais vous les faisiez pour obéir à votre mère?

— Ça me faisait plaisir de lui obéir, et de plaire aussi à la sainte Vierge, et de ressembler à la Grande Pastoure, qui a fait avec ses vœux le miracle de chasser les Anglais de notre pays.

— Très-bien. Mais la sainte Vierge, vous l'appeliez la grand'fade? avouez-le, Jeanne?

— Qu'est-ce que ça fait que nous l'appelions comme ça, monsieur l'abbé? ça ne lui fait pas déshonneur.

— Et vous pensiez aussi qu'elle vous aiderait à trouver le trésor et à *donzer* le veau d'or.

— Elle avait bien aidé la Grande Pastoure à gagner des villes et des grandes batailles! elle pouvait bien me faire trouver le trou-à-l'or, qui doit rendre riche tout le monde qui est sur la terre. Ça n'est pas par avarice que je souhaitais cela, monsieur le curé, puisque j'avais fait vœu de pauvreté pour moi. Ça n'était pas pour trouver un mari, puisque j'avais fait vœu de virginité. Ça n'était pas non plus pour faire parler de moi, puisque j'avais fait vœu d'être humble et de rester bergère.

— Mais, maintenant, Jeanne, toutes ces rêveries de trésor, de guerre aux Anglais, et de richesse universelle qui vous ont bercée si longtemps, doivent être effacées. Vous voyez bien qu'il n'y faut plus songer, et il serait peut-être plus heureux et plus méritoire pour vous d'épouser un homme riche, humain et bienfaisant, qui ferait cultiver nos terres, assainir notre pays, et qui rendrait les habitants heureux en travaillant.

— Je ne sais pas tout cela, monsieur l'abbé. C'est possible; et si ça est, je fais grand cas des bonnes intentions de cet homme-là. Mais je ne peux pas manquer à mon vœu. Je l'ai fait dans la liberté de ma pure volonté; et vous avez beau dire que puisque les pièces de monnaie me sont venues de trois messieurs, au lieu de me venir de trois fades, la cause du vœu est nulle, je dis, moi, que le vœu reste, et qu'on ne peut pas se moquer de ces choses-là.

— A Dieu ne plaise que je vous conseille de vous en moquer! Les engagements pris avec Dieu et notre conscience sont mille fois plus sacrés que ceux qu'on prend avec les hommes. Mais il y a des vœux téméraires que l'Église ne reconnaît pas valables, et que Dieu repousse quand la cause est frivole ou coupable.

— Coupable, monsieur l'abbé? quand mon vœu était destiné à rendre heureux tous les pauvres qui sont sur la terre!

— Convenez que vous bâtissiez vos engagements sur une erreur, sur une grossière superstition. Votre cœur est admirablement bon, votre intention fut sublime; mais votre esprit n'est pas éclairé, Jeanne, et vous devez croire que j'en sais un peu plus long que vous sur les cas de conscience.

— Pourtant, monsieur l'abbé, quand vous m'avez permis de renouveler mon vœu dans l'église, vous l'avez cru bon!

— Et je le crois tel encore; mais la cause du vœu n'en est pas moins nulle. J'ignorais, à cette époque, tout ce que je sais maintenant des superstitions toulloises; et vous avez, vous autres, une manière de vous confesser par métaphores, qui fait qu'on croit vous parler du bon Dieu quand vous parlez quelquefois du diable!

— Oh! non, monsieur l'abbé, dit Jeanne un peu fâchée, je ne rends pas de culte au diable!

— Je ne dis pas cela, ma bonne Jeanne; mais je dis que l'Église pourrait maintenant vous relever de tous vos vœux.

— L'église, monsieur l'abbé? l'église de Toull-SainteCroix?

— Non, mon enfant, l'église de Rome.

Jeanne baissa les yeux d'un air soumis. Elle avait bien entendu parler de l'église romaine à son curé. Mais, comme chez tous les paysans, ce mot ne présentait à son esprit d'autre sens que celui d'un bel édifice, objet de dévotion particulière, où les riches seuls pouvaient aller en pèlerinage.

— Je crois bien à la vertu de l'église de Rome, ditelle; mais quoique ça, il n'y a pas d'église qui soit plus que Dieu.

Le curé essaya de se faire comprendre. Il parla du pape. Les paysans entendent aussi quelquefois parler du pape. Ils l'appellent *le grand prêtre*, et Jeanne ne pouvait s'habituer à l'appeler autrement.

— Ce n'est pas au *grand prêtre*, pas plus qu'à l'église de Rome, ou à celle de Saint-Martial de Toull, que j'ai fait mes promesses, dit-elle; c'est au bon Dieu du ciel, à la grand'Vierge et à ma chère défunte mère. Celle-là ne disait pas toujours comme vous, monsieur l'abbé; et sur l'article des vœux, elle me disait tous les jours que c'était pour ma vie, et qu'il serait plus heureux pour moi de mourir que de me trahir.

Le curé parla encore du chef de l'Église, du successeur des apôtres qui a reçu les clefs du ciel et le pouvoir de délier les âmes sur la terre. Jeanne fut étonnée, un peu scandalisée même, malgré elle, du pouvoir que M. Alain attribuait à un homme.

— Tout ça ne fera pas, dit-elle, que je n'aie pas juré sur la pierre d'Ep-Nell, pendant que le corps de ma pauvre défunte mère était là, que notre maison achevait de brûler, de ne jamais manquer à mes vœux, de ne jamais me marier, et de ne jamais tant seulement embrasser un homme par amour. Vous voyez bien, monsieur l'abbé, que l'âme de ma mère viendrait me faire des reproches, que la Grand'Vierge me retirerait son amitié, et que le bon Dieu me punirait. Ce qui est fait, on n'y peut rien changer, et c'est inutile d'y penser.

Rien ne put ébranler la résolution saintement fanatique de Jeanne; et M. Alain, qui l'interrogeait plus encore pour l'éprouver que pour la convaincre, revint d'auprès d'elle pénétré d'une admiration qu'il communiqua à ses jeunes amis, mais qui n'empêcha pas sir Arthur de tomber dans une profonde tristesse. Il s'approcha de Jeanne, attacha sur elle un regard douloureux, et s'éloigna sans lui dire un mot, résolu à respecter sa foi et à vaincre son propre amour, s'il en avait la force.

Le curé vint prendre congé de madame de Boussac, qui, ne sachant point le vrai motif de sa visite, l'avait trouvé très-amusant et très-original. Elle essaya de le pousser encore un peu sur les étymologies; mais personne ne la seconda plus. L'espérance avait donné, une heure auparavant, de la gaîté aux amis de Jeanne. Ils faisaient maintenant de vains efforts pour sourire.

M. Alain allait se retirer, et déjà on lui amenait son cheval devant la porte, lorsque Marie monta à sa chambre pour prendre un livre qu'elle lui avait promis. Elle trouva Jeanne à genoux, sur son prie-Dieu, pâle comme la vierge d'albâtre qui recevait sa prière, les yeux ouverts et comme décolorés, les mains jointes et le corps raide et penché en avant. La fixité de son regard et de son attitude épouvanta mademoiselle de Boussac.

— Jeanne, s'écria-t-elle, qu'as-tu? réponds-moi; à quoi penses-tu? es-tu malade? ne m'entends-tu pas?

Jeanne resta immobile, les lèvres entr'ouvertes. Marie la toucha, elle était glacée, et ses membres étaient raides comme ceux d'une statue. Aux cris de mademoiselle de Boussac, tout le monde accourut. On crut d'abord que Jeanne était morte. Le médecin n'était pas loin; il fit une seconde saignée, et Jeanne reprit ses esprits. Mais elle fit signe qu'elle voulait parler bas au curé; et, comme on l'engageait à ne pas parler encore, parce qu'elle était trop faible, elle dit dit d'une voix éteinte :

— Ça m'est commandé d'en haut.

Quand tout le monde se fut éloigné, Jeanne dit à M. Alain de cette voix si faible qu'il avait peine à l'entendre :

— Je me sens malade, et je pourrais bien en mourir. Je veux donc vous faire ma confession, monsieur l'abbé, du moins mal que je pourrai... Vous savez... cet Anglais? Où est-il? Eh bien! j'y pensais, j'y pensais un peu trop souvent.

— Malgré vous, sans doute, ma fille?

— Oh! bien sûr. Mais je ne pouvais pas m'en empêcher; et depuis hier surtout, toute la nuit je l'avais devant les yeux. Est-ce un péché mortel, monsieur le curé?

— Non, sans doute, mon enfant. Ce n'est même pas un péché, puisque c'est une préoccupation involontaire.

— Mais encore tout à l'heure, dans le pré, en vous parlant, j'avais comme du regret d'être obligée de garder mon vœu. Ce n'est pas que j'aurais voulu être mariée, je n'ai jamais pensé à ça; mais ça me faisait de la peine de faire tant de peine à ce monsieur qui est si bon.

— Eh bien! Jeanne, croyez-vous que je doive faire faire des démarches auprès du Saint Père pour obtenir la rupture de vos vœux.

— Oh! jamais, monsieur l'abbé! D'ailleurs, il ne s'agit pas de ça; il s'agit de mettre mon âme en paix. Ma chère amie qui est dans le ciel me reprocherait, j'en suis sûre, d'avoir des sentiments pour un Anglais, et j'ai honte d'être si faible. Mais quand il m'a regardée dans le pré, comme pour me dire adieu, ça m'a fendu le cœur. Il faut que vous me donniez l'absolution pour ça, monsieur l'abbé.

— Avez-vous eu des sentiments du même genre pour quelque autre, Jeanne?

— Oh non! Monsieur, jamais. J'ai eu du chagrin pour mon parrain, mais ça n'était pas la même chose. Je ne me reproche pas ça...

— Eh!... pardonnez mes questions, ma fille, mais au moment de vous donner l'absolution, je dois secourir votre mémoire, affaiblie peut-être; M. Léon Marsillat...

— Oh! celui-là! dit Jeanne...

Mais elle était trop épuisée pour parler davantage; elle ne put que sourire avec une douceur angélique à laquelle se mêla un peu de la fierté malicieuse de la femme. Le curé lui donna l'absolution, et elle parut s'endormir. Quand elle se réveilla, Marie tenait sa main; Guillaume, pâle et consterné, était à genoux auprès d'elle; M. Harley, debout et immobile, semblait paralysé. Le médecin lui avait dit des mots terribles :

— Le cas est grave, cette jeune fille pourrait bien succomber d'un instant à l'autre.

Cependant Jeanne parut se relever de cette crise. Couchée sur le propre lit de sa chère mignonne, et soignée par elle, elle paraissait jouir d'un grand calme et assurait ne pas souffrir du tout.

— Cela m'étonne, disait le médecin, il faut qu'elle dorme ou qu'elle souffre.

Mais on ne put savoir à quoi s'en tenir. Claudie avait bien expliqué que Jeanne était de ceux qui ne se plaignent pas : était-elle de ceux qui souffrent? Marie pensait qu'elle était de la nature des anges, qui ne sentent d'autres douleurs que la pitié pour les hommes.

Après sa confession, Jeanne parut avoir surmonté son regret ou abjuré ses scrupules; car elle regarda M. Harley sans émotion, et, en recevant les adieux de M. Alain, qui était forcé de retourner à sa paroisse avant la nuit, elle lui dit qu'elle se sentait l'âme en paix. Vers le coucher du soleil, elle se souleva et fit signe à Cadet et à Claudie de venir auprès d'elle.

— Mes enfants, leur dit-elle, si je venais à mourir, vous auriez soin de Finaud, pas vrai?

Cadet ne répondit que par des sanglots. Claudie s'écria du fond de son cœur :

— Ne meurs pas, Jeanne; j'aimerais mieux mourir à ta place.

— Oh! je n'ai pas envie de mourir! dit Jeanne en souriant. Allez-vous-en servir le dîner, mes enfants; on l'a bien assez retardé pour moi. Mon parrain, ma mignonne, il faut aller dîner. Je suis très-bien, Dieu merci! Vous viendrez me revoir après, si vous voulez.

— Oui, oui, allez dîner, dit le médecin, qui tenait le bras de Jeanne. Le pouls est bon. Ce ne sera rien aujourd'hui.

— Monsieur Harley, dit-il à sir Arthur en le suivant dans le corridor, avant un quart d'heure cette fille sera morte. Mademoiselle de Boussac est fort sensible et l'aime beaucoup. Guillaume en est, je crois, fort amoureux. Ces pauvres enfants sont d'une santé trop délicate pour assister à un pareil spectacle. Emmenez-les et ne faites semblant de rien, vous qui êtes un homme calme et fort. Ordonnez à Claudie de descendre et de rester en bas; elle jetterait les hauts cris dans la maison... Et puis, revenez, vous! Il est possible que nous ne soyons pas trop de deux pour contenir la malade dans ses dernières convulsions.

M. Harley, la mort dans l'âme, suivit de point en point les indications prudentes du médecin. Lorsqu'il rentra, Cadet, qui était resté avec ce dernier auprès de Jeanne, vint à sa rencontre en riant. « Oh! la Jeanne va bien mieux, dit-il en frappant ses mains l'une dans l'autre, la voilà qui chante. Oh! je suis-t-i content! J'avais ben cru qu'alle en mourrait! »—Va-t-en servir le dîner, lui cria le médecin. Tu vois, nous n'avons plus besoin de toi. — Monsieur Harley, ajouta-t-il, fermez les portes et les fenêtres; qu'on n'entende pas cette agonie, et apprêtez-vous à un peu de courage. Ces fins-là sont violentes et affreuses. C'est une commotion cérébrale; la crise se prépare... Ce ne sera pas long.

Le sang-froid terrible du médecin glaçait le malheureux Arthur d'horreur et de désespoir. Jeanne, assise sur son lit, les joues bleues et les yeux étincelants, caressait son chien, et chantait d'une voix forte et vibrante :

Là où donc est le temps
Où j'étais sur ma porte,
Assise dans mon habit blanc...

Mais le docteur s'était trompé. La fin de Jeanne devait

être aussi douce et aussi résignée que sa vie. Sa voix s'adoucit, et prit un accent céleste en murmurant ces vers d'une autre chanson du pays :

> En traversant les nuages,
> J'entends chanter ma mort.
> Sur le bord du rivage
> On me regrette encore...

— *Oh, moi là ! oh, moi là !* Finaud, mon petit chien, mon chien Finaud ! *Tranche, tranche, aoulé, aoulé ! en sus, en sus... vire, vire, vire !*..
— Que dit-elle, mon Dieu ! s'écria M. Harley en joignant les mains.
— Elle rassemble son troupeau pour partir ; elle excite son chien, dit le docteur. Elle se croit au pré... C'est le délire.
— Monsieur Harley, je veux vous parler, dit tout à coup Jeanne d'une voix ferme. Vous êtes un brave homme, un homme selon Dieu... Ma chère mignonne est un ange du ciel... Je vous commande de la part du bon Dieu et de la Sainte-Vierge de l'épouser... Et puis, écoutez, vous irez à Toull-Sainte-Croix, vous assemblerez tous les gens de l'endroit, et vous leur direz de ma part ce que je vas vous dire : Il y a un trésor dans la terre. Il n'est à personne ; il est à tout le monde. Tant qu'un chacun le cherchera pour le prendre et pour le garder à lui tout seul, aucun ne le trouvera. Ceux qui voudront le partager entre tout le monde, ceux-là le trouveront ; et ceux qui feront cela seront plus riches que tout le monde, quand même ils n'auraient que cinq sous... comme moi... et comme sainte Thérèse... Vous leur direz cela, c'est la *connaissance*, la *vraie connaissance* que ma mère m'a donnée ou qu'elle m'avait bien commandé de donner à tout le monde quand j'aurais trouvé le trésor. S'ils ne vous écoutent pas, ils pourront encore longtemps chanter la vieille chanson :

> Dites-moi donc, ma mère,
> Où les Français en sont ?
> Ils sont dans la misère,
> Toujours comme *ils étions*.

La voix de Jeanne avait un timbre céleste, mais elle s'affaiblissait de plus en plus.
— Monsieur Harley, dit-elle, attendez, ne partez pas encore ; mettez-moi mon chapelet dans les mains... Y est-il ? Je ne le sens pas ; j'ai les mains mortes. Vous aimerez ma chère mignonne, pas vrai ? Oh ! mon Dieu, voilà la grand'fade devant moi ; comme elle est blanche ! Elle éclaire comme le soleil... Elle a le bœuf d'or sous ses pieds ! Adieu, mes amis !... Adieu, mon Cadet ; adieu, ma Claudie... Êtes-vous là ? Vous prierez le bon Dieu pour moi... Vous recommanderez ma pauvre tante à mon parrain... Et ma chère mignonne ? Ah ! je la vois !... Bonsoir, ma chère demoiselle, voilà le soleil qui s'en va... et le clocher de Toull qui se montre. M'y voilà arrivée, Dieu merci !...

Jeanne étendit le bras, et voulut saisir la main de sir Arthur, qu'elle prenait pour Marie. Mais elle l'avait dit, ses mains étaient mortes, et son bras demeura raide hors du lit. Arthur le couvrit de baisers qu'elle ne sentit pas. Elle avait cessé de vivre...

Guillaume, Arthur et Marie, brisés d'abord par la douleur, retrouvèrent leur courage pour aller ensevelir le corps de Jeanne dans le cimetière de Toull, à côté de celui de Tula et des autres parents.

Malgré les précautions de sir Arthur, Guillaume se battit en duel avec Marsillat. Ce dernier, en apprenant la chute et la mort de Jeanne, avait perdu tout son orgueil, et il avait été s'accuser et gémir sincèrement dans le sein de sir Arthur, qui lui avait tout pardonné, le trouvant bien assez puni par ses remords. Mais Guillaume continuait à être exaspéré contre lui. Sa mère l'avait détrompé, en lui disant, pour le consoler de la perte de Jeanne, que cette jeune fille n'était pas et ne pouvait pas être sa sœur. Cette nouvelle révélation ne fit qu'irriter la douleur du jeune homme. Il accusa madame de Charmois et Marsillat de la mort de cette chaste victime, et sa fureur contre Léon ne connut plus de bornes. Il le provoqua si amèrement que, malgré la patience et la générosité dont le bouillant avocat fit preuve en cette occasion, il le força de se battre avec lui dans le cromlech des pierres jomâtres. Marsillat avait fait tout au monde pour éviter cette extrémité. Il avait trop d'avantage sur Guillaume, et pourtant celui-ci le blessa grièvement à la cuisse. Marsillat en resta boiteux, et cela nuisait singulièrement à ses succès auprès des beautés de la ville et de la campagne. Une difformité, ou une infirmité, si peu choquante qu'elle soit, est plus répulsive aux paysans qu'une laideur amère jointe à un corps bien constitué. Claudie ressentit l'effet de cette disgrâce de son amant ; ou plutôt, lorsqu'elle eut appris ou deviné la véritable cause de la mort de Jeanne, elle ne put jamais pardonner.

Marie et Arthur furent longtemps inconsolables. Mais Jeanne avait dicté ses dernières intentions à M. Harley, qui se fit un devoir de les remplir. Après Jeanne, Marie était pour lui la plus excellente de toutes les femmes. Leur affection pour cette chère défunte forma un lien sacré entre eux. Ils se marièrent un an après sa mort, et voyagèrent pendant quelque temps avec Guillaume, pour le distraire de sa douleur sombre. Le jeune baron se rétablit enfin, et n'épousa point Elvire de Charmois, qui resta longtemps fille, au grand déconfort de sa mère.

Guillaume n'était pas sans remords. Il se reprochait amèrement d'avoir aimé Jeanne trop ou trop peu, de n'avoir pas su vaincre à temps sa passion, et de n'y avoir pas héroïquement cédé, en offrant le premier à sa filleule un amour noble et dévoué comme celui de M. Harley. A quelque chose, dit-on, malheur est bon. Cela est vrai, si le repentir nous purifie. Guillaume en fut un exemple. Il ne fit point d'actions éclatantes ; il resta rêveur et amant de la solitude ; mais il porta dans toutes ses relations avec les hommes que le préjugé lui rendait inférieurs une charité et une bienveillance à toute épreuve. Il ne fit en cela qu'imiter sa sœur et son beau-frère, dont les idées et les actions généreuses semblèrent d'un siècle en avant du temps misérable et condamné où nous vivons.

Marsillat avait reçu une dure leçon. Il se corrigea du libertinage ; mais il avait le fond de l'âme trop égoïste pour ne pas remplacer cette mauvaise passion par une autre. L'ambition politique devint le stimulant de son intelligence et la chimère de sa vie.

FIN DE JEANNE.

www.ingramcontent.com/pod-product-compliance
Lightning Source LLC
Chambersburg PA
CBHW062010180426
43199CB00034B/2221